최신출제경향 반영판

한권으로 끝내는
청소년상담사 2급

조만업 지음

도서출판 참

머리말

안녕하십니까 수험생 여러분!

국가공인청소년상담사는 미래의 주인공인 청소년에 대한 올바른 성장과 진로설계를 돕는 상담전문가입니다. 그간 많은 이들이 본 자격증 취득을 위한 도전의 역사를 만들어 왔고 '전인교육'과 '통습형 교육'인재 양성이라는 최근의 교육환경 변화로 인해 청소년상담사와 자격증의 위상이 강화되고 있으며 이에 따라 본 시험을 준비하는 수험생이 최근 2~3년간 폭발적으로 늘어난 것은 당연한 시대의 흐름일 것입니다.

청소년상담사 2급을 취득하고자 하는 이는 상담관련 분야를 졸업하거나 졸업을 예정하고 있는 사람들 중에서 필기시험과 실무경력을 거친 후, 최종면접이라는 전형절차를 통해 여성가족부장관에 의해 취득하게 됩니다.

위에서 언급한 상담관련분야라 함은 교육학, 심리학, 아동복지학, 사회사업(복지학), 정신의학, 청소년(지도)학 등을 말합니다. 청소년상담사 시험의 내용과 난이도수준은 상기 전공을 충실히 학습한 이들이 응시할 수 있는 수준의 시험으로 구성되어있지만 자격시험의 변별도로 인하여 보다 체계적인 수험준비를 해야 합니다.

또한 최근에서는 합격률과 합격생 규모가 연도별로 큰 차이를 보이고 있어 이에 대한 대비와 더불어 수험준비의 전략적 접근이 필요합니다.

본서는 이러한 추세에 적절히 대응하기 위한 3가지 전략을 준비해 두었습니다.

첫째는 기본에 충실한 내용과 최소한의 내용으로 시험에 대비합니다.

국가시험의 특징 중 하나는 기본에 충실하다는 것입니다. 이에 본서는 다양한 내용보다는 출제기준에 맞는 기본내용과 이에 부합하는 최소한의 내용들로 구성하였습니다. 두서없이 많은 내용을 수록하는 것은 수험생들이 학습량에 대한 부담만 가중되는 결과만 되기 때문입니다. 본서는 시험준비에 꼭 필요한 부분만 심도있게 다루었습니다.

둘째는 NCS기반의 문제들과 내용을 수록하여 과정평가형 자격취득과정에서 언급될 내용들을 수록하였습니다.

    본 저자가 참여한 NCS 청소년상담복지 분야의 과정평가형 학습내용과 문제유형을 충실히 반영하여 검정형 과정에서 활용될 수 있는 NCS 교재개발 내용 중 주요사항을 수록하였습니다.

셋째는 '상담연구방법론'에 충실합니다.

    오프라인과 온라인을 통해 많은 자격증 강의를 하면서 수험생들로부터 늘 들어왔던 이야기는 청소년상담사 2급 자격시험의 제2과목인 '상담연구방법론'이며 이를 극복하는 것이라는 관건이라는 것입니다. 이에 대해 본 저자도 어느정도 동의합니다. 통계분석의 출제비율이 높아지고 심화형 문제출제도 상당히 많아지고 있는 점은 수험생의 입장에서는 매우 부담스러운 내용입니다.

    본서는 통계분석과 실험설계 부분에 많은 내용을 수록하고 내용마다 문제풀이를 통해 수험생 여러분들이 실력을 다질 수 있도록 했습니다.

    청소년상담사(2급)는 미래의 주역인 청소년들의 미래지향적 가치설계를 돕는 참으로 아름다운 사람들입니다. 청소년상담사가 되겠다는 여러분의 꿈은 여러분의 내담자인 청소년의 꿈만큼이나 맑고 깨끗합니다. 본 교재가 여러분의 꿈을 이루는 멋진 도구가 될 것입니다.

    끝으로 청소년상담사가 되기 위해 이 시간, 이 교재를 펼치는 여러분에게 건승의 박수를 보내드립니다.

저자 **조 만 업**

목 차

1. 청소년 상담의 이론과 실제

1강 청소년 상담의 의의와 상담문제 ·············· 3
2강 일반상담이론의 개요/정신분석상담이론(1)
　　　··· 8
3강 정신분석상담이론(2)-자아방어기제 ······· 14
4강 정신분석상담이론(3)-심리성적 발달론 ··· 18
5강 정신분석상담이론(4)-신프로이드 학파 ··· 25
6강 개인주의 심리학적 상담이론(1) ·············· 32
7강 개인주의 심리학적 상담이론(2) /
　　　실존주의 상담이론(1) ························· 38
8강 실존주의 상담이론(2) ··························· 43
9강 실존주의 상담이론(3) ··························· 48
10강 내담자중심 상담이론(1) ························ 52
11강 내담자중심 상담이론(2) ························ 56
12강 내담자중심 상담이론(3) /
　　　게슈탈트 상담이론(1) ························· 60
13강 게슈탈트 상담이론(2) ··························· 65
14강 게슈탈트 상담이론(3) ··························· 71
15강 게슈탈트 상담이론(4) ··························· 77
16강 교류분석적 상담이론(1) ························ 81
17강 교류분석적 상담이론(2) ························ 86
18강 교류분석적 상담이론(3) ························ 91
19강 행동주의 상담이론(1) ··························· 97

20강 행동주의 상담이론(2) ·························· 102
21강 행동주의 상담이론(3) ·························· 107
22강 행동주의 상담이론(4) ·························· 111
23강 인지적-정서상담이론(RET)(1) ············ 118
24강 인지적-정서상담이론(RET)(2) ············ 123
25강 인지적-정서상담이론(3) ······················ 128
26강 현실요법(1) ··· 132
27강 현실요법(2) ··· 137
28강 해결중심/여성주의/다문화 상담이론 ··· 142
29강 청소년 상담의 실제(1) ························· 148
30강 청소년 상담의 실제(2) ························· 154
31강 청소년 상담의 기법(1) ························· 159
32강 청소년 상담의 기법(2)/유형 이해 ········ 165
33강 청소년 상담의 기타 문제들 ·················· 171

❖ 문제풀이 ❖

34강 청소년 상담과 일반이론(정신역동적 접근)
　　　··· 175
35강 실존주의/게슈탈트 상담이론 ················ 177
36강 게슈탈트/교류분석 상담이론 ················ 179
37강 행동주의/RET 상담이론 ······················ 181
38강 현실치료/여성주의 상담 등 ·················· 184

2. 상담연구방법론

- 1강 이상 ………………………… 189
- 2강 사회과학 연구방법론의 의의 … 193
- 3강 척도의 유형/원점수와 규준 …… 198
- 4강 규준점수(Z, T점수, 스태나인) … 202
- 5강 변인 ………………………… 206
- 6강 가외변수(인)/오차 …………… 210
- 7강 중심극한정리/대푯값/왜도 …… 214
- 8강 연구절차/연구문제 선정 등 …… 219
- 9강 연구문제/영가설, 연구가설 등 … 223
- 10강 연구유형/연구설계/조작적 정의 … 227
- 11강 측정도구의 선정/표집방법 등 … 232
- 12강 자료수집분석법/관찰법 등 …… 235
- 13강 질문지작성법/델파이법 등 …… 238
- 14강 내적, 외적타당도/현장, 실험실연구 … 242
- 15강 통계검증/유의수준, 유의확률 … 245
- 16강 신뢰수준, 구간/타당도 ……… 249
- 17강 구성타당도/타당도 확인절차 등 … 254
- 18강 신뢰도(1) …………………… 258
- 19강 신뢰도(2) …………………… 262
- 20강 적합도검정/t-검정 …………… 265
- 21강 분산분석 …………………… 269
- 22강 등분산성/ANCOVA ………… 272
- 23강 회귀분석 …………………… 275
- 24강 다중회귀분석/메타분석 ……… 279
- 25강 사후검정 …………………… 283
- 26강 다중공선성확인/더미변수 등 … 286
- 27강 자유도 등 …………………… 291
- 28강 분포 ………………………… 294
- 29강 실험설계(1) ………………… 299
- 30강 실험설계(2) ………………… 303
- 31강 실험설계(3) ………………… 307
- 32강 실험설계(4) ………………… 311
- 33강 실험설계(5) ………………… 314
- 34강 상관연구/상관관계분석 ……… 319
- 35강 상관계수 …………………… 323
- 36강 구조방정식/질적연구(1) ……… 327
- 37강 질적연구(2) ………………… 332

❖ 문제풀이 ❖

- 38강 과학적 연구방법과 연구패러다임 …… 337
- 39강 통계적 결론타당도/신뢰도, 정규분포 … 340
- 40강 실험설계/표절문제 등 ………………… 343
- 41강 대푯값/왜도, 첨도/F검정 ……………… 346
- 42강 결정계수/사후비교검정법 등 ………… 349

3. 심리측정 평가의 활용

1강 심리측정 평가의 의의와 유의사항 ······ 353
2강 심리검사의 개념/목적/역사 ············ 357
3강 행동관찰법/심리검사의 분류 ·········· 363
4강 검사도구의 선정, 실시, 해석 ·········· 367
5강 심리검사의 제작 ····················· 373
6강 신뢰도와 신뢰도 종류 ················ 376
7강 타당도와 타당도의 종류 ·············· 380
8강 신뢰도와 타당도의 관계/문항의 이해 ··· 385
9강 규준/규준점수/지능검사(1) ············ 389
10강 지능검사(2)/웩슬러검사 등 ··········· 394
11강 웩슬러 지능검사 ···················· 397
12강 K-WAIS-IV ························· 401
13강 K-ABC검사/성격검사 일반 ············ 407
14강 MMPI(1) ··························· 411
15강 MMPI(2) ··························· 415
16강 MMPI(3) ··························· 418
17강 MMPI(4) ··························· 421
18강 MMPI(5) ··························· 424
19강 MMPI(6)/MMPI-2(1) ················· 427
20강 MMPI-2(2) ························· 432

21강 MMPI-2의 기타척도 ················· 436
22강 MMPI-A(청소년용 검사지)/CPI/PAI/MBTI
    ································· 440
23강 16PF/NEO-PI-R/로샤검사(1) ·········· 446
24강 로샤검사(2) ························ 450
25강 로샤검사(3) ························ 454
26강 로샤검사(4)/TAT ···················· 460
27강 CAT/HTP ··························· 465
28강 SCT검사/BGT검사 ··················· 471
29강 BGT검사(2)/기질성격검사 TCI ········ 477
30강 스트롱검사/홀랜드 인성검사/기타문제
    ································· 481

❖ **문제풀이** ❖

31강 심리적 구성개념의 특징 등 ·········· 486
32강 행동평가/면접법 등 ················· 488
33강 검사의 종류/신뢰도, 타당도 등 ······· 490
34강 문항난이도/K-WISC-IV ··············· 492
35강 MMPI/로샤검사/주제통각검사(TAT) ···· 494

4. 이상심리

- 1강 이상심리학의 의의 ····· 499
- 2강 이상과 정상의 구분기준 ····· 502
- 3강 이상심리학의 역사 ····· 505
- 4강 다양한 관점에서의 이상심리 ····· 509
- 5강 취약성/스트레스모형 및 체계이론 ····· 513
- 6강 이상행동의 분류(범주적/차원적) ····· 516
- 7강 측정평가방법/사고장애 등 ····· 519
- 8강 행동 및 정서장애 등 ····· 523
- 9강 DSM-5와 ICD ····· 528
- 10강 DSM-5(1~10) 장애유형 개관 ····· 531
- 11강 DSM-5(11~20) 장애유형 개관 ····· 534
- 12강 신경발달장애/자폐스펙트럼 장애 ····· 537
- 13강 다운증후군/정신분열(조현)병스펙트럼(1) ····· 541
- 14강 정신분열(조현)병스펙트럼(2) ····· 545
- 15강 양극성 및 관련 장애와 하위유형 ····· 548
- 16강 우울장애와 하위유형(1) ····· 551
- 17강 우울장애와 하위유형(2) ····· 555
- 18강 불안장애(1) ····· 558
- 19강 불안장애(2)/강박장애와 하위유형 ····· 562
- 20강 외상 및 스트레스 관련 장애 ····· 568
- 21강 신체증상 관련 장애/전환장애 등 ····· 573
- 22강 급식 및 섭식장애/배설장애 ····· 576
- 23강 수면-각성장애/성기능장애 ····· 581
- 24강 성불편증/파괴적, 충동통제장애 등 ····· 587
- 25강 물질-관련 및 중독장애, 도박장애 ····· 592
- 26강 신경인지장애/성격장애(1) ····· 595
- 27강 성격장애(2) ····· 599
- 28강 성격장애(3) ····· 603
- 29강 성격장애(4)/성도착장애(1) ····· 608
- 30강 성도착장애(2)/향후 연구장애 ····· 612

❖ 문제풀이 ❖

- 31강 이상심리의 이론적 모형/이상행동 ····· 615
- 32강 신경발달장애/취약성-스트레스모형 등 ····· 617
- 33강 불안장애/강박장애/급성스트레스 장애 ····· 619
- 34강 성관련 장애/성별불쾌감 장애 등 ····· 621
- 35강 도박장애/품행장애/성격장애 ····· 623

5. 진로상담

1강 진로상담의 의의 ················· 627
2강 진로상담의 기능/특성요인이론 ········· 629
3강 특성요인이론의 상담단계와 기법 등 ···· 633
4강 Roe의 욕구이론 ················· 638
5강 진로발달이론(1) ················· 643
6강 진로발달이론(2) ················· 648
7강 수퍼/고트프레드슨/타이드만&오하라의 진로발달이론 ················· 652
8강 에릭슨/터크만/레빈슨 등의 발달이론 ··· 656
9강 의사결정이론/직업적응이론(TWA) ······ 661
10강 사회학습이론/게라트의 의사결정모형 등 ················· 665
11강 사회이론/진로상담 최신 이론들 ········ 669
12강 가치중심적 진로이론/특수영역 진로상담 ················· 673
13강 청소년 진로상담의 실제/진로상담이론의 어프로치(1) ················· 677
14강 진로상담이론의 어프로치(2) ·········· 681
15강 진로상담이론의 어프로치(3)/LCA ······ 686
16강 GATB, 진로성숙검사 등 ············ 691
17강 진로성숙검사/진로미결정 검사지 등 ·· 697
18강 홀랜드 인성이론 ················· 701
19강 스트롱 흥미검사/청소년 흥미검사 ···· 705
20강 기타 진로상담 검사지/직업사전 등 ···· 709
21강 직무분석/직업정보다루기 ··········· 712
22강 직업과 가치/직업가계도 ············ 717

문제풀이 ❖

23강 진로상담의 의의/특성이론 ·········· 722
24강 진로발달이론/직업적응이론 ·········· 725
25강 최신 진로이론 ················· 727
26강 진로 관련 검사도구 ··············· 730
27강 진로상담의 실제 ················· 733

6. 집단상담

1강 집단상담의 의의와 목표 ……………… 739
2강 집단상담의 기능과 단계론 …………… 742
3강 집단상담의 종결과 평가 ……………… 747
4강 일반상담이론과 집단상담(1) ………… 751
5강 일반상담이론과 집단상담(2) ………… 756
6강 일반상담이론과 집단상담(3) ………… 761
7강 일반상담이론과 집단상담(4) ………… 765
8강 집단상담자와 공동상담자 …………… 770
9강 집단상담기법과 집단규범의 이해 …… 773
10강 집단상담자의 자질 및 집단유형 ……… 778
11강 집단구성/청소년집단상담의 특징 등 … 783
12강 청소년집단상담의 진행상 특징/진행자 자질 등 ……………………………… 788
13강 집단지도자의 윤리/참여자의 권리 등 … 791
14강 문제 집단구성원 문제/집단역동성 …… 794
15강 집단상담의 한계와 유사집단과의 비교 ……………………………………… 798
16강 심리극/T-집단 등에 대한 이해 ……… 802

❖ 문제풀이 ❖

17강 집단상담의 의의/특징/치료적 관심 … 804
18강 집단상담과 일반상담이론 …………… 806
19강 집단응집력/공동(협동)진행자 등 …… 809
20강 집단상담 진행기법 등 ………………… 812
21강 구조화/집단원의 권리 등 …………… 815

청소년 상담의 이론과 실제

청소년 상담의 이론과 실제

1강 청소년 상담의 의의와 상담문제

❏ 청소년내담자의 이해

1. 청소년 상담의 의의

청소년 상담은 성장기에 있는 청소년이 이 사회에 잘 적응하고 자신의 잠재 가능성을 최대한 실현할 수 있도록 도와주기 위한 전문적인 활동이다.

상담영역으로는 청소년 관련기관 등에서 직접봉사, 자문활동, 그리고 매체를 통하여 청소년의 바람직한 발달 및 성장을 지원하는 활동으로 정의할 수 있다.

청소년상담은 청소년이 겪고 있는 정서적 불안, 부적절한 행동, 정신질환 등을 치료하는 한편, 청소년이 발달과업을 충실히 달성할 수 있도록 적절한 프로그램을 개발하고 실시하여 청소년이 보다 적응적이고 창조적인 사회인으로 성장하도록 돕는다.

2. 청소년 상담의 특징

1) 청소년기의 특징

(1) 신체적 발달
① 청소년기는 사춘기가 시작되는 11~12세경부터 시작하여 성인의 법적 연령인 20세까지로 아직 사회적 성인으로서의 책임과 의무가 부과되지 않은 시기라고 할 수 있다.
② 사춘기는 성장이 가속화되는 성장급등기로 생식기관, 신장, 체중, 근육, 골격, 사고, 얼굴 등 전반에 걸쳐 변화가 일어난다.
③ 신장과 체중의 증가, 초경의 시작 및 음경의 발달과 같은 성적 성숙

(2) 심리적 특성
① 신체적 매력과 신체 이미지에 관심을 가짐. 특히, 청소년들은 대중매체를 통해 왜곡된 신체상을 형성하고 자신의 외모와 체형에 대해 만족하지 못하고 부정적으로 인식하는 경향이 있음
② 조숙과 만숙에 대한 청소년들의 지각도 사회문화적 기대나 편견에 의해 영향을 받는다.

2) 청소년 상담의 특징

(1) 청소년 상담의 대상
① 청소년
② 청소년 관련인 : 부모, 교사, 청소년 지도자 등 청소년 주변 사람들을 의미한다.
③ 관련기관 : 가정, 학교, 청소년고용업체, 청소년수용기관, 청소년 봉사 및 활동기관 등

☐ 청소년 문제의 이해

1. 청소년 상담문제의 이해

1) 청소년의 내적문제행동
 (1) 내적 문제행동이란
   비행, 행동장애, 반사회적 행동은 문제를 행동화하기 때문에 외향적인 것으로 간주되는 반면, 우울, 자살, 섭식장애와 같은 문제들인 정신적인 장애는 문제가 내적으로 지향된다는 점에서 내향적인 성격을 지니고 있다.
 (2) 우울
   청소년의 우울은 지속적으로 슬픈 감정을 보이며 이전에 좋아했던 활동을 하지 않으며 활동 자체가 감소되어 있으며 화를 잘 내고 두통이나 복통과 같은 신체적 증상을 자주 호소하며 학교를 자주 결석하거나 성적이 저조하고 숙제를 하지 않는 경향이 많으며 권태감이나 낮은 활동력 및 낮은 주의집중을 보이며 식사나 수면패턴의 변화를 보인다.
 (3) 자살
   자살행동은 자살생각 - 자살시도 - 자살의 순으로 구분된다. 청소년의 자살특징은 정말 죽으려는 의도를 가지지 않고 자살행동을 통해 다른 목적(예를 들면, 타인으로부터의 관심끌기 등)을 달성하려는 것에 의미가 있는 경우가 많다.
 (4) 약물과 알코올 남용

2) 청소년의 사회적 문제행동
 (1) 청소년 폭력
   ① 청소년 폭력은 친구나 선배, 불량배 등을 통해 이루어지는 악성폭력의 형태가 많으며 그 밖에도 부모나 교사의 체벌도 상당부분을 차지하고 있다.
   ② 청소년 폭력을 비롯한 범죄가 저연령화되고 있다.
   ③ 청소년 폭력의 가해자는 다양한 얼굴을 가지고 있다.
   ④ 피해 학생의 경우 그 사실을 부모나 선생님에게 잘 알리지 않는다.
 (2) 집단 괴롭힘
   주로 학교장면에서 일어나는 학교폭력의 일종으로 한 명 이상의 학생이 약한 입장에 있는 학생을 지속적으로 고립시키고 괴롭히는 것을 의미한다.
 (3) 청소년 가출
   Roberts(1982)는 가출유형을 세 가지로 정리하였다.
   - 참을 수 없는 가족상황에서 벗어난 사람
   - 모험을 추구하는 사람
   - 학교문제가 있는 사람
 (4) 청소년 사이버 일탈

• 컴퓨터 몰입 및 중독 : 청소년들이 장시간 인터넷이나 컴퓨터 통신을 사용함으로써 정신건강을 해치고 대인관계의 장애를 가져오는 일련의 문제행동이다.

2. 우리나라 청소년의 문제 일반
- 청소년이 학업문제로 고민하는 것은 주로 학업성적과 관련된 것
- 청소년의 가족 문제는 주로 부모 및 형제와의 갈등문제
- 최근 다양한 계층에서 청소년들의 일탈이 증가
- 가장 흔한 청소년 문제는 학업, 진로와 관련된 고민
- 청소년 시기의 갈등은 자연스러운 현상

❏ 최근 우리나라 청소년상담 문제의 전반적 경향
- 비행상담에서는 학교폭력 관련 문제가 가장 많다.
- 진로상담에서는 진로정보탐색에 대한 요구가 큰 편이다.
- 인터넷 중독 등 컴퓨터 사용과 관련된 문제가 증가하고 있다.
- 또래관계는 대인관계 문제에서 가장 큰 비중을 차지하는 문제이다.
- 전체 상담에서 가장 큰 비중을 차지하는 것은 학업과 진로에 관한 것이다.

❏ 발달과제와 문제

1. Piaget의 인지발달이론
   (1) 감각운동기(sensorimotor period)
      - 0~2세
      - 반사행동 → 목표지향행동, -도식의 결합(빨기와 잡기의 결합)
      - 대상영속성(object permanence)
   (2) 전조작기(preoperation period)
      - 2~7세
      - 상징적 사고 : 가상 놀이(pretend play), 급속한 언어 발달
      - 사고의 중심화(centration) : 대상을 한 가지 관점에서만 바라보는 경향성
      - 보존개념(conservation)의 결여
      - 자아중심성(ego-centrism) : 자신의 관점에서 사물과 현상을 보려는 성향
        집단 독백(collective monologue)
      - 비가역성 : 물질의 상태가 변한 후에도 원래의 상태로 돌아갈 수 있다는 것을 알지 못함.
      - 유목화(categorization) 능력의 결여 : 상위 유목과 하위 유목간의 관계에 대한 이해 부족
      - 물활론적인 사고(animism) : 세상의 모든 물체에는 생명이 있다는 생각

(3) 구체적 조작기(concrete operational period)
- 7~12세
- 탈중심화(decentration) : 다양한 관점에서 사물을 지각, 친구(peer)와의 상호작용이 중요함
- 가역성과 보존개념의 획득 : 수평적 격차(horizontal decalage)
- 서열화(seriation) 발달 : 사물의 크기, 길이, 무게 등에 따라 차례로 배열하는 능력
- 이행성(transivity) 발달 : if A>B and B>C, then A>C, - 유목화 능력

(4) 형식적 조작기(formal operation period)
- 12세~성인 초기
- 추상적(abstract) 사고 : 진리, 정의, 행복, 아름다움 등에 대한 사고
- 가설적 상황에 대한 이해, 연역적 사고

2. 콜버그의 도덕성 발달단계론

1) 제1수준 : 인습 이전 수준 (Pre-conventional level)_전인습적 수준
- 9세 이전
- 1단계 : 벌과 복종의 단계 (Obedience and punishment orientation) 복종과 처벌이 판단의 기준이 된다. 처벌을 피하기 위해 고의로 도덕적 행위를 한다. 처벌을 받는 것을 나쁜 것으로 본다. 타율적 도덕
- 2단계 : 도구적 목적과 교환의 단계 (Self-interest orientation) 자신의 욕구를 충족시킬 수 있는지 없는지가 도덕적 판단의 기준. 상대적 쾌락주의에 해당하며 욕구충족 수단으로 도덕적 판단을 한다. 개인주의적 도덕

2) 제2수준 : 인습적 수준 (Conventional level)
- 9세 이후
- 3단계 : 개인간의 상응적 기대, 관계, 동조의 단계, 착한 소년, 소녀(Interpersonal accord and conformity) 대인관계의 조화를 위한 도덕성이며 옳은 행동은 타인과 좋은 관계를 유지하고 기대에 맞게 행동하는 것이다. 대인관계조화를 중시. 상호관계의 도덕. 사회체계 지향적 도덕
- 4단계 : 사회체제와 양심보존의 단계 (Authority and social order obedience driven) 옳은 행동이란 사회질서를 유지하면서 자신의 의무를 다하는 것이다. 사회계약의 차원. 법과 질서 준수. 사회체계 지향적 도덕

3) 제3수준 : 인습 이후 수준 (Post-conventional level)
- 특별한 사람 등
- 5단계 : 권리 우선과 사회계약, 혹은 유용성의 단계(Social contract orientation) 사회계약 정신으로서의 도덕성 법과 질서가 무조건 옳은 것이 아니라 사회적인 유용성에 따라 합의에 이르게 되면 바뀔 수 있다. 사회계약의 차원

- 6단계 : 보편윤리적 원리의 단계 (Universal ethical principles) 도덕적 원리에 따라 스스로 선택한 양심적인 행위가 올바른 행위라고 본다. 보편원리 지향의 도덕 이후 말년에 '우주적 영생을 지향하는 단계'로 마지막 7단계를 추가하였다.

3. 길리건(Gilligan)의 도덕 발달이론

1) 1단계
  (1) 아동은 자신의 요구에 몰두한다.
  (2) 자신에게 이득이나 도움이 되는 행동을 도덕적인 것으로 보는 반면, 자신에게 피해를 주는 행동을 부도덕한 행동으로 간주한다.

2) 2단계
  (1) 타인에게 도움을 주거나 돌보는 행동을 도덕적인 것으로 간주한다. 특히, 스스로 돌볼 수 없는 노인이나 아동을 돌보는 것을 중시한다.
  (2) 자기 자신을 희생하면서도 상대방의 욕구를 충족시키는 데 몰두한다.

3) 3단계
  (1) 인간관계에 관여하는 모든 사람을 돌보는 데 관심을 둔다.
  (2) 자신과 타인을 모두 돌보고자 하는 데 중점을 둔다.

2강 일반상담이론의 개요/정신분석상담이론(1)

❏ 기초상담이론의 관점에 따른 분류

1. 정신역동적 관점
정신분석적 상담이론, 개인심리학적 상담이론, 분석심리학적 상담이론

2. 행동주의적 관점
행동(과학)주의 상담이론

3. 인본주의적 관점
인간중심상담이론, 게슈탈트(형태주의)상담이론, 실존주의상담이론/의미치료적 상담이론)

4. 인지적 관점
합리적 정서행동 상담이론, 교류분석상담이론, 인지치료상담, 현실치료적 접근

❏ 기타 관점에서의 분류

1. 정서중심상담이론
내담자의 감정상태를 파악하여 공감하며 내담자의 감정변화를 일차적인 목적으로 삼아 감정과 정서상태의 변화를 일으킨 후 사고와 행동의 변화를 꾀하는 것을 주요전략으로 하는 이론들을 의미한다.
예) 정신분석이론, 정신역동이론, 인간중심이론, 게슈탈트이론

2. 인지중심상담이론
내담자의 심리적, 정서적 문제나 대인관계 문제가 그들이 자신이나 이 세상에 대해 가지고 있는 잘못된 전제나 신념 때문에 발생한다고 보는 이론이다.
즉, 인간문제의 근본을 지적인 과정과 왜곡으로 규정하는 상담이론들이다.

3. 환경중심상담이론
내담자를 둘러싼 물리적, 사회적 환경에 개입함으로써 내담자 개인의 변화를 꾀하는 전략
- 내담자가 가지고 있는 긍정적인 사회적 자원을 최대한 활용하도록 돕는 사회적 지지체계 개입, 내담자가 가진 인간망을 활용하는 인간망 개입 등이 포함된다.

❑ 정신분석적 상담

1. 서론

프로이드 이론은 20세기의 인류문명에 광범위하게 영향을 준 이론이라고 볼 수 있다. 그의 이론은 심리학과 정신의학 뿐 아니라 문학과 예술, 종교에 이르기까지 관심의 대상이 되었다. 인간조건에 대한 프로이드의 관점은 당시의 지배적이던 견해와는 크게 대립되는 것이었지만 당시 불명확하고 잘 이해될 수 없었던 정신생활을 이해하는데 적절한 방법을 제시해 주는 것이었다.

2. 주요개념들

가. 인간관

1) 결정론(determinism)

인간의 모든 행동은 이전의 정신적인 사건에 의하여 유발되거나 결정된다는 것이다. 물론 신정신분석학파에서는 이러한 견지에 대해 반대하고 있지만 프로이드는 인간의 행동은 무의식적 동기, 생물학적 욕구와 충동, 그리고 생후 5년간의 생활경험에 의해 결정된다고 주장한다. 즉, 환자가 보이는 이해하기 어려운 행동도 과거의 심리적인 사건에 의해 형성된 것이기 때문에, 정신분석 치료는 이러한 정신적인 결정요인을 밝혀서 이를 제거하거나 수정하고자 한다.

2) 심리내적 힘의 역동

인간의 마음속 깊은 곳에서 일어나는 서로 상이한 힘들 사이의 역동적인 상호 작용을 강조한다. 인간의 성격구조는 원초아-본능(id), 자아(ego), 그리고 초자아(superego)의 셋으로 이루어진다. 인간은 이 셋의 내적 힘과 환경 사이의 끝임 없는 역학관계 속에서 균형과 적응을 유지하면서 행동한다. 따라서 이들 사이의 균형이 깨지거나 외부의 심한 위협이 있어 적응곤란의 상태가 되면 심리적 장애를 유발한다고 본다.

그러므로 정신분석학적 치료의 목표는 내담자의 억압된 욕구와 무의식적 갈등을 의식으로 떠올리어 개인의 성격구조를 재구성하는데 초점을 둔다. 다시 말하면. 무의식적 갈등과 불안의 배경을 언어표현을 통해 의식화(자각)시키면, 그로 인해 묶여 있던 심리적 에너지가 그만큼 자아가 기능하는데 활용됨으로써 개인의 의식과 행동이 원활하게 될 것이라는 주장이다.

나. 의식과 무의식

프로이드는 의식을 인간의 정신생활의 중심이라고 보지 않고 인간의 마음을 빙산에 비유하고 물위에 떠있는 작은 부분이 의식이라면 물속의 훨씬 더 큰 부분을 무의식으로 비유하고 이 거대한 무의식 영역 속에 추진력, 정열, 억압된 관념 및 감정들이 숨어 있다고 보았다. 그리고 이것들은 인간생명의 거대한 하층구조로서, 인간의 의식적 사고와 행동을 전적으로 통제하는 보이지 않는 힘이라고 생각했다.

1) 의식(consciousness)

의식은 어떤 순간에 우리가 알거나 느낄 수 있는 모든 경험과 감각을 말한다. 프로이드는 정신생활의 극히 일부분만이 의식의 범위 안에 포함된다고 했다. 우리가 어떠한 순간에 경험하는 의식 내용은 외부적 요인에 의해 주로 규제되는 선택적 여과과정의 결과이며, 이 경험은 잠시 동안만 의식될 뿐 시간이 경과하거나 주위를 다른 곳으로 돌리면 그 순간에 전의식이나 무의식 속으로 들어가 잠재하게 된다. 그러므로 의식은 성격의 제한된 적은 부분만을 나타낸 것이다.

2) 전의식(preconsciousness)

전의식은 흔히 이용 가능한 기억으로 불린다. 즉, 어느 순간에는 의식되지 않으나 조금만 노력하면 곧 의식될 수 있는 경험이나 기억을 말한다. 이 전의식은 의식과 무의식의 영역을 연결해 주는데 예컨대, 어떤 치료기법에 의해서 무의식 내용이 전의식으로 나타나고 또 그 다음에 의식이 될 수 있다고 프로이드는 생각했다. 전의식은 의식과 무의식 사이에 있는 문지기이다.

3) 무의식(unconsciousness)

프로이드는 무의식이 인간정신의 가장 크고 깊은 심층에 잠재해 있으면서 의식적 사고와 행동을 전적으로 통제하는 힘이라고 생각하였다. 전의식과는 달리 무의식은 전혀 의식되지 않지만, 사람들의 행동을 결정하는 주된 원인이 된다. 인간의 모든 생활경험은 잠시 동안만 의식의 세계에 있을 뿐 주위를 다른 곳으로 바꾸거나 시간이 지나면 그 순간에 의식의 경험들은 전의식을 거쳐 깊은 곳으로 들어가 잠재하게 되는데 이를 무의식이라고 보았다. 즉 의식 밖에서 억압되는 어떤 체험이나 생각은 소멸되는 것이 아니라 무의식 속으로 들어가 잠재하여 그 개인의 행동에 강력한 영향력을 행사한다. 억압된 생각이나 체험 혹은 그 밖의 잠재된 경험들은 생물학적 충동이나 어떤 일과 연상되어 나타나면 현실에서 불안을 일으키고 다시 밑으로 밀려나 끝없는 무의식적 갈등이 된다고 한다.

이러한 무의식적 갈등을 분석하여 환자를 치료하는 정신분석학적 방법은 초기에 최면술로 시도되었으나, 후에 자유연상법으로 억압된 무의식을 의식화하였으며 이로써 프로이드는 무의식이 추상적인 것이 아니라 증명될 수 있고 제시될 수 있는 현실이라고 주장했다. 그는 40여 년간에 걸쳐 자유연상방법으로 무의식을 탐구했고 최초로 포괄적인 성격이론을 발전시켰다.

다. 성격의 구조

정신분석적 관점에 의하면 성격은 세 가지 조직으로 구성된다. 즉, 본능(id), 자아(ego), 초자아(superego)이다. 이러한 구조들은 세 가지 부분으로서 구분되기보다 오히려 전체로서 작용하는 개인의 성격기능이다. 본능은 생물적인 구성요소이고, 자아는 심리적인 구성요소이며, 초자아는 사회적인 구성요소라 볼 수 있다. 정신분석학적 관점에서 보면 성격의 역동성은 심적 에너지가 본능, 자아, 초자아에 분포되는 방식에 따라 결정된다. 이는 심적 에너지가 어느 한 체계로 쏠린다면 다른 두 체계는 유용한 에너지를 사용할 수 없게 되므로 행동은 이러한 역동성에 의해 결정된다.

1) 본능-원초아(Id) - 쾌락원칙

본능 성격의 가장 원시적인 체계이다. 본능은 심적 에너지의 근원으로 비조직적이고 맹목적이며 고집스럽다. 본능은 긴장을 즉시 감소시키고 고통을 피하며 즐거움을 얻기 위한 쾌락원칙에 근거하여 본능의 욕구를 만족시키려는 생각에 의해서만 움직인다. 본능은 공격적이고 동물적이며 비논리적이고 부도덕하며 조직되지 않은 것으로써, 쾌락의 원칙에 위배되는 모든 억압을 싫어하고 무시한다. 따라서 모든 행동은 자애적인 방법으로 표현되며 언제나 비합리적이고 충동적으로 행동하고 다른 사람에 대한 영향은 전혀 고려하지 않는다. 본능은 무의식적이거나 의식외적 존재이다.

2) 자아(Ego) - 현실원칙

자아는 "이성과 분별"을 뜻한다. 자아는 본능과 초자아를 중재하는 외적세계의 교통순경과도 같은 역할을 하며 의식을 통제하고 검열하는 역할을 한다. 자아는 원초아의 충동들을 어떤 방법으로든지 충족시켜 주어야 하지만 그것은 초자아가 침해를 받지 않는 범위 내에서 이루어져야 한다. 이같이 자아는 원초아의 욕구(yes)와 초자아의 거절(no) 사이에서 현실에 맞도록 조정하여 개체를 적절히 유지시키는 기능을 한다. 자아는 원초아의 쾌락적 원리와는 달리 현실의 원칙을 따른다. 현실원칙의 목적은 욕구충족을 위해서 적당한 대상이나 환경조건이 이루어질 때까지 본능적 만족을 지연시켜 개체를 안전하게 보전시키는데 있다. 다시 말하면 자아의 목적은 자신이나 타인에게 해를 끼치지 않고 원초아의 욕구를 충족시키는 적절한 과정을 발달시키는데 있다. 즉, 자아는 성격의 조정자이며 집행자이다.

3) 초자아(Superego)

인간은 바람직한 사회생활을 하기 위해서 그 사회의 질서체계인 가치, 도덕, 윤리체계를 습득해야 한다. 이것들은 사회화과정을 통해 이루어지며, 정신분석학적 용어로는 초자아이다. 초자아는 인간의 마음속에 있는 윤리적, 도덕적, 이상적인 면을 말하며, 유전되는 것이 아니라 성격구조 중 마지막으로 발달되는 체계로써 부모의 양육태도 즉, 부모가 주는 보상과 처벌에 대한 반응으로 발달한다. 초자아는 아동이 옳고 그름을, 선과 악을, 그리고 도덕과 비도덕을 분별할 수 있게 될 때 비로소 나타나며, 아동의 생활범주가 점차 확대되면서 그 집단들이 인정하는 적절한 행동규범을 추가하면서 초자아를 형성한다. 아동은 항상 이러한 부모의 기대와 집단의 규범에 알맞게 행동함으로써 갈등과 처벌을 피한다.

프로이드는 초자아를 두 개의 하위체계 즉, 양심(conscience)과 자아이상(ego ideal)으로 나누었다. 양심은 아동이 잘못을 저질렀을 때 부모로부터의 야단이나 처벌을 통해 생기며 이것은 자신에 대한 비판적 평가나 도덕적 억압, 죄의식 등이 포함된다. 한편 자아이상은 아동이 긍정적인 일을 했을 때 부모로부터 받는 보상이나 칭찬으로부터 발달하며 아동이 목표나 포부를 갖게 하고 자존심과 긍지를 느끼게 해준다. 초자아는 오이디푸스 콤플렉스(Oedipus Complex)가 해결되는 기간에 아버지와 동일시함으로써 형성된다. 그러므로 아버지는 도덕적 상징자로서 중요한 역할자가 된다.

* 본능(id) : 심적에너지의 근원
 - 생의 본능(eros) : 창조적 욕구, libido(성충동)는 그 중의 하나
 - 죽음의 본능(thanatos : 파괴충동

❏ 불안의 의미

불안은 무엇을 하기 위해 동기를 유발하게 하는 긴장상태로써 유용한 심적 에너지를 통제할 수 없을 때 발달하는 것으로 본능과 자아 그리고 초자아간의 갈등의 형태로 나타난다. 불안의 기능은 절박한 위험을 경고하는 것으로 적절한 대책이 취해지지 않으면 자아가 전복될 때까지 위험이 증가하리라는 것을 자아에게 경고하는 것이다.

1) 현실적 불안
현실적 불안은 외부세계로부터 오는 위협에 대한 두려움으로 그 정도는 외부세계가 주는 실제위협에 비례한다.

2) 신경증적 불안
신경증적 불안은 통제되지 않은 불안에 의해 개인이 어떤 행동을 하게 됨으로써 처벌받지 않을까하는데 대한 두려움이다. 즉, 자아는 자신의 에너지가 없으므로 본능에게서 자신의 에너지를 빌려와야 하기 때문에 위험하고 억압된 욕망이 뚫고 나오려고 위협한다거나, 기본적인 생물학적 욕구를 만족시키기에 무력하게 느낀다거나, 본능의 충동을 처리할 수 없을 때 신경증적 불안을 경험하게 된다.

> *신경증적 불안
> : 본능의 충동을 처벌받을까 하는 위협 때문에 처리못하여 생기는 불안

3) 도덕적 불안
도덕적 불안은 자신의 양심에 대한 두려움이다. 양심이 잘 발달된 사람은 자신의 도덕에 위배되는 일을 할 때 죄의식을 느끼게 된다.

❏ 자아방어기제(불안에 대한)

인간은 언제나 정신적 안정상태를 유지하기를 희망하지만, 인간은 삶을 살아가면서 성적 충동, 공격적 충동, 적개심, 원한, 좌절감 등의 여러 요인에서 오는 갈등을 경험할 수밖에 없다. 따라서 인간은 스트레스로부터 자신을 방어하고 갈등을 일으키는 충동들을 타협시키고 내적 긴장을 완화시킬 수 있는 다양한 심리적 기제를 사용하게 된다.

이와 같이 자아가 불안에 대응하고 대처함에 있어서 활용하는 여러 가지 심리적 책략들이 바로 자아방어기제(ego defence mechanism)이다. 자아방어기제는 정신내적 갈등의 원천을 왜곡하거나 대체하거나 차단하는데 이는 무의식적으로 채택되며, 대부분 한번에 한 가지 이상의 방어기제가 동시에 동원되는 경우가 많다.

불안을 해결하기 위하여 사용되는 자아방어기제는 정신 병리적 기능도 내포되어 있기 때문에 과다하게 사용하게 되면 심각한 정신증상을 야기하게 된다. 그 이유는 자아방어기제의 과다한 사용으로 인하여 다른 자아기능의 발달에 투입되어야 할 정신에너지를 고갈시키기 때문이다. 현실

생활에 잘 적응하는 사람은 자아방어기제를 융통성 있고 선택적으로 사용하는 경향이 있지만, 그렇지 못한 경우에는 한두 가지 방어기제만을 편중적이고 고착적으로 사용하는 경향이 있다

> ***자아방어기제
> 이 말은 1894년 지크문트 프로이트의 논문 ≪방어의 신경정신학≫에서 처음으로 사용되었다. 방어기제는 자아와 외부조건 사이에서 겪게 되는 갈등에 적응하도록 하여 인간의 심리 발달과 정신건강에 도움을 준다는 면에서 효과적이라 할 수 있다. 하지만 갈등 자체를 변화시키는 것이 아니라 자신을 속이고 관점만을 바꾸는 방법을 주로 사용하게 되면 오히려 사회생활에 적응하지 못하게 되는 부정적 역할을 하기도 한다. 방어기제는 여러 가지가 있으며 주로 부정, 억압, 합리화, 투사, 승화 등의 방법이 일반적이다.

❏ 적응기제(방어기제)의 분류

욕구불만과 갈등으로 인한 긴장과 불안을 해소하기 위하여 자기방어를 목적으로 하는 기제로 방어기제, 도피기제, 공격기제가 있다.

1. 방어기제
합리화, 억압, 전치/치환, 동일시, 격리, 반동형성, 보상, 승화

2. 도피기제
고립, 퇴행, 백일몽.

3. 공격기제
1) 직접형 : 폭행, 싸움, 기물파괴 등
2) 간접형 : 욕설, 비난, 조소 등
3) 직/간접적인 공격기제형 : 수동공격형기제로서 상사에 대한 불만으로 지시업무를 미루고 지체하는 행위 등

> *** 자아방어기제의 긍정적인 면
> 방어기제는 불안을 감소시킬 뿐만 아니라 긍정적인 사회적 결과를 가져오기도 하므로 정상인들도 자주 사용하게 되며, 자아방어기제의 사용이 적응을 도모하고 정신건강을 향상시키기도 한다.

3강 정신분석상담이론(2) - 자아방어기제

❑ 자아방어기제

1) 억압

억압(repression)은 갈등을 해결하기 위하여 가장 흔하게 사용되는 무의식적 정신기제이다. 그 전형적인 예는 기억상실이며, 하기 싫고 귀찮은 과제를 하지 않고 '깜박 잊었다'고 말하는 경우가 여기에 해당된다. 억제되어 온 무의식적인 힘. 억압을 통해 자아는 고통스럽거나 위협적인 충동, 감정, 기억 등을 무의식 속으로 추방시켜 의식화되는 것을 막아준다. 이와 유사한 방어기제가 바로 억제(suppression)인데, 받아들이고 싶지 않은 욕구나 기억을 의식적으로 잊으려고 노력하는 것으로 무의식적인 억압과는 구별된다. 예를 들어 실연, 창피를 당한 기억들을 머리에서 지우려 하는 경우이다. 자신의 역할, 기대가 많을수록 자신을 억누르게 된다.

2) 반동형성

반동형성(reaction formation)은 용납할 수 없는 감정이나 충동을 정반대의 감정이나 행동으로 대체시켜 표현하는 방어기제이다. 원래 것을 감추는 행동으로서, 강하게 해야 원래 것을 생각 안 할 수 있으니까 그런 행동을 하게 된다. 허세 많은 사람이 반동형성이 많다. 예를 들면, 자기를 학대하는 남편 앞에서 그를 매우 사랑하는 것처럼 행동하는 것 등이다.

3) 퇴행

가) 퇴행(regression)이란 실패가능성이 있거나 불안한 상황에 대한 해결책으로 초기의 발달단계나 행동양식으로 후퇴하는 것이다. 그 예로 울어버리거나, 애교를 떨거나, 손가락을 빨거나 하는 행동들이 여기에 해당된다. 또 동생이 태어나 부모의 관심이 동생에게 집중되자 갑자기 말을 하지 못하고 대소변을 못 가리는 네 살 어린이의 경우 등이다.

나) 고착이란 머물러 있는 행동을 말하는데, 어떤 물건이나 행위에 집요하게 매달리는 행동으로서 수집하거나 담배 피우는 것 등이 여기에 해당된다.

4) 동일시

동일시(identification)란 무엇인가를 닮아서 자신을 높이려는 행동을 말한다. 용납할 수 없는 충동 그 자체는 부정하고 그 충동을 갖고 있는 사람 또는 그 사람의 일면과 동일화하여 받아들이는 과정을 말한다. 예를 들면 아버지를 무서워하는 아들이 그 아버지를 닮아가거나, 강한 성적 욕망이 있는 여자가 화려한 여배우와 동일시하는 것 등이다.

5) 보상

보상(compensation)은 심리적으로 어떤 약점이나 제한점이 있는 사람이 이를 보상받기 위하여 다른 어떤 것에 몰두하는 경우를 들 수 있다. 대표적인 예로는 자신의 친부모에게 효도를 하지 못한 사람이 이웃의 홀로된 노인을 극진히 부양하는 경우를 들 수 있다.

6) 합리화

합리화(rationalization)는 아주 빈번히 사용되는 방어기제로서 우리가 인식·의식하지 못하는 동기에서 나온 용납할 수 없는 충동이나 행동에 대해 지적으로 그럴듯한 설명이나 이유를 대는 것이다. 예를 들어 ① 어떤 목표를 달성하려 했으나 실패한 사람이 자신은 처음부터 그것을 원하지 않았다고 변명을 하는 신포도(sour grapes)형, 즉 자기 스스로 자기를 위로함. 가치가 있는 것을 취할 수 없을 때 그 가치를 절하시킴으로서 자기를 높이는 행동 ② 자기가 현재 가지고 있는 것이야말로 바로 그가 원하던 것이라고 스스로 믿는 달콤한 레몬(sweet lemon)형 ③ 자신의 결함이나 실수를 자기 이외의 다른 대상에게 책임을 전가시키는 투사(projection)형 ④ 원하는 일이 마음대로 되지 않을 때 자신의 능력에 대해 허구적 신념을 가짐으로써 실패의 원인을 합리화시키는 망상(delusion)형 등이 있다.

7) 대치(치환)

대치(substitution)는 정서적으로 아주 중요하지만 심리적으로 수용할 수 없는 대상을 심리적으로 수용 가능한 비슷한 다른 대상으로 무의식적으로 대치하는 것을 의미한다. 예로서 오빠에게 매력을 느끼는 여동생이 오빠와 비슷한 용모를 가진 사람과 사귀는 것 등이다.

8) 전치/전위

전치(displacement)는 실제로 있는 어떤 대상에 향했던 감정 그대로를 다른 대상에 표현하는 것이다. 그 예로서 자기의 도덕적 타락에 대해 강한 무의식적 죄책감을 느끼는 사람의 경우 하루에도 몇 번씩 옷을 갈아입고, 수십 번씩 손을 씻고, 시내버스 손잡이도 장갑을 끼어야 잡는 경우 등을 들 수 있다. 겉으로 드러나는 모습이 그 사람의 본 모습이 아니고 꿈으로 바꾸어서 나타나며 전위는 에너지를 바꾸는 것으로 성적 에너지를 운동을 하거나, 학문에 몰입하거나 해서 바꾸는 등의 예를 들 수 있다.

9) 투사

투사(projection)도 용납할 수 없는 자기 내부의 문제나 결점이 자기 외부에 있는 것으로 생각하는 기제로서, 그 예로는 어떤 사람을 미워할 때, 그 사람이 자기를 미워하기 때문에 자신도 그 사람을 미워한다고 말하는 경우와 부도덕한 성적 충동을 강하게 억압하고 있는 부인이 '남자는 모두 도둑이다'라고 말하는 경우 등을 들 수 있다.

> * 내면화의 반대개념

10) 상징화

상징화(symbolization)는 어떤 사람이나 사물에 부착된 감정적 가치를 어떤 상징적 표현으로 전치시키는 것이다. 꿈, 공상, 신화 등은 상징화의 가장 흔한 예가 되는데, 남근(penis)은 길게 팽창하는 것이나 뱀 등으로 상징화되며, 아이를 낳고 싶은 강렬한 소망을 지닌 여인은 꿈에서 달걀이나 새알을 보기도 한다.

11) 분리
분리(isolation) 혹은 격리는 고통스러운 생각이나 기억을 그에 수반된 감정상태와 분리시키는 것이다. 그 예로는 아버지의 죽음에 대해 말할 때는 슬픈 감정을 느끼지 못했던 한 청년이 아버지를 연상시키는 권위적 남자 주인공이 죽는 영화를 볼 때는 비통하게 우는 경우를 들 수 있다.

12) 부정
부정(denial)은 의식화되면 도저히 감당할 수 없는 어떤 생각이나 욕구를 무의식적으로 부정하는 것이다. 이러한 예는 어머니가 사망했음에도 불구하고 돌아가신 것이 아니라 며칠 동안 딴 곳으로 갔다고 하는 경우, 암환자가 자기의 병을 부정하는 것 등이다.

14) 승화
승화(sublimation)는 원초적이고 용납되지 않는 충동을 적절히 억압할 수 없을 때 사회적으로 용납되는 다른 형태로 전환하여 표출하는 경우를 말한다. 예를 들어 예술은 성적 욕망을, 종교는 막강한 아버지를 찾는 의존심을, 의사가 되는 길은 잔인한 충동을 승화시키는 길이다.

15) 해리
해리(dissociation)는 성격의 부분들 간에 의사소통이 잘 이뤄지지 않을 때, 괴롭고 갈등을 느끼는 성격의 일부분을 다른 부분과 분리시키는 기제로서 이중인격자, 몽유병, 잠꼬대, 건망증 등을 들 수 있다.

16) 저항
저항(resistance)이란 억압된 재료들이 의식화되는 것을 방해하는 것을 말하는데, 그 이유는 억압된 감정이 의식화되면 너무 고통스럽기 때문이다. 이럴 경우 대개가 기억이 없다는 답변을 하는 경우가 많다.

* 억압과 유사

17) 내면화
내면화(introjection)는 외부의 대상을 자기 내면의 자아체계로 받아들이는 기제이다. 예를 들어 어머니를 미워하는 감정을 수용할 수 없기 때문에 자기 자신을 미워하는 것으로 대치하는 것이다.

18) 원상복귀
원상복귀(undoing)는 무의식에서 어떤 대상을 향해 품고 있는 자기의 성적인 또는 적대적인 욕구로 인해 상대방이 당할 것이라고 생각되는 피해를 원래 상태로 되돌려 놓은 것을 의미한다. 이러한 기제는 굿과 같은 의식(ritual)에서 주로 활용된다.

19) 전환, 신체화, 역전
가) 전환(conversion)이란 심리적 갈등이 신체감각기관과 수의근계통의 증상으로 표출되는 것을 말한다. 그 예로는 군에 입대하기 싫어하는 사람이 입영영장을 받아보고 시각장애를 가

져오는 경우를 들 수 있다.
나) 신체화(somatization)란 심리적 갈등이 감각기관, 수의근계를 제외한 기타 신체부위의 증상으로 표출되는 경우를 말한다.
예를 들면 사촌이 땅을 사면 배가 아픈 경우이다.
다) 역전(reversion)은 감정, 태도, 관계를 반대로 변경하는 것을 말한다.
그 예로는 극도로 수동적이며 무기력한 어머니에게 무의식적으로 반항하면서 유능한 여성으로 성장한 사람이 자신의 성공에 대해 죄책감과 불안을 경험하는 경우를 들 수 있다.

20) 지성화

지성화(intellectualization)란 고통스러운 감정과 충동을 누르기 위해 그것들을 직접 경험하는 대신 그것들에 대해 생각을 많이 하는 것을 말한다. 이는 여러모로 체계적인 생각을 많이 하고 그 생각에 붙어있는 정서를 제거하여 용납 못할 충동에서 유발되는 불안을 막는다는 심리적 책략이다.

4강 정신분석상담이론(3) - 심리성적 발달론

☐ 정신분석상담이론의 심리성적 발달5단계

프로이드에 의하면, 성격발달은 유아기부터 청소년기까지 다섯 단계에 걸쳐 이루어지는데 초기의 세 단계가 성격형성에 결정적 역할을 하게 된다. 이 시기에 리비도는 신체의 특정 부위에 자리 잡고 이 신체 부위에서 만족을 추구한다. 만족을 추구하는 특정 부위는 연령에 따라 변화하며 리비도가 지향해서 충족을 추구하는 대상도 연령에 따라 변화한다. 그러나 심리성적 발달단계가 모두 성공적으로 진행되는 것은 아니다. 한 단계에서 다음 단계로의 진행이 저해되면 특정 단계에 고착될 수 있다. 프로이드는 이 고착이 성인기 성격에 직접적 영향을 미친다고 보고 이를 좌절과 방임이라는 두 가지 요소로 설명하였다. 좌절은 아동의 심리성적 욕구를 양육자가 적절하게 충족시키지 못한 것을 의미하며, 방임은 과잉으로 만족시켜 양육자가 아동에게 내적으로 극복하는 훈련을 제대로 시키지 않아 의존성이 심한 것을 뜻한다.

> * 리비도(Libido)의 위치에 따른 분류

1) 구강기

출생에서 1세까지로 유아는 입을 통해 쾌락을 얻는다. 생후 1년간은 입이 성적, 공격적 욕구 충족을 하는 신체 부위가 되며, 입, 입술, 혀, 잇몸 등을 자극하는데서 만족을 느끼기 때문에 빨고, 삼키고, 깨물면서 만족을 얻는다. 구강기에는 수동적으로 어머니의 보살핌을 받으며 생활하기 때문에 유아는 의존적이고 다른 사람으로부터 분화되지 않은 상태이다.

구강 전기에는 어머니에게 접근하고 합치되려는 경향이나 후반기에는 애정과 우호적인 태도를 갖는 동시에 적대적이며 파괴적인 태도를 갖게 된다. 이 때 유아는 최초의 양가감정을 경험하게 된다. 구강기 전반기에 좌절 혹은 방임을 경험하면 구강 수동적 성격이 되며, 이 성격은 낙천적이고 타인에게 의존적이며, 모든 것을 희생해서라도 인정받고 싶어 한다. 구강기 후반기에 고착되는 구강 공격적 혹은 구강 가학적 성격의 특징은 논쟁적이고 비꼬길 잘하며, 타인을 이용하거나 지배하려고 한다.

2) 항문기

항문기란 대소변을 가리는 훈련이 시작되는 1세 내지 1세 반에서 3세까지로 리비도가 항문에 집중하는 시기를 말한다. 이 시기의 유아는 신경계의 발달로 괄약근을 수의적으로 조절할 수 있다. 괄약근의 발달로 아동은 마음 내키는 대로 배설하거나 보유할 수 있다. 그러나 대소변 훈련이 시작되면서 유아의 본능적 충동은 외부에 의해 즉, 양육자인 어머니에 의해 통제된다. 유아는 자신이 원하는 때에 배변을 하기 원하나 어머니는 사회적 관행을 따르도록 하며 유아는 배변 시기를 조정하기 위해 갈등하며 욕구의 만족을 늦추어야 할 필요성에 의해 자아가 발

정신분석상담이론(3) - 심리성적 발달론 4강

달한다. 부모는 배변 훈련을 할 때에 옳고 그름에 대해 말하고 유아는 부모에 동조하며 부모의 의견을 내면화시켜서 이를 따르게 된다. 이것이 초자아 발달의 시초가 되며, 배변 훈련이 성공하면 유아는 사회적 승인을 얻는 쾌감을 경험하게 된다.

부모가 거칠게 혹은 억압적으로 훈련하여 고착된 항문기 강박적 성격은 고집이 세고 인색하며, 복종적이고 시간을 엄수하며, 지나치게 청결한 특징을 가진다. 반대로 지나치게 관대하여 고착된 항문기 폭발적 성격은 잔인하고 파괴적이며, 난폭하고 적개심이 강하며, 불결한 특징을 갖는다.

3) 남근기(성기기)

남근기는 3세에서 6세로 리비도가 아동의 성기로 집중되는 때이며, 아동은 자신의 성기를 만지고 자극하는 데서 쾌감을 느끼는 시기이다. 이 시기부터 원초아, 자아, 초자아는 역동적으로 작용하기 시작한다.

남근기의 가장 중요한 상황은 오이디푸스 콤플렉스로 아동이 이성의 부모에게 성적 관심을 갖고 접근하는 욕망을 가리킨다. 남아는 어머니에 애착을 느껴 아버지를 경쟁자로 생각하고 적대감을 느끼며, 거세불안을 느끼게 된다. 그러나 이 불안을 해소하기 위해 어머니가 인정하는 남성다움을 갖기 위해 동성의 부모에게 성적 동일시를 함으로써, 남자아이는 남자답게, 여자아이는 여자답게 행동하려고 애쓴다. 남근기에 고착된 남자는 경솔하고, 과장이 심하며, 야심이 강하고 여자는 경박하고 유혹적이다.

4) 잠복기

잠복기는 6세에서 12, 13세까지로 리비도의 신체적 부위는 특별히 한정된 데가 없고 성적인 힘도 잠재된 시기이다. 이 시기에는 오이디푸스 콤플렉스를 극복하고 난 후의 평온한 때로 성적 욕구가 철저히 억압되어 비교적 자유롭지만 그 감정은 무의식 속에 계속 존재한다. 다시 말하면 본능 약해지고 자아와 초자아는 강력해지며 성격에서 이루어지는 주요한 발달은 초자아의 기능이다.

리비도의 지향 대상은 친구 특히 동성의 친구로 향하고 동일시 대상도 주로 친구가 된다. 잠복기 아동의 에너지는 지적인 활동, 운동, 친구와의 우정 등에 집중된다. 잠복기에 고착되면 성인이 되어서도 이성에 대한 정상적인 친밀감을 갖지 못하고 이성과의 관계를 회피하거나 정서적 감정 없이 단지 공격적인 방식으로 성적 행동을 한다.

5) 생식기

생식기는 사춘기부터 성적으로 성숙되는 성인기 이전까지의 시기로 심한 생리적 변화가 특징이며 격동적 단계로 불린다. 호르몬과 생리적 요인들로 인해 그 동안 억압되었던 성적 감정들이 크게 강화되면서 잠복기 동안 억제되었던 성적, 공격적 충동이 자아와 자아의 방어를 압도할 정도로 강해진다. 따라서 이전의 방어 양식들은 적절치 않게 되고 광범위한 재적응이 요구된다. 본능이 우세할 때는 지나치게 쾌락 추구에 몰두해 공격성, 야수성, 범죄 행동이 왕성해지며, 반대로 자아가 너무 표면화되면 불안이 심해지고 금욕주의, 지성화의 경향이 강해져서 본능을 억제하고 자아를 방어하려고 애쓴다.

사춘기에는 성적 성숙이 다 이루어져서 사춘기 전기의 불안은 사라진다. 이 시기에는 부모에 대한 관심이 사라지고 가족 밖에서 연장자와의 친교를 가지며, 이성을 향한 성욕 충족을 추구한다. 이러한 성적 욕구는 독서, 운동, 자원봉사 등 다른 활동을 통해 승화되기도 한다. 이 시기에 성격발달을 위해서는 근면을 배워야 하고 즉각적인 만족을 지연시켜야 하며 책임감이 있어야 한다.

❏ 정신분석적 상담이론의 개요

1. 상담의 목표

프로이드학파의 정신분석적 상담의 두 가지 목표는 내담자의 무의식을 의식화함으로써 개인의 성격구조를 재형성시키는 것이며, 상담의 과정은 유아기 경험을 재생시키는데 초점을 둔다. 과거의 경험은 퍼스낼리티의 재구성을 위한 목적으로 재구성되고, 논의·분석되며 해석된다.

2. 상담자의 기능과 역할

1) 상담자의 특성

상담자나 정신분석가가 내담자에게 자신의 감정이나 경험을 나누는 것이 아니라 내담자가 상담자에게 감정이나 생각을 투영시키거나 전이시킨다.

2) 상담자의 역할

가) 내담자가 자각, 솔직성, 그리고 현실적인 방법으로 불안을 다루며 충동적이고 비이성적인 행동을 통제하려고 조력하는데 주로 관심을 기울인다.

나) 저항에 대해 특별한 주의를 기울이고 경청해야 하며 어떤 시점에서 적당한 해석을 해야 할지 판단해야한다.

다) 상담자는 내담자의 이야기 속에서 결함과 모순에 유의하며 내담자가 보고하는 꿈과 자유연상의 의미를 치료하고 상담기간 동안 내담자를 주의 깊게 관찰하며 상담자에 대한 내담자의 감정에 관한 단서에 민감하게 반응하여, 무의식적 사실을 발견해 내는 과정을 가속시키는 역할을 해야 한다.

3. 내담자의 경험

1) 내담자는 집중적이고 장기적인 치료과정에 기꺼이 자신을 맡길 수 있어야 하며, 치료비, 일정 기간의 치료, 집중적 상담과정에서 전심전력할 것을 상담자와 합의해야 한다.
2) 상담자와 의존적이며 신뢰적인 관계를 형성한다.
3) 상담이 진행되는 동안 내담자는 과거와 무의식에 대한 통찰이나 이를 방해하는 저항을 경험하게 된다.
4) 상담자와의 전이관계의 의미를 깨달으면서 자신과 대인관계에서의 갈등이 해결되는 것을 경

험하게 된다.
5) 정신분석적 상담에서 내담자는 정서적 문제를 명료히 인식하고 받아들이며, 장애의 근원을 이해하여 과거와의 관계에서 현재가 갖는 의미를 인식하여 통합시킬 수 있게 되면 치료는 종결하게 된다.

❏ 상담자와 내담자의 관계

1) 전이관계

상담자와 내담자의 관계는 분석상담에서 핵심적이라고 할 수 있는 "전이관계"로 설명 될 수 있는데, 이러한 전이관계에서의 감정을 해소하는 것이 정신분석상담의 핵심이다.

2) 전이의 발생

상담이 진행되면서 내담자의 어린 시절의 경험과 갈등이 무의식으로부터 표면화되고, 내담자는 신뢰와 불신, 독립과 의존, 사랑과 증오 등 여러 가지 상반되는 감정에 대한 갈등을 회상하게 되고, 이는 상담자를 대상으로 재경험하며 전이관계를 형성하게 되는데 부정적 전이 또는 긍정적 전이가 발생할 수 있다.

3) 훈습과정

이러한 전이관계를 이해하고 해결하기 위해서는 훈습(working-through)이라는 장기간의 과정이 필요하다. 훈습(working-through)과정은 해석의 반복과 저항의 형태를 탐색함으로써 과거의 행동유형을 해결하게 되고 새로운 선택을 할 수 있게 된다. 무의식의 자료들을 인식하게 될 뿐만 아니라 부모로부터 절대적인 사랑과 수용을 바라던 유아적 욕구에 의해 동기화된 행동유형으로부터 자유롭게 될 수 있다고 가정할 수 있다.

> *훈습 : 내담자의 통찰을 변화로 이끄는 것을 방해하는 저항을 반복이고 점진적으로 정교하게 탐색하는 것을 말한다.(Greenson).

4) 내담자-상담자의 관계는 정신분석적 상담의 핵심이다.

이런 관계의 결과로 특히 전이 상황에서 내담자는 자신의 무의식의 정신역동성을 통찰하게 된다. 내담자는 현재의 성격을 형성하는데 영향을 준 과거의 영향뿐만 아니라 과거 경험과 현재 행동 간의 연합을 이해하게 된다. 정신분석학적 접근에서 이런 역동적인 자기이해를 가정하지 않는다면 거기에는 어떤 실질적인 성격의 변화나 현재의 갈등의 해결이란 있을 수 없다.

❏ 정신분석 상담의 주요기법

정신분석상담의 기법은 내담자의 자각을 증진시키고 행동에 대한 지적 통찰을 얻게 하며 증상의 의미를 이해하려는 목적을 갖고 있다. 치료과정은 내담자의 대화에서 정화(catharsis)로, 정화에서 통찰로, 통찰에서 무의식적인 문제를 다루면서 노력하는 과정을 통해 성격의 변화로 이끄는 지적·정서적인 이해와 재교육의 목표를 향해가는 것이다. 정신분석치료에서는 자유연상, 꿈의 분석, 전이, 저항, 해석의 다섯 가지 기본기법이 사용된다.

1) 자유연상(free association)

자유연상은 마음에 떠오르는 의식과 감정을 모두 말하게 하는 기법으로, 내담자의 무의식에 억압되어 있는 욕구나 갈등, 그리고 감정을 의식화시키기 위하여, 내담자로 하여금 떠오르는 생각이나 느낌을 의식적으로 검열하지 말고 떠오르는 대로 모두 이야기하도록 하는 것이다. 중요한 목적은 내담자가 자유연상을 하는 동안 연상의 흐름을 살펴서 무의식 속에 억압되어 있는 내용을 찾아내는 것이다. 그리고 이것을 내담자에게 설명해 줌으로써 무의식적인 심리과정을 점차 이해할 수 있는 터전을 마련해 주는 것이다.

2) 꿈의 분석(dream analysis)

꿈의 분석은 꿈속에 내재된 본능적이고 무의식적인 욕구를 밝히는 기법으로, 프로이드는 꿈을 소원성취의 일차적 기능으로 보았다. 수면 중에는 자아의 방어능력이 약화되어 억압된 욕망과 감정들이 꿈으로 표면화된다. 프로이드는 "꿈은 무의식에 이르는 왕도"라고 하였다. 꿈의 분석은 이러한 꿈의 속성을 이용하여 꿈의 내용을 분석하여 무의식적 자료를 발굴하고 정리함으로써, 내담자로 하여금 자신의 내면세계에 대하여 통찰을 얻도록 도와주는 중요한 절차이다.

꿈에는 회상되는 꿈인 현재몽과 꿈의 근본 의미인 잠재몽의 두 가지가 있다. 잠재몽의 내용은 무의식적 동기가 위장되어 상징적으로 위장되어 있는 잠재몽의 정체를 밝히는 것이다. 현재몽의 내용에 대해 내담자에게 자유연상을 시킴으로써 잠재몽의 내용에 빨리 접근할 수 있다.

3) 전이(transference)

전이는 중요한 사람에게 가졌던 감정을 상담자에게 표현하는 것으로, 내담자가 과거에 중요한 인물, 예를 들면 부모, 형제 또는 중요한 타인들에게 나타내었던 애정, 적개심, 욕망, 기대 등의 감정을 상담자에게 옮겨 나타내는 것을 전이라고 한다. 상담과정에서는 이와 같은 억압된 감정들을 상담자에게 전이시켜 나타나게 함으로써 자신이 전이된 감정이 부적절하다는 것을 이해시킴으로써 내담자로 하여금 과거의 영향으로부터 벗어나 현재의 올바른 자아를 발견하도록 도움을 준다.

가) 긍정적 전이의 예

상담가와 사랑에 빠지게 되는 경우, 상담가의 양자가 되길 원하는 경우 등 다른 여러 가지 방법으로 상담자의 사랑, 수용, 승인을 구하려 하는 경우

나) 부정적 전이의 예

과거의 엄격했던 아버지, 매정하고 냉정했던 어머니에 대한 감정을 상담자에게 전이시키는 경우, 상담자를 미워하거나 못믿어워함.

정신분석상담이론(3) – 심리성적 발달론 〔4강〕

> ** 역전이의 발생(counter-transference)란?
> 상담자가 그들의 객관성을 방해하는 내담자에게 갖는 비합리적인 반응으로, 상담자가 내담자와의 관계에서 갈등을 느끼고 내담자를 싫어하거나 좋아하게 되는 경우를 말한다.
> 상담자는 내담자와의 관계에서 생기는 분노, 사랑, 아첨, 비평, 기타 강렬한 감정에 직면해서 비합리적이고 주관적인 반응을 하지 않도록 해야 하며, 때때로 돌출하는 자신의 미해결된 문제와 함께 자신의 취약성을 인식하기 위한 노력을 해야 한다.
>
> * 부정적 전이, 긍정적 전이, 역전이의 사례
> (1) 어린 시절에 믿을 수 없이 차갑고 무관심한 부모 밑에서 자란 환자는 의사를 믿지 못하고 의사의 지시를 무시하는 경향이 있다.(부정적 전이)
> (2) 선생님은 제가 본 선생님들 중 가장 용한 선생님이십니다.(긍정적 전이)
> (3) 할머니 환자만 보면 이상하게도 혐오감이 생기고 불안해지는 여의사가 있었다. 두 번의 오진이 있었는데, 모두 다 할머니 환자였다. 알고 보니 어릴 때 그녀를 키워준 분이 외할머니였는데, 갑자기 돌아가신 일이 있었다. 이 여의사는 의사가 된 뒤에도 할머니에 대한 갈등을 해결하지 못하고 있었다. 돌아가신 외할머니 나이 또래의 환자를 대하면 외할머니로 착각하고 마는 것이다. 어릴 때 자신을 버리고 숨진 할머니에 대한 미움이 그 할머니 환자도 갑자기 돌아가신 할머니처럼 그렇게 돌아가실지도 모른다는 불안을 느끼게 하는 것이다. (역전이)

4) 저항(resistance)

저항은 무의식적 내용이 의식화되는 것을 막으려는 내담자의 시도로써, 상담과 치료의 진전을 방해하고 상담자에게 협조하지 않으려는 내담자의 무의식적 행동을 저항이라고 한다. 예를 들면, 약속시간에 지각하는 것, 연락 없이 약속된 상담에 응하지 않는 것, 무례한 행동을 하는 것, 별로 중요하지 않은 이야기를 길게 늘어놓는 것, 또는 특정한 생각, 감정, 경험을 말하려 하지 않는 것 등이 저항의 예들이다.

저항은 자신의 억압된 감정이나 충동을 스스로 알아차렸을 때 느끼게 되는 불안으로부터 자아를 보호하기 위해 나타나는 일종의 심리적 역동의 결과이다. 따라서 내담자의 갈등을 근본적으로 해결하기 위해서는 치료자는 내담자에게 왜 저항하는지에 대하여 지적해 주어야 한다.

5) 해석(interpretation)

해석은 문제를 새로운 각도에서 이해하도록 행동의 의미를 설명해 주는 것으로, 정신분석학에서 해석은 자유연상, 꿈, 저항, 전이 등을 분석하고 그 속에 담긴 행동상의 의미를 내담자에게 지적해 주고 설명하는 것을 말한다. 해석을 통해 내담자는 이제껏 의식하지 못했던 심적 내용을 분명히 이해할 수 있게 된다.

해석이 효과를 거두기 위해서는 해석의 시기 선정이 적절해야 한다. 내담자가 수용할 태세가 아닐 때 해석하면 거부반응을 일으키기 때문이다. 또 다른 문제점은 해석의 깊이로서 내담자가 소화할 수 있을 정도의 깊이까지만 해석해야 한다.

> * 기타 상담기법
> 1. 버텨주기(Holding)
> 2. 간직하기(Containing)

❏ 정신분석적 상담의 과정

1) 내담자가 갈등, 부정적 감정(불안죄의식)등 도움을 필요로 하는 심리적 불편을 말하기 시작한다.
2) 상담 장면의 행동에서 내담자가 신경증적 증세를 보인다.
3) 상담자는 자유연상, 꿈의 분석, 최면 등을 통해 내담자의 신경증적 갈등을 탐색한다.
4) 상담자가 내담자의 언어 내용에서 갈등의 핵심, 주제 내용과 관련된 행동 측면을 추리한다.
5) 상담자는 전이관계에서 내담자의 갈등이 표면화되도록 한다.
6) 상담자는 내담자의 저항적 언어 반응을 해석한다.
7) 상담자는 그러한 해석에 대한 내담자의 반응 및 수용을 격려한다.
8) 신경증적 불안의 감소 및 제거가 시작된다.
9) 내담자의 부정적 감정이 해소되고 정신에너지가 해방된다.
10) 내담자로부터 보다 적절한 언어반응은 물론 자아 통제력 및 통찰이 생긴다.

5강 정신분석상담이론(4) - 신프로이드 학파

❑ 정신분석적 상담의 공헌 및 제한점

1. 공헌점
1) 인간은 자주 그 개인이 인지하지 못하고 수용할 수 없는 충동들에 의하여 사고나 행동이 동기화된다는 사실을 밝혀 주었다.
2) 담대하고 통찰력 있는 탐구를 통하여 최초의 체계적인 성격 이론과 최초의 효과적인 심리 치료의 기술을 개발해 내었다.
3) 심리 치료에 있어서 면접 활용의 한 모형을 개발하였다. 신경증이나 치료 과정에 있어서 불안의 기능을 처음으로 확인하였고 해석, 저항, 전이 현상의 중요성을 강조하였다.

2. 제한점
1) 유아기에서부터 성적인 동기와 파괴적인 소원에 의하여 행동이 동기화된다고 본 점
2) 오이디푸스 콤플렉스와 엘렉트라 콤플렉스 이론에서 볼 수 있는 것처럼 모든 인간에게 근친상간과 쾌락적인 충동이 있다고 한 점
3) 현재의 인간 행동의 이해 근거로서 유아기의 경험들과 억압된 무의식의 내용을 중시함으로써 인간을 결정론적이고 비합리적인 존재로 보고 인간의 자율성과 책임성, 합리성을 무시하고 있다는 점
4) 이론을 뒷받침해 줄 자료가 주로 통제되지 않는 상태에서 관찰한 불완전한 기록들과 자료에 근거한 추론의 결과라는 점
5) 정신 분석의 결과에 대한 연구들이 그 효과성을 충분히 지지해 주지 못하고 있다는 점
6) 여권 신장론자들로 부터는 남근 선망의 개념에 대하여 맹렬한 공격을 받고 있다.
7) 책임성없는 인간형의 허용, 인과관계의 끝없는 소급문제 등

❑ 신 프로이드 학파

1. Erikson의 심리/사회적 발달이론

1) 요약

정신사회적 발달론은 1950년대 미국 하바드대학 정신분석가인 에릭 에릭슨(Erik Erikson)이 제시한 것이다. 에릭슨은 인간의 발달단계를 문화적 환경에 중점을 두었으며, 인간의 기능 영역을 확대 시켰고 정신사회적 발달의 개념을 제시하였다.

프로이드가 도식화한 정신성적 발달 단계에 병행하는 자아발달의 순서를 만들고 이를 점진적 분화의 시기들이라고 명명했다. 즉, 자아(인간현실의 자아)는 전 생애를 통하여 정신분석이

론의 정신성적 발달에 따라 사회 심리적으로도 8단계를 거치면서 발전한다고 하였다.

인간은 각 단계마다 극복해야 할 독특한 갈등과 과제가 있으며 이를 성공적으로 수행하면 다음 단계로 발달, 성숙해 나가지만 만약, 잘 해결하지 못하면 만성적 적응장애에 빠진다고 한다. 그는 각 단계마다 해당되는 신체기관이나 신체운동에 따른 지역의 개념이 있으며(예: 구순기 때는 입과 먹는 행위), 단계 특유의 수행방식이 있다고 하였다(예: 구순기 때는 안으로 받아들임과 의존). 각 단계에서의 성공적 또는 실패적 결과로 나타나는 인격성향은 다음과 같이 요약된다.

2) 에릭슨의 심리/사회적 발달단계(8단계설)
   가) 영아기(출생-1세): 신뢰감 대 불신감
   나) 소아기 초기(1-3세): 자율성 대 수치심과 의심
   다) 소아기 후기(3-6세): 주도성 대 죄의식
   라) 학령기(7-12세): 근면성 대 열등감
   마) 소년기(12-18세): 주체성(또는 정체감) 대 주체성 혼동
   바) 청년기(18세 이후): 친교 대 고립
   사) 중년기: 생산성 대 정체
   아) 노년기: 자아통정감 대 절망감

3) 프로이드의 vs 에릭슨

Freud	Erikson
본능 id	인간 현실의 자아 ego
리비도의 방향전환을 강조	개인에 대한 가족, 사회의 영향을 강조
무의식의 흐름 중시	의식의 흐름, 사회적 상호작용 중시
발달의 부정적인 면 강조	긍정적인 면을 강조
청년기 이후의 발달변화 무시	전 생애를 계속적인 발달과정으로 간주

❑ 융의 분석심리학

1. 요약

스위스의 정신의학자 칼 구스타프 융(Carl Gustav Jung, 1875-1961)은 프로이드학파에서의 최초의 이탈자로서, 프로이드의 성충동에 치우친 리비도설과 그의 기계론적이며 생물학적 환원론적인 접근방법을 비판하고 독자적인 심리학설을 내세워 이를 분석심리학이라고 하였다.

즉, 전통적 의미의 성적욕구의 중요성을 부인하고 리비도를 정신에너지(psychic energy)로 간주하며 이는 평형(equilibrium)을 향해 간다고 생각하였다.

2. 분석심리학에서의 무의식의 의미

분석심리학은 무의식의 존재를 인정하고 인격의 성숙이 무의식적인 것을 의식화함으로서 가능하다는 주장에서 프로이드의 정신분석학설과 일치되지만, 무의식이 어떤 것이며 의식화 과정이

어떻게 이루어지느냐에 대해서 새로운 견해를 제시하면서 개인 무의식과 집단 무의식의 개념을 구분하여 설명하였다. 즉, 분석심리학에서 말하는 무의식이란 아직 자아로부터 의식되지 못하고 있는 모든 정신을 말한다. 그것은 궁극적으로는 그 끝을 헤아릴 수 없는 미지의 정신세계이다.

3. 집단무의식

융은 무의식중에 개인적 무의식이외에 더 깊은 곳에 인류 전체의 공통적이고 종족적이며 선험적인 집단적 무의식이 있으며 그 기본적인 것을 원형이라 하였다.

이 집단 무의식들은 환자들의 증상에서뿐만 아니라 꿈, 전설, 신화, 민요, 종교경험, 예술적 영감 등에서 나타난다고 하였다.

4. 5가지의 주요 원형

가) 애니마(anima) : 남성 속에 있는 여성적 요소
나) 아니무스(animus) : 여성 속에 있는 남성적 요소
다) 페르조나(Persona) : 겉으로 나타난 사회적 내지 가면적 인격 양상인
라) 쉐도우(Shadow) : 사회적으로 나타나지 않는 어두운 면의 인격성향
마) 자기(self) : 모든 원형들과 콤플렉스들을 통일시키고 평형을 유지시키는 기능을 한다.
   자아(ego)가 의식의 중심이라면, 자기(self)는 전체정신의 중심으로서 정신의 전체를 실현시킬 수 있는 잠재력을 지닌 원형이다.

5. 자기실현

인간 누구에게나 자기실현의 가능성이 부여되어 있는데, 자아의식의 적극적인 참여로 이 과정이 촉진된다. 자기실현은 자아의 무의식적 측면인 그림자(shadow)를 포함한 무의식적인 것을 깨달아가는 의식화를 거듭함으로써 가능한데, 이는 고통을 수반하는 작업이다.

인격성숙은 개성화(individuation) 또는 자기실현(self-actualization)의 과정을 통해 실현된다고 보았는데, 이는 의식과 무의식을 통틀어 진정한 개성을 발휘하여 "전체가 되는 것"을 말한다.

6. 성격의 4가지 유형

그는 또한 성격을 내향성(introversion), 외향성(extroversion)으로 나누고 마음의 기능을 사고형, 감정형, 감각형, 직관형으로 분류하고 있다.

특수한 정신기능은 합리적 기능(사고-감정)과 비합리적 기능(직관- 감각)으로 이루어지며 사고와 감정, 직관과 감각은 각각 한 대극의 쌍을 이루어, 하나가 발달될 때에 다른 하나는 자연히 억눌리게 된다. 개체는 이 네 가지 특수한 정신기능 가운데 특히 발달된 기능을 가지고 있어 이를 주기능이라 하며, 이에 따라 내향적 사고형, 외향적 감정형 등 여러 가지 유형으로 나누어진다. 주기능이 있으면 그 반대 극에 해당하는 기능이 미분화되어 무의식에 남아 열등기능이 된다.

자기실현은 이 열등기능의 분화발달과 함께 가능한 한 모든 기능을 골고루 발전시키는 작업이기도 하다. 따라서 치료는 인격 요소들을 이해하여 균형을 회복시키고 통일을 이루는 작업인 것이다.

7. 꿈의 분석

융은 상징(symbol)의 이해를 중요하게 생각하였다. 프로이드는 꿈을 이상한 정신활동으로 생각했고 꿈을 통하여 환자의 노이로제를 찾아갈 수 있다고 믿었으나 융은 꿈을 정상적이고 창조적인 무의식의 표현으로 보았다. 융에 의하면 꿈의 기능이란 "전체적인 정신적 평형을 미묘한 방법으로 재정립시켜 주는 꿈의 자료를 만들어 냄으로서 우리들의 심리적 균형을 회복시켜주는 것"이라고 했다.

즉, 꿈을 포함한 무의식의 현상 속에서 우리가 발견해야 하는 것은 억압된 욕구나 불안의 원인이 아니라 인격의 창조적 변환을 향한 무의식의 의도이며 갈등이 지닌 **목적의미**이다.

그러므로 분석심리학적 정신치료는 자기실현을 향한 인격변환을 목표로 한 무의식의 의식화, 무의식적인 것의 의식에의 동화과정이며, 방법보다 치료자의 기본자세를 중요시한다. 꿈의 분석, 회화(그림)분석, 적극적 명상과 같은 방법이 있으나 가능한 한 비체계적이며, 진정한 의미의 대화의 과정을 존중하며, 치료자 자신이 교육 분석을 받는 것을 분석치료의 필수적인 전제조건으로 삼는다.

> * 목적의미 : 융의 꿈의 내용에 대한 생각
>   과거에 의해 결정된 것이라기보다 미래에 관련하여 어떤 이유가 있다는 목적론적 견해를 제시

❏ 아들러의 개인심리학

1. 알프레드 아들러(Alfred Adler, 1870-1937)는 프로이드가 지나치게 유아기적 성을 강조하는 데서 벗어나 인간은 자기실현을 위하여 합목적적으로 추구하는 존재라는 점을 강조하였다. 인간은 태어나서 유아기 시절의 무력한 상태와 열등상태에서부터 출발하여 그 열등의식을 극복하고 우월성과 힘에의 의지를 추구하는 데서 행동이 나타나고 인격이 발달한다고 하였다.
2. 그는 성격발달에 있어서 우월하려는 마음과 권력추구가 더 중요한 역할을 한다고 보았다. 아들러에 의하면 열등감(기질. 지능. 사회 혹은 과거의 경험)때문에 권력으로 향한 의지가 자극되면, 열등감에 대한 보상으로 우월함을 얻으려고 하게 된다고 한다.
3. 이러한 추구는 사회적 관심과 유용성에 대한 인식을 갖게 하여 각 개인이 주어진 사회 환경에서 자존심을 유지하며 독특한 생활양식을 갖고 살게 하는 중요한 원동력이 된다. 즉, 모든 사람은 자기 나름의 목표를 갖고 있으며 이를 위하여 그들대로의 독특한 방법으로 노력한다고 했다. 바로 이 방법이 그 사람을 남과 구별하게 하는 것이며 그의 성격구조를 결정하는 것이라고 했다.

❏ 카렌 호나이(Karen Horney)

1. 10가지 신경증적 욕구

호나이(1985-1952)에 따르면 인간은 강박관념, 불만, 비현실적 성격으로 인해 10가지의 불안을 다루려는 욕구를 가진다고 하였다.

정신분석상담이론(4) - 신프로이드 학파 5강

가) 애정과 승인에 대한 욕구
나) 자신의 일생을 맡길 배우자에 대한 신경증적 욕구
다) 일생을 협소한 한계 속에 국한시키고자 하는 신경증적 욕구
라) 명성에 대한 신경증적 욕구
마) 권력에 대한 신경증적 욕구
바) 다른 사람을 착취하려는 신경증적 욕구
사) 자아찬미에 대한 신경증적 욕구
아) 자기성취에 대한 신경증적 욕구
자) 자아충족감과 독립심에 대한 신경증적 욕구
차) 방어와 비침공성에 대한 신경증적 욕구

2. 3가지 성격유형

호나이에 따르면 부모의 불가피한 미워함, 적의, 잘못 다룸, 몰이해 등으로 말미암아 무력함과 격리를 느끼며 여기서 '근본적인 불안'이 생긴다고 한다.

프로이드와는 달리 사람의 근본적 불안은 우리들 자신 속에서 생기는 것이 아니라 사회적 조건 때문에 생긴다고 하였다. 이 불안을 해결하기 위해서 어린이는 처음에는 순종, 적대, 회피, 독립 또는 완벽주의 등 여러 가지 전략을 사용하지만 결국은 3가지 기본적 성격특성 즉,

① 남에게 사랑과 인정을 받기 원하고, 순종하는 태도를 보이는 유형으로 추종형,
② 권력을 추구하고, 반항적이며 건방지고 적대적인 태도를 보이는 유형으로 공격형,
③ 사회적으로 위축되고 이탈하는 것으로 타인으로부터 떨어져 나오는 유형으로 고립형 중의 하나가 우세하게 된다.

그러나 한 가지 특성이 다른 것을 배척하는 경우 장애가 발생하게 된다. 즉, 한 가지 성격특성이 불안을 해결하기는 하나 부분적일 따름이며, 다른 성격특성과의 관계에 융통성이 없이 경직되어 있어서 악순환을 일으키는 결과, 없애거나 방지하려고 했던 문제가 새롭게 생기게 되기 때문이다. 호나이는 경직된 성격특성에 집착하게 되면 근본적 갈등이 생기게 되는데, 이는 신경증적 성격특성이 그리는, 허구적이고 이상화된 자화상으로 피할 수 있다고 한다.

□ 안나 프로이트(Anna Freud)

아동정신분석이론가인 안나 프로이트(Anna Freud)는 심리적 방어기제의 병리성과 정상성을 판단하는 기준을 아래와 같이 설정하였다.

1. 방어의 강도
2. 방어철회의 가능성
3. 활용된 방어 연령의 적절성
4. 균형

❑ 설리반(Harry Stack Sullivan)

1. 이론의 특성

설리반(1892-1949)의 대인관계 이론에 의하면, 성격이란 인간 생활을 특징짓는 비교적 지속적인 형태의 대인관계 상황이라고 정의 하였다.

그는 사람의 성격은 남들과의 사회적 교류에서 생기는 것이며 그런 과정은 어린이의 어머니와의 관계에서 시작된다고 한다.

2. 사람의 성격은 대인관계이며 대인관계가 우리의 마음이라는 것이다.

성격의 건전한 발육과 기능에는 생물학적 욕구의 만족과, 지위와, 타인과의 관계에 있어서의 안정이 필요하다고 했다.

3. 세 가지 경험양식

가) 원형(prototaxic mode) : 미분화되어 있으며 순간적이고 경험과 나 혹은 남의 감정이나 사고와 구별이 없는 생후 일년 사이에서 특징적으로 나타나는 경험양식으로 다른 유형에 대한 필연적인 전제조건이 됨

나) 병형(parataxic mode) : 시간적 관계를 갖고 앞뒤 연결은 있는 것 같으나 현실적인 해석과 그릇된 논리의 결론으로 생기는 공상적인 것과 혼동하는 경험양식으로 유아시절에 일어난다. 어린이는 발생되는 모든 사건을 평가 없이 수용하고 타인에게 비현실적 근거를 가지고 반응한다.

다) 전형(syntaxic mode) : 논리적이고 합리적인 사고를 하는 가장 성숙한 경험 양식으로 왜곡이 없으므로, 모든 사람들이 인정하는 언어적 성격의 상징 활동으로 구성된다.

4. 상담 및 치료의 의미

1) 설리반은 불안과 불안이 발생하게 된 대인관계가 치료의 초점이라고 했다. 그는 치료를 정신과적 면담의 연장으로 보았으며, 정신과 의사는 문제를 파고들어가는 과정에서 같이 참여하는 참여자이나, 환자가 자신의 문제를 깨우치는 것을 방해하고 있는 방어를 관찰하는 관찰자의 역할도 하므로 참여관찰자라고 명명했다.

2) 치료자의 능동적인 역할을 강조했으며, 치료과정이란 억압되고 해리된 일들을 파고 들어가는 과정 뿐 아니라 새로운 대인관계 패턴을 치료자와의 관계를 통해서 재현하도록 도와주는 학습과정도 포함된다고 했다.

❑ 프롬(Erich Fromm)

1. 이론의 특성

사회철학자이며 심리학자인 프롬(1900-1980)은 정신질환에 있어서의 사회의 역할을 강조한

프로이드의 제자 중 한사람으로서, 인간의 근본적인 문제를 다른 인간 동료들과의 관계의 상실로 보고 있다. 이런 격리감은 불안을 일으키고 또한 그것은 방어적 행동을 낳게 한다고 했다. 프롬에 따르면, 사회에 대한 순응의 강요는 개인의 자발성과 자유를 포기하도록 하는 것이라고 했다.
 신경증적 행동은 부모가 자식에게 따뜻한 사랑과 격려로써 사회에 대항하며 살아갈 수 있는 능력을 강화시켜 주지 못한 경우에 나타난다고 했다.
 프롬은 치료목표는 자기 스스로에의 책임을 통해 적응이 원활히 되도록 하는데 있다고 했다.

2. 성격유형

그는 또한 프로이드의 신경증적 성격형을 사회적 인격형으로 수정했다. 프롬이 언급한 성격유형은 프로이드의 각각의 발달단계에 다음과 같이 대응하며, 각각의 성격유형이 타인과 관계를 맺는 유형도 단계별로 상이하다.

프로이드	프롬	타인과의 관계
구강적 수동성격	수용적 성격	피학증
구강적 공격성격	착취형 성격	가학증
항문적 자기애 성격	축적형 성격	파괴적 경향
남근적 성격	시장형 성격	기계적 순종
생식기적 성격	생산적 성격	사랑

* 프로이드는 신경증적 성격형으로 보고, 프롬은 사회적 인격형으로 분류

❏ 오토(Otto Rank)

1. 분리불안(Sepation Anxiety) : 분리의 공포가 주요 역동적 세력, 유아기때 어머니로부터의 격리에서 최초불안 경험 – 일생에 영향을 줌
2. 개체화와의 투쟁 : 부모에 의한 만족충동(욕구충족)이 방해될 때 나타남
3. 의지의 개념 : "의지" 긍정적 요소, 인본적인 자아요소, 창조적 활동이 가능하며 기본적인 충동을 통제하는 것
4. 성격유형
 평범한 인간(Average Person)
 신경증적 인간(Neurotic Person)
 창조적 인간(Creative Person)

6강 개인주의 심리학적 상담이론(1)

❏ 알프레드 아들러의 개인심리학 상담

1. 서론

개인심리학은 알프레드 아들러(Alfred Adler)에 의해 개발된 성격이론과 심리치료, 이론체계로서, 인간을 그 자신의 현상학적인 장 내에서 가공적 목표를 향해 움직이는 창조적이고, 책임이 있으며, '형성되어 가는' 총체적인 존재로 본다. 개인심리학은 인간의 생활양식이 열등감으로 인해 때때로 자기 파괴적이 될 수 있다는 입장을 취한다. "정신병리"가 있는 개인은 아프다기보다는 의기소침한 것이며, 상담의 과제는 상담자와의 관계, 분석 및 활동방법을 통하여 그 사람을 격려하고 그의 사회적 관심을 활성화시켜 주며, 새로운 생활양식을 발달시켜 주는 것이다.

2. 주요개념

1) 인간관

(1) 총체적 존재

아들러 심리학의 가장 중요한 가설은 인간이 통일되고 자아 일치된 유기체라는 것이다. 프로이드가 환원론의 입장에서 인간을 의식과 무의식, 본능, 자아, 초자아로 분류한데 반대하고 인간을 더 이상 분류하거나 분리, 분할할 수 없는 그 자체로서 완전한 전체로서 보았다. 아들러는 이러한 자아 일치된 통합된 성격구조를 개인의 생활양식이라 부르고 있다.

> *** 개인심리학의 명칭유래
>   자아일치된 통합된 성격구조= 개인의 생활양식

(2) 창조적 존재

아들러는 성격형성에 있어서 유전과 환경의 중요성을 인정하면서도, 개인은 분명히 이 두 요인 이상의 산물이라고 하였다. 그래서 사람들이란 창조적인 힘을 가지고 자기 인생을 좌우할 수 있는 존재로 묘사한다. 즉 자유롭고 의식적인 활동이 인간을 정의하는 특징이다.

(3) 주관성을 지닌 존재

개인주의 심리학은 현상학적인 관점을 수용하여, 개인이 자신과 자신이 적응해 나가야 하는 환경을 어떻게 보느냐에 따라 그의 행동이 결정된다고 하였다. 모든 개인은 그들 자신이 가진 통각의 도식과 일치하는 방향으로 그들 자신이 설계한 세계 속에서 산다.

2) 개인심리학의 주요 개념

아들러학파의 기본 전제는 개인심리학으로 알려져 있는데 이것은 성격은 유일성으로 이해되어야 하며 나눌 수 없는 전체로 이해되어야 한다는 것이다. 인간은 부분으로 나눌 수 없는 전체이기 때문에 삶의 목표를 향해 움직이는 역동성과 통일성으로 이해하는 것이 가장 좋다.

(1) 목적적이고 행동지향적인 특성

개인심리학은 모든 인간행동은 목적을 가진 것이라고 가정한다. 아들러는 결정론적인 표현이라는 관점을 목적론적인(목적적인, 목표지향적인)관점으로 대치하였다. 행동의 목표는 개인이 지각과 결정에 의해 창조된다.

개인심리학의 기본 과정은 우리가 어디로 가고 있는가, 무엇을 추구하고 있는가가 중요하다는 것이다. 아들러 학파는 개인의 과거가 현재 개인의 추구에 미치는 영향을 경시하지 않으면서 미래에 관심을 갖는다. 아들러 학파는 개인이 결정은 그의 과거 경험, 현재상황, 그리고 그가 추구하고 있는 방향 등에 의해 결정된다고 가정한다.

(2) 중요성과 우월성을 위한 추구

인간에게는 완전성을 향한 추구와 지배욕에 의해 열등감에 대항하려는 욕구가 내재한다는 것을 강조한다. 인간행동을 이해하기 위해서는 기본적인 열등감과 보상의 개념을 파악하는 것이 중요한다. 우리는 능력, 지배, 완전성을 추구하기 때문에 열등감을 느낀다. 예를 들면 우리는 약점을 장점으로 바꾸려고 한다든가 다른 여러 면에서의 약점들을 보상하기 위해 한 가지 일에 몰두하려 한다. 우리가 능력을 추구해 가는 독특한 방식이 개인성(individuality)을 구성한다.

(3) 생활양식(style of life)

생애유형은 개인의 성격을 움직이는 체계적 원리로서 부분에 명령을 내리는 전체의 역할을 한다. 개인의 독특성, 즉 삶의 목적, 자아개념, 가치, 태도 등을 포함하는 것으로 삶의 목적을 달성하는 독특한 방법들이다. 이러한 생활양식은 우리의 독특한 열등감을 극복하기 위한 노력을 나타내며, 4-5세경에 그 틀이 형성되어 그 후에는 거의 변화하지 않는다. 따라서 우리의 모든 심리적 과정의 의미는 개인의 생활양식의 내용을 보아야만 비로소 알 수 있다. 아들러는 생활양식의 진정한 형태는 생활과제에 접근하고 이를 해결하는 태도에 따라 구별된다고 하였다. 아들러는 생활양식을 사회적 관심과 활동수준이라는 두 가지 차원을 중심으로 다음과 같은 네 가지 유형으로 구분하였다.

가) 지배형 : 사회적 관심이 거의 없으면서 활동수준이 높아 공격적이고 주장적인 형
나) 획득형 : 이러한 사람들은 기생적인 방법으로 외부세계와 관계를 맺으며, 다른 사람에게 의존하여 욕구를 충족하는 형
다) 회피형 : 사회적 관심도 적고 활동도 적다. 이들의 목표는 인생의 모든 문제를 회피함으로써 한 치의 실패 가능성도 모면하려 는 것이다.
라) 사회형 : 심리적으로 건강한 사람의 표본이 된다. 활동수준과 사회적 관심이 높아 자신의 욕구는 물론 다른 사람의 복지를 위해서 협력하려는 의지를 가진다.

(4) 허구적인 결말주의(fictional finalism)

아들러 학파들은 인간의 행동을 이끄는 상상된 중심목표를 언급하기 위해 "허구적인 결말주의"또는 "가상적 목표"라는 말을 쓴다. 아들러는 인간행동은 이 세계에 대한 개인의 개념화에

의해 지배된다는 철학자 바이힝거(Vaihinger)의 관점에 영향을 받았다. "만약-라면"이라는 이 철학은 인간은 허구에 의해 살며(또는 이 세상이 어떻게 되어야 한다는 관점에 의해 살며) 과거에 어떤 일이 일어났는가 하는 것보다 미래에 대한 기대에 산다는 것을 의미한다. 아들러는 인간은 자신의 행동을 이끄는 관념을 창조한다는 생각을 정립하였다. 행동에 방향을 주는 이런 개인적인 목표들은 개인이 생활양식의 기본 측면이 된다.

(5) 사회적 관심(social interest)

사회적 관심 또는 사회적 느낌이란 용어는 아마도 아들러의 가장 중요하고 독특한 개념일 것이다. 이 용어는 사회를 살아가는 개인의 태도를 의미하며 보다 나은 미래를 추구하는 관심을 포함한다. 그는 사회적 관심을 다른 사람에 대한 동일시나 공감과 등식화하고 있다. 즉 "다른 사람의 눈으로 보는 것, 다른 사람의 귀로 듣는 것, 다른 사람의 마음으로 느끼는 것"이다. 개인심리학은 우리의 행복과 성공은 주로 사회와 관련되어 있다는 핵심사상에 근거한다. 우리는 사회의 일원이기 때문에 사회구조를 떠나 고립된 존재로 이해될 수 없다. 삶을 통해 소속되고자 하는 욕구가 인간행동의 기본이 된다. 우리가 경험하는 문제의 대부분은 자신이 가치를 두는 사람들에게 수용되지 못한다는 두려움에 관련되어 있다. 만약 이러한 소속감이 충족되지 못하면 불안이 발생한다. 아들러는 우리는 소속되고자 하는 강한 욕구를 가졌고 또 소속감을 가질 때만이 문제에 직면하고 그것을 처리하려고 노력한다고 주장하고 있다.

(6) 생활과제

아들러학파는 다섯 가지의 주요 과제를 완성해야 한다고 주장한다. 그것은 친구나 가족과의 관계, 일, 성욕, 자기에 대한 감정 그리고 정신적인 영역(생의 목표, 의미, 목적 등)을 포함해서)이다. 우리는 성역할을 규정하고 다른 사람과 관계하는 것을 학습해야 한다. 우리는 자기충족적인 존재가 아니므로 상호의존적으로 배워야 한다. 일은 생존의 기본이기 때문에 일 속에서의 의미를 추구해야 하며 사회라는 큰 조직 속에서 한 부분이 되어야 한다.

❑ 상담의 목표

1. 상담의 목표

아들러 학파의 상담이론의 기본 목표는 내담자의 사회적 관심, 즉 잘못된 사회적 가치를 바꾸는 것이다. 아들러학파는 행동수정보다 동기수정(motivation modification)에 보다 관심을 갖는다. 즉 그들은 기본적인 삶의 전제들, 즉 생의 목표나 기본 개념들에 도전하려고 하며, 단순한 증상제거에 별로 관심을 갖지 않는다.

상담과정은 정보제공, 교시, 안내, 격려 등에 초점을 둔다. 그들은 내담자를 병든 존재나 치료되어야 할 존재로 보지 않는다. 그것보다는 사회에서 동등하게 즉 다른 사람과 주고받을 수 있는 사람이 되도록 재교육하려는 목표를 갖고 있다.

2. 모삭(Mosak)의 상담목표

① 사회적 관심을 기르기

② 패배감을 극복하고 열등감을 감소시키기 위해 내담자를 돕기
③ 내담자의 관점과 목표, 즉 생활양식을 수정하기
④ 잘못된 동기를 바꾸기
⑤ 내담자가 다른 사람과 동등한 감정을 갖도록 돕기
⑥ 사회의 구성원으로 기여하도록 돕기

3. 드레이커스의 상담과정 목표

① 바람직한 내담자-치료자 관계를 만들고 유지하기
② 생활양식과 목표 그리고 이 요소들이 개인에게 어떻게 영향을 미치는가를 포함해서 내담자의 역동성을 확인하기
③ 통찰로 이끄는 해석을 제공하기
④ 재정립을 성취하고 이해한 것을 행동으로 옮기기

▢ 상담자의 기능과 역할

1) 아들러 학파의 사람들은 기법의 정확성에 얽매이지 않는다. 그들은 때로는 절충적이 되며 기법을 다양하게 구사한다. 그들의 기법은 개인심리학의 기본 개념들에 일치하지만 내담자 개개인에게 맞추어 적용한다.
2) 아들러 학파의 상담자들은 상담의 인지적 측면에 초점을 둔다. 그들은 내담자는 그릇된 인지(신념이나 목표들) 때문에 행동면에서 비효율적이며 정서적으로 침체되어 있다고 인식한다. 그들은 내담자가 기분 좋게 느끼고 효율적으로 행동하기 위해서는 그릇된 신념이 무엇인지 찾는 것이 중요하다는 가정 하에 작업한다. 상담자들은 사회에서의 중요한 잘못을 찾으며 잘못된 신념, 비현실적 욕망, 신뢰성의 부족 등을 중시한다.
3) 상담자의 주 기능은 진단자로서의 기능이다. 상담자는 내담자의 가족 내의 위치에 관한 정보를 모은다. 이러한 과정에서 개인의 어린 시절의 환경을 요약하고 해석하면 상담자는 내담자 초기의 회상을 해석함으로써 내담자의 인생에 대한 조망을 얻는다. 내담자의 인생관은 현재의 신념과 사회적 관심을 비교함으로써 확인한다. 이것이 완성되면 상담자와 내담자는 상담을 위한 목표를 설정하게 된다.

▢ 내담자의 경험

1) 아들러 학파의 상담에서 내담자는 생활양식을 갖고 작업하는데 생활양식은 그의 활동 사진이다. 상담과정에서 내담자는 생활양식을 유지하며 변화시키기를 거부한다. 일반적으로 사람들은 사고와 행동에서의 실수를 인식하지 못하고, 어떻게 잘못 행동하는가를 알지 못하며, 새롭고 예측할 수 없는 행동이 두려워서 과거의 행동을 벗어나지 못하기 때문에 변화에 실패한다. 따라서 그들은 비록 자신의 생각과 행동이 잘못되었더라도 친숙한 유형에 집착하려고 한다.

2) 상담에서 내담자는 삶의 현실에 맞지 않는 개인적 논리에 의해 결정을 내리기 때문에 문제가 발생한다. 상담 경험의 핵심은 내담자가 기본적인 잘못을 발견하고 이러한 잘못된 가정과 결론을 어떻게 교정하는가를 학습하게 하는 것이다. 아들러학파에 의하면, 감정은(원인이라기보다는)사고와 행동의 결과로 보기 때문에, 내담자가 보다 기분 좋게 느끼고 보다 바람직하게 행동하려면 보다 합리적으로 사고하는 길을 찾아야 한다.

❏ 상담자와 내담자의 관계

1. 아들러 학파는 상담자와 내담자의 관계가 행동, 상호신뢰, 존경에 기초된 동등한 관계라고 가정한다. 상담은 협동적 모험이기 때문에 특수한 목적은 위한 계약이 만들어지고 그 목표를 위해 내담자와 상담자가 연합해야 한다. 상담 초기에서부터 이 관계는 협동적인 것이며 두 사람이 상호동의에 의해 만들어진 하나의 목표를 향해 일하며, 내담자 또한 자신이 수동적인 존재가 아니라 어떤 우월한 자도 열등한 자도 없는 관계에서 활동적인 주체자임을 인식하게 된다.
2. 아들러학파에서는 상담의 결과에 관련된 것으로서 상담관계의 질(quality)을 중요하게 보지만 이런 관계만으로 변화가 일어난다고는 보지 않는다. 이것은 변화과정의 시발점이다. 이런 신뢰와 라포가 없으면 개인의 생활양식의 변화를 위한 어려운 작업은 시작되기 어렵다.

❏ 적용 : 절차와 기법

1. 상담의 절차

아들러학파의 심리상담은 상담과정의 네 가지 측면에 부합되는 네 가지 목표들 중심으로 구성된다.
① 적절한 상담관계를 만들기
② 내담자에게 작용하는 역동성을 탐색하기(분석과 평가)
③ 자기이해(통찰)의 발달을 격려하기
④ 새로운 선택(방향의 재조정)을 하도록 돕기

1) 국면 1 : 관계의 형성
 - 아들러 학파의 상담자들은 내담자로 하여금 그의 삶에 책임감을 느끼도록 협동관계에서 일한다. 상담과정은 상담목표가 분명하게 정의되고 상담자와 내담자 간의 목표에 대한 공동 노선의 설정이 이루어져야만 가능해진다. 상담과정이 효율적으로 되려면 내담자가 중요하다고 인식하여 기꺼이 논의하고 변화시키려는 개인적 문제를 다루어야 한다.

2) 국면 2 : 개인의 역동 탐색
 - 이 국면에서 내담자의 목표는 자신의 생활양식을 이해하고 그것이 현재의 생의 과제에서 어떻게 기능하는지를 이해하는 것이다. 이 단계에서는 상담자가 내담자의 다음과 같은 주

관적 상황과 객관적 상황에 대하여 논의해야 한다.
가) 가족 내에서의 개인의 위치
나) 아동기의 회상
다) 꿈
- 생활양식의 평가의 한 방법으로 아들러 학파의 상담자들은 최근의 꿈뿐만 아니라 아동기의 꿈에 특별한 관심을 둔다. 개인심리학의 관점에서 보면 꿈은 문제를 표면화 시키는 역할을 하여 상담을 위한 풍향계의 역할을 제공한다. 왜냐하면 문제를 표면화시키기 때문이다. 아들러 학파의 관점에서 보면 꿈은 개인에게 목적적이고 독특하다.
라) 우선적 욕구
마) 통합과 요약

일단 개인의 가족 내에서의 위치와 초기회상, 꿈, 우선권 등에 대한 자료들이 수집되면 각 영역을 분리해서 요약한다. 마지막으로 생활양식 평가 설문지에 기초해서 이 자료들을 통합하고 요약하며 해석한다. 이런 통합의 과정은 내담자의 장점뿐만 아니라 자신의 기본적인 잘못을 드러내도록 고안한다. 요약은 내담자에게 제시하여 논의한 후 내담자와 상담자가 상호 협력하여 특정한 관점을 수정한다. 아들러 학파는 이런 잘못된 가정들은 도전될 수 있고 궁극적으로 바뀔 수 있다고 본다.
바) "격려"의 과정

> **** 모삭은 생활양식을 "개인의 신화"라고 쓰고 있다.
> 사람들은 마치 신화가 현실인 것처럼 행동하는데 왜냐하면 그것이 그들에게는 현실이기 때문이다. 모삭은 다섯 가지 기본적 잘못을 목록으로 제시하고 있다.
> ① 지나친 일반화 – "세상 어디에도 공정함은 없다."
> ② 잘못된 또는 불가능한 목표 – "나는 내가 사랑받는다고 느끼려면 모든 사람을 기쁘게 해 주어야 한다."
> ③ 삶의 요구에 대한 잘못된 자각 – "인생은 나에겐 너무 힘들어."
> ④ 개인의 기본적인 가치의 부정 – "나는 근본적으로 어리석어. 그래서 어느 누구도 나와 함께 무엇을 하려고 하지 않는 거야."
> ⑤ 잘못된 가치 – "최고로 올라가야 해. 그런 과정에서 누군가 상처를 입더라도 상관하지 말고."

3) 국면 3 : 통찰의 격려

상담자는 내담자의 언행의 불일치, 이상과 현실간의 불일치 등에 대해 내담자가 직면하여 자신에 대한 통찰을 얻을 수 있도록 해야 하며 해석을 통하여 내담자의 장점을 지적하고 격려하여 통찰을 얻는 과정을 용이하게 해준다.

4) 국면 4 : 재교육을 통한 도움

상담절차의 마지막 단계는 행동 지향적 국면으로 태도의 수정(reorientation) 또는 내담자의 통찰을 실세 행동으로 전환되게 하는 재교육 단계이다. 이 단계에서는 내담자가 변화를 시도하고자 하는 열망이 얼마나 강한가에 달려있다.

개인주의 심리학적 상담이론(2) /실존주의 상담이론(1)

❑ 개인주의 심리학적 상담이론의 기법

1) 즉시성
현재 순간에 무엇이 일어나고 있는지를 다루는 기법이 즉시성이다. 어떤 결정을 할 때 상담자에 대한 내담자의 기대 때문에 상담자가 어떻게 영향 받는지를 내담자에게 말해 준다면, 이것이 곧 즉시성이다.

2) 격려
불행, 우울, 분노, 불안의 심리 상태에 있는 사람은, 성장할 수 있고 보다 자기 충족적인 방향으로 모험을 감행할 수 있는 스스로의 능력에 대한 신뢰가 없기 때문이라고 생각한다. 따라서 이런 사람들의 내적 자원의 개발을 촉진하고 긍정적인 방향으로 나아갈 수 있는 용기를 북돋아 주는 것이 필요한데 그것이 곧 격려이다.

3) 역설적 의도(기법)
바라지 않거나 바꾸고 싶은 행동을 의도적으로 반복 실시하게 함으로써 역설적으로 그 행동을 제거하거나 벗어날 수 있게 하는 행동을 말한다.
역설적 의도의 이론적 배경은 사람은 어떤 상황에서 그가 어떻게 하고 있는가를 극적으로 자각하게 되면 그런 행동의 결과에 대한 책임이 자기에게 있다는 것을 자각하게 된다는 것이다. 나아가 다소 과장된 방식으로 문제에 직면하면 내담자는 자기가 원하는 것을 얻을 수 있는 대안을 생각하게 된다.

4) "마치 ~인 것처럼" 행동하기
상담자는 내담자가 마치 자신이 그런 상황에 있는 것처럼 상상하고 행동하도록 하는 역할놀이 상황을 설정한다. 내담자가 "만약 내가 ~만 할 수 있다면" 이라고 말하면 상담자는 내담자에게 최소한 일주일 정도 마치 무슨 일이 일어날 것 같은 그의 환상을 역할놀이를 통해 표현해 보도록 격려 할 수 있다.

5) 내담자의 수프를 엎지르기/수프에 침 뱉기
상담자는 목표를 정해서 어떤 행동을 종식시키며 내담자의 눈앞에서 어떤 행동의 유용성을 감소시킴(엎지르기 내지 침을 뱉음)으로써 게임을 망치게 하기도 한다.
즉, 상담자가 내담자의 수프(부정적 행동)에 침을 뱉음으로써 내담자는 여전히 그 수프를 먹으려고 하지만 (부정적 행동을 지속하려고 하지만) 이제는 그 맛과 같이 않음. 이는 내담자의 자기패배적 행동뒤에 감춰진 의도나 목적을 드러내 밝힘으로서 내담자가 그 행동을 하는 것을 주저하게 하는 기법이다.

6) 자신을 파악하기

자신을 파악하는 과정에서 내담자는 자기경멸감이 없이 자기 파괴적 행동이나 비합리적인 사고를 자각하게 된다. 처음에 내담자는 자신이 옛날 유형에 너무 얽혀 있다는 것을 깨달을 것이다. 그러나 결국에는 실천함으로써 어떤 사건이 일어나기 전에 그것을 파악하여 그 유형을 바꿀 수 있음을 알게 된다.

7) 단추누르기

단추누르기 기법은 내담자가 대안적으로 유쾌한 경험과 불유쾌한 경험을 가진 다음 이 경험들에 수반되는 감정에 주의를 기울이는 것이다. 이 기법을 쓰는 목적은 내담자에게 무엇을 생각하겠다고 원하면 어떤 감정이든지 만들어낼 수 있다는 것을 가르치기 위한 것이다. 그는 생각에 의해 감정을 통제할 수도 만들 수도 있다.

8) 결점이 많은 아이를 피하기/악동피하기

내담자는 일상생활에서 사용하는 자기패배적인 행동유형을 상담상황에 가져온다. 그는 왜곡된 지각이 없어질지도 모른다고 생각하기 때문에 잘못된 가정에 집착할지도 모른다. 예를 들면 어떤 내담자는 아무도 그를 돌보아 주는 사람이 없다고 생각하기 때문에 다른 사람이 그에게 하는 것처럼 반응해 주기를 시도한다. 상담자는 그런 덫에 걸리지 않도록 조심해야 하며 그런 오래된 행동유형을 계속 지키려는 내담자의 행동을 강화하지 않도록 주의해야 한다. 더불어 상담자는 보다 심리적인 성숙으로 이끄는 그런 행동들을 격려하도록 해야 할 것이다.

9) 과제설정과 이행

문제를 해결하기 위해 구체적인 단계를 설정함에 있어서 내담자는 현실적·소득적 과제를 설정하고 이것을 한정된 시간에 수행할 수 있도록 계획이 이루어져야 한다. 이러한 방식으로 내담자는 특정한 과제를 이행하는 데 있어 성공감을 맛볼 수 있으며 새로운 계획들을 자신감을 갖고 발달시킬 수 있다. 만약 계획이 잘 수행되지 않으면 다음 상담시간에 논의하고 수정한다. 만약 성공적으로 수행한다면 내담자가 원하는 방향으로 보다 개선 할 수 있는 장기적인 목표를 수행하게 한다.

10) 면담을 종결하고 요약하기

상담기간 내에 문제에 계속적인 탐색을 배제하지 않으면서 종결을 유도하고 상담기간 중 가장 절정이 되는 부분을 요약하는 것은 상담자의 가장 중요한 기술이다. 그것보다는 내담자가 학습한 것을 다시 검토하고, 내담자가 상담기간 동안에 실행해 온 행동지향적인 과제들을 논의한다. 이런 식으로 해서 내담자는 새로운 학습을 일상의 생활에 적용하도록 격려받게 된다.

☐ 적용의 영역

아들러의 개인심리학은 의학적 모델이 아니라 성장모델에 기초하므로 아동지도센터, 부모-아동상담, 부부상담, 가족상담, 집단상담과 상담, 아동과 청소년의 개인상담, 문화갈등, 교정과 목적상담, 정신건강기구 등 다양한 영역에 적용될 수 있다. 이 원리들은 또한 약물남용프로그램, 빈곤층과 죄수의 문제, 노인문제, 학교조직, 종교단체, 사업기관에서의 프로그램에 널리 적용할 수 있다.

❑ 아들러 이론의 공헌점 및 제한점

1. 아들러 학파의 공헌

아들러 이론에서 성격의 사회적 요인에 대한 강조는 집단 내에서 개인을 상담하는 집단상담의 개념을 선도하였다. 따라서 중요한 공헌은 초등교육, 부모교육집단, 결혼상담, 가족상담 등이다.

2. 제한점

1) 아들러는 자신의 이론을 잘 다듬고 체계적으로 조직하기보다는 실행과 교수를 강조하였다. 따라서 그의 저술은 대부분 어딘가 느슨하고 지나치게 산만하다.
2) 아들러의 이론적인 개념은 실제적인 연관이 상당히 높은 것으로 인정되는 반면, 이 개념들의 경험적인 검증은 수적으로 빈약하다. 개인주의 심리학 개념의 경험적 검증의 어려움은 그의 이론적 체계 속에 구체적인 하위수준의 개념이 부족하고 너무 일반적인 성질을 지녔기 때문이다. 그래서 아들러는 상식적인 감각의 심리학이라는 비판을 받았으며 복합적 개념을 지나치게 단순화하고 있다는 비난을 받았다.

❑ 실존주의 상담이론

1. 서론

1) 실존주의 접근은 실존주의 사상과 심리학에 있어서 제3세력으로 간주되고 있는 인본주의 심리학에 근거하여 출현하였다. 그래서 상담에 있어서 실존주의적 접근은 다른 접근에 비하여 철학적인 면이 강조되고 있으며 구체적인 상담 기술보다는 상담의 바탕이 되는 인간관에 더 많은 관심을 가지고 있다.
2) 실존주의 사상은 인간의 본질, 현재 세계에서의 인간의 존재, 그 개인에 대한 인간 존재의 의미에 관심을 두며, 그 초점을 인간의 가장 직접적인 경험인 그 자신의 존재에 두는 것이다.

2. 실존주의의 철학적 배경

- 상담에 있어서 실존주의적 접근의 발달적 배경을 살펴보면 실존주의의 기원에서부터 시작된다. 키에르 케고르(Kierkegaard)에서 사르트르(Sartre)에 이어지는 실존주의는 대체로 자신의 존재(存在)를 각성한 실존(實存)을 문제 삼는다.
- 실존은 본질에 앞선다는 점, 즉 자신의 본질은 자신이 존재하고 난 뒤 자신의 자유 의지에 의해 선택하고 행동하고 책임지는 가운데 스스로 형성해 간다는 점을 강조한 사상

- 어느 사상보다도 개인의 개별성(個別性)과 주관성을 강조한다. 또한 우리 모두가 무한한 가능성을 가지고 있으며 그 자신이 가치와 의미의 창조자임을 강조한다.

3. 관련학자, 이론가들

1) 도스토예프스키(1821-1881)

도스토예프스키는 인간은 가장 쾌락을 준다고 믿는 것에 따라 행동한다는 정교한 신념을 깨뜨렸다. 우리는 "가장 이익이 되는 것"에 대항해서 결정하거나 행동하기도 한다. 양심은 고통스럽고 우리를 망설이게 하지만 결국 우리의 삶에 위대한 자유를 준다고 하였다.

2) 키에르 케고르

키에르 케고르는 인간개체와 인간정서의 중요성을 강조하였을 뿐만 아니라 고립된 개별 존재로서의 실존(Existenz)의 개념을 완성하였다. 이렇게 시작된 실존주의는 현대 철학의 주류가 되다시피 했다.

3) 니체(1844-1900)

독일의 철학자인 그는 인간은 합리적인 존재라는 고대의 정의는 잘못된 것이라고 증명하였다. 우리는 합리적인 지능을 가진 존재라기보다 의지의 창조물이다. 그러나 사회는 도덕, 종교, 정치 등을 주입시킴으로써 우리를 무력하게 만든다. 만약 양떼처럼 "집단도덕성"(herd morality)을 묵인한다면 우리는 단지 어리석은 군중에 지나지 않을 것이다. 그러나 만약 우리가 권력에 대한 우리의 의지의 고삐를 풀어 놓음으로써 우리를 해방시킨다면 우리는 창조성을 지닌 우리의 잠재력에 한 발 더 다가갈 수 있을 것이다. 이것이 지도자 즉 "초인"(superman)이 되는 길이다라고 하였다.

4) 하이데거(Heidegger)

하이데거는 야스퍼스(Jaspers)와 함께 20세기의 실존 철학의 창시자로서 특히 심리학자와 카운슬러를 연결하는 가교의 역할을 했다고 볼 수 있다. 그는 "존재와 시간"에서 실존이란 현존재(Dasein)가 일상인(Das Man)으로 전락하여 자기 존재의 근거를 상실한 상태에서 본래적 존재 방식을 기투적(企投的)으로 취하는 것이라 했는데, 그렇게 본다면 실존이란 현존재의 본래적인 존재방식을 의미한다고 할 수 있다. 실존철학의 주된 관심사는 자신의 존재를 각성한 실존 그 자체이다.

그래서 "실존은 본질에 앞선다(Existence precedes essence)"는 명제를 앞세우고 경험의 주관적인 측면, 선택의 자유, 책임 등을 강조한다.

5) 사르트르(1905-1980)

철학자이며 소설가인 그는 제2차 세계대전이라는 위험스런 저항의 시기의 영향으로 인해 과거의 실존주의자들보다 더 인간은 자유로운 존재라는 것을 확신하였다. 개인의 과거가 어땠건 각 개인은 자신의 의지에 따라 선택할 수 있으며 그래서 지금과는 아주 다르게 될 것이다. 그러나 선택은 위임될 것이라는 자유의 다른 측면인 책임성을 강조하였다.

6) 빅터 프랑클(Frankl)

Frankl은 오스트리아의 정신과 의사로서, 1942년부터 1945년까지 동일의 아우슈비츠 강제수용소 등에 투옥되었는데 그곳에서 많은 고난을 겪고 있는 사람들의 심리를 연구한 끝에 의미요법(logotherapy)을 개발하였다.

프랭클은 프로이드의 결정론적인 개념에 반대하여 자유, 책임성, 삶의 의미 그리고 가치추구와 같은 기본 개념으로 심리치료의 이론과 시제를 정립하였다. 그가 발전시킨 주제는 "의미에의 의지"(will to meaning)이다. 프랭클에 의하면 현대인은 가끔 무엇을 위해 사는지 모르는 채 그의 삶을 산다고 한다.

우리 시대의 비극은 일상에서 그리 바쁘지 않을 때 경험하는 무의미함과 "실존적 공허"(existential vacuum)이다. 치료과정은 개인으로 하여금 또 다른 삶속에서 사고, 고통을 받고, 사랑하면서 그런 것들을 통해 삶의 의미와 목적을 찾는 데 도전하도록 하는 것이다.

7) 미국의 실존주의 정신의학자들

(1) 메이(May)

메이(May)는 미국에서 가장 유명한 실존심리 분석가인데 미국 심리학분야에서 실존적-인본적 심리학 운동에 앞장섰으며, 개개인의 개성을 강조하였고 치료자가 환자를 제대로 이해하고 치료하기 위해서는 선입견이 개입되는 진단에 구애받지 않아야 한다고 했다.

메이는 유럽의 실존주의를 미국의 심리치료의 이론과 실제의 주류에 옮겨 놓은 심리학자이다. 메이는 또한 빈스방거와 보스가 내담자를 대상으로 보지 않고 하나의 개인적 세계를 가진 존재로 보는 관점에 영향을 받았다. 그의 저술은 치료의 주관적 영역을 강조하는 이런 점을 반영하고 있다.

(2) 얄롬(Yalom)

얄롬은 〈실존적 심리치료〉(1980)

8강 실존주의 상담이론(2)

❏ 실존주의 상담이론의 주요 개념

1. 인간관

1) 인간은 자신이 선택한 주체요, 그 선택은 미래를 결정하는 기준이 되며 그런 결정은 모든 책임을 자신이 지어야만 하는 존재이다. 내던져진 존재의 본성을 자신이 창조하며 자신의 잠재력을 각성함으로써 인생을 보다 행복하게 만들 수 있는 존재라는 것이다.

2) 인간은 실존하고 난 뒤에 자유로운 자신의 의지에 의하여 선택하고 행동하며 그 결과에 대해 책임지는 가운데 자신의 본질을 자신이 만든다는 것이다. 인간은 자기를 각성할 수 있는 능력을 가지고 있고 무의미한 세계에서 의미와 가치를 추구하며 자아실현의 경향성을 가지고 있다는 것이다.

3) 실존적 접근법에 의하면 인간조건의 기본 영역은 즉 ① 자기인식의 능력, ② 자유와 책임, ③ 자신의 정체감의 발견과 다른 사람과의 의미 있는 관계의 정립 ④ 의미·목적·가치·목표의 추구, ⑤ 삶의 조건으로서의 불안, ⑥ 죽음과 무의식 등과 같은 내용을 포함하고 있다.

1) 전제 1 : 자기인식의 능력

인간존재로서 우리는 자기인식의 능력이 있기 때문에 반성할 수 있고 선택을 할 수 있다. 그래서 인식을 넓히는 것은 삶을 완벽하게 사는 능력을 성장시키는 것이며, 인식이 넓어질수록 자유의 가능성도 커진다.

2) 전제 2 : 자유와 책임

우리는 본질적으로 자유로우므로 삶을 이끌어 갈 책임을 수락해야 한다. 실존주의 철학에서 자유라는 것과 인간존재는 그 의미가 같다. 사르트르의 관점에서 보면 인간은 자유롭도록 운명 지어진 존재이다. 인간은 자신의 생애와 생활 그리고 실패에 대해 전적으로 책임을 갖고 있다. 자유와 책임은 병행한다. 우리는 자신의 운명과 삶의 상황과 문제를 스스로 결정한다는 의미에서 삶의 제작자이다. 다른 사람을 계속 비난함으로써 자신의 책임을 수용하지 않는 내담자는 치료에서 효과를 얻을 수 없다. 책임성을 인정한다는 것은 변화의 기본조건이다.
(Yalom, 1980)

3) 전제 3 : 정체감의 추구와 다른 사람과의 관계

사람은 그들의 고유성과 중심성을 유지하는데 관심을 갖고 있다. 그러나 동시에 다른 사람이나 자연과 관계를 갖고 싶어 한다. 많은 실존주의자들이 고독, 뿌리가 뽑혀 나간 것 같은 허탈감, 소외, 외로움, 고독 등을 논의하는데 이런 것들은 다른 사람이나 자연과 밀접한 관계를 맺는 데 실패한 결과이다.

인간은 혼자 설 수 있을 때, 자신의 힘으로 깊숙이 침잠할 수 있을 때 다른 사람과의 관계가 우리의 내부에 자리를 잡으며 박탈감을 느끼지 않는다. 그러나 만약 개인적으로 박탈감을 느낀다면 다른 사람에게 매달리는 기생적이며 공생적인 관계밖에는 기대할 수 없다.

4) 전제 4 : 의미의 추구

인간의 특성 중 가장 뚜렷한 것의 하나는 삶의 중요성을 인식하고 삶의 목적을 위해 힘쓰는 것이다. 인간은 본질적으로 의미와 개인적 주체성을 추구한다.

내담자들의 근본적인 갈등은 "내가 왜 여기에 있는가? 내가 나의 인생에서 얻으려는 것은 무엇인가? 나의 인생에 의미를 주는 것은 무엇인가? 인생에서 의미의 근원은 무엇인가?"와 같은 실존적 문제로 집약될 것이다.

가) 인습적인 가치관을 버리는 문제

상담에서의 문제들 중의 하나는 대체시킬 다른 적절한 가치관을 발견하지 못한 채 전통적인 가치관, 자기에게 부과된 인습적인 가치관을 버리는 경우, 내담자는 자신을 "키" 없는 배와 같다고 공허함을 느끼면서 자신의 새로운 측면에 적합한 새로운 지침과 가치관을 찾으려 한다. 그러나 당분간은 그것들 없이 지내게 될 것이다. 이런 경우 치료과정에서의 과업은 아마도 내담자의 존재방식과 일치하는 생활방식에 기초한 가치체계를 창조하도록 내담자를 돕는 데 있으며, 상담자의 역할은 의미 있는 삶을 제공해 줄 수 있는 가치체계를 내담자 스스로 그의 내부에서 찾아낼 수 있으리라고 믿는 것이다.

나) 무의미성

세상을 살아가는 것이 무의미하다고 느끼면 내담자는 어려운 투쟁을 계속하는 것이 가치 있는지 심지어는 사는 일이 가치 있는지 까지도 회의하게 된다. 그런 무의미성을 프랑클(1978)은 현대의 삶에 있는 실존적 신경증이라고 보았다.

다) 새로운 의미를 창조하기

로고테라피(의미치료)는 사람들이 삶의 의미를 찾는 것을 도와주도록 고안되었다. 삶의 의미성에 도전한다는 것은 인간존재의 표지이다. "의미에의 의지"(the will to meaning)는 개인의 기본적인 추구이다. 삶이란 그 자체로 의미 있는 것은 아니다. 인간은 의미를 발견하고 창조하여야 한다. 우리 자신의 의미를 창조하는 과제는 삶이 계속되는 한 결코 끝낼 수 없다. **상담자는 내담자에게 그들의 삶의 의미가 무엇인가를 가르쳐 주는 것이 아니라 내담자가 고난 속에서도 삶의 의미를 발견 할 수 있다는 것을 지적해 주는 것이다.**(Frankle, 1978). 또한 프랭클은 인간은 고통, 죄의식, 저망, 죽음에 직면할 수 있으며 일단 그것에 직면하면 그 절망에 도전하여 승리한다고 주장하였다. 그러나 의미란 우리가 직접 찾고 얻을 수 있는 것은 아니다. 이성적으로 그것을 찾으면 찾을수록 우리는 더욱 그것을 잃게 되므로, 얄롬(1980)과 프랭클은 쾌락처럼 의미도 완곡하게 추구되어야 한다는 점에 동의한다.

5) 전제 5 : 삶의 조건으로서의 불안

생존하고 유지하며 자신을 주장하기 위한 개인적 열망이 일어날 때 우리는 인간조건의 필수적 부분으로 불안에 직면하게 된다. 실존주의자들은 <u>정상적 불안</u>과 <u>신경증적 불안</u>을 구분하는데 그들은 불안을 성장의 잠재적 근원으로 본다. 정상적 불안은 직면한 사건에 대한 적절한 반응이다. 나아가 이런 종류의 불안은 억압되어서는 안 되며 변화의 동기로 사용되어야 한다. 이것은 보통 의식되지 않으며 개인을 활성화시켜 준다. <u>우리는 불안이 전혀 없으면 생존할 수 없으므로, 정상적 불안을 제거하는 것은 치료과제가 아니다.</u>

메이(1981)에 의하면 자유와 불안은 같은 동전의 양면이다. 불안은 새로운 생각이 떠오를 때 수반되는 흥분과 비슷하다. 그래서 우리는 잘 아는 영역에서 나와 미지의 영역으로 들어갈 때 불안을 느낀다. 불안에서 도피하기 위해 우리 대부분은 미지의 세계로의 도약을 회피한다. 메이는 이것을 "우리는 모험을 하지 않으면 불안에서 벗어날 수 없다. 즉 자유를 묶음으로써 많은 사람들이 어떤 생각이 의식수준에 도달하기 전에 불안 때문에 그들의 영감을 잠가 버리기 때문에 가장 창조적인 생각을 인식하지 못하는 것이라고 나는 확신한다."고 표현하였다.

6) 전제 6 : 죽음과 무의식에 대한 인식

실존주의자들은 **죽음을 부정적으로 보지 않고 인간조건으로서 삶에 의미를 주는 것으로 인식**하였다. 죽음에 대한 직면을 하게 되면 각 개인의 과제를 완성하는 데 영원한 시간이 주어진 것이 아니므로 따라서 현재의 순간이 결정적으로 중요하다는 것을 깨닫게 된다. <u>죽음에 대한 인식은 삶에 향기와 맛과 창조성을 제공하는 근원</u>이 된다. 죽음과 삶은 상호의존적이며 비록 육체적 죽음이 우리를 파괴한다 하더라도 죽음의 관념은 우리를 구제하게 되는 것이다.

☐ Frankl의 성격이론

Frankl은 인간에 있어서 의미에의 의지(will to meaning)의 중요성을 강조하였다. 그래서 삶의 의미를 찾기 위한 독특한 치료기법인 의미치료(logotherapy)를 개발하여 근본적으로 의미가 없는 삶을 살아가는 사람들을 치료하였다. Frankl의 의미치료에서 비롯되는 인간본성의 이론은 의지의 자유(freedom of will), 의미에의 의지(will to meaning), 삶의 의미(meaning of life)의 세 기둥위에 토대를 두고 있다.

의미치료는 삶에 의미를 가져다 줄 수 있는 세 가지 방법을 제시하고 있는데 어떤 창작품을 발표하는 것에 의해서, 경험으로 세상살이에서 얻은 것에 의해서, 그리고 고통에 대해 취하는 태도에 의해서다.

Frankl의 관점에서 본 **자아를 초월한 건강한 성격의 특성**은 다음과 같다.

① 자기 행동과정을 자유롭게 선택한다.
② 자기가 살아가며 행하는 행위와 운명을 보는 태도에 개인적 책임의식이 있다.
③ 자기 외부의 힘에 의해 제한 받지 않는다.
④ 자기에게 적합한 삶의 의미를 갖고 있다.
⑤ 자기생활에 의식적 통제력이 있다.

⑥ 창조적, 경험적, 태도적 가치를 표현할 수 있다.
⑦ 자신으로 향하는 관심을 초월할 수 있다.

이외에도 건강한 성격의 사람은 미래의 목표와 과제에 관심을 돌리는 미래지향적인 사람이다.

❏ 실존주의 상담의 목적 및 과정

1. 상담의 목적

실존주의 접근의 상담의 목적은 내담자의 타고난 경향성을 실현하게 하는 것이다. 이를 위해 상담자는 내담자의 실제 안에 존재하는 그대로 이해하려고 하고 내담자가 보는 세계를 그대로의 세계로 보고 이해하려고 하는 것이다. 즉 상담자는 내담자가 자기각성을 최대화할 수 있도록 도와주어야 한다는 것이다. 이 접근의 상담목적을 위한 구체적 상담목표로는 내담자가 자신의 각성능력을 각성하고 자유, 선택, 책임을 각성하며 죽음이 있음을 통하여 삶의 의미와 목적을 각성하게 하는 것이다.

2. 상담자의 역할 및 기능

실존주의 상담자들은 내담자가 새로운 이해와 선택을 하도록 돕기 위해 내담자의 주관적인 세계를 이해하려고 한다. 내담자의 현재 상황에 중점을 두며 과거를 회상시키는 데 중점을 두지 않는다(May & Yalom, 1984).

상담과정에서의 기법이란 상담자로 하여금 내담자를 이해하고 효과적으로 도전하게 하는 상담관계를 형성하는데 주안점을 둔다. 실존치료자들은 소위 "제한된 실존"(restricted existence)이라고 불리는 사람들을 상대하므로, 이러한 경우 상담자의 주요 임무는 내담자로 하여금 제한된 실존의 현장에 직면하도록 하며 이런 상황을 만든 것이 자신들이었다는 것을 자각하도록 돕는 것이다.

가) 내담자가 말하고 있는 내용과 관련하여 자기의 개인적인 반응을 보인다.
나) 내담자의 경험과 비슷한 경험이 있을 때 적절히 노출한다.
다) 내담자로 하여금 불확실한 세계 내에서 겪는 선택의 필연성에 대한 고뇌를 표현하고자 한다.
라) 내담자로 하여금 선택을 피하려는 자신의 모습을 보게 하고 위험을 무릅쓰고라도 선택할 수 있도록 한다.
마) 내담자로 하여금 그가 인간의 독특한 면을 정확하게 그대로 경험하고 있으며 궁극적으로 그는 혼자이며, 그는 스스로 결정을 내려야 하며 그는 자신의 결정에 대하여 확신하지 못하는데 대한 불안을 경험할 것이며, 때때로 무의미하게 보이는 세계에서 살아가는 것이 갖는 의미를 규정해야 된다는 사실을 알도록 한다.

3. 내담자의 경험

1) 주관적 경험의 세계에 대한 인식

실존적 상담에서의 내담자는 그들의 세계에서 어떻게 "지금"과 같은 선택을 하였는지 책임을 받아들일 수 있도록 두려움, 죄의식, 불안 등 자신의 주관적인 경험의 세계를 심각하게 받아들이도록 격려 받는다.

2) 자신을 개방하려는 노력

실존적 상담에서 내담자는 자신을 개방하려는 노력을 기울여야 한다. 내담자가 잠긴 문을 힘겹게 열 때 그는 자신을 심리적으로 묶고 있던 결정론의 사슬을 풀기 시작하게 된다. 점차로 지금까지 자신이 어떤 사람이었는지, 지금은 어떤 사람인지를 자각하게 되며 이를 통해 보다 나은 장래를 결정하게 되는 것이다.

3) 궁극적인 관심사에 대한 직면

메이에 의하면 출생, 죽음, 사랑, 불안, 죄의식 등과 같은 주요 경험은 해결되어야 할 문제가 아니라 직면되고 인식되어야 할 패러독스(역설)이다. 그래서 상담과정에서 "우리는 삶의 이런 역설이 나타내는 의미를 분명히 하는 방법에 의해 문제를 해결하도록 조언해야 한다"(1981)라고 기술하였다. 상담기간 동안의 주요 주제는 불안, 자유, 책임, 고립, 소외, 죽음 등과 그것들이 삶에 주는 의미 그리고 의미를 향한 끊임없는 추구 등이다.

9강 실존주의 상담이론(3)

❏ 실존적 존재로서 인간이 갖는 궁극적 관심사 – 얄롬

1. 죽음: 실존적 관점에서 내적 갈등의 핵심은 불가피한 죽음에 대한 개인적 자각과 삶을 지속시키려는 동시적 소망사이에 있다. 즉, 죽음 자각에 대항하는 방어가 성격구조를 조성한다. – 이를 극복하는 것이 관심사
2. 자유: 자유란 인간이 그 자신의 세계, 자신의 인생 설계, 자신의 선택과 행동에 책임이 있다는 사실을 말한다. 자유의 개념에는 책임과 의지의 측면을 수반한다. 의지란 책임에서 행동으로 가는 통로이다.
3. 고립(소외): 실존적 인간은 역동적 갈등을 갖고 있다. 즉, 전체에 융화되고 또한 부분이 되고자 하는 소망 사이에서 갈등한다. 상담은 자신의 자아경계를 누그러뜨리고 다른 사람의 일부가 되면서 개인적인 성장을 하고 성장에 수반되는 고립감을 피한다.

> * 사랑에 빠지거나 강박적인 성욕도 무서운 고립의 일반적 반응이라고 본다.

4. 무의미성: 모든 인간이 죽어야 하고, 자신의 세계를 세워야 하고, 상이한 우주안에서 혼자 있어야 한다면, 인생이 지닐 수 있는 의미는 무엇이고 왜 사는지, 어떻게 살아야 하는지에 대한 의문을 갖게 된다. 따라서 상담자는 존재의 패턴, 존재에 대한 설명, 존재의 의미를 찾도록 하며 삶의 가치(우리가 사는 이유와 방법 등)을 깨닫도록 도와줘야 한다.

❏ 상담자와 내담자 간의 관계

1. 실존주의 상담에서는 상담자와 내담자와의 관계에 중요한 의미를 둔다. 상담과정에서의 이런 인간 대 인간의 질(quality)은 긍정적 변화의 자극제가 된다. 상담자는 내담자 쪽으로 향해 있어야 하며 내담자를 솔직하고 통합적이며 용기 있는 존재로 지각해야 한다. 상담관계는 함께하는 여행이다.
2. 내담자는 고정된 실체가 아니라 변화하는 존재로 인식된다. 공감의 과정을 통해 상담자는 상담관계를 깊게 하는 방법의 하나로서 내담자의 반응을 공유한다.
3. 내담자가 진지하고 솔직하게 자기를 드러내는 행동을 통해 진실한 삶을 살도록 인도할 수 있는 상담자가 필요하다고 하였다. 그는 또 상담자는 내담자에게 나와 너의 관계를 형성하도록 도와야 하며 그런 관계에서 상담자의 자발적인 자기노출은 내담자의 성장과 진실성을 키워 준다고 보았다. 상담관계는 내담자를 변화시킬 뿐만 아니라 상담자도 변화시킨다.

❏ 상담의 적용 및 기법

1. 상담의 과정

실존주의 상담이론(3)

실존주의 상담의 목표는 내담자로 하여금 자기의 인생에서의 의미를 발견하고 발전시키도록 돕는 것이라고 할 수 있는데 이러한 목표는 일반적으로 두 가지 단계를 통하여 달성될 수 있다.

1) 1단계

먼저 내담자는 자유인(Free agent)으로서 옳고 그름을 선택할 수 있는 조건이 자기에게 주어져 있음을 알아야 하며,

2) 2단계

실존주의적 상담의 목표는 내담자로 하여금 자기의 실존을 사실대로 경험하도록 하는 것이다. 실존주의 상담은 상담관계를 참만남의 관계로 파악한다. 참 만남의 관계에서 정직 또는 진실성이 본질적인 특징이 된다. 그러므로 상담자는 자신의 세계를 노출해야 하며 내담자를 이용하거나 조종할 대상물로 취급해서는 안 된다. 상담자가 인간적이 될 때 내담자도 그렇게 될 수 있으며 이런 과정을 통하여 내담자는 자신의 잠재력을 실현하며 자기성장을 이룰 수 있다.

2. 상담의 기법

실존주의 상담은 내담자의 인간실존을 이해하기 위한 상담자의 자세와 태도, 철학을 강조하기 때문에 상담기법에 대해서는 크게 관심이 없다. 즉 일반적인 상담적 접근들이 "기법에 따른 이해"를 강조하는데 실존주의적 접근에서는 반대로 "이해에 따른 기법"의 입장을 지지한다.

결국 특정 상담기법의 적용보다는 오히려 인간관계에 초점을 두고 있다고 보며 일반적으로 상담자가 취할 수 있는 태도는 다음과 같다.

① 상담자는 인간 대 인간 접근 방식의 중요성을 수용한다.
② 상담자는 자신의 책임의 역할을 인정한다.
③ 상담자는 상담적 관계의 상호성을 인식한다.
④ 상담자는 성장태도를 공유한다.
⑤ 상담자는 총체적 인간으로서 내담자와 관련을 가질 것을 강력히 주장한다.
⑥ 상담자는 최종적 결정과 선택이 내담자에게 있다는 것을 인정한다.
⑦ 상담자는 내담자에게 자신의 견해를 표현하고 그의 목표와 가치를 발전시킬 자유를 주어야 한다는 것을 알고 있다.
⑧ 상담자는 내담자의 의존심을 감소시키고 내담자의 자유를 증대시키는 방향으로 노력한다.

이상과 같이 볼 때 실존주의 상담에서는 상담기법에 대해서는 별로 관심이 없는 듯하지만, 기법을 회피하는 것은 아니고 오히려 실존적 기법은 내담자에 따라 동일한 내담자에 대한 상담에 있어서도 단계에 따라 융통성을 지니고 있기에 실존주의적 상담의 기법은 다양하다고 할 수 있다.

1) 역설적 의도

역설적 의도는 내담자가 갖는 예기적 불안을 제거함으로써 강박증이나 공포증과 같은 신경증적 행동을 치료할 수 있는 기술의 하나인데, 여기서 예기적 불안이란 내담자가 두려움으로 경험한 바 있는 어떤 사태가 재발될 것이라는 예상 때문에 미리 갖게 되는 불안을 말한다.

이 방법은 특히 강박증 환자들과 공포증환자들의 단기치료에 적합한데 이 방법을 적용할 시에 상담자는 내담자의 증상 자체에 초점을 둘 것이 아니라 그것에 대한 내담자 자신의 마음에 태도에 관심을 가져야 한다.

2) 역반영

방관(dereflection) 또는 역반영은 증상에 대한 과도한 관심, 의도, 자아 관찰에 초점을 두도록 적용되는 기술이다. 방관 자체는 부정적인 면과 긍정적인 면을 함께 내포하고 있는데 내담자는 이 방관을 통해 자기의 관심을 다른 곳으로 돌림으로써 문제를 극복할 수 있다.

공헌 및 제한점

1. 공헌점

1) 인간을 보는 관점을 바꾸어 놓았다는 것이다. 즉 인간의 무한한 가능성의 인성을 포함하여 인간을 긍정적으로 보았다는 점이다.
2) 인간을 기계적이고 일반적인 범주로 보지 않고 독특성을 가진 개체로 보았으며, 특히 개인의 주관성을 강조했다는 점이다.
3) 자신의 삶의 의미를 스스로 찾아서 이를 실현할 수 있다고 한 점이다.

2. 제한점

1) 실존주의적 상담은 고상하고 추상적인 개념에 대한 이해가 어렵고 실제로 적용하기가 곤란하다는 점이다. 불필요하고 광범위하여 파악하기 어려운 개념과 어휘는 상담과정을 오히려 복잡하게 한다는 것이다.
2) 실존주의적 상담기법은 보편화된 기법이 없으므로 상담자가 책략을 발달시키거나 다른 접근으로부터 적합한 기법을 빌려와야 한다는 점이다.
3) 실존주의적 상담기법은 비교적 높은 수준에서 심리적 사회적으로 역할을 하는 내담자에게는 도움을 줄 것이 많으나 낮은 수준에서 역할을 하는 내담자에게 적용하는 데에는 심히 많은 제한을 받고 있다.
4) 체계적인 치료과정이나 그 효과를 지지할 평가 자료가 부족하다는 점이다.

**** tip 실존주의 상담이론의 요약

1. 이론의 개요
- 실존주의 철학에 바탕을 둔 정의적(정서적) 영역의 상담이론으로 메이, 플랑클이 대표자
- 인간의 불안문제를 인간존재의 가장 중요한 문제로 본다.
- 인간의 부적응 행동의 원인은 삶에서 의미를 찾을 수 없는 실존적 신경증이나 패배적 정체감에서 비롯

2. 기본가정
- 인간존재의 불안의 원인은 시간의 유한성과 죽음에 대한 불안에서 기인된다.
- 문제해결의 방법은 인간존재의 참된 의미를 발견하는데 있음
- 인간의 자기책임, 자기존재의 의미, 가치에 대한 자신의 선택을 기본전제로 출발
- 정서적 장애는 삶에서 보람을 찾는 능력이 없는 실존적 신경증에서 기인
- 실존적 신경증은 상담자와 내담자의 인간관계의 만남을 통해서 치료될 수 있다고 전제한다.

3. 상담기법
1) 의미요법
   (1) 내담자의 성격에서 무의식적이고 정신적인 요인을 자각하게 하는 의미 치료
   (2) 내담자의 자기 책임의식을 갖게 하는 실존분석

2) 현존분석
   (1) 내담자의 내적 생활사를 밝혀 그 세계내의 존재의 구조를 분석하는 방법
   (2) 내담자의 생활사, 행동 등을 관찰, 기술하여 내담자의 내적 세계의 의미를 해석하는 방법

4. 상담의 특징
1) 문제의 증상에 대한 내담자의 태도에 관심을 둠.
2) 전에 불안을 일으킨 불안이 재발하지 않을까 하는 기대불안(예기적 불안)을 중시한다.
3) 기대불안의 치료는 역설적 지향(의도)의 방법을 사용
4) 지나친 자기의식과 반성에서 벗어나게 하는 반성제거의 방법(역반영, 방관기법)을 사용한다.
5) 상담의 궁극적인 목적은 인생의 적극적인 가치를 자기 속에서 발견하여 인생의 목표를 긍정적으로 만드는 것이다.

10강 내담자중심 상담이론(1)

❏ 내담자(인간)중심 상담이론

1. 서론

1940년대에 로저스는 개인상담에서 지시적이고 정신분석적인 접근법에 대한 반동으로 비지시적 상담으로 알려진 상담법을 발전시켰다. 그는 또한 충고, 암시, 상담자의 지시, 설득, 교수, 진단, 해석 등 일반적으로 받아들여지고 있던 상담과정의 타당성에 대해 도전하였다.

그의 기본 가정은 인간은 본질적으로 신뢰로우며 상담자 측의 직접적인 지시가 없이도 자신과 자신의 문제를 이해할 수 있는 잠재적 능력을 갖고 있으므로 상담관계에 참여하게 되면 자기 지시적으로 성장할 수 있는 가능성이 있다는 것이다. 처음부터 로저스는 상담자의 태도와 성격특성을 강조했으며 상담과정의 결과를 결정하는 요소로 내담자와 상담자 간의 관계의 질(quality)을 강조했다. 그는 상담자가 가진 이론이나 기법에 관한 지식은 그 다음의 문제라고 계속 강조하였다.

2. 인간본성에 대한 관점

로저스의 저술에 일관되게 나타나는 중심 주제는 만약 존경과 신뢰의 풍토가 조성된다면 인간은 긍정적이고 건설적인 방향으로 발전하려는 경향을 지닌다는데 대한 깊은 믿음이다. 그는 인간은 신뢰할 수 없으며 우월하고 "탁월한"위치에 있는 사람에 의해 지시받고, 동기화되고, 가르침받고, 처벌받고, 보상받고, 통제되고, 지배받아야 한다는 가정에 기초한 프로이드의 이론이나 행동주의 같은 결정론적 이론적 체계들에 대해 공감하지 않으며, 인간은 근본적으로 합목적적이고, 전진적이며, 건설적이고, 긍정적이며, 독립적이고, 수용적이며 현실적인 존재인 동시에 신뢰할 만한 선한 존재로 보는 인간관을 가지고 있다.

> *인간중심이론의 철학적 가정
> 1. 개인은 가치를 지닌 독특한 존재이다.
> 2. 개인은 자기확충을 향한 적극적인 성장력을 지니고 있다.
> 3. 개인은 근본적으로 선하며, 이성적이고 믿을 수 있는 존재이다.
> 4. 개인을 알려면 그의 주관적 생활에 초점을 두어야 한다.
> 5. 개인은 자신이 결정을 내릴 권리를 가지고 있을 뿐 아니라, 자신의 장래를 선택할 권리도 지니고 있다.
> 6. 개인은 결정하고 계획하고 훌륭한 사람이 되는데 소용되는 내적자원을 지니고 있다.
> 7. 상담의 목표는 개인으로 하여금 자기를 수용하고, 자기 통찰을 통하여 전인적인 기능을 발휘하도록 하는 것이다.

❏ 인간중심 상담의 특성

1) 내담자의 능력과 책임감을 강조

인간중심접근법은 현실과 좀 더 완전하게 만날 수 있는 내담자의 능력과 책임감을 강조한다.

내담자들은 자신들을 가장 잘 아는 사람들로서, 성장하는 자기자각을 바탕으로 해서 자신에게 보다 적합한 행동을 발견할 수 있는 사람들이다.

2) 현상적 세계의 강조

이 접근법은 내담자의 현상적 세계를 강조한다. 정확한 공감과 내담자의 내적 준거를 이해하려는 노력을 갖고 상담자는 주로 내담자의 자아와 세계에 대한 인식에 관심을 갖는다.

3) 광범위한 치료 범위

이와 같은 상담의 원리들은 모든 내담자들 즉 "정상인", "신경증환자", "정신병환자"에게 모두 적용된다. 심리적으로 성숙하고자 하는 충동은 인간 본성에 깊이 뿌리 박혀 있다는 관점에 근거한 인간중심적 상담은 심리적 부적응의 정도가 심한 사람뿐만 아니라 비교적 정상 수준에서 기능하는 사람들에게도 적용된다.

4) 건설적 인간관계로써의 상담

인간중심접근법에 의하면 상담은 건설적인 인간관계의 하나의 본보기에 불과하다. 내담자가 혼자서 할 수 없는 것을 도와주는 다른 사람과의 관계 자체에서 또는 그런 관계를 통해 내담자는 상담적 성장을 경험한다. 이것은 내담자의 상담에서의 변화를 돕는 일치성 있는(외적 표현과 행동이 내적 감정이나 생각과 일치하는), 그리고 수용적이고 공감적인 상담자와의 관계이다. 인간중심적 접근법에서 상담자의 기능은 즉시 제공되어야 하고 내담자에게 접근 가능해야 하며 그들의 관계에서 만들어진 지금-여기의 경험에 초점을 맞추어야 한다.

❏ 인간중심 상담의 주요 개념들

1) 유기체

유기체는 각 개인을 의미하는데, 이 때 유기체는 사고, 감정, 행동을 포함한 인간의 자기지각으로 이루어져있다. 즉, 유기체란 인간 각 개인의 사상, 행동 및 신체적 존재 모두를 포함하는 전체로서의 한 개인을 지칭하는 것이다. 유기체의 일차적 목적은 욕구를 만족시키기 위해 행동하는 것이고, 늘 유기체 자신을 향상시키고 유지시키려는 동기를 가지고 있다.

2) 현상학적 장

현상학적 장(phenomenal field)이란 경험적 장으로 바꾸어 말할 수 있다. 즉, 현상학적인 장은 개인(유기체)이 경험하거나 지각한 장으로 그 개인의 사적이고 주관적인 경험의 세계를 말한다. 이는 한 유기체로써의 개인의 실재세계를 말한다.

3) 자아

자아는 개인의 전체적인 현상학적 장 혹은 지각적인 장으로부터 분화된 부분이다. 자아는 현상학적 장으로부터 "나 혹은 나에게"로 한정지우는 하나의 심상을 형성하게 된다. 다시 말해서 자아란 자기존재의 각성 또는 기능화의 각성을 의미하는 것이다.

*** 자아 이론적 접근(Self-Theory Approach)

4) 자아실현 경향성

인간을 포함한 모든 유기체는 그것 자체가 갖고 있는 고유한 가능성들을 건설적인 방향으로 성취하고자 하는 실현 경향성을 갖고 있다. 이러한 경향성은 인간의 기본적 욕구를 충족하고 유지하며, 인간의 성숙과 성장을 촉진 향상하여 유기체의 생존을 보장하려는 기본적인 동기이다. 인생초기에는 신체적 요소가 더 우세하지만, 자아가 발달하면서 심리적인 것으로 실현경향이 옮겨가게 된다. 자아실현은 그 개인의 특성들과 잠재력을 발달시키는 계속적인 성장과정이다.

❏ 인간중심 상담에 있어서의 성격파괴와 정신병리

어떤 경험이 자아구조와 불일치하고 그 정도와 빈도가 높아지면 그 사람은 과도한 불안을 체험하고 심각한 성격파괴로 인한 신경증이 발생될 수 있으며, 이러한 현상은 자아가 위협적 부조화의 경험으로부터 자신을 방어할 수 없을 때, 무방어 상태일 때 성격파괴, 정신병리 등의 증상이 나타날 수 있다.

1. 위협과 방어

우리가 지각하는 위협이란 자신의 경험과 자아개념사이에 부조화가 생길 때 발생하며, 이때 개인은 긴장과 내적혼란을 체험하는 과정에서 불안과 성격장애가 일어날 수 있다. 불안이란 자아구조와 위협적인 경험 간의 갈등이 의식되었을 때 자아구조가 분해될 위험이 있음을 알려주는 위협에 대한 정서적 반응이라고 할 수 있다. 이러한 위협에 대한 유기체의 행동적 반응을 방어라 하며, 현재의 자기 구조를 유지하기 위한 반응이라 할 수 있다.

2. 방어기제

1) 지각적 왜곡
부조화적인 경험을 자신의 자아상과 일치하는 형태로 왜곡시키는 것으로, 예를 들어 F학점을 맞은 대학생이 교수의 잘못된 책임으로 돌리는 것은 실패를 왜곡시켜 자아개념의 손상을 막으려는 지각적 왜곡현상이다.

2) 방어
방어란 위협적인 경험의 의식을 완벽하게 거부함으로써 자기의 자아구조의 통합을 보존하려는 것으로, 부조화적인 경험을 완전히 무시하고, 이러한 부정이 심해지면 현실과 유리된 생활을 하게 되어 성격적 파괴나 병리현상이 나타날 수 있다.

❏ 인간중심 상담과 관련된 용어

1. 자아실현 경향(actualizing tendency) : 생체가 자기 자신을 유지, 상승시키기 위한 모든 역량을 발전시키려는 생체의 생태적인 경향
2. 경험 (experience) : 스스로 의식하고 있거나 의식할 수 있는 심리적 본체로서 주어진 시간에 생체 속에 진행되고 있는 모든 것을 말함.
3. 느낌(feeling) : 감정적으로 물든 경험, 개인적으로 부가된 경험
4. 지각(perception) : 생체에 자극이 주어졌을 때 느낌으로 나타나는 행위에 대한 가설, 지각과

10강 내담자중심 상담이론(1)

의식은 동의어이나 지각은 과정에서 자극을 강조하는 입장
5. 자아, 자아개념(self, concept of self) : "나"라고 하는 특성의 자각의 조직적이고 통합적인 총체. 나와 타인, 타 사물과의 관계 및 거기 부착된 가치를 포함한 관계의 지각
6. 이상적 자아(ideal self) : 자기가 가장 갖고 싶어 하는 자아개념
7. 자아와 경험사이의 불일치(incongruence between self and experience) : 스스로 지각하고 있는 자아와 자기가 치룬 경험과 일치하지 않는 일
8. 취약성(vulnerability) : "자아와 경험사이의 불일치"의 상태를 말함.
9. 불안감(anxiety) : 현상학적으로 그 원인을 잘 알 수 없는 불안과 긴장의 상태
10. 위협(threat) : 자아의 구조와 일치하지 않는 불안상태 같은 것을 지각하거나 기대하는 경험이 존재하는 상태
11. 심리적 부적응(psychological maladjustment) : 사회적 견지에서 볼 때 자아와 경험의 불일치에서 오는 중요한 경험을 부인하거나 그 지각을 왜곡하는 상태
12. 내적 준거(internal frame of reference) : 주어진 순간에 개인의 의식에 영향을 미칠 모든 경험의 테두리로서 주관적인 개인의 세계를 말함.
13. 기타 개념들
   - 방어(defence) : 위협에 생체가 대처하는 행동반응, 방어의 목적은 자아의 현재 상태를 계속 유지하려는 데 있다.
   - 의식의 왜곡, 의식의 부정(distortion in awareness, denial to awareness) : 자아개념과 불일치하는 경험을 부정하거나 왜곡하려는 것으로서 방어하려는 목적을 달성하려는 방어기제임.
   - 고의성(intentionality) : 생체가 방어적인 상태에 있을 때의 특징으로서 완고, 지나친 일반화, 현실을 추상화하는 것
   - 일치, 조화(congruence) : 자아개념의 조화 있고 건전하게 상징화된 상태
   - 경험에 대한 개방(openness & experience) : 위협의 제거, 방어의 반대 개념
   - 심리적 적응(psychological adjustment) : 완전한 일치. 완전한 경험에 대한 개방의 상태
   - 성숙(mature, maturity) : 사람이 사물을 현실적으로, 외향적으로 보고, 타인과의 차이점을 받아들이며 자기 자신의 행동에 책임을 지고, 새로운 경험에 더하여 자기 행동평가를 수정할 줄 알고, 타인이 자기와 다른 독특한 존재임을 인정하고 자기와 타인의 존재가치를 높일 줄 아는 사람을 성숙한 사람이라고 한다.
   - 접촉(contact) : 관계성의 최소한의 필요한 것, 여기서 두 사람이 서로 상대방의 경험적 장의 차이점을 인식하게 된다.
   - 긍정적 지각(positive regard) : 타인의 자아 경험의 지각이 긍정적 차이점을 나타내 보일 수 있는 지각
   - 긍정적 자아지각(positive self-regard) : 타인의 태도에 직접 의지하지 않고 스스로 긍정적으로 자기 영역을 개척할 수 있는 태도
   - 공감(empathy) : 타인의 내적 준거를 정확하게 그리고 그 감정적 요소와 거기 관련된 의미를 마치 자기가 그 사람인 것처럼 느끼는 상태

11강 내담자중심 상담이론(2)

❏ 인간중심 상담이론의 상담의 목표

상담자는 상호신뢰적인 분위기를 조성하여 내담자가 거리낌 없이 자기를 공개하여 자신의 내면 세계를 스스로 이해하고 그들이 현재 직면하고 있는 문제들과 앞으로의 문제들을 극복할 수 있도록 그들의 성장과정을 도와준다. 상담의 기저에 깔린 목표는 개인이 "완전히 기능하는 인간"이 되도록 하는 풍토를 제공하는 것이다. 내담자들이 그 목표를 향해 상담하기 전에 그들은 먼저 사회화의 과정을 통해 발달시킨 자신의 가면을 벗어던져야 한다. 상담과정을 통해 가면이 벗겨져 나가면 경험에의 개방, 자신에 대한 신뢰, 내적평가, 계속되는 성장에의 의지를 갖게 된다. 이런 과정에서 내담자는 자신의 환경에 대한 왜곡된 지각을 수정하고 현실적 경험과 자아개념간의 조화를 이루며 이어 자신의 능력과 개성을 최대한으로 발휘하는 자기실현을 촉진하게 된다. 자기실현을 이룬 사람의 특징은 다음과 같으며, 인간중심 상담의 최종목표는 한 개인을 자기실현을 이룰 수 있도록 돕는 것이다.

1) 경험에 대한 개방

경험에 대한 개방은 선입관을 가진 자아구조에 맞추어 현실을 왜곡하지 않고 현실을 있는 그대로 보는 것이다. 방어의 반대인 경험에 대한 개방은 자아가 외계에 존재하는 실체에 대하여 좀 더 잘 자각하게 되는 것을 뜻한다. 이것은 또한 사람의 신념은 고정된 것이 아니라 좀 더 나은 지식과 성장에 대해 자기를 개방할 수 있으며 모호성을 수용할 수 있다는 것을 뜻한다. 사람은 현재의 상황에서 자신을 인식할 수 있으며 새로운 방법으로 자신을 경험할 수 있는 능력을 갖고 있다.

2) 자기신뢰

상담의 목표 중의 하나는 내담자가 자기신뢰감을 갖도록 돕는 것이다. 상담의 초기 단계에서 종종 내담자는 자신과 자신의 결정을 잘 믿지 않지만 내담자가 자신의 경험에 대해 보다 개방적으로 됨에 따라 자기신뢰감이 나타나게 된다.

3) 내적 근거에 의한 평가

자기신뢰감과 관련되어 내적 근거에 의한 평가는 실존의 문제에 대한 해답을 발견하기 위하여 좀 더 자신을 살펴보는 것을 의미한다. 자신의 인격상을 파악하기 위하여 외부세계를 살피는 대신에 점점 더 자신의 중심으로 눈을 돌리게 된다. 자신의 행동기준을 결정하고 삶의 결정과 선택을 자신 속에서 찾는다.

4) 성장을 계속하려는 자발성

자기(self)를 성장의 산물로 보지 않고 성장의 과정으로 보는 것이 중요하다. 비록 내담자를 성공적이고 행복한 상태(마지막 산물)로 만들기 위해 어떤 기법을 사용해서 상담을 시작한다 하더라도, 내담자는 성장이란 하나의 계속적인 과정이라는 것을 깨닫게 된다. 내담자는 고정된 실체라기보다는 자기지각과 신념에 도전하는 유동적 과정에 있는 존재이며 새로운 경험과 전환에 대해 자신을 개방하는 존재이다.

❏ 로저스 "완전히 기능하는 사람"

- 완전히 기능하는 사람은 경험에 대해 개방적이며 모든 느낌과 태도에 개방적이다.
- 완전히 기능하는 사람은 매순간 충분히 만끽하며 실존적 삶을 영위하며 과거에 얽매이지 않고 미래를 예측하지 않으며 매순간 새로운 것을 경험한다.
- 유기체적 신뢰를 믿고 타인의 판단에 의존하지 않으며 자신의 평가에 의해 행동하며 가장 만족스러운 행동에 도달하는 방법으로 자신을 신뢰한다.
- 자기가 선택한 삶을 자유롭게 살아간다며 자신의 행동과 그 결과에 대해 책임을 진다.
- 창조적 삶을 살며 문화내에서 건설적으로 살며, 사회속에 얽매이지 않고 자신의 깊숙한 욕구를 만족시키며 산다.

❏ 자기실현한 사람의 특징 - 로저스

1. 자아구조에 맞추어 현실을 왜곡하지 않고 현실을 있는 그대로 볼 수 있게 되며, 좀 더 나은 지식과 성장에 대해 자기를 개방할 수 있으며 모호성을 수용할 수 있는 사람이 된다는 것
2. 자신의 경험에 대해 보다 개방적으로 됨에 따라 자기신뢰감이 생성된 자를 말하며,
3. 자신의 인격상을 파악하기 위하여 외부세계를 살피는 대신에 점점 더 자신의 중심으로 눈을 돌리게 되고, 자신의 행동기준을 결정하고 삶의 결정과 선택을 자신 속에서 찾는 사람을 말한다.
4. 자기(self)를 성장의 산물로 보지 않고 성장의 과정으로 보게 되며, 자기지각과 신념에 도전하는 유동적 과정에 있는 존재로서 새로운 경험과 전환에 대해 자신을 개방하는 존재가 된다.

❏ 상담자의 기능과 역할

1. 내담자의 성격변화를 촉진시키는 것은 결코 상담자의 상담지식이나 기법이 아니며 내담자에 대한 상담자의 태도이다. 근본적으로 상담자는 자기 자신을 변화의 도구로 사용한다.
2. 상담자는 내담자와 인간 대 인간으로서 친밀한 관계를 유지하면서, 내담자의 성장을 촉진하는 상담적인 분위기를 조성한다. 이러한 허용적 분위기 속에서 내담자는 방어적 태도를 버리고 자기 자신을 솔직하게 탐색하게 되며 또한 자기의 이해가 깊어지게 된다.

❏ 내담자의 경험

1) 대부분 내담자는 이상적 자기상과 현실적 경험의 불일치 상태에서 상담자를 찾는다. 예를 들면 어떤 대학생이 장차 의사가 되고 싶은데 성적이 평균이하이므로 의과대학에 갈 수가 없는

경우가 그것이다. 내담자가 자기를 어떻게 보는가(자아개념), 또는 내담자가 자신을 어떻게 보고 싶어하는가(이상적인 자아개념)와 학교성적이 나쁘다는 현실사이의 불일치가 불안과 개인의 취약성을 초래할 것이며 그것이 상담을 받으려는 동기를 제공할 것이다.

2) 상담 초기의 내담자는 융통성이 결여되어 있고, 자신의 감정도 잘 모르며, 또한 다른 사람과 친밀해지는 것을 두려워하고 자신을 불신한다. 처음에 내담자는 우선 상담자가 해답과 지시를 주기를 기대하거나 상담자를 마술적인 해결을 주는 전문가로 보려고 하면서 상담자에게 의존적 태도를 지닌다.

3) 상담이 진행됨에 따라 내담자는 자신의 감정을 깊고 넓게 탐색할 수 있게 된다. 불안이나 죄책감, 수치스러움, 분노 등 과거에 외면했던 자신의 부정적 감정들을 수용하고 표현할 수 있게 된다. 그리하여 자신의 내면세계에 대한 이해가 깊어져 내담자는 방어적인 태도를 버리고 왜곡된 경험의 구속에서 벗어나 자유로운 판단과 결정을 내리게 된다. 상담과정에서의 내담자의 경험은 자신을 심리적인 감옥에 가두었던 결정론적인 속박으로부터 벗어나게 하는 것이다.

4) 점차로 자유가 증대됨에 따라 내담자는 심리적으로 보다 성숙하게 되며 보다 자기실현화로 나아가게 된다. 따라서 자기 자신에 대한 신뢰감도 커지며 상담자에 대한 의존적 태도는 사라지게 된다. 이러한 과정을 통하여 내담자는 성숙과 자기표현을 이루어 간다.

☐ 상담자와 내담자 간의 관계

Rogers(1961)는 "만약 내가 어떤 유형의 관계를 제공하면 다른 사람은 이 관계를 이용하여 성장하고 변화하려는 능력을 자신 내에서 발견할 수 있게 되고 인간적인 발달이 일어날 것이다"고 말하며 다음의 여섯 가지 조건(1967)이 내담자의 성격 변화를 가져오는 필요충분조건이라 하였다.

① 두 사람이 심리적인 관계를 갖는다.
② 우리가 내담자라고 부르는 첫 번째 사람은 불일치의 상태에 있고 상처받기 쉬우며 불안한 상태에 있다.
③ 우리가 상담자라고 부르는 두 번째 사람은 두 사람의 관계에서 일치성이 있고 통합되어 있다.
④ 상담자는 내담자에 대해 무조건적인 긍정적 관심을 갖는다.
⑤ 상담자는 내담자의 내적 근거에 대하여 공감적 이해를 가지며 이것을 내담자에게 전달하려고 노력한다.
⑥ 상담자는 공감적 이해와 무조건적인 관심을 내담자에게 전달한다.

로저스는 이 이외의 어떤 다른 조건도 필요하지 않다고 가정하였다. 만약 이 여섯 가지 조건이 상담기간에 존재한다면 내담자의 건설적인 성격의 변화가 일어날 것이다. 이러한 상담자와의 관계 안에서 내담자는 상담자가 자신을 보호하고 존중해 준다는 것을 발견함에 따라 점차로 자신을 가치 있는 존재로 보게 된다. 상담자의 진실성을 경험함으로써 내담자는 가장(pretense)에서 벗어나 자신과 상담자를 진실로 만나게 된다.

☐ 상담관계의 핵심을 이루는 상담자의 특성 또는 태도

일치성 혹은 진실성, 무조건적인 긍정적 관심, 정확한 공감적 이해는 상담관계의 핵심을 이루는 상담자의 특성 또는 태도이다.

상담자의 무조건적 수용(관심, 존중), 공감적 이해, 진실성의 정도가 클수록 내담자의 상담이 발전하는 기회는 더욱 커진다.

1) 무조건적인 수용, 긍정적 관심과 존중
- 내담자를 하나의 인격체로서 깊고 진실하게 돌보는 것이다. 돌본다는 것은 내담자의 감정이나 생각, 행위의 좋고 나쁨의 평가와 판단에 의해 영향을 받지 않는다는 점에서 무조건적이다.
- 상담자는 내담자를 수용함에 있어 규정을 정하지 않고 무조건 존중하고 따뜻하게 받아들인다. 상담자는 내담자를 있는 그대로 존중한다는 의사전달을 해줌으로써 상담자의 수용을 잃는 다는 염려 없이 자유로이 자신의 감정과 경험을 갖도록 돕는다.
- 로저스는 비소유적인 방식으로 관심을 가지고, 칭찬하고, 수용하고, 존중하는 정도가 클수록 상담이 성공적일 가능성이 더 크다고 말하고 있다.

2) 정확한 공감적 이해
- 상담자의 주요 과업 중 하나는 상담기간 중에 상호작용을 통해 나타나는 내담자의 경험과 감정을 민감하고 정확하게 이해하는 것이다. 상담자는 내담자의 주관적인 경험 특히 지금-여기의 경험을 이해하도록 노력한다.
- 공감적 이해란 상담자가 내담자의 감정에 빠져들지 않으면서 내담자의 감정을 자신의 감정인 것처럼 느끼는 것을 의미한다. 공감은 내담자가 자신에게 더욱 밀접하게 다가가게 하여 더욱 깊고 강한 감정을 경험하여 내담자 내부에 존재하는 불일치성을 인식하여 해결하도록 격려하는데 그 목적이 있다.
- 공감적 이해의 요령은 상담자가 이런 느낌을 잃지 않으면서 마치 자신이 내담자인 것처럼 내담자의 주관적인 세계를 공유하는 것이다. 즉 상담자가 자신의 정체감(identity)을 잃지 않으면서, 내담자가 현재 보고 느끼는 주관적인 세계를 경험할 때 내담자의 건설적 변화가 일어난다고 믿고 있다.

3) 일치성 혹은 진실성
- Rogers는 최근의 저서에서 세 가지 특성 가운데 일치성이 가장 중요한 것이라 하고 있다. 일치성은 관계에서 느끼는 분노, 좌절, 좋아함, 매력, 관심, 권태, 귀찮은 등을 감정을 있는 그대로 표현하는 것이다.
- 상담자에겐 거짓된 태도가 없고, 그의 내적 경험과 외적 표현은 일치하며. 내담자의 관계에서 일어나는 감정이나 태도를 솔직하게 표현한다.
- 진실한 상담자는 자발적이며 긍정적이건 부정적이건 자신의 행동이나 감정에 솔직하다. 부정적인 감정을 표현(수용)함으로써 상담자는 내담자와 정직한 대화를 촉진시킬 수 있다.

12강 내담자중심 상담이론(3)/게슈탈트 상담이론(1)

▢ 인간중심 상담의 주요기법

인간중심 상담은 위에서 언급한 상담자의 세 가지 태도를 강조하면서 기법을 따로 열거하지 않는 경향이 있다. 그러나 로저스의 상담 사례 등을 보면, 대체로 반영, 명료화, 공감적 반응 등을 상담자의 주요 기법으로 사용하고 있음을 알 수 있다.

▢ 가치조건화 이론

1. 로저스는 사람에게 유일한 고유한 동기가 있다고 하는데, 그 동기가 바로 자기실현 경향성이다. 이러한 유기체의 자기실현 경향성이 제대로 발현되기 위해서, 유기체는 자신의 경험을 스스로 평가하는 유기체적 가치화과정이 필요하다.
2. 이는 유기체가 자신의 경험을 판단하는 기준을 스스로 가지고 있다는 것으로, 자기를 유지시키거나 향상시키는 것으로 지각된 경험들은 긍정적인 것으로 평가되어 더욱 추구하게 되며, 반대로 자아보존이나 증진을 부정하는 것으로 인식된 경험들은 부정적으로 평가되어 회피하게 된다.
3. 또한 사람은 누구나 긍정적 존중을 받고자 하는 기본적 욕구가 있고, 이 욕구는 주로 가까운 사람으로부터 채워진다. 그런데 긍정적 존중을 해줄 때, 어떤 조건을 제시하게 되면 결국 그 사람은 그러한 조건을 충족시킬 때에만 긍정적 존중을 받을 수 있게 된다. 이러한 조건적인 긍정적 존중은 그가 어떠한 조건을 충족시킬 때에만 그의 가치를 인정하는 것인데, 이를 가치의 조건화라고 한다.
4. 이러한 가치의 조건화는 그 사람으로 하여금 자기실현보다는 긍정적 존중을 받기 위하여, 사람들이 자신에게 제시하는 조건을 충족시키는 삶을 살도록 한다. 그러나 이러한 경험은 그 사람의 내면에 있는 자기와는 일치하지 않게 되고, 결국 심리적 불편감을 유발하게 된다.
5. 가치조건화의 사례
  1) 예를 들면 부모가 아동을 대하는 태도, 즉 '만약 네가 공부를 잘하면, 그러면 나는 너를 좋아한다' 혹은 '만약 네가 공부를 못하면, 그러면 나는 너를 싫어한다.'는 식의 태도에 대해 아동이 부모가 원하는 행동을 하는가의 여부에 따라 칭찬이나 비난을 받게 되어 가치의 조건화 태도를 형성하게 된다. 왜냐하면 아동은 부모로부터 긍정적 자기존중을 받기 원하기 때문에, 부모의 기준에 따른 나쁜 아이가 되지 않기 위해 가치의 조건화 태도를 형성하게 된다.
  2) 가치의 조건화로 인해서 자신의 경험을 그대로 받아들이지 못하고, 그것을 왜곡해서 받아들인다는 것이다. 이렇게 형성된 가치의 조건화는 유기체의 경험을 통한 자기실현 경향성을 성취하는 것을 방해하는 주요한 원인이 된다고 한다.
6. 유기체의 경험이나 독특한 존재로서 자기 경험을 왜곡하고, 회피하고, 부정하게 만든 주요한

원인이 가치의 조건화라 할 수 있다. 인간중심치료는 이렇게 형성된 가치의 조건화를 해결할 수 있는 방식도 마찬가지로 '만약 ~하면, 그러면 ~한다'는 가정으로 풀 수 있다고 확신한다. 다시 말하면 상담자가 보여주는 무조건적 긍정적 존중을 통해 내담자는 그 동안 자신에게 의미 있는 사람(부모나 교사 등)에게 긍정적 존중을 얻기 위해 형성한 가치의 조건화 태도를 서서히 바꾸기 시작하며, 가치조건화에 의해 왜곡하고 부정해왔던 경험을 보다 개방적으로 탐색할 수 있으며, 조건을 충족시키기 위한 삶을 사는 것이 아니라 자기실현을 위한 삶을 살게 된다는 것이다. 가치의 조건화는 부정확한 상징화의 예로서, 어떤 경험은 사실은 그렇지 않을 때에도 유기체적으로 만족된 것으로 지각될 수도 있다. 이는 본능이라기보다 학습된 것으로 경험이 선택적으로 왜곡되어 지각되거나 지각이 부인되기도 한다.

❏ 인간중심접근의 공헌 및 제한점

1) 공헌
   가) 인간 내면의 주관적 경험을 다룰 수 있는 새로운 과학적 연구모델을 고안함으로써, 치료자 자신의 치료방식과 신념을 검토하도록 했다.
   나) 치료자들이 자신의 상담스타일을 개발해 나갈 수 있도록 하였다.
   다) 자신의 개념을 검증 가능한 가설로 진술하고 연구 가능하도록 하여, 심리치료의 영역에 대한 연구의 문을 열었다.
   라) 다양한 문화를 지닌 사람들의 상호 이해를 발전시키는데 적용됨으로써, 인간관계와 중다 문화적 치료에 지대한 공헌을 하였다.
   마) 로저스는 상담과 심리치료라는 저서의 제목을 통하여 "상담"과 "심리치료"를 연결하고 당시까지만 해도 심리치료영역에서만 다루어지던 내담자 문제를 상담자도 다룰 수 있다는 사실을 제시하였다.
   바) 로저스는 상담 장면을 테이프에 담아 공개하고 상담기술을 체계화하여 보편화 시켰다.

2) 제한점
   가) 정서적 및 감정적인 요소를 크게 강조하는 반면에 지적 및 인지적 요인을 무시하는 경향이 있다. 심리검사 등의 객관적인 정보(측정도구 등)를 사용하여 내담자를 도와주는 면이 부족하다는 비판을 받고 있다.
   나) 상담자의 기술수준을 초월하는 사람됨의 문제이므로 상담자의 인격과 수양이 요구되나 이를 달성하기가 결코 쉽지 않다.
   다) 인간중심상담을 비롯한 현상학에서는 객관적 환경은 그대로라도 수용방법이 변하면 행동이 변한다고 본다. 그러나 이런 생각은 환경의 작용을 경시할 위험이 있다.
   라) 인간중심상담에서는 가르친다는 것을 죄책감으로 생각하는 편견을 소유하게 되나 사실상 상담도 하나의 가치관을 가르치고 있는 것이다.
   마) 로저스 이론에선 저항과 감정 전이 등이 무시된다.

❏ 상담자중심 상담이론과의 비교

> * 상담자중심 상담이론 : 파슨스, 윌리암슨, 홀랜드 등을 대표로 하는 특질이론중심의 상담이론으로 내담자의 심리적 구성물(특질)을 진단하여 횡적으로 문제분석을 하며 문제중심의 해결을 하고자하는 입장(미네소타그룹)

구 분	상담자중심(지시적) 상담	인간/내담자중심(비지시적)상담
상담의 중심	상담자	내담자
관심사항	문제자체	내담자
강조점	지적요소	정(情)의적 문제
라포에 대한 인식	선택적 요소	필수요소
테크닉	심리검사, 기록, 사례를 중시	방해요소로 인식되기도 함
시점	과거 중심(경험)	현재(여기-현재)
진단에 대한 인식	중시	배제

❏ 게슈탈트(Gestalt) 상담이론 - 형태요법

1. 서론

상담 및 심리상담의 한 접근방법으로 인정받고 있는 형태주의적 접근은 펄스(C. Perls)에 의해 창안되었다.

형태주의 상담은 카렌 호나이의 정신분석 상담이론을 위시하여 골드슈타인의 유기체 심리학, 빌헬름 라이히의 신체이론, 레윈의 장(field) 이론, 베르트하이머 등의 게슈탈트 심리학, 모레노의 사이코드라마 기법, 라인하르트의 연극과 예술철학, 하이데거와 마르틴 부버, 폴틸리히 등의 실존철학, 그리고 동양사상, 그 중에서도 특히 도가(道家)와 선(禪)사상 등의 광범위한 영향을 받으면서 탄생하였다. 게슈탈트 심리학의 이론 중에서 게슈탈트 상담에 도입한 관점들은 다음과 같다.

(1) 개체는 장을 전경과 배경으로 구조화하여 지각한다.
(2) 개체는 장을 능동적으로 조직하여 의미 있는 전체로 지각하는 경향을 지니고 있다.
(3) 개체는 자신의 현재욕구를 바탕으로 게슈탈트를 형성, 지각 한다.
(4) 개체는 미해결된 상황을 완결지으려는 경향을 지니고 있다.
(5) 개체의 행동은 개체가 처한 상황의 전체 맥락을 통하여 이해된다.

2. 주요 개념들

1) 인간관

(1) 형태요법의 기본 가정은 개인은 책임을 질 수 있고 통합된 인간으로 생활할 수 있는 충분한 능력을 갖고 있다는 것이다. 발달상의 어떤 문제들 때문에 사람들은 문제를 회피하는 양식을 형성하게 되고, 이로 인하여 개인적 성장을 이루지 못하게 된다. 이 상담법은 필요한 중재(개입)와 도전으로써 개인이 통합과 자발성과 활기에 찬 실존으로 나아가는데 필요한 지

식과 자각을 얻도록 도와준다. 내담자는 자신을 지지하고 상담을 이해하는 데 필요한 책임감을 수용할 능력이 있다고 가정된다.
    (2) 게슈탈트(형태주의)이론의 인간관 : 인간은 과거와 환경에 의해 결정되는 존재가 아니라 현재의 사고, 감정, 행동의 전체성과 통합을 추구하는 존재

2) 기본철학
    (1) 인간의 본성에 관한 형태상담의 관점은 실존철학과 현상학에 뿌리를 두고 있다. 참된 지식은 지각자가 경험하는 즉시적인 사건의 산물이다. 이 접근법은 자각을 확장시키거나 책임을 받아들이는 것, 그리고 행동하는 것과 통합하는 것을 강조한다.
    (2) 상담목표는 내부의 갈등의 영역을 분석하는 것이 아니라 통합하는 것이다. 소유하지 못했던 자신의 부분들을 "되찾는"(reowning)과정과 단일화하는 과정은 내담자가 성장을 꾀할 수 있을 만큼 충분히 강해질 때까지 단계적으로 진행된다.

▢ 형태요법의 주요 개념들

1) 게슈탈트(Gestalt)
    게슈탈트란 전체, 형상, 형태, 모습 등의 뜻을 지닌 독일어로, 게슈탈트 심리학자들에 의하면 개체는 대상을 지각할 때 그것들을 산만한 부분들의 집합이 아니라 하나의 의미 있는 전체 즉, '게슈탈트'로 만들어 지각한다고 말한다. 게슈탈트 상담에서는 게슈탈트란 개념을 상담적인 영역에 확장하여 사용하는데, 여기서 게슈탈트는 개체에 의해 지각된 유기체 욕구나 감정 즉, 개체가 자신의 욕구나 감정을 하나의 의미 있는 전체로 조직화하여 지각한 것을 뜻한다(Thomson, 1968). 이때 주의하여야 할 점은 욕구나 감정이 바로 게슈탈트가 아니라 개체가 하나의 의미 있는 전체로 조직화하여 지각했을 때 게슈탈트라 할 수 있다. 개체는 모든 유기체 활동을 게슈탈트를 형성함으로써 조정 해결하는데, 유기체가 매 순간 그 상황에서 자신에게 필요한 것을 자연적으로 알아서 지각하고 해결해 나가기 때문에 인위적으로 게슈탈트를 형성하려고 노력할 필요는 없다. 간혹 개체가 자연스런 유기체 활동을 인위적으로 차단하고 방해함으로써 문제가 발생할 수 있는데, 개체의 이러한 차단행위를 '접촉-경계 혼란'이라고 한다.

2) 전경과 배경
    우리가 어떤 대상을 지각할 때 관심 있는 부분은 지각의 중심부분으로 떠오르고, 나머지는 배경으로 물러나는 것을 체험할 수 있다. 이처럼 관심의 초점이 되는 부분을 전경(도형)이라 하고, 관심 밖으로 물러나는 부분을 배경이라고 한다. 게슈탈트 상담에서는 개체가 게슈탈트를 형성하여 지각하는 것도 전경과 배경의 관계로 설명한다. 따라서 '게슈탈트를 형성한다'는 말은 '개체가 어느 한 순간에 가장 중요한 욕구나 감정을 지각하여 전경으로 떠올린다'는 뜻이다. 건강한 개체는 매 순간 자신에게 중요한 게슈탈트를 선명하고 강하게 형성하여 전경으로 떠올릴 수 있는데 반해, 그렇지 못한 개체는 전경을 배경으로부터 명확히 구분하지 못한다. 다시 말해, 어떤 특정한 욕구나 감정을 다른 것보다 강하게 지각하지 못하며, 이런 사람들은 자

신이 진정으로 하고 싶은 일이 무엇인지 잘 몰라 행동이 불분명하고 매사에 의사결정을 잘 하지 못한다(Zinker, 1977). 개체가 전경으로 떠올렸던 게슈탈트를 해소하고 나면 그것은 배경으로 물러나고, 다시 새로운 게슈탈트가 형성되어 전경으로 떠오르려는데 그것도 해소되어 배경으로 물러나는 과정을 되풀이하는 유기체의 순환과정을 '게슈탈트의 형성과 해소' 혹은 '전경과 배경의 교체'라 한다.

3) 미해결 과제

미결과제는 분노, 격분, 증오, 고통, 불안, 슬픔, 죄의식, 포기 등과 같은 표현되지 못한 감정들을 포함하는 개념이다. 개체가 게슈탈트를 형성하지 못했거나 혹은 게슈탈트를 형성하긴 했으나 이의 해소를 방해받았을 때 그것은 배경으로 사라지지 않고 배경으로 남아 있으면서 계속 전경으로 떠오르려고 노력한다. 그렇다고 전경으로 떠오르지도 못하므로 그것은 중간층에 남아있게 된다. 이렇게 완결되지 못한 혹은 해소되지 않은 게슈탈트를 '미해결 게슈탈트' 혹은 '미해결 과제(unfinished business)'라고 한다. 이러한 미해결과제는 계속 이의 해결을 요구하며 전경으로 떠오르려고 하면서 전경과 배경의 자연스런 교체를 방해하기 때문에 개체의 적응에 장애가 된다. 이처럼 미해결 과제가 많을수록 개체는 자신의 유기체 욕구를 효과적으로 해소하는데 실패하게 되고 마침내 심리적, 신체적 장애를 일으키게 된다. 미해결 과제는 항상 전경으로 떠오르려고 노력하기 때문에 항상 '지금 여기'에 그 모습을 드러내고 있으며, 따라서 개체는 단지 그것을 회피하지 않고 알아차리기만 하면 되므로(Perls, 1976:), 펄스는 미해결 과제를 해결 할 수 있는 방법을 '지금 여기(here and now)'를 알아차리는 것이라고 주장한다.

13강 게슈탈트 상담이론(2)

❏ 게슈탈트 상담이론에서의 주요 개념

1. 현재성

1) 지금 – 여기의 중요성

펄스에게는 지금 이외에는 아무것도 존재하지 않는다. 왜냐하면 과거는 지나간 것이며 미래는 아직 오지 않았기 때문에 현재만이 의미가 있다. 형태상담의 주요한 공헌점의 하나는 지금-여기에 대한 강조이며 현재의 순간을 완벽하게 이해하고 경험하며 음미하는 것을 배우도록 강조한 점이다. 과거에 초점을 두는 것은 현재의 경험과 만나는 것을 피하려는 방법의 하나로 간주된다.

2) 현재성을 강조하는 질문들

내담자가 현재와 접촉하는 것을 돕기 위해 형태상담자들은 "왜"라는 질문을 가급적 피하고 "무엇"아니 "어떻게"라는 질문을 한다. "왜"라는 질문은 내담자를 합리화나 "자기기만"으로 끌고 가고 경험의 즉시성에서 멀어지게 하며 현실경험에 저항하는 과거경험을 끝없이 완고하게 되풀이하게 만든다는 것이다. "지금"이라는 자각을 증진시키기 위해 상담자는 내담자에게 지금 무슨 일이 일어나고 있는가? 지금 무엇이 어떻게 되어 가고 있는가? 이 순간에 무엇을 인식하고 있는가? 등과 같이 현재 시제로 질문함으로써 대화를 유도할 수 있다.

2. 형태요법에서 과거의 의미

1) 형태요법의 상담자들이 개인의 과거에 아무런 관심도 갖고 있지 않다고 말하는 것은 옳지 않다. 과거가 현재의 기능에 어느 정도 의미 있는 주제로 작용할 때는 가치가 있다. 과거가 현재의 태도나 행동에 중요한 관계를 갖는 경우에는 가능한 한 현재로 끌어들여 취급해야 한다.

2) 내담자가 과거를 이야기할 때 상담자는 마치 그것들이 현재에 살아 있는 것처럼 내담자에게 과거를 현재화하도록 요구한다. 상담자는 내담자에게 "환상을 여기로 가져오도록" 지시하며 전에 경험했던 느낌을 되살리도록 내담자에게 지시한다.

3. 형태요법에서의 불안의 의미

1) 펄스는 불안을 "현재와 미래 사이의 갭"이라고 묘사했는데 개인은 현실에서 멀어져 미래에 몰두하게 될 때 불안을 경험하게 된다고 한다. 미래를 생각할 때 유기체는 "무대공포증"(stage fright)을 경험할지도 모른다. 왜냐하면 "미래에 일어날 나쁜 일들에 대한 예기불안(catastrophic expectation)으로 가득 차거나 아니면 미래에 일어날 놀라운 일들에 대한 기대(anastrophic expectation)"로 가득 차기 때문이다.

2) 그래서 유기체들은 현재에 살기보다 현재와 미래 사이의 갭을 결단과 계획과 비전으로 채우려고 노력하게 된다.

4. 회피

1) 미해결과제에 관련된 수단이 회피인데 이것은 미해결과제에 직면하거나 미해결상황과 관련된 불편한 정서에 직면하는 것을 스스로 막는데 사용하는 수단을 언급하는 것이다.
2) 불안, 슬픔, 죄의식 등의 불편한 감정들을 직면하고 충분히 경험하는 것을 회피하려는 경향을 갖고 있기 때문에 이런 감정들은 마음의 밑바닥에 깔리게 되어 우리가 완전하게 사는 것을 방해한다.
그래서 게쉬탈트상담자는 상담기간에 전에는 결코 표현하지 못한 강렬한 감정들을 표현하고 경험하도록 격려한다.
3) 떨쳐버리기 어려웠던 자신의 이런 면을 경험함으로써, 그는 통합의 과정을 시작하고 성장을 방해했던 장애를 뛰어넘게 된다. 회피를 넘어섬으로써 우리는 현재 생활을 방해하는 미해결과제를 처리할 수 있게 되어 건강하고 통합된 존재로 나아가게 된다.

❑ 접촉

1. 형태상담에서 접촉은 변화와 성장을 일으키기 위해 필수적이다. 우리가 환경과 접하면 필수적으로 변화가 일어난다. 접촉을 보고, 듣고, 냄새 맡고, 만지고, 움직이는 것에 의해 이루어진다. 바람직한 접촉이란 자연스런 상호작용을 일컫는 것이며 자신의 개별성을 잃지 않고 다른 사람과 상호작용하는 것을 일컫는 것이다. 접촉은 다음과 같은 구조에 의해 발생한다.

2. 알아차림 – 접촉의 과정

ⓐ 배경에서 어떤 유기체 욕구나 감정이 신체감각의 형태로 나타나고
ⓑ 이를 개체가 알아차려 게슈탈트로 형성하여 전경으로 떠올리고,
ⓒ 이를 해소하기 위하여 에너지(흥분)를 동원하여
ⓓ 행동으로 옮기고
ⓔ 마침내 행동과 환경과의 접촉을 통해 게슈탈트를 해소하게 되는 과정이다.

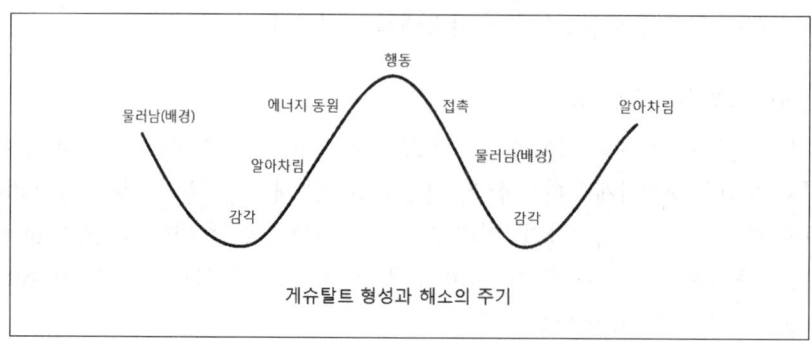

게슈탈트 형성과 해소의 주기

게슈탈트 치료에서는 알아차림과 접촉의 주기를 다음과 같이 여섯단계로 나누어 설명한다.
- 배경으로부터
- 어떤 욕구나 동기, 감정이 신체 감각의 형태로 나타나고
- 이를 알아차리고 게슈탈트로 형성하여 전경으로 떠올리며
- 이것을 해소하기 위해 에너지를 동원하여
- 적절한 행동과 실천으로 옮기며
- 마침내 환경과의 접촉을 통해 게슈탈트를 해소하게 되는 것
- 해소된 게슈탈트는 배경으로 물러나고 사라지게 됨. 이후에는 또 다른 게슈탈트가 형성의 과정으로서 배경으로부터
- 어떤 또 다른 새로운 욕구나 동기, 감정이 신체 감각의 형태로 나타나고
- 이를 알아차리고 게슈탈트로 형성하는 새로운 알아차림과 접촉의 주기가 이어짐

1) 알아차림 – 접촉

① 알아차림(awareness) : 개체가 자신의 유기체 욕구나 감정을 지각한 다음 게슈탈트를 형성하여 전경으로 떠올리는 행위
② 접촉 : 전경으로 떠오른 게슈탈트를 해소하기 위해 환경과 상호작용 하는 행위 즉, 에너지를 동원하여 실제로 환경과 만나는 행위
③ 알아차림-접촉 주기 : 게슈탈트가 형성되고 해소되는 반복과정
  - 우리의 유기체적인 삶은 게슈탈트의 형성과 해소의 끊임없는 반복순환 과정으로 전경과 배경의 교체에서 알아차림과 접촉이 매우 중요하다. 왜냐하면 개체는 알아차림과 접촉을 통해 전경과 배경을 교체하기 때문이다. 이때 알아차림은 게슈탈트 형성에 관계하며 접촉은 게슈탈트 해소에 관계한다.
  - 게슈탈트가 형성되어 전경으로 떠올라도 이를 환경과의 접촉을 통하여 완결 짓지 못하면 배경으로 사라지지 않는다. 따라서 알아차림과 접촉은 함께 서로 보완적으로 작용하여 '게슈탈트 형성-해소'의 순환과정을 도와주어 유기체 성장에 이바지한다.
④ 알아차림-접촉주기의 단절
  - 알아차림-접촉주기의 단절은 아래에서 언급한 ⓐ~ⓕ까지의 여섯 단계의 어느 곳에서나 단절될 수 있는데, '알아차림-접촉 주기'는 게슈탈트를 형성하고 해소하는 과정을 통하여 자연스럽게 유기체의 활동을 진행하는 과정이라고 볼 수 있다.
  - 어느 단계에서든 차단이 되면 유기체는 게슈탈트를 완결 지을 수가 없고 그 결과 현실적응에 실패하게 된다. 이를 단계별로 나누어 설명하면 다음과 같다.
    a. 배경으로부터 감각이 나타나는 과정의 장애
      알아차림-접촉의 첫 단계에서는 배경으로부터 유기체 욕구나 감각이 차단되어 신체의 고통이나 불편한 상태 등이 느껴지지 않는다거나 외부 환경에서 일어나고 있는 사건들이 지각되지 않는 현상으로 분열성 성격장애를 보이는 내담자가 흔히 이러한 감각 장애를 보임.

b. 감각과 알아차림 사이의 장애
   신체감각에 의한 지각은 이루어지지만 이를 환경과의 유기적인 관련 속에서 조직화함으로써 의미 있는 유기체 욕구나 감정으로 알아차리지 못하는 현상으로 그것을 잘못 해석하는 경우가 발생함
c. 알아차림과 에너지 동원 사이의 장애
   게슈탈트 형성에는 성공했지만 이를 해소하기 위한 에너지 동원 혹은 '흥분(excitement)'에는 실패한 경우로 지식인이나 강박증 환자들에게서 볼 수 있고, 머리로는 이해하지만 의욕이 일어나지 않아서 행동으로 옮기지 못함
d. 에너지 동원과 행동 사이의 장애
   에너지 동원에는 성공하지만 게슈탈트를 완결시키는 방향으로 이를 사용하지 못하는 경우, 즉 동원된 에너지를 외부환경을 향한 행동으로 옮기지 못하고 차단해 버림
e. 행동과 접촉사이의 장애
   - 에너지를 동원하여 행동으로 옮기지만 접촉에 실패함으로써 게슈탈트를 내담자의 행동이 목표 대상을 잘 겨냥하지 못하고 산만하게 일어남으로써 발생한다. 에너지를 효과적으로 쓰지 못하고 여기 저기 흩어 버리기 때문에 자신이 원하는 결과를 얻지 못함
   - 임상적으로 전향적인 히스테리 환자의 행동이 여기에 속한다. 그들은 많은 일에 관여하지만 행동이 산만하며, 에너지를 모아서 한 행동에 투여하지 못하고 여기저기 흩어 버림
f. 접촉과 물러남 사이의 장애(리듬장애)
   - 정상적인 경우 개체는 접촉이 끝나면 자연스럽게 만족해서 뒤로 물러나 쉬게 되고, 새로운 '알아차림 – 접촉 주기'의 리듬이 시작되어야 하는데 그렇지 못한 경우로 어떤 사람은 긴장하여 정상에 머물러 있으려고 한다. 즉 그들은 만족할 줄 모르며 물러나 쉴 줄 모른다.
   - 현대사회에서는 위에 머물러 있는 것은 가치 있고, 밑으로 내려오는 것은 무가치하다는 편견이 지배한다. 기쁨은 인정하되 슬픔은 거부하며 타인과 함께있는 것은 찬양하나 고독은 나쁜 것으로 본다. 자연스럽게 기능하는 유기체는 긴장과 이완, 일과 휴식, 기쁨과 슬픔 등의 리듬 속에서 살아가는데, 현대 산업사회에서는 이러한 리듬을 무시하고 지속적인 긴장을 요구함으로써 리듬장애가 빈번히 발생하게 된다.

❑ 접촉에 대한 저항의 단계 (접촉 – 경계혼란의 단계)

1. 접촉

경계 혼란은 '알아차림-접촉 주기'의 각 단계에서 차단이 일어나는 것을 말하는데 게슈탈트의 형성과 해소과정을 방해하는 정신 병리현상으로, 접촉에 대한 저항이라고 볼 수도 있다. 형태상담의 관점에서 보면 저항은 완전하고 진실한 방법으로 현재를 경험하는 것을 방해하는 방어체계로써, 사람이 진실해지는 것을 방해하는 자아방어기제들이다.

2. 게슈탈트상담에서 나타나는 주요한 저항

1) 주입(introjection)
   (1) 주입은 다른 사람의 신념이나 기준을 내담자 자신에게 동화하지 않고 무비판적으로 수용하는 것이다. 이런 주입은 내담자를 자기 자신으로부터 소외시킨다. 왜냐하면 우리는 그것들을 분석하거나 재구성할 수 없기 때문이다. 일단 주입되면 내담자는 수동적으로 환경이 제공하는 대로 움직이게 되며, 주입된 타인의 행동방식이나 가치관의 영향 때문에 무엇을 원하는지 명료화할 수 있는 시간을 가질 수 없게 된다.
   (2) 펄은 음식물을 제대로 씹지 않고 삼키게 되어 소화불량이나 복통을 일으키는 것처럼, 사회나 부모의 가치관을 동화시켜 자기의 것으로 만들지 못하고 무비판적으로 받아들임으로써 내면적인 갈등을 일으키는 현상으로 보았다.

2) 투사(projection)
   (1) 투사는 자신의 생각이나 욕구, 감정을 타인의 것으로 지각하는 현상으로, 이러한 현상은 개체가 자신의 욕구나 감정을 자신의 것으로 자각하고 접촉하는 것을 두려워한 나머지 그것에 대한 책임 소재를 타인에게 돌림으로써 나타난다.
   (2) 개체가 투사를 하는 이유는 받아들이기 힘든 부분을 부정해 버리고, 그것을 타인의 것으로 돌려버림으로써 심리적 부담을 덜 수 있기 때문이다. 게슈탈트 상담에서는 우리의 생각과 감정, 행동이 우리 자신의 창조물이라는 것을 자각하고 이해할 때 비로소 우리는 좀 더 책임 있는 삶을 살 수 있고, 삶을 능동적으로 개척해 가면서 자기 자신의 작품으로 만들어 나갈 수 있다고 말한다.

3) 융합(confluence)
   (1) 밀접한 관계에 있는 두 사람이 서로 간에 차이점이 없다고 합의함으로써 발생하는 '접촉-경계 혼란'을 융합이라고 하는데, 갑이 행복하다고 느끼면 을도 행복하다고 느끼고, 갑이 불행하다고 느끼면 을도 불행하다고 느끼는 마치 일심동체 관계와 같은 것으로, 겉으로 보기엔 서로 지극히 위해주고 보살펴 주는 사이인 것처럼 보이지만 내면적으로는 서로 독립적으로 행동하지 못하고 의존관계에 빠지는 경우가 많다.
   (2) 다만 서로가 상대편이 필요하다고 생각하기에 붙들고 있는 상태이다. 그들은 서로의 개성과 자유를 포기하고 그 대가로 얻은 안정을 깨뜨리려는 행위를 서로에 대한 암묵적인 계약을 위반하는 것이므로 상대편의 분노와 짜증을 사게 되며 융합 관계를 깨뜨리려는 사람은 죄책감을 느끼게 된다. 융합을 심하게 보이는 사람은 자신의 행동을 결정할 때 자신의 유기체 욕구보다는 그것이 타인의 마음에 들지 여부에 맞춘다.

4) 반전(retroflection)
   (1) 개체가 다른 사람이나 환경에 대하여 하고 싶은 행동을 자기 자신에게 하는 것 혹은 타인이 자기에게 해주기를 바라는 행동을 스스로 자기 자신에게 하는 행동으로, 이러한 과정은 처음에는 의식적으로 행해지지만 나중에는 차츰 습관화가 되어 마침내 무의식적으로 된다.

(2) 성장과정에서 부모가 지나치게 엄격하거나 어려운 처지에 있어서 어떤 비판이나 요구를 할 수 없을 때, 아이들은 자신의 욕구충족을 포기하고 자신의 감정표현이나 욕구충동을 억제하게 되는데 이러한 행동이 반복됨으로써 반전이 형성된다.

(3) 어릴 때 냉정한 분위기에서 자란 어린이는 자기가 자기 자신을 돌보지 않으면 안 된다는 사실을 재빨리 학습한 후 자기가 필요한 것을 스스로 찾아 해결하는데 익숙해진다.

(4) 펄 등에 의하면 대부분의 반전은 분노 감정 때문에 일어난다고 하였는데, 분노는 개체의 가장 중요한 미해결 과제의 하나로 이를 차단시켜 반전하면 결국 유기체는 수도관이 막힌 것과 같은 상태가 된다. 즉 분노 감정의 차단으로 다른 정서가 형성되지도, 표현되지도 못하여 강박증상, 열등의식, 자기관찰, 죄책감 등으로 나타날 수 있다.

5) 편향(deflection)

(1) 감당하기 힘든 내적 갈등이나 외부 환경적 자극에 노출될 때 이러한 경험으로부터 압도당하지 않기 위해 자신의 감각을 둔화시킴으로써 자신 및 환경과의 접촉을 약화시키는 행위를 말한다.

(2) 흥분이 없으면 불안을 못 느끼고, 인생의 즐거움과 기쁨도 동시에 사라진다. 편향은 불안을 줄이는 데는 도움이 되지만 삶의 생기와 활력도 동시에 줄어들어 권태와 무력감, 공허감과 우울감에 빠지게 된다.

(3) 게슈탈트 상담에서는 흥분을 인생의 가장 훌륭한 가치로 찬양하고 격려한다. 따라서 편향을 상담하고 극복하는 것은 게슈탈트 상담의 중요한 과제가 된다.

14강 게슈탈트 상담이론(3)

❏ 형태요법 상담을 위해 지켜야 할 일반적인 규칙 – Levisky & Perls

① 여기-지금에 충실하라.
② 말로써 설명하거나 분석하는 대신 직접적인 경험을 하라.
③ 내담자에 의한 자기 발전을 강조하라.
④ 내담자의 각성에 초점을 맞추라.
⑤ 욕구좌절을 기술적으로 활용하라.
⑥ 책임과 선택을 강조하라.

❏ 게슈탈트 상담을 통한 성격 변화 단계

펄은 상담을 통한 성격변화의 단계를 다섯개의 심리층 개념으로 설명하였다.

성인의 성격을 벗기는 것을 양파 껍질을 까는 데에 비유하였다. 개인이 심리적으로 성숙하게 되기 위해서는 **다섯 단계의 신경증의 층을 벗겨야** 한다.

성장에 장애가 된다고 가정된 이 층들은 ① 가짜(피상), ② 공포, ③ 곤경(교착), ④ 내적 파열, ⑤ 외적 파열(폭발층) 등이다.

1. 다섯개의 신경증적 심리층

① 피상/허위의 층

첫째 층은 '피상층(cliche or phony layer)'으로 사람들이 서로 형식적이고 의례적인 규범에 따라 피상적으로 만나는 단계

② 공포층

둘째 층은 '공포층(phobic)', 혹은 '연기층(role playing layer)'이라고 하는데, 개체가 공유한 자신의 모습으로 살지 않고 부모나 주위환경의 기대에 맞추어 행동하며 살아가는 단계로 개체는 환경에 적응하기 위해 자신의 욕구를 억압하고 주위에서 바라는 역할 행동을 연기하며 사는데, 자신이 하는 행동이 연기라는 것을 망각하고 그것이 진정한 자신인 줄로 착각하고 산다.

③ 교착(곤경)층

셋째 층은 '교착층' 혹은 '막다른 골목(impasse)'이라 부르며, 이 단계에 오면 개체는 이제껏 해왔던 역할연기를 그만두고 자립하려고 시도하지만 동시에 심한 공포를 체험, 지금까지 환경으로부터 도움을 받기 위해 해온 역할연기를 포기했지만, 다른 한편으로는 아직 스스로 자립할 수 있는 능력은 생기지 않은 상태이므로 오도 가도 못하는 실존적인 딜레마에 빠지게 됨으로써 심한 공포를 체험한다.

④ 내파층(내적 파열)

넷째 층은 '내파층(implosive layer)'이라고 부르며, 이제까지 자신이 억압하고 차단해 왔던 욕구나 감정을 알아차리게 된다. 이 단계의 내담자들은 처벌에 대한 두려움 때문에 혹 상대편에게 상처를 줄까 두려워 자신의 감정을 표현하지 않고 억제하며 타인에게 분노감을 표현하는 대신에 자기 자신에게 공격성을 돌려 자신을 비난하고 질책하는 행위를 한다.

⑤ 폭발층(외적 파열)

다섯째 층은 '폭발층(explosive layer)'이라고 하는데, 이 단계에 오면 개체는 자신의 감정이나 욕구를 더 이상 억압하거나 차단하지 않고 밖으로 표출 할 수 있게 된다. 개체는 자신의 욕구와 감정을 분명하게 알아차려 강한 게슈탈트를 형성하고 마침내 환경과의 접촉을 통해 이를 완결 짓는다.

이 과정에서 내담자들은 상담적 체험을 하게 되는데 온몸으로 자신의 억압되었던 감정을 표출하기도 한다. 이 단계에 도달하게 되면 내담자들은 신체적 정신적으로 강렬한 자각과 접촉을 하게 되고 또한 인지적으로 깊이 몰입하여 마침내 정신과 신체의 총체적인 통합을 체험하기도 한다.

> ♣ 향상학습 - 외적파열(폭발층 : Explosive Layer)
> - 다른사람과 거짓이 없는 진실한 접촉이 이루어지는 상태를 의미
> - 자신의 욕구와 감정을 분명하게 알아차리고 억압없이 직접적으로 표현함으로써 환경과의 접촉이 활발해 진다.
> - 진정으로 살아있는 진실한 존재가 되기 위해서는 폭발을 경험하는 것이 필수적.
> - 진정한 자신의 모습으로 타자와 접촉하며 실존적으로 진실한 삶을 살게 된다.

2. 성격변화의 단계들을 알아차림-접촉 주기와 관련해 보면

1) 표피층과 공포층은 아직 게슈탈트 형성이 잘 안되는 단계이고,
2) 교착층은 게슈탈트 형성은 되었으나 에너지 동원이 잘 되지 않는 단계이며,
3) 내파층은 에너지 동원은 되었지만 행동으로 옮기는 단계에서 차단되어 게슈탈트가 완결되지 않은 상태이며
4) 폭발층은 마침내 개체가 게슈탈트를 해소하고 완결 짓는 단계라고 할 수 있다.

☐ 게슈탈트상담의 목표

1. 체험확장

1) 개체가 자신의 욕구나 충동을 억압하지 않으면서 동시에 환경의 자극이나 상황에 대해서도 열려 있어 자신의 유기체 욕구를 자연스럽게 지각하고 표현하여 환경과 자유롭게 유기적으로 교류할 수 있어야 한다는 것이다(Zinker, 1977).
2) 내담자는 체험확장의 과정을 통해 모험과 도전을 배우고 불안과 공포를 극복하고 삶에 새롭게 도전하며 자유를 얻는 과정을 학습하게 된다. 체험은 삶의 무한한 원동력이며 체험 자체가

삶의 가장 중요한 가치라는 것을 깨닫게 된다.

2. 통합

1) 분할되고 소외된 인격의 부분을 다시 접촉하고 체험하게 함으로써 마침내 내담자가 이들을 자신의 인격의 일부로 통합시키도록 해준다. 특히 외부로 투사한 통합된 에너지를 다시 지각하여 통합하는 것을 중요시하는데 이러한 투사된 에너지는 창조적으로 사용되지 못하고 파괴적으로 쓰이게 될 가능성이 크기 때문이다.
2) 통합은 자기와 세계에 대한 새로운 인식을 가져다준다. 경험을 통하여 자신에 대한 새로운 개념을 형성하는 것이 상담의 중요한 목표라고 할 수 있으며 이제까지 소외되었던 자신의 부분들을 통합하는 것은 자신에 대한 새로운 개념형성을 하게 해 준다.

3. 자립

내담자가 스스로 자신을 보살필 수 있다고 믿으며 상담자는 내담자의 자립능력을 일깨워 주고 그 능력을 다시 회복하도록 도와주는 방향으로 이루어져야 한다. 외부지지를 받기 위해 타인에게 의존하거나 조종하려고 하려는 내담자의 시도를 좌절시킴으로써 자신의 에너지를 동원하여 주체적으로 행동하고 자기지지를 배우도록 도와준다.

4. 책임자각

형태요법에서는 모든 것은 각자의 선택으로 보고 내담자가 타인에게 자신을 자학하거나 열등감을 개발함으로써 책임을 회피하려거나 어떤 경우든 모두 자신의 선택이며, 궁극적으로 내담자가 타인에게 의존하려는 자세를 버리고 자립함으로써 자신의 행동을 스스로 선택하고 책임질 수 있도록 도와주는 것이라고 본다.

5. 성장

형태에서는 개체를 어떤 고정적인 대상으로 보기보다는 환경과의 관계 속에서 스스로 성장, 변화해 나가는 생명체로 보기 때문에 내담자의 증상을 제거하기보다는 성장에 더욱 관심을 기울인다. 개체는 스스로 자신의 가장 이상적인 상태로 변화하고 성장해 나갈 수 있다는 신념을 갖고 있다.

6. 실존적인 삶

상담자는 개조자의 역할을 거부하고 내담자가 스스로 자기 자신이 되도록 격려해야 한다. 자기 자신이 된다는 것은 실존적인 삶을 산다는 것과 같은 의미이며 실존적인 삶이란 유기체가 자연스런 욕구에 따라 사는 것을 의미한다. 실존적인 삶이란 남보다 나은 자신을 입증하는 대신에 자기 자신이 되려고 노력한다 즉 자기 자신의 진정한 존재 가능성을 매 순간마다 실현시키는 데 삶의 진정한 의미를 찾는다.

❏ 펄의 "지금 – 여기의 사람"

1. 심리적으로 건강의 최고상태에 도달한 자
2. 잠재력을 완전히 실현시키는 자
3. 현재 실존의 순간에 안정되게 그 바탕을 두고 있다.
4. 자기의 장점과 단점을 인식하고 잠재력을 인식하고 있다.
5. 자신의 충동과 욕망을 죄책감없이 표현한다.
6. 삶에 대한 책임을 자각한다.
7. 자기 삶에 영향을 미치는 외부조건들로부터 자유롭다.
8. 솔직하게 분노를 표현할 줄 안다.
9. 현실감있게 반응하며 객관적으로 상황을 감지한다.
10. 위축된 자아경계가 없다.
11. 행복을 추구하기보다 순간순간의 상황에서 자기모습 그대로 존재한다.

❏ 상담자의 역할(태도와 과제)

1. 상담자의 태도

가) 관심과 감동 능력

상담자는 내담자의 존재와 그의 삶에 대해 진지한 흥미와 관심을 보일 수 있어야 하며, 그의 이야기에 심취하고 감동할 수 있는 능력을 갖고 있어야 한다. 세상에서 자신의 이야기를 관심 있게 들어주고, 감동해 주는 사실은 삶을 이해하고 받아들여주는 것이기 때문이다.

나) 존재 허용적 태도

내담자 스스로 자신의 삶을 살도록 허용해 주어야 한다. 상담자의 가치관에 따라 상담자의 계획에 따라서가 아니라 내담자 스스로의 본성에 따라 자신의 존재를 실현해 나가도록 허용해 주어야 한다.

다) 현상학적 태도

모든 상담행위는 나타나는 생명현상의 흐름을 따라 가면서 진행되어야 한다. 즉 상담자는 항상 내담자로 하여금 스스로 문제를 발견하고, 탐색과 실험을 통하여 그것을 스스로 해결해 나가도록 도와주어야 한다. 상담자는 이끄는 자가 되기보다는 항상 따라가는 자가 되어야 한다.

2. 상담자의 과제

가) 알아차림과 접촉의 증진

형태요법 상담자의 주된 상담적 과제는 내담자로 하여금 자신의 욕구와 감정을 분명히 알아차리고 이를 환경과의 접촉을 통해 잘 해소할 수 있도록 도와주는데 있으므로 상담자는 내담자의 알아차림과 접촉을 증진시키는데 주력해야 한다.

나) 좌절과 지지(support)

진정한 성장은 좌절을 통해서 가능하다는 특별한 의미를 부여하여 내담자의 자립적인 태도나 행동은 격려하고 지지해 주되, 의존적인 태도나 회피행동은 좌절시켜야 한다. 상담의 초기 단계에는 지지를 많이 해 주어 자아 강도를 높여주는 것이 좋고, 내담자와 충분한 라포가 형성된 후 좌절을 주어야 하며 개인적인 발달 단계에 맞추어 좌절의 강도를 조절해야 한다. 좌절은 내담자가 자신에게 닥친 좌절의 의미를 바로 이해할 수 있을 때 그리고 상담자의 따뜻한 배려를 동시에 느낄 수 있을 때 상담적 효과가 있다.

다) 저항의 수용

저항이란 내담자가 유기체의 통합성을 위협하는 외부압력에 대해 자신을 보호하려는 정당한 노력으로, 심한 저항을 하는 것은 상담자의 미숙에서 나온 것이다. 즉 상담에서의 창조성의 결여와 경직성 때문에 저항이 나타난다. 상담자는 저항에 맞서 싸울 것이 아니라 내담자의 저항을 받아들이는 것이 저항을 극복하는 길이다. 상담자는 내담자의 저항 행동을 지적하거나 비난하는 것이 아니라 자신의 행동을 돌아보는 동시에 내담자의 행동을 이해하려고 있어야 하며 내담자에게 신뢰감을 심어 주도록 힘써야 한다.

라) 내담자의 신체언어에 주의를 기울일 것

내담자의 언어적 의사전달은 거짓일 경우가 많다. 내담자의 자세, 움직임, 제스처, 머뭇거림 등의 비언어적 단서들은 자신도 모르는 감정들을 자주 나타내므로 상담자에게 귀중한 정보를 제공해준다. 따라서 상담자는 언어화된 것과 신체로서 나타내는 것 사이의 불일치를 면밀히 살펴야 한다. 내담자는 말로는 분노를 나타내면서 동시에 웃기도 할지도 모른다.

마) 내담자의 언어유형에 직면하도록 할 것

상담자는 내담자의 언어에 초점을 맞춤으로서 내담자가 현재 무엇을 경험하고 있으며, 지금-여기의 경험과 접하는 것을 어떻게 회피하고 있는지 자각하게 된다.

① "그것"

"나(인격적인 언어)"대신에 "그것(비인격적인 언어)"이라고 말하는 경우, 비인격적인 언어를 인격적 언어로 대치하도록 요구하여 책임감을 고조시킨다.

② "우리"

상담자는 일반화된 "우리"라는 단어의 사용을 지적하여 그것이 실제 의미하는 "나"로 대치하도록 격려할 수 있다. "우리"라 말함으로써 내담자는 강렬한 감정으로부터 한 걸음 물러서려는 것이라 할 수 있다. 그 각각을 말할 때 내담자는 자신의 느낌이 다르다는 것을 알게 될 것이다.

③ 질문들

내담자는 흔히 자신을 숨기고, 보호하고, 알리지 않기 위해 질문을 계속한다. 이때 상담자는 내담자에게 질문을 진술로 바꾸도록 요구함으로써 스스로 자신의 표현을 어떻게 방해해 왔는지 자각하게 하고, 책임감을 느끼게 할 수 있다.

④ 능력을 부정하는 언어

어떤 내담자는 자신의 진술에 덧붙여 공언하거나 단정함으로써 그의 개인적 능력을 부정하려는 경향을 가지고 있다. 상담자는 내담자가 "내 생각에는, 아마 ~~일 거야, ~라고 추측해" 등의 말을 사용하게 함으로써 단정적으로 능력을 부정하는 내용에서 직접적인 자신의 진술로 표현을 바꾸도록 도와줄 수 있으며, "할 수 없다"를 "하고 싶지 않다"로 대치하도록 요구함으로써 자신의 능력을 스스로의 것으로 수용하도록 도와야 한다.

❏ 내담자의 경험

1) 내담자의 첫 번째 책임은 상담에서 자신이 진실로 무엇을 원하는가를 결정하는 것이다. 상담자를 찾아가는 사람은 누구나 숨기고 있는 문제가 있다. 대략 90%의 사람들은 상담을 받으러 가는 것이 아니고 그들의 신경증에 보다 잘 적응하기 위해서 간다.

따라서, 내담자가 혼란되어 있거나 스스로 상담목표를 상담자가 정해 주었으면 하고 말하는 때가 상담이 시작되는 때이다. 상담자는 내담자와 함께 그가 이런 책임성을 받아들이기를 회피하는 것에 대해 탐색할 수 있다.

2) 형태상담의 일반적 경향은 내담자가 자신의 생각, 감정, 행동에 대해 더욱 많은 책임을 져야 한다는 가정에 기초한다.

상담자는 내담자가 상담을 계속할 것인지, 상담에서 무엇을 배우기를 원하는지 그리고 상담 시간을 어떻게 이용하기를 원하는지에 대해 결정하도록 요구한다. 형태상담에서는 내담자는 자신이 스스로 해석하고 의미를 만드는 적극적 참여자이다. 또한 자각을 증진시키고 개인의 학습을 활용하거나 활용하지 않거나를 결정짓는 사람이다.

❏ 상담자와 내담자의 관계

1) 실존상담의 한 분야로서 이 형태상담은 상담자와 내담자 간의 인간 대 인간의 관계를 포함한다. 상담자의 경험, 자각 그리고 지각은 상담과정의 배경이 되고 내담자의 자각과 반응은 그 전경(forefront)을 구성한다. 상담자는 지금-여기에서 내담자와 대면하면서 자신의 현재의 지각과 경험들을 내담자와 공유하는 것이 중요하다.

2) 상담자는 자신의 존재(presence)의 질(quality)에 대해 책임을 져야 한다. 왜냐하면 자신과 내담자를 알기 위해, 그리고 내담자에게 자신을 개방하기 위해 이것이 필요하기 때문이다.

3) 형태상담에서는 나와 너의 관계가 우선적으로 중요한데 이것은 상담자와 내담자 간에 대화와 긴밀한 접촉이 있다는 것을 의미한다. 이런 긴밀한 상호작용을 통해 내담자는 자신에 대해 배우고 변화할 수 있게 된다. 상담자가 쓰는 기법은 그리 중요한 것은 아니다. 오히려 한 인간으로서 그가 어떤 사람인가 그리고 무엇을 하고 있는가가 더욱 중요하다.

15강 게슈탈트 상담이론(4)

❏ 주요 기법

1. 욕구와 감정자각

개체가 자신의 욕구와 감정을 자각함으로써 게슈탈트 형성을 원활히 할 수 있고 또한 환경과의 생생한 접촉이 가능해지기 때문에, 상담자는 내담자들의 생각이나 주장 혹은 질문들의 배후에 있는 욕구와 감정을 자각하도록 주의를 환기시킨다. 특히 지금 여기에서 일어나는 욕구와 감정을 자각하는 것이 중요하다.

2. 자각기법

1) 신체자각

우리의 정신작용과 신체작용은 서로 불가분의 관계에 있다. 따라서 내담자로 하여금 자신의 신체감각에 대해 자각하도록 함으로써 자신의 감정이나 욕구 혹은 무의식적인 생각을 알아차리게 해줄 수 있다.

2) 언어자각

내담자가 사용하는 언어 소재가 불명확한 경우 상담자는 내담자로 하여금 자신의 감정과 동기에 대해 책임을 지는 형식의 문장으로 바꾸어 말하도록 시킴으로써 내담자의 책임 의식을 높여줄 수 있다.

3) 환경자각

내담자로 하여금 주위 사물과 환경에 대해 지각하도록 함으로써 환경과의 접촉을 증진시킬 수 있다. 내담자들은 흔히 미해결 과제로 자기 자신에게 몰입해 있기 때문에 주위 환경에서 일어나는 사건들이나 상황을 잘 못 알아차린다. 이러한 환경자각 연습은 공상과 현실에 대한 분별 지각력을 높여 준다.

3. 과장하기

내담자가 어떤 상황에서 자신의 감정을 체험하지만 아직 그 정도와 깊이가 미약하여 감정을 명확히 자각하지 못하고 있을 때, 상담자는 내담자의 행동이나 언어를 과장하여 표현하게 함으로써 내담자가 감정을 자각할 수 있게 도와준다(Perls, 1969b). 이 기법은 내담자의 신체언어를 이해하고 자각시키는데 도움이 된다.

4. 반대로 하기

내담자가 회피하고 있는 행동과 감정들을 만나게 해줌으로써 스스로 차단하고 있는 자신의 성장에너지를 접촉하게 해주는 방법으로, 내담자가 흔히 보이는 행동은 근저에 억압된 반대의 표현에 불과하다. 따라서 반대되는 행동을 해보도록 요구함으로써 억압하고 통제해온 자신의 다른 측면을 접촉하고 통합할 수 있게 도와줄 수 있다.

5. 느낌에 머물러 있기(staying with)

내담자들은 일반적으로 고통스러운 감정뿐만 아니라 받아들이기 힘든 좋은 감정에 대해서도 중단시키는 경향이 있는데 그 감정을 피하거나 대항해서 싸우기보다는 그 감정을 그대로 받아들이고 동일시함으로써, 그것을 중단(stop)시키는 대신에 완결(finish)시킬 수 있다는 것이다.

6. 빈 의자 기법

게슈탈트 상담에서 가장 많이 사용하는 기법 가운데 하나로, 현재 상담 장면에 와 있지 않은 사람과 상호 작용할 필요가 있을 때 사용되며, 내담자는 그 인물이 맞은 편 의자에 앉아 있다고 상상하고 그와 대화를 나눔으로 자신의 억압된 부분과의 접촉을 통하여 자신의 내면세계에 대해 더욱 깊이 탐색할 수 있다.

7. 자기 부분들간의 대화

내담자의 인격에서 분열된 부분들을 찾아내어 대화를 나누게 함으로써 분열된 자기 부분들을 통합시키는 방법이다. 상담자는 내담자의 분열된 자기들을 빈 의자에 바꾸어가며 앉혀서 서로 간에 대화를 시킴으로써 서로간의 갈등을 줄일 수 있다.

8. 꿈 작업(dream work)

형태요법에서는 꿈에 나타난 인물이나 사물들은 모두 내담자의 소외된 자기 부분들이 투사되어 상징적으로 나타난 것이라고 본다(Perls, 1969b). 꿈을 다루는 방법은 내담자로 하여금 투사된 것들을 동일시하게 함으로써 이제까지 억압하고 회피해 왔던 자신의 욕구와 충동, 감정들을 다시 접촉하고 통합하도록 해주는 것이다.

9. 투사놀이

어떤 사람은 자신의 감정을 부정하고 동기를 다른 사람에게 돌리는 데 너무 많은 에너지를 투사한다. 특히 집단에서는 가끔 한 개인이 자신에게 또는 다른 사람에게 하는 말들이 실은 자신이 갖고 있는 어떤 속성의 투사인 경우가 있다. 투사게임을 통해 상담자는 "난 당신을 믿을 수 없어요"라고 말하는 사람에게 믿을 수 없는 사람의 배역을 하도록 즉 상대방이 되어 보도록 요구하여 불신감이 어느 정도로 내적 갈등을 일으키는가 알아보게 할 수 있다.

10. 행동연습의 실험

펄스에 의하면 우리 사고의 대부분은 행동연습이라고 한다. 우리는 사회에서 기대한다고 생각되는 배역을 상상 속에서 연습한다. 상담집단의 구성원들은 그들의 사회적 역할 수행을 지원하는데 효과가 있는 수단들을 좀 더 잘 자각하기 위해 서로가 이런 행동연습실험에 참가한다. 그들은 점차로 다른 사람의 기대에 부응하는 것, 인정받고 수용되고 사랑받으려는 정도, 그리고 인정받으려고 스스로 노력하는 범위 등에 대해 자각하게 된다.

게쉬탈트요법의 추가적 기법 - 뜨거운 자리

1. 개인의 자아각성을 촉진시키기 위해 활용되는 기술로서 먼저 구성원에게 '뜨거운 자리'에 대해 설명을 해주고 나서 해결하고 싶은 문제가 있는 성원으로 하여금 상담자와 마주보이는 빈자리에 앉게 한다. 이때 빈자리가 바로 '뜨거운 자리'가 되는 것이고 흔히 '도마 위에 앉은 식'의 장면이 연출되는 것이다.
2. 뜨거운 자리에 앉은 집단성원은 자신을 괴롭히는 특정한 문제에 대해 이야기하게 되며, 상담자는 시간의 흐름(20-30분)에 관여치 않고 문제가 해결될 때까지 직접적이고 때로는 공격적인 상호작용을 계속한다. 이러한 상호작용은 문제를 표출한 개인과 상담자 사이에만 일어나며 다른 구성원들은 특별한 허락없이는 이들의 상호작용을 방해하지 않도록 하는 규칙이 세워진다.

공헌 및 제한점

1. 형태요법의 공헌

1) 형태요법의 행동지향적인 접근은 삶에 갈등과 투쟁을 가져다준다. 사람들이 단지 격리된 태도로 자신의 문제를 끝없이 이야기하는 것과는 대조적으로 그들의 투쟁을 생생하게 경험한다는 것을 알았다. 그렇게 함으로써 그들은 현재 순간에 자신이 무엇을 경험하고 있는지에 대한 자각을 증진시킬 수 있다.
2) 형태요법의 또 다른 공헌점은 과거를 현재와 관련되는 면으로 가져와서 생생하게 처리하는 점이다. 과거로부터의 미결과제는 무시되지 않으며, 오히려 상담자는 내담자가 창의적인 방법으로 현재의 기능을 방해하는 문제를 자각하고 그 문제를 다루도록 격려한다. 이런 자각을 통해 그는 자신이 체험하고 있는 것에 대해 개인적으로 책임감을 공유해야 한다는 가정을 할 수 있게 된다.
3) 형태요법의 직면적인 양상은 변화가 없는 데 대한 핑계로 무기력해지는 것을 단호히 거부하고 열정적으로 직면하도록 한다.
4) 꿈을 가지고 작업하는 형태적 기법은 개인으로 하여금 자신의 삶의 중심 주제를 자각하게 해주는 독특한 통로이다. 각각의 꿈을 자신의 투사로 봄으로써 내담자는 꿈을 현실로 가져와서 그 개인적 의미를 해석하고 그것에 대한 책임성을 가정할 수 있게 된다.

2. 형태요법의 한계와 비평

1) 펄스식의 형태요법에 대한 주요한 비평은 이 접근법이 성격의 인지적 측면을 무시한다는 점

이다. 펄스는 개인의 경험에 대해 생각하는 것을 금지하고 있으며 많은 형태상담자들은 생각을 탐색하는 것을 무시하고 감정을 있는 그대로 인식하고 표현하는 것을 강조해 왔다. 비록 형태요법이 즉각적인 경험의 과정을 방해하는 것을 반대하고 인지적 설명을 통해 통합시키는 것을 반대하지만 내담자는 자신의 생각을 명료화하고 신념을 탐색하며 상담에서 그들이 재경험하는 것들에 의미를 부여해야 한다.

2) 형태요법은 또한 내담자가 자기발견을 하는 과정을 촉진시키는 데 방해가 되는 교수-학습을 반대한다. 그러나 내담자는 상담자가 주는 적절한 교수로부터 자기발견과 이익을 얻을 수 있는 측면이 존재한다.

3) 형태요법에서 가장 효율적으로 사용될 수 있는 기법들은 상담자가 가진 잘 발달된 기술, 경험, 감수성, 훌륭한 판단들이다. 하지만 일부 상담자들은 극히 최소한의 훈련만 받고 또 교육지도를 받지 않고 있다. 제대로 훈련받지 못한 무능력한 상담자들이 먼저 내담자에게 강한 인상을 주려 하거나 자신을 조작하려고 하는 것은 위험할 수 있다.

16강 교류분석적 상담이론(1)

□ 교류분석적 상담

1) 의사교류분석(Transactional Analysis:TA)은 개인상담에 사용될 뿐만 아니라 특히 집단상담에 적합한 상호역동적인 상담기법이다. 이 접근법은 대부분의 다른 상담과 달리 계약적이며 의사 결정적이다. 즉 상담과정의 목표와 내용을 뚜렷이 하는 내담자에 의해 발달된 계약을 포함한다. 이 기법은 각 개인의 초기결정을 중요시하며 새로운 결정을 내릴 수 있는 개인의 능력을 강조한다. TA는 성격의 인지적·합리적·행동적인 면을 모두 강조하며 내담자가 새로운 결정을 해서 생의 과정을 바꿀 수 있도록 하게 하기 위해 자각을 증대시키려는 경향을 갖고 있다.
2) Eric Bern에 의해 발달된 이 접근법은 개인간 그리고 개인 내부의 상호작용을 분석하기 위한 구조를 제공해 준다. 이 접근법은 세 가지 자아상태 – 부모, 어른, 아동의 개념에 기초해 있다. 이것은 몇 가지 기초개념들을 사용하며 쉽게 이해하고 배울 수 있는 구조를 제공하고 있다.
3) 주요 개념들은 부모(Parent), 어른(Adult), 아동(Child), 결정(decision), 재결정,(redecision), 게임(game), 극본(script), 라켓(racket), 애무(stokes), 할인(discounting), 그리고 우표수집(stamps)등이다.
4) 상담 과정에서 계약은 상담자와 내담자의 능력을 동등하게 취급하는 특성을 갖고 있다. 현실적으로 변화하기 위해 내담자는 적극적으로 행동한다. 따라서 TA는 개인은 자신을 신뢰하며 스스로 생각하고 결정하며 감정을 표현할 수 있다고 가정한다.

□ 인간행동의 동기 (인간은 무엇을 목적으로 교류하는가?)

1. TA에서는 인간이 생리적 욕구와 심리적 욕구를 가졌다고 가정한다.
2. 생리적 욕구는 공기, 물, 음식과 같이 개체를 유지하려는 것과 관련된 필수적인 기본적 욕구이다.
3. 심리적 욕구는 자극의 욕구, 구조의 욕구, 자세의 욕구와 같이 심리적 만족과 관련된 욕구이다. 이것이 인간행동의 동기로 작용한다.

   1) 자극의 욕구
   (1) 자극의 욕구는 일종의 인정의 욕구인데 Berne은 이것을 일차적인 욕구로 여겼다. 그런데 이 욕구의 충족은 스트로크(strokes : 인정자극)를 통하여 이루어졌다. 이러한 접촉과 인정은 어떤 개인으로 하여금 자기존중감을 느끼게 하고, 자신을 긍정적인 존재로 인식할 수 있게 하며, 애정과 보살핌에 기초한 인간관계를 맺게 할 수 있다.
   (2) 스트로크는 긍정적인 것일 수도 부정적인 것일 수도 있지만, 이 부정적인 스트로크도 스트

로크가 전혀 없는 상태보다는 더 낫다. 스트로크는 신체접촉과 같은 (안아주고 머리 쓰다듬어주기) 신체적인 것과, 언어, 표정, 자세등과 같은 상징적인 것도 있다.

2) 구조의 욕구

구조의 욕구란 인간이 스트로크를 극대화할 수 있는 방향으로 시간을 활용하고자 하는 욕구이다.

> * 시간구조화의 6가지 *
> ① 철수 : 철수는 신체적 혹은 심리적으로 자신을 타인으로부터 멀리함으로써 인정자극 (스트로크)을 얻는 방법이다. 이런 구조를 하는 사람은 모험을 하지 않고, 안전한 자기 자신의 생각에로 도피하기 위해 다른 사람과 대화를 하지 않는다. 과거에 받았던 인정자극에 빠져서 살거나, 인공적인 인정자극을 획득하기 위해 다른 사람과의 만족스런 관계를 상상한다.
> ② 의식 : 고도로 구조화되고 사회적으로 인정되며 예측이 가능한 시간구조로 예배, 의식, 인사가 여기에 해당된다. 이것은 차단에 비해 사회적 상호작용에서 아주 안전한 형태이다. 그러나 이것을 통해서 낮은 친밀한 관계와 인정자극을 받을 뿐이다.
> ③ 소일 : 특별한 목적없이 무의미하게 다른 사람과 함께 시간을 보내는 것이다. 날씨, 운동경기, 자녀, 음식에 대한 이야기를 서로 교환하고 있는 경우가 이에 해당한다. 소일은 큰 정서적 동요없이 자신의 사회적 위치를 안전하고 확고하게 하는 데 도움을 주는 구조방법이다.
> ④ 활동 : 확실한 목표가 있는 사람들에게서 흔히 볼 수 있는 시간구조의 한 형태이다. 회사에서 동료와 함께 어떤 문제를 해결하는 것과 같은 것이 이에 해당된다.
> ⑤ 게임 : 겉으로 내어보이는 행동과는 달리 속으로는 숨은 의도와 동기를 갖고서 상호교류하는 사람들에게 볼 수 있는 시간구조의 한 방법이다.
> ⑥ 친밀성 : 서로 신뢰롭고 애정어린 관계 속에서 솔직하고 개방적인 태도로 자신의 생각, 감정, 경험등에 대해서 함께 나누어가질 수 있는 구조화의 방법이다.

3) 자세의 욕구

❑ 주요 개념들

1. 인간관

1) TA이론은 인간은 자기의 현 상태와 과거의 계약을 초월할 능력이 있다고 주장하는 반결정론적 철학에 뿌리를 둔다. 이것은 인간은 자신의 행동유형에서 벗어나서 새로운 목표와 행동을 선택할 능력을 갖고 있다는 믿음에서 출발한다.
2) 자율성을 가진 존재
3) 변화 가능성을 지닌 존재
4) 긍정적 시각 ; "인간은 모두 왕자나 공주로 태어난다."

2. 자아상태

모든 사람은 세 가지 자아상태(ego state)로 그 인격을 이루고 이 세 개의 인격은 각각 분리되어 특이한 행동의 원천이 된다고 보았다. 의사교류분석은 세 가지로 구분되는 행동 형태인 부모, 어른, 아동의 자아상태(P-A-C)로 묘사된다.

1) 자아상태의 분석

어버이 자아 (Parent ego)	Ⓟ	NP	1. 양육적 부모 자아(어머니) (nurturing parent: NP)
		CP	2. 비판적 부모 자아(아버지) (critical parent: CP)
성인 자아 (Adult ego)	Ⓐ	-	
아동 자아 (Child ego)	Ⓒ	FC	3. 자연스런 아동 자아 (free child ego: FC)
		LP	4. 작은 교수 자아 (little professor ego: LP)
		AC	5. 적응된 아동 자아 (adapted child ego: AC)

가) 부모 자아

5세 이전 부모를 포함한 의미 있는 연장자들의 말이나 행동을 무비판적으로 받아들여 내면화시킨 것으로 독선적·비현실적·무조건적·금지적인 것이 행동들이 많다.

① NP – 양육적 어버이

부모가 자녀를 사랑하고 돌보는 등 자녀를 양육하는 말이나 행동이 그대로 내면화된 자아(어머니로부터 얻는다)로서, 구원적·보호적·위안적·배려적·동정적이어서 온화하고 부드러운 말투와 수용적이고 보호적인 자세가 강하다. 또한 남의 고통을 자신의 고통으로 여기는 면이 있다.

② CP – 비판적·통제적 어버이

어버이의 윤리, 도덕, 가치판단의 기준이 그대로 내면화된 자아(아버지로부터 얻는다)로서, 다른 사람의 권리를 고려치 않고 편견적, 봉건적, 비난적, 징벌적, 배타적인 말을 단정적·조소적·강압적·교훈적인 말투로 나타내는 경향이 강하다.

나) 성인 자아(어른자아)

현실적인 것을 위해 필요한 지식을 축적하고 그것을 합리적으로 이용하는 부분. 즉 진행되고 있는 정보를 수집하는 인간의 객관적인 부분을 말한다. 감정이 아닌 사실에 입각해서 행동하기를 좋아하며(감정과 윤리 도덕적인 면은 배제), 외부와 개체내부의 모든 원천으로부터 정보를 수집·정리·분석하고 객관적·합리적·분석적·지성적·논리적·사실 평가적 경향이 강하다.

다) 아동 자아

인간 내에서 생득적으로 일어나는 모든 충동과 감정, 그리고 5세 이전에 경험한 외적사태,

특히 부모와의 관계에서 경험한 감정과 그에 대한 반응양식이 내면화된 것으로 기능적인 면에서 자연스런 아동 자아(FC), 작은 교수 자아(LP), 적응된 아동 자아(AC)로 나누어진다.
① FC - 자연스런 아동
부모나 어른들의 반응에 영향 없이 내면에서 자연스레 일어나는 그대로 자신을 나타내며 천진난만, 순수성, 창조성, 자유분방, 멋대로 사는 경향이 강하다.
② LP - 작은 교수 자아
인간의 내부에 있는 재치 있는 작은 어린이의 모습을 나타내는 자아로 창의적·직관적·탐구적·조정적 기능을 가진 선천적 지혜를 갖고 있다.

* LP - 작은 교수 자아
  성인 자아의 축소판이라 불리기도 하며 천재적 착상, 순발력, 조정력 등의 면이 강하다.

③ AC - 적응된 아동
부모나 권위의 관심을 얻기 위해 이들의 요청에 부응하려는 자연적 충동의 적응기능, 어른들에게 칭찬 받으려고 하는 행동들을 나타내며, 순응적·소극적·의존적·반항적 특징, 순종, 우등생 기질, 착한 모범생, 규범준수형, 권위복종형 등의 경향이 있다.
또한 고분고분한 순응적 자아와 반항적인 어린이 자아로 나눌 수 있으며 고분고분한 순응적 자아는 타인을 지나치게 의식하여 죄의식, 두려움, 부끄러움 등으로 특정 지워지며 반항적인 어린이 자아는 타인에 대해 화를 내는 것과 같은 행동을 보인다.

3. 명령과 초기 결정들

1) TA의 기본 개념의 하나는 명령이거나 또는 "하지 말라"는 것이다. 명령은 부모 자신의 고통들 -분노, 불안, 좌절, 불행 등-로부터 부모의 내면에 있는 아동(Child)에 의해 그의 아동(child)에게 주어지는 메시지이다. 이 메시지들은 아동들에게 그들이 무엇을 해야 하며 무엇이 되어야 하는지를 말해준다.
2) 비록 이런 명령들 중의 어떤 것은 부모에 의해 자녀에게 언어적이거나 직접적인 방식으로 전달되기도 하나 부모의 행동으로부터 추론되는 경우가 더 많다. 기본 명령이라고 가정되는 것들을 목록은, "하지 말라", "태어나지 말았어야 한다.", "가까이 하지 말라", "중요하지 않다", "어린아이처럼 굴지 말라", "성장하지 말라", "성공하지 말라", "너처럼 되지 말았어야 한다", "건전해지지 말라 그리고 잘 되지 말라", "소속되지 말라" 등이다.
3) 이런 초기 결정은 때로 보모에게 인정받으려는 욕구나 그들에게서 애무 받으려는 욕구, 또는 신체적·심리적 생존을 위한 욕구에서 동기화된다. 요점은 이런 명령들은 아동기의 어느 시점에서는 적절했을지 모르지만 성인기로 이해되기에는 부적절하다.

교류분석적 상담이론(1) 16강

♣ 향상학습 - 부모의 각본메시지(script message)
1) 허용
   - 부모의 아동자아에서 자녀의 아동자아로 전달된 메시지 중 긍정적인 경우
2) 프로그램
   - 부모의 어른자아에서 자녀의 어른자아로 전달된 메시지
3) 금지령
   - 부모의 아동자아에서 자녀의 아동자아로 전달된 메시지 중 부정적인 경우
   - 자녀가 무엇을 해야 하며, 무엇이 되어야 하는 지를 말해주는데, 대체로 부모의 실망, 좌절, 불안, 불행 등 고통을 표현하는 것으로, "~~ 하지 말라"의 형태를 취함.
4) 대항금지령
   - 부모의 내면에 있는 부모자아에서 자녀의 부모자아로 전달된 메시지로써 금지령에 대응하는 것
   - 부모의 기대를 표현하는 것으로 "~~하라"의 형태
   - 자녀들이 이러한 대항금지령에 따라 생활하기가 불가능하고 아무리 열심히 할지라도 불충분하며 이루기가 어렵다는 문제점이 있음.

4. 애무(Stroke) - 인정자극

TA에서 애무는 인지의 형태이다. 우리는 서로의 대화를 위해 이것들을 사용한다. 긍정적 애무는 "나는 너를 좋아한다"와 같이 말하는 것이며 따뜻한 신체적 애무, 수락하는 말들, 친밀한 몸짓 등으로 표현될 수도 있다.

17강 교류분석적 상담이론(2)

▢ 게임

1. 게임은 최소한 한 사람에게 나쁜 감정을 주고 끝내는 일련의 암시적 의사교류이다. 게임은 본래 친밀감을 방해하도록 고안된다. 이것은 처음의 결정을 지지할 목적에서 발달되며 개인의 인생극본(생을 위한 계획이나 또는 이 세상을 살아나가기 위해 어떻게 행동해야 하는가에 대한 결정)의 하나이다.
2. 게임(game)에서 의사거래에 관여하는 두 사람 모두, 혹은 최소한 한 사람에게는 좋지 않은 감정을 초래하는 의사거래의 한 형태이다.
3. 게임을 하는 이유
   사람들이 불쾌한 결말감정을 가지면서도 게임을 하는 이유는 무엇일까?
   ① 생활시간을 구조화하는 수단이 된다.
   ② 애정이나 인정자극을 위한 수단이 된다.
   ③ 만성부정감정(racket)을 계속 유지하기 위해서이다.
   ④ 개인의 생활자세를 반복, 확인하기 위해서이다.
4. 게임을 그만 두려면
   ① 타인의 게임에 말려들고 있다고 느껴지는 순간 벗어나라.
   ② 자신의 게임을 인식하고, 그 게임을 중단하라.
   ③ 숨겨져 있는 보상을 주지 마라. 게임에 말려들지 마라.
   ④ 자신이 원하는 것을 청구하거나 상대가 원하는 참된 인정자극을 주라.
   "당신이 아주 현명하니까 그것을 잘 해결할 수 있다고 나는 믿어요."
   "너가 ~ 할 때 나는 ~라는 생각이 들어 나는 ~해진다(괴롭다). 그래서 나는 너가 ~하기를 원한다."
   ⑤ 시간을 건설적으로 구조화한다.
   ⑥ 게임을 한다고 상대에게 명명하지 마라.
5. 게임의 특징
   ① 게임은 깊숙한 곳에 참된 동기나 목적이 숨겨져 있다.
   ② 게임을 하고 있는 사람은 자신이 게임을 하고 있다는 것을 거의 의식하지 못한다. 만약 그것을 알고 한다면 그것은 계략이지 게임이 아니다.
   ③ 게임은 예측이 가능한 일정 과정을 거쳐서 결말에 이른다.
   ④ 게임은 두 사람 모두 또는 최소한 한 사람에게는 불쾌감을 가져온다.
6. 게임의 종류

번(1964)의 'Game People Play'나 언스트(Ernst, 1972)의 'Game students play' 등에 많은 게임이 소개되고 있다. 그중 가장 많이 활용되는 몇 가지를 소개한다.
① 일상생활 게임(Life Game)
- 나를 차세요(Kick me) : 규칙위반이나 처벌, 배척, 실패를 당하도록 스스로를 몰아감
- 흠 들추기(Now I've got you, son a bitch) : 상대방 실수나 실패를 틈타서 그때까지 참았던 분노를 폭발시킴
② 결혼생활 게임(Marital Game)
- 법정(Courtroom) : 제3자를 끌어들여서 자신이 옳다는 것을 보증하는 게임.
- 냉감증(Frigid woman) : 상대를 성적으로 흥분시켜 놓고 결정적인 순간에 퇴짜를 놓는 게임
③ 파티게임(Party Game)
- 발뺌(Schlemiel) : 잘못을 거듭하고서는 그 때마다 상대편의 용서를 얻는 게임으로 상대가 화를 내면 패한 사람으로, 참으면 인내력을 시험해 본 형식으로 게임을 즐김
- 예, 그러나(Why don't you-yes but) : 상대편에게 해결책을 구하게 해 놓고서는 그것을 제시하면 일일이 반론을 제기하여 어느 것이나 실천할 것을 거부하고 드디어 상대편에 무력감을 맛보게 하려는 게임

❏ 라켓(rackets) - 불쾌하고 쓰린 감정들

1. 게임 뒤에 맛보는 불쾌하고 쓰린 감정을 라켓(rackets)이라 부른다. 우리가 갖게 되는 이런 감정은 때로 부모와의 관계에서 경험하기도 한다. 이것은 또 우리가 어린아이처럼 행동했을 때 느끼는(우리가 받은 접촉으로부터)감정들이다.
2. 게임처럼 라켓도 초기 결정을 지원하며 개인의 인생극본의 기본이다. 사람은 주의를 좀 끌기 위해 불쾌하고 쓰린 감정, 위장된 죄의식 또는 위장된 우울한 감정을 발달시킬 수 있다. 이런 위장된 감정은 불쾌하고 쓰린 감정을 지속시켜 주는 상황을 자발적으로 선택함으로써 계속된다.

❏ 자세의 욕구

1. 인생극본, 인생시나리오, 생활각본(life script)
2. 연극에서 말하는 각본과 비슷하다. 이 세상을 무대로 본다면 인간의 삶도 어떤 각본에 따라 절정과 종말에 이른다는 것이 교류분석의 입장이다.
3. 인생극본의 형성
① 각본은 어린 시절의 결단에 기초한 삶의 계획이며 유아기에 형성된 무의식 또는 전의식적 생활계획이다.
② 생활각본의 형성은 자극의 욕구를 충족시키기 위한 각종 활동과 부모의 허용, 금지령, 초기 결정, 생활자세와 같은 자세의 욕구에 의해 결정된다.
③ 자신에 대한 타인의 '태도'에서 얻은 자신의 해석은, 주로 비언어적(긍정적 각본, 부정적 각본)으로 표현된다.

④ 자신에 대해 타인이 전해주는 말(message)에 대한 해석은 주로 언어로 이루어진다.

4. 인생극본의 종류
   ① 승리자 각본 : 스스로 자신의 인생목표를 정하고 전력을 다해 이를 성취하며 NP(양육적 어버이)의 가치관에 따라 살아갈 수 있는 사람
   ② 비승리자 각본 : 남과 같은 수준에 이르면 그것으로 만족하여 CP(비판적, 통제적 어버이)의 지시에 충실히 따르는 사람
   ③ 패배자 각본 : 인생의 목표를 달성하지 못하여 일이 잘못될 경우 그 책임을 남에게 전가하는 사람

   * 자세의 욕구(인생극본, 인생시나리오), 생활각본(life script)의 유형

인 생 극 본		행 동 성 향
자기부정-타인긍정 (I'm not O.K., You're OK)	헌신 패턴 (나이팅게일)	출생했을 때 관련. 타인과 친밀한 관계를 맺기 어려움, 열등감, 죄의식, 우울, 타인불신, 정도가 심하면 자살
자기부정-타인부정 (I'm not O.K., You're not OK)	갈등 패턴 (햄릿)	생후 1년 전후. 인생에 대해 무가치함, 허무감, 정신분열 증세, 자살이나 타살의 충동을 느낌, 일생동안 정신병원이나 교도소 출입
자기긍정-타인부정 (I'm O.K., You're not OK)	자기주장 패턴 (도날드 덕)	2~3세 경에 경험. 지배감, 우월감, 양심부재, 타인에 대한 불신, 독재자, 비행자, 범죄자에게 흔히 볼 수 있다. 자신의 잘못을 타인이나 사회에 돌려 자신을 희생당하고 박해받는 사람으로 여긴다.
자기긍정-타인긍정 (I'm O.K., You're OK)	원만 패턴 (보통)	가장 건강한 생활자세로 정신적, 신체적으로 건전, 사물을 건설적으로 대함. 타존재(他存在)의 의미를 충분히 인정하는 건설적인 인생관을 지닌 사람이 된다.

5. 여타 인생극본의 종류
   1) 그 후(After) 각본
      잠시 순조롭게 보내며 곧 재난이 있을 것으로 예측하면서 살아가는 인생, 시한부 행복과 관련된 각본
   2) 몇 번이고(Over and Over) 각본
      성공을 눈앞에 두고 실패를 되풀이하는 사람, "… 했으면 되었을 텐데"라는 말을 전형적으로 사용함.
   3) 무계획(Open-Ended) 각본
      P(부모)의 지시에 충실히 따라서 의무수행만을 목적으로 삶

☐ 상담의 목적과 목표

1. 목적
   의사교류분석상담에서 상담의 목적은 개인이 자신의 삶에 대해 책임지고 스스로 지도할 수 있

는 자율성(autonomy)을 갖도록 하는 것이다. 자율성을 갖기 위해서는 각성, 자발성, 친밀성이 중요하다고 보았다.
- 가) 각성(awareness) : 자기 자신의 양식으로 보고, 듣고, 접촉하고, 맛보고, 평가할 능력
- 나) 자발성(spontaneity) : 감정을 선택하고 표현할 수 있는 자유, 강박관념으로부터의 해방
- 다) 친밀성(intimacy) : 순수한 직관적 지각을 지니고 여기 지금에 살고 있는 오염되지 않는 아동자아의 자유, 숨김없이 남과 사랑을 나누고, 친숙한 관계를 맺을 수 있는 수용 능력

2. 목표

위의 목적, 즉 각성, 자발성, 친밀성을 유지하여 결국은 자율적인 인생극본을 갖도록 하는 의사교류분석상담의 목적을 달성하기 위한 구체적인 목표는 다음과 같다.
- 가) 혼합이 없이 성인 자아가 정상적으로 기능할 수 있도록 한다.
- 나) 배타가 없이 상황에 따라 P, A, C가 적절히 기능할 수 있도록 한다.
- 다) Racket을 각성시켜 게임에서 벗어나게 한다.
- 라) 초기결단 및 이에 근거한 생활각본을 새로운 결단에 근거한 자기긍정-타인긍정의 생활 각본으로 바꾼다.

☐ 상담자의 기능과 역할

1) 교사, 훈련가 그리고 깊이 관여하는 정보제공자로서의 역할

교사로서의 상담자는 구조적 분석, 의사교류분석, 극본분석 그리고 게임분석 같은 개념을 설명해 준다. 상담자는 또한 내담자가 자신의 초기 결정과 인생의 계획에 있어 과거의 불리한 조건을 발견하도록 도우며 다시 고려하고자 하는 전략들을 발달시키도록 돕는다.

2) 동반자로서의 역할

슈라이너와 같은 TA이론가들은 "동등한 관계"가 중요하다고 강조하였으며 상담자와 내담자는 상담가정에서 동반자의 위치에서 계약을 맺어야 한다고 지적하였다. 그리하여 상담자는 내담자가 제안하는 명료하고 특수한 계약의 구조에 자신의 지식을 투입한다.

3) 내담자가 변화에 필요한 도구를 얻도록 돕는 역할

상담자는 내담자가 상담자의 어른(Adult)에 의지하기보다 그 자신의 어른(Adult)에 의지하도록 격려하고 가르친다. 최근의 TA의 실제에서는 상담자의 주요 임무를 내담자가 어린 시절에 한 진부한 결정에 따라 살지 말고 현재에 적절한 결정을 함으로써 삶을 변화시킬 수 있는 자신이 내면적 능력을 발견하도록 돕는 것이라고 보고 있다.

☐ 상담에서의 내담자의 경험

1) 상담계약을 기꺼이 이해하고 받아들이려는 내담자의 능력과 의지

상담계약에는 내담자가 해야 할 자세하고 구체적인 목표와 이 목표를 효과적으로 달성할 수

있는 방법과 시기를 결정하는 기준 등이 포함되어 있다. 상담자와 내담자는 계약에 나타난 자료에 초점을 맞추며 그렇게 함으로써 내담자는 그가 상담자에게 어떤 도움을 받으러 왔는지 명확히 인식하게 된다.

2) 능동적인 행위자로써 변화의 의지를 가진 내담자

계약에 명시된 목표를 수행하기 위해 내담자와 상담자는 상담과정과 일상생활을 위한 "과제"를 고안한다. 내담자는 새로운 행동양식을 실험하며, 그렇게 함으로써 자신이 옛날의 행동을 택할지 현재의 행동을 택할지 결정할 수 있게 된다. 상담이 성공하기 위해서는 직접 행동으로써 변화의 의지를 나타내고, 내담자는 바람직한 변화가 일어나도록 행동해야 한다.

❏ 상담자와 내담자 간의 관계

1) 상담자와 내담자 간의 어른 대 어른의 동의에 기초한 동등한 계약관계

계약이 없으면 상담은 목표도 없고 변화를 위한 개인적 책임도 고려하지 않은 채 목적 없이 방황하기 쉽다. TA의 계약적 접근법은 상담자와 내담자가 상담계약에서 상호 합의한 목표를 향해 함께 일한다는 것이다. 상담자는 수동적인 방관자의 역할을 하지 않으며 내담자도 수동적으로 물러앉아 상담자가 마술적 상담을 해주기를 기다리지 않는다.

2) 처치(treatment)에 초점을 둔 계약적 상담관계

내담자는 설정한 목표에 도달하기 위해 자신이 설정한 특수한 신념, 정서 그리고 행동을 스스로 결정한다고 쓰고 있다. 그래서 내담자는 지혜와 방법을 제공하는 상담자와 함께 계약의 성질을 결정하는 작업을 한다. 상담자는 내담자를 위해 상담계약을 지지하고 이 상담계약에 따라 작업한다.

3) 의사교류분석에서 계약의 의미

가) 상담자와 내담자는 서로 동료가 되어 같은 어휘와 개념을 공유한다.
나) 내담자는 상담기간 동안 완전하고 동등한 권리를 갖는다.
다) 계약은 상담자와 내담자 간의 지위의 차별을 줄여 주고 평등성을 강조해 준다.

18강 교류분석적 상담이론(3)

❏ 상담절차 및 각종 분석

1. 상담절차

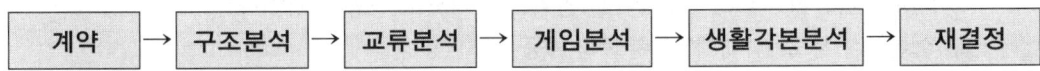

계약 → 구조분석 → 교류분석 → 게임분석 → 생활각본분석 → 재결정

2. 각종 분석

1) 구조적 분석(structural analysis)
   (1) 구조적 분석은 어떤 개인에게 내재해 있는 "부모(P)", "어른(A)", "아동(C)"이라는 자아상태의 내용과 기능을 인식하게 하는 도구이다. TA의 내담자는 자신의 자아상태들을 어떻게 확인해야 하는가를 배우게 된다.
   (2) 구조분석은 내담자가 어쩔 수 없다고 느끼는 행동유형을 해결하는데 도움을 주며, 자기행동의 기초가 되는 자아상태를 발견하게 해준다. 이런 지식을 갖고 개인은 자신이 무엇을 선택해야 할지 결정할 수 있게 된다.

   (가) 혼입성과 배타성

   자아 기능에 장애를 주는 대표적인 것으로는 혼합과 배타가 있다. 혼합은 부모 자아 또는 아동 자아가 성인 자아에 간섭하여 행하는 것이나, 느끼는 상태를 말하며, 이런 종류의 오염의 대표적인 것이 편견이나 맹신이다.

   ① 혼입성(contamination)
   혼입성은 하나의 자아상태의 내용이 또 하나의 다른 자아상태와 혼합될 때 존재한다. "부모"나 "아동" 또는 그들이 "어른"의 자아상태의 영역 내에 침입하거나 "어른"의 명석한 사고와 기능을 간섭한다. "부모"로부터의 혼입은 현실을 왜곡해서 지각하는 것을 포함한다. 이런 경우 혼입의 대표적인 것이 편견이나 맹신으로 나타난다.
   a. 부모가 혼입된 것을 반영하는 진술의 예
   "너는 다른 종류의 사람들과 섞이지 말라", " ** 나라사람들을 믿지 말라", "기계를 잘 지켜라. 그것들은 매번 너를 속일 것이다", "10대들에게 의존하지 말라" 등이다.
   b. 아동이 혼입된 것을 반영하는 진술의 예
   "모두가 다 나를 괴롭히고 있어. 아무도 날 정당하게 대접해 주지를 않아",
   "내가 원하는 것을 지금 당장 얻어야 해",
   "누가 나를 친구로 삼고 싶어 할까?" 등이다.
   ② 배타성(exclusion)

배타는 세 가지 자아상태의 하나만으로 자신을 너무 장기간 지나치게 지배하면 그 사람은 완전한 전체적인 자신 대신에 부모이든, 항상 성인이든가, 항상 아동이든가로 되고 마는 상태, 즉 자아상태의 경계가 경직되어 심적 에너지의 자유로운 이동이 거의 불가능한 상태를 말한다.

a. "어른"과 "아동"이 제외된 "완고한 부모"

전형적으로 의무에 충실한 과업지향적인 사람에게서 발견될 수 있다. 그런 사람들은 다른 사람들에 대해 비판적이고 도덕적이며 요구적이며, 업무충실형이어서 일에 얽매여 쉬지도 않으며, 때로 지배적이고 권위적인 태도로 행동할 것이다.

b. "어른"과 "부모"가 배제된 "완고한 아동"

이들은 의식하지 않고 반사회적 행동을 한다. "완고한 아동"에 의해 움직이는 사람들은 성장을 거부하는 영원한 어린이와 같다. 그들은 자신을 위해 생각하거나 결정하지 않고 대신에 자신의 행동에 책임에서 벗어나기 위해 의존적으로 남아서 누군가가 자기를 돌보아 주길 바란다.

c. "부모"와 "아동"이 배제된 "완고한 어른"

이들은 대상적이고 객관적이다. 사실에 관여하고 관심을 가지며 감정이나 자발성이 없는 로봇처럼 보이는 사람들이다.

(나) 자아상태의 객관적 흐름 – Egogram

Bern의 직계 제자인 Dusay는 자아상태의 개개가 방출하고 있다고 생각되는 에너지의 양을 눈으로 보이는 기호로 써서 나타내는 것을 생각하여 아래와 같이 그래프로 나타냈다. Egogram은 성격구조를 P, A, C를 사용하여 자기분석을 해나가는 것이다. 그 목적은 자기의 성격의 불균형을 발견하는 것이다.

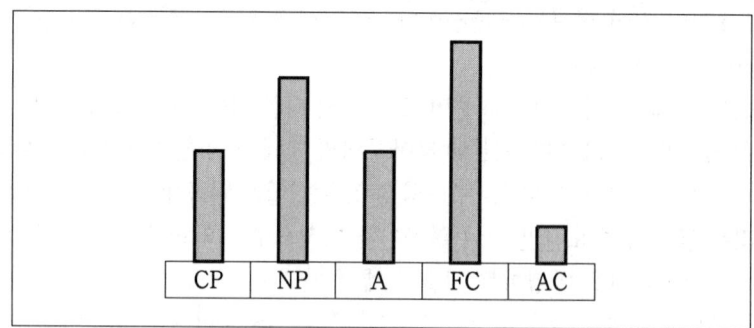

2) 의사교류분석(transactional analysis)

(1) 의사교류분석은 기본적으로 사람들이 자신과 다른 사람에게 무엇을 하며 무슨 말을 하는가를 묘사하는 것이다. 사람들 사이에서 일어난 것은 무엇이든지 그들 자아상태의 의사교류를 포함한다. 즉 메시지가 전달되면 반응이 기대된다. 의사교류에는 세 유형이 있다. 상호보완적(complementary), 교차적(crossed) 그리고 암시적(ulterior)유형이 있다.

교류분석적 상담이론(3) 18강

(2) 의사교류분석의 유형 - 3가지 교류유형

가) 상호보완적 교류

교류의 자극과 반응(의사소통의 통로)이 평행을 이루는 유형으로 바람직한 인간관계를 형성하는 교류이다.

나) 교차적 교류

의사소통의 방향이 평행이 아닐 때, 의사소통의 단절을 느끼게 하며 성실성이 없거나 바람직하지 못한 인간관계를 형성할 수 있다. 때론 교차적 교류이지만 교차되지 않고 평행할 경우도 있다.

다) 암시적 교류

상호작용에 관계되는 자아상태가 바깥으로 나타나 보이는 것과 실제로 기능 작용하고 있는 자아가 다르며 한 가지 자극을 가지고 두 가지 사실을 동시에 의미하는 교류형태이다. 또한 표출된 메시지와 실제로 작용하는 내용이 다르고 엉큼한 성격, 속임수가 개입, 위장된 의사소통을 말한다.

3) 게임과 라켓(rackets:만성부정감정)의 분석

(1) 게임의 분석

번(1964)은 게임을 "분명하게 정의된, 예견할 수 있는 결과를 향하는 일련의 보충적인 이면적 의사교류"라고 기술하고 있다. 대부분의 게임에서 참가자는 "나쁜" 감정을 갖고 끝을 맺게 되는데, 이때 왜 게임이 이루어지는지, 게임의 결과가 무엇인지, 어떤 접촉을 받았는지 그리고 이런 게임들이 어떻게 거리를 주거나 친밀성을 방해하는지를 관찰하고 이해하는 것이 중요하다. 개인의 라켓을 이해하고 이 라켓이 그의 게임, 결정 그리고 인생극본에 어떻게 관련되는지를 이해하는 것은 TA상담에서 중요한 과정이다.

** 게임이란 숨겨져 있는 무의식적 동기를 갖고 있는 세련된 보상행동을 목적으로 하는 암시적, 이중적 교류를 말한다.
** 게임의 하는 이유
  - 생활시간의 구조화
  - 인정자극 획득수단
  - 라켓의 유지
  - 생활자세를 반복하고 이를 확인하기 위해서

(2) 라켓의 분석

- 라켓은 개인이 자신의 인생극본과 결정을 정당화하기 위해 사용하는 여러 가지 감정들로 구성되며, 사람은 분노라켓, 상처라켓, 죄책감 라켓, 저기압 라켓과 같은 상태들을 일으킬 수 있다. 거부당했다거나 분노, 우울, 버려짐, 죄의식 등을 느끼기 위해 다른 사람을 귀찮게 하거나 구원하는 방법으로 낡은 감정들을 수집하기도 한다.
- 라켓은 일차적으로 어떤 사람을 실세계로부터 가려주는 방법이기 때문에 다른 사람을 조작하는 데 있어 게임처럼 중요하다. 상담자는 라켓으로서 사용되는 분노, 눈물, 두려

움과 진실한 감정의 표현 등을 구별할 수 있는 능력을 가져야 한다.
4) 극본(각본)분석(script analysis)
  (1) 개인의 자율성의 결여는 대개 자신의 인생극본, 즉 어린 시절에 결정된 인생계획에 자신을 위임하는데서 비롯되는데 인생극본의 중요한 면은 개인으로 하여금 그것을 연기하도록 강요하는 특성을 갖는다는 것이다.
  (2) 극본분석은 내담자가 따르는 인생 유형을 확인해 주는 상담과정이다. 이것은 내담자에게 그가 어떤 극본을 얻으며 극본대로 움직이는 자신의 행동을 어떻게 정당화하는지를 보여준다. 내담자가 자신의 인생극본을 자각하게 되면 그는 계획을 바꾸는 데 필요한 어떤 것을 하려고 한다. 자각을 통해 개인은 자신이 초기 극본의 희생자로서 경멸받아야 할 존재가 아님을 알게 되며 재결정이 가능해진다.
  (3) 극본분석은 극본점검표에 의해 수행될 수 있다. 극본점검표는 인생의 위치, 라켓, 그리고 게임에 관련된 문항들로 구성되는데 이것들은 모두 개인의 인생극본에 핵심적인 기능을 하는 요소들이다.
5) 재결정
  (1) 일단 초기 결정이 내려진다고 해서 그것들이 바뀔 수 없는 것은 아니다. 그들의 관점에서 보면 우리는 삶을 지시하는 초기 결정에 협동해서 적절한 새로운 결정을 현재 할 수 있고 그것이 우리로 하여금 새로운 삶을 경험하게 해준다고 할 수 있다.
  (2) 상담자와 함께 재결정의 과정을 작업하면서 이런 결정이 만들어진 아동기의 장면으로 돌아간다. 아동자아상태로부터 새로운 결정을 촉진시키는 작업을 한다. 그래서 내담자로 하여금 과거의 상황을 정서적으로 재 경험하게 하고 인지적으로뿐만 아니라 정서적으로 새로운 결정을 하게 해야 한다.
  (3) 재결정의 과정은 끝이라기보다 시작이다. 재결정 후에 개인은 다른 방식으로 생각하고 행동하고 느끼게 된다. 그는 자신의 자율적인 능력을 발견할 수 있게 되고 자유와 기쁨과 힘의 감각을 경험할 수 있게 된다.

☐ 상담의 기법

1. 빈 의자(empty chair)

빈 의자 기법은 구조분석에서 자주 사용하는 절차이다. 예를 들어, 자기의 상관(부모자아상태)과 일하는 데 있어 어려움을 겪고 있는 내담자로 하여금 자기 앞에 놓인 의자에 앉은 어떤 사람과 이야기를 한다고 상상하도록 요구받는다.

이 과정은 내담자가 자아상태의 역할들과 관련된 여러 가지 생각, 감정, 태도 등을 표현하도록 해준다. 이런 경우에 내담자는 부모자아상태뿐만 아니라 상상된 상태에 관련된 어떤 특성을 지닌 다른 두 자아상태에 대해 그의 자각을 명확히 할 수 있다. 빈 의자 게임은 어떤 결정에 대해 보다 예리한 초점과 확고한 자각을 얻고자 하는 내적 갈등을 지닌 사람들에게 유효한 기법이다.

2. 역할연기(role playing)

교류분석의 절차는 역할연기의 기법을 유효하게 결합시킬 수 있다. 집단상담에서는 역할연기 상황에서 다른 구성원을 참여시킬 수 있다. 집단의 다른 사람은 문제를 가진 내담자의 자아상태가 되며 내담자는 그 사람과 이야기한다. 또한 구성원들이 사회에서 해보고 싶은 어떤 행동을 다른 구성원과 재연해 볼 수 있다. 또 다른 가능성은 내담자가 집단에서 그의 현재행동에 대한 반응을 얻을 수 있도록 하기 위해 "완고한 부모", "완고한 어른", "완고한 아동"의 성격 유형을 과장하는 것이다.

3. 가족모델링(family modeling)

가족모델링은 구조분석의 또 다른 접근법으로 특히 "완고한 부모", "완고한 어른", "완고한 아동"의 상황에서 작업할 때 유용하다. 내담자는 자신을 포함해서 가능한 한 많은 과거의 중요한 타인들을 상상하도록 요구받는다. 내담자는 무대감독도 되고 연출가도 되며 배우도 된다. 그는 상황을 설정하고 가족구성원의 대치물로서 집단구성원을 쓴다. 내담자는 그들을 그가 기억하는 상황 속에서 배치한다. 이런 연출 다음에 따르는 토의 활동, 평가는 특별한 상황에 대한 자각을 높여주고 내담자가 갖고 있던 개인적 의미에 대한 자각을 높여준다.

4. 카프만의 극(드라마)삼각형(drama triangle)

(1) 카프만(Karpman)은 무대에서 연극배우가 교체되는 것과 같이 게임에서도 연출간에 극적인 역할교체가 일어난다고 하면서 드라마 삼각형을 제시하였다. 드라마 삼각형은 P(persecutor: 가해자), V(victim:희생자), R(rescuer:구제자)의 세 가지 역할로 구성된다.
(2) 가해자(P)는 인간관계에서 주도권을 쥐고 있는 자로서 상대를 억압 또는 지시하며 주로 CP가 기능한다.
(3) 희생자(V)는 인간관계에서 희생되는 자, 주로 AC가 기능한다.
(4) 구제자(R)는 희생자를 구제하거나 가해자를 지지, 가해자와 희생자를 화해시키거나 관대한 태도를 취한다. 주로 NP가 기능한다.

❑ 공헌 및 제한점

1. 공헌

1) 대인관계에 있어 의사소통의 질을 개선할 수 있는 구체적인 방안을 제시했다. 이는 친밀한 관계를 형성할 수 있는 구체적인 방안을 제시했다는 점이다.
2) 효율적인 부모가 될 수 있는 길을 제시했다. 스트로크, 금지령들의 문제점과 초기 결단에 미치는 악영향, 암시적 의사거래의 문제점을 분명히 제시했기 때문에 부모가 보다 효과적으로 자녀와 대화할 수 있는 길을 제시했다.
3) 상담자와 형식적인 상담을 제시하지 않고 내담자 스스로 자신을 변화시킬 수 있는 방법을 제

시했다. TA의 내용이 구체적이어서 혼자서도 자신을 이해하고 분석하여 보다 자율적이 인간이 될 수 있는 방안을 제시해 주고 있다.
4) 상담자 내담자의 계약을 중시했다. 다른 상담에서 볼 수 없는 계약을 통해 상담자와 내담자간의 자유와 책임을 분명히 해 주었다.
5) 자신의 상담기술만을 고집하지 않고 형태주의 상담기술 등을 차용하여 상담 목적을 달성할 수 도 있음을 제시한다.

2. 제한점 또는 비판

1) TA의 주요 개념을 포함한 많은 개념이 인지적이므로 지적 능력이 낮은 내담자의 경우 부적절할 수도 있다는 점이다.
2) TA의 주요 개념이 창의적인 면도 있지만 추상적이어서 실제적용에 어려움이 많다.(용어가 많고 그 의미가 모호, 용어설명이 다양)
3) TA의 주요 개념에 대한 실증적 연구도 있었지만 아직은 그러한 개념들이 과학적인 증거로 제시되었다고 보기엔 어렵다.

19강 행동주의 상담이론(1)

❏ **행동주의(과학) 상담이론**

1. 의의
1) 행동치료상담(행동학습이론)은 개인의 인지적 영역을 강조하며 내담자가 그의 행동을 한 단계씩 변화시켜 나가도록 돕는 다양한 행동지향적인 방법들을 제공해 준다.
2) 행동수정이나 행동치료는
   ① 그 기술(description)과 이론에서 심리학적 연구의 실험적 발견에 의존하는 광범위하게 정의된 임상절차를 사용하는 것,
   ② 객관적이고 측정 가능한 결과를 바탕으로 임상적 자료를 경험하고 분석적으로 접근하는 것 (Craighead, Kazdin, & Mahoney, 1976)으로 정의된다.
3) 행동수정에 대한 또 다른 정의는 "개인적, 사회적 문제를 해결하고 인간기능을 증대시키고자 하는 실험심리학의 기본적 연구와 이론을 적용하는 것"이다.
4) 행동주의는 인간에게서 관찰될 수 있는 행동에 초점을 두고 인간을 연구, 설명하는 입장으로 기본적인 가정은 학습이 행동의 강화라는 것이고, 학습은 자극과 반응의 결합에 의해 일어난다고 본다. 행동주의 상담은 심리학의 대상을 의식에 두지 않고 사람 및 동물의 객관적 행동에 두는 입장으로 자기의 의식 현상을 의도적, 계획적으로 관찰하는 일을 배척하고 오직 자극과 반응의 관계, 그리고 그 관계로 구성되는 체계만을 다룬다. 1913년 J. B. 왓슨이 주장한 미국 심리학의 중요한 조류가 되어 오늘날에 이른다.

2. 행동주의 상담이론은 인간의 행동이 자연현상과 마찬가지로 일정한 법칙성을 지니고 있다고 가정함. – "과학"이란 용어의 근거

❏ **주요 개념들**

1. 인간본성에 대한 관점
1) 초기의 인간관
   초기의 행동주의자들은 과학적 법칙성에 의해 인간의 행동을 설명할 수 있다고 보았다. 즉, 초기의 인간관은 주로 환경에 반응하는 수동적인 것이었으며, 기계론적이고 결정론적인 입장이었다. 행동주의에 있어 비교적 초기의 인간관을 대변하고 볼 수 있는 Hosford의 인간관을 요약해 보면 다음과 같다.

   가) 인간은 좋지도(good) 나쁘지도(bad) 않은 상태로 이 세상에 태어났다.
   나) 인간은 환경의 자극에 대해 반응하는 유기체이다.

다) 인간의 행동은 유전과 환경의 상호작용에 의해 형성된다.
라) 인간의 행동은 학습된 부정적 혹은 긍정적 습관으로 구성된다.
마) 인간의 행동은 생활환경이 제공하는 강화의 형태와 그 빈도에 의해 결정된다.

2) 1970년 이후의 인간관

시간이 지남에 따라 행동주의자들 중에서 인간의 자유와 의지적 선택을 강조하는 경향이 늘어났다. 행동주의적 접근에 있어 1970년대 초반의 행동주의자였던 밴듀라(Bandura)의 인간관을 요약해 보면 다음과 같다.

가) 인간의 행동은 부분적으로나마 환경을 창조할 수 있고 환경도 인간의 행동에 영향을 미칠 수 있다.
나) 인간은 자기를 조절(regulation)할 수 있는 능력이 있다.
다) 환경에 영향을 줄 수도 있고 받을 수도 있는 인간은 자기를 지도할 수 있는 능력이 있다.

이렇게 볼 때, 행동주의적 접근에서의 인간관은, 항상 환경에 의해 영향을 받기만 하는 수동적 입장의 기계론적이고 결정론적인 데서, 환경에 영향을 줄 수도 있다는 면이 강조되면서, 인간의 자유와 의지적 선택을 중심으로 한 인간의 능동적인 측면이 강조되는 경향으로 나아가고 있다.

특히, 최근에는 이 접근에서 자기지도(self-direction), 자기관리(self-management), 자기통제(self-control)등의 개념이 나오면서 인간의 새로운 측면이 강조되고 있다. 즉, 인간은 자신의 행동을 스스로 수정할 수 있는 능력이 있다는 점이 강조되고 있다. 이렇게 볼 때, 행동주의적 접근의 인간관은, 기계론적이고 결정론적인 데서 인본주의적인 인간관으로 변모해가고 있다고 볼 수 있다.

2. 기본 특성과 가정

행동주의 접근법은 매우 다양하므로 일련의 동의된 가정이나 전 영역에 적용할 수 있는 특성을 열거하기가 어렵다. 다음에 열거한 특성들은 비록 전체 영역에 모두 공통적인 것은 아니지만 행동적 접근법에 가장 폭넓게 적용되는 특성들이다.

① 이 상담법들은 개인사적인 결정인자들에 반대하는 것으로 현재 개인의 행동에 영향을 주는 것들에 초점을 둔다.
② 이 상담법들은 상담에서 평가되어야 할 주요 준거로서 개인의 겉으로 나타나는 행동을 관찰할 것을 강조한다.
③ 이 상담법들은 가능한 하나의 행동을 묘사할 수 있는 구체적이고 객관적인 용어로서 상담목표를 구체화한다.
④ 이 상담법들은 처치와 특수 상담기법들에 대한 가정의 근원으로서 기초적인 실험연구에 의존한다.
⑤ 상담에서의 핵심문제를 특수하게 정의함으로써 처치와 평가가 가능해진다.

행동적 접근의 기본 가정은 상담에서 다루어야 할 장애들은 실험심리학의 관점에서 이해되어야 한다는 것이다. 다양한 심리학적 실험에서 도출된 원리들은 행동변화를 목표로 하는 임상의 실제에 적용될 수 있다.

3. 행동의 변화에 대한 견해
1) 모든 행동들은 학습된 것이라는 학습이론에 근거하여 행동변화를 설명한다. 행동주의적 접근은 행동주의적 접근을 취하는 대부분의 학자들은 수정이 가능한 행동에 초점을 두고 있기 때문에, 성격의 구조나 역동성 등 비교적 지속적인 행동 특징들에 대해서는 별로 관심을 갖고 있지 않다.
2) 행동의 변화를 성격의 구조에 의해서라기보다도 유전적 기초 위에 자극, 반응, 반응의 결과, 그리고 인지구조의 상호관계에 의해 설명하고 있다. 즉, 학습이론을 통해 행동의 변화를 설명하려고 한다. 따라서 신경증적인 행동을 포함한 모든 행동은 학습된 것으로 본다. 즉, 비정상적 행동과 정상적 행동은 똑같은 학습 원리에 의해 학습된다고 가정한다.

□ 발달 배경 및 주요 이론들

행동적 접근법은 1950년대에 시작해서 1960년대 초반에는 당시에 지배적이던 정신분석적 관점에서 급속히 분리되었다. 행동주의 운동을 역사적으로 간략히 묘사해 보면 세 가지 중요한 발달의 영역을 포함하고 있다. 고전적 조건화, 조작적 조건화, 인지적 치료가 그것이다. 오늘날은 우리가 알다시피 이 접근법은 매우 다양하다.

1. 고전적 조건화(classical conditioning)
가) 이론적 배경

1950년대 볼페(Wolpe)와 남아연방의 라자루스(Lazarus)그리고 영국의 아이젱크(Eysenck)는 임상장면에서 공포증을 처치하기 위해 동물을 대상으로 한 실험적 연구에서 나온 결과를 사용하기 시작하였다. 그들은 헐(Hull)의 학습이론과 파블로프(Pavlov)의 조건화에 기초해서 연구를 하였다. 이 선구자들의 연구의 주요 특성은 실험적 분석과 치료과정의 평가에 초점을 둔 것이었다. 볼페는 체계적 둔감법이라는 기법을 발달시켰는데, 이것은 실험적인 연구의 결과에서 나온 학습원리가 어떻게 임상적으로 적용될 수 있는지를 보여 준다.

나) Pavlov의 개실험과 고전적 조건화

Pavlov의 개실험이란 우선 개를 묶어놓고 음식을 개의 입에 넣어주면 개는 타액분비를 시작한다. 이때 실험자는 종을 울린다. 이런 절차를 약 50~60회 반복하면 개는 음식을 주지 않고 종소리만 울려도 타액을 분비하게 된다. 이 실험에서 음식은 타액분비라는 무조건적 반응을 하는 무조건적 자극이다. 또 종소리는 원래 타액분비와는 관계가 없는 중성자극이었으나 개가 조건화됨으로써 무조건적 자극뿐 아니라 중성자극에도 반응을 보이게 된다. 이와 같이 고전적 조건화는 중성자극을 일차적 유발자극과 교차시켜 유기체에 투입함으로써 중성자극에도 특정반응을 유발시키는 힘을 형성하는 과정이다. 즉 행동을 유발하는 힘이 없는 중성자극에 반응유발능력을 불어넣어 조건자극으로 변화시키는 과정이 고전적 조건화이다.

다) 반응적 행동

고전적 조건화는 어떤 자극에 유기체가 자동적으로 또는 수동적으로 어떤 반응을 일으키게 만드는 속성 때문에 반응적 조건화라고도 불리며, 이렇게 조건화에 의해 형성된 행동을 반응적 행동이라 한다. 즉, 반응적 행동은 인간 유기체가 특정 자극에 대해 자동적으로 반응을 보이는 것을 의미한다. 타액분비, 눈물, 재채기, 수업시간에 교수가 질문을 하면 초조해 하는 행동 등을 예로 들 수 있다.

라) 고전적 조건형성의 주요 개념

① 소거(extinction)

일단 조건형성이 되었더라도 무조건자극 없이 조건자극만 계속 주게 되면 조건반응이 일어나지 않는다. 이렇게 조건자극을 주어도 조건반응이 더 이상 일어나지 않은 것이 소거이다.

② 자극 일반화(stimulus generalization)

조건형성이 되었을 때의 조건자극과 비슷한 자극에도 조건반응이 일어나는 것을 말한다.

③ 자극 변별(stimulus discrimination)

조건 형성 과정에서 조건 자극에만 고기를 주고 그 외의 자극에는 고기를 주지 않을 때 조건 자극과 다른 자극을 변별할 수 있게 된다.

마) Pavlov의 조건형성의 법칙

Pavlov의 모든 학습 개념이 상담에 활용되고 있지만 특히 내부 및 외부 제지의 법칙은 Wolpe의 상호제지기법에 영향을 주어서 상담기술에 많이 활용되고 있다.

① 내부 제지의 법칙(low of internal inhibition)

조건 형성이 이루어지고 나서 무조건 자극을 제시하지 않고 계속해서 조건자극만을 제시하면, 이미 확립된 조건 반응이 일어나지 않는데, 이것을 내부 제지의 법칙이라 한다.

② 외부 제지의 법칙(low of external inhibition)

조건형성이 확립된 후 조건자극과 함께 새로운 방해 자극을 제시하면 조건반응의 크기가 줄어든다. 또 잘 소거된 조건반응도 일정 기간이 지나서 조건자극을 제시하면 무시하지 못할 정도의 조건반응이 나타난다. 즉 새로운 외부 자극은 잘 확립된 조건반응의 양을 줄이거나, 잘 소거된 조건반응의 양을 늘리는데 크게 작용한다.

바) 상호제지기법

- 볼페(Wolpe)에 의해 체계화된 개념이다. 한 반응의 유발이 동시에 일어날 다른 반응의 강도를 감소시키게 되는 것을 말하며, 볼페는 체계적 둔감법을 발달시켰다.
- 한 반응의 유발이 동시에 일어날 다른 반응의 강도를 감소시키게 되는 것

❏ Hull의 학습이론

1. 반응성 제지

Hull은 16가지의 공리를 통해 학습이론을 설명하고 있다. 반응도 하나의 작업이기 때문에 반응을 계속하면 피로를 가져오게 된다. 즉, 우리가 어떤 반응이나 행동을 계속 반복하면 생리적 피로나 심리적으로 싫증이 일어나게 되는데, 이때 발생하는 피로나 싫증이 그 반응이나 행동을 제지하는 요인이 된다. 이러한 제지를 반응성 제지(reactive inhibition)라고 한다.

2. 조건성 제지

상담과 관련지어 이야기한다면 피로나 권태가 하나의 혐오자극이 되기 때문에, 이를 피하기 위해 반응을 보이지 않음으로써 어떤 행동이나 반응이 제지되는 것이다. 이를 조건성 제지(conditioned inhibition)라고 한다.

❏ Guthrie의 학습이론

그의 이론 중 "습관을 깨뜨리는 법칙"과 "연습은 수행을 향상시킨다"라는 이론이 특히 상담과 깊은 관계가 있다. 다음은 습관을 깨뜨리는 방법들에 대한 설명이다.

가) 식역법
점근법을 사용하여 체계적 과민성 제거를 비롯한 많은 상담 기술의 기본개념이 되었다.

나) 피로법
야생마를 길들이는 것을 예로 하자면, 야생마에게 말안장을 얹고 탈 때, 말이 반항하더라도 내리지 않는다. 그렇게 시간이 흐르다보면, 말은 조용하게 반응할 것이다. 그 다음부터는 말안장을 얹어 말을 타더라고 말은 조용하게 반응할 것이다.

다) 양립불가능 반응법
하나의 기술은 많은 행위로 이루어져 있고, 행위는 많은 동작으로 이루어져 있다. 그 기술에 필요한 모든 결합이 이루어지기 위해서는 많은 시간과 연습이 필요한 것이다.

20강 행동주의 상담이론(2)

☐ 조작적 조건화(operant conditioning)

1. 스키너 상자 실험과 조작적 조건화

1) 스키너 상자란 동물실험을 위한 조종장치로서 쥐나 다른 동물이 먹이를 얻기 위해 지렛대를 누르도록 훈련시키는 장치이다. 스키너 상자에 24시간 굶주린 쥐를 넣으면 처음에 쥐는 새로운 환경탐색을 위해 이리저리 돌아다니며 여러 가지 행동을 한다. 쥐는 이러한 탐구활동을 하다가 우연히 지렛대를 누르게 되며 그러면 작은 음식덩어리가 자동적으로 접시에 나오게 된다.
2) 지렛대를 누르는 행동은 처음엔 먹이 찾는 행동과 무관하게 우연히 일어난 사건으로 간주될 수 있으나 24시간 먹이를 주지 않는다면 쥐는 실험상황에서 지렛대를 건드리는 반응을 일으킬 가능성이 더 높아질 수 있다. 이때 실험상자는 쥐가 지렛대를 누를 때마다 음식접시에 먹이를 준다. 그러면 쥐는 지렛대 근처에 있는 시간이 많아지며 지렛대를 누르는 횟수도 많아진다.
3) 이렇게 조작적인 조건하에서 쥐의 행동은 강화(음식)을 산출한다는 점에서 도구적 행동(즉 환경을 조작한다)이 된다.
4) 스키너는 이렇게 자극이나 특수한 조건에 의해 어떤 반응이 유발되는가에 대한 분석을 실시하여 행동의 원인과 결과를 발견하고 행동의 원인인 자극을 조정함으로써 그 결과인 반응을 통제할 수 있다는 조작적 조건화의 원리를 주장하였다.

2. 조작적 행동

스키너 상자 실험과 같이 조작적 조건을 주어서 습득하게 된 행동을 조작적 행동이라 한다.

3. 변별자극(식별자극)

특정한 반응이 보상되거나 보상되지 않을 것이란 단서 혹은 신호로 작용하는 자극을 말한다. 즉, 어떤 행동이나 반응을 보여야 바람직한 결과를 얻을 수 있는지를 알려주는 신호이다. 변별자극은 바람직한 결과 또는 덜 위협적 결과를 성취하기 위해 어떠한 행동을 선택해야 할지를 알려주는 기능을 한다. 어머니의 찡그린 얼굴은 애교를 주리거나 좋은 성적을 갖다주어야만 칭찬을 받을 수 있다는 것을 알려주는 신호가 된다.

4. 강화와 벌

① 강화

특정 행동에 뒤따르는 결과 중에서 행동재현 가능성을 높여주는 것이다.

a. 긍정적 강화

즐거운 결과를 낳게 하여 행동의 빈도를 증가시키는 강화를 말하며, 어머니가 자녀에게 매일 침대에서 잠을 자면 일주일에 한번씩 영화구경을 시켜주겠다고 했을 때 그 아이가 자기 침대에서 자는 경우가 많아지는 경우를 들 수 있다. 이때 영화구경을 시켜주겠다고 하는 것은 그 아이에게 매일 침대에서 자게 하는 좋은 결과를 낳은 것으로써 긍정적 강화라고 할 수 있다.

  b. 부(정)적 강화

혐오적 결과를 제거하여 행동의 빈도를 증가시키는 강화를 말한다. 어머니가 아이에게 침대에서 자라는 잔소리를 하지 않게 되면 자기 침대에 가서 자는 경우가 많아지는 것을 들 수 있다. 이 때 잔소리를 하지 않은 것은 혐오적 결과를 제거하여 침대에서 자는 행동을 증가시킨 것으로 부적 강화라고 할 수 있다.

② **벌**

특정행동에 뒤따르는 결과중에서 행동재현 가능성을 낮추는 것을 말한다.

  a. 혐오적 자극의 제시

혐오적인 자극을 제시함으로 행동재현 가능성을 낮추는 것이다. 적색신호등에 정지하지 않은 사람에게 범칙금을 부과한다는 혐오적 자극을 제시함으로 교통위반 빈도를 줄이는 것이다.

  b. 유쾌한 자극의 철회

유쾌한 자극을 철회시킴으로 행동재현 가능성을 낮추는 것이다. 수업시간에 다른 아이들이 바깥에서 신나게 놀고 있을 때 아이에게 떠든 이유로 교실에 남아 있게 하면, 그 아이는 수업시간에 소란스러운 행동을 멈춘다는 것이다.

  c. 소거

벌은 가하는 사람에게 공격적 행동을 하게 만들거나 나쁜 감정을 갖게 할 수 있으므로 이 방법보다 행동의 빈도를 줄일 수 있는 또 다른 방법이 소거이다. 학급에서 바보처럼 행동하는 아동에게 선생님과 다른 학생들은 그 아이의 우스꽝스러운 행동에 관심을 기울이지 않기로 약속하면 그 아동은 처음에는 우스꽝스러운 행동을 하다가 결국은 그런 행동을 중단하게 되는 것이다.

③ **강화계획**

행동증가를 목적으로 사용하는 강화물을 제시하는 빈도를 말한다. 강화계획은 강화간격과 강화비율이라는 두가지 기준에 따라 구분할 수 있다. 연속적 강화계획은 행동이 일어날 때마다 강화물을 제시하는 것이며, 고정간격 강화계획은 정해진 시간 안에 강화를 하는 것이다. 간헐적 강화는 예측할 수 없는 시간간격으로 강화를 하는 것이며 고정비율 강화계획은 특정한 수의 반응이 일어날 때만 강화를 하는 것이다. 가변비율 강화계획은 평균적으로 정해진 어떤 수의 반응이 일어난 후 강화를 하는 것이다.

④ **이차적 강화물**

일차적 강화물과 계속 짝지어진 중립적 자극은 그 자체가 강화물이 되는데, 이게 이차적 강화물이다. 강화물인 음식과 함께 보여주는 미소, 칭찬 등이 있다. 특히 유아에게 있어 어머니는 1차적 보살핌(기저귀 갈기 등)과 함께 미소, 칭찬을 해주므로 이차적 강화물이라 할 수 있다.

5. 행동조성

인간행동의 대부분은 점진적으로 학습되는데 이를 행동에 대한 점진적 접근이라 하고 이 대표적인 개념으로 행동조성을 들 수 있다. 행동조성은 복잡한 행동이나 기술을 학습시키는 데 유용한 방법으로 기대하는 반응이나 행동을 학습하도록 기대에 부응하는 행동에 대해 강화를 함으로써 행동을 점진적으로 만들어 가는 것을 말한다. 유아에게 대소변가리기 행동을 하기 위해 먼저 응아하는 말로 배변욕구 표현행동을 조성하고 그 다음으로 바지내리기, 변기앉기, 배설하기, 물내리기로 차례로 행하게 하여 행동을 만들어 가는 경우를 말할 수 있다.

6. 일반화

특정 자극상황에서 강화된 행동이 처음의 자극과 비슷한 다른 자극을 받았을 때 다시 발생하게 되는 것을 의미한다. 아주 어린 아이가 삼촌에게 '짬촌'이라고 칭찬을 해주었다면 비슷하게 생긴 성인남자를 보고도 '짬촌'이라고 하는 것을 들 수 있다.

❏ 행동주의에서의 인지적 경향

1. 고전적 조건화와 조작적 조건화 모형의 행동주의 학자들은 사고개념(사고과정, 태도, 가치 등의 역할)에 대한 언급을 배제하였다. 이것은 행동주의가 정신 역동적 접근법의 통찰지향적인 성격에 대한 반응에서 출발했기 때문이다. 하지만 최근의 행동주의는 사고에 보다 본격적인 위치를 부여하고 있다. 심지어는 행동의 문제를 이해하고 치료하는 데 있어 인지적 요인을 중심역할로 선정하고 있다.

2. 최근의 행동주의 경향

행동주의적 접근법은 중요한 변화를 시도해 왔으며 상당히 확장되었다. 더 이상 학습이론에만 국한되지 않으며 또한 일련의 기법으로만 좁게 정의되지도 않는다. 최근의 행동치료는 그 효율성에 대한 상당한 논쟁점뿐만 아니라 행동변화를 이해하고 설명하는 개념화, 연구방법, 치료절차 등을 포괄하고 있다.

3. 대리학습에 의한 행동의 변화

1) 밴듀라(Bandura)는 사회적 맥락 속에서 행동의 변화를 설명하고 있다. 그에 의하면, 인간의 행동이 변화해 가는 것은 다른 사람들이 하는 것을 관찰함으로써 가능하다는 것이다. 즉, 모델의 관찰을 통해 인간의 행동이 학습되고 변화해 간다는 것이다. 밴듀라는 인간이 외적인 보상이나 처벌에 의해서 뿐만 아니라 내적인 규제에 의해서도 행동이 변화해 간다는 점을 지적하고 있다.

2) 인간은 자신의 가치나 행동 기준에 따라 행동 기준에 따라 행동하는 경우가 많다. 이러한 내면화된 기준은 자신의 행동을 스스로 평가하게 한다. 그리고 그 결과에 따라 자기를 긍정하거나 비판함으로써 자기를 강화하거나 자기를 처벌한다. 이러한 내면적인 것들이 자신의 행동변화에 많은 영향을 미치고 있다는 것이다.

4. 반두라의 사회학습이론
1) 관찰학습

인간이 단순한 환경적 자극에 대한 반응을 통하여 행동을 학습하는 것이 아니라 타인들의 행동을 관찰함으로써 이전에 하지 않았던 행동을 학습한다는 것이다. 인간은 타인의 행동을 모방할 뿐 아니라 서로 상이한 모델 및 사례들로부터 선택하여 그것을 종합해서 새로운 행동을 만들어 내기도 한다. 여기에는 4단계로 구성된다.

① 주의집중단계

개인이 모델의 행동에 주의하고 중요한 측면들을 재인식하고 뚜렷한 특징들을 서로 변별하는 단계로서 모델자극의 특성이 일반적이고, 단순하고, 독특하고, 특이할수록 주의집중도가 높으며, 관찰자의 특성이 감각능력이 높고, 욕구수준 높고 관찰 준비가 되어 있는 사람일수록 주의집중도가 높은 게 일반적이다.

② 파지단계

모델자극을 재생하려면, 그것을 기억해야 하므로 모델자극의 주요요소들을 회상할 수 있는 능력을 갖는 단계이다.
 a. 기호적 부호화
  모델자극을 관찰 후 모델행동을 상징적 기호로 부호화하는 것이다.
 b. 인지적 조작화
  언어적 부호화를 통해 사상들을 기억하는 것이다.
 c. 기호적 및 운동적 연습
  심리적이고 행동적으로 모델자극을 사전에 연습해두는 것이다.

③ 운동재생단계

기호화된 표상을 외현적 행동으로 전환시키는 단계로 새로운 행동을 수행할 수 있는 신체적 능력이 전제조건이 된다.
 a. 반응 선택 단계
  행동유형을 분석하고 인지적으로 조직화하고 요소반응을 실행할 수 있는 기술이 있는지를 판단하는 단계이다.
 b. 계속적 접근단계
  행동을 재생하는 과정에서 자기관찰과 피드백을 보고 행동을 수정하고 조정하는 단계이다.

④ 동기화 단계

모델에 주의집중하는 방식은 동기의 영향을 받으며 관찰을 할지의 여부를 정함에 있어서도 동기의 영향을 받는 단계를 말한다. 동기가 적절히 반영되면 사회적 행동의 습득과 수행이 촉진될 수 있다. 동기화는 주로 강화에 의해 이루어지는 경우가 많다.

2) 대리적 조건화와 학습
① 대리적 조건화
모델을 관찰함으로써 이미 알고 있는 행동들을 강화받는 경우를 대리적 강화라고 한다. 식당에서 좋은 서비스를 받고 지배인에게 팁을 주는 것을 보았을 때 그 행동을 본 사람은 좋은 서비스를 받기 위하여 팁을 줄 가능성이 높아지는 것을 들 수 있다.

② 학습
대리적 강화와 아울러 대리적 조건화에 의한 학습도 이루어질 수 있다. 어떤 사람에게 벨소리에 이어 계속 고통스런 전기충격을 주면 그 모델행동을 관찰한 사람은 대리적 조건화가 이루어져 벨소리에 공포를 경험하게 되는 것을 들 수 있다.

3) 자아강화와 자아효능감
① 자아강화
- 밴듀라는 개인의 감정, 사고, 행동들을 통제 할 수 있는 자기 반응적 능력을 지니고 있기 때문에 개인의 행동은 자아강화와 외적 영향요인에 의해 결정된다고 보았다. 이러한 자아강화는 각 개인이 수행 또는 성취의 기준을 설정하고 자신의 기대를 달성하거나 초과하거나 또는 그 수중에 못 미치는 경우에 자신에게 보상 또는 벌을 내린다는 개념이다.
- 예를 들어 동생을 때려서 어머니의 꾸중을 들은 아이는 자신의 공격적 행동과 어머니의 사랑의 감소를 연관시켜 생각하게 된다. 결국 이 아이는 폭력이 나쁘다는 어머니의 기준을 따르지 못할 경우 애정의 감소가 뒤따른다는 사실을 알게 되어 이후 공격적 행동을 하려는 충동이 일어났을 때 어머니에 의해서 설정된 행동평가기준에 따를지의 여부를 스스로 평가하여 반응하게 된다.

② 자아효능감
- 자신의 내적 행동평가기준과 자아강화기제에 의하여 자아효능감이 형성된다고 보고 있다. 자아효능감은 자신이 특정행동을 성공적으로 수행할 수 있다는 신념이다. 개인은 자아효능감에 근거해 자신이 행동해야 할지의 여부를 결정할 뿐만 아니라 얼마나 오래 수행할 수 있을지 행동을 수행하였을 때 얼마나 많은 처벌을 감수해야 할지를 결정하게 된다.
- 자아효능감이 낮은 사람은 종종 자신의 결함들을 곰곰이 생각하고 과제가 실제보다 어렵다고 판단하게 되어 실패의 가능성이 높다.

21강   행동주의 상담이론(3)

▢ 담의 목적 및 목표

1) 목적

행동주의적 접근에서는 내담자의 바람직하지 못한 행동도 바람직한 행동과 마찬가지로 학습된 행동으로 보기 때문에 상담 목적은 잘못 학습되었다고 생각되는 행동을 소거하고, 보다 효과적이고 바람직한 행동을 새로이 학습하도록 내담자를 도와주는 것이다.

이 접근의 초기에는 사회적 활동을 저해하는 비현실적인 공포나 불안을 제거하는 것이 이 접근의 중요한 상담 목적이 되었고, 그 후에는 잘못 학습된 행동에 대치되는 새로운 행동의 학습을 통한 행동 수정이 주축을 이루었다. 최근에는 앞의 2가지와 더불어 자신의 행동을 스스로 지도해 가는 프로그램이 발전해 가고 있다.

2) 목표

행동주의적 접근에서는 포괄적인 상담 목적보다 구체적인 행동목표를 강조한다. 즉, 상담 목표는 관찰될 수 있는 구체적인 행동동사로 각각의 내담자를 위해 각기 다르게 진술되어야 한다고 보고 있다. 행동주의적 접근에서는 상담 목표가 중요한 기능을 담당한다.

    첫째, 상담목표는 내담자가 관심을 가지고 있는 영역을 분명히 규명해 준다.
    둘째, 상담 목표가 상담 전략이나 구체적으로 어떤 상담 기술을 선택하는데 기초적 자료를 제공해 준다.
    셋째, 상담목표가 사전에 분명히 규명되어지므로 상담자는 이 상담 목표의 달성 여부를 평가할 수 있는 어떤 준거를 제공받을 수 있다.

▢ 상담자의 기능과 역할

1. 행동주의 상담자는 상담에서 능동적이고 지시적인 역할을 담당해야 한다. 행동주의 상담자는 전형적으로 부적응한 행동을 진단하고 개선된 방향으로 인도하는 상담적인 절차를 수행하는 전문가로 기능해야 한다. 행동주의 상담자는 특수한 것에 초점을 두고, 상황적인 선행사(antecedents)와 문제행동의 영역, 문제의 결과에 대한 정보를 토대로 한 일련의 평가과정이 끝난 후에 특수한 행동목표를 설정하고 내담자의 공포행동을 소거하기 위해 상담전략을 세워서 구체화된 목표를 향해 작업해 달라는 위임을 받으며 두 사람은 상담기간 동안 이 목표를 이루기 위해 상담과정을 평가할 것이다.
2. 행동주의 상담자들은 내담자를 위한 역할모델이 되어야 한다. 밴듀라는 직접경험을 통해 일어나는 학습의 대부분은 다른 사람의 행동을 관찰함에 의해서도 얻어진다고 지적한다. 그는 내담

자가 흉내(모방)를 통해 새로운 행동을 배우는 것을 상담의 기본과정에 넣고 있다. 하나의 인간으로서 상담자는 중요한 모델이 된다. 내담자는 때때로 상담자를 가치 있는 존재로 숭배해서 그의 태도, 가치, 신념, 그리고 행동 등을 모방하게 되므로, 상담자는 내담자의 동일시의 과정에 결정적인 역할을 한다는 것을 자각해야 한다.

❏ 상담에서의 내담자의 경험

1. 행동주의 상담에서의 내담자는 잘 정의된 역할의 구조와 사용하기 좋은 잘 정의된 절차의 체계 안에서 내담자에게 명확한 역할을 부여해 주며 내담자의 자각의 중요성을 강조하여 목표의 선택과 결정 등 상담과정에 적극 참여할 것을 강조하고 있다. 만약 내담자가 이런 식으로 적극 참여하지 않으면 상담이 성공할 가능성은 크지 않을 것이다.
2. 단순히 통찰을 얻는 것 이상으로 모험을 시도함으로써 상담 장면에서 학습한 것을 바깥 상황으로 일반화하고 전환하도록 격려 받아야 한다. 새로운 행동을 실행하려는 시도에서 성공하느냐 실패하느냐 하는 것은 상담적 모험의 가장 중요한 부분이다.

❏ 상담자와 내담자 간의 관계

1. 행동주의 상담자들은 다른 접근법의 상담자들보다 상담자와 내담자와의 관계의 중요성을 덜 강조하는데 이것은 행동주의 상담자들이 상담이나 치료 장면에서 냉정하고 기계적인 된다는 것을 의미하는 것은 아니다.
2. 행동주의적 접근에서의 상담자들은, 내담자와의 작업관계를 형성할 수 있는 따뜻함, 공감성, 진실성, 수용성 그리고 인정 등의 감수성과 내담자와의 작업관계를 형성할 수 있는 능력을 겸비하여 내담자의 행동변화를 이끄는 능동적이고 지시적이며 조언자 또는 문제 해결자로서 기능 한다.

❏ 상담의 과정

일반적인 상담 과정으로는 상담관계의 형성, 문제행동의 규명, 현재의 상태파악, 상담 목표의 설정, 상담 기술의 적용, 상담 결과의 평가, 상담의 종결로 요약될 수 있다.

1. 상담관계의 형성

상담자는 가치 판단이 없이 내담자가 말하는 것을 수용하고 이해하려는 노력이 필요하다(Wolpe, 1958). 상담자가 내담자를 이해한다는 점과 이렇게 상담자가 내담자를 이해하고 있다는 점을 내담자에게 알리는 것이 상담에 있어 중요한 것으로 믿고 있다. 상담자는 온정적이고 공감적이며 내담자에 대해 많은 관심을 가져야 한다. 만일 이러한 분위기가 되지 않으면, 상담자는 내담자의 어려움이 무엇인지 알 수 없거나 내담자가 필요로 하는 도움을 내담자에게 주지 못할 것이다.(Krumboltz, 1966)

2. 문제 행동의 규명

내담자 스스로가 자신의 문제 행동을 분명히 알고 있을 경우도 있지만 그렇지 못할 경우도 많다. 상담자는 내담자 스스로가 자신의 문제를 확실히 알 수 있도록 도와주어야 한다. 그런데, 상담자와 내담자의 관계가 잘 형성되지 못하여 내담자가 상담자를 믿지 못했을 경우에는, 내담자가 자신의 문제행동을 분명히 밝히기를 꺼려할 수도 있다. 그래서 관계 형성이 잘못된 상태에서 너무 문제 행동에만 집착하여 이를 규명하려고 하면 상담이 계속되지 못하고 중도에 중단될 수 있다.

3. 현재의 상태파악

가) 내담자에 의해 제시된 문제 행동을 분석한다. 문제 행동을 분석할 때는 내담자가 지나치다고 하거나 부족하다고 한 구체적 행동에 초점을 둔다.

나) 문제 행동이 일어나는 장면을 분석한다. 이 분석은 문제 행동과 관련된 선행(antecedent) 및 결과(consequence) 사태(event)를 분명히 밝히려는 것이다.

다) 동기를 분석한다. 내담자가 일상생활에서 강화를 받고 있는 사태를 분명히 밝힌다. 새로운 학습에 도움을 주는 몇몇 사태의 이용으로 새로운 학습이 일어난다면, 현재 강화를 받고 있는 사태가 약화(reduction)될 수 있다는 가능성도 함께 탐색한다.

라) 발달 과정을 분석한다. 문제 행동을 변화시키는데 도움이 될만한 발달 과정에서의 생물학적, 사회적, 행동적 변화에 대한 정보를 수집한다.

마) 자기 통제력을 분석한다. 내담자가 자신의 문제 행동을 어느 정도 스스로 통제할 수 있는지를 분석한다. 이 때는 통제가 어떻게 이루어지고 있는지와 자기 통제에 제한을 주는 사태를 파악한다.

바) 사회적 관계를 분석한다. 내담자의 생활에 의미 있는 영향을 주는 사람과 내담자와 그 사람과의 관계를 파악한다. 그리고 이러한 관계를 유지하는데 사용된 방법도 분석한다.

사) 사회적, 문화적, 물리적 환경을 분석한다. 여기서는 사회적, 문화적 규범이나 환경의 제한점이 분석되어진다.

이러한 7가지 영역에 대해 모여진 정보는 내담자의 문제를 더 잘 이해하거나, 상담 목표를 설정하고 내담자의 관심사를 해결하기 위한 상담 기술을 선정하는데도 도움이 될 것이다.

4. 상담 목표의 설정

얻어진 정보와 이에 대한 분석을 토대로 하여 상담자와 내담자는 서로 받아들일 수 있는 상담목표를 설정한다. 상담의 목표를 정하는 방법은 몇 가지 단계로 나누어 생각할 수 있다.

가) 상담자는 상담목표의 성질과 상담목표를 설정하는 취지를 내담자에게 설명한다.
나) 상담자는 내담자가 달성하고 싶어 하고 또 달성이 가능한 목표를 생각해 낼 수 있도록 도와준다.
다) 내담자는 자신이 바라는 구체적인 목표를 결정한다.
라) 내담자가 정한 목표가 달성할 수 있는 목표인지 그리고 그 목표가 나중에 측정될 수 있는 것인지에 대해 함께 고려해 본다.

마) 내담자가 정한 목표에 대해서 얻은 여러 정보를 기초로 하여 상담자와 내담자는 상담을 계속 할 것인지 그렇지 않으면 상담 목표를 다시 정할 것인지에 대해 결정을 내린다.
바) 상담을 계속하기로 결정을 하였을 경우에는 최종 목표를 보다 구체적인 목표로 나누어 적절한 순서를 정한다.

5. 상담기술의 적용

1) 행동주의적 접근에서는 여러 가지 학습방법이 사용되어질 수 있다. 언어를 통해서도 학습이 이루어지겠지만 여러 가지 매체를 통해서도 학습이 더 잘 이루어질 수 있는 경우도 있다. 그래서 언어에 의하든 여러 가지 매체를 사용하든 행동주의적 접근에서는 내담자가 더욱 효과적인 학습방법을 배우도록 하는 데 초점을 두고 있다고 볼 수 있다.
2) 행동주의에서는 단순한 문제뿐만 아니라 복잡한 행동수정의 문제도 다루게 되는데, 이러한 측면에서 행동주의적 접근을 하는 상담자들은 내담자와 함께 창의적으로 상담기술을 개발해야 하며, 행동주의에서의 대부분의 상담 전략은 몇 가지의 학습 개념을 각각의 상담 목표 달성에 적절하게 결합하여 사용한다.

6. 상담결과의 평가

1) 평가는 상담 목표에서 구체적으로 진술한 내담자의 구체적 행동에 기초하여 이루어진다. 상담 결과를 알아보기 위한 행동 평가는 상담자가 얼마나 상담을 잘 했는지와, 사용되어지고 있는 특별한 상담 기술이 얼마나 효과가 있는지를 알아보는 데 사용되어진다. 평가 단계는 어떤 기술이 과거에 도움이 되었는지 그렇지 않았는지에 대해서와 마찬가지로, 그 기술이 현재 도움이 되는지 어떤지도 알아보는 것이다. 과거에는 도움이 되었다는 기록이 있더라도 현재의 평가 결과에 따라 어떤 한 기술에 얽매이지 않고 상담 기술을 바꿀 수 있는 것이다.
2) 행동주의적 접근에서는 상담이 끝날 때는 물론이고 상담 도중에도 평가가 계속 된다. 구체적인 상담의 단계마다 평가를 해야 하며 각 시점에서의 평가는 그 다음 단계를 위한 중요한 정보가 될 수 있다.

7. 상담의 종결

1) 상담의 종결은 그 상담에서의 최종 목표행동에 대한 최종 평가에 뒤이어 이루어진다. 상담의 종결은 상담 목표가 달성되어서 상담을 그만둔다는 것만을 의미하지는 않는다. 때에 따라서는 상담의 종결이 추가적인 상담이 필요한지에 대한 탐색의 기회가 되기도 한다.
2) 또한 행동주의적 접근을 하는 상담자는 상담 목표가 달성되었다는데 만족하지 말고 상담 과정에서 배운 원리를 내담자의 다른 행동 변화에 전이될 수 있도록 도와주는 데 초점을 두고 상담을 종결해야 한다. 즉 상담자는 내담자가 이제까지의 상담활동을 통해서 배운 원리를 공식적인 상담이 끝난 후에도 계속 자신의 삶에 적절히 적용할 수 있도록 돕는데 초점을 두고 상담을 종결한다는 것이다.

22강 행동주의 상담이론(4)

❏ 행동주의 상담기법

상담과 심리치료에서의 행동주의적 접근법의 중요한 강점의 하나는 과학적 방법을 통한 특수한 상담절차의 발달이다.

라자러스(1971)는 이론적 기원에 관계없이 다양한 기법을 사용할 것을 주장한다. 그의 관점에서 보면 상담기법이 보다 확장될수록 상담은 보다 효과적이라고 한다. 행동주의 상담자는 학습이론에서 나온 기법에 너무 엄격히 자신을 구속해서는 안 되며, 마찬가지로 행동주의 기법은 다른 기법에 통합될 수 있다.

다음의 이완훈련, 체계적 둔감법, 토큰법, 벌의 유형, 모델링, 주장훈련, 자기관리 프로그램 그리고 복합모형 상담 등 상담자에게 유용하게 쓰일 수 있는 일련의 상담기법들이다.

1) 이완훈련
   (1) 이완훈련은 사람들에게 일상의 삶에서 만들어지는 스트레스에 대처하는 법을 가르치는 방법으로서 보편화되었다. 이것은 신체와 정신의 이완을 목적으로 하며 쉽게 배울 수 있다.
   (2) 이완절차는 일차적으로는 체계적 둔감화 과정의 한 부분으로 사용되었지만, 자주 다른 행동기법과 결합되어 사용되고 있다. 이것은 상상적 둔감화, 주장훈련, 자기-관리 프로그램, 녹화된 강의 생체환류로 유도된 이완(biofeedback-induced relaxation), 최면, 명상, 신체의 자발적인 훈련통제 및 자동암시를 통한 상상적 기능 등으로 구성되어 있다.
   (3) 이완훈련을 받는 내담자는 자의적으로 계약을 맺고 근육을 이완시키는 동안 조용한 환경에서 수동적이고 이완된 상황에 놓인다. 깊고 규칙적인 호흡과 함께 근육을 이완시킨다. 동시에 정신적으로는 즐거운 상상이나 생각에 초점을 맞춘다. 매일 20-25분 정도 훈련하면 습관적인 유형이 생길 수 있게 되어 이완이 잘 될 수 있다. 이런 연습기간 동안 내담자로 하여금 적극적으로 긴장을 느끼고 경험하게 하며 그의 근육이 점점 긴장되는 것에 주의를 집중시키게 하고 이 긴장을 충분히 경험하도록 하는 것이 도움이 된다. 또한 긴장과 이완 간의 차이점을 경험하게 하는 것이 유용하다.

2) 체계적 둔감법(systematic desensitization)=조직적 과민성 완화요법
   (1) 고전적 조건화 이론에 기초한 체계적 둔감법은 행동주의 상담과정에 가장 널리 쓰이고 임상적으로 검증된 기법이다. 이것은 일차적으로 불안이 원인이 된 부적응행동이나 회피행동에 적용된다.
   (2) 이 기법은 우선
      ① 근육이완훈련을 학습시킨 다음,

② 불안을 일으키는 자극을 행동적으로 분석하여 불안의 정도에 따라 불안위계 목록을 만들고,
③ 내담자가 눈을 감고 이완 상태에 도달하면 불안위계 목록 중 가장 적게 불안을 일으키는 장면부터 상상시키는 방법(불안위계표에 따른 이완훈련)이다.
(3) 이런 상상장면에 대해 내담자가 불안을 일으키면 상담자는 다시 이완 상태로 유도하여 불안을 야기한 자극과 불안반응 간의 관계가 소거될 때까지 이완훈련을 하면서 반복해서 실시된다.
(4) 체계적 둔감법은 인간관계에 대한 불안이나 예기적인 두려움, 일반화된 두려움, 신경증적 불안 그리고 성기능장애와 같은 불안을 야기시키는 광범위한 상황에 효과적으로 적용 될 수 있다. 동물이나, 죽음, 상처 그리고 성관계 등에 대한 두려움, 백일몽, 신경성 식욕부진, 강박증, 충동증, 떨림 그리고 우울증에도 효과적이다.

3) 토큰법(token economy systems)
(1) 토큰법은 바람직한 행동을 인정해 주는 등 직접적 강화인자만으로는 별 효과가 없을 때, 토큰을 주어 나중에 음료수, 사탕 및 입장권 등 내담자가 원하는 물건이나 권리와 바꿀 수 있도록 하는 치료 절차를 말한다.
(2) 이 기법은 개인적으로 실시되기보다는 보통 교실에서나 빈둥거리는 청소년들이 있는 가정 그리고 정신과 병동과 같은 집단상황에 적용된다. 이 토큰법은 토큰이라는 강화인자를 갖고 적응행동을 발달시키려는 목적을 갖고 있다. 때로는 토큰을 뺏음으로써 바람직하지 못한 행동을 소거시키려는 목적으로도 사용된다.

4) 벌
- 벌은 원치 않는 행동을 소거시키기 위해 상담자가 사용하는 조작적 조건화의 중재전략이다. 벌은 바람직하지 않은 행동의 결과에 대해 불쾌하거나 혐오스런 자극을 제공하는 것이다.
- 스키너에 의하면 벌은 그것이 암시하는 것처럼 그렇게 효과적인 것은 아니며, 단지 반응 경향을 감소시킬 뿐이다. 벌이 소거되면 부정적 행동은 다시 일어날 수 있으며, 벌을 사용하면 분노나 우울증 같은 부정적인 정서반응을 일으킬 위험이 따르기도 하므로, 만약 벌을 사용하려면 긍정적 강화와 결합시켜 사용해야 한다.
- 다음은 원치 않는 행동을 소거시키는데 쓰이는 세 가지 조작적 방법이다. 이에 대해 어느 정도 가치 있는 방법으로 평가되는 것은 강화로부터의 격리기법과 과잉교정기법, 반응가이다.

가) 격리(time out) T.O법
긍정적 강화로부터 격리시키는 이 과정은 만약 개인이 긍정적 강화를 겪을 기회가 박탈된다면 목표행동의 빈도가 감소될 것을 가정한다. 예를 들면 교실에서 파괴적인 아동을 잠시 강화인자(다른 사람의 관심이나 또는 즐거움)가 제공되는 상황에서 분리시킨다.

나) 과잉교정(overcorrection)
과잉교정은 잘못된 행동이 지나치게 일어날 때 특히 효과적이다. 또한 강화로 제공될 대안행동이 거의 없거나 효과적인 강화인자가 없을 때 유용한 기법이다. 과잉교정은 파괴행동을 하는 아동이나 병원에 있는 어른들에게 적용된다. 이 절차는 내담자에게 먼저 자

신의 부적응행동 후에 즉각적으로 자연스런 상황을 재구성하도록 요구하도록 하는 것이다. 하나의 예로서 불끈해서 먹을 것을 집어 던진 어떤 아동에게 우선 흩어진 것들을 치우도록 요구하고 그런 다음 마루바닥을 깨끗이 닦게 함으로써 "이전보다 더 나은" 상태가 되게 한 후 음식물을 다시 원상태로 정돈하게 하는 것이다.

다) 반응가(response cost)
반응가는 강화인자가 부적절하거나 소망스럽지 못한 행동을 할 때 주어지는 벌의 유형

5) 모델링
- 모델링, 관찰학습, 모방, 사회학습 그리고 대리학습 같은 용어들은 서로 바꾸어 사용될 수 있다. 다른 사람이 하는 시범을 관찰학습 함으로써 자신도 시행착오 없이 바람직한 행동을 하는 법을 배울 수 있다. 반듀라(1971)는 발달에서 모델링의 역할과 인간행동의 조형을 강조하였다.

가) 모델링의 효과
반듀라(1969, 1971)는 모델링의 세 가지 중요한 효과를 제시했는데 그 각각은 임상상담에 중요한 의미를 갖고 있다. 첫째, 새로운 반응이나 기술을 인지하고 그것을 실행하는 방법을 획득한다. 관찰한 운동에서의 학습기술, 언어학습의 유형, 모델을 통한 자폐아동의 말하기 훈련, 사회적 기술의 학습 그리고 병원의 환자들에게 사회로 돌아가서 생활하는 데 필요한 기술을 학습시키는 것 등이 모델링의 첫 번째 예에 포함된다. 두 번째, 공포반응의 제거(inhibition)이다. 이것은 관찰자의 행동이 같은 방식으로 제지되거나 제거될 때 일어난다. 예를 들어 뱀을 다루지만 물리지 않는 사람의 행동과정을 관찰한 후 뱀에 대한 공포를 줄일 수 있을 것이다. 세 번째, 관찰 대상이 된 모델이 어떠한 단서를 제공하는 식으로 반응을 촉진하게 하는 것이다. 예를 들어 블루진 상품을 소개하는 TV상업광고에 출연하여 말하는 매력적인 십대 모델들을 보고, 다른 청소년들은 그런 풍조를 모방하는 경우, 사회적인 모임에서 먼저 그 자리를 떠나는 사람을 보고 나머지 사람들도 그런 행동을 곧 따르게 되는 경우 등이 있다.

나) 모델의 유형
① 살아있는 모델
살아있는 모델은 내담자가 적절한 행동을 하도록 가르칠 수 있으며 내담자의 태도와 가치에 영향을 주고 사회적 기술을 가르칠 수 있다. 예를 들면 상담자는 내담자가 얻고자 희망하는 바로 그런 성격의 모델이 될 수 있다. 상담기간 동안의 실제적인 행동을 통해 상담자는 자기개방, 모험의 수행, 개방성, 정직, 열정 그리고 사랑을 가르칠 수 있다. 상담자는 내담자에게 살아있는 모델로서 계속적인 봉사를 한다.

② 상징적 모델(symbolic model)
모델의 행동을 필름, 비디오테이프 또는 다른 녹음 기구를 통해 내담자에게 보여 준다. 한 예로서 두려움을 겪는 내담자가 있다. 어떤 두려운 상황을 나쁜 결과를 겪지 않고 성공적으로 관찰하게 함으로서 그 내담자는 두려움을 감소시키거나 제거시킬 서있다.

③ 복합적 모델(multiple models)
복합적 모델은 특히 집단상담에 관련되어 있다. 관찰자는 집단에서 성공적으로 행동하는 동료의 행동을 관찰함으로써 자신의 태도를 바꿀 수 있으며 새로운 기술을 학습할 수 있다.

다) 효과적인 모델의 특성
나이, 성, 종족, 태도 등이 관찰자와 비슷한 모델이 그렇지 않은 모델보다 더 잘 모방의 대상이 된다. 높은 지위나 상류층에 있는 모델이 낮은 지위나 하류층의 모델보다 좋은 모델이 된다. 실행면에서 능력이 있는 모델과 따뜻함을 보여 주는 모델은 모델링의 효과를 촉진시키는 경향이 있다.

6) 주장훈련(assertive training)=적극성 훈련

주장 훈련 또는 자기표현 훈련은 주로 대인관계의 문제를 해결하는 데 쓰인다. 분노나 적개심을 표현하지 못하는 사람, 거절하지 못하는 사람, 지나치게 겸손하거나 다른 사람에게 이용당하는 사람, 애정이나 다른 긍정적 반응을 표현하는 데 어려움을 느끼는 사람, 자신의 생각이나 신념, 느낌을 표현할 권리가 자신에게 없다고 느끼는 사람 등에게 효과가 있다.

이 훈련은 특히 상담자와 내담자가 문제된 대인관계상황을 놓고 서로 역할을 바꾸어 가면 자유로이 자신의 감정과 의사를 표현하는 역할행동의 연습을 통해 이루어질 수 있다. 상담방의 입장에서 느낀 바를 서로 이야기하면서 상담자는 내담자가 보다 효과적으로 자기표현 또는 주장을 할 수 있도록 지도해준다. 내담자가 일반적으로 상담과정에서 적용하는 주장훈련의 여섯 가지 임상적인 전략이 있다. 교시, 피드백, 모델링, 행동연습, 사회적 강화 그리고 과제 등이 그것이다.

① 교시 : 상담자는 내담자에게 그의 특수한 행동을 말해 준다. 명확한 교시는 내담자가 눈을 맞추고 소리를 높일 수 있게 도와준다.
② 피드백 : 이것은 교시가 끝나고 일련의 행동을 실행하는 내담자에게 주어지는 상담자의 논평을 말한다. 긍정적 또는 부정적 피드백은 뚜렷한 행동변화가 일어나는 것을 보여 준다.
③ 모델링 : 때때로 상담자는 내담자가 흉내 내도록 하기 위해 바람직한 행동을 적극적으로 보여 주기도 한다. 살아 있는 모델이나 비디오테이프로 된 모델이 쓰인다.
④ 행동연습 : 이것은 상담기간 동안의 역할놀이이다. 인간관계 상황에 대한 효율적인 또는 비효율적인 행동들이 비판되며 여러 상황에서 실행된다.
⑤ 사회적 강화 : 이것은 내담자가 바람직한 반응을 했을 때 내담자를 칭찬하는 것이다. 칭찬을 통해 목표반응이 점진적으로 조형된다.
⑥ 과제 : 주장훈련의 통합된 면은 행동적 본질에 대해 특수한 과제를 부과하는 것이다. 이런 과제를 통해 내담자는 상담기간에 배운 것을 실제 생활로 옮겨간다. 그리고 새로운 학습을 실제의 인간관계 상황에 적용시킬 수 있다. 내담자는 요구를 받아들이기도 하고 거절하기도 하며 적절한 때에 자신의 감정과 생각을 표현할 수 있다. 내담자는 자신의 과제를 이행하는 데 직면하는 어려움을 겪으면서 보다 주장적일 수 있다.

7) 혐오(Aversion) 치료

혐오치료는 증상이 나타날 때마다 고통스런 혐오자극을 가하여 문제행동을 소거시키는 치료법이다. 혐오 자극으로 사용되는 것으로는 전기쇼크, 화학적 혐오자극, 시각 혐오자극, 내재적 과민성 제거, 타임아웃, 벌의 추가, 반응 대가가 있다. 혐오적인 자극은 비록 내담자의 바람직한 행동을 위해 많이 사용되고 있을지라도, 논쟁의 여지가 많은 것 중의 하나이다. 그러나 상담자의 능력과 문제의 성질, 그리고 내담자의 협력 등을 감안하여 잘 선택하여 사용하면 효과적일 수도 있다. 자폐증 어린이의 문제행동, 알코올 및 약물중독, 흡연, 강박증 등에 적용가능 하다.

8) 긍정적 강화

바람직한 행동을 할 때마다 보상을 주어 그 행동을 강화시키는 방법이다. 강화물에는 음식, 수면 등 생리적 욕구를 충족시켜 주는 것과 미소·인정·칭찬돈선물 등 사회적 욕구를 충족시켜 주는 것이 있다. 치료 절차는 먼저 바람직한 행동을 세부적으로 조사하고 내담자 개인에게 보상이 될 수 있는 것을 찾아낸다. 그런 후에 내담자가 바람직한 행동을 할 때마다 체계적으로 보상(=보수)을 준다.

9) 조형(shaping)

조형은 복잡한 도달점 행동을 습득시키기 위하여, 그 행동에 접근하는 근사한 모든 행동을 소단계로 나누어 각 소단계의 행동을 단계적으로 강화해 나가는 방법이다. 조형에서 사용되는 강화자극은 1차적 강화자극(예, 음식 등)일 수도 있고 2차적 강화자극(예, 칭찬 등)일 수도 있다. 조형에서는 내담자의 여러 행동 중 상담자가 바라는 행동에 대해서만 강화를 주고 그렇지 않은 행동은 강화해 주지 않는다. 이는 주로 동물 훈련에 많이 사용되었으나 인간 행동의 변화에도 사용될 수 있다.

10) 역할연기(role playing)

일상생활 속에서 수행하지 못하거나 수행하기 곤란한 역할 행동 때문에 이상행동(abnormal behavior)을 하고 있는 내담자에게 현실적 장면이나 극적 장면을 통하여 역할 행동을 시키고, 그것을 연습(rehearsal)시킴으로써 이상 행동을 적응 행동으로 바꾸는 기술이다. 역할 연기의 구체적인 과정은 다양하지만 분위기 조성, 행동, 피드백, 일반화의 4단계로 요약될 수 있다.

11) 행동연습(behavior rehearsal)

행동 연습은 원래 행동적 심리극(behavioristic psychodrama)이라고 불리어졌다. 이 기술은 구체적인 어떤 장면에서 자신이 하고 싶은 그대로 행동하지 못하여 이상 행동을 하는 내담자에게 도움이 된다. 이 기술은 내담자의 실제 생활에서 구체적인 행동이 어려운 장면에 대해 역할 연기 등을 통해 반복해서 연습을 하는 것이다. 그런데 한두 번으로 끝나는 것이 아니고 상담자가 바라는 행동 수준(내담자도 바라는 행동 수준이면 더욱 좋음)에 이를 때까지 상담자는 시범이나 교육, 피드백을 통해 계속 반복하는 것이다. 때에 따라서는 행동 과제를 내어 행동을 연습해 오도록 할 수도 있으며, 혼자 거울을 보면서, 연습할 수도 있다. 이 행동 연습은 처음에는 상담실에서 이루어질 수 있지만 가급적 실제 장면에 가까운 장면을 통해서 행동을 연습하는 것이 좋다. 이 행동 연습은 목표 행동에 대한 이해, 목표 행동의 시범, 역할 연기 등을 통한 행동 연습, 실제 장면에서의 행동 연습이 통합되어질 때 더욱 효과적이 되겠다.

12) 자기지시(self-instruction)

불안이나 기타 부적응 행동에 대해 불안을 줄이거나 적응 행동을 할 수 있도록 자기 자신에게 지시하거나 자기 스스로 말하는 것(자기진술;self-statement)이다. 이 자기 지시에는 정서적 안정을 위한 근육 이완을 하도록 하는 지시, 비합리적 생각을 합리적 생각으로 바꾸도록 하는 지시, 그리고 구체적 행동을 하도록 하는 지시들이 있다. 이러한 자기지시는 자기지도(self-direction)나 자기통제(self-control) 등의 프로그램에서 많이 사용되어지고 있다. 그러나 이 자기 지시만으로도 행동 수정에 도움을 줄 수 있다.

13) 사고중지(thought-stopping)

사고중지는 스스로 통제할 수 없는 지속적, 강박적, 비생산적인 생각에 빠져서 그 밖의 다른 일에는 정신을 집중하기 어려운 내담자의 경우에 사용되어진다. 이 기술은 내담자로 하여금 비생산적이고 자기 파괴적인 생각을 억제하거나 제거하게 함으로써 이러한 생각들을 통제하도록 도와준다. 바람직하지 못한 줄 알면서도 완전히 떨쳐버리지 못하고, 그 생각에 사로잡혀 고통을 받는 내담자에게 도움이 될 수 있다.

14) 행동계약(behavior contracts)

행동 계약은 두 사람이나 또는 그 이상의 사람들이 정해진 기간 내에 각자의 할 행동을 분명하게 정해 놓은 후 그 내용을 서로가 지키기로 계약하는 것이다. 상담에서는 주로 상담자와 내담자간, 또는 상담자, 내담자, 내담자의 부모(친구)간에 계약이 이루어진다. 계약된 그대로 잘 지켜지면 어떤 정해진 보수에 의해 강화자극이 주어지는 것이다. 효과적으로 계약을 맺기 위한 지침으로는 아래와 같은 것이 있다.

㉠ 계약된 보상은 즉시 주어져야 한다.
㉡ 행동계약시 보상의 기회를 자주 가질 수 있도록 계약 조건을 설정한다.
㉢ 약속되는 보상의 무게가 상호 비슷하도록 한다.
㉣ 계약 내용이 명확해야 한다.
㉤ 계약은 개별적일 때 더욱 효과적이다.
㉥ 내담자가 한 계약은 정해진 시간에 충분히 할 수 있는 것이어야 한다.

15) 인지적 행동수정(cognitive behavior modification)

인지적 행동 수정은 내담자의 행동을 수정하기 위해 내담자의 인지구조를 수정하는 것이다. 이 인지적 행동 수정에 대해 이제까지 나온 과정들을 종합해 보면 대체로 다음과 같이 요약될 수 있다.

㉠ 사고의 조직적 양상이라고 할 수 있는 인지 구조(cognitive structure)를 바꾼다.

ⓒ 자기와의 대화(self-talking)를 바꾼다.
ⓒ 합리적이고 자기 긍정적인 자기와의 대화에 따라 그대로 행동한다.

16) 자기지도(self-directed change)

행동주의적 접근에 인지적 측면이 강조된 또 다른 중요한 것으로는 자신의 행동을 스스로 지도해 가는 방법이다. 그 중 대표적인 것이 자기 통제(self-control), 또는 자기조종(self-management)과 혼용되어 사용되는 자기지도이다. 이 자기지도는 내담자 스스로 자신의 행동 수정 프로그램을 이끌어 가는 것을 말한다.

❏ 공헌 및 제한점

1. 행동주의의 공헌

1) 객관적 평가의 가능

행동주의적 접근의 중요한 점 하나는 행동주의적 접근에서는 겉으로 드러나는 구체적인 행동을 소거시키거나 새로운 행동을 획득하도록 상담목표를 정한다. 그래서 상담의 목표가 달성되었는지의 여부를 분명히 알 수 있을 뿐만 아니라, 어떤 행동이 소거되고 획득되었는지도 객관적으로 분명히 알 수 있기 때문에, 객관적인 평가가 가능하다. 객관적인 평가를 가능하게 함으로써 상담은 과학으로 발전할 수 있게 된 것이다.

2) 상담 및 치료에 있어 구체적이고 다양한 기술 적용 가능

상담에 있어 이 접근의 또 다른 기여점은 내담자와 상담자의 합의에 따라 개개인에게 맞는 구체적인 상담기술을 다양하게 적용할 수 있게 했다는 점이다. 행동하는 것을 강조하기 때문에, 내담자의 행동을 바꾸는데 도움을 주는 많은 행동적 기법 또는 전략을 가지고 있다.

2. 제한점 및 비판

1) 행동주의적 접근은 상담에 있어 중요한 것으로 여겨지는 상담자와 내담자와의 관계를 경시하고 기술을 지나치게 강조한다는 점.
2) 내담자가 가진 어떤 문제가 행동주의적 접근에 의해 일시적으로 사라진다고 해도, 이 접근은 문제를 근원적으로 해결할 수 없기 때문에, 이 접근에 의해 일시적으로 사라진 행동은 곧 다른 형태로 나타난다.
3) 행동주의적 접근은 행동의 변화는 있을지 모르나 느낌의 변화는 없다.
4) 행동주의적 접근은 통찰이 없다.
5) 행동주의적 접근에서는 내담자가 가지고 있는 현재의 문제에 대한 내력을 경시한다.
6) 행동주의적 접근이 구체적인 문제행동을 수정하는 데에 효과적일지 모르나 자아실현적인 측면에서는 아주 부적합하다.
7) 행동주의적 접근은 그 기본이 되는 원리를 학습이론에 두고 있는데, 이들 학습이론이 실험실에서 동물을 대상으로 한 연구에서 나왔기 때문에, 실험실 밖의 일상생활에서나 동물이 아닌 인간에게는 적절하지 않을 수 있으며, 특히 인간을 동물과 같이 취급하는데 대해 비판한다.

23강 인지적-정서상담이론(RET)(1)

☐ 인지적-정서적 상담 (합리적 정서적 행동 상담이론)
Rational Emotive Behavior Therapy

1. REBT의 의의
1) Rational Emotive Behavior Therapy(인지·정서·행동 상담)는 Albert Ellis 박사에 의해 처음으로 창안되었다.
2) 이 이론은 머리글자에서도 알 수 있듯이, 인간을 이해하는 데 있어서 핵심을 이루는 세 가지 영역, 즉 인지, 정서, 행동에 초점을 맞추고 있다. 특히 이 이론에서는 인지, 정서, 행동이 서로 상호 작용하는 과정에서 인지 부분이 중심이 되어 정서와 행동에 영향을 준다고 강조한다.
3) 이런 의미에서 REBT도 인지 행동 상담의 한 영역으로 볼 수 있겠으나, 초기 행동주의적 접근에서는 인간을 어떤 자극에 대하여 반응하는 수동적 존재로 받아들인 반면에 REBT에서는 인간이 자극을 어떻게 지각하느냐에 따라 반응이 달라질 수 있다는 입장을 취하고 있다는 점이 다르다.

2. 개관
1) Ellis는 처음부터 사람들의 신념 체계와 정서적 반응의 관계에 대해 관심을 표했던 것은 아니다. 심리상담사로서 그는 초창기에 가족 상담과 결혼 상담에서 권위 있는 정보나 지식을 제공하는 일에 전념했었다. 그러나 내담자들이 가지고 오는 문제들 중에는 정보나 전문적인 지식의 제공만으로 해결할 수 없는 것들이 많았다. 내담자들 중에는 의외로 심리적으로나 정서적으로 혼란을 겪고 있는 경우가 많았다.
2) 그래서 그는 정신분석 훈련을 받고 직접 정통적 정신분석 방법으로 상담에 임했는데, 다소의 상담 효과는 얻었지만 그렇게 흡족한 것은 아니었다. 특히 임상 상담 과정에서 그는, 비록 내담자가 자신의 행동과 그 행동의 원인에 대해 충분한 통찰을 얻었다고 할지라도, 반드시 그의 행동이 달라지거나 개선되지 않는다는 것을 깨닫게 되었다. 좀더 효과적인 방법을 찾던 중 학습 이론에 관심을 가지게 된 그는 조건 형성의 원리를 이용하여 조건 형성된 내담자의 행동을 수정하려고 노력했다.
3) 여기에서도 그는 조건 형성의 효과는 인정했으나 이 상담법에 만족하지는 못했다. 왜냐 하면 비합리적이고 신경증적인 초기 학습은, 외부적 강화를 받지 않을 경우, 마땅히 소거되어야 함에도 불구하고 여전히 계속 지속되었기 때문이다. 이유는 분명했다. 그러한 반응이 계속되는 이유는 초기에 학습된 것을 반복하여 자신에게 계속 가르쳐서, 초기의 학습을 스스로 계속

강화시켰기 때문이다. 합리적 접근은 바로 이러한 확신에서부터 출발되었다.
4) 그래서 그는 내담자의 문제에 대해 심리학적인 면보다는 철학적인 입장에 더 큰 비중을 두어 합리적 접근에 일치하는 신념에 따른 사고를 할 수 있도록 내담자를 가르치기 시작했다.
5) REBT가 다른 접근에 비해 특히 강조하는 것을 중심으로 몇 가지 특징을 살펴보면 다음과 같다.
  ① 심리적 과정에서 인지, 정서, 행동은 서로 분리되어 존재하는 것이 아니고 의미 있게 상호작용하여 원인과 결과의 관계를 가지지만, 이 중에서도 인지(신념)가 가장 큰 영향력을 가졌다고 본다. 그래서 이 접근에서는 먼저 신념체계를 바꾸어서 이를 통해 정서와 행동을 바꾸려는 입장을 취한다.
  ② 이 접근의 신념(belief)에 중점을 두기 때문에, 상담자는 내담자의 자기 파괴적, 비합리적 신념에 대해 스스로 논박하게 하여 이들을 제거하거나 합리적인 신념으로 대치하게 하여 보다 현실적이고 효과적이며 융통성 있는 인생관을 갖도록 함을 강조한다.
  ③ 이 접근에서는 신념의 변화, 인지적 재구조화, 재교육 과정을 상담 과정으로 본다. 따라서 이 접근에서의 상담자는 비교적 지시적이고 훈육적인 교사로서의 기능을 담당한다.

□ 사상적 배경과 철학적 가정

1. 사상적 배경

REBT는 다른 접근에 비해 철학적인 면이 많이 강조된다. REBT의 철학적 기원은 고대 스토아학파의 사상에서 찾아볼 수 있다. 그 사상의 요체는 에픽테토스(Epicenters)가 그의 저서 『The Enchiridion』에서 "인간은 대상 자체에 의해서가 아니라, 대상에 대해 갖는 관념에 의해서 혼란을 겪는다."고 한 말에 잘 압축되어 있다.

2. 철학적 가정

1) 가정 1
  사람은 개인적 삶에 과학적인 방법이 적용되면, 정서적 혼란과 비효과적인 행동을 유도하는 역기능적이고 비합리적인 신념들을 더 쉽게 포기할 수 있다. 따라서 모든 사람들은 그들이, 자연적 세계와 당위적 세계에 대한 개념구성체(constructions)나 심상들을 창조해 낼 수 있다고 인정한다면, 비합리적 신념으로부터 더 잘 벗어날 수 있을 것이다.
  ① Kelly의 성격 이론에서 가장 중요한 개념인 개념구성체(constructions)
    개인이 자신의 개인적 경험 세계를 구성하거나 해석하는 사고의 범주. 자신과 세계를 해석하고 이해하는 데 사용되는 자기 나름의 개념적 틀.
  ② 개념구성체의 형성 과정
    초기 단계에서는 사람들은 그들이 접하는 경험 사태들을 이미 경험한 사태들이나 다른 사태들과의 유사성 또는 상이성이라는 대비적인 견지에서 주목하고 그것을 잠정적으로 해석한다. 그런 뒤에 반복되는 그와 같은 사태들의 경험들을 통하여 앞서와 같은 잠정적인 해석의 틀을 하나의 행동 양식으로 인식하게 되고, 따라서 그 경험 사태들의 구조와 의미를 확

인하게 됨으로써 앞으로 접할 사태들을 해석, 예상, 조절하는 데 사용될 하나의 개념구성체가 형성된다. 그런데 이렇게 형성된 개념구성체가 그 뒤에 계속해서 환경 혹은 사태들을 정확하게 예상할 수 있게 하면, 그 개념구성체는 보존될 것이나, 만약 그렇지 못하면, 그 예상의 토대가 된 개념구성체는 일부 수정이 되거나 삭제될 가능성이 있다.

2) 가정 2

사람들이 그들의 신념, 개념도식(schemata), 지각, 마음에 새겨진 사실들이 잘못된 것일 수도 있다는 것을 인정한다면, 비합리적 신념으로부터 더 잘 벗어날 수 있을 것이다. 자신이 갖고 있는 신념의 타당성과 기능성을 평가하고, 대안적인 사고들을 받아들일 수 있는 의지를 가지는 것은 새로운 행동과 개념도식을 발달시키는 데 필요한 일들이다.

3. 이론적 가정

REBT에서 강조하는 기본적 원칙들은 다음과 같다.

1) 원칙1 : 인지(Cognition)는 인간의 정서를 결정하는 요소로서 가깝고 접근하기 쉬우며 가장 중요한 요인이다.

   간단히 표현하면, 우리는 생각하는 것을 느낀다. 어떤 사건이나 타인이 우리로 하여금 "좋은 감정"이나 "나쁜 감정"을 불러일으키는 것이 아니라, 우리 스스로가 인지적으로 그렇게 할뿐이다.

2) 원칙 2 : 역기능적 사고는 정서적 고통의 핵심적인 결정 요소이다.

   역기능적 정서 상태나 정신 병리학의 많은 부분들은 역기능적 사고 과정의 결과이다. 이러한 역기능적 사고 과정은 지나친 과장, 과잉 단순화, 과잉 일반화, 비논리성, 비합법적인 가정의 사용, 잘못된 추정, 절대적으로 고정화된 개념도식 등으로 나타난다.

3) 원칙 3 : 우리는 생각하는 것을 느끼기 때문에, 정서적 문제에서 벗어나기 위해 우리는 먼저 사고의 분석부터 시작한다.

   만약 고통이 비합리적 사고의 산물이라면, 그 고통을 극복하기 위해 우리는 이 사고를 바꾼다.

4) 원칙 4 : 유전적이고 환경적인 영향을 포함한 다양한 요소들이 비합리적 사고와 정신병리의 원인이 된다.

   사람은 비합리적으로 생각하는 선천적 경향성을 가지고 있다. 그러나 비록 우리가 비합리적 사고를 쉽게 학습하는 경향을 가지고 있을지라도, 우리가 영위하고 있는 문화는 우리가 학습할 특별한 내용을 갖추고 있는 것으로 보인다.

5) 원칙 5 : 어떻게 그들이 비합리적 사고를 습득하게 되는가 보다는, 비합리적 신념에 대한 당시적 집착이 정서적 혼란의 더 가까운 원인이다.

   비합리적 신념의 습득에 있어 유전과 환경적인 조건들이 중요하기는 하지만, 사람들은 신념의 자기 교화, 또는 예행연습에 의해 혼란을 지속시킨다. 만약 개인들이 그들의 사고를 재평가하여 비합리적 사고를 버린다면, 현재 그들의 기능들이 매우 다르게 작용할 것이다.

6) 원칙 6 : 당시적 신념도 바뀔 수 있다.

   비록 그러한 변화가 쉽게 일어나지는 않을지라도. 인식하고 도전하고, 그리고 자신의 사고를 수정하기 위한 활동과 지속적인 노력을 통하여 비합리적인 신념은 변화되어질 수 있다.

❏ 주요 개념

1. 적응적 정서와 부적응적 정서
1) REBT는 혼란된 역기능적 정서와 비록 부정적이기는 하나 정상적으로 동기화된 정서를 구분한다. 즉, 부정적인 감정의 표현이 정신병리의 증거는 아니다.
2) 혼란은 역기능적 행동을 초래하거나 사회적 표현을 소원하게 하는 정서로 특징지워질 수 있다. 혼란되지 않은 정서는 문제의 해결과 처리, 사회적 결속 등을 이끌어 낸다.
   합리적 신념은 적응적 반응과 사회적 의사소통을 유도하는 적절한 정서를 이끌어 낸다.

2. 비합리적 신념과 정서적 혼란
REBT가 답해야 할 중요한 이론적 문제들은 정서적 혼란을 유도하는 인지적 과정, 또는 비합리적 신념이란 무엇인가와 어떻게 그러한 비합리적 사고가 강렬한 정서적 혼란을 일으키게 되는가이다.

1) 합리적 사고와 비합리적 사고의 차이

특성\구분	합리적 사고	비합리적 사고
논리성	논리적으로 모순이 없다.	논리적으로 모순이 많다.
현실성	경험적 현실과 일치한다.	경험적 현실과 일치하지 않는다.
실용성	삶의 목적 달성에 도움이 된다.	삶의 목적 달성에 방해가 된다.
융통성	융통성이 있고 유연하다.	절대적/극단적/경직되어 있다.
파급효과	적절한 정서와 적응적 행동에 영향을 준다.	부적절한 정서와 부적응적 행동을 유도한다.

2) 비합리적 사고의 요소

가) 당위적 사고

당위적 사고는 요구에 의한 표현으로 드러나는데, 영어로는 "must, should, ought, have to" 등의 단어로 표현된다. Ellis는 절대적이고 당위적인 사고를 인간 문제의 근원으로 파악한다. 각 개인의 기본적인 세 가지 불합리한 신념은 다음의 중요한 세 가지 당위적 사고에 의해 요약될 수 있다.

① 자신에 대한 당위

나는 반드시 훌륭하게 일을 수행해 내야하며 중요한 타인들로부터 인정받아야만 한다. 만약 그렇지 못하면 이는 끔찍하고 참을 수 없는 일이며 나는 보잘 것 없는 하찮은 인간이 되고 말 것이다.

② 타인에 대한 당위

타인은 반드시 나를 공정하게 대우해야 하며, 만약 그렇지 못하면 그것은 끔찍하며 나는 그러한 상황을 참아낼 수 없다.

③ 세상에 대한 당위

세상의 조건들은 내가 원하는 방향으로 돌아가야만 한다. 만약 그렇지 못하면 그것은 끔찍하며 나는 그런 끔찍한 세상에서 살아갈 수가 없다.

Ellis는 인간이 위의 세 가지 기본적 당위에 대해 찬동해 버리면 장애는 저절로 수반하게 된다고 주장한다. 그리고 당위적 사고가 모든 비합리적 사고의 핵심이 되며 여기서부터 기타의 비합리적 사고가 파생되는데 이는 대표적으로 과장적 사고, 인간 비하적 사고, 좌절의 불포용이 있다.

나) 당위적 사고에서 파생된 사고

- 과장적 사고

과장적 사고는 현실을 있는 그대로 직시하기보다는 훨씬 더 과장해서 생각하는 것을 말한다. "…이 끔찍하다", "…하면 큰일 났다" 등의 표현으로 드러난다.

Ellis는 경악이라는 용어를 사용하였다.

- 좌절의 불포용= 낮은 인내성

처음에 Ellis는 이와 같은 비합리적 신념의 형태를 LFT(Low Frustration Tolerance; 낮은 인내성)이라는 용어를 사용했는데, 욕구가 좌절된 상황을 충분히 참지 못한다는 의미에서 본다면 FI(Frustration Intolerance)라는 용어가 더 적절하다. 세상에는 인간이 할 수 있는 일이 있고 그렇지 못한 일이 있을 수 있는데, 인간의 한계를 수용하지 못하는 경우도 이에 해당된다.

- 인간 가치의 총체적 비하

대체로 사람들은 자신들의 잘못된 한 가지 행동을 가지고 자기 자신의 가치 또는 타인의 가치를 총체적으로 평가해 버리는 경우가 많은데, 그 형태가 자기 비하 또는 타인 비하로 드러나는 경향이 짙다. "나는 수학 시험을 잘 치지 못했어."라고 말해도 될 것을, "그러므로 나는 아주 나쁜 아이야."라고 표현하는 것은 자기 비하의 한 전형이다.

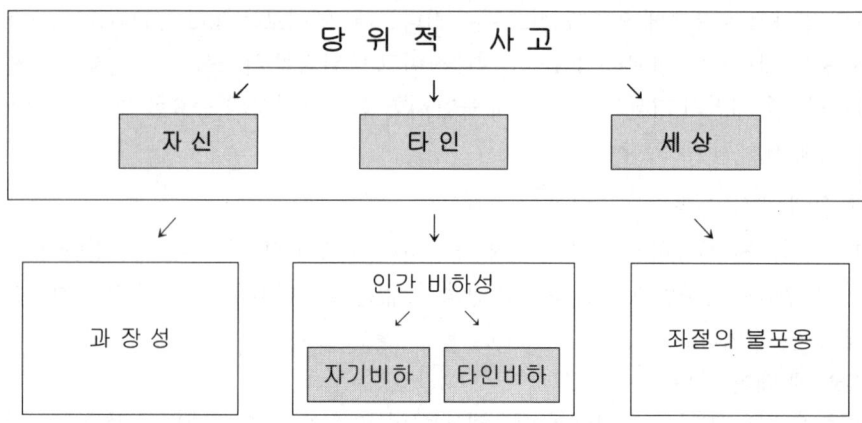

〈당위적 사고에서 파생한 비합리적 생각의 요소〉

24강 인지적-정서상담이론(RET)(2)

❑ 비합리적 신념 체계의 체득 과정

Ellis에 의하면

① 인간은 생득적으로 비합리적 사고를 지닐 수 있는 경향성이 있다고 한다.
② 비합리적 사고의 대부분은 먼저어린 시절에 부모나 사회가 교육시킨 것이라고 보고 있다. 이것을 학습이론적 용어로 표현하자면 조건 반사적 행동 내지 조건화(conditioning)된 것이라고 볼 수 있다.
③ 사회나 부모의 가치를 옳은 것으로 수용하여 자기의 것으로 받아들임으로써 굳게 체득된다. 즉, 자기 교화(self-indoctrination) 내지 내재화의 과정이 이루어지는 것이다.

❑ 비합리적 신념(도식)과 사고 과정

1. 비합리적 신념은 실제적으로 고정되고 부정확한 도식과 같은 특성을 가지고 있다. Ellis는 비합리적 신념보다는 비합리적 도식이라고 표현하는 것이 더 정확할지도 모른다고 제안했다. 도식은 자연적 세계와 당위적 세계, 그리고 그러한 세계에서 좋고 나쁨이란 무엇인가에 대한 예상들의 집합이다.
2. 도식은
   ① 사람들이 관심을 가지는 정보,
   ② 감각으로부터 받아들여지는 지각,
   ③ 지각한 자료로부터 결론을 이끌어 내는 자동적 사고나 추론
   ④ 실제적 또는 지각된 세계로 만들어 낸 평가
   ⑤ 문제를 풀기 위해 생각하는 결론에 영향을 줌으로써, 사람들이 그들의 세계를 조직하는 데 도움을 준다.

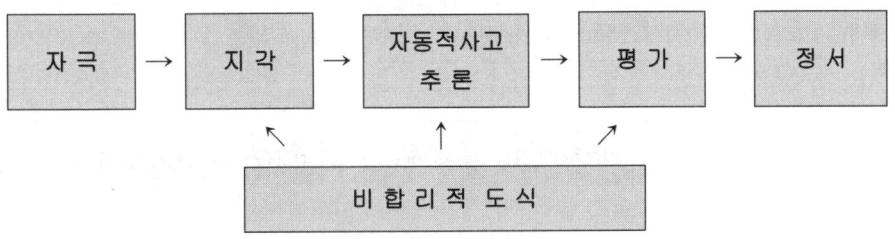

〈인지·정서에 대한 비합리적 도식의 역할〉

❏ ABC 모델

영어의 A, B, C는 각각 선행 사건을 의미하는 Activating events, 그리고 사고나 신념을 의미하는 Belief system, 결과를 의미하는 Consequence의 머릿 글자를 따온 것이다.

어떤 사건(A)이 일어나면 각 개인은 이 사건을 자신의 신념 체계(B)를 매개로 하여 지각하고, 이 사건을 자신의 가치관이나 태도에 비추어 평가하고, 그로 인해 정서적이거나 행동적인 결과(C), 즉 우울하거나 초조해 하거나 화를 내는 행동 등을 하게 된다.
이를 그림으로 그려보면 다음과 같다.

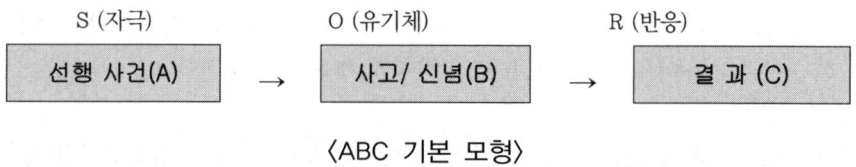

〈ABC 기본 모형〉

❏ ABCDEF 모델

REBT의 관점에 의하면, 불안, 우울, 열등감, 시기, 질투, 죄의식 등과 같은 정서적 반응(emotional consequence : C)은 주로 개인의 신념 체계(belief system : B)에 의해서 발생한다. 즉 심한 불안과 같은 바람직하지 못한 정서적 반응(C)의 원인은 어떤 사건의 발생(activating events : A)때문이 아니라 그 사건에 대해 가지는 자기 자신의 비합리적 신념(irrational belief : iB)때문이며, 그러한 혼란된 정서는 합리적인 신념(rational belief : rB)에 의해 효과적으로 논박(dispute : D)될 때 사라지며, 이러한 논박의 결과로 새로운 철학이나 새로운 인지 체계를 가져오는 결과(effects : E)를 낳게 되며 종국적으로 F(Feeling:논박확인을 통해 바뀐 합리적 신념에서 비롯된 새로운 감정)의 단계에 이르게 된다는 것이다. 결국 REBT는 인지적 재구조화를 위한 ABCDEF의 체계로 구성되는데, 이를 구체적으로 도식화하면 다음과 같다.

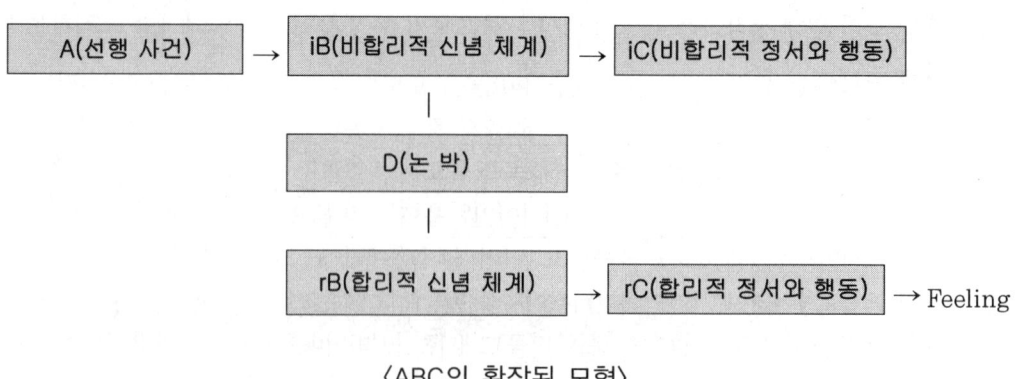

〈ABC의 확장된 모형〉

상담의 목적과 과정

1. 상담목적

REBT에서의 상담의 목적은 내담자의 핵심적인 자기 파괴적 생각을 최소화하고 삶에 있어 더욱 현실적이고 관대한 철학을 갖도록 하며, 삶에 있어 바람직하지 못한 결과가 나왔을 경우 자기 자신이나 다른 사람에 대한 비난을 줄이고 미래에 닥쳐올 장애를 효과적으로 대처하도록 하는 것이다. 다음은 REBT 상담자가 내담자와 함께 작업해야할 특수한 목표들이다.

① 자기에 대한 관심(self-interest)의 촉진이다.
② 사회에 대한 관심(social-interest)의 촉진이다.
③ 자기지도력(self-direction)을 기르는 것이다.
④ 관용성(tolerance)을 기르는 것이다.
⑤ 융통성(flexibility)을 기르는 것이다.
⑥ 불확실성의 수용(acceptance of uncertainty)이다.
⑦ 심신을 몰입하도록 한다(commitment).
⑧ 과학적으로 생각할 수 있도록 한다(scientific thinking).
⑨ 자기 자신을 수용할 수 있도록 한다(self-acceptance).
⑩ 모험을 할 수 있도록 한다(risk taking).
⑪ 유토피아적인 생각을 갖지 않도록 한다(nonutopianism).

2. 상담의 과정

1) RET의 상담과정은 내담자가 가지고 있는 비합리적 생각과 그 생각에 근거한 자기언어를 찾아서 이의 비합리성을 확인하고 논박(D:disputing)하여, 합리적 생각과 자기언어로 바꾸고 이를 토대로 적절한 정서를 가지며, 바람직한 행동을 할 수 있도록 하는 것이다.

2) 과정
① 상담관계 수립 : 내담자가 자유스럽게 이야기할 수 있는 분위기 마련한다.
② 부적절한 정서 및 행동 확인 : 내담자의 문제를 분명히 밝힌다.(문제와 관련하여 내담자가 현재 경험하고 있는 정서와 구체적인 행동.)
③ 성격의 ABC이론 확인 : 성격의 ABC이론을 내담자가 분명히 알 수 있도록 한다.
④ 비합리적인 생각 확인 : 내담자의 비합리적인 생각과 그 생각에 근거한 자기언어를 찾도록 한다.
⑤ 비합리적 생각 논박 : 부적절한 정서와 관련된 생각이 아무런 합리적 근거가 없음을 밝히는 것을 말한다.
⑥ 합리적 생각 확인 : 내담자에게 비합리적 생각과 대치되는 합리적 생각을 하게하고, 그 생각을 자기언어로 진술해 보도록 한다.
⑦ 합리적 생각 적용 : 자기언어로 진술된 합리적 생각이 실제 행동에 적용되도록 한다.

⑧ 합리적 인생관 확립 : 이상의 결과를 보다 일반화될 수 있도록 하여 내담자가 합리적인 사고와 자기언어에 근거해서 삶을 살아갈 수 있도록 한다.

❑ 상담자의 기능과 역할

1) 내담자의 문제를 장애 행동에 동기가 되는 기본적인 몇 가지의 비합리적 사고에 고정시킨다.
2) 내담자가 그런 자신의 신념들을 확인하도록 도전하게 한다.
3) 내담자에게 그의 사고가 비합리적인 본질을 지녔음을 보여준다.
4) 내담자의 비합리적 사고를 공격하기 위해 논리적인 분석을 한다.
5) 이런 신념들이 얼마나 비효율적이며 그의 미래에 어떻게 정서적·행동적인 장애를 가져다주는지를 설명한다.
6) 자기 파괴적인 감정과 행동으로 이끄는 현재나 장래의 비합리적·비논리적 신념에 대해 어떻게 과학적인 사고방식을 적용하는가를 내담자에게 가르친다.
7) 내담자가 자신의 감정에 대해 직접적으로 작업하고 장애에 대처해서 활동하도록 돕기 위해 여러 가지 정서적·행동적 방법들을 사용한다.

❑ 내담자의 경험

1) REBT에서의 상담은 현재의 내담자 경험에 초점을 둔다. 현재의 경험이 내담자가 인생초기에서 얻은 사고와 정서의 유형을 변화시킬 수 있다는 점을 강조한다. 내담자의 기본적인 삶에 관계없이 그의 비합리적인 철학에 강조점을 두고 그가 자신과 외계에 대해 자기 폐쇄적인 관점을 계속 갖고 있기 때문에 장애를 받는다고 본다. 즉 REBT에서는 장애를 일으키는 생각과 감정을 지속시키는 것은 자기 자신이며, 합리적·정서적으로 그것들에 직면하고 생각하며 제거시키기 위해 노력해야 한다는 내담자의 자각을 강조한다.
2) REBT 이론에 의하면 피상적인 통찰만으로는 성격변화에 이르기 어렵다. 왜냐하면 통찰은 개인이 가진 문제는 선행요인에 의해 발생된다고 보기 때문이다. 이런 종류의 통찰은 우리를 잘못 인도하는데 왜냐하면 현재 나타나는 사건들(A)이 행동장애를 가져오는 것은 아니기 때문이다. 오히려 개인의 혼란(C)의 원인은 자신에게 일어난 사건을 해석하는(B)방식에 있다. 따라서 REBT는 다음과 같은 세 가지 수준의 통찰을 가정한다. 이 수준들을 도해하기 위해 어떤 남성 내담자가 부인을 두려워하는 장애를 갖고 상담을 한다고 가정하자. 그는 공격적인 부인으로 인해 위협을 느끼며 강한 부인에게 어떻게 대처해야 하지, 그녀가 그에게 어떻게 할지 두려워한다.

가) 통찰 1

부적절한 정서와 부적응적 행동의 원인은 과거나 현재의 사건이 아니라, 그 사건을 해석하고 평가하는 비합리적 사고이다.
예) 내담자는 부인에 대한 그의 두려움에 선행원인이 있다는 것을 자각한다. 이 원인은 예를 들면 그의 어머니가 그를 지배하려고 하지 말았어야 했는데 그랬었고 아직도 그렇게 하려고 해서 두렵다는 그의 비합리적 신념이다.

나) 통찰 2
현재의 부적절한 정서와 부적응적 행동이 어떻게 일어났는가에 관계없이, 과거에 형성된 비합리적 사고를 계속적으로 재교화하고 재주입하고 있기 때문에 현재의 정서적 행동적 어려움을 겪게 된다.

예) 내담자가 과거에 받아들여서 계속 갖고 있는 비합리적 신념 때문에 아직도 여성에게서 위협을 느끼고 여성 앞에서 불편해 한다는 것을 인지하는 것이다. 그는 "여성들이 나를 파멸시킨다"거나 "그들은 내가 초인이기를 기대한다"거나 또는 다른 비합리적 신념을 계속적으로 자신에게 말하기 때문에 여성과 함께 있을 때 공포상태가 된다는 것을 직시해야 한다.

다) 통찰 3
통찰을 경험했다 하더라도, 비합리적 사고를 합리적인 사고로 바꾸기 위한 일관되고 지속적인 노력을 해야만 정서적 행동적 어려움을 제거할 수 있다.

예) 내담자가 자신의 비합리적인 신념을 바꾸는 작업을 부지런히 하지 않으면 개선이 되기 어렵다는 것을 받아들이는 것이다. 따라서 그의 과제는 매력적인 여성에게 접근해서 그녀에게 데이트를 신청하는 것이 될지 모른다. 이럴 때 그는 자신의 비합리적 신념, 파국적인 예가 그리고 무언가 일어날 것 같다는 생각에 도전하는 것이 좋다. 단지 두려움 대해 이야기하는 것만으로는 행동의 변화가 일어나기 어렵다. 중요한 것은 그의 비합리적 두려움을 깨뜨리는 일에 적극 참여하는 것이다.

25강 인지적 - 정서상담이론(3)

◻ 상담자와 내담자간의 관계

REBT 상담법에서 기본관념은 내담자가 자기경멸을 하지 않도록 돕는 것이다. 또한 상담자는 내담자를 평가하지 않고 하나의 인간으로서 완전하게 수용한다는 것을 보여줌과 동시에 내담자로 하여금 그의 비합리적 사고와 자기 파괴적 행동에 도전하게 하며 내담자에게 애정을 주지 않으면서 불완전한 인간인 채로 수용하는 대신에 교시, 자서전 상담법, 행동수정 등 과학적인 기법을 사용하여 상담한다.

◻ 적용 및 주요기법

REBT는 인지적·정서적·행동적 기법을 내담자 개개인에게 맞추어 다양하게 사용한다. 이 접근법은 매우 실용적이며 적용하기에 좋은 기법으로 입증되었으며 내담자를 포기하지 않고 적절한 결과로 이끄는 기법이다. 다음에 제시하는 것들은 엘리스에 의해 구체화된 주요한 인지적·정서적·행동적 기법을 간략히 요약한 것이다.

1. 인지적 기법

1) 비합리적 신념에 대한 상담자의 논박

REBT의 가장 일반적인 인지적 방법은 상담자가 적극적으로 내담자의 비합리적 신념을 논박하는 것이다. 상담자는 내담자에게 그가 장애를 겪는 것은 어떤 사건이나 상황 때문이 아니라 그런 상황이나 사건을 자각하는 방법과 그런 것들을 반복해서 자기진술하기 때문이라는 것을 보여 준다.

2) 인지적 과제 부과

내담자의 내면화된 자기-메시지의 일부인 추상적인 "should나 must"를 사용한 부정적인 자기진술을 긍정적인 메시지로 바꾸도록 하는 인지적 과제를 매일의 생활속에서 이행하도록 격려된다.(REBT에 관한 책을 읽거나 상담기간 중에 녹음한 것들을 듣도록 한다.)

3) 내담자 자신의 비합리적 신념에 대한 자기 논박

매일 일정시간 내담자는 자신의 비합리적인 신념이 약화될 때까지 대표적인 자신의 비합리적 신념을 논박하도록 하는 것이다.

4) 새로운 진술문의 사용 : 자신의 말을 바꾸기

내담자는 절대적인 "해야 한다(should, must, ought)"를 절대적이 아닌 "하고 싶다(preferable)"로 대치함으로써, 보다 합리적인 사고로 자신을 진술하는 법을 배울 수 있다. 내담자는 절대적인 "해야 한다"를 절대적이 아닌 "하고 싶다"로 대치함으로써 개인적인 힘을 얻으며, 자신의 언어유형을 바꾸고 새로운 자기진술을 함으로써 내담자는 다르게 생각하고 행동하게 된다.

2. 정서적 기법

1) 합리적 정서적 이미지
내담자로 하여금 습관적으로 부적절한 느낌이 드는 장면을 생생하게 상상하도록 한다. 그리고 그 장면에서의 부적절한 행동을 적절한 행동으로 바꾸도록 한다.

2) 역할 놀이
역할놀이에는 정서적·행동적 구성요소가 모두 포함되어 있다. 불쾌한 감정과 연관된 중요한 비합리적 신념을 통해 작업하는 것이 중요하다. 내담자는 문제행동과 관련된 장면에서 어떤 일이 일어나는지를 알기 위하여 그 장면에서의 행동을 시도해 본다.

3) 부끄러움-공격 연습/ 수치심 다루기
내담자들은 원래 다른 사람들이 자신을 어떻게 생각할까 하는 것 때문에 두려워하게 되므로 어떤 것을 과감히 해보는 과제를 받게 될 것이다. 그런 과제를 수행하므로써 내담자는 다른 사람들이 자신의 행동에 그리 큰 관심을 갖고 있지 않는 다는 것을 발견하게 된다. 내담자는 다른 사람들의 반응에 더 이상 연연해 할 필요가 없으며 그런 반대가 그로 하여금 자신이 하고 싶어 하는 일을 못하도록 방해하지 못한다는 것을 배운다.

4) 모델링
내담자가 겪고 있는 정서적 혼란에 대해 그것과 다르게 생각하고 도전하며, 행동하는 사람들의 생각이나 행동을 상담자가 연출해 보여 주는 것이다.

5) 무조건적 수용
내담자의 어떤 말이나 행동을 무조건적으로 수용하는 기술이다.

6) 유머
내담자에게 혼란을 일으키는 어떤 생각을 줄이기 위해 상담자가 유머를 사용한다.

3. 행동적 기법
RET는 인지적 행동적 상담의 한 형태이기 때문에 행동적 상담기법(조작적 조건화, 자기관리, 체계적 둔감법, 도구적 조건화, 생체 자기제어, 이완 등)을 거의 그대로 활용할 수 있다.

❏ REBT의 적용분야 및 기법들

1. REBT의 적용

가) 적용대상
REBT는 불안, 적개심, 성격장애, 정신장애, 우울증 등의 처치에 폭넓게 적용된다. 또한 성, 사랑, 결혼, 아동의 육아, 청소년, 사회적 기술훈련과 자기관리 등에도 적용되어 왔다.

나) 적용영역

REBT를 적용시키기 좋은 영역은 개인상담, 집단상담, 마라톤식 만남의 집단, 간이상담이나 위기상담, 결혼상담, 가족치료 등 광범위하다.

2. 다른 치료 기법들

가) 멀츠비의 합리적-행동적 치료

멀츠비는 엘리스와 함께 수학한 학자로써 합리적-행동적 치료(Rational Behavior Therapy, RBT)라고 불리우는 엘리스의 RET의 대안적 기법을 발달시켰다. RBT의 과정에서는 합리적인 자기분석의 과정(A-B-C)을 글로 적게하는 방법이 유용한 도구가 된다고 하였다. 이후에 멀츠비는 RBT를 기본으로 합리적-정서적 이미지 기법을 첨가하여 바람직하지 않은 습관을 소거하고 새롭고 바람직한 습관으로 대치시킬 수 있도록 하는 기법들을 고안하였다.

나) 벡(A. Beck)의 인지적 치료

- 벡의 인지적 치료(cognitive therapy)는 내담자로 하여금 자기패배적인 인식을 자각하고 버리게 한다는 점에서 엘리스의 RET와 근본적으로 같은 목표를 가지고 있다.
- 하지만 벡의 인지적 치료기법은
  ① 소크라테스식의 대화술을 강조하며 내담자가 잘못된 신념을 발견하도록 돕는 것을 강조하며,
  ② 인지적 치료는 RET보다 더 구조적이다.
  ③ 벡의 인지적 치료는 내담자의 인지유형에 따라 장애유형이 다르다고 보며 따라서 장애유형에 따라 각기 다른 기법을 적용한다고 주장하며, 엘리스의 "비합리적 신념"이라는 용어에 대해 부정확하며 추상적이라고 비판하였다.

벡은 불안, 우울, 공포를 치료하기 위한 인지적 기법에 초점을 두었는데 이후 우울증 척도(BDI)를 개발하여 우울증 환자의 증상관찰과 치료에 적용하였다.

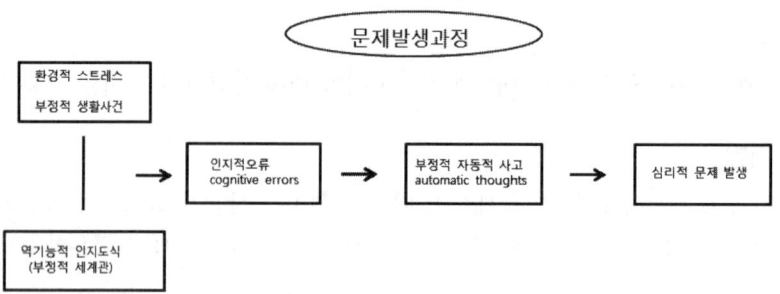

사례) 자신의 실직 (환경적 스트레스와 부정적 생활사건)
실직은 나쁘다. (친구나 아버지의 실직에 대한 기억: 역기능적 인지도식)
실직은 가정을 파괴한다. (인지적 오류)
나는 가정을 파괴하는 쓸모없는 인간이다. (부정적 자동적 사고)
심리적 문제발생
- 우울증, 취업활동포기 (구직욕구저하, 효능감 저하, 공황장애) 치유 (자기효능감증진, 구직효율성 증진)

다) 마이헨 바움의 인지적 행동수정

마이헨 바움의 자기교시적 치료는 근본적으로 인지적 재구성의 형태로써 내담자의 자기언어화의 변화에 초점을 두었다. 즉, 내담자가 자기대화를 자각하도록 하는 내적대화의 역할에 초점을 두었으며, 이의 결과로 개인이 자신의 내면의 소리를 듣는 기술을 배움으로써 변화가 이루어진다고 하였다.

❑ REBT의 공헌 및 제한점

- RET는 인간의 생각이 정서와 행동에 크게 영향을 미칠 수 있다는 가정에 근거를 두고 있다. 즉 비이성적, 비논리적, 비합리적인 신념들을 가지고 있는 내담자를 RET의 핵심 이론인 ABCDE모형을 적용하여 보다 이성적이며, 논리적이고, 합리적인 신념으로 대치되도록 하여, 궁극적으로는 내담자의 인생관을 보다 긍정적으로 바꾸도록 하는데 있다.

1. 공헌점

1) 상담의 효과를 크게 높일 수 있음을 시사해 준 점이다.
2) 인간의 생각, 신념, 자기언어와 같은 인지적인 면이 경험이나 느낌만큼 인간행동에 중요한 영향을 미칠 수 있다고 본 점이다.
3) 통찰된 것을 행동으로 옮겨야 함을 강조한 점이다.
4) 포괄적이고 절충적인 상담과정에 강조점을 두었다는 점이다.
5) 정서적 장애와 문제행동의 원인 및 이의 해결방법을 아주 명확하게 제시하고 있다는 점이다.
6) 과거 불행한 사건의 무기력한 희생자가 아니라는 반 결정론적 관점이다.
7) 상담자의 직접적인 중재 전략 없이 자신의 상담법을 이행할 수 있는 방법을 내담자에게 가르칠 수 있다는 점이다.

2. 제한점

1) 이 이론이 모든 내담자에게 효과가 있을 것으로 기대해서는 안 된다.
2) 내담자의 의미 있는 과거 경험, 미결된 갈등, 무의식의 영역 등을 경시하는 점이다.
3) 상담자와 내담자의 래포와 협동관계를 기본적으로 강조하지만 인간적인 따뜻함, 내담자에 대한 호감, 개인적인 관심, 보호 같은 것이 효율적인 상담을 위한 필수요소가 아니라고 주장한다.
4) 자발성이 없는 내담자에게는 그 효과를 기대하기 어렵다는 점이다.

26강 현실요법(1)

❏ 현실요법

1. 현실요법은 글래서(Glasser)가 주창한 상담과정으로 도움을 필요로 하는 사람이 일상적 활동에서 남의 욕구를 침범하지 않는 범위에서 자기의 욕구충족을 위한 자신의 행동을 주도적으로 선택해서 책임을 지도록 상담자가 도움을 주는 과정이다.
2. 현실요법은 과거를 중시하는 전통적인 상담 방법과는 달리 내담자의 행동과 '지금, 그리고 책임'을 강조하여, 경미하거나 심각하거나 한 정서적 혼란으로부터 심각한 정신병자라고 분류된 사람에 이르기까지 어떤 종류의 심리적·정신적 문제로 시달리는 사람들에게도 적용될 수 있다.
3. 현실상담은 현재에 집중하며, 그 현재의 행동이 내담자가 원하는 것을 얻는데 효과적인지 평가하도록 도와준다.

❏ 주요 개념들

1. 인간본성에 대한 관점

통제이론을 바탕으로 한 현실상담은 인간본성에 대한 결정론적인 철학에 의존하지 않고, 인간은 궁극적으로 자기 결정을 하고 자기 삶에 책임을 갖고 있다는 가정이다. 글래서는 인간은 자유롭고 자신의 목표를 스스로 선택하고자 하는 욕구를 지닌다고 가정하고 있다(Corey, 1993).

2. 성공적 정체감(sucessful identity), 패배적 정체감(failure identity)

이 접근이 인간관에 있어서 보다 구체적이며 빼놓을 수 없는 것은 인간이 자신의 정체감을 개발하려는 기본적 욕구를 가졌다는 것이다. 즉 인간은 일생을 통하여 정체감 그것도 성공적 정체감(sucessful identity)을 가질 수도 있고, 패배적 정체감(failure identity)을 가질 수도 있는데, 어떠한 정체감을 가지느냐는 것은 '사랑하고자 하는 욕구와 사랑받고자 하는 욕구' 및 '자신과 타인에게 가치 있다고 느끼느냐, 가치 없다고 느끼느냐'와 밀접하게 관련된 것으로 보고 있다

이와 같이 현실상담에서 인간을 보는 철학은 긍정적이며 자기 스스로 삶에 책임을 지고, 문제를 해결할 수 있는 자원이 있다는 데서 출발하고 있다.

❏ 현실요법의 특성

다음은 현실요법의 특성을 몇 가지 정의한 것이다.

1. 실존적-현상학적 성향

Glasser는 인간은 자신이 창조한 세계에 대해 책임이 있으며, 무력한 희생자가 아니고 보다 나은 삶을 만들 수 있다고 보았다. 그는 불행을 우연히 일어난 어떤 것이라고 보지 않는다. 따라서 그는 '우울하게 된'(being depressed)이나 '화가 나게 된'(being angry) 대신에 '우울한'(depressing)이나 '화난'(angrying) 사람이라는 표현을 쓴다. 우리의 행동은 우리가 선택한 결과라는 현실을 인식하고 그것에 입각해 행동할 때 변화가 일어난다.

2. 통제이론(선택이론)

현실상담에서는 상담을 위한 이론적 기초로 통제이론(또는 선택이론이라 칭하는 저서도 있음)을 사용한다. 통제이론이란 모든 살아있는 유기체는 끊임없이 자신의 목적에 따라 외부 세계를 통제하기 위해 행동한다는 것이다. 현실상담을 수정하면서 글래서는 우리들의 밖에 있는 현실세계에서 일어나는 것들은 우리의 내부 세계에 자리한 것에 관련되지 않는다면 별의미가 없다고 강조한다. 이 주제를 발전시키면서 그는 외부 세계를 가능한 한 내부 세계에 밀접히 접근시키기 위해 현실 세계를 다루는 통제체제로서 두뇌가 어떻게 작용하는가에 대해 자세히 논의하고 있다.

3. 의학적 모델의 거부

신경증과 정신장애를 포함한 정신적인 병의 개념에 대한 전통적인 견해를 부정하는 것이 처음부터 현실상담을 이끌어준 힘이 되었다. "정신병적 행동"은 단지 우리에게 일어난 어떤 것이 아니고 오히려 우리가 외부의 세계를 조정하려는 방식으로 선택한 행동이라는 것이다.

비록 어떤 행동들(심신증적 장애나 약물중독이나 알코올 중독 등)은 고통스럽고 비능률적이지만 그것들이 어느 정도 어떤 작용을 하지 않는다면 우리는 그것들을 사용하지 않는다. 글래서는 우리가 의식적으로 이런 불만족스런 행동들을 선택한다고 주장한다.

4. 성공적 정체감과 긍정적 탐닉

성공적 정체감이라는 개념은 현실상담을 이해하는 데 있어 핵심이다. 성공적인 정체감을 가진 사람은 자신을 사랑을 주고받을 수 있는 존재로 보고 다른 사람에게 중요한 존재라고 느끼며 다른 사람의 비싼 대가를 요구하지 않고 자신의 욕구를 충족시킨다. 긍정적인 탐닉을 얻는 두 가지 방법은 달리기와 명상이다.

5. 책임에 대한 강조

현실상담은 책임을 상당히 강조하는데 글래서는 이것을 다른 사람의 목표달성을 방해하지 않는 방식으로 자신의 욕구를 만족시키는 행동이라고 정의하고 있다. 즉 책임성은 개인이 그의 삶을 효과적으로 통제하는 것을 배운다는 의미이다. 자신을 수동적으로 보기보다는 만약 현재 행동이 자신이 원하는 것이 아니라면 자신을 변화시킬 수 있다고 본다.

❏ 현실요법의 제한점

1. 과거탐색의 가치에 대한 과소평가

1) 과거의 외상이나 실패 또는 내담자의 현재 문제에 영향을 주는 외부조건을 탐색하는 이론과는 달리 현실상담은 지금 여기에 초점을 둔다(Corey, 1993). 이 접근에서는 책임과 현실이 대단히 관계가 깊다. 책임이 현실의 직면과 직결된다는 것은 현실세계를 정확하게 받아들여야만 한다는 점과 현실세계가 정해주는 어떠한 범위 내에서만이 자신의 욕구 충족이 가능하다는 점을 분명히 이해해야 함을 의미한다.
2) 현재의 행동은 관찰되어질 수 있는 것 중의 하나이고 현실의 세계에서 엄연한 사실이기 때문에 현실의 한 부분으로서 강조되어진다. 감정은 행동보다 덜 확실하기 때문에 글래서는 감정보다도 행동이 상담에서 강조되어야 한다는 점을 지적하고 있다.
3) 심리학에서 오랜 기간동안 '계란과 닭'의 논쟁이라고 할 수 있는 행동과 감정의 문제에 대해, 그는 감정이 변하기 전에 행동이 변해야 함을 강조한다. 즉 행동의 변화가 감정을 변화시킬 수 있음을 지지하는 견해이다(Glasser, 1990).

2. 전이의 가치에 대한 과소평가

전이의 개념을 그릇되고 왜곡된 개념으로 거부하면서 글래서는 인습적인 상담자들이 내담자의 머리 속에 전이의 개념을 주입시킨다고 주장한다. 현실상담에서는 내담자가 현재 갖고 있는 지각을 다루며 내담자에게 그의 반응과 관점이 과거에는 어떠했는가를 탐색하려 하지 않는다.

❏ 현실요법의 주요 용어들

1. 기본적 욕구

- 인간을 움직이게 하는 강력한 힘은 생래적인 기본적 욕구(basic need)에서 비롯된다.
- 기본적인 인간의 욕구는 신뇌(new brain)에 자리한 네 가지의 심리적이고 정신적인 욕구인 사랑과 소속의 욕구·힘에 대한 욕구·즐거움에 대한 욕구·자유에 대한 욕구와, 구뇌(old brain)에 자리한 생존에 대한 욕구 등의 다섯 가지가 있다.
- 이러한 인간의 욕구는 기본적이고 본질적인 것이지만 욕구를 충족시켜주는 구체적인 대상인 바람은 각 개인에 따라 독특하고 고유하다. 이 바람들은 비현실적일 수도 있고 변할 수도 있으며 서로 갈등을 일으키기도 한다. 현실에서 얻고 있는 것이 바람을 충족시켜 주지 못할 때 욕구 좌절을 경험하며, 이 때의 불균형과 고통이 행동의 동기가 된다.

2. 전(全)행동

- 모든 행동에는 목적이 있는데, 원하는 것과 얻고 있다고 지각한 것 사이의 간격을 줄이고자 고안된 것이다. 행동체계는 활동(acting), 생각(thinking), 감정(feeling), 신체반응(physiology)의 네 가지 요소로 구성되어 있다.

- 모든 행동은 항상 네 가지 구성요소가 모두 포함되어 있는 전행동(total behavior)이며, 전행동의 구성요소 중에서 활동요소에 대해서는 거의 완전한 통제력을 가지고 있으며, 사고요소에도 어느 정도의 통제가 가능하나 감정요소의 통제는 어려우며 신체반응에 대해서는 더더욱 통제력이 없다.
- 우리가 전(全)행동을 변화시키고자 할 때, 활동과 사고를 먼저 변화시키면 감정이나 신체반응도 따라오게 된다.

3. 지각 체계(지식여과기/가치여과기)

개인이 인지하는 현실체계는 감각체계와 지각체계를 통해 인식하게 된다고 한다. 지각체계는 사물을 객관적이고 있는 그대로 바라보는 지식여과기와 우리들 각자가 가지고 있는 가치를 부여하는 가치여과기로 구성되어 있는데, 이를 통해 각자가 이상적이라고 믿고 욕구를 즉시 채워줄 수 있는 수단들을 질적인 세계에 보관하는 작업을 한다. 그런데 이렇게 지각된 세계가 우리가 원하는 질적인 세계와 맞지 않을 때 우리는 그것들을 머리속의 저울에 올려놓고 비교하게 되고 저울의 기울어진 차이를 줄이려는 욕구 때문에 다시 행동하게 되는 것이다.

❏ 상담목적/목표

1. 현실상담은 통제이론을 기초로 한 상담방법으로서 내담자가 자신의 삶을 보다 효과적으로 선택할 수 있도록 도와주는 것을 목표로 하고 있다. 즉 현실상담은 개인적 자율성을 갖도록 하며, 내담자의 노력하는 바가 성공할 수 있도록 내담자를 돕는 것이 이 접근의 상담 목적이다.
2. 현실상담의 목표는 내담자로 하여금 그들이 원하는 것을 얻도록 돕는 것이므로 내담자가 하고 있는 행동이 효과가 있는지 없는지를 결정하게 한다. 내담자들은 그 행동이 자신의 통제 하에 있다는 것을 배우며 자신이 선택한 것이라는 것을 인식함으로써 변화할 수 있다는 것을 깨닫는다.
3. 이 접근에서는 내담자가 개인적 책임을 지도록 하는 것이 또한 핵심적인 상담 목표가 될 것이다.

❏ 상담자의 기능과 역할

1) 내담자가 특수한 계획을 짜도록 돕고, 행동적 선택의 대안을 제공하며, 내담자가 바라는 것을 얻도록 보다 효율적인 길을 안내하는 것이다.
2) 글래서는 기본적으로 내담자에게 수용적인 태도와 무비판적인 상담환경을 조성해주어야 하지만 건설적인 비판인 경우 허용할 수 있다고 하였다.
3) 현실상담에서의 상담자의 여러 가지 기능(Glasser,1984)
   가) 개인의 강점, 태도 그리고 성공으로 이끌 수 있는 가능성에 초점을 두는 것.
   나) 상담기간의 한계를 설정하고 삶은 개인에게 달려 있다는 것을 내담자에게 인식시키는 것.
   다) 내담자가 원한다고 말하는 변화를 어떻게 이룰 수 있는가에 대해 특수한 방법을 알도록 내

담자에게 꼬집어 지적해 주는 것
- 라) 내담자가 그의 계획을 완수하지 못할 때 늘어놓는 변명을 받아들이지 않으며 만약 필요하다면 계획을 수정하도록 도움으로써 내담자를 직면시키는 것
- 마) 현실에서 자신의 욕구를 충족시키고 자신과의 싸움에 개방적이며
- 바) 인간적이며 고립된 위치를 갖지 않는 것
- 사) 자신의 가치가 내담자에 의해 도전받도록 허용할 것
- 아) 내담자를 이해하고 존중하며 내담자와 진실한 관계를 맺는 것

❏ 상담에서의 내담자의 경험

1) 비록 내담자의 행동이 부적절하고 비현실적이며 무책임하다고 하더라도 내담자는 사랑하고 사랑받고 싶은 기본 욕구와 자기 존중감을 이루려는 시도를 한다.
2) 내담자는 상담자로부터 삶에서 무엇을 하고 있으며 삶의 목표를 달성하기 위해 어떻게 효율적으로 행동하는지에 대해 판단, 검토, 평가하도록 요구받는다.
3) 내담자가 자신의 행동을 판단하고 어떻게 변화시켜야 할지 결정하게 되면 그는 실패행동을 성공행동으로 바꿀 수 있는 특수한 계획을 발달시키고, 이 계획을 수행하는 데 책임감을 갖고 전력해야 하며 능동적으로 실행에 옮겨야 한다.

❏ 상담자와 내담자 간의 관계

1) 현실요법은 내담자와 상담자 사이의 인격적 관계를 바탕으로 한다. 내담자는 상담자가 자신을 수용하며 현실세계에서의 욕구를 이루는 데 도움을 준다는 것을 알 필요가 있다.
2) 현실요법은 내담자의 소속욕구를 만족시킬 수 있는 따뜻하고 이해적이며 지원적인 상담자 – 내담자 관계를 강조한다.
3) 처음에는 내담자가 상담자에게 의존하지만 상담과정이 진행됨에 따라 내담자는 세상에 대처할 수 있는 심리적인 힘과 행동을 발달시킬 수 있게 되므로, 결국은 개인 각자는 한정된 상담세계보다 훨씬 큰 현실세계와 자신의 삶에 책임을 지게 된다.

27강 현실요법(2)

☐ 상담기법과 절차

1. 현실요법의 여덟 가지 단계

현실상담은 언어적으로 행동한다. 그 과정은 내담자의 삶에서의 성공을 돕는 것으로 현재 행동에 관계되는 내담자의 강점과 가능성에 초점을 둔다. 내담자가 성공적인 정체감을 창조하는 것을 돕기 위해 상담자는 다양한 행동기법을 사용한다.

현실상담은 어떤 종류의 일반적인 상담방법은 쓰지 않는다. 현실요법을 쓰는 정신의학자는 약물과 투약을 상당히 조심스럽게 사용해야 하며, 행동의 이유를 찾고 진단하는 데 시간을 허비하지 않는다.

글래서는 상담의 단계를 다음의 여덟 단계로 나누어 설명하였다. 이 단계들은 상담과정에 적용함에 있어 상담자의 기술과 창의성을 상당히 요한다. 덧붙여서 이 단계들을 결정적이고 엄격한 범주로 생각해서는 안 된다. 각 단계는 전 단계를 기초로 하여 설정되고 상당히 상호의존적이며 현실상담의 전체적인 발달에 함에 기여하고 있다.

1) 관계를 형성하는 단계

현실상담의 첫 단계는 우정을 만드는 단계로 이것은 상담자가 수용적이고 지적인 관계를 만드는 것을 의미한다. 상담을 시작하기 위해서 내담자와의 이런 개인적인 접촉과 래포는 필수적이다. 이러한 관계를 기본으로 상담과정의 다음 단계에서 상담자는 내담자에게 무엇을 원하는지 물을 수 있다.

2) 현재 행동에 초점을 맞추는 단계

글래서(1980, 1981)는 현재 행동에 관계없는 사고와 감정을 논의하는 것은 오히려 상담에 방해가 된다고 주장한다.

3) 자기 행동을 평가하도록 내담자를 초청하는 단계

현실상담자의 주요 임무는 내담자로 하여금 그의 행동이 자신에게 도움이 되는지를 스스로 평가하게 하는 것이다. 상담자는 내담자에게 "자신을 돕기 위해 어떤 행동을 하고 있는가? 되고자 하는 것을 위해 지금 무엇을 하고 있는가? 당신의 행동은 도움을 주는가?"와 같은 질문을 함으로써 내담자가 가치 판단하는 것을 도울 수 있다.

4) 내담자가 행동 계획을 발달시키는 것을 돕는 단계

내담자는 가능한 행동을 탐색하여 그것들을 가지고 계획을 세운다. 계획은 현실상담에서 필수적이다. 계획은 상담자와 내담자 간의 논의에만 국한되는 것이 아니다. 내담자는 일단 계획이 수립되면 실천해야 한다.

5) 의무를 수행하게 하는 단계

내담자가 자신의 행동에 대해 가치판단을 하고 행동계획을 결정한 다음에는 상담자는 그가 매일의 생활에서 계획을 실행하도록 위임한다. 만약 그런 결정이 실행되지 않으면 결심과 계획은 아무 의미가 없어지기 때문이다.

6) 변명을 받아들이지 않는 단계

수립된 계획을 실행한 후에 현실상담자는 변명을 수락하지 않을 것이다. 글래서(1980)에 의하면 변명을 받아들이는 것은 "나는 당신이 변화를 할 수 있는 능력이 없고 부적절하다는 것을 인정합니다"라는 내용의 메시지를 내담자에게 전달하는 것이다. 그는 완고함과 용서하는 태도를 결합해서 사용해야 한다고 하는데, 상담과정에서 상담자는 변명을 받아들이지 말고 내담자가 계획을 수행하지 못한 것 때문에 고통을 받게 할 정도로 냉정해야 한다. 그런 연후에 상담자는 도움을 주고 너덧 단계 뒤로 물러나서 새로운 계획을 다시 세우고 새로이 계획을 수행하도록 도와준다.

7) 벌을 사용하지 않는 단계

현실상담에서는 벌을 사용하지 않는다. 글래서는 벌은 내담자의 정체감의 실패를 강화하거나 상담자-내담자 간의 관계를 손상시키는 결과를 가져온다고 주장한다. 특히 쓰지 말아야 할 벌은 내담자가 실패한 것 때문에 내담자를 억누르거나 비난하는 것이다.

벌을 사용하는 대신 상담자는 내담자에게 행동에 따르는 당연한 결과를 보고 받아들이도록 요구한다. 비판적인 논평을 하지 않고 변명을 받아들이지 않으며 비평가적인 태도를 유지하면서 내담자가 진실로 변하고 싶어 하는지 물어볼 수 있다. 내담자는 자신이 지금까지 해온 실행을 그대로 계속할지, 어떨지에 대해 재평가를 해야 한다.

8) 포기하는 것을 거절하는 단계

현실상담의 특성은 끈기이다. 사람은 희망이 없고 결코 바뀔 수 없다고 가정하는 것은 아무 도움이 되지 않는다. 따라서 내담자가 어떻게 말하거나 행동할지라도 상담자는 내담자의 변화 능력을 믿어야 한다.

☐ 현실요법의 적용

현실요법은 상담, 교육 및 교시, 위기상담, 교정의 목적을 가진 상담, 조직관리, 사회 발달 등에 적용할 수 있는 단기간의 중재전략(단기적인 상담 오리엔테이션)이다. 이 상담법은 학교, 교정기관, 종합병원, 시립병원, 도움의 집, 약물남용을 방지하는 기관에서 널리 사용된다. 또 군대에서는 약물남용과 알코올중독자를 위해 현실상담을 많이 선호하고 있다.

글래서는 현실요법은 비교적 약한 정서장애에서부터 정신병환자(격리환자)에 이르기까지 어떤 종류의 심리적 문제에도 널리 적용할 수 있다고 주장하고 있다. 이것은 아동, 청소년, 성인, 노인들에게도 유용하다.

☐ 치료 절차 (WDEP)

1. 현실치료에서 중요한 것은 치료절차인 WDEP이다. 우선 내담자가 어떤 욕구를 가지고 있는지를 알아보아야 한다. 그런데 어떤 사람들은 자신이 욕구를 잘 충족시키는 쪽으로 선택하는 사람들이 있는가 하면, 어떤 사람들은 그렇지 못한 선택을 하고 변명을 한다는 것이다.
2. 내담자가 원하는 것(want)을 살펴보고, 그 다음에는 무엇을 하고(doing) 있는지를 살펴보는 것이다. 그런 다음에 그런 행동이 그 사람의 욕구를 이루고 있는가를 평가하고(evaluation), 그 후에는 다른 선택을 하도록 계획하는(planning) 것이다.
3. 이 계획은 구체적인 것이다. 언제 어디서 어떻게 할 것인지 까지 구체적으로 해야 한다. 따라서 상담자는 내담자에게 잘 질문함으로써, 교사와 안내자의 역할을 하는 것이다.
4. 심리치료에서는 "사고"와 "행위"에 초점을 두고 있지만, 이 중에서도 특히 "행위"에 중점을 두는 것이다. 행위에 돌입하게 되면 행위 전에 존재했던 불안이나 중압감이 사라지는 변화들이 뒤따라온다는 것이다.

☐ 구체적 절차

1) Want 탐색
   - "무엇을 원하는가?", "진정으로 원하는 것이 무엇인지?"라는 질문은 내담자로 하여금 성취할 수 있는 현실적인 그림을, 자기 자신 안에 있는 비현실적인 그림과 바꿀 수 있도록 도움을 주게 되는 것이다.
   - "사람들이 당신에게 원하는 것이 무엇이라고 생각하는가?"라는 질문을 통해 주위 사람들과 내담자가 원하는 것의 일치 혹은 불일치를 알아봄으로써, 내담자의 마음속의 사진에 내포되어 있는 근본적인 욕구가 무엇인지를 더욱 확실하게 보도록 도와준다.
   - "당신은 어떤 시각으로 사물과 환경을 바라보는가?"라는 질문은 내담자의 지각체계를 탐색한다.

2) Doing
   내담자가 어디로 가고 있는가를 탐색하도록 도와주는 절차, 내담자가 통제할 수 있는 활동을 스스로 탐색할 것을 강조하고 이것은 내담자의 활동요소를 바꿈으로써 그가 지녔던 우울, 격분, 외로움 등의 느낌요소와 신체반응까지 변화시킬 수 있기 때문이다.

3) Evaluation
   현실요법에서 가장 핵심이 되는 부분은 내담자의 행동변화를 위해 그들 스스로 자기평가를 하게 하는 단계이다.
   - "당신의 지금의 행동이 당신에게 도움이 됩니까?"

- "당신이 지금 하고 있는 것은 당신이 진정으로 원하는 것을 얻는 데 도움이 됩니까?"
- "당신이 원하는 것은 현실적이거나 실현 가능한 것입니까?"
- "도움이 되는 계획입니까?"

등의 자기평가를 돕는 질문을 할 수 있다.

4. Plan

효과적인 계획은 구체적 행동 변화를 위한 지침으로 먼저 다섯 가지 욕구가 충족되어야 하고, 단순하면서 현실적이고 실현가능한 계획이어야 한다. 또한 효과적인 계획은 반복적이며, 즉각적이고, 현실적이며, 진행 중심적이어야 하며, 계획의 평가와 재평가가 수반되는 단호하고 강화된 계획이어야 한다.

> ※ SAMIC3(행동 계획을 수립할 때 고려할 사항)
> 단순성(Simple), 성취가능성(Attainable) 측정가능성(Measurable) 즉각적 수행성(Immediate) 통제 가능성(Control), 일관성(Consistent), 언약성(Committed)

□ 공헌 및 제한점

1. 공헌

1) 이론적 체계를 기하려고 한다. 많은 상담이론이 분명한 이론적 체계를 가지지 못하고 있다. 물론 현실적 상담도 완전한 이론적 체계를 갖추지는 않았지만 통제이론을 개발하여 인간의 행동을 설명하려고 한 점이 높이 평가될 수 있다.
2) 상담기간을 단축시킬 수 있다. 현실적 상담은 자신의 문제에 대해 현실적인 의식수준에서 판단하고 직면하며, 그 결과에 대해 책임지는 것이기 때문에 비교적 짧은 상담기간에서도 효과를 볼 수 있다. 이는 많은 시간과 비용을 요하는 다른 상담이론에 비해 내담자로 하여금 상담에 관심을 가지게 할 수 있다.
3) 현실적으로 자신에게 부여된 책임을 강조한다는 점이다. 즉, 변명의 여지를 주지 않고 현실적 책임을 받아들이는 가운데 실천이 가능한 계획을 세우도록 그 방법을 제시했다는 점이다.
4) 내담자의 변화 정도에 대해 스스로 평가토록 한다는 점이다. 욕구 충족을 위한 활동계획이 실행되지 않으면 스스로 이 결과를 평가하고 책임지는 가운데 실행이 가능한 계획을 다시 짜도록 한다.
5) 학교나 수용시설과 같은 교육기관에 크게 효과가 기대된다는 점이다. 이 이론의 상담과정과 기술은 내담자가 현실적 방법으로 욕구를 충족시킬 수 있도록 행동, 생각, 느낌, 신체활동을 선택하여 환경을 통제할 수 있도록 교육하는 것이다. 그래서 현실감이 적어서 책임을 면제 받으려는 수용기관의 청소년을 포함한 학생의 교육에 도움을 줄 수 있겠다.

2. 제한점

1) 이론적 근거로 통제이론을 제시하고 있기는 하지만, 아직은 이 통제이론이 상담실제(과정, 기술)와 일관된 체계를 가지지 못하고 있다는 점이다. 상담의 과정과 기술도 통제이론의 체계에 근거하여 재구성되어야 하겠다. 또한 통제이론 자체도 보다 실증적으로 검증되어야 하겠다.
2) 정신병 거부의 타당성 문제이다. 정신병은 무책임 때문이라고 하지만, 현실적으로는 자신에 대해 책임질 수 없는 사람이 많고 또 완전히 책임질 수 있는 사람도 없다는 점이다. 현실적으로 거의 책임질 수 없는 사람에게 책임을 강요한다면 이는 내담자를 돕는 것이 아니고 그를 더 어렵게만 할 뿐이다. 따라서 현실적 상담은 어느 정도 현실적으로 책임질 수 있는 사람에게만 가능하다고 볼 수 있다.
3) 욕구 충족의 방법이 애매하다는 것이다. 자신의 욕구 충족을 위해 다른 사람의 욕구충족을 방해하지 않아야 하는데 그 구체적인 방법이 애매하다는 것이다. 즉, 어느 정도가 다른 사람의 욕구 충족을 방해하지 않는 것인지, 다른 사람의 욕구 충족을 방해하지 않고도 자신의 욕구 충족이 가능한지에 대한 의문이 제기되는 것이다.
4) 상담자의 가치가 지나치게 내담자에게 강요될 수 있다는 점이다. 내담자가 현실적인 맥락에서 활동하기 위해서는 판단을 해야 하는데 이 때 상담자의 가치가 개입될 위험이 크다는 것이다.

28강 해결중심/여성주의/다문화 상담이론

❏ 해결중심 상담이론

1. 해결중심상담이론은 과거보다 현재와 미래에 초점을 맞춘 것으로 문제의 원인을 규명하기보다는 내담자가 가지고 있는 자원을 활용하여 해결방안을 마련하는 단기적 접근방법
2. 내담자의 강점, 자원, 건강한 특성을 발견하여 상담에 활용하고, 변화는 항상 일어나며 불가피한 것이라고 보는 입장으로 내담자의 의견과 관점을 수용하므로 내담자 중심의 치료적 접근이 가능
3. 문제의 원인규명보다 내담자의 문제해결능력 향상에 중점을 둠. 즉, 무엇이 잘못되었는가? 가 아닌 '무엇을 잘하고 있는가?'에 중점을 둠
4. 해결중심 상담이론의 기본원리
   1) 효과가 있다면 계속 더 하고 효과가 없다면 그것과 다른 것을 시도
   2) 긍정적인 것, 해결책 그리고 미래에 초점을 맞출 때 원하는 방향으로 변화촉진
   3) 문제를 정상적인 개념으로 재진술할 때 문제해결의 희망과 가능성이 열린다.
   4) 상담자와 내담자는 모든 문제에서 예외를 찾아낼 수 있으며, 예외를 해결책으로 사용할 수도 있다.
   5) 사람들은 자신의 문제를 해결할 자원을 지니고 있다.
   6) 변화는 항상 일어나고 있다.
   7) 작은 변화를 통한 큰 변화
5. 기법
   1) 예외질문 : 학교생활이 덜 지루했던 때, 부모님 말씀이 덜 짜증날 때는?
   2) 기적질문 : 만약에 그런 상황이 만들어졌다면? 만들어 진다면?
   3) 대처질문 : 이렇게 잘 견뎌 나올 수 있었던(대처할 수 있었던) 힘이나 의지에 대해 질문
   4) 척도질문 : 수량화된 내용의 답변을 유도하여 현재 상태나 관계 등에 대해 보다 구체적으로 알 수 있으며, 변화의 정도에 대해서도 정확하게 파악해 볼 수 있다.

❏ 여성주의 상담이론

1. 여성주의 상담이란 여성 내담자를 가부장제 사회에서 성차별에 억압당해 온 존재로서 이해하고 상담하는 상담치료기법을 말한다.
2. 여성주의 상담은 모든 문제는 자신에게서 비롯된다는 전통 상담치료의 개인적인 관점을 거부하고 내담자의 문제를 사회문화적 측면에서 거시적으로 접근한다.

3. 여성주의 상담은 전통적인 성역할과 남녀에 대한 성역할 고정관념이 여성문제에 있어서 중요한 원인이라고 보고 여성이 자신의 문제가 여성 자신의 개인 내적인 것뿐만 아니라, 사회구조적인 것에서부터 비롯됐다는 것을 깨닫도록 하여 성을 초월한 인간으로서의 자신을 개발하고 이해하도록 돕는 것이다.

❏ 여성주의 상담의 원리

1. 원리 I : 개인적인 것은 정치적인 것이다

1) 이는 여성 내담자의 특성을 고려할 때 매우 중요한 지점이다. 가정폭력 피해 여성들의 경우 가정을 지키지 못했다거나 자신이 살기 위해 아이들을 두고 나왔다고 자책하고 성폭력 피해 여성들의 경우 사회가 피해자를 대하는 냉담한 시선 속에서 자신의 행동이 가해를 유발하거나 방관한 것이 아닌가라는 자책을 하곤 한다.
2) 가정폭력이나 성폭력의 피해자들에게 그들이 입은 폭력의 피해가 특수한 관계에서 발생하는 너와 나만의 문제가 아니라 사회문화 구조 속에서 발생하는 여성과 남성의 문제라는 것을 인지시키는 일, 다시 말해 '당신의 잘못이 아니다'라고 말해주는 일 자체가 하나의 치료가 될 수 있다.

2. 원리 II : 상담자와 내담자는 평등하다

1) 여성주의상담에서는 상담자 역시 여성폭력이 만연한 사회에서 폭력의 두려움으로부터 자유로울 수 없는 피해자이다. 이러한 관점에서 내담자의 폭력 피해에 대해 공감한다. 내담자를 자신의 삶에 관한 최고의 전문가라고 인정하고 피해자가 아닌 생존자로 바라봐야 한다.
2) 내담자의 문제와 감정에 대한 상담자의 개입을 최소화하는 전통 상담치료와는 달리 여성주의 상담자는 자신의 여성주의 가치관을 명료히 하고 내담자의 잠재적인 가치관에 영향력을 끼친다.

3. 원리 III : 역량강화

1) 여성주의상담자는 내담자들이 적응보다 변화를 지향하도록 도와야한다. 여성들에게 무력함을 사회화시키는 사회 권력 구조에 대해 자각하고 분석하고 이에 대해 다른 여성들과 토론하는 과정을 통해 여성들이 개인적, 관계적, 제도적 영역에서 힘을 성취하는 방법을 찾을 수 있도록 돕는다.
2) 전업주부라면 가사노동의 가치를 인정받고 가정 내의 재산권을 획득할 권리가 있다고 이해하도록 돕는 등, 내담자가 자기 욕구에 초점을 두고 경제적, 정신적 독립을 할 것을 강조한다.

4. 원리 IV : 여성의 시각으로 재조명하기

1) 내담자로 하여금 기존의 가부장제 질서의 사회 안에서 저평가되어 왔던 '여성의 경험'을 긍정하고 재평가하도록 촉진한다.

2) 기존의 언어를 여성의 언어로 바꾸어 보거나(ex.폐경기→완경기) 여성의 경험에 입각해 사춘기, 2차 성징, 성관계, 임신, 출산, 양육, 노화 등의 발달 과정과 가사노동을 재해석하는 일 등이 이에 해당된다.

❑ 여성주의 상담기법의 원리

1. 개인적인 것은 정치적인 것이며 여성의 문제를 사회구조적인 것에서 찾아서 여성 스스로가 자신의 정체성을 갖도록 하는 것이다.
2. 평등한 관계로서, 여성의 문제 중에 하나는 자신들을 스스로 종속관계 놓이게 하는 것으로서 상담자와 내담자는 평등한 관계로서 도움을 주어 내담자가 상담장면에서 '평등한 관계'를 체험 학습 할 수 있어야 할 것이다.
3. '여성적 가치로 평가하기'라는 원리는 성 개념을 재구조화하는 것으로서 여성의 정형화된 특성들이 남성과 여성 모두가 가지고 있고 이는 인간의 중요한 특성(양성평등)으로 재평가하는 것이다.

❑ 의식향상집단(Consciousness Raising Group: CR집단)

1. 의식향상집단은 1960년대 서구의 여성해방운동의 성과물로서 생긴 여성들의 지지집단이다.
2. 여성들이 모여서 여성으로서 억압받아온 자신의 경험을 이야기하고 나누며 여성주의상담의 제1원칙인 '개인적인 것은 정치적인 것', 즉 나의 문제의 원인이 내가 아니라 여성에 대한 사회구조적 차별임을 이해하는 상담치료기법이다.
3. 여성억압의 역사가 수천 년간 이어져 옴에 따라 여성에 대한 문화적, 심리적, 경제적, 정치적 차별들이 여성 스스로에게도 내재화 되어 있다. CR훈련은 이러한 여성의 인식 능력을 확장시켜 현재의 사회문화적인 상황에서 여성의 의미가 무엇인지 자각하게 하는 과정이다.
4. 여성에게 무심코 행해지는 일상적 차별들에 대해 자각하고 이를 여성 각자는 어떻게 느끼는가를 언어나 몸으로 표현해 내면서 여성들이 각자 자신의 삶 속에서 이러한 문제들을 이해하고 공감하게 되며 이러한 문제들이 '무엇' 때문에 '왜' 일어나는지 알게 된다.

❑ 여성주의 상담의 접근

1) 자유주의적 여성주의 상담의 입장
   - 남녀의 기회평등에 관심이 있다.
   - 여성의 사회화에 따른 한계와 제약을 극복하도록 돕는 것
   - 성적편견이나 전통적인 사회화에 기초한 치료적 절차를 거부하며 여성의 권한, 존엄, 가치, 자기충족, 양성 평등을 찾는 것

2) 문화적 여성주의 상담의 입장
   - 여성에 대한 억압의 원인은 여성의 장점과 가치, 능력의 평가절하에서 온다고 봄
   - 여성과 남성의 차이를 인식

- 상호주의와 남녀간의 협동적, 협력적 관계 중시
- 협력적인 방식으로 사회의 가치를 융합시켜 나가는 것을 상담의 목표로 설정

3) 급진적 여성주의 상담의 입장
- 가부장적 지배구조에 대한 통렬한 비판과 함께 여성의 억압에 대한 인식과 함께 평등의 힘으로 사회변화를 꾀함
- 상담의 주요목표는 남성과 여성의 관계 변화, 사회제도의 개혁, 여성의 성과 관련된 여성의 결정권과 창조적 결정권을 증가시키는 것

4) 사회주의적 여성주의 상담의 입장
- 상담자와 내담자가 상담관계를 통해 사회변화라는 목표를 공유
- 여성의 사회적 역할에 대해 재인식하고 직업, 교육, 가족에서의 여성역할과 영향에 대해 관심
- 사회관계와 제도를 개혁하는 것에 상담의 목표를 둠

❏ 여성주의 상담의 특징

1) 여성주의 가치관을 가져야 한다.
2) 개인의 변화를 넘어 사회적인 변화를 추구
3) 상담자와 내담자의 협력적 대등관계, 평등적 관계가 유지

❏ 여성주의 상담과 기법

여성주의 상담은 내담자인 여성의 정체성 발달과 더불어 상담이 진행되어야 한다. 여성주의 정체성은 4단계로 구분된다.

1. **1단계** : 수용성의 단계로서, 여성인 내담자는 전통적인 역할을 수행하며 의심없이 사회구조를 받아들이는 단계
2. **2단계** : 폭로단계로서, 여성이 여성으로서 자신의 역할과 자신에 대해 회의감을 가진다.
3. **3단계** : 각인단계로서, 새로운 정체성을 받아드리는 단계
4. **4단계** : 참여단계로서, 여성주의 정체성을 수행하는 단계이다.

❏ 다문화 상담

1. 다문화 상담의 의의

1) 문화란 한 사회의 개인이나 인간 집단이 자연을 변화시켜온 물질적, 정신적 과정의 산물
2) 다문화라 여러나라의 생활양식이라 할 수 있으며 사회적 소수집단의 정체성과 문화적 이해를 공공영역에서 적극적으로 인정하려는 일련의 흐름 즉, 다문화주의의 핵심내용이다.
3) '인정의 정치' - Taylor
4) 다문화 상담이란 '다양한 내담자를 향한 상담'이며 ' 모든 상담은 다문화적이다.(Patterson)

2. 다문화상담의 특성

1) 다문화상담은 조력의 역할과 과정
2) 다문화상담은 생활경험 및 문화적 가치와의 조화추구
3) 다문화상담은 존재의 개인적/집단적/보편적 차원을 인정
4) 다문화상담은 보편적 및 문화 특수적 전략을 사용
5) 다문화상담은 개인주의와 집단주의 간의 균형 추구
6) 다문화상담은 개인과 사회체계간에 적응과 조정 강조

3. 다문화상담의 두가지 접근

	에틱(etic)접근(외부자적 관점)	에믹(emic)접근(내부자적 관점)
개념	- 문화의 보편주의적 관점 강조 - 특정문화에 속한 사람을 외부시각에서 조망 - 특정문화에 따라 공통요소 존재하며 하나의 묶음으로 보려는 시각	- 문화상대성과 특수성 강조 - 특정집단에 속한 개인들 간에도 차이가 있음을 인정하는 관점 - 결혼이주여성도 개별적 특성이 있고 상담이슈가 다를 수 있음
장점	- 동일문화, 교육, 세계관, 생의단계, 연령 때에 내담자들은 같은 문화정체성을 가지고 있을 것으로 가정하고 공통적인 상담접근이 가능	- 문화 특수 접근은 동일문화내에서도 개별적 특수성을 보이는 내담자 상담에 효과적임 예) 미국문화내에서도 라틴계, 아시안, 인디언 원주민 등 개별상담 접근가능 병적진단과 적응적 행동이라는 차이수용가능
단점	- 특수한 문화적 역동 간과할 수 있음. - 상담자와 다른 문화에 속한 내담자를 정말 이해할 수 있는가는 의문제기	- 한 개인이 특성을 그 문화에 속한 전체의 특성으로 일반화 시킬 우려 - 지나치게 지엽적인 초점, 제한된 수의 내담자만 도울 수 있음.

❏ 절충적 상담

1. 절충적 상담의 의의

실용주의(pragmatism)에 근거하며 세 가지 이상의 상담이론을 통합적으로 사용한다. 이때 다양한 이론적 접근들을 필요에 따라 선별적으로 적용한다.

모든 문제에 효과가 있는 하나의 이론이나 기법은 없다고 가정하며 동일한 내담자에 대해 서로 다른 이론의 기법 적용을 허용한다.

2. 절충적 상담(접근법)의 역사적 의의

1) 1940년대 중반부터 시작된 새로운 변화로 대표적인 학자로 손(Thorne)과 브래머, 쇼스트롬 등을 들수 있다.

특히, 브래머와 쇼스트롬은 절충주의적 입장을 취한 '실현상담'이론을 개발하였다.

2) 에간(Egan,1975)은 가장 널리 알려진 치료적 관계기법들을 목표지향적인 체계적 절충주의 모형으로 통합시켰는데, 이는 체계적 기술체계, 사회적 영향이론, 행동주의 이론의 세 가지 주요이론에 근거한 것이다.

3. 절충주의에 입각한 체계적 상담 6단계모형 – 길리랜드&데이비스
   1) 1단계 : 문제탐색
      인간중심 + 실존상담
   2) 2단계 : 두 가지 차원으로 문제정의하기
      인간중심 + 실존상담
   3) 3단계 : 대안의 확인
      인간중심 + 현실요법 + 정신분석 + REBT, 특성/요인이론, 아들러 개인심리학적 상담이론 + 게쉬탈트 등 모든 이용 가능한 대안 동원.
   4) 4단계 : 계획
      인간중심 + 현실요법 + 정신분석 + REBT, 특성/요인이론, 아들러 개인심리학적 상담이론 + 게쉬탈트 등 모든 이용 가능한 대안 동원.
   5) 5단계 : 행동/헌신
   6) 6단계 : 평가/피드백

절충주의에 입각한 Hill & O' Brien의 3단계 상담모형

힐과 브리엔은 개인은 인지적, 신체적, 대인관계 영역에서 다양한 잠재력을 지니고 태어난다고 가정하며 유아기의 경험은 중요하며, 성격은 끊임없이 변화하며 정서/인지/행동은 개인이 지닌 성향의 중요한 구성요소라고 가정하였다. 또한 절충적 입장에서 상담의 3단계를 제시하며 각각의 단계는 다소 상호 중복된다고 설명하였다.
   1) 탐색단계
   2) 통찰단계
   3) 실행단계

절충주의 상담과 주요기법

관계형성전략/면접전략/자료수집전략/아이디어 생성전략/사례전략/통찰전략/행동관리전략/평가와 종결전략/ 인간적–전문적 성장전략/연구전략 등 10가지

29강 청소년 상담의 실제(1)

❏ 청소년 상담의 의의

청소년 상담은 성장기에 있는 청소년이 이 사회에 잘 적응하고 자신의 잠재 가능성을 최대한 실현할 수 있도록 도와주기 위한 전문적인 활동이다.
상담영역으로는 청소년 관련기관 등에서 직접봉사, 자문활동, 그리고 매체를 통하여 청소년의 바람직한 발달 및 성장을 지원하는 활동으로 정의할 수 있다.
청소년 상담은 청소년이 겪고 있는 정서적 불안, 부적절한 행동, 정신질환 등을 치료하는 한편, 청소년이 발달과업을 충실히 달성할 수 있도록 적절한 프로그램을 개발하고 실시하여 청소년이 보다 적응적이고 창조적인 사회인으로 성장하도록 돕는다.

❏ 청소년 상담의 목표

1. 상담목표의 특성
- 내담자가 원하는 것이어야 한다.
- 목표가 구체적이어야 한다.
- 상담자와 내담자가 사전에 동의되어야 한다.
- 달성가능한 것이어야 한다.
- 세부목표까지도 설정(계)되어야 한다.
- 상담자의 능력에 부합되어야 한다.

2. 상담의 기능적 측면
- 문제를 해결한다.
- 이상심리를 치료한다.
- 문제 발생을 예방한다.
- 발달을 촉진한다.
- 탁월성을 성취하도록 한다.

3. 청소년 상담의 목표
① 청소년들의 성장과 발달을 촉진시킨다.
② 청소년들이 일상생활에서 직면하는 문제의 해결을 조력한다.
③ 청소년들의 유능성 발달을 촉진시킨다.
④ 청소년들에게 영향을 미치는 환경을 개선한다.

⑤ 청소년들에게 삶의 지혜를 길러준다. 아울러 경제적, 사회적, 심리적으로 위기에 처한 청소년의 안정적 생활을 보장해 준다.

❑ 청소년 상담의 목표 - 지오르지 & 크리스티아니
- 행동변화의 촉진
- 적응기술의 증진
- 의사결정 기술의 함양
- 인간관계의 개선
- 내담자의 잠재력 개발
- 내담자의 자아정체감 정립
- 긍정적 자아개념 형성
- 건전한 가치관 정립

❑ 청소년 상담의 특징

1. 청소년 내담자의 특징
1) 낮은 상담동기와 의뢰된 내담자가 많다.
2) 상담동기가 낮은 청소년 내담자는 상담과정에서 집중력과 지구력이 부족하여 큰 변화와 재미, 흥미가 수반되지 않으면 자발적으로 상담에 참여하는데 어려움을 겪는다.
3) 청소년의 경우, 경험된 교사나 부정적 이미지의 생활지도부 선생님의 표상을 가지고 있는 경우에 이들과 상담자를 동일시하여 상담자를 부정적으로 지각하는 경향이 강하다.
4) 여전히 인지적 능력이 부족하다.
5) 청소년들은 감각적이고 빠른 흐름을 추구하기 때문에 감각적 흥미와 재미를 추구한다.
6) 청소년 문제는 복합적이고 종합적인 특성을 지니기 때문에 종합적 이해와 대책이 요구되어 상담자는 청소년 내담자의 문제를 청소년 자신과 가족의 배경, 학교생활 배경, 친구 배경, 미래에 대한 생각이나 방향 등을 총체적으로 살필 수 있는 틀과 방법을 확보하고 있어야 한다.

> ♣ **향상학습 - 청소년 내담자의 특성**
> - 상담동기가 부족하여 자기 스스로 상담실의 문을 두드리기 보다는 의뢰된 내담자가 많다.
> - 상담동기가 낮은 청소년 내담자는 여러 회기의 상담에서 요구되는 지구력이 부족하여 청소년의 집중력의 한계를 가지고 있으며 큰 변화와 재미없이 상담시간에 꾸준하게 자발적으로 참여하는 것을 힘들어 한다.
> - 상담자를 부정적으로 지각하는 경향
> - 동시다발적인 관심경향
> - 감각적 흥미와 재미를 추구
> - 형식적 조작단계에 있지만 인지적 능력과 언어 표현력이 부족한 상태
> - 환경으로부터 영향을 받음(지배적 영향)
> - 왕성한 변화의 시기
> - 청소년의 문제는 복합적임, 즉 자기 자신과 가족, 학교생활, 친구배경, 미래에 대한 생각 등 총체적으로 살펴보아야 함

❏ 상담자의 자질

1. 상담자의 자질

상담자가 갖추어야 할 자질은 전문활동을 수행하는 데 필요한 지식과 기술을 갖춘 전문가적 자질과 상담자로서 갖추어야 할 기본적 태도나 품성 내지 인간성으로 설명되는 인성적 자질이다.

1) 상담자는 자신의 감정과 경험에 대해 개방적이고 수용적
2) 상담자의 자기인식
3) 상담자는 자신의 가치와 신념을 인식
4) 상담자는 개방적/모험적/온정적/책임지는 태도
5) 상담자의 자기노출
6) 상담자는 현실적인 포부 수준을 가지고 있을 것
7) 상담자는 유머감각/통찰력을 지닐 것

2. 상담자의 자질 - 코미어(W. Cormier) & 코미어(L. Cormier)

- 에너지 : 상담자는 적극적인 자세로 상담회기에 임해야 하며, 많은 내담자를 연속적으로 면접할 수 있는 활동성을 유지해야 한다.
- 융통성 : 유능한 상담자는 특정한 반응 양식에 사로잡히지 않는다. 자신의 스타일을 내담자의 요구에 적응시킬 수 있어야 한다.
- 자기인식 : 상담자는 자신의 태도, 가치관, 감정을 인식하고 어떤 요인이 이러한 자신의 내적 특성에 영향을 미치는지를 잘 이해하고 있어야 한다.
- 지적능력 : 상담자는 다양한 조력 이론에 대한 지식을 갖추고 이러한 것을 배우고자 하는 의욕과 학습능력을 갖추어야 하며, 현실적으로 빠른 이해력를 갖추어야 한다.

3. 청소년 상담자의 자질

1) 전문가적 자질

전문가적 자질이란 상담활동에 필요한 지식 및 기술과 상담지원 활동에 필요한 지식 및 기술 등을 말한다.

2) 인성적 자질

상담자의 인간적 자질은 자신에 대한 이해, 타인에 대한 태도, 상담에 대한 태도 등의 3가지로 측면으로 설명되어진다.

❏ 청소년 상담자의 역할

1) 상담활동

청소년의 문제해결 및 예방, 발달 및 성장을 촉진하는 제반활동을 의미

2) 상담지원활동

상담활동을 효과적이고 효율적으로 수행하기 위한 제반활동으로 상담자의 양성활동, 상담연구, 상담행정 및 정책활동 등을 말한다.

❏ 청소년상담자의 태도

1) 공감하는 태도 : 내담자의 입장을 이해하고 경험된, 경험하고 잇는 것에 대해 정확히 이해하고 이심전심의 마음으로 감정교류, 의사전달할 수 있는 태도와 능력
2) 적극적 수용태도 : 인간 그 자체에 대한 가치를 수용하고 호소문제에 대해서도 개방적 자세로 수용해야 함.
3) 인간적 배려와 존중의 태도 : 따뜻하고 관심과 애착의 표현이 가능해야 함
4) 진실된 태도 : 솔직하고 진실한 모습을 보여야 하며 신뢰감있는 태도를 보여야 한다.
5) 유머적 요소 : 상담이라는 구조화된 관계속에서 긴장감을 풀어주는 '위트'가 필요하다.
6) 적극적이며 교육적 자세 : 청소년상담의 특성상 지시적, 교육적 자세가 필요하며 내담자의 문제에 대해 적극적 자세로 임하는 것이 필요
7) 효과적 피드백을 수행하는 자세 등 : 상담결과를 공유하며 상담결과에 대한 내담자의 이해와 실천의지 등을 추수관리할 수 있어야 한다.

❏ 청소년상담자 윤리

1. 내담자 권리보호

상담자의 최우선 책임은 내담자의 존엄성을 존중하고 내담자의 복지를 증진시키는 것

상담자는 상담관계에서 오는 친밀성과 책임감을 인식하고 전문가로서의 개인적 욕구충족을 위해서 내담자를 희생시켜서는 안되며, 내담자로 하여금 의존적인 상담관계를 형성하지 않도록 할 것

2. 내담자 다양성 존중

상담자는 자신의 고유한 가치, 태도, 신념, 행위가 사회에서 어떻게 적용되는지를 인식하고 내담자에게 자신의 가치를 강요하지 않아야 하며 상담자는 모든 인간의 기본적인 권리, 존엄성, 가치를 존중하며 연령이나 성별, 인종, 종교, 성적 선호, 장애 등의 어떤 이유로든 내담자를 차별해서는 안된다.

3. 비밀보장의 예외사항

- 내담자의 상담과 치료에 관여한 상담자와 의사 및 이들의 업무를 도운 보조자들 간의 의사소통을 위해 말할 수 있다.
- 내담자가 비밀노출을 허락한 경우
- 법적으로 권한을 부여받은 후견인, 대리인 등의 동의를 받은 경우

- 슈퍼비전의 경우
- 상해나 위험이 발생할 가능성이 있는 경우
- 법률에 의해 위임되고 승인된 경우

❏ 청소년상담사 윤리강령 주요내용

1. 서문

청소년상담사는 청소년의 인지, 정서, 행동, 발달을 조력하는 유일한 상담전문 국가자격증이다. 청소년상담사는 항상 청소년과 그 주변인들에게 인간으로서의 존엄성을 높이고자 노력하고, 청소년이 스스로 결정할 수 있도록 도와주며, 청소년의 아픔과 슬픔에 대해 청소년상담사로서의 책임을 다한다. 청소년상담사는 청소년이 사랑하는 가족, 이웃과 더불어 행복하게 살아갈 수 있도록 지원하기 위해 다음과 같이 윤리규정을 숙지하고 준수할 것을 다짐한다.

2. 청소년상담사로서의 전문적 자세

1) 전문가로서의 책임
   가) 청소년상담사는 청소년 기본법에 따라 청소년의 권리와 책임을 다 할 수 있게 지원해야 한다.
   나) 청소년상담사는 자기의 능력 및 기법의 한계를 인식하고, 전문적 기준에 위배되는 활동을 하지 않도록 한다.
   다) 청소년상담사는 검증되지 않고 훈련 받지 않은 상담기법의 오·남용을 하지 않도록 유의한다.
   라) 청소년상담사는 청소년과 관련된 정책, 규칙, 법규에 대해 정통해야 하고 청소년 내담자를 보호하며 청소년 담자가 최선의 발달을 이루도록 노력해야 한다.

3. 품위유지 의무

가) 청소년상담사는 전문상담자로서 품위를 손상하는 행위를 하지 않는다.
나) 청소년상담사는 현행법을 우선적으로 준수하되, 윤리강령이 보다 엄격한 기준을 설정하고 있다면, 윤리강령을 따른다.
다) 청소년상담사는 상담적 배임행위(내담자 유기, 동의를 받지 않은 사례 활용 등)를 하지 않는다.

4. 비밀보장의 의무

1) 사생활과 비밀보장의 의무
   가) 청소년상담사는 내담자와 부모(보호자)의 사생활과 비밀보장에 대한 권리를 최대한 존중해야 한다.

나) 청소년상담사는 상담기관에 소속된 모든 구성원과 관계자·슈퍼바이저·주변인들에게도 내담자의 사생활과 비밀이 보호되도록 주지시켜야 한다.
다) 청소년상담사는 청소년 내담자 상담 시 사전에 상담에 대한 내담자의 동의를 받고 상담 과정에 부모나 보호자가 참여할 수 있으며, 비밀보장의 한계에 따라 정보를 제공할 수 있음을 알린다.
라) 청소년상담사는 청소년 내담자 상담 시, 상담 의뢰자(교사, 경찰 등)에게 내담자 및 보호자(만 14세 미만 내담 청소년의 경우)의 동의하에 정보를 제공할 수 있다.
마) 청소년상담사는 비밀보장의 의미와 한계에 대하여 청소년 내담자의 발달단계에 적합한 용어로 알기 쉽게 설명해주어야 한다.
바) 청소년상담사는 강의, 저술, 동료자문, 대중매체 인터뷰, 사적 대화 등의 상황에서 내담자의 신원확인이 가능한 정보나 비밀 정보를 공개하지 않는다.

5. 청소년 사이버상담

1) 사이버상담에서의 정보 관리
    가) 운영 특성 상, 한명의 내담자가 여러 명의 사이버상담자를 만나게 되는 경우 상담자들 간에 정보를 공유할 수 있음을 내담자에게 알린다.
    나) 사이버상담 운영기관에서는 이용자가 다른 사람의 신분을 도용하지 않도록 절차를 마련해야 한다.

2) 사이버상담에서의 책임
    가) 사이버상담자는 만약에 있을지 모르는 위기개입 등의 상황을 대비하기 위해서 내담자의 신분을 확인할 방법을 가지고 있어야 한다.
    나) 사이버상담이 내담자에게 부적절하다고 간주될 경우, 상담자는 대면상담 연계 등 이에 적합한 서비스 연계를 하여야 한다.

♣ **향상학습 – 키치너(Kitchner)의 윤리적 결정원칙(의사결정을 위한 도덕원칙)**

1. 자율성
2. 무해성
3. 선의성
4. 공정성(정의성)
5. 성실성(충실성)

30강 청소년 상담의 실제(2)

❏ 청소년 상담의 실제

1. 상담의 의의
상담은 도움을 필요로 하는 내담자와 전문적 훈련을 받은 상담자의 사회적 관계에서 이루어지는 학습과정이다.

2. 상담의 목표
1) 호소문제해결 : 호소문제 내지 내담자 스스로 문제라고 생각하는 것을 해결할 수 있도록 돕는다.
2) 적응할 수 있도록 한다. 즉, 내담자의 다양한 욕구를 다루어 훌륭하게 적응할 수 있도록 해 준다.
3) 치료적 목적 : 내담자의 심리적 상처를 치료해 준다.
4) 예방적 기능 : 폭력, 가출, 범죄나 비행, 성격장애, 신경증이나 정신병 등 인간이 가질 수 있는 문제를 사전에 예방한다.
5) 갈등해소 : 내담자가 심리적 및 대인 간 갈등을 극복하고 해소하도록 돕는다.

❏ 상담계획과 준비
1) 상담을 위해 필요한 물리적 공간 준비
2) 상담실 가구 배치
3) 각종 서류 준비

> *** 상담에 대한 사전동의(informed consent)
> 1. 비밀보장과 비밀보장의 예외 사항
> 2. 상담자의 학위와 경력, 이론적 지향
> 3. 상담 약속과 취소 및 필요 시 연락방법
> 4. 내담자가 본인 상담 자료를 열람할 수 있는 권리
> 5. 상담서비스로부터 얻을 수 있는 이익과 상담의 한계
> 6. 상담중에 발생할 수 있는 위험 등에 대한 정보 등.

❏ 상담의 작업

1. 접수면접

2. 상담의 초기

내담자 문제이해, 목표 및 진행방법 합의, 라포형성 등
- 내담자와의 관계 형성
- 내담자의 호소문제와 관련된 감정을 탐색, 내담자 문제이해 및 평가
- 상담의 구조화, 상담목표 설정

3. 상담의 중기

문제해결단계, 상담기법 개입, 구체적 탐색과 직면 등
- 내담자의 호소문제에 대한 스스로의 탐색과 통찰을 도움
- 상담진행 상태와 내담자 변화 평가
- 피드백/직면/해석 등의 개입

4. 상담의 종결

내담자 불안 다루기, 증상 재발시의 대처법 등
- 상담결과에 대한 내담자와 함께 확인하기
- 추수관리 등

❏ 사례개념화

1) 사례개념화는 사례개념화란, 상담자가 내담자와 관련된 단편적인 정보들을 토대로 통합하여 문제해결하려는 시도로서 상담자 자신의 이론과 경험을 활용하여 내담자 문제의 원인에 대한 일련의 가설을 세우고 이를 토대로 내담자의 문제해결을 위해 상담목표 및 전략을 세우는 과정 핵심적인 문제를 파악하고 문제해결을 위해 상담목표와 구체적 전략수립, 행동특성을 이론적 기초와 연결하는 것으로 설명된다.
2) 방법
   - 문제의 핵심 파악과 심리적 배경 확인
   - 문제촉발요인에 대한 탐색(발생경로, 원인, 사건 등이 어떻게 내담자와 내담자 문제에 영향을 끼쳤는가하는 탐색)
   - 내담자의 감정, 내적역동(방어기제나 저항 등)을 살피고 비합리적 신념 등에 대한 내용을 파악한다.
   - 주변사람들과의 관계성 파악(의미있는 타인의 반응이나 주변환경 등)
   - 내담자 진술 패턴확인, 반복되는 주제나 공통되는 내용에 대한 주의집중
   - 적절한 가설 설계 및 근거구축
3) 사례개념화 요소 및 촉진전략

요소	촉진전략
주호소문제	• 내담자의 호소내용 중 우선순위 - 가장 먼저 나온 것 - 중요하게 생각하는 것 - 관심있는 것 - 시급한 것 - 힘든 것
촉발요인	• 내담자의 주 호소문제와 관련된 원인, 선행사건, 상담계기, 관련상황 - 직접질문을 통한 확인 - 상담광정에서 검증 - 주 호소문제 통해 추정

유지요인	• 주 호소문제가 지속적으로 유지됨으로서 얻는 이득 탐색
	  - 주 호소와 관련된 주변 환경 탐색, 반복되는 패턴, 심리검사
	    (*역기능적 행동도 본인에게는 이득이 있다. ex)게임 : 자신감, 분노표출,

상담자 관점	• 내담자의 문제를 설명할 수 있는 주된 관점, 이론
	  - 필요 시 다양한 관점 취할 수 있어야 적합한 이론적 관점 선택
	  - 상담자가 내담자에 대해 갖는 설명은 가절에 불과함, 동료상담자나 슈퍼바이저와 논의

상담목표	• 내담자상담자 둘이 합의한 상담목표 • 내담자가 원하는 것 우선 반영 • 관찰가능하고 평가 가능한 목표 • 내담자가 실천할 수 잇고 상담자가 감당할 수 있는 목표 • 부정보다 긍정에 초점 • 내담자와 함께 조율 • 가설적 목표
상담계획	• 상담목표 달성을 위한 청사진을 바탕으로 계획 수립 • 내담자 특성과 상담자가 가능한 개입전략 구상 • 내담자가 준비되어 있는 만큼, 받아들일 수 있는 만큼, 먼 효과보다는 당장 효과, 내담자의 적극적 참여, 내담자와의 협의 * 다양한 레퍼토리(청소년은 talk therapy에 한계가 있음. 미술·놀아·음악 등 다양한 기법 사용)

이명우(2004) 재구성

❏ 상담의 종결 - 상담종결시 상담자가 해야 할 역할

1) 상담결과에 대한 내담자와 함께 확인하기
2) 상담목표 대비 어느 정도의 달성이 되었는가에 대한 평가
3) 상담의 효과인 행동변화 등을 평가하기 - 주요변화요인을 평가
4) 상담종결시에 찾아오는 내담자의 감정, 헤어짐에 대한 느낌 등을 평가
5) 추수상담, 상담결과(통찰) 등에 대한 내용 확인(실행 의지 확인 등)

❏ 상담기술과 기법

1. 상담기법

1) 의의

    효과적인 상담을 진행하기 위해서는 상담의 기본원리와 기법을 따라야 한다. 상담은 상담자와 내담자간의 일대일의 관계를 통해 내담자를 심리적으로 도와주는 생산적인 관계가 되도록 해야 한다. 따라서 상담자는 내담자를 존중하고 내담자에 대한 편견에서 탈피하여야 하며, 내

담자와 신뢰관계를 형성하고 내담자의 말을 경청하면서 주의 깊게 관찰하여야 한다.

2) 상담기법

상담 장면에서 활용될 수 있는 기본적인 상담기술 및 기법은 다음과 같다.

 (1) 래포(Rapport)의 형성

래포 형성은 상담자가 내담자로 하여금 적극적인 방향을 성장할 수 있도록 자신의 내적인 자원을 이용하게 하며 의미 있는 생활을 영위할 수 있도록 개인의 잠재력을 실현하게 하는 역동적 과정이다. 상담에서 상담자와 내담자간에 형성되는 래포의 정도는 상담의 깊이와 계속성, 내담자의 통찰에 크게 영향을 미치기 때문에 절대적인 조건이 되며, 상담에서 이러한 신뢰관계의 형성은 필수적이다. 상담자와 내담자의 관계는 세계의 축소판이라 할 수 있다. 내담자가 다른 사람들과 관계를 맺는 유형을 반영해 준다. 수용적이고 내담자에게 깊은 관심이 있다는 것이 전달될 때 내담자는 상담자를 믿고 자기 세계를 개방할 수 있게 되므로 상담자는 내담자와의 래포형성에 노력해야 한다. 상담자와 내담자의 이러한 신뢰관계의 특성(래포의 특성)은 다음과 같다.

① 정의성(effectiveness) - 정서적이다.

상담자와 내담자 간에 형성된 관계는 인지적인 것이기 보다 정의적이다. 이러한 정의성에는 주관적인 감정과 감각의 탐색이 포함된다.

② 강렬함(intensity)

상담자와 내담자 간의 관계는 개방적이고 똑바르며 솔직한 의사소통에 기초하기 때문에 강렬하다.

③ 성장과 변화

상담자와 내담자 간의 관계는 역동적이다. 이 관계의 성장과 변화는 상담자와 내담자가 상호작용함에 따라 끊임없이 변화한다.

④ 비밀성

모든 내담자가 숨김없이 하는 말은 비밀을 유지해야 하고 상담자는 내담자가 공개해도 좋다는 허락을 받지 않고는 다른 사람에게 알려서는 안 될 의무를 지니고 있다.

⑤ 지원(support)

상담자는 관계형성을 통해 내담자에게 모험을 하고 행동변화를 하는 데 필요한 지원체계를 제공한다.

⑥ 정직성

상담자와 내담자 간의 관계는 정직성과 개방적이고 직접적인 의사소통에 기초를 둔다.

 (2) 공감적 이해

공감적 이해란 내담자가 전달하려는 내용에서 한 걸음 더 나아가 그 내면적 감정에 대해 반영하는 것을 말한다. 공감적 이해란 상담자가 내담자의 입장이 되어 그 주관적 세계를 이해하는 것을 의미한다. 내담자들은 흔히 진정으로 말하고 싶은 자신의 생각이나 느낌을 명확하게 직설적으로 말하기보다는 자신의 생각이나 감정을 확실하게 드러내지 않으려 한다. 따라서 상담자는 내담자가 겉으로 표현하는 말에도 주의를 기울여야 하지만 그 내면에 깔려있는 감정까지도 포착하여 전달해 줄 수 있어야 한다.

(3) 반영

가) 느낌의 반영

반영은 내담자가 표현한 기본적인 태도를 상담자가 다른 참신한 말로 부연해 주는 시도라고 정의할 수 있다. 상담자는 반영을 통해 내담자의 태도를 거울에 비추어 주듯이 보여줌으로써 자기이해를 도와줄 뿐 아니라 내담자로 하여금 자기가 이해받고 있다는 인식을 주게 된다. 상담자는 내담자의 말속에 흐르는 주요감정을 놓치지 않고 반영해주기 위해 감수성을 동원하여 내담자의 내면적 감정을 정확히 파악하고 내담자에게 전달해주도록 해야 한다. 반영을 할 때는 내용보다는 말로 표현된 것의 밑바탕에 깔려있는 감정을 파악하여 거울에 비추듯이 그대로 되돌려주려고 노력해야 하며 내담자의 행동을 유심히 관찰하여 말로써 표현한 것 뿐 아니라 자세, 몸짓, 목소리, 눈빛 등 비언어적 행동에서 나타나는 감정까지도 반영해 주는 것이 필요하다.

나) 행동 및 태도의 반영

상담자는 자세, 몸짓, 목소리의 어조, 눈빛 등에 의해 표현되고 있는 것도 반영할 수 있도록 노력해야 한다.

다) 반영의 문제점

① 반영의 적절성

쏟아져 나오는 내담자의 느낌을 때로는 중단시키고 의미 있는 느낌에 초점을 맞추어 내담자가 자기 심정을 토로할 수 있도록 한다.

② 상투적 문구

상투적인 문구는 삼가는 것이 좋다. 다양한 표현을 사용하도록 하고, 억양이나 느낌의 정도를 부각시켜 주어 상담에 대해 필요 없는 염증을 느껴서 자기가 가지고 있는 속마음을 감추게 해서는 안 된다.

③ 반영한 느낌의 선택

내담자가 상처받지 않도록 상담자는 어떤 느낌을 정확하게 선택해서 적절하게 반영해줌으로써 내담자가 마음의 안정을 가질 수 있도록 해야 한다.

(4) 수용

수용이란 상담자가 내담자에게 주의를 기울이고 있으며 내담자의 말을 받아들이고 있다는 상담자의 태도와 반응을 의미한다. 즉, 내담자로 하여금 자기 이야기를 계속해 나갈 수 있도록 강화시키는 효과가 있고 생각이나 대화의 중간을 연결해줌으로써 대화가 부드럽게 되어간다는 느낌을 갖게 하는 것을 수용이라고 한다. 상담자가 내담자의 인간됨 그대로를 받아들이고 존중함으로써 내담자로 하여금 아무런 위압감이나 의무감 없이 대화를 하도록 하는 것이다.

31강 청소년 상담의 기법(1)

❏ 상담기술

1. 구조화
구조화란 상담과정의 본질, 제한 조건 및 방향에 대하여 상담자가 정의를 내려주는 것이다. 구조화를 통해 내담자는 상담관계가 합리적인 계획을 가지고 있다는 점을 느끼게 된다. 상담이 여행의 한 과정이라면 구조화는 그 여행의 이정표에 비유될 수 있다.

2. 환언(재진술)
환언이란 상담자가 내담자의 이야기를 듣고 나서 상담자가 자신의 표현 양식으로 바꾸어 말해 주는 것으로 상담과정에 여러 가지 효과를 가져 올 수 있다.

1) 환언의 효과
- 내담자가 한 말을 간략하게 반복함으로써 내담자의 생각을 구체화시킬 수 있다.
- 바꾸어 말하여 줌으로써 내담자의 입장을 이해하려고 상담자가 노력하고 있음을 알려줄 수 있다.
- 내담자가 말하고 있는 바를 상담자 자신이 제대로 이해하고 있는지를 확인해 볼 수 있다.

2) 환언시 주의사항
환언은 내용의 명료화와 요약 및 주제의 부각이라는 차원에서 사용하도록 해야 하고 상담자가 내담자의 말을 환언하여 줄 때는 전달하고자 하는 요점을 분명해 전달하여야 한다.

> ♣ **향상학습 – 느낌의 반영과 환언의 차이**
> 느낌의 반영과 환언의 차이점은 무엇을 강조하느냐 하는 것으로 반영은 내담자의 말과 행동의 정서적 측면을 강조하는 것이고, 환언은 인지적 측면과 내용을 강조하는 것이다.

3. 경청

1) 경청의 의미
경청은 상담을 성공적으로 이끄는 주요요인으로 내담자로 하여금 생각이나 감정을 자유롭게 표현하게 하고 이것을 상담자가 잘 들어보는 것이다. 즉, 상담자가 선택적으로 주목함으로써 내담자로 하여금 특정문제에 대해 탐색하도록 해주는 기법이다.

2) 효과적인 경청
- 상담자가 내담자에게 관심이 있음을 나타내는 자연스럽고 이완된 자세를 취한다.

- 내담자가 말할 때 눈길을 보냄으로써 그와 함께 있다는 것을 알려준다.
- 내담자의 말을 가로막던가 내담자의 발언 중에 질문을 던지거나 새로운 문제를 제기하지 않는다.

4. 명료화

1) 명료화의 의미

명료화는 내담자의 말 중에서 모호한 점이나 모순된 점이 발견될 때, 이를 명확히 이해하고 넘어가기 위해서 다시 그 점을 상담자가 질문함으로써 내담자가 그 의미를 명백하게 하도록 하는 기술이다. 명료화는 상담자가 내담자의 말을 정확히 이해하기 위해서도 필요하고, 또 내담자가 스스로의 의사와 감정을 구체화하여 재음미하도록 돕기 위해서도 중요하다. 내담자에게 명료화를 요청할 때는 상담자가 내담자에게 도움을 주기 위하여 질문하고 있다는 느낌을 주어야 한다.

2) 명료화의 지침

- 내담자 스스로 자기의 말을 재음미하거나 구체적인 예를 들어 명확히 해줄 것을 요청해서 빈틈이 없도록 한다.
- 내담자의 말이 모호하거나 잘 이해되지 않았음을 밝힌다.
- 상담자의 반응은 개인적인 반응이 되지 않도록 하며 직면과 같이 직접적이고 강렬하지 않도록 해야 한다.
- 내담자의 진술에 대한 상담자 자신의 반응을 나타냄으로써 내담자의 반응을 명료화한다.

5. 직면

직면이란 문제를 있는 그대로 확인시켜주어 내담자가 문제와 맞닥뜨리도록 함으로써 내담자로 하여금 현실적인 대처방안을 찾을 수 있도록 도전시키는 과정이다. 직면은 내담자가 잘 받아들인다면 매우 효과적인 방법이지만 그렇지 않다면 상담자가 전달하고자 하는 내용은 제대로 전달되지 않은 채 내담자에게 상처만 주고 효과적인 상담관계를 저해할 수 있기 때문에 주의해서 사용하여야 한다. 직면은 먼저 확고한 신뢰관계가 형성된 이후에 내담자에게서 문제가 드러날 때 사용하는 것이 효과적이다.

6. 해석

1) 해석의 정의

- 해석은 내담자가 새로운 방식(대안 제시 등)으로 자신의 문제를 볼 수 있도록 그의 생활경험과 사건들의 의미를 설명해주는 것으로 내담자로 하여금 그들의 문제에 대한 통찰력을 갖게 하여 결국에는 생활 속의 사건들을 그들 스스로가 해석하도록 도와주는데 그 목표가 있다.
- 따라서 해석은 느낌의 반영이나 환언과 비슷하지만, 해석을 할 때 상담자가 내담자에게 보다 새롭고 기능적인 참조세계를 제공하게 된다는 것을 분명히 하는 것으로, 내담자의 메시

지에 상담자가 부여한 새로운 의미와 가설들이 첨가된다.
- 상담자와 내담자의 견해가 일치되어야만 해석이 받아들여질 수 있다.

2) 해석의 수준

내담자의 참조세계와 상담자가 해석을 통해 제공하는 참조세계 간의 간격의 차이가 있고 또한 정도의 차이가 있을 수 있다. 해석은 해석자의 이론적 입장에 따라 다양하므로 성공적인 상담을 하기 위해서는 다양하게 여러 수준의 의미와 다양한 표현으로 해석할 수 있어야 상대방을 납득시킬 수 있다. 해석이 실패했을 경우 상담자는 그 원인을 생각해보고 내담자에게서 보다 의미 있는 반응을 이끌어낼 수 있도록 하는 것이 매우 효과적이다.

3) 해석의 제시형태

(1) 질문형태의 지시

해석은 내담자를 관찰하여 얻는 예감이나 가설을 바탕으로 하기 때문에 가능하며 질문형태로 할 수도 있다.

(2) 반복적 제시

필요하고 타당한 해석이 내담자로부터 저항을 받게 되면 적절한 때에 부수적인 경험적 증거를 제시하면서 해석을 재차 반복하여 납득을 시킨다.

(3) 잠정적 표현

상담자가 판단한 내용을 단정적으로 해석해 주기보다는 암시적이거나 잠정적인 표현을 사용하여 납득이 가도록 해석해야 한다.

(4) 점진적 진행

상담자의 해석은 내담자의 생각보다 뒤늦어서도 안 되고 너무 앞서서도 안 되며, 내담자가 생각하거나 느낀다고 믿는 방향으로 점차적으로 진행하여야 한다.

7. 상담자의 자기개방

내담자를 도울 목적으로 상담자 자신의 감정, 태도, 경험 등을 공개하는 것을 말한다. 상담자가 자신에 관한 것을 적절한 때에 적절한 내용으로 공개해줌으로써 내담자로 하여금 자신을 개방하도록 유도한다.

8. 질문의 사용

상담 장면에서 상담자가 질문을 많이 사용하는 것은 어떠한 경우에든지 바람직하지 못하다. 상담은 치료적 면접인 만큼 상담자는 심문자나 조사관의 역할을 해서는 안 된다. 많은 질문들, 특히 '왜'라는 질문은 내담자의 문제해결에 도움이 되지 못하고 오히려 상담자의 역할과 상담의 성격을 오해하게 만들 소지가 있다. 따라서 질문은 내담자로 하여금 이야기를 계속하여 자기탐색을 중단하지 않고 진행시키는 방향으로 유도하기 위해서나 혹은 내담자의 자기이해를 돕기 위해서 명료화나 직면화의 한 기법으로써 사용될 때에 이상적이다.

1) 질문의 구분
  (1) 개방적 질문
    ① 질문의 범위가 포괄적이다.
    ② 내담자에게 모든 반응의 길을 터놓는다.
    ③ 내담자로 하여금 보다 시야를 넓히도록 유도한다.
    ④ 바람직한 촉진관계를 열어놓는다.
  (2) 폐쇄적 질문
    ① 질문의 범위가 좁고 한정되어 있다.
    ② 내담자에게 특정한 답변을 요구한다.
    ③ 내담자의 시야를 좁게 만든다.
    ④ 바람직한 촉진관계를 닫아놓는다.

2) 질문공세
  상담의 신뢰관계나 서로 터놓고 문제를 검토할 수 있는 면담분위기를 만들지 못하게 한다. 질문공세는 내담자에게 자기를 표현할 기회를 빼앗는 행위이므로 어떤 해결책을 찾거나 격려하는 것과 거리가 멀다.

3) 내담자의 질문
  (1) 내담자의 질문의 의의
    상담자는 내담자가 하는 모든 질문에 반응을 하고 그 질문 하나하나를 성의껏 다루어야 한다. 상담자는 할 수 있는 데까지 잘 경청하고 이해함과 아울러 자신의 반응이 가능한 한 내담자에게 도움이 되도록 노력해야 할 것이다. 내담자의 질문을 자기표현의 한 방식으로 받아들인다면 별로 당황하지 않고 내담자와 교류할 수 있을 것이다.
  (2) 면접 중에 내담자가 질문하는 영역
    ① 자기 자신에 관한 것
    ② 타인에 관한 것
    ③ 상담자에 관한 것
    ④ 알고 싶은 정보에 관한 것
  (3) '왜' 라는 질문
    ① '왜'라는 질문은 정보를 구하거나 원인이나 이유를 탐색하는 데 사용되었으나 요즘에 와서는 불쾌감이나 불찬성의 뜻까지 함축된 말로 의미가 많이 변질되어 사용되고 있다. 따라서 상담자가 그 말을 내담자에게 할 때에도 내담자는 상담자가 비난하고 있다는 말로 받아들일 수 있으므로 주의해야 한다. 상담자는 '왜'라는 질문을 쉽게 던지지만 내담자가 이에 대답하기란 쉽지가 않다. 왜냐하면 내담자는 실제로 자기가 왜 그랬는지를 몰라서 당황하기도 하고 답변을 더듬어 찾아야 하거나, 혹은 마음의 진실을 닫도록 하고 방어하도록 하는 결과를 낳는다.

② 왜라는 말을 써도 무방할 때가 있는데 내담자가 상담자의 태도에서 위협감을 느끼지 않거나 내담자에 관한 사실적인 정보를 상담자가 얻고자 할 경우이다. 또한 신중을 기했는데도 '왜'라는 질문을 하여 면담이 어색하게 되었다면 다시 일보 후퇴하여 다른 말로 바꾸어 이야기하면 된다.

4) 질문의 시기
① 상담자가 내담자의 말을 들을 수 없었거나 잘못 들었거나 이해할 수 없을 때
② 내담자가 상담자의 말을 이해했는지 알아볼 때
③ 내담자가 지금까지 표현해 온 생각이나 감정을 보다 명확하게 탐색하도록 상담자가 질문하는 경우
④ 내담자를 충분히 이해하기 위하여 상담자가 자세한 정보를 필요로 하는 경우
⑤ 더 하고 싶은 말이 있는데도 말을 계속하기 어려워하는 내담자를 격려하기 위한 경우

9. 침묵의 처리

상담의 과정에서 가끔 내담자가 침묵을 지속하는 경우가 있다. 대부분의 경우에는 내담자가 자기 자신을 음미해 보거나 머릿속으로 생각을 정리하는 과정에서 침묵이 발생하므로 이런 때의 침묵은 유익한 필요조건이다. 그러므로 상담자는 부질없이 침묵을 깨뜨리려 하지 말고 인내심을 가지고 어느 정도 기다려 보는 것이 바람직하다.

다만 상담관계가 잘 이루어지지 않거나 상담자에 대한 저항으로써 침묵이 일어난 경우는 대개 내담자가 눈싸움을 하는 듯한 자세나 부정적 표정을 지으며 침묵을 지키는 수가 있다. 이때는 상담자가 무조건 기다릴 것이 아니라 그 침묵과 원인이 되는 내담자의 그때 그 자리에서의 숨은 감정을 언급하고 다루어 나가야 한다.

10. 요약

1) 요약의 의미

요약은 내담자의 여러 생각과 감정을 매회의 상담이 끝날 무렵 하나로 묶어 정리하는 기법이다. 요약의 기본은 대화의 내용과 감정들의 요체 그리고 일반적인 줄거리를 잡아내어서 정리를 하는 것이다. 요약은 내담자에게 매회의 상담을 자연스럽게 종결하도록 유도하면서 동시에 상담 도중에 나타난 문제점, 진행정도 및 다음 단계에 대한 계획을 파악하는 데 도움이 된다. 요약은 상담자 또는 내담자가 상호간에 결정해서 실시할 수 있다.

2) 요약의 목적
- 내담자가 한 말의 전체적인 면을 상담자가 올바로 지각하고 있는지 검토해 볼 수 있다.
- 내담자가 의식하지 못한 면을 학습시키고 탐색하도록 돕는다.
- 상담을 자연스럽게 종결하며 생각을 정리하고 새로운 해결책을 강구하게 한다.
- 상담의 연속성을 확실하게 한다.

- 상담에서 탐색된 주요문제점, 진행정도 및 다음 단계에 대한 계획을 파악하는 데 도움이 된다.
3) 요약의 과정
- 요약할 대상(상담자 혹은 내담자)을 결정한다.
- 내담자의 말 중에서 중요한 내용과 감정에 주의를 기울인다.
- 파악된 주된 내용과 감정을 통합해서 전달한다.

❏ 힐과 오브라이언(Hill & O'Brien)의 상담자 주의집중 기술(Encourages)

- E(Eye Contact) : 적당한 정도의 시선 맞추기, 자주 다른 곳을 보거나 뚫어지게 보는 것을 피함
- N(Nods) : 대화 중에 고개를 적당히 끄덕임. 상대방의 말에 귀 기울이고 있음에 대한 표시
- C(Cultural Differences) : 상대방의 성별, 나이, 사회경제적 지위, 직업, 출신지역, 종교 등의 문화적 차이를 존중
- O(Open Stance) : 상대방 쪽으로 개방된 자세를 유지, 정면으로 상대방을 마주 대하고, 상대방 쪽으로 약간 몸을 기울임, 다리를 꼬거나 팔짱을 끼는 것은 개방된 자세가 아님
- U(Umhmm) : 상대방의 이야기를 듣는 과정에서 '음', '네에', '그렇군요' 등의 표현, 경하고 있음을 보임
- R(Relax) : 몸에 긴장을 풀고 자연스럽게 행동
- A(Avoid) : 산만한 행동은 피함. 교사의 감정을 지나치게 표시하기, 주변의 물체로 시선 옮기기, 시계보기, 옷자락이나 볼펜 만지작거리기 등
- G(Grammatical Style) : 상대방의 언어에 맞추기, 상대방의 연령, 교육수준 등에 맞는 대화, 지나치게 전문적으로 보이지 않도록 행동함
- E(Spasce) : 상대방과 너무 가깝지도 멀지도 않게 앉음

32강 청소년 상담의 기법(2)/유형 이해

❑ 상담기술과 사례

1. 경청

2. 재진술(=환언, 바꿔 말하기)
예 "네 말은 엄마가 동생을 더 예뻐하신다는 말이구나"

3. 명료화(=명확화)

4. 감정반영
내담자의 말을 참신한 다른 말로 되돌려 주는 시도이다. 내담자의 자세, 몸짓, 어조 등도 반영해 줄 필요가 있다.
예 "엄마의 그 말에 많이 실망했나 보구나"

5. 요약
산발적으로 드러나는 생각과 감정에서 초점을 찾을 기회를 제공한다.

6. 질문
1) 개방형 질문 / 폐쇄형 질문
2) 직접 질문 / 간접 질문
   (간접질문 예 : "엄마의 말에 어떻게 대답했는지 궁금하구나!"

7. 직면
1) 맞닥뜨림. 지적하기로서 상담자가 내담자의 감정, 행동반응의 모순, 비일관성, 비합리성을 확인하여 지적해주는 기술이다.
2) 이러한 직면기법은 흔히 무례하고 불친절하고 적대적인 행동으로 지각되기 쉽고 내담자에게 상처를 줄 수도 있지만 직면기법을 통해 내담자는 자신의 모습을 제대로 볼 수 있다.
3) 직면은 충분한 신뢰관계가 형성된 후에 사용하는 것이 좋다.
   예 "너는 상황이 심각하다고 말하면서 웃는 표정을 짓고 있구나"

8. 해석
1) 치료적 관계에서 나타나는 내담자 행동의 의미를 설명하고 때로는 가르치기도 하는 것으로서

행동에 대한 단순한 설명이 아닌 자아가 더 깊은 무의식적인 내용을 탐색할 수 있도록 도와주는 기술이다.
2) 이때 너무 빠른 해석, 비현실적 해석은 바람직하지 않고 적절한 시기 즉, 내담자가 받아들일 수 있는 시기를 선택해서 적절한 해석을 해야 한다.
3) 해석의 내용이 내담자의 준거체계와 밀접할수록 내담자의 저항을 줄일 수 있다. 내담자 스스로 해석하도록 도와주는 것이 바람직하며, 내담자의 통찰을 촉진하는 데 그 목적이 있다.

> ** 해석의 과정
> 1단계 : 해석준비 단계, 충분한 설명자료 확보, 논리적 근거 마련
> 2단계 : 내담자의 해석수용 준비상황 확인, 해석실시 시점 찾기
> 3단계 : 상담자의 해석에 대한 스스로의 의미와 의도 재확인
> 4단계 : 해석하기, 내담자의 이해정도를 고려함
> 5단계 : 내담자의 반응관찰하기, 추수관리 대응

> ♣ 향상학습 – 내담자의 내면세계에 접근하는 절차
> 느낌의 반영 – 명료화 – 직면 – 해석의 순으로 내담자의 내면세계에 점차적으로 접근하는 것이 필요

9. 상담자의 자기개방
예 "나도 네 나이 때는 사람들이 비웃을까봐 두려웠단다."

❏ '정화경험'을 촉진하는 기법과 원리

1) 정화(catharsis experience)경험이란 갈등의 원인이 되는 억압된 경험을 언어, 행동, 상징적 수단을 통해 표현할 때 경험하는 갈등해소 상태를 말한다.
2) 정화경험은 상담관계 형성, 재경험, 일치경험, 수용받는 경험을 통하여 이루어질 수 있으며, 상담의 전 과정에서 가능하다. 개인상담에서 내담자가 정화를 경험하기 위해서는 상담의 단계별로 몇 가지 고려해야 할 사항이 있다.

상담의 초기단계에서는,
첫째, 상담신청이나 접수면접에서 정화를 경험하는 것은 제한시켜야 한다.
둘째, 상담관계 형성 단계에서는 정화경험을 촉진하는 환경을 조성하도록 진행해야 한다.
셋째, 문제명료화 과정에서는 좀 더 적극적으로 정화를 경험할 수 있도록 해야 한다.

중기단계에서 고려할 점은,
첫째, 상담작업이 진행되는 단계이므로 언어적, 행동적, 상징적 전략들을 적용하여 보다 적극적으로 정화를 경험하도록 촉진한다.
둘째, 인지적 과정의 작업이 이루어진다면 정서적 정화경험을 제한시켜 감정이 인지활동을 방해하지 않도록 한다. 또한 문제해결에 대한 대안이나 행동 형성과정에서는 정화경

험을 제한시켜야 한다.

종결단계에서는,
　첫째, 이별에 대한 감정을 처리할 때 정서적 정화를 촉진한다.
　둘째, 상담을 종결하기 위한 상담평가나 상담을 마무리하는 과정에서는 정화경험을 제한시키는 것이 바람직하다.

3) 정화경험의 촉진기법
　촉진기법은 다음과 같은 예를 들 수 있다.

(1) 빈의자 기법
　상담자는 내담자에게 내담자와 관계되는 구체적인 타인이든 아니면 가상의 대상이든 이들이 마치 지금 여기에 있는 것처럼 대화를 나누도록 하는 기법

(2) 꿈작업
　정신분석, 게스탈트, 융의 분석상담 등의 여러 상담접근법 들에서 사용되고 있으며, 꿈을 현실화 시키고 재현시켜 지금 일어나고 있는 것처럼 재생시키는 것이 목적이다.

☐ 정화경험의 촉진원리 - 알렉산더의 정화경험

알렉산더는 정화경험을 교정적 감정경험으로 개념정의하면서 정화 경험의 원리를 다음과 같이 설명

1) 안전하고 우호적인 상황에서 과거의 외상적 경험을 회상할 것
2) 경험을 회상할 때 강한 정서적 경험이 동반될 것
3) 강렬한 정서적 경험이후에 과거와 같은 외상적 경험상황이 일어나지 않을 뿐만 아니라 오히려 안전감과 수용받는 경험을 하게 될 것
4) 자신의 전이행동에 대한 새로운 통찰이 일어날 것

☐ 정화경험의 촉진방법

정화(catharsis experience)경험이란 갈등의 원인이 되는 억압된 경험을 언어, 행동, 상징적 수단을 통해 표현할 때 경험하는 갈등해소 상태를 말하기에 정화경험을 촉진하는 방법은 상담기법의 주요내용이 될 수 있다.

1) 공감과 적극적 수용, 그리고 진실성이 요구된다.
2) 상담자의 촉진적 태도와 전문적 차원의 자원관리
3) 정서적 외상이나 내적 갈등상태를 언어, 행동, 상징화시켜 표현하면 정화경험이 촉진된다.
4) 정화경험 이후에 현실검증 기회가 제공되어야 치료적 효과가 안정적으로 지속된다.
5) 신경증적 소망이나, 충동의 표현은 통제되어야 한다.

❏ 상담의 유형(단회, 단기, 장기, 매체 등)

1. 단회/단기상담

; 문제행동의 언어통찰이나 성격의 재구성 등을 목표로하는 경우에는 장기상담이 적합하겠지만 단회/단기상담은 달성 가능한 작은 목표를 중심으로 이루어짐

1) 단회/단기상담의 특징
   - 상담시간의 제한성을 이유로 직접적이고 본질적인 문제에 집중하여 매우 효율적인 상담계획을 수립하는 것이 특징
   - 달성 가능한 작은 목표를 중심으로 진행
   - 현재시점에 맞춰 상담자의 적극적 개입과 중재가 이루어짐
   - 상담자의 적극적, 능동적 역할을 강조하며 문제해결적 접근이 강조됨
   - 상담자와 내담자의 신뢰를 바탕으로 한 긍정적인 협력적 관계(치료동맹)구축

2) 단회/단기상담이 적합한 내담자
   - 호소하는 문제가 비교적 구체적인 경우
   - 주 호소문제가 발달과정 상의 문제인 경우
   - 내담자 주위에 지지적인 대화 대상자가 있는 경우
   - 과거나 현재에 상호보완적인 좋은 인간관계를 가져 본 일이 있는 경우
   - 성격장애로 진단된 경우는 대부분이 단기상담에 적합하지 않다.

❏ 사이버 상담

1. 사이버상담의 개념

1) 컴퓨터를 통해 행해지는 상담에 대해 '사이버 상담'이라는 명칭이 사용되고 있다. 사이버 상담은 컴퓨터통신이 단순한 정보교환이나 의사소통의 수준을 넘어서 인간의 내면세계까지 다루게된 결과, 내담자의 문제를 해결하고 성장을 촉진하는 것을 돕는 과정까지 담당하게 된 것이다.

2. 사이버상담의 종류

1) e-mail 상담

2) 게시판 상담
   - 게시판 상담은 대체로 공개적인 형태로 상담이 이루어진다.
   - 게시판 상담에서는 내담자들이 서로의 고민을 함께 하고 나름대로의 도움 방안을 생각하여 글로 올릴 수 있으므로 상담을 통해 도움을 받을 뿐 아니라 내담자 스스로 상담자가 되어볼 수 있다는 장점을 가지고 있다.

3) 대화방을 이용한 온라인 상담(채팅상담)

4) 데이터베이스를 활용한 상담
- 인터넷 활용은 무궁무진한 자료의 보고에서 관심있는 자료를 획득할 수 있는 여러 문제의 사례들에 스스로 접근할 수 있으므로 상담자와 내담자 모두에게 풍부하고 다양한 자료가 투입되어 질 높은 상담을 형성하는 데 의의가 있다고 할 수 있다.
- 데이터베이스를 활용한 상담은 많은 상담사례를 사안별로 유목화하거나 키워드로 입력된 데이터베이스로 구축하여 둠으로써 내담자가 사이버 세계의 익명성, 즉시성, 정보의 다양성이라는 속성을 이용하여 쉽게 원하는 정보를 찾아볼 수 있게 된다.

5) 사이버상담의 기법
(1) 즉시성과 현시기법
: 상담자가 내담자의 글에 대한 자신의 심정과 모습을 생생하게 시각화하여 표현하는 것
(2) 정서적 표현에 괄호 치기
; 글 속에 숨어있는 정서적 내용을 보여주며 사실에 대한 대화를 주고받으면서 정서적 표현을 전달하는 것
(3) 말줄임표 사용
: 침묵하는 것을 나타내거나 눈으로 글을 읽고 있음을 나타낼 때 사용
(4) 비유적 언어사용
; 문제나 상황에 대한 의미를 전달하고 심화시키기 위해 은유 등을 사용하는 것
(5) 글씨체 사용
; 강조하고 싶은 경우 큰 글씨를 사용하거나 내담자가 보내온 것과 같은 글씨체나 크기를 사용하여 내담자의 내적세계를 공유하는 것

6) 사이버상담의 장단점
(1) 장점
- 내담자의 자발적 참여
- 시간과 공간의 제약 극복
- 다양한 정보 획득의 용이함
- 익명성으로 인한 자기개방 증가
(2) 단점
- 의사소통의 제약
- 응급상담시 적극적 대처곤란
- 신뢰문제
- 상담의 연속성 문제
- 대화예절의 파괴

❑ 전화상담

1. 전화상담의 장점
1) 익명성 보장
2) 이용의 편리성
3) 상담의 주도권이 내담자에게 있는 것

2. 전화상담의 단점
1) 1회적 상담으로 끝날 가능성이 높다.
2) 언어적 정보(대화내용)외에 얻을 수 있는 정보가 제한적이다.

33강 청소년 상담의 기타 문제들

☐ 청소년사례 통합관리

1. 지역사회안전망 운영

1) 지역사회 청소년 통합지원체계 (Community Youth Safety-Net, CYS-Net)

 가. (목적) 지역사회의 공공, 민간 자원 연계로 위기 청소년에 대한 상담, 보호, 의료, 자립 등 맞춤형 서비스 제공

 나. 추진체계
  - 요청 및 발견 → 상담, 심리검사 → 위기스크링·사례판정 → 통합서비스제공(직접, 연계)

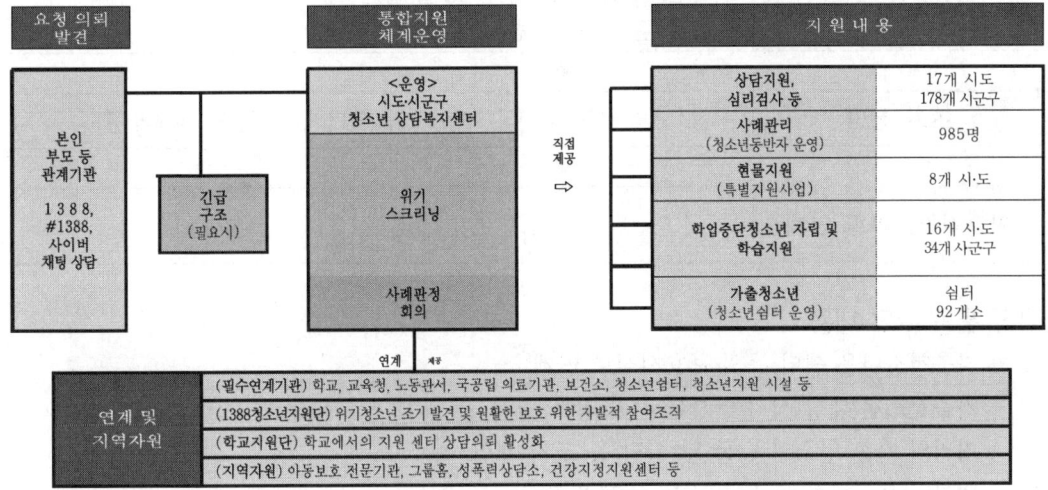

2. 학업중단 청소년 자립 및 학습지원

 가. (목적) 사회 진출에 어려움을 겪는 청소년 대상 심리·사회적 특성과 욕구에 부합한 프로그램 제공을 통해 사회진출 지원

 나. 추진체계

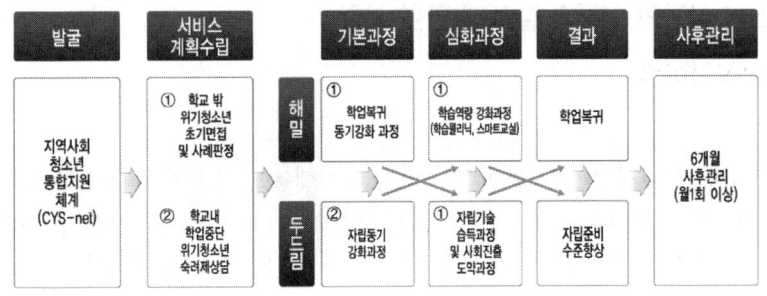

3. 가출청소년 '찾아가는 거리상담지원(아웃리치)

가. 개 요
가출청소년 관련 전문상담원들이 위기청소년 밀집지역으로 직접 찾아가서 거리배회 가출청소년들에게 상담, 긴급지원, 가정복귀, 보호시설 연계 등을 지원하고, 거리캠페인 전개를 통해 가출예방 의식 확산

나. 활동 흐름도

거리로 들어가기	- 거리아웃리치 현장지정 및 현장세팅(차량, 준비물등)
가출청소년 발견하기	- 거리·공원 및 공터 등에 다니면서 거리배회 및 가출청소년 발견 - 옷차림·행동·가출청소년 여부파악, 긴급성 파악
초기 관계 맺기(접근)	- 홍보물품 제공하며 다가가서 말 걸기 - 공감·존중·지지·칭찬으로 신뢰관계 형성
초기 상담	- 청소년의 욕구 파악 및 서비스 제공(먹거리, 위생용품, 비상약 등)
귀가지원·기관 연계	- 1회성, 시위형 가출의 경우 상담·귀가지원 - 장기가출청소년 : 쉼터 등 기관 연계지원

다. 활동 주요 내용
- 가출청소년을 쉼터 등의 보호시설로 연계
- 가출청소년 대상 식사·안전한 숙박 장소 연계
- 거리의 가출 청소년 발굴 및 상담 등 조기 개입
- 먹거리·응급처치 등 직접 서비스 제공 등
- 치료를 위한 의료 서비스 기관 의뢰
- 장기 노숙형 청소년의 경우 쉼터 입소 권유 및 연계
- 알코올·인터넷·약물 중독 관련 치료서비스 기관 의뢰

☐ 기타 청소년 상담의 이론과 실제에 관한 사항

1. 이야기치료상담이론

1) 개념
- 이야기치료는 우리가 인생을 살면서 우리가 설정해놓은 기준에 의해 일부만을 선택하고 그 사건을 기초로 이야기를 쓴다고 가정하며, 이처럼 삶을 짓누르는 '지배적 이야기'를 문제이야기 경청, 해체, 그리고 대안이야기 구축이라는 치료과정을 통해 문제해결할 수 있다고 본다.

청소년 상담의 기타 문제들

- 인간의 삶은 역사적, 문화적 맥락을 통하여 이해되며, 인간 정체성은 주변 사람, 사회제도, 더 큰 권력과의 관계 속에서 만들어지는 것이므로 그 정체성이 개인에게 부정적 영향을 미치는 경우 해체 작업을 통해 그 억압적 영향을 약화시킬 수 있을 것이라고 가정
- 이야기치료란 대상자가 자신의 이야기를 새롭게 구성해 말하고 쓰게 함으로써 지금까지 보던 시각과 다르게 보도록 하는 치료방법으로서 이 과정을 통해 대상자는 자신의 현실을 검토해보게 되고 있는 사실 그대로를 받아들이게 된다는 것이다.

2) 기본전제
 (1) 인간은 능동적 행위자   (2) 이야기는 삶 자체
 (3) 경험은 사회문화적 산물   (4) 정체성은 사회적 산물
 (5) 삶은 복합적인 이야기   (6) 개인과 문제는 별개
 (7) 지향상태는 인간 삶의 방향

3) 치료목표 및 치료과정
 (1) 치료목표
  - 단기목표 : 내담자 가족이 호소하는 문제를 감소시키는 것
  - 궁극적목표 : 내담자 가족 스스로가 자신들이 선호하는 방향으로 자기 가족의 이야기를 써나갈 수 있게 하는 것

4) 치료과정
 - 문제의 해체-독특한 결과의 해체-대안적 이야기 구축-대안적 정체성 구축의 과정
 - 나선적 구조를 지님
 - 치료는 사람과 문제의 분리, 문제의 내력과 문제 형성의 사회적 맥락을 탐색하는데서 출발
 - 내담자의 이야기를 해체하고 재구성하는데 필요한 질문을 유형화하여 지도(map)에 비유
 - 유동적인 회기 구성(치료자 단독은 보통 50~60분, 외부증인집단 활용 시 2시간 정도)

5) 용어
 (1) 대안적 이야기
  '문제에 젖은 이야기' 즉, 지배적 이야기들이 문제이야기로 표현되며 이에 대항하여(그 이야기를 해체시켜) 새롭게 설계되는 이야기
 (2) 해체적 경청
  이야기를 꾸러미를 풀어내는 작업
 (3) 독특한 결과(unique outcomes)
  평소에는 잘 인식할 수 없었지만 자세히 들여다 보면 찾을 수 있는 예외적인 경험들을 가리킨다. '독특한 결과' 역시 이야기가 불완전하다는 점을 포착하는 것이다. 삶의 경험이란 그 경험으로부터 만들어낸 이야기보다 훨씬 더 풍부하다. 그리고 그 많은 경험중에서 이야기로 만들어진 것은 극히 일부분에 지나지 않는다.

독특한 결과란 지배적인 이야기 밖에 존재하고 있는 잊혀진 삶의 경험 중에서 자신에게 매우 중요한 의미를 가질 수 있는 경험들을 일컫는 말이다. 독특한 이야기는 흔히 지배적인 이야기에 가려져서 쉽게 찾아내기 어렵다. 하지만 표출대화는 독특한 결과를 찾아내는 데 도움을 준다. 내담자들이 먼저 몸에 배어있고 익숙한 문제에 빠진 이야기에서 자신을 분리시킬 수 있을 때에만 독특한 결과의 발견으로 주의를 돌릴 수 있다.

6) 대표적인 기법
- 외재화 기법 : 외재화 작업을 통해 내담자로 하여금 자신과 문제가 동일한 것이 아님을 깨닫도록 하며, 개인과 문제 사이에 일정한 공간을 만들어 냄으로써 내담자가 자신과 문제 사이의 관계를 재조명하고 수정할 수 있는 기회를 만들어 주는 것.

34강 청소년 상담과 일반이론(정신역동적 접근)

1. **청소년 상담에 관한 설명으로 옳은 것은?**
   ① 상담의 비밀보장을 위해 부모나 학교의 개입을 배제한다.
   ② 컴퓨터나 전화를 이용한 매체상담 등 다양한 방법을 활용하여 상담한다.
   ③ 내담자의 건전한 발달과 성장을 위해 예방보다는 문제 발생 후 치료에 초점을 둔다.
   ④ 청소년의 성격, 환경, 호소문제가 성인과 다르지 않으므로 성인상담의 축소판으로 본다.
   ⑤ 청소년기의 자아중심성 때문에 대규모 집단 프로그램이나 교육은 비효과적이다.

   정답 및 해설 ②
   ① 청소년상담은 부모나 학교 선생님 외에도 의미있는 타자 즉, 상담교사나 관계청소년상담/지도사, 학교당국 등의 협조를 받아야 하며 청소년을 고용하는 사업장의 고용주도 해당된다.
   ③ 청소년상담의 경우, 치료적 요인도 있지만 무엇보다도 발달기 청소년의 건전한 성장과 발달을 돕는 것으로 예방적/교육적 초점을 중시해야 한다.
   ④ 청소년의 호소문제는 성인상담의 예에서 볼 수 있는 내용과는 많은 차이점을 보이며 발달기의 특성으로 인한 문제유형의 특수성 등으로 인해 성인상담과는 질적인 면에서 차이를 보인다.
   ⑤ 청소년상담은 특히 집단상담의 활용이 중시된다. 이는 대인관계 능력을 향상시키고 자신의 문제를 객관화시키는 기회를 갖는 것이기도 하며 상담에 대한 저항도 완화된다. 따라서 다양한 집단상담프로그램이 활성화되고 있는 것도 이런 이유 때문이다.

2. **청소년 내담자의 특성으로 옳은 것을 모두 고른 것은?**

   > ㄱ. 정서정보를 처리할 때 왜곡과 과장이 최소화된다.
   > ㄴ. 인지적 정보처리과정에서 자기중심적인 특성이 드러난다.
   > ㄷ. 신체상에 대한 관심이 높다.
   > ㄹ. 신체적 조숙과 만숙의 차이가 사회적 관계에 영향을 미친다.

   ① ㄱ, ㄷ   ② ㄴ   ③ ㄱ, ㄷ, ㄹ
   ④ ㄴ, ㄷ, ㄹ   ⑤ ㄱ, ㄴ, ㄷ, ㄹ

   정답 및 해설 ④
   ① 청소년기에는 대인과의 관계 등에서 정서정보를 처리할 때 근거없는 왜곡과 지나친 과장의 위험이 있다.

3. **정신분석 상담에 관한 설명으로 옳지 않은 것은?**
   ① 신경증적 불안은 주로 초자아와 관련되어 있다.
   ② 훈습에는 내담자의 저항을 정교하게 탐색하는 과정이 포함된다.
   ③ 상담자의 해석은 내담자의 방어기제와 저항에 대한 통찰을 얻게 한다.
   ④ 역전이는 상담자가 내담자에게 일으키는 전이현상으로 상담의 진전을 방해할 수 있다.
   ⑤ 상담목표는 내담자의 불안을 야기하는 억압된 충동을 자각하게 하는 것이다.

   정답 및 해설 ①
   ① 신경증적 불안 초자아와 관련된 것이 아니라 주로 원초아(id)와 원초아의 욕구를 조정하는 자아(ego)와 관련이 있다.

4. 개인심리학의 '가상적 목표' 개념 형성에 영향을 준 철학자는?
① 바이힝거(H. Vaihinger)　　　② 안스바허(H. Ansbacher)
③ 하이데거(M. Heidegger)　　　④ 헤링톤(G. Harrington)
⑤ 빈스방거(L. Binswanger)

> **정답 및 해설** ①
>
> ① 아들러는 독일 철학자 바이힝거(H. Vaihinger)로부터 많은 영향을 받았다. 특히 개인주의 심리학의 독특한 개념인 '허구적 목표주의/가상적 목표주의' 등은 바이힝거의 허구적 이상추구의 실질적 유용성 논리에 입각한 것이다. 바이힝거는 그의 저서 '처럼의 철학'에서 허구적 이상은 인생에 의욕과 생동감을 불어넣어주는 것으로 행동을 유발하는 기반으로 작용한다고 하였다.

5. 프로이드(S. Freud)의 정신분석상담에서 나타나는 치료적 관계의 특징으로 옳지 않은 것은?
① 내담자가 과거의 중요한 타인에게 가졌던 감정과 태도를 상담자에게 투영하는 전이가 나타난다.
② 상담자는 내담자에게 최대한 중립적인 태도를 유지한다.
③ 역전이는 내담자를 이해하는데 중요한 자료가 되므로 내담자에게 표현하여 다룬다.
④ 전이는 내담자 무의식의 반영이므로 상담 과정에서 해석을 통해 분석되어야 한다.
⑤ 상담자와 내담자의 치료적 동맹(therapeutic alliance)이 중요하다.

> **정답 및 해설** ③
>
> ③ 역전이는 전이의 반대적 의미로 상담자의 내적문제가 내담자에게 전이되는 현상으로 상담의 촉진을 방해하며 부정적 내용을 담은 역전이는 상담자가 내담자를 '공격하는 양상을 보이게 되며 이는 상담과정에 매우 부정적인 것이다. 상담자는 이런 역전이가 일어나지 않도록 자기각성과 필요하다면 수퍼비전을 정기적으로 받는 것이 적절하다.

6. 아들러(A. Adler) 개인심리학의 인간관에 대한 설명으로 옳은 것은?
① 인간은 성적 충동에 의해 일차적으로 동기화되는 존재이다.
② 인간의 행동은 삶에 대한 허구적인(fictional) 중심 목표에 의해 인도된다.
③ 인간은 미래를 향한 목적론적인(teleological) 존재로서, 과거에 의해 영향 받지 않는다.
④ 열등감(inferiority)은 신경증의 원천으로, 잠재 능력을 저하시키는 부정적 요인이다.
⑤ 자신의 행복과 복지를 추구함으로써 심리적 건강을 회복하게 된다.

> **정답 및 해설** ②
>
> ① 인간은 성적 충동에 의해 일차적으로 동기화되는 존재라고 보는 것은 프로이트의 입장이다. 아들러는 인간은 주로 사회적 영향에 의해 동기화/동기수정하는 존재로 설명하였다.
> ③ 인간은 미래를 향한 목적론적인(teleological) 존재이며 이는 과거를 무시하는 것이 아니라 과거의 영향력을 이해하려고 하고 미래의 행동과 목표를 선택하는 것이 주요하다고 주장하였다.
> ④ 열등감(inferiority)은 개인주의 심리학적 상담이론에서는 해소되어야 할 내용이지만 이것이 신경증의 원천으로 보지 않고 결과적인 상황으로 본다. 따라서 이를 우월성으로 대체할 수 있도록 돕는 것이 상담의 목적인 것이다.
> ⑤ 아들러는 생활양식에서 가장 바람직한 '사회형'을 사회적 관심과 활동수준이 높은 형으로 분류하였다. 즉, 타인의 삶에 대한 관심과 이타적 활동을 권장하였다.

35강 실존주의/게슈탈트 상담이론

1. 실존주의 상담의 주요개념에 해당되지 않는 것은?
   ① 죽음　　　　② 고립　　　　③ 자유
   ④ 책임　　　　⑤ 보상

   정답 및 해설 ⑤
   　얄롬은 실존적 문제에 봉착한 내담자들은 죽음, 책임, 자유, 고립(소외) 등의 문제가 궁극적 관심사라고 하였다.

2. 게슈탈트 상담의 접촉 경계 혼란에 관한 설명으로 옳지 않은 것은?
   ① 자의식 : 자신에 대해 지나치게 의식하고 관찰하는 것
   ② 투사 : 자신의 사고, 욕구, 감정을 타인의 것으로 왜곡하여 지각하는 것
   ③ 편향 : 환경과 접촉으로 인한 결과가 두려워 피하거나 감각을 둔화하는 것
   ④ 반전 : 타인의 관점이나 주장을 깊이 생각해보지 않고 자신의 것으로 받아 들이는 것
   ⑤ 융합 : 밀접한 두 사람이 서로의 경계를 인정하지 않고 의존적 관계를 형성하는 것

   정답 및 해설 ④
   　알아차림과 접촉의 과정에서 저항으로 등장하는 반전은 자신이 다른 사람이나 환경에 대하여 하고 싶은 행동을 자기 자신에게 하는 것, 혹은 타인이 자기에게 해주기를 바라는 행동을 스스로 자기 자신에게 행하는 것을 말한다.

3. 펄스(F. Perls)가 정의한 신경증의 다섯 층 중 폭발층에 관한 설명으로 옳은 것은?
   ① 내담자가 겁에 질려서 보지도 듣지도 못하며, 곤경, 상실, 공허함에 대한 공포를 경험한다.
   ② 억압해 왔던 파괴적 에너지가 내적 폭발을 하는 단계로 가짜 주체성이 무너지기 시작한다.
   ③ 진실한 자기와 접촉하여 자신의 진정한 감정과 욕구를 외부대상에게 직접 표현한다.
   ④ 그동안 억압하고 차단해 왔던 욕구와 감정을 알아차리게 된다.
   ⑤ 환경에 적응하기 위해서 자신의 욕구를 억압하고, 주위에서 바라본 대로 살아야 한다는 믿음을 진정한 자신의 욕구로 착각하며 산다.

   정답 및 해설 ③
   　폭발층에 이르러 내담자는 감춰져 있던 진실한 자기와 온전히 접촉을 하며 자신의 진정한 감정과 욕구를 폭발하여 외부대상에게 직접이면서도 효과적으로 표현하는 단계가 된다.

4. 실존치료자들의 공통된 인간관에 관한 설명으로 옳지 않은 것은?
   ① 인간은 계속해서 되어가는 존재이다.
   ② 인간은 자기인식의 능력을 지닌 존재이다.
   ③ 인간은 존엄성과 가치를 지닌 존재이다.

④ 인간은 비합리적이며 본능적 충동에 의해 행동하는 존재이다.
⑤ 인간은 실존적으로 단독자이면서 타자와의 관계를 추구하는 존재이다.

> **정답 및 해설** ④
> '④'의 내용은 프로이트로 대표되는 정신역동적/분석적 상담이론의 인간관을 설명한 것이다.

5. 대표적인 실존심리치료자가 아닌 것은?
① 메이(Rollo May)
② 보스(Medard Boss)
③ 울프(Joseph Wolpe)
④ 얄롬(Irvin Yalom)
⑤ 프랭클(Viktor Frankl)

> **정답 및 해설** ③
> 울프(Joseph Wolpe)는 행동주의 상담이론가로 고전적 조건화의 기틀을 만든 학자이다.

6. 게슈탈트 상담자가 사용하는 알아차리기 기법에 관한 설명으로 옳지 않은 것은?
① 지금-여기에서 경험하는 욕구와 감정을 알아차리게 돕는다.
② 신체 알아차리기와 책임 알아차리기는 언어수정을 통해 이루어진다.
③ 내담자의 자기조절 방해물을 제거하고 미해결 과제의 해결을 돕는다.
④ 내담자의 경험을 알아차리고 행동의 주체와 책임을 분명히 인식하도록 돕는다.
⑤ 내담자가 자기 생각을 감추기 위해 사용한 서술문을 의문문으로 고쳐 쓰도록 돕는다.

> **정답 및 해설** ⑤
> 내담자가 자기 생각을 감추기 위해 사용한 의문문이나 질문형식을 서술문 또는 진술형식으로 변경하기를 요구한다.(언어자각)

36강 게슈탈트/교류분석 상담이론

1. 교류분석에 관한 설명으로 옳은 것을 모두 고른 것은?

   ㄱ. 게임 : 끝에 가서 라켓 감정을 유발하는 이면교류
   ㄴ. 프로그램 메시지 : 부모의 부모자아ⓟ에서 자녀의 부모자아ⓟ로 전달된 메시지
   ㄷ. 금지령 : 부모의 어린이 자아ⓒ에서 자녀의 어린이 자아ⓒ로 전달된 메시지 중 부정적인 경우
   ㄹ. 상보교류 : 2개 이상의 자아상태가 상호 관여하고 있는 교류로써, 발신자가 기대하는대로 수신자가 응답하는 것

   ① ㄱ, ㄴ   ② ㄷ, ㄹ   ③ ㄱ, ㄷ, ㄹ
   ④ ㄴ, ㄷ, ㄹ   ⑤ ㄱ, ㄴ, ㄷ, ㄹ

   정답 및 해설 ③
   'ㄴ'의 '프로그램 메시지'는 부모의 어른자아(A)에서 자녀의 어른자아(A)로 전달되는 것이다.

2. 다음 사례에 적용된 게슈탈트 상담의 기법은?

   내담자 A에게 유혹적인 자신을 억압하는 내면의 목소리가 있음을 파악했을 때, 상담자는 A로 하여금 왜 자기가 유혹적이어서는 안 되는지 따지도록 한다. 또 반대로 억압하는 내면의 목소리가 그 이유를 말하도록 한다. 내담자는 이러한 과정을 통해 차츰 자신의 유혹적인 부분에 접촉하게 되어 소외시켜 온 자신의 유혹적인 부분을 통합하게 된다.

   ① 현재화기법   ② 논박기법   ③ 분리 - 개별화
   ④ 창조적 투사   ⑤ 상전과 하인

   정답 및 해설 ⑤
   지문의 내용은 'TOP DOG – UNDER DOG(상전과 하인)'에 대한 설명으로 '자기 부분들과의 대화'와 연계된 내용이다. 내적분열을 보여주는 것으로 무의식적이고 내적인 대화를 의식적이고 외적인 대화로 양자간 갈등을 풀어낼 수 있다고 보았다.

3. 교류분석에서 말하는 자기부정-타인긍정의 생활자세에 관한 설명으로 옳은 것은?

   ① 자신의 문제를 타인에게 투사한다.
   ② 자신을 무기력하게 느끼며, 간접적 공격성을 표출하는 경향이 높다.
   ③ 공격적이고 허세가 심하며, 세상에 대해 방어적 자세를 취한다.
   ④ 긍정적 감정을 유지하기 위해 누군가를 희생자로 삼으려 한다.
   ⑤ 사람에 대한 흥미를 잃어버리고, 인간을 가망성 없는 존재로 본다.

   정답 및 해설 ②
   자기부정-타인긍정 유형은 타인과의 관계에서 자신의 무력감을 더 강하게 느끼며 타인의 욕구를 자신의 요구보다 더 고려하고 봉사해야 하며 자신은 희생당하는 사람으로 느낀다.

4. 교류분석 상담에서 사용되는 개념이나 기법이 아닌 것은?
   ① 생활자세(life position)
   ② 자아상태(ego state)
   ③ 각본분석(script analysis)
   ④ 막다른 골목(impasse)
   ⑤ 게임분석(game analysis)

   정답 및 해설 ④

   '막다른 골목(impasse)'은 게슈탈트에서 말하는 5개의 신경증의 층 중 3번째층(교착층)에서 등장하는 개념이다.

5. 교류분석의 각본모형에 관한 설명으로 옳지 않은 것은?
   ① 아동의 각본은 부모가 결정해 준 것이다.
   ② 부모가 각본 메시지를 어떻게 자녀에게 전달하는지를 보여주는 모형이다.
   ③ 허용은 부모의 어린이자아ⓒ에서 자녀의 어린이자아ⓒ로 전달된 메시지 중 긍정적인 경우를 말한다.
   ④ 프로그램 메시지는 부모의 어른자아Ⓐ에서 자녀의 어른자아Ⓐ로 전달된 메시지이다.
   ⑤ 대항금지령은 부모의 부모자아Ⓟ에서 자녀의 부모자아Ⓟ로 전달된 메시지이다.

   정답 및 해설 ①

   ① 아동의 각본결정에 부모님의 영향력이 미치긴 하지만 그 모든 것을 결정하는 것은 아니다. 부모의 허용과 각종 금지령, 초기명령, 구조의 욕구 등 다양한 원인을 바탕으로 결정되는 것이다.

37강 행동주의/RET 상담이론

1. 행동주의 상담기법과 적용이 옳게 연결된 것을 모두 고른 것은?

> ㄱ. 자극통제 - 학생들에게 학교폭력에 어떻게 대처할 수 있는지 알려주는 DVD를 보여 주고 그 행동을 따라할 수 있게 함
> ㄴ. 행동계약 - 자기주장이 어려운 내담자와 하루에 한 번씩 자기주장 행동을 하기로 계약서에 작성함
> ㄷ. 용암법 - 영어 알파벳을 배우는 학생에게 처음에는 진하게 된 글자를 덧쓰게 하고 다음에는 점선을 따라 쓰게 하다가 잘 쓰게 되면 빈 여백에 알파벳을 쓰게 함
> ㄹ. 체계적 둔감법 - 시험불안을 느끼는 내담자에게 이완된 상태에서 높은 불안을 일으키는 자극부터 제시함

① ㄱ, ㄴ   ② ㄱ, ㄷ   ③ ㄴ, ㄷ
④ ㄱ, ㄴ, ㄷ   ⑤ ㄴ, ㄷ, ㄹ

정답 및 해설 ③

1. 'ㄹ'의 체계적 둔감법이란 불안을 제거하는 가장 보편적인 기법이며 불안위계표에 따라 낮은 수준의 불안부터 노출시키는 기법
2. 용암법(Fading)
   - 행동조성 : 원하는 행동이 다른 자극에서도 발생할 수 있도록 자극을 점차적으로 변경해 주는 과정
   - 신체적 촉진자극, 동작적 촉진자극, 모델링 촉진자극, 언어적 촉진자극, 환경적 촉진자극 등이 활용됨.

2. 다음 내담자에 대한 REBT 상담자의 논박으로 옳지 않은 것은?

> • 내담자 : 이번 시험을 망쳐서 이제 대학에 가는 것도 어렵게 됐어요. 대학에 못가면 저는 인생의 실패자, 낙오자로 남겠죠. 그런 생각을 하면 공부에 집중도 안 되고 정말 초조해져요
> • 상담자 : _____

① 대학에 못가면 인생의 실패자라는 증거는 어디에 있나요?
② 대학에 못갈까봐 걱정하는 것이 당신에게 얼마나 도움이 되나요?
③ 당신이 잠든 사이에 기적이 일어나서 모든 문제가 사라졌다고 상상해보세요. 잠시 잠에서 깨었을 때 무엇이 달라져 있을까요?
④ 만약 대학에 못가면 일어날 수 있는 가장 최악의 상황은 무엇인가요?
⑤ 누구나 반드시 대학에 가야 하나요?

정답 및 해설 ③

③의 내용은 '기적질문'에 해당하는 된다. 합리적 정서행동이론의 논리적 반박은 말 그대로 논리적 내용을 주제로 내담자의 신념을 변화시키고자 한다. 상담자는 내담자에게 논리적인 원리들을 제시하고 비합리적 신념들을 논리적으로 크래쉬(깨부수는)하는 것, 이를 통해 내담자는 자기패배적인 사고에서 벗어나게 하는 것이다. 이러한 논박은 내담자가 자신의 행동에 대한 변화의지가 충분할 때 사용하는 것이 효과적이다.

3. 합리적정서행동상담(REBT)의 관점에서 볼 때 정서적 문제의 원인으로 옳은 것은?
   ① 무의미
   ② 선행사건
   ③ 익명성
   ④ 당위적 사고
   ⑤ 미해결과제

   정답 및 해설 ④

   비합리적 신념의 발생은 3가지 당위적 사고에서 발생한다고 보았다.
   즉, 어떤 사건이나 event와 관련된 상황에서 내담자가 가지고 있는 비합리적 사고에 기인한 당위들에 의해 문제가 발생하며 연이어 문제적 사고를 하게 된다는 것이다.

4. 다른 사람들이 나의 행동을 '우스꽝스럽다'고 생각할까봐 하지 못하는 그 행동을 많은 사람들 앞에서 해보도록 권하는 상담기법은?
   ① 판단중지(bracketing)
   ② 체계적 직면(systematic confrontation)
   ③ 인지적 과제(cognitive homework)
   ④ 수치심 깨뜨리기(shame - attacking exercises)
   ⑤ 체계적 둔감화(systematic desensitization)

   정답 및 해설 ④

   '수치심 깨뜨리기(shame - attacking exercises)'는 합리적 정서행동이론의 기법중 하나이다.
   * 체계적 둔감화는 행동주의 상담이론의 고전적 조건화에서 창안된 불안제거기법

5. 라자루스(A. Lazarus)의 BASIC-ID 영역과 그것을 평가하기 위한 질문으로 옳은 것을 모두 고른 것은?

   > ㄱ. 행동 -당신은 얼마나 적극적입니까?
   > ㄴ. 대인관계-당신을 웃게 하는 것은 무엇입니까?
   > ㄷ. 인지-당신의 사고가 당신의 감정에 어떻게 영향을 미칩니까?
   > ㄹ. 심상-당신의 신체상은 어떤 이미지입니까?
   > ㅁ. 이완-당신이 가장 편안하게 되는 방법은 무엇입니까?

   ① ㄱ, ㄴ, ㄷ
   ② ㄱ, ㄷ, ㄹ
   ③ ㄴ, ㄷ, ㄹ
   ④ ㄴ, ㄷ, ㅁ
   ⑤ ㄷ, ㄹ, ㅁ

   정답 및 해설 ②

   'ㄴ'의 내용은 정동(정서)에 대한 내용설명이다.
   'ㅁ'의 '이완'이란 항목은 라자루스(A. Lazarus)의 BASIC-ID 영역에는 없다. 지문의 4가지외에도 정동(정서), 감각, 약물/생리 등의 7개 영역이 있다.

행동주의/RET 상담이론

6. 강화와 처벌에 관한 설명으로 옳지 않은 것은?
① 부적 강화와 행동 증가를 위해 혐오자극을 없애는 것이다.
② 처벌은 행동 감소를 위해 혐오자극을 제시하는 것이다.
③ 지각에 대한 벌점은 처벌을 위한 수단이다.
④ 안전벨트 착용 시 경고음이 멈추는 것은 부적 강화이다.
⑤ 화장실 청소로 숙제를 면하는 것은 정적 강화이다.

정답 및 해설 ⑤

⑤의 내용은 강화이긴 하지만 '부적강화'의 예이다.
  1. 강화는 행동재현 가능성을 높이는 것
  2. 정적강화는 반응의 재현을 강화하기 위해 유쾌한 것을 제공하는 것
  3. 부적강화는 반응의 재현을 강화하기 위해 혐오스런 상황을 제거해 주는 것.

위 사례에서 '안전벨트' 착용 시 발생하는 경고음은 혐오스런 소리(상황)이기에 벨트를 착용하는(바람직한 행동) 순간 멈추는(제거)해 주는 것이다.

38강 현실치료/여성주의 상담 등

1. 힐과 오브라이언(C. E. Hill & K. O'Brien)이 제시한 상담자의 주의집중 기술인 'ENCOURAGES'에 해당되지 않는 것은?
   ① 도구를 활용한 활동을 한다.
   ② 산만한 행동을 피한다.
   ③ 고개를 끄덕인다.
   ④ 내담자의 문법적 스타일에 맞춘다.
   ⑤ 내담자 쪽으로 열린 자세를 유지한다.

   정답 및 해설 ①

   '힐과 오브라이언(Hill & O'Brien)의 상담자 주의집중 기술(Encourages)
   E(Eye Contact): 적당한 정도의 시선 맞추기, 자주 다른 곳을 보거나 뚫어지게 보는 것을 피함
   N(Nods): 대화 중에 고개를 적당히 끄덕임. 상대방의 말에 귀 기울이고 있음에 대한 표시
   C(Cultural Differences): 상대방의 성별, 나이, 사회경제적 지위, 직업, 출신지역, 종교 등의 문화적 차이를 존중
   O(Open Stance): 상대방 쪽으로 개방된 자세를 유지, 정면으로 상대방을 마주 대하고, 상대방 쪽으로 약간 몸을 기울임, 다리를 꼬거나 팔짱을 끼는 것은 개방된 자세가 아님
   U(Umhmm): 상대방의 이야기를 듣는 과정에서 '음', '네에', '그렇군요' 등의 표현, 경하고 있음을 보임
   R(Relax): 몸에 긴장을 풀고 자연스럽게 행동
   A(Avoid): 산만한 행동은 피함. 교사의 감정을 지나치게 표시하기, 주변의 물체로 시선 옮기기, 시계보기, 옷자락이나 볼펜 만지작거리기 등
   G(Grammatical Style): 상대방의 언어에 맞추기, 상대방의 연령, 교육수준 등에 맞는 대화, 지나치게 전문적으로 보이지 않도록 행동함
   E(Spsace): 상대방과 너무 가깝지도 멀지도 않게 앉음

2. 청소년 내담자의 인지적 특성에 관한 설명으로 옳지 않은 것은?
   ① 이상주의와 흑백논리를 갖기 쉽다.
   ② 가설적, 연역적 사고를 할 수 있다.
   ③ 체계적, 조합적 사고를 할 수 있다.
   ④ 추상적 사고가 발달하고 메타인지적 사고가 가능하다.
   ⑤ 형식적 조작사고 발달에 의해서 전환적 추론(transductive reasoning)을 하게 된다.

   정답 및 해설 ⑤

   청소년기는 피아제의 인지발달단계 중 형식적 조작기에 해당하는 시기로 연역적, 추상적, 조합적 사고 등의 긍정적 인지작용이 가능한 시기이며 또한 이상주의나 흑백논리에 빠지기도 쉬운 시기이기도 한다. 전환적 추론(transductive reasoning)는 피아제의 이론에 따르면 두 번째 단계인 '전조작기(2~6세)에 나타나는 특성이다. 이는 한 특정 사건으로부터 다른 특정 사건을 추론하는 것이다. 예를 들면, 한 유아가 동생을 미워한다는 사실과 동생이 아프다는 두 가지 사실을 자기가 동생을 미워해서 동생이 아프게 되었다는 인과관계로 연결시킨다. 특히 어떤 두 가지 현상이 시간적으로 근접해서 발생하면 두 현상 간에 아무런 관계가 없는데도 유아는 인과관계가 있는 것으로 생각한다.
   * 변환적추론(transductive reasoning, 전환적 추론):서로 관련이 없는 두 개의 사건을 원인과 결과로 연결시키는 등의 변환적인 사고과정을 가지고 있다. 예컨대 평소 나쁘다고 생각한 사람이 아프게 되면 내가 나쁜 사람을 아프게 만들었다는 등의 사고이다.

3. 현실치료에 관한 설명으로 옳지 않은 것은?

① 유머를 적절하게 사용하는 것을 권장한다.
② 의도적으로 능동태 또는 진행형 동사를 많이 사용한다.
③ 은유적 표현을 지양하고 현실적인 표현에 귀 기울인다.
④ 부정적인 것을 줄이기보다 긍정적인 것을 늘리는 데 초점을 맞춘다.
⑤ 내담자의 말과 행동이 일치하지 않는 것을 인식시켜 자신의 말과 행동에 책임지게 한다.

정답 및 해설 ③

WDEP(욕구-찾기-평가-계획수립)의 단계를 주창한 현실치료 상담학자인 우볼딩(R. Wubbolding)은 상담자의 태도에 대해 언급하기를 내담자의 변명을 수용하지 않고 결코 포기하지 않도록 한다.
또한 은유와 유머를 적절히 사용하여 내담자를 돕고 틀을 바꾸는 것(내담자가 어떤 상황이나 주제에 대해 생각하는 방식을 변화하도록 조력하는 것)을 권장한다.

4. 여성주의 상담에 관한 설명으로 옳지 않은 것은?

① 내담자에게 내면화된 성역할 메시지를 확인한다.
② 상담자와 내담자 관계를 평등한 관계로 유지한다.
③ 내담자가 환경변화를 위한 사회적 행동에 참여하도록 돕는다.
④ 재구성하기(reframing)를 통해 문제의 원인을 사회적 차원으로 인식하게 한다.
⑤ 내담자가 사회적 규범을 수용하도록 함으로써 사회 적응력을 증진시킨다.

정답 및 해설 ⑤

여성주의 상담이론의 원칙중 하나는 기존의 인습을 깨는 일이다. 즉, 남성중심의 사회규범이나 관습이 여성 자신에게 어떤 부정적 영향을 끼쳤는지를 각성하게 하고 이를 혁파하고 그런 환경을 변화하는 일에 내담자가 관심을 갖고 그런 능력을 가지도록 한다는 것이다.

5. 청소년상담사 윤리강령에 나타난 상담자 행동에 관한 설명으로 옳지 않은 것은?

① 청소년 내담자와 보호자가 상담기록의 삭제를 요청할 때 이를 삭제해서는 안된다.
② 청소년 내담자가 기록에 대한 열람을 요구할 경우 오해의 소지가 없고 상담자와 내담자에게 해가 없다고 판단되면 이에 응한다.
③ 청소년 내담자의 성장과 복지에 필요하다고 판단된 경우에 부모에게 정확하고 종합적인 정보를 알릴 수 있다.
④ 법적, 도덕적 한계를 벗어난 다중관계를 맺지 않는다.
⑤ 심리검사의 잠재적 영향력, 결과에 대해 청소년 내담자가 이해할 수 있도록 설명한다.

정답 및 해설 ①

청소년 내담자와 보호자가 상담기록의 삭제를 요청할 때, 법적/윤리적 문제가 발생하지 않는 선에서 원칙적으로 삭제하는 것이 적절하다. 내담자의 권리에 속한다고 볼 수 있다.
위의 경우가 아닌 상황에서 삭제를 할 수 없는 경우에는 이에 대한 충분한 설명과 동의를 받는 것이 윤리적이다.

6. 미술활동을 매개로 한 상담의 장점을 모두 고른 것은?

> ㄱ. 미술표현은 내담자의 문제를 또 다른 관점으로 이해할 수 있게 한다.
> ㄴ. 미술이 지닌 상징성은 내담자의 감정을 안전하게 표현할 수 있게 한다.
> ㄷ. 미술표현은 언어적 표현보다 통제를 적게 받고, 저항을 완벽하게 제거할 수 있게 한다.
> ㄹ. 미술활동으로 생산된 구체적인 유형물은 새로운 통찰을 가능하게 한다.

① ㄱ, ㄴ ② ㄷ, ㄹ ③ ㄱ, ㄴ, ㄹ
④ ㄴ, ㄷ, ㄹ ⑤ ㄱ, ㄴ, ㄷ, ㄹ

정답 및 해설 ③

미술치료는 예술의 영역과 심리학의 영역이 만나 이루어진 분야로서, 미술 활동을 통하여 사람들의 심리를 진단하고 심신의 어려움을 겪고 있는 사람들을 치료하는 것
1. 말로써 표현하기 힘든 자신의 감정이나 생각들을 미술 활동을 통하여 표현
2. 자신의 내면세계를 미술 창작 활동을 통해 표현하고 표출하도록 함.
3. 심리적 안정감과 감정의 정화, 즉 카타르시스를 경험하도록 함.
4. 자신에 대한 이해와 통찰을 하게 되어 스스로 내면의 갈등을 조정할 수 있게 됨 나아가 자신에게 있는 삶의 문제들을 해결하고 적응할 수 있는 힘을 갖게 함
 - 미술치료는 비언어적 치료법으로 질적(투사적)치료기법이다. 장점으로는 객관적 접근에 비해 내담자의 의도적 저항을 제거하는 장점이 있으나 저항을 완벽히 제거할 수는 없다.

7. 다음 ㄱ, ㄴ을 주장하는 여성주의 학자는?

> ㄱ. 여성의 도덕성 발달은 콜버그(L. Kohlberg)의 모형으로 설명할 수 없다. 왜냐하면 여성의 돌봄과 책임의 도덕성은 관계체계에 근거하고 있기 때문이다.
> ㄴ. 여성의 정체감은 관계 맥락을 통해 확인할 수 있다. 그리고 종속집단에 해당하는 여성은 지배계층을 기쁘게 하기 위해 수동성, 의존성, 무능력 등의 특성을 형성해간다.

	ㄱ	ㄴ
①	길리건(C. Gilligan)	벰(S. Bem)
②	길리건(C. Gilligan)	밀러(J. Miller)
③	밀러(J. Miller)	벰(S. Bem)
④	벰(S. Bem)	밀러(J. Miller)
⑤	길리건(C. Gilligan)	브라운(D. Brown)

정답 및 해설 ②

길리건(C. Gilligan) : 콜버그의 도덕성 발달이론이 남성중심의 이론임을 비판하며 나아가 콜버그의 도덕성은 '정의'의 윤리라는 측면이 강하다고 하며 도덕성이란 '책임의 윤리'라는 내용으로 자신만의 도덕성발달론을 전개하였다.
밀러(J. Miller) : 여성의 정체감에 대해 언급하면서 여성은 소속 종속집단의 관습이나 인습에 수동적으로 학습되게 되며 여성은 해당 종속집단속에서 지배계층을 기쁘게 하기 위해 수동성, 의존성, 무능력 등의 특성(정체성)을 형성해간다고 주장하였다.

상담연구방법론

상담연구방법론

상담연구
방법론

1강 이상

❏ 상담연구의 기초

─ 상담연구의 과학적 접근

과학(science)은 '어떤 사물을 안다(scire)'라는 희랍어에서 시작되었다. 사회과학(social science)은 인간사회와 관련된 학문분야를 연구하는 학문이다. 사회학, 인류학, 심리학, 경제학, 정치학, 교육학, 법학, 상담학 등 다양한 분야들이 포함되며, 인간의 삶에서 빚어지는 희로애락을 연구하는 학문을 의미한다. 즉, 인간의 삶 자체를 연구하는 학문이 바로 사회과학이다.

❏ 과학과 상담연구방법

1. 과학과 상담학

1) 과학

과학은 위에서 언급한 바와 같이 인간과 자연을 포함한 모든 사물과 현상을 그 대상으로 바른 지식을 얻거나 합리적으로 이해하기 위한 탐구행위이다.

2) 과학의 특징
   (1) 과학에서 사용하는 개념은 누구에게나 동일
   (2) 실험이나 조사, 관찰 등을 통해 구체적으로 드러난 증거 강조
   (3) 과학에서 드러난 증거는 합리적이고 체계적인 방법을 통해 이루어진 것이어야 한다.
   (4) 경험적 검증 가능성이 중요하다.

❏ 과학적 연구의 특징과 논리체계

─ 과학적 연구의 특징

1) 과학적 연구는 논리적이다.
2) 과학적 연구는 결정론적이다.
   모든 과학적 현상은 혼자서 스스로 발생하는 것이 아니라 어떠한 원인이 있기 때문에 발생하는 것이며 그 원인이 논리적으로 확인되어야 함을 전제로 한다는 것을 의미한다.
3) 과학적 연구는 일반화를 목적으로 한다.
4) 과학적 연구는 특정적이다.

* 연구방법에 있어 특정한 방법을 선택하여 진행해야 한다는 것이다.

5) 과학적 연구는 간결해야 한다.
6) 과학적 연구는 검증이 가능해야 한다.
7) 과학적 연구는 연구자들이 공통적으로 가지고 있는 주관에 근거한다는 상호주관성 (inter-subjectivity)이 있어야 한다.

> ** 상호주관성(inter-subjectivity)
> 1. 연구의 과정에서 연구자는 객관성을 가지고 연구를 진행하고 자신의 주관을 배제해야 한다. 그러나 상호 주관성은 한 사람이 가진 주관성이 아니라, 동일한 경험이 있는 사람들이 겪는 공통된 것으로 완전히 객관적인 것은 아니지만, 객관성에 준하는 과정으로 보려는 논의이다.
> 2. 예를 들면, 사람이 자신의 주관적인 측면에 따라 '돌멩이'를 '돌조각, 조약돌, 자갈'로 각각 다르게 보는 것에는 차이가 있지만, 그것이 '돌'의 일종이라는 인식에서는 어느 정도 유사성을 공유한다. 이처럼 여러 사람이 가진 주관성이 공유되는 주관성이 상호 주관성이다.
> 3. 각자의 주관을 가진 개인 행위자와 다른 행위자가 상호 의사소통이 가능한 이유는 각자의 주관에도 불구하고 상호 유사성을 갖는 부분이 있기 때문이다. 특히, 질적 연구 방법은 자료가 갖는 특징 때문에 완전한 객관성을 유지하기가 매우 어렵기에 상호 주관성을 확보한 경우에도 객관성에 준하는 인정을 하는 것이 사회 과학 탐구의 최근 경향이라고 볼 수 있다.

8) 과학적 연구는 수정가능 해야 한다.

☐ 과학적 연구의 논리체계

과학적 연구의 논리체계란 과학이 논리적 근거를 얻기 위하여 이론을 전개하는 과정으로 연역적 논리체계와 귀납적 논리체계로 구분한다.

1) 연역적 논리체계
일반적인 경험이나 사실에서부터 시작하여 특수한 사실을 도출해 내는 방법이다.

> 일반적 사실 - **사람은 죽는다.**
> 사실의 관찰 - 소크라테스, 나폴레옹, 처칠은 사람이다.
> 특수한 사실 - 그러므로 소크라테스, 나폴레옹, 처칠은 죽는다.

2) 귀납적 논리체계
특수한 경험이나 사건들로부터 이들에게 공통적으로 적용되는 일반적인 원리를 찾아내는 방법이다. 즉, 논리와 경험을 결합하여 이론을 형성해 가는 방법을 말한다.

> 특수한 사실 - 소크라테스, 나폴레옹, 처칠은 죽는다.
> 사실의 관찰 - 소크라테스, 나폴레옹, 처칠은 사람이다.
> 일반적 사실 - **그러므로 사람은 죽는다.**

❏ 사회과학에 있어서 인과관계

- 인과관계란 특정 사회현상이 야기된 원인과 결과 사이의 관계를 명확히 밝히기 위해 사용
- 사회과학은 많은 현상이 끊임없이 돌고 도는 순환체계(ecosystem)를 이루고 있는 것처럼 보이기 때문에 과학적 인과관계를 근거로 했을 때 그 지식이 이론으로서 더욱 가치를 지님

1) David Hume이 제시한 인과관계 구성의 3요소
   - 첫째 : 가정한 원인과 결과의 인접성(contiguity)
   - 둘째 : 가정한 원인이 결과보다 시간적으로 우선(temporal precedence)해야 함
   - 셋째 : 원인이 있으면 반드시 결과도 나타나야 한다는 불변적 결합(constant conjunction)

2) Mill이 인과관계의 개념과 원인을 추론하는데 3가지 조건
   - 첫째 : 원인은 결과보다 시간적으로 앞서야 하며,
   - 둘째 : 원인과 결과는 관련되어 있어야 하며,
   - 셋째 : 결과는 원인이 되는 변수들만으로 설명이 되어야 하며 다른 변수들에 의한 설명은 제거되어야 함

   앞의 둘은 Hume에 의해 설명된 것이며, 세 번째에서 통제된 집단(control group)의 개념으로 외생변수에 대한 통제를 통해 결과에 대한 설명력을 높이고 있음

3) Popper의 반증주의(반증가능성)과 인과관계
   - 첫째 : 인과적 명제에 대한 반증의 논리를 제시. 즉 이론이 어떤 관찰치들과 일치한다고 해서 그 이론이 확증된 것이 아니고 단지 '부정(disprove)되지 않는 것'이라는 것과 그것이 확증되기 위해서는 모든 경쟁가설을 제거할 수 있어야 함
   - 둘째 : 인과적 명제가 기각되었다 하더라도 이것은 여러 가지 원인에 의해 발생하고 그것이 객관적으로 틀렸다고 볼 수 없으므로 보다 많은 자료의 수집이 필요
   - 셋째 : 인과적 명제와 상충되는 자료를 수집해 이를 다른 인과적 명제와 경쟁을 시켜 타당하지 않은 이론들을 보다 강력한 이론으로 대체하는 과정이 필요

❏ 상담 연구의 패러다임

- 상담학 연구의 기본가정

1) 인간의 객관적인 어떤 사실을 연구 대상으로 하기 보다는 자아개념, 우울 등과 같이 직접 측정하기 어려운 특성을 개념화한 구성개념인 구인을 다루는 경우가 많다. 상담학 연구는 이런 구인을 측정 가능하다고 가정한다.
2) 상담자가 같은 매뉴얼을 보고 실험 또는 조사를 한 경우, 모든 상담학자들은 해당 대상자에게 똑같은 실험이나 조사를 한다고 가정한다. 또한 연구 대상자는 그 내용을 똑같이 이해했다고 가정한다. 연구대상자는 최선을 다해 성실하게 응답했다고 가정한다. 처치하는 변인 이외의 다른 모든 변인은 모두 직접 또는 간접적으로 통제했다고 가정한다.

📖 상담학 연구의 목적

(1) 기술

각 대상과 대상 간의 관계에 대해 관찰한 그대로를 기록하는 것이다. 현상의 특성을 범주화하여 구체적으로 묘사하거나 수치 정보를 있는 그대로 서술하고 통계분석 결과를 기술하는 것을 목적으로 한다. 수많은 질적 연구가 기술적 목적으로 행해지면 대부분의 연구자는 기술적 연구의 결과물을 바탕으로 다음 단계인 설명적 연구를 수행한다.

(2) 이론정립

상담과 관련된 일반화된 법칙을 찾아내는 것이다.

(3) 예측

미래의 변화나 새로 발생하게 될 현상에 관심을 두고 이론적 기반과 통계적 기법을 활용하여 예측하는 것을 목적으로 하는 연구다. 일반적 법칙과 사실에 관한 진술이 먼저 있고 이것으로부터 특정한 사건이 발생하기에 앞서서 그 사건이 일어날 것을 미리 아는 것이다.

(4) 통제

어떤 현상에서 가치판단의 문제가 발생될 때 그것을 조작하거나 좀더 긍정적인 방향으로 변화하도록 하는 것을 목적으로 한다. 상담과 관련된 어떤 현상을 일으키는 원인 또는 조건을 조작하여 그 현상을 일어나게 하고 일어나지 못하게도 하는 것을 말한다.

(5) 탐색

연구 대상을 더 잘 이해하기 위한 것으로 연구 문제를 규정하고 연구에 대한 사전 지식과 경험을 얻기 위해 실행하는 활동으로 주로 사실이나 현상 따위를 찾는 것

(6) 설명

현상에 대한 원인을 알아내는 것이다. 왜 그러한가에 대한 답을 찾는 것이다. 이유를 밝히는 목적으로 하기 때문에 인과적 연구라고 한다.

2강 사회과학 연구방법론의 의의

❑ 사회과학 연구방법의 유형

1) 실험

다른 조건을 통제한 후 하나의 변수가 또 다른 변수에 어떤 영향을 미치는지 알아보는 것이다. 일반적으로 실험은 독립변수와 종속변수의 설정, 실험집단과 통제집단의 구분, 사전검사와 사후검사의 실시와 같은 조건이 있다. 그러나 이러한 실험은 다소 엄격한 연구방법인데, 현실적으로 이런 방식으로 연구하기 어려울 수 있다.

2) 참여관찰(participatory observation)

조사자가 연구 대상자들의 생활 공간 속에 직접 들어가 현상을 관찰하면서 기술하는 방법이다. 관찰방법은 크게 직접 관찰과 간접 관찰로 나눌 수 있다. 직접 관찰은 연구현상이나 연구 대상자를 연구자가 직접 보고 듣고 관찰하는 방법이다. 간접 관찰은 다른 사람이 남긴 기록을 조사하거나 다른 사람이 경험한 바에 대해서 면접을 통해 알아내는 것이다.

이러한 관찰방법은 연구자의 신분 공개 여부 또는 연구 대상자의 활동의 참여 여부에 따라서 4가지로 크게 나눠진다.

(1) 완전참여자
   신분을 공개하지 않고 활동에 참여하는 유형

(2) 관찰자로서 참여자
   신분을 공개하고 활동에 참여하는 유형

(3) 참여자로서 관찰자(비참여관찰)
   신분을 공개함과 동시에 연구 대상자의 공간 안으로 들어가되 활동에는 참여하지 않는 유형

(4) 완전관찰자
   신분을 공개하지 않고 연구대상자의 공간밖에서 오직 관찰만 수행하는 유형

3) 내용분석

문서자료조사의 일종으로 인쇄된 단어를 대상으로 그 내용을 분석하는 것으로 객관적, 체계적, 양적 기술의 조사기법이다.

4) 조사연구(survey research)

모집단으로부터 표본을 추출하여 조사하는 것이다. 일반적으로 조사연구는 구조화된 질문지를

많이 사용한다. 질문지는 자료수집이 시작되기 전에 계획되는데, 응답자 개개인의 느낌이나 해석을 참여관찰에서 처럼 깊이 탐구하지 못한다. 반면에 조사연구에서 수집된 자료를 통해서 우리는 변수간의 관계를 보다 체계적으로 설명할 수 있게 된다.

관찰연구의 기타 유형

1. 준참여관찰 : 관찰집단의 생활의 일부만 참여해 관찰하는 방법
2. 통제관찰 : 사전의 기획절차에 따라 타당성과 신뢰성 확보를 위해 관찰조건을 표준화하고 보조기구를 사용하는 관찰로 비참여관찰에 사용된다.
3. 비통제관찰 : 관찰조건을 표준화하지 않고 조사목적에 맞는 자료이면 다양하게 관찰하는 방법으로 이는 탐색적 조사에 많이 사용

♣ 심화학습

4가지 방법의 비교(장단점)

구분	장 점	단 점
실험	1. 다른 변수의 영향을 배제할 수 있다. 2. 반복연구가 가능하기 때문에 일반화 가능성이 높다.	- 기록된 자료에만 의존해야 하는 한계가 있다. - 명백히 드러난 내용과 숨겨진 내용을 평가하는데 어려움이 있다. - 실질적인 타당도를 확보하기 어렵고, 연구대상의 실상을 충분히 객관적으로 파악하였다고 보는데 한계가 있을 수 있다. - 실험상황에서 얻은 인간의 행동이 실제 사회현상에 적용될 수 있는가에 대한 논란의 여지가 많다.
참여 관찰	1. 자연스러운 상태에서 현상을 파악할 수 있기 때문에 심층적 차원을 이해할 수 있다. 2. 연구설계와 연구 착수가 쉽고 다른 연구방법에 비해 비용이 절감된다.	- 주관적으로 판단할 가능성이 있다. - 대체로 질적자료로 분석되기 때문에 대규모 모집단에 대한 기술이 어렵다.
내용 분석	1. 장기간에 걸쳐 일어난 과정을 조사하기 때문에 역사적 분석이 적용가능하다. 2. 시간과 비용 면에서 경제적이다. 3. 조사대상자의 반응성을 일으키지 않기 때문에 비관여적이다. 4. 기존의 자료를 활용하기 때문에 많은 분량의 데이터를 다룰 수 있다. 5. 분석상의 실수를 언제라도 수정할 수 있기 때문에 안정성을 확보할 수 있다. 6. 오랜기간에 걸친 과정을 연구할 수 있고 신뢰도도 비교적 높다.	- 기록된 자료에만 의존해야 하는 한계가 있다. - 명백히 드러난 내용과 숨겨진 내용을 평가하는데 어려움이 있다. - 실질적인 타당도를 확보하기 어렵고, 연구대상의 실상을 충분히 객관적으로 파악하였다고 보는데 한계가 있을 수 있다.
조사 연구	1. 대규모 모집단의 특성을 기술하는데 유용하다. 2. 반복성과 변수 통제의 정도가 높고 실험에 비해 융통성이 많다. 3. 다른 기법에 비해 특정 연구결과를 사회행동 전반에 적용할 수 있는 일반화의 가능성이 높고 효과적으로 다룰 수 있는 변수의 수가 많다.	- 참여관찰에 비해서는 융통성이 떨어질 수 있다. - 연구대상을 피상적으로 관찰할 수밖에 없다.

☐ 사회과학 연구의 목적과 접근방법

1) 실증주의적 접근방법 – 기술과 설명
2) 해석적 접근방법 – 이해와 해석
3) 비판적 접근방법 – 비판과 실천
4) 3가지 접근법의 연구목적과 차이점

구 분	실증주의적 접근방법	해석적 접근방법	비판적 접근방법
연구목적	자연법칙을 찾아내 사람들이 사건을 예측하고 통제할 수 있도록 함	의미 있는 사회적 행위를 이해하고 기술	근본적인 사회변화를 유도하기 위하여 신화를 깨트리고 보통사람에게 권한을 부여
사회적 실재의 성격	안정적인 기존의 패턴 또는 질서가 존재하여 발견이 가능	인간의 상호작용에 의하여 만들어지는 상황이므로 정의가 유동적임	보이지 않는 기저구조에 의하여 만들어지고 통제되는 갈등
인간의 본질	이기적이고 합리적인 인간으로 외부적인 힘에 의하여 모양이 결정	사회적 인간으로 의미를 창조하며 자신이 속한 세계의 의미를 끊임없이 만들어 감	독창적이고 적응적인 인간이지만 잠재력을 실현하지 못하고 환상에 빠져 착취당하고 있음
상식의 역할	과학과 분명한 차이가 있으며 타당성이 부족	보통사람들이 사용하는 강력한 일상생활의 이론임	권력과 객관적인 조건을 숨기고 있는 잘못된 믿음에 불과
이론의 형태	서로 연결된, 정의, 공리, 그리고 법칙들의 논리적, 연역적 시스템	집단의 의미체계가 어떻게 생성되고 유지되는지를 묘사한 것	진정한 상황을 드러나게 하고 보통사람들이 보다 나은 세계를 볼 수 있도록 하는 비평
진정한 설명	법칙에 논리적으로 연결되어 있고 사실에 기반을 두어야 함	연구대상이 사람들이 공감하고 옳다고 느껴야 함	보통사람들이 세계를 변화시키는데 필요한 도구를 제공하여야 함
좋은 증거	다른 사람들이 반복할 수 있도록 정확한 관찰에 기반을 두어야 함	유동적인 사회적 상호작용의 맥락에서 찾아야 함	환상을 제거하는 이론에 기초하여야 함
가치의 지위	과학은 가치로부터 자유로우며, 주제를 선택할 때 외에는 개입되어서는 안됨	가치는 사회생활의 필수요소의 하나이며, 어느 집단의 가치도 틀릴 수 없으며, 다를 뿐임	모든 과학은 특정의 가치명제와 결부되어 있으며, 일부 명제는 옳고, 일부 명제는 그름

5) 3가지 접근법의 공통점

모든 접근방법에서 사회과학은 자기반성적(self-reflective)이고 개방적인 공개적 과정을 통하여 체계적으로 수집된 자료와 경험에 기반을 둔 이론적 지식을 생성하기 위하여 노력한다.

연구의 종류

1) 탐색적 연구
- 연구문제의 보다 명확한 규명
- 연구문제에 대한 예비지식 확충
- 연구에 사용될 유용한 변수들을 찾아내고 이들 간의 관계에 대한 예비지식 획득
  (예, 문헌연구, 사례연구, 전문가 의견연구, 표적집단면접법(FGI))

2) 기술적 연구
- 의사결정과 관련된 상황파악과 특정 사건의 발생빈도 연구
- 의사결정에 영향을 미치는 변수 간의 상호관계 파악
- 특정 값을 예측
  (예, 횡단연구, 시계열연구, 패널연구)

3) 인과관계연구
- 특정 현상 간의 인과관계는 어떠한가?
- 특정 현상을 구체적으로 정확하게 이해, 설명, 예측할 수 있는가?
  (예, 원시실험설계, 순수실험설계, 유사실험설계)

전문적 글쓰기

1. 연구보고서 작성법
1) 서론은 이론에서 연구문제를 도출하는 연역적 방식으로 기술한다.
   추가적으로 서론에는 연구의 목적, 방법, 필요성 및 연구의 범위 등 연구의 의의를 나열하고, 기존 연구에서의 미비한 사항이나 차이점 등도 기록한다. 또한 용어의 정의 및 연구문제를 위한 틀을 발전시키며 연구가설을 진술하고 연구의 제한점을 제시함으로써 연구결과에 대한 과잉일반화나 해석상의 오류가능성을 경고한다.
2) 연구가설은 탐색적 질문과 검정을 위한 질문으로 구성할 수 있다.
3) 선행연구 결과를 인용할 경우 반드시 출처를 밝혀야 한다.
4) 연구결과는 논문의 구성내용 중 가장 객관적이어야한다.
5) 결론 및 논의에는 자신이 수행한 연구결과의 요약이 포함된다.

2. 연구보고서 작성시 유의사항
① 정확성 : 가능한 한 전달하고자 하는 내용을 정확하게 기술해야 한다. 보고서는 소설이나 수필이 아니다. 독자의 상상이나 판단에 맡겨서는 안 된다.
② 일관성 : 처음부터 끝까지 언급하는 내용이나 사용하는 용어가 일관성 있고 체계적이며 논리

적이어야 한다.
③ **간결성** : 필요 없는 부언이나 중첩, 또는 유사어의 반복을 피하고 전달하고자 하는 내용의 요점만 간결하게 표현해야 한다.
④ **평이성** : 내용을 이해하기 쉽도록, 난잡하고 까다로운 어휘보다는 내용을 정확하고 간결하게 전달할 수 있는 어휘를 사용하는 것이 좋다.

3강 척도의 유형/원점수와 규준

□ 측정과 척도

측정(measurement)이란 현상에 대해 체계적으로 수치를 부여하는 과정이고 이들 수치를 분석 자료로 삼아 결론을 내리는 것이다. 즉, 어떤 일정한 규칙에 따라 대상이나 사건에 수치를 할당하는 과정을 말한다.

이때 수치를 체계적으로 할당하는 데 사용하는 도구를 측정도구라고 하며 일반적으로 이를 **척도**(scale)라고 부른다. 척도는 다음의 네 가지 유형으로 구분할 수 있다.

1) 명명척도

명명척도(nonnormative scale)란 숫자의 차이로 측정한 속성이 대상에 따라 다르다는 것만을 나타내는 것이다.

예를 들면, 자료처리를 위해 남자를 1로 여자를 2로 정리한 경우 1과 2는 성별이 다른 사람이라는 정보만을 나타낼 뿐이다. 따라서 명명척도인 경우 그 숫자들을 통계적인 기법을 이용해서 분석하는 것은 무의미하다.

2) 서열척도

서열척도(ordinal scale)는 숫자의 차이가 측정한 속성의 차이에 관한 정보뿐 아니라 그 순위관계에 대한 정보도 포함하고 있는 척도이다.
이와 같이 숫자들이 서열척도의 특성을 갖는 경우, 일부 통계적 기법을 이용한 분석이 가능하다.
　예시. 아주 좋다 - 좋다 - 보통이다. - 싫다 - 아주 싫다.

3) 등간척도(동간척도)

등간척도(interval scale)는 수치상의 차이가 실제 측정한 속성간의 차이와 동일한 숫자집합을 말한다.

예를 들면 온도계로 측정한 온도를 보면 0도와 5도의 차이는 15도와 20도의 차이와 같다. 이러한 등간척도는 다양한 통계적 기법을 이용해서 분석하는데 유용하다.

> * 등간척도의 예 : 시험을 보고 얻은 원점수, IQ검사의 원점수
> - 원점수는 편의상 등간척도로 분류한다.

4) 비율척도

비율척도(ratio scale)는 차이정보와 서열정보, 등간정보 외에 수의 비율에 관한 정보도 담고 있

는 척도이다.

예를 들면, A의 몸무게가 20kg이고 B의 몸무게가 40kg, C의 몸무게가 60kg이라면 B의 몸무게는 A의 두 배이며 C의 몸무게는 A의 세 배라는 것을 알 수 있다. 이와 같이 비율척도는 수의 비율에 관한 정보를 제공해준다.

* 비율척도의 예 : 원점수를 가공한 Z, T, H, 스테나인 점수
  IQ검사의 원점수를 가공한 편차IQ(deviation IQ)
* 편차IQ(deviation IQ)는 평균이 100이고 표준편차는 비율IQ가 사용했던 표준편차 16에 근접하는 **표준점수**를 말함

☐ 양적변수 : 등간변수, 비율변수

* 양적변수를 정수값을 취하는 이산적변수와 연속적인 모든 실수 내지 길이를 갖는 연속적 변수로 나뉜다.

☐ 질적변수 : 명목변수와 서열변수

예제 1 다음은 어떤 척도에 대한 설명인가?

- 관찰대상의 속성에 따라 상호배타적이고 포괄적인 범주로 구분한 수치를 부여하는 도구
- 변수 간의 사칙연산은 의미가 없음
- 운동선수의 등번호, 학번 등이 있음

정답 및 해설 명목척도
명목척도는 측정대상의 속성을 분류하거나 확인할 목적을 수치를 부여하는 척도로서, 사용된 숫자는 크기를 나타내거나 계산에 사용될 수 없다.

예제 2 변수와 측정수준의 연결이 옳은 것은?

① 빈곤율 - 명목변수 ② 직업분류 - 서열변수
③ 청년실업자수 - 비율변수 ④ 야구선수의 등번호 - 등간변수

정답 및 해설 ③
① 빈곤율 - 비율변수
② 직업분류 - 명목변수
④ 야구선수의 등번호 - 명목변수

> ♣ 심화학습
> 1. 개념의 측정과정
>   0 개념 → 개념적 정의 → 조작적 정의 → 측정
>
>   ←—개념적 정의—→ ←————조작적 정의————→
>
>   개념의 정의 → 변수 선택 → 측정도구 선택 → 측정단위 선택 → 측정
>   · 열   → 온도 → 온도계 이용 → 섭씨 또는 화씨 온도
>   음주운전 → 혈중 알콜 농도 → 호흡 측정기 → 혈중 알콜 농도(%)
>
> 2. 측정의 사례 : 신생아 성장에 대한 연구
>   - 개념 정의 : 신생아의 성장
>   - 변수 선택 : 키, 몸무게, 가슴둘레
>   - 측정도구 : 자, 체중계
>   - 측정단위 : cm, kg 등
>
>   신생아 성장 →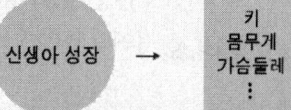

❏ 원점수(raw score)

　실시한 심리검사를 채점해서 얻는 최초의 점수를 원점수(raw score)라고 한다. 그러나, 원점수는 해당 검사 또는 하위검사(sub-test)의 문항수나 채점체계에 따라 매우 다양할 수 있어서 그 자체로는 수검자의 심리적 구성물이 어느 정도 수준인지 극히 초보적인 정보만 제공해 줄 뿐 그것을 평가할 수 있는 정보를 제공해 주지는 못한다. 원점수를 편의상 등간척도로 보기도 한다.

> * 원점수(소점)
> 1) 성적을 표시하는 데 사용하는 척도의 일종
> 2) 원점수의 결점
>   - 어떤 점수가 어디에 있는지 비추어 볼 의거점이 없다.
>   - 문제의 난이도에 따라 점수가 크게 변하므로 안정성이 없다.
>   - 여러 가지 점수들은 그것들을 서로 비교할 수 없다.

❏ 규준(norm)의 의미

　규준이란 원점수를 표준화된 집단의 검사점수와 비교하여 의미를 해석하기 위한 기준이 되는 것으로서 어떤 대표집단의 사람들에게 실시한 검사점수를 일정한 분포도로 작성하여 만든다.
　예를 들어 어떤 지능검사를 많은 사람들(규준집단)에게 실시하여 점수의 분포를 살펴보았을 때 평균이 100점이고 표준편차가 15점으로 나타났다면, 어떤 개인의 지능점수 100점은 평균수준의 지능을 의미하는 것이다.

척도의 유형/원점수와 규준 3강

예제 규준에 대한 설명으로 틀린 것은?

① 원점수를 표준화된 집단의 검사점수와 비교하여 의미를 해석하기 위한 기준이 되는 것으로서 어떤 대표집단의 사람들에게 실시한 검사점수를 일정한 분포도로 작성하여 만든다.
② 심리검사가 측정해 내는 특성이나 검사점수는 거의 대부분 상대적인 것이기 때문에 이것을 올바르게 해석하기 위해서는 어떤 기준이 있어야 한다.
③ 어떤 개인이나 집단이 얻은 원점수는 규준에 비추어 상대적 측정치로 변환하여 사용하게 된다.
④ 심리검사에 있어서의 규준은 절대적이거나 보편적인 것이며 영구적인 것이다.

정답 및 해설 ④
규준은 절대적이거나 보편적인 것이며 영구적인 것이 아니며 최신의 것으로 마련하는 것이 타당하다.

4강 규준점수(Z, T점수, 스태나인)

☐ 규준점수의 유형

1) 발달규준

발달규준이란 수검자가 정상적인 발달경로에서 얼마나 이탈해 있는지를 표현하는 방식으로 원점수에 의미를 부여하는 것이다. 이러한 발달규준을 토대로 한 점수는 심리측정학적으로는 다소 조잡해서 점수 자체를 통계적으로 처리하기에는 적합하지 않다는 평가를 받고 있기는 하지만, 기술적인 목적, 특히 개개인에 관한 집중적인 임상 연구와 연구목적에서는 상당히 유용하다.

[발달규준의 예]

규준의 종류	개 념
연령규준	개인의 점수를 규준집단에 있는 사람들의 연령에 비교해서 몇 살에 해당되는지를 해석할 수 있게 하는 방법
학년규준	주로 성취검사에서 이용하기 위해 학년별 평균이나 중앙치를 이용해서 규준을 제작하는 방법
정신연령규준	연령과 정신력의 비교를 통해 해석하는 법

2) 집단내 규준

거의 모든 표준화검사들은 집단내 규준을 제공한다. 즉, 개인의 원점수를 규준집단의 수행과 비교해 볼 수 있도록 하는 것으로서 원점수가 서열척도에 불과한 것에 비해 집단내 규준 점수들은 심리측정학상 등간척도의 성질을 갖도록 변환하는 것이 일반적이며, 그 의미가 명확할 뿐만 아니라 대부분의 통계적 분석에 적절하게 사용할 수 있다. 그리고, 이러한 집단내 규준점수에는 백분위점수, 표준점수, 표준등급 등이 포함되며, 이들의 관계는 아래 그림에 제시되어 있는 바와 같다.

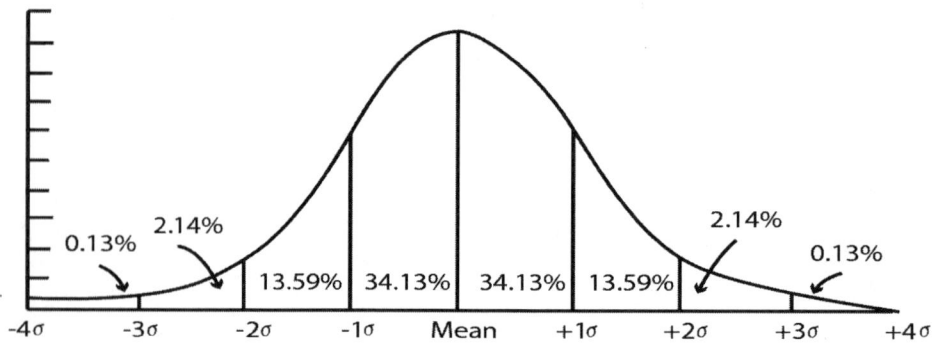

규준점수(Z, T점수, 스태나인)  4강

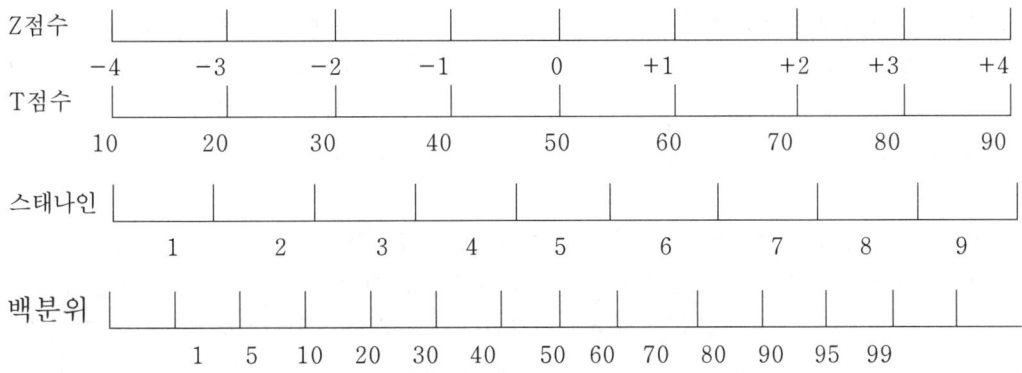

[정상분포에서 집단내 규준점수들 간의 관계]

   평균이 100, 표준편차가 15 이고 정상분포를 이루고 있는 검사의 경우, 전체 사례의 68%가 속하게 되는 점수의 범위는?

① 85~115   ② 70~130   ③ 65~145
④ 50~160

(1) 백분위점수

백분위점수(percentile scores)란 표준화집단에서 특정 원점수 이하인 사례의 비율 측면에서 표시한 것이다. 예를 들어 어휘력검사에서 정답을 맞춘 문제가 10개 미만인 사례가 전체의 25%라면, 원점수 10에 해당하는 백분위점수는 25가 된다.

이러한 백분위점수는 계산이 쉽고 기술적인 통계훈련을 받지 않은 사람들도 쉽게 이해할 수 있으며 적용대상이나 심리적 구성물의 종류 등과 관계없이 보편적으로 이용할 수 있다는 장점을 가지고 있다.

그러나, 백분위점수가 원점수의 분포가 정상분포에 가까울 경우에는 평균에 가까운 점수들의 차이를 과장하고 양극단에 가까운 점수들의 차이는 과소평가할 수 있다는 점에 유의해야 한다.

예제 1 검사 결과로 제시되는 백분위 95에 대한 바른 설명은?

① 검사 점수를 95% 신뢰할 수 있다는 뜻
② 전체 문제 중에서 95%를 맞추었다는 뜻
③ 내담자의 점수보다 높은 사람들이 전체의 95%가 된다는 뜻
④ 내담자의 점수보다 낮은 사람들이 전체의 95%가 된다는 뜻

(2) 표준점수

표준점수는 분포의 표준편차를 이용하여 개인이 평균으로부터 벗어난 거리를 표시하는 것이다. 즉, 원점수에 상수를 더하거나 빼는 등 점수를 변환하는 것이 원점수들의 크기에 따른 순위에는 전혀 영향을 미치지 않으므로 전체 분포의 평균과 표준편차를 변화시킴으로써 점수의 해석을 쉽게 하고 또 서로 다른 단위를 가진 점수들을 동일선상에서 비교하는 것이 가능하도록 하는 것이다.

여기에는 표준점수와 표준화점수가 이에 포함되는데, 표준점수(Z점수)란 평균이 0이고 표준편차가 1이 되도록 변환한 것으로서 원점수에서 평균을 뺀 후 표준편차로 나누어 산출한다.

그리고, 표준화점수는 표준점수에 상수를 더하거나 곱해서 익숙한 수치로 변환하는 것으로서 표준점수에 10을 곱한 후 50을 더해서 평균이 50이고 표준편차가 10인 분포로 만드는 T점수가 이에 속한다.

[Z점수와 T점수 산출 공식]

Z점수 산출 공식	T점수 산출 공식
Z = {원점수(X1) − 평균(M)} / 표준편차(S)	T = 10 × 표준점수(Z) + 50

♣ 심화학습 - 표준점수(Z, T, H점수)

1. Z점수 : 평균을 중심으로 표준편차단위로 전환한 점수(비율척도)
2. T점수(표준화 점수) : 원점수를 Z점수로 전환할 경우 원점수가 평균이하일 때는 마이너스가 나오게 되는 것이 불편하여 만들어짐
3. H점수 = 14Z + 50

(3) 표준등급

표준등급은 standard nine의 약자로 스태나인(stanine)이라고도 하는데, 이는 **2차 세계대전 중 미공군에서 개발한 규준내 점수법**이다. 표준등급은 원점수를 1에서 9까지의 범주로 나누는 것으로서 원점수를 크기순서에 따라 배열한 후에 아래표에 제시된 백분율에 맞추어 표준등급을 매기면 된다. 이 때 각 등급에 포함시키는 사례의 수는 중간등급이 가장 많고, 그보다 높거나 낮은 등급일수록 사례를 적은 비율로 포함시킴으로써 전체적인 분포가 정상분포가 되도록 하는 것이 일반적이다.

이 방법은 매우 쉽고 이론적인 토대도 튼튼해서 널리 이용되며 검사결과 얻어진 점수를 정해진 범주에 집어넣음으로써 수검자들 간의 원점수 차가 작을 때 생길 수 있는 지나친 확대해석을 미연에 방지할 수 있다.

[스태나인 점수변환에 쓰이는 정상곡선의 백분율(%)]

스태나인	1	2	3	4	5	6	7	8	9
백분율(%)	4	7	12	17	20	17	12	7	4

❏ 규준해석의 유의점

1) 규준은 절대적이거나 보편적인 것이 아니며 영구적인 것이 아니므로, 규준집단이 모집단을 잘 대표하는 것인지를 확인하는 것이 중요하다.
2) 검사요강을 검토하여 규준집단의 다양한 변인들을 잘 고려하여 제작된 것인지를 살펴보아야 한다.
3) 오래된 규준제작에 대해서는 특별히 해석에 주의해야 한다.

5강 변인

❑ 변수(인)

1) 변인(變因, variable, 변수) : 연구를 통해 밝히고자 하는 사물이나 사람, 집단의 특성을 말한다. 이러한 특성은 개인이나 개체, 개별 집단에 따라 달라지고, 일정한 값을 갖지 않는다는 특징이 있다. 예를 들어, 키는 사람에 따라 다르고, 개인을 구별짓는 특성 중 하나이다. 키 외에도 개인은 많은 특성을 지니고 있는데, 몸무게, 머리색깔, 인종, 성별, 지능, 성격, 운동기능, 학업 성취도, 신앙심 등 수없이 많은 특성을 고려할 수 있다.
   연구의 대상이 되고 있는 일련의 개체(個體)가 어떤 속성에 있어서 서로 구별될 수 있을 때의 속성. 여기에서 개체라 함은 연구의 관심이 되는 분석의 단위를 말한다. 이때에 분석의 단위는 한 학교, 또는 지역사회를 구성하고 있는 개개인이 될 수도 있고, 또는 특수한 경우에는 한 학교, 또는 지역사회가 분석단위의 한 개체를 이루는 경우가 있다.

2) 변수는 연구자들이 연구하는 구성개념이나 속성을 변수라고 하는데 변수는 측정값이 변한다는 점에서 통상적으로 말하는 상수(constant)와 구별된다. 뿐만 아니라 변수는 일반적으로 각기 서로 다른 값을 취할 수 있으며 두 개 이상의 값을 취할 수 있다. 또한 변수가 의미하는 내용은 연구자마다 달라 연구결과에 대한 이해를 높이기 위해서 연구자 자신이 생각하는 변수의 개념이 무엇인지 객관적이고 구체적으로 기술해야 함.

❑ 변수(인)의 측정과 유형

1) 변인의 측정

변인(variable)이란 서로 다른 수치를 부여할 수 있는 모든 사건이나 대상의 속성을 말한다. 예를 들면 성별은 남자에게 1, 여자에게 2라는 수치를 부여할 수 있다면 이것이 하나의 변인이다.

> * 분류변인
> – 피험자의 개인차를 통해 분류할 수 있는 변인들을 의미(연령, 지능, 성격특성 등)

2) 변인의 종류

(1) 연속변인과 불연속 변인

연속변인이란 무한히 많은 값을 취할 수 있는 변인이다.
예를 들면 키나 몸무게처럼 이론적으로 무한한 수치를 할당할 수 있는 것이 연속변인이다.
불연속변인은 한정된 수치만을 할당할 수 있는 변인이다.
가정 내 자녀의 수, 구직을 위한 방문빈도 등이 그 예가 된다.

(2) 양적 변인과 질적 변인

<u>양적 변인</u>이란 변인에 할당한 수치들이 그 자체로서 양적인 차이를 나타낼 수 있는 변인이다. 예를 들면 나이나 시간, 길이나 무게 등은 양의 차이를 나타내는 변인들이다.

<u>질적 변인</u>이란 수치의 차이가 질의 차이를 나타내는 변인이다.
성별이나 졸업한 학교, 사는 지역, 인종 등은 질적인 차이를 나타내는 변인이다.

(3) 독립변인과 종속변인

<u>독립변인</u>이란 어떤 다른 변인의 원인이 되는 것을 말하며,
<u>종속변인</u>이란 그 독립변인의 결과가 되는 변인을 말한다.

이때 특정변인은 항상 독립변인이고 다른 변인은 항상 종속변인이 되는 것은 아니다. 동일한 변인도 연구자의 관심에 따라 독립변인으로 취급되기도 하고 종속변인으로 취급되기도 한다.

독립변인이냐 종속변인이냐 하는 것은 변인 자체의 특성에 의해 결정되는 것이 아니라 연구자가 해당변인을 어떻게 다루었느냐에 따라 분류된다.

> * 프로그램의 종류에 따른 자기효능감의 변화를 연구할 때 자기효능감은 종속변인으로 취급된다. 그러나 자기효능감 수준에 따른 구직활동의 차이를 연구할 때에는 자기효능감이 독립변인으로 취급된다.

♣ 심화학습

독립변인(independent variable)은 연구자가 '원인'이라고 생각하는 변인을 말한다.
종속변인(dependent variable)은 '결과'라고 간주하는 변인을 말한다.
가외변인(extraneous variable)은 독립변인이 아니면서도 종속변인에 영향을 미치는 모든 변인(오염변인)

(4) 예언변인과 준거변인

<u>예언변인</u>이란 그 변인의 값을 통해 어떤 다른 변인의 값을 예언하려는 용도로 사용되는 변인이다.

<u>준거변인</u>이란 예언변인으로 예측하고자 하는 변인으로 말한다.

어떤 기업이 영어, 전공, 그리고 적성검사 점수를 종합해서 신입사원을 선발한다고 할 때 이런 선발방법을 이용하는 이유는 그 점수가 높은 사람들이 나중에 입사해서 업무성과가 높을 것이라고 가정하기 때문이다. 이런 가정을 확인하기 위해 영어, 전공, 적성검사 점수로 업무성과를 예측해 볼 수 있는데, 이때 앞의 세 변인이 예언변인이고 업무성과가 준거변인이 된다.

♣ 심화학습

인과관계 탐구를 위한 실험연구들에서 독립변인과 종속변인이라는 용어를 많이 사용하는 반면에 예언변인과 준거변인은 인과관계를 가정하지 않는 상관연구에서 더 많이 쓰인다.
    – 인과관계연구 : 독립변인–종속변인
    – 상관연구 : 예언변인–준거변인

3. 독립변수와 종속변수의 관계

1) **종속변수(dependent variable)** : 연구자의 주된 관심이 되는 변수로, 사회과학에서 연구자의 주 연구대상, 연구자는 종속변수에 영향을 미치는 여러 변수들을 계량화하고 측정하는데에도 관심을 가짐(결과변수, 목적변수, 타깃변수)

2) **독립변수(independent variable)** : 종속변수에 영향을 미치고, 종속변수의 분산을 설명해 주는 변수(원인변수, 설명변수, 예측변수)

독립변수와 종속변수의 관계

3) **조절변수(moderating variable)** : 독립변수와 종속변수 사이에 강하면서도 불확정적인 영향(contingent effect)을 미치는 변수로 조절변수가 존재할 때만 독립변수와 종속변수 상의 이론적 관계(theorized relationship)가 성립

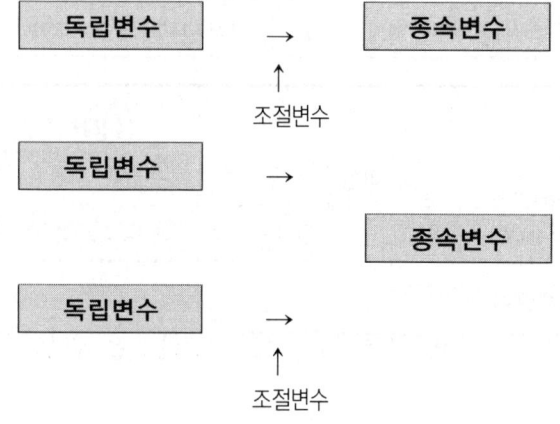

4) **매개변수(mediating variable)** : 종속변수에 영향을 미치기 위하여 독립변수가 작용하는 시점과 독립변수가 종속변수에 영향을 미치는 시점의 중간에 나타나는 변수. 매개변수와 중속변수만의 관계에서는 독립변수 역할을 함

* 독립변수와 종속변수 사이에서 영향을 받고 주는 변수로 시간적 차원이 개재되어 있음.
* 독립변수로부터 영향을 받고 종속변수에는 영향을 미치는 변수.

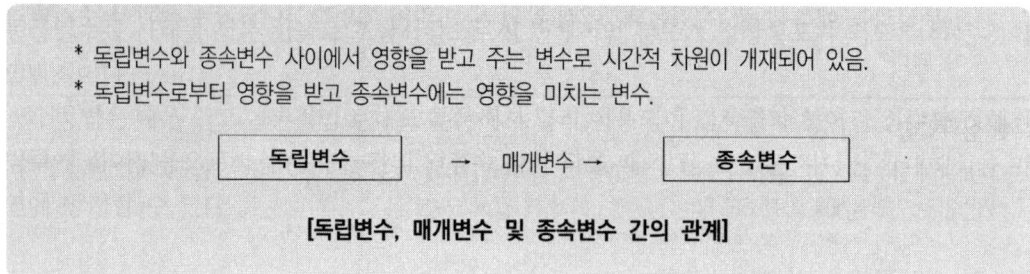

[독립변수, 매개변수 및 종속변수 간의 관계]

예제 1 두 변수 간의 사실적인 관계를 약화시키거나 소멸시켜 버리는 검정변수는?

① 선행변수　　② 매개변수　　③ 억제변수　　④ 왜곡변수

▸ **정답 및 해설** ③
　선행변수 : 인과관계에서 독립변수에 앞서면서 독립변수에 유효한 영향을 끼치는 변수
　왜곡변수 : 두 변수의 사실상의 관계를 정반대의 관계로 나타나게 하는 제3의 변수

예제 2 변수에 관한 설명으로 가장 거리가 먼 것은?

① 변수는 연구대상의 경험적 속성을 나타내는 개념이다.
② 인과적 조사연구에서 독립변수란 종속변수의 원인으로 추정되는 변수이다.
③ 외재적 변수는 독립변수와 종속변수와의 관계에 개입하면서 그 관계에 영향을 미칠 수 있는 제3의 변수이다.
④ 잠재변수와 측정변수는 변수를 측정하는 척도의 유형에 따른 것이다.

▸ **정답 및 해설** ④
　* 잠재변수는 실제로 측정되지 않고 측정변수를 통해 간접적으로 측정한다.
　* 잠재변수는 관찰된 변수의 기초가 되는 것으로 추정할 수 있지만 관찰되지 않는 '실체'를 의미하는 변수이다.

♣ 심화학습

종속변수의 정규성 검토방법
　1) 사피로월크(shapiro-wilk) 검정
　2) 첨도, 왜도
　3) 콜모고로프-스미르노프(Kolmogorov-Smirnov)검정

6강 가외변수(인)/오차

❏ 기타 변수

1) 가외변수(인)(extraneous variable)

　종속변수에 영향을 미칠 것으로 가정되지만 연구에서 다루어지지 않은 변수로서, 외재변수라고도 한다. 종속변수에 영향을 미칠 것으로 가정되는 변수들은 크게 그 효과를 확인하기 위하여 자료수집 및 분석의 대상이 되거나, 자료수집 및 분석의 대상에 포함되지는 않지만 자료수집의 범주의 형태로 통제되기도 한다. 그 어느 것에도 포함되지 않은 변수가 가외변수로서 누락된 변수를 뜻하기도 한다.

2) 가외(외생, 외재)변수의 종류

- (1) 우연적 사건(history) : 연구자의 의도와는 관계없이 어떤 사건이 우발적으로 발생하여 이로 인해 종속변수에 영향을 미치게 되는 경우
- (2) 성숙효과(maturation effect) : 시험기간 중에 실험집단의 육체적・심리적 특성이 자연적으로 변화함으로써 종속변수에 영향을 미칠 수 있음
- (3) 시험효과(testing effect) : 시험효과란 측정이 반복됨으로써 얻어지는 학습효과로 인해 실험대상의 반응에 영향을 미치는 경우로 주시험효과(main testing effect)와 상호작용시험효과(interaction testing effect)로 나누어 짐
- (4) 측정수단의 변화(instrumentation) : 측정자나 측정방법이 달라지는 경우에도 측정결과에 영향을 미칠 수 있음
- (5) 통계적 회귀(statistical regression) : 실험대상으로 선정된 집단이 잘못 선정되어 측정하고자 하는 종속변수의 수준에 있어서 아주 낮거나 아주 높은 상태에 있다면, 독립변수를 가한 후에 측정결과가 독립변수의 영향을 정확히 반영하지 못하여 외적 타당성을 저해할 수 있음(사전측정에서 극단적인 점수를 얻은 경우에 사후측정에서 독립변수의 효과에 관계없이 평균치로 값이 근접하려는 경향을 보이는 것을 통계적 회귀)
- (6) 표본의 편중(selection bias) ; 각 집단의 최초 상태가 상이함으로써 독립변수에 의한 효과가 왜곡되어 외적 타당성을 저해할 수 있음
- (7) 실험대상의 소멸(mortality) : 실험대상으로 선정되었던 실험대상이 실험기간 중에 실험대상에서 이탈하게 됨으로써 독립변수의 효과가 왜곡될 수 있음
- (8) 인과방향의 모호성(causal time-order) : 실험을 할 때 모든 가능한 외생변수가 통제되었다 할지라도 변수들 중 어느 것이 원인이고 어느 것이 결과인지 모를 경우가 발생함. 즉 변수간의 시간적 순서가 모호하기 때문에 인과방향을 확신할 수 없는 경우를 말함
- (9) 실험변수의 확산 또는 모방(diffusion or imitation of treatments) : 실험집단이 서로간에 의사소통

이 가능한 경우 서로의 정보에 영향을 받아 진정한 통제집단의 역할을 하지 못함. 이 경우 내적타당성이 저하를 받게 됨
(10) 실험변수의 효과를 상쇄하는 보상(compensation) : 통제집단으로 분류되어 손해가 발생하는 경우가 있다. 이 경우에 그러한 손해에 대한 보상을 다른 방법으로 주게 되어 순수한 통제집단으로서의 효과를 잃게 됨
(11) 실험목적에 대한 예상(demand artifact) : 실험과정에서 실험의 목적을 파악하고 조사자가 의도하는 방향으로 행동하는 경우
(12) 보상적인 대항(rivalry) 혹은 자기저하(demoralization) : 통제집단에 속하게 되어 독립변수에 노출되지 않은 실험대상들의 경우에 실험집단과의 경쟁의식에서 열심히 노력해서 그에 대한 보충을 하려는 경우, 또한 반대로 실험집단에서 제외되었다는 실망감으로 인해서 통제집단의 구성원들 안에서 자포자기해 버리는 현상

❏ 외생변수의 통제방법

(1) 제거 : 외생변수가 될 수 있는 가능성이 있는 변수를 제거하여 외생변수의 영향이 실험상황에 개입하지 않도록 함 (예, 강의방식에 따른 학생들의 학습태도의 차이를 알아보고자 할 때 군복무경험에 따라 학습태도가 달라질 수 있다고 판단되면 사전에 군복무경험자를 실험대상에서 제외)
(2) 균형화(짝짓기) : 실험집단과 통제집단의 동질성을 확보하기 위한 방법으로 균형화가 이루어진 후 두 집단 사이에 나타나는 종속변수의 수준 차이는 독립변수 만에 의한 효과로 간주
(3) 상쇄 : 하나의 실험집단에 두 개 이상의 실험변수가 가해질 때 사용하는 방법 즉 외생변수가 작용하는 강도가 다른 상황에 대해서 다른 실험을 실시하여 비교함으로써 외생변수의 영향을 통제 (예, 두 가지 정책대안의 제시순서나 조사지역에 따라 정책대안에 대한 선호도에 차이가 발생할 수 있다고 판단되면, 제시순서를 달리하거나 지역을 바꾸어서 재실험하는 경우가 이에 해당)
(4) 무작위화(무작위할당/배당) : 조사대상을 모집단에서 무작위로 추출함으로써 연구자가 조작하는 독립변수 이외의 모든 변수들에 대한 영향력을 동일하게 하여, 동질적인 집단으로 만들어 줌. 이는 실험대상의 무작위화는 외생변수의 통제를 통해 내적타당성을 보여줄 뿐만 아니라, 실험 결과의 일반화 가능성을 높여 주어 외적 타당성을 유지시키는 데도 필요함

♣ 심화학습 – 외래변수의 통제방법

– 짝짓기(Matching)
1) 실험집단과 통제집단을 동일하게 하기 위해 주요 변수들을 미리 알아내어 실험집단과 통제집단에서 그것들의 분포가 똑같이 나타나도록 하는 것
2) 서로 적합하다고 생각되는 모든 특성, 요인, 조건, 변수 등에서 정확하게 서로 똑같은 대상들을 둘씩 골라 하나는 실험집단에 다른 하나는 통제집단에 배정함으로서 두 집단의 동질성을 확보하는 것
3) 종류
 (1) 정밀통제 : 변수에 관한 것을 하나하나 조사하여 양 비교집단으로 나누는 것을 말함
 (2) 빈도분포 통제 : 하나의 변수가 모든 변수를 대표한다고 보고 한 변수의 전반적인 빈도분포에 의해 배합하는 방법

❑ 동등화오차(equating error)

1. 의미

검사점수 간 난이도 차이를 조정하기 위해 동등화 함수를 추정할 때 생기는 오차이다. 동등화를 실시하기 위해서는 수험생들의 검사점수와 같은 자료가 필요하다. 이 자료를 이용하여 검사 간 점수 차이를 통계적으로 조정하는 수리적 함수를 구하는데, 이를 동등화 함수라 한다.

자료를 이용하여 동등화 함수를 추정할 때 동등화오차가 발생하며, 동등화 오차는 무선오차(random error)와 체계적 오차(systematic error)로 구분된다.

2. 비체계적/체계적 오차

1) 비체계적 오차(무선오차, 우연오차)

무선오차는 측정오차가 일정한 패턴을 가지고 체계적으로 일어나는 것이 아니라 무작위적으로 오차의 발생하는 오차를 가리켜 비체계적 오차라고 한다.

예를 들어 비체계적 오차는 측정대상, 측정상황, 측정과정 등 우연적, 가변적으로 일어나는 오차이므로 사전에 통제하기가 매우 어렵다. 이는 신뢰성과 관련된 개념이다.

비체계적 오차가 발생하면 측정할 때 마다 동일한 결과를 가져올 수 없기 때문에 신뢰성이 떨어진다.

2) 체계적 오차(계통오차)

체계적 오차는 측정오차가 일정한 패턴을 가지고 체계적으로 일어나는 오차의 일종으로 타당성과 관련이 있다. 예를 들어 무게 단위가 크게 조작된(고장난) 저울을 가지고 측정한다면 매번 무게는 실제보다 크게 나타나는 것을 말한다.

측정하려던 개념을 제대로 측정하지 못하기 때문에 타당성이 떨어진다.

❑ 표준오차/표준편차/표집오차

1) 표준오차 : 각 개별값이 평균과 보이는 차이를 가늠하게 하는 기준이 편차, 분산, 표준편차들이다.

모집단이 크기 때문에 샘플을 조사했다면, 샘플의 평균과 모집단의 평균의 차이가 표집오차이다. 전수조사를 한 것이 아니면, 모집단 평균을 추정할 수 밖에 없으므로 표집오차도 추정된다.

표준오차는 각 표본이 모집단의 속성을 얼마나 잘 대변하고 있는가를 보여주는 것으로, 여러 세트의 샘플을 뽑아 개별 샘플 세트의 평균을 구하고 그 표본평균들의 분포를 구한 후 그 표본평균들의 표준편차를 구한 것이다.

다시 말해 표준편차는 개별값이 평균과 얼마나 먼가, 혹은 자신이 속한 샘플집단을 얼마나 잘 대변하는가를 보여주는 것이라면 표준오차는 개별 샘플집단이 모집단을 얼마나 잘 대변하는가를 보여주는 것이라고 할 수 있을 것 같다.

2) 표준편차 : 표준편차는 실제 관측 값이 얼마나 분산되어서 분포하는가를 알려주는 통계상의 값이다. 통계치의 신뢰도 등에 관여하는 중요한 값이다.

표준편차는 편차들의 제곱을 산술평균한 값의 제곱근으로 정의되며 단위의 계량적 특성 값에 관한 산포도를 나타내는 도수특성값을 말한다. 표준편차가 0일 때는 관측값의 모두가 동일한 크기이고, 표준편차가 클수록 관측값 중에는 평균에서 떨어진 값이 많이 존재한다.

표준편차가 0이라면 관측된 값은 모두 같아서 편차가 없는 상태가 된다. 표준편차가 크다면 실제 관측된 값들 중에는 평균에서 떨어진 값이 많다는 것을 의미한다.

♣ **심화학습 – 변동계수(분산계수, coefficient of variation)**
1. 표준편차를 평균값으로 나눈 것. 즉 변동계수=표준편차/평균값이다.
2. 변동계수는 자료비교시 분산의 상대적 측정치를 보여주며 이는 상대적으로 흩어진 정도를 측정하기 위한 척도라 볼 수 있다.

 변동계수를 이용하는 경우로는 단위가 다른 경우라든가, 중심위치가 매우 다른 두 개 이상의 자료군을 비교할 때 사용한다. 변동계수가 0에 가까울수록 평균에 밀집되어 있고 산포가 작다는 것을 의미한다.

7강 중심극한정리/대푯값/왜도

☐ 표본(집)오차의 의미와 표본크기와의 관계

표본(집)오차는 모집단에서 표집을 함으로써 발생하는 이론상의 오차를 말한다. 표본오차는 표본크기가 증가함에 따라 줄어든다. 또한 표본의 크기가 작은 경우에는 표본의 크기가 증가함에 따라 급격하게 표본오차가 줄어들지만 표본이 큰 경우에는 표본크기가 증가하여도 줄어드는 표본오차의 양은 완만하다.

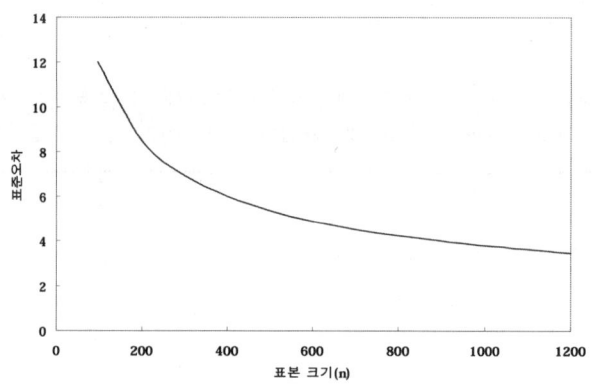

[표본크기와 표본오차의 관계]

표본의 크기가 늘면 추정량의 표준오차는 줄지만, 데이터 수집, 데이터 처리, 분석 등 조사의 전 과정에서 비용이 증가하게 된다. 게다가 표본의 크기가 늘어나서 조사원의 업무량과 조사과정에 대한 관리 감독도 어려워져서 표본조사에 따른 총오차는 증가하게 되는 경우도 있다. 따라서 표본크기를 결정할 때는 전체적인 조사비용과 계획을 고려해서 결정해야 한다. 표본크기는 표본오차에 영향을 미치는 가장 중요한 요소이지만 좋은 통계조사가 되기 위한 여러 조건 중에 하나라는 사실에 주목해야 한다.

☐ 자료의 분포

1. 중심극한정리(Central Limit Theorem)

중심극한정리는 모집단이 무한모집단이고 표본의 크기가 충분히 크면 모집단이 어떠한 분포라도 표본평균의 분포는 근사적으로 정규분포임을 의미한다.

즉, 평균이 μ이고, 분산이 σ제곱인 임의의 무한모집단에서 표본의 크기가 충분히 크면, 표본평균 χ – bar의 분포는 근사적으로 평균이 μ이고, 분산이 σ제곱인 정규분포를 따른다는 의미이다.

- 가능한 모든 표본평균값들의 분포는 충분히 큰 표본크기에서는 정규분포에 접근한다.

- 표본크기 n이 크면 클수록 표본평균들의 분포는 정규분포에 더 가까워진다.
- 표본평균들의 표준오차는 n이 커질수록 줄어든다.
- 모집단이 정규분포한다면 표본 크기에 상관없이 표본평균들의 분포는 정규분포형태를 보일 것이다.

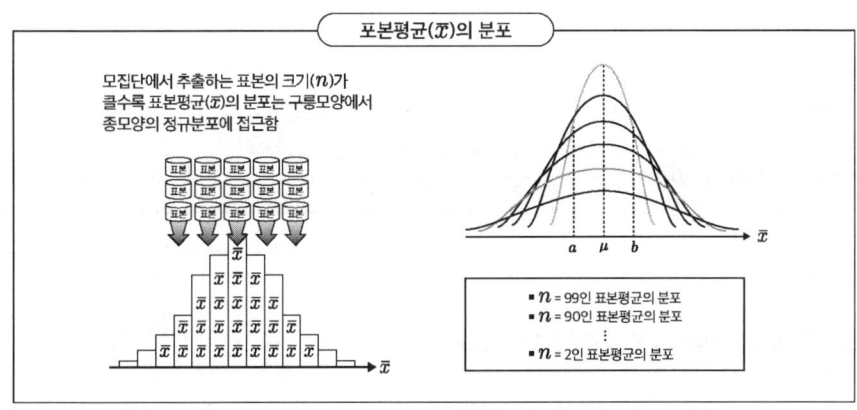

[중심극한정리]

〈출처 : 이영훈 교수의 연구조사방법론〉

2. 정규분포(normal distribution)

- 정규분포는 연속확률분포 중에서 가장 대표적인 분포
- 표본 평균의 관측치의 수가 많아질수록 정규분포에 가까워짐(대수의 법칙)
- 좌우대칭 모양
- 정규분포는 평균값에 따라 그래프 자체가 좌우로 이동
- 정규분포는 분산값에 따라 그래프의 모양이 달라짐(퍼짐의 정도)

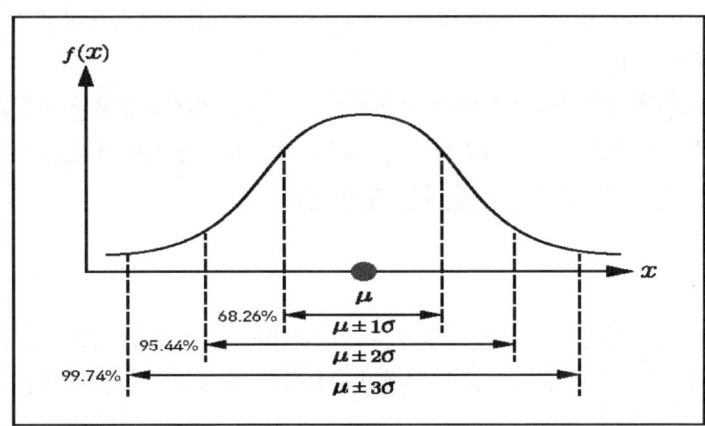

[정규분포]

〈출처 : 이영훈 교수의 연구조사방법론〉

> ♣ **심화학습 - 정규분포의 특징/조건**
> - 정규분포의 특징
>   ① 평균(μ)을 중심으로 종모양의 좌우대칭인 분포
>   ② 확률밀도함수 곡선과 X축 사이의 전체면적의 합은 1이 됨
>   ③ 확률변수 X가 취할 수 있는 값의 구간은 $-\infty < x < +\infty$ 이므로 정규분포곡선도 이 구간에 존재하는 것으로 가정함
> - 정규분포의 조건
>   ① 측정된 관찰치들, 즉 확률변수값의 68.26%가 $\mu \pm 1\sigma$ 안에 있어야 하며, 95.44%가 $\mu \pm 2\sigma$, 99.74%가 $\mu \pm 3\sigma$ 안에 있어야만 그 확률변수가 정규분포한다고 할 수 있음
>   ② 종모양의 중앙이 볼록할수록 정규분포에 더 가까워짐

3. 확률정규분포

> * 연속확률분포 : 확률정규분포, 표준확률정규분포

이 역시 평균값을 중앙으로 하여 좌우대칭으로 나타낸 분포 형태이다. 가로축은 측정값이다. 차이점은 세로축이 더 이상 의미가 없다는 것이다. 여기서부터는 분포의 면적이 더 중요하고 그 면적이 확률을 의미한다. 그래서 확률정규분포라고 한다.

확률정규분포의 곡선모양은 표준편차가 결정 즉, 표준편차가 커질수록 곡선은 편편해짐.

4. 표준정규분포(Z분포)

확률정규분포에서 한걸음 더 진행된 것이다. 표준정규분포라는 말 앞에 확률이라는 단어가 있다고 생각하면 오히려 이해하기 나을 듯하다. 앞에서 확률 정규분포곡선에서 확률값을 구하려니 힘이 든다. 예를 비교하고자하는 관측치의 단위가 다른 경우 등을 고려하여 확률값을 쉽게 구하기 위해서 평균이 0이고 표준편차가 1인 Z분포로 변경시킨 것이다. 그래서 표준정규분포를 Z분포라고 달리 말하기도 한다.

정규분포를 표준정규분포로 전환하여 사용하는 이유는 표준정규분포는 평균과 분산에 따라 모양이 변하지 않고 일정한 형태를 가진다. 즉, 평균과 분산에 독립적이기 때문이다. 이는 <u>모두 정규분포의 기준이 되는 정규분포로 활용되기 때문이다.</u>

5. 표본정규분포

모집단이 아니라 표본에서 만들어진 정규분포의 형태이다. 가로축은 표본 측정값이고 세로축은 의미가 없다. 확률을 구하기 위해 분포의 면적이 중요하다. 확률 계산을 위해서 Z분포로 전환시킨다.

6. 표본평균정규분포

모집단이 아니라 표본에서 만들어진 정규분포의 형태인데, 그 표본값이 평균값이라는 것이다.

이 말은 가로축에 확률변수가 평균이라는 의미이다. 확률 계산을 위해서 Z분포로 전환시킨다.

> ♣ **심화학습 – 분포와 비모수 통계**
> – 비모수 통계(非母數統計, Non-parametric statistics)/비모수검정
> 통계학에서 모수에 대한 가정을 전제로 하지 않고 모집단의 형태에 관계없이 주어진 데이터에서 직접 확률을 계산하여 통계학적 검정을 하는 분석법이다. 비모수적(Non-parametric), 비모수검정법 혹은 분포무관(Distribution-free)검정법이라고도 한다.
>
> • 비모수 통계법 사용의 조건
>   – 자료가 나타내는 모집단의 현상이 정규분포가 아닐 때
>   – 자료가 나타내는 모집단의 현상이 정규분포로 적절히 변환되지 못할 때
>   – 자료의 표본(sample) 수가 적을 때
>   – 자료들이 서로 독립적일 때
>   – 변인의 척도가 명명척도나 서열척도일 때

☐ 대푯값

1. 대푯값은 자료의 중심적 성향(central tendency)을 나타내는 수치이다. 즉, 대푯값은 분포의 중심(center)에 대한 측도인데, 평균, 중앙값, 최빈값 등을 주로 사용한다.
   1) 평균(mean)
   2) 중앙값(median)
      자료를 작은 값부터 순서대로 나열할 때 중앙에 위치하는 값이다. 즉, 자료를 크기 순서로 정렬하였을 때 이 홀수인 경우 med는 n+1/2번째 값이고 이 짝수인 경우 med는 n/2번째 값과 (n/2)+1번째 값의 평균이다.
   3) 최빈값(mode)
      최빈값 mod는 최빈값은 가장 많은 횟수로 출현한 자료 값이다. 최빈값은 2개 이상 존재할 수 있다.

☐ 첨도, 왜도

1) 첨도(kurtosis)

- 도수분포의 뾰족한 정도
- 도수분포의 모양은 집중경향치(평균, 중앙치, 최빈치 등)와 변산도(범위, 표준편차, 왜도, 첨도 등)와 같은 여러 가지 측정치에 따라 달라진다.
- 첨도는 연구자들이 많은 양의 자료에 대하여 빨리 감지할 수 있도록 해 주는 여러 유용한 통계 중 하나로서, 분포의 '정점(peakedness)'을 뜻하는 그리스어에서 파생되었다.
- 분포의 정점은 평균을 중심으로 한 각 개인의 점수위치에 따라 영향을 받는다. 개인들의 점수가 평균을 중심으로 가까이 몰려 있을수록 분포의 정점은 더욱 뾰족한 모양, 즉 첨도가 커진다.

- 뾰족한 모양의 성질에 따라 분포는 일반적으로 중첨(mesokurtic, 정규분포 모양), 고첨(leptokurtic, 정규분포보다 더 뾰족한 모양), 저첨(platykurtic, 정규분포보다 더 완만한 모양)의 세 가지로 기술된다.

2) 왜도

(1) 왜도 = 0이면 좌우대칭
(2) 왜도 < 0이면 자료가 우측으로 쏠린 왼쪽 꼬리를 갖는다.
　　(평균 < 중앙값 < 최빈값)
(3) 왜도 > 0이면 자료가 좌측으로 쏠린 오른쪽 꼬리를 갖는다.
　　(최빈값 < 중앙값 < 평균)

8강 연구절차/연구문제 선정 등

❏ 연구의 절차

1. 연구문제 및 가설 설정 - 과학적 절차

과학적 조사는 문제제기, 조사설계, 자료수집, 자료분석/해석 및 이용, 보고서 작성 5단계로 구성

1) **문제제기** : 과학적 조사의 방향을 설정하기 위한 단계
   - 조사의 문제가 정확히 규정되지 못한다면 아무리 완벽한 조사를 수행하여도 조사결과는 사회현상 파악에 도움을 주지 못하고 새로운 문제를 야기시킴

2) **조사설계** : 조사전체를 수행하고 통제하기 위한 청사진, 시간과 비용을 절약하고 조사의 효율성을 높이는데 주안점을 두며 크게 4가지 활동과제를 가짐
   - **첫째** : 문제의 검토로 조사목적, 연구문제, 가설의 검토
   - **둘째** : 조상방법의 제시로 조사틀(research framework)설정, 자료수집절차, 자료분석기법을 결정
   - **셋째** : 예산과 조사일정을 계획, 인원, 시간, 비용을 고려해 효율적
   - **넷째** : 조사설계의 평가로 조사설계의 신뢰성, 타당성, 결과의 일반화 가능성 등을 검토

3) **자료수집** : 조사자료는 크게 1차와 2차 자료로 구분
   - **1차 자료** : 조사자가 조사를 시행하는데 직접 수집해야 할 자료(직접적, 간접적인 방법으로 구별)
     - 직접적 방법 : 면접, 전화, 우편, 인터넷
     - 간접적 방법 : 관찰에 의한 방법, 흔적조사, 내용분석 등
   - **2차 자료** : 조사를 수행하고 있는 조사자가 아닌 다른 사람에 의해 정리된 자료, 2차 자료를 효율적으로 획득이 조사의 성공에 중요변수로 작용

4) **자료의 분석, 해석 및 이용** : 자료의 편집, 코딩과정이 끝난 뒤에 통계적 기법을 이용하여 이루어지는 단계, 분석자의 통계기법과 사회과학전반에 대한 명확한 이해가 요구

[과학적 연구과정]

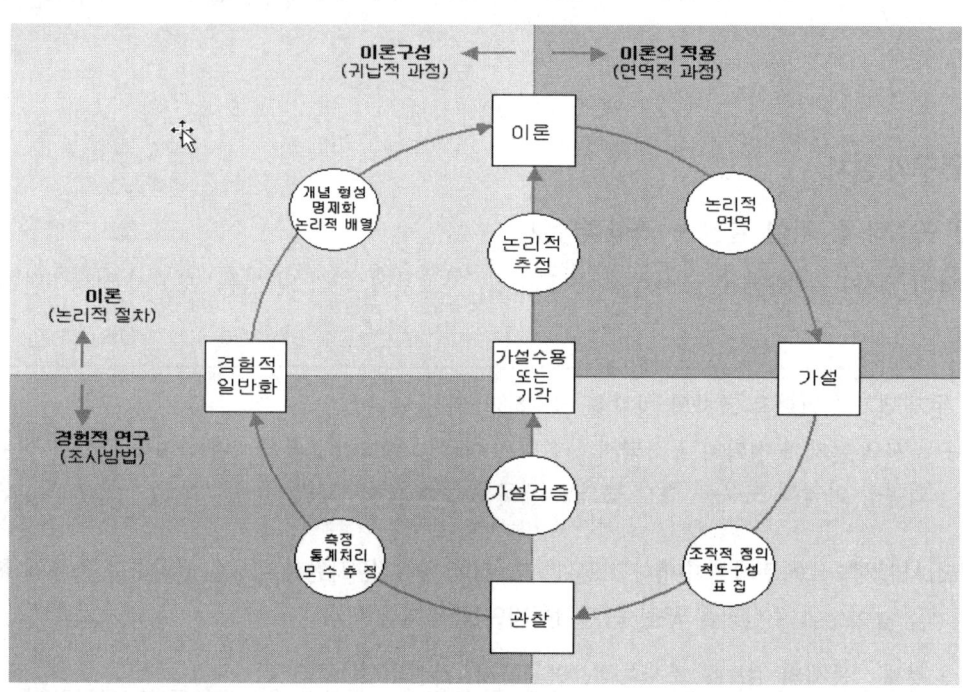

> ♣ **심화학습 – 자료의 편집, 코딩, 분석**
> (1) 편집 : 수집된 자료를 판독가능성, 일관성, 완전성 등을 고려해서 사용가능한 설문지를 검토하고 선별하여 정리하는 작업
> (2) 코딩 : 자료를 통계패키지나 컴퓨터 소프트웨어를 이용해서 분석할 수 있도록 응답자의 반응을 구체적인 수치값들로 나타내기 위한 규칙을 정하고 이에 따라 자료를 입력하는 작업
> (3) 분석 : 일반적으로 분석하고자 하는 독립변수와 종속변수의 수 및 척도의 종류, 그리고 유용한 자료의 크기 등을 고려하여 적합한 분석방법을 선택함

5) 보고서작성 : 조사결과와 결론을 조사의뢰자(정보이용자)에게 그들의 목적에 도움이 되도록 문자나 도표로 정리, 조사 의뢰자와 조사담당자 사이의 의사소통이 원활해야 함

연구문제의 선정과 유의사항

연구문제의 선정은 본 연구가 학문적 공헌도, 실질적 효용성 등이 어느 정도인지를 고려하여 연구문제를 도출하며, 무엇을(What), 왜(Why), 얼마만큼(how much) 수행할 것인가를 결정하는 것으로서 연구의 방향, 한계 또는 범위 등을 함께 결정하게 된다.

1) 연구문제 설정시 고려되어야 할 사항

- **첫째** : 새로운 문제인가 하는 것이다. 이전에 수행되었던 연구문제를 재검토하거나 상황이 변화된 조건에서 새로운 결과를 얻기를 바라는 연구가 아닌 경우 새로운 분야를 탐구 대상으로 해야 함
- **둘째** : 중요한 문제인가 하는 것이다. 수행될 연구가 학문적 발전, 실용적, 연구의 방법론적인 측면에서 가치를 가지는지 고려되어야 함
- **셋째** : 해결가능한 문제인가 하는 것이다. 연구의 범위나 영역, 분야에서 연구수행이 가능한 범위여야 함

2) 연구문제의 해결가능성 평가시 고려사항

- **첫째** : 연구문제가 구조화되지 못하고 모호하게 표현되어 있거나
- **둘째** : 문제에 내포되어 있는 특정용어나 개념의 정의가 잘못되어 명확하지 않거나
- **셋째** : 문제는 정확하고 용어들이 잘 정의되어 있으나 문제에 대한 연구를 현실적으로 수행할 가능성이 없을 때에는 해결가능성이 낮다고 판단함
  결과적으로 연구의 문제는 연구문제의 수행상의 고려사항과 평사기 고려사항을 고려하여 구성되어야 함

3) 연구문제와 가설의 관계

  가설은 연구문제를 해결하는 핵심으로서 만약 가설이 실증적 검증과정을 거쳐 진실이라고 받아들여진다면, 그 가설은 연구문제에 대한 해답을 제공해 줄 수 있으나, 가설이 진실이 아닌 것으로 판명이 난다면 가설은 그 연구문제에 대한 해답을 제공해 줄 수 없게 됨

4) 가설의 특성

  가설은 일반적으로 두 개 이상의 변수들간의 관계를 검증 가능한 형태로 서술해 놓은 하나의 문장이라고 정의할 수 있으며 다음과 같은 특성을 가지고 있음

- **첫째**, 가설은 문제를 해결해 줄 수 있어야 함
  가설의 가장 큰 목적은 문제를 해결하는 데 있다. 가설이 참이라고 밝혀지면 문제는 자연히 해결이 되고 거짓이라고 밝혀지면 문제가 해결되지 않음
- **둘째**, 가설은 변수로 구성되며 그들간의 관계를 나타내고 있어야 함
  연구문제는 주로 어떤 사건을 중심으로 이루어져 있으나 가설은 이러한 사건들을 숫자로 표시할 수 있는 변수들간의 관계로 구성되며, 이러한 관계는 '특정변수의 조건이 어떠할 때, 다른 변수 특정변수의 조건이 어떠하다'라는 형태로 표현
- **셋째** 가설은 검증될 수 있어야 함
  가설은 우리가 실제로 현상을 관찰하여 얻은 자료를 이용하여 검증할 수 있어야 한다. 즉, 가

설에 포함되어 있는 변수들이 실제로 관찰·측정될 수 있도록 조작적으로 정의할 수 있어야 함

5) 좋은 가설이 갖추어야 할 조건
(1) 가설은 경험적으로 검증할 수 있어야 한다.
(2) 동일 연구분야에 다른 가설이나 이론과 연관이 있어야 한다.
(3) 가설의 표현은 간단명료하여야 한다.
(4) 연구문제를 해결할 수 있어야 한다.
(5) 가설은 논리적으로 간결하야야 한다.
(6) 가설은 계량화할 수 있어야 한다.
   사회과학에서는 계량적인 형태의 가설은 그리 많지 않으나 가설을 검증하기 위해서는 계량화해야 한다. 계량화라는 것은 수식이나 숫자로 바꿀 수 있어야 한다는 의미보다는 통계적인 분석을 할 수 있어야 한다는 것이다.
(7) 가설검증결과는 가능한 광범위하게 적용할 수 있어야 한다.
(8) 너무나 당연한 관계를 가설로 세울 수 없다.
(9) 가설은 동의반복적(tautological)이어서는 안된다.
   가설은 서로 다른 두 개념이나 변수의 관계를 표시하여야 한다.

예제 1 》》 2차 자료의 특징이 아닌 것은?

① 상대적으로 수집에 드는 시간과 비용이 적게 든다.
② 현재의 연구와 직접적인 연관이 있어 분석결과를 바로 사용할 수 있다.
③ 자료의 적합성을 평가하여 연구에 활용해야 한다.
④ POS데이터, 상업용 자료, 연구간행물 등이 2차 자료에 해당한다.

▶ 정답 및 해설

2차 자료는 1차 자료 이외에 조사목적에 도움을 줄 수 있는 기존의 모든 자료를 말한다. 기존자료라 불리기도 하며 가설검증을 위해서 사용할 수 있다. 연구자가 수행하는 연구에서 설계하는 것과 분석단위가 다른 경우, 그리고 조작적 정의가 다른 경우 사용에 제약을 받는 경우도 있다.

예제 2 》》 과학적 조사에 대한 설명과 가장 거리가 먼 것은?

① 가설은 설명적 연구에 있어서 필수적이다.
② 기존에 정보가 별로 없는 주제에 대해서는 탐색적 조사를 활용한다.
③ 탐색적 연구의 결과로 명확한 결론을 내리는 것은 일반적이다.
④ 연구집단에 대한 정확한 정보가 필요할 때에는 기술적 연구가 주로 활용된다.

▶ 정답 및 해설

탐색적 연구는 선행연구가 빈약하여 조사연구를 통해 연구해야 할 속성을 개념화하는 연구가 주목적이다.

9강 연구문제/영가설, 연구가설 등

❑ 연구문제의 특징과 가설

1) 모든 연구는 문제(problem)에 대한 인식으로부터 출발한다. 왜냐하면 연구자로 하여금 연구를 실행하도록 관심을 유발시키는 것이 바로 문제에 대한 인식이기 때문이다.
   이러한 연구문제는 '둘 또는 그 이상의 변수들 간에 어떤 관계가 있는가'와 같은 질문형식의 의문형 문장 또는 진술로 구성된다.
2) 연구문제의 특징
   - 사람이 가지고 있는 가치나 가치관과 관련이 없어야 함
   - 연구문제는 둘 혹은 그 이상의 개념이나 변수들 간의 관계로 표현되어야 함
   - 연구문제는 질문형식으로 분명하고 명확하게 진술되어야 함
   - 연구문제는 경험적으로 검증이 가능해야 함
3) 가설(hypothesis)
   (1) 가설이란 두 개 이상의 개념 또는 변수들 간의 관계를 검정가능한 형태로 서술한 문장으로 과학적 조사에 의하여 검정이 가능한 사실을 말한다.
   즉, 제기된 문제에 대한 잠정적 해답으로 문제의 해답은 이러한 것이다 라는 차원에서 내린 잠정적인 결론을 말한다. 인과관계를 규명하고자 하는 설명적 조사연구에서 가설은 독립변수가 종속변수에 미치는 영향에 관한 잠정적 해답이다.
   (2) 가설의 대표적인 특징
      - 가설은 이론을 연구하고 개발하는 데에 꼭 필요한 대표적 도구임
      - 가설은 과학적 방법을 통해 검증되어, 사실 혹은 거짓 중의 하나로 판명될 수 있음
      - 가설은 과학적인 지식을 증진시키는 가장 효과적인 수단이 됨
   (3) 가설의 전제조건
      - 개념이나 변수들 간의 관계에 대한 진술임
      - 진술된 관계를 검정한다는 분명한 의미를 내포함
      - 추정할 수 있는 혹은 잠정적으로 검정이 가능한 둘 혹은 그 이상 개념이나 변수를 포함해야 함
      - 개념이나 변수들 간의 관계를 명확하고 자세하게 규명해야 함

❑ 영가설(null hypothesis)과 연구가설(대립가설)

(1) 영가설 – 귀무가설(歸無假說)

연구에서 검정을 받고자 하는 전집의 특성을 서술하는 두 개의 대립되는 가설 중 직접 검정대상이 되는 가설이다. 실험처치 효과가 없다 또는 차이가 없다는 의미에서 영가설이라고 부르며 귀무

가설이라고도 하고 H0라고 표시한다. 영가설을 기각할 경우 대안적으로 받아들이려고 상정하는 가설을 대립가설(대안가설, alternative hypothesis)이라 한다. 영가설은 잠정적인 것으로 통계적 검정절차를 거쳐 수용될 수도, 기각될 수도 있다.

주어진 사실들로는 기대결과를 확정지을 수 없게 하는 연구 자료의 관계를 부정적으로 진술한 것을 말한다. 이러한 무익한 형태로 진술된 한 가지 가설이 바로 "A와 B의 결과 사이에는 아무런 차이가 없다"이다. 이 무익한 가설은 중요성의 통계적 시험을 허용하는 대신, 긍정적인 진술을 증명하려 할 때보다도 더욱 엄격한 시험절차를 요구한다.

(2) 연구가설 - 대립가설, 연구가설, 유지가설

가설 검정 이론에서, 대립가설(對立假說, alternative hypothesis) 또는 연구가설 또는 유지가설은 귀무가설에 대립하는 명제이다. 보통, 모집단에서 독립변수와 결과변수 사이에 어떤 특정한 관련이 있다는 꼴이다.

어떤 가능성에 대해 확률적인 가설검정을 할 때 귀무가설과 함께 사용된다. 이 가설은 귀무가설처럼 검정을 직접 수행하기는 불가능하며 귀무가설을 기각함으로써 받아들여지는 반증의 과정을 거쳐 받아들여질 수 있다.

위의 예를 연구가설로 재구성하면 "A와 B의 결과 사이에는 차이가 있을 것이다."라고 설정할 수 있다. 통계적 가설에서 Ha 또는 H1으로 표현한다.

> * 양적연구에서는 연구가설을 '작업가설(working hypothesis)'이라고 명명하기도 한다.

❑ 인과조사, 기술조사, 탐색조사

1) 인과조사

특정 사회현상이 야기된 원인과 결과 사이의 관계를 인과관계라 하며, 지식이나 이론은 현상을 구성하고 있는 변수들간의 관계를 밝히는 것이다. 이러한 변수들간의 관계는 과학적인 인과관계를 근거로 했을 때 그 지식과 이론으로서 더욱 가치가 있음

2) 기술조사

(1) 시간과 수요사이에 인과관계가 있음을 밝혀주는 것이 아니라 단지 그 예측이 맞을 확률이 높음을 보여주는 것이 기술조사임. 즉 예측할 필요성이 있는 변수와 관련성이 있는 측정 가능한 변수를 찾아내고 그들 사이의 관련성 여부를 개괄적으로 파악하는 것으로 보다 정확한 예측을 위해서는 인과조사가 필요하다. 기술조사에는 종단조사와 횡단조사가 존재한다.

(2) 기술조사 세 가지 특성

첫째, 조사자들이 관심을 가지고 있는 상황에 대한 특성파악과 특정상황의 발생빈도를 조사
(예 신문구독률이 얼마나 되며, 구독자의 연령대가 어떻게 되는지를 조사)

둘째, 관련변수들 사이의 상호관계의 정도를 파악
(예 신문구독률과 구독자의 소득이나 직업 사이의 관련성을 조사)

셋째, 관련 상황에 대한 예측 (예 계절별 신문구독률이 어떻게 변화하는지를 조사하여 월별 수요를 예측)

(3) 기술조사의 단점

첫째, 예측할 필요성이 있는 변수와 관련성이 있는 측정 가능한 변수를 찾아내고 그들 사이의 관련성 여부를 개괄적으로 파악하는 것에 지나지 않으므로 보다 정확한 예측을 위해서 인과조사 필요

둘째, 탐색조사보다 많은 사전지식이 요구되며, 사전에 철저한 계획과 체계적인 절차에 의해서 실시됨

3) 탐색조사

(1) 주된 목적은 문제의 규명에 있음. 탐색조사는 연구주제를 확정하기 전에 예비적으로 시행하는 성격을 띠고 있어 체계적인 조사설계보다는 연구문제의 해결에 도움이 되는 단초를 찾아내는 예리한 시각과 독창적인 사고가 요구됨. 탐색조사에는 문헌조사, 경험조사(전문가조사), 사례조사가 있음

(2) 탐색조사의 특징
- 연구문제의 도출 및 연구가치 추정
- 보다 정교한 문제와 기회의 파악
- 연구주제와 관련된 변수들 사이의 관계에 대한 통찰력 제고
- 여러 가지 문제와 기회들 사이의 중요도에 따른 우선순위 파악
- 문제가 주어진 상황에 대한 조사의뢰자와 조사자의 이해 증진
- 조사를 시행하기 위한 절차나 행위의 구체화
- 최종적인 조사와 시행과 관련된 정보의 입수

(3) 탐색조사의 방법
- 문헌조사(literature review) : 기존의 발간되어 있는 문헌을 이용하는 방법
- 전문가 의견조사(expert survey) : 전문적인 견해와 경험을 가진 전문가로부터 정보를 얻는 방법으로 문헌조사와 병행(경험조사, 파일럿 조사라 함)
- 사례조사(case study) : 조사의뢰자가 당면하고 있는 상황과 유사한 사례를 찾아내어 깊이 있는 분석을 하는 조사방법으로 사후적인 조사방법이기 때문에 그 결과가 결정적인 의미를 지니지는 못하면 단지 시사적인 의미를 갖음

❏ 상담학 연구과정

1. 연구과정

연구문제 발견 → 문헌고찰 → 가설설정 → 연구계획 수립 → 도구제작 → 실험(조사) → 자료수집 → 자료분석 → 자료결과 도출 → 논의 → 결론도출 → 연구결과 보고

2. 탐색적 연구질문과 검정연구질문

1) 탐색적 연구질문
   (1) 변인 A와 변인 B 간의 관계는 어떠한가?
   (2) 가설을 세우고 예측을 할 만큼 선행연구가 없거나, 선행연구의 결과들이 분명하지 못하기 때문이다.

2) 검정 연구질문
   (1) 변인 A는 변인 B를 예측할 것이다.
   (2) 결과에 대한 해석이 분명해질 수 있다.

예제 1) 가설이 갖추어야 할 요건이 아닌 것은?

① 가설은 이론적으로 검증할 수 있어야 한다.
② 가설은 계량적인 형태를 취하거나 계량화할 수 있어야 한다.
③ 가설의 표현은 간단명료해야 한다.
④ 가설은 동일 분야의 다른 가설과 연관성을 가져서는 안된다.

> **정답 및 해설**
> * 가설은 동일분야의 다른 가설과 연관성이 있어야 한다.
> * 입증된 결과는 일반화가 가능해야 한다.
> * 사용된 변수는 계량화가 가능해야 한다.

예제 2) 다음에서 설명하는 가설의 종류는?

- 대립가설과 논리적으로 반대의 입장을 취하는 가설이다.
- 수집된 자료에서 나타난 관계가 우연의 법칙으로 생긴 것이라는 진술로 "차이나 관계가 없다"는 형식을 취한다.

① 귀무가설   ② 통계적 가설   ③ 대안가설   ④ 설명적 가설

> **정답 및 해설**
> * 귀무가설(영가설)에 대한 설명

10강 연구유형/연구설계/조작적 정의

❏ 상담학 연구유형

1. 연구목적에 따른 연구 유형

1) 기초연구
   이론발전, 원리나 특정한 사실발견을 목적으로 하는 연구

2) 응용연구
   과학지식을 실제 생활에 적용하여 삶의 질을 높이는 것이 목적인 연구

3) 실행연구
   특정 문제를 해결하기 위해 해결방안을 제시하거나 의사결정을 내리는데 필요한 자료를 확보하기 위해 실시하는 연구

4) 평가연구
   프로그램이나 정책의 효과를 파악하기 위한 연구

2. 양과 질의 초점에 따른 유형

1) 양적연구
   - 비실험연구 : 기술연구, 상관연구, 인과비교연구
   - 실험연구 : 실험실연구, 현장연구

2) 질적연구
   근거이론연구, 현상학적 연구, 문화기술지 연구, 합의적 질적 연구방법

3. 가설검증여부에 따른 연구 유형

1) 탐색적 연구
   기초단계의 연구로 수행

2) 확인적 연구
   지식이 어느 정도 축적된 상태에서 이론에 대한 검증으로 가설을 확인하는 연구 유형

4. 자료수집 시점에 따른 연구 유형

1) 횡단적 연구(횡단적 실험조사설계)

(1) 의의
- 특정대상에 대해 어떤 한 시점에서 연구하고 분석하는 것
- 주로 집단간 차이를 보는 것이 목적
- 비교적 큰 표본을 연구하는 것에도 무리가 없음
- 단일시점에서 많은 대상 표집하여 탐색
- 가장 많이 사용됨

(2) 횡단적 연구와 연구설계
- 일원적 설계

   특정현상이나 사건을 기술하려고 할 때 사용되는 방법. 어떤 사회적 현상의 특성들을 독립변수(개입, 실험조치)의 조작도 없이 한번의 관찰을 통해 조사하여 각 변수들의 분포, 비율 등을 알아보는데 이용되며, 인과관계를 추론하는 데는 적합하지 않다.
- 상관관계 설계

   교차분석설계라고 부르는데 조사설계에서 가장 많이 이용되는 방법으로 독립변수로 간주될 수 있는 하나의 변수와 종속변수로 간주될 수 있는 하나의 변수의 속성을 분류하거나 교차시켜 통계적 기법을 활용하여 비교하는 방법이다.

   자료수집시 실험집단과 통제집단의 무작위 배정과 독립변수의 조작이 불가능하므로, 독립변수로 간주되는 집단과 그렇지 않은 집단을 구분하여 모두 표본에 포함시켜 동시에 관찰해야 한다.

2) 종단적 연구(종단적 실험조사설계)

(1) 의의
- 시간의 경과에 따라 동일한 사항을 반복적으로 조사
- 장기간 동일한 대상을 추적하여 연구
- 종단적 실험 설계 자체가 기본적으로 시간대의 변화가 들어가는 조사설계이며 오랜 기간 동안 동일한 집단의 연구 대상자들을 대상으로 추적연구하는 방법으로 시간의 경과에 따른 차이를 알 수 있는 좋은 방법이지만 오랜 시간을 지속해 나가야 하는 단점을 가지고 있다.

(2) 종단자료와 관련한 세가지 요건
- 세 시점 이상의 자료가 확보되어야 한다.
- 종속변수의 변화를 효과적으로 나타낼 수 있도록 시간 단위를 선택하여야 하며
- 종속변수는 시간에 따라 체계적으로 변화하는 연속변수여야 한다.

(3) 유형

가) 시계열/경향조사설계(또는 추세연구)

   시계열/경향조사설계란 동일한 표본을 대상으로 하지 않으면서 시간에 따른 변화를 조사하는 것이다. 모집단의 특징을 시간에 따라 추적한다. 각 시점마다 서로 다른 표본을 조사하는 것으로 여기서 다른 시점이라는 것은 1개월 간격일 수도 있고 2년, 5년이 간격이 될

수 있다. 요점은 동일 모집단 내에서 각각 다른 표본을 선정하여 여러 차례 시간 간격을 두고 관찰하는 방법이다.

* 청소년선호직업에 대한 조사를 1990년 조사, 2000년 조사, 2010년 조사

나) 동년배집단설계와 동류집단 설계
① 동년배집단설계 - 뒤에서 자세히 설명함
② 코호트 설계(cohort study)
- 특정한 시기에 태어났거나 동일한 사건을 경험한 사람들을 집단으로 하여 시간경과에 따라 추적, 조사하는 설계
- 동일한 특성을 가진 집단을 시간 경과에 따라 그 변화를 조사하는 연구, 일명 전향성 추적조사라고 한다. 특정요인에 노출된 집단과 노출되지 않은 집단을 추적하고 연구대상의 어떤 결과치(행동의 변화 등)을 비교하여 그 요인과 행동변화의 원인관계를 조사하는 연구방법이다. 일명 요인대조 연구라고도 한다. 어떤 원인 어떤 결과를 가져오는가를 연구하는 방법으로 시간적인 개념을 포함하고 있다.

다) 패널조사설계
- 특정연구대상을 선정하여 일정한 시간간격으로 반복적으로 조사실시
- 패널조사설계(연구)는 최초의 표본을 선정한 후 매 조사시점마다 동일한 표본을 추적하는 것으로 초기에 설정한 모집단과 이후에 수집된 표본자료의 동일성이 유지되는 장점이 있다. 패널연구는 동일인의 반복측정치이기 때문에 개인간에, 개인내 변화에 대한 추측을 가능하게 한다. 경향조사설계나 동년배집단설계 등과는 달리 표본의 동일성을 유지한다는 점에서 다르다.
- 패널구성원이 탈락하는 등의 단점

3) 절충적 연구
(1) 종단연속적 연구
최소 두 개의 단일시점의 자료를 수집 분석하는 방법으로 예를 들면 대학 1학년과 3학년을 표집하여 연간단위로 자료 측정을 하면 1학년 학생으로부터 1, 2학년 때의 자료를 얻을 수 있고, 3학년 학생으로부터 3, 4학년 때의 자료를 얻을 수 있다.

(2) 횡단연속적 연구
여러 개의 단일 시점에서 연속적인 연령층의 자료를 수집하는 방법이다.
예를 들어 올해에 초등학교 1, 2, 3, 4학년의 학생의 적응에 대해 자료를 수집하고, 다음해는 2, 3, 4, 5학년 학생의 적응에 대해 자료를 수집하고, 후년에는 3, 4, 5, 6학년의 학생의 적응에 대해 자료를 수집한다. 자료 수집기간은 종단적으로 하지만, 사실은 횡단적으로 연속 3년 단일 시점의 자료를 수집한 것이다. 또한 동일한 대상이라는 보장은 약해 개인의 변화는 알 수 없지만 집단의 변화는 확인할 수 있다.

❏ 연구구인의 조작적 정의

1. 개념적 정의와 조작적 정의

1) **개념적 정의** : 일반적으로 사회과학에서는 개념(concept)이란 특수한 현상들이 갖는 특징들을 일반화 시켜 추상적으로 표현한 것을 의미한다. 개념적 정의는 어떤 변수의 개념을 설명할 때, 다른 개념을 사용하여 설명하고 여러 가지 방법을 이용하여 다른 개념들과 연결을 시킴으로써 이루어지는 것이다. 예를 들어 학업성취도란 개념은 듣기, 읽기, 말하기 등의 합의 개념으로 개념적 정의를 내릴 수 있다.
   - 구인이 단일한 개념인 경우
   - 여러 가지 하위요인으로 이루어진 구인에 대해 개념적 정의를 하는 경우

2) **조작적 정의** : 조작적 정의는 개념적 정의를 측정이 가능한 형태로 변환하는 것을 의미하는 것으로, 조작적 정의과정을 통해 변수를 측정가능(measurable)하고 조작가능(manipulatable)한 형태로 변화시키며 크게 측정을 위한 조작적 정의(measured operational definition)와 실험적·조작적 정의(experimental operational definition)으로 구분된다.

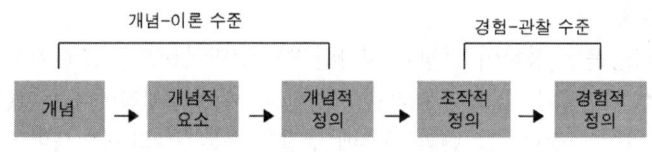

[개념의 측정과정]

♣ **심화학습 – 고대의 귀신론**

1) 실험적·조작적 정의 : 학생들의 성적향상을 실험변수로 하였을 때 어떻게 학생들의 성적을 향상시킬 것인가에 대한 구체적인 방법을 규정함으로써 향상에 대한 조작화가 이루어질 수 있다. 즉, 칭찬하기, 벌주기, 장려하기, 꾸짖기 등을 들 수 있는데, 이 모든것이 성적향상이라는 변수를 조작(manipulation)하기 위한 구체적인 지침으로 작용할 수 있는 것이다.

2) 측정을 위한 조작적 정의
   이것은 변인을 어떻게 측정되는가를 기술하는 것이다. 예를 들어 논문에서 측정도구를 설명할 때 아래와 같이 표현된다.
   예, 공격성의 도구는 아무개가 제작한 30문항의 "자기보고식 공격성 검사도구"를 사용하였다. 종속변수인 공격성의 하위요인으로는 신체적 공격성, 언어적 공격성, 우회적 공격성, 부정성, 흥분성이며, 구성문항은 30문항이다. 각 문항에 대해서 동의하는 정도를 Likert 4점 척도 상에서 평정하도록 하였다." 등의 내용을 밝혀두는 것이다.

---

2. 조작적 정의의 특징
   - 측정 가능한 형태로 진술된다.
   - 조작적 정의를 구체적으로 할수록 조작적 정의는 연구방법을 명확하게 보여주기 때문에 다른

연구자가 반복 연구를 수행하기 쉽다.
- 한 구인에는 여러 가지 조작적 정의가 존재한다.
- 측정하고자 하는 구인과 논리적 관련성이 높다.
- 지식이 축적되면 조작적 정의를 변경해야 하는 경우가 생긴다.
- 조작적 정의는 다른 사람들이 연구의 결과를 잘 이해할 수 있게 해준다.

♣ **심화학습 - 고대의 귀신론**
1. 변인 : 가설에 포함된 연구대상이며 연구제목에서 변인이 드러난다.
2. 개념적 정의 : 연구대상이 구체적으로 무엇인가를 의미하며, 용어정의, 이론적 배경에서 알 수 있다.
3. 조작적 정의 : 연구대상을 구체적으로 어떻게 측정했는가의 의미이며, 연구방법의 측정도구에서 알 수 있다.

11강 측정도구의 선정/표집방법 등

❏ 변인결정 및 측정도구의 선정

1. 측정도구(measuring instrument)

어떤 물체의 무게를 잴 때에는 저울을 사용하는 것처럼, 인간의 심리적 또는 사회적 능력인 특징을 측정하기 위하여 동원되는 모든 형태의 수단과 방법을 말한다. 가령 각종 학력검사는 학생들의 학업 성취도를 재는 측정도구이고, 학부형들의 학교에 대한 태도를 조사하기 위하여 만든 설문지는 태도를 측정하는 도구라고 할 수 있다. 그러나 교육측정이나 심리측정은 일종의 간접측정에 불과할 뿐만 아니라 측정단위도 애매하기 때문에, 자연과학에서 사용되는 측정도구와는 달리, 그 측정도구의 타당도와 신뢰도에 많은 문제점이 있다.

2. 상담과 측정도구의 선정

검사도구(측정도구)를 선택할 때에는 다음과 같은 사항에 유의하여야 한다.

1) 검사 도구의 사용 여부

심리검사가 진로 및 청소년상담 장면에서 반드시 필요한 것은 아니므로 어떤 검사를 사용할지를 결정하기 전에 검사의 사용 여부부터 결정하여야 한다. 즉, 다른 방법을 통해서는 얻을 수 없는 정보를 검사가 제공해 줄 수 있는지, 시간을 절약해야 할 필요가 있는지, 그리고 내담자의 목표에 적절한지 등을 고려하여 검사도구의 사용 여부를 결정하게 된다.

2) 검사의 심리측정적 속성

심리검사가 내담자의 목표에 유용하기 위해서는 어떤 특수한 기술적인 필수사항, 즉 검사의 심리측정적 속성을 갖추고 있어야 한다.
예를 들어 어떤 내담자가 자신의 성격특성이 상담분야에 적합한지를 알고 싶어할 때 아무리 구성타당도 및 예언타당도가 우수한 검사라고 하더라도 상담분야에 대한 예언타당도를 가지고 있지 않다면 그 검사는 내담자의 목적에 부적합할 수 있으므로 이 검사의 유용성은 매우 의심스럽다.

3) 검사선택 과정에 내담자 포함시키기

검사자료의 적절한 해석은 검사선택 과정과 함께 시작되며 이것은 내담자의 협조 하에 이루어진다. 선택과정에 내담자를 포함(또는 개입)시키기 위해서는 상담자는 물론 내담자에게 도움이 되고 유용할 것 같은 검사 도구를 제안할 수 있어야 하고, 상담자는 검사에서 알 수 있는 결과의 유형을 명확히 기술할 수 있어야 한다.

❑ 연구대상자 선정과 표집

1. 연구대상자 선정

1) 연구문제가 선정되면 누구를 대상으로 연구를 진행할 것인가를 결정하여야 한다. 연구대상의 선정단계에서 유념하여야 할 사항은 연구의 분석단위와 시간적 범위에 관한 것이다. 그 뒤 연구의 모집단이 규정된다. 모집단은 연구자가 연구의 결과로 얻게 될 결론을 일반화하고자 하는 집단을 말한다.
2) 모집단의 모든 구성원들에 대하여 조사하는 것이 불가능한 경우가 많다. 따라서 대부분의 경우에 모집단의 일부를 추출하여 표본조사를 하게 된다. 표본조사를 위해서는 표본추출방법 및 그 규모를 밝히고, 가설검증의 경우에는 모집단에 대한 가설의 검증방법을 고려하여야 한다.
3) 표본의 선정

    표본선정이란 조사대상을 선정하는 것으로서 의사결정에 필요한 정보를 제공해 줄 수 있는 대상을 선정하는 것이다. 따라서 표본은 전체 모집단을 대표할 수 있도록 선정되어야 한다.
    - 전수조사 : 모집단 구성원 전체에 대해 조사
    - 표본조사 : 모집단을 대표할 수 있는 일부를 표본으로 선정하여 조사
4) 표본추출과정
    (1) 모집단의 확정
    - 연구자의 관심의 대상이 되는 사람, 제품, 기업, 지역 등과 같은 조사대상이 되는 집단체(set)를 설정함
    - 인구통계학적 특성, 지역 및 시간개념을 고려하여 모집단을 결정함
    (2) 표본프레임의 선정
    - 설제 표본추출의 대상이 되는 표본프레임을 결정함
    - 표본프레임 : 모집단에 포함된 조사대상들의 명단이 수록된 목록
    (3) 표본추출방법의 결정
    - 확률표본추출방법과 비확률표본추출방법 중에서 적합한 표본추출방법을 선택함
    (4) 표본크기의 결정
    - 조사예산과 시간상의 제약조건을 고려해서 표본의 크기를 결정함
    - 신뢰구간접근법이나 가설검정접근법을 활용해서 결정함
    (5) 표본추출
    - 선정된 조사대상을 직접 찾아서 표본으로 추출함

❑ 표집

1) 확률표본추출방법

(1) 확률표본추출방법은 모집단 구성원의 명단이 기재된 표본프레임을 이용하여 표본을 추출함으로서 모집단의 개별 구성원이 표본으로 선택될 확률을 미리 알 수 있는 상태에서 표본을

추출하는 방법이다.
(2) 유형

표집명	방법
단순무선표집 (simple random sampling)	모집단의 구성원들이 표본에 속할 확률이 동일하도록 표집하는 방법
층화(유층)표집 (stratified sampling)	모집단이 규모가 다른 몇 개의 이질적인 하위집단으로 구성되어 있는 경우에 사용하며, 각 하위집단에서 필요한 만큼 무선표집하는 방법 * 대도시, 중소도시, 읍면지역별로 전집의 수를 조사한 다음, 3개의 각 도시화 정도별로 5%를 무선표집하여 이들을 연구대상으로 활용
집락(군집)표집 (cluster sampling)	모집단을 서로 동질적인 하위집단으로 구분하여 집단 자체를 표집하는 방법
체계적 표집 (Systematic Sampling)	단순무선표집과 달리 번호를 주고 그 번호를 규칙적으로 선정하는 방법

2) 비확률표본 추출방법

(1) 비확률표본 추출방법은 표본프레임이 없어 모집단에 속한 각각의 구성원들이 표본으로 선택될 확률을 모르는 상태에서 표본을 선정하는 방법이다. 즉, 모집단을 구성하는 사례들이 표본에 속할 확률을 모른 채 표본을 추출하는 것으로서 오차를 알 수가 없기 때문에 규준을 만들기 위한 표집방법으로는 적당하지 않음. 연구자의 주관적인 판단에 따라 임의로 표집하는 것

(2) 유형
- 가용표집 - 지원자표집 - 의도적표집 - 할당표집 - 우연적 표집
- 판단표집 - 눈덩이표집 : 소개를 받아가며 조사대상자를 늘리는 방법

3) 확률표본추출방법과 비확률표본추출방법의 비교

확률표본추출방법	비확률표본추출방법
단순무작위 표본추출(SRS) 계통적/체계적 표본추출 층화표본추출 다단계집락/군집표본추출	편의/임의 표본추출 판단/유의/목적 표본추출 할당/쿼터표본추출 누적/눈덩이 표본추출 네트워크 표본추출 이론적 표본추출 자발적 표본추출
연구대상이 표본으로 추출될 확률이 알려져 있을 때	연구대상이 표본으로 추출될 확률이 알려져 있지 않을 때
무작위적 표본추출	작위적 표본추출
모수추정에 편의(bias)가 없음	모수추정에 편의 존재 가능
표본분석결과의 일반화 가능	표본분석결과의 일반화 제약
표본오차의 추정 가능	표본오차의 추정 불가능
시간과 비용이 많이 소요	시간과 비용이 적게 소요

상담연구 방법론

12강 자료수집분석법/관찰법 등

❏ 자료수집과 분석방법

1. 자료수집방법

자료의 원천을 1차적 자료와 2차적 자료 그리고 3차적 자료로 나눌 수 있다. 1차적 자료는 연구자가 당해 조사연구를 위해 직접 수집하는 자료를 말한다. 2차적 자료는 다른 목적을 위해 이미 수집된 자료로서 연구자가 자신이 수행중인 연구문제를 해결하기 위해 사용하는 것이다. 즉, 연구자가 자신의 연구문제를 해결하기 위해 다른 목적으로 수집된 자료를 재분석할 때, 그 자료를 2차 자료라고 부른다. 3차적 자료는 동일한 연구문제에 관하여 방대하게 축적된 경험적인 연구논문들을 기반으로 하여 그 논문들을 대상으로 분석하는 연구를 메타분석(meta-analysis)이라고 하는데, 이러한 메타분석을 수행하기 위한 기초자료, 즉 다수의 개별적인 연구들을 1차적 자료 및 2차적 자료와 구분하여 3차적 자료라고 부른다.

1) 1차적 자료
 (1) 의사소통법
  가) 설문지법
   - 설문지법은 가장 대표적인 1차 자료 수집방법으로 응답자의 답변을 요하는 일련의 질문들로 구성된 설문지를 이용하여 조사하는 방법이다.
   - 장점으로는 조사과정에서 융통성을 발휘할 수 있으며 자료처리 및 결과해석과 분석이 비교적 객관적이고 용이하다는 점이다. 단점으로는 설문지가 잘못 작성되었을 경우에는 일단 분석이 어렵고, 의사결정에 도움을 주는 정보를 제공할 수 없거나 그릇된 정보를 제공할 수 있다.
  나) 서베이조사
   - 서베이법은 조사에서 가장 많이 활용되는 방법으로 응답자들에게 연구주제와 관련된 질문에 응답하도록 함으로써 자료를 체계으로 수집하고 분석하는 조사설계방법이다.
   - 종류 : 대인조사, 전화조사, 우편조사, 인터넷 조사
  다) 면접법
   ① 면접법은 조사목적을 공개하고 진행하되, 특정한 질문서나 방식없이 자유롭게 면접을 진행하면서 자료를 수집하는 방법이다.
   ② 종류
    ⓐ 심층면접조사 : 조사자가 주어진 질문이나 주제에 대하여 한 명의 응답자와 자유롭게 대화하면서 심도 있게 조사하는 방법이다. 장점으로는 응답자의 의견을 폭넓게 반영하

여 문제점을 심도있게 파악할 수 있으며, 그 결과를 설문지 설계에 효과적으로 이용할 수 있다는 점이며 단점으로는 비용과 시간이 많이 들고, 조사원의 능력에 따라 조사의 결과가 달라질 수 있다는 점이다.

ⓑ 표적그룹조사(FGI) : 심층면접법의 변형으로 6~12명의 응답자가 주어진 주제에 대하여 자유롭게 토론하도록 하고, 토론과정에서 조사자가 유용한 정보를 추출하여 얻는 방법이다.

라) 투사법
- 투사법은 심리학에서 많이 사용되는 방법으로 응답자가 조사목적을 모르는 상태에서 응답자의 내면에 있는 신념이나 태도 등을 다양한 동기유발방법을 이용해서 조사하는 방법이다.
- 종류 : 단어연상법, 그림묘사법, 문장완성법, 만화완성법

(2) 관찰법
- 관찰법은 질문과 답변을 통하여 정보를 수집하는 것이 아니라, 응답자의 행동과 태도를 조사자가 관찰하고 기록함으로써 정보를 수집하는 방법을 말한다. 이 방법의 장점은 의사소통법보다 비교적 정확한 정보를 얻을 수 있다는 점이며 단점으로는 응답자와 커뮤니케이션을 통해서만 알아낼 수 있는 인지, 신념, 선호도와 같은 심리적 특성은 관찰할 수 없을 뿐만 아니라, 개인의 사적인 활동도 관할하기 곤란하다는 점이다. 또한 관찰하고자 하는 행동패턴이 장기간 지속되며, 자주 발생하지 않는 경우라면, 예상보다 많은 비용과 시간이 소요될 수 있다는 점 등이다.

♣ 심화학습 – 관찰법
1. 관찰의 방법은 과학적 연구에서 가장 오랜 역사를 가진 방법인 동시에 연구의 기본수단이라고 할 수 있다. 관찰을 통하여 필요한 정보를 수집하려면 타당하고, 신뢰롭고, 객관적인 관찰이 이루어져야 한다.
2. 관찰법은 분류하는 기준에 따라 여러 가지로 구분할 수 있는데, 관찰상황의 통제 여하에 따라 자연적 관찰과 통제적 관찰로, 관찰자와 피관찰자 간의 참여 여하에 따라 참여관찰과 준참여관찰, 비참여관찰로 구분하기도 한다.
   1) 자연적 관찰과 통제적 관찰
      (1) 자연적 관찰은 관찰상황을 조작하거나 인위적으로 어떤 특별한 자극을 주는 일 없이, 자연적 상태에서 있는 그대로 관찰하는 방법이다. 이 방법은 관찰하는데 많은 기술을 요하므로 관찰자의 훈련이 문제가 되고, 피관찰자에게 자연스럽게 접근하기가 어려우며 신뢰도가 낮아지는 문제점이 있다.
      (2) 통제적 관찰은 관찰대상, 시간, 장면, 행동 등을 인위적으로 꾸미고 이런 조건 하에서 행동을 관찰하는 방법으로, 장면이나 조건을 인위적으로 조작하고 독립변인을 투입하여 나타나는 종속변인을 관찰하는 실험적 관찰법(experimental observation), 장면만을 통제하여 관찰하고자 하는 행동이 자주 나타나는 장면을 선택하고 그 장면에서의 행동을 관찰하는 현장선택법(situational sampling technique), 관찰 시간을 통제하는 시간표집법(time sampling technique) 등이 있다.
   2) 참여관찰, 준참여관찰, 비참여관찰
      (1) 참여관찰은 관찰자가 피관찰자와 같은 생활 속에 들어가 행동을 관찰하는 것으로, 최상의 관찰은 피관찰자가 의식하지 못한 상태에서 관찰해야 하는 것이지만, 이것이 불가능한 경우에는 관찰자임을 알리고 피관찰자와 같이 생활한다.
      (2) 준참여관찰은 관찰자가 피관찰자 생활의 일부에만 참여하여 관찰하는 방법으로, 피관찰자가 관찰자를 받

아들이고 또한 피관찰자들의 일상 행동이 관찰자로 인하여 달라지지 않는 것이 전제가 되기 때문에 대상 및 내용이 한정되는 경향이 있다.
(3) 비참여관찰에서는 관찰자가 피관찰자 밖에 있으며 피관찰자들이 관찰자를 알고 있어도 무방하다. 이는 관찰을 조직적·계획적으로 할 수 있고, 결과 처리도 표준화할 수 있다는 장점이 있는 반면에 심층적인 관찰을 할 수 없고 피상적으로 될 우려가 있다.

2) 2차적 자료
(1) 기업내부자료
  가) pos 데이터 : 판매시점 정보관리제도(Point Of Sales)를 의미하며 주로 매장의 금전등록기에 의해 확보된 고객과 상품에 대한 정보 등을 말함
  나) 고객데이터베이스 : 고객개인정보, 과거거래내역, 주문결제정보
(2) 기업외부자료
  가) 연구간행물   나) 상업용자료

♣ 심화학습 - 문헌 분석법
1. 연구의 세부 사항들을 계획하기 이전에, 연구자들은 그들이 관심을 가지고 연구하려고 하는 주제에 관한 연구 문헌을 찾기 위하여 문헌 분석을 한다. 연구와 관계된 문헌을 찾아서 읽고 요약하는 것을 '문헌 분석'이라고 한다.
2. 문헌 분석은 연구 문제에 관심이 있는 다른 사람들의 생각들을 연구자가 일람하는데 도움을 줄 뿐만 아니라, 그 연구 질문에 대한 다른 사람들의 연구 결과들이 무엇이었는지 알도록 해 준다. 자세한 문헌 분석은 사실상 석사나 박사 과정의 학생들이 논문을 쓸 때 필수적으로 요구되는 연구 절차이다.
3. 문헌 분석은 ① 가능한 한 연구 주제(혹은 제목)를 먼저 설정하고, ② 같은 학교나 학과 등 자신의 주변에 관련 있는 논문이 있는지를 확인한 후, ③ 가장 관련이 깊은 논문 하나를 정독하고, ④ 그 논문 뒤에 제시되어 있는 '참고문헌' 부분을 활용하여 폭넓게 다양한 자료들을 수집하고 분석하는 것이 좋다.

예제 1》 면접조사에 대한 설명과 거리가 먼 것은?

가) 우편조사에 비해서 응답률이 높다.
나) 무응답 문항을 줄일 수 있다.
다) 면접자에 의한 편의(bias)가 발생할 수 있다.
라) 전화조사에 비해 조사자에 대한 감독이 용이하다.

▶ 정답 및 해설 라)

예제 2》 집단조사의 특성에 대한 설명으로 틀린 것은?

가) 자기기입식 조사의 일종이다.   나) 집단상황이 응답을 왜곡시킬 수 있다.
다) 시간과 비용이 적게 든다.   라) 응답상황에 대한 통제가 용이하다.

▶ 정답 및 해설 라)

13강 질문지작성법/델파이법 등

☐ 질문지(설문지) 작성

1. 질문지(설문지)는 응답자가 질문에 답변하는 과정에서 발생할 수 있는 오류, 즉 편의(bias)를 최소화하도록 설문지의 각 문항을 간결하고 명확하게 작성해야 하며, 애매한 표현은 가능한 한 피하도록 해야 한다.

2. 질문지 작성절차
   - 1단계 : 필요한 정보 결정
     - 설문조사를 통하여 얻고자 하는 정보는 무엇인가?
     - 의사결정에 꼭 필요한 내용들만을 엄선하여 조사할 수 있도록 해야 함
   - 2단계 : 자료수집방법의 선정
     - 필요한 정보획득에 가장 적합한 자료수집방법은 무엇인가?
     - 설문지를 이용한 자료수집방법에 속하는 대인조사, 전화에 의한 조사, 우편에 의한 조사 혹은 인터넷을 통한 조사중에서 시간과 비용, 그리고 설문내용 등을 고려하여 이 중에서 가장 효과적인 방법을 선정하여 자료를 수집하도록 해야 함
   - 3단계 : 개별항목 내용결정
   - 4단계 : 질문형태 결정
     ① 개방형질문
     ② 폐쇄형질문(선택형 질문)
       ⓐ 선택형
         - 다지선다형 질문
         - 양자택일형 질문
       ⓑ 등급형(평정형, rating) 질문
         사회과학 분야에서 가장 흔히 사용되는 질문양식의 하나로서 순서대로 나열되어 있는 하나의 세트의 범주들 중에서 주제에 대한 응답자의 판단의 강도를 나타낼 때 사용된다.
       ⓒ 서열식(ranking) 질문
         응답자들이 어떤 태도나 대상을 중요하다고 생각하는 정도 및 좋아하는 정도를 유사한 태도나 대상과 비교하여 알고자 할 때 사용된다. 그 종류로는 서열순서법, 일대일비교법(쌍대비교법), 고정총합법 등이 있다.
   - 5단계 : 적절한 질문 완성
   - 6단계 : 질문순서 결정

① 깔대기형 배열
자세한 정보나 예기치 않은 응답을 얻고자 할 때, 응답자들이 충분한 동기를 가지고 있을 때

> * 질문들이 연속적으로 앞의 질문과 관련되어 있으면서 차츰 그 범위를 좁혀나가는 방식

② 역깔대기형 배열
특정한 상황에 대한 전반적인 의견을 얻고자 할 때, 응답자는 알지만 조사자는 잘 모르는 사실에 대해 묻고자 할 때

> *개별적인 구체적 질문을 먼저하고, 광범위한 질문을 나중에 하는 방법

- **7단계** : 설문지 초안완성
- **8단계** : 설문지 사전조사(pre-test)
- **9단계** : 설문지 완성

☐ 델파이법

1. 델파이 방법(Delphi method)은 설문지 조사 연구와 전문가 협의회 방법을 결합시킨 것으로, ① 절차의 반복과 통제된 피드백, ② 응답자의 익명성, ③ 통계적 집단 반응의 특성을 가지고 있다. 이는 설문지 기법을 주로 활용하지만, 자신의 응답을 수정·보완할 수 있는 기회가 주어지는 조사 방법이다.

2. 동일한 대상자에게 3~4회 정도 반복적으로 의견 조사가 실시되는 동안 조사에 참여하고 있는 사람들은 이전에 실시한 조사의 결과에 대한 통계적 집단 반응과 소수 의견 보고서를 제공받게 되고, 그것을 참고하여 자신의 판단을 다음 회에서 수정·보완할 수 있는 기회를 갖는다.

3. 델파이 절차에서 토론 참가자는 공개되지 않을 뿐만 아니라 상호간에 접촉을 직접하지 않으므로 면대면 토의 과정에서 나타날 수 있는 바람직하지 못한 심리적 효과(예: 다수결의 원칙 적용, 권위 있는 어느 한 사람의 발언에 따른 동조, 사전 의견 조율에 의한 편파적 결정, 한번 취한 입장에 대한 고수 등)를 피할 수 있다.

4. 교육 연구 분야에서는 교육 발전의 미래 예측, 교육의 목적과 목표 설정, 교육 과정 개발, 교육 문제 해결, 교수 방법 개발 등 다양한 연구목적으로 전문가들이나 교육 구성원의 의견을 수집하고 종합하여 집단적 판단으로 정리하고 기술하기 위해 델파이 방법을 이용하고 있다.
이 방법을 적용할 때는 ① 연구 문제를 명확하게 규정해야 하며, ② 조사에 참여할 전문가 집단을 잘 선정해야 하고, ③ 절차를 반복하는 과정에서 참여자들이 이탈하지 않도록 세심한 주의를 기울일 필요가 있다.

> * 데이컴법

사회성 측정법

1. 사회성 측정법(sociometry)은 모레노(J. L. Moreno)에 의해서 개발된 것으로, 인간의 심리적 상호작용이나 집단구조를 분석·측정하는 방법이다. 주로 설문지를 활용하여 집단 내에서 개인의 사회적 위치 및 비형식적인 집단성원의 구조를 알아내는 방법으로, 인간과 인간사이의 좋음(attraction)과 싫음(repulsion)의 강도나 형태에 초점을 두고, 개인의 지위나 집단구조를 측정하며, 여러 가지 분석기술을 사용하여 이를 표시하고 평가하는 방법이다.
2. 사회성 측정법은 개인의 사회적 적응 방법을 개선시키고, 집단의 사회구조를 개선시킬 수 있으며, 집단을 조직하는데 도움을 주며, 특수한 교육문제 해결에 적용시킬 수 있는 특성이 있다.
3. 사회성 측정법 검사를 실시할 경우 필요한 조건은 다음과 같다. ① 선택하는 집단의 범위가 명확할 것, ② 무제한의 선택 또는 거부를 허용할 것, ③ 조사 대상에게 의미 있는 선택기준을 마련할 것, ④ 조사의 결과는 그 비밀이 엄수되어야 할 것, ⑤ 사용할 질문의 어법(wording)은 집단성원의 수준에 맞출 것 등이다.

의미분석법

1. 의미분석법(semantic differential)이란 개념의 심리적 의미를 분석하여 의미공간상의 위치로 표현하는 측정방법이다. 사람에 따라 다른 의미로 쓰이는 개념의 의미를 양극적으로 대비되는 일단의 형용사를 이용하여 측정하고, 그 결과를 2차원 평면이나 3차원의 의미공간에 표시한다.
2. 오스굿(Osgood)은 평가요인(evaluative factor), 능력요인(potency factor), 활동요인(activity factor)이 각각 독립된 X, Y, Z 축을 이루는 3차원의 의미공간이 있다고 하였다.
3. 개념의 의미분석을 위해 척도를 개발하여 활용하기도 하는데, 의미분석척도는 먼저 서로 대립되는 형용사를 이용하여 양극을 이루는 평정척도를 제작하여 분석하고자 하는 개념을 결정한 후, 의미공간의 축을 구성하는 요인을 선정하여 척도의 단계를 결정하고, 상반되는 형용사를 짝지어 척도를 구성하게 된다. 예컨대 '상담사'라는 개념의 의미를 분석하기 위해 대립되는 형용사의 짝을 활용하여 5단계 혹은 7단계 평정을 하도록 하는 것이다. 7단계로 평정하도록 한 구체적인 예는 다음과 같다.

'상담사'에 대한 의미가 서로 상반되는 형용사로 짝지어진 각 척도 상에서 어디에 위치하는가를 표시하시오

< 상담사 >

	1	2	3	4	5	6	7	
좋은								나쁜
깨끗한								더러운

참고로 의미공간을 구성하는 평가요인에 해당하는 상호 대립되는 형용사의 짝으로는 좋은/나쁜, 깨끗한/더러운, 귀한/천한, 중요한/하찮은, 진실된/거짓된, 친절한/불친절한, 새로운/낡은 등이 있다. 능력요인에 해당하는 것으로는 큰/작은, 강한/허약한, 높은/낮은, 유능한/무능한, 무거운/가벼운, 깊은/얕은, 굵은/가는, 똑똑한/어리석은 등이 있다. 그리고 활용요인에 해당하는 것으로는 빠른/느린, 능동적/수동적, 적극적/소극적, 예민한/둔감한, 뜨거운/차가운, 복잡한/단순한, 남성적/여성적, 진취적/보수적 등이 있다.

❏ 역사적 방법

1. 역사적 방법이란 시간의 경과에 따른 개인이나 집단이나 사회의 변화 과정이나 역사를 분석하는 방법이다.
2. 역사적 방법이라 할 수 있는 개인에 대한 전기적 방법(biographical method)은 특정한 인물의 사례를 전기적으로 연구함으로써 한 개인의 발달 과정과 그 안에 숨은 심리적 기제를 밝히려는 목적으로 정신분석학자들인 프로이드(Freud)와 에릭슨(Erikson)으로부터 유래된 것이라 할 수 있다.
3. 전기적 방법은 '개인의 삶에 대한 기록문헌'을 특정 분야에 대한 연구에 적용시킨 방법으로 정의될 수 있으며, 구술사, 개인 사례연구, 개인 생애사 연구 등을 포함한다.

예제 1) 설문지 내에서 개별질문들을 배치할 때 고려할 사항으로 틀린 것은?

가) 응답자의 인적사항에 대한 질문은 설문지의 표지에 둔다.
나) 응답자가 심각하게 고려하여 응답해야 하는 질문은 뒤쪽에 둔다.
다) 앞의 질문이 다음 질문에 연상작용을 일으키는 질문은 서로 떨어뜨려 놓는다.
라) 응답자가 쉽게 응답할 수 있는 질문은 앞부분에 둔다.

▶ 정답 및 해설   가)

예제 2) 응답자의 잘못으로 생길 수 있는 편의(bias)와 가장 거리가 먼 것은?

가) 예의를 찾는 데서 오는 편의
나) 고의적 오도로 인한 편의
다) 사회적으로 바람직한 대답을 하려는 데서 오는 편의
라) 질문방식에서 오는 편의

▶ 정답 및 해설   라)
   * 면접편의

14강 내적, 외적타당도/현장, 실험실연구

❏ 연구의 타당도 - 내적타당도/ 외적타당도
- 내적 타당도와 외적 타당도는 <u>실험설계의</u> 타당도
- 내용타당도, 준거타당도, 구성타당도 등은 <u>측정(검사)의</u> 타당도

1. 내적 타당도
측정된 결과가 과연 실험변수의 변화 때문에 일어난 것인가에 관한 문제로써 만약 독립변수 이외의 다른 외생변수들이 종속변수의 변화에 의미 있는 영향을 미쳤다면 이 실험은 내적 타당성이 높다고 할 수 없다. 그러므로 내적타당성을 높이려면 가능한 순수한 독립변수에 의한 효과만을 정확히 추출해 낼 수 있는 실험설계가 필요하며, 이는 외생변수들을 철저히 통제해야 함을 의미한다.

2. 외적 타당도
실험결과의 일반화와 관련된 문제로서, 결과의 적용대상, 시점, 상황의 확장과 관련된 것임. 만약 내적타당성을 높이기 위해서 실험조건을 엄격히 통제한다면 실험상황이 현실과 동떨어질 수 있기 때문에 그 실험결과를 현실적인 상황에서 일반화시키는 데 문제가 발생할 수 있다. 따라서 외적 타당성을 높이기 위해서는 최대한 현실과 맞는 조건에서 실험이 이루어져야 함

❏ 실험실연구와 현장연구

1) 실험실 실험

 (1) 실험실 실험의 의미
  실험실 실험은 인과관계를 규명하기 위해 가설을 검증할 수 있는 연구의 유일한 형태이다. 실험실 실험은 변인들 간의 연결에 대한 추론의 가장 강력한 사슬을 나타낸다. 실험실 연구에 있어서, 연구자는 적어도 하나의 독립변인을 조작하고, 가외(외생)변인을 통제하여 하나 또는 그 이상의 종속변인에서의 효과를 관찰한다. 연구자는 처치를 위한 집단의 선택과 배치를 통제한다.
  실험실 연구는 모든 연구 형태 중 가장 구조화 되어있다. 잘 수행되어진다면 실험실 연구는 인과관계와 관련한 가장 확실한 증거를 생산해 낸다.

 (2) 실험실 실험의 장단점
  ① 실험실 실험의 장점
   - 가외(외생)변인에 대한 엄격한 통제가 가능하기 때문에 종속변인의 차이를 독립변인의

차이 때문이라고 해석할 수 있는 가능성이 가장 높다.
- 엄격한 측정에 의해 정확성이 높다.
- 연구의 객관성을 높일 수 있다.
② 실험실 실험의 단점
- 현실성이 떨어진다. 즉 실험결과의 외적 타당도가 낮다.
- 실험실 연구로 다룰 수 있는 주제는 한계가 있다.

2) 현장실험(실제연구, field study)

(1) 현장실험의 의의와 방법
① 현장실험의 의의
현장연구(field study)는 현장에서 이루어지는 연구로서 독립변인을 조작하지 않고 현장에서 관찰이나 면접, 설문조사 등을 이용해서 이루어지는 연구다.
② 현장연구의 방법
다양한 현장연구의 방법들로는 연구자가 현장에 직접 참여하여 연구대상자들과 함께 지내면서 관찰하는 기술적 연구, 사례를 통해 연구하는 사례연구 등이 있다.
③ 현장연구의 장점
현장연구는 연구 장면에 거의 개입하지 않기 때문에 실제로 어떠한 통제도 가하지 않으므로 외적 타당도가 높을 수 있다는 장점이 있다.

(2) 현장실험의 장단점
① 현장실험의 장점
- 연구가 자연상태에서 이루어지기 때문에 매우 현실적이고 또 결과의 일반화 가능성이 높다.
- 적절한 실험설계를 사용하면 인과적 결론을 내리는 것도 가능하다.
- 실험실 실험과는 달리 실제 상황의 복잡한 행동들에 관해 광범위한 자료를 얻을 수 있다.
② 현장실험의 단점
- 실험과정 전체를 엄격하게 통제하는 것이 어렵기 때문에 연구결과의 내적 타당성이 낮다. 즉 피험자의 탈락이라든가 연구기간 동안의 상황변화 등의 통제가 어렵다.
- 연구자들이 실제 현장상황에서 실험하는 데 필요한 협조를 얻는 것이 어렵다는 것이다.

3) 실험실 실험과 현장실험의 비교
두 유형의 실험 모두 독립변인의 조작과 피험자의 처치에의 무선배정을 필수조건으로 한다는 점에서 근본적으로 동일하다. 그러나 많은 경우 현장실험은 여러 환경적 방해로 인해서 가외변인의 통제가 어려워지고 정확한 독립변인의 조작, 종속변인측정, 또 피험자의 **무선배정**이 불가능하지는 않더라도 용이하지 않다.
반면, 실험실 상황에서는 피험자들의 실험에 대한 의식이 여러 가지 편파들(artifacts : 요구특징, **실험자 기대편파**, 평가우려 등)을 일으켜 실험결과의 해석을 모호하게 만드는데, 이러한 문제가 현장실험에서는 훨씬 줄어들 수 있다.

❏ 통계적 결론 타당도(statistical conclusion validity)

1. 통계적 증거에 근거하여 얻어진 결론의 정확성 정도이다. 즉, 변인들 간에 존재하는 관련성에 대한 타당한 결론을 이끌 수 있는 정도로서, 인과관계에 대한 타당한 결론과 관련되는 내적 타당도와는 구별되는 용어이다.

2. 통계적 결론 타당도를 약화시키는 요소들은 1종 오류(type I error)와 2종 오류(type II error)를 범할 가능성을 증가시키는 요소와 통계적 검증력(power)을 감소시키는 요소들이다.

3. 측정도구 및 측정 절차의 신뢰도, 유의도 수준, 표본 크기, 효과 크기, 대안가설의 방향성, 연구설계의 선택 등이 통계적 검증력에 직접적으로 영향을 주는 요인들이다. 또한 통계적 가정을 충족시키지 못하는 자료를 이용하여 통계분석을 한 경우에는 잘못된 통계적 결론을 내리게 된다.

4. 통계적 결론 타당도를 위협하는 요인

   1) 반응의 무작위적 다양성
      - 측정도구에 대한 불성실한 답변(반응)이나 무작위적 반응에 의한 경우 등

   2) 피험자(피검자)의 무작위적 이질성
      - 피험자들간의 인적요소의 질적차이에서 오는 오류로 인한 경우 등

   3) 실시한 측정도구의 모든 하위요인에 대해 통계적 검증을 실시하는 것.
      - '투망식 검증'이라하며 어떤 유의미한 결과만을 추구하여 마구잡이로 분석하려는 연구자의 태도 내지 비계획적인 연구행위 등을 말하는 것으로 한 자료에 여러 개의 검증을 하면 할수록 그것을 통한 결론은 오류를 범할 확률이 증가하여, 통계적 결론 타당도를 저해하는 요인이 된다는 것이다.

5. 상담의 효과성 연구에서 통계적 결론타당도를 높이는 방법
   통계적 결론 타당도를 쉽게 표현하자면 통계적 증거로 얻은 결론에 대한 확신의 정도라고 말할 수 있다.

   1) 상담매뉴얼을 활용한다.

   2) 신뢰도 높은 측정도구를 사용한다.

   3) 참여내담자수를 증가시킨다.

15강 통계검증/유의수준, 유의확률

❏ 통계 검증과 오류

통계 검증은 일반적인 수학계산과 달리 우리가 모르는 사실에 대한 추정을 하는 과정이다. 이 추정은 우리가 알고자 하는 진실을 정확히 알아낼 수 없으며 가까운 숫자로 추측한다는 의미가 있다. 이 말을 달리 생각하면 우리가 잘못 판단하고 잘못된 결정을 내릴 가능성, 즉 오류가 생겨날 수 있다는 것이다.

1) 1종 오류
(1) 1종 오류는 영가설이 옳은데 영가설(귀무가설)을 기각하는 것을 말한다. 결과적으로 올바른 영가설을 버리고 대립가설(연구가설)을 선택하지만 이것은 틀린 가설을 주장하는 것을 말한다.
(2) 1종 오류라는 숫자가 붙은 이유는 검정 과정상에서 만날 수 있는 가장 큰 오류라는 점 때문이다.

2) 2종 오류
(1) 2종 오류는 영가설이 틀렸는데, 영가설을 맞다고 보는 것이다. 결과적으로 올바른 대립가설을 버리고 틀린 영가설을 선택하는 것이다.
(2) 2종 오류를 β(베타)로 표시

3) 오류의 형태

	귀무가설 - 참	귀무가설 - 거짓
기 각	제1종 오류(α)	옳은 결정(1 - β) : 검증력
채 택	옳은 결정(1 - α)	제2종 오류(β)

❏ 1종/2종 오류와 관련문제

(1) 1종 오류가 감소하면 올바른 영가설을 기각하는 확률이 줄어든다는 의미이므로 통계적 검정력은 증가한다.
(2) 2종 오류가 증가하면 즉, 베타가 증가한다는 것은 검증력 공식인 '검증력(검출력)=1-β(베타)'를 생각하면 검증력이 감소된다는 것을 알 수 있다.
(3) 1종 오류가 증가하면 2종 오류가 감소한다. 즉, 알파의 영역이 증가하면 베타의 영역이 감소한다.
(4) 표집의 수를 늘리면 통계적 검증력이 증가한다. 즉, 틀린 영가설을 맞다고 생각하는 2종 오류가 줄어들게 된다.

♣ 심화학습

점추정 : 하나의 값으로 모수값을 추정하는 방법
- 표본의 평균은 모집단 평균의 점추정량
- 표본 표준편차는 모집단 표준편차의 점추정량

♣ 심화학습

- 적절한 추정량을 선택하는 4가지 기준(바람직한 추정량의 조건)
    1) 불편(편)성 : 추정량의 기댓값과 추정할 모수의 실제값과 같으면 추정량이 불편(편)성을 가졌다고 말함
    2) 효율성 : 불편추정량 중에서 최소의 분산을 가진(표본분포의 분산이 작은) 추정량이 가장 효율적임
    3) 일치성 : 표본의 크기가 커지면 추정량이 모수에 가까워짐(수렴함)
    4) 충족(분)성 : 추정량이 모수에 대하여 가장 많은 정보를 제공할 때 그 추정량은 충족(분)성이 있다고 함

❑ 가설검증 – 유의수준, 유의확률

1) 가설검증의 개념

모집단이 갖는 미지의 특성에 관한 예상이나 주장을 기초로 가설의 채택이나 기각을 결정하는 통계적 기법으로서 표본에서 얻은 정보를 확실히 입증하고자 하는 일련의 통계적 추론과정을 가설검증이라 한다.

2) 귀무가설/대립가설

3) 통계적 검정용어

- **검정통계량** : 검정의 기준을 결정하는 데 사용되는 표본 통계량
- **기각역/인용(채택)역** : 검정 통계량이 기각역 안에 들어가면 귀무가설을 기각하고, 기각역 밖(채택역)이면 귀무가설을 기각하지 못한다.

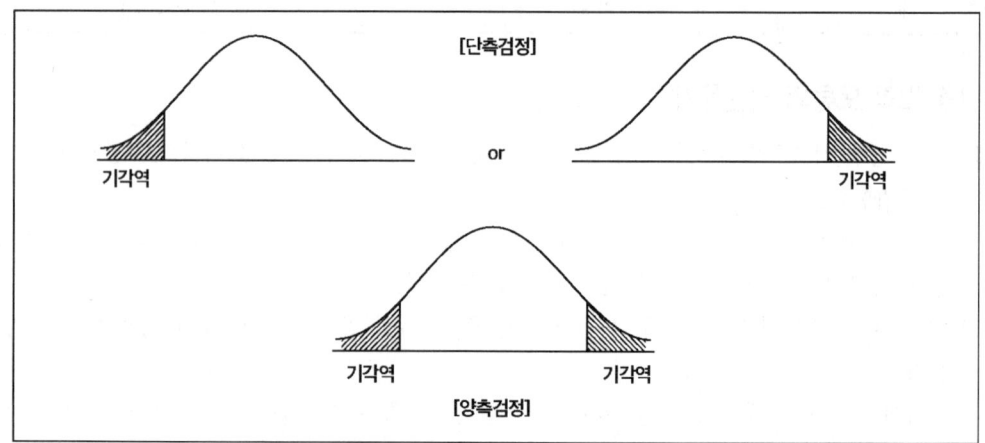

[기각역, 단측검정, 양측검정]

4) 유의수준(α)

가설검정에서 귀무가설을 기각할 수 있는 최대 p-값을 유의수준(significance level)이라고 한다. p-값은 관측된 사건과 그것보다 더 멀리 귀무가설에서 벗어나는 사건에 대한 귀무가설 하에서의 확률이다. 따라서 p-값이 유의수준(α)보다 작으면 귀무가설이 기각된다.

p-의 값 < 유의수준(α)
- 가설검정에서 1종 오류가 허용되는 확률 수준
- 영가설이 참인데도 그것을 잘못 기각할 확률의 허용한계
- 영가설이 참인데도 대립가설을 잘못 선택할 확률(1종 오류를 범할 확률)의 최대값
- 흔히 유의수준(α)은 0.05를 사용하고 0.1, 0.01, 0.001 등을 사용하는 경우도 있음

5) 유의확률(p-값)
- 모수가 신뢰구간을 벗어날 확률
- 귀무가설이 사실일 때 실험결과가 귀무가설을 지지하는 입증 정도이다.
- 통계적 유의성을 쉽게 알아볼 수 있도록 별표(*)를 붙여주는 경우가 많음
  0.05 미만이면 *, 0.01 미만이면 **, 0.001 미만이면 ***, 일반적으로 통계 소프트웨어가 정확히 계산해주므로 P-값 그 자체를 명기해주는 것이 좋다.

❑ 가설검정의 순서

1) 귀무가설을 설정한다.
2) 양측검정 또는 단측검정 중에서 하나를 택해 대립가설을 설정한다.
3) 유의수준(α)을 결정하고 기각역을 계산한다.
4) 표본으로부터 검정통계량을 구한다.
5) 검정통계량이 기각역에 포함되는지 여부를 확인하거나 또는 유의수준과 유의확률의 크기를 비교해서 가설 채택 여부를 결정한다.

> ♣ **심화학습 – 귀무가설의 '인용(채택)'과 '기'**
>
> '귀무가설은 두 집단 간의 차이가 없다.'
> '대립가설은 두 집단 간의 차이가 있다.'
> 라는 귀무가설과 대립가설(연구가설)이 있다. 이 때 귀무가설을 인용할 것인가 기각할 것인가를 결정해야 한다. 이때 동원되는 개념이 유의확률과 유의수준이다.

1) 유의확률(p)
   - 유의확률은 확률이어서 (0, 1) 사이의 값을 갖는다.
   - 그런데 유의확률은 실험이나 관찰에서 얻은 데이터가 귀무가설을 지지하는 정도이다.

- 즉 0에 가까우면 귀무가설을 지지하는 정도가 낮으니 귀무가설을 기각하고 대립가설과 같이 차이가 있다는 결론을 내려야 한다.
- 만약 유의확률이 1에 가까우면 귀무가설을 지지하는 정도가 높으니 귀무가설을 기각하지 못한다.

2) 여기서 유의확률이 높다 낮다를 결정하는 기준(상대적 기준)이 유의수준(α)이며 통상(관례적 수준)적으로 0.05으로 설정을 한다.
따라서 낮다는 의미는 $p<.05$가 되며 그 의미는 귀무가설을 기각할 수 있다는 것을 의미한다. 즉, 가설검정 과정은 주장하고 싶은 가설(연구자가 원하는)을 대립가설에 넣고 실험이나 관찰에서 귀무가설을 믿지 못하는 결정적인 증거가 발견되었을 때 귀무가설을 기각한다. 그 결정적인 증거라는게 "$p<.05$"이다.
구조적으로 귀무가설을 기각하기 힘들게 만들어져 있는데 이는 검증력을 높이기 위함이다.

❏ 통계적 유의성

- 통계자료가 가설을 뒷받침하는 정도
- 확률적으로 보아 단순한 우연이라고 생각되지 않는 정도
- 통계적으로 모집단에 대한 가설이 가지는 의미 있다고 생각되는 성질

❏ 양측검정과 단측검정

양측검정과 단측검정의 차이는 예를 들어 남자와 여자의 키를 비교한다면 가설을 '남자의 키가 클 것이다.'와 같이 세울 수 있습니다. 이처럼 가설을 세울 때 방향이 정해지는 것을 단측검정이라고 한다.
이미 가설의 방향을 알고 있거나 혹은 편견을 가지고 있는(?) 상태에서 검증에 들어가는 것을 말한다.
또한 어떤 다이어트방법에 따른 사전-사후의 변화에 대한 분석이라면 체중이 줄어든 한쪽을 보는 것이기에 단측검정이 적절할 것이다.
반면에 같은 내용이라고 해도 '남녀 사이에 차이가 있을 것이다.'처럼 어느 쪽으로 방향을 정하지 않고 가설을 세울 때, 양측검정이라고 한다.
위의 예에서 가설을 세울 때, 귀무가설은 "남녀의 차이가 없다"가 되고, 대립가설은 "남자의 키가 크다"(단측검정), "남녀의 차이가 있다"(양측검정)가 됩니다.

16강 신뢰수준, 구간/타당도

❏ 신뢰수준
- 어떤 모수가 신뢰구간에 속할 확률
- 추정 구간에 그 모집단 특성값의 참값이 존재할 확률
- 구간 추정량이 모집단의 모수를 포함하게 될 확률
- 범위 : 0~100%가 가능
- 보통 95%를 사용함

❏ 신뢰구간
- 신뢰수준의 확률로 모평균을 포함하는 구간
- 모수가 어느 범위 안에 있는지를 확률적으로 보여주는 방법

    예 신뢰수준 95%에서 투표자의 35~45%가 A후보를 지지하고 있다.
      → 투표자 지지율이 35~45%일 확률은 95%이다.

> ♣ **심화학습 – 신뢰구간(confidence interval)**
> 모수가 어느 범위 안에 있는지를 확률적으로 보여주는 방법이다.

신뢰 구간은 보통 표본에서 산출된 통계와 함께 제공된다. 예를 들어, "신뢰수준 95%에서 투표자의 35%~45%가 A후보를 지지하고 있다."라고 할 때 95%는 신뢰수준이고 35%~45%는 신뢰구간이며 A후보의 지지율이다.

```
예  전국 남여 1000명을 대상으로 여론조사에서
      A후보 지지율 – 35%
      B후보 지지율 – 30%
      오차는 95% 신뢰수준에 ± 3%
```

A후보 지지율이 35%에서 ±3 즉 32%~38% 사이에 있을 확률이 95%라는 것
B후보 지지율이 30%에서 ±3 즉 27%~33% 사이에 있을 확률이 95%라는 것

❏ 신뢰수준과 신뢰구간은 표집오차를 추정하는 중요한 구성요소로 통계적 의미로 사용

1. 신뢰수준
1) 통계치가 모수치의 특정구간 내에 위치하는 것을 말하는 것으로 통계치의 정확성을 표현

하는 용어

2) 보통 사회과학에서는 95%의 신뢰수준을 많이 사용한다. 95%의 신뢰수준(유의수준 a 0.05)은 100번 같은 조사를 하면 5번 정도(5%)가 같은 결과가 나오지 않을 것(즉, 오차의 범위)임을 의미한다. 정상분포 곡선하에서 95%의 신뢰수준은 표준편차 ±2.0의 범위 내에 있다. 이에 해당하는 표준점수(Z점수)는 ±1.96이다. 따라서 어떤 통계치가 ±1.96보다 크다는 것은 95% 신뢰수준 즉, 0.05의 유의수준에서 통계적으로 유의미하다는 것을 말한다.

2. 신뢰구간

1) 특정한 결과가 모수치의 일정구간에 포함될 확률의 의미로서 사용
2) 통계치는 모수치를 추정하는데 사용하지만 정확한 모수치를 나타내지 않는다. 따라서 통계치가 얼마나 정확한 모수치를 반영하는가는 신뢰구간으로 표시될 수 있다.
3) 신뢰구간의 Z값

$Z_{a/2}$ 90% 신뢰구간 : 1.645
       95% 신뢰구간 : 1.96
       99% 신뢰구간 : 2.576

☐ 메타분석과 1종 오류의 문제

- 출판편향(publication bias) – '책상서랍의 문제'(file drawer problem)

메타분석 대상 연구를 수집할 때, 대부분 출판된 연구를 대상으로 수집하기 때문에 연구물 표집의 대표성이 문제가 된다고 비판한다. 즉, 메타분석은 출판편향에 대한 취약점을 지닌다. 즉, 미발표 논문의 문제라는 것으로 이를 출판편향(publication bias)이라고 한다.

출판편향(publication bias)이란 Rosenthal(1979)이 명명한 '책상서랍의 문제(file drawer problem)'와도 직결되는데 연구를 마쳤는데도 불구하고 효과가 없다는 결과가 도출되거나 역효과가 난다는 논문에 비해, 효과가 나타난 연구결과를 가진 논문이 출판될 가능성이 높다는 것을 말한다. 즉, 이렇게 연구를 마치고도 책상서랍에 버려두었기 때문에 연구결과의 종합에서 제외되는 경우가 발생한다.

☐ 효과검증의 왜곡 효과들

1. 바닥효과

- 피험자의 검사점수가 미미하여 변별의 요소가 못되는 것을 말함. 예를 들면 우울감을 종속변인으로 하고자 하는 연구에서 사전검사결과에서 우울감이 지나치게 낮은 대상자를 선발하는 경우에 발생하는 효과이다.

2. 천정효과
- 능력검사, 적성검사와 같은 검사에서 검사의 난이도가 너무 낮아(난이도계수가 너무 높아) 피검자 모두가 높은 점수를 얻는 상황에서 발생한다.

3. 호손효과
- 반응세트와 같은 효과로 피험자가 관찰/실험의 대상이 된다는 인식하에 의식적으로 반응을 보이거나 좋은 모습으로 보이기 위해 평소와는 다른 행동이나 반응을 보이므로서 연구결과에 영향을 미치는 것

4. 존 헨리효과
- 비교집단에 속한 피험자들이 자극을 받아 분발하거나 평소와 다른 행동양태를 보임으로써 연구결과가 왜곡되는 현상을 말한다.

5. 연구자 효과
- 연구자의 기대치가 은연중에 피험자에게 전달되어 결과에 영향을 미치는 것으로 '구인타당도'를 위협하는 요소로 보고 있다.

❑ 검사도구의 타당도 - 측정의 타당도

1. 타당도의 개념
검사의 타당도(validity)란 그 검사가 무엇을 측정하는지 그리고 측정하고자 하는 심리적 구성물을 얼마나 잘 측정하고 있는지에 관한 것이며, 검사의 타당도는 우리에게 검사점수를 이용해서 그 검사가 측정하려는 속성에 관해 추론하는 것이 타당한 일인가를 결정해 준다.

2. 신뢰도와 타당도의 관계
신뢰도와 타당도는 매우 밀접한 관계에 있으며 이론적으로 한 검사의 신뢰도는 그 검사의 타당도의 최대값이 된다. 즉, 신뢰도 계수가 70이라면 그 검사의 타당도는 아무리 높아도 70을 넘을 수 없다는 것이다. 따라서, 검사의 신뢰도가 높지 않다면 타당도가 높은 검사를 기대할 수 없게 된다.

그러나, 한 검사의 신뢰도가 높다고 해서 항상 타당도가 높은 것은 아니다. 예를 들어 몸무게를 잴 때 줄자를 이용한다면 아무리 줄자가 정확하다(또는 신뢰롭다) 해도 몸무게를 제대로 측정할 수 없다.

♣ **심화학습** - 검사의 타당도에 관한 설명

1) 교차타당도의 결과가 적어도 통계적으로 의의(意義)있는 관계보다는 우연적 관계를 보여주는 것은 타당하지 않다. 즉, 우연적 관계에서 유추되는 계수를 보여준다면 통계적 의미를 살피는 측정검사의 의미가 없어진다.
   * 교차타당도 : 같은 모집단에서 이끌어 낸 독립적인 표본에서 예언변인과 기준변인(준거변인)간의 관계를 설정시키려는 과정을 의미함
     - 문항분석을 끝내고 최종문항을 선정해서 검사를 구성하고 나면 문항분석에 이용했던 표본이 아닌 다른 표본을 대상으로 검사를 실시해서 전체 검사의 타당도를 점검하는데, 이를 교차타당도(cross-validation)라 한다.
2) 검사를 사용했을 때 단순히 집단의 기본 구성비율(base rate)에 의하여 우연히 맞힐 수 있는 최대확률보다는 더 정확한 결정을 내릴 수 있어야 한다.
3) 검사는 어느 정도 실용도를 가지고 있어야 한다. 즉, 검사를 사용했을 때 얻는 이익은 그 실용도를 능가해야 할 것이다.
4) 검사는 결정과정에 있어서 다른 정보자원이 제공할 수 없는 독특한 정보를 제공할 수 있어야 한다.

3. 타당도의 종류

1) 내용타당도(논리적 타당도, 교과타당도)

내용타당도(content validity)란 검사의 문항들이 그 검사가 측정하고자 하는 내용 영역을 얼마나 잘 반영하고 있는지를 의미한다. 내용타당도는 검사를 실시하여 경험적으로 평가되기 보다는 검사 구성시에 검사 개발자의 안목과 지식에 의해 확보되어야 하는 타당도이며, 해당 분야 전문가의 판단에 의존하게 된다. 그리고, 각 문항이 어떤 내용 범주로 분류되는 것이 적절한지, 그리고 각 문항이 그것이 속하는 내용 범주를 얼마나 잘 대표하고 있는지를 판단함으로써 평가되어진다.

♣ **심화학습**
- 내용타당도는 흔히 성취도 검사의 타당도를 평가하는 방법으로 많이 쓰이며 성격이나 적성을 측정하는 검사의 경우에는 적합하지 않다.
- 내용타당도는 논리적 사고에 입각한 논리적인 분석과정으로 판단하는 주관적 타당도이다.
- 수능시험 난이도
- 내용타당도 : 산출하기 가장 어렵다.

2) 안면타당도

안면타당도(face validity)는 내용타당도와 비슷하지만 전혀 다른 개념으로서 실제로 무엇을 측정하는가의 문제가 아니라 검사가 측정한다고 하는 것을 측정하는 것처럼 보이는가의 문제이다. 즉, 안면타당도는 수검자에게 그 검사가 타당한 것처럼 보이는가를 뜻하는 것이다.

*안면타당도 : 수검자의 수검동기나 수검자세에 영향을 미치게 된다.

3) 준거타당도 - 기준에 의한 타당성

준거타당도(criterion-related validity)란 어떤 심리검사가 특정 준거와 어느 정도의 관련이 있는지를 나타낸다. 즉, 기계적성검사의 점수로 피검자가 공학자로서의 성과를 잘 예측해 줄 수 있는지, 학업적성검사의 점수로 그 학생의 입학 후 학점을 잘 예측해 줄 수 있는지 등의 문제이며, 그 검사의 점수와 준거 점수의 상관계수가 바로 준거타당도 계수가 된다.
<u>준거타당도를 확인하는 방법으로는 예언타당도와 동시타당도</u>가 있다.

(1) 예언타당도

예언타당도(predictive validity)란 그 검사의 점수를 가지고 다른 준거점수들을 어느 정도 예측할 수 있는지를 의미하며, 검사를 먼저 실시한 후에 어느 정도 일정 기간이 흐른 다음 준거를 측정해서 두 점수들의 상관계수를 측정하여 평가한다.

예언타당도 계수를 구할 경우 준거를 측정하기 위해서는 일정 기간이 흘러야 하며, 준거 측정이 선발된 사람들만을 대상으로 하기 때문에 예언타당도 계수는 실제 타당도 계수에 비해 더 낮게 나타날 수 있다는 점을 고려해야 한다.

> * 검사점수와 일정시간이 지난 후 측정한 준거점수의 상관계수를 뜻함

(2) 동시타당도(공인타당도, 공존타당도)

동시타당도(concurrent validity)는 기존에 타당도를 보장받고 있는 검사와의 유사성 혹은 연관성에 의해 타당도를 검정하는 방법이다.

한 시점에서 검사와 준거를 동시에 측정해서 얻은 두 점수들의 상관계수를 준거 타당도 계수로 사용하는 것으로서 타당도 계수를 얻기 위해 일정 기간 기다려야 하는 예언타당도의 단점을 해결할 수 있다. 하지만, 여전히 예언타당도와 마찬가지로 타당도 계수 분석에 사용된 집단이 모집단을 잘 대표하지 못함으로써 타당도 계수의 축소현상이 나타날 수 있다.

17강 구성타당도/타당도 확인절차 등

☐ 구성타당도(구인타당도, 심리적 타당도)

1. 구성타당도(construct validity)란 그 검사가 이론적 구성개념(hypothetical construct, 객관적으로 관찰가능하지 않은 추상적 개념)이나 특성을 측정할 수 있는 정도를 말한다. 적성, 흥미, 직무만족, 불안, 우울 등 심리검사에서 사용하는 구성개념들은 그 자체가 본질적으로 추상적이고 논란의 여지가 있는 것이어서 구성타당도를 구하는 방법도 매우 복잡하고 다양할 수밖에 없다. 다음은 대표적인 구성타당도 확인 방법이다.

2. 구성타당도를 확인방법
   1) **발달적 변화** : 어떤 속성들은 발달에 따라 수준이 변화하는데, 이러한 발달적 변화들은 구성타당도의 증거로 사용될 수 있다.
      예를 들어 지능을 포함한 능력들은 보통 아이들이 발달함에 따라 점차 증가하는데, 이런 종류의 속성을 측정하는 검사가 타당한 것이라면 연령이 높아짐에 따라 그 검사 점수 역시 더 높게 나타나게 될 것이다. 그러나 성격처럼 발달적 변화가 있다 하여도 그리 두드러지지 않는 경우에는 발달적 변화를 구성타당도의 증거로 볼 수 없으므로, 발달적 변화를 구성타당도의 필요충분조건이라고 생각하는 오류를 범해서는 안 된다.
   2) **실험적 개입법** : 예컨대 불안성향을 측정하려고 개발한 검사의 구성타당도를 실험적 방법으로 확인하기 위한 실험에서 불안을 느끼도록 유도한 집단과 그렇지 않은 집단에게 이 검사를 실시해서 두 집단간의 불안검사점수를 비교해 보는 경우, 긍정적 결과가 나왔다면 그 검사 점수는 현재의 불안수준을 반영하는 증거가 될 수 있다.
   3) **수렴타당도와 변별타당도** : 어떤 검사가 측정하고자 하는 속성을 제대로 측정하는 것이라면, 검사점수는 이론적으로 그 속성과 관계가 있는 변인들과는 높은 상관관계를 갖고, 관계가 없는 변인들과는 낮은 상관관계를 가질 것이다. 이렇게 이론적으로 관계가 있는 변인과 상관관계가 높을 때 수렴타당도(convergent validity)가 높다고 하며, 관계가 없는 변인과 상관관계가 낮을 때 변별타당도(discriminant validity)가 높다고 한다.

♣ 심화학습

1) 중다특성 중다방법 행렬표(multitrait-multimethod matrix ; MTMM)
   - 수렴타당도와 변별타당도를 동시에 확인할 수 있는 방법
   - 이것은 2개 이상의 속성을 2개 이상의 방법으로 측정해서 상호상관의 양상을 평가하는 방법이다.
      예, 수리추론능력과 수학점수간의 상관관계가 높을 때에는 수렴타당도가 높고 독해력과의 상관관계가 낮을 때에는 변별타당도가 높다.

4) **요인분석** : 요인분석은 검사를 구성하는 문항들 간의 상호 상관관계를 분석해서 서로 상관이 높은 문항들을 묶어 주는 통계적 기법이다. 이러한 요인분석을 이용하면 어떤 검사가 그 검사의 토대가 된 이론이 예측하는 것과 같은 구조를 가지고 있는지를 확인할 수 있으며, 이것이 바로 구성타당도의 증거가 되는 것이다.

예를 들어 홀랜드(Holland, 1992)는 사람들의 직업성격(vocational personality ; 또는 직업흥미)유형을 6가지로 분류하였으며, 사람들은 이들 유형 중 어떤 한 유형과 닮게 되는데, 특정 유형과 닮으면 닮을수록 그 유형의 성격 특성과 관련 있는 행동을 많이 나타내게 되고 직업을 선택할 때에도 자신의 능력을 발휘할 수 있도록 자신의 성격유형과 일치하는 환경을 선택하게 된다고 하였다. 이러한 주장을 토대로 검사를 개발할 경우에 그 검사는 직업성격 유형을 대표하는 다양한 활동 특성에 대한 문항들로 구성될 것이며, 이 검사 결과를 요인분석 하였을 때 서로 상관이 높은 문항군집이 6개가 아니라 2개 또는 7개 등으로 나타난다면 이 검사는 홀랜드의 이론을 제대로 반영하지 못하는 검사이며, 구성타당도가 낮은 것이다.

[타당도의 종류]

구 분		주요 내용
내용타당도		검사의 문항들이 그 검사가 측정하고자 하는 내용 영역을 반영하고 있는지의 정도를 측정한 것으로서 주로 해당 분야 전문가의 판단에 의존함
안면타당도		수검자의 입장에서 그 검사가 측정한다고 하는 것을 측정하고 있는 것처럼 있는지의 정도를 측정함
준거타당도		어떤 심리검사가 특정 준거와 어느 정도의 관련이 있는지를 측정함
	예언타당도	어떤 검사를 먼저 실시한 후에 어느 정도 시간이 흐른 후 준거가 되는 검사를 실시하여 두 점수들의 상관계수를 계산함으로써 그 검사의 점수가 다른 준거점수들을 어느 정도 예측할 수 있는지를 확인함
	동시타당도	한 시점에서 검사와 준거를 동시에 측정해서 얻은 두 점수들의 상관계수를 계산하여 관련성을 측정함
구성타당도		그 검사가 이론적 구성개념이나 특성을 측정할 수 있는 정도
	수렴타당도	검사의 결과가 이론적으로 그 속성과 관계있는 변인들과 높은 상관관계를 지니고 있는지의 정도를 측정함
	변별타당도	검사의 결과가 이론적으로 그 속성과 관계없는 변인들과 낮은 상관관계를 지니고 있는지의 정도를 측정함

3. 타당도에 영향을 미치는 요인

1) 표집오차

표집오차(sampling error)란 표본이 모집단을 잘 대표하지 못해서 생기는 오차를 말하며, 표집오차가 커지게 되면 타당도 계수는 낮아진다. 이러한 표집오차는 표본의 크기에 영향을 많이 받는데, 표본의 크기가 작아지면 표집오차가 급격하게 증가하게 된다. 따라서, 일부 표본을 대상으로 하여 검사점수와 준거점수의 상관계수를 구할 때에는 적절한 표본의 크기를 결정해야 하며, 어떤 검사의 준거타당도를 평가할 때에는 타당도 계수를 보고한 연구에서 표본의 크기를 어느 정도로 하였는지 고려할 필요가 있다.

2) 준거측정치의 신뢰도

어떤 검사의 준거타당도 계산을 위해 사용하는 준거측정치의 신뢰도가 그 검사의 타당도계수에 영향을 미친다. 즉 준거측정치의 신뢰도가 낮으면 검사의 준거타당도도 낮아지게 된다. 예를 들면 직무성과 측정의 신뢰도가 낮으면 해당 적성검사와의 상관계수가 낮게 된다.

이론적으로 어떤 검사의 타당도 계수는 그 검사의 신뢰도 계수보다 낮다고 하였는데, 마찬가지로 준거의 신뢰도 계수보다 더 높을 수는 없는 것이다.

3) 준거측정치의 타당도

준거측정치(실제준거)가 해당 개념(개념준거)을 얼마나 잘 반영하는가 하는 준거측정치의 타당도가 검사의 준거타당도에 영향을 미친다.

> ♣ **심화학습 – 준거왜곡(criterion distortion)**
> 준거관련성을 벗어난 경우 발생되는 왜곡적 상황 : 준거결핍/준거오염
> 1. 준거결핍(criterion deficiency)
>   – 준거 검사도구가 개념준거의 내용을 충분히 반영하지 못하는 경우
> 2. 준거오염(criterion contamination)
>   – 개념준거와 관련이 없는 내용을 포함하고 있는 경우

따라서 실제로는 타당도가 1.0이라는 완벽한 준거측정치는 없기 때문에 검사의 준거타당도도 실제 타당도에 비해 낮아지는 것은 피할 수 없는 현상이다.

4) 범위제한

범위제한(range restriction)으로 인한 상관계수의 축소 현상은 준거타당도 계산을 위해 얻은 자료들이 검사점수와 준거점수의 전체 범위를 포괄하지 않고 일부 범위만을 포괄하는 경우의 상관계수가 실제 상관계수보다 작게 나타나는 것을 말한다. 즉, 준거타당도는 범위제한으로 인해 실제타당도에 비해 낮게 나타나는 것이 일반적이다.

4. 타당도 확인절차

1단계 : 적합한 준거변인 발굴
2단계 : 그 변인을 측정할 수 있는 방법 탐색
3단계 : 검사가 되었을 때 검사가 적용될 대상모집단을 대표하는 표본집단을 선정
4단계 : 검사를 실시하여 응답자의 점수 기록
5단계 : 준거변인에 관한 자료수집이 가능한 시기에 검사에 참여했던 응답자를 대상으로 점수 추출
6단계 : 검사점수와 준거변인점수 간의 상관관계 정도 계산

5. 체계적 타당도

1) 정의

　체제적(systemic) 타당도란 비교적 최근에 거론되는 용어로 어떤 평가를 실시함으로써 그 체제(system) 전체에 교육적으로 이점이 있었는가의 여부를 검토하는 것이다. Messick(1989)은 평가의 시행이나 그 결과에 의해 발생할 수 있는 교육적·사회적 파급효과를 중시해야 한다는 것을 강조하는 입장에서 체제적 타당도라는 용어 대신에 '결과타당도(consequential validity)'라는 용어를 사용하기도 하였다.

2) 예시

① 어떤 학교에서 수행평가를 확대 실시하고 난 후, 학교 전체적으로 교육적으로 긍정적인 효과가 있었다면 체제적 타당도가 높다고 할 수 있다.

② 또한 시·도 교육청 평가나 학교 평가를 시행함에 있어서 많은 사람들이 평가에 대비한 준비를 하느라고 오히려 학생들을 가르치고 지도하는 데 소홀하여 교육적으로 부정적인 효과가 많았다면, 이 경우에는 체제적 타당도가 낮다고 할 수 있다.

③ 아울러 선택형 수능시험이 학습방법에 있어서 지나치게 단순한 지식이나 정보에 대한 암기만을 강조함으로써 학생들의 고차원적인 사고력의 신장을 저해하고 있다면 학교 교육의 정상화 측면에 비추어 볼 때 이 시험의 체제적 타당도는 매우 낮다고 할 수 있다.

6. 생태학적 타당도

1) 정의

　생태학적(ecological) 타당도란 체제적 타당도와 비슷하게 비교적 최근에 거론되는 용어로, 검사의 내용이나 절차가 검사를 실시하고자 하는 피험자들의 사회 문화적인 배경이나 주변 상황에 타당한가를 검토하는 것이다.

2) 예시

① 한국 학생들에게 미국에 관련된 지명이나 생활습관에 대한 내용을 질문한다거나 농촌 학생들에게 도시생활에 대한 내용을 질문한다거나 하는 것은 생태학적인 타당도에 문제가 있을 가능성이 높다.

② 아울러 문화적 편견이나 성별, 인종별에 따라 불리하게 작용할 소지가 있는지 여부를 검토하는 것도 이에 포함된다.

3) 또한 시·도 교육청 평가나 국가수준의 학업성취도 평가와 같이 국가 단위에서 평가를 시행하면서 각 지역의 특성을 고려하지 않고 획일적인 평가 준거를 가지고 평가한다면 서울과 같은 대도시 지역과 강원도 같은 농어촌 지역이 많은 지역간의 차이를 반영하지 못하는 결과를 초래하게 되어 어느 지역이 불리하게 평가를 받을 가능성이 많게 된다. 이처럼 지역의 특성을 반영하지 못하였다면 생태학적인 타당도가 낮다고 할 수 있다.

18강 신뢰도(1)

❏ 검사도구의 신뢰도

1. 신뢰도의 개념

검사의 신뢰도(reliability)란 동일한 사람을 상대로 검사를 실시했을 때 검사조건이나 검사시기 등과 관계없이 검사 점수가 일관성(consistency) 있게 나타나 얼마나 믿을 수 있는지의 정도를 말한다. 즉, 검사가 측정하려고 하는 심리적 구성물의 속성이 전혀 변화하지 않았음에도 불구하고 검사를 반복해서 실시할 때마다 관찰된 점수가 계속 변화한다면 그 검사의 결과를 믿을 수 없게 되어 우리는 더 이상 그 검사를 사용하려 하지 않을 것이다.

> **예.** 고무줄로 만든 자로 개인의 키를 측정하면 고무줄의 잡아당기는 정도(얼마나 팽팽하게 당기는가)에 따라 동일한 사람이라도 서로 다른 수치가 나타날 것이다. 이럴 때 우리는 그 고무줄 자를 믿을 수 없다고 말한다.

또한, 검사실 환경, 지시 내용, 수검자가 검사는 받는 시기, 건강상태, 시간제한 등 검사목적과 관련이 없는 조건은 모두 오차변량에 해당이 되므로 이러한 요인들을 통제해서 균일한 검사 조건을 유지하려고 애를 쓰는 것은 이런 요인들에 의한 오차변량을 줄여서 검사 점수를 더욱 신뢰성 있게 하기 위함인 것이다.

2. 신뢰도의 종류

1) 검사-재검사 신뢰도

검사-재검사 신뢰도(test-retest reliability)란 동일한 사람을 대상으로 하여 서로 다른 시기에 두 번 실시한 검사 점수들의 상관계수(coefficient of correlation)를 말한다.

> * 검사-재검사는 검사점수가 시간의 변화에 따라 얼마나 일관성이 있는지를 알려주므로 시간에 따른 안정성을 나타내는 안정성 계수(coefficient of stability)라고도 한다.

만일 어떤 검사의 신뢰도가 높다고 한다면, 첫 번째 시점에서 높은 점수를 받은 사람들은 두 번째 시점에서도 높은 점수를 받을 것이고 그 역의 경우도 성립한다. 그러나, 그 검사가 신뢰롭지 못하다면 두 번의 검사에 있어서 개인의 점수들 간에는 어떠한 유사성이나 규칙성을 발견하지 못할 것이다.

따라서 이 안정성 계수를 보고할 때에는 두 검사를 실시한 시기의 시간 간격을 보고하는 것이 중요하다. 그리고 이 방법은 비교적 간단하고 쉬워 보이지만 반복노출로 인한 검사 속성 자체의 변화나 연습효과 등으로 인하여 대부분의 심리검사에 적용하기에는 어려움이 있고, 반복노출의 영향을 별로 받지 않는 감각 능력 검사와 운동 능력 검사 등에 적합하다.

신뢰도(1) 18강

♣ 심화학습
1) 첫 번째 검사에서의 기억효과와 연습효과가 두 번째 검사에 작용할 수 있다.
   * 이월효과 : 검사시간 간격이 짧은 경우 선행검사의 기억에 따른 높은 상관도 현상
   * 검사요인효과 : 처음 측정이 재검사점수에 영향을 미치는 효과
2) 첫 번째 검사와 두 번째 검사 간의 시간간격이 길고 짧음에 따라서 신뢰도 계수의 크기가 달라진다.
   * 반응민감성효과 : 검사기간 간격이 긴 경우 망각이나 새로운 학습요인에 따른 낮은 신뢰도 현상
   * 역사요인효과 : 측정기간 중에 발생한 사건의 영향
3) 두 번째 검사를 실시할 때에 피검사자들의 특성(측정하고자 하는 특성)자체가 변화되었을 수도 있다.
   * 측정속성의 변화 : 응답자의 연령, 측정하려는 특성의 본질 등의 시간변화에 따른 영향
   * 성숙요인효과 : 측정간격이 길 때에 조사대상집단의 특성변화에 따른 효과

2) 동형검사 신뢰도

동형검사 신뢰도(parallel form reliability)란 한 사람에게 어떤 검사를 실시하고, 그 검사와 같은 속성을 측정하면서 이미 신뢰성이 입증된 또 다른 검사를 실시하여 두 검사 점수의 상관계수를 계산한 것이다.

> *두 검사의 동등성 정도를 나타낸다는 측면에서 동등성 계수(coefficient of equivalence)라고 부르기도 한다.

이것은 시간에 따른 안정성과 반응의 안정성을 모두 포함하여 검사-재검사 신뢰도보다 널리 이용할 수 있기는 하지만, 검사가 다루는 행동기능이 연습효과에 매우 취약한 것이라면 동형 검사의 이용이 연습효과를 줄여 주기는 해도 그것을 아예 없애지는 못하며, 진정으로 동등한 검사인 평행검사를 구하거나 제작하는 일이 매우 어렵기 때문에 동형검사 신뢰도 역시 대부분의 검사에 쉽게 이용하기는 어렵다.

♣ 심화학습 – 동형검사 신뢰도(equivalent-form reliability)
1. 동형검사 신뢰도란 미리 두 개의 동형검사를 제작하고, 그것을 같은 피험자에게 거의 같은 시간에 실시해서 두 동형검사에서 얻은 점수 사이의 상관계수를 산출하는 것이다.
2. 이 방법은 재검사 신뢰도를 산출하기 위해 동일한 검사를 다시 실시하는데 따르는 측정학적인 문제들(기억, 연습, 변화, 성숙 등의 영향)을 대부분 통제할 수 있기 때문에 일반적으로 우수한 신뢰도 추정방법으로 인정되고 있다.
3. 두 검사가 서로 동형검사라 함은 검사의 내용이나 문항의 형태, 검사의 실행 방법 및 절차 등에서 동일함을 의미하며, 두 검사가 평행선과 같이 동등하다는 의미를 살리기 위해 평행검사(parallel-form test)라고도 한다.
4. 동형검사를 제작하기 위한 방법이나 절차는 매우 까다롭다. 따라서 동형검사를 제작하기 위해서는 측정 및 평가 전문가뿐만 아니라 내용 전문가의 참여가 거의 필수적이나 일단 동형검사를 제작하기만 하면 여러 가지 이점이 있다. 예컨대, 신뢰도를 계산하기 위해서 재검사 신뢰도의 경우처럼 일정 기간 동안 기다릴 필요가 없이 거의 동시에 실시할 수 있고, 학생들의 부정행위를 방지하기 위해 사용할 수도 있으며, 같은 내용의 시험을 수시로 시행할 수도 있다.

그러나 대부분의 경우 동형검사가 제작되어 있지 않으므로 하나의 검사를 둘로 나누어 각각의 부분이 동형검사인 것처럼 생각하고 신뢰도 계수를 계산하는 것이 다음에서 설명하고 있는 반분신뢰도이다.

3) 반분신뢰도 - 내적합치도 계수
   (1) 반분신뢰도(split-half reliability)란 한 가지 검사를 한 번 실시한 자료로도 구할 수 있는 신뢰도로서 해당검사를 문항수가 같도록 반씩 나눠서 개인별로 각기 채점한 두 개의 점수들의 상관계수를 계산한 것이다.
   이때 얻은 신뢰도는 반분된 것이므로 교정공식을 사용하여 검사전체의 신뢰도를 산출하여야 한다. 교정공식으로는 스피어먼-브라운 공식을 이용한다.
   (2) 반분의 방법
      - 전후반분법
      - 기우반분법
      - 난수표에 의해 두 부분으로 나누는 방법
      - 의식적인 비교에 의한 반분법

♣ 심화학습 - 속도검사와 반분신뢰도
속도검사의 경우에는 많은 수검자들이 시간제한 때문에 검사의 뒷부분에 있는 문항들을 다 풀지 못하거나 0점을 받는 경우가 있기 때문에 실제 신뢰도계수가 실제보다 더 크게 나온다. 따라서 반분신뢰도 계수는 속도검사의 신뢰도로서 적당한 지표가 아니다.

4) 문항 내적 일관성 신뢰도
   - 한 검사 내에 있는 문항 하나 하나를 각각 독립된 별개의 검사로 간주하여 문항 내 득점의 일관성을 상관계수로 표시한 신뢰도계수를 말한다.
   - 둘로 구분된 문항들의 내용이 얼마나 일관성이 있는가를 측정한 것이어서 동질성계수라고도 한다.
   - 동질성 계수의 문제점 해결책 : 크롬바흐 알파, 쿠더/리차드슨공식(KR-20, 21) Hoyt의 공식을 사용한다.

* 크론바흐 알파 계수(0 ~1 의 범위를 가짐)가 높다는 것은 검사문항이 동질적(일관성이 있는) 이라는 것

♣ 심화학습 - 크론바흐 알파계수(Cronbach's Coefficient Alpha)
1. 크론바흐 알파계수란 흔히 일반화 계수(generalizability coefficient) 혹은 문항 내적일치도(inter-item consistency)라고 하는 것으로, 이는 한 검사에 포함되어 있는 문항들이 얼마나 서로 일치하고 있는가를 나타내는 계수이다. 따라서 한 검사를 구성하고 있는 문항들이 서로 동질적이면 동질적일수록 크론바흐 알파계수는 커지게 된다.
2. 예컨대 A수학시험은 모두 더하기 문제로만 구성되어 있고, B수학시험은 더하기, 빼기, 곱하기, 나누기 문제가 모두 포함되어 있다면 A수학시험이 B수학시험보다 크론바흐 알파계수가 높을 가능성이 많다.
3. 앞에서 설명한 반분신뢰도와 관련하여 설명한다면, 이 크론바흐 알파계수는 어떤 검사를 가능한 모든 방법으로 반분하여 반분신뢰도를 계산한 값들의 평균값과 같게 되며, 그 계산 공식은 다음과 같다.

신뢰도(1) 18강

크론바흐 알파계수: $a = \dfrac{n}{n-1}(1 - \dfrac{\Sigma si^2}{st^2})$

  n = 검사를 구성하는 문항수
  si^2 = 문항 i의 변량 (오차점수의 변량)
  st^2 = 검사 전체의 변량 (관찰점수의 변량)

 이 공식에서 문항 i의 변량(오차점수의 변량)이 적으면 적을수록, 즉 검사 전체의 변량(관찰점수의 변량)에서 진점수(眞點數) 변량(관찰점수의 변량에서 오차점수의 변량을 제외한 값)이 차지하는 비율이 커지면 커질수록 크론바흐 알파계수는 커지게 된다.

 이 공식은 거의 모든 경우, 예컨대 이분화된 정보를 제공하는 문항, 즉 정답이면 1점, 오답이면 0점을 부여하는 방식으로 채점하는 문항들로 구성된 검사뿐만 아니라, 다원적인 정보를 제공하는 문항, 즉 리커트(Likert)형 문항처럼 아주 만족하면 5점, 만족하면 4점, 보통이면 3점, 불만족하면 2점, 아주 불만족하면 1점을 부여하는 방식으로 채점하는 문항들로 구성된 검사의 경우에도 쉽게 적용할 수 있다는 장점이 있다.

19강 신뢰도(2)

☐ 채점자 신뢰도

1. 채점자들의 판단에 기초하여 채점 또는 평가가 이루어질 때에는 채점자 사이에 불일치가 일어날 수 있다. 즉, 대부분의 검사들이 실시와 채점을 위하여 표준화 절차를 제공하고 있기 때문에 실시나 채점요인으로 인한 오차변량을 무시해도 좋지만, 창조성 검사나 투사적 성격검사 등과 같이 채점자에게 많은 재량권이 있는 검사의 경우에는 채점자의 판단에 따른 왜곡이나 오류로 인하여 동일한 수검자에 대해서도 다른 점수가 나타날 수 있다.
2. 이런 검사들을 쓸 때에는 통상적인 신뢰도 계수를 측정하는 것 못지않게 채점자 신뢰도(inter-rater reliability ; 또는 평가자간 신뢰도)에 대한 측정도 필요하다. 이것은 한 집단의 검사용지를 두 명의 검사자가 각자 독립적으로 채점한 다음, 개개의 수검자들한테서 관찰된 두 개의 점수를 가지고 통상적인 방법에 따라 상관관계를 따져 보게 되며, 이때 나타나는 신뢰도 계수가 바로 채점자 신뢰도의 측정치가 된다.
3. 채점자 신뢰도는 주관적으로 채점해야 하는 검사도구들을 연구할 때 흔히 계산되며, 검사요강에는 필요한 경우에 수록한다.

[신뢰도의 종류]

구분	주 요 내 용
검사-재검사 신뢰도 (안정성 계수)	동일한 사람에게 동일한 검사를 서로 다른 시기에 두 번 실시하여 그 결과가 시간의 변화에 상관없이 얼마나 일관되게 나타나는지의 정도를 측정함
동형검사 신뢰도 (동등성 계수)	한 사람에게 어떤 검사를 실시하고 그 검사와 같은 속성을 측정하면서 이미 신뢰성이 입증된 또 다른 검사를 실시하여 그 결과들이 얼마나 일관되게 나타나는지의 정도를 측정함
반분신뢰도 (내적합치도 계수)	어떤 한 검사를 실시하여 그 검사를 문항수가 같도록 반씩 나눈 후 개인별로 각기 채점한 점수들의 상관계수를 계산한 것으로서 둘로 구분한 문항들의 내용이 얼마나 일관성이 있는지를 측정함
문항내적일관성 신뢰도 (동질성 계수)	한 검사 내에 있는 문항 하나 하나를 각각 독립된 별개의 검사로 간주하여 문항 내 득점의 일관성을 상관계수로 표시한 것
채점자 신뢰도	한 집단의 검사용지를 두 명의 검사자가 각자 독립적으로 채점한 후 그 결과가 일관되게 나타났는지의 정도를 측정한 것으로서 주관적으로 채점해야 하는 검사도구들을 연구할 때 주로 사용함

* 일반적으로 같은 검사일 경우의 신뢰도 계수는 반분 신뢰도 계수가 가장 높고 그 다음으로는 동형검사 신뢰도, 검사-재검사 신뢰도의 순으로 나타난다.

신뢰도(2)

❑ 신뢰도 계수에 영향을 미치는 요인

1) 개인차

수검자의 개인차가 전혀 없을 경우에는 수검자의 검사점수가 모두 동일하게 나타나 신뢰도 계수는 0이 되며, 반면에 개인차가 충분히 클 경우에는 검사점수가 매우 낮은 점수에서부터 상당히 높은 점수까지 널리 분포하여 신뢰도 계수는 더욱 높게 나타난다. 즉, 검사의 신뢰도는 표본의 특성에 따라 달라지기 때문에 검사의 신뢰도를 평가할 때는 표본이 충분히 넓은 범위의 개인차를 잘 대표하는 것인지 검토할 필요가 있다.

2) 검사의 문항수

검사의 문항이 여러 개라는 것은 결국 하나의 특성을 여러 번 측정한다는 것을 의미한다. 따라서 검사의 문항수가 많을 때가 적을 때보다 신뢰도는 더 높게 나타난다.

그러나, 문항수를 늘린다고 해서 검사의 신뢰도가 정비례하여 늘어나는 것은 아니며, 어느 정도 이상이 되면 문항수가 늘어나도 신뢰도는 거의 증가하지 않는다. 또한, 문항수가 너무 많아지면 실시와 채점 등에 상당한 부담이 되므로 문항수를 늘려서 신뢰도를 늘리고자 할 때에는 손익을 충분히 계산해서 결정해야 한다.

3) 문항에 대한 반응수

개인의 직무만족, 조직몰입 등의 태도검사는 대부분 설문지를 이용하게 된다. 이 경우 5점 또는 7점 척도를 이용하는데, 문항의 반응수가 5나 7을 넘게 되면 검사의 신뢰도는 더 이상 올라가지 않고 평행선을 그리게 된다.

4) 검사유형(속도검사의 신뢰도)

어떤 신뢰도 계수는 검사 유형에 따라 다르게 나타날 수 있다. 예를 들어 검사의 시간제한이 있는 속도검사의 경우에는 앞서 설명했듯이 수검자들이 0점을 받는 문항들은 반분신뢰도를 계산할 때 양쪽으로 나뉘어져서 상관계수의 값을 증가시키기 때문에 반분신뢰도보다는 검사-재검사 신뢰도 계수를 측정하여 사용하는 것이 더 바람직하다.

5) 신뢰도의 종류에 따른 요인

같은 검사라도 어떤 종류의 신뢰도를 측정했는가에 따라 측정오차가 조금씩 다를 수 있기 때문에 신뢰도 계수가 다르게 나타난다.

♣ 심화학습 - 신뢰도를 높이는 방법

1. 문항의 수가 많아야 한다.
2. 답지의 수가 많아야 한다.
3. 문항곤란도 50%를 유지해야 한다.

4. 문항변별도가 높아야 한다.
5. 문항의 지시문이나 설명이 명확하여야 한다.
6. 충분한 시험 실시 시간을 주어야 한다.
7. 시험 실시 상황이 적합해야 한다. 즉, 부정행위, 부주의로 인한 오답이 없어야 한다.
8. 변산도가 커야 한다. 능력의 범위가 넓으면 전체 변량에 대한 진점수 변량부분이 상대적으로 커지기 때문에 신뢰도가 높아진다.
9. 문항이 동질적이어야 한다.
10. 평가내용을 전체 범위 내에서 골고루 표집해서 문항을 작성하여야 한다.
11. 객관적인 채점방법을 사용하여야 한다.

신뢰도와 타당도의 관계

1) 타당도는 측정하려는 것을 얼마나 충실하게 측정하고 있는가와 관계가 있다.
2) 신뢰도는 무엇을 측정하든 측정의 정확성과 관계가 있다.
3) 신뢰도는 타당도의 충분조건이 아니고 필요조건이다.
4) 신뢰도를 높이려 할 때 타당도는 오히려 내려갈 수도 있다.

예제 1) 기준관련타당도와 가장 거리가 먼 것은?

가) 동시적 타당도
나) 예측적 타당도
다) 경험적 타당도
라) 이론적 타당도

정답 및 해설 라)
기준관련타당도를 '경험적 타당도'라고도 한다.

20강 적합도검정/t-검정

❑ 통계분석 절차 및 방법 – 자료분석(통계론의 기초)

상담연구방법론에 있어서 연구는 크게 데이터 수집 전과 후 단계로 크게 구분한다. 만일 우수한 데이터를 수집하는 단계가 끝났다면, 연구문제에 대한 적절한 해답을 얻거나 연구가설을 합리적으로 검증하기 위해 수집한 데이터를 분석해야 한다. 데이터 분석 기법에는 교차분석, t-검정, 상관관계분석, 회귀분석, 분산분석 등 다양한 방법들이 있으며, 이 중 어떤 데이터 분석 기법을 선택할 것인지는 연구문제나 연구가설에 속한 변인들의 측정수준에 의해 주로 결정된다.

1) 통계적 처리의 의의
- 자료를 통해 정보를 얻는 것을 배우는 것으로 자료를 수집, 정리, 분석하고 결과를 해석하는 규칙과 절차
- 자료분석의 이유는 이론으로는 충분하지 않기 때문에 자료분석을 통해 가설이 이론으로 정착하도록 하는 것
- 자료를 일부만을 이용한 '추론통계'를 실시

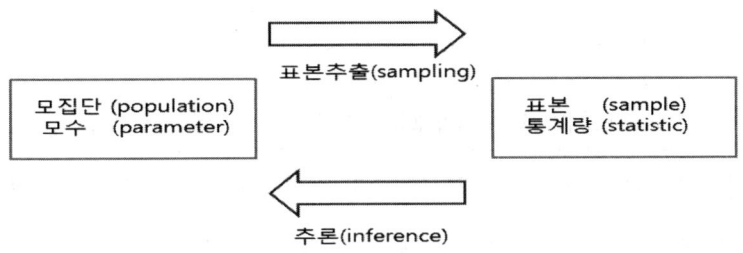

2) 검증(檢證, verification, investigation)
: 증거가 될만한 일, 자료, 물건 등을 조사/검사하여 증명하는 것

> * 검정(檢定, test) : 자료, 정보의 검증결과를 일정한 기준에 의거 옳고 그름을 판정하는 것으로 기준치 혹은 유효한 범위내에 부합하는 여부를 검사, 확인하는 것.'계량기에 따른 검정', '검정고시'

3) 검정의 유형
(1) 여러 범주로 분류되는 단일표본 – 적합도 검정
(2) 두 특성에 따라 동시에 분류되는 단일표본 – 독립성 검정

(3) 여러 범주로 분류되는 독립표본 – 동질성 검정

	적합성	독립성	동질성	
범주형	χ^2-test	χ^2-test	χ^2-test	명목척도 서열척도
수치형	t-test	t-test	t-test	등간척도 비율척도
	보통1집단	2집단	여러집단	

a. 적합도 검정
- 설명하고자 하는 값이 양적인 변수의 평균이 아니고 질적인 변수의 빈도인 경우에 사용
- 비율의 동질성을 검정하기 위해 관찰값과 기댓값을 비교
- 이론적 기대치나 빈도와 실제 자료가 일치하는지 여부를 검정하는 것
- 어떤 조건에서 기대되는 빈도에 관측빈도가 얼마나 적합한가를 검정하기 때문에 '적합도 검정(goodness of fit test)라고 함

> **사례)** 3개의 핸드폰 회사의 시장점유율에는 차이가 있는지?
> **사례)** 소비자들은 어느 회사의 가전제품을 선호할까?
> – 검정통계량 X^2(카이제곱)을 계산함

b. 독립성 검정
- 질적인 변수 두 개(집단이 2개)의 연관성을 살펴보고자 할 때 활용
- 교차표상의 각 셀에 나타나는 빈도, 비율에 차이가 있는지를 보고자할 때 이용

> **사례)** 성별(남, 여)에 따른 A집단상담프로그램의 선호도
> (좋다, 보통이다, 좋지않다)가 차이가 있을까?
> * 차이가 있다면 독립적이지 않다는 의미

- 검정통계량 X^2(카이제곱)을 계산함. 이때 자유도(df)는 열과 행에 각 1씩 빼야 함)
    예) 4×5분할표 자료에 대한 독립성검정에서 카이제곱(X^2) 통계량의 자유도
        자유도 df = (4-1)(5-1) = 12

c. 동질성 검정(등분산검정) : 집단간 분포 동일여부 검정
'교육방법에 따른 교육생들의 만족도' 차이 검정 등

❏ 교차분석

교차분석은 명목이나 서열수준과 같은 범주형 수준의 변인들에 대한 케이스들의 교차빈도에 대한 기술통계량을 제공해 줄 뿐만 아니라, 교차빈도에 대한 통계적 유의성을 검증해 주는 통계분석 기법이다. 특히 교차분석 기법 중 주로 X^2 교차분석 기법을 자주 사용한다.

다양한 데이터 분석 기법 중 여기서는 독립 및 종속변인 모두가 범주수준으로 측정된 데이터일 경우에 사용할 수 있는 교차분석(cross tabulation analysis, 줄여서 cross tab analysis이라고도

적합도검정/t-검정 20강

함)은 두 변인 간에 교차빈도를 설명하는 교차표를 통해 기술통계를 제공할 뿐만 아니라, 두 변인 간의 교차빈도에 대한 통계적 유의성을 검증해 주는 추론통계를 함께 제공해 준다.

일반적으로 t-검정, 상관관계, 분산분석, 회귀분석 등과 같은 초·중급 데이터 분석 기법은 일반적으로 종속변인이 양적 데이터 속성이 강한 서열수준이나 등간, 그리고 비율수준일 경우에 주로 사용한다. 반면 카이제곱 교차분석은 종속변인이 범주수준, 즉 명목수준이나 질적 데이터 속성이 강한 서열수준일 경우에 사용한다는 특징을 갖는다.

❏ t-검정

t-검정은 두 집단 간 평균을 비교하는 통계분석 기법이다. 다시 말해 t-검정은 두 집단 간 평균 차이에 대한 통계적 유의성을 검증하는 방법이다. t-검정은 두 집단의 데이터 존재유무나 두 집단의 동일성에 따라 크게 표본의 종류에 따라 일표본 t-검정(one-sample t-test), 독립표본 t-검정(independent sample t-test), 그리고 대응(종속)표본 t-검정(paired t-test)으로 구분할 수 있다.

(1) 일(단일)표본 t-검정

t-검정은 기본적으로 두 집단 간 평균 차이를 비교하므로, 두 집단의 속성을 나타내는 데이터가 있어야 한다. 그러나 연구를 실행하다 보면 여건상 두 집단 중 한 집단의 속성을 나타내는 데이터만 구하는 경우도 발생할 수 있다. 이때 일표본 t-검정 기법을 사용하면 된다. 다만 이 경우엔 데이터를 구할 수 없거나 구하지 못한 집단의 평균을 미리 알고 있어야 하며, 주로 전수조사인 센서스(census)를 실시할 수 있는 정부기관이나 리서치기관을 통해 얻는다.

예, H0 : 한국과 미국 대학생의 스마트폰 중독에는 차이가 없다.
　　Ha : 한국과 미국 대학생의 스마트폰 중독에는 차이가 있다.
　　　* 이때 미국대학생의 자료를 미국 보건사회부 센서스를 통해 평균을 알게 된 자료 이용

(2) 독립표본 t-검정(두 모집단 평균차이 검정)

독립표본 t-검정(Independent sample t-test)은 독립적으로 존재하는 두 집단 간의 평균 차이를 검증하는 통계분석 기법이다. 위 예에서 국내 및 미국 대학생들의 스마트폰 중독에 대한 차이 연구에서 만일 미국 대학생들의 스마트폰 중독과 관련한 데이터를 수집할 수 있다면, 독립표본 t-검정을 실행할 수 있다.

> ♣ **심화학습 - 독립표본 t검증과 정규성, 등분산 검정**
>
> 독립표본 t검증은 상담연구 통계영역에서 가장 기본적인 검정법 중 하나로 흔히 Student's t-분포를 이용하기 때문에 Student's t-test, 혹은 t-test라고도 불린다. 독립표본 t검증을 사용하기 위해서는 몇 가지 가정이 필요한데 '정규성'과 '등분산성'이다.

1) 정규성 검정

정규성이란 분포가 정규분포와 닮았는가 하는 것이다. 정규성 가정은 독립표본 t검정이 작동하는 매우 중요한 가정이다. 일반적으로 표본수가 30 이상이면 중심극한정리에 의해 정규성을 띤다고 가정할 수 있으며, 10~30개 사이이면 Kolmogorov-Smirnov test, Sapiro-Wilks test 등의 방법으로 정규성 증명해야 하고, 10개 미만이면 정규성을 띠지 않는 것으로 간주하고 비모수적 방법을 사용한다. 정규성 검정의 가설은 다음과 같이 설정한다.
"p-value(유의확률)가 0.05보다 크면 귀무가설이 채택되어 정규성을 갖는 것으로 판단한다."

2) Levene의 등분산 검정

대부분의 통계 프로그램에서는 독립표본 t검정 수행시에 등분산 검정을 위한 Levene의 등분산 검정결과를 기본으로 제공한다. 등분산 검정에서는 등분산성을 만족하는 것이 귀무가설로 설정한다. 그러므로 검정에 의해 p-value(유의확률)가 0.05보다 작다면 귀무가설이 기각되어 등분산성이 만족되지 않는 것이고, 크면 귀무가설이 채택되어 등분산성을 갖는 것으로 판단한다.

(3) 대응(종속, 쌍, 상태)표본 t-검정(Paired samples t-test)
(단일모집단 평균검정)

대응표본 t-검정은 실험 연구에서 자주 사용되는 통계분석 기법으로 실험 처치 전후에 데이터를 수집한 후 두 데이터 간 평균 차이를 검증하는 방법이다.

독립표본 t-검정이 2개의 독립적인 표본, 즉 상이한 두 집단에 대한 평균 비교라면, 대응표본 t-검정은 주로 동일한 표본을 대상으로 시간 간격을 두고서 데이터를 두 번 수집해서 각 데이터 평균 간 차이를 검증한다는 점에서 독립표본 t-검정과 다르다.

21강 분산분석

❏ 이분산분석(ANOVA)과 공분산분석(ANCOVA)

1. 분산(변량)분석(ANOVA; analysis of variance)
1) 3개 집단이상의 평균 간의 차이를 검증하는 것으로 t검정을 일반화한 분석 방법이다. 즉, 3개 이상의 모평균 차이를 검증
2) 독립변수가 한 개일때 일원분산분석, 독립변수가 두 개 이상일 때 다원분산분석이라고 한다. 분산분석은 각 집단의 분산을 분석하나 실제로는 각 집단의 평균이 동일하다는 가설을 검정하는 것이 된다. 분산분석은 각각의 모집단은 정규분포를 가정하고 있으며 분산은 모두 같은 값을 가진다고 가정하고, 귀무가설과 대립가설을 비교 검증하는 방법이다.
3) 예를 들어, 가족유형에 따른 아동의 사회성에 차이가 있는지를 살펴볼 경우 가족유형을 양부모 가정, 편부편모 가정, 조손 가정, 다문화 가정 등으로 구분하여 분산 분석을 통해 집단별 아동의 사회성의 차이를 알 수 있다. 이때 t검정은 두 집단만을 비교할 수 있기 때문에 세 집단 이상을 비교할 경우에는 F분산분석을 사용해야 한다. 변량분석이라고도 한다.

❏ 분석분석의 유형

분산분석 (ANOVA)		종속변수	
		1개	2개 이상
독립변수	1개	일원분산분석	일원 다변량분산분석
	2개 이상	이원(다원)분산분석	이원(다원) 다변량분석

* 분산분석은 기본적으로 집단은 3개 이상

1. 일원분산분석 : 독립변수(1개), 종속변수(1개)
1) 3개 이상 집단간의 평균차이를 분산으로 검정
2) 기본가정
   - 각 집단의 분포가 정규분포여야 함
   - 각 모집단의 분산이 같아야 함
   - 각 모집단내에서의 오차나 모집단간의 오차는 서로 독립적이여야 함
3) 검정통계량 F로 검정

- 예시) 1학년을 대상으로 3개의 상담프로그램 A, B, C를 차례로 처지(4회 반복실시)한 후 자신감 척도를 비교 각각 4회씩 처치 후 평균과 분산, 자유도 등을 고려하여 SSB(집단간 제곱합), MSB(집단간 평균제곱), SSE(집단내 제곱합), SST(총제곱합)을 구한 후, 임계값을 이용하거나 p값(유의확률)과 a(유의수준, 보통은 0.05)와 비교하여 귀무가설(영가설)을 기각하거나 인용하는 판정을 함

2. 이원(다원)분산분석 : 독립변수(2개), 종속변수(1개)

1) 3개 이상 집단간의 평균차이를 분산으로 검정
2) 종속변수는 양적인 변수의 평균
3) 독립변수는 질적인 변수
4) 기본가정 : 일원분산분석과 동일
   - 각 집단의 분포가 정규분포여야 함
   - 각 모집단의 분산이 같아야 함
   - 각 모집단내에서의 오차나 모집단간의 오차는 서로 독립적이여야 함
5) 검정통계량 F로 검정
   - 상호작용효과
   - 주효과
   - 예시) 3개 상담프로그램 A, B, C 의 효과가 학년의 차이(1학년, 2학년)에 따라 효과가 다른가의 문제 상담프로그램 1, 2, 3을 1학년과 2학년에게 각각 4회씩 실시. 평균과 총평균, 분산, 자유도등을 고려하여 SSB(집단간 제곱합), MSB(집단간 평균제곱), SSE(집단내 제곱합), SST(총제곱합)을 구한 후, 임계값을 이용하거나 p값(유의확률)과 a(유의수준, 보통은 0.05)와 비교하여 귀무가설(영가설)을 기각하거나 인용하는 판정을 함
     * 주효과A(예를 들면 상담프로그램에 따른 효과성의 차이)
     * 주효과B(예를 들면 학년에 따른 효과성의 차이) 등을 추가로 판정가능

❑ 분석분석의 주요개념

1. F분포 사용

F값 = 집단간 변동(분산)/집단내 변동(분산)
집단간의 차이(분산)가 커지면 F값이 커진다.

- 귀무가설(영가설) : 각 집단은 동일하다.
  대립가설(연구가설) : 적어도 한 쌍의 평균은 다르다.

2. 오차항 e 의 특징

- 정규성 : 오차항은 정규분포를 따른다.
- 독립성 : 모든 오차항은 서로 독립적이면서 같은 분포를 따른다
- 비편향성 : 오차의 기댓값은 0이고 편의는 없다.
- 등분산성 : 오차항의 분산은 모두 동일하다.

분산분석표 보는 법(해석하는 법)

사례 1) 중2학생 30명을 10명씩 3집단으로 나눔
서로 다른 상담프로그램 A, B, C 처치, 자기효능감 척도 실시
보고자 하는 것 : 3집단간 자기효능감 차이 검증
3개 그룹/ 독립변수 1개
통계분석방법 : 일원_분산(변량)분석(one - way ANOVA)

원천/요인	제곱합	자유도 df	평균제곱	F	F(a)
처리/그룹간	20 SS(R)	2	10 (MSR)	5	
잔차(오차)	54 SS(E)	27	2 (MSE)		
계	74 SST	29			

* 처리/그룹간 제곱합 SS(R) = 20
* 처리/그룹간 자유도 df = 2 = (n-1)
* 처리/그룹간 평균제곱 MSR = 10 (MSR= SSR/df = 20/2 = 10)
* 처리/그룹간 F(분산비) = 5
  $$F = MSR/MSE = 10/2 = 5$$
* 잔차(오차) 제곱합 SS(E) = 54
* 잔차(오차) 자유도 df = 27 집단수 × (집단내 개체수 - 1) = 3 × (9) = 27 .
  개체수 - 집단수 = 30 - 3 = 27
* 잔차(오차) 평균제곱 MSE = 2 (MSE = SSR/df = 54/27 = 2)

사례 2) 분산분석표 보는 법 (그룹간/그룹내)
* 그룹이 3개, 관측치 : 24

요인	제곱합	자유도 df	평균제곱	F	F(a)
그룹간	777.39	2	388.60	5.36	
그룹내	1522.58	21	72.50		
합계	2299.97	23			

* 그룹간 자유도가 2이므로 조사집단은 3개 (3-1 =2)
* 합계의 자유도가 23이므로 총 조사자료(관측치)는 24개(24-1 = 23)

예제) 일원분산분석에 대한 설명 중 틀린 것은?

가) 제곱합들의 비를 이용하여 분석하므로 F분포를 이용하여 검정한다.
나) 오차제곱합을 이용하므로 X^2 분포를 이용하여 검정할 수도 있다.
다) 세 개 이상 집단 간의 모평균을 비교하고자 할 때 사용한다.
라) 총제곱합은 처리제곱합과 오차제곱합으로 분해된다.

정답 및 해설

* 일원분산분석은 X^2 분포가 아니라 F분포를 이용하여 검정한다.

22강 등분산성/ANCOVA

□ **등분산/정규성 가정을 검증하는 방법**

1. 등분산

1) 의미

등분산성(homoskedasticity)은 분산분석을 통해 서로 다른 두개 이상의 집단을 비교하고자 할때, 기본적으로 해당 집단들이 만족해야 되는 조건 중 한가지로 분산이 같음을 의미한다.
 cf : 이분산
나머지 조건은 독립성과 정규성을 말한다.

2) 등분산 검정방법

등분산 검정 방법으로는 크게 2가지 방법이 있으며, Bartlett 검정과 Levene 검정이 있다. 또 Bartlett 검정과 유사한 방법으로는 F검정이 있는데, 집단이 2개일 경우에는 F 검정, 3집단 이상일 경우에는 Bartlett 검정이다. Bartlett 검정과 Levene 검정의 차이로는 Bartlett 검정은 정규성 가정을 만족한 집단들에 대한 등분산 검정으로, 이 방법을 시행하기 전에는 반드시 정규성 검정을 실시하여, 만족한 경우에만 가능하다. 이에 반해 Levene 검정은 정규성 가정과 무관한 방법으로 표본 집단의 분포가 정규분포이든 아니든 분석이 가능한 방법이다. SPSS 에서는 Levene 검정만 가능하며, SAS 에서는 2가지 검정 모두 지원이 된다. 또한 SAS 에서는 2집단일 경우에는 F 검정이, 3집단 이상일 경우에는 Bartlett 검정이 출력된다.

> *** 등분산 가정 검증의 또 다른 방법
>   (1) Hartle의 Fmax 검증   (2) Cochran 검증

2. 정규성 가정

1) 정규성 가정의 의미
   - 정규분포를 가정한다는 의미

2) 정규성 가정 검증방법
   - 표본수가 2000개 미만이 경우에는 Shapiro-Wilk 검정
   - 표본수가 2000개 이상일 경우에는 Kolmogorov-Smirnov 검정

3. 공분산(변량)분석(ANCOVA ; analysis of covariance) :

1) <u>분산분석과 회귀분석이 결합된 형태의 분석법</u>이다. 공분산분석은 주로 두 가지 관점에서 분석이 이루어진다. 먼저, 우선적인 관심사가 범주형 변수의 수준(level) 간에 반응변수의 평균에

차이가 존재하는가를 보되(분산분석) 반응변수에 영향을 미칠 것으로 판단되는 연속형 변수(이를 공변량-covariate-이라고 함)의 효과를 동시에 고려하는 분석법이다.

2) 이 방법은 단순히 범주형 변수만을 고려하는 분산분석의 과정에서 생겨날 수 있는 다음과 같은 문제점에 대한 보완책으로 사용될 수 있다. 즉, 분산분석의 결과가 유의한 경우라 하더라도 그 효과가 단순히 범주형 변수의 수준차가 아니라 **공변량의 효과**에 기인하는 경우가 존재한다. 이 경우 공분산분석을 통해 공변량의 효과를 검출해내고, 이를 제거한 뒤 수준 간의 차이를 살펴볼 수도 있다.

   (1) 분산분석을 사용하는 경우, 연구자가 생각하지 않았던 외생변수의 효과가 개입될 수 있다.
   (2) 외생변수란 독립변수 이외의 변수로 결과변수(종속변수)에 영향을 미칠 수 있는 모든 변수 또는 영향력을 말한다.
   (3) 분석분석에서 독립변수(처치변수)가 종속변수에 미치는 영향을 분석하기 위해서는 종속변수에 영향을 미칠 수 있지만 분석에서 독립변수로 처리하지 않은 변수를 통제하여야 함
   (4) 연구자가 이를 분석에서 직접 통제하는 것이 불가능하기 때문에 이를 공변량으로 처리하여 그 효과를 제거하는 공분산분석을 실시
   (5) 외생변수가 종속변수와의 상관관계가 높다면 분산분석 대신 공분산분석을 실시하여 외생변수의 효과를 제거할 수 있음

   > * 이때의 외생변수는 양적인 변수

   (6) 예시

   상담프로그램의 내용에 따라 프로그램 집중도가 달라지는를 조사하고자 한다. 그런데 상담자에 대한 사전호감도에 따라 프로그램 집중도에 영향을 미칠 것으로 생각될 때
   = 상담프로그램을 독립변수로 프로그램 집중도를 종속변수로 일원분산분석 실시
   = 상담자에 대한 사전호감도를 공변량 투입, 피어슨의 상관관계 계수를 확인(예를 들면 상관계수의 의해 판단된 내용 등을 통해 상담프로그램보다는 상담자에 대한 사전호감도가 프로그램의 집중도와 더 상관이 높다는 ~~) 해석이 가능
   = 제곱합, 자유도, 평균제곱, F검정통계량, P(유의확률)

3) 2개의 요인이 있을 때 각 요인의 주효과를 알아보기 위해서는 요인간 교호작용이 없어야 한다.

   > *교호작용(interaction)
   > 독립변수 사이에 상호작용이 있어서, 두 효과의 합이 산술적인 예상치보다 차이가 나는 것을 말한다.
   > 아래 그림에서, 예를 들어 뇌졸중 발생 위험 인자로 비만과 고혈압이 있고, 비만의 2배, 고혈압이 2배의 위험이라고 가정한다면, 비만과 고혈압이 동시에 있는 경우는 4배가 예상된다.
   > 그런데 실제로는 6배의 위험 증가가 보인다면 이 두 독립변수 간에는 교호작용 interaction이 있다고 예상가능하다.

상담연구방법론

> **예제** 다음의 내용에 기반하여 연구문제와 가설을 설정하시오.
>
> 학교에서 학생들의 친사회적인 성향은 성별에 따라 다른 것이라 생각하고 성별을 독립변수로 친사회적인 성향을 종속변수로 설정하여 조사하고자 한다. 학생들의 대인관계능력을 공변량으로 설정하여 순수하게 성별에 따른 친사회적인 성향을 알아보기 위해 대인관계능력에 대한 변수는 통제하기로 하였다.

연구문제 : 대인관계가 일정한(통제된) 경우, 성별에 따른 친사회적인 태도가 다르게 나타난다.
 H_0 (영가설, 귀무가설) :
  대인관계가 일정한 경우, 성별에 따른 친사회적인 태도는 다르지 않다.
 H_1 (대립가설, 연구가설) :
  대인관계가 일정한 경우 성별에 따른 친사회적인 태도는 다르다.

◀ 정답 및 해설

* 공분산분석 절차
 1) 유의수준 a = 0.05
 2) 일원배치분산분석 실시
  - 평균분석
  - 분산분석표상 F값과 유의확률 산출
  - 유의확률에 의거 기각, 인용 선택
    예, 기각이라고 할 때
 3) 일반선형모형분석
  - 대인관계 + 성별
 4) R^2, 수정된 R^2 등 확인
 4) 만약 성별에 따른 친사회적 태도가 다르다는 것으로 인용되면 최초의 일원분산분석에서의 결과는 순수하게 성별에 따른 친사회적인 성향의 차이를 본 것이 아니라 응답자의 대인관계에 따른 친사회적인 성향의 결과라고 해석

23강 회귀분석

❑ 회귀분석(regression analysis)1893년, Galton

1. 변수들 간의 관계를 나타내는 수학적 모형을 설정하고 자료를 이용하여 모형을 추정하고 이를 이용하여 변수들간의 관계를 설명하고 예측하는 분석방법을 말한다. 즉, 하나나 그 이상의 독립변수의 종속변수에 대한 영향의 추정을 할 수 있는 통계기법을 말한다.
2. 하나의 독립변수를 가진 회귀분석에서, 하나의 방정식은 독립변수와 종속변수의 결합분포를 보여 주는 지점들의 분포구성을 통해 지나가는 하나의 선을 설명하고 있다 이 방정식은 $Y_i=a+bX_i+e_i$라는 형태를 갖는다. X_i는 독립변수의 값을 말한다. a는 Y축을 지나가는 회귀선의 지점이며, b는 회귀선의 기울기이고, e_i는 회귀선 예측의 오차이다.
3. 회귀선은 흩어진 점들에 가장 적합한 선이다. 회귀선에서 가장 유용한 값은 기울기 b이다. b는 종속변수에 독립변수가 미치는 영향을 나타낸다. 예를 들어, X가 교육년수를 나타내고 Y가 소득을 나타낸다면, b의 값 500은 평균적으로 교육년수의 증가는 소득의 500만큼의 추가를 가져온다는 것을 뜻한다.
4. 가장 적합한 회귀선은 상관계수를 통하여 설명된다. 그 값은 r로 나타낸다. 또는 하나 이상의 독립변수를 가진 회귀모델의 경우에는 R이 된다. 상관계수의 제곱 즉, R^2은 독립변수에 의해 설명되는 종속변수에서의 분산의 정도를 나타낸다. 회귀계수 b가 Y에 대한 X의 영향을 설명한다면, 상관계수는 가설모델이 자료에 실제로 얼마나 잘 적합한 것인가를 보여 준다.
5. 상관계수와는 달리 회귀계수는 사회학에서 인과적 의미를 가지며, 이것은 만약 독립변수가 한 단위에서 증가한다면 종속변수는 많은 단위에서 평균적으로 증가할 것이라는 사실을 말한다. 또한 회귀계수는 상관계수와는 달리 수학적으로 상관계수의 단순한 변형에 불과하며, 이 변형에 따라 변수들의 상대적 변화에 의존하는 사회학에서 인과적인 의미를 갖는다.
6. 또한 그것은 상관관계가 지속적일 경우 변화할 수 있는 새로운 요소를 도입한다. 반증(counterfactuals)이 제시되지 않는 한, 회귀계수를 통계적 관계에서 비율이 증대하는 것을 측정하는 것으로 볼 수 있고, 상관계수를 관계의 정도를 측정하는 것으로서 취급하는 것이 가능할 것이다.

❑ 회귀분석의 가정

1. 선형성 : 독립변수의 변화에 따라 종속변수의 변화도 일정하다.
2. 정규성 : 오차항은 정규분포를 따른다.
3. 독립성 : 오차항들은 서로 독립적이어야 한다.
4. 등분산성 : 오차항의 분산은 모두 동일하다.

❏ 영향을 미치는 변수(독립변수)와 영향을 받아 결정되는 변수(종속변수)의 인과관계를 분석하는 방법

1. 연구자가 독립변수와 종속변수를 선정
2. 조건
   1) 회귀분석의 독립변수는 여러 개일 수 있음

   > * 1개이면 단순회귀분석 2개 이상이면 다중회귀분석

   2) 종속변수는 반드시 양적인 변수여야 함
   3) 독립변수는 기본적으로 양적인 변수를 가정하지만 범주형 변수도 사용할 수 있음
   4) 회귀분석의 기본형은 선형관계를 가정함
3. 단순회귀식(독립변수 1개)
   - $Y_i = a + bX_i + e_i$
     추정회귀식 $E(Y_i) = a + bX_i$

     a 상수항
     b 기울기
       * b가 +이면 양의 관계, -이면 음의 관계

     $E(Y_i)$ 기대값

   - 총편차 = 설명안된 편차 + 설명된 편차
     * 설명안된 편차는 회귀식에 의해 설명안된 편차로서 관측치와 추정회귀식과의 차이를 말한다.
     * 설명된 편차는 회귀식에 의해 설명된 편차로서 추정회귀식과 평균과의 차이를 말한다.
   - 총편차: 관측치와 평균과의 차이
   - SST(총제곱합) = SSE(오차제곱합 : 설명되지 않은 편차) + SSR(회귀제곱합(설명된 편차))
   - 결정계수 : 추정회귀식에서 적합도를 나타내기 위해 사용, R2(R제곱)로 표기함, 추정회귀식에 의해 설명된 제곱합이 총제곱합에서 차지하는 상대적인 크기를 계산.

     결정계수 = (설명된 제곱합/총제곱합) = 1 - (설명안된 제곱합/총제곱합)

     $$R^2 = \frac{SSR(회귀제곱합)}{SST(총제곱합)} = 1 - \frac{SSE(잔차제곱합)}{SST(총제곱합)}$$

     R^2은 최대 1이 될 수 있고 이 경우의 해석은 추정회귀식이 잔차가 전혀없이 관찰자료를 설명한다는 것

❏ 회귀분석의 유의성 검정

1. 회귀분석표(분산분석)의 F값을 이용한 검정

   F= MSR/MSE
   * MSR = 평균회귀제곱(SSR/자유도)
   * MSE = 평균오차제곱(SSE/자유도)

원천/요인	제곱합	자유도 df	평균제곱	F	F(a)
회귀	SS(R)		MSR = SS/df	MSR / MSE	
잔차	SS(E)		MSE = SS/df		
계	SST				

2. 독립변수의 영향력에 대한 검정으로 계수값에 대한 t검정을 이용한 검정

3. 단순회귀모형에서 상관계수의 제곱은 결정계수와 동일하다.

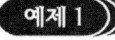 단순 선형회귀모형 Y = a + bx + e를 적용하여 주어진 자료들로부터 회귀직선을 추정하고 다음과 같은 분산분석표를 얻었다.

원천/요인	제곱합	자유도 df	평균제곱	F	유의확률
회귀	18.18	1	18.18	629.76	0.0001
잔차	0.289	10	0.0289		
계	18.469	11			

가) 반응변수는 y이고 설명변수는 x이다.
나) 설명변수가 한 단위 증가할 때 반응변수는 2단위 감소한다.
다) 반응변수와 설명변수의 상관계수는 0.5이다.
라) 설명변수가 0일 때 반응변수의 예측값은 0.5이다.

▶ 정답 및 해설
* 자료수는 자유도의 문제 - 총계자유도에서 1을 더함 즉, 12개의 자료
* 결정계수 R^2 = 18.18/18.469

예제 2 단순회귀분석에서 회귀직선의 추정식이 y = 0.5 −2x 와 같이 주어졌을 때의 설명으로 틀린 것은?

1) 자료수는 몇 개인가?
2) 결정계수는 ?

▼ 정답 및 해설
 * 상관관계의 크기(상관계수)는 회귀직선에서 설명되지 않는다.

예제 3 회귀분석에서 결정계수 R^2 (R제곱)에 대한 설명으로 틀린 것은?

가) R^2은 SSR(회귀제곱합)/SST(총제곱합)
나) $-1 \leq R^2 \leq 1$
다) SSE(잔차제곱합)가 작아지면 R^2이 커진다.
라) R제곱은 독립변수의 수가 늘어날수록 증가하는 경향이 있다.

▼ 정답 및 해설
 * 결정계수의 범위는 $0 \leq R^2 \leq 1$ 이다.

24강 다중회귀분석/메타분석

☐ 단순회귀모형
1) 1개의 독립변수는 오차없이 측정 가능해야 함
2) 종속변수는 측정오차를 수반하는 확률변수
3) 독립변수는 비확률변수이고 주어진 값
4) 종속변수의 측정오차들은 서로 독립적이다.

☐ 다중회귀분석
1. 독립변수 : 2개 이상
2. 관찰값들의 수는 독립변수의 수보다 최소한 2개 이상 많아야 함
3. 공선성(collinearity) 또는 다중공선성(multicollinearity)
4. 검정통계량

   F = MSR / MSE

5. 다중회귀분석의 유의점
   1) **다중공선성** : 독립성 가정에 위배되는 것으로 하나의 독립변수의 증감이 다른 독립변수의 증감에 영향을 끼치는 현상을 의미한다.
   2) **자동상관** : 잔차의 가정에 위배되는 것으로 잔차항들이 양(+)의 방향이나 음(-)의 방향으로 서로 상관되는 현상으로 시계열자료의 회귀분석에서 많이 나타난다.
   3) **결정계수** : 독립변수의 개수가 늘어날수록 결정계수(R^2)가 높아지는 위험이 따르므로 수정계정계수(adj R^2)를 사용한다.

   * 수정 결정계수 adj R^2 = SSE/SST

   (1) 표본결정계수는 모결정계수보다 일반적으로 약간 커지는 경향이 있기에 자유도를 반영하여 더욱 정확한 결정계수를 구하고자 하는 경우 사용한다.
   (2) 수정결정계수는 결정계수보다 항상 작은 값을 가지나 실제분석에서의 그 차이는 무시할 정도로 작은 경우가 많다.
   4) 변수가 추가될 때 결정계수는 증가한다.
   5) 결정계수는 0과 1 사이의 값을 갖는다.

☐ 메타분석(meta-analysis)
1. 의의

1) 동일하거나 유사한 연구 주제로 실시된 많은 통계적 연구를 다시 통계적으로 통합하고 종합하는 문헌 연구의 한 방법이다.
2) 기존의 연구 방법이 갖는 제한적인 여러 가지 한계를 넘어서 개별적 연구나 결과들을 통계적 기법을 사용하여 포괄적이고 거시적이며 객관성을 지닌 결론을 이끌어 내고자 한다. 메타 분석은 선행 결과를 통합하는 과정에서 각 연구의 원자료를 사용하는 것이 아니라 요약된 통계치를 효과의 크기라는 단일의 수치로 환산하여 사용하게 된다.
3) 메타 분석은 무엇보다 서로 다른 특징과 조건들을 가진 개별 연구들을 종합하여 보다 타당하고 일반화된 결론을 이끌어 낼 수 있다는 데 의의가 있지만, 지나치게 결과에 초점을 두고 매개변수의 개입이나 상호 작용 효과 등을 무시함으로써 연구 결과를 단순화시킬 우려가 있다는 제한점도 있다.

2. 메타분석의 장단점

1) 장점
   - 실험환경에 차이가 있는 독립적인 연구들을 종합하여 일반화할 수 있다.
   - 많은 개별적인 연구결과를 검증하므로, 종합된 결과를 제시할 수 있다.
   - 표본수가 증가하므로 단일 연구로부터 개발한 효과크기보다는 신뢰할만한 효과 추정치를 얻을 수 있다.
   - 서로 다른 연구결과가 있을 때, 원인 규명이 가능하고, 상반된 연구 사이에서 발생하는 논쟁을 조절할 수 있다.

2) 단점
   - 사과와 오렌지를 한 데 섞는 것과 같이 서로 비교할 수 없는 다른 성질의 연구결과들을 종합하려는 것은 비논리적이다. 이에 대해 과일에 대한 검증이라면 괜찮다는 식으로 반론하고 있다.
   - 타당성이 낮은 연구와 높은 연구의 결과를 구별하지 않고 그대로 종합하여 왜곡된 결론을 유도할 수 있다.
   - 동일한 연구에서 여러 개의 결과를 얻었을 때 이 중 하나만 사용할 경우에는 정보를 상실할 수 있다.
   - 연구를 수집할 때 대체로 출판된 연구를 표집 대상으로 하기 때문에 연구물 표집의 대표성이 문제될 수 있다.

❏ 자료의 분석(통계적 방법)에 대한 정리

1. 질적/양적
2. 사회과학에서 변수(variable)와 속성(attribute)를 구분할 것

> *변수는 둘 또는 그 이상의 값을 갖는 경험적 속성

가) 성, 소득, 연령 - 변수는 몇 개?
나) 남자, 개신교, 학년 - 변수는 몇 개?
다) 건축가, 엔지니어, 변호사 - 변수는 몇 개?
라) 가족소득, 18세, 대학 2학년생 - 변수는 몇 개?

독립변수		종속변수	분석법	비고
질적		질적	교차분석	n. % 독립여부
질적 (1개)	속성2개	양적	독립 t	평균차이
	속성3개 이상	양적	일원배치분산분석	평균차이
양적		양적	이원배치분산분석	1차 선형관계
양적		양적	회귀분석	함수관계

3. 집단간의 평균차이
   - **독립표본 t검정** : 성별에 따른 월평균 소득 차이 검정
   - **일원배치분산분석** : 연령그룹별에 따른 월평균 소득 차이 검정
   - **이원배치분산분석** : 지역과 연령그룹에 따른 월평균 소득 차이 검정

예제 1) 다음의 상황에 알맞은 검정방법은?

"도시지역과 시골지역의 가족 수의 평균의 차이가 있는지를 알아보기 위해 도시지역과 시골지역중 각각 몇 개의 지역을 골라 가족 수를 조사하였다."

가) 독립표본 t - 검정 나) 대응표본 t - 검정
다) X^2 - 검정 라) F - 검정

▶ 정답 및 해설

*독립변수 : 지역이라는 질적변수이며 속성은 2개(도시/시골)
*종속변수 : 가족 수의 평균이라는 양적변수
따라서 2가지 속성을 가진 1개의 질적변수와 양적변수의 차이 검정이므로 '독립표본 t - 검정'이 적절

예제 2) 다음의 상황에 알맞은 검정방법은?

휘발유를 제조하는 A정유회사에서는 새로운 휘발유를 생산하고, 1리터당 주행거리가 길어졌는지를 알아보기 위해 동일한 차로 동일한 운전자에게 동일한 거리를 휘발유만 서로 달리한 채 운행하게 하였다.

상담연구방법론

가) 독립표본 t - 검정
나) 대응표본 t - 검정
다) X^2 - 검정
라) F - 검정

> **정답 및 해설**
>
> * 동일한 차로 동일한 운전자가 동일한 거리를 휘발유만 달리하였으므로 사전과 사후 검정이 된다. 따라서 대응표본 t - 검정이 적절하다.

예제 3 다음의 상황에 알맞은 검정방법은?

> 과수원을 운영하는 농민이 세 종류의 종자 중 가장 수확량이 많이 나오게 하는 종자를 구입하여 심으려고 한다.

가) 독립표본 t - 검정
나) 대응표본 t - 검정
다) X^2 - 검정
라) F - 검정

> **정답 및 해설**
>
> * 독립변수 : 세 종류의 종자
> * 종속변수 : 수확량
> * 독립변수가 3개 이상의 질적변수이므로 분산분석
> * 분산분석은 F - 검정을 활용한다.

25강 사후검정

❏ 사후검정(posteriori tests, post hoc tests)

1) 의의

어떤 실험처치(experimental treatment)가 주어진 후에 실시되는 검사이다. 사전검사의 결과를 사후검사의 결과와 비교함으로써, 연구자들은 처치의 효과를 측정하게 된다. 예를 들어, 한 연구자가 학생들의 교육성취도에 미치는 새로운 교수기법의 효과를 검증하기 위하여 새로운 교수기법을 실시하기 전-후로 학생들의 교육성취도를 측정하였다고 하자. 이 경우 새로운 교수기법이 실시 후 시행되는 교육성취도 검사가 바로 사후검사(검정)가 된다.

> * 통계적으로 말하면 분석결과에서 보여주는 F 비가 얻어진 후에 유의한 차가 어디에 기인하는지를 정확하게 확인할 수 있도록 해주기 위해 개발된 내용.

예시) ANOVA 검정은 3개 이상의 집단이 동일한지를 비교분석하는 통계 방법

예를 들어 우리 중학교 중학생 1학년, 2학년, 3학년의 학업 성취도를 신뢰수준 95%를 기준으로 ANOVA를 통해 분석한 결과를 p-value 기준으로 해석하면 다음과 같다.

p-value가 .05보다 큰 경우 : 1학년 = 2학년 = 3학년
p-value가 .05보다 작은 경우 : 1학년 ≠ 2학년 또는 1학년 ≠ 3학년 또는 2학년 ≠ 3학년 또는 1학년 ≠ 2학년 ≠ 3학년 중 하나의 경우가 됨

즉, ANOVA 분석 결과가 통계적으로 유의하다는 결과를 얻었을 경우 그것은 집단별로 차이가 있다는 것까지는 도출가능하지만 위 예시처럼 어떤 집단간에 차이가 있는지는 알려주지 않음

이러한 이유로 1, 2, 3학년의 3개의 집단 중 어떤 집단들간에 학업성취도가 차이가 있는지를 추가적으로 살펴보기 위해서 실시하는 것이 사후 분석임

일반적인 방법으로 사후 분석을 실시하면

p-value가 .05보다 작은 경우 : 1학년 ≠ 2학년 또는
1학년 ≠ 3학년 또는
2학년 ≠ 3학년 또는
1학년 ≠ 2학년 ≠ 3학년 중 하나의 경우에 대항함

위 경우 중 어떤 경우가 통계적인 유의성이 있는지를 알려줌
그런데 위 경우의 수를 집단별로 비교하는 방법이 있음

1학년 ↔ 2학년 (t-test, 신뢰수준 95%)
1학년 ↔ 3학년 (t-test, 신뢰수준 95%)
2학년 ↔ 3학년 (t-test, 신뢰수준 95%)

이렇게 t-test를 3번 하면 각 집단별로 어떤 집단이 차이가 있는지를 살펴 볼 수 있음
그런데 이 방법은 심각한 통계적 오류가 숨어 있음
바로 비교 대상이 증가할 수록 신뢰수준이 낮아지는 문제발생
- 하나의 집단에 대해서 차이가 있는지를 볼때에는 신뢰수준이 95%이지만, 신뢰수준이 95%인 두개의 집단의 결과가 동일할 확률은 95% × 95%가 됩니다. 위와 같이 3개의 집단이 신뢰수준 95%일 경우 3개의 집단을 비교분석한 결과의 통계적 신뢰수준은 95% × 95% × 95% = 85.7%가 되어 95% 신뢰수준과 매우 차이가 있는 기준으로 변경되기 때문임

즉, 1종 오류가 증가하는 문제가 발생됩니다.
이러한 이유로 사후 분석이라는 별도의 분석절차를 통해서 집단간 비교를 하여야 한다.

2) 사후검증 방법의 비교

(1) 사후검증 방법의 구분
- 집단의 피험자수를 기준으로 집단의 피험자수와 상관없이 사용하는 방법
  duncan, Scheff, 피셔LSD, dunnett 검증
- 집단의 피험자 수가 같을 때 사용하는 방법
  Tukey의 HSD 검증, S-N-K

3) 방법별 내용
- **duncan검정**: 표본평균들중에 의미있는 차이를 보일 때 어떤 표본들의 평균치가 의의가 있는지를 사후에 검정하는 방법
- **Tukey의 HSD 검정**: duncan검정이나 newman-keuls검정보다 유의한 차이로 나오는 것이 적으며, 평균치의 서열을 고려하지 않고 한 개의 기준치를 사용한다.
- **Scheff 검정**: 복수집단의 평균을 사후비교하는 검정방법이다.
- **피셔LSD 검정**: 최소한의 유의미한 차이 검정법으로 두 집단간의 유의미성을 검토하는데 편리하다.

❏ 사후검정의 또 다른 접근 – 실험군 오차율 통제방법 여부에 따른 구분

1. 사후검증시에 집단간에 짝비교를 하면서 실험군 오차율이 증가할 수 있다는 말은 올바른 영가설을 기각하는 실수를 할 가능성이 높다는 것이다. 실험군 오차율을 줄이기 위해서 사용하는 여러 가지 방법에 따라 여러 가지 사후 검증방법이 나오게 된 것이다.
2. 연구자가 최초에 정한 유의수준을 고려하여 평균차이를 유의미하다고 판단할 수 있는 기준값

을 만들어 실험군 오차율을 통제하는 방법

예 Fisher-LSD, duncan 검증, Tukey HSD, Scheffé검증, S-N-K.

3. 연구자가 최초에 정한 유의수준을 비교할 가설쌍의 개수로 나누어서 계산된 유의수준에 따라 기준값을 만들어 실험군 오차율을 통제하는 방법이 있다.

예 본페러니(Bonferroni) 검증

[duncan 검증, Tukey HSD, Scheffé 검증의 비교]

구 분	duncan	Tukey HSD	Scheff 검증
영가설 관점에서	영가설을 기각할 확률이 높다.	영가설을 기각할 확률이 낮다.	영가설을 기각할 확률이 아주 낮다.
1종 오류	1종오류 가능성이 높다.	1종오류 가능성이 낮다.	1종오류 가능성이 아주 낮다.
통계적 검증력 관점에서	통계적 검정력이 크다(높다).	통계적 검정력이 작다 (낮다).	통계적 검정력이 작다.

♣ 심화학습

1. 쉐페 검증(Scheffé test)

평균치간의 개별비교 중 사후비교의 한 방법. 이것은 전반적인 F검증 후에 이것이 의 있는 차가 있을 때 평균치 간의 차에 관한 구체적인 정보를 얻기 위한 방법으로서 전반적인 F검증에서 선택한 α 수준 이상의 제 1종의 오류를 범하지 않도록 하는 상당히 보수적인 방법이다.

이것은 또한 평균치 간의 어떠한 비교도 가능케 하는 방법이다. 이 방법은 변량분석과 마찬가지로 전집분포의 엄격한 정상성이나 동변량성(同變量性)의 가정을 요구하지 않으며 또한 집단의 사례수가 다르더라도 그 적용이 다른 방법보다 비교적 간편한 장점을 갖고 있다.

2. tukey HSD 방법

HSD값을 구하여 짝비교한 집단의 평균 차이가 HSD값보다 크면, 두 집단간에 통계적으로 유의미한 차이가 있다고 판단하는 방법.

Tukey 방법에 의한 사후분석은 흔히 HSD(Honestly significant difference ; 정직한 유의차) 검정이라 부른다.

* 표본수가 적을수록 정확도가 낮아짐

♣ 심화학습

1) 실험집단과 비교집단간의 사후검증을 원할 때 : dunnett 검증
2) 영가설 기각의 편리성에 따라
   (1) 영가설을 쉽게 기각하고 싶을 때 : 피셔의 LSD, 던칸검증
   (2) 중간정도의 엄격성을 원할 때 : Tukey HSD
   (3) 깐깐한 검증을 원할 때 : 쉐페검증, 본페러니-던 검증
3) 비교할 가설 쌍의 개수가 4~5개 이상 : S-N-K

** 문제출제유형
  1. 사후검정 방법중 1종 오류 가능성 높은 것과 낮은 것
  2. 검정력이 높은 것과 낮은 것
  3. 집단피험수의 상관여부 등

상담연구
방법론

26강 다중공선성확인/더미변수 등

❑ 다중공선성(multicollinearity)

1. 일반적으로 다중회귀분석의 경우 독립변수들 간에 다중공선성이 존재하지 않아야 한다. 다중공선성이란 독립변수들간의 상관관계를 말한다. 하나의 독립변수가 다른 독립변수에 미치는 영향이 클 경우에 다중공선성이 존재한다고 본다.
2. 다중공선성 문제를 해결하려면 상관관계가 높은 독립변수들중에서 한 변수를 독립변수에서 제거하거나 독립변수 입력방식을 단계선택방식으로 설정하여 설명력이 높은 독립변수만 회귀모형에 포함하도록 함
3. 다중공선성을 진단하는 법

    (1) 공차한계(tolerance)를 이용하는 방법

    공차한계란 여러 개의 독립변수들 중에 하나의 독립변수를 종속변수로 하고 나머지 다른 독립변수들을 독립변수로 한 회귀분석에서 모형의 설명력을 나타내는 결정계수(R제곱)값을 구한 다음 이 값을 1에서 뺀 값(1-R제곱)이다. 따라서 공차한계가 커진다는 것은 하나의 독립변수가 다른 독립변수들에 의해 설명되는 변량이 작다는 것을 의미한다. 따라서 공차의 한계가 1에 가까워질수록 독립변수들 간에 다중공선성이 존재하지 않는다고 판단할 수 있다.

    * 공차(tolerance)란 한자어로 公差로 표기됨. 이것의 의미는 허용오차라는 뜻(공차 = 허용오차)

    (2) 분산확대(팽창)지수(VIF : variance inflation factor)에 의한 방법

    변량의 팽창정도를 의미하는데 팽창의 정도가 클수록 다중공선성의 문제가 있는 것으로 본다. 그 기준은 10으로 본다. 10 이상 넘어가면 다중공선성이 있을 것으로 예상한다.
    = 수식 분산확대(팽창)지수(VIF) = 1/(1-R제곱)
    = 분산확대(팽창)지수(VIF)를 '상승변량'이라고도 함

❑ 더미변수

1. 회귀분석에서의 독립변수는 기본적으로 양적인 변수여야 하지만 명목척도 또는 서열척도로 측정된 변수를 사용하여 종속변수의 설명력을 높일 수 있기 때문에 이러한 변수를 사용하게 된다. 이런 경우 명목척도 또는 범주형 척도를 0과 1의 값을 갖는 이항변수로 바꾸어 사용하는데 이를 더미변수라고 한다.
2. 명목척도로 측정된 변수를 더미변수로 리코딩하여 모형에 독립변수로 포함하는 경우 명목변수 수준의 수가 m개라면 독립변수로 회귀모형에 포함되는 더미변수의 수는 최소 m-1여야 한다.

3. 명목척도로 측정된 변수가 더미변수로 독립변수에 포함되는 경우 회귀식에 포함되지 않는 수준을 기준집단 또는 준거집단이라 하며 연구자가 기준집단을 어느 것이든 선택할 수 있는데 일반적으로 설명하기에 편한 것으로 선택한다.

> **예제** 봉급생활자의 근속연수, 학력, 성별이 연봉에 미치는 관계를 알아보고자 연봉을 반응변수로 하여 다중회귀분석을 하기로 하였다. 연봉과 근속연수는 양적변수이며, 학력(고졸이하, 대졸, 대학원 이상)과 성별(남, 여)은 질적변수일 때, 중회귀모형에 포함되어야 하는 가변수(더미변수)의 개수는?
>
> 가) 1개   나) 2개   다) 3개   라) 4개
>
> **정답 및 해설**
> * 범주로 된 질적변수를 회귀분석에서 설명(독립)변수로 이용할 경우 질적변수 범주의 수준 수(m)에서 1을 뺀 (m-1)개를 가변수로 사용한다. 위 문제에서는 학력이라는 질적변수에서 2개의 가변수가 필요하고 성별이라는 질적변수에서는 1개의 가변수가 필요하므로 더해서 모두 3개의 가변수가 사용된다.

▫ 로짓회귀분석

1. 다중회귀분석은 종속변수가 연속변수(양적변수)일 때 사용하는데 종속변수가 연속변인이 아니고 질적변수(명목척도 또는 서열척도)일 때 사용

* 두 상태의 값을 갖는 이항변수일 때 사용

2. 로짓분석은 사건이 발생하는지 발생하지 않는지를 직접 측정하는 것이 아니고 그 사건이 발생할 확률을 예측, 확률값을 사용

* 특정한 값을 가질 확률 : P, 그렇지 않을 확률 1-P
* 특정한 값을 가질 확률과 가지지 못할 확률을 비율로 나타내는 것을 오즈(odds)라고 하며 이것이 종속변수가 된다.
  오즈(odds) = P/ 1-P
* 로짓회귀분석의 적합도 검정은 우도비 검정(likelihood ratio test)을 사용한다.
* 결정계수(Pseudo $-R^2$), 적중률(hit ratio) 등을 사용함

▫ 군집분석

1. 유사한 특성을 가진 대상(표본)을 몇 개의 집단으로 묶어주는 분석기법
2. 특정한 변수를 이용하여 대상을 집단으로 묶고 해당집단에 속하는 표본의 특성을 파악하여 정책이나 전략을 수립하는데 이용할 수 있고, 자료의 구조를 파악하는 것에도 이용할 수 있음

3. 요인분석은 변수들을 묶어주는 것이고 군집분석은 대상을 묶어주는 것
4. 유사한 대상을 군집화하기 위해 거리를 계산하여 유사성을 측정

> * 유사성 측정방법 : 유클리디안 거리, 제곱 유클리디안 거리, 도시블럭 거리

5. 군집추출방식
   1) 계층적 군집방법
      단일결합법
      완전결합법
      평균결합법
      와드법
   2) 비계층적 군집방법

❏ 요인분석

1. 요인분석은 여러 변수들간의 연관성(상관관계, 공분산)을 기초하여 연관성(많이 쓰이는 것으로 상관관계)이 높은 변수들끼리, 유사한 체계를 갖는 변수들을 묶어 주는 통계기법. (요인축소, 데이터축소)
2. 연구나 모형에서 사용되는 변수의 수가 많은 경우 정보전달과 설명을 용이하게 하기 위해 변수를 묶어 몇 개의 요인으로 표현하고자 할 때 사용하는 분석방법
3. 요인분석의 목적
   1) 자료의 요약
      - 여러 개의 변인들을 몇 개의 공통된 집단으로 묶음으로써 자료의 복잡성 줄이고 정보를 요약하는데 이용
   2) 변인 구조파악
      - 여러 개의 변인들을 동질적인 몇 개의 요인으로 묶어줌으로써 변인들 내에 존재하는 상호 독립적인 특성 발견하는데 이용
   3) 불필요한 변인의 제거
      - 변인군으로 묶이지 않은 변인을 제거함으로써 중요하지 않은 변인 선별가능
   4) 측정도구의 타당성검증
      - 동일한 개념을 측정한 변인들이 동일한 요인으로 묶이는지 여부 확인함으로써 측정도구 타당성을 검증하는데 이용
4. 요인분석의 용어
   1) 변수(variable) - 분석에 적용하고자 하는 내용을 포함하고 있는 데이터
   2) 요인(factor) - 서로 상관계수가 높은 변수들끼리 모아서 작은 수의 변수집단으로 나눈 것임
   3) 요인적재값(factor loading) - 변수들과 요인 간의 상관계수로 요인적재값의 제곱은 해당 변

수가 요인에 의하여 설명되는 분산의 비율을 나타냄
  4) 요인행렬(factor matrix) - 각 요인들에 대한 모든 변수들의 요인적재값을 모아놓은 행렬
  5) 공통성(communality)
   - 여러 요인에 의하여 설명될 수 있는 한 변수의 분산의 양을 백분율로 나타낸 것
   - 어떤 변수에 대하여 추출된 요인들에 의하여 그 변수에 담겨진 정보(분산)을 얼마나 표현할 수 있는가를 나타내는 비율
 6) 고유값(eigenvalue)
   - 각각의 요인으로 설명할 수 있는 변수들의 분산 총합으로 각 요인별로 모든 변수의 요인적재값을 제곱하여 더한 값임
   - 변수 속에 담겨진 정보(분산)가 어떤 요인에 의하여 어느 정도 표현될 수 있는가를 말해주는 비율로, 먼저 추출된 요인이 고유값은 항상 다음에 추출되는 요인의 고유값의 값보다 큼

5. 요인분석 자료의 조건
  1) 요인분석을 하기 위해서는 변수가 등간척도 또는 비율척도로 측정된 것이어야 함/ 일반적으로 5점 또는 7점 척도로 측정된 자료를 요인분석에 많이 이용한다.
  2) 요인분석을 위해서는 변수들간에 어느 정도 수준의 상관관계가 있어야 한다.

> * spss 통계프로그램에서는 KMO(Kaiser Meyer Olkin)와 barlett의 검정을 하게 되면 모든 변수들의 상관관계 값들에 대한 전반적인 유의성을 알 수 있다.

  3) 변수들은 서로 독립적인 정규분포를 한다고 가정
  4) 요인분석에 이용되는 변수의 수와 비교하여 표본의 수가 충분히 커야 함

6. 요인추출방법
  1) 주성분분석, 공통요인분석, 최소제곱법, 최대우도 등이 있음
  2) 주성분분석을 가장 많이 이용

7. 요인의 회전
  1) 직각회전
   - 회전축이 직각을 유지하면서, 즉 요인간에 독립성을 유지하면서 요인구조가 뚜렷할 때까지 회전
   - 회귀분석과 같은 추가적인 분석을 위해 요인분석을 한다면 직각 회전방식을 택하여야 요인들간의 상관관계 때문에 생기는 다중공선성을 방지할 수 있다.
   - 베리멕스, 쿠아르티멕스, 이퀴멕스 등의 방법
  2) 비직각회전(사각회전)
   - 회전축이 직각을 유지하지 않은 채 요인구조가 뚜렷할 때까지 회전
   - 오블리끄, 프로멕스 등의 방법

> ♣ **심화학습 – 요인분석과 직각회전**
>
> 통계에서 베리멕스 등의 직각회전을 하는 이유는 직각회전의 요인점수를 이용하여 회귀분석을 사용할 경우, 다중공선성의 문제점이 발생하지 않게 된다.
> 즉, 요인을 회전하는 이유는 하나의 변수가 하나의 요인에만 높은 상관관계를 가질 수 있도록 요인을 조정하는 것이다.

8. 스크리도표

   1) 각 요인의 고유값(eigenvalue)을 그림으로 보여주는 것으로 추출할 요인의 수를 결정하는 데 사용
   2) 감소폭이 체감하기 직전까지 요인의 수를 기준으로 삼음

   > * 급강하다가 평평하게 되기 직전의 개수가 요인의 개수로 설정

   3) 결정은 주관적임

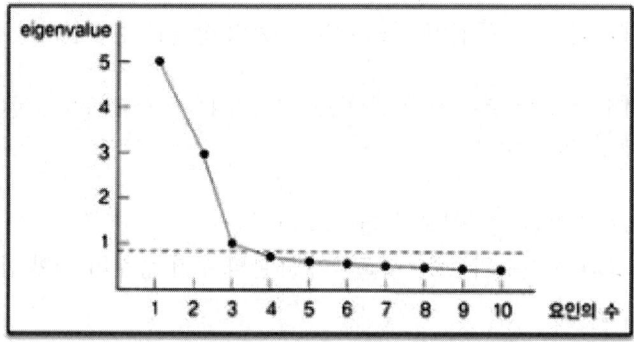

27강 자유도 등

☐ 자유도(degree of freedom; df)

1. 자유도의 사전적 의미

주어진 조건 하에서 자유롭게 변화할 수 있는 점수, 변인의 수 또는 한 변인의 범주의 수이다. 기호는 df를 사용한다. 통계적 분석에서는 제한조건의 수와 표본의 수의 영향을 받는다.

2. 자유도는 통계량을 추정할 때 사용되는 데이터의 정보량을 의미한다.

1) 예를 들어, n개의 데이터가 갖는 정보량을 n이라 하면, 평균의 경우 이 n개의 데이터를 사용하여 추정하게 된다. 그런데, 데이터에 대한 표본분산의 경우, 이렇게 추정된 평균값을 다시 분산의 추정에 사용하게 된다. 그러면 이 표본분산의 경우는 전체 데이터를 이용하여 평균을 한 번 추정했기 때문에 평균이 가지고 있는 정보량에 비해 1만큼의 손실이 가게 되는 것이다. 즉, 표본분산이 계산되기 위해서는 반드시 표본평균의 값이 고정되어야 한다는 뜻이다.

2) 좀 더 일반화시켜 이야기하면, 전체 n개의 데이터를 이용하여 어떠한 통계량 A를 계산하고자 할 때 필요한 다른 통계량 B가 있다면, 통계량 B는 통계량 A를 계산하기 이전에 반드시 고정된 값을 가져야 한다. 즉, 이러한 상황하에서 계산되어진 통계량 A는 원데이터만을 가지고 계산할 수 있는 것이 아니기 때문에 사용되는 통계량과 연관된 정보의 손실을 가지게 된다. 이러한 정보의 손실정도를 자유도(degree of freedom)라 한다.

3) 특성치의 계산에 있어서 자료 중 자유로이 값을 취할 수 있는 관찰수를 자유도라고 하는데, 표본분산의 계산에서는 편차 제곱의 합을 자유도로 나눈다. 표본평균의 자유도는 n인데 반해 표본분산의 자유도는 n-1인 이유는 무엇인가? 표본평균의 계산에서는 관찰치의 합계를 구하면 된다. 그러므로 각 자료값이 어떤 값을 취해도 상관이 없다. 즉 자유도가 n이 된다.

4) 반면에 표본분산의 계산에서는 각 자료값과 표본평균과의 차이를 구하고 이를 제곱하여 그 합계를 구하는데, 이 때의 표본평균은 주어진 자료로부터 계산된 것이다. 그러므로 표본평균이 알려져 있다는 것은 하나의 자료의 값이 이미 정해져 있는 것과 같은 효과를 가져온다. 그러므로 표본분산의 자유도는 n-1이 된다.

5) 다음의 자료를 살펴보자.

　　예시　10　14　12　18　16

- 이 자료의 합계는 70이고, 평균은 14이다. 우리는 평균이 14임을 알고 있으므로 만약 위의 숫자 중 하나를 모르더라도 그 숫자를 찾아낼 수 있다. 마지막 숫자 16을 모르고 평균이 14임을 안다고 가정하자. 평균이 14이면 숫자들의 합계가 70인 것도 알 수 있다. 그리고 나머지 4개의 숫자가 각각 10, 14, 12, 18이므로 전체 합계에서 위 4개의 숫자를 빼면 마지막 숫자는 16이라는 것을 알 수 있다.

- 그러므로 표본평균 값을 알고 있으면 전체 자료 중 자유롭게 값을 취할 수 있는 관찰치의 개수는 4개인 것이다.
- 그러면 모집단분산의 계산에서는 자유도가 N인데, 왜 표본분산에서는 n-1인가? 분산을 계산하기 위해서는 자료의 중심인 모집단평균을 사용해야 하지만, 표본에서는 모집단평균을 알 수가 없으므로 표본평균을 모집단평균 대신에 사용한다. 그러나 표본평균이 모집단평균과 일치한다고 볼 수는 없다. 그리고 표본평균은 표본자료에서 계산되었으므로 전체 자료 중 분산의 계산에는 n-1개만 사용된다고 할 수 있다.

❑ **자유도는 표본분산을 구할 때 사용**

1. 예시적 설명
    : 어떤 실험에서 4개 집단에 피험자들이 각 30명씩 무선배치되었을 때,

    전체 자유도= (4 * 30) − 1=119
    집단내 자유도= 4 * (30−1)=116
    집단간 자유도= 4−1=3

2. 표본의 통계량으로 모집단의 분산 등을 추정할 때 관측치 대신 자유도를 이용한다. 분산은 평균으로부터 관측값이 얼마나 많이 퍼져 있는지를 측정하며 그 식은 아래와 같다
    - 모집단 분산

    $$\sigma^2 = \boxed{\frac{1}{N}} \sum_{i=1}^{N}(X_i - \mu)^2$$

    - 표본분산은 s_X^2로 표기하면 다음과 같이 정의됨

    $$s_X^2 = \boxed{\frac{1}{n-1}} \sum_{i=1}^{n}(\chi_i - \overline{X})^2$$

    분산은 평균으로부터 관측값이 얼마나 많이 퍼져 있는지를 측정한다. 또한 편차의 합은 항상 0이 된다.
    편차의 합이 0이 되려면, 모든 관측값이 변해도 편차의 합이 0이 되도록 다른 모든 값들에 의해 어느 하나의 값이 결정되어 고정되게 된다.
    이 때 자유롭게 변하는 관측치의 수가 자유도가 된다. 'n(표본크기) − 1'로 표기한다.

3. 표본분산은 편차의 제곱합을 자유도로 나눈 것으로 표본분산 추정량은 분모를 n−1의 자유도로 해야 분산를 추정하는 편의(bias)가 없는 추정치를 얻게 된다. 이를 분산의 불편추정량이라고 한다.

4. 모집단 평균 대신 표본평균을 사용하므로 모집단의 분산을 추정할 때 편의가 생기지 않도록 고려해야 할 점이 생기며 표본분산을 계산할 때 실제 모집단 평균이 아닌 표본평균을 이용하므로 제한을 받게 되어 'n(표본크기) - 1'을 분모로 사용해야 한다.

참고로 표본크기가 작은 경우, 평균 차이 검정을 할 때 자유도가 n-1 인 t-분포를 이용한다.

❏ R2 / 수정된 R2

1) 회귀분석에서 spss 모형요약을 통한 R^2 / 수정된 R^2을 아래와 같이 설명할 수 있다.

예시)

모형	R	R제곱	수정된 R제곱	추정값의 표준오차
1	.791(a)	.626	.572	.7536

a. 예측값 : (상수), 학습기간, 성별, 연령

위 표는 세 개의 독립변수를 투입한 결과로 결정계수와 수정된 R^2의 값을 보여주고 있다. 결정계수 R^2 0.626으로 종속변수를 62.6%로 설명하고 있다. 수정된 R^2은 0.572를 보여준다.

2) 결정계수 R^2은 종속변수의 분산 독립변수들에 의해 설명되는 비율을 나타내며 0과 1 사이의 값을 가진다.

3) 수정된 R^2

수정된 R^2은 회귀식에서 독립변수가 추가됨으로 점차 커진다. 예를 들면 독립변수가 세 개인 경우의 회귀식에 독립변수 두 개를 집어넣었을 R^2보다 마지막 독립변수가 영향력이 적건 많건 상관없이 R^2은 두 개를 집어넣었을 때보다 항상 크게 되어 있다.

4) 결정계수로 발생하는 문제로는 결정계수가 클수록 설명력이 높다고 보여지는데 R^2을 약간 증가시키기 위해 독립변수가 추가되는 것은 좋은 현상이라 볼 수 없다. 수정된 R^2은 바로 이런 점을 고려한 것으로 독립변수의 수와 표본의 크기로 값을 조정한 것이다.

수정된 R^2의 특징은 R^2보다는 작은 값이며 새로이 추가되는 독립변수가 영향력이 없다고 판단되는 작은 값이라면 결정계수는 증가되지만 수정된 R^2은 감소한다.

28강 분포

❏ 분포의 유형

1) 확률분포의 유형

(1) 이산확률분포 : 변수의 값이 명확하고 그 수도 한정적임

  가) 이항분포(binomial distribution)
  – 이산적(離散的) 확률분포의 하나. 어떤 시행(試行)에서 사건 E가 일어나는 확률을 p라 하고 이 시행을 독립으로 n회 되풀이할 때 E가 일어나는 횟수를 X라 하면 X는 확률변수이고 X=k가 되는 확률 Pk=P(X=k)는 q=1-p로 하면 다음 식이 성립한다.

  $$p_k = {}_nC_k p^k q^{n-k} \quad (k=0, 1, \cdots, n)$$

  나) 초기하분포 (hypergeometric distribution)

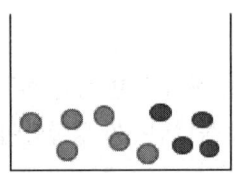

  이 상자속 10개(N) 의 공중에 총 5개(n)를 뽑는 경우
  "이 뽑힌 5개(n)의 공 중에 빨간공이 3개(x) 있을 확률은 얼마일까?"
  초기하 확률분포는 이항분포와 마찬가지로, 실패, 성공 같이 두가지로 나누어 지는 시행이 여러 번 있을 때 성공의 개수가 확률변수가 되는 것을 말함

  – 확률은 전체경우의 수 중에 특정 경우의 수의 비율을 구하는 문제임

  $$P(3) = \frac{{}_5C_3 \times {}_4C_2}{{}_{10}C_5} = \frac{\binom{5}{3} \times \binom{4}{2}}{\binom{10}{5}} \quad \Rightarrow \quad P(x) = \frac{{}_RC_x \times {}_{N-R}C_{n-x}}{{}_NC_n}$$

  따라서 초기하 분포 확률함수는:

  $$P(x) = \frac{{}_RC_x \times {}_{N-R}C_{n-x}}{{}_NC_n} = \frac{\binom{R}{x} \times \binom{N-R}{n-x}}{\binom{N}{n}}$$

다) 포아송분포(Poisson distribution)

많은 사건 중에서 특정한 사건이 발생할 가능성이 매우 적은 확률변수가 갖는 분포이다. 수리적으로 포아송분포는 사건을 n회 시행할 때 특정한 사건이 y회 발생할 확률분포 중에서 사건을 시행한 수인 n이 무한대인 경우에 해당한다. 이를 수식으로 표현하면 이항분포에서 사건시행의 수인 n을 무한대로 수렴한 경우로서 다음과 같이 정의된다.

$$p(y) = \lim_{n \to \infty} \begin{bmatrix} n \\ y \end{bmatrix} p^y (1-p)^{n-y} = \frac{\lambda^y}{y!} e^{-\lambda}$$

y : 특정한 사건이 발생한 수
n : 전체 사건 수

포아송분포는 흔히 n이 크고, 사건이 발생할 확률 p는 작은 경우에 이항분포를 대체하여 사용하는 분포라고 할 수 있다. 어느 학교에서 낙제나 퇴학당하는 학생의 수가 포아송 확률변수의 예이다. 또는 특정지역에서 일정기간에 교통사고가 발생하는 빈도도 이에 해당한다.

(2) 연속확률분포 : 변수값을 정확하게 떨어지는 수치로는 표현하기는 어려우며, 변수의 개수도 무한대가 됨

가) t분포

- 정규분포의 형태를 보이는데, 극단적으로 비유해서 z분포의 닮은꼴이다. 사례수가 30 이하일 경우 자유도를 고려한 분포로서 z분포와 많이 닮았다(둘다 평균값이 0)
- 자유도(df)에 따라 분포의 모양이 변화

* 자유도(df)가 30 미만(df < 30)인 경우, 표준정규분포에 비해 양쪽 끝이 평평하고 두터운 꼬리모양을 가짐

- 자유도가 증가함에 따라 분산은 1에 접근함
- 표본의 크기가 커질수록 자유도가 증가하여 표본크기가 30개 이상일 경우에는 표준정규분포(Z분포)와 거의 동일한 분포를 함

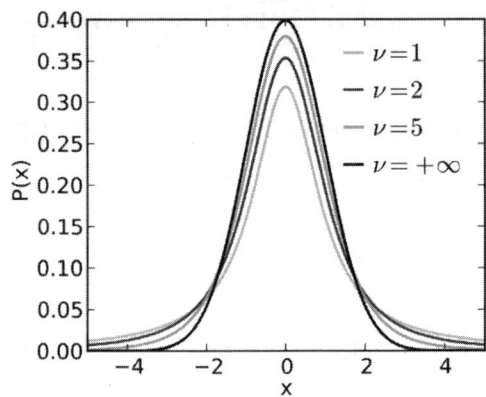

나) X² (카이제곱) 분포
- X² (카이제곱) 분포는 1900년경 칼 피어슨에 의해 개발되어 모집단분산에 대한 가설 검정이나 교차분석에서 유용하게 사용되는 분포
- 정규분포의 형태를 취하지 않는다.
- 확률변수는 연속확률변수로서 항상 양(+)의 값만을 가짐
- 오른쪽꼬리를 가진 비대칭분포임
- 자유도(df)에 따라 모양이 변하면 자유도값이 커질수록 정규분포에 가까워짐
  자유도 k의 X^2(카이제곱)분포의 기댓값과 분산은 각각 다음과 같다.
     $E(X)=k$, $V(X)=2k$
  자유도 k의 X^2(카이제곱)분포는 $k=1$, 2인 경우 0에서 멀어질수록 밀도가 작아진다. 그러나 $k≥3$인 경우의 X^2(카이제곱) 분포는 단봉 형태(unimodal shape)이다.

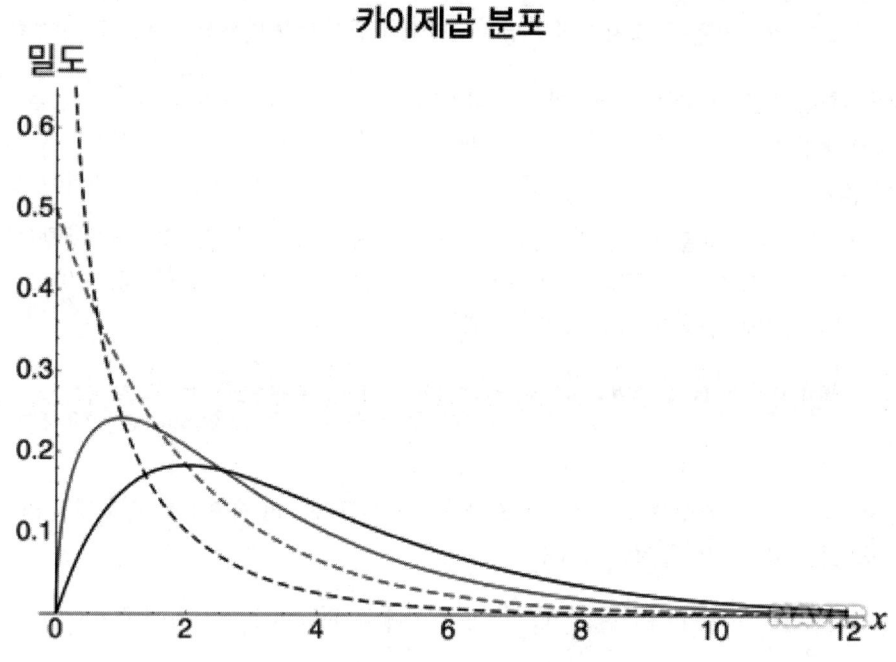

카이제곱 분포

자유도 1, 2, 3, 4의 X^2((카이제곱) 분포(검정 점선=자유도 1, 적색 점선=자유도 2, 녹색 실선=자유도 3, 청색 실선=자유도 4)

다) F분포
- 정규분포의 형태를 취하지 않는다.
- 확률변수 F는 항상 양의 값만을 갖는 연속확률변수임

- 두 개의 통계량을 사용하므로 X^2 (카이제곱) 분포와 달리 자유도가 2개임(여러개를 가질 수 있음)
- 오른쪽꼬리를 가진 비대칭분포임
- 자유도(df)가 커질수록 정규분포에 가까워짐

통계학에서 사용되는 연속확률분포로, F 검정과 분산분석 등에서 주로 사용된다.

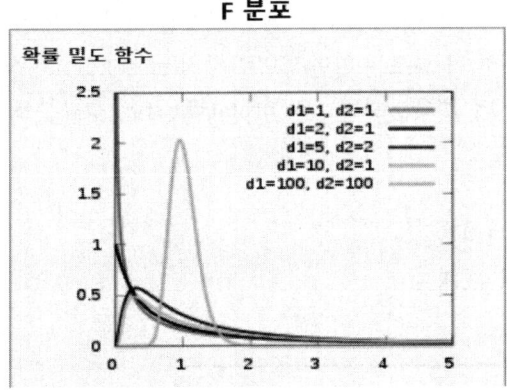

F 분포

❑ 왜도

분포의 비대칭의 정도, 즉 분포가 기울어진 방향과 그 기울어진 정도를 나타내는 척도이다. 단봉분포에서 긴 꼬리가 왼쪽에 있으면 음(negative)의 왜도(부적편포), 그 반대의 경우 양(positive)의 왜도(정적편포)를 가진다고 한다. 왜도 계산값이 '0'이면 좌우대칭분포를 가지고, '0'보다 작으면 음의 왜도(부적편포)를 가지고, '0'보다 크면 양의 왜도를 가진다. 왜도계산값의 절댓값이 클수록 분포의 비대칭 정도가 커진다.

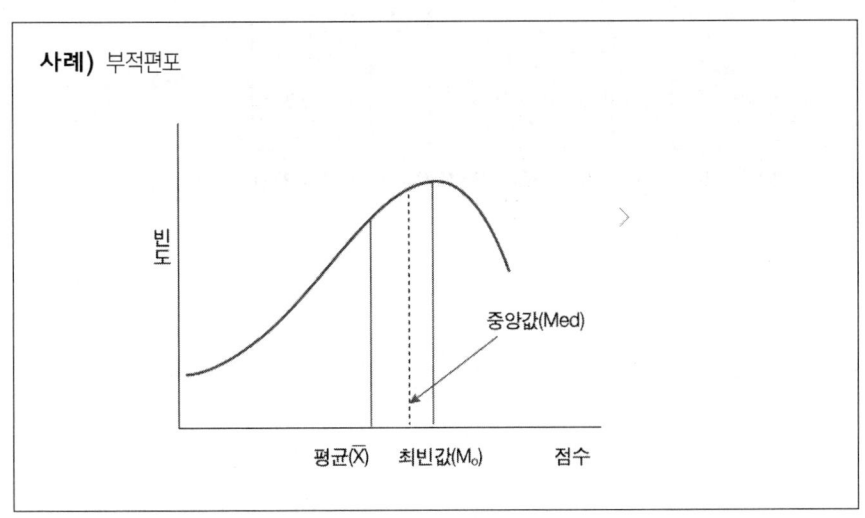

사례) 부적편포

□ 첨도

1. 도수분포의 모양은 집중경향치(평균, 중앙치, 최빈치 등)와 변산도(범위, 표준편차, 왜도, 첨도 등)와 같은 여러 가지 측정치에 따라 달라진다. 첨도는 연구자들이 많은 양의 자료에 대하여 빨리 감지할 수 있도록 해 주는 여러 유용한 통계 중 하나로서, 분포의 '정점(peakedness)'을 뜻하는 그리스어에서 파생되었다. 분포의 정점은 평균을 중심으로 한 각 개인의 점수위치에 따라 영향을 받는다.
2. 개인들의 점수가 평균을 중심으로 가까이 몰려 있을수록 분포의 정점은 더욱 뾰족한 모양, 즉 첨도가 커진다. 뾰족한 모양의 성질에 따라 분포는 일반적으로 중첨(mesokurtic, 정규분포 모양), 고첨(leptokurtic, 정규분포보다 더 뾰족한 모양), 저첨(platykurtic, 정규분포보다 더 완만한 모양)의 세 가지로 기술된다.
3. 첨도= 3이면 정규분포에 근사
첨도 〉 3이면 정규분포보다 뾰족한 그래프
첨도가 〈 3이면 정규분포보다 납작한 그래프

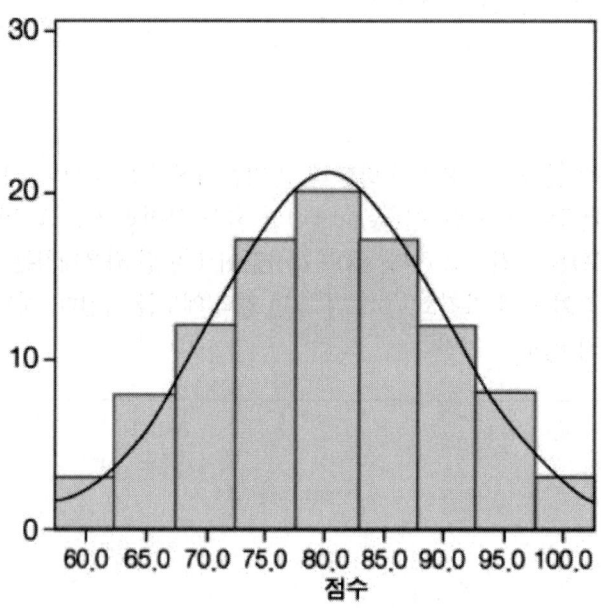

29강 실험설계(1)

❏ 실험설계

1. 실험설계의 기본조건
완벽한 실험을 위해서는 다음과 같은 세 가지 조건들을 충족해야 함

1) 독립변수의 조작
연구자는 관찰하고자 하는 현상이 일어나는 조건을 인위적으로 조작(manipulation)함으로써 연구에 보다 적합한 현상을 선별하여 관찰할 수 있음, 즉 인위적으로 독립변수의 종류 및 변화의 강도를 조절하여 실험대상에 가함으로써 독립변수의 변화가 종속변수에 미치는 영향을 관찰

- **예.** A와 B 두 가지 강의 방법이 고등학생들의 학업성적에 각각 어떠한 영향을 미치는지 알아보고자 할 때, 연구자는 고등학생을 두 집단으로 나눠 각각의 강의 방법을 적용하여 두 집단의 학업성적을 비교하면 됨. 이때 강의방법은 독립변수가 되며 연구자가 집단별로 강의방법을 다르게 하는 것이 바로 독립변수의 조작이 됨

2) 외생변수의 통제
외생변수란 독립변수 이외에 결과변수에 영향을 미칠 수 있는 모든 변수로서, 이러한 외생변수의 영향을 제거하지 못하면 실험변수와 결과변수 사이의 인과관계를 정확히 파악하는 데 문제가 생김

- **예.** 앞에서 언급한 강의방법에 따른 학업성적의 차이에서 각각의 방법으로 강의가 끝나고, 강의방법을 시험으로 측정하려 할 때 만약 A집단 시험장소주변에서만 소음이 크게 발생하여 시험진행에 지장이 있었다면 두 집단의 성적 차이는 순수한 강의 방법의 영향이라고 할 수 없을 것임

3) 실험대상의 무작위화
변수간의 인과관계를 연구한 실험결과가 일반화되기 위해서는 실험대상들이 무작위적으로 추출되어져야 함. 실험대상의 무작위화(randomization)란, 전체집단에서 각 대상들이 실험대상으로 선택될 확률이 모두 동일하도록 하는 것을 말함

❏ 실험설계 유형

1. 집단간/집단내/혼합형 설계

1) 집단간 실험설계 (between-group design) - 피험자간 설계
실험에서 처치조건에 따라 상이한 피험자 집단을 사용하는 설계이다. 이때 처치조건간에 반

응의 차이는 독립된 피험자 집단간의 차이이므로 피험자간 설계라고도 한다. 이 방식에 대비되는 집단내 설계에 비해 설계 및 분석이 쉽고 통계적 가정이 엄격하지 않은 장점과 반복측정으로 인한 이월효과를 쉽게 통제가능하며 상호작용효과를 검정할 수 있다. 그러나 피험자 수가 많이 필요하며, 처치효과를 검토할 수 있는 민감도가 상대적으로 부족하다는 단점이 있다.

2) 집단내 설계 (within-group design) -피험자내 설계, 반복측정설계

실험에서 각(반복된) 처치조건에 동일한 피험자 집단을 사용하는 설계이다. 이때 처치조건 간에 반응의 차이는 동일한 피험자내의 차이이므로 피험자내 설계라고도 하며 또한 2회 이상의 처치를 반복받고 측정된다는 의미에서 반복측정설계라고도 한다. 이 방식에 대비되는 집단간 설계에 비해 적은 피험자 수를 가지고 더 민감한 실험을 할 수 있다. 피험자 특성의 차이에 따른 영향이 적고 상대적으로 적은 피험자로도 연구가 가능하다는 장점이 있지만 상대적으로 엄격한 통계적 가정을 충족시켜야 하는 것은 물론 피험자들이 처치조건에 따라 변하는 '피험자와 처치 간 상호작용'의 문제가 있을 수 있다.

3) 혼합설계
  - 집단간 설계와 집단내 설계의 혼합
  - 분할구획설계

❑ Campbell과 Stanley(1963)의 분류법 - * 저자가 일부 수정함.

1. 사전실험설계(예비실험설계, 원시실험설계)

1) 사전실험설계(Pre-research Design)의 의의

실험상 외생변수의 통제가 거의 이루어지지 않으므로 인과관계를 비롯하여 변수 간의 관계를 정확하게 연구하기에는 부적합한 실험설계에 속한다. 따라서 이는 가설을 검정하기보다는 문제를 도출하거나 명확하게 규명하기 위한 순수실험설계를 수행하기 전에 실행하는 일종의 탐색적 연구와 같은 성격을 띠고 있다.

2) 유형
  - 단일집단사후측정설계
  - 단일집단사전사후측정설계
  - 정태적 집단비교/비교집단사후측정설계

3) 사전실험설계의 단점

사전실험설계(pro-experimental design)는 독립변수를 조작하기 어렵고, 실험대상을 무작위화 할 수 없는 등 실험적 통제가 거의 불가능하기 때문에 인과관계를 규명하는 데 취약한 방법. 따라서 가설의 검증보다는 순수실험설계를 하기 전에 문제의 도출을 위하여 시험적으로 실시하는 탐색조사의 성격을 지닌 때 많이 사용

(1) 단일집단 사후측정(실험)설계(one group posttest-only design)

$$\underline{X \qquad\qquad O1}\\ \text{처치}$$

일회성 사례연구라 불리며, 실험집단에 사후조사만 시행.
실험 참여자들이 개입이나 프로그램을 받은 결과, 기준이 되는 최소한의 기능을 수행할 수 있는지를 보고자 할 때 디자인하는 방법이다.

(2) 단일집단 사전사후측정(실험)설계(one group posttest-posttest design)

$$\underline{O0 \qquad\qquad X \qquad\qquad O1}\\ \text{처치}$$

통제집단이 없음
사전조사와 사후조사를 비교하여 효과가 있었는지 알아볼 수 있음.

* 단일집단에 대한 자기효능감 증진 프로그램 진행
* 전후검사 설계
* 분석방법 : 대응표본 t검정 실시

(3) 정태적 집단비교(static-group comparison)/비교집단사후측정설계

실험집단(experimental group ; EG) : 독립변수를 가하는 집단
통제집단(control group ; CG) : 독립변수 가하지 않는 집단

실험집단(EG) :   X   O1
통제집단(CG) :   O2
 * 독립변수의 효과(E) : O1 - O2

비교집단을 새롭게 만들기 보다 기존에 이미 형성되어있는 집단을 비교집단으로 선정하는 경우.

* 3개 집단에 대해 자기효능감 증진 프로그램을 처치하고 사전사후검사를 실시하였다.
* 이질집단 전후검사 설계
* 분석방법 : 중다회귀분석, 공변량(분산)분석(이질집단이므로 통제해야 할 가외변수를 고려)

상담연구방법론

>  실험설계에서 무작위화(randomization)를 사용하는 이유와 가장 거리가 먼 것은?
>
> 가) 가설을 타당하게 검증하기 위해 필요한 장치이다.
> 나) 실험처치 전에 실험집단과 통제집단의 상태를 동질하게 하기 위한 것이다.
> 다) 종속변수의 체계적 변이(variation)를 극대화시키기 위한 방법이다.
> 라) 실험에 간섭하는 외생변수를 통제하기 위한 방법이다.
>
> **정답 및 해설** 다)
> * 무작위화는 조사대상을 모집단에서 무작위로 추출함으로써 연구자가 조작하는 독립변수 이외의 모든 변수들에 대한 영향력을 동일하게 하여 동질적인 집단으로 만들기 위한 방법이다.

30강 실험설계(2)

□ **순수실험설계 - 진실험설계, 통제실험설계**

1) 순수실험설계(true-experimental design)

   인과추론의 세 가지 조건인 실험집단과 통제집단의 비교, 실험(독립)변수의 조작, 경쟁적 가설의 통제라는 조건을 비교적 충실하게 갖춘 설계를 말한다.

2) 유형
   - 통제집단 사후측정 설계
   - 통제집단 사전사후측정 설계(고전적 실험설계)
   - 솔로몬의 4집단실험설계
   - 요인설계(요인실험설계)
   - 가짜실험처리 통제집단설계(placebo control group design)
   - 블록실험설계

3) 순수실험설계의 장점과 단점

   순수실험설계의 가장 큰 특징은 실험대상을 선정할 때 무작위화를 거치는 것임, 또한 독립변수의 조작, 측정의 시기 및 측정대상에 대한 통제 등이 연구자의 의도에 따라 가능한 실험설계로서 외생변수의 영향을 효율적으로 제거할 수 있는 설계방법임. 순수실험설계는 외생변수를 철저히 통제하여 명확한 인과관계를 검증할 수 있다는 장점이 있는 반면, 엄격히 통제된 실험상황의 인위성으로 인해 실험결과를 일반화하는 데 있어 한계가 있을 수 있음

   (1) 통제집단 사전사후측정(실험)설계(pretest-posttest control group design)

   실험집단에만 사전측정을 함으로써 실험자가 받아들이는 독립변수의 강도에 영향을 미치는 상호작용시험효과가 발생할 가능성이 있음

   * 무작위 선정과정을 R로 표시

   실험집단(EG) : (R) O1   X   O2
   통제집단(CG) : (R) O3   O4

   * 독립변수의 효과(E) : (O2 - O1) - (O4 - O3)

   (2) 통제집단 사후측정(실험)설계(posttest-only control group design)

   사전측정을 하지 않기 때문에 시험효과 등 외생변수의 개입을 방지할 수 있는 반면, 실험대상들의 반응에 있어서 변화과정을 파악할 수 없고, 두 집단의 최초상태가 동질적임을 보장하기 어렵다는 단점이 있음

```
실험집단(EG) : (R)      X       O1
통제집단(CG) : (R)              O2
   * 독립변수의 효과(E) : O1 - O2
```

(3) 솔로몬의 4집단설계(Solomon four-group design)

이 설계방법은 다른 설계방법에서는 불가능한 각종 외생변수의 영향을 완벽히 분리해낼 수 있다는 것이 가장 큰 장점이다.

사전검사 실시가 처치효과를 왜곡시킬 가능성이 있을 때 적합한 설계이며 통제집단 사후검사설계와 통제집단 전후검사설계를 동시에 포함시킨 설계이다.

이 설계는 외생변수의 영향력을 가장 철저히 제거할 수 있기 때문에 내적, 외적타당성의 확보가 좋은 방법, 정밀하고 많은 정보를 얻어낼 수 있는 장점이 있는 반면, 설계가 복잡하고 집단의 수가 많음으로써 많은 시간과 비용이 필요하며, 집단의 수가 많아 집단간 격리에 어려움이 있다는 단점을 실제 상황에서는 많이 적용되지 않음

> * 통제집단 사전사후측정(실험)설계(pretest-posttest control group design)와 통제집단 사후측정(실험)설계(posttest-only control group design)을 결합한 형태

가) 솔로몬 4집단 설계

① 실험설계

실험집단	R	O0	×	O1
통제집단1	R	O2		O3
통제집단2	R		×	O4
통제집단3	R			O5

- 실험집단 1개와 통제집단 3개로 이루어져 있다.
- 모든 집단은 무선배치(R) 되어있으며
- 실험집단은 사전검사, 처치, 사후검사 모두 이루어졌지만
- 통제집단1은 사전검사, 통제집단2는 처치, 통제집단3은 사후검사만 이루어진다.

② 효과계산 예시

실험집단	R	O0 = 65	×	O1 = 95
통제집단1	R	O2 = 65		O3 = 70
통제집단2	R		×	O4 = 93
통제집단3	R			O5 = 68

- 실험집단의 사전점수는 65점이었다, 처치후 점수는 95점이다.
  이 점수에는 성숙효과, 처치에 따른 반발효과, 외부효과를 포함한 점수이다.

- 통제집단1의 사전점수는 65점이고 사후점수는 70점이다. 사후점수와 사전점수 차이는 성숙효과점수로 5점이다.
- 통제집단2는 사후점수는 93점이다.
- 실험집단의 사후점수(95점)에서 통제집단1에서 밝혀진 성숙효과점수를 빼면 90점이다.
- 만약에 통제집단2의 사후점수가 90점이라면 처치로 인한 반발효과가 없다는 것을 알 수 있으나 여기서는 93점이기 때문에 3점은 반발효과 점수인 것을 알 수 있다. 즉, 실험집단의 사후점수(95점)에 반발효과 3점이 포함되었다는 것을 알 수 있다.
- 통제집단3의 사후점수는 68점이다.
  이는 성숙효과나 반발효과를 완전히 제거한 점수로 외부효과를 알 수 있다.
  통제집단3의 사후점수와 통제집단1의 사전검사 점수가 같다면 외부효과는 없다고 할 수 있으나 여기서는 68-65로 3점은 순수외부효과가 있다는 것을 알 수 있다.
- 따라서 실험효과는 총효과에서 상호작용효과인 성숙효과, 반발효과를 제외한 점수에서 순수외부효과를 제외한 점수를 말한다.

(4) 요인설계(factorial design)

여러 개의 독립변인(요인)의 모든 수준들이 조합을 이루어 만들어 내는 처치들의 효과를 동시에 검정할 수 있는 실험설계법이다. 한번의 실험으로 여러 개의 독립변수 주효과를 검정할 수 있고 독립변수들이 복합적으로 만들어 내는 상호작용 효과도 검정할 수 있다.

예를 들어, 상담기법에 따른 자기효능감 증진의 차이에 대한 연구에서 남학생과 여학생 즉, 성별이라는 요인의 효과를 함께 검정하고, 성별과 상담기법이 복합적으로 자기 효능감 증진에 영향을 미치는지 알고 싶다면, 성별과 상담기법을 요인으로 하여 요인설계를 하면 된다.

독립변수A 독립변수B	상담기법 1	상담기법 2
남학생		
여학생		

* 독립변수(인)이 2가지 이상이며 범주형 변수일 때 사용(예, 초등/중등/고등학생)
* 2-way ANOVA으로 분석가능
* 여러개의 독립변수의 영향을 한번에 측정 가능하다.
* 독립변수 상호작용여부도 함께 측정 가능하다.
* 단점으로는 집단의 구분이 많아질수록 표본수도 증가한다는 점

상담연구방법론

> **예제** 솔로몬 연구설계에 대한 옳은 설명을 모두 고른 것은?
>
> a. 4개의 집단으로 구성한다.
> b. 사후측정만 하는 집단은 2개이다.
> c. 검사와 개입의 상호작용효과를 도출할 수 있다.
> d. 통제집단 사전사후검사설계와 비동일 비교집단설계를 합한 형태이다.
>
> 가) a, b, c   나) b, c   다) a, c   라) a, b, c, d
>
> **정답 및 해설** 가)
> * 솔로몬의 4집단설계(Solomon four-group design)
>   사전검사 실시가 처치효과를 왜곡시킬 가능성이 있을 때 적합한 설계이며 통제집단 사후검사설계와 통제집단 전후검사설계를 동시에 포함시킨 설계

상담연구 방법론

31강 실험설계(3)

☐ 유사실험설계 - 준실험설계, 현장실험설계(field experimental design)

1. 유사실험설계(quasi-experimental design)의 의의

무작위배정에 의하여 실험집단과 통제집단의 동등화를 꾀할 수 없을 때 사용하는 설계방법이다. 예를 들면, 어떤 정책이 집행된 후에 이루어지는 정책평가는 기본적으로 회고적이며, 유사실험설계에 의해 평가가 이루어지는 게 대부분이다.

준실험설계는 연구자가 실험처치를 할 수는 있지만 모든 관련 변인을 완전하게 통제하거나 조작할 수 없는 실험설계로, 학급과 같이 기존의 집단을 실험집단 또는 통제집단으로 사용하여 실험처치를 하는 경우 자연적 집단을 그대로 사용하므로 실험의 외적 조건을 완전히 통제하지 못한다. 준실험설계에서는 엄격한 실험실이 아닌 일상생활 상황을 연구상황으로 선택하기 때문에 연구결과를 일반화하는 데에는 장점이 있지만 그 상황과 관련된 무수한 변인을 통제할 수 없어서 검증된 연구결과의 내적 타당성에 의문을 가질 수 있다.

> ♣ **심화학습 - 유사/준/현장실험설계(quasi-experimental design)**
>
> 준실험설계란 진실험의 조건을 충족하지 못하는 설계이다. 이 설계의 특징은 실험설계에서 피험자를 무선적으로 할당하지 않는 설계이다. 그러므로 준실험설계는 실험에서 중요한 내적 타당도 저해요인을 통제하지 못하는 설계 방법이다.
>
> 무선적 할당을 하지 못할 경우, 즉 자연 상태의 피험자로 구성된 집단을 대상으로 실험을 하기 때문에 유사실험설계 또는 약한 실험설계라고 한다. 준실험설계는 단일집단을 사용하기도 하고, 두 집단 또는 그 이상의 집단을 사용할 수 있다.
>
> 준실험설계는 연구자가 관심을 가지고 있는 처치변수 이외의 변수들을 통제하지 못하게 되어, 실험결과의 처치효과를 강력하게 주장하기 어렵다. 그럼에도 불구하고 인간을 연구대상으로 실험을 할 경우 윤리적인 면과 무선 표집이나 배치가 불가능하기 때문에 이 실험설계방법이 널리 사용되고 있다.

2. 유형

인과적 추론이 비교적 가능한 유사실험설계로서 일반적으로 사용되는 준실험설계방법에서 단일집단을 사용한 일회 사례연구, 단일집단 사전사후검사설계, 시계열설계 등이 있으며, 두 집단 이상을 사용하는 정적집단설계 등이 있다.

3. 유사실험설계의 장점과 단점

유사실험설계는 실험실 상황이 아닌 실제 상황에서 독립변수를 조작하여 연구하는 설계를 말하는 것으로, 현장실험설계(field experimental design)이라고도 함

1) 장점
① 실제상황에서 이루어져 일반화 가능성(외적타당성)이 높음
② 일상생활과 동일한 상황에서 수행되므로 이론검증 및 현실문제해결에 유용하며, 복잡한 사회적·심리적 영향과 과정변화 연구에 적절

2) 단점
① 현장 상황에서는 대상의 무작위화와 독립변수의 조작화가 어려운 경우가 많음
② 실제 상황에서의 실험이므로 독립변수의 효과와 외생변수의 효과를 분리해서 파악하기 힘듦
③ 측정과 외생변수의 통제가 어려우므로 연구결과의 정밀도가 떨어짐

즉 유사실험설계는 순수실험설계보다 현실성·일반화능력은 좋으나, 통제력이 훨씬 약하기 때문에 인과관계의 명확한 규명은 다소 떨어짐

❏ 사후실험설계(ex-post facto experimentation)

1. 결과가 이미 발생했거나 독립변수 조작이 불가능할 경우 주로 사용된다.
2. 사후실험설계의 장단점
   1) 객관적인 자료를 얻을 수 있고 시간, 비용이 절약된다.
      연구대상에 독립변수가 이미 발생한 후에 나타난 종속변수를 대상으로 한 연구방법이다. 실험설계와 다르게, 이미 독립변수가 발생했기 때문에 연구자가 독립변수를 조작할 수 없거나 연구대상을 실험조건에 따라 배치하기 어려운 경우에 사후연구설계가 사용된다.
      즉 집단 간의 비교에서 실험조건을 직접통제하기보다는 실험 전 여러 특성들을 가능한 동질화시키기 위해 피험자의 과거 역사적 기록을 통해 집단을 비교하게 되므로 후향적 연구(retrospective study)라고도 한다.
   2) 인과관계의 파악 및 외생변수의 통제가 곤란하다.
3. 사후실험설계의 종류
   1) **현장연구(field study)** : 연구자가 관심을 가지고 있는 변수들간의 관계를 인위적이 아닌 현실상황에서 체계적으로 관찰하는 연구조사방법(연구자는 상황에 대한 통제 불가)
      현장연구는 탐색적 현장연구와 가설검증을 위한 현장연구로 구분
      - **탐색적 현장연구** : 관련변수들을 찾아내거나 변수들이 서로 어떠한 관계에 놓여 있는가를 이해하기 위한 연구
      - **가설검증을 위한 현장연구** : 연구자가 구체적으로 세운 연구가설을 현장상황을 관찰함으로써 그 가설의 채택 혹은 기각여부에 대한 결론을 내리려는 연구
   2) **회고연구(retrospective study)** : 지금의 특정 현상이 과거의 어떤 요소의 영향으로 인하여 발생하였는가를 찾아내는 연구, 원인변수를 실험대상에 가한 후 그 결과를 분석하는 실험설계와 근본적 차이가 있음

실험설계(3) 31강

3) **전망연구(prospective study)** : 전망연구는 회고연구와 반대개념이라 할 수 있음. 즉 어떤 결과의 원인이라고 생각되어질 수 있는 변수들을 파악하고 일정시간이 경과한 후에 과연 예상하였던 결과가 발생할지를 조사하는 연구
4) **기술연구(descriptive study)** : 사후실험설계들은 변수들의 인과관계를 이끌어내기 위한 연구인 반면, 기술연구는 있는 그대로의 현상을 기술하는 데 그 목적이 있음

[실험설계의 구분]

구 분	사전실험설계 (예비/원시)	순수실험설계 (진/통제)	유사실험설계 (준/현장)	사후실험설계
대상의 무작위화	불가능	가능	불가능	불가능
독립변수의 조작 가능성	불가능	가능	일부가능	불가능
외생변수의 통제정도	불가능	가능	일부가능	불가능
측정(시기 및 대상)통제	불가능	가능	가능	불가능

♣ **심화학습 – 실험설계간의 비교 사례**

예를 들어, 상담자가 개인상담 외에 집단상담에도 참여한 것이 파괴적 행동장애로 진단된 청소년들의 행동변화에 도움이 되는지의 여부에 관심이 있다고 하자.

1. 만약 상담자가 개인상담과 집단상담을 모두 받은 내담자들의 행동변화를 비교하지만(피험자 내 설계) 특정 비교집단(개인상담만을 받은 내담자들)의 결과와 비교하지 않기로 결정했다면, 이는 사전(예비/원시) 실험설계에 해당된다. 비록 상담자가 내담자에게 어떤 변화가 있었는지 알 수 있지만 개인상담만 받은 내담자의 변화와 비교하여 어떤 차이가 있는지는 알 수 없다는 점에서 그 결과는 제한될 수밖에 없다.
2. 만약 상담자가 개인상담과 집단상담을 모두 받은 내담자의 점수와 개인상담만 받은 내담자의 점수를 비교하기로 결정했다면, 이는 준(유사/현장)실험설계에 해당된다.
   이 경우 비교집단은 있지만 가외변인을 통제하지는 못한다.
3. 가외변인에 대한 통제는 내담자들이 개인상담만 받는 집단과 개인상담과 집단상담을 모두 받는 집단에 무선 배정되는 진(순수/통제)실험설계에서 가능하다. 그러나 진실험설계는 많은 가외 변인을 통제할 수 있지만, 실험이 너무 엄격하게 통제될 경우 실험상황의 결과를 비실험 상황, 즉 자연적 상황에 일반화할 수 없다는 문제점이 있다.

상담연구방법론

예제 1 다음은 어떤 척도에 대한 설명인가?

- 실험집단에 대하여 사전조사를 실시한다.
- 실험집단에 대하여 실험자극을 부여한 다음 종속변수를 측정한다.
- 통제집단은 구성하지 않는다.

가) 단일집단 사후측정설계
나) 집단비교설계
다) 솔로몬 4집단설계
라) 단일집단 사전사후측정설계

정답 및 해설 라)

예제 2 다음은 무엇에 관한 설명인가?

- 언어장애 아동들에 대해 언어능력정도를 측정하고 6개월 동안 언어치료를 한 후 다시 언어능력 정도를 측정하여, 사전사후검사 결과를 비교하여 언어치료의 효과를 분석하는 실험설계는?

가) 단일집단 사후측정설계
나) 집단비교설계
다) 솔로몬 4집단설계
라) 단일집단 사전사후측정설계

정답 및 해설 라)

예제 3 순수실험설계의 특징이 아닌 것은?

가) 비동질 통제집단의 설정
나) 실험집단과 통제집단에 대한 무작위 할당
다) 독립변수의 조작
라) 외생변수의 통제

정답 및 해설 가)
 * 순수실험설계는 실험설계의 3가지 조건인 시간적 선후성, 공동변화, 허위관계 통제를 모두 충족하는 완전실험설계를 말한다.

상담연구 방법론

32강 실험설계(4)

> ♣ **심화학습 – 단일조사(대상)설계(개인내)와 실험조사설계(집단간)**
>
> 1) 단일조사설계 : 개인에 대한 개입효과의 성공여부를 확인하며 상담자의 개입에 대한 평가를 한다.
>   단일대상연구설계는 실험처치의 영향을 알아보기 위하여 한 개인을 연구대상으로 하는 실험방안인데, 원칙적으로 한 개인을 대상으로 하는 연구지만 경우에 따라서는 소수의 개인으로 구성된 단일집단을 대상으로 실험하기도 한다. 단일피험자설계라고도 불리는 단일대상연구설계는 행동치료연구를 할 때 많이 이용한다
>   * 단일사례연구/집단내설계
> 2) 실험조사설계 : 집단에 대한 인과관계를 규명하며 처치 프로그램에 대한 평가를 한다. 집단간 비교조사설계라고도 한다. 실험조사설계는 다음과 기본요소를 갖추어야 한다.
>   (1) 인과관계 추론의 기준
>   - 공변성 : 두 변수가 함께 변화함을 보여주는 것
>   - 시간적 우선성 : 두 변수간에 시간적으로 어떤 변수가 앞서고 어떤 변수가 뒤따른다는 것을 보여줄 수 있어야 한다.
>   - 외부설명의 통제 : 변수간의 인과성에 영향을 주는 제3의 변수를 통제할 필요가 있다.
>   (2) 실험조사설계의 요건
>   - 통제집단
>   - 무작위배정 : 실험집단과 통제집단이 동일해야 하는데 이렇게 하기 위해서 무작위로 각 집단에 대한 연구대상자의 선정이 있어야 한다.
>   - 독립변수의 조작
>   (3) 실험조사설계의 타당도
>   - 내적타당도/외적타당도

❑ 기타 실험설계

1. 라틴정방형설계(Latin square design)

1) 라틴정방형 설계는 반복측정 설계의 문제점을 해결하기 위해, 마방진의 특징을 활용한 실험설계이다. 만약 요인의 수준 개수가 3개라고 하면 수준을 나타내는 3개의 문자가 각행과 열에 한번씩만 나타나도록 만들어야 한다.
2) 처치 조합을 라틴 방진처럼 배치한 실험설계
   검증할 두 요인(처치)를 하나는 가로축, 다른 하나는 세로측에 무작위 배치
   단, 각 처치가 각 행과 열에서 한번씩만 나타나도록 함
   순서효과, 이월효과 등 가외변인을 통제할 수 있음
   두 요인간 상호작용이 없는 것이어야 함

예를 들면 사회적 지지(A), 유사체험(B), 심리적 기대감(C)이라는 이름이 각 행과 열에 한 번씩만 나타나게 해야 한다. 처리의 행과 열의 개수가 같을 때만 적용할 수 있는 설계이다.

	1	2	3
3	A	B	C
2	B	C	A
1	C	A	B

2. 구획설계(block design)

실험설계에서 피험자를 집단별로 무선할당할 때 종속변수에 영향을 미칠 수 있는 독립변수 이외의 변수를 구획으로 설정하는 방법이다.

- 독립변수 이외의 변수를 통제하는 방법으로 간접적 방법은 공분산 분석 등을 들 수 있고 구획설계를 이를 직접적 방법으로 통제하는 것이라고 볼 수 있다.
  (1) 관심있는 독립변수(X)의 효과를 검정할 때 종속변수(Y)에 영향을 미칠 수 있는 또 다른 독립변수(A)의 영향을 통제하기 위해 이용
  (2) 방법 : 통제하려는 독립변수(A)를 여러 개의 구간(블록)으로 나눔
  (3) 구획설계의 예
    독립변수(X) : 상담기법 1, 2, 3
    종속변수(Y) : 자기효능감 증진 정도
    구획변수(A) : 학업성적의 차이

		상담기법1	상담기법2	상담기법3
학업성적의 차이 (구획변수)	전교석차 (100 이하)	00	00	00
	전교석차 (51~100)	00	00	00
	전교석차 (1~50)	00	00	00

* 전교석차는 범위(구획), 각 셀의 숫자는 자기효능감 증진 정도

  (4) 구획설계의 유형
    - 무선구획설계(randomized block design)
      ; 두 독립변수 중 한 독립변수는 처치변수이고 다른 변수가 매개변수로 구획변수인 설계 방법이다. 이때 구획변수는 종속변수에 영향을 주는 독립변수 이외의 매개변수로서 구획을 만들 수 있는 변수를 말한다.

- 고정구획설계(fixed block design)
- 처치/구획설계(treatment block design)

3. 배속설계(nested design)/위계설계(hierarchical design)

실험설계에서 피험자를 집단별로 무선할당 할 때, 종속변수에 영향을 미칠 수 있는 독립변수(X) 이외의 변수를 (A)라고 했을 때, (A)의 변인을 통제하기 위해 이 (A)를 독립변수에 배속을 시키는 실험설계이다.

예를 들면 상담기법(1법, 2법)의 효과를 실험할 때, 3명의 상담자(A1상담자, A2상담자, A3상담자)를 서로 다른 상담기법으로 같은 수의 학생들을 대상으로 상담프로그램을 진행하게 하는 방법이다.

구획설계처럼 실험외적 변인(A)가 종속변인에 미치는 효과를 통제하기 위해 만들어진 설계인데, 구획설계는 외적변인을 구획을 나누어서 배치를 시키고 끝이 났다면 배속설계는 외적변인을 하나의 독립변인으로 간주해서 계산을 하는 것이다.

상담기법1			상담기법2		
A1상담자	A2상담자	A3상담자	A1상담자	A2상담자	A3상담자
10명	10명	10명	10명	10명	10명

예제 1 조사연구의 설계방안 중에서 동일한 전집으로부터 여러 시기에 걸쳐 표본을 추출하여 응답자들의 경향을 파악하는 설계는?

가) 계속적 표본설계 나) 패널조사설계
다) 교차분석 설계 라) 요인설계

정답 및 해설 가)
* 계속적 표본설계 : 시간간격을 두고 모집단 내에서 다른 표본을 추출하여 시간간격을 두고 조사하는 설계이다.
* 패널 조사설계(동일집단 반복연구) : 동일한 사람의 변화를 시간의 선상에서 연구/조사하는 설계이다.

예제 2 실험설계에서 측정이 반복되면서 얻어지는 학습효과로 인해 실험대상자의 반응에 영향을 미치게 되는 것은?

가) 성숙효과 나) 시험효과
다) 조사도구효과 라) 선별효과

정답 및 해설 라)
* 성숙효과 : 시간의 경과에 따른 연구 대상의 특성변화를 의미
* 조사도구효과 : 측정기준과 측정수단이 변화함에 따라 나타나는 왜곡현상
* 선발(선별)효과 : 실험집단과 통제집단이 다르기 때문에 나타나는 차이를 말한다. 특히 실험집단이 지원자들로 구성될 때에 선발요인이 유력한 경쟁가설로 등장할 수 있다.

상담연구 방법론

33강 실험설계(5)

❑ **단일사례연구 설계 - 사례를 통한 이해**
- (출처 : "꽃보다 심리학" - naver site)

1. 단일사례연구

　단일사례라고 했을 때 두 가지 유형이 있다. 이 두 가지는 연구 형태에 따라서 차이를 보인다. 하나는 실험처치가 없는 설명 위주이고, 다른 하나는 변인을 조작하는 실험위주이다.
　설명위주를 사례연구라고 하고, 실험 형태로 이루어진 것을 단일사례 실험설계라고 이야기한다. 이 점에서 혼동이 되기도 한다. 즉, 사례연구는 비계획적, 통제되지 않은 상태에서 연구를 하는 것이다. 단일 사례 연구실험 설계는 체계적이고 계획적인 연구를 뜻한다.

　1) 단일사례 연구실험 설계
　　(1) 행동수정을 비롯한 상담 및 임상분야에서 많이 사용되는 효과측정 방법이다. 하나의 사례(한 사례의 소수문제/소수사례)에 대한 상담 개입을 실시한 후 변화가 발생하는지 그렇지 않은지에 대해 관찰을 통해 기록하고 통계적으로 검증한다.
　　(2) 이 방법은 통제사례를 만들기 어려울 때 사용할 수 있다는 장점도 있지만, 비교 대상이 되는 통제사례가 없다는 점 때문에 일반화에 한계가 있다. 단일 사례연구 실험설계가 행동수정에 주로 적용되는 이유는 표면적으로 드러나는 행동에 대해 측정이 쉽기 때문이다. 내면적인 정서적 문제들을 측정이 어렵기 때문에 행동수정과 같은 영역에 더 적합하다.
　　(3) 상담연구에서 단일 사례 설계가 나오게 된 이유는 집단 간 설계로는 내담자에 대한 의미있는 정보를 많이 얻어내기가 어렵다는 점 때문이었다. 집단간 설계는 사전 사후 검사만을 해서 비교한다. 상담 효과를 구체적으로 알고 싶다면 이에 부응하는 자세한 내담자의 변화를 아는 것이 도움이 된다.
　　집단간 설계는 그런 욕구를 충족하기 힘든 연구방법이었다. 비록 단일한 사례라는 점이 연구 결과의 일반화를 제한하는 단점이 있으나, 단일 사례 설계는 치료과정에 대한 풍부한 정보를 구할 수 있다는 점에서 그 가치를 인정받고 있다.
　　(4) 단일 사례 설계는 사례간 비교를 하는 것이 아니라 사례 내에서 비교를 해야 하기 때문에 여러 차례 반복 측정을 한다. 단일 사례 상담연구에서는 매 회기를 단위로 하여 반복측정을 하게 된다. 그래서 단일피험자 연구는 항상 시계열 설계를 채택하게 된다. 이런 시계열적 반복측정에서 어떤 변화가 일어났을 때 그것이 상담개입에 의해서 초래된 것인지를 판단하는 것이다.

❑ 단일사례연구 연구실험설계의 절차

단일사례연구의 연구실험설계를 기호로 나타날 때는 A와 B로 나타낸다. 이 설계의 가장 간단한 형태는 다음과 같다.

A-B

A : 기초선(또는 기저선, 기준선 혼용/처치가 없는 상태에서 표적 행동을 관찰하는 단계를 의미한다)
B : 처치(처치가 있는 상태에서 표적 행동을 관찰하는 단계이다)
중재 : 연구자가 증명하려고 하는 프로그램, 또는 개입, 상담기법을 말한다.

이것은 A-B-A, A-B-A-B, A-B-A-B-A-B 등 여러 가지 형태로 연구목적에 맞게 변화할 수 있다.

1) A-B 실험 설계

우선 간단한 A-B 실험설계를 이해하자. 예를 들어 우리가 흡연 행동을 수정하는 프로그램을 만들었고, 그것을 단일 사례로 검증한다고 가정하자. 우선 우리는 기초선을 측정할 것이다. 즉 이 사람이 대략 어느 정도 담배를 피우는지 조사를 미리 해놓는다. 대개 기초선 측정에는 2~5일을 요구하고, 두 사람 이상이 관찰하기를 권장한다. 기초선 측정이 끝나면 이제 프로그램을 적용한다. 여기서 프로그램의 처치는 '흡연 욕구를 참으면 백만원을 준다는 보상'으로 정한다. 그리고 아래와 같이 결과가 나왔다고 가정하자.

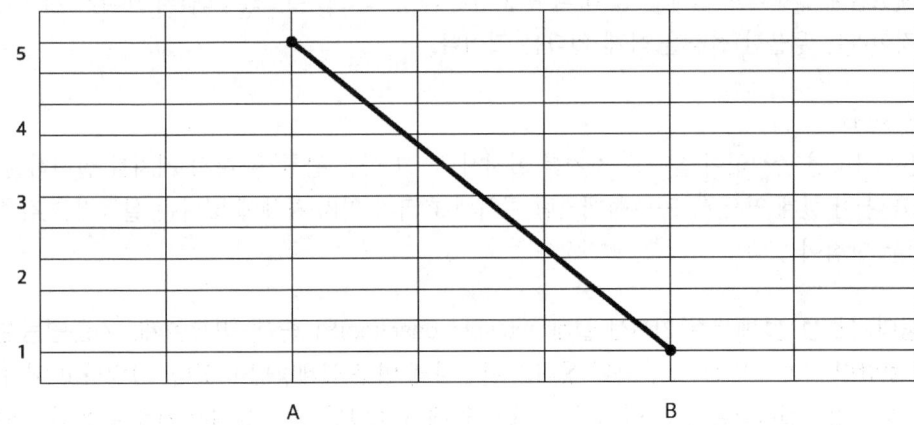

〈출처 : "꽃보다 심리학" (naver site)〉

A지점에서 5개피를 피는 사람이 B지점에서 1개피밖에 피지 않는 결과를 보임

이제 우리는 이 결과표를 통해서 프로그램의 처치가 효과적이었다고 말하게 된다. 하지만 실제적으로 이 자료만으로는 처치의 효과성을 증명하기 어렵다. 이 변화가 잠깐 일시적인 것일 수도

있기 때문이고 다른 상황이 영향을 미칠 수도 있기 때문이다. 좀 더 분명하게 주장하기 위해서는 우리는 아래의 방식으로 해보려고 한다.

2) A-B-A

이것은 처치 개입을 한 후에 한번 더 관찰을 하고 실험을 끝내는 것이다. 즉, 앞에서 보았던 흡연 행동이 감소되었다는 수준에서 끝나는 것이 아니라 한번 더 관찰 기간을 가져서, 처치의 효과가 계속 지속되고 있음을 확인하려고 하는 것이다.

그러나 이 설계가 윤리적으로 비판을 받는 점이 있다. 예를 들어 이 연구 대상자가 담배 때문에 죽을 운명이라고 가정하자, 그런 대상자에게 처치를 한번 한 후에 효과를 검증하기 위해서 관찰만 하고 끝낸다면 문제가 될 수 있는 것이다.

또 하나의 문제점은 A-B설계에서도 나타난 문제와 동일하다. 이 처치의 효과가 단순히 처치의 효과인지 외부의 영향인지 분명하게 말하기 어렵다는 것이다.

3) A-B-A-B

이것은 기초선을 측정하고 처치를 한 후에 다시 한번 쉬면서 측정기간을 갖는 것이다. 그리고 다시 변화를 관찰한다. 만약 두 번의 처치 기간에 두 번 다 흡연 행동이 줄어든다면, 이 프로그램이 효과가 있다고 좀 더 설득력있게 말해 줄 수 있다. 하지만 이 설계도 A-B-A 설계처럼 윤리적으로 문제가 있다는 비판을 받는다.

예를 들어 이 연구 대상자가 담배 때문에 죽을 운명이라고 가정하자, 그런 대상자에게 처치를 중간에 하지 않는다는 것은 대상자를 죽게 내버려두겠다는 것과 같은 것이다. 또 하나의 문제점은 두 번째 A단계에서 다시 담배를 많이 피우게 된다면 앞으로도 이 프로그램의 효과가 지속적이지 못할 것이라는 우울한 전망을 하게 된다는 것이다.

4) B-A-B

이것은 기초선 측정없이 곧바로 처치를 실시하고, 그 다음 관찰 후 다시 처치를 실시하는 것이다. 그러나 이 설계 역시 A-B-A설계처럼 처치의 효과가 처치 자체에 있다는 설득력을 갖추기가 어렵다는 단점이 있다.

5) 중다기초선 설계(복수 기저선 설계, multiple baseline)와 중재 비교설계, 기준변동설계

앞서 보았던 설계에서 좀 더 진화된 형태의 단일사례 연구 설계방법이 있다. 그렇다고 해서 앞의 연구설계를 평가절하하는 것은 아니다. 실제로 앞에서 보았던 연구 설계는 자주 활용되고 인정받는 설계이다.

중다기초선설계란 행동을 변화시키기 위한 특정의 치료기법을 여러 행동과 여러 상황 및 여러 내담자에게 적용하여 그 효과를 검증하는 방법이다. 이 중다기초선의 설계에는 대표적인 유형이 4개가 있다.

중다 기초선 설계에 비교되는 개념이 중재비교설계이다. 중다기초선 설계는 하나의 처치 개입이 효과적인지 판단하는 것이고, 중재비교 설계는 여러개의 처치 개입을 비교하여 어떤 처치가 더 나은지를 판단하는 것이다. 다시 말해 중재비교설계는 새로운 훈련방법이 이전에 나온 것보다 우월하다는 것을 밝혀서 새로운 훈련 방법에 대한 설득력있는 근거를 제시하기 위한 설계라고 할 수 있다. 이외에 중재변인을 이용하여 종속변인의 점진적이고 단계적인 변화를 살피려고 하는 기준 변동 설계가 있다. (출처 : "꽃보다 심리학" - naver site)

> ♣ **심화학습 - 다중 : 기저선 설계**
> 기초선을 여러 개 설정하여 관찰하는 설계로서, 하나의 동일한 개입방법을 여러 문제, 여러 상황, 여러 사람들에게 적용하여 같은 효과을 얻음으로써 표적행동에 대한 개입효과를 정하는 데 신빙성을 높이려는 것.

> ♣ **심화학습 - 단일집단 연구설계(single-subject research design)**
> 통제집단 없이 단 하나의 실험집단만을 두는 설계이다. 이 설계에는 한 피험자 집단에게 처치를 가하고 이에 따른 피험자의 행동을 관찰하여 실험처치의 효과를 평가하는 단일사례연구법(one-shot case study)과, 한 피험자 집단에게 처치를 가하기 전과 후에 피험자의 행동을 관찰하는 단일집단 사전 사후 연구법(one-group pretest-posttest design)이 있으나, 대체로 인과관계를 밝히는 데 목적을 둔 과학적인 연구설계라고 보기 어렵다.

☐ 동년배 설계/동년배집단 연구(cohort research)

1. 의의

1) 출생연도가 비슷하거나 같은 연배로 구성된 집단의 연구를 말한다. 다른 시기에 성장한 집단들은 각각의 독특한 사회문화적 특성에 따라서 영향을 받으면서 성장하기 때문에 각 시대에 따른 차이를 분석하는 데 효과적인 방법이다.
2) 동년배집단 연구는 종단적 연구방법의 하나로서 동일연배 집단을 시간적 간격에 따라서 동일하게 자료를 수집해서 분석함으로써 연구주제의 시대적 변화를 연구한다. 시간에 따른 변화를 연구한다는 점에서 종단연구이기도 하지만 각 분석집단이 상이할 수도 있다는 점에서 다르기도 하다.
3) 예를 들어, 1950년생, 1960년생, 1970년생들이 고등학교시절의 지능 및 학교교육에 대한 태도를 연구하는 경우에 몇 년 주기로 각 연배집단을 계속 추적한다는 측면에서는 종단연구라고 볼 수 있지만 조사집단이 상이하다는 측면에서 동년배집단 연구만의 특징이 있다.
4) 동년배집단 연구는 종단적 연구가 지니고 있는 단점(긴 기간, 대상 추적의 어려움)을 극복하고 횡단적 연구의 장점을 최대한 활용한 종단적 계열설계와 횡단적 계열설계를 이용해서 연구가 수행될 수도 있다. 종단적 계열설계는 출생연도가 다른 몇 개 동세대집단을 연속해서 추적하는 것이고, 횡단적 계열설계는 각 관찰시기마다 새로운 동년배집단을 대상으로 연구하는 것을 말한다.

♣ 심화학습 – 동년배(집단) 설계

동년배(집단) 설계라면 일단은 경향조사(추세조사)처럼 일종의 실태조사와 유사하다고 할 수 있다. 동년배는 같은 특징(연령이나 연령대의 사람들을 모집단으로 설정하고 일정한 시간간격에 따라 각각 다른 표본을 선정하여 관찰하는 형태이다) 같은 연령대의 사람이지, 결코 사람을 말하는 것이 아니다.

예를 들면 2016년에 입학한 고등학생을 대상으로 1년마다 학교에 대한 만족도를 조사하는 것이다. 다시 말해, 2016년에 입학생 중에서 표본을 추출하여 조사하고, 그들이 다시 2학년이 되었을 때, 2학년 중에서 다시 표본을 추출하여 조사한다. 매번 표본은 바뀌지만, 모집단이 2016년에 입학한 신입생이라는 점에서 변화가 없으며, 이 점이 경향조사(추세조사)와의 차이점이라고 할 수 있다. 경향조사(추세조사)설계는 모집단이 어떤 특성을 갖고 있는 다양한 연령층을 포함하고 있지만, 동년배집단설계에서는 모집단이 일정한 연령층으로 한정된다는 차이가 있다. 동년배집단 설계는 같은 표본을 추적해서 조사할 필요가 없다는 장점이 있다. 또한 종단연구가 갖고 있는 긴 연구기간에 대한 단점을 보완할 수 있다. 그러나 동년배집단설계 역시 내적타당성을 저해하는 다양한 요인들이 작용한다는 단점이 있다.

이러한 동년배는 산업화세대, 386세대, 모래시계세대, 오렌지족세대, N세대 등 다양하게 이루어질 수 있다.

♣ 심화학습 – 동년배효과(cohort effect)

동일연도에 출생한 집단이 동년배(cohort)인데 이들에게서 나타나는 특징들을 기술하고 설명할 때 나타나는 효과를 말한다. Paul B. Baltes가 인간의 전 생애발달에 미치는 영향에 대한 연구를 위해 사용한 방법이다. 다른 시기에 출생한 각 연령대는 심리, 사회, 문화적 특성에서 서로 다른 차이를 보이는데 이것이 각기 다른 동년배 간의 효과인 것이다.

예를 들어, 인구구성(성, 연령, 출생률, 사망률)에 있어서 시대별 동세대 집단간에 차이가 있는지에 대한 연구 또는 각 시대별 동년배의 임금 또는 직업에 대한 남녀간의 차이 및 변동에 대한 분석 등이다. 동년배효과에는 각기 다른 동년배 집단들이 시간의 변화에 따라 비슷하거나 상이하게 나타나는 동일 시기의 독특한 특징을 잘 반영하게 된다.

☐ 모의상담 연구

- 실험실 연구와 유사

상담연구
방법론

34강 상관연구/상관관계분석

❏ 상관연구(correlational research)

1. 상관연구는 상관분석을 사용하여 변인들 간의 관계를 밝히는 모든 종류의 연구를 의미한다.
2. 상관연구는 Galton이 부모의 키와 자식의 키의 관련 정도에 대한 유전문제를 연구하는 가운데 상관이란 개념을 사용하기 시작하면서 발전하였다.
   변인 간의 상관분석을 통하여 특정 현상을 기술하거나 설명하는 기술연구의 한 유형이다. 실험연구와는 달리 연구자가 주어진 상황을 조작, 통제하지 않고 자연조건 그대로에서 변인 간의 관계를 규명하는 것으로 변인 간의 인과관계를 직접적으로 내포하고 있지는 못하다. 그러나 변인들 간의 관계가 높고 신뢰로우면 이 결과를 실제 예언에 사용할 수가 있다. 상관연구는 변인들 간의 관계를 분석 또는 예측하기 위한 것이라 할 수 있다.
3. 상관연구에 의한 관계의 정도는 상관계수(correlation coefficient)로 표시한다. 상관계수는 두 변인 간의 관계의 정도를 측정하는 것으로 한 변인의 변화에 따라 다른 변인이 어떻게 변화하느냐의 관계를 표시하여 주는 통계치이다.
4. 기호로는 보통 r로 표시되며, 이 계수의 값은 −1.00에서 +1.00까지의 값을 가지며 두 변인 간의 관계성의 방향(정적/부적 상관)과 정도(수치)를 의미한다.
5. 상관계수의 제곱을 설명된 변량(explained variance) 또는 결정계수(coefficient of determination)라 하는데, 이는 '두 변인 간의 상관계수가 0.30이면 A(B)변인은 B(A)변인의 변량의 9%를 설명해준다.'라고 해석할 수 있다.
6. 상담분야 연구문제들은 두 변인뿐만 아니라 세 변인 이상의 관계를 연구하는 경우가 많다. 이 경우 상관을 기초로 하여 중다회귀분석, 중다변량분석, 회로분석, 요인분석, 판별분석, 구조방정식모형 등의 방법을 사용한다.

❏ 상관관계분석

1. 개념
) 상관관계분석은 두 변수간에 관계가 있는지 그리고 관계가 있다면 어떤 관계가 있는지를 검정하는 분석방법
2) 상관관계분석은 두 변수간에 관계가 있는지를 검정하지만 방향을 검정하지 못함
3) 상관관계는 양적변수와 질적변수 모두에서 사용할 수 있음
4) 상관관계는 두 변수가 어떻게 함께 움직이는지를 보는 것이기에 공분산을 이용함
5) 두 변수의 산점도를 이용하여 상관관계가 있는지를 대략적으로 알 수 있음

2. 상관계수

1) 공분산과 표준편차를 이용하여 계산
   - 피어슨 상관계수 = 공분산/(x의 표준편차)(y의 표준편차)
   - 스피어만 상관계수

> **예제** 상관관계(correlation)에 대한 설명으로 옳은 것은?
>
> 가) 두 변수 간에 강한 상관관계가 존재하면 두 변수는 서로 독립적이라고 한다.
> 나) 두 변수 간의 상관관계로부터 인과관계를 도출할 수 있다.
> 다) 두 변수 간에 상관관계가 없다면 피어슨 상관계수의 값은 0이다.
> 라) 피어슨 상관계수의 값은 항상 0 이상 1 이하이다.
>
> **정답 및 해설** 다)
> * 강한 상관관계는 서로 종속적이고 독립적이면 상관계수가 0에 가깝다.
> * 상관관계는 두 변수 간의 인과관계를 설명하지 못한다.
> * $-1 < r < 1$

❏ 산점도(Scatter plot) : 산포도(분산도 : degree of scattering)

- 두 개 이상 변수의 동시분포에서 각 개체를 점으로 표시한 그림이다. 예를 들어, 표본집단에 속한 학생들의 키와 몸무게를 잰 후에, X축은 키의 값을, Y축은 몸무게의 값을 나타내는 변수로 하여 좌평면상에 모든 학생들의 두 변수의 값을 점으로 표시하면 산점도가 된다. 산점도는 두 변수의 관계를 시각적으로 검토할 때 유용하며, 변수들 사이의 관계를 왜곡시키는 특이점(outlier)을 확인하는 경우에도 유용하다.
- 분산도라고도 한다. 변량이 분포된 중심값에서 멀리 흩어져 있을수록 산포도는 높다. 산포도를 측정하는데 가장 많이 이용되는 것이 분산과 표준편차이다. 분산은 각각의 변량이 중심값과 비교해서 어떻게 흩어져 있는지 알 수 있는 값이다.

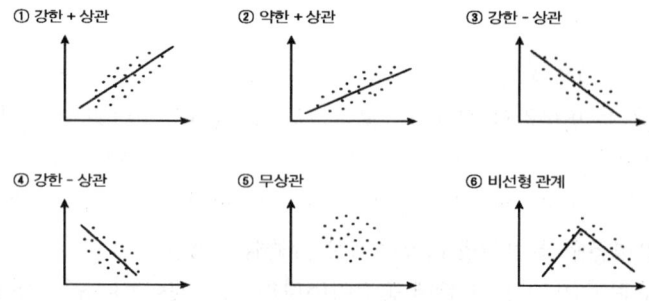

산점도로 부터 두 변수간의 상관관계를 짐작할 수 있다.

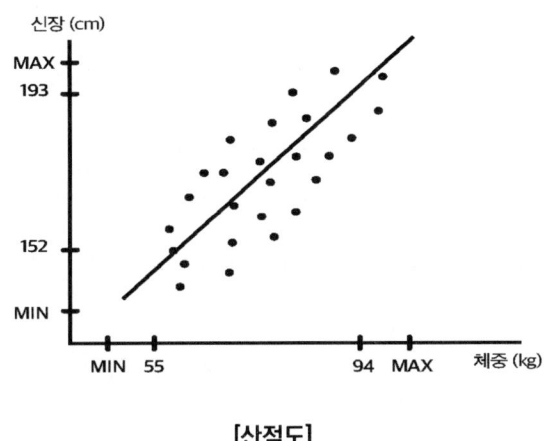

[산점도]

○ 산포도(자료의 퍼짐)을 측정하는 방법
- 범위 : 관측치의 가장 큰 값과 가장 작은 값의 차이
- 분위범위 : 자료의 크기순서로 나열하여 4등분한 경우, 제3분위수(75%)와 제1분위수(25%)의 차이
- 분산 : 개별관측치의 값이 평균에서 얼마나 떨어져 있는지를 통해 개별 관측치의 퍼져 있는 모양을 파악
    예) '편차제곱의 합'을 '자유도'로 나눈 값
- 표준편차 : 분산에 제곱근을 취한 값

예제 ▶ 다음 중 산포도에 관한 설명으로 틀린 것은?

가) 관측값들이 평균으로부터 멀리 떨어져 나타날수록 분산은 커진다.
나) 평균편차의 총합은 0이다.
다) 분산은 평균편차의 절댓값들의 평균이다.
라) 표준편차는 분산의 제곱근이다.

정답 및 해설 다)
* 분산은 자료와 평균의 차이인 편차의 제곱합의 평균이다.

❏ 산포도를 나타내는 통계량

1) 절대적인 분포의 산포도 : 범위, 평균편차, 사분편차, 분산, 표준편차
2) 상대적인 분포의 산포도 : 변동계수, 사분위편차계수, 평균편차계수

상담연구방법론

> ♣ **심화학습 - 변동계수 (변이계수) : CV**
> 1. CV = 표준편차/평균
> 2. 변동계수는 측정단위에 의존하지 않는다.
> 3. 서로 다른 평균과 표준편차를 가진 집단을 비교하는데 적절하다.

> **예제** 단위가 다른 두 집단 간에 산포를 비교하고자 할 때 가장 적합한 개념은?
>
> 가) 분산   나) 범위
> 다) 변동계수   라) 사분위범위
>
> **정답 및 해설** 다)
> * 변동계수는 측정단위에 의존하지 않는다는 특징이 있고, 서로 다른 평균과 표준편차를 가진 집단을 비교하는 데 적절하다.

35강 상관계수

□ **상관계수/상관관계**

1. **상관계수(correlation coefficient)의 의미**

   1) 두 개의 변량 X와 Y간에 존재하는 관계의 정도를 측정하는 척도를 상관계수라 한다. 따라서 여기에서 문제되는 것은 두 변량간의 형식적인 상호의존관계를 규명하는 것이지, X, Y 어느 하나를 다른 하나의 원인 혹은 설명요인으로 규정하는 것은 아니다.
      실제로 두 변량 X, Y간에 강한 상관관계가 성립되는 경우에도 원인관계가 전혀 없는 경우도 있으며, 또 두 변량간의 상관이 제3의 변량 Z와 공통의 밀접한 관계의 결과일 수도 있다.
   2) 이와 같이 두 변량 X, Y가 임의로 선택된 관찰대상의 서로 대응하는 변량일 경우에 그 상관의 분석을 상관분석이라 한다. 통계적으로 표준화된 공분산이라 할 수 있다.
   3) 이에 대해서 두 변량 중 하나를 독립변량으로 생각하고 이 독립변량의 변화가 가져오는 다른 변량(종속변수 또는 결과변수)에 대한 효과를 관찰하고자 하는 것이 회귀분석의 방법이다.

2. **상관계수의 특징**

   1) 상관계수의 범위 : $-1 \leq r \leq 1$
   2) 한 변수 혹은 두 변수의 값에 일정하게 0이 아닌 상수를 더하거나, 양의 상수를 곱하더라도 상관계수의 값은 변하지 않음
   3) 음의 상수를 한 변수에 곱하거나 나누면 상관계수의 부호만 바뀜
   4) 두 변수 모두에 음의 상수를 곱하거나 나누어도 상관계수는 변하지 않음

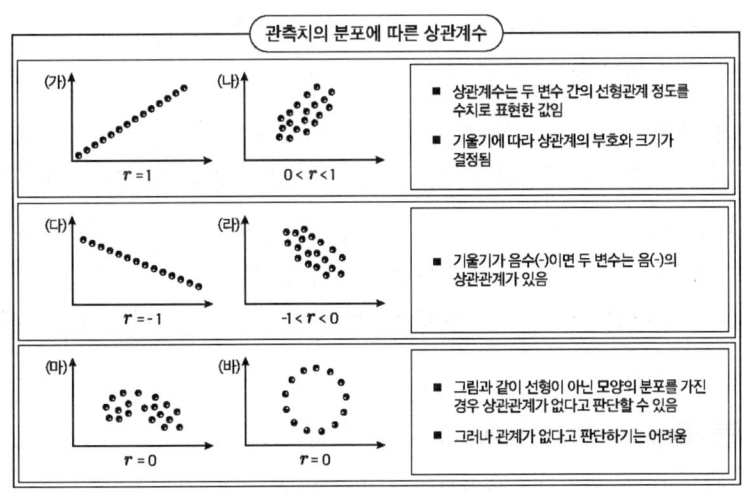

[상관계수에 따른 그림 예시]   출처 : 이영훈

0 상관계수의 부가적 설명
　1) 두변수의 직선관계를 나타내는 척도
　2) 상관계수가 0에 가깝다는 의미는 두 변수간의 연관성이 없다는 의미가 아니고 직선관계가 아니라는 의미

❏ 상관계수의 유형

(1) 피어슨 상관계수 : 동간(등간)척도 이상의 상관계수
(2) 파이계수/서류상관계수 : 명목척도간의 상관계수
(3) 상관비 : 두 변수간 관계가 곡선으로 추정될 때 상관을 알아보는 방법
(4) 사분상관계수 : 두 개의 연속변수를 모두 인위적인 이분 변수로 바꾼 후 두 변수간의 상관을 알아보는 방법
(5) 이연상관계수(양분상관계수) : 연속변수와 인위적으로 만든 이분변수인 경우
(6) 점이연 상관계수(양류상관계수) : 연속변수와 처음부터 이분변수인 경우
(7) 정준상관계수 : 변수들의 '집합'들에 관한 관계를 측정하는 상관분석
(8) 스피어만 서열상관계수(등위상관계수, 순위상관계수) : 서열척도간의 상관계수로서 관심대상이 되는 개별 구성원이나 객체들을 두 개의 서로 다른 특성이나 관점에 대해 평가하여 순위를 매긴 순위변수들간의 선형관계를 나타내는 계수

❏ 스피어만 상관계수(Spearman correlation coefficient) 는 데이터가 서열척도인 경우 즉 자료의 값 대신 순위를 이용하는 경우의 상관계수로서, 데이터를 작은 것부터 차례로 순위를 매겨 서열 순서로 바꾼 뒤 순위를 이용해 상관계수를 구한다. 두 변수 간의 연관 관계가 있는지 없는지를 밝혀주며 자료에 이상점이 있거나 표본크기가 작을 때 유용하다. 스피어만 상관계수는 −1과 1 사이의 값을 가지는데 두 변수 안의 순위가 완전히 일치하면 +1이고, 두 변수의 순위가 완전히 반대이면 −1이 된다. 예를 들어 수학 잘하는 학생이 영어를 잘하는 것과 상관있는지 없는지를 알아보는데 쓰일 수 있다.

❏ 켄달의 타우 상관계수 : 켄달의 타우값은 2개의 순위자료가 서로 얼마나 일치하는지를 각각의 자료에 속한 순위들 간의 순서쌍의 크기를 비교해서 구한 부호를 이용하여 파악하는 방법이다.

❏ 편상관계수(부분상관계수) : 어떤 두 변수 A와 B가 상관관계가 높게 나왔다고 가정하자, 그런데 혹시 이 둘의 관계에 또 다른 변수 C가 영향을 주어서 상관이 높은 것은 아닐까, 하는 생각이 들었다고 치자, 이 때 C라는 변수를 통제한 상태에서 A와 B의 상관관계를 다시 확인해 보는 것이다.

❏ 상관(관계)분석(correlation analysis)

변수 간의 관계의 밀접한 정도, 즉 상관관계를 분석하는 통계적 분석 방법을 말한다. 즉, 회귀분

석(regression analysis)에서 변수 사이의 관계식이 어느 정도 신빙성이 있는가를 살펴보는 것이라 할 수 있다. 회귀분석에는 상관관계분석이 필수적으로 수반되어야 한다. 따라서 <u>회귀상관분석(regression and correlation analysis)</u>이라 하여 같이 붙여 사용하기도 하며, 회귀분석이라는 용어만으로도 상관관계를 포함하는 의미로 사용하기도 한다. 단지 상관분석에서는 두 변수 중 어느 것도 먼저 결정된 것으로 보지 않는데 비해, 회귀분석에서는 X는 주어지고 Y만이 확률변수(random variable)이며, Y수치들은 정규분포를 이룬다는 가정을 하고 있다.

❏ 상관관계와 confounding factors(혼란변수)

* 심슨 파라독스 – 혼란변수

예시) 초등학생의 발크기와 어휘력과의 관계를 연구함에 있어 아래와 같은 결과가 나왔다.
    결과 : 초등학생의 '발크기가 크면 어휘력이 높다'

 이 내용은 초등학생의 발크기와 어휘력의 문제가 아니라 나이와 학년이 올라갈수록 발의 크기도 커지지만 무엇보다도 지적성장 등이 주요변수가 되어 나타난 결과라고 볼 수 있다.
이때 어휘력의 높고 낮음의 원인은 발크기가 아닌 나이와 학년, 구체적으로는 '지적 성장'이 더 큰 변수로서 작용하며 이를 혼란변수로 보게 된다.
 즉, 상관관계는 인과관계가 있어야 한다는 것이다.

❏ 판별분석 (discriminant analysis)

1. 주어진 자료를 분류(판별)하기 위한 것이다.
2. 독립변수는 비연속 변수/ 정규분포를 가정해야한다. 또한 독립변수간에는 상호독립적이다.
3. 이상치(outlier)가 없어야 한다.
4. 예측 → 분류 (classification)
    (활용사례 : 백화점에서 기존 고객의 특성(백화점 내방횟수, 평균구매액, 성별, 나이 등)을 변수로 하여 무료주차카드 발급 여부(카드 발급, 카드 미발급)를 조사한 자료를 활용하여, 새로운 고객의 특성 자료에 대하여 무료주차카드를 발급할 것인지 미발급할 것인지를 판단한다.

예제 〉〉 다음 중 상관계수에 관한 설명으로 옳은 것은?

가) 두 변수간에 차이가 있는가를 나타내는 측도이다.
나) 두 변수간의 분산의 차이를 나타내는 측도이다.
다) 두 변수간의 곡선관계를 나타내는 측도이다.
라) 두 변수간의 선형관계일 때에 사용하는 측도이다.

▶ **정답 및 해설** 라)

상담연구방법론

예제 두 변수 X와 Y의 상관계수 r에 대한 설명으로 틀린 것은?

가) 상관계수 r은 두 변수 X와 Y의 산포의 정도를 나타낸다.
나) 상관계수 범위는 -1 ~ +1이다.
다) r = 0이면 두 변수는 선형이 아니거나 무상관이다.
라) r = -1이면 두 변수는 완전 상관관계가 있다.

정답 및 해설 가)
* 상관계수는 두 변수간의 산포의 정도가 아니라 선형관계의 정도를 나타낸다.

36강 구조방정식/질적연구(1)

❏ 구조방정식

1. 연구자가 사전에 이론을 토대로 수립한 모델이 자료에 의해 지지되는지 검증하는 연구방법론이다.
2. Jöreskog(1973)가 경로 분석과 요인 분석을 기반으로 LISREL이라는 프로그램을 개발하면서 구축되었다. 측정 변수들 간의 공분산을 이용해 상호 관계구조를 분석하는 분석이다.
3. 측정모형과 구조모형을 통해 모형 간의 인과관계를 파악한다.
   1) **측정모형** : 확인적 요인 분석 (CFA)로 분석한다.
   2) **구조모형** : 경로 분석을 통해 분석한다.
4. **통계패키지** : 소프트웨어로는 AMOS가 많이 사용된다. LISREL은 2000년대까지 많이 사용되었으나 국내에서는 그 비율이 점점 줄어들고 있다.

> *최근에는 SPSS, AMOS 등에도 프로그램 탑재

5. 구조방정식(모형)의 특징
   1) 여러개의 독립변수, 매개변수, 종속변수 간의 관계를 동시에 분석할 수 있다.
   2) 일반 경로분석과는 달리 구조방정식모형은 '측정의 오차'를 통제가능하며,
   3) 잠재변수를 사용하므로 측정변수로만 산출된 값에 비해 비교적 정확한 추정치를 얻을 수 있다.
6. 구조방정식 모형의 적합도 지수
   – 구조방정식 모형에의 적합도 및 표본크기의 민감성
   1) **표본크기에 민감한 적합도 지수**
      NFI
      GFI
      AGFI
   2) **표본크기에 덜 민감한 적합도 지수**
      TLI
      CFI
      RMSEA

❏ 질적연구(qualitative research)

현상을 개념화, 범주화, 계량화, 이론화 이전의 자연 상태로 환원하여 최대한 '있는 그대로' 혹

은 '그 본래 입장에서' 접근하는 연구의 유형 또는 방법이다. 질적 연구는 양적 연구와 대비를 이루며, 양적 연구의 한계를 비판하면서 대안적 접근으로 모색된 것이다.

질(質, quality)은 비교하기 이전의 상태, 또는 측정하기 이전의 상태이다. 바꾸어 말하면, 질은 개별적 사물의 고유한 속성이며, 그것을 그것답게 만드는 내재적 특징이다.

그와 달리, 양(量, quantity)은 비교와 측정을 통해 인식되는 관계적 속성이며, 효율적인 커뮤니케이션을 위해 이차적으로 부가된 속성이다. 그리고 수(數)는 양을 보다 체계적이고 표준적으로 비교, 측정하기 위해 고안한 도구이다. 모든 사물은 질과 양의 속성을 다 가지고 있으며, 모든 연구는 질적 과정과 양적 과정을 다 포함하고 있다.

그러나 한 연구의 배경을 이루는 중심적 인식론, 존재론, 방법론이 질적이냐 양적이냐에 따라서 질적 연구와 양적 연구의 구분이 생기고 그 구분이 의미 있게 된다. 양적 연구가 실증주의적 패러다임을 좇아 발전했다고 하면, 질적 연구는 현상학적 패러다임에 기반을 두고 발전했다고 말할 수 있다.

❏ 질적연구의 특성

1. 현상학적 인식론을 바탕으로 연구자와 대상자 간의 긴밀한 상호작용을 통해 진행된다.
2. 언어, 몸짓, 행동 등 상황과 환경적 요인을 연구한다.
3. 연구자의 개인적인 준거틀을 사용하여 비교적 주관적인 연구를 수행한다.
4. 탐색적 연구에 효과적이며, 사회과학에서 많이 사용한다.
5. 귀납법에 기초하며 연구결과의 일반화에 어려움이 있다.
6. 종류로는 체험분석, 근거이론, 이야기분석, 담화분석 등이 있다.

❏ 현상학적 접근

1. 현상학적 접근/연구의 특징
1) 참여자가 경험하는 체험의 의미에 있는 "구조"를 밝혀내려고 한다.
2) 연구자의 판단중지를 중요하게 본다. 참여자의 체험에 대해 선입견을 갖지 않기 위해서다.
3) 연구자는 참여자에게 자신의 경험에 대한 의미를 탐색하는 연구문제를 쓰고 그들의 일상적인 체험을 적어내도록 요청한다. 대개 5~20명 정도의 정보 제공자와 장기간의 면접을 통해 수집된다.
4) 수집된 자료를 의미군으로 변형하는 작업을 하게 된다.

2. 연구과정
1) 체험의 본질로 돌아가기(자료 수집단계)
   (1) 연구 대상자의 경험을 현상학적으로 파악하는 질문
   (2) 표본 크기는 대략 10명 이상이 좋다.

2) 자료분석
    (1) 진술 자료를 반복적으로 읽으면서 전체적인 진술의미 파악
    (2) 원자료 코딩작업을 통해 정리된 복수의 의미단위 요약본을 분석하여 하위구성요소 도출
    (3) 본질적 경험을 토대로 경험을 포괄적으로 표현할 수 있는 구성요소 도출
    (4) 구성요소와 하위구성요소를 관통하는 본질적 주제 도출
3) 글쓰기 준비단계(현상학적인 반성)
이 단계는 본질적인 주제에 대한 반성단계이다. 용어가 상당히 어려운 감이 있다. 이것은 연구대상자의 면담 자료를 반복적으로 살펴보면서, 그들의 경험 세계에 관한 본질과 의미를 찾는다는 뜻으로 보면 되겠다.
4) 글쓰기 단계(형상학적 글쓰기)
여기서 말하는 현상학적 글쓰기란 연구의 최종단계로서 면담자료의 의미를 계속해서 다시 생각하는 과정을 거쳐서 의미를 새롭게 형성하는 과정이라고 보면 되겠다. 현상학적 글쓰기에서는 은유적, 비유적, 직관적 표현에 대해서 허용을 많이 하는 편이다.
5) 연구평가
연구 결과에 대해 엄격성과 확실성을 얻기 위해서 평가기준을 어떻게 할 것인지 생각해야 한다. Lincoln & Guba(1981)은 다음과 같은 평가기준을 제시했다.

(1) **사실적 가치** : 얼마나 실제를 정확하게 반영하였는지 평가한다. 이를 위해서 참여자에게 자신의 연구 면담기록내용과 분석결과를 보여주고 참여자의 경험과 일치하는지 확인한다.
(2) **적용성** : 양적 연구의 외적 타당도와 유사한 개념이다. 연구 결과의 일반화 가능성을 본다.
(3) **일관성** : 양적 연구에서 신뢰성을 의미하는 것으로서 비슷한 참여자와 비슷한 설정에서 연구를 반복했을 때 연구 결과가 같게 나올지를 평가하는 것이다.
(4) **중립성** : 편견이 배제되어야 함을 의미한다. 중립성을 확보하기 위해서 앞의 사실적 가치, 적용성, 일관성이 확보되어야 한다.

□ 근거이론

1. 근거이론 연구의 특징

1) 근거이론의 목적은 어떤 현상을 추상적이고 분석적인 도식으로 "이론을 만드는 것"에 있다.
2) 연구자의 이론에 대한 민감성이 중요하다. 자료의 의미나 가치를 지각할 수 있는 능력 또는 통찰력으로서 이는 기존 자료에 대한 연구자가 어느 정도 지식을 갖고 있어야 한다. 배경지식이 있을 때 자료에 의미를 부여하고 이해할 수 있다.

2. 연구과정

1) **자료수집** : 현장에서 자료를 모은다. 면담이 주된 자료 수집방식이다. 이론개발을 목적으로 할

때는 범주를 개발하기 위해 20~30명의 개인을 면접할 것을 권한다. 면접 외에 참여자 일지, 연구자의 반영, 포커스 집단 등이 부가적인 자료 역할을 한다.

2) **표본** : 연구 참여자를 연구목적에 맞게 선정한다. 이를 1차적 표집이라고 한다. 참여자로부터 자료를 수집하고 동시에 분석을 진행한다. 분석된 내용을 기초로 이론개발을 위한 2차적 표집, 즉 이론적 표집을 해야 한다.

3) **지속적 비교방법** : 자료를 수집하고 분석해 나가면서 여기에서 나온 개념들을 이전에 나온 개념과 비교한다. 포화가 이루어질 때까지 자료수집을 계속한다.

4) **분석과정** : 근거이론의 기본적인 분석과정은 Strauss & Corbin이 제시한 개방코딩, 축코딩, 선택코딩의 3가지 과정을 거친다.

   (1) 개방코딩
   - 원자료를 읽고 특별한 이름을 붙이며 범주화하는 과정
   - 원자료로부터 밝혀진 개념 가운데 유사하거나 의미상 관련이 있다고 판단되는 것들을 묶어 하위범주를 구성하고 구성된 하위범주를 묶어 범주로 구성하는 단계이다. 이 과정을 추상화라고 하는데, 추상화는 자료를 대표할 수 있는 것들로 명명한다.
   - 이 단계에서는 자료에 대해 질문하기, 각 사건, 결과, 현상에 따른 실례들 사이의 유사점과 차이점을 비교하기 등을 한다.

   (2) 축코딩
   - 개방코딩으로 나온 범주들을 아래 패러다임의 모형에 있는 6개 하위범주에 맞게 자료를 재구성(서로 연결) 하는 것이다.

   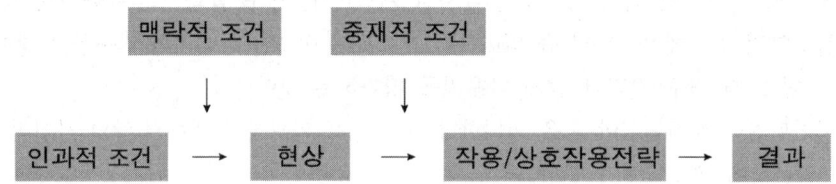

   - 인과적 조건 : 현상에 영향을 미치는 사건이나 일
   - 현상 : 어떤 작용/상호작용에 의해 다루어지고 조절되거나 관련집단에 관계하는 중심생각이나 사건
   - 맥락적 조건 : 작용/상호작용을 통해 반응해야 하는 상황이나 문제들을 만들어내는 특수한 조건의 집합
   - 중재적 조건 : 작용/상호작용 전략에 내포된 구조적 조건 중의 하나로 특정 상황에서 취한 작용/상호작용 전략을 촉진 또는 제한하는 것
   - 작용/상호작용전략 : 현상에 대처하거나 다루기 위해 취해지는 참여자들의 의도적인 행위나 반응
   - 결과 : 작용/상호작용의 결과물

(3) 선택코딩

이론의 통합 및 정교화 작업단계

5) 이론형성

결과를 일반화시킬 수 있는 가능성을 확보하는 과정이다. 이론을 개발하기 위해 사용하는 방법은 이론적 표집과 비교하기, 메모 사용, 질문하기가 있다.

예제 질적연구가 필요한 상황으로 가장 적합한 것은?

가) 관심 있는 특정한 변수의 인과성을 규명하고자 할 때
나) 특정 문제나 이슈를 탐색할 필요가 있을 때
다) 연구가설이 직접적으로 검증되기 어려울 때
라) 다중의 독립변수들을 통제할 필요가 있을 때

정답 및 해설 나)

* 질적연구에서는 현실은 주관적이며 연구참여자에 의하여 구성되는 것으로 보므로 특정문제나 이슈를 탐색할 필요가 있을 때 적합한 연구방법이다.

37강 질적연구(2)

❏ 사례연구

1. 사례연구의 개념과 특징
 1) 사례연구는 어떤 현상에 대해 아는 것이 없거나, 사건의 특성이 일반적이지 않을 때 행해진다. 많은 심리분석적 사례연구가 이런 목표를 가지고 이루어졌다.
 2) 사례연구는 일반적인 원리나 보편적인 사실을 이끌어 내지 않고, 특정 개체나 단체의 특성이나 문제를 구체적으로 기술 분석한다. 사례연구로 밝혀진 것은 특정 개체나 단체에 관한 것이므로 일반화 하기에 한계가 있다. 그래서 일반화의 문제를 지니고 있다. 이를 보완하기 위해서 여러 사례를 연구하는 다중 사례연구도 진행하는 경우가 있다.

2. 연구과정
 1) 자료수집
  자료수집의 원칙은 다음과 같다. 다수의 증거를 활용하고 사례연구의 기반을 구축하며 일련의 증거를 유지해야 한다. 면접, 관찰, 저널, 각종 문서, 시청각 자료 등 다양한 자료원을 활용한다. 상담 연구라면 축어록이나 관찰기록 분석지를 자료로 삼을 수 있다.

 2) 자료분석
  통계분석과 달리 사례연구에서 자료분석은 확립된 공식이 없고 전략과 기술이 명료하지 않다. 대개 사례나 현장에 대한 꼼꼼한 기술로 구성된다.

 3) 글쓰기
  Lincoln & Guba(1985)는 사례연구 보고서의 구성요소를 다음의 네 가지로 제시하였다. 문제 또는 이슈에 대한 설명, 현상이 일어난 현장/상황에 대한 구체적 설명, 연구초점과 관련된 현장/상황 내의 과정 및 상호작용에 대한 완벽한 서술, 연구 결과로 배워야 하는 교훈에 대한 논의를 통한 관심 현상에 대한 이해 등이다.

❏ 합의적 질적 연구(Consensual Qualitative Research: CQR)

1. 합의적 질적 연구(Consensual Qualitative Research: CQR)는 양적 연구 방법과 질적 연구 방법 각각의 장점을 채택하고, 더 나아가 힘들고 외로운 연구 과정을 좀 더 즐겁게(때에 따라서는 더 고통스럽기도 하지만) 할 수 있는 연구 방법이다.
2. CQR은 매릴랜드 대학교의 Clara Hill 교수가 동료들과 함께 1997년 「The Counseling Psychologist」에 「A guide to conducting consensual qualitative research」라는 제목의 논

문을 발표하면서 세상에 선보였고, 특히 상담심리 분야에서 인정받고 있는 저널에 발표되었고 그 숫자는 증가 추세다.

3. CQR의 특징은 다음과 같다.
   첫째, CQR은 질적 연구와 양적 연구의 만남이다.
   둘째, 원자료를 편견 없이 볼 수 있다.
   셋째, 팀원 간의 친밀함과 연구에 대한 애착이 생긴다.

4. 개요
   Hill, Thomson & Williams(1997)에 의해 개발되었다. 이 연구의 기본요소는 다음과 같다.
   첫째, 반구조화된 자료수집 방법을 사용하며 개방형 질문을 이용하는 것이다.
   둘째, 다양한 관점을 위해 여러 명의 평정자를 참여시킨다.
   셋째, 자료의 의미를 결정할 때 합의(consensus)를 통해 진행한다.
   넷째, 감사자(auditor)가 1차 집단에서 초기 작업한 내용을 검토한다.
   다섯째, 자료분석에서 영역(domains), 중심개념(core ideas) 및 교차분석(cross-analtsis)를 이용한다.

1) 연구방법
 (1) 자료수집
   현상에 대해서 잘 알고 있는 사람들이 참여하게 되며, 한두 번의 면담을 한다면 8~15명의 참여자가 적절하다. 효과적인 면담을 위해서 한 시간당 8~10개 정도의 개방형 질문이 포함되는 것을 권장한다. 자료수집 양식은 면대면 면담, 전화면담, 이메일 형식, 설문지 형식 등이 사용된다.

 (2) 자료분석
   합의적 질적 연구법에서는 먼저 큰 영역을 코딩하고 그 영역을 뒷받침해 줄 구체적 개념을 코딩한다. 다른 연구들에서는 하위개념을 먼저 코딩하고 그 다음 영역 코딩을 하는 것과 대조적이다.

구분	설 명
영역코딩	유사한 내용을 묶어 영역을 만드는 과정이다. 연구자를 포함한 평정자들이 원자료를 바탕으로 각자 영역을 분류한 뒤 함께 모여서 일치, 불일치를 합의하는 과정을 거친다. 초기 영역은 자료를 부호화하는 과정에서 재정의되거나 삭제되기도 한다.
중심개념 코딩	이것은 참여자가 어떤 영역에 대해 말한 내용을 핵심적인 몇 마디로 명료화하는 과정이다. 이 과정에서 평정자들을 먼저 각자 중심개념을 요약한 후 모여서 일치, 불일치 여부를 확인하고 불일치할 경우 원자료를 보며 논의를 거쳐 합의를 이끌어 나간다. 이 과정에서 대명사는 일관성을 위해 변경하고, 반복은 삭제하며, 망설임과 비언어적 측면은 발화의 내용을 핵심으로 추출되어야 한다. 중심개념 코딩을 위해 참여자의 언어로 표현하는 것이 중요하고 이때 해석적인 분석은 피한다.

구분	설명
교차분석	자료를 더 높은 추상화로 옮겨가는 것이다. 이때 자료 특성을 나타내는 데 빈도 표시를 사용한다. 교차분석은 영역에 대한 중심개념을 범주화하는 과정이다. 각 영역에서 유사한 중심개념을 포함하고 있는지 확인하고 범주를 최종적으로 확정한 뒤, 각 사례에서 등장하는 빈도를 표시하였다. 대부분의 사례에서 나타나는 경우를 '일반적(general)'으로 과반수 이상의 사례에서 나타나는 경우를 '전향적(typical)', 그리고 과반수 이하의 사례에서 나타나는 경우를 '변동적(variant)'으로 표시한다.

(3) 글쓰기

사건의 순서를 나타내는 자료를 시각적으로 설명하기 위해 결과를 도표로 만들 것을 추천하였다. 글쓰기를 할 때 일반적인 것과 전형적인 범주는 결과부분에 충분히 설명해야 한다. 중심개념이나 인용은 결과를 상세히 설명하는 데 이용될 수 있고 사례예시는 예측하는 데 이용할 수 있다.

❑ 질적연구의 신뢰도와 타당도

1. 질적연구에서 신뢰도와 타당도의 개념은 명확하지 않은 편이다.

   신뢰도는 동일한 연구를 다른 연구자가 수행했을 때 동일한 결과를 도출할 수 있는가에 대한 문제인데, 양적연구와는 다르게 질적연구에서는 신뢰도를 연구 결과의 일관성이 아니라, 연구자가 연구한 결과와 실제 내용이 어느 정도 일치하는가에 따라 판단, 즉 자료의 정확성과 포괄성에 초점이 맞추어진다.

2. 질적연구의 진실성 – 링컨(Lincoin) & 구바(Guba)
   1) **양적연구 : 타당도, 신뢰도**
   2) **질적연구에서는 '진실성'**
      (1) 전이가능성
      (2) 안정성
      (3) 확증가능성
      (4) 신뢰성

3. Belcher(1994)는 질적 연구의 신뢰도와 타당도를 확보하기 위한 전략으로 다음과 같은 방향을 제안했다.
   1) **장기간의 관계유지**
      조사 대상인 문화 및 집단에 대해 학습할뿐만 아니라 학습하고 이해한 것을 확인하기 위해서 충분한 시간을 투자해야 한다.
   2) **지속적인 관찰**
      매일 매일 관찰하고 그 관찰한 것을 지속적으로 기록해야 한다.

3) 삼각측량법(다각화 전략)

삼각측량법이란 동일한 현상을 탐구할 때 뿌리가 다른 다양한 방법을 동원하여 판단의 정확성을 점검하는 것이다. 자료수집에서 어떤 오류나 일관적이지 못한 것을 줄이기 위해 다양한 출처와 방법, 여러 관찰자를 활용해야 한다.

삼각측량의 종류는 다음과 같다.

(1) 자료원 삼각측정

이 방법은 서로 다른 출처에서 나온 자료가 일관성이 있는지를 검증하는 것이다. 예를 들어 사람들과 말을 하지 않으려고 하는 아이가 있다고 가정하자. 이 아이의 말하지 않는 행동을 관찰할 때, 오전과 오후로 나누어서 관찰할 수 있고, 가정과 학교로 나누어서 관찰할 수 있다. 또한 부모와 있을 때, 친구와 있을 때처럼 사람이 다른 상황일 때도 관찰할 수 있을 것이다. 이렇게 장소, 사람들의 상호작용방식이 바뀌어도 같은 현상을 관찰할 수 있는지 확인하는 것이 자료원 삼각측정이다.

(2) 이론적 삼각측정법

동일한 종류의 자료를 분석하기 위해 다중적인 관점 또는 이론을 사용하는 것이다.

(3) 연구자 삼각측정법

다수의 관찰자나 면담자를 활용하는 것이다. 동일한 현상에 대해 여러 명의 관찰자를 활용할 때 편견을 줄일 수 있다.

(4) 방법론적 삼각측정법

특정 현상을 탐구하기 위해서 서로 다른 측정 방법이나 연구 방법을 사용하는 것을 말한다. 예를 들어, 양적 연구도 하고 질적 연구도 함께하는 것이다. 또는 직접적인 관찰이라는 방법을 한가지 쓰고, 과거 기록을 점검하는 두 번째 방법도 활용하는 것이다.

(5) 환경 삼각측정법

환경과 관련된 서로 다른 장소 및 요소를 사용하는 것으로 환경적 요소의 영향을 받는 연구에만 사용이 가능하다.

❏ 상담연구의 윤리적 문제

1. 연구윤리의 일반원칙

1) 무피해의 원칙
2) 이익의 원칙
3) 자율성의 원칙
4) 신용의 원칙 : 연구시 불가피하게 기만이 사용된 경우에도 실험과 자료수집을 마친 후에 '디브리핑' 절차를 이행하는 등 피험자에게 한 약속을 지켜야 한다.

2. '고지된 동의'(Informed Consent)

연구의 목적 및 기간과 절차, 연구에 관련된 위험과 보상, 소요되는 비용, 연구의 다양한 대안들, 동의를 거부하거나 철회할 수 있는 권리, 동의에 수반되는 시간계획, 연구의 비밀보장의 한계 등을 포함한다.

❏ 연구 부정행위의 유형

1. 날조(forging) 또는 위조(fabrication) : 존재하지 않는 데이터 또는 연구결과를 허위로 만들어내는 행위이다.
2. 변조(falsification) : 연구자료나 연구과정 등을 인위적으로 조작하거나 데이터를 임의로 변형, 삭제함으로써 연구내용 또는 결과를 왜곡하는 행위이다.
3. 표절(plagiarism) : 타인의 아이디어, 연구내용 및 결과 등을 정당한 승인 또는 인용없이 도용하는 행위이다.
4. 이중게재 : 이전에 출판된 자신의 아이디어, 연구내용 및 결과 등을 밝히지 않고 중복 게재 내지 이중 출판하는 경우이다.
5. 부당한 논문저자 표시

❏ 기타 : 기타 상담연구방법론의 기초에 관한 사항

1. 3단계 조사설계기법

탐색적 조사설계기법 : 브레인스토밍, FGI, 델파이, 데이컴법 등
기술적 조사설계기법 : 종단조사(패널연구, 추세조사, 코호트조사 등), 횡단(단면조사)
설명적 조사설계기법 : 진실험설계, 준실험설계, 사전실험설계(원시실험설계) 등

상담연구 방법론

38강 과학적 연구방법과 연구패러다임

1. 다음 내용에서 공통적으로 위반가능성을 내포하는 연구윤리는?

> • 수업을 듣는 학생이 연구에 참여해야만 학점을 받을 수 있어 연구에 참여한다.
> • 동의서 작성 후 집단상담 연구에 참여하였으나 구성원이 마음에 들지 않아 그만두고 싶은데 연구자의 암묵적 압력으로 그만두지 못 한다.

① 비밀유지와 사생활보호 ② 고지된 동의
③ 속임수의 사용 ④ 자율성의 원칙
⑤ 진실성의 원칙

정답 및 해설 ④

연구의 일반적 원칙으로 무피해의 원칙, 이익의 원칙, 자율성의 원칙, 신용의 원칙 등이 있는데 지문의 내용은 내담자의 자율성의 원칙에 위반될 소지가 가장 큰 내용이다.

2. 과학적 방법에 관한 설명으로 옳지 않은 것은?

① 과학적 방법은 증거를 제시한다.
② 상식을 체계적으로 확대하여 발전시키면 과학이 될 수 있다.
③ 과학적으로 검증된 이론은 행동을 안정적으로 예측하게 한다.
④ 연역법을 활용한 과학적 방법에서는 특정한 자료에서 일반이론을 추론한다.
⑤ 잘 확립된 이론이라도 조건과 환경의 변화로 반증될 수 있다.

정답 및 해설 ④

④의 내용은 '귀납법'에 대한 설명이다.
'연역법'은 일반이론이나 원칙으로부터 어떤 현상을 설명하고 예측하는 연구방법이다.

3. 비확률적 표집 방법에 해당하는 것은?

① 할당(quota) 표집
② 군집(cluster) 표집
③ 층화(stratified) 표집
④ 체계적(systematic) 표집
⑤ 단순무작위(simple - random) 표집

상담연구방법론

정답 및 해설 ①

확률표본추출방법	비확률표본추출방법
단순무작위 표본추출(SRS) 계통적/체계적 표본추출 층화표본추출 다단계집락/군집표본추출	편의/임의 표본추출 판단/유의/목적 표본추출 할당/쿼터표본추출 누적/눈덩이 표본추출 네트워크 표본추출 이론적 표본추출 자발적 표본추출
연구대상이 표본으로 추출될 확률이 알려져 있을 때	연구대상이 표본으로 추출될 확률이 알려져 있지 않을 때
무작위적 표본추출	작위적 표본추출
모수추정에 편의(bias)가 없음	모수추정에 편의 존재 가능
표본분석결과의 일반화 가능	표본분석결과의 일반화 제약
표본오차의 추정 가능	표본오차의 추정 불가능
시간과 비용이 많이 소요	시간과 비용이 적게 소요

4. 일반적인 주장이나 기존 이론에 근거하여 새로운 가설을 세우고 이를 실증적으로 검증하는 방법은?
  ① 귀납법
  ② 연역법
  ③ 사례연구법
  ④ 내용분석법
  ⑤ 문헌분석법

정답 및 해설 ②

5. 상담연구가 필요한 상황을 모두 고른 것은?

> ㄱ. 상담기법 효과에 대한 상충된 연구결과들이 많다.
> ㄴ. 현행 주요 상담기법이 최근 연구동향과 동떨어져 있다.
> ㄷ. 새롭게 고안한 상담기법의 효과를 확인하고 전파하고자 한다.
> ㄹ. 상담이론과 일치하지 않는 상담효과 연구들이 자주 보고되고 있다.

  ① ㄱ, ㄴ
  ② ㄴ, ㄷ
  ③ ㄱ, ㄴ, ㄷ
  ④ ㄱ, ㄷ, ㄹ
  ⑤ ㄱ, ㄴ, ㄷ, ㄹ

정답 및 해설 ⑤
지문의 내용 모두가 상담연구가 필요한 상황이라 할 수 있다.

과학적 연구방법과 연구패러다임 38강

6. 다음 중 연구 패러다임이 다른 하나는?

① 사회적 실재는 객관적으로 존재한다고 가정한다.
② 기계론적 인과론을 갖고 있다.
③ 행위 또는 관찰 가능한 현상을 주로 연구한다.
④ 해석학 또는 현상학적 인식론의 입장에서 인간을 연구한다.
⑤ 모집단 전체 또는 모집단을 대표하는 표본집단을 대상으로 연구한다.

정답 및 해설 ④

④번의 내용은 질적연구에 대한 설명이며 그 외는 모두 양적연구에 대한 설명이다.

* 질적연구의 특성
1. 현상학적 인식론을 바탕으로 연구자와 대상자 간의 긴밀한 상호작용을 통해 진행된다.
2. 언어, 몸짓, 행동 등 상황과 환경적 요인을 연구한다.
3. 연구자의 개인적인 준거틀을 사용하여 비교적 주관적인 연구를 수행한다.
4. 탐색적 연구에 효과적이며, 사회과학에서 많이 사용한다.
5. 귀납법에 기초하며 연구결과의 일반화에 어려움이 있다.
6. 종류로는 체험분석, 근거이론, 이야기분석, 담화분석 등이 있다.

39강 통계적 결론타당도/신뢰도, 정규분포

1. 통계적 결론타당도를 저해하는 요인은?
   ① 통계적 가정의 충족
   ② 자료 중심의 투망질식 검정
   ③ 측정도구의 높은 내적일치도
   ④ 전집을 대표할 수 있는 표집방법의 사용
   ⑤ 처치도구의 표준화

   정답 및 해설 ②
   '자료 중심의 투망질식 검정'은 하나의 자료를 마치 물고기 잡이 투망질과 같이 수차례 던져서 잡히면 이에 대한 적합한 방법인 양 호도하는 것을 말한다. 이러한 방법으로 진행된 그 검정의 타당도는 결코 타당할 수 없다.

2. 다음 연구에서 독립변수와 종속변수의 척도를 옳게 짝지은 것은?

   - 목적 : 폭력적 게임이 공격적 행동이 미치는 영향 검증
   - 설계
     - 비폭력적 게임 제공 집단을 통제집단으로 한 통제집단 전후검사 설계
     - 폭력/비폭력적 게임 직후 옆방에 있는 경쟁자와 버튼 빨리 누르기 과제에 참여
   - 공격적 행동의 측정 : 버튼 빨리누르기 과제에서 참가자가 경쟁자를 이겼을 때 경쟁자에게 소음 충격을 가하는 시간으로 정의

   ① 명명척도 - 등간척도
   ② 서열척도 - 등간척도
   ③ 명명척도 - 서열척도
   ④ 등간척도 - 비율척도
   ⑤ 명명척도 - 비율척도

   정답 및 해설 ⑤
   독립변수는 '비폭력적 게임을 제공한 집단'과 '폭력적 게임을 제공한 집단'으로 구분한 것은 구분을 위한 명목척도 종속변수는 소음충격을 가하는 시간으로 설계한 것이기에 절대기준이 탑재된 비율척도

3. 연구자는 측정도구의 내적일관성(Internal consistency) 신뢰도에 영향을 미치는 요인을 미리 파악한 후 그 요인을 고려하여 연구에 필요한 측정도구를 선정하고자 한다. 다음 중 연구자가 고려해야 할 요인이 아닌 것은?
   ① 문항의 수
   ② 검사의 시간
   ③ 집단의 동질성
   ④ 문항의 변별도
   ⑤ 문항의 자유도

39강 통계적 결론타당도/신뢰도, 정규분포

정답 및 해설 ⑤

① 이 문제는 검사지의 신뢰도 확보를 위한 여러 가지 조건을 묻는 문제이다. '문항의 자유도'는 검사지의 신뢰도 문제와는 관계가 없다.

* 신뢰도를 높이는 방법
  1. 문항의 수가 많아야 한다.
  2. 답지의 수가 많아야 한다.
  3. 문항곤란도 50%를 유지해야 한다.
  4. 문항변별도가 높아야 한다.
  5. 문항의 지시문이나 설명이 명확하여야 한다.
  6. 충분한 시험 실시 시간을 주어야 한다.
  7. 시험 실시 상황이 적합해야 한다. 즉, 부정행위, 부주의로 인한 오답이 없어야 한다.
  8. 변산도가 커야 한다. 능력의 범위가 넓으면 전체 변량에 대한 진점수 변량부분이 상대적으로 커지기 때문에 신뢰도가 높아진다.
  9. 문항이 동질적이어야 한다.
  10. 평가내용을 전체 범위 내에서 골고루 표집해서 문항을 작성하여야 한다.
  11. 객관적인 채점방법을 사용하여야 한다.

4. 미국 심리학회(APA) 최신 양식에 따라 학술지(journal)를 연구논문의 참고 문헌목록에 기재할 때 반드시 포함되어야 할 내용을 모두 고른 것은?

| ㄱ. 출판연도 ㄴ. 저자명 ㄷ. 학술지명 ㄹ. 논문제목 ㅁ. 출판사 |

① ㄱ, ㄷ, ㅁ
② ㄴ, ㄷ, ㄹ
③ ㄱ, ㄴ, ㄷ, ㄹ
④ ㄴ, ㄷ, ㄹ, ㅁ
⑤ ㄱ, ㄴ, ㄷ, ㄹ, ㅁ

정답 및 해설 ③

'출판사'의 노출/게시는 필요사항이 아니다.
학술지나 연구논문을 발표할 때는 저자명(발행연도), 논문명, 저널명, 권(호), 페이지 등을 기재해야 하고 DOI(Digital Object Identifier)까지 요구한다.
* DOI : 책이나 잡지 등에 매겨진 국제표준도서번호(ISBN)와 같이 모든 디지털 콘텐츠에 부여되는 고유 식별번호로 디지털 콘텐츠(객체) 식별자

5. 정규분포를 가정하며 평균 100, 표준편차 15, 신뢰도 0.84인 척도에 관한 설명으로 옳지 않은 것은?

① 측정의 표준오차는 6이다.
② 이 척도에서 100점을 얻은 사람의 진점수가 대략 94~106점 사이에 있을 가능성이 95%이다.
③ 관찰점수 분산에 대한 오차점수의 분산비율은 0.16이다.
④ 이 척도의 규준집단에서 약 95%는 70~130점을 받았다고 볼 수 있다.
⑤ 관찰점수 분산에 대한 진점수의 분산비율은 0.84이다.

상담연구방법론

정답 및 해설 ②

① 측정의 표준오차는 6이다.
  - 측정의 표준오차 공식=표준편차×$\sqrt{1-신뢰도}$=15×$\sqrt{1-0.84}$=15×0.4=6
② 이 척도에서 100점을 얻은 사람의 진점수가 대략 94~106점 사이에 있을 가능성이 95%이다.
  - 진점수가 대략 94~106점 사이에 있다는 것은 1 표준편차에 속하는 점수이므로 68%에 해당한다.
③ 관찰점수 분산에 대한 오차점수의 분산비율은 0.16이다.
  - 검사의 진점수 변량에 해당하는 신뢰도가 0.84이므로 오차점수 변량은 [1- 진점수 변량]이므로 0.16이 된다.
④ 이 척도의 규준집단에서 약 95%는 70~130점을 받았다고 볼 수 있다.
  - 규준집단의 95%는 정규분포에서 2표준편차에 해당하며 표준편차가 15이므로 70 ~ 130 사이의 점수를 의미한다.
⑤ 관찰점수 분산에 대한 진점수의 분산비율은 0.84이다.
  - 검사의 진점수 변량에 해당하는 신뢰도가 0.84

6. '상담방법에 따른 내담자의 사회성 발달의 차이'를 연구하는데, 상담의 효과가 사회성에 직접적으로 나타나기보다는 자아개념을 통해 구현되고 상담방법의 효과는 성별과 상호작용을 일으킬 것으로 가정했으며, 내담자의 사회심리적 배경의 차이는 배제하고 싶을 때, 다음 중 적절히 규정되지 못한 변인은?

① 상담방법 : 결과변인
② 사회성 : 종속변인
③ 자아개념 : 매개변인
④ 성 : 조절변인
⑤ 사회심리적 배경 : 통제변인

정답 및 해설 ①

상담방법은 결과변인인 아닌 독립변인, 원인변인이 된다.

상담연구
방법론

40강 실험설계/표절문제 등

1. 다음에 공통으로 해당하는 실험설계 방법은?

   - 진실험설계 중 하나
   - 사전검사 실시가 처치 효과를 왜곡시킬 가능성이 있을 때 적합한 설계
   - 통제집단 사후검사설계와 통제집단 전후검사설계를 동시에 포함시킨 설계

   ① 구획설계 ② 배속설계
   ③ 요인설계 ④ 라틴 정방형 설계
   ⑤ 솔로몬 4집단 설계

   정답 및 해설 ⑤
   솔로몬의 4집단설계(Solomon four-group design)
   이 설계방법은 다른 설계방법에서는 불가능한 각종 외생변수의 영향을 완벽히 분리해낼 수 있다는 것이 가장 큰 장점
   사전검사 실시가 처치효과를 왜곡시킬 가능성이 있을 때 적합한 설계이며 통제집단 사후검사설계와 통제집단 전후검사설계를 동시에 포함시킨 설계이다.
   이 설계는 외생변수의 영향력을 가장 철저히 제거할 수 있기 때문에 내적, 외적타당성의 확보가 좋은 방법 정밀하고 많은 정보를 얻어낼 수 있는 장점이 있는 반면, 설계가 복잡하고 집단의 수가 많음으로써 많은 시간과 비용이 필요하며, 집단간 격리에 어려움이 있다는 단점을 실제 상황에서는 많이 적용되지 않음

2. 상담 접근방법과 상담 회기 수에 따라 우울증 내담자 대상 집단상담 효과의 차이를 알아보기 위해서 연구자는 상담 접근방법을 인지행동과 정신분석 접근법으로 구분하였다. 그리고 각 접근법마다 집단상담 회기 수를 5회기, 10회기, 15회기로 구분하고 각 실험조건 하에 연구 참여자들을 무선할당하여 집단상담 효과의 차이를 비교하였다. 이 연구자가 사용한 연구설계는?

   ① 무선화 구획설계 ② 무선화 반복설계
   ③ 완전무선화 요인설계 ④ 무선화 분할구획 요인설계
   ⑤ 통제집단 사전사후검사설계

   정답 및 해설 ③
   * 완전무선화 요인설계는 독립변수가 2개 이상으로서 모든 독립변수가 처치변수인 설계방법이다. 지문의 예에서 보는 바와 같이 우울증 내담자에 효과성을 알아보기 위해 '인지행동'과 '정신분석' 차원으로 접근한 것이기에 두 독립변수 모두가 처치변수에 해당한다.

3. 실험연구의 특징으로 옳은 것은?

   ① 인과관계 파악이 용이하다.
   ② 가외변수의 통제가 어렵다.

상담연구방법론

③ 종속변수의 조작이 용이하다.
④ 현장조사연구에 비해 연구결과의 일반화가 용이하다.
⑤ 변수의 조작적 정의를 정확하게 내리기가 쉽다.

정답 및 해설 ①

"실험연구"의 가장 큰 장점은 인과관계 파악이 용이하다는데 있다. 일반적으로 변수의 조작/통제가 쉽기 때문에 다양한 조건으로 인과관계성을 확인하기 쉽기 때문이다. 그러나 이론의 일반화가 어렵다는 점과 사전에 해야할 변수의 조작적 정의의 적합성을 확보하는 것이 어렵다는 점이 단점이다.

4. 다음 중 표절이 아닌 것은?

① 타인의 아이디어를 출처를 밝히지 않고 마치 자신의 것처럼 활용하는 경우
② 타인의 저작물을 인용부호(" ")를 사용하여 완벽하게 똑같이 직접 인용하고 출처를 밝히는 경우
③ 타인의 저작물을 여러 곳에 많이 인용하면서도 그 중 일부에만 출처를 표시한 경우
④ 연구자 자신이 직접 작성한 이전 저작물을 출처 표시 없이 후속연구에 인용하는 경우
⑤ 국내의 다른 저자에 의해 이미 1차에 인용된 내용을 활용하면서 재인용 표시를 하지 않고 원전만을 인용한 것으로 표시한 경우

정답 및 해설 ②

타인의 저작물을 인용부호(" ")를 사용하여 완벽하게 똑같이 직접 인용하고 출처를 밝히는 행위는 정당한 자료인용으로 인정된다.
그 외의 내용들은 모두 표절로 판정받을 수 있다.

5. 두 상담방법을 비교하기 위해 두 집단을 대상으로 상이한 방법으로 상담을 실시하고, 상담효과를 세 차례 측정했을 때 사용가능한 '혼합 설계'에 관한 설명으로 옳은 것은?

① 내담자들은 상담방법에 내재된 상태로서, 두 상담방법 모두를 경험한다.
② 세 번의 측정결과들은 서로 무관하지 않기 때문에 종속된 상태로 간주된다.
③ 피험자 집단은 측정수준에 교차되기 때문에 이들의 상호작용효과를 알 수는 없다.
④ 피험자 간 효과와 피험자 내 효과를 계산할 때 오차항이 다르지 않다.
⑤ 한 집단에 10명의 내담자만 있어도 된다면 이 연구에 필요한 내담자 수는 60명이다.

정답 및 해설 ②

① 내담자들은 두 상담방법에 의해 비교되어야 함으로 각각 하나 상담방법만을 경험한다.
② 세 번의 측정결과들은 서로 무관하지 않기 때문에 종속된 상태로 간주된다.
③ '혼합설계'는 피험자 간 요인과 피험자 내 요인의 상호작용 검정을 필수적으로 진행하므로 이들의 상호작용효과를 알 수 있다.
④ 피험자 간 효과와 피험자 내 효과를 계산할 때 오차의 차이(크기)에 따른 비교를 하므로 오차항이 다르다.
⑤ 한 집단에 10명의 내담자만 있어도 된다면 이 연구에 필요한 내담자 수는 20명이다. 왜냐하면 각각 10명의 집단원으로 구성된 두 개 집단이 세 차례 측정을 연속적으로 진행하여 그 차이를 알아보는 것이기에 대상자의 변동이 없어야 하므로 전체 20명이면 족하다.

40강 실험설계/표절문제 등

6. 진실험설계와 비교하여 준실험설계가 갖는 특성을 모두 고른 것은?

> ㄱ. 실제 상황에 적용하기 쉽다.
> ㄴ. 내적타당도가 낮다.
> ㄷ. 피험자를 무선할당할 수 있다.
> ㄹ. 종속변인에 미치는 독립변인의 실질적인 효과를 확인할 수 있다.

① ㄱ, ㄴ
② ㄴ, ㄷ
③ ㄱ, ㄴ, ㄷ
④ ㄱ, ㄴ, ㄹ
⑤ ㄴ, ㄷ, ㄹ

정답 및 해설 ①

'ㄷ'과 'ㄹ'의 내용은 진실험설계(순수실험설계/통제실험설계)의 특성을 설명한 것이다.
* 진실험설계(순수실험설계/통제실험설계)의 특성
순수실험설계의 가장 큰 특징은 실험대상을 선정할 때 무작위화를 거치는 것임. 또한 독립변수의 조작, 측정의 시기 및 측정대상에 대한 통제 등이 연구자의 의도에 따라 가능한 실험설계로서 외생변수의 영향을 효율적으로 제거할 수 있는 설계방법임. 순수실험설계는 외생변수를 철저히 통제하여 명확한 인과관계를 검증할 수 있다는 장점이 있는 반면, 엄격히 통제된 실험상황의 인위성으로 인해 실험결과를 일반화하는 데 있어 한계가 있을 수 있음.

41강 대푯값/왜도, 첨도/F검정

1. 중학교 1학년에서 1,000명의 학생을 표집하여 매년 초에 1년에 1번씩 3년 동안 행복감을 반복측정하였다. 표는 잠재성장모형을 활용하여 얻은 분석결과 중 일부이다. 유의수준 1%에서 해석한 것 중 옳지 않은 것은?

성장요인(Growth Factors)	평균	분산
초기값($\pi 0$)	3.2**	0.9**
기울기($\pi 1$)	−0.4**	0.1**
초기값과 기울기 간 공분산[$cov(\pi_0, \pi_1)$]	−2.1**	

**p<.01

① 중학교 1학년에서의 행복감은 개인에 따라 차이가 있다.
② 행복감의 개인별 변화의 평균은 학년이 올라갈수록 떨어지는 경향이 있다.
③ 행복감의 개인별 변화는 개인에 따라서 차이가 있다.
④ 행복감의 개인별 변화의 개인 간 변량을 설명할 수 있는 독립변수를 추가적으로 탐색할 필요가 있다.
⑤ 중학교 1학년에서 행복감이 낮은 학생일수록 행복감이 더 크게 떨어지는 경향이 있다.

정답 및 해설 ⑤

초기값과 기울기 간 공분산[$cov(\pi_0, \pi_1)$]이 −2.1로서 음수이다. 이는 둘 사이의 관계가 음의 관계라는 것을 의미한다. 따라서 반대의 경향을 나타낸다고 보여짐으로 '중학교 1학년에서 행복감이 낮은 학생일수록 행복감이 더 크게 떨어지는 경향이 있다고(즉, 같은 방향으로)는 볼 수 없다.
- 개인차 있음 : 분산이 존재하므로 개인차가 있음
- 기울기가 음수 : 학년이 올라갈수록 행복감이 떨어짐
- 일반적으로 독립변수의 증가는 변량의 설명력을 정확히 하거나 분석의 긍정적인 결과를 가져옴

2. 그림은 22명의 내담자를 상담자 A집단과 상담자 B집단에 각각 11명씩 무선배치한 다음, 프로그램 적용 후의 내담자 자존감 점수를 상담자별로 요약한 것이다. 이에 관한 설명으로 옳지 않은 것은?

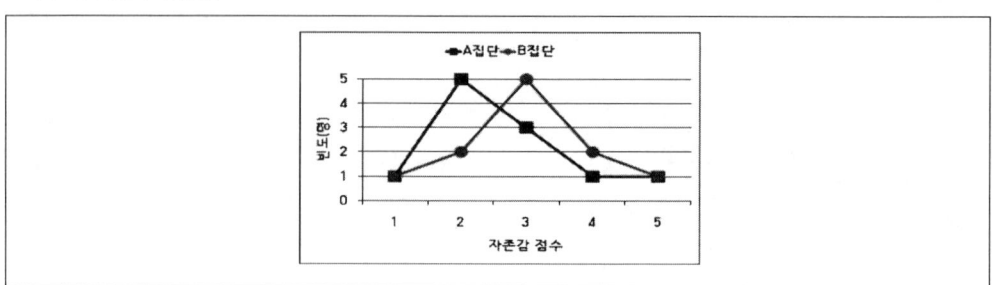

① A집단의 왜도는 0보다 크다.
② A집단의 중앙값은 2이다.
③ A집단에서는 중앙값이 평균보다 크다.
④ B집단의 왜도는 0이다.
⑤ B집단의 평균은 A집단의 평균보다 크다.

정답 및 해설 ④③

① A집단의 왜도는 0보다 크다. - A집단이 왼쪽으로 치우침
② A집단의 중앙값은 2이다. - 관측치를 모두 나열했을 때 '2'가 가장 많이 나오며 가장 가운데(6번째 관측치) 오는 수치이기도 하다.
③ A집단에서는 중앙값이 평균보다 크다. - A집단의 관측치 평균은 29/11, 즉, 2.6이다. 따라서 이는 중앙값(2)보다 크다.
④ B집단의 왜도는 0이다. - B집단의 분포도는 정규분포모양이므로 왜도는 0이라 할 수 있다.
⑤ B집단의 평균은 A집단의 평균보다 크다. - B집단의 평균은 '3'이므로 A집단보다는 크다.

3. 상담자의 4가지 유형(A, B, C, D) 중 내담자가 가장 선호하는 유형이 내담자의 성(남, 여)에 따라서 차이가 있는지 보기 위해 200명의 내담자를 대상으로 조사하였다. 검정통계량 X^2값이 5.0이고 자유도에 다른 $P(X^2 \geq 5.0)$의 값이 표와 같다고 할 때, X^2검정에서의 유의확률은?

자유도	1	2	3	4	5	6	7	8
$P(X^2 \geq 5.0)$	0.03	0.08	0.17	0.29	0.42	0.54	0.66	0.76

① 0.03
② 0.17
③ 0.66
④ 0.83
⑤ 0.97

정답 및 해설 ②

집단내, 집단간의 자유도를 묻는 문제이다. 즉, 집단내의 자유도로 4가지(명)의 상담자 유형(4-1)와 성별 2가지유형(2-1)의 곱으로 산출되는 자유도(집단내×집단내)는 3×1=3이 된다. 표의 자유도 3에 해당하는 $P(X^2 \geq 5.0)$을 찾으면 된다.

4. 다음 결과를 논문에 제시할 때 옳은 것은?

분산원	제곱합(SS)	자유도(df)	평균제곱(MS)	p
집단간	222	2	111.00	.02
집단내	86	6	14.33	
전체	308	8		

① 두 집단 간 유의한 차이가 없다(F(2, 8)=7.75, p=.02).
② 세 집단 간 유의한 차이가 없다(F(2, 6)=14.33, p=.02).

③ 두 집단 간 유의한 차이가 있다(F(2, 6)=7.75, p< .05).
④ 세 집단 간 유의한 차이가 있다(F(2, 8)=14.33, p< .05).
⑤ 세 집단 간 유의한 차이가 있다(F(2, 6)=7.75, p< .05).

정답 및 해설 ⑤

F검정값은 집단간 평균제곱 / 집단내 평균제곱으로 구한다. 즉, 111.00/14.33 이므로 F(2, 6)은 7.75이다. 또한 P값이 .02이므로 P<.05에 해당하므로 영가설을 기각하는 결정, 즉, 세 집단간의 유의한 차이가 있다고 보고해야 한다.

5. 다음은 김교사와 이교사가 학생 30명의 수행평가 결과를 각각 상, 중, 하로 평정한 결과이다. 이에 관한 설명으로 옳은 것은?

채점자		김교사			소계
		상	중	하	
이교사	상	10	2	0	12
	중	2	8	0	10
	하	0	2	6	8
	소계	12	12	6	30

① 상 – 상 셀의 기대빈도는 4.8이다.
② 중 – 중 셀의 기대빈도는 4.2이다.
③ 하 – 하 셀의 기대빈도는 3이다.
④ 채점자간 일치율은 0.98이다
⑤ Kappa계수는 약 0.347이다.

정답 및 해설 ①

① 기대빈도 산출 공식은 (행의 합×열의 합)/총합
   상-상 셀의 기대빈도는 (12×12)/30=4.8
② 중-중 셀의 기대빈도 (12×10)/30=4
③ 하-하 셀의 기대빈도 (6×8)/30=1.6
④ 채점자간의 일치율은 차원(상중하)에서 두 채점자의 평가가 일치되는 점수 즉, 상의 경우 10명, 중은 8명, 하는 6명이다. 그래서 일치율은 일치된 점수의 합을 총합으로 나눈 수이다.
   (10+8+6)/30=0.8
⑤ Kappa계수 공식
   (2명의 채점자간에 채점이 일치할 확률 – 우연히 두 채점자에 의해 일치된 평가를 받을 확률)
    /1-우연히 두 채점자에 의해 일치된 평가를 받을 확률
   따라서 즉, 2명의 채점자간에 채점이 일치할 확률은 위에서 본 바와 같이 0.8
   우연히 두 채점자에 의해 일치된 평가를 받을 확률은 아래와 같이 구한다.
   (12×12)/(30×30)+(12×10)/(30×30)+(6×8)/(30×30)=(약) 0.347
   따라서 (0.8-0.347)/1-0.347=(0.8-0.347)/0.653=(약) 6.694

42강 결정계수/사후비교검정법 등

1. 상담방법의 효과를 확인하기 위해 3집단에게 상담을 실시한 후 효과를 분석한 결과가 다음과 같다. 효과의 크기(η^2)는?

변량원	제곱합	자유도	제곱평균	F
집단간	48	2	24	6
집단내	72	18	4	

   ① 0.4 ② 0.6 ③ 0.67
   ④ 0.86 ⑤ 0.9

   정답 및 해설 ①
   이 문제는 분석분석표를 보고 효과의 크기 즉, 설명력을 구하는 것이다. 즉, 결정계수(R^2)을 구하는 것이다.
   결정계수 R^2=집단간 제곱합/전체제곱합=48/(48+72)=48/120=0.4
   * 위 분산분석표에는 총합이 없다는 점을 유의(따로 구해야 함.)

2. '인지적 가족치료가 가족구성원의 의사소통에 미치는 효과'를 연구하기 위해 총 10가족에게 6회기 가족상담을 진행하고, 매회기 내담자들의 의사소통 패턴을 측정하였다. 이 연구에 가장 적절한 분석방법은?
   ① 대응표본 t검정   ② 이원분산분석
   ③ 단순회귀분석   ④ 반복측정 분산분석
   ⑤ 공분산분석

   정답 및 해설 ④
   반복측정 분산분석은 3개 이상의 집단들의 평균차이를 동시에 비교하고자 할 때 사용된다.
   10가족(3개 이상의 집단), 6회기(반복실시), 매회기(매회기의 평균)를 비교분석하는 것이다.

3. 일원변량분석(one way ANOVA) 결과에 대한 해석과 통계치를 논문에 제시할 때 옳은 것은?

F = 55.98   자유도 (집단내 298, 집단간 4) P< .01

   ① 4 집단간 유의한 차이가 있는 것으로 나타났다(F(4, 298)=55.98, p<.01)
   ② 4 집단간 유의한 차이가 있는 것으로 나타났다(F(298, 4)=55.98, p<.01)
   ③ 4 집단간 유의한 차이가 없는 것으로 나타났다(F(4, 298)=55.98, p<.01)
   ④ 5 집단간 유의한 차이가 있는 것으로 나타났다(F(298, 4)=55.98, p<.01)
   ⑤ 5 집단간 유의한 차이가 있는 것으로 나타났다(F(4, 298)=55.98, p<.01)

상담연구방법론

정답 및 해설 ⑤

집단간 자유도가 4이므로 원 집단수는 5집단임
F값을 표기하는 방법은 F(집단간 자유도, 집단내 자유도)이므로 $F(4, 298)$

4. 사후비교검정 방법이 아닌 것은?

① Spearman-Brown 검정　　　② Duncan 검정
③ Tukey의 HSD 검정　　　　　④ Scheff 검정
⑤ Fisher LSD 검정

정답 및 해설 ①

그 외에도 사후비교검정방법으로 dunnett 검증, 본페러니-던 검증, S-N-K 등이 있다.
* Spearman-Brown 검정은 반분신뢰도를 구하는 교정공식이다.

5. 중학교 2학년 학생 30명을 10명씩 3집단으로 나누어 3종류의 서로 다른 집단상담프로그램을 실시하고 난 후 사회성 척도를 실시하였다. 3집단 간 사회성 점수의 차이를 검증하기 위해 변량분석(ANOVA)을 실시한 결과는 다음과 같다. A+B+C의 값은?

SOURCE	df	SS	MS	F	Pr>F
group	(A)	20	(B)	(C)	0.000
error	27	54	2		
total	(D)	(E)			

① 4　　　　　　　② 15　　　　　　　③ 16
④ 17　　　　　　 ⑤ 20

정답 및 해설 ④

SOURCE	df	SS	MS	F	Pr>F
group	(2)	20	(10)	(5)	0.000
error	27	54	2		
total	(29)	(74)			

1) A는 집단간 자유도이므로 n-1 즉, 3-1=2가 됨
2) D는 따라서 2+27=29가 됨
3) E는 합계이므로 20+54=74
4) B는 평균제곱으로 MSR 이라 하며 구하는 공식은 제곱합(SSR)/자유도(여기서는 A값)로 나눈값
   즉, 20/2=10
5) C는 분산비를 나타내는 F값으로 이를 구하는 공식은 평균제곱(MSR)/평균오차제곱(MSE)
   - MSR은 위에서 본 바와 같이 10
   - MSE는 SSE/집단내 자유도(여기서는 30-3이므로 27임)
     따라서 MSE는 54/27=2
   - 그러므로 F값은 평균제곱(MSR)/평균오차제곱(MSE)에 따라 10/2=5
6) A(2)+B(10)+C(5)=17

심리측정 평가의 활용

심리측정 평가의 활용

심리측정 평가의 활용

1강 심리측정 평가의 의의와 유의사항

❑ 심리검사 및 평가의 개념과 역사/총론

1. 심리평가(psychological evaluation, assessment)

1) 심리평가(Psychological assessment)는 심리검사, 면담, 행동관찰, 개인력 등 개인에 관한 정보를 종합적으로 통합하는 과정이다. 즉, 심리평가란 개인의 심리적 특성을 이해하기 위한 일련의 전문적인 과정으로서, 심리검사, 면담, 행동관찰, 전문지식의 여러 다른 방법에 의해 이루어진다. 즉, 다양한 평가결과를 종합하여 최종적으로 해석을 내리는 보다 복잡하고 전문적인 과정이다.
2) 임상가가 개인의 심리적 특성을 평가하기 위해서는 심리검사 결과, 면담, 행동관찰, 기타의 기록 등을 전문적 지식을 토대로 종합하여야 한다.
3) 심리평가가 의뢰되면 먼저 의뢰된 문제를 분석하여 적절한 평가절차와 검사를 결정하고, 검사를 시행, 채점하여 결과를 해석한다.
4) 심리검사 결과를 가장 중요한 해석의 근거로 사용하지만, 이 결과만으로 개인을 평가할 수 없으며, 심리 검사과정의 행동관찰과 면담자료를 토대로 검사결과를 해석하는 것이 바람직하다.
5) 또한 이러한 결과들은 심리학, 정신병리학과 같은 전문적 지식과 임상적 경험이 바탕이 되어야 한다.
6) 따라서 심리평가란 심리검사결과, 행동관찰, 면담, 전문적 지식이 종합된 일련의 과정이라고 할 수 있다.

2. 심리평가의 정의

1) 인간의 행동적 특성이나 심리적 특성을 측정하는 방법으로 응용 가능성을 가지고 수많은 영역에서 다양하게 실시되고 있는데 간단한 검사에서부터 특수한 검사까지 아주 다양하다.
2) 인간의 성격, 능력 및 그 밖의 그 사람이 갖고 있는 심리적 특성의 내용과 그 정도를 밝힐 목적으로 일정한 조건 하에 이미 마련한 문제나 혹은 작업을 제시한 다음 그 사람의 행동 또는 행동의 결과를 어떤 가정의 표준적 관점에 비추어 질적 혹은 양적으로 기술하는 조직적 절차를 의미한다.
3) 인간의 행동의 모든 것을 완전하게 설명해 주는 도구가 아니라, 단지 인간의 행동을 이해하는 보조도구이기 때문에 너무 과신하거나 불신하는 것은 바람직하지 않다.
4) 심리평가 = 심리검사 + 행동관찰 + 면담 + 전문지식의 활용 등

심리측정 평가의 활용

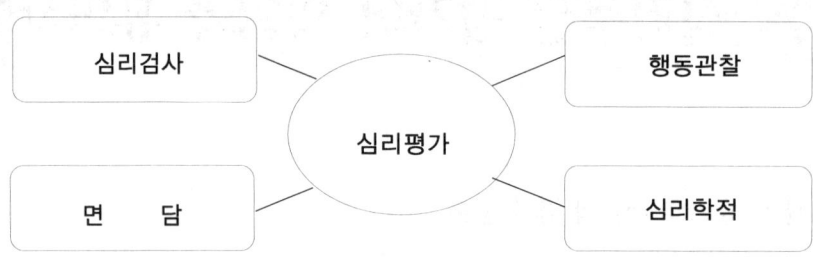

출처 : 심리평가의 실제, 박영숙(1994)

♣ 심화학습 – 심리평가
1. 평가자의 주관적 요소가 개입된다.
2. 수검자의 문제해결을 돕는 전문적 활동
3. 다양한 방식으로 얻은 정보들을 통합하는 과정
4. 심리검사, 면담, 행동관찰 등 다양한 방식으로 구성
5. 표준방식에 따라 수검자의 상황에 맞게 적절하고도 다양한 방법으로 진행함

3. 심리학적 측정(psychological measurement)

1) 개인의 행동을 특징짓는 성질, 심리적 특성을 수량화하는, 즉 측정하는 과정이다.
2) 이러한 심리학적 측정은 물리학적 측정과는 다르게 직접적인 측정이 가능하지 않는 간접적인 측정이다.
3) 왜냐하면 심리적 특성은 추상적인 구성개념(construct)이기 때문이다.
4) 예 자아강도, 지배성, 엄격성, 사회적응과 같은 심리적 특성은 인간의 행동을 설명하기 위해 이론으로부터 도출된 가설적이고 추상적인 개념이다.
5) 이러한 구성개념이 측정 가능한 방식으로, 즉 조작적으로 정의되고 구성개념과 관련이 있다고 생각되는 행동을 바탕으로 하여 측정되기 때문에 심리적 특성을 측정하는 과정은 간접적인 것이다.
6) 이와 같이 심리학적 측정은 구성개념을 조작적으로 정의하고, 측정도구인 심리검사를 제작하고, 심리검사를 통하여 측정하고, 그 결과를 해석하는 일련의 과정을 거치게 된다.
7) 따라서 심리적 특성에 대한 정확하고 객관적인 측정결과를 얻기 위해서는 이러한 일련의 과정이 객관적 측정을 보장해 줄 수 있어야 한다.
8) 이와 같이 구성개념인 심리적 특성은 간접적으로 평가될 수밖에 없는 추상적 개념이므로 이러한 변인을 측정하기 위한 도구를 고안함에 있어서 어려운 문제점이 제기된다.

심리평가 시 고려해야 할 점

1. 평가 동맹(assessment alliance)

① 정신과적 평가를 받는 피검자의 경우 자신의 문제에 대한 진지한 통찰 능력이 부족하기 때문

에 성격검사 시 반응을 왜곡하거나 긍정적으로 편향된 반응을 할 수 있는데, 가급적 피검자가 일상적인 행동을 있는 그대로 솔직하게 응답하도록 격려해 준다.
② 피검자가 반응을 검열하거나 삭제함이 없이 연상되는 반응을 그대로 응답하도록 격려해 주어야 한다.
③ 임상가는 피검자에게 동기를 부여하고 심리검사 시행에 대한 참여도를 높이는 평가 동맹 형성의 기술을 터득해야 한다.

2. 피검자 변인
① 일반적으로 피검자는 심리검사에 대해 부정적이고 거부적인 정서나 양가적인 감정, 두려움, 긴장, 불안, 저항감, 혹은 지나친 기대나 의존감을 가지고 불편한 마음으로 검사 상황에 들어오게 된다.
② 피검자의 저항이 매우 강한 경우는 무리하게 진행하는 것보다 검사를 중단하거나 보류하는 것이 현명하다.
③ 피검자의 일반적인 혹은 특수한 정서 상태를 고려하고 적절한 관계 형성에 유의하여 심리 검사 실시에 대한 피검자의 동기와 자발적인 참여, 정서적 안정이 이루어지고 난 다음 심리검사를 시행하는 것이 바람직하다.

3. 검사자 변인
① 검사자의 연령, 성, 인종, 직업적 지위, 수련과 경험, 성격, 외모 등이 검사에 영향을 미친다.
② 검사 시행 전이나 중간에 보여지는 검사자의 행동이 검사 결과에 영향을 미치는 것으로 보고되고 있다. 특히 검사자의 태도, 즉 "부드럽고, 자연스러운" 태도와 "냉정하고, 엄격하고, 딱딱한" 태도가 피검자로부터 검사 정보와 자료를 얻는 데 중요한 변수가 될 수 있다.

4. 검사 상황 변인
① 심리평가가 시행되는 곳은 지나친 소음과 자극으로부터 보호되어야 하며 적절한 채광과 통풍, 안정된 자리 배치와 공간이 요구된다.
② 종합검사 배터리를 실시하게 되면 통상 3시간 이상 걸린다. 따라서 피검자의 정서적 안정도나 피로감 등을 고려해서 한 번에 검사를 하기보다는 2~3차례 나누어서 검사를 실시하기도 한다.
③ 특히 심리검사가 피검자의 지적 능력이나 지각적 예민함 등 인지적, 신경심리학적 평가를 위해 시행되는 경우라면 피검자가 피로하지 않고 정서적으로 특별히 불안정하지 않은 시간과 상황에서 검사가 시행되어야 한다.

❏ 심리측정, 평가의 과정

1. 의뢰된 문제 평가
① 심리평가의 실제적인 한계 중의 하나는 문제가 명확하지 않은 데서 기인한다. 검사의 강점과

한계점을 알고서 평가자는 의뢰된 문제를 명확히 하는 것이 좋다.
② 평가자는 자신이 일하고 있는 장면(예 정신건강의학과, 법원, 학교 등)의 어휘, 개념적 모델, 역동, 기대를 잘 알고 있어야 한다.
③ 평가 상황에서는 전반적인 평가보다는 특정 문제에 답해야 할 경우가 많이 일어난다.

2. 문제 내용과 관련된 지식 획득

① 실제 검사를 하기 전에 검사자는 문제를 주의 깊게 평가하고 사용할 검사의 적합성과 그 검사가 개인의 독특한 상황에 구체적으로 적용할 수 있는지를 고려해야 한다.
② 평가자는 불안장애, 정신병, 성격장애, 기질적 뇌 증후군 등과 같은 조작적 정의에 익숙해야 한다. 이를 위해서는 정신병리에 대한 지식을 숙지하고 있어야 한다.

3. 자료 수집

① 의뢰된 문제를 확인하고 검사와 관련된 실제적인 지식을 얻은 다음 임상가는 실제적 자료를 수집하여야 한다.
② 다양한 자료(예 점수, 개인사, 행동 관찰, 면담 자료 등)를 고려해야 한다.
③ 때에 따라 학교생활 기록부, 의학적 기록, 경찰 기록, 부모나 교사와의 면담 등도 필요하다.

4. 자료 해석

① 심리평가의 최종 산물은 내담자의 현재 기능 수준, 증상의 원인, 예후, 치료 제안 등과 관련된 고려 사항이다.
② 병인론적 기술을 할 때는 단순한 공식을 피하고 대신 몇 가지 상호작용하는 요인들에 의한 영향력에 초점을 맞출 필요가 있다.
③ 특히 주요 원인, 선행 요인, 촉발 요인, 강화 요인 등 모든 것을 고려해야 한다.

☐ 심리평가시 임상적 판단의 정확성을 높이는 방안

1. 기억에 의존하기보다 정보를 가능한 상세하게 기록한다.
2. 관련 문헌을 참고하여 과거의 경향과 새로운 경향을 파악한다.
3. 평가자는 자신의 판단이 얼마나 정확한지에 대해 피드백을 받는다.
4. 평가자는 자신이 세운 가설을 지지하는 자료와 지지하지 않는 자료를 함께 고려한다.

2강 심리검사의 개념/목적/역사

❑ 심리검사

1. 심리검사의 개념

심리검사란 한 개인의 지능, 성격 등을 측정하여 그 사람에 대해 보다 심층적이고 분석적인 이해를 돕기 위해 수검자에게 수행하는 일련의 심리학적 측정 절차로, 이를 통해 정신 병리나 개인차를 평가할 수 있다. 심리 검사는 표준화된 방식에 따라 전문적인 교육을 받은 임상가에 의해 수행된다. 심리검사를 통해서 우리는 각 사람마다의 개인차에 대해서 파악할 수 있으며 또한 심리적인 과정 자체에 대한 이론적인 통찰을 얻을 수 있게 된다. 즉, 심리검사는 개인에 대한 진단과 평가의 도구가 되면서 동시에 학문적인 연구의 도구가 된다. 임상심리학의 주 관심사인 개인에 대한 심리평가는 심리검사를 통해서 얻어진 정보를 중심으로 하여 면담, 행동관찰, 개인력 등에서의 자료를 참조하여 종합적인 평가를 내리는 전문적인 과정이다. 즉, 한 인간에 대한 포괄적인 이해가 목적인 심리평가의 장에서 심리검사는 핵심적인 자료를 제공하는 중요한 절차인 것이다.

2. 심리검사의 목적

1) 예측 : 한 개인의 미래 행동을 예측
2) 진단 : 학업상의 문제와 심리적인 문제를 규명
3) 조사연구 : 연구의 목적으로 연구자가 실시함
4) 개성이나 적성 발견 : 진로지도 및 학업지도, 계획을 수립하는데 도움
   이해/선발/분류/정치(능력 또는 흥미를 기준으로 분류한 다음 알맞은 부서나 업무에 배치하는 것, 분류는 단순히 나누는 것)/진단/평가/검증(가설검증)
5) 추가적인 목적
   ㉠ 임상적인 진단을 보다 명확하게 하기 위해 진단적 인상(diagnostic impression)을 제시한다.
   ㉡ 피검자(환자)가 보이는 심리적 증상과 문제의 정도, 심각도를 평가한다.
   ㉢ 피검자(환자)의 자아 능력, 즉 자아 강도를 평가한다.
   ㉣ 인지적 능력, 즉 주의력, 기억력, 실행 기능을 평가한다.
   ㉤ 지적 기능의 수준을 평가한다.
   ㉥ 피검자(환자)의 성격 구조와 특성을 평가한다.
   ㉦ 피검자(환자)에게 적절한 치료 유형과 치료 전략 및 기법을 제시한다.
   ㉧ 피검자(환자)를 치료적 관계로 유도한다. 피검자 자신이 그의 자아 강도와 문제 영역을 인식하도록 돕는다.
   ㉨ 치료적 반응을 예상하고 치료 효과를 평가한다.

심리측정 평가의 활용

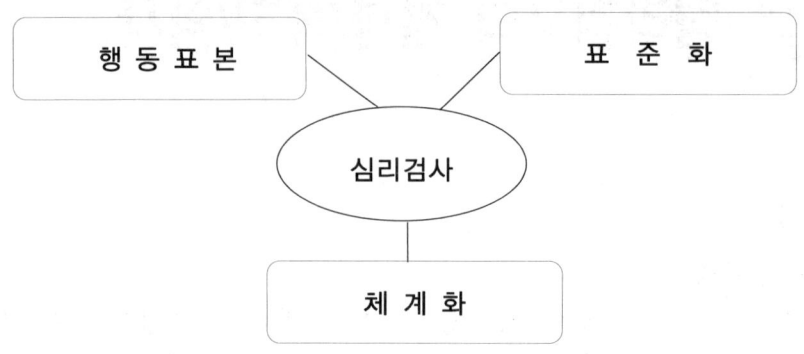

출처 : 심리평가의 실제, 박영숙

3. 심리검사와 유사한 개념
1) **검진(examination)** : 정신과에서 흔히 사용되는 개념이고, 심리적 장애나 문제의 존재여부를 확인하는 것이 목적
   - 심리검사는 개인차를 확인함
2) **사정(assessment)** : 개인에 대한 정보를 수집하여 개인의 신체적, 심리적, 사회적 특성을 추론하고 예언하기 위해 사용하는 일련의 과정을 총칭
   - 심리검사는 개인차를 측정, 이해하는데 필요한 정보를 수집하는 과정 또는 도구
3) **진단(diagnosis)** : 심리측정 또는 임상심리 전문가가 면접, 조사 또는 심리검사를 실시하여 개인이나 구조와 기능을 판단하는 것

> ♣ **심화학습 - 검사, 측정, 평가의 개념 비교**
> 1) 검사(test) : 대답될 일련의 질문과 과제를 제시해 놓은 것으로 적성 검사, 학업성취도 검사, 성격 검사, 흥미 검사 등이 있다. 다양한 도구로 지능, 성격, 적성 같은 인간의 특성을 측정
> 2) 측정(measurement) : 물체나 인간이 가지고 있는 어떤 속성을 수량화하는 과정으로 무게, 길이, 심리적 특성의 측정 과정을 들 수 있으며 측정은 검사보다 광의의 의미를 지닌다. 인간이 가지고 있는 어떤 심리적 속성을 관찰 등을 통해 수량화. 심리검사를 포함
>   ** 척도(scale) : '잰다'라는 의미의 동사와 심리적 특성을 재는 측정도구를 의미하는 명사로 사용됨
> 3) 평가(evaluation) : 인간, 프로그램, 사물의 속성과 특성을 측정한 결과를 가지고 가치를 판단하는 행위이며 평가는 필요한 정보를 결정하고 수집하여 가치를 판단하는 과정으로 측정과 검사를 모두 포함하는 개념이다. 검사 및 측정 결과를 가지고 가치를 판단하는 행위

❏ 심리검사가 측정하는 심리적 속성의 특징
1. 추상적이다.
2. 이론적 구성개념이다.
3. 심리적 측정을 통해 객관화가 가능하다.
4. 심리적 속성의 측정은 조작적 정의를 통해 이루어진다.
5. 직접적인 측정이 불가능하다.

❏ 심리검사의 윤리

1. 검사 윤리
① 내담자의 안전성, 비밀보장, 고통의 감소, 솔직함 등이 포함된다.
② 검사 윤리는 더 많은 갈등과 비판을 극복하기 위해 점점 정교화되고 있는 실정이다.
③ 심리검사와 관련된 비판
  ㉠ 검사가 불필요한 상황에서 부적절하게 사용되고 있다는 점
  ㉡ 비밀보장과 관련된 문제
  ㉢ 문화적 편견
  ㉣ 사생활의 침범
  ㉤ 검사 자료의 방출
  ㉥ 타당도가 부족한 검사의 오남용
④ 심리검사는 분명하게 정의된 전문적 관계 맥락에서 실시되어야 한다. 이것은 관계의 성질, 목적, 조건이 합의되어 있다는 것을 의미한다.

2. 동의서 받기
① 검사를 해야 하는 목적이 무엇이며 검사 결과를 어떻게 활용할 것인지를 분명하게 알려주고, 정보는 비밀보장이 된다는 것을 알려주는 것이 중요하다.
  (비밀보장에 예외적인 조항 : 아동 학대, 자타해 위험, 법적인 소환에 관련된 정보 제공 시)
② 동의서는 검사의 합리적 근거를 설명해 주기도 하고 앞으로 검사 결과가 어떻게 활용될지 의사소통하는 과정을 포함한다. 이때 특정 검사 소검사를 보여줄 필요는 없고 검사의 특성이나 의도를 일반적인 방식으로 설명해 주는 것이 좋다.
③ 검사 자료를 통제할 수 있는 권한은 검사자가 아니라 내담자에게 있다.

3. 검사자의 자격
① 심리검사를 정확하게 실시하고 제대로 해석하려면 적당한 훈련을 받아야 한다. 여기에는 대학원 과정, 슈퍼비전을 받은 수련 경험 등이 적어도 포함되어야 한다.
② 검사 도구의 강점, 제한점, 적당한 검사 도구의 선택, 검사 신뢰도 및 타당도와 관련된 지식, 다양한 인구 집단을 대상으로 한 검사 해석 등에 정통해야 한다.
③ 정확한 결론을 내리기 위해 검사자는 다양한 인간 행동에 대해 전반적으로 알고 있어야 한다.
④ 검사 목적에 맞게 검사를 적절히 활용하는 능력을 가지는 것이 필요하다. 예컨대 지능을 측정하기 위해 지능검사가 아닌 TAT나 로샤 검사를 가지고 측정해서는 안 되며, 정신병리의 정도를 평가하기 위해 고안된 MMPI-2를 정상인의 심리적 기능을 평가하기 위해 사용하는 것은 부적절하다.

심리측정 평가의 활용

> ♣ **심화학습 – 심리검사 자격 요건**
> 1. 현재 심리검사를 실시할 수 있는 전문가 그룹은 대학이나 대학원에서 심리학을 전공한 사람들이다. 정신보건임상심리사 2급의 경우 학부 졸업 후 정신보건 전문요원 수련기관에서 1년, 정신보건임상심리사 1급의 경우 대학원 졸업 후 3년의 수련을 거치도록 하고 있다.
> 2. 임상심리전문가의 경우 대학원 과정을 포함해서 3년간 수련을 받게 되어 있다.
> 3. 심리학 전공자가 아닌데다가 수련을 제대로 받지 않은 상태로 심리검사 실시와 해석이 오남용되는 사례가 특히 우리나라에서는 비일비재한 것으로 알려져 있다.
> 4. 피검자가 입을 손해를 생각한다면 전문가적인 양심과 책임감을 가지고 충분한 교육과 훈련을 마친 후에 심리검사를 실시하여야 한다.
> 5. 상담 및 발달 심리전문가들도 수련 과정 중에 심리검사 훈련을 받게 되어 있다.

❏ 심리검사의 역사

1. 심리검사의 역사개요

1) 현대 심리검사의 시조
   - W. Wundt : 심리측정학의 발달에 중요한 토대를 마련
   - Cattel : 감각과 운동반응 능력에 대한 지능검사 개발(1890년, Mental test라는 용어 처음 사용)
   - Binet : 'Binet-Simon검사'를 개발, 체계화된 최초의 지능검사임
   - Terman : 1916년 'Stanford-Binet검사' 발표(Mental age)
   - 집단 지능검사인 'Amy Alpha'와 'Amy Beta' 제작
   - 1939년 성인용 지능검사인 'Wechsler Bellevue 지능검사'가 개발

2) 측정과 방법론의 발달
   - Freud의 면담법
   - 분석심리학의 창시자인 C. Jung은 '단어연상검사'

3) 심리검사의 비평적 역사
   - 심리검사를 우생학의 가능성과 중요성을 세우기 위한 수단으로 사용하였음

2. 현대적인 심리검사의 역사

1) 심리학 자체가 철학과 생리학으로부터 독립해 하나의 학문으로 출발한 것이 겨우 19세기 후반
2) 심리학이 출현한 공식적인 시기는 독일의 W. Wundt가 라이프치히에 실험실을 개설한 해인 1879년이라고 보고 있다.
   - Wundt는 심리학 연구를 위해서는 물리학의 연구 모델을 따라야 한다고 보고, 물리학의 특징인 실험적 조작과 객관적인 측정을 강조

심리검사의 개념/목적/역사 2강

- '통제된 조건하의 피험자 관찰'을 기본적인 방법론으로 사용
3) 현대적인 심리검사의 시조가 누구인가에 대해서는 이견이 있으나, F. Galton(1922-1911), J. Cattell(1860-1944), A. Binet(1857-1911) 중 한 사람으로 생각되고 있다.
   - 특히 진화론의 창시자인 Darwin의 사촌으로, 진화론에 바탕을 두고 개인차 연구에 일생을 바쳤던 Galton은 개인차 연구의 선구자로 평가받고 있다.
   - Galton은 개인차에 대한 자료분석을 위하여 통계적인 기법을 발달시킴. 상관계수 개발 등
4) Cattell은 '정신검사(mental test)'라는 용어를 처음으로 제안
5) Binet는 동료인 T. Simon과 함께 정상아와 정신지체아의 감별을 목적으로 'Binet-Simon 검사'를 개발하게 되었다. 이 검사를 통해서 처음으로 '정신 연령(mental age)'이라는 용어도 소개되었다. 이 검사는 체계화된 최초의 지능검사로 인정받고 있다.
   이와 같이, 실험실 내에서만 연구되어 온 심리학을 처음으로 현장에 적용한 학자는 Binet라고 볼 수 있다. L. Terman은 Binet의 뒤를 이어 연구를 하면서, Binet-Simon 검사를 개정하여 1916년 'Stanford-Binet 검사'라는 이름으로 발표하였다.
6) 제1차 세계대전 중에 신병들을 신속하고 효율적으로 적소에 배치할 필요가 생겼는데, Binet 검사는 개인용이기 때문에 이런 목적에 부응할 수 없었다. 이에 스탠포드 대학의 A. Otis는 미 육군성의 요청을 받고 Binet의 검사를 지필검사용으로 새롭게 개정하여, 집단용 지능검사인 'Army Alpha'를 제작하였다.
   - 문맹자나 영어를 모르는 외국인을 위하여 비언어적인 검사인 'Army Beta'를 제작

♣ 심화학습
- 1905 : 비네의 1905척도
- 1017 : Amy Alpha, Amy Beta
- 1926 : DAP(인물화 검사)
- 1938 : BGT(벤더게슈탈트 검사)
- 1943 : MMPI
- 1911 : 비네&시몽 검사지
- 1921 : Rorschach검사
- 1935 : TAT
- 1939 : 웩슬러-벨류브 성인용 지능척도
- 1949 : CAT(아동용 주제통각검사)

♣ 심화학습
1. 정신연령 : 1905척도에서 등장
2. IQ : 스탠포드&비네검사에서 등장
3. 정신검사 : 카텔이 사용

7) 정신분석 학자들은 다른 다양한 방법으로 심리적 기능을 측정하려는 시도
   - 심리검사의 개발 과정을 살펴보면, 정신분석적 이론과 치료기법이 임상 기법의 발달에 초석이 되어서 의식 영역에서의 사고와 감정뿐 아니라 의식 밖의 영역에 대해서도 포괄적으로 이해할 수 있게 해주었음을 알 수 있다.
   Freud는 면담을 통해서 환자의 생각과 감정, 그것을 표현하는 방법, 환자 특유의 언어와 행동 양식 등을 관찰함으로써 환자에 대해 이해하고 평가하는 방법을 사용하였다. 그는 이런

심리측정 평가의 활용

　　방법을 통해 성격의 무의식적인 측면을 연구하면서, 인간의 이러한 내재된 측면은 매우 민감하고 유연하며 상세한 질문에 의해서만 이해될 수 있다고 하였다.
- C. Jung은 '단어연상검사'를 고안하였다. 그는 정서가를 지닌 일련의 단어를 선택하여 제시된 단어에 대한 연상내용, 반응시간, 특이한 표출행동(얼굴을 붉힌다든가 소리내어 웃는다든가 하는)이 나타나는 것에 주목하였다.
- 무엇보다도 Rorschach 검사의 출현은 심리학, 특히 임상심리학의 발달에 큰 기여를 하였다.

* 로르샤흐의 동료들인 W. Morgenthaler, E. Oberholzer, G. Roemer 등이 Rorschach의 연구를 이어나갔다.
* 1974년 이후 J. Exner는 여러 학자들의 로르샤흐 채점 체계를 종합하여 '로르샤흐 종합체계'를 고안하여 발표

8) Murray는 학문 및 임상적 심리학의 선구자로 활동하면서 Morgan과 함께 1935년 'Thematic Apperception Test(TAT)'를 세상에 소개하였다. 그는 1938년 「Exploration in Personality」에 TAT의 결과와 일반적 성격이론을 통합하여 발표하였다.
- TAT의 출현과 같은 시기인 1939년에는 새로운 성인용 지능검사인 'Wechsler-Bellevue 지능검사'가 개발되었다. 그때까지는 Stanford-Binet 검사가 유일한 표준적인 지능검사로서 사용.
9) D. Wechsler는 당시 개발되어 있었던 여러 검사들에 바탕을 두고 자신의 이론적 입장을 첨가하여 'Wechsler-Bellevue Intelligence Scale'을 개발하였는데, 이는 급속하게 받아들여졌다. 이후 곧 아동용 Wechsler 검사도 개발되었고 성인용과 아동용 모두 여러 번의 개정을 거치면서 오늘날에 이르고 있다. 현재 Wechsler 지능검사는 가장 널리 쓰이는 개인용 지능검사가 되고 있다.

3강 행동관찰법/심리검사의 분류

❏ 행동관찰과 평가 및 면접

1. 행동 관찰과 행동평가(Behavioral Assessment)

개인의 특이한 행동을 발견하고 문제행동을 유발시키는 요인과 이들 간의 상호 관련성을 밝히는 과정으로서, 관찰 가능하고 측정 가능한 행동을 그 대상으로 한다.

2. 행동관찰/평가법

(1) 자연관찰법(naturalistic observation)

내담자의 집, 학교, 병원 등에서 자연스럽게 나타나는 문제행동을 관찰하는 것이다. 시간과 비용 면에서 효율적이지 못하다(문제행동이 나타나는 데 시간이 걸린다). 생태학적으로 가장 완벽하고 많은 정보를 제공해준다.

(2) 유사관찰법(통제관찰법, analogue observation)

내담자가 문제행동을 보이는 상황을 조작해 놓고 그 조건에서의 문제행동을 관찰하는 것이다. 경제적이고 효율적인 방법이다.

(3) 자기관찰법

자신의 행동, 사고, 정서 등을 스스로 관찰하고 기록하는 것이다. 자신에 대한 기록과 관찰을 왜곡할 수 있다는 단점이 있다. 비용이 저렴하고 자신의 행동에 대한 피드백으로 문제행동을 통제하는 장점이 있다.

(4) 참여관찰법

내담자와 자연스런 환경에서 같이 생활하고 있는 사람(부모, 보호자, 교사)이 관찰하여 보고하도록 하는 것이다. 비용이 적게 들고, 광범위한 문제행동과 환경적 사건에 적용 가능하며, 자연적 상황에서 자료수집이 가능하다. 관찰자의 훈련 문제, 정확한 기록이 어렵다는 등의 단점이 있다.

> ♣ **심화학습 - 행동관찰/평가법**
> 1) 관찰할 행동에 대한 조작적 정의가 명확해야 한다.
> 2) 자연적 상황의 관찰은 인위적 상황의 관찰보다 반응성 문제가 적다.
> 3) 행동관찰법 중에서 평정자가 한 번에 관찰해야 하는 표적행동의 개수는 적을수록 좋다.
> 4) 발생빈도가 높은 행동의 기록은 간격기록법을 사용한다. 간격기록은 관찰대상 행동을 관찰기간 동안 일정한 간격으로 여러 회에 걸쳐 관찰하여 기록하는 방법이다.

♣ 심화학습 – 행동관찰시 코딩방법
1. 평정기록법 : 미리 마련된 점검표(체크리스트 또는 척도표)에 기록하는 법
2. 이야기 기록법 : 내래이티브 기록으로 관찰된 행동을 기록하는 법
3. 시간간격 기록법 : 일정한 시간간격을 두고 관찰하고자 하는 행동을 기록하는 법
4. 사건기록법 : 관찰행동이 발생할 때 마다 발생행동의 내용과 빈도, 세기(강도) 등을 기록하는 법

☐ 행동관찰법에서 나타날 수 있는 오류의 원인
1) 표적행동의 명확성 수준
2) 관찰자로 인한 반응 억제 수준
3) 관찰자의 훈련 수준
4) 측정할 준거의 일관성 수준

☐ 면접법
1. 면접법(interview method)은 연구자가 참여자와 대면하여 언어적 질문과 응답을 통해 연구에 필요한 자료를 수집하는 방법이다.
2. 면접법에는 연구질문의 제시방법이나 참여자 응답의 분류방법에 따라 구조화된 면접(structured interview), 반구조화된 면접(semi-structured interview), 또는 비구조화된 면접(unstructured interview)으로 나누어질 수 있다.

☐ 심리검사의 분류
1. 내용에 따른 분류 : 성능(능력)/성향

대분류	중분류	심리검사의 종류	특 징
인지적 검사 (성능검사) 또는 극대 수행검사	지능검사	한국판 웩슬러 성인용 지능검사(K-WAIS) 한국판 웩슬러 아동용 지능검사(K-WISC) 한국판 웩슬러 지능검사(KWIS)	• 문항에 정답이 있음 • 응답의 시간제한 있음 • 최대한의 능력발휘 요구
	적성검사	GATB 일반직업적성검사 성인용 직업적성검사 청소년용 직업적성검사 기타 다양한 특수적성검사들	
	성취도검사	TOEFL, TOEIC 등 다양한 시험들	
정서적 검사 (성향검사) 또는 습관적 수행검사	성격검사	다면적 인성검사(MMPI) 캘리포니아 성격검사(CPI) 성격유형검사(MBTI) 이화방어기제검사(EDMT)	• 문항에 정답이 없음 • 응답의 시간제한 없음 • 최대한의 정직한 응답 요구
	흥미검사	직업선호도검사 청소년용 직업흥미검사	
	태도검사	구직욕구진단검사 직무만족도검사 등 매우 다양	
	가치관검사	직업가치관검사	

2. 표준화에 따른 분류 : 표준화/비표준화

1) 표준화검사
   (1) **표준화의 의미**
       검사의 개발절차, 검사의 시행 및 검사결과의 사용을 표준화한 검사이다.
       - <u>검사의 개념절차의 표준화</u> : 심리검사개발이론에 기초하여 검사가 개발되고 검사의 측정학적 양호도의 검정을 요구하며
       - <u>검사 시행의 표준화</u> : 시행절차에 대한 만족조건을 요구한다.
       - <u>검사 사용의 표준화</u> : 검사결과인 검사점수의 해석 및 검사점수의 적용 또는 사용의 만족조건을 요구한다.
   (2) **표준화검사의 사례** : 웩슬러 검사 등 일반적으로 객관형 검사지 등

2) 비표준화검사
   (1) **비표준화의 의미**
       표준화검사와 비표준화검사의 두 가지로 구분하는 평가종류 중 하나로, 대표적인 비표준화검사에는 관찰법, 질문지법, 면접법, 평정법, **투사법**, 사회성 측정법, 사례연구법, 자서전법, 누가 기록법 등이 있다.
       - 특정 문제에 대해 집중적으로 평가할 수 있으며, 중재를 계획하거나 평가하는 데 유용하다.
       - 표준화검사에 비해 신뢰도와 타당도가 떨어지지만 적은 비용으로 짧은 시간에 정보를 수집할 수 있다는 장점이 있다.
   (2) **비표준화검사의 사례** : TAT, 로샤검사, SCT, LCA 등

3. 목적에 따른 분류

	규준참조검사와 준거참조검사	
구분	규준참조검사	준거참조검사
검사 목적	〈피검사자의 서열화〉 상대비교평가의 목적을 수행하기 위해서 시행되는 검사로 피검사자들을 서열화하고, 각 피검사자의 점수가 다른 사람들에 비해 어느 위치에 해당되는지를 파악하기 위한 검사임	〈성취도달 수준 확인〉 목표지향평가 혹은 절대평가의 목적을 수행하기 위해 시행되는 검사로 피검사자의 검사점수에 따른 상대적 서열에 의해 행정적 결정이 이루어지는 것이 아니라 피검사자가 무엇을 얼마만큼 알고 있는가를 밝히는데 중점을 두는 검사임
문항 난이도 범위	〈다양한 수준〉 검사에 응하는 피검사자들에게 점수를 다양하게 부여하기 위해 문항난이도가 다양함	〈준거와 유사한 수준〉 준거에 부합하는 수준의 난이도를 가진 문항들로 검사를 구성함
비교 내용	〈피검사자와 피검사자〉 피검사자와 피검사자의 점수비교 (서열정보, 석차)	〈원점수와 준거점수〉 피검사자의 능력과 준거점수

심리측정 평가의 활용

규준참조검사와 준거참조검사

구분	규준참조검사	준거참조검사
검사의 양호도	〈신뢰도 강조〉 상대적인 서열 정보가 상당히 중요한 정보로써 사용되기 때문에 검사의 양호도를 평가하는 가장 기본적인 정보인 신뢰도와 타당도 가운데 신뢰도가 더 중요하게 취급됨 하지만 타당도가 확보되지 않아도 되는 것은 아님	〈타당도 강조〉 검사의 양호도를 평가하는 가장 기본적인 정보인 신뢰도와 타당도 중에서 타당도가 더 중요하게 취급되는데, 그 중에서도 내용타당도가 확보되어야 함
빈도 분포	〈정규분포〉 이상적인 점수분포는 중간 점수를 받은 사람이 많고 높거나 낮은 점수를 받은 사람이 상대적으로 적은 정규분포의 모양을 보임	〈부적으로 편포된 분포〉 점수가 높은 부분에 많은 사람들이 몰려있는 형태인 부적으로 분포된 분포의 모양을 보임
검사 개발 과정	〈통계적 방법에 의존〉 정상분포를 가정으로 했을때 나오기 때문에 통계적 방법을 이용하여 문항을 구성함	〈전문가의 판단에 의존〉 문항 개발 시 측정하고자 하는 내용 영역이 정해져 있기 때문에 내용영역을 잘 반영했는지에 대한 전문가의 평가가 중요한 근거가 됨

4. 그 외 기준에 따른 분류
- 실시대상 인원수에 따른 : 개인/집단
- 검사도구의 사용여부에 따른 : 지필/도구
- 검사측정방법에 따른 : 속도검사/역량검사
- 기타
  = 문항의 검사 : 언어성/비언어성
  = 제한조건 : 시간제한/작업량 제한
  = 자극의 구성 : 구조화 검사/ 비구조화 검사

❏ 심리검사의 유형별 활용실제

1. **학업문제** : 지능검사, 학습 방법 검사 등
2. **진로문제** : 진로 탐색검사, 적성검사, 진로의식 발달검사, 의사결정 유형검사, 직업흥미검사, 가치관검사, 성격검사 등
3. **성격 및 정신건강 관련 문제** : MMPI, PAI, 지능검사, 로샤 검사, SCT, 간이정신진단검사 (SCL-90-R), MBTI, TAT, 인물화검사 등
4. **뇌손상과 관련한 기질적 문제** : 신경심리검사, 지능검사, 성격검사, BGT 등
5. **아동 문제 행동** : 사회성숙도 검사, 아동용 인성검사, 지능검사, 부모자녀 관계검사, CAT, 그림좌절검사 등

4강 검사도구의 선정, 실시, 해석

❏ 검사도구의 선정, 실시, 채점, 활용과정

검사는 상담과 분리된 활동이 아니라, 상담의 한 과정이며 검사의 선정, 실시, 채점 및 해석은 상담자로서의 전문성이 요구된다.

1) 검사의 선정

(1) 내담자가 요구하는 경우
 검사를 왜 받으려 하는지 탐색, 적합한 검사를 선정하고 검사의 일반적 특징에 대해 내담자에게 안내한다.

(2) 상담자가 필요로 하는 경우
① 가능하면 내담자와 의논하여 결정해야 하지만, 일반적으로 상담자가 일방적으로 결정하는 경우가 많으며 내담자의 검사에 대한 불안을 감소시키는 것이 중요하다.
② 검사의 목적은 내담자 스스로 자신을 더 잘 이해할 수 있도록 도와주기 위한 것이라고 인식시킴으로써 지능검사나 적성검사와 같은 능력검사에서 최대한의 능력을 발휘하게 하고, 흥미검사나 성격검사에서 솔직하게 응답할 수 있도록 하여야 한다.
③ 내담자가 검사를 선택하는 과정에 참여하게 되면 결과와 해석을 객관적으로 받아들일 가능성이 높아진다.

2) 검사의 실시

① 검사요강에 나와 있는 지침대로 실시한다.
② 기계적인 실시는 바람직하지 않으며 이러한 오류는 경험이 많은 조사 실시자에게 종종 나타난다.
③ 검사실시자의 전문적 능력을 보여줄 필요가 있다.
④ 적합한 검사장소를 준비하여야 한다.

3) 검사의 채점

4) 심리검사 활용 시 유의점

(1) 검사의 선택
어떤 목적에서 분명하게 인식하고 검사요강을 필독하여 타당도와 신뢰도에 대해 검토한다.

(2) 검사의 실시
피검사자의 동의와 목적을 설명하고 어떤 이점이 있는지 충분히 설명한다.

(3) 검사의 채점
전문적 자격과 경험이 필요하다.

(4) 검사결과에 대한 비밀보장의 의무가 준수된다.

❑ 검사지(도구) 선정

1) 측정의 문제와 유의사항 – 검사도구 선정 시 고려사항
- 심리검사의 목적을 분명히 하고 그 목적달성에 적절한 검사를 선정해야 한다.
- 표준화된 검사를 사용하는 경우 검사의 신뢰도를 검토해 보아야 한다.
- 표준화된 검사일지라도 검사의 타당도가 검사 요강에 제시되어 있지 않은 경우가 있는데 이는 신뢰도 검증에 비해 타당도 검증이 쉽지 않기 때문에 타당도 검증을 거치지 않고 표준화검사로 사용되기 때문이다.
- 검사의 타당도는 검사 결과를 다각적으로 검토함으로써 검증될 수 있는데, 실제로 타당도 조건이 충족되는 심리검사는 매우 드물다.
- 심리검사의 실용성을 고려해 보아야 한다. 즉, 검사 시행과 채점의 간편성, 시행시간, 심리검사지의 경제성 등을 검토해야 할 것이다.

2) 검사 도구 선정과 실시 조건
- 상담자가 검사 도구를 선정할 때 도구의 타당도, 신뢰도, 실용도, 객관도, 심리측정의 한계를 신중하게 고려한다.
- 상담자는 제삼자에게 내담자에 대한 검사를 의뢰할 때, 적절한 검사도구가 사용될 수 있도록 내담자에 대한 구체적인 의뢰 문제와 충분한 객관적인 자료를 제공한다.
- 상담자는 문화적으로 다양한 집단을 위한 검사 도구를 선정할 경우, 그러한 내담자 집단에서 적절한 심리측정 특성이 결여된 검사 도구를 사용하지 않도록 합당한 노력을 한다.
- 상담자는 검사도구의 표준화 과정에서 설정된 동일한 조건하에서 검사를 실시한다.
- 상담자는 기술적 또는 다른 전자적 방법들이 검사 실시에 사용될 때, 실시 프로그램이 잘 기능하고 있는지 그리고 정확한 결과를 제공하는지에 대해 점검한다.

> ♣ **심화학습 – 심리검사 선택시 고려사항**
> 1. 검사의 신뢰도가 충분히 높은가?
> 2. 검사가 수검자의 교육수준에 맞는가?
> 3. 수검 대상자와 검사의 규준집단이 유사한가?
> 4. 측정하고자 하는 구성개념을 검사가 측정하는가?

❑ 검사 실시 전에 시행되는 면담의 목적

1) 친숙한 관계 형성을 위함이다.

2) 검사 목적의 합의를 위함이다.
    검사의 시행이 더 협조적으로 이루어지고, 검사 결과를 수검자의 상황에 맞게 구체적으로 제공할 수 있으며 수검자는 자신이 필요한 정보를 제공받아 문제 상황에 적용하여 적극 활용할 수 있는 기회를 가진다.
3) 검사 동기를 높이기 위함이다.
    (1) 수검자가 자신이 처한 상황을 분명하게 인식하고, 도움 받고 싶다는 기대를 갖고 있어야 한다.
    (2) 또한 검사가 제공해줄 수 있는 정보에 대해 알고 있을수록 동기는 높다.
    (3) 검사자는 수검자가 직면한 상황에 대해 다각적으로 질문함으로써 수검자가 처해 있는 상황을 객관적으로 볼 수 있도록 도움을 주게 된다.

❏ 검사 시행 시 고려사항

1) 라포 형성

(1) 라포와 상담자의 역할
   - 라포(rapport)는 상담자와 내담자 또는 치료자와 환자 사이에서 '편안하며 동일한 목적을 갖고, 잘 소통하며 협력하는 관계'를 맺는다는 의미이다.
   - 작업동맹은 협력적 관계, 상호관계, 연대적 관계를 의미하며 성공적인 상담이나 치료결과를 가장 잘 예측해주기 때문에 중요하다.
   - 검사자는 수검자가 있는 그대로 반응하도록 동기를 갖도록 격려한다.
   - 검사자는 수검자에게 동기를 부여하고 검사시행에 대한 수검자의 참여도를 높일 수 있는 기술을 습득하도록 노력한다.

(2) 라포 형성에 도움이 되는 태도
   - 상담자의 얼굴 표정, 눈 맞춤, 말의 억양, 자세 등 비언어적 행동이 촉진적인 역할을 하여야 한다.
   - 수검자의 동기 수준을 파악하고 동기 수준에 맞추어 수검자의 협조를 이끌어 내는 방법을 시도한다.
   - 계속해서 수검자가 강한 거부감을 나타낼 경우 검사의 보류를 고려한다.
   - 라포 형성이 적절하게 이루어질 수 있기 위해서는 수검자가 검사과정에서 경험할 수 있는 정서를 검사자가 충분히 이해하고, 적절하게 대처할 수 있어야 한다.

2) 피검자 변인

(1) 검사가 진행되는 동안 수검자의 정서상태, 신체적 상태에 대해 검사자는 알고 있어야 한다.
(2) 검사자는 수검자의 저항과 두려움을 이해하고 검사를 받을 때 이러한 정서상태가 드물지 않게 일어날 수 있음을 수검자에게 설명해주고 수검자가 저항과 불안을 해소할 수 있도록 도와야 한다.

3) 검사자 변인

(1) 검사가 비구조화 되거나 자극이 모호하거나 어렵거나 새로운 과제일수록 검사자의 영향이 크다.

심리측정 평가의 활용

(2) 정서적으로 불안정하고 혼란된 수검자일수록 검사자의 영향이 크다.
(3) 검사자의 연령, 성, 인종, 직업적 지위, 수련과 경험, 성격, 외모 등에 따라 영향을 받는다.
(4) 검사시행 전이나 중간과정에서 검사자의 행동이 중요한 영향을 미친다.
(5) 검사자와 수검자 간 상호작용도 영향을 미친다.
(6) 검사자 자신의 기대가 반응 결과에 영향을 미칠 수 있다.

♣ **심화학습**
검사결과에 영향을 미치는 검사자 변인과 수검자 변인

1) 검사자 변인

검사자의 인종적 배경, 검사자의 성별, 검사자의 연령, 검사자의 경험, 검사자의 외모, 검사자의 성격, 검사결과에 대한 기대효과(검사자가 어떻게 기대하는가에 따라 기대하는 방향과 유사한 검사결과가 나타나는 것), 수검자의 반응에 대한 강화(검사과정에서 수검자에 대한 강화는 특별한 의미가 있고 이런 강화는 검사점수에 결정적인 영향을 미칠 수 있음) 등

2) 수검자 변인

심신상태(수검자의 신체적, 심리적 상태), 검사 불안(평가 장면이나 검사장면에서 개인이 자신의 수행이나 수행결과에 대해 느끼는 불안), 수검능력(수검자의 검사문항의 내용과 형식에 관한 특징을 이용하여 자신의 실력보다 더 높은 점수를 획득하는 능력), 수검동기, 검사경험과 코칭(어떤 검사를 받으려고 수검자가 그 검사나 유사한 검사로 검사내용과 방법에 대해 설명, 지시, 조언, 지도, 또는 훈련하는 행위) 등

♣ **심화학습 – 피그말리온 효과(=로젠탈효과, 자성적 예언, 자기충족적 예언)**
1) 타인의 기대나 관심으로 인하여 능률이 오르거나 결과가 좋아지는 현상을 의미하는 심리학 용어이다.
2) 미국의 교육학자인 로젠탈과 제이콥슨이 밝혀낸 것으로 로젠탈효과, 자성적 예언, 자기충족적 예언이라고도 하며 그리스신화에 나오는 키프로스의 왕이자 조각가 피그말리온의 이름에서 유래했다.
3) 피그말리온은 아름다운 여인상을 조각하고, 그 여인상을 진심으로 사랑하게 되는데 여신(女神) 아프로디테의 비너스는 그의 사랑에 감동하여 여인상에게 생명을 주었다고 한다.

❏ 검사시행 준비

(1) 검사자는 심리검사를 편안하고 자연스럽게 시행할 수 있도록 검사시행에 대해 숙달되어 있어야 하고, 지시 내용이나 시행지침 등을 잘 숙지해 두어야 한다.
(2) 검사를 시작하기 전에 검사도구가 잘 챙겨져 있는지 점검하고 부족한 도구가 없도록 주의한다.
(3) 검사 의뢰목적에 따라 검사 계획을 세우고 검사를 선정한 결과에 따라 필요한 검사 도구를 미리 갖추어 놓고 검사를 시작한다.

❏ 윤리적 문제

1) 비밀보장 - 정보의 보호

(1) 비밀보장
- 상담자는 사생활과 비밀유지에 대한 내담자의 권리를 최대한 존중해야 할 의무가 있다.
- 상담자는 내담자에 대한 상담 기록 및 보관을 윤리 규준에 따라 시행한다. 또한 상담자는 상담내용의 녹음 및 기록에 관해 내담자의 동의를 구해야 한다.
- 상담자는 내담자가 기록에 대한 열람이나 복사를 요구할 경우, 그 기록이 내담자에게 잘못 이해될 가능성이 없고 내담자에게 해가 되지 않으면 응하는 것이 원칙이다. 다만 여러 명의 내담자를 상담하는 경우, 다른 내담자와 관련된 사적인 정보는 제외하고 열람하거나 복사하도록 한다.
- 상담자는 상담과 관련된 기록을 보관하고 처리하는데 있어서 비밀을 유지해야 하며, 이를 타인에게 공개할 때에는 내담자의 직접적인 동의를 구해야 한다.
- 상담자는 내담자 개인 및 사회에 임박한 위험이 있다고 판단되는 등의 비밀보호의 예외가 존재하는 경우를 제외하고는, 내담자의 서면 동의 없이는 제3의 개인이나 단체에게 상담기록을 공개하거나 전달해서는 안 된다.

2) 비밀보장의 한계

(1) 상담자는 상담 시작 전이나 상담 과정 중 내담자에게 비밀보장의 한계를 수시로 알리고 비밀보장이 불이행되는 상황에 대해 주지시킨다.
(2) 상담자는 아래와 같은 내담자 개인 및 사회에 임박한 위험이 있다고 판단될 때 매우 조심스러운 고려 후에, 내담자에 관한 정보를 적정한 전문가 혹은 사회 당국에 제공할 수 있다.
  가) 내담자의 생명이나 사회의 안전을 위협하는 경우
  나) 내담자가 감염성이 있는 치명적인 질병이 있다는 확실한 정보를 가졌을 경우
  다) 내담자가 심각한 학대를 당하고 있을 경우
  라) 법적으로 정보의 공개가 요구되는 경우

3) 상담관계 중에서의 이중관계

(1) 다중관계
- 상담자는 내담자와의 친밀한 관계를 인식하고, 내담자에 대한 존중감을 유지하며 내담자를 이용하여 상담자 개인의 필요를 충족하고자 하는 활동 및 행동을 하지 않는다.
- 상담자는 상담 전에 상담관계에 영향을 줄 수 있는 상담의 목표, 기술, 규칙, 한계 등에 관해서 내담자에게 알려 주어야 한다.
- 상담자는 객관성과 전문적인 판단에 영향을 미칠 수 있는 다중 관계를 피해야 한다. 단, 내담자의 복지를 위해 상담자와 내담자가 사전 동의를 한 경우와 그에 대한 자문이나 감독이

병행될 때는, 상담관계를 맺을 수도 있다.
- 상담자는 특별한 경우를 제외하고는, 내담자와 상담실 밖에서 사적인 관계를 맺지 않는다.
- 상담자는 내담자와의 관계에서 상담료 이외의 어떠한 금전적, 물질적 거래관계도 맺지 않는다.

❏ 검사 채점 및 해석

1) 상담자는 개인 또는 집단검사 결과 발표에 정확하고 적절한 해석을 포함시킨다.
2) 상담자는 검사 결과를 보고할 때, 검사 상황이나 피검사자의 규준 부적합으로 인한 타당도 및 신뢰도와 관련하여 발생하는 제한점을 명확히 한다.
3) 상담자는 연령, 피부색, 문화, 장애, 민족, 성, 인종, 언어 선호, 종교, 영성, 성적 지향, 사회경제적 지위가 검사 실시와 해석에 영향을 미친다는 것을 인식하고, 내담자와 관련된 다른 요인들을 고려하여 적절하게 검사 결과를 해석한다.
4) 상담자는 기술적인 자료가 불충분한 검사 도구의 경우 그 결과를 해석할 때 주의해야 한다. 그러한 도구를 사용하는 특정한 목적을 내담자에게 명확히 알린다.
5) 상담자는 내담자에게 심리검사 결과의 수치만을 알리거나 제삼자에게 알리는 등 검사결과가 잘못 통지되지 않도록 해야 한다.

❏ 실시 및 해석자의 자격

1) 심리검사는 상당히 강력한 도구로써 개인에게 중요한 영향을 미치는 의사결정에 있어서 매우 중요한 역할을 한다. 예를 들어, 취업결정, 업무배치, 정신장애 치료의 지원 여부 등에 영향을 미칠 수 있다.
2) 따라서 심리검사를 사용하는 전문가는 사용에 따른 책임을 인식해야 하며, 검사도구의 판매는 전문가에게만 허용되어야 한다.

5강 심리검사의 제작

☐ 심리검사의 제작

1. 표준화의 개념과 개발

표준화(standardization)란 검사의 실시 및 채점에서의 일관성을 의미한다. 또한 어떤 피검자의 구체적인 점수가 어떤 의미를 지니는지 알 수 있게 해주는 검사의 요소이기도 하다.

2. 표준화

(1) 정의
  ① 검사의 실시 및 채점에서의 일관성을 의미한다.
  ② 어떤 피검자의 구체적인 점수가 어떤 의미를 지니는지 알 수 있게 해주는 검사의 요소이다.
  ③ 누가 사용하더라도 검사의 실시와 채점, 그리고 결과의 해석이 동일하도록 모든 절차와 방법을 일정하게 만들어 놓은 검사를 표준화 검사라고 한다.

(2) 종류
  ① 검사 절차의 표준화 : 검사의 실시나 채점이 검사 상황이나 검사자에 의하여 좌우되지 않도록 제한한다.
  ② 점수 평가의 표준화 : 검사 결과를 누구나 동일하게 해석할 수 있는 절차와 방법을 규정하며 해석의 균일성 유지를 위해 규준집단의 검사 결과를 제시한다.

(3) 표준화 검사의 특성
  ① 표준화 검사는 여러 사람에게 같은 검사를 실시하는 경우 피검자가 달라지도라도 검사 실시나 채점 방법이 동일하여 측정된 결과를 서로 비교할 수 있다.
  ② 표준화를 위한 규준 설정도 중요한 문제이며, 측정된 검사 점수는 그 검사에 대한 정상적인 분포인 규준과 비교한다.

3. 표준화검사

① 특정 행동특성을 측정하기 위해 표준화된 절차를 거쳐 작성된 검사를 말하며, 측정에 사용되는 검사, 절차, 채점방법 등이 표준화된 것을 뜻한다.
② 표준화검사의 가장 두드러진 특정은 여러 가지 조건이 다른 피험자에게 동일한 검사를 실시하여 얻은 점수를 의미 있게 상호 비교할 수 있도록 검사의 작성에서부터 실시에 이르기까지의 모든 조건을 표준화했다는 점에 있다.

심리측정 평가의 활용

☐ 표준화 검사의 제작과정

(1) 검사의 목적 및 대상을 구체적으로 결정한다.
(2) 합리적인 문항 형식을 선택하고 이에 따라 다수의 문항을 제작하되, 문항 수는 최후 검사에 포함시키려는 문항 수의 두 배 이상은 되어야 한다.
(3) 제작된 문항으로 예비검사를 구성하고, 활용 대상 집단을 대표하는 표집을 대상으로 예비조사를 실시한 후 문항분석을 실시한다.
(4) 문항분석의 결과에 따라 선택된 문항을 가지고 최후검사를 완성하고 실시방법 및 채점법 등을 결정한다.
(5) 규준을 제작하기 위해 검사의 활용대상인 모집단을 대표하는 대단위 표집을 하여 검사를 실시하며 이 때 표집군이 모집단을 충분히 대표할 수 있어야 한다.
(6) 정해진 방법에 의하여 채점하고, 여러 가지 통계적 조작을 통하여 규준을 만든다.
(7) 검사 자체의 신뢰도와 타당도를 검증하며, 이러한 과정을 거쳐 제작된 검사는 검사지와 검사요강의 형태로 산출되는데, 검사요강에는 검사의 실시방법, 채점방법, 규준, 활용방법, 검사의 신뢰도나 타당도와 같은 정보를 수록한다.
(8) 심리검사 제작순서
검사내용 정의 - 검사방법 결정 - 문항작성 - 예비검사 실시 - 신뢰도와 타당도 검증

> ♣ **심화학습 - 심리검사의 제작단계**
> 제작목적의 설정 - 검사내용의 정의 - 검사방법의 결정 - 문항작성 - 예비검사의 실시 - 문항분석과 수정 - 본 검사실시 - 신뢰도와 타당도 검토 - 규준과 검사요강 작성

☐ 규준참조 검사의 개발과정

과 제	기 법
1. 가설개념 영역규정	문헌연구
2. 문항표집(문항제작)	문헌연구, 사례에 대한 통찰
3. 사전검사 자료 수집	표본조사
4. 측정도구 세련화	문항분석/요인분석
5. 본 검사의 자료수집	표본조사
6. 신뢰도 평가	신뢰도계수
7. 타당도 평가	타당도계수
8. 규준개발	통계집단별 분포

1) 규준(norm)의 개념

검사가 사용될 대상을 대표할 수 있는 큰 표본인 규준집단으로부터 얻은 검사 점수의 분포를 의미한다. 규준자료는 흔히 규준표라는 형식으로 제시되는데, 각 점수는 이 규준표에 나타난 전체에 대한 개인의 비율로 설명한다.

2) 규준개발 필요성

(1) 심리검사 점수는 상대적인 것이며 상대적 점수 해석을 위한 기준이 필요한데 그것이 바로 규준이다.
(2) 규준은 대표집단의 사람들에게 실시한 검사점수를 일정한 분포도로 작성한다.
(3) 규준의 제작은 모집단에 대한 대표성을 확보할 수 있는 표본추출 방법을 이용하여 규준 집단을 구성하여 제작한다.
(4) 심리검사에서 규준을 마련하는 것은 검사점수 해석을 위해 꼭 필요한 작업이다.
(5) 원 점수를 어떤 상대적 측정치로 변환해서 사용함으로써 ① 대표집단 내 수치가 차지하는 위치를 쉽게 파악, ② 상호 비교가 가능하게 된다

□ 원 점수 해석의 근거

1) 규준 : 비교하고자 하는 집단의 검사 결과

2) 규준 참조적 검사(norm-referenced test)
(1) 규준을 기준으로 원 점수가 상대적으로 해석될 수 있는 검사
(2) 상대평가를 위해 대상자집단의 점수분포를 고려하며, 개인의 점수를 해당 분포에 비추어 상대적으로 파악함
(3) 이 때 점수분포가 규준(Norm)에 해당함

3) 준거 참조적 검사(criterion-referenced test)
비교의 근거가 다른 대상이 아니라 숙달 기준에 있는 검사

4) 규준 집단
(1) 표집 절차의 명확한 제시
(2) 표집의 크기
(3) 규준 집단의 특징을 명확히 정의
(4) 검사 실시의 시기
(5) 표집의 대표성
  ① 표집의 무선화 원리
  ② 전집 요소의 동일한 추출 가능성
  ③ 표집 도중 전집에 변화가 없어야 함
  ④ 한 요소의 표집이 다른 요소의 표집될 확률에 전혀 영향을 미치지 않아야 함
  ⑤ 표집의 오차가 적어야 함
  ⑥ 규준의 자료 분포와 전집의 자료 분포가 유사

6강 신뢰도와 신뢰도 종류

□ **심리검사의 기본 요건**

1. **신뢰도(reliability)**
 1) 신뢰도의 개념
  (1) 신뢰도의 의미

검사의 신뢰도(reliability)란 동일한 사람을 상대로 검사를 실시했을 때 검사조건이나 검사시기 등과 관계없이 검사 점수가 일관성(consistency) 있게 나타나 얼마나 믿을 수 있는지의 정도를 말한다. 즉, 검사가 측정하려고 하는 심리적 구성물의 속성이 전혀 변화하지 않았음에도 불구하고 검사를 반복해서 실시할 때마다 관찰된 점수가 계속 변화한다면 그 검사의 결과를 믿을 수 없게 되어 우리는 더 이상 그 검사를 사용하려 하지 않을 것이다. 또한 검사실 환경, 지시 내용, 수검자가 검사 받는 시기, 건강상태, 시간제한 등 검사목적과 관련이 없는 조건은 모두 오차변량에 해당이 되므로 이러한 요인들을 통제해서 균일한 검사 조건을 유지하려고 애를 쓰는 것은 이런 요인들에 의한 오차변량을 줄여서 검사 점수를 더욱 신뢰성 있게 하기 위함인 것이다.

  (2) 신뢰도의 종류
   가) 검사-재검사 신뢰도

검사-재검사 신뢰도(test-retest reliability)란 동일한 사람을 대상으로 하여 서로 다른 시기에 두 번 실시한 검사 점수들의 상관계수(coefficient of correlation)를 말한다.

** 검사-재검사는 검사점수가 시간의 변화에 따라 얼마나 일관성이 있는지를 알려주므로 시간에 따른 안정성을 나타내는 안정성 계수(coefficient of stability)라고도 한다.

만일 어떤 검사의 신뢰도가 높다고 한다면, 첫 번째 시점에서 높은 점수를 받은 사람들은 두 번째 시점에서도 높은 점수를 받을 것이고 그 역의 경우도 성립한다. 그러나, 그 검사가 신뢰롭지 못하다면 두 번의 검사에 있어서 개인의 점수들 간에는 어떠한 유사성이나 규칙성을 발견하지 못할 것이다. 따라서 이 안정성 계수를 보고할 때에는 두 검사를 실시한 시기의 시간 간격을 보고하는 것이 중요하다. 그리고 이 방법은 비교적 간단하고 쉬워 보이지만 반복노출로 인한 검사 속성 자체의 변화나 연습효과 등으로 인하여 대부분의 심리검사에 적용하기에는 어려움이 있고, 반복노출의 영향을 별로 받지 않는 감각 능력 검사와 운동 능력 검사 등에 적합하다.

♣ **심화학습 – 검사 – 재검사 신뢰도의 단점**
- 검사요인효과 : 처음 측정이 재검사점수에 영향을 미치는 효과
- 성숙요인효과 : 측정간격이 길 때에 조사대상집단의 특성변화에 따른 효과
- 역사요인효과 : 측정기간 중에 발생한 사건의 영향
 1) 첫 번째 검사에서의 기억효과와 연습효과가 두 번째 검사에 작용할 수 있다.

*이월효과 : 검사시간 간격이 짧은 경우 선행검사의 기억에 따른 높은 상관도 현상
2) 첫 번째 검사와 두 번째 검사 간의 시간간격이 길고 짧음에 따라서 신뢰도 계수의 크기가 달라진다.
*반응민감성효과 : 검사기간 간격이 긴 경우 망각이나 새로운 학습요인에 따른 낮은 신뢰도 현상
3) 두 번째 검사를 실시할 때에 피검사자들의 특성(측정하고자 하는 특성) 자체가 변화되었을 수도 있다.
*측정속성의 변화 : 응답자의 연령, 측정하려는 특성의 본질 등의 시간변화에 따른 영향

나) 동형검사 신뢰도

동형검사 신뢰도(parallel form reliability)란 한 사람에게 어떤 검사를 실시하고, 그 검사와 같은 속성을 측정하면서 이미 신뢰성이 입증된 또 다른 검사를 실시하여 두 검사 점수의 상관계수를 계산한 것이다.

**두 검사의 동등성 정도를 나타낸다는 측면에서 동등성 계수(coefficient of equivalence)라고 부르기도 한다.

이것은 시간에 따른 안정성과 반응의 안정성을 모두 포함하여 검사-재검사 신뢰도보다 널리 이용할 수 있기는 하지만, 검사가 다루는 행동기능이 연습효과에 매우 취약한 것이라면 동형 검사의 이용이 연습효과를 줄여 주기는 해도 그것을 아예 없애지는 못하며, 진정으로 동등한 검사인 평행검사를 구하거나 제작하는 일이 매우 어렵기 때문에 동형검사 신뢰도 역시 대부분의 검사에 쉽게 이용하기는 어렵다.

다) 반분신뢰도 - 내적합치도 계수

① 반분신뢰도(split-half reliability)란 한 가지 검사를 한 번 실시한 자료로도 구할 수 있는 신뢰도로서 해당검사를 문항수가 같도록 반씩 나눠서 개인별로 각기 채점한 두 개의 점수들의 상관계수를 계산한 것이다. 이때 얻은 신뢰도는 반분된 것이므로 교정공식을 사용하여 검사전체의 신뢰도를 산출하여야 한다. 교정공식으로는 스피어먼-브라운 공식을 이용한다.

② 반분의 방법
- 전후반분법
- 기우반분법
- 난수표에 의해 두 부분으로 나누는 방법
- 의식적인 비교에 의한 반분법

♣ 심화학습 - 속도검사와 반분신뢰도

속도검사의 경우에는 많은 수검자들이 시간제한 때문에 검사의 뒷부분에 있는 문항들을 다 풀지 못하거나 0점을 받는 경우가 있기 때문에 실제 신뢰도계수가 실제보다 더 크게 나온다. 따라서 반분신뢰도 계수는 속도검사의 신뢰도로서 적당한 지표가 아니다.

라) 문항 내적 일관성 신뢰도

① 한 검사 내에 있는 문항 하나 하나를 각각 독립된 별개의 검사로 간주하여 문항 내 득점의 일관성을 상관계수로 표시한 신뢰도계수를 말한다.

② 둘로 구분된 문항들의 내용이 얼마나 일관성이 있는가를 측정한 것이어서 동질성계수라고도 한다.
③ 동질성 계수의 문제점 해결책 : 크롬바흐 알파, 쿠더/리차드슨공식(20, 21), Hoyt의 공식을 사용한다.

> * 크론바흐 알파 계수가 높다는 것은 검사문항이 동질적이라는 것

마) 채점자 신뢰도

채점자들의 판단에 기초하여 채점 또는 평가가 이루어질 때에는 채점자 사이에 불일치가 일어날 수 있다. 즉, 대부분의 검사들이 실시와 채점을 위하여 표준화 절차를 제공하고 있기 때문에 실시나 채점요인으로 인한 오차변량을 무시해도 좋지만, 창조성 검사나 투사적 성격검사 등과 같이 채점자에게 많은 재량권이 있는 검사의 경우에는 채점자의 판단에 따른 왜곡이나 오류로 인하여 동일한 수검자에 대해서도 다른 점수가 나타날 수 있다.

> ** 채점자 신뢰도는 주관적으로 채점해야 하는 검사도구들을 연구할 때 흔히 계산되며, 검사요강에는 필요한 경우에 수록한다.

따라서 이런 검사들을 쓸 때에는 통상적인 신뢰도 계수를 측정하는 것 못지않게 채점자 신뢰도(inter-rater reliability ; 또는 평가자간 신뢰도)에 대한 측정도 필요하다. 이것은 한 집단의 검사용지를 두 명의 검사자가 각자 독립적으로 채점한 다음, 개개의 수검자들한테서 관찰된 두 개의 점수를 가지고 통상적인 방법에 따라 상관관계를 따져 보게 되며, 이 때 나타나는 신뢰도 계수가 바로 채점자 신뢰도의 측정치가 된다.

♣ 심화학습
일반적으로 같은 검사일 경우의 신뢰도 계수는 반분 신뢰도 계수가 가장 높고 그 다음으로는 동형검사 신뢰도, 검사-재검사 신뢰도의 순으로 나타난다.

☐ 신뢰도 계수에 영향을 미치는 요인

가) 개인차

수검자의 개인차가 전혀 없을 경우에는 수검자의 검사점수가 모두 동일하게 나타나 신뢰도 계수는 0이 되며, 반면에 개인차가 충분히 클 경우에는 검사점수가 매우 낮은 점수에서부터 상당히 높은 점수까지 널리 분포하여 신뢰도 계수는 더욱 높게 나타난다. 즉, 검사의 신뢰도는 표본의 특성에 따라 달라지기 때문에 검사의 신뢰도를 평가할 때는 표본이 충분히 넓은 범위의 개인차를 잘 대표하는 것인지 검토할 필요가 있다.

나) 검사의 문항수

검사의 문항이 여러 개라는 것은 결국 하나의 특성을 여러 번 측정한다는 것을 의미한다. 따라서

검사의 문항수가 많을 때가 적을 때보다 신뢰도는 더 높게 나타난다. 그러나, 문항수를 늘린다고 해서 검사의 신뢰도가 정비례하여 늘어나는 것은 아니며, 어느 정도 이상이 되면 문항수가 늘어나도 신뢰도는 거의 증가하지 않는다. 또한, 문항수가 너무 많아지면 실시와 채점 등에 상당한 부담이 되므로 문항수를 늘려서 신뢰도를 늘리고자 할 때에는 손익을 충분히 계산해서 결정해야 한다.

다) 문항에 대한 반응수

개인의 직무만족, 조직몰입 등의 태도검사는 대부분 설문지를 이용하게 된다. 이 경우 5점 또는 7점 척도를 이용하는데, 문항의 반응수가 5나 7을 넘게 되면 검사의 신뢰도는 더 이상 올라가지 않고 평행선을 그리게 된다.

라) 검사유형(속도검사의 신뢰도)

어떤 신뢰도 계수는 검사 유형에 따라 다르게 나타날 수 있다. 예를 들어 검사의 시간제한이 있는 속도검사의 경우에는 앞서 설명했듯이 수검자들이 0점을 받는 문항들은 반분신뢰도를 계산할 때 양쪽으로 나뉘어져서 상관계수의 값을 증가시키기 때문에 반분신뢰도보다는 검사-재검사 신뢰도 계수를 측정하여 사용하는 것이 더 바람직하다.

마) 신뢰도의 종류에 따른 요인

같은 검사라도 어떤 종류의 신뢰도를 측정했는가에 따라 측정오차가 조금씩 다를 수 있기 때문에 신뢰도 계수가 다르게 나타난다.

❏ 신뢰도를 높이는 방법

1. 문항의 수가 많아야 한다.
2. 답지의 수가 많아야 한다.
3. 문항곤란도 50%를 유지해야 한다.
4. 문항변별도가 높아야 한다.
5. 문항의 지시문이나 설명이 명확하여야 한다.
6. 충분한 시험 실시 시간을 주어야 한다.
7. 시험 실시 상황이 적합해야 한다. 즉, 부정행위, 부주의로 인한 오답이 없어야 한다.
8. 변산도가 커야 한다. 능력의 범위가 넓으면 전체 변량에 대한 진점수 변량부분이 상대적으로 커지기 때문에 신뢰도가 높아진다.
9. 문항이 동질적이어야 한다.
10. 평가내용을 전체 범위 내에서 골고루 표집해서 문항을 작성하여야 한다.
11. 객관적인 채점방법을 사용하여야 한다

7강 타당도와 타당도의 종류

☐ 타당도

1) 타당도의 개념

(1) 타당도의 의미

검사의 타당도(validity)란 그 검사가 무엇을 측정하는지 그리고 측정하고자 하는 심리적 구성물을 얼마나 잘 측정하고 있는지에 관한 것이며, 검사의 타당도는 우리에게 검사점수를 이용해서 그 검사가 측정하려는 속성에 관해 추론하는 것이 타당한 일인가를 결정해 준다.

(2) 신뢰도와 타당도의 관계

신뢰도와 타당도는 매우 밀접한 관계에 있으며 이론적으로 한 검사의 신뢰도는 그 검사의 타당도의 최대값이 된다. 즉, 신뢰도 계수가 70이라면 그 검사의 타당도는 아무리 높아도 70을 넘을 수 없다는 것이다. 따라서, 검사의 신뢰도가 높지 않다면 타당도가 높은 검사를 기대할 수 없게 된다. 그러나, 한 검사의 신뢰도가 높다고 해서 항상 타당도가 높은 것은 아니다. 예를 들어 몸무게를 잴 때 줄자를 이용한다면 아무리 줄자가 정확하다(또는 신뢰롭다) 해도 몸무게를 제대로 측정할 수 없다.

2) 타당도의 종류

(1) 내용타당도(논리적 타당도, 교과타당도)

내용타당도(content validity)란 검사의 문항들이 그 검사가 측정하고자 하는 내용 영역을 얼마나 잘 반영하고 있는지를 의미한다. 내용타당도는 검사를 실시하여 경험적으로 평가되기보다는 검사 구성시에 검사 개발자의 안목과 지식에 의해 확보되어야 하는 타당도이며, 해당 분야 전문가의 판단에 의존하게 된다. 그리고 각 문항이 어떤 내용 범주로 분류되는 것이 적절한지, 그리고 각 문항이 그것이 속하는 내용 범주를 얼마나 잘 대표하고 있는지를 판단함으로써 평가되어진다.

> ♣ 심화학습
> 1. 내용타당도는 흔히 성취도 검사의 타당도를 평가하는 방법으로 많이 쓰이며 성격이나 적성을 측정하는 검사의 경우에는 적합하지 않다.
> 2. 내용타당도는 논리적 사고에 입각한 논리적인 분석과정으로 판단하는 주관적 타당도이다.
> 3. 내용타당도 : 산출하기 가장 어렵다.   * 수능시험 난이도

(2) 안면타당도

안면타당도(face validity)는 내용타당도와 비슷하지만 전혀 다른 개념으로서 실제로 무엇을 측정하는가의 문제가 아니라 검사가 측정한다고 하는 것을 측정하는 것처럼 보이는가의 문제이다.

즉, 안면타당도는 수검자에게 그 검사가 타당한 것처럼 보이는가를 뜻하는 것이다.

(3) 준거타당도

준거타당도(criterion-related validity)란 어떤 심리검사가 특정 준거와 어느 정도의 관련이 있는지를 나타낸다. 즉, 기계적성검사의 점수로 피검자가 공학자로서의 성과를 잘 예측해 줄 수 있는지, 학업적성검사의 점수로 그 학생의 입학 후 학점을 잘 예측해 줄 수 있는지 등의 문제이며, 그 검사의 점수와 준거 점수의 상관계수가 바로 준거타당도 계수가 된다.
준거타당도를 확인하는 방법으로는 예언타당도와 동시타당도가 있다.

가) 예언타당도

예언타당도(predictive validity)란 그 검사의 점수를 가지고 다른 준거점수들을 어느 정도 예측할 수 있는지를 의미하며, 검사를 먼저 실시한 후에 어느 정도 일정 기간이 흐른 다음 준거를 측정해서 두 점수들의 상관계수를 측정하여 평가한다.

> * 검사점수와 일정시간이 지난 후 측정한 준거점수의 상관계수를 뜻함

나) 동시타당도(공인타당도, 공존타당도)

동시타당도(concurrent validity)는 한 시점에서 검사와 준거를 동시에 측정해서 얻은 두 점수들의 상관계수를 준거 타당도 계수로 사용하는 것으로서 타당도 계수를 얻기 위해 일정 기간 기다려야 하는 예언타당도의 단점을 해결할 수 있다. 하지만, 여전히 예언타당도와 마찬가지로 타당도 계수 분석에 사용된 집단이 모집단을 잘 대표하지 못함으로써 타당도 계수의 축소현상이 나타날 수 있다.

(4) 구성타당도(구인타당도, 심리적 타당도)

구성타당도(construct validity)란 그 검사가 이론적 구성개념(hypothetical construct, 객관적으로 관찰가능하지 않은 추상적 개념)이나 특성을 측정할 수 있는 정도를 말한다. 적성, 흥미, 직무만족, 불안, 우울 등 심리검사에서 사용하는 구성개념들은 그 자체가 본질적으로 추상적이고 논란의 여지가 있는 것이어서 구성타당도를 구하는 방법도 매우 복잡하고 다양할 수밖에 없다. 다음은 대표적인 구성타당도 확인 방법이다.

가) 발달적 변화

어떤 속성들은 발달에 따라 수준이 변화하는데, 이러한 발달적 변화들은 구성타당도의 증거로 사용될 수 있다. 예를 들어 지능을 포함한 능력들은 보통 아이들이 발달함에 따라 점차 증가하는데, 이런 종류의 속성을 측정하는 검사가 타당한 것이라면 연령이 높아짐에 따라 그 검사 점수 역시 더 높게 나타나게 될 것이다. 그러나 성격처럼 발달적 변화가 있다 하여도 그리 두드러지지 않는 경우에는 발달적 변화를 구성타당도의 증거로 볼 수 없으므로, 발달적 변화를 구성타당도의 필요충분조건이라고 생각하는 오류를 범해서는 안 된다.

나) 실험적 개입법

예컨대 불안성향을 측정하려고 개발한 검사의 구성타당도를 실험적 방법으로 확인하기 위한 실험에서 불안을 느끼도록 유도한 집단과 그렇지 않은 집단에게 이 검사를 실시해서 두 집단 간의 불안검사점수를 비교해 보는 경우, 긍정적 결과가 나왔다면 그 검사 점수는 현재의 불안수준을 반영하는 증거가 될 수 있다.

다) 수렴타당도와 변별타당도

어떤 검사가 측정하고자 하는 속성을 제대로 측정하는 것이라면, 검사점수는 이론적으로 그 속성과 관계가 있는 변인들과는 높은 상관관계를 갖고, 관계가 없는 변인들과는 낮은 상관관계를 가질 것이다. 이렇게 이론적으로 관계가 있는 변인과 상관관계가 높을 때 수렴타당도(convergent validity)가 높다고 하며, 관계가 없는 변인과 상관관계가 낮을 때 변별타당도(discriminant validity)가 높다고 한다.

♣ 심화학습 – 중다특성 중다방법 행렬표 (multitrait-multimethod matrix ; MTMM)
- 수렴타당도와 변별타당도를 동시에 확인할 수 있는 방법
- 이것은 2개 이상의 속성을 2개 이상의 방법으로 측정해서 상호상관의 양상을 평가하는 방법이다.
   예) 수리추론능력과 수학점수간의 상관관계가 높을 때에는 수렴타당도가 높고 독해력과의 상관관계가 낮을 때에는 변별타당도가 높다.

라) 요인분석

요인분석은 검사를 구성하는 문항들 간의 상호 상관관계를 분석해서 서로 상관이 높은 문항들을 묶어 주는 통계적 기법이다. 이러한 요인분석을 이용하면 어떤 검사가 그 검사의 토대가 된 이론이 예측하는 것과 같은 구조를 가지고 있는지를 확인할 수 있으며, 이것이 바로 구성타당도의 증거가 되는 것이다.

예를 들어 홀랜드(Holland, 1992)는 사람들의 직업성격(vocational personality; 또는 직업흥미)유형을 6가지로 분류하였으며, 사람들은 이들 유형 중 어떤 한 유형과 닮게 되는데, 특정 유형과 닮으면 닮을수록 그 유형의 성격 특성과 관련 있는 행동을 많이 나타내게 되고 직업을 선택할 때에도 자신의 능력을 발휘할 수 있도록 자신의 성격유형과 일치하는 환경을 선택하게 된다고 하였다. 이러한 주장을 토대로 검사를 개발할 경우에 그 검사는 직업성격유형을 대표하는 다양한 활동 특성에 대한 문항들로 구성될 것이며, 이 검사 결과를 요인분석 하였을 때 서로 상관이 높은 문항군집이 6개가 아니라 2개 또는 7개 등으로 나타난다면 이 검사는 홀랜드의 이론을 제대로 반영하지 못하는 검사이며, 구성타당도가 낮은 것이다.

** 요인분석
구성타당도를 확인하기 위해 가장 많이 사용되는 방법

☐ 검사의 타당도에 관한 설명

1) 교차타당도의 결과가 적어도 통계적으로 의의(意義)있는 관계보다는 우연적 관계를 보여 주

는 것은 타당하지 않다. 즉, 우연적 관계에서 유추되는 계수를 보여준다면 통계적 의미를 살피는 측정검사의 의미가 없어진다.

> * 교차타당도 : 같은 모집단에서 이끌어 낸 독립적인 표본에서 예언변인과 기준변인(준거변인)간의 관계를 설정시키려는 과정을 의미함.

- 문항분석을 끝내고 최종문항을 선정해서 검사를 구성하고 나면 문항분석에 이용했던 표본이 아닌 다른 표본을 대상으로 검사를 실시해서 전체 검사의 타당도를 점검하는데, 이를 교차타당도(cross-validation)라 한다.
2) 검사를 사용했을 때 단순히 집단의 기본 구성비율(base rate)에 의하여 우연히 맞힐 수 있는 최대확률보다는 더 정확한 결정을 내릴 수 있어야 한다.
3) 검사는 어느 정도 실용도를 가지고 있어야 한다. 즉, 검사를 사용했을 때 얻는 이익은 그 실용도를 능가해야 할 것이다
4) 검사는 결정과정에 있어서 다른 정보자원이 제공할 수 없는 독특한 정보를 제공할 수 있어야 한다.

☐ 타당도에 영향을 미치는 요인

(1) 표집오차

표집오차(sampling error)란 표본이 모집단을 잘 대표하지 못해서 생기는 오차를 말하며, 표집오차가 커지게 되면 타당도 계수는 낮아진다. 이러한 표집오차는 표본의 크기에 영향을 많이 받는데, 표본의 크기가 작아지면 표집오차가 급격하게 증가하게 된다. 따라서 일부 표본을 대상으로 하여 검사점수와 준거점수의 상관계수를 구할 때에는 적절한 표본의 크기를 결정해야 하며, 어떤 검사의 준거타당도를 평가할 때에는 타당도 계수를 보고한 연구에서 표본의 크기를 어느 정도로 하였는지 고려할 필요가 있다.

(2) 준거측정치의 신뢰도

어떤 검사의 준거타당도 계산을 위해 사용하는 준거측정치의 신뢰도가 그 검사의 타당도계수에 영향을 미친다. 즉 준거측정치의 신뢰도가 낮으면 검사의 준거타당도도 낮아지게 된다.
예를 들면 직무성과 측정의 신뢰도가 낮으면 해당 적성검사와의 상관계수가 낮게 된다.
이론적으로 어떤 검사의 타당도 계수는 그 검사의 신뢰도 계수보다 낮다고 하였는데, 마찬가지로 준거의 신뢰도 계수보다 더 높을 수는 없는 것이다.

(3) 준거측정치의 타당도

준거측정치(실제준거)가 해당 개념(개념준거)을 얼마나 잘 반영하는가 하는 준거측정치의 타당도가 검사의 준거타당도에 영향을 미친다. 따라서 실제로는 타당도가 1.0이라는 완벽한 준거측정치는 없기 때문에 검사의 준거타당도도 실제 타당도에 비해 낮아지는 것은 피할 수 없는 현상이다.

♣ **심화학습 - 준거왜곡(criterion distortion)**
준거관련성을 벗어난 경우 발생되는 왜곡적 상황 : 준거결핍/준거오염
1. 준거결핍(criterion deficiency)
   - 준거 검사도구가 개념준거의 내용을 충분히 반영하지 못하는 경우
2. 준거오염(criterion contamination)
   - 개념준거와 관련이 없는 내용을 포함하고 있는 경우

(4) 범위제한

범위제한(range restriction)으로 인한 상관계수의 축소 현상은 준거타당도 계산을 위해 얻은 자료들이 검사점수와 준거점수의 전체 범위를 포괄하지 않고 일부 범위만을 포괄하는 경우의 상관계수가 실제 상관계수보다 작게 나타나는 것을 말한다. 즉, 준거타당도는 범위제한으로 인해 실제타당도에 비해 낮게 나타나는 것이 일반적이다.

☐ 타당도 확인절차

- 1단계 : 적합한 준거변인 발굴
- 2단계 : 그 변인을 측정할 수 있는 방법 탐색
- 3단계 : 검사가 되었을 때 검사가 적용될 대상모집단을 대표하는 표본집단을 선정
- 4단계 : 검사를 실시하여 응답자의 점수 기록
- 5단계 : 준거변인에 관한 자료수집이 가능한 시기에 검사에 참여했던 응답자를 대상으로 점수 추출
- 6단계 : 검사점수와 준거변인점수 간의 상관관계 정도 계산

♣ **심화학습 - 타당도에 영향을 주는 조건**
1) 검사의 길이 : 일반적으로 검사의 길이를 늘리면 타당도가 증가하지만 모든 검사가 그런 것은 아니며, 이는 동질 검사의 경우에만 적용된다. 따라서 검사의 길이를 늘릴 때는 검사의 새로운 부분과 원래 부분의 검사가 동질적이어야 한다.
2) 검사 또는 준거검사의 신뢰도
   (1) 검사와 그 준거검사 간의 신뢰도 계수가 낮으면 이에 따라서 타당도 계수도 낮아진다.
   (2) 준거검사의 낮은 신뢰도로 원래의 타당도가 약소화했을 때는 이 약소화를 교정하여 최선의 조건일 때의 타당도 계수를 짐작하게 해주어야 한다.
3) 신뢰도와의 관계
   (1) 신뢰도는 검사 점수의 안정성에 관한 것이고, 타당성은 외적 준거와 관련된 것이다.
   (2) 신뢰할 수 있는 검사는 이론적으로 타당하나 실제적으로 타당하지 않을 수 있다.
   (3) 타당도가 높은 검사는 신뢰할 수 있다.

심리측정
평가의 활용

8강 신뢰도와 타당도의 관계/문항의 이해

❑ 신뢰도와 타당도의 관계
1) 타당도는 측정하려는 것을 얼마나 충실하게 측정하고 있는가와 관계가 있다.
2) 신뢰도는 무엇을 측정하든 측정의 정확성과 관계가 있다.
3) 신뢰도는 타당도의 측정조건이 아니고 필요조건이다.
4) 신뢰도를 높이려 할 때 타당도는 오히려 내려갈 수도 있다.

❑ 문항난이도, 문항 변별도, 문항의 유용도

1. 문항난이도
1) 난이도는 정답률이기 때문에 난이도 지수(계수)가 높을수록 그 문항은 쉽다는 의미이다.
2) 문항난이도 계산 공식은 '(정답자 수÷전체 사례 수)'×100이 된다.
3) 즉, 문항난이도(item difficulty)는 각 문항에 정확하게 답한 학생들의 비율을 조사함으로써 결정될 수 있다.
4) 만약 한 학급 40명 중 32명이 특정한 문항을 정확하게 답했다면 문항난이도는 0.80이 될 것이다.
5) 문항 난이도는 특정 문항을 맞춘 사람들의 비율로서 0.00에서 1.00의 값을 가지며 문항의 난이도는 신뢰도에 영향을 미치는데 어려울수록 신뢰도는 유사하게 나올 가능성이 낮아 신뢰도가 낮아진다.
6) 문항의 난이도가 0.50일 때 가장 이상적인 것으로서 검사점수의 분산도가 최대가 된다.
7) 이는 쉬운 문항과 어려운 문항이 적절히 포함되고 중간수준 난이도 문항이 다수이면 변별력이 높아지게 되어 이상적이고 변별력이 높아진다는 것은 곧 편차가 커진다는 것과 같기 때문에 분산도는 최대가 된다.

  예) 100명의 학생이 시험을 치루었고(N=100), 이 중에서 65명이 정답을 맞추었다(R=65)고 가정하면 이 경우의 문항난이도의 계산은 아래와 같다.
  P=65/100=0.65

2. 문항 변별도(D, DI)
1) 한 검사에서 각 문항이 수검자의 능력 수준을 변별할 수 있는 정도를 나타내는 지수인데, 즉, 문항변별도란 학생의 능력을 어느 정도 변별해 내느냐의 정도를 말한다. 수검자(피검사자)들의 능력을 변별하는 정도를 말하며, 측정대상 능력의 상하를 예리하게 구분해주는 정도를 말한다.

2) 예를 들어 변별력이 있는 문항은 능력이 높은 수검자가 답을 맞히는 확률이 능력이 낮은 수검자가 답을 맞히는 확률보다 높은 문항이다.
3) 문항변별지수는 -1.0에서 +1.0 사이의 값을 갖는다.
4) 이 값이 +1.0에 가까울수록 변별력이 높은 문항이고, 0에 가까울수록 변별력이 떨어지는 문항이다.
5) 일반적으로 규준 참조검사에서는 문항변별지수가 적어도 0.30 이상이 되는 것이 좋다.
6) 문항전체 상관이 낮으면 문항의 변별력은 낮아진다.
7) 문항전체 상관이 높으면 문항에서 높은 점수를 받은 사람의 전체 점수도 높다.

> ♣ 심화학습 – 문항 변별도
> (1) 문항이 능력에 따라 피험자를 변별하는 정도를 나타내는 것으로 문항난이도의 영향을 받음
> (2) 문항의 변별력이 높으면 검사의 신뢰도는 높아짐
> (3) 개별 문항 점수와 전체 점수 간의 상관이 높으면 문항의 변별도가 높아짐
> (4) 개별 문항이 총점이 높은 사람과 낮은 사람을 구분해 주는 정도를 의미함
> (5) 변별도 지수(DI)=(Ru-RI)/f(Ru : 상위집단의 정답자 수, RI : 하위집단의 정답자 수, f : 상위집단 및 하위집단 각각의 총 사례 수)
>   * D=U/NU-L/NL
> (6) 전체 피험자의 점수를 기준으로 상위 27%를 상위집단으로, 하위 27%를 하위집단으로 나눔
> (7) 0.40 이상을 매우 좋은 문항, 0.30~0.39를 상당히 좋으나 개선될 여지가 있는 문항, 0.20~0.29를 약간 좋은 문항으로서 개선될 필요가 있는 문항, 0.19 이하를 별로 좋지 않은 문항으로서 버려야 하거나 수정되어야 하는 문항

3. 문항의 유용도(실용도)

1) 문항 유용도란 가급적 최소의 노력, 최소의 시간, 최소의 경비로 유용하게 이용할 수 있어야 하는 것을 말한다.
2) 즉, 실용도는 한 마디로 쉽게 사용할 수 있는 정도를 의미한다.
3) 유용도의 사례로는 검사 문제가 적절할 것, 실시하기 용이할 것, 검사·채점이 객관적이고 용이할 것, 검사의 비교가 가능할 것, 경제적일 것 등을 들 수 있다.
4) 아무리 훌륭한 평가라도 노력과 비용과 시간 등이 많이 드는 평가는 실용도가 있는 평가라고 할 수 없다.
5) 평가의 원리나 그 방법을 항상 현실적 교육 여건에 맞게 조절하고 실제에 적용시켜 조화롭게 학습 평가를 수행해야 한다.
6) 문항유용도의 조건
   (1) 실시의 용이성(시간 제한, 실시의 과정, 방법이 명료하고 간결하며 완전해야 함)
   (2) 채점의 용이성
   (3) 검사의 해석과 활용의 용이성
   (4) 비용과 시간, 노력들이 절약되는 효율성

4. 문항의 오답지 매력도

1) 정답지와 오답지가 효과적으로 제 기능을 다하고 있는지를 나타내는 척도
2) 이 때 각 오답지의 응답 비율이 공식으로 계산된 오답지의 매력도 보다 높으면 매력적인 답지이며, 그 미만이면 매력적이지 않은 답지로 판단한다.
3) 오답지의 매력도(Po) = 1 − P / Q − 1 (Po : 답지 선택 확률, P : 문항 난이도, Q : 답지 수)

5. 객관도(objectivity)

① 평가자 신뢰도(tester's reliability)라고도 한다.
② 평가자나 채점자의 주관이 개입되지 않고 채점과 해석이 객관적인 것을 의미한다.
③ 평가자에 따라 결과가 달라지는 것이 아니고 채점과 해석을 누가 하더라도 같은 결과가 나오도록 하는 것이다.
④ 같은 평가자가 시간을 달리해서 다시 채점과 해석을 하더라도 같은 결과를 얻게 되면 객관도가 높다고 할 수 있다.

□ 척도를 어디에 두느냐는 기준에 따라 다음과 같은 3가지 척도화법

- Togerson

1. 사람(응답자)중심척도화법(Subject-Centered Methods)

척도를 사람중심으로 부여한 방식이다. 즉, 문항은 척도화하지 않고 응답자만을 척도화하는 방식이다. 이는 특정 자극에 대한 응답자들의 응답치 차이를 조사하여 응답자들간의 개인차를 알아보는 것이다.

> * 리커트(Likert)의 총화평정척도는 사람(응답자)중심척도화법(Subject-Centered Methods)의 대표적인 방법으로 5점 척도 또는 7점 척도로 구성되는 것이 일반적인 예이며, 비교적 손쉽게 제작할 수 있고 이해하기도 용이하여 심리검사를 개발하는데 가장 많이 사용되는 척도화이다.

2. 자극중심척도화법(Stimulus-Centered Methods)

척도를 문항중심으로 부여한 방식이다. 즉, 응답자들을 척도화하기 이전에 문항을 먼저 척도화하는 데 중점을 두는 방식이다. 이 척도화는 특정자극에 대한 응답자들의 응답치 차이를 조사하여 해당 자극들 간의 특성 차이를 알아보기 위한 것이다.

> * 서스톤(Thurstone)식 등현등간척도는 자극중심척도화법(Stimulus-Centered Methods)의 대표적인 방법으로 이는 피검사자에게 진술문/제시문을 제시하고 피검사자는 이에 대해 동의하는 내용에 대해서는 일정한 표기(체크)를 하고 부동의하는 내용에 대해서는 공란으로 둔다. 이 때 동의 내용의 표기는 일정한 점수대를 갖고 있다. 이후 표기(체크)한 문항의 각 점수들을 더하고 최종적으로 문항의 수로 나눈 수를 구하여 판단하게 된다.

심리측정 평가의 활용

- 어떠한 대상에 대한 가능한 많은 설명을 문장으로 만들어 놓고서 각 문항이 척도상의 어디에 위치할 것인가를 평가자들로 하여금 판단하게 한 다음 이를 바탕으로 연구자가 대표적인 문항들을 선정하여서 척도를 구성하는 방법이다.

3. 반응중심척도화법(Response-Centered Methods)

척도를 사람과 문항에 대해 둘 다 부여한 방식이다. 즉, 특정 자극에 대한 응답자들의 응답치 차이를 조사하여 응답자의 개인적인 특성 차이와 함께 자극의 특성 차이를 알아보기 위한 것이다.

* 거트만(Guttman)식 척도는 반응중심척도화법(Response-Centered Methods)의 대표적인 방법으로 위에서 언급한 서스톤식 척도보다 대체로 진술문이나 제시문의 수(문항수)가 적은 것이 일반적이며 각 진술문을 읽고 자신의 생각과 일치하거나 동의하는 문항에 표기(체크)하는 것 등은 유사한 내용을 띠고 있다.

이 척도는 예를 들면 가장 낮은 단계의 긍정의 답부터 최고수준의 긍정의 답까지 나열하여 선택하게 하든가 하여 해석 시 가장 높은 수준의 긍정의 표기를 하였다면 낮은 수준의 긍정도 당연히 선택되는 것으로 해석한다. 단, 이러한 내용의 진술문이나 제시문을 제작하는 것이 쉽지 않기에 사용상의 어려움이 있다. 주로 정치적 성향을 등을 파악하는 경우에 많이 사용한다.

- 주로 어떤 사상에 대한 태도를 어떤 순서 하에 일련의 질문으로 측정하는 방법으로 누적척도의 대표적인 형태로 태도의 강도에 대한 연속적 증가유형을 측정하는 척도

2. 증가타당도

심리검사를 할 때 한 가지 검사만이 아닌 여러 가지 검사를 종합해서 사용하면 증가타당도를 높일 수 있다. 예를 들어 우울함을 측정할 때 우울 척도인 BDI(Beck Depression Inventory) 외에 MMPI 2번 척도와 로샤 검사의 DEPI 지표를 확인하면 타당도가 증가한다.

- ㉠ 새로 고안된 검사가 기존의 검사들에 비해 심리측정적 성과를 어느 정도 향상시킬 수 있는가를 나타낸다.
- ㉡ MMPI와 배경정보가 추가되면 타당도가 약간 증가한다. 투사검사는 종합검사도구(검사배터리)에 포함될 때 증가타당도가 없다고 주장하는 사람들도 있지만 타당도를 증가시킨다는 연구 결과도 있다.

3. 개념타당도(conceptual validity)

- ㉠ 특정 피검자에 대해 개념적으로 일관성 있는 정보를 제공하고 기술하는가를 나타낸다.
- ㉡ 검사 자체의 이론적 구성개념을 평가할 때 관여되는 내용타당도와는 달리 개념타당도는 독특한 역사와 행동을 가진 사람들에 초점을 두고 있다.
- ㉢ 개념타당도는 검사 자료를 평가하고 통합하는 수단이 되며 임상가의 결론을 정확한 진술로 만들어 준다. 구성개념들 간의 특정 가설적 관계를 검증한다는 점에서 구성타당도와 비슷하지만 개념타당도는 검사 자체보다는 개인과 관련된 구성개념에 더 초점을 둔다.

9강 규준/규준점수/지능검사(1)

☐ 심리검사와 규준

1. 규준의 정의
① 검사가 사용될 대상을 대표할 수 있는 큰 표본인 규준집단으로부터 얻은 검사 점수의 분포를 의미한다.
② 규준 자료는 흔히 규준표라는 형식으로 제시되는데, 각 점수는 규준표에 나타난 전체에 대한 개인의 비율로 설명한다.

1) 규준집단 선정 및 평가 시 유의사항
① 규준집단의 성격과 특징을 정확하게 정의하여야 한다.
② 규준집단은 전집을 대표할 수 있는 표집이어야 한다.
③ 규준은 최근성을 반영하고 있어야 한다.
④ 검사 결과로 얻은 원점수를 해석이 가능한 척도로 바꾸어야 한다.

2. 집단 내 규준

1) 백분위 점수
① 표준화 표본에서 특정한 원점수 이하에 속하는 사례의 비율을 나타내는 것으로 개인이 그 표본에서 차지하는 상대적 위치를 말한다.
② 백분위가 낮을수록 개인의 성적은 나쁘다고 볼 수 있다.
③ 장점 : 분포의 모양에 관계없이 계산이 간단하고 쉽게 해석할 수 있다.
④ 단점 : 극단으로 갈수록 측정치가 더 왜곡된다.

2) 표준점수
① Z점수
　㉠ 어떤 측정치의 점수 분포에서 특정한 점수를 표준점수로 변환시키기 위해, 그 점수의 편차를 원래 점수 분포의 표준편차로 나눈 값이다. 따라서 표준점수 0이고 표준편차가 1인 점수 분포를 이룬다.
　㉡ 표준점수는 점수의 출발점과 그 단위를 같게 함으로써 기준점이 서로 다른 여러 집단의 점수를 상호 비교하거나 통합할 때 합리적으로 쓰일 수 있는 점수이다.
　㉢ Z점수 산출 공식
　　Z점수=(원점수−평균)/표준편차×100
② T점수
　㉠ 일종의 표준점수로 마이너스 값을 피하기 위해 평균은 50, 표준편차는 10으로 잡는다.

○ T점수 산출 공식
T점수=표준점수(Z점수)×10+50

3) 스테나인 점수
㉠ 스테나인(stanine)은 Standard nine – point score의 약자로서 9간 점수 또는 9단계점수라고 불린다.
㉡ 2차 세계대전 중에 미국 공군에서 개발한 것으로 원점수를 1~9까지 한 숫자체계로 전환시킨 것이다.
㉢ 평균이 5이고 표준편차가 대략 2가 되고, 인접한 점수 간의 점수 차는 약 표준편차의 1/2이다.
㉣ 장점 : 스테나인은 이해하기 쉽고, 수리적인 조작이 용이하며, 점수의 범위를 나타내므로 평균을 계산할 수 있어서 미세한 점수 차이의 영향을 적게 받는다.
㉤ 단점 : 9개의 점수만 사용하기 때문에 상대적 위치를 정밀하게 나타내기 어렵다.

4) Z점수나 T점수 분포는 원점수의 분포형태를 변화시키지 않지만, 원점수를 스테나인 점수로 변환하면 원래 분포가 편포를 이룰 경우에도 정상분포로 바뀐다.

3. 발달적 규준

1) 발달규준
발달규준이란 수검자가 정상적인 발달경로에서 얼마나 이탈해 있는지를 표현하는 방식으로 원점수에 의미를 부여하는 것이다. 이러한 발달규준을 토대로 한 점수는 심리측정학적으로는 다소 조잡해서 점수 자체를 통계적으로 처리하기에는 적합하지 않다는 평가를 받고 있기는 하지만, 기술적인 목적, 특히 개개인에 관한 집중적인 임상 연구와 연구목적에서는 상당히 유용하다.

2) 발달규준의 예

규준의 종류	개 념
연령규준	개인의 점수를 규준집단에 있는 사람들의 연령에 비교해서 몇 살에 해당되는지를 해석할 수 있게 하는 방법
학년규준	주로 성취검사에서 이용하기 위해 학년별 평균이나 중앙치를 이용해서 규준을 제작하는 방법
정신연령규준	연령과 정신력의 비교를 통해 해석하는 법

❏ 심리검사 각론

❏ 지능검사

1. 지능의 개념과 주요 지능측정도구

1) 지능의 의미
지능(intelligence)는 인간의 지적 능력을 나타내는 심리학적 개념이다. 아직까지 지능의 정의와 관련하여 학자들 간에 보편타당하고 명확하게 합의된 결론에 이르지 못하고 있다.

2) 지능의 본질
(1) 진리 혹은 사실의 관점으로부터의 훌륭한 반응력
(2) 추상적 사고를 수행하는 능력
(3) 환경에 적응하는 것을 학습한 것 또는 그 학습 능력
(4) 생활에서 비교적 새로운 장면에 대한 적응 능력
(5) 아는 능력과 소유하고 있는 지식
(6) 자극들의 복잡성의 효과들을 한데 모아서, 행동에 대한 효과를 가져오게 하는 생물학적 기제
(7) 본능적인 적응을 금지하는 능력, 금지된 본능적인 적응을 상상으로 경험된 시행착오를 통해 재정의하는 능력, 사회적 동물로서의 개인에 알맞도록 수정된 본능적인 적응을 행동으로 실현시키는 의지력
(8) 능력을 획득하는 능력
(9) 경험에 의한 학습 능력 또는 이해 능력

♣ 심화학습 - 지능이란
(1) 헨몬(Henmon) : 소유하고 있는 지식의 양과 지식을 알 수 있는 능력
(2) 비네(Binet)
    지능이란 잘 판단하고, 이해하고, 추리하는 일반적이고 기본적 능력으로서 그 구성요소는 판단력, 이해력, 논리력, 추리력, 기억력이며, 이러한 기본적 능력이 행동차원에서 평가될 수 있다.
(3) 스피어만(Spearman)
    모든 지적 기능에는 공통 요인과 특수 요인이 존재한다는 2요인설을 제시하였다.
(4) 손다이크(Thorndike)
    추상적, 언어적 능력과 실용적 지능, 사회적 지능 등의 특수 능력을 분류하였다.
(5) 웩슬러(Wechsler)
    지능은 유목적적으로 행동하고, 합리적으로 사고하고, 환경을 효과적으로 다루는 개인의 종합적인 능력으로 성격의 다른 부분과 분리될 수 없으며 이러한 인지적, 정서적, 동기적 측면을 모두 포함하는 전체적 능력이다.
(6) 써스톤(Thurstone)
    지능의 다 요인이론으로 기본정신 능력으로 7개 요인을 제시(7-PMA)하였다. 언어이해, 수, 공간지각, 기억, 추리, 단어유창성, 지각속도
(7) 카텔(Cattell)
    유동성 지능(fluid intelligence)과 결정성 지능(crystallized intelligence)으로 구분하였다.
(8) 가드너(Gardner)
    독립적 9요인(언어적, 음악적, 논리-수학적, 공간적, 신체-운동적, 개인 간, 개인 내 요소, 자연탐구, 실존지능)을 제시하였다.

2. 지능검사의 목적
(1) 개인의 지적인 능력 수준을 평가한다.
(2) 인지적, 지적 기능의 특성을 파악한다.
(3) 임상적 진단을 명료화한다.

(4) 기질적 뇌손상 유무, 뇌손상으로 인한 인지적 기능의 저하를 평가한다.
(5) 합리적인 치료 목표를 설정하는데 필요한 정보를 얻는다.

❏ 지능이론

1. 요인이론 : 지능을 구성하고 있는 요인이 무엇이냐에 관심이 있다.

가) 스피어만(Spearman)

한 개의 일반요인(여러 가지 다양한 지적 과제를 해결하는 데 고르게 관여하는 일반적인 능력)과 여러 개의 특수요인(특정 과제를 해결하는 데에만 주로 활용되는 특수한 능력)으로 구성

나) 써스톤(Thurstone)

56개의 지능검사 결과를 요인 분석한 결과 일곱 가지 기초 정신능력을 발견하였으며 이는 일곱 가지 기초정신능력(PMA : Primary Mental Ability)은 언어이해력, 추리력, 수리력, 공간지각력, 언어 유창성, 지각속도, 기억력이다.

다) 길포드(Guilford)
- 길포드는 지능을 다양한 방법으로 상이한 종류의 정보를 처리하는 능력들의 체계적인 집합체로 보았다.
- 복합요인(입체모형)설에 입각하여 3차원으로 지능구조 설명.
  1) 내용(시각적, 청각적, 상징적, 의미론적, 행동적),
  2) 조작(평가, 수렴적 사고, 확산적 사고, 기억파지(장치), 기억저장, 인지)
  3) 산출(단위, 유목, 관계, 체계, 변환, 함축),
- 이 세 차원의 조합에 따라 180개의 능력으로 구성(초기에는 120개의 능력으로 구성되었다고 했다가 이후 150개의 능력이라고 수정하였으며, 가장 최근에는 180개 능력으로 구성되어 있다고 주장함)되어 있다.
- 조작 차원 중 수렴적 사고는 하나의 정답을 찾아 가기 위해 생각을 모아가는 방식의 사고를 말하고 확산적 사고는 다양한 가능성 있는 대안을 찾기 위해 생각을 퍼뜨리는 방식의 사고를 말한다.
- 써스톤의 다요인설을 확대함
- 길포드에 의하면, 창의력은 확산적 사고와 관련이 깊다고 한다.

2. 위계이론

지능 요인 간에 공유되거나 중첩된 변인을 종합함으로써 보다 높은 수준의 요인을 가정하고 있는 이론이며 대표적으로 커델(Cattell)은 유동성 지능과 결정성 지능으로 구분하였다.

3. 가드너(Gardner, 1983)의 다중지능이론

① 언어적 지능　　　② 논리 수학적 지능　　　③ 공간적 지능

④ 신체 운동적 지능   ⑤ 음악적 지능   ⑥ 대인 간 지능
⑦ 개인 내 지능   ⑧ 자연탐구 지능   ⑨ 실존 지능

4. 스텐버그(Sternberg, 1986)의 삼원지능이론

가) 성분적 요소
- 지능을 원초적으로 구성하는 성분으로서 상위 성분, 수행 성분, 지식습득 성분이 있다.
- 분석적 사고력이 높은 사람은 이성분적 요소의 역할이 강하게 나타난 사람이다.

나) 경험적 요소
경험을 통하여 생소한 과제를 통찰력 있게 다룰 줄 아는 것으로서 창의력이 높은 사람은 이 경험적 요소의 역할이 강하게 나타난 사람이다.

다) 맥락적 요소
- 외부환경에 대응하는 능력, 즉 현실상황에의 적응력을 강조하는 것으로서 전통적인 지능검사로 측정한 지능지수나 학업성적과는 무관한 능력이다.
- 어떤 상태에든 잘 적응하는 사람은 이 맥락적요소의 역할이 강하게 나타난 사람이다.

10강 지능검사(2)/웩슬러검사 등

☐ 지능검사의 발전과 주요검사지

1) 비네(Binet) 지능검사

① 지능검사의 효시
② 1905년 정상 아동과 정신지체 아동을 감별하기 위한 목적으로 비네-시몬(Binet - Simon) 검사를 제작하였으며, 총 30개의 문항으로 구성되어 있다.
③ 10년 후인 1916년 스탠포드-비네(SB; Stanford-Binet) 검사가 제작되었다.

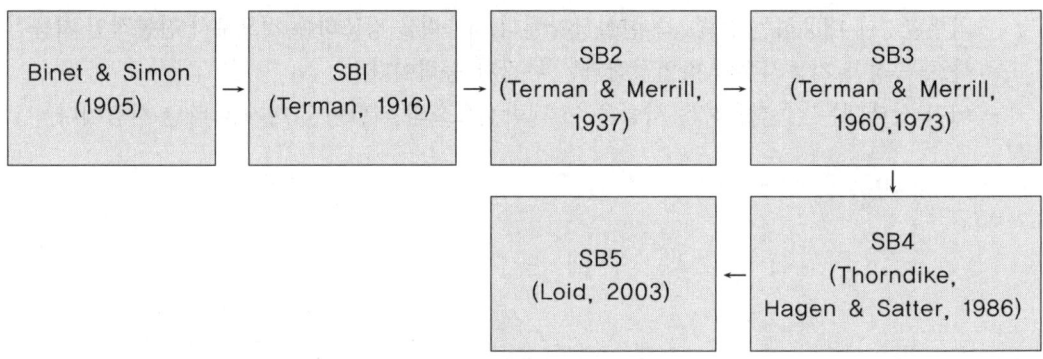

> ♣ 심화학습 - 스탠포드-비네(SB; Stanford-Binet) 검사
>
> 1916년 Terman이 Binet 지능검사를 수정, 확대하여 표준화한 개인용 일반지능검사이다. Terman과 그의 동료들은 지능검사의 점수를 산출하는데 Stern이 고안해 낸 정신지수(mental quotient)의 개념을 도입하여 이를 지능지수(IQ ; intelligence quotient)라고 명명하였다. 1916년판 스탠포드-비네 지능검사는 1937년과 1960년에 두 차례 개정되었고, 1986년에 다시 개정되어 오늘에 이르고 있으며 Wechsler 지능검사와 더불어 오랫동안 세계적으로 널리 사용되어 온 대표적인 개인용 일반지능검사이다.

☐ 웩슬러(Wechsler) 지능 검사

(1) 웩슬러 검사의 기본적 입장

- 지능이란 효율적인 적응을 성취할 수 있는 잠재적 능력

가) 지능검사는 잠재력을 평가하는 표준화된 과제들로 구성된 정신기능 측정검사이다.
나) 지능은 다요인적, 중다 결정적이며 전체적인 능력이다.
다) 지능은 인지적 요인뿐만 아니라 비 지적 요인도 평가하는 것이다.
라) 웩슬러(Wechsler) 지능검사의 종류(우리나라)
① K-WAIS-4판 검사(한국-웩슬러성인용 지능검사)

② K-WISC-4판 검사(한국-웩슬러아동용 지능검사)
③ K-WIPPSI 검사(한국-웩슬러유아용 지능검사)

> ♣ 심화학습 – K-WISC 검사와 K-WAIS와의 차이
> 아동용 웩슬러 지능검사의 구성은 성인용에 보다 쉬운 문항을 첨가하고 보다 어려운 문항 일부를 제거하여 제작하였다.
> 1) 아동이 문항을 틀렸을 때 성인용 검사에 비해 검사를 더 빨리 중지한다.
> 2) 문제 난이도의 비약이 큰 편이다. 이는 K-WISC를 사용하는 대상이 연령에 따라 지적 능력이 급속히 변화, 발달되는 아동시기이고 연령별로 난이도 수준이 다른 문항으로 구성되기 때문이다.
> 3) 연령별 소검사 환산 점수의 활용이 성인에 비해 더 중요성을 갖는다. 아동은 연령에 따른 발달이 크게 차이가 나기 때문에 연령별 환산 점수가 중요하다.

(2) 비네(Binet) 지능검사가 언어와 언어적 기술에 너무 많은 비중을 두었다 생각하여 비언어적 지능을 측정하기 위한 수행검사를 개발하여 추가한 것으로서, 언어성 IQ와 동작성 IQ, 그리고 전체 IQ를 산출해낸다.

(3) 웩슬러 지능검사의 구성
  가) 11개의 소검사, 동작성(5)과 언어성(6) 지능으로 구분하였다.
  나) 편차 IQ의 개념 사용 : 동일 연령 대상으로 실시하여 평균 100, 표준편차 15를 적용하여 산출한다.
  다) 언어성 검사(verbal) 6가지 : 기본 지식, 숫자 외우기, 어휘문제, 산수문제, 이해문제, 공통성 문제
  라) 동작성 검사(performance) 5가지 : 빠진 곳 찾기, 차례 맞추기, 토막 짜기, 모양 맞추기, 바꿔쓰기

한국판 웩슬러 성인지능검사(K-WAIS)의 구성

	하위 검사명	측정 내용
① 언어성 검사	공통성문제 산수문제 기본지식 숫자외우기 어휘문제 이해문제	유사성 파악능력과 추상적 사고능력 수 개념 이해와 주의집중력 개인이 가지는 기본 지식의 정도 청각적 단기기억, 주의력 일반지능의 주요지표, 학습능력과 일반개념 정도 일상경험의 응용능력, 도덕적, 윤리적 판단능력
② 동작성 검사	차례맞추기 토막짜기 모양 맞추기 바꿔 쓰기 빠진 곳 찾기	전체 상황에 대한 이해와 계획 능력 지각적 구성 능력, 공간표상 능력, 시각, 운동 협응 능력 지각 능력과 재구성 능력, 시각, 운동 협응 능력 단기기억 및 민첩성 시각, 운동 협응 능력 사물의 본질과 비존질 구분능력, 시각 예민성

* 언어성 IQ(VIQ) + 동작성 IQ(PIQ) = 전체IQ(FIQ)

❏ 웩슬러 지능검사의 시행 방법 및 주의할 점

- 표준 시행과 더불어 검사행동 관찰의 중요성을 고려한다.
- 결과의 의미 있는 해석을 위해 표준화 절차를 엄격하게 따라야 한다.
- 피검사자의 주의를 분산시키는 자극(조명, 환기, 소음)이 없어야 한다.
- 피검사자의 최대능력이 발휘될 수 있는 분위기에서 시행될 수 있도록 한다.
- 일반적으로 간단하게 설명해 준 다음에 질문하는 것이 바람직하다.
- 피검사자의 불완전한 반응에 대처할 수 있도록 채점의 원칙을 잘 알고 있어야 한다.
- 특별한 이유가 없는 한 1회에 전체 검사를 완성하는 것이 바람직하다.
- 유용한 정보를 제공하는 행동관찰에 대한 훈련이 되어 있어야 한다.
- 검사시행이 피검사자보다 중요한 목적이 되어서는 안 된다는 점을 숙지해야 하며 만약, 검사시행이 적절치 않은 경우 시행을 중단하거나 면담을 통해 상황을 극복하도록 시도한다.
- 철저한 채점원리의 파악으로 정확한 채점을 할 수 있어야 한다.

> ♣ **심화학습 - 지능검사(K-WAIS)의 실시상 주의사항**
> ① 검사 환경 : 검사실은 실내 온도, 조명, 통풍 등이 적절하고 쾌적해야 하며 피검자가 방해를 받지 않도록 방음이 잘되어 있는 조용한 곳이어야 한다. 또한 검사실 실내는 피검자의 주의를 분산시키는 자극이 없도록 잘 정돈되어 있어야 한다.
> ② 검사 실시와 라포 형성 : 지능검사는 피검자가 검사에 대해 흥미를 갖고 침착하고 차분하게 수행하여 피검자의 능력이 최대한 발휘될 수 있는 분위기에서 시행되어야 한다. 이를 위해서는 피검자와의 라포 형성이 매우 중요하다.
> ③ 채점 : 실시 지침을 따른다. 특히 어휘, 이해, 공통성 소검사는 채점자의 주관적인 평가와 판단이 관여할 수밖에 없기 때문에 채점 오류를 범하기 쉬워, 실시 지침에 제시된 구체적인 채점 기준과 응답 예를 면밀하게 참고해야 한다.

심리측정 평가의 활용

11강 웩슬러 지능검사

❑ 지능검사(K-WAIS)의 해석시 유의할 추가사항

가) 현재 지능 파악
지능검사 역시 다른 심리 측정과 마찬가지로 오차가 포함되기 때문에 IQ 수치 자체보다는 IQ 점수의 의미를 설명해 주는 것이 중요하다. 따라서 지능의 범위, 백분위, 오차 범위 등을 기술해야 한다.

나) 병전 지능 추정
① 지능검사는 최대 수행에 기초해 개인의 지능을 측정하는데, 지적 능력 외에도 검사 환경, 우울 및 불안과 같은 정서 상태, 동기 및 협조 정도 등 다른 여러 요인들이 수행에 영향을 미쳐 검사 수행이 개인의 지적 능력을 온전히 반영하지 못할 수 있다.
② 급성 혹은 만성의 정신건강 의학적 증상, 뇌손상 등으로 인해 피검자의 병전 지능과 비교하여 현재 지적 능력이 감퇴되기도 한다.
③ 검사 목적에 따라 현재 측정된 지능 수준이 피검자가 원래 보유하였던 병전 지능과 비슷한 수준인지 혹은 유의한 차이가 있는지를 규명해야 하는 경우가 있다.
④ 병전 IQ 추정 방식 : 소검사에 근거한 추정(어휘, 상식, 토막짜기), 언어능력에 근거한 추정, 최대 수행에 근거한 추정, 인구통계학적 특성을 활용한 추정

다) 언어성 지능과 동작성 지능 비교
① 연령대별로 차이가 있기는 하지만, 일반적으로 언어성 지능과 동작성 지능의 점수 차이가 15점 이상이라면 유의한 차이로 간주한다.
② 언어성 지능이 동작성 지능보다 20점 가량 높게 나온다면 우반구 손상을 고려해 볼 수 있다.
③ 교육 수준을 비롯하여 사회경제적 수준이 높은 사람일수록 언어성 IQ가 동작성 IQ보다 높은 경향이 있다. 반면 동작성 IQ가 높은 이들은 교육을 통해 습득된 지식이 부족해 시행착오를 보이지만 직접적인 경험과 행동 지향적 대처를 선호하며, 일상생활에서의 대처 능력은 상대적으로 양호할 수 있다.

라) 일반적인 양상과 상이한 결과를 보이는 사례는 그 의미를 더 중요하게 해석해야 한다.

마) 소검사 프로파일 분석
① 소검사 개별 프로파일을 분석함으로써 다양한 인지 기능 중 피검자의 인지적 강점과 약점을 보다 구체적으로 살펴볼 수 있다.

② **평균치 분산 방법** : 소검사 평균 점수를 기준으로 각 소검사의 이탈 정도를 살펴보는 방법
③ **어휘 분산 방법** : 일반 지능의 가장 유용한 추정치로 알려진 어휘 소검사 점수를 기준으로 다른 소검사의 이탈 정도를 살펴보는 방법

❏ 표준화 심리검사의 결과점수 비교사례

1) 웩슬러 지능검사의 소검사 환산점수 13은 백분위 근사값 84
   - Z점수가 1이기 때문
2) MMPI에서 T점수 60은 백분위 근사값 84
   - Z점수가 1이기 때문
3) 웩슬러 지능검사에서 지수점수 115는 백분위 근사값 84
   - Z점수가 1이기 때문
4) MMPI에서 T점수 40은 백분위 근사값 16에 속함
   - Z점수가 -1이기 때문
5) 웩슬러 지능검사의 전체점수 70은 백분위 근사값 5에 해당함
   - Z점수가 -2이기 때문

♣ 심화학습 – K-WAIS의 인지적 강점과 약점 평가

소검사 분산분석을 통해 인지적 강점과 약점이 되는 소검사를 확인했다면, 각 소검사에 대해 인지적 강점 혹은 약점을 나열하기보다는 동일한 기능을 공유하는 여러 소검사들 간의 관계를 고려하여 다음과 같이 해석적 가설을 수립하는 것이 권장된다.

1. 특정 기능과 관계되는 소검사가 두 가지 이상인 경우, 이 중 하나의 소검사라도 평균값보다 유의하게 낮다면 해당 인지 기능은 강점이 될 수 없다.
2. 특정 기능과 관계되는 소검사의 점수가 평균값과 비슷한 수준이라면, 인지적 강점이 될 수 있는 것으로 잠정적 가설을 수립한다.
3. 평균값보다 유의하게 낮은 소검사의 경우에도 이와 같은 방식으로 인지적 약점에 대해 잠정적인 가설을 수립한다.
4. 잠정적인 가설들이 상호 모순되지 않는지를 살펴보고, 서로 모순되거나 제한적인 정보에 의해 수립된 가설은 기각한다.
5. 수립된 가설이 질적인 분석, 수검자에 대한 개인적인 정보, 행동 관찰 결과 등에 부합되는지를 검토하여 가설을 통합하고 수정한다.
6. 질적 분석
   ㉠ 양적 분석과 질적 분석을 종합하여 해석했을 때 신뢰성 있고 풍부한 지능검사의 해석이 가능하다.
   ㉡ 질적인 분석에서의 고려사항
      ⓐ 쉬운 문항에서 실패하고 어려운 문항에서 성공하는 등 일관성 없는 검사 반응

ⓑ 난이도, 과제 유형, 시간적 흐름 등에 따라 동기나 협조 정도가 달라지는 등 일관성 없는 수검 태도
ⓒ 지나치게 상세하고 장황하게 부연 설명을 많이 하는 경우
ⓓ 자신의 경험을 언급하거나 예를 드는 등 지나치게 구체화된 반응 내용
ⓔ 여러 가지 가능성 혹은 어림값으로 답하는 경우
ⓕ 정답에 근접한 오류(근사 오류)
ⓖ 주관적인 감정, 개인적인 선호도 및 가치 판단에 근거한 반응
ⓗ 흔치 않은 반응 내용, 기괴하고 특이한 반응 내용 혹은 행동
ⓘ 반응시간 : 질문이나 지시가 채 끝나기도 전에 성급하게 행동을 개시하는 경우, 질문이나 지시가 끝난 후 반응을 개시하기까지 시간이 지나치게 오래 걸리는 경우, 수행 속도가 지나치게 빠르거나 느린 경우 등
ⓙ 검사를 대하는 태도 : 과도한 긴장이나 불안, 쉽게 포기하는 행동, 성급하고 충동적인 행동, 평가자의 재질문, 재지시 혹은 격려에 대한 피검자의 반응 등

☐ 경계선 지능(Borderline Intelligence)

1) 경계선 지능(Borderline Intelligence)은 웩슬러 지능검사 등의 표준화된 지능검사로 지능지수가 70-79점을 받은 경우를 지칭하는 말이다.
2) 즉, 경계선의 의미는 정상과 정신지체의 경계에 있다는 의미로서, 정상이 80 이상이고, 70이 되지 않으면 정신지체이므로 그 사이에 있다는 것이다.

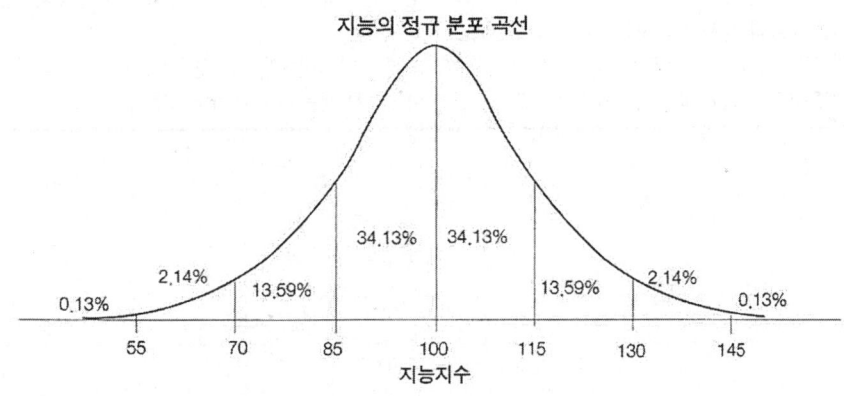

지능의 정규 분포 곡선

지능지수	분류	백분율(%)
130 이상	최우수	2.2
120 ~ 129	우수	6.7
110 ~ 119	평균 상	16.1
90 ~ 109	평균	50.0
80 ~ 89	평균 하	16.1
70 ~ 79	경계선	6.7
69 이하	정신지체	2.2

3) 웩슬러 지능검사와 관련된 지적장애
    ① 지적장애의 의미
        ㉠ 대부분의 IQ검사에서 70점 이하의 점수로서, 지적 결함을 지니고 있는 것을 의미한다.
        ㉡ 지적 지체와 더불어 적응 행동의 결함을 보이며, 직접, 간접적인 사회적 지원을 필요로 한다.
    ② 지적장애의 구분

구 분	기능 수준
50~55에서 70정도 : 전체의 85%	특수학교 생활 가능, 편지나 전화 가능
35~40에서 50~55 중등도 : 전체의 약 10%	• 계산 능력이 없어서 거스름돈 실수 • 단순작업 가능(예 봉투 만들기 등), 생존 가능
20~25에서 35~40 심도 : 전체의 약 3~4%	생존을 위해 특수 교육이 필요하지만 단순작업도 학습이 잘 되지 않음
20~25 이하 극심도 : 전체의 약 1~2%	극심한 주의결핍

♣ 심화학습 - 병전지능(웩슬러 검사)
1) 웩슬러 지능검사에서 병전지능이라는 것은 원래의 지능수준을 말하는 것이다. 병전지능은 지능검사를 시행한 후 피검사자의 원래의 지능수준을 추정하여 현재의 지능수준과의 차이를 계산해 봄으로써 급성적, 만성적, 병적 경과, 지능의 유지나 퇴보정도를 파악하는데 도움이 된다.
2) 원래의 지능수준은 어휘문제를 기준으로 하여 추정되는 방식이 제안되었고 일반적으로는 기본 상식, 어휘 문제, 토막 짜기 결과와 피검사자의 연령, 학력, 직업, 학교성적 등을 고려하여 추정한다.

심리측정 평가의 활용

12강 K-WAIS-IV

❑ K-WAIS-IV(한국웩슬러 성인용 지능검사 -4판)

1. 한국판 웩슬러 성인용 지능검사 제4판은 2008년에 개정된 미국의 원판 웩슬러 성인용 지능검사 제4판(WAIS-IV)을 번안하여 표준화한 것이다.
   가) WAIS-IV : 2008년 개발, 대상연령(16~90세)
   나) K-WAIS-IV : 2012년 개발, 대상연령(16~69세)

2. K-WAIS-IV의 특징
   가) 언어성 IQ와 동작성 IQ에 대한 구분 없이 전체검사IQ(FSIQ : Full Scale IQ)를 제시한다.
   나) 언어이해, 지각추론, 작업기억, 처리속도 등 4요인 구조에 대한 측정이 이루어진다.
   다) 기존의 K-WAIS에 있던 소검사들 중 차례맞추기, 모양맞추기가 제외, **행렬추론**, 퍼즐, 동형찾기 소검사 추가, 보충검사인 순서화, 무게비교, 지우기 추가됨

   > * 행렬추론검사는 시간제한을 두지 않음 또한 역순(되돌아가기)규칙이 있음.

   라) 연령교정 표준점수로서 환산점수와 조합점수를 제공한다.
   마) 기존 K-WAIS의 지능지수 범위 : 45~150인데 반해, K-WAIS-IV는 그 범위를 40~160으로 확장
   바) 시각적 자극을 부각시키고 언어적 지시를 단순화하는 등 수검자의 과제수행이 용이하게 이루어지도록 배려하였다.
   사) 미국판 WAIS-IV가 16~90세를 대상연령으로 하는 데 반해, K-WAIS-IV는 16~69세를 대상연령으로 하고 있다.

3. K-WAIS-IV의 척도별 구성

	주요지표	소검사	보충검사
IQ	언어이해	공통성, 어휘, 상식	이해
	지각추론	토막짜기, 행렬추론, 퍼즐	무게비교, 빠진 곳 찾기
	작업기억	숫자, 산수	순서화
	처리속도	동형찾기, 기호쓰기	지우기

* 보충검사는 주요검사중 하나를 실시하지 못한 경우에 실시함

4. K-WAIS-IV의 조합점수별 측정 내용

언어이해지수(VCI)	결정적 지식
지각추론지수(PRI)	유동적 추론능력
작업기억지수(WMI)	수리능력, 부호화 능력, 청각적 처리기술 등
처리속도지수(PSI)	단기 시각 – 운동협응능력 등
전체지능지수(FSIQ)	4가지 지수를 산출하는데 포함된 소검사 환산점수들의 합으로 계산
일반능력지수(GAI) (언어이해지수 + 지각추론지수)	전체지능지수에 비해 작업기억 및 처리속도의 영향을 덜 받으므로 전체지능지수에 포함된 이들 요소들을 배제한 인지적 능력을 검토할 필요가 있는 경우 사용한다.
인지효능지수(CPI) (작업기억지수 + 처리속도지수)	언어이해 및 지각추론에 덜 민감한 인지적 능력에 대한 측정이 필요한 경우 사용한다.

5. K-WAIS-IV

가) WAIS의 최신 개정판 ; WAIS-IV의 개정사항
  ① 검사규준의 개정
    ㉠ 전체 IQ 범위 확대
    ㉡ 천장효과(ceilihng effect)와 바닥효과(floor effect)의 개선
    ㉢ 연령범위의 확장
  ② 시범문항과 예시문항을 추가하고 지시문의 난이도를 낮춤
  ③ 핵심검사만 실시할 경우 검사시간 단축
  ④ 운동기능, 청력, 시간 가산점 등 가외변인의 영향이 덜 반영되도록 함
  ⑤ WMS-IV 및 WAIT-II와 공통의 규준 적용
  ⑥ 경도 인지장애, 경계선 지능 등 특수집단에 대한 연구 보완
  ⑦ 언어성 IQ와 동작성 IQ의 산출방식 폐기
  ⑧ 전체 IQ와 4가지 합성점수에 근거한 해석
    ㉠ WAIS-III의 네 가지 지표 유지
    ㉡ '지각적 조직화 지표'를 '지각적 추리 지표'로 명칭 변경
  ⑨ 부가적인 지표로 전반적인 능력지표(GAI : General Ability Index) 추가
  ⑩ 합성점수 측정을 강화하기 위해 일부 소검사 추가 및 폐기
    ㉠ 총 15개 소검사로 구성 : 핵심검사(10개) + 보충검사(5개)
    ㉡ 퍼즐, 무게비교, 지우기 등 3개의 소검사 추가
    ㉢ 모양맞추기, 차례맞추기 폐기
  ⑪ 토막짜기, 숫자, 순서화 소검사에 대해 과정점수 추가

나) WAIS-Ⅳ의 구성
① WAIS 체계의 소검사 항목 비교

소검사	설 명	WAIS-Ⅳ (K-WAIS-Ⅳ)	WAIS-Ⅲ	WAIS-R (K-WAIS)
토막짜기 (Block Design)	빨간색과 흰색으로 이루어진 토막을 사용해서 제한시간 내에 제시된 그림과 똑같은 형태를 만드는 과제	핵심검사 (지각적 추리지표)	동작성 기본검사	동작성 소검사
공통성 (Similarity)	제시된 두 단어에 대해 유사점을 설명하는 과제	핵심검사 (언어적 이해지표)	언어성 기본검사	언어성 소검사
숫자 (Digit Span)	검사지가 읽어 준 일련의 숫자를 동일한 순서로 따라 하는 과제(바로 따라 하기), 역순으로 따라 하는 과제(거꾸로 따라 하기) 및 제시된 숫자를 작은 숫자부터 순서대로 기억하는 과제(차례로 배열하기)	핵심검사 (작업기억 지표)	언어성 기본검사	언어성 소검사
행렬추리 (Matrix Reasoning)	수검자가 행렬 매트릭스의 빈칸을 완성하기 위해 반응기록지에 제시된 보기 중 하나를 선택하는 과제	핵심검사 (지각적 추리지표)	동작성 기본검사	–
어휘 (Vocabulary)	그림문항에서는 시각적으로 제시된 사물의 이름을 말하고, 언어문항에서는 인쇄된 글자와 동시에 구두로 제시된 단어의 뜻을 설명하는 과제	핵심검사 (언어적 이해지표)	언어성 기본검사	언어성 소검사
산수 (Arithmetic)	제한시간 내에 일련의 산수문제를 암산으로 푸는 과제	핵심검사 (작업기억 지표)	언어성 기본검사	–
동형찾기 (Symbol Search)	수검자가 제한시간 내에 표적 기호와 동일한 기호를 보기에서 찾아내는 과제	핵심검사 (처리속도 지표)	동작성 기본검사	–
퍼즐 (Visual Puzzles)	수검자가 제한시간 내에 완성된 퍼즐을 보고 보기의 항목들 중 그 퍼즐을 재구성할 수 있는 세 개의 반응을 찾아내는 과제	핵심검사 (지각적 추리지표)	–	–
지식* (Information)	수검자가 광범위한 일반지식에 관한 질문에 응답하는 과제	핵심검사 (언어적 이해지표)	언어성 기본검사	언어성 소검사
기호쓰기** (Coding)	수검자가 제한시간 내에 숫자에 대응되는 기호를 모사하는 과제	핵심검사 (처리속도 지표)	동작성 기본검사	동작성 소검사
순서화 (Letter-Number Sequrncing)	검사자가 숫자와 글자가 섞여 있는 일련의 항목을 들려주면, 수검자가 숫자는 오름차순으로, 글자는 어순대로 회상하는 과제	보충검사 (작업기억 지표)	언어성 보충검사	–

심리측정 평가의 활용

소검사	설 명	WAIS-IV (K-WAIS-IV)	WAIS-III	WAIS-R (K-WAIS)
무게비교 (Figure Weight)	수검자가 제한시간 내에 균형이 맞지 않는 양팔저울 그림을 보고, 보기 중 균형을 맞출 수 있는 추를 찾아내는 과제	보충검사 (지각적 추리지표)	-	-
이해 (Comprehension)	수검자가 일반적인 원칙과 사회적 상황에 대해 자신이 이해하고 있는 바에 기초해 질문에 답하는 과제	보충검사 (언어적 이해지표)	언어성 기본검사	언어성 소검사
지우기 (Cancellation)	수검자가 제한시간 내에 구조화시켜 놓은 여러 가지 모양과 형태 배열에서 표적자극과 동일한 모양들을 찾아 표시하는 과제	보충검사 (처리속도 지표)		
빠진 곳 찾기 (Picture Completion)	수검자가 제한시간 내에 중요한 부분이 빠져있는 그림을 보고 그 빠진 부분을 찾아내는 과제	보충검사 (지각적 추리지표)	동작성 기본검사	동작성 소검사
차례맞추기 (Picture Arrangement)	-	-	동작성 기본검사	동작성 소검사
모양맞추기 (Object Assembly)	-	-	동작성 보충검사	동작성 소검사

* 시간제한 검사 : 토막짜기, 퍼즐, 무게비교, 빠진 곳 찾기, 산수, 동형찾기, 기호쓰기, 지우기

② 지표 및 소검사

지 표 명	소 검 사
언어이해지표 (Verbal Comprehension Index) 언어이해지표 점수는 수검자의 언어 능력을 반영하는 것으로 단어의 의미를 이해하고 언어적 정보를 개념화 할 수 있는 능력, 사용되는 언어적 자료와 관련한 지식의 정도, 언어적 표현력 및 유창성 등이 포함된다.	① 공통성(Similarities, 핵심 소검사) • 논리적이고 추상적인 추론 능력 • 인지적 융통성 및 이와 결합된 연상능력 • 지나치게 구체적인 사고 경향(concrete think-ing), 인지적 경직성 등
	② 어휘(Vocabulary, 핵심 소검사) • 언어 발달의 정도 • 일반적인 언어 지능 • 단어에 대한 지식 등
	③ 지식(Information, WAIS-IV 핵심 소검사) • 일반적이고 사실적. 전반적인 지식의 범위 • 학교 교육 및 장기간의 학습을 통해 축적된 지식 • 교육적.문화적 배경, 독서경험 등

K-WAIS-IV 12강

지 표 명	소 검 사
	④ 이해(Comprehension, WAIS-IV 보충 소검사) • 관습적인 행동기준, 도덕, 사회규칙 등에 대한 지식 및 이해력 • 실생활에 바탕을 둔 실용적인 지식 • 자신의 경험을 적절히 선택, 조직화 하는 등 과거 경험을 평가하는 능력 등
지각적 추리지표 (Preceptual Reasoning Index) 지각적 추리지표는 비교적 순수한 지각능력을 측정할 목적에서 개발되었다. 이 척도의 점수는 시공간 정보를 평가하는 능력, 시공간 자극에 정확히 반응하는 능력, 비언어적이면서도 유동적인 추리능력, 개인이 속한 환경과의 비언어적인 접촉의 정도 및 질, 세부 요소에 집중하는 능력, 구체적인 상황에서 수행하는 능력 등을 반영한다.	① 토막짜기(Block Design, 핵심 소검사) • 시지각 능력, 시지각적 조직화 및 시공간 구성능력 • 전체를 구성요소로 분석하는 능력 및 시각적 통합능력 • 비언어적 개념 형성능력, 추상적 사고 능력 등
	② 행렬추리(Matrix Resoning, 핵심 소검사)• 시지각 능력, 시각적 조직화 능력 • 시공간 추리력 및 추상적 추론능력 • 시공간 정보에 대한 동시적 처리 능력
	③ 퍼즐(Visual Puzzles, WAIS-IV 보충 소검사) • 시각적 재인 및 검증능력 • 전체를 부분적 요소로 분석하는 능력 • 시각적인 지속적 주의집중력 등
	④ 무게 비교(Figure Weights, WAIS-IV 보충 소검사) • 비언어적인 수학적 추리력 • 수량에 대한 추리 및 유추능력 • 시각적 주의집중력 및 작업기억 등
	⑤ 빠진 곳 찾기(Picture Completion, 보충 소검사) • 시각적 기민함, 외부환경에 대한 경계, 각성능력 • 시각적 기억력
작업기억지표 (Working Memory Index) 작업기억지표 점수만으로 수검자의 기억력이 좋고 나쁨을 판단해서는 안 된다. 이들 소검사는 작업기억 중 시각적 요소보다는 언어적, 청각적 요소를 더 많이 포함하고 있으므로 집중력, 기억력뿐만 아니라 연속적 처리능력도 반영한다. 또한 이 지표의 점수는 어떤 과제에 주의를 기울임과 동시에 다른 정신적 활동을 수행하는 능력, 인지적 융통성 등 실행기능도 나타낸다. 이 외에 수를 다루는 능력, 정서 상태, 수행동기 등도 이들 과제수행에 영향을 미친다.	① 숫자(Digit Spam, 핵심 소검사) • 자극을 수동적으로 수용하는 능력 • 주의의 폭, 주의력 및 집중력 • 즉각 회상 및 기계적 학습 등
	② 산수(Arithmetic, WAIS-IV 핵심 소검사) • 구두로 주어진 일련의 산수문제 풀이 • 청각적/언어적 이해, 집중력, 단기기억력 • 불안, 학습경험 및 사회적 지능관련
	③ 순서화(Letter-Number Sequencing, WAIS-IV 보충 소검사) • 읽어주는 숫자와 글자에 대해 올림차순, 가나다순으로 암기

심리측정 평가의 활용

지 표 명	소 검 사
처리속도지표 (Processing Speed Index) 처리속도지표는 비언어적 문제를 해결할 때 요구되는 정신적 속도 운동속도를 반영한다. 처리속도지표 요인은 계획능력, 조직화 능력 및 적절한 전략을 개발하는 능력 등을 측정하기도 한다.	• 계열화, 정신적 조작, 유연성 청각적 단기기억력, 시공간적 형상화 등 관련검사
	① 기호쓰기(Cording, 핵심 소검사) • 정신운동 속도 • 주의지속능력, 집중력, 인지적 산만함 • 연속적 처리능력
	② 동형 찾기(Symbol Search, 핵심 소검사) • 시각적 탐지 속도 및 정보처리 속도 • 향후의 정보처리를 준비하기 위한 정보 부호화 • 시각-운동 협응 능력
	③ 지우기(Cancellation, 보충검사) • 지각적 주사(scanning), 변별력 및 재인능력 • 속도 및 정확성 • 시각-운동 협응 능력

♣ **심화학습 - 웩슬러 성인용 지능검사 4판(WAIS-Ⅳ)에 새로 추가된 소검사**

1. 퍼즐(Visual Puzzles)
2. 무게비교(Figure Weight)
3. 지우기(Cancellation)
4. 행렬추론
5. 순서화
6. 동형찾기 소검사 추가

13강 K-ABC검사/성격검사 일반

❏ 아동용 카우프만 검사(K-ABC ; Kaufman-Assessment Battery for Children)

(1) 제작 목적
㉠ 심리학적, 임상적 평가
㉡ 학습장애아 혹은 기타 장애아의 심리교육적 평가
㉢ 취학전 아동의 평가
㉣ 신경심리학적 평가 및 연구활동의 도구로 사용

(2) K-ABC로 측정되는 지능
㉠ 문제를 해결하고 정보를 처리하는 개인의 인지처리 양식이다.
㉡ 이론적 기초는 신경심리학과 인지심리학 분야의 이론과 연구 결과이다.

(3) K-ABC 하위검사별 적용연령

하위검사의 종류	인지처리과정 척도		습득도 척도	실시연령									
	순차처리	동시처리		2-6	3	4	5	6	7	8	9	10	11	12-15
1. 마법의 창		●												
2. 얼굴기억		●												
3. 손동작	●													
4. 그림통합		●												
5. 수회생	●													
6. 삼각형		●												
7. 단어배열	●													
8. 시각유추		●												
9. 위치기억		●												
10. 사진순서		●												
11. 표현어휘			●											
12. 인물과 장소			●											
13. 산수			●											
14. 수수께끼			●											
15. 문자해독			●											
16. 문장이해			●											
합 계	3	7	6	7	9	11	11	12	13	13	13	13	13	13

(4) K-ABC의 종합척도

척 도	특 징	하위 척도들
순차처리 척도	• 각 하위검사의 문항 : 들어오는 정보를 순차적으로 혹은 차례로 조작하여 풀어야 한다. • 문제를 순차적으로 처리하는 능력 : 다양한 일상적 기능 혹은 학교학습과 관련된 기능과 밀접한 관계가 있다. • 문법적 관계나 규칙의 학습, 역사적 사실의 연표의 이해, 적절한 단계를 사용하여 과학적 방법을 실천하는 것, 수학의 기능을 위한 단계적 절차를 올바르게 사용하기 등에 영향을 준다.	• 손동작 • 수회생 • 단어배열
동시처리 척도	• 문항 : 공간적, 유추적, 구성적 성질을 가진다. • 문제를 적절히 풀기 위해 들어오는 정보를 동시적으로 통합 또는 합성해야 한다. • 동시처리 : 폭넓은 다양한 정보원으로부터 얻어진 정보를 통합하고 관련 없는 자극을 개관해서 정리하는 능력과 고차적인 많은 지적 기능과 밀접히 관련된다. 예) 창의적 문제해결. 어떤 학문적 영역 혹은 비학문적 영역에서 복잡한 내용을 학습하기 위해 다이어그램 & 순서도를 활용할 수 있는 능력	• 마법의 창 • 얼굴기억 • 그림통합 • 삼각형 • 시각유추 • 위치기억 • 사진순서
인지처리 과정척도	• 순차처리척도과 동시처리척도를 통합한 것으로 총체적 지능을 측정하기 위해 만들어진 것이다. • 순차처리와 동시처리의 상대적 강점과 약점뿐만 아니라 복잡하고 통합된 지적활동을 반영한다.	
습득도 척도	• 학교장면이나 환경에 대한 관심 등을 통해 얻을 수 있는 사실에 관한 지식 혹은 기술을 측정하기 위해 개발되었다. 인지처리척도와는 완전히 구분되어 있다. • 장점 : 인지처리과정 척도만으로는 얻을 수 없는 진단적이고 처방적 정보를 제공한다. 예시, 지능과 습득도에서 아동이 받은 점수를 동시에 고려하면, 새로운 학습과제와 전통적인 학습과제 모두에서 아동의 현재 총체적 기능수준을 알 수 있다. • 습득도 : 두 종류의 인지처리 양식을 통합하고, 현실 생활장면에서 통합된 두 인지처리 양식을 적용할 수 있는 능력이다. • 과제 : 시각적 자극과 언어적 자극을 포함, 언어적 이해와 비언어적 표현을 포함, 순차처리와 동시처리를 포함해야 한다. 예) 수수께끼 • 유용성 : 읽기, 산수, 일반상식(인물과 장소), 초기 언어발달(표현어휘), 언어적 개념(수수께끼)과 같은 다양한 습득 분야에 대한 종합적인 습득도 정도를 신뢰롭게 측정해 준다. • 기능 : 현재 학업도달수준을 측정하고, 학교, 학업에서 성공과 실패를 예측한다.	• 표현어휘 • 인물과 장소 • 산수 • 수수께끼 • 문자해독 • 문장이해

(5) K-ABC의 해석
　㉠ 단계1 : 환산 점수의 산출과 기술
　㉡ 단계2 : 순차처리척도와 동시처리척도의 비교
　㉢ 단계3 : 인지처리과정척도와 습득도척도의 비교
　㉣ 단계4 : 인지처리과정 하위검사들에 대한 강약 판정
　㉤ 단계5 : 습득도 하위검사들에 대한 강약 판정

▢ 성격검사

1. 성격의 의미
1) 성격은 겉으로 드러난 각종 사인(sign)을 관찰하여 그것으로부터 추론하여 추상화한 것으로 우리 안에 있는 어떤 가설적인 구조 또는 조직체이다.
2) 성격은 개인차가 있다.
3) 성격을 제대로 이해하기 위해서는 그 사람의 성장 역사, 생활사, 발달사를 살펴볼 필요가 있다.
4) 성격은 고정된 조직체이다.

2. 성격검사의 종류
1) 투사형 검사
　주제통각검사(TAT ; Thematic Apperception Test), 로샤검사(Rorschach's Inkblot Test) 등
2) 자기보고형 검사
　캘리포니아 성격검사(CPI ; California Psychological Inventory), 미네소타 다면 인성검사(MMPI ; Minneaota Multiphasic Personality Inventory) 등

▢ 객관적 검사의 장점과 단점

1. 장점
① 시행과 채점, 해석이 간편하다.
② 검사의 신뢰도와 타당도가 확보되어 있는 표준화 검사이며 객관성이 보장된다.

2. 단점
① 사회적 바람직성에 의해 피검자들은 객관적 검사에서 바람직한 문항에 대해 긍정적으로 반응하는 경향이 있다.
② 반응 편향에 따라 결과가 왜곡될 수 있다.
③ 객관적 검사의 문항이 특성 중심적이기 때문에 특정 상황에서의 상호작용 내용을 밝히기 어렵다.

심리측정 평가의 활용

❑ 투사적 검사의 장점과 단점

투사적 검사는 비구조화된 내용 또는 과제를 담고 있는 검사방법으로 자유로운 반응을 허용하며 피검자의 방어의 어려움으로 인해 솔직한 응답을 유도해 내는 등의 장점으로 갖고 있다. 그러나 요인구조가 설계되어 있지 않아 낮은 신뢰도와 타당도의 문제가 있고 검사의 채점 및 해석에 있어서 높은 전문성을 요구하며 검사자나 상황 변인의 영향을 받아 객관성이 결여될 위험이 있다.

❑ 기출문제를 통한 객관적/주관적(투사적)검사의 차이점

객관적 검사는 개인이 응답하는 방식에 있어서 일정한 흐름, 예를 들면 긍정적으로 일관되게 응답하거나 아니면 부정적으로 일관되게 응답하는 개인의 경향이 있다.

반면, 투사적 검사는 반응과정에서 피검자는 불분명하고 모호하며, 신기한 검사자극에 부딪혀서 적절한 방어를 하기가 어렵게 된다.

14강 MMPI(1)

❏ 다면적 인성검사(MMPI : Minnesota Multiphasic Personality Inventory)

1. MMPI의 개발

1) 원판MMPI의 개발-해서웨이 & 맥킨리(Starke Hathaway & Jovian Mckinley, 1943)
   ㉠ 대규모 예비문항 수집, 임상집단과 정상집단 선정
   ㉡ 8개의 임상척도 구성, Mf 척도 및 Si 척도 관련 문항 추가
   ㉢ 타당도 척도 개발 : 무응답 척도(?), 비전형 척도(F), 거짓말 척도 (L) 및 교정 척도(K)

2) MMPI-2의 개발(1982)
   ㉠ 시대에 뒤떨어지거나 이의 제기 소지가 많은 문항 삭제(예, 모호-명백문항)
   ㉡ 원판 MMPI의 타당도 척도와 임상척도 유지
   ㉢ 대표성이 있으면서도 광범위한 표집
   ㉣ 임상적 문제를 정확하게 반영함과 동시에 단일한 배분위로 분류될 수 있는 규준 개발
   ㉤ 문항과 척도를 평가하는 데 사용할 수 있는 새로운 임상 자료의 수집
   ㉥ 새로운 척도 개발(타당도 척도, 내용 척도, 보충 척도 등)

2. MMPI의 특징

1) 특징
   ㉠ 오랜 역사를 거쳐 매우 대중적이며 익숙한 검사이다.
   ㉡ 검사의 실시와 채점이 용이하며, 코드 유형 등을 사용해 간편하게 해석할 수 있다.
   ㉢ 투입되는 시간과 노력대비 효용성이 높다.
   ㉣ 객관적으로 표준화된 규준을 갖추고 있다.
   ㉤ 다양한 유형의 MMPI가 개발되어 활용 가능도가 높다.
   ㉥ 여러 인종, 문화, 언어를 대상으로 대규모의 규준 및 타당도 연구가 진행되고 있어 국가 간, 문화 간, 인구 통계학적 변인들을 고려한 비교가 가능하다.

2) 한계
   ㉠ 여러 척도 간 문항 중복으로 상관계수가 높고 개별척도 및 코드유형에 대한 정보가 진단적 변별에 유용하지 않다.
   ㉡ MMPI에서 사용하는 일부 용어는 시대에 뒤떨어지고 진부하여 최신 정신장애 진단체계 및 정신병리 용어에 부합하지 않는다.

3. MMPI의 실시

1) 검사자에 대한 고려사항
MMPI는 매우 복잡하고 정교한 심리검사이므로 결과에 대한 해석은 심리검사의 제반 이론, 성격의 구조 및 역동, 정신병리학, 심리 진단 등에 대해 체계적인 지식을 갖추고 임상 훈련을 받아 자격을 취득한 전문가만이 가능하다.

2) 피검자에 대한 고려사항
문항을 정확히 읽고 충분히 이해하여 답할 수 있을 정도인 초등학교 6학년 이상의 독해력을 갖춘 사람에게 실시해야 한다.

3) 검사 실시 및 채점
㉠ 피검자들이 답안을 완성하는 데 일반적으로 1시간~1시간 30분 정도의 시간이 소요된다.
㉡ 검사 실시 전, 검사자는 피검자와 라포를 형성하여 최대한의 협조를 끌어내는 것이 중요하다.
㉢ 채점하기 전, 검사자는 피검사의 답안지를 전체적으로 검토하여 적절하게 응답되지 않은 경우에는 재응답을 권유해야 한다.

4. MMPI의 타당도 척도와 기본 임상척도

척도명	약자	척도번호	문항 수(MMPI)	문항수(MMPI-2)
타당도 척도				
무응답 척도	?			
비전형 척도	F		64	60
부인 척도	L		15	15
교정 척도	K		30	30
기본 임상척도				
건강염려증 척도	Hs	1	33	32
우울증 척도	D	2	60	57
히스테리 척도	Hy	3	60	60
반사회성 척도	Pd	4	50	50
남성성-여성성 척도	Mf	5	60	56
편집증 척도	Pa	6	40	40
강박증 척도	Pt	7	48	48
정신분열증 척도	Sc	8	78	78
경조증 척도	Ma	9	46	46
내향성 척도	Si	0	70	69

5. MMPI의 해석 절차 - MMPI의 일반적인 해석 절차

MMPI는 개별 검사를 통해 수집된 정보이므로 완전한 의학적 진단의 근거로 삼아서는 안 되고 수검자의 심리 상태에 대한 하나의 가설을 수립하는 데 활용하도록 하며 다른 검사 자료, 행동 관찰 및 면담 정보 등을 고려해 통합적으로 해석해야 한다. MMPI는 일반적으로 다음과 같은 해석 절차를 거친다.

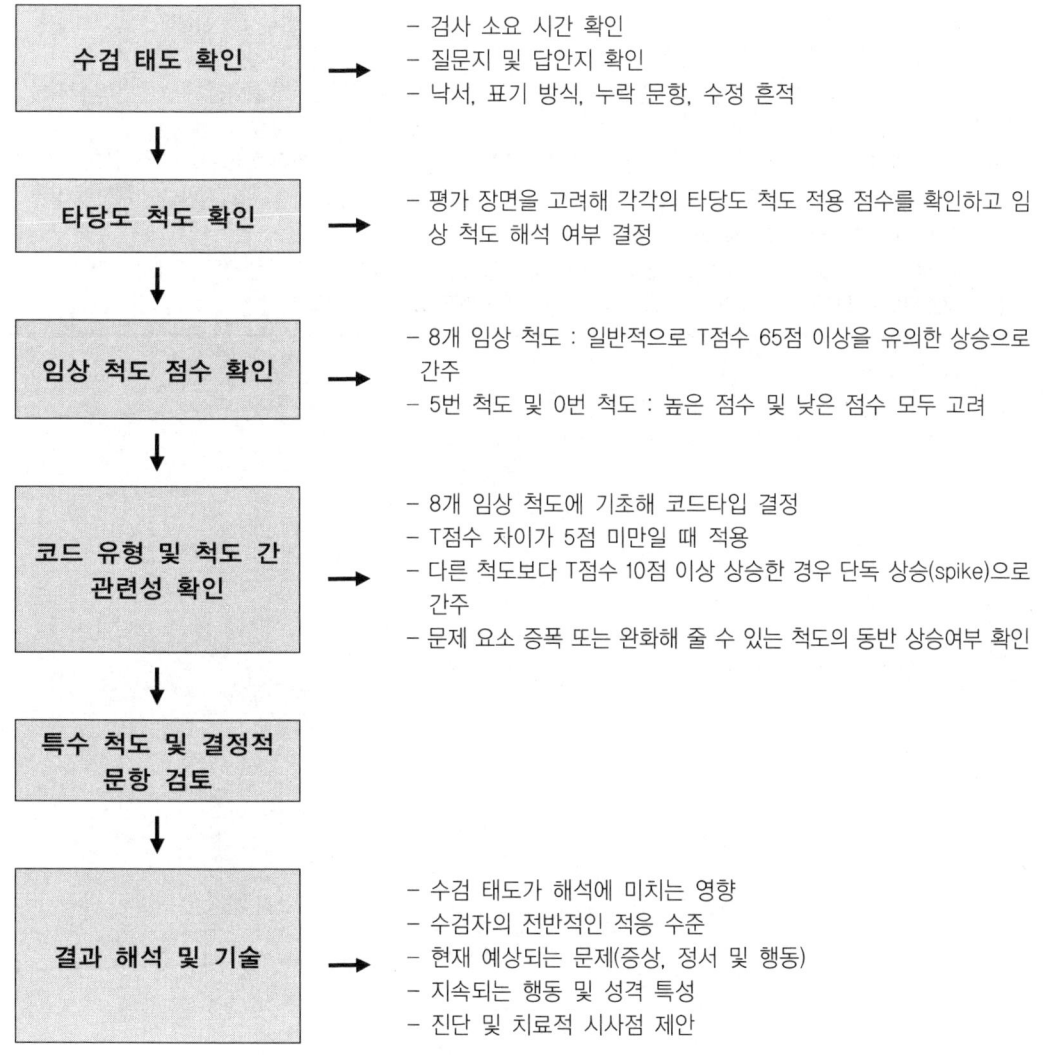

[MMPI의 일반적인 해석 절차 - 포털site 네이버 자료 참조]

1) 해석 시 유의할 사항
 ① 다른 모든 검사와 마찬가지로 면담이나 다른 정보 수집 없이 MMPI 결과 하나에만 기초해 '무정보 해석(blind interpretation)'을 하지 않도록 유의해야 한다.

심리측정 평가의 활용

② 수검 태도 및 검사 결과의 타당성을 확인한다.
③ 척도별 점수를 확인하고, 프로파일의 코드타입 및 척도 간 연관성을 확인하다.
④ 내용척도, 내용소척도, 보충척도 점수 및 결정적 문항들을 검토한다.
⑤ 결과 해석을 기술한다.

♣ 심화학습 – MMPI- 2 해석

1) 검사자는 수검자에게 검사용지를 주어 집에서 하게 할 수도 있으나, 가능한 한 검사자가 지정하는 곳에서 검사자의 감독하에 실시하는 것이 바람직
2) 검사자는 수검자의 검사에 대한 제반 질문에 대해 친절하게 답변해야 하지만 부연설명을 하는 것은 바람직하지 않다.
3) 보통 30개 이상의 문항을 누락하거나 양쪽 모두에 응답하는 경우, 프로파일은 무효로 간주될 수 있다. 다만, 30개 이상의 문항을 누락하더라도, 기본적인 타당도 척도와 임상척도가 위치한 검사의 전반부에 해당하지 않는다면 비교적 타당한 것으로 볼 수 있다.
4) 본래 검사를 실시할 수 있는 연령하한선이 16세이나, 일정 수준의 독해력이 인정되는 경우 12세까지 가능하다.
5) 내용소척도는 모척도인 내용척도의 T점수가 60 이상일 때만 해석해야 한다.

15강 MMPI(2)

❑ MMPI의 결과 해석에 포함되어야 하는 내용

1. 수검자의 수검 태도가 결과 해석에 미치는 영향
2. 수검자의 전반적인 적응 수준
3. 수검자의 현재 증상, 정서 및 행동
4. 수검자의 행동 및 성격 특성 : 주요 욕구, 환경 및 대인 지각, 자기개념, 감정 조절, 대처전략 및 방어기제, 대인관계, 심리적 강점과 약점 등
5. 진단적 시사점
6. 치료적 함의

❑ 타당도 척도의 의미

가) MMPI의 타당도 척도

① 부인 척도(L척도 : Lie)
  ㉠ 자신을 지나치게 긍정적으로 표현하려는 수검자의 방어적 태도를 탐지할 목적에서 개발된 척도이다.
  ㉡ L척도에서 높은 점수는 대부분의 사람들이 별 망설임 없이 기꺼이 인정할 수 있는 사소한 결점이나 부정적 감정, 욕구조차 단순한 방식으로 부인하며, 자신을 필요이상 완벽하고 이상화된 방식으로 좋게 보이려는 태도를 반영한다.
  ㉢ 인사 선발, 자녀 양육권 평가, 보호 감찰 평가와 같이 긍정적 평가를 받아야 할 동기가 높아지는 상황, 사회적으로 바람직하다고 여겨지는 덕목이나 태도를 중요시하는 수검자 등 다양한 이유에서 L척도가 경미하게 상승할 수 있다.
  ㉣ 대부분의 사람들이 쉽게 인정하는 사소한 실수나 결점을 단순하게 부인하며, 자신의 긍정적 특성을 강조하는 세련되지 못한 방어적 태도를 반영한다.

② K교정 척도(K척도 : Correction)
  ㉠ 수검자의 방어적 태도를 탐지하기 위해 개발된 척도라는 점에서 L척도와 유사하다.
  ㉡ 순진하고 단순하게 자신의 심리적 문제를 부인하려는 수검자들의 경우 L척도가 상승하는 것에 반해, 좀 더 지적이며 심리적으로 세련되고 교묘한 태도로 자신을 방어하려는 수검자들의 경우 K척도는 상승하지만 L척도가 유의하게 상승하지는 않는다.
  ㉢ K척도는 방어적 수검 태도와 관련한 검사 자료의 타당성을 평가할 목적 이외에도 방어적 태도가 임상척도 점수에 미치는 영향을 교정하기 위해 개발되었다. MMPI-2의 척도 1, 척

도 4, 척도 8, 척도 9 등은 K교정이 적용되는 임상척도이다.
③ 비전형 척도(F척도 : Infrequence)
  ㉠ F척도는 통계적으로 이탈된 이상반응 경향 혹은 관습적인 태도에서 벗어난 비전형적인 반응 경향을 탐지하기 위해 개발되었다.
  ㉡ 무효화 가능성이 시사되는 프로파일 : 입원 환자 (T≥100), 외래 환자(T≥90), 비임상장면 (T≥80)

❏ MMPI-2의 타당도 척도

문항 내용과 무관한 응답 평가	무응답(?) 점수, VRIN, TRIN
문항 내용과 관련한 왜곡된 응답 평가	과장된 왜곡 보고 탐지 : F, Fb, Fp, FBS
	축소된 왜곡 보고 탐지 : L, K, S

① 무응답(?) 점수 : 표준화된 점수로 환산되는 척도 점수가 아니라 수검자가 응답하지 않고 생략만 문항의 개수를 나타낸다.
② 무선반응 비일관성 척도(VRIN : Variable Response Inconsistency) : 유사한 문항 쌍에서 수검자가 '그렇다-아니다' 혹은 '아니다-그렇다'로 반응하거나, 상반된 문항 쌍에서 '그렇다-그렇다', '아니다-아니다'로 반응하는 것과 같이 짝지어진 문항 쌍에 대해 일관되지 않은 방식으로 응답할 때마다 원점수가 1점씩 채점된다.
③ 고정반응 비일관성 척도(TRIN : True Response Inconsistency)
  ㉠ TRIN척도는 내용 면에서 정반대임에도 문항 내용과 무간하게 '그렇다-그렇다' 혹은 '아니다-아니다'와 같이 어느 한 방향으로 응답했을 때 채점된다. VRIN척도와 유사하지만, TRIN척도의 경우에는 수검자가 무분별하게 '그렇다(모두 긍정)' 혹은 '아니다(모두 부정)' 어느 방향으로 응답했는지에 대한 정보도 제공해 준다.
  ㉡ VRIN척도와 마찬가지로 TRIN척도 역시 T점수가 80 이상이면 검사 자료의 타당성이 의심되므로 해석하지 않도록 권고하고 있다.
④ 비전형 척도(F척도 : Infrequence)
  ㉠ F척도 : 규준집단 중 10% 이내의 사람들만 동일하게 응답한 문항으로 구성되어 있으며, 이는 통계적으로 이탈된 이상반응 경향 혹은 관습적인 태도에서 벗어난 비전형적인 반응 경향을 탐지하기 위해 개발되었다.

♠ 심화학습 – F척도가 극상승(T ≥ 110)
1. 문항 내용과 상관없이 반응하였을 가능성
2. 일반적인 사람들이 좀처럼 경험하지 않는 심각한 심리적 문제를 겪고 있을 가능성
3. 심각한 문제를 겪고 있지는 않지만 의도적으로 부적응을 부각시키고 심리적 문제를 가장했을 부정왜곡의 가능성
4. VRINT, TRIN, 꾀병을 위장했을 가능성을 직접적으로 평가하는 Fp척도 등 다른 타당도척도의 점수를 고려해 위의 여러 가지 가능성 중 F척도의 상승이 의미하는 바가 무엇인지 추론할 수 있다.

ⓒ 비전형-후반부 척도(Fb척도 : Back Infrequence) : F척도는 MMPI의 전반부 370문항에 배치되어 있으므로 이 척도만으로는 검사 후반부의 수검 태도 변화 및 타당도를 확인할 수가 없다. 이를 보완할 목적에서 검사 후반부의 부정왜곡 경향을 탐지할 수 있도록 Fb척도가 개발됨으로써 검사 후반부에 주로 배치된 보충 척도 및 내용 척도의 타당성에 대한 근거가 확보되었다.

♣ 심화학습 – Fb척도 상승에 대한 해석 : 임상장면(T≥110), 비임상장면 (T≥90)

Fb척도의 T점수를 F척도의 T점수와 비교하여, F척도의 T점수가 최소 30명 이상 더 높다면 검사 후반부에 피검자 태도에 유의한 변화가 있었음을 의미하므로, 검사 후반부에 배치되는 보충 척도, 내용 척도 및 기타 척도들을 해석하지 말아야 한다. 단, F척도가 타당하다고 여겨지는 검사 자료라면 전반부에 배치된 임상 척도에 대한 해석은 가능하다.

ⓒ 비전형-정신병리 척도(Fp척도 : Infrequency Psychopathology) : F척도가 상승한 프로파일 중 무선 반응 혹은 부정왜곡이 심해 타당하지 않은 프로파일로 해석되는 경우와 심각한 정신병리를 반영하는 경우를 구분해야 할 필요성을 인식하고, 이를 보완할 목적에서 Fp척도를 개발하였다. 즉, Fp척도의 문항들은 실제 정신병리를 반영할 가능성이 매우 낮다.

ⓔ 증상타당도(FBS : Symptom Validity) : Fb척도나 Fp척도와 마찬가지로 증상을 과대 보고하는 경향과 관련해 독립적인 해석이 가능하다. FBS척도의 T점수가 100 이상 상승한 경우는 객관적으로 심각한 의학적 문제가 명백한 사람들에게서도 흔하게 나타나지 않는 높은 점수이며, 따라서 신체적·인지적 증상 의심각도를 과장되게 보고 했을 가능성이 높아져 프로파일의 타당성이 의심된다.

♣ 심화학습 – 부정왜곡, 꾀병 판별 단계

1. 무응답 문항(?) 개수를 확인하라
   ① 무응답 문항 원점수가 30개 이상 → 무효 프로토콜, 해석 중단
   ② 무응답 문항 원점수가 30개 미만 → 진행
2. VRIN척도와 TRIN척도 점수를 확인하라
   ① VRIN 또는 TRIN척도 중 어느 하나라도 T점수가 80 이상 → 무효 프로토콜, 해석 중단
   ② VRIN과 TRIN척도 중 모두 T점수가 80 미만 → 진행
3. F척도 및 Fb척도 점수를 확인하라
   ① F척도와 Fb척도 모두 T점수가 80 미만 → 타당한 프로파일로 간주하고 해석 진행
   ② F척도나 Fb척도 중 어느 하나라도 T점수가 80 이상 → 증상 과장 가능성, 진행
4. Fp척도 점수를 확인하라
   ① Fp척도의 T≥100 → 꾀병 가능성이 높으므로 프로파일을 해석하지 말 것
   ② Fp척도의 T=80~99 → 꾀병 가능성 의심, 신중한 해석을 요하므로 부가 정보 수집할 것
   ③ Fp척도의 T=70~79 → 타당성 여부 불명확, 신중한 해석을 요하므로 부가 정보 수집할 것
   ④ Fp척도의 T<70 → 타당한 프로파일로 간주하고 해석 진행

16강 MMPI(3)

□ **임상척도**

1. **임상척도의 기본 차원(underlying dimension)**
   - 척도 1번 : 유지
   - 척도 2번 : 평가
   - 척도 3번 : 표현
   - 척도 4번 : 주장성
   - 척도 5번 : 역할 유연성
   - 척도 6번 : 호기심
   - 척도 7번 : 조직화
   - 척도 8번 : 상상력
   - 척도 9번 : 열정
   - 척도 0번 : 자율성

가) 척도 1. 건강염려증(Hs : Hypochondriasis)
   ① 척도 1이 높은 사람들의 특성
   ㉠ 질병과 통증에 대해 과도하게 걱정하며, 모호하고 전반적인 신체적 불편함을 호소한다.
   ㉡ 만성 통증, 두통, 소화기 증상과 같은 신체 증상에 대한 호소가 많으며, 하나의 신체 증상이 다른 신체 증상으로 옮겨 가기도 한다.
   ㉢ 만성적인 쇠약감, 피로감, 활력 저하, 불면을 호소한다.
   ㉣ 다양한 분야의 의학적 치료를 찾고 의료 서비스나 약물을 오남용한다.
   ㉤ 신체 증상은 상황적 스트레스에 대한 반응이기보다는 장기간 지속되어 온 경우가 흔하다.
   ㉥ 신체형 장애, 우울장애, 불안장애 범주의 진단을 받는 경우가 흔하다.
   ㉦ 전환장애 가능성이 있다(척도 1이 T>80이고, 척도 3이 유의하게 상승한 경우 혹은 전환 V프로파일인 경우).
   ㉧ 신체 망상의 가능성이 있다(척도 1이 T>80이고, 척도 8이 유의하게 상승한 경우).

나) 척도 2. 우울증(D:Depression)
   ① 헤리스-링고스(Harris-Lingoes)의 임상 소척도(척도 2)

D1 주관적 우울감	• 불행감, 우울감, 흥미 저하 • 자신감 상실, 열등감, 사회적 상황에 대한 불편감, 대처 능력 약화
D2 정신 운동 지체	• 심신 에너지 소진, 대인관계 회피, 적대감이나 충동성 부인
D3 신체적 기능장애	• 신체기능에 몰두, 쇠약감, 다양한 신체 증상 경험
D4 둔감성	• 긴장감, 주의집중의 어려움 • 무쾌감, 삶의 가치를 못 느낌
D5 깊은 근심	• 깊은 근심과 염려, 비관적·자기 비판적·부정적 사고 반추 • 쉽게 마음이 상함, 사고 과정에 대한 통제 불능감

   ② 척도 2가 높은 사람들의 특성
   ㉠ 우울 징후가 시사된다(특히 척도 2가 T>70으로 단독 상승한 경우).

㉡ 슬픈 기분, 우울감, 불행감, 불만족감, 불쾌감을 경험한다.
  ㉢ 무망감, 절망감이 심하며 미래에 대해 비관적이다.
  ㉣ 자신감이 저하되고 열등감, 무능감을 경험하며 쉽게 포기한다.
  ㉤ 의기소침하고 사기가 저하되어 있으며 자기 비하, 죄책감, 자기 패배적 사고를 보인다.
  ㉥ 무쾌감, 무감동, 정서적 마비를 보이기도 한다.
  ㉦ 흥미와 관심의 범위가 협소해지고 동기나 의욕 수준이 낮다.
  ㉧ 죽음 혹은 자살과 관련된 생각에 몰두해 있거나 자살 계획, 자살 시도의 가능성이 있다. 특히 척도 4, 척도 7, 척도 8 또는 척도 9 등이 매우 높은 수준에서 동반 상승할 경우 자살 시도의 가능성이 더욱 높아지므로 주의가 필요하다.
 ③ 치료적 시사점
  ㉠ 우울의 원인이 상황적 스트레스와 같은 외부 요인인지, 심리 내적 혹은 생물학적 원인인지를 확인해야 한다.
  ㉡ 인지 도식이 우울 증상에 미치는 영향, 사회적 지지 체계, 광범위한 자율 신경계 증상이 존재하는지 여부 등을 확인하고, 그에 부합하도록 치료의 초점을 맞춘다.
  ㉢ 자살 가능성에 대한 확인이 반드시 필요하다. 자살 가능성을 높이는 부가적 요인들에 대해 주의 깊은 평가가 중요하다. 자살 가능성이 높은 경우 안전한 입원 환경에서의 치료가 적합하다.

다) 척도 3. 히스테리(Hy:Hysteria)
 ① 헤리스-링고스(Harros-Longoes)의 임상 소척도(척도 3)

Hy1 사회적 불안 부인	• 사회적 외향성, 사회적 상호 작용을 편하게 느낌 • 단, 문항 수가 6개로 적어 65T 이상 얻기 어려우므로, 척도 3의 상승을 설명하는 데 유용하지 않음
Hy2 애정 욕구	• 애정과 관심을 받고자 하는 욕구가 강함 • 타인에 대한 긍정적·낙관적 기대, 대인관계에 순진함 • 관계를 의식해 자신의 감정을 솔직하게 표현하지 못함
Hy3 권태-무기력	• 신체적 불편감, 쇠약감, 피로감, 식욕 감퇴, 불면, 주의집중의 어려움
Hy4 신체 증상 호소	• 흉통, 심혈관 증상, 현기증, 두통, 메스꺼움, 구토 등 다양한 특정 신체 증상 호소 • 타인에 대한 적대감 부인
Hy5 공격성 억제	• 적대적이고 공격적인 충동 부인, 다른 사람의 반응에 예민함

 ② 척도 3이 높은 사람들의 특성
  ㉠ 책임 회피나 관심 획득의 목적으로 신체 증상을 이용한다(특히, 척도 3 T>80인 경우).
  ㉡ 신체 증상을 호소하면서도 이에 대해 무관심하거나 낙천적인 태도를 취하며 부인한다.
  ㉢ 불안감, 긴장감, 우울감을 경미한 수준에서 보고하기도 하지만 환각, 망상, 피해사고와 같이 심각한 정신병리는 거의 보고하지 않는다.
  ㉣ 종종 전환장애, 신체화 장애, 통증장애와 같은 신체형 장애로 진단이 내려진다.
  ㉤ 적대감, 분노와 같은 부정적 감정을 잘 표현하지 못하고 부인한다.

ⓗ 심리적으로 미성숙하고 유아적이며 자기중심적이다.
ⓘ 애정, 인정, 관심, 지지를 받고자 하는 욕구가 강하며, 이러한 욕구를 간접적이고 우회적인 방식으로 드러낸다.
ⓙ 정보를 구체적으로 처리하기보다는 느낌, 이상에 근거해 전체적으로 처리한다.
ⓚ 척도 3의 점수가 높을수록 부인, 과장, 신체화, 미성숙, 피암시성 등의 방어기제를 많이 사용하며 통찰 수준이 낮다.

❑ 신경증 세 척도(1Hs, 2D, 3Hy)의 형태

1. V형
① 척도 1, 3은 65T 이상, 척도 2는 그보다 낮은 경우
② 특징 : 정신적인 고통을 보다 합리적이며, 사회적으로 수용될 만한 신체적인 문제로 전환한다. 특히 척도 2가 40T 이하인 경우 전환장애적 성질을 나타내 신체적 증상에 대해 별로 우려하지 않으며, 정서적 곤란을 부인한다.

2. \형
① 척도 1, 2, 3, 모두 65T 이상(1〉2〉3)인 경우
② 특징 : ㉠ 사소한 기능장애에도 과민 반응
㉡ 장기간에 걸친 신체적 걱정 과다
㉢ 항상 신체적 고통 호소 예) 메스꺼움, 어지럼증, 피로감, 불면증, 두통 등
㉣ 안정적인 생활, 심리적 문제를 회피하려는 수단으로 신체적 증상 사용

3. ∧형
① 세 척도가 모두 높으면서, 척도 2가 가장 높은 경우
② 특징 : 만성적인 신경증적 상태 혹은 우울이나 히스테리적 양상을 보임
③ 증상(척도 1 65T 이하, 척도 2, 3 70T 이상)
㉠ 과도한 정서 통제
㉡ 화가 목구멍까지 차 있는 느낌
㉢ 항상 피곤, 불안
㉣ 자기 감정이 어떤 것인지 모르고 우울이 신체적 증상 때문이라고 주장
㉤ 의존적, 수동적, 불행이나 불편을 잘 참으므로 치료 동기가 약해짐

4. /형
① 모두 65T 이상 (1〈 2 〈 3)
② 특징 : ㉠ 우울증과 신체화 증상
㉡ 심한 불안, 식욕부진, 소화기 장애
㉢ 심리적 통찰력 결여
㉣ 행동에 대한 심리학적 해석에 대한 저항

17강 MMPI(4)

□ 척도 4. 반사회성(Pd : Psychopathic Deviate)

1. 헤리스 – 링고스(Harris-Lingoes)의 임상 소척도(척도 4)

Pd1 가정불화	• 원가족 혹은 현재 가족 관계에서 애정, 긍정적 관심, 이해, 지지가 부족했다고 느낌 • 가족들이 비판적이며 제재와 간섭을 많이 가했다고 여김
Pd2 권위불화	• 사회적 규범, 관습에 대한 반감과 적대감을 표현 • 옳고 그름에 대해 단호한 입장을 취하며 자신의 신념을 옹호함 • 학교생활에서 규칙 위반, 법적인 문제 있었음을 인정
Pd3 사회적 침착성	• 사회적 상황에서 자신감 있고 편안하게 느낌, 자신의 의견을 강하게 옹호함 • 6개의 문항으로 구성되어 있어, 65T 이상을 얻을 수 없으므로 척도 4의 상승을 설명하는 데에 유용하지 않음
Pd4 사회적 소외	• 대인관계로부터 동떨어진 느낌을 느끼거나 사람들로부터 이해나 공감을 받지 못하고 부당한 대우를 받는다고 여김 • 소외감, 고립감을 느낌
Pd5 내적 소외	• 불행감, 불쾌감, 불편감을 호소 • 일상행활에서 보상, 즐거움을 찾지 못함 • 과거 행동에 대한 후회, 죄책감을 표현

2. 척도 4가 높은 사람들의 특성

㉠ 사회의 보편적인 가치 기준, 관습, 도덕규범 등을 받아들이지 못한다.
㉡ 거짓말, 사기, 절도, 성적인 일탈 행동, 알코올 및 약물 남용 등 반사회적 행동이나 범법 행위에 연루될 수 있다(특히 T≥75인 경우).
㉢ 반사회적 성격장애, 수동-공격성 성격장애로 진단 내려지는 경우가 흔하다.
㉣ 가족 구성원과의 불화가 흔하다.
㉤ 미성숙하며 유아적, 이기적, 자기본위적이다.
㉥ 모험적, 감각적, 자극적 활동을 선호한다.
㉦ 욕구 지연, 실패, 좌절에 대한 내성, 참을성이 부족하다.
㉧ 단조롭고 지루한 상황을 잘 견디지 못한다.
㉨ 다른 사람들의 욕구와 감정에 둔감하며 공감 능력이 부족하다.

3. 척도 5. 남성성-여성성(Mf : Masculinity-Femininity)

① 척도 5가 높은 남성의 특성
  ㉠ 전통적인 남성적 역할이나 관심사에 흥미가 별로 없다.
  ㉡ 일반적인 남성들보다 자녀 양육, 가사 일에 더 많이 관여한다.

ⓒ 미적이며 예술적인 흥미를 지니고 있다.
　　　ⓔ 섬세하고 민감하며 감수성이 풍부하다.
　　　ⓜ 다른 정신병리가 있을 경우 이를 행동화할 가능성을 낮춰 준다.
　② 척도 5가 낮은 남성의 특성
　　　㉠ 전통적인 남성적 면모를 과시하고자 한다.
　　　㉡ 전통적인 남성적 역할에 부합하는 직업, 취미, 흥미를 갖고 있다.
　③ 척도 5가 높은 여성의 특성
　　　㉠ 전통적인 여성적 성역할에 대해 거부적일 수 있다.
　　　㉡ 사회 통념상 남성적 역할에 부합한다고 알려진 직업, 취미, 활동에 관심이 많다.
　　　ⓒ 진취적, 성취지향적, 경쟁적이며 자기주장이 강하다.
　④ 척도 5가 낮은 여성의 특성
　　　㉠ 아내, 엄마 등 전통적인 여성적 역할에 만족감을 느낀다.
　　　㉡ 전통적으로 여성적 특성이라고 간주되는 활동에 흥미를 갖는다.

4. 척도 6. 편집증(Pa ; Paranoia)

① 해리스-링고스(Harris-Lingoes)의 임상 소척도(척도 6)

Pa1 피해의식	• 세상을 위협적이라고 지각 • 자신이 오해나 부당한 대우, 불필요한 통제와 간섭을 받는다고 지각함 • 타인의 의도를 의심하고 불신함, 자신의 문제를 타인에게 투사하고 비난함 • 높은 점수를 보이는 경우 관계 사고나 피해망상을 보일 수 있음
Pa2 예민성	• 다른 사람들보다 더 민감하며 과민하고 쉽게 흥분함 • 강렬한 감정 경험을 함 • 기분 전환을 위해 위험하거나 자극적 활동을 추구
Pa3 순진성	• 다른 사람들에 대해 비현실적으로 긍정적, 낙천적 태도를 보임 • 일반적으로 사람들은 정직하고 이타적이며 관대하다고 생각함 • 사람들을 쉽게 믿음, 도덕적 기준이 높음, 적대감과 부정적 충동을 부인

② 척도 6이 매우 높은 사람들의 특성(T>70)
　　㉠ 피해망상, 과대망상, 관계사고 및 기타 사고장애 등 명백한 정신증적 증상과 그에 수반한 행동 특성을 보일 가능성이 높다(특히 척도 8이 동반 상승한 경우).
　　㉡ 자신이 음모에 휘말렸거나 남들로부터 부당한 대우, 모함, 괴롭힘을 당한다고 지각한다.
　　ⓒ 주위 사람들에게 원한을 품고 화를 내며 분개한다.
　　ⓔ 주된 방어기제로 투사를 사용한다.
　　ⓜ 임상 장면에서는 편집형 정신분열증이나 망상장애 진단을 받은 환자들이 많다.
　　ⓗ 정신과 환자라면 입원 치료를 받은 과거력을 보고하는 경우가 많다.

5. 척도 7. 강박증(Pt ; Psychsthenia)

① 척도 7이 높은 사람들의 특성

㉠ 불안하며 긴장되어 있고 초조해 한다.
㉡ 부정적 상황이 초래될 것을 미리 염려하고 두려워한다.
㉢ 강박 사고, 강박 행동, 의례적 행동, 반추적 사고를 보인다.
㉣ 꼼꼼하고 정확하며 완벽주의적이다.
㉤ 체계적, 분석적이며 주도면밀하다.
㉥ 융통성이 부족하고 경직되어 있으며 지나치게 도덕적, 양심적이다.
㉦ 우유부단하여 의사결정을 잘 내리지 못한다.
㉧ 실수나 실패 등 부정적 경험을 반추하고 자기비판, 자기반성을 많이 한다.
㉨ 불안을 줄이기 위해 합리화, 주지화 등의 방어기제를 많이 사용하지만 대부분 성공적이지 못하다.

6. 척도 8. 정신분열증(Sc ; Schizophrenia)

① 해리스-링고스(Harris-Lingoes)의 임상 소척도(척도 8)

Sc1 사회적 소외	• 사람들로부터 사랑과 이해를 받지 못하고 부당한 대우, 학대를 받는다고 느낌 • 사람들이 자신을 해치려 한다고 믿기도 함 • 외롭고 공허하며 소외감을 경험하지만, 사회적 상황과 대인관계를 가능한 회피함
Sc2 정서적 소외	• 두려움, 우울감, 절망감 혹은 무감동, 냉담함을 느낌 • 때로는 죽기를 바라는 경우도 있음
Sc3 자아통합 결여-인지적	• 비현실감, 기이한 사고 과정, 주의집중 및 기억의 어려움 • 간혹 정신을 잃은 것 같다고 느끼기도 함
Sc4 자아통합 결여-동기적	• 삶의 재미와 보람을 찾지 못하고 인생살이를 힘겹게 느낌 • 과도하게 염려하며, 스트레스를 경험하면 공상, 백일몽에 빠져듦 • 간혹 죽기를 바라기도 함
Sc5 자아통합결여-억제부전	• 감정과 충동 통제력 약화 • 안절부절못하고 과잉행동을 보이거나 짜증스럽고 과민한 반응을 보이기도 함 • 울음과 웃음을 참지 못하거나 자신의 행동을 기억하지 못하는 경우가 있음
Sc6 기태적 감각 경험	• 자신의 신체에 기이하고 특별한 변화가 있다고 느낌 • 피부가 민감해지고 음성의 변화, 근경련이나 마비, 균형 감각 상실, 동작이 서툴러진다고 느낌 • 환각, 관계 망상 등을 보이기도 함

② 척도 8이 높은 사람들의 특성
㉠ 정신분열증을 비롯해 정신증적 장애를 지닐 수 있다(특히 T>75).
㉡ 사고의 혼란, 와해된 행동, 지남력 상실 등을 보일 수 있다.
㉢ 현실 검증력 등 심각한 수준의 판단력 손상을 보일 수 있다.
㉣ 내적인 생각, 충동, 공격성, 분노, 적대감을 스스로 통제하지 못하고 외현화된 행동으로 표출할 수 있다.
㉤ 관습적이지 않은 사고방식, 독특한 취향, 강한 개성을 반영하기도 한다.
㉥ 감성적이고 창의력, 상상력이 풍부한 긍정적인 특성을 반영하기도 한다.

18강 MMPI(5)

☐ 척도 9. 경조증(Ma ; Hypomania)

1. 헤리스 – 링고스(Harris-Lingoes)의 임상 소척도(척도 9)

Ma1 비도덕성	• 사람들이 이기적·기회주의적이며 정직하지 못하다고 여기며, 자신도 이와 같이 행동하는 것이 당연하다고 느낌 • 타인을 속이고 착취하는 것에서 대리 만족을 얻을 수 있음
Ma2 심신운동 항진	• 말, 사고 과정 및 행동량이 증가되어 있음 • 정서적 흥분, 긴장, 들뜬 기분을 느낌 • 쉽게 지루해 하며 이를 달래고자 위험하고 모험적인 일을 찾음
Ma3 냉정함	• 사회적 불안을 부인 • 타인과의 상호작용을 편하게 느낀다고 보고하지만 상대의 의견, 가치, 태도에 관심이 부족함
Ma4 자아팽창	• 자신의 능력과 가치에 대해 비현실적으로 긍정적, 과장된 평가를 내림 • 다른 사람의 지시나 명령에 분개할 수 있음

2. 척도 9가 높은 사람들의 특성

㉠ 극도로 높은 점수(T>80)인 경우 중간 수준 이상의 증상 심각도를 보이는 조증 삽화일 가능성을 고려해 볼 수 있다. 이 경우 과대망상, 혼란스러운 사고, 사고의 비약, 환각, 생산적이지 못한 목표 지향적 행동의 증가, 말의 속도 혹은 말의 양 증가, 고양된 기분, 과장된 자기 지각, 정서적 불안정성, 충동 조절의 어려움 등을 보인다.
㉡ 활동량이 지나치게 많으며, 생각보다 행동이 앞선다.
㉢ 기분이 고양되어 있고 자신감에 넘치다가도 금방 초조해지고 동요되며 낙담하는 등 감정 기복을 보인다. 주기적으로 우울 삽화를 보일 수도 있다.
㉣ 넘치는 활력, 심신에너지의 항진은 정서적 고통감이나 스트레스 상황으로부터 주의를 분산시키는 역할을 한다.

3. 척도 0. 내향성(Si ; Social Introversion)

① 헤리스-링고스(Harris-Lingoes)의 임상 소척도(척도 0)

Si1 수줍음/자의식	높은 점수는 대인관계 상황에 서툴고 수줍음이 많으며 쉽게 당황하는 경향, 낯선 환경에 대한 불편감을 반영함
Si2 사회적 회피	높은 점수는 집단 활동이나 여러 사람들과 어울리는 것, 사교적 활동을 회피하고 싫어하는 경향을 반영함
Si3 내적/외적 소외	높은 점수는 스스로 자신감이 부족하고 자존감이 낮다고 여기며 자기비판적이고 자기회의적인 태도, 우유부단함, 과민함, 두려움 등을 반영함

② 척도 0이 높은 사람들의 특성
  ㉠ 사회적으로 내향적이고 소극적이며 수줍음이 많다.
  ㉡ 다른 사람에게 자신이 어떻게 비쳐지는지, 주위 평판에 예민하다.
  ㉢ 혼자 있거나 소수의 친한 사람들과 있을 때 편안함을 느낀다.
  ㉣ 다른 사람들 앞에서 자신의 생각과 감정을 잘 표현하지 않으며 행동을 조심하고 삼간다.
  ㉤ 많은 사람들과 어울려야 하는 상황 및 사회적 상황에 불편감, 불안정감을 느낀다.
③ 척도 0이 낮은 사람들의 특성
  ㉠ 사교적이고 활달하며 외향적이다.
  ㉡ 언변이 유창하고 말수가 많으며 자기표현을 잘한다.
  ㉢ 다른 사람들과 어울리고자 하는 대인관계의 욕구가 강하다.
  ㉣ 사회적인 인정, 지위, 권력을 얻고자 하는 욕구가 강하다.
  ㉤ 폭넓은 대인관계를 맺지만 피상적일 수 있다.

❑ **MMPI의 해석 : 코드 타입별 해석**

– 상승척도 쌍(code type)

1) 0번, 5번척도는 제외
2) 65점 이상의 점수척도들에 한해서 상승척도 쌍 후보를 찾음
3) A-B 상승척도쌍 해석
  : A가 가장 높고 B가 두 번째로 점수가 높음. AB쌍과 BA쌍 해석은 기본적으로 동일
    (ex : 2-7쌍 : 2번이 가장 높고 7번이 두 번째로 높음)
4) 상승척도 쌍에 포함된 척도 중에서 가장 낮은 점수가 프로파일에서 그 다음으로 높은 척도의 점수보다 5점 이상 높을 때 상승척도쌍으로 인정
    (ex : 2-7쌍 성립 이는 2번(80점), 7번(76점)이고 다음으로 높은 3번(67점)일 경우)
5) 상승척도 쌍이 발견되지 않으면 개별 임상척도로 해석
  하지만, 60점 이상이라면 상승척도쌍의 증상에 대한 추론은 적절하지 않지만 성격적 부분은 추론 가능
    (* 65점 이상일 경우는 증상 및 성격특성도 추론 가능)
  가) 1-3/3-1

주된 증상	• 신체적 증상, 섭식장애, 통증, 피로, 마비감, 진전(tremor) 등을 보인다. • 척도 2, 7, 8 혹은 9가 상승하거나 K가 낮으면 혼란, 불안, 긴장, 그리고 우울감이 유의하게 나타난다.
특 징	• 미성숙하고, 이기적이며, 의존적인 경향이 있다. • 사회적일지라도 관계의 형성은 피상적이며 억압, 부인, 합리화, 투사를 과도하게 사용한다. • 부정적 감정의 표출은 흔치 않으며 수동-공격적인 성향이 있다. • 이성과 관계를 형성하려 하지만 인내력 있고 현실적인 관계의 형성에는 문제를 보인다. • 신체적인 고통을 통해 다른 사람의 관심을 얻으려 시도하며 책임감의 회피에 이용하려 한다.

심리측정 평가의 활용

나) 2-4/4-2

주된 증상	충동 조절에 문제를 겪고 우울증과 가책, 죄책감을 경험한다.
특 징	• 흔히 가정 문제, 직장에서의 해고, 사회적 문제행위의 개인력이 동반된다. • 알코올이나 약물의 남용이 빈번하고 척도 7, 3 혹은 8이 동반 상승되는 경우가 많다. • 청소년의 경우 권위에 대한 분노, 논쟁적, 타인과의 깊은 관계 형성을 두려워한다.

♣ **심화학습 – 쌍 '2-4'과 관련된 기출문제**

MMPI-2의 상승척도 쌍(2-4)
 – 반복되는 범법행위로 인해 정신감정을 목적으로 병원에 강제 입원된 사람
 – 남편과 시어머니와의 갈등으로 인해 무력감을 느끼고 만성적 적응문제가 있는 사람
 – 술이나 약물을 남용하는 사람

심리측정 평가의 활용

19강 MMPI(6)/MMPI-2(1)

❑ 상승척도 – 쌍 해석

1) 2-6/6-2

주된 증상	우울하고 화난 상태, 편집증적 경향성
특 징	• 분노는 타인뿐만 아니라 자신을 향한 경우도 많다. • 대부분의 우울증 환자와 달리 다른 사람에 대해 노골적으로 화를 내고 적대적이다. 결과적으로 대인관계가 원만하지 못하고 소외당한다. • 때로 거절당하기 전에 먼저 거절하는 태도를 보인다.

2) 2-7/7-2

주된 증상	• 정신건강의학과를 찾는 신경증 환자들에서 매우 빈번한 프로파일로 불안하고 긴장되어 있으며 예민하고 우울하다. • 걱정이 너무 많고 실제적, 상상적 위협에 약하여 문제가 생기기도 전에 그것을 예상하고, 사소한 스트레스에 과민반응한다. • 신체적 증상을 호소하는 경우가 많고 만성적 긴장상태를 반영한다. • 우울증의 임상적 반응(체중감소, 느린 행동과 사고의 지체)을 보이며 척도 8, 9가 동반 상승할 경우 자살시도가 잦다.
특 징	긴장, 우울, 신경증, 불안, 죄책감, 자기평가저하, 과도한 내성, 비생산적 반추, 자신감 결여, 작업능률 감소, 불면증

3) 3-4/4-3

주된 증상	만성적이고 강한 분노, 미성숙, 자기중심성을 보인다. • 34 : 분노감정을 간접적으로 발산, 자기중심성이다. • 43 : 평상시 자신의 감정을 과잉억제하며 주기적으로 분노감과 적개심이 폭발한다.
특 징	결혼불화, 난혼, 이혼, 알코올중독, 빈약한 관계 • 34 : 외견상으로 조용하고 순종적이나 자기중심적으로 가족, 결혼문제에 대한 통찰이 부족하다. 분노에 대한 과잉억제로 일단 폭발하면 전형적으로 과도하게 공격적이나 나중에는 이성을 찾는다. • 43 : 대체로 말이 없고 비사교적이나 갑작스런 감정의 폭발로 타인에게 놀라움을 준다. 스트레스 상황에 판단력이 흐려지고 사소한 외부자극에 폭발적인 감정반응을 보인다. 인정받고 싶은 욕구가 있으며 거부적 태도에 민감하고 비판에 대해 적대적 반응을 보인다. 외양으로는 순응하는 듯하나 내면으로는 매우 반항적이다.

심리측정 평가의 활용

4) 4-6/6-4

주된 증상	화를 잘 내고 원망하며, 말다툼이 흔하다. 일반적으로 사귀기 힘들다.
특징	• 분노, 후회, 불신, 짜증, 다른 사람의 요구나 비판에 대한 과민한 민감성 • 십대에게 흔하지 않고 여성에게 더 흔하다. • 미성숙, 자기도취적, 자기중심적이며 타인에게 지나치게 동정과 주의를 요구한다. • 억압된 분노가 특징이며 권위적 대상에 권위에 손상을 입히려 한다. • 가끔 모호한 정서적 및 신체적 불편을 호소한다.

5) 4-9/9-4

주된 증상	행동화 프로파일로 척도 9의 상승은 척도 4가 나타내는 반항적·충동적 행동을 활성화시키는 역할을 한다.
특징	• 과잉활동적, 반항적, 무책임, 신뢰롭지 못하다. • 피상적 대인관계, 반사회적 범죄행동, 사회적 기준을 무시하고 양심이 부족하며 윤리적 가치관이 불확실하다. • 정서적 자극이나 흥분에 대한 과도한 욕구를 보인다. • 과거의 경험에서 배우지 못한다. • 합리화와 더불어 과격행동이 주된 방어기제로 척도 6, 8이 상승되어 있고, 9가 이 척도들보다 더 높으면 매우 격렬하고 과격행동의 가능성이 더욱 커진다.

6) 6-8/8-6

주된 증상	• 편집증적 경향과 사고장애 • 퇴행, 자폐적 사고, 부적절한 정서반응, 기괴한 사고
특징	• 자폐적, 단절적, 우회적, 기괴한 사고의 내용 • 주의집중의 곤란, 기억의 둔화, 판단력의 장애 • 체계화된 망상과 환각, 비현실감, 백일몽과 환상 • 심한 스트레스를 받으면 긴장하고 걱정과 우울증상을 보이며, 감정반응이 둔화되고 부적절하다. • 사회적 고립, 의심, 불신, 무감동, 행동의 예측불허, 지나친 수줍음, 자신감과 자존감의 결여, 죄책감 • 혼자 있는 것을 편하게 생각한다.

7) 6-9/9-6

주된 증상	기분의 고양, 수다스러움, 공격적 적개심
특징	• 여성에게 흔하다. 충동적이고 정서적 불안정을 보이며, 과잉통제와 정서적 폭발이 번갈아 나타난다. • 긴장, 불안, 의존적, 애정에 대한 욕구 • 자신이 한 일에 대한 도덕적 정당성을 주장하며 비평을 받아들이지 못하고, 투사를 자주 사용한다. • 사소한 스트레스에 과잉반응, 심하면 환상 속으로 도피한다. • 조울병 혹은 정신분열증적 양상을 띤 사고장애, 주의집중 및 사고의 장애, 판단장애, 편집성 과대망상, 편집형 정신분열증의 진단이 절반을 차지한다.

8) 7-8/8-7

주된 증상	마음이 편치 못하고 항상 복잡하며, 적절한 문제 해결방안을 강구하지 못한다.
특 징	• 주의집중의 곤란, 걱정, 긴장, 우울, 내성적, 과잉사고, 불안정감, 열등감, 우유부단, 현실회피적, 친밀한 대인관계 형성의 어려움, 수동-의존적, 성역할에 대한 부적절감을 느낀다. • 척도 7이 8보다 높을 때는 강박증이 많으며, 8이 7보다 높은 경우에는 비교적 심한 병적 증상에 적응된 상태로 치료가 어렵다.

9) 8-9/9-8

주된 증상	망상, 정서적 부적절성
특 징	• 과대망상, 환각, 퇴행과 투사가 주된 방어기제, 환상과 공상, 주의집중과 사고의 곤란, 괴이하고 자폐적인 사고, 예측불허의 행동 • 정서적으로 적대적, 충동적, 거부적 • 비현실감, 당혹감, 장소나 시간에 대한 지남력의 상실, 현실검증력 손상 • 스트레스 하에서 붕괴되기 쉽다.

♣ 심화학습

*2-8/8-2 : 불안, 초조증상을 동반한 우울증과 자제력 상실에 대한 공포
*4-7/7-4 : 충동적인 분노 표출과 자기비난을 주기적으로 반복함
*8-7/7-8 : 비교적 심한 정신증적 증상에 적응된 상태로 정신분열형 장애가 나타남. 과도한 불안과 초조감을 경험하는 신경증적 과정

❏ MMPI-2

1) MMPI-2의 개발배경

원판 MMPI는 최초로 출간된 1943년 이래 40년 가까이 다양한 영역에서 광범위하게 사용되어 왔지만, 별도의 개정 작업이 이루어지지 않다 보니 사회-문화적 변화에 따른 행동 양상을 충분히 반영하지 못한다는 비판과 함께 문항 내용 및 제작 방식 등과 관련한 여러 문제점이 제기되었다. 이에 1982년, 미네소타 주립대학 출판부에서는 MMPI 재표준화위원회를 결성하여 방대한 연구를 진행했으며, 1989년 MMPI-2를 출시했다. MMPI 개정의 주요 내용은 다음과 같다(Groth-Groth-Marnat, 2009).

- 대표성이 있으면서도 광범위한 전국 규모의 표집으로 규준 제작
- 시대에 뒤떨어지는 고어체 문항 수정
- 현 시대에 이의가 제기될 소지가 있는 문항 삭제 또는 수정
  (예, 성차별적 문항, 종교적 문항, 신체 기능 및 기타 사생활 침범 우려가 있는 문항 등)
- 원판 MMPI의 타당도 척도와 임상 척도 유지
- 단일한 백분위로 제시할 수 있는 동형 T점수로 규준 개발
- 개별 문항과 여러 척도를 평가하는 데 필요한 새로운 임상 자료 수집
- 그동안 축적된 연구를 바탕으로 새로운 척도 추가 개발
  (예, 추가적인 타당도 척도, 재구성 임상 척도, 성격병리 5요인 척도, 내용 척도, 보충 척도)

심리측정 평가의 활용

① 재표준화를 위해 AX(Adult Experimental)라 명명한 예비 검사지를 제작했는데, 원판 MMPI에서 16개의 중복 문항을 삭제한 550개 문항에 기초했으며 이 가운데 원판 MMPI의 내용 구성에서 지적된 문제점을 해결하기 위해 82개 문항은 수정하여 사용했고, 여기에 154개의 임시 문항을 추가해 총 704개의 문항으로 구성했다. 추가된 문항은 약물 남용, 자살 위험성, 부부 문제, 식사 장애, 치료나 재활에 대한 태도, 직업에 대한 태도 등으로 원판 MMPI로부터 평가 영역을 확대하기 위한 시도였다.

② 7개의 주를 비롯해 인디언 거주지, 군 기지 등 다양한 지역에서 18세에서 90세 사이의 2600명(남성 1138명, 여성 1462명)을 표집했는데, 이들이 전체 인구에 비해 교육 수준이 약간 높다는 점, 라틴계와 아시아계가 과소 표집되고 인디언계가 과대 표집된 점 등 몇 가지를 제외하고는 1980년의 미국 인구 센서스 자료와 유사했다. 이렇듯 MMPI와 기본적인 형식을 동일하게 유지하되 시대적 변화와 흐름에 맞춰 기존 문항을 변경, 삭제하고 새로운 문항을 추가하여 최종적으로 총 567개 문항으로 구성된 MMPI-2가 출시되었다(Butcher, Dahlstrom, & Graham, 1989). MMPI-2의 개발 과정은 다음과 같다.

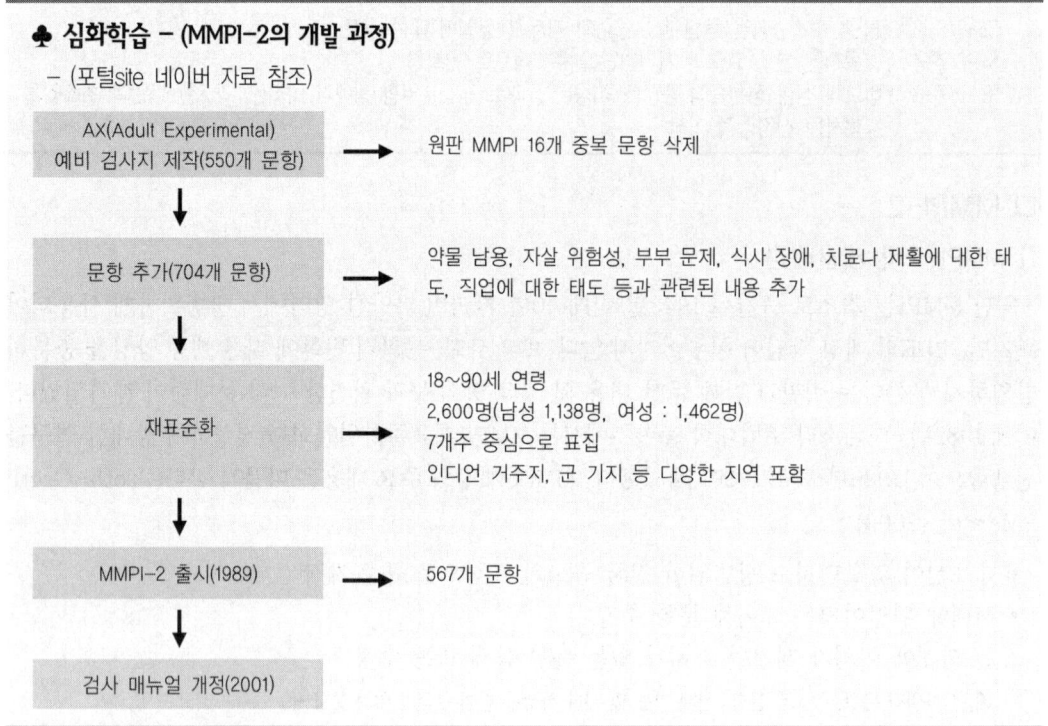

♣ 심화학습 - (MMPI-2의 개발 과정)
  - (포털site 네이버 자료 참조)

♣ 심화학습
- 임상척도 = 집의 구조(뼈대, 벽, 기둥 등)
- 내용척도 = 가구(소파, 의자, 식탁, 협탁 등)
- 보충척도 = 소품과 인테리어(샹들리에, 포인트벽지, 블라인드 등)

2) MMPI-2의 결과지를 해석할 때

임상척도는 피검자의 심리구조를 보는 것. 따라서 임상척도 해석은 피검자의 기본적으로 특성 불안수준이 어떠하고 내향과 외향을 살피고 또는 '기본적으로 우울한 성향이다. 또는 스트렛를 받으면 신체화 증상을 통해 자신의 고통감을 우회적으로 표현하는 사람이다.' 등의 해석이 가능해진다.

내용척도는 예를 들면 임상척도상 우울의 징후가 있는 경우에, 왜 우울할까의 내용을 들여다보니 자존감이 낮고, 가족문제가 복잡하고 건강에 대한 염려가 평소 높은 편이고, 스트레스 요인들이 환경적으로 많이 산재해 있구나 등등의 내용적 측면을 들여다 볼 수 있게 된다.

보충척도는 인테리어에 해당하는 것이라 필수적인 것은 아니지만 피검자의 결과를 보다 정교하게 설명할 수 있는 역할을 한다. 예를 들면 책임감이 너무 강하고 여성적인 성역할에 경도되어 있어 지나치게 자신을 희생하는 덫에 빠진 것일 수도 있겠구나, 또는 매사에 억압된 상태라 술로 심적 불편감을 해소하려고 했을 수도 있겠구나, 분노와 적개심이 내재되어 있다보니 술을 마시면 간헐적으로 행동화 할 수 있을 것 같고 등등의 보충적 해석이 가능한 것을 말한다.

20강 MMPI-2(2)

❏ MMPI-2의 타당도 척도

1. 타당도 척도는 전체 결과에 영향을 미칠 수 있는 수검자의 응답 방식을 탐지할 목적에서 개발되었다. 타당도 척도 중 무응답 척도, 무선 반응 비일관성 척도(VRIN), 고정 반응 비일관성 척도(TRIN)는 내용과 무관하게 무작위로 응답한 경우를 탐지할 목적에서 개발되었으며, F 척도를 비롯한 F[B] 척도, F[P] 척도 및 FBS 척도 등은 증상이나 문제를 과장 왜곡해 보고할 가능성을, L 척도, K 척도 및 S 척도 등은 증상이나 문제를 축소 왜곡 보고하는 방어적 수검 태도의 가능성을 탐지할 목적에서 개발되었다. 각 타당도 척도의 개발 목적 및 해석 기준은 아래 표에 제시되어 있다.

2. MMPI-2의 타당도 척도

문항 내용과 무관한 응답	
무응답 척도	무응답 문항 : 반응 누락, 이중 표기 등 10-29개 생략 : 임상 척도 상승 낮춰 줌. 조심스럽게 해석 30개 이상 생략 : 타당도 강하게 의심되므로 해석하지 말 것
VRIN	무선 반응 일관성. 유사한 문항, 상반된 문항 쌍에서 비일관적인 응답 T〉80: 검사 자료의 타당성 의심. 해석하지 말 것
TRIN	고정반응 일관성. 내용상 정반대쌍에 대해 한 방향으로 응답 T〉80T : 내용과 상관 없이 "Yes" 방향으로 응답, 타당성 강하게 의심됨 T〉80F : 내용과 상관 없이 "No" 방향으로 응답, 타당성 강하게 의심됨
문항 내용과 관련해 왜곡된 응답(과장된 왜곡 보고 탐지)	
F	무효화 가능성 시사 : 입원(T≥100), 외래(T≥90), 비임상 장면(T≥80) 과장되지만 유효할 가능성 : 입원(T=80~99), 외래(T=70~89), 비임상 장면(T=65~79) 타당할 가능성 : 입원(T=55~79), 외래(T=55~69), 비임상 장면(T=40~64) 방어적일 가능성 : 입원(T≤54), 외래(T≤54), 비임상 장면(T≤39)
F[B]	검사 후반부의 타당도 평가 타당하지 않을 수 있음 : 임상 장면(T≥110), 비임상 장면(T≥90)
F[P]	고의적으로 정신병적 문제 과대 보고 T≥100 : 무작위 반응 또는 고의로 과대 보고 T=70~99 : 자신의 문제를 과장은 했으나 타당함
FBS	상해 소송 장면에서 신체적, 인지적, 의학적 증상을 과장하는 경우 탐지할 목적에서 개발 T≥100 : 무작위 반응 또는 신체 및 인지 증상 과대 보고 가능성 T=70~99 : 무작위 반응/ 심각한 의학적 문제/ 신체 및 인지 증상 과대보고 가능성

	문항 내용과 관련해 왜곡된 응답(축소된 왜곡 보고 탐지)
L	타당하지 않을 것임 : 임상 장면, 비임상 장면(T≥80) 무효할 가능성이 높음 : 임상 장면(T=65~79), 비임상 장면(T=70~79) 타당도가 의심스러움 : 비임상 장면(T=65~69) 타당하지만 세련되지 못한 방어 : 비임상 장면(T=60~64) 타당할 것임 : 임상장면(T≤64), 비임상 장면(T≤59)
K	타당하지 않을 수 있음 : 임상 장면(T≥65), 비임상 장면(T≥75) 중간 수준 방어로 타당하지 않을 수 있음 : 비임상 장면(T=65~74) 타당함: 임상 장면(T=40~64), 비임상 장면(T=40~64) 증상 과대 보고로 타당하지 않을 수 있음 : 임상 장면(T<40)
S	인사 선발 과정에서 과장된 자기 제시 타당하지 않을 수 있음 : 임상장면(T≥70), 비임상 장면(T≥75) 중간 수준 방어로 타당하지 않을 수 있음 : 비임상 장면(T=70~74) 타당함 : 임상 장면(T≤69), 비임상 장면(T≤69)

❏ MMPI-2의 임상 척도

1. MMPI의 임상 척도 점수에 대한 해석 기준은 문헌에 따라 다르지만, MMPI-2의 경우 T 점수가 평균 50, 표준편차 15점으로 표준화된 것에 근거해 1표준편차(1SD) 이상의 점수, 즉 T 점수 65점 이상을 임상적으로 의미 있는 상승으로 해석한다. 점수의 해석에 대해서는 연구자마다 의견을 달리하는데, 일반적으로 높은 점수에 비해 낮은 점수에서 얻을 수 있는 정보는 그리 중요하지 않으며 축적된 연구 결과도 많지 않아 보수적으로 해석할 것이 권장된다(Graham, 2006). 아래 표는 MMPI-2의 개별 임상 척도 및 임상 소척도에 대한 설명이다.

2. MMPI-2의 임상 척도 및 임상 소척도

척도 번호	약어	척도 설명 및 Harris-Lingoes임상 소척도
1	Hs	- 건강 염려증 환자를 탐지할 목적에서 개발 - 건강에 대한 과도한 걱정, 기질적 원인 없거나 미미함에도 다양한 신체적 호소를 하는 사람들 - 신체형 장애, 우울 장애, 불안 장애 범주의 진단을 받은 환자들에게서 흔히 상승함 - 공격성 : 척도3(Hy)와 동반상승시 타인에 대한 공격성이 간접표현됨 척도5(Mf)와 동반상승시 자기 자신에 대한 공격성이 들어남
2	D	- 다양한 형태의 우울 징후를 탐지할 목적에서 개발 - 슬픈 기분, 우울감, 불행감, 불만족감, 불쾌감, 무망감, 절망감, 일상생활에 대한 흥미 저하, 주의집중의 어려움, 의사 결정력 약화, 과민하고 짜증스러운 기분, 사소한 근심, 걱정, 죽음에 대한 생각 증가, 자살 사고 및 자살 가능성 증가 등 - 공격성 : 자기로 향한 표현 D1 : 주관적 우울감, D2 : 정신운동 지체, D3 : 신체적 기능 장애, D4 : 둔감성, D5 : 깊은 근심

심리측정 평가의 활용

척도 번호	약어	척도 설명 및 Harris-Lingoes임상 소척도
3	Hy	- 심인성 감각 장애 또는 운동 장애를 보이는 히스테리 환자 집단을 탐지할 목적에서 개발됨 - 신체적 불편감, 신체 기능 저하, 특정 신체 증상 호소가 많음. 스트레스 증가 시 신체 증상 악화. 애정, 인정 및 의존 욕구 강함. 적대감, 분노감 등을 부인하며 우회적인 방식으로 드러냄 - 공격성 : 간접적 표현 Hy1 : 사회적 불안 부인, Hy2 : 애정 욕구 Hy3 : 권태-무기력, Hy4 : 신체 증상 호소, Hy5 : 공격성 억제

4	Pd	- 반사회적 성격 장애 환자들 탐지할 목적에서 개발됨
		- 감각적, 자극적 활동을 선호하며 모험적, 충동적. 보편적 가치 규범에 대해 저항적인 태도 욕구 지연이나 좌절에 대한 내구성이 약함. 타인에 대한 공감 및 배려가 부족함. 소소한 규칙 위반이나 위법 행동 연루 가능성 높아짐
		- 공격성 : 직접적 표현
		    Pd1 : 가정 불화, Pd2 : 권위 불화, Pd3 : 사회적 침착성, Pd4 : 사회적 소외
		    Pd5 : 내적 소외

5	Mf	- 사회적 성 역할 특성 탐지 - 높은 점수의 남성 : 섬세하고 민감하며 감수성 풍부함. 전통적인 남성적 역할이나 활동에 관심이 적을 수 있음 - 낮은 점수의 남성 : 전통적인 남성적 성 역할 중요하게 여기며 이를 과시하고자 함 - 높은 점수의 여성 : 진취적이고 성취 지향적이며 경쟁적, 자기 주장이 강함 전통적인 여성적 역할에 거부적일 수 있음 - 낮은 점수의 여성 : 전통적인 여성적 역할에 만족감 경험
6	Pa	- 편집성 상태 환자 집단을 탐지할 목적에서 개발 - 타인의 사소한 말이나 행동에 민감하고 과잉 경계함. 타인으로부터 부당한 처우, 무시, 모함, 괴롭힘을 당한다는 피해 사고 보임. 자신의 도덕적 정당성, 합리성, 공평 무사함을 과도하게 강조하고 집착함. 융통성이 부족함. 투사, 부인, 합리화 등의 방어기제를 주로 사용함. 망상 장애 조현병 진단을 받은 환자들에게서 척도 점수가 매우 높게 상승함 - Pa1 : 피해 사고, Pa2 : 예민성, Pa3 : 순진성
7	Pt	- 강박 장애를 비롯한 불안 장애 환자들을 탐지할 목적에서 개발 - 불안감, 긴장감, 초조감 경험, 정서적 동요와 불편감 증가, 강박사고 및 강박 행동, 불필요한 근심, 걱정 증가, 자신의 능력에 대한 의구심, 피로감이나 에너지 소진, 불면, 자율신경계의 각성과 관련된 신체 증상 호소 등

8	Sc	- 조현병을 비롯한 정신증적 장애 탐지할 목적에서 개발
		- 사고의 혼란, 판단력 손상, 부적절하고 와해된 행동, 충동 및 행동 통제력 약화, 정서적 부적절성, 대인 관계 기술 부족, 이질감이나 고립감, 소외감 경험, 주의 집중력 저하 및 산만함 등
		- 조현병, 망상 장애, 정신증적 장애의 가능성 증가
		    Sc1 : 사회적 소외, Sc2 : 정서적 소외, Sc3 : 자아 통합 결여- 인지적,
		    Sc4 : 자아 통합 결여- 동기적, Sc5 : 자아통합결여- 억제부전,
		    Sc6 : 기태적 감각 경험

MMPI-2(2) 20강

척도 번호	약어	척도 설명 및 Harris-Lingoes임상 소척도
9	Ma	- 경조증 징후를 탐지할 목적에서 개발 　심신 에너지의 항진, 고양된 기분, 정서적 흥분성, 과민하고 짜증스러운 기분, 과장된 자기 지각, 과대 사고, 지나치게 긍정적, 낙천적 태도, 행동량 증가, 충동성 증가, 행동 통제력 약화 - 공격성 : 직접적 표현 　Ma1 : 비도덕성, Ma2 : 심신운동 항진, Ma3 : 냉정함, Ma4 : 자아 팽창
0	Si	- 내향적 성향, 대인 관계에 대한 두려움, 불편함, 회피적 태도 등을 평가 - 높은 점수: 내향적, 수줍음이 많음, 주위 평판에 민감함, 대인 관계 기술이 부족하거나 사회적 상황을 불편해함, 소극적이고 회피적 - 낮은 점수 : 외향적, 사교적, 활달함, 말수가 많고 자기 표현적, 대인 관계 욕구가 강함, 폭넓은 대인 관계 추구, 피상적일 수 있음 　Si1 : 수줍음/자의식, Si2 : 사회적 회피, Si3 : 내적/외적 소외

♣ **심화학습**

〈Harris-Lingoes 임상 소척도의 소척도중 D4 : 둔감성 사례〉

'중학생 A양은 중간고사 성적이 발표된 이후 주의집중 곤란 및 판단력과 기억력 저하를 호소하였다.'

21강 MMPI-2의 기타척도

❏ MMPI-2의 기타 척도

1. MMPI-2에서는 전통적으로 사용하던 타당도 척도 및 기본 임상 척도 외에도 이들 척도의 개발 방식에서의 문제점에 수반한 해석상의 어려움을 해결하고 병원 장면뿐만 아니라 적응상의 어려움을 보이는 사람들을 감별하고 심리-사회적 서비스를 제공하는 다양한 장면에서 폭넓게 적용할 수 있는 해석 지침을 마련하고자 재구성 임상 척도, 성격 병리 5요인 척도, 내용 척도, 보충 척도 등을 추가적으로 개발했다. 또한 수검자의 중요한 반응 내용을 확인할 수 있는 결정적 문항 등도 개발했다.

2. 재구성 임상 척도(restructured clinical scale, RC)
   - 임상척도간의 상관을 배제하기 위해 추가된 척도

   가) 재구성 임상 척도(RC)는 척도 간 중복 문항이 많고 높은 상관을 보이는 기존 임상 척도의 한계를 극복하면서도 각 임상 척도들의 핵심적인 특징들은 분리해 더 정제된 해석을 하고 진단적 변별성을 증대할 목적에서 개발되었다. 우선, 연구자들은 여러 임상 척도에서 공통적으로 반영되는 일반 요인을 추출하여 의기 소침 척도(RCd)로 명명했다. RCd 척도는 정신건강 또는 적응상의 문제를 겪는 사람들이 일반적으로 경험하는 정서 및 행동 문제 등을 포함하므로 이 척도 점수가 상승했다면 임상 척도, 내용 척도, 다른 RC 척도가 상승했을 가능성이 높아진다. 두 번째로는 5번 척도(Mf)와 0번 척도(Si)를 제외한 8개 기본 임상 척도에 상응하는 8개 씨앗 척도를 구성했다. 각 씨앗 척도는 해당 임상 척도와 요인 부하가 높되 RCd 척도와는 요인 부하가 낮고 다른 임상 척도와도 상관이 낮은 문항들로 구성함으로써 척도들 간의 상관을 줄이고 변별 타당도를 높여 해당 임상 척도의 본질적이고 핵심적인 특성을 반영할 수 있도록 했다. RC 척도는 T 점수 65점 이상을 유의한 상승으로 간주하며 RC 6, RC 8을 제외하고는 낮은 점수에 대해서도 해석이 가능하다. 다만, 타당도 척도를 통해 과소 보고 가능성이 보일 경우 낮은 점수에 대해서는 제한적 해석 또는 해석을 하지 않는 것이 좋다 또한 RC 3의 경우 3번 임상 척도(Hy)의 점수와 반대 방향으로 해석한다는 점에 유의해야 한다.

   나) MMPI-2의 재구성 임상 척도(RC)

번호	약어	문항
RCd	(dem)	의기소침(Demoralization) - 정서적 불편감이 심함
RC 1	(som)	신체증상 호소(Somatic Complaints) - 건강염려, 신체건강에 대한 염려와 집착이 강함

번 호	약 어	문 항
RC 2	(lpe)	낮은 긍정 정서(Low Positive Emotions)
RC 3	(Cyn)	냉소적 태도(Cynicism)
RC 4	(asb)	반사회적 행동(Antisocial Behavior)
RC 6	(per)	피해의식(Idea of Persecution) - 피해사고& 의심이 많음
RC 7	(dne)	역기능적 부정적 정서(Dysfunctional Negative Emotions)
RC 8	(abx)	기태적 경험(Aberrant Experiences) - 환각 &기태적인 지각 경험이 존재
RC 9	(hpm)	경조증적 상태(Hypomanic Activation)

3. 성격 병리 5요인 척도(PSY-5)

가) PSY-5 척도는 하크니스와 맥널티(Harkness &McNulty, 1994)의 차원 모델에 기초하며, 정상적인 성격 기능 및 정신 병리와 연관된 성격 특성을 평가할 목적에서 개발되었다는 점에서 다른 척도들과는 차이가 있다. PSY-5 척도의 T 점수가 65점 이상 상승했을 때 유의한 상승으로 보며, 통제 결여(DISC), 내향성/낮은 긍정적 정서성(INTR) 등 일부 척도에 대해서는 낮은 점수도 해석할 수 있다.

나) 성격 병리 5요인 척도(PSY-5)

약어	문항
AGGR	공격성 척도(Aggressiveness)
PSYC	정신증 척도(Psychoticism)
DISC	통제 결여 척도(Disconstraint)
NEGE	부정적 정서성/신경증 척도(Negative Emotionality/Neuroticism)
INTR	내향성/낮은 긍정적 정서성 척도(Introversion/Low Positive Emotionality)

4. 내용척도

가) 원판 MMPI에 대해서 위긴스(Wiggins) 등의 내용척도 등이 개발되었는데, MMPI-2에서도 이와 비슷하게 문항 군집을 바탕으로 15개의 새로운 내용척도를 개발했다. **내용 척도는 내적 일관성이 높으면서도 척도간 중복 문항을 최소화함으로써 상대적으로 독립성을 유지할 수 있고 ('명백문항')**, 해당 내용 차원의 임상적 의미를 쉽고 상세하게 이해할 수 있다는 장점이 있다. 각 내용 척도는 일반적으로 T 점수가 65점 이상일 때 유의한 상승으로 해석하되, T 점수가 60-64점으로 경미하게 상승한 경우에는 유의하게 상승한 임상 소척도(T≥65)에 대해서만 해석을 적용한다.

심리측정 평가의 활용

나) MMPI-2의 내용척도 및 내용 소척도

약어	척도명과	내용 소척도
ANX	불안(Anxiety)	–
FRS	공포(Fears)	• 일반화된 공포(FRS1) • 특정 공포(FRS2)
OBS	강박성(Obsessiveness)	–
DEP	우울(Depression)	• 동기의 결여(DEP1) • 기분 부전(DEP2) • 자기 비하(DEP3) • 자살 사고(DEP4)
HEA	건강 염려(Health Concerns)	• 소화기 증상(HEA1) • 신경학적 증상(HEA2) • 일반적인 건강 염려(HEA3)
BIZ	기태적 정신 상태(Bizzare Mentation)	• 정신증적 증상(BIZ1) • 분열형 성격 특성(BIZ2)
ANG	분노(ANGER)	• 폭발적 행동(ANG1) • 성마름(ANG2)
CYN	냉소적 태도(Cynicism)	• 염세적 신념(CYN1) • 대인적 의심(CYN2)
ASP	반사회적 특성(Antisocial Practices)	• 반사회적 태도(ASP1) • 반사회적 행동(ASP2)
TPA	A 유형의 행동(Type A)	• 조급함(TPA1) • 경쟁 욕구(TPA2)
LSE	낮은 자존감(Low Self-Esteem)	• 자기회의(LSE1) • 순종성(LSE2)
SOD	사회적 불편감(Social Discomform)	• 내향성(SOD1) • 수줍음(SOD2)
FAM	가정 문제(Family Problems)	• 가정불화(FAM1) • 가족 내 소외(FAM2)
WRK	직업적 곤란(Work Interference)	–
TRT	부정적 치료 지표(Negative Treatment Indicator)	• 낮은 동기(TRT1) • 낮은 자기 개방(TRT2)

5. 보충척도
  가) 개요
  원판 MMPI를 토대로 개발된 기존의 보충 척도에 더하여 남성적 성역할 척도(GM), 여성적 성역할 척도(GF), 중독 인정 척도(AAS), 중독 가능성 척도(APS), 결혼생활 부적응 척도(MDS) 등이 새로 개발, 추가되면서 총 15개의 보충 척도를 제공하고 있다.

나) 보충 척도

A	불안(Anxiety)
R	억압(Repression)
Es	자아강도(Ego Strength)
Do	지배성(Dominance)
Re	사회적 책임감(Social Responsibility)
Mt	대학생활 부적응(College Maladjustment)
PK	외상후 스트레스 장애(PTSD)
MDS	결혼생활 부적응(Marital Distress)
Ho	적대감(Hostility)
O-H	적대감 과잉통제(Overcontrolled Hostility)
MAC-R	MacAndrew의 알콜 중독 척도
AAS	중독 인정(Addiction Admission)
APS	중독 가능성(Addiction Potential)
GM	남성적 성역할(Gender Role-Masculine)
GF	여성적 성역할(Gender Role-Feminine)

MMPI-A(청소년용 검사지)/CPI/PAI/MBTI

❏ 청소년용 MMPI-A의 개발

1. MMPI 재표준화위원회에서는 청소년을 대상으로 한 MMPI-A(Butcher et al., 1992)도 개발했다. 원판 MMPI가 만 16세 이상을 대상으로 표준화가 이루어졌으므로 일부 청소년 연령층이 규준 집단에 포함되고 이후 이들에 대한 별도의 규준도 개발되었지만, 성인과 청소년이 동일한 질문지를 사용하다 보니 문항 내용이 청소년기에 특화된 발달 특성이나 사회적 상황을 충분히 반영하지 못하고 청소년들에게는 검사가 지나치게 길고 난이도가 높다는 문제점이 제기되었기 때문이다.

2. MMPI-A는 원판 MMPI의 표준 척도 중 청소년에게 부합하지 않는 58개 문항을 삭제하고 일부 문항은 청소년들이 이해하기 쉽도록 표현을 수정했으며 청소년기의 발달 특성, 사회-문화적 상황, 청소년들의 주요 관심사를 잘 반영할 수 있는 새로운 문항을 추가하여 최종적으로 478개 문항으로 구성했다. 그리고 14-18세의 청소년 1620명(남자 805명, 여자 815명)에 대해 표준화 연구가 진행되었다. MMPI-2와 마찬가지로 MMPI-A 역시 원판 MMPI의 타당도 척도와 임상 척도의 기본 틀을 유지하되 새로운 타당도 척도, 내용 척도, 보충 척도 및 PSY-5 척도를 추가적으로 개발했다.

❏ MMPI-A

1. 내용척도

약 어	척도명과 내용 소척도
A-anx	불안(Adolescent-Anxiety)
A-obs	강박성(Adolescent-Obsessiveness)
A-dep	우울(Adolescent-Depression)
A-hea	건강 염려(Adolescent-Health Concerns)
A-aln	소외(Adolescent-Alienation)
A-biz	기태적 정신 상태(Adolescent-Bizarre Mentation)
A-ang	분노(Adolescent-Anger)
A-cyn	냉소적 태도(Adolescent-Cynicism)
A-con	품행 문제(Adolescent-conduct Problems)
A-lse	낮은 자존감(Adolescent-Low Self-Esteem)

22강 MMPI-A(청소년용 검사지)/CPI/PAI/MBTI

약어	내용
A-las	낮은 포부(Adolescent-low Aspirations)
A-sod	사회적 불편감(Adolescent-Social Discomform)
A-fam	가정 문제(Adolescent-Family Problems)
A-sch	학교 문제(Adolescent-school Problems)
TRT	부정적 치료 지표(Negative Treatment Indicator)

* MMPI-2의 내용척도중 청소년에게 적용적합한 4개척도 추가/교체 소외, 품행문제, 낮은 포부, 학교문제

2. MMPI-A의 보충 척도

약어	보충 척도명
A	불안 척도(Anxiety Scale) 불안, 두려움, 죄책감, 자기비판적, 주의집중 곤란
R	억압 척도(Repression Scale) 과잉통제적, 억제적, 덜 자발적
MAC-R	맥앤드류 알코올리즘 척도(MacAndrew Alcoholism Scale)
PRO	알코올/약물 문제 가능성 척도(Alcohol/Drug Problem Proneness) * 청소년의 알코올이나 다른 약물 문제가능성을 측정하기 위해 경험적으로 개발된 척도
ACK	알코올/약물문제 인정(Alcohol/Drug Problem Ackmowledgment) * 청소년이 알코올이나 다른 약물을 사용하고 있으며 이러한 사용과 관련된 증상과 문제를 갖고 있음을 시인하는 문항들로 구성되어 있는 안면타당도 방식척도
IMM	미성숙 척도(Immaturity)

❏ MMPI, MMPI-2 및 MMPI-A 비교

구분	MMPI	MMPI-2	MMPI-A
문항 수	566	567	478
타당도 척도	F, L, K	VRIN, TRIN, F, F(B), F(P), F[B]S, L, K, S	VRIN, TRIN, F, F1, F2, L, K
임상 척도	임상 척도(10) Harris-Lingoes 임상 소척도(28)	임상 척도(10) Harris-Lingoes 임상 소척도(28) 0번 임상소척도(3)	임상 척도(10) Harris-Lingoes 임상 소척도(28) 0번 임상 소척도(3)
기타 척도	-	재구성 임상 척도(9) 성격 병리5요인 척도 내용 척도(15)/내용 소척도(27) 보충 척도(15) Koss-Butcher 결정적 문항(6 영역) Lachar-Wrobel 결정적 문항(11 영역)	재구성 임상 척도 없음 성격 병리5요인 척도 내용 척도(15)/내용 소척도(31) 보충 척도(6) 청소년용 결정적 문항

* ( )는 해당 척도 개수

> 심리측정 평가의 활용

❏ 캘리포니아 심리 검사(California Psych0logcal Inventory : CPI)

1. 의의

CPI는 준거-집단 전략에 의해 구조화된 성격검사로서, MMPI 다음으로 대중성이 높다. 1987년 개정판에서 20개의 CPI 척도들 중에서 11개에 대해서 준거집단들은(예를 들면, 남자 대 여자 : 동성 남자들 대 이성 남자), 3개의 주제로 범주화되는 성격의 측정치를 제작하기 위해 비교되었다.

1) **범주 1** : 내향성 - 외향성
2) **범주 2** : 규준을 따르는 데 있어서 전통적인 것 대 비전통적인 것
3) **범주 3** : 자기실현과 통합감(sense of integration)

2. 척도

MMPI와는 대조적으로, CPI는 정상적인 사람들의 성격을 평가하기 위해서 시도한다. 그 검사는 18개의 척도를 포함한다. 각각의 척도는 4개의 집단들 중에 하나에 속한다.

1) **집단 Ⅰ 척도**

안정, 자기-확신(self-assurance), 상호 대인적 효능성(interpersonal effectiveness)을 측정한다. 이러한 부류(class) 내의 척도들에서 높은 점수를 얻은 사람들은 적극적이고, 기지가 있고, 경쟁적이고, 외향적이고, 자발적이며 자신감이 있는 경향이다. 그들은 사람을 대하는 상황을 편하게 느낀다.

2) **집단 Ⅱ 척도**

사회성과 성숙, 그리고 책임감을 평가한다. 이 척도에서 높은 점수를 얻은 개인들은 양심적이고, 정직하고, 의존적이고, 조용하고, 실용적이고, 협조적이고, 윤리적이며 도덕적인 문제에 주의하는 경향이 있다.

3) **집단 Ⅲ 척도**

성취 잠재성과 지적인 효능성을 측정한다. 이러한 척도에서 높은 점수를 얻은 사람은 조직적이고, 효능감이 있고, 진지하고, 성숙하며, 추진력 있고, 유능하고, 지식이 풍부한 사람인 경향이 있다.

4) **집단 Ⅳ 척도**

흥미 양식을 탐색한다. 이 척도에서 높은 점수를 얻은 사람은 다른 사람의 내적 요구에 반응하고 사회적 행동에서 융통성이 있다.

CPI의 장점은 그 검사를 정상적인 피험자에 사용할 수 있다는 것이다. MMPI는 일반적으로 정상적인 대상에 적합하지 않다. 만일 대인관계 효능성과 내적 통제에 대해서 정상적인 사람들에게 적용하도록 의도된다면, CPI는 좋은 검사가 된다.

3. CPI 척도 재정리

캘리포니아 성격검사는 각 18개의 척도를 포함한 4개의 군집으로 구성되어 있다. 캘리포니아 성격검사가 다면적 인성검사의 내용을 기초로 개발되었지만, 캘리포니아 성격검사의 각 척도가 대비성을 갖고 있다는 점에서 다면적 인성검사와 구별된 장점을 갖고 있다. 그 구체적인 척도를 살펴보면 다음과 같다.

척도(4개 집단구분)	측정군집
지배성, 사회성 등의 대인관계 적절성	지배성, 지위능력성, 사교성, 사회적 자발성 자기수용성, 안녕감(6)
성격과 사회화, 책임감	책임성, 사회성, 자제성, 호감성, 임의성 관용성(6)
인지적, 학업적 특성	순응적 성취, 독립적 성취, 지적 효율성(3)
다른 세 군집의 척도와 무관한 척도	심리지향성, 융통성, 여성성/남성성 (3)

4. CPI 해석

1) 다른 성격검사해석과 마찬가지로 CPI해석은 문헌 및 연구에 조예가 깊고 다른 정보와 연결지어 해석을 할 수 있는 숙련된 심리학자에 의해 실시되어야 한다. 특히 강조되는 점은 그 사람만이 지니고 있는 독특한 상황을 고려하여 해석해야 한다는 점이다.
2) 성격 프로파일상 패턴이 비슷할지라도 그 개인의 상황(예를 들면 가정환경)에 따라 해석이 달라지기 때문이다. 잠정적인 해석을 하는 과정에서 검사 지침서와 각 척도의 타당도 및 신뢰도를 관찰해야 하고 점수의 높낮이를 비교해야 하는데 이중 가장 중요한 과정은 오차분석에 있다.

5. CPI 채점 방법

1) **타당도 결정**: 각 척도의 점수를 계산하여 프로파일 용지에 옮긴다. 타당성을 저해하는 무반응이나 허위반응을 확인한다.
2) **프로파일 형태분석**: 검사결과를 믿을 수 있다면 전체적인 프로파일의 높이를 해석하고 4개 척도군 내에서 하위척도들의 상대적 수준을 서로 비교한다. 각 척도의 점수를 고려해서 보다 구체적으로 해석하는 단계이다. 전체 프로파일에서 가장 높고 낮은 척도를 먼저 유의해서 분석하고 각 군내에서 가장 높고 낮은 점수를 해석한다. 이 경우 척도치가 상승한 정도를 먼저 고려해서 기술하고 규준이나 프로파일의 평균에서 이탈된 정도 등을 고려하여 상대적 해석을 시도해야 한다. 형태분석이란 각 단계의 해석을 전체적으로 통합하는 단계로, 여기서는 척도들간 상호관련성에 유의한다. 즉 해당 프로파일의 기본적인 형태를 결정한 후 다른 척도들의 상승과 동시에 하강한 정도를 고려해서 그 형태를 해석한다. 그리고 마지막으로 검사결과의 분석이 모두 끝나면 이들 정보와 여러 가지 다른 검사자료나 개인적 정보를 통합해서 최종적인 해석을 시도한다.

3) **CPI 결과활용** : 성격을 객관적으로 파악하여 내담자의 진로지도에 도움을 줄 수 있다. 또한 개인별 프로파일에 대한 전문가의 구체적 해석이 전산화되어 있어 결과가 신속하게 제공된다. 대부분의 성격검사들이 각 하위특성별 점수만을 제공함으로써 결과의 활용에 한계가 있었던 점에 비해 본 검사는 각 하위특성들 간의 상호관계를 기초로 전문가가 종합적 해석을 내려줌으로써 교사들도 쉽게 검사결과를 이해하고 활용할 수 있도록 했다. 그리고 각 하위 척도들에 대한 설명과 구간별 점수가 가지는 의미를 제시함으로써 내담자의 성격의 하위특성이 어떤지에 대한 정보를 제공하고 있다.

캘리포니아 성격검사는 올바른 진로선택을 위해서 적합한 요인들 중 하위요인 간의 중복성을 최대한 줄였으며, 성격검사의 결과를 가지고 진학 및 진로지도, 성격지도 및 학습지도에 활용할 수 있다.

❑ PAI(Personality Assessment Inventory) – 성격평가 질문지

1. 의의

Morey(1991)가 제작한 객관형 성격평가 질문지 검사로서, 성인의 다양한 정신병리를 측정하기 위해 구성된 성격검사로 임상진단, 치료계획 및 진단집단을 변별하는데 정보를 제공해 주고 일반인에게도 적용할 수 있는 성격검사이다.

- 개발과정에서 수렴타당도와 변별타당도 강조
- 각 척도는 구체적인 구성개념을 평가하도록 구성하였기에 비교적 해석이 용이
- DSM 5의 진단분류에 정보 제공

2. 성격평가질문지(PAI)의 구성척도

1) 정신장애를 측정하는데 가장 타당하다고 보는 22개 척도에 344개 문항을 선별하여 구성하였고 4점 척도(0-3)로 이루어진다.
2) 4개의 타당도 척도와 11개의 임상척도, 5개의 치료고려척도와 2개의 대인관계척도가 있다.
3) 이 중 10개 척도에는 해석을 보다 용이하게 하고 임상적 구성개념을 포괄적으로 다루는데 도움을 주는 3~4개의 하위척도가 포함되어 있다.
   (1) 타당도척도 : 비일관성 척도, 저빈도 척도, 부정적 인상 척도, 긍정적 인상 척도
   (2) 임상척도 : 신체적 호소 척도, 불안척도, 불안관련 장애척도, 우울척도, 조증척도, 망상척도, 정신분열병 척도, 경계선적 특징 척도, 반사회적 특징 척도, 알코올 문제 척도, 약물 문제 척도
   (3) 치료고려 척도 : 공격성 척도, 자살관념 척도, 스트레스 척도, 비(非)지지 척도, 치료거부 척도
   (4) 대인관계 척도 : 지배성 척도, 온정성 척도

3. 27개의 결정문항 : 이를 통해 위기상황에 즉각적으로 개입가능

4. PAI의 장단점

장 점	단 점
• 임상적 유용성 • 검사 및 채점의 간편성 • 객관적 표준화 대상을 통해 표준화된 T점수 제공 • 적절한 심리 측정적 방법 사용 • 비용 효율성이 높고, 해석이 용이함 • 프로파일 타당도 평가가 가능함 • 이론과 임상 실제의 적합성	• 자기 보고형 질문지 검사의 한계 • 내용 범위가 제한됨 : 섭식 장애, 성기능 장애, 해리장애 등 일부 임상 증후군을 확인하지 못함 • 15세 이하 규준 부족

❑ MBTI 검사

1. 의의 : MBTI는 마이어-브리그스 유형지표(The Myers-Briggs Type Indicator)의 약어이다.

2. 융(C.G. Jung)의 심리유형론을 근거로 하는 심리검사이다.

3. 1921~1975년에 브리그스(Katharine Cook Briggs)와 마이어(Isabel Briggs Myers) 모녀에 의해 개발되었다.

4. 개인이 쉽게 응답할 수자기보고 문항을 통해 각자가 인식하고 판단할 때 선호하는 경향을 찾아낸 뒤, 그 경향들이 행동에 어떤 영향을 끼치는가를 파악하여 실생활에 응용한다.

5. 성격유형은 모두 16개이며 외향형과 내향형, 감각형과 직관형, 사고형과 감정형, 판단형과 인식형 등 네 가지의 분리된 선호경향으로 구성된다.

6. 선호경향은 교육이나 환경의 영향을 받기 이전에 잠재되어 있는 선천적 심리경향을 말하며, 각 개인은 자신의 기질과 성향에 따라 각각 네 가지의 한쪽 성향을 띠게 된다.

7. 마이어-브리그스 유형지표(The Myers-Briggs Type Indicator)

   (1) 4가지 유형

   ① 어느 방향에서 나의 에너지가 더 선호하게 흐르는가?(에너지의 방향, 원천, 주의집중)
   외향성(E : Extraversion) / 내향성(I : Introversion)

   ② 나는 어떤 것을 인식할 때 어떤 과정으로 인식하는 것을 더 선호하는가?(정보수집)
   감각기능(S : Sensing) / 직관기능(N : iNtuition)

   ③ 무엇을 결정하고 어떤 견해를 내세울 때, 어떤 과정으로 판단하는 것을 더 선호하는가?(판단과 결정)
   사고형(T : Thinking) / 감정형(F : Feeling)

   ④ 나의 외부생활에서 판단기능을 더 선호하는가? 인식기능을 더 선호하는가?(생활유형)
   판단태도(J : Judging) / 인식태도(P : Perceiving)

심리측정 평가의 활용

23강 16PF/NEO-PI-R/로샤검사(1)

❑ 16PF(16 Personality Factor Questionnaire) - 16 성격요인검사

1) 1949년 커텔(Cattell)과 그 동료들이 개발하였다.
2) 카텔 등은 지능요인을 성격의 한 범주로 평가하며 사전을 통해 인간에게 적용되는 모든 형용사 목록을 추려서 4,500개의 성격특성 목록을 작성한 후, 이 중 인간 특성을 가장 잘 나타낸다고 생각되는 171개 단어 목록을 선정하였다.
3) 이것을 대학생에게 선정된 단어 목록을 얼마나 알고 있는지 평정하게 하고 요인 분석하여 16개의 요인을 발견하였다.
4) 16개 요인 : 냉정성-온정성/낮은 지능-높은 지능/약한 자아강도-강한 자아강도/복종성-지배성/신중성-정열성/약한 도덕성-강한 도덕성/소심성-대담성/강인성-민감성/신뢰감-불신감/실제성-가변성/순진성-실리성/편안감-죄책감/보수성-진보성/집단의존성-자기 충족성/약한 통제력-강한 통제력/이완감-불안감
5) 16요인은 척도 점수 상 높은 것과 낮은 것에 각기 다른 이름을 붙이고 이 검사는 다양한 프로파일을 분석하여 그 사람의 성격특성을 이해할 뿐만 아니라 직업적 적성까지도 이해하려고 하였다.
6) 3개의 타당성 척도가 있는데 그것은 '무작위 반응 척도', '허세반응 척도'(faking good), '꾀병 척도'(fakig bad)이다.

❑ NEO-PI-R(NEO - Personality Inventory - Revised) - 성격5요인검사

1) 올포트(Allport)는 주 특성, 중심 특성, 이차적 특성으로 구분하여 설명하고 있으며 아이젱크(Eysenck)는 그의 성격검사에서 정신병적 경향성, 외향성-내향성, 신경증적 경향성, 허위성(Lie) 척도를 제시하고 있다.
2) NEO-PI-R은 1992년 코스타와 맥크레이(Costa & Mccrae)에 의해 개발된 것으로서, CPI, MMPI, MBTI 등의 성격검사들을 [결합요인 분석]을 하여 공통적으로 추출되는 요인을 발견하고자 한 결과의 산물이다.
3) 5대 성격요인이라는 용어는 골드버그(Goldberg, 1981)가 "개인차를 구조화하기 위한 모델은 Big Five 차원을 어느 수준에서든 포함해야 할 것"이라고 제안하면서 사용되기 시작하였다.
4) 코스타와 맥크레이(Costa & Mccrae)는 처음에는 신경증(N : Neuroticism), 외향성(E : Extraversion), 개방성(O : Openness) 즉, "NEO"에 초점을 맞추어서 "새 성격검사"(NEO-PI)라고 하였다가, Big Five 모델을 취하여 수용성(A : Agreeableness), 성실성(C : Conscientiousness)을 추가하여 NEO-PI-R(개정판)을 만들었다.
5) 5대 요인은 각각 6개의 하위 척도로 구분되며, 각 척도 당 8문항씩 모두 240문항으로 구성되어

있다.
6) 5가지 요인(Big Five factor)의 6개 하위 척도
  (1) 신경증(Neuroticism, 정서적 불안정성) : 불안, 적대감, 우울, 자의식, 충동, 심약성
    - 높은 점수의 사람은 정서적으로 안정되어 있지 못하며 예민하고 스트레스에 취약함
    - 과도한 욕망이나 충동
  (2) 외향성(Extraversion) : 온정, 사교성, 주장, 활동성, 흥분성, 긍정적 감정
    - 높은 점수의 사람은 사람들과 만나기를 좋아하며 적극적이고, 자기주장을 잘함
    - 열정적이고 낙천적이며, 직업세계에서 영업과 판매를 잘하는 사람들이 해당됨
  (3) 개방성(Openness, 경험개방성) : 공상, 심미, 느낌, 행동, 사고, 가치
    - 높은 점수의 사람은 세상에 대해 호기심이 많으며 새로운 아이디어와 가치를 추구함
    - 자신의 감정에 민감하고 창조적, 탐구적인 일을 좋아함
  (4) 수용성(Agreeableness, 호감성) : 신뢰, 정직성, 이타주의, 순종, 겸손, 동정
    - 이타심과 관련이 있으며, 타인을 신뢰하고 관심을 가지는 정도와 솔직하고 순응적인 정도를 의미함
  (5) 성실성(Conscientiousness) : 능력, 질서, 착실성, 성취, 자기규제, 신중함
    - 높은 점수의 사람은 목적지향적이고 조직력이 뛰어남
    - 시간을 엄수하고 자신의 의무 이행에 철저함
7) 중학생 이상 한글을 해독할 수 있는 사람이면 누구나 응시가 가능하고 개인 또는 단체로 실시하며 소요시간은 30~40분 정도이나 엄격한 시간통제는 필요치 않고 원 점수를 구하고 규준표에 따른 환산점수(T점수-평균이 50, 표준편차10)를 얻은 후 프로필을 작성한다.
8) 비장애인 성인용으로 개발되어 직업상담에 사용하기 적합한 것으로 평가한다.

❏ 투사적 검사

1. 개념
  사람들이 모호한 자극을 지각하고 그에 대해 반응하는 방식과 내용에는 그 사람의 무의식적인 사고방식, 감정 반응양식, 대인관계 방식, 갈등 영역 등의 개인적이고 독특한 성격 특성이 반영되고 투사되어 나타난다.

2. 장단점
  (1) 장점
    가) 반응의 독특성 : 임상장면에서 보면 투사적 검사반응은 면담이나 행동관찰, 객관적 검사 반응과 다르게 매우 독특한 반응을 제시해주며 이러한 반응이 개인을 이해하는데 매우 유용하다.
    나) 방어의 어려움 : 반응과정에서 피검사자는 불분명하고 모호하고 신기한 검사자극에 부딪혀서 적절한 방어를 하기가 어렵게 된다.

심리측정 평가의 활용

다) 반응의 풍부함 : 검사자극이 모호하고 검사 지시 방법이 제한되어 있지 않기 때문에 개인의 반응이 다양하게 표현되며 이러한 반응의 다양성이 개인의 독특한 심리적 특성을 반영해준다.
라) 무의식적 내용의 반응 - 정신분석이론의 영향 : 실제 투사적 검사는 자극적 성질이 매우 강렬하여 평소에는 의식화되지 않던 사고나 감정이 자극됨으로써 이러한 전의식적이거나 무의식적인 심리적 특성이 반응될 수 있다.

(2) 단점
가) 검사의 신뢰도 : 투사적 검사는 신뢰도 검증에 있어서 전반적으로 신뢰도가 부족하다.
나) 검사의 타당도 : 대부분의 투사적 검사의 경우 타당도 검증이 매우 빈약하고 그 결과는 매우 부정적이다.
다) 반응에 대한 상황적 요인의 영향력 : 투사적 검사는 여러 상황적 요인에 의해 강한 영향을 받는데 예를 들면 검사자의 인종, 성, 검사자의 태도, 검사자에 대한 피검자의 선입견 등이 검사 반응에 강한 영향을 미친다는 것이다.

3. 종류

로샤검사, 주제통각검사(TAT), 문장 완성 검사(SCT), 집, 나무, 사람 그림검사(HTP : House, Tree, Person Drawing Test) 등

❏ 로샤(로르샤하) 검사

1. 특징

1) 10장의 대칭적인 잉크 반점(색채카드 5장, 흑백카드 5장)으로 구성되고 있다.

> * 색채카드 2,3,8,9,10 (2, 3 약한 빨간색)
> * 최초 개발 당시는 20매

2) 로샤 검사 자극은 애매성을 띠고 있으며, 피검사자는 '무엇'처럼 보이는지를 반응하는 동안에 자기도 모르게 어떤 심리적 과정을 거치게 된다.
3) 로샤 반응과정은 지각 과정 및 통각(appreciation) 과정이다.
4) 감각적인 인상과 기억들을 연합하는 과정에서 개인차가 있게 마련이며, 이러한 개인차로 말미암아 같은 자극에 대해서도 다양한 반응을 하게 된다.

2. 장단점

1) 장점
㉠ 피검자의 의식적 저항을 통과해서 개인의 심층적인 무의식적 성격구조를 평가한다.
㉡ MMPI와 같은 구조화된 검사와 달리 로샤 검사는 보다 숨겨진 정신병리 수준을 평가할 수

있다. 예컨대 경계선 성격 병리를 가진 환자의 경우 구조화된 검사에서는 핵심 병리가 더 잘 드러날 수 있다.
ⓒ 로샤 검사는 명백한 임상적 증상으로 표현되기 전에 미묘한 사고장애 과정을 예민하게 감지할 수 있다는 장점도 가지고 있다.
ⓒ 로샤 검사에서는 부정왜곡이나 긍정왜곡을 덜 한다.

2) 단점
ⓐ 신뢰도와 타당도가 낮다는 지적이 가장 중요한 단점으로 거론된다.
ⓑ 피검자에 의한 검열, 채점 오류, 해석 시 미묘한 오류, 연령이나 교육 배경을 고려하지 않은 해석, 검사자 편향 등이 일어난다.
ⓒ 로샤 검사가 복잡하기 때문에 상당한 훈련을 요한다는 것도 단점으로 꼽히고 있다.

3. 검사의 실시

1) 준비물 : 로샤 카드 10매, 초시계, 반응기록지, 필기도구
2) 검사의 분위기 조성 : 검사는 자유로운 분위기 속에서 긴장을 풀고 실시한다.
3) 지시문 : "지금부터 10장의 카드를 보여 드리겠습니다. 잉크를 반 접어서 편 그림인데, 이것이 무엇처럼 보이는지를 말씀해 주십시오. 그러면 지금부터 한 장씩 드리겠습니다."
4) 검사의 실시

(1) 자유반응(연상) 단계
- 피검자로부터 자유롭고 자발적인 응답을 얻어내도록 노력하는 단계
- 지시를 간단히 하고 상상력 검사라는 인상을 주지 않아야 한다.
- X번까지 끝낸 후 총 반응수가 14개 이하이면 반응을 더 해달라고 부탁하고 검사를 다시 할 수 있다.

(2) 질문단계(inquiry)
- 앞에서 반응한 내용에 대하여 질문하는 단계로 질문을 하는 목적은 피검자의 반응을 정확히 채점하기 위해서다. 즉, 새로운 정보를 얻어내기 위한 것이라기보다는 반응 단계에서 피검자가 지각한 것을 좀 더 분명히 하기 위한 것이다. 이 단계에서는 전단계인 자유반응(연상)단계에서 무엇을 보았다고 하였는지 알려주고, 어떤 결정인에 의해 해당 반응을 형성한 것인지 확인하다.
- 3W(where, why, what) : 영역(어디에서 그렇게 보았는가), 반응결정인(어떤 점을 보고 왜 그렇게 보았는가), 내용(무엇을 보았는가)에 초점을 두어 질문한다.
- 단, 반응을 유도할 수 있는 질문은 피해야 한다.

(3) 한계검증(음미) 단계(test the limit) : 질문 단계를 거쳤음에도 평범 반응이 나오지 않으면 검사자가 카드를 들고 일정한 한계를 준 후(손으로 가리고) 다시 물어보는 단계이다.

24강 로샤검사(2)

❏ 로샤검사의 신뢰도와 타당도

1) 로샤 검사의 신뢰도는 낮은 편이다.
2) 로샤 검사의 타당도는 진단군을 잘 변별해 주는지에 초점을 두고 있다. 예를 들면 정신분열증 환자들은 형태의 질이 좋지 못한 반응을 상대적으로 다른 집단보다 높게 보일 수 있고, 우울증 환자들은 인간운동반응을 매우 적게 보일 수 있다.
3) 로샤 검사의 타당도가 낮은 주요한 요인 중의 하나는 반응 산출과 관련된다. 즉, 반응수가 지나치게 적은 것은 방어, 우울, 꾀병을 상징할 수 있고, 극단적으로 많은 반응수는 높은 성취 욕구나 강박적 성격을 암시한다.
4) 로샤 반응은 연령, 지적인 수준, 언어적 능력, 교육수준과 관련이 있다. 연령에 따른 규준이 나와 있지만 지적수준, 언어능력, 교육수준은 반응수와 관련된 해석에 혼란을 줄 수 있다.

❏ 로샤검사의 피검자의 반응 과정

① 검사 자극을 입력하고 부호화하기
② 검사 자극을 전체 혹은 부분으로 분류하기
③ 경제성의 원칙과 우선순위에 따라 잠재적인 반응 버리기
④ 검사의 선입견 등 검열하는 과정에서 잠재적인 반응 버리기
⑤ 개인의 특성에 따라 반응 선택하기
⑥ 피검자의 심리 상태에 따라 반응 선택하기

❏ 로샤 검사에서 투사의 역할

1) 평범한 반응에는 투사가 개입되지 않는 경우가 많다.
2) 운동(movement) 반응은 로샤 자극의 특징이 실제로 움직임을 포함하고 있지 않기 때문에 투사가 작용하고 있는 반응으로 본다.
3) 단순한 움직임 반응이 아니라 정교한 세부묘사나 독특한 반응묘사가 들어가 있는 경우에는 투사가 들어간 것이다.

> **예시)** 카드 2번에서 "동물 두 마리"라고 응답한 경우에 비해 "두 마리 동물이 서로 피터지게 싸우고 있어요."라고 반응을 한다든지, 카드 3번에서 "두 사람", "뭔가 들고 있는 두 사람"이라고 응답한 경우에 비해 "두 사람이 물건을 뺏으려고 애를 쓰고 있어요."라는 반응은 내적인 갈등이나 투쟁이 투사된 결과로 간주된다.

❏ 카드속성

카드번호	속 성
1번	처음 제시되는 카드이므로 피검자에게는 새롭고 친숙하지 않는 스트레스를 주는 상황이 되며, 피검자의 대처 방식을 추론하게 해준다. **예)** 악마, 가면 등의 반응은 주변 상황에 대한 경계와 악의적인 태도 반영
2번	• 과거 외상과 관련된 연상을 유발한다. • 남성과 여성의 성적인 해부학적 구조에 대한 반응은 성적 관심을 드러낸다.
3번	• 다른 사람들과의 상호작용, 대인관계 태도나 관심사를 반영한다. • "두 사람이 물건을 서로 가지려고 피터지게 싸우고 있어요."라든지 "두 사람이 무릎을 맞대고 대결하려고 하고 있어요."와 같은 반응은 갈등적인 대인관계를 투사하고 있다.
4번	• 크고 강하며 무겁고 강력한 권위적 위치에 있는 위협적인 것과 관련된 연상을 유발한다. 흔히 아버지 카드라고 알려져 있다. • 자극을 밑에서 올려다보는 느낌은 상대적으로 피검자가 자신을 약하고 낮은 위치에 설정하는 경우가 많다.
5번	• 특별한 의미와 관련이 적어 이전 카드에서 경험했던 불편한 감정에서 벗어나 안도감을 느끼게 할 수 있다. • 나비나 박쥐와 같은 평범 반응을 불러일으킨다. 다른 카드에 비해 투사가 가장 적게 일어나는 카드이다.
6번	• 대인관계에서의 친밀감에 대한 지각과 이에 대한 연상을 유발하는 카드이다. • 친밀감과 관련된 주제에 대한 관심, 태도, 기대를 반영한다.
7번	• 여성적인 특성, 즉 매력적이고 부드럽고 약하고 수동적인 것을 표현한다. • 전통적인 여성상에 관한 연상을 유발하고 성인 남성보다는 여성이나 어린이로 지각하는 경향이 높다.
8번	• 복잡한 상황을 정리하거나 통합하는 데 곤란을 느끼는 사람, 정서 유발 상황을 불편해하는 사람들은 이 카드를 어려워한다.
9번	• 이 카드에 대한 반응을 어려워하는 피검자는 복잡하고 비구조화된 상황을 효과적으로 파악할 수 있는 능력이 부족하거나 이런 상황에 대한 불편감을 경험할 수 있다.
10번	• 쉽게 지각할 수 있는 카드이지만 잉크 부분들이 떨어져 있고 느슨하게 연결되어 있어 분명하게 구분하고 조직화하기 어려운 카드이다. • 많은 것을 동시에 처리하는 것에 대해 위압감을 느끼거나 심리적 부담을 느끼는 피검자는 반응하기 어려워한다.

❑ 로샤검사 카드 사례

Card 1
Popular responses
bat, butterfly, moth

Card 2
Popular responses
two humans, four-
legged animal, dog,
elephant, bear

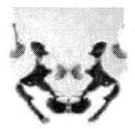
Card 3
Popular responses
two humans, human
figures

Card 4
Popular responses
animal hide, skin, rug

Card 5
Popular responses
bat, butterfly, moth

Card 6
Popular responses
animal hide, skin, rug

Card 7
Popular responses
human heads or faces

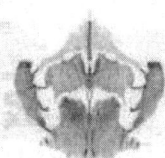
Card 8
Popular responses
animal: not cat or dog
four-legged animal

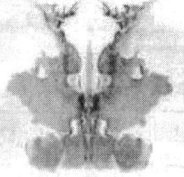
Card 9
Popular responses
human

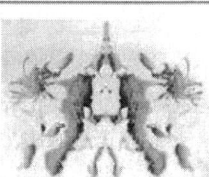
Card 10
Popular responses
crab, lobster, spider
rabbit head,
caterpillars, worms,
snakes

❑ 로샤 검사의 채점

로샤 반응 범주에는 반응영역과 발달질, 결정인, 형태질, 내용, 평범 반응, 조직화 활동(Z점수), 특수점수의 7개가 있으며, 이를 단계적으로 채점해 나간다. 검사자는 정확한 채점을 위해 엑스너(Exner)의 종합체계 채점 규칙을 따라야 한다.

> ♣ **심화학습 – 엑스너(Exner)의 종합체계(Comprehensive System) 특징**
> 1. 실질적인 근거를 바탕으로 기존의 로샤 방식에서 실증적인 검증을 거친 채점방식이나 해석방식을 도입하여 기존의 어떤 체계보다 과학적인 입장을 취하고 있다.
> 2. 명백한 채점 방식을 명료화함으로써 채점자 간 신뢰도를 높이고 쉽게 배울 수 있다.
> 3. 반응 해석 : 광범위한 연구 자료를 기초로 하고 있기 때문에 해석의 타당성이 높다.
> 4. 한계점 : 철저하게 통계적인 검증을 거친 방식만을 채택함으로써 로샤 검사 반응의 내용 분석을 위축시키고 통계적인 증거는 불충분하지만 임상적인 경험을 바탕으로 할 때 계속 검토할 가치가 있는 잠정적인 해석을 억제한다.

1) 반응영역(location)과 발달질(developmental quality)

(1) 반응영역

① 의미 : 특정 반응에 카드 반점의 어느 부분이 사용되었는지를 말한다. 반응영역 정보를 통해 피검자가 로샤 카드에 어떤 식으로 접근하고 있는지를 알 수 있다.

② 반응영역 채점표

기호	정 의	기 준	예
W	전체 반응 (Whole Resopnse)	카드 반점의 전체가 반응에서 사용되었을 때	박쥐
D	보통 부분 반응 (Common Detail Response)	흔히 사용되는 반점영역을 사용하였을 때	사람 얼굴
Dd	드문 부분 반응 (Unusual Detail Response)	D영역 이외에 잘 사용되지 않는 반점영역을 사용하였을 때	개미
S	여백 반응 (Space Response)	카드의 흰 공백 부분을 사용하였을 때 **항상 다른 반응영역의 기호와 같이 사용**함(WS, DS, Dds)	괴물의 눈

(2) 발달질

반응에서 의미 있는 조직화 혹은 통합이 일어난 정도를 말한다. 반응을 하면서 카드 반점에 대한 정보처리의 질적인 수준이 어떠한지를 반영한다. 반응영역의 기호에 붙여 쓴다.

① 발달질 채점표

기호	정 의	기 준	예
+	통합반응 (Synthesized Response)	반응에 포함된 둘 이상의 대상이 서로 관련을 맺고 있고, 그중 적어도 하나는 분명한 형태가 있을 경우	곰 두 마리가 손을 맞대고 있다.
o	보통반응 (Ordinary Response)	단일 반점 영역이 형태를 가지고 있는 단일한 대상을 나타낼 경우	박쥐, 나비, 사람, 돼지
v/+	모호/통합반응 (Vague/Synthesized Response)	반응에 포함된 둘 이상의 대상이 서로 관련을 맺고 있고, 그들이 모두 분명한 형태가 없는 경우	구름이 양쪽에서 서로 뭉쳐지고 있다.
V	모호 반응 (Vague)	반응에서 형태를 가지고 있지 않은 단일 대상이 나타난 경우	구름, 어둠, 피

② 반응영역 및 발달질 채점의 예시

카드	반 응	위치 부호
I	한 여자 주위에서 춤을 추는 두 남자(W) 얼음조각(D1) 언덕을 오르고 있는(Dd24) 두 마리의 늑대(DdS30)	W+ Dv Dds+

25강 로샤검사(3)

☐ 결정인(determinant)

1. 의미 : 피검자의 반응이 나오게 만든 반점의 특징이 무엇인가를 의미한다.
2. 결정인 채점표

범주	기호	기 준	예
형태 (Form)	F	• 형태반응 : 반점의 형태에만 근거해서 나온 반응 • F는 다른 결정인과 함께 사용 가능하다(M과 m은 예외).	• 모양이 박쥐처럼 생겨서 나비이다.
운동 (Movement)	M	• 인간운동반응 : 반응이 사람의 움직임을 나타낼 때 • 동물이나 가공의 인물이라도 보통 사람이 하는 동작을 하고 있을 때에도 M으로 채점한다.	• 사람이 뭔가를 들려고 하고 있다. • 곰 두 마리가 하이파이브를 하고 있다.
	FM	• 동물운동반응 : 반응이 그 동물의 특유적이고 자연스러운 움직임을 포함할 때	• 멧돼지가 산정상을 향해 올라가고 있다.
	m	• 무생물운동반응 : 무생물의 운동을 포함하고 있는 반응	• 화산이 폭발하고 있다. • 물이 떨어지고 있다.
	운동이 능동이면(a), 수동이면(p), 능동·수 동 둘 다(a-p)를 결정하여 운동 결정인 옆에 소문자로 표시 예) Ma, FMp		
유채색 (chromatic Color)	C	• 순수색채반응 : 반응이 색채에 근거한 경우	• 색이 빨개서 피 같다.
	CF	• 색채-형태반응 : 반응이 주로 색채에 근거하고 이차적으로 형태가 사용된 경우	• 색도 빨갛고 말라붙어 있는 모양이 피 같다.
	FC	• 형태-색채반응 : 반응이 주로 형태에 근거하고 이차적으로 색채가 사용된 경우	• 잎 모양과 색깔이 장미꽃 같다.
	Cn	• 색채명명반응 : 반점의 색채만 명명한 경우	• 이건 분홍색이고 이건 파란색이다.
무채색 (Achromatic Color)	C'	• 순수무채반응 : 반응의 반점이 무채색에만 근거한 경우	• 색이 검어서 어둠 같다.
	C'F	• 무채색-형태반응 : 반응이 주로 무채색에 근거하고 이차적으로 형태가 사용된다.	• 색도 검은색이고 뭉게뭉게 위로 피어 올라가는 모양이 연기 같다.
	FC'	• 형태-무채색 반응 : 반응이 주로 형태에 근거하고 이차적으로 색채가 사용된 경우	• 날개와 모양도 그렇고, 색깔이 검어서 박쥐 같다.

로샤검사(3) 25강

범주	기호	기 준	예
음영-재질 (Shading- Texture)	T	• 순수재질반응 : 반응이 반점의 음영특징 가운데 촉감에만 근거한 경우	• 느낌이 폭신폭신해서 털같다.
	TF	• 재질-형태반응 : 반응이 주로 촉감에 근거하여 이차적으로 형태가 사용된 경우	• 느낌이 보들보들하고 모양이 털가죽 같다.
	FT	• 형태-재질반응 : 반응이 주로 형태에 근거하여 이차적으로 촉감이 사용된 경우	• 얼굴 생긴 모습과 털이 폭신폭신해서 고양이 같다.
음영-차원 (Shading- Dimension)	V	• 순수차원반응 : 반응이 반점의 음영 특징으로 인해 깊이가 느껴지는데 근거한 경우	• 울퉁불퉁 솟아 나와서 산을 위에서 바라보는 것 같다.
	VF	• 차원-형태반응 : 음영 특징을 근거로 깊이에 근거하여 반응하고 이차적으로 형태가 사용된 경우	• 울퉁불퉁 솟아나온 느낌이 산맥과 같은 모양이어서 산맥이다. • 입체적이고 뚱뚱해 보인다.
	FV	• 형태차원반응 : 주로 형태에 근거하고 음영 특징에 의한 깊이를 이차적으로 사용한 경우	• 산맥의 모양이고 울퉁불퉁 솟아 나온 느낌도 난다.
음영-확산 (Shading- Diffuse)	Y	• 순수음영반응 : 반응이 반점의 음영에만 근거한 경우	• 얼룩덜룩한 느낌의 그림을 그려 놓은 것 같다.
	YF	• 음영-형태반응 : 반응이 주로 음영에 근거하고 이차적으로 형태가 사용된 경우	• 얼룩덜룩하고 모양도 그래서 산을 그려 놓은 것 같다.
	FY	• 형태-음영반응 : 반응이 주로 형태에 근거하고 이차적으로 음영이 사용된 경우	• 모양도 그렇고 얼룩덜룩한 느낌이 버드나무 같다.
형태차원 (Form Dimension)	FD	• 형태에 근거한 차원 반응 : 음영이 개입되지 않고 반점의 모양이나 크기에만 근거하여 깊이 및 거리를 지각한 경우	• 발이 굉장히 크고 머리는 작아 보여서 거인이나 괴물을 아래에서 위로 올려다보는 것 같다.
쌍반응과 반사반응 (Paris & Reflection)	(2)	• 쌍반응 : 반점의 대칭성에 근거하여 두 개의 동일한 대상을 보았을 경우	• 양쪽에 코끼리 두 마리가 있다
	rF	• 반사-형태반응 : 반점의 대칭성 때문에 반쪽이 반사되거나 비친 것이라고 보며 태상의 형태가 분명하지 않은 경우	• 구름이 호수에 비친 것이다.
	Fr	• 형태-반사반응 : 반점의 대칭성 때문에 반쪽이 반사되거나 비친 것이라고 보며 대상의 형태가 분명한 경우	• 사람이 물속에 자신의 모습이 비친 것을 들여다보고 있다.
	쌍반응 기호(2)는 다른 결정인과 형태질 기호의 오른쪽에 표시한다.		
혼합반응 채점하기	하나의 반응에 한 가지 이상의 결정인이 사용되었을 때 다음과 같은 방법으로 적는다. 1. 운동반응(M, FM, m)을 먼저 적는다. 2. 형태, 색채, 음영을 그 다음에 적는다. 3. 반사반응(rF, Fr)을 마지막에 적는다. 4. 각 결정인 간에는 마침표를 찍는다. 예시) Mp. CF. rF.		

심리측정 평가의 활용

♣ 심화학습 – 로샤검사에서 형태 반응(F)의 의미

1. 로샤 검사에서 형태는 현실상황에서 정서적인 영향을 제거할 수 있는 정도 혹은 통제 능력을 의미한다. 정신분열증 환자들에게 F반응이 많다.
2. 심한 정서적 혼돈 속에 있는 사람은 F반응을 잘 하지 못한다.
3. 형태 반응은 정서의 통제나 충동조절 능력뿐만 아니라, 주의집중력과 관련되어 있다.
4. 형태질이 양호한 F반응은 상황에 정서적으로 말려들지 않고, 인지적인 통제를 발휘할 수 있는 능력을 반영한다.
5. F반응이 지나치게 많은 것은 방어적이고 경직되고 위축되어 있음을 뜻한다.
6. F반응의 비율이 너무 낮은 경우는 정서적 혼돈이 매우 심하여 자신의 감정을 통제하기 어려움을 의미한다.
7. F반응은 자아 강도 및 현실 검증력의 지표이다.

♣ 심화학습 – 인간운동반응(M)

1. 로샤에서 M반응이 가장 많이 연구된 변인이다.
2. 개인이 타인과 공감적 교류를 맺을 수 있는 능력에 대한 중요한 개인적 의미를 이해할 수 있는 수단이다.
3. M은 외부 세상과 관련된 내적 공상을 반영하며, 내적 자원을 현실과 연결시키는 것, 즉 '행동의 내면화'로 기술할 수 있다.
4. M은 표출되는 행동의 억제자 역할을 하며 높은 M은 창조성, 내성화된 사고와 관련이 있다. M반응이 높다는 것은 활발한 내적 과정이 진행 중이며 행동을 표현하는 것의 지연 능력을 말한다.
5. M은 긍정적인 자아 기능, 계획 능력, 충동 통제, 좌절을 견딜 수 있는 능력과 상관이 높다. 부정적인 측면에서는 공상 생활에 과잉 몰두하는 것을 의미할 수 있다.

☐ 형태질(form quality)

① 의미 : 피검자가 기술한 대상의 형태와 반응에 사용된 반점영역이 대상과 부합하는 정도에 대한 평가이다. 형태질의 부호는 결정인 기호의 제일 마지막에 표기한다.

② 형태질 채점표

기호	정 의	기 준	예
+	우수하고 정교한 (superior overelaborated)	반점의 형태에 맞게 정확히 기술하였거나 형태 사용이 적절하여 반응의 질적 수준이 향상되었을 경우	날개를 펴고 있는 나비인데 희귀한 나비 같다. 흰 무늬, 작은 더듬이, 동그란 머리를 가지고 있기 때문이다.
o	보통의 (ordinary)	일반적인 형태 특징을 분명하고 정확하게 사용한 반응	날개를 편 모양과 가운데 몸통 부분 모양이 나비이다.
u	드문 (unusual)	반응에 나온 대상의 형태와 반점의 형태가 잘 맞지는 않지만 어느 정도는 그렇게 볼 수 있는 반응	날개를 편 모습과 가운데 몸통 모양이 여왕벌 같다.
–	왜곡된 (minus)	반응에 나온 대상의 형태와 반점의 형태가 전혀 맞지 않고 왜곡된 반응	사람들이 많이 모여 있다(카드 Ⅰ의 반응)

25강 로샤검사(3)

❑ 내용(content)

① 의미 : 반응에 나온 대상이 무엇이며 어떤 종류인지를 말한다.
② 내용 채점표

범 주	기호	기 준
Whole Human	H	• 사람의 전체 모양, 역사적 실존 인물이 포함되면 Ay도 부가함
Whole Human, Fic-tional or Mythological	(H)	• 가공인물 혹은 신화에 나오는 인물 전체 모양 • 광대, 요정, 거인, 악마, 유령, 공상과학적인 인물이나 인간을 닮은 괴물
Human Detail	Hd	• 사람의 신체 일부(팔, 다리, 손, 머리)가 없는 사람 등
Human Detail, Fictional or Mythological	(Hd)	• 가공의 인물 혹은 신화에 나오는 인물의 신체 일부 • 악마의 머리, 마녀의 팔, 모든 종류의 가면 등
Human Experience	Hx	• 사랑, 증오, 우울, 행복, 소리, 냄새 등 인간의 정서나 감각 경험과 관련되는 내용 • '슬픈 고양이' 처럼 인간의 감정이나 감각 경험이 분명한 반응에서 채점
Whole Animal	A	• 동물 전체 모양
Whole Animal Fictional or Mythological	(A)	• 가공 동물 혹은 신화에 나오는 동물의 전체 모양 • 유니콘, 용, 갈매기 조나단 리빙스톤
Animal Detail	Ad	• 동물의 일부, 말발굽, 개의 머리
Animal Detail Fictional or Mythological	(Ad)	• 가공 동물 혹은 신화에 나오는 동물의 일부 • 토키 피터의 머리, 푸우의 다리
Anatomy	An	• 신체 내부기관 : 뼈, 근육, 심장, 간 등 • 현미경으로 본 조직 슬라이드라면 Art 기호를 부가함
Art	Art	• 예술작품 : 동상, 보석, 샹들리에, 장식품 등을 그린 것 • 두 마녀의 조각상 〔Art, (H)〕 같이 이차적 내용 포함
Anthropology	Ay	• 역사 문화적 의미를 담고 있는 내용 • 로마 시대의 투구, 나폴레옹의 모자 등
Blood	Bl	• 인간이나 동물의 피
Botany	Bt	• 식물의 전체 혹은 일부
Clothing	Cg	• 의복류 : 모자, 넥타이, 장화 등
Clouds	Cl	• 구름 • 안개나 노을은 Na로 채점
Explosion	Ex	• 폭발 • 불꽃, 폭탄, 폭풍 등

심리측정 평가의 활용

범 주	기호	기 준
Fire	Fi	• 불이나 연기
Food	Fd	• 사람이 먹는 음식 혹은 동물이 주식으로 먹는 음식
Geography	Ge	• 지도(지명이 있거나 없거나 모두 포함)
Household	Hh	• 가구용품
Landscape	Ls	• 풍경, 산, 산맥, 언덕, 섬 등
Nature	Na	• Bt, Ls로 채점되지 않은 다양한 자연적 대상 • 태양, 달, 안개, 노을, 무지개 등
Science	Sc	• 직·간접적인 과학적 산물 또는 공상과학과 관련된 내용 • 비행기, 건물, 다리, 학기, 기차, 무기 등
Sex	Sx	• 성기관이나 성적인 행동과 관련된 반응(남근, 질, 엉덩이, 월경 등) • H, Hd, An에 이차적으로 부가되는 경우 많음
X-ray	Xy	• 엑스레이 촬영한 사진을 지각한 반응으로 뼈나 내부기관을 포함할 수 있음 • Xy로 채점하면 An은 채점 안 함

❑ 평범반응(popular response)

① 의미 : 카드마다 일반적으로 자주 나오는 반응을 말한다.
② 평범반응 채점표

카드	위치	기 준
I	W	박쥐, 반점 위쪽은 박쥐 위쪽으로 보아야 함
I	W	나비, 반점 위쪽은 나비 위쪽으로 보아야 함
II	D1	곰, 개, 코끼리, 양 등의 구체적인 동물 전체
III	D9	인간의 모습, 인형이나 만화도 가능
IV	W 혹은 D7	인간이나 거인·괴물, 인간을 닮은 대상
V	W	박쥐, 반점 위쪽을 박쥐 위쪽으로 보아야 함
V	W	나비, 반점 위쪽은 나비 위쪽으로 보아야 함
VI	W 혹은 D1	동물가죽, 짐승가죽, 융단이나 모피
VII	D9	사람의 머리나 얼굴
VIII	D1	개, 고양이, 다람쥐 등의 동물 전체, D4와 가까운 부분이 머리
IX	D3	인간이나 마녀, 거인, 괴물 등 인간과 유사한 대상
X	D1	게, 모든 부속기관이 D1 영역에 한정됨
X	D1	거미, 모든 부속기관이 D1 영역에 한정됨

❏ 조직화 활동(organizational activity)

① 반응에 사용된 반점의 구성요소들이 각기 서로 의미 있게 연관되어 있는 경우에 조직화 활동 점수(Z점수)를 주게 된다. 예를 들어 반응을 단순히 '곰'이라고 하지 않고 '곰이 산을 오르고 있다.'라고 말한다면 조직화 활동이 일어난 것이다.

② 조직화 활동 채점표

범 주	정 의	예
ZW (전체)	반응에 사용된 영역이 전체이고 발달질이 +, o, v/+ 일 때 (W+, Wo, Wv/+)	카드 I. 박쥐
ZA (인접)	서로 다른 대상을 나타내는 서로 인접해 있는 반점영역이 의미 있는 관계를 맺고 있을 때	카드 II. 곰 두 마리가 손을 맞대고 하이파이브를 하고 있다.
ZD (원격)	서로 다른 대상을 나타내는 멀리 떨어져 있는 반점영역이 서로 의미 있는 관계를 맺고 있을 때	카드 X. D1이 서로 이야기를 나누고 있다.
ZS (공백)	반점영역과 공백 부분을 통합시켜 반응한 경우	카드 I. 가면, 여백 부분이 눈이다.

26강 로샤검사(4)/TAT

심리측정 평가의 활용

□ **로샤검사의 특수점 (special score)**

(1) 특이한 언어반응(unusual verbalizations)
  ① 일탈된 표현(DV ; deviant verbalization) : 언어능력으로 볼 때 충분히 정확하게 할 수 있음에도 불구하고 부정확한 말이나 신조어(neologrism)를 사용
    예. 뛰면서 난다는 뛰날이
  ② 일탈된 반응(DR ; deviant response) : 반응이 부적절하거나 관련되지 않은 어구
    예. 새요. 하지만 나는 나비를 보고 싶었어요.

(2) 부적절한 결합 반응(inappropriate combinations)
  ① 모순적 결합(INCOM ; incongruous combination) : 종의 속성과 관련이 없는 내용으로 반응이 모순적으로 결합되어 있다.
    예. 사람인데, 이게 날개고, 이게 몸이고 손이다.
  ② 우화적 결합(FABCOM ; fabulized combination) : 반점에서 보이는 2개 이상의 대상들 사이에 받아들이기 어려운 관련성을 짓는 경우이다.
    예. 나뭇잎을 타고 있는 거북이
  ③ 오염 반응(CONTAM ; contamination) : 가장 기괴하고 부적절한 조합으로 동일한 반점을 보고 2개 이상의 인상이 비현실적인 단일반응으로 합쳐지는 것이다.
    예. 카드 4번 : 벌레 얼굴과 코뿔소 얼굴을 합친 '벌레 소 얼굴'

(3) 부적절한 논리(ALOG ; inappropriate logic)
  피검자가 대답을 정당화하기 위해 단서도 없이 비합리적인 논리를 사용하는 것이다. 예 이것은 사랑하는 사람들입니다. 빨간색이 있으니까요.

(4) 반응반복과 통합실패(perseveration and integram failure)
  같은 반응이 계속 반복된다. 카드 내, 카드 간 반복을 보인다.

(5) 특수한 내용들
  ① 공격성 운동(AG ; aggressive movement)
  ② 협동적 운동(COP ; cooperative movement)
  ③ 병적 내용(MOR ; morbid content) : 대상을 죽은, 파괴된, 파멸된, 오염된, 손상된, 충격 받

은, 상처 입은, 깨어진 등으로 묘사 또는 우울한 감정이나 특징을 대상에 부여한다.

> 예. 카드 3번 : 하이에나가 살을 뜯어 먹어서 뼈만 남았어요.

④ 좋은 인간 표상(GHR ; Good Human Representation)과 나쁜 인간 표상(PHR ; Poor Human Representation)

(6) 기타 특수반응

① 추상적 내용(AB ; abstract content) : 인간의 정서나 감각 경험을 표현하기 위해 사용하는 인간경험과 관련된 것

> 예. 2번 카드 : 검은색은 죽음을 상징하는 것 같아서 우울하게 느껴지네요.

② 개인적 반응(PER ; personalized answer) : 피검자가 반응을 정당화하고 명확하게 하는 근거로 자신의 지식이나 경험을 참조할 때 채점한다.

③ 색채투사(CP ; color projection) : 무채색 영역에서 유채색 반응을 하는 경우이다.

❏ 로샤검사의 구조적 요약

1) 구조적 요약 상단

(1) 영역(locations) : W, D, Dd, S

① 조직화 활동 : Zf(Z반응 빈도), Zsum(Z점수의 총합), Zest(피검자의 Zf에 해당하는 값에 기대되는 Zsum 값, 표에서 제시됨)

② 영역기호 : 기본적인 영역기호 각각의 빈도를 계산한다. S반응은 다른 영역기호와 분리해서 빈도를 계산한다.

③ 발달질(DQ) : 반응영역과 관계없이 발달질 부호의 빈도를 계산한다. 오른쪽 괄호 안에는 마이너스(-) 반응의 빈도를 기록한다.

(2) 결정인(determinants) : 복합 반응(blend), 단일 반응(single)

(3) 형태질(form quality)

① FQx(form quality extended) : 형태를 사용한 모든 빈도 포함

② MQual : 모든 인간 움직임 반응의 FQ 빈도

③ W+D : W와 D 영역을 사용한 반응 모두의 형태질 빈도를 기입한다.

(4) 내용(contents) : 27개의 범주에 빈도를 기록한다.

(5) 인지적 접근 방식

(6) 특수점수(special scoring)

2) 구조적 요약 하단부

① 핵심영역(core section) ② 관념영역(ideation section)
③ 정서영역 ④ 중재영역(mediation section)

⑤ 처리영역(processing section)
⑥ 대인지각영역(interpersonal section)

> ♣ 심화학습 – 로샤검사의 Lambda척도
>
> 1) 경험에 대한 개방성 지표
> 2) 로샤검사의 구조적 요약에서 전체반응에서 순수형태 반응이 차지하는 비율로 심리적 자원의 경제적 사용과 관련
>   산출사례) 전체반응수가 10개이고 순수형태반응수가 4라면
>   = 순수형태반응수/(전체반응수-순수형태반응수)
>   = 4/(10-4)=0.66(평균집단)
> 3) Lambda값이 0.30~0.99에 속하면 평균집단으로 분류되고, 주의의 초점이 넓다.
>   0.30 이하이면 경험에 대한 개방성이 높고 경험이나 사건(환경) 등에 민감
>   활기차지만 예민하여 산만하기도 함
>   0.99 이상이면 개방성의 낮아 주의에 대한 집중도가 떨어지고 협소하여 한가지 일에만 집중할 수 있는 특징이 있고 타인에 대한 배려가 부족할 수 있음. 자기중심적 사고

> ♣ 심화학습 – 로샤검사의 자살지표(S-CON)
>
> FV+VF+V+FD > 2
> 3r+(2)/R < .31 or > .44
> MOR > 3
> CF+C > FC
> 색채 – 음영 혼합 > 0
> Zd > + 3.5 혹은 Zd < – 3.5
> cs > EA
> CF + C >FC
> X + % < .70
> S > 3
> P < 3 or P >8
> pure H < 2
> R < 17

☐ 주제 통각 검사(TAT : Thematic Apperception Test)

1. 역사 및 발전

1) 머레이(Murry)와 모건(Morgan)이 1935년에 창안하였다.
2) 모호한 사진을 보고 피검자가 꾸며내는 이야기 주제를 해석함으로써 피검자가 가지고 있는 무의식적인 주제와 공상을 파악하기 위한 것이다.
3) 검사 개발 당시 신체 엑스레이 사진과 비슷한 표현으로 성격 '엑스레이'로 불렸고, 피검자의 고유한 핵심적인 주제가 드러난다고 알려졌다.

2. 특징

1) TAT는 애매한 자극으로 이루어진 로샤 검사와는 달리 자극이 비교적 구조화되어 있고 복잡한 언어적 반응과 표현을 요한다. 또한 양적, 구조적 접근을 하고 있는 로샤 검사와 달리 TAT 검사는 프로토콜을 해석할 때 주로 질적인 방법을 적용하고 있다.
2) 개인과 환경과의 관계를 밝히는 검사로서, 여러 생활 장면을 묘사한 30매의 그림과 1매의 백색 카드로 되어 있는데(총31매), 학생들의 연령과 성별에 따라서 그중 20매를 선택하여 두 번에 걸쳐 실시한다.
   - 그림카드 뒷면에는 공용도판, 남성공용도판, 여성공용도판, 성인공용도판, 미성인공용도판, 성인남성전용도판, 성인여성전용도판, 소년전용도판, 소녀전용도판 으로 구분(총 9유형)
3) 피검자의 성격, 내적 욕구 및 동기, 환경과의 심리적 갈등에 대한 정보를 빠르게 얻을 수 있다는 장점이 있다.
4) 기본 가정은 사람들이 모호한 상황을 자신의 과거 경험과 현재의 소망에 따라 해석하는 경향이 있다는 것이다.

> * 도판 각각의 내용해석 ? 1번 도판의 의미(기출문제)

3. 검사 실시 방법

1) 준비물 : 검사 도구, 검사 기록지, 필기도구
2) 지시문
3) 그림을 보고 상상으로 이야기를 꾸미게 한다.
4) 과거, 현재, 미래의 연관성을 고려해서 이야기하게 한다.
5) 그림 안의 사람이 무엇을 생각하며, 어떠한 감정을 가지고 있는지를 이야기 가운데 밝혀야 한다.
6) 피검자는 그림에 나오는 사람과 자신을 동일시하거나 피검자의 실생활에 관련된 사람들과 결부시키면서 피검자 자신의 억압되었던 정신적 내용이나 다른 사람과의 인간관계가 그림의 이야기에 투사되어 나오게 된다.
7) 이야기의 내용을 분석하여 피검자가 갖는 욕구와 그가 환경에서 받는 압력을 분석하여 보면 그의 성격적 문제를 찾아낼 수 있다.

> ♣ 심화학습 - 주제통각검사의 실시방법
> 1. 검사카드는 수검자의 성별과 연령에 따라 선택
> 2. 의심이 많거나 저항이 강하면 다른 검사를 먼저 시행하는 것이 반응을 이끌어내는 데 도움이 된다.
> 3. 검사카드에 대해 과거, 현재, 미래 및 인물의 생각과 느낌을 말하라고 지시한다.
> 4. 수검자의 지능이나 연령을 고려하여 지시문을 변경할 수 있다.

심리측정 평가의 활용

❏ TAT의 해석

① 주인공 : 일반적으로 피검자는 주인공을 동일시하기 때문에, 주인공에게 강요되는 압력은 피검자에게 영향을 미치는 압력과 같고 주인공의 욕구는 피검자의 욕구와 같으며 주인공이 이야기하는 대상, 활동 및 감정도 피검자의 것과 동일하다고 가정할 수 있다.

② 이야기 중의 주인공
  ㉠ 피검자가 맨 처음으로 이야기에 등장시킨 인물
  ㉡ 이야기 전체를 통해서 피검자의 주의를 집중시킨 인물
  ㉢ 중요한 행동의 주동적 위치에 있는 인물

③ 주인공의 행동 : 욕구
  ㉠ TAT분석은 이야기 속에 나타나는 주인공의 행동과 활동에 세심한 주의를 기울인다.
  ㉡ 이야기 속의 주인공을 분석함으로써 피검자의 욕구와 동기를 추측하고 평가할 수 있다.

④ 환경 자극 : 압력
  ㉠ 환경이 주인공의 발달을 돕는가 혹은 방해하는가?
  ㉡ 주인공이 환경을 적당하다고 보는가 혹은 부적당하다고 보는가?
  ㉢ 주인공이 환경과 조화를 이루는가 혹은 대립하고 있는가?
  ㉣ 주인공이 환경을 만족스럽게 생각하고 있는가 혹은 불만을 느끼고 있는가?

> ♣ **심화학습 - TAT 해석**
>
> Murry의 '욕구-압력분석법'
> - 주인공 중심의 해석방법으로서, 주인공의 욕구 및 압력, 욕구 방어 및 감정, 다른 등장인물과의 관계 등에 초점을 둔다.
> - 통각은 객관적 자극과 주관적 경험의 상호작용으로 이루어진다.
> - 모든 수검자에게 동일한 카드를 제공하지 않는다.
> - 수검자의 상황에 따라 지시문을 다르게 제시할 수 있다.
> - 검사는 두 번 나누어 시행할 수 있다.

27강 CAT/HTP

❏ 아동 통각 검사(CAT ; Children Apperception Test)

① 3~10세 아동 대상, 동물 자극 사용
② 동물 자극을 사용하는 이점
　㉠ 검사 목적을 위장하기가 편하다.
　㉡ 사회적으로 용납되지 않는 욕구나 부정적인 감정들을 드러내기 쉽다.
　㉢ 문화적 영향을 덜 받는다.
　㉣ 성과 연령이 분명하지 않아 등장인물의 성, 연령 특징에 덜 영향을 받는다.
③ CAT의 구성 : 표준 그림 9장 + 보충 그림 9장
④ CAT의 해석
　㉠ TAT와 마찬가지로 욕구-압력 가설에 의해 분석한다.
　㉡ 반응이 반복된다면 주요한 해석의 단서가 된다.
　㉢ 주제가 나오는 순서가 의미 있다. 예를 들어 반항 이야기 다음에 순종 이야기가 나올 경우와 그 반대의 경우에는 해석의 의미가 달라진다.
　㉣ 아동이 처한 상황(가족, 학교 등)을 비롯한 여러 가지 정보를 통해 아동의 CAT반응을 의미 있게 해석할 수 있다.
　㉤ 동일시 수준을 평가한다.
　㉥ 발달수준을 고려한다.

❏ 그림검사의 특징

1. 그림검사는 언어적, 문화적 제약이 적다.
2. 인물화검사(DAP)는 지능과 성격을 파악하는 데 유용하다.
3. HTP검사에서 나무 그림은 사람 그림에 비해 무의식적 수준의 성격구조를 반영한다.
4. 인물화검사(DAP)에서는 수검자가 처음 그린 사람의 성별을 질문한다.

❏ 집-나무-사람(HTP ; House-Tree-Person) 검사

1. HTP에 대한 이론적 근거

① 굿이너프(Goodenough)의 인물화 검사(DAP ; Draw A Picture)
　㉠ 아동기부터 청소년까지 인물화의 변화 과정을 제시한다.
　㉡ 아동의 인물화를 통하여 그림을 그린 아동의 지능 발달 수준을 평가한다.

ⓒ 주로 세부 묘사를 얼마나 정확하게 많이 하였는지를 측정한다.
② 메코버(Machover)의 인물화 검사
  ㉠ 개인이 그린 인물 그림에 그 자신의 신체상이나 자아개념이 투사될 뿐 아니라, 개인 습관이나 정서적 특성이 나타난다고 가정한다.
  ㉡ 인물 그림에 자신에게 중요한 인물에 대한 태도, 사회 상황에 대한 태도 및 검사자나 검사 상황에 대한 태도 등이 반영된다고 보았다.
③ 벅(Buck)의 집-나무-사람
  ㉠ 개인에게 가능한 가장 멋진 집(나무, 사람)을 그려 보라는 지시를 한 후, 완성된 그림에 대해 임상적인 해석을 하는 것이다.
  ㉡ 기본 가정 : 사람들이 그리는 그림에는 내면의 욕구, 감정, 생각, 자신의 환경과 경험이 투사되어 있다.
  ㉢ 특징
    ⓐ 짧은 시간 내에 간편하게 실시할 수 있다.
    ⓑ 언어적. 문화적 제약이 적다.
    ⓒ 개인의 의식적인 방어가 덜 관여하며, 피검자가 인식하지 못하는 내면세계까지 반영한다.
    ⓓ 복잡한 채점 절차를 거치지 않고 그림만으로 직접 해석이 가능하다.

2. 그리기 단계
① 준비물 : 16절지(A4) 여러 장(5장 이상), HB 연필, 지우개, 초시계
② 전체 검사에 대한 지시
  "지금부터 몇 가지 그림을 그려 봅시다. 잘 그리고 못 그리는 것은 상관이 없으니 제가 말하는 그림을 자유롭게 그려 보세요."

3. 질문 단계
① 그리기 단계를 마친 후에는 수검자에게 각각의 그림을 보여 주며 여러 가지 질문을 한다.
② 일반적인 질문
  ㉠ 집
    • 이 집은 어떤 집입니까?/어느 곳에 있습니까?
    • 이 집에는 누가 [어떤 사람(들)이] 살고 있습니까?
    • 이 집에 있는 사람들은 무엇을 하고 있습니까?
    • 이 집의 분위기는 어떻습니까?
    • 이 집의 상태는 어떻습니까?
    • 이 집에 사는 사람들의 소원이 있다면 무엇일까요?
    • 이 집은 앞으로 어떻게 될 것 같습니까?

ⓒ 나무
- 이 나무는 어떤 나무입니까?
- 이 나무는 몇 년 정도 되었습니까?
- 이 나무는 어느 곳에 있습니까?
- 이 나무 주변에는 무엇이 있습니까?
- 이 나무의 (건강)상태는 어떻습니까?
- 이 나무에게 소원이 있다면 무엇일까요?
- 이 나무는 앞으로 어떻게 될 것 같습니까?

ⓒ 사람
- 이 사람은 몇 살쯤 되었습니까?
- 이 사람은 누구입니까?(생각하며 그린 사람이 있습니까?)
- 이 사람의 직업은 무엇입니까?
- 이 사람은 지금 무엇을 하고 있는 것 같습니까?
- 이 사람의 기분은 어떤 것 같습니까?
- 이 사람은 지금 무슨 생각을 하고 있는 것 같습니까?
- 이 사람의 성격은 어떤 것 같습니까(장점 혹은 단점)?
- 이 사람의 소원이 있다면 무엇일까요?
- 이 사람은 앞으로 어떻게 될 것 같습니까?

4. HTP의 해석

1) 그림의 구조 및 표현 방식에 대한 해석 : HTP는 전체적으로 그림의 구조 및 표현 방식과 관련해 다음과 같은 사항을 고려해 해석적 가설을 세운다.

㉠ 수행 시간 및 수검 태도
ⓐ 수행 시간이 지나치게 짧은 경우 : 무성의하거나 회피적인 태도, 성급하고 충동적인 행동 경향을 보인다.
ⓑ 소요 시간이 지나치게 오래 걸렸을 경우 : 세부 요소를 자세히 묘사하느라 많은 시간이 소요된 경우라면 불안감, 초조감, 혹은 지나치게 정확성을 기하려는 강박적 태도를 고려해야 하며, 속도 자체가 느린 경우라면 무력감, 낮은 동기 수준, 정신-운동 속도의 저하 가능성을 고려해 보아야 한다.

㉡ 순서 : 발→ 다리 → 머리 → 팔 → 이목구비 → 몸통과 같이 비전형적인 순서로 그렸다면 이는 현실검증력의 저하나 사고장애의 가능성을 고려해 볼 수 있다.

㉢ 크기
ⓐ 지나치게 큰 그림 : 심신 에너지의 항진, 충동성, 행동화 경향, 과도한 자신감, 자아 팽창적인 과대 사고 등을 시사한다. 또는 자신에 대한 열등감, 부적절감에 대한 보상, 반동 형성 등 일종의 방어를 반영할 수도 있다.

ⓑ 지나치게 작은 그림 : 위축감, 무력감, 지나친 자기 억제, 불안감, 열등감, 부적절감, 자신감 저하 등을 반영한다. 혹은 검사 상황에 대한 회피적, 방어적 태도일 수도 있다. 우울한 사람들에게서 지나치게 작은 그림이 흔히 관찰된다.
② 위치
  ⓐ 용지 중앙에 위치한 그림 : 그림을 용지의 중앙에 그리는 것은 매우 흔하며 이는 수검자가 적정 수준의 안정감을 유지하고 있음을 반영한다. 하지만 지나치게 정중앙을 고집하는 그림은 오히려 불안정감이 심한 것을 반영할 수 있으며, 지나친 자기중심성, 완고함, 경직성, 융통성이 부족함을 나타낼 수도 있다.
  ⓑ 용지의 우측 또는 좌측에 치우친 그림 : 우측에 치우친 그림은 욕구 지연 능력을 갖추고 있고 자신을 잘 통제해 나가는 비교적 안정된 성향을 반영한다고 본다. 이에 비해 용지 좌측에 치우친 그림은 즉각적인 만족 추구, 행동화 경향, 충동성 등을 반영한다고 본다.
  ⓒ 용지 상단 또는 하단에 치우친 그림은 일반적으로 정서적 불안정성, 현실과의 괴리 등을 시사한다고 본다. 반면에 용지 하단에 치우친 그림은 안정감을 강조하고 있음을 시사하는데, 심한 수준의 부적절감, 불안감이 내재되어 있으며 이로 인해 과도한 지지 추구, 의존적 경향 혹은 우울한 상태일 가능성이 있다. 또는 지나치게 구체적이고 현실적인 사고 경향을 반영한다.
  ⓓ 용지 귀퉁이에 치우친 그림 : 일반적으로 자신감 저하, 위축감, 두려움 등을 시사한다.
- 좌측 상단 : 연령이 어릴수록 이런 위치에 많이 그리며, 연령이 증가함에 따라 이러한 경향이 감소하는 경향이 있다. 임상장면에서는 정신증적 환자들 중 일부가 이런 위치에 그림을 그리기도 하는데, 이 경우 정신증적 상태에서 보이는 심리적 퇴행이나 공상을 반영한다.
- 우측 상단 : 과거의 불쾌한 기억을 억압하고 미래에 대해 지나치게 낙관적인 태도를 취하고 있음을 시사한다.
- 그 밖에 용지의 좌측 하단은 과거의 우울감을, 우측 하단은 미래에 대한 무망감을 반영한다는 견해도 있다.
◎ 선의 강도, 필압 : 수검자의 심신 에너지 수준, 긴장된 정도, 충동성 등에 대한 정보를 제공한다.
  ⓐ 지나치게 진하고 강한 선 : 강한 자신감에서부터 충동성, 공격성 등 높은 수준 심신 에너지를 나타낸다. 혹은 극도의 긴장감, 불안감을 반영하기도 하는데, 이러한 유형의 경우 스트레스 상황에서 쉽게 압도당할 가능성이 있다.
  ⓑ 지나치게 흐리고 약한 강도의 선 : 낮은 에너지 수준, 무력감, 위축감, 부적절감, 불안, 억제된 상태 등을 반영한다. 임상장면에서는 우울증, 불안장애와 같은 신경증적 상태뿐만 아니라 음성 증상이 현저한 만성 정신분열증 환자, 긴장성 정신분열증 환자 등이 선의 강도가 약한 그림을 그린다.
◉ 선의 질, 방향 : 한 번에 직선의 긴 획을 많이 사용한 그림은 단호함, 안정감, 야심에 차있는

높은 포부 수준을 반영하며 행동을 통제하거나 억제하거는 성향을 나타내기도 한다. 반면 획을 짧게 끊어서 그리는 그림은 쉽게 흥분하거나 충동적인 성향과 관련이 있다.

ⓢ 세부 묘사 : 그림 전반에 걸쳐 세부 묘사가 과도한 경우에는 지나치게 정확성을 기하고자 하는 강박적 성향, 억제적 경향, 주지화 경향 등을 나타낸다. 적절한 세부 묘사를 생략한 그림은 위축감, 공허감, 낮은 에너지 수준 등 우울한 상태를 반영할 수 있다.

ⓞ 지우기 : 그림을 그리면서 지나치게 수정을 많이 가하는 경우에는 내면의 불확실감, 불안감, 초조감, 심리적 갈등에 따른 우유부단함, 자신에 대한 불만족감 등을 시사한다.

ⓩ 대칭 : 대칭성을 지나치게 강조한 그림은 융통성이 부족하고 경직된 성격 특성, 정서의 과도한 억압과 통제, 주지화 경향, 강박적 성향 등을 나타낸다.

ⓧ 왜곡 : 심하지 않은 수준의 왜곡된 그림은 이와 연관된 수검자의 불안, 심리적 갈등을 시사한다. 그러나 그림을 도저히 이해하기 힘든 수준은 현실검증력의 장애를 시사한다.

ⓚ 투명성(투시) : 내장 기관이 드러난 사람 그림 혹은 옷을 입었음에도 유방, 성기, 배꼽 등의 신체 부위가 드러난 그림과 같은 투시 그림은 인지적 미성숙을 반영한다. 6세 미만인 미취학 아동들이 그리는 투시 그림은 정상 범주로 해석되지만, 청소년 및 성인들의 투시 그림은 정신증적 상태에서 보이는 현실 검증력의 문제, 판단력 저하, 심리적 퇴행 등을 시사하며 뇌손상 환자들 중에도 투시 그림을 그리는 경우가 있다.

ⓣ 움직임 : 지적 능력이 제한적인 사람 혹은 우울한 상태에서는 움직임이 거의 표현되지 않는 반면, 과잉 활동성을 보이는 ADHD 아동, 혹은 조증, 경조증 상태에서는 움직임이 지나치게 많이 표현되기도 한다.

ⓟ 회전 : 평가자가 제시한 종이 방향을 회전시켜 그림을 그리는 경우 반항적·부정적 경향성이 시사된다. 종이를 계속해서 같은 방향으로 돌려가며 그리는 기계적 반복 회전은 보속증(perseveration)과 같은 탈억제 운동 반응을 나타내기도 한다.

ⓗ 불필요한 내용을 추가해서 그리는 경우 : 부가적인 사물들이 나타내는 상징적 의미를 고려해서 해석한다. 관심과 의존에 대한 욕구가 강한 사람들 혹은 인지적으로 산만한 사람들의 경우에도 부가적인 요소들을 많이 포함시켜 그린다.

2) 그림 내용에 대한 해석

(1) 집(House) : 일반적으로 집 그림은 가족 구성원, 가족관계 및 가정 생활에 대한 표상, 이와 연관된 생각, 감정, 소망이 반영된다. 혹은 가족 내에서의 자기 지각을 반영하기도 하며 상징적 의미의 자기 초상, 내적 공상이 드러나기도 한다.

지 붕	• 정신생활, 즉 내적인 공상, 생각, 관념 및 기억을 반영한다.
벽	• 수검자의 자아 강도를 나타낸다. 집 그림의 벽은 나무 그림의 기둥, 사람 그림의 몸통과 유사한 상징으로 해석한다.
문	• 수검자 자신과 환경 간의 직접적인 접촉 및 소통 방식에 대한 정보를 제공한다.
창 문	• 창문 역시 문과 마찬가지로 외부 환경과의 상호작용, 대인관계에 대한 수검자의 주관적 경험을 반영한다.

심리측정 평가의 활용

굴 뚝	• 일반적으로 가족관계의 분위기, 가족 교류의 양상 등에 대한 정보를 제공한다.
기타 부속물	• 태양 : 강한 애정 욕구, 의존성 혹은 이에 대한 좌절감 • 구름 : 만연되어 있는 모호한 불안감 • 나무, 꽃, 잔디 : 적당한 정도는 생동감과 에너지를 반영하지만, 지나친 경우 강한 의존 욕구를 반영한다. • 울타리, 담장 : 방어적, 경계적 태도

(2) 나무(Tree) : 전통적으로 나무 그림에는 자신의 신체상, 자기개념이 심층적·무의식적 수준에서 투사되며, 인생, 성장에 대한 상징이자 환경에 대한 적응의 정도가 반영되기도 한다고 보았다.

수관과 잎	• 나무의 수관은 집 그림의 '지붕', 사람 그림의 '머리'와 유사한 상징적 의미를 갖는데, 이들은 모두 내적인 공상, 사고 활동을 주로 반영한다. • 잎은 환경과 접촉하는 정도를 반영한다.
기 둥	• 수검자 성격 구조의 견고함, 자아강도 및 기본적인 심적 에너지를 반영한다.
가 지	• 환경 혹은 타인과의 접촉을 통해 성취를 향해 뻗어 나가고 만족을 얻는 심리적 자원, 능력을 반영한다.
뿌 리	• 자신에 대한 안정감, 현실 접촉의 정도를 반영한다.

0 HTP 그림해석 : 나무나 줄기 등을 하나의 선, 열쇠구멍같은 그림, 한붓그리기 식 그림을 그린 경우는 저항적이고 부정적임을 나타냄.

(3) 사람 : 심리적 자화상으로 볼 수 있다. '집'이나 '나무' 그림에 비해 자기개념, 자기표상, 자신에 대한 태도 등이 더 직접적이고 의식적 수준에서 반영된다. 수검자에게 방어를 유발하여 자신의 상태를 왜곡·변형시켜 표현하게 만들기도 하는데, 현재의 자기지각뿐만 아니라 이상적인 자기상, 나아가 중요한 타인에 대한 표상, 환경에 대한 지각 등도 드러난다.

머 리	지적 능력, 공상 활동, 충동과 정서를 지적으로 통제하는 정도 등에 대한 정보를 제공한다.
얼 굴	자신의 감정상태, 욕구를 표현하는 등 의사전달의 주요 수단이다. 따라서 얼굴의 방향, 이목구비의 표현 방식을 통해 외부환경, 대인관계를 대하는 태도 등을 살펴볼 수 있다.
목	목은 몸과 머리를 연결해 주는 신체기관으로 충동 및 행동반응(몸)과 이를 지적으로 통제하고자 하는 욕구(머리)의 관계를 나타낸다.
팔	팔은 외부 환경과 직접적으로 접촉하는 신체 부위로 환경을 통제하는 역할을 한다. 길고 굵은 팔 그림은 강한 성취 욕구, 스스로 환경을 통제하고자 하는 자율성에 대한 욕구 등을 반영한다.
다리, 발	다리와 발은 목표에 접근하게 해 주는 대처 능력, 현실 상황을 지탱해 나가는 능력 등을 상징한다.

28강 SCT검사/BGT검사

❏ 문장완성검사(SCT; Sentence Completion Test)

1. 발전과정
① 에빙하우스(Ebbinghaus)가 미완성 문장에 답하게 함으로써 피검자의 정신 능력을 측정하려고 시도했다.
② 융(Jung)은 단어 연상 검사를 통해 피검자의 무의식적 태도를 분석하였다.
③ 2차 세계대전 동안 병사들에 대한 성격 평가와 배치를 위한 도구로 검사 배터리에 포함되어 사용되었다.
④ 로터(Rotter)의 미완성 문장 검사 RISB(Rostter Incomplete Sentence Blank)가 본격적으로 사용되었다.

2. 특징
① 다른 투사적 검사와는 달리 검사 자극이 분명하며, 피검자가 검사 자극 내용을 지각하기 때문에 의식적 수준의 심리적 현상을 측정한다.
② 문장완성검사는 다른 검사에 대한 부가적인 정보를 제공해 줄 뿐만 아니라 다른 검사에 의해 나타난 역동적 내용을 확인해 줄 수 있는 매우 간단하면서도 유용한 검사이다.

3. 검사의 방법
① 정답, 오답이 없으므로 생각나는 것을 쓰도록 한다.
② 글씨 쓰기, 글짓기 시험이 아니므로 글씨나 문장의 좋고 나쁨을 걱정하지 않아도 된다.
③ 주어진 어구를 보고 제일 먼저 생각나는 것을 쓴다.
④ 주어진 어구를 보고도 생각이 안 나는 경우에는 번호에 ○표를 하고 다음으로 넘어가서 문장을 작성한 뒤, 최후에 완성시킨다.
⑤ 시간 제한은 없으나, 너무 오래 걸리지 않도록 빨리빨리 쓴다.
⑥ 볼펜이나 연필로 쓰되, 지울 때는 두 줄로 긋고 빈 공간에 쓴다.

4. 해석 방법
① 내용의 변화가 적고, 특정의 대상이나 욕구를 고집하여 반복이 많다. 이는 인성의 경직성, 방어를 나타낸다.
② 짤막한 감정적 어휘로 반응하는 것은 지능이 낮거나 감정통제가 되지 않거나 방어를 나타낸다.

③ 장황하게 빽빽하게 적어 넣는다. 이런 경우 신경증적인 사람이거나 강박 경향이 있다.
④ 어느 문항이든 자기중심의 주제로 바꿔버리는 사람은 미숙하거나 자기중심적인 사람이다.
⑤ 도덕적인 반응을 하는 것은 자기를 잘 보이게 하려는 방어태도의 출현이다.
⑥ 비현실적인 생각이나 공상을 말하는 사람은 도피적인 인성이거나 검사에 대한 방어적 태도를 보인다.
⑦ 문항 전체에 모순이 보이는 사람은 무의식 중의 갈등을 보인 것이다.
⑧ 확실히 결정짓지 못하는 경우는 권위에 대한 반항의 표현이다.
⑨ '말할 수 없다'와 같은 반응을 보이는 사람은 자기방어적인 태도를 취한다.
⑩ 반발을 보이는 사람의 경우 정서적 불안정, 방어적 태도를 취한다.
⑪ 망상 내용이 보일 경우, 정신분열증(조현증)일 가능성이 있다.

문장완성검사(SCT : Sentence Completion Test)의 특징

(1) 연상검사의 응용으로 발전한 것으로 피검자가 미완성의 문장을 완성하는 것이다.
(2) 문장완성 검사는 Rorschach 검사나 TAT에 비해 검사의 체계화가 구비되어 있어 검사자극이 보다 분명하며 피검사자가 검사자극 내용을 지각할 수 있도록 구성되어 있다.
(3) 문장완성검사는 문항이 매우 짧지만 몇 가지 기본적인 주제를 포함하고 있다.
(4) 단축형의 경우(40문항) 자기개념, 어머니, 아버지라는 세 가지 주제가 반복되어 있고, 수검자는 주제가 반복될 때마다 각 주제에 대해서 다양하게 자신을 표현할 수 있다.
(5) 적게는 40문항에서 많게는 100문항으로 구성된 문장완성검사도 있고 주제도 적게는 4가지에서 많게는 15가지를 포함하고 있다.
(6) 결정적 요인 : 성장적/가정적 요인
(7) 성격적 요인 : 정서적 요인/정신역동적 요인

문장완성검사의 장점과 단점

(1) 문장완성검사의 장점

가. 반응의 자유를 들 수 있다.
　피검사자는 '네', '아니요', '모릅니다' 식으로 단정적으로 답을 강요당할 필요가 없고 자기가 원하는 대로 답할 수 있다.
나. 검사의 목적을 피검사자가 뚜렷하게 의식하기 어려움으로 비교적 솔직한 답을 얻을 수 있다.
다. 집단적으로 검사를 실시할 수 있어서 경제적이며, 또한 다른 투사법보다 그 시행·채점·해석에 소요되는 시간이 적다.
라. 이 검사는 극히 용이하게 작성할 수 있으며, 여러 특수 상태에 부합할 수 있도록 검사 문항을 수정할 수 있다.

(2) 문장완성 검사의 단점

가. 그 결과를 어느 정도 객관적으로 채점할 수 있다고는 하지만, 표준화 성격검사에서와 같이 완전히 객관적으로 채점할 수가 없으며, 그 결과를 토대로 하여 성격을 임상적으로 분석하려면 상당한 지식과 훈련이 필요하다.

나. 기타 투사법에서와 같이 검사의 목적이 완전히 은폐되어 있지 않으므로 약은 피검사자는 검사의 목적을 알아채서 자신에게 불리한 답을 안 할 수도 있다.

다. 피검사자의 언어 표현력이 부족하거나, 검사에 협조적이 아니면 그 결과가 만족할 만한 것이 못 될 우려성이 있어서 이 검사는 문장표현력이 부족한 초등학생에게는 적당치 못하다.

☐ Sacks의 문장완성검사(SSCT: Sacks Sentence Completion Test)

1) 성인용

이 검사는 Josepg M. Sacks에 의해 개발되었다. Sacks는 20명의 심리치료자에게 적응에 있어 중요한 '가족, 성, 자기개념, 대인관계'의 네 가지 영역에 관한 피검자의 중요한 태도 및 임상적 자료를 이끌어낼 수 있는 미완성 문장 3개씩을 만들도록 하였다.
각 영역별 문항을 구체적으로 보면 다음과 같다.

(1) 가족(12문항)

이 영역은 어머니, 아버지, 가족에 대한 태도를 담고 있는 문항으로 구성되어 있다. 어머니와 아버지, 그리고 가족 전체에 대한 태도를 나타내도록 하는 문장으로 구성되어 있으며, 피검자가 경계적이고 회피적인 경향이 있다하더라도 네 개의 문항들 중 최소 한 개에서라도 유의미한 정보가 드러나게 된다.

(2) 성(8문항)

이 영역은 이성 관계에 대한 것으로 여성, 결혼, 성 관계에 관한 태도를 표현할 수 있는 문항으로 구성되어 있다. 이 문항들은 사회적인 개인으로서의 여성과 남성, 결혼, 성적 관계에 대하여 자신을 나타내도록 한다.

(3) 대인관계(16문항)

이 영역은 친구, 지인, 직장동료, 직장상사에 관한 태도를 포함한다. 이 영역의 문항들은 가족 외의 사람들에 대한 감정이나 자신에 대해 타인이 어떻게 느끼는지에 관한 피검자의 생각들을 표현하게 한다.

(4) 자기개념(24문항)

이 영역은 자신의 두려움, 죄의식, 목표, 자신의 능력, 과거와 미래에 대한 태도가 포함되며, 이 영역에서 표현되는 태도들은 현재, 과거, 미래의 자기개념과 그가 바라는 미래의 자기상과 실제로 자기가 될 것 같다고 생각하는 모습에 대한 정보를 제공해 준다. 즉, 이런 표현을 통해서 임상가는 피검자가 자신을 어떻게 생각하고 있는지를 알 수 있는 것이다.

2) 아동용 문장완성 검사

아동의 욕구상태와 부모 및 교사, 동성, 이성 친구에 대한 태도를 파악하기 위해 실시하며 성격역동에 대한 심리진단 정보를 얻고 전반적인 심리적 적응을 판단하는 데 사용된다.

이 검사는 다음과 같은 4가지 영역으로 구성되어 있다.

(1) 가족
이 영역은 어머니, 아버지, 가족에 대한 태도를 담고 있는 문항으로 구성되며 가족에 대한 지각, 정서적 관계 등을 파악할 수 있다.

(2) 사회
또래와의 상호작용, 일반적인 대인관계 등에 대해 파악할 수 있다.

(3) 학교
학교에 대한 지각 성취와 욕구에 대한 지각 등을 파악할 수 있다.

(4) 자기
미래 지향, 소원, 일반적인 정신건강 등의 개인내적 기능을 파악할 수 있다.

차원	평가영역	척도
가족	외부환경	가족에 대한 지각
		또래에 대한 지각
사회	외부환경	또래와의 상호작용
		일반적인 대인관계
학교	자기지각	학교에 대한 지각
		욕구지향
자기	개인내적 기능	개인적인 평가
		미래지향
		일반적인 정신건강

❑ SCCT - Sacks의 문장완성검사의 평점기록지
- 각종 태도에 대한 내용 수록
- 대상
 부모/가족/여성과 남성/이성관계 및 결혼생활/친구나 친지/권위자/두려움/죄책감/자신의 능력/과거/미래/목표에 대한 태도 등

벤더 게슈탈트 검사(BGT, Bender Gestalt Test)

1. 검사의 개요
1) 벤더(L. Bender)가 1938년 개발한 투사적 검사로 본래 Bender Visual - Motor Gestalt Test 이었던 것을 1940년 BGT로 개칭하였다.
   - BGT는 기질적 뇌손상을 알아보고 정신병리의 유형과 지각간의 관계를 연구하기 위한 검사이다.
   - 정신병리의 유형과 지각과의 관계를 연구하기 위한 용도로 고안
   - 개인의 성격적 특징은 물론 정신병리적 진단 및 뇌손상 여부를 탐지할 수 있다.
2) 형태주의 심리학의 창시자인 베르트하이머(Wertheimer)가 형태 지각 실험에 사용한 여러 기하학적 도형 중 9단계를 선택하였다(도형 A, 도형 1-8).
3) 지시
   "여기 9장의 간단한 도형 그림이 있습니다. 앞에 있는 종이에 도형을 똑같이 그려보세요. 한 장을 다 그리면 다음 장으로 넘어갑니다."
4) 비언어적 검사로 문화적 영향을 덜 받는다.
5) 형태심리학과 역동심리학 이론을 근거로 개인의 심리적 과정을 분석할 수 있다.
6) 인지장애가 심한 기질적 뇌손상 환자에게도 실시할 수 있다.
7) 여분의 모사용지를 준비하여 수검자가 요구하면 더 사용할 수 있게 한다.
8) 시각, 운동 및 통합기능을 평가한다.

2. BGT 검사의 특징
1) 9개의 BGT 도형을 이용하여 심인성 정신장애자 여부를 평가하는 독창적인 검사방법이다.
2) 기본적 가정
   ㉠ 전기치료를 받은 정신장애 환자나 대뇌 손상을 심하게 받은 자는 자극 도형을 정확하게 재생묘사하지 못할 것이다.
   ㉡ 대뇌 손상이 없으면서도 정확한 재생묘사를 하지 못하는 원인은 자아의 약화 내지 정서적 미성숙에 있다.
3) 목적
   ㉠ 두뇌의 기질적 장애 여부를 평가하기 위한 신경심리학적 검사이다.
   ㉡ 아동의 경우, 지각 성숙도에 대한 발달 수준을 평가한다.
   ㉢ 정서적 혼란이나 성격 특성에 대한 평가이다.
   ㉣ 아동의 학업 성취에 대한 예측이나 대략적인 지능을 추정할 수 있다.

3. BGT 검사의 실시 방법
1) 기본원칙
   - 모사(copy)단계 : 한 장의 용지에 9개의 도형을 하나씩 그대로 옮겨 그리게 한다.

심리측정 평가의 활용

- 회상(recall)단계 : 우연한 회상이 이루어진다.
- 재모사(recopy)단계 : 모사에서 모호한 경우 재검사를 실시한다.
- 정교화(elaboration)단계 : 사고의 확장이 이루어진다.

2) 실시 예
① 준비물 : 21.59×27.94cm의 백지(보통 A4용지), 지우개, HB 연필
② 지시(instruction)
"여기 9장의 간단한 도형 그림이 있습니다. 앞에 있는 종이에 도형을 똑같이 그려 보세요. 한 장을 다 그리면 다음 장으로 넘어갑니다."
③ 9장의 도형 그리기가 끝나면, 검사 도구와 피검자가 그린 종이를 치운 후 회상 검사를 실시한다.
즉, 새로운 종이를 준 후, "지금부터는 방금 그린 도형들을 생각나는 대로 그려 보세요"라고 지시한다.

♣ **심화학습 – BGT 검사의 특징**

(1) 기질적 장애를 판별하려는 목적에서 널리 사용
(2) 뇌손상 이외에 정신증, 정신지체, 그 밖의 성격적인 문제를 진단하는데 적용될 수 있음
(3) 시지각-운동 성숙수준, 정서적인 상태, 갈등의 영역, 행동통제의 특성이 드러남

♣ **심화학습 – BGT 검사가 유용한 피검사자**

(1) 언어적인 방어가 심한 환자
　　강박적이고 이지적이며 자기합리화를 하는 경향이 강한 사람들 또는 자신이 가지고 있는 증상 이상으로 병리적인 반응을 보이는 사람들
(2) 문화나 언어적인 배경을 뛰어넘기 때문에 언어적 능력이 제한되어 있는 사람이나 언어표현이 자유롭지 못한 환자 (예 : 긴장성 정신분열환자)
(3) 뇌손상 여부가 의심스러운 사람들
(4) 정신지체를 좀 더 정확히 진단할 수 있음

29강 BGT검사(2)/기질성격검사 TCI

❑ BGT검사의 채점 체계

① **지각적 회전** : 도형의 주요 축(중심선)의 방향이 80~180°까지 변화가 있을 경우
② **겹침곤란** : 도형의 겹친 부분을 그리는 것에 대한 어려움들을 포함하는 경우
③ **단순화** : 도형의 한 부분이 다르고 더 단순한 형태로 대치된 경우
④ **단편화** : 도형을 불완전하게 그리거나 형태(Gestalt)를 해체시킴으로써 도형의 형태를 파괴시킨 경우
⑤ **퇴형** : 자극 카드의 형태보다 더 원초적인 도형으로 대치시킨 경우
⑥ **보속성** : 그 자극에 필요한 한계를 넘어 한 도형의 요소를 부적절하게 계속하는 것이 특징으로, 종이의 끝에 도달할 때까지 그 자극을 계속 그리는 경우도 있음
⑦ **중첩, 중첩곤란** : 도형들을 중첩해서 그리는 것이 어려운 경우, 도형들이 실제로 겹쳐지거나 충돌해서 그려진 경우, 한 도형을 다른 도형에 매우 가깝게 그렸을 경우
⑧ **불능** : 도형을 잘못 그린 피검자가 그 사실을 인식한 것 같지만 그 오류를 수정할 수 없거나, 수정하기 위해 반복 시도를 하지만 향상에 성공하지 못한 경우
⑨ **폐쇄곤란** : 피검자가 도형의 접속해야 할 부분을 접속시키는 것에 대한 어려움을 반복해서 보이는 경우(틈, 지운 자국, 필압의 증가, 접속부분에 있는 선들을 과도하게 그린 것에서 명백히 드러남)
⑩ **운동 비협응** : 도형들의 선들이 부드럽게 그려지기보다는 불규칙적으로 그려진 경우
⑪ **각도곤란** : 도형의 각들을 나타내는 것이 어려운 경우, 요구되는 각의 각도가 실제보다 더 크거나 작은 경우
⑫ **응집력** : 다른 도형들에 비해 한 도형이나 한 도형의 한 부분의 크기를 크게 그리거나 작게 그린 경우, 또는 그 도형의 다른 부분에 비해 한 부분의 크기를 크게 하거나 작게 한 경우

♣ **심화학습 – 채점(Pascal-Suttell식 채점)**

오류 즉, 이탈(일탈)을 채점 / 채점 항목이 미리 정해져 있음 / 교육정도(중등교육, 대학교육)에 따라 두 개의 규준표 있음 / 전적으로 객관적인 것은 아니다.

예) '크기의 일탈'
- 전체적으로 크거나 작은 그림
- 점진적으로 커지거나 작아지는 그림
- 고립된 큰 그림 또는 작은 그림

심리측정 평가의 활용

> ♣ **심화학습 - BGT검사의 일반 해석**
> - 조직화/크기의 일탈/형태의 일탈/형태의 왜곡/움직임 및 묘사요인
> - 보속성 등을 해석
> - 일반적 검사에서는 '모사'를 실시하며 뇌의 기질적 손상은 진단하기 위해서 '순간노출'을 우선적으로 실시
> - 곡선의 진폭과 관련하여 우울증 환자는 진폭을 작게 그리는 경향이 있다.

❏ BGT검사 - 기출문제를 통한 심화학습

- BGT검사에서 도형 A의 위치(Position of the first drawing)
- 도형 A를 어디에 그리는가에 대해서 평가하는 것이다.

> 1. 도형 A가 용지 상부의 1/3이내에 있고 가장자리에서 2.5cm 이상 떨어져 있다면 정상적인 위치에 있는 것으로 볼 수 있다.
> 2. 용지의 왼쪽 또는 오른쪽 아래의 모서리에 A도형을 그리면 매우 병리적인 상태임이 시사 된다.
> 3. 소심하거나 겁이 많은 사람은 A도형을 극단적으로 왼쪽 위의 모서리에 배치하고 도형을 전체적으로 작게 그리는 경향이 많다.
> 4. 자기중심적이고 주장적인 사람은 용지의 중앙에 비치하면서 크게 그리는 경향이 있는데, 도형 하나에 용지 1매를 사용하는 경우도 있다.

❏ 기질 성격검사 TCI(Temperament and Character Inventory)

1. 클로닝거(C. R. Cloninger)의 심리생물 인성모델(7가지의 기본척도)

기질 차원	성격 차원
자극추구(NS ; Novelty Seeking)	자율성(SD ; Self-Directedness)
위험 회피(HA ; Harm Avoidance)	연대감(C ; Cooperativeness)
사회적 민감성(RD ; Reward Dependence)	자기 초월(ST ; Self-Transcendence)
인내력(P ; Persistence)	-

2. 클로닝거(Cloninger)의 심리 생물학적 인성 모델에 기초하여 개발된 검사로, 인성은 기질(Temperament)과 성격(Character)으로 구분된다고 보고 있다.
3. 기질과 성격의 분리로 인성 발달에 미치는 유전적 영향과 환경적 영향을 구분하여 인성을 이해할 수 있다는 장점을 갖고 있다.
4. 척도 세부내용
   1) 기질은 자동적으로 일어나는 정서적 반응성향 행동조절 시스템에 대한 기초 신경시스템의 발

달양상으로 유전적 요인이며 기질척도로는 4개의 척도가 있는데 ① 자극추구, ② 위험회피, ③ 사회적 민감성, ④ 인내력이다.
  (1) 자극추구 척도
     새로운 자극, 보상 단서에서 행동의 활성화와 처벌과 단조로움을 적극적으로 회피하려는 유전적 성향에서의 개인차를 알 수 있다.
  (2) 위험회피
     처벌이나 단서 앞에서 수동적인 회피성향, 행동이 억제되거나 이전의 행동이 중단되는 유전적 성향에서의 개인차를 알 수 있다.
  (3) 사회적 민감성
     행동특성 중 사회적 보상 신호에 민감하게 반응하는 유전적인 경향성을 알 수 있다.
  (4) 인내력
     한번 보상된 행동을 일정한 시간 동안 꾸준히 지속하려는 성향이 있는지에 대해 알 수 있다.
2) 성격은 체험하는 것에 대한 개인적 해석과의 관계, 자기개념의 발달과 관련 기질과 환경의 상호작용의 결과이다.
  (1) 성격척도에는 3개의 척도가 있는데 ① 자율성 ② 연대감 ③ 자기초월이다.
  (2) 자율성
     자율적인 자율로서의 자기로 자신의 선택한 목표와 가치를 이루기 위하여 자신의 행동을 상황에 맞게 통제, 조절, 적응시키는 능력을 나타내준다.
  (3) 연대감
     사회의 한 일부분으로서의 자기로서, 타인에 대한 수용 능력 및 타인과 동일시 능력에서의 개인차를 말해준다.
  (4) 자기초월
     우주의 일부로서의 자기로 우주만물과 자연을 수용하고 동일시하며 이들과 일체감을 느끼는 능력에서의 개인차를 말해준다.
3) TCI 프로파일 해석- 개별 척도의 해석
  (1) 기질유형(Temperament type)의 해석
     3가지 기질차원(자극추구, 위험 회피, 사회적 민감성)의 상호작용의 관점에서 가장 잘 이해된다.
  (2) 성격 척도와 기질유형의 연계 해석
     성격 척도들 중에서 특히 자율성과 연대감 차원의 발달정도를 평가하고, 성격발달의 정도가 기질유형에 미치는 조절적 영향을 이해한다.
  (3) 성격유형(Character type)의 해석
     3가지 성격차원들(자율성, 연대감, 자기 초월)의 조합에 의해서 이루어지는 성격유형을 분류하고 이를 해석한다.

심리측정 평가의 활용

❑ K-CBCL(Korea-Child Behavior Checklist) 아동/청소년 행동평가척도

Achenbach와 Edelbrock(1983)이 개발한 CBCL을 우리나라에서 번역하여 표준화한 행동평가 도구
- 주요척도로 학업수행척도

❑ 정신상태검사(mental status examination)

외모, 기분상태, 지각의 상태, 사고의 상태, 의식 및 인지기능, 주의집중력, 지능과 지식, 기억력, 판단력, 병식(자신의 병에 대한 인식정도), 면접자(치료자)에 대한 태도

❑ BAI(Beck Anxiety Inventory) : 벡의 불안항목표(검사)

- 불안정도의 측정도구로서 인지적, 정서적, 신체적 영역을 포함하는 21개 문항으로 구성된다. 특히, 우울과 불안을 구별하려는 목적으로 개발되었다.

30강 스트롱검사/홀랜드 인성검사/기타문제

❑ 홀랜드(Holland)검사

1. 홀랜드(Holland) 인성이론 - RIASEC 6각형 모형

1) 이 이론은 각 모형형태에서 사람의 속성을 비교할 수 있도록 기술되어 있으므로 개인의 가장 유사한 형태를 결정할 수 있는데 개인이 한 가지나 그 이상의 형태를 갖고 있기 때문에 유사한 다른 형태의 것에 확대하여 결정한다.

2) 각각의 부호는 다음의 6각형 모형을 사용하면 가장 쉽게 이해할 수 있다. 각 형태의 첫 번째 글자로 표기된 6각형은 아래의 그림과 같다. 이 모형에서 6각형 각각에 인접한 다른 유형은 서로 상반된 직선에 있는 것보다 더 유사성을 가지고 있고, 또한 가까이 관련된 유형에 있는 부호는 가까이 있지 않은 부호보다 더 자주 나타나는데, 예컨대 ESC와 RIC의 부호는 CSI와 IES의 부호보다 더 빈번히 나타난다는 것이다.

3) 성격형태와 환경을 서술하기 위하여 홀랜드가 사용한 언어는 개인의 심상을 주제논술로 전환하는 데 매우 유용하다. 이 모형은 개인이 어떻게 생각하고 그들 자신에 대해 이야기하는지에 대해 쉽게 관련지을 수 있다. 홀랜드의 모형은 개인의 결과를 해석하는 수단으로서 많은 흥미검사에서 사용된다.

2. 홀랜드(Holland)의 직업적 성격 유형 6가지

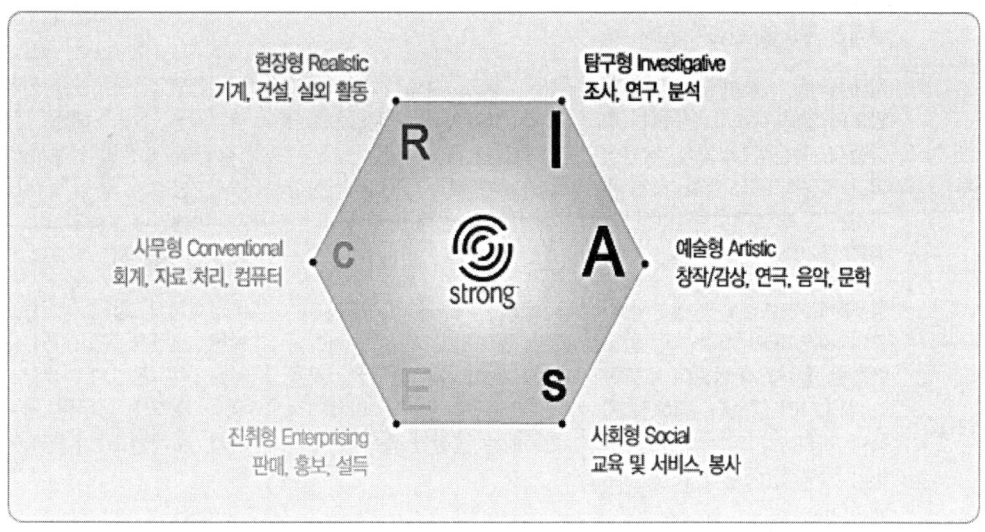

Holland의 6가지 흥미유형

심리측정 평가의 활용

유형	성격특징	직업적성	대표직업의 예
R 실재형	남성적이고 솔직하며 성실, 검소하고 지구력이 있고 신체적으로 건강하고 소박하며 말이 적고 고집이 있고 단순하다. 분명하고 질서정연하고 체계적인 활동을 좋아하며 교육적 활동은 좋아하지 않는다.	기계적, 운동적인 능력은 있으나 대인관계 능력이 부족하다. 수공, 농업, 전기, 기술적 능력이나 연장, 기계, 동물들의 조작을 주로 하는 능력이 있으나 교육적 능력은 부족하다.	기술자, 자동차 기계 및 항공기 조종사, 정비사, 농부, 어부, 엔지니어, 전기 및 기계 기사, 운동선수, 소방대원, 동물전문가, 요리사, 목수, 건축가, 도시계획가
I 탐구형	탐구심이 많고 논리적, 분석적, 합리적이며 정확하고 지적 호기심이 많으며 비판적, 내성적이고 신중하다. 관찰적, 상징적이며 체계적이고 창조적인 탐구에 관심 있으나 사회적이고 반복적 활동에 관심이 부족하고 혼자 있는 것을 좋아 한다.	학구적, 지적 자부심을 가지고 있으며 수학적, 과학적 능력과 연구 능력은 높으나 지도력이나 설득력은 부족하다. 혼자 하는 활동에 적합하다.	과학자, 생물학자, 화학자, 물리학자, 인류학자, 지질학자, 의료기술자, 의사, 수학교사, 천문학자, 비행기 조종사, 편집자, 발명가
A 예술형	상상력이 풍부하고 감수성이 강하며 자유분방하고 개방적이다. 개성이 강하고 협동적이지 않다. 예술적 창조와 다양성을 좋아하나 체계적이고 구조화된 활동에는 흥미가 없다.	미술적, 음악적 능력은 있으나 사무적 기술은 부족하다. 상징적, 자유적, 비체계적 순서적 능력은 부족하나 창의적이고 독창적인 활동에 적합하다.	예술가, 작곡가, 음악가, 무대감독, 작가, 배우, 소설가, 미술가, 무용가, 디자이너, 조각가, 연극인, 음악평론가, 만화가
S 사회형	사람들을 좋아하며 어울리기 좋아하고 친절하고 이해심이 많으며 남을 잘 도와주고 봉사적이며 감정적이고 이상주의적이다. 기계, 도구, 물질과 함께 하는 명쾌한 활동에 관심이 없다.	사회적, 교육적 지도력과 대인관계 능력은 있으나 기계적, 과학적, 체계적 능력은 부족하다.	사회복지사, 교육자, 간호사, 유치원 교사, 종교지도자, 상담가, 임상치료가, 언어치료사, 승무원, 청소년지도자, 외교관, 응원단원
E 진취형	지배적이고 통솔력, 지도력이 있으며 말을 잘하고 설득적이며 경쟁적, 야심적, 외향적, 낙관적이고 열정적이다. 계획, 통제 관리하는 일과 그에 따른 인정, 권위를 즐긴다.	적극적이고 사회적이고 지도력과 언어 능력이 탁월해 조직의 목적과 경제적 이익을 얻는 일에 적합하나 과학적, 상징적, 체계적 능력은 부족하다.	기업경영인, 정치가, 판사, 영업사원, 상품구매인, 관리자, 연출가, 생활 설계사, 매니저, 변호사, 탐험가, 사회자, 여행안내원, 광고인, 공장장, 아나운서
C 관습형	정확하고 빈틈없고 조심성이 있으며 세밀하고 계획성이 있고 변화를 좋아하지 않으며 완고하고 책임감이 강하다. 정해진 원칙과 계획에 따르는 것을 좋아하나 탐구적, 독창적 능력은 부족하다.	자료를 기록, 정리, 조직하는 일을 좋아하고 사무적, 계산능력이 뛰어나나 창의적, 자율적, 모험적, 예술적, 비체계적 활동에는 흥미가 없다.	공인회계사, 경제분석가, 은행원, 세무사, 경리사원, 감사원, 안전관리사, 사서, 법무사, 통역사, 공무원, 약사, 비서, 보디가드, 우체국 직원

❏ 스트롱(Strong) 직업흥미검사

1. 개요

1) 의의 : Strong 흥미검사는 오랜 역사를 가지고 있으며, 최신 개정판은 1994년에 출판되었다. 검사 구조에 관한 일반적인 접근방식은 1919~1920년에 E. K. Strong, Jr.의해 최초로 개념화되었다.

2) 1927년 Strong Vocational Interest Blankⓡ(SVIB)이라는 이름으로 처음 출판되었는데, 이 때 직업 흥미 측정의 두 가지 기본 절차를 도입되었다. 첫째, 문항은 다양한 활동이나 대상, 일상생활에서 흔히 접하게 되는 사람의 종류 등 다양한 분야에 대한 개인의 선호나 비선호 경향성을 다룬다. 둘째, 반응은 직업별로 경험적인 채점방식을 따른다. 이 검사는 최초로 준거-관련 채점 방식을 채택한 검사로서, 이후에 MMPI나 CPI와 같은 성격검사의 개발을 촉진시켰다.

3) 한 직업에 속한 사람은 다른 직업의 사람과 공통되는 흥미에 있어 구별됨이 밝혀졌다. 이러한 흥미의 차이는 직접적으로 직업활동에만 나타나는 것이 아니라 학과목이나 취미, 스포츠, 좋아하는 놀이나 책, 사회관계, 그 밖의 일상 생활 면에서 다양하게 나타난다. 그러므로 개인의 흥미를 친숙한 여러 방면에서 탐색하고, 개인의 흥미가 특정 직업을 성공적으로 수행하고 있는 사람들의 흥미와 얼마나 유사한지를 결정하는 것이 가능하게 된다.

2. 스트롱 검사의 구성

94년 판 스트롱 검사는 8개 척도, 총 317문항으로 구성되어 있다. 처음 5개 척도(직업, 교과목, 활동, 여가활동, 사람들)에 대하여 응답자는 자신의 선호도를 "좋다", "싫다", "보통이다" 중 하나로 표시하게 된다. 다음 2개 척도는 짝 지워진 2개 활동 중 하나를 선택하게 되며, 마지막 척도는 개인 특성에 대한 질문으로 "예", "아니오", "모름"으로 답한다.

3. 스트롱 검사의 척도

결과를 해석할 때 3단계의 점수가 산출된다. 가장 이해하기 쉽고, 포괄적인 점수는 6개의 GOT(General Occupational Theme) 점수이다. 다음은 GOT와 연관성이 깊은 25개의 BIS(Basic Interest Scales)가 있으며, PSS(Personal Style Scales)척도를 통하여 개인적 행동특성을 이해할 수 있다.

가) GOT(General Occupational Theme) 일반직업유형

스트롱 검사의 직업흥미 분류는 이론적 근거를 Holland의 6각 모형으로부터 도입하였다. Holland 6각 모형은 현실형, 탐구형, 예술형, 사회형, 진취형, 관습형을 포함한다. 각 유형은 개인 유형 뿐 아니라 작업환경의 특성을 나타낸다.

나) BIS(Basic Interest Scales) 기본흥미척도

이 척도는 6개의 GOT 하에 속하게 되는데 실제로 GOT와 상관이 높은 문항들을 집단화 하여 25개의 척도를 갖도록 하였다.

심리측정 평가의 활용

> 1. 농업척도 : 신체활동, 농업, 목축업
> 2. 자연척도 : 자연감상, 야외활동
> 3. 군사활동척도 : 뚜렷한 명령 체계, 조직화된 환경
> 4. 운동경기척도 : 스포츠 맨, 스포츠 팬
> 5. 기계관련활동 척도 : 기계장비 다루기
> 6. 과학척도 : 물리학, 자연과학 탐구
> 7. 수학 척도 : 수학, 통계학 탐구
> 8. 의학척도 : 생명 과학, 의학 탐구
> 9. 음악/드라마 척도 : 음악 및 연극의 공연 및 관람
> 10. 미술척도 : 색채 감각, 미술감상, 순수 창작
> 11. 응용미술척도 : 시각적 디자인, 실용적 창작
> 12. 글쓰기 척도 : 글쓰기, 말하기, 언어적 표현
> 13. 가정/가사 척도 : 요리하기, 손님 접대
> 14. 교육척도 : 학생들 가르치기
> 15. 사회봉사척도 : 타인에게 도움주기
> 16. 의료봉사 척도 : 의료처치를 통한 도움주기
> 17. 종교활동척도 : 종교활동에 참여하기
> 18. 대중연설척도 : 설득하기, 영향력 행사
> 19. 법/정치척도 : 논리적 토론, 정치적 설득
> 20. 상품유통척도 : 무역, 도매, 소매, 유통
> 21. 판매척도 : 고객 상담, 판매 활동
> 22. 조직관리척도 : 타인 통솔, 감독 및 관리
> 23. 자료관리척도 : 수리적 의사결정, 자료분석
> 24. 컴퓨터활동척도 : 컴퓨터 사용, 자료관리
> 25. 사무활동 척도 : 세부적 활동, 사무 관리

다) PSS(Personal Style Scale) 개인양식척도

일상생활과 일의 세계에 관련된 광범위한 특성에 대해 개인이 선호하고 편안하게 느끼는 것을 측정하는 PSS(개인특성척도)는 1994판 스트롱검사에서 처음 개발되어 소개된 척도이다.

PSS는 GOT, BIS의 결과로 측정된 개인의 직업 흥미에 대해 상당부분 보완, 설명해 줄 수 있는 기능을 갖는데, 이는 WS(Work Style 업무유형), LE(Learning Environment 학습유형), LS(Leadership Style 리더쉽유형) 그리고 RT(Risk Taking/Adventure 모험심유형), 4가지 영역으로 세분, 측정된다.

라) OS(Occupational Scales) 직업척도

각 직업에 대한 개인의 점수는 그 개인이 현재 그 직업을 갖고 있고 그 직업에 만족하고 있는 사람과 얼마나 유사한지를 보여준다. 이 척도상의 직업은 이들 직업이 GOT와 얼마나 부합하느냐에 따라 분류되어 있다.

♣ **심화학습 – 민감도(sensitivity)와 특이도(specificity)**

민감도는 도구가 밝혀내는 진긍정(true positive) 비율을 말하며 특이도는 진부정(true negative)을 말한다. 예컨대 구조화된 면접은 입원한 정신분열병 환자의 약 90%를 정확하게 확인할 수 있다는 점에서 매우 민감한 도구이다. 그러나 대략 30%의 환자들은 정상이거나 다른 진단을 갖는 것으로 분류될 수 있다는 점에서 특이도가 떨어지기도 한다.

♣ **심화학습 – 바넘(포러효과)**

- 일반적 해석은 다른 사람, 다른 경우에도 유사하게 맞아떨어지는 것임에도 불구하고 자신만의 특성을 잘 포착하여 설명된 해석이라고 믿는 것, 그래서 사이비과학이 오히려 더 과학적인 것으로 오해하는 것
    예) 점성술, 카드점치기, 손금보기, 미래 점. 필상학 등...

31강 심리적 구성개념의 특징 등

심리측정 평가의 활용

1. **심리적 구성개념(construct)에 관한 설명으로 옳은 것은?**
   ① 직접 관찰하여 측정한다.
   ② 물리적 속성과 달리 인간의 행동을 설명하기 위한 추상적 개념이다.
   ③ 심리적 구성개념을 규칙에 따라 대상의 속성에 수를 할당하는 것은 조작적 정의이다.
   ④ 일반적으로 한 가지 구성개념은 한 가지 행동으로 대응하여 측정된다.
   ⑤ 행동전집을 통해 객관적으로 측정한다.

   정답 및 해설 ②
   심리적 구성개념은 간접측정을 할 수 밖에 없으며, 한 가지 구성개념에 대해 행동을 포함한 다양한 방법이나 영역에서 측정한다. 행동전집을 측정하기에는 현실적으로 힘들며 객관성을 100%로 담보할 수도 없다.
   ③의 내용은 '측정'에 대한 내용이다.

2. **심리검사 개발 순서를 맞게 나열한 것은?**

ㄱ. TAT	ㄴ. MMPI	ㄷ. Rorschach 검사
ㄹ. Binet-Simon 검사	ㅁ. Wechsler-Bellevue 지능검사	

   ① ㄱ - ㄴ - ㄷ - ㄹ - ㅁ
   ② ㄹ - ㄱ - ㄷ - ㅁ - ㄴ
   ③ ㄹ - ㄴ - ㄱ - ㄷ - ㅁ
   ④ ㄹ - ㄷ - ㄱ - ㅁ - ㄴ
   ⑤ ㅁ - ㄷ - ㄴ - ㄱ - ㄹ

   정답 및 해설 ④
   ㄱ. TAT : 1935년 ㄴ. MMPI : 1943년 ㄷ. Rorschach 검사 : 1921년
   ㄹ. Binet-Simon 검사 : 1905년 ㅁ. Wechsler-Bellevue 지능검사 : 1939년

3. **심리검사에 관한 설명으로 옳은 것은?**
   ① 전집의 행동을 측정한다.
   ② 개인 간 비교를 할 수 없다.
   ③ 심리검사를 통해 내리는 결론은 확정적인 것이 아니라 잠정적인 것이다.
   ④ 심리적 속성을 공식에 따라 수량화한다.
   ⑤ 면접과 행동관찰에서 얻은 정보를 통합한 결과이다.

   정답 및 해설 ③
   ① 전집의 행동 – 모집단 전체의 행동 – 을 측정하는 것은 불가능하기 때문에 일부 표집을 통해 측정한다.
   ② 심리검사의 결과는 개인 간 비교도 가능하다.
   ④ 심리적 속성의 내용을 '조작적 정의'를 통해 수량화내지 측정가능한 조건을 부여한 후 측정한다.
   ⑤ 면접과 행동관찰은 심리검사와 마찬가지로 하나의 독립적 평가방법이다. 심리검사도 별도의 한 방법이며 면접과 행동관찰의 결과를 통합한 결과로 정의할 수 없다.

심리적 구성개념의 특징 등 31강

4. 심리검사의 역사를 연도순으로 바르게 나열한 것은?

> ㄱ. MMPI 개발
> ㄴ. 로샤(Roschach)검사 개발
> ㄷ. 최초의 지능검사로 알려진 Binet-Simon검사 개발
> ㄹ. 카텔(J. Cattell)이 정신검사라는 말을 처음으로 사용

① ㄷ - ㄹ - ㄱ - ㄴ 　　② ㄷ - ㄹ - ㄴ - ㄱ
③ ㄹ - ㄴ - ㄱ - ㄷ 　　④ ㄹ - ㄷ - ㄱ - ㄴ
⑤ ㄹ - ㄷ - ㄴ - ㄱ

정답 및 해설 ⑤
ㄱ. MMPI : 1943년
ㄴ. 로샤(Roschach)검사 개발 : 1921년
ㄷ. 최초의 지능검사로 알려진 Binet-Simon검사 개발 : 1905년
ㄹ. 카텔(J. Cattell)이 정신검사라는 말을 처음으로 사용 : 1890년

5. 행동관찰에서 나타날 수 있는 오류의 원인에 관한 설명으로 옳지 않은 것은?

① 표적행동의 명확성 수준　　② 관찰자로 인한 반응 억제 수준
③ 관찰자의 훈련 수준　　　　④ 반응 빈도 수준
⑤ 측정할 준거의 일관성 수준

정답 및 해설 ④
행동관찰에서 나타날 수 있는 오류의 원인들
  1) 표적행동(관찰대상이나 내용)이 명확하지 않아 관찰의 내용에 오류가 생기는 경우
  2) 반응세트 : 관찰자에 의해 '관찰된다는 사실'에 기인하여 표적행동의 인위적인 행위나 내용을 보일 수 있다.
  3) 관찰자의 훈련수준이 덜 전문화된 경우, 오류의 결정적 이유가 될 수 있다.
  4) 관찰자의 선택적 관찰이나 측정할 준거의 일관성있는 측정(평가)이 이루어지고 있는가의 문제
  5) 기록이나 분석의 비정교화로 인한 오류 등

6. 심리검사에 관한 설명으로 옳은 것은?

① 결과의 개인 간 비교가 불가능하다.
② 결과의 개인 내 비교가 불가능하다.
③ 심리적 구성개념을 측정하는 방법은 한 가지만 있다.
④ 전체 행동이 아닌 일부 표집된 행동을 대상으로 한다.
⑤ 심리적 구성개념은 조작적으로 완벽하게 정의할 수 있다.

정답 및 해설 ④
① 결과의 개인 간 비교도 가능하다.
② 결과의 개인 내 비교도 가능하다.
③ 심리적 구성개념을 측정하는 방법은 표집, 관찰 등 매우 다양하다.
⑤ 심리적 구성개념의 조작적 정의는 연구자의 연구의도에 영향을 받으며 아무리 개념정의를 잘 한다고 하여도 완벽한 정의를 내릴 수 없다.

심리측정
평가의 활용

32강 행동평가/면접법 등

1. 면담에 관한 설명으로 옳은 것은?
   ① 구조화된 면담에서는 면담자의 개입이 최소화된다.
   ② 비구조화된 면담에서는 면담자의 주관적 추론이 개입될 여지가 매우 적다.
   ③ 정신상태평가는 행동주의의 원리에 근거하여 개발된 면담법이다.
   ④ 검사 장면에서 개방형 질문은 수검자의 풍부한 반응을 이끌어낼 가능성이 낮다.
   ⑤ 구조화된 면담에서는 개방형 질문이 폐쇄형 질문보다 더 많이 사용된다.

   정답 및 해설 ①
   ② 비구조화된 면담에서는 면담자의 주관적 추론이 개입될 여지가 많다.
   ③ 정신상태평가는 정신분석/역동이론에 입각한 면담기법
   ④ 검사 장면에서 개방형 질문은 수검자의 풍부한 반응을 이끌어낼 가능성이 높다.
   ⑤ 구조화된 면담에서는 폐쇄형 질문이 개방형 질문보다 더 많이 사용된다.

2. 심리검사에 관한 설명으로 옳은 것은?
   ① Stanford-Binet 검사는 정신연령 개념이 최초로 도입된 검사이다.
   ② 웩슬러(Wechsler) 지능검사는 비율 IQ 개념이 최초로 도입된 검사이다.
   ③ 스피어만(C. Spearman)은 정신검사라는 용어를 처음으로 사용하였다.
   ④ BGT는 개발 당시 지적장애를 진단하는 것이 목적이었다.
   ⑤ Binet-Simon 검사는 언어능력 이외에 감각 및 지각능력도 측정하였다.

   정답 및 해설 ⑤
   ① Stanford-Binet 검사는 지능지수(IQ)라는 용어를 최초로 사용한 검사지이다.
      정신연령 개념이 최초로 도입된 검사는 Binet-Simon 검사(1905년)이다.
   ③ 정신검사라는 용어는 카텔에 의해 처음으로 사용되었다.
   ④ BGT는 개발 당시 정신병리의 유형과 지각 간의 관계연구를 위한 것이 목적이었다.

3. 행동평가에서 행동관찰 시 사용되는 코딩방법으로 옳은 것을 모두 고른 것은?

ㄱ. 산출법(production methods)	ㄴ. 생각 목록(thought listing)
ㄷ. 평정 기록(rating recording)	ㄹ. 이야기식 기록(narrative recording)
ㅁ. 시간간격별 기록(interval recording)	

   ① ㄱ, ㄷ   ② ㄱ, ㅁ   ③ ㄴ, ㄷ, ㄹ
   ④ ㄷ, ㄹ, ㅁ   ⑤ ㄱ, ㄴ, ㄹ, ㅁ

   정답 및 해설 ④
   행동관찰시 코딩방법
   1. 평정기록법 : 미리 마련된 점검표(체크리스트 또는 척도표)에 기록하는 법

2. 이야기 기록법 : 내래이티브 기록으로 관찰된 행동을 기록하는 법
3. 시간간격 기록법 : 일정한 시간간격을 두고 관찰하고자 하는 행동을 기록하는 법
4. 사건기록법 : 관찰행동이 발생할 때 마다 발생행동의 내용과 빈도, 세기(강도) 등을 기록하는 법.

4. 심리검사 및 평가에 관한 윤리사항으로 옳지 않은 것은?

① 법률에 의해 검사가 위임된 경우라 하더라도 수검자로부터 평가 동의를 받은 후 검사를 시행해야 한다.
② 검사 자격을 갖추지 못한 사람에게 평가도구가 판매되지 않도록 해야 한다.
③ 수검자를 다른 기관으로 의뢰할 경우 해당 기관의 전문가에게 검사자료를 제공할 수 있다.
④ 타당도와 신뢰도가 검증되지 않은 평가도구를 사용하는 경우 검사결과 및 해석의 장·단점을 기술한다.
⑤ 표준화 검사라 하더라도 결과를 해석할 때는 검사에 영향을 미칠 수 있는 상황이나 개인의 언어적, 문화적 차이를 고려한다.

정답 및 해설 ①

법률에 의해 검사가 위임된 경우에는 수검자로부터 평가 동의없이 검사를 시행할 수 있고 이때는 비밀보장의 원칙에도 예외적 사항이 적용될 수 있다.

5. 행동평가법에 관한 설명으로 옳지 않은 것은?

① 간격 기록에서는 일정한 간격을 두고 일어나는 행동을 기록한다.
② 행동관찰은 관찰자 기대의 영향을 받는다.
③ 처치효과를 평가하는 데 유용하다.
④ 관찰자 간의 평정 차이가 클수록 신뢰도가 높아진다.
⑤ 사건 기록에서는 행동의 빈도와 강도를 기록한다.

정답 및 해설 ④

관찰자 간의 평정 차이가 클수록 신뢰도가 낮아진다.(채점자/평정자 간 신뢰도의 문제 발생)

6. 심리측정에 관한 설명으로 옳은 것을 모두 고른 것은?

> ㄱ. 개인차를 나타내는 효과적 방법 중 하나이다.
> ㄴ. 조작적 정의를 통해 심리적 속성을 직접적으로 측정할 수 있다.
> ㄷ. 명확한 공식이나 규칙에 따라 심리적 속성을 수나 양으로 나타내는 것이다.

① ㄱ　　　　　　　　② ㄱ, ㄴ　　　　　　　③ ㄱ, ㄷ
④ ㄴ, ㄷ　　　　　　⑤ ㄱ, ㄴ, ㄷ

정답 및 해설 ③

'조작적 정의'는 심리측정을 위한 사전적 작업이며 이를 통해 수량화된 내용을 간접적으로 측정한다.

33강 검사의 종류/신뢰도, 타당도 등

1. 최대수행능력을 측정하는 검사로 옳지 않은 것은?
   ① K-WISC-Ⅳ   ② 학업성취도 검사   ③ MMPI-2
   ④ 적성검사   ⑤ 창의력검사

   정답 및 해설 ③
   '최대수행능력' 검사는 말 그대로 '능력'이다. 이에는 지능검사, 적성검사, 성취도검사, 특수적성검사, 창의력 검사 등이 있다. MMPI-2는 성격검사로 '습관성 수행검사'에 해당한다.

2. 새로운 우울증 검사의 개발과 관련된 타당도와 신뢰도에 관한 설명으로 옳지 않은 것은?
   ① 수렴타당도를 구하기 위해 기존의 우울증 검사와 새로운 우울증 검사의 상관계수를 산출하였다.
   ② 변별타당도를 구하기 위해 기존의 분노 검사와 새로운 우울증 검사의 상관계수를 산출하였다.
   ③ 반분신뢰도를 구하기 위해 새로운 우울증 검사의 홀수 문항과 짝수 문항 간 상관계수를 산출하였다.
   ④ 검사-재검사 신뢰도를 구하기 위해 기존의 우울증 검사를 실시하고 1달 후 새로운 검사를 실시하여 상관계수를 산출하였다.
   ⑤ 예측타당도를 구하기 위해 새로운 우울증 검사를 실시하고 1년 후 자살충동 검사를 실시하여 상관계수를 산출하였다.

   정답 및 해설 ④
   검사-재검사 신뢰도를 구하기 위해서는 일정한 간격을 두고 동일한 우울증 검사(지)를 다시(반복) 실시하여야 한다. 즉 하나의 검사지를 반복 실시하여야 한다.

3. 심리검사를 개발할 때 문항선별에 관한 설명으로 옳은 것은?
   ① 변량이 크다는 것은 해당 문항에 대한 수검자들의 반응이 거의 동일함을 의미한다.
   ② 문항선별의 목적은 최대 개수의 문항으로 일정 수준 이상의 타당도와 신뢰도를 얻기 위함이다.
   ③ 문항-총점 간 상관계수가 낮은 문항부터 제외한다.
   ④ 크론바흐 알파계수(α)가 높은 문항부터 제외한다.
   ⑤ 응답 평균이 극단에 위치하는 문항들은 일반적으로 큰 변량을 가진다.

   정답 및 해설 ③
   ① 변량이 크다는 것은 해당 문항에 대한 수검자들의 반응차이가 크다는 것을 의미한다.
   ② 문항선별(문항축소/변수축소)의 목적은 최소 개수의 문항으로 일정 수준 이상의 타당도와 신뢰도를 얻기 위함이다.

④ 크론바흐 알파계수 (□)가 낮은 문항부터 제외한다.
⑤ 응답 평균이 극단에 위치하는 문항들은 일반적으로 작은 변량을 가진다.

4. 검사문항을 작성하는 과정에서 일반적으로 주의해야 할 사항이 아닌 것은?

① 명확하고 간단한 문장을 쓴다.
② 이해하기 쉬운 단어를 사용한다.
③ 문장은 가능한 한 과거시제로 작성한다.
④ 두 가지 이상의 의미로 해석될 수 있는 문장은 가급적 피한다.
⑤ 전체 긍정어나 전체 부정어
   예 : (항상, 절대로)를 포함하는 문장은 가급적 피한다.

정답 및 해설 ③
문장은 가능한 한 현재시제로 작성한다.
- 문법상 오류 주의
- 긍정/부정 문항수 유사 비율 배치
- 강한 부정, 강한 긍정표현 삼가
- '거의' '단지' 등 애매모호 형용사 사용 자제
- 이중부정법 회피(예, ~하지 않을 수 없다 등)

5. 표준편차에 관한 설명으로 옳은 것은?

① 극단치에 민감하다.
② 중심경향치 지수 중 하나이다.
③ 분산이 클수록 표준편차는 작아진다.
④ 표준편차가 작을수록 점수의 분포는 이질적이다.
⑤ 정규분포를 이룬다면 평균으로부터 ±2표준편차는 전체 사례의 약 90%를 포함한다.

정답 및 해설 ①
① 표준편차는 자료값이 평균을 중심으로 흩어져 있는 것을 나타내는 수치로 극단치에 민감하다.
② 중심경향치 지수는 중앙값, 평균값, 최빈값 등이 있다.
③ 분산이 클수록 표준편차는 커진다.
④ 표준편차가 작을수록 점수의 분포는 동질적이며 분포가 고르다고 볼 수 있다.
⑤ 정규분포를 이룬다면 평균으로부터 ±2표준편차는 전체 사례의 약 95%를 포함한다.

6. 심리검사 및 평가에 관한 윤리사항으로 옳은 것을 모두 고른 것은?

> ㄱ. 수검자가 자해나 타해 위험이 있는 경우 비밀보장의 원칙을 지키지 않아도 된다.
> ㄴ. 평가서에 수검자가 이해하기 어려운 특수한 전문용어나 어려운 표현을 사용하지 않아야 한다.
> ㄷ. 가장 적은 시간과 노력을 들여 가장 타당하게 평가할 수 있는 검사를 선택해야 한다.
> ㄹ. 검사를 실시하는 목적과 검사결과의 용도에 대해 충분히 이해시키는 것이 바람직하다.

① ㄱ, ㄴ, ㄷ   ② ㄱ, ㄴ, ㄹ   ③ ㄱ, ㄷ, ㄹ
④ ㄴ, ㄷ, ㄹ   ⑤ ㄱ, ㄴ, ㄷ, ㄹ

정답 및 해설 ⑤
지문의 내용 모두 윤리사항에 부합되는 내용이다.

심리측정 평가의 활용

34강 문항난이도/K-WISC-IV

1. 가드너(H. Gardner)의 다중지능이론에 해당하지 않는 것은?
① 미술 지능   ② 대인관계 지능   ③ 신체-운동 지능
④ 언어 지능   ⑤ 논리-수학 지능

> **정답 및 해설** ①
> 가드너(Gardner, 1983)의 다중지능이론
> ① 언어적 지능 ② 논리 수학적 지능 ③ 공간적 지능 ④ 신체 운동적 지능 ⑤ 음악적 지능 ⑥ 대인 간 지능
> ⑦ 개인 내 지능 ⑧ 자연탐구 지능 ⑨ 실존 지능

2. K-WAIS-IV에서 시간제한이 있는 검사를 모두 고른 것은?

ㄱ. 산수	ㄴ. 동형찾기	ㄷ. 지우기	ㄹ. 순서화

① ㄱ, ㄴ   ② ㄱ, ㄴ, ㄷ   ③ ㄱ, ㄷ, ㄹ
④ ㄴ, ㄷ, ㄹ   ⑤ ㄱ, ㄴ, ㄷ, ㄹ

> **정답 및 해설** ②
> 제한시간이 있는 소검사는 토막짜기, 퍼즐, 무게비교, 빠진 곳 찾기, 산수, 동형찾기, 기호쓰기, 지우기 등이다.

3. K-WISC-IV의 핵심 및 보충 소검사에 관한 설명으로 옳지 않은 것은?
① 상식은 언어이해 지표의 핵심 소검사이다.
② 빠진곳찾기는 지각추론 지표의 보충 소검사이다.
③ 선택은 처리속도 지표의 보충 소검사이다.
④ 산수는 작업기억 지표의 보충 소검사이다.
⑤ 토막짜기는 지각추론 지표의 핵심 소검사이다.

> **정답 및 해설** ①
> 상식은 언어이해 지표의 보충 소검사이다. 언어이해 지표의 핵심 소검사에는 공통성, 어휘, 이해가 있다.

4. 오답률에 기초한 문항난이도에 관한 설명으로 옳은 것은?
① 해당 문항이 응답자들을 구분해주는 정도를 말한다.
② 문항난이도 지수가 0에 근접할수록 어려운 문항이다.
③ 문항난이도 지수가 1에 근접할수록 정적 편포가 발생한다.
④ 문항난이도 지수가 작아질수록 문항변별력은 커진다.
⑤ 문항 원점수를 표준점수로 바꾸어서 산출한다.

정답 및 해설 ②
① 해당 문항의 '쉽다'와 '어렵다'의 정도를 나타내는 것이다.
③ 문항난이도 지수가 1에 근접할수록 쉬운 내용이기에 분포상 오른쪽 즉, 부적 편포(꼬리는 왼쪽으로)가 발생한다.
④ 문항난이도 지수가 작아진다고(쉬워진다고)하여 문항변별력은 커진다고 볼 수는 없다.
문항난이도 지수가 너무 높거나 낮으면 문항변별력은 떨어진다는 것은 분명하다.
⑤ 문항난이도는 전체문항수에서 옳게 응답한 사람의 비율 또는 틀린 응답한 사람의 비율 등으로 계산한다.

5. K-WISC-Ⅳ에서 역순(되돌아가기) 규칙이 있는 소검사는?
① 숫자   ② 기호쓰기   ③ 순차연결
④ 동형찾기   ⑤ 행렬추리

정답 및 해설 ⑤
K-WISC-Ⅳ에서 역순(되돌아가기) 규칙이 있는 소검사는 공통성, 어휘, 이해, 상식, 단어추리, 토막짜기, 공통그림찾기, 행렬추리, 빠진 곳 찾기 등이 있다. 역순규칙은 처음 제시되는 두 문항 중 어느 한 문항에서 0점 또는 1점을 받을 경우, 역으로 검사문항을 실시하는 것이다.

6. K-WISC-Ⅳ를 해석하는 일반적인 순서로 올바른 것은?

> ㄱ. 전체 지능점수 분류 및 해석
> ㄴ. 지표점수(언어이해, 지각추론, 작업기억, 처리속도) 해석
> ㄷ. 소검사 간 분산 분석 및 해석
> ㄹ. 소검사 내 분산 분석 및 해석

① ㄱ-ㄴ-ㄷ-ㄹ   ② ㄱ-ㄴ-ㄹ-ㄷ
③ ㄱ-ㄷ-ㄹ-ㄴ   ④ ㄴ-ㄱ-ㄷ-ㄹ
⑤ ㄴ-ㄱ-ㄹ-ㄷ

정답 및 해설 ①
K-WISC-Ⅳ를 해석하는 일반적인 순서
ㄱ. 전체 지능점수 분류 및 해석
ㄴ. 지표점수(언어이해, 지각추론, 작업기억, 처리속도) 해석
ㄷ. 소검사 간 분산 분석 및 해석
ㄹ. 소검사 내 분산 분석 및 해석

35강 MMPI/로샤검사/주제통각검사(TAT)

1. MMPI-2 척도 해석에 관한 설명으로 옳지 않은 것은?
   ① L척도가 의미있게 상승할 경우 자신의 증상이나 문제를 부인할 가능성이 높다.
   ② K척도가 매우 낮을 경우 스트레스나 일상생활의 요구에 대처할 수 있는 자원이 제한되어 있을 가능성이 있다.
   ③ 척도 6과 척도 8이 동반 상승할 경우 경계심과 의심이 많고 피해적 사고, 망상, 환각 등이 나타날 가능성이 있다.
   ④ 척도 6의 단독 상승은 척도 4의 단독 상승보다 사회전반에 대한 불평, 불만 및 권위적 대상에 대한 분노와 적대감이 나타날 가능성이 더 높다.
   ⑤ 척도 9가 매우 낮을 경우 겉으로는 우울한 감정을 표현하지 않더라도 우울증상을 탐색해 볼 필요가 있다.

   정답 및 해설 ④
   척도 4의 단독 상승은 사회전반에 대한 불평, 불만 및 권위적 대상에 대한 분노와 적대감이 나타날 가능성이 더 높다. 또한 욕구좌절에 대한 인내력이 낮고, 분노 감정을 통제를 잘 하지 못한다.

2. 로샤(Rorschach)검사의 구조변인에 대한 해석적 연결이 옳은 것을 모두 고른 것은?

   > ㄱ. Lamda : 주변 환경에 관심을 기울이는 정도와 관심의 폭을 평가
   > ㄴ. Zd : 정보를 효율적으로 조직화하는 능력을 평가
   > ㄷ. X-% : 현실을 지각할 때 왜곡되어 있는 정도를 평가
   > ㄹ. 3r+(2)/R : 공격성을 측정하는 지표
   > ㅁ. Afr : 능동성과 수동성을 측정하는 지표

   ① ㄱ, ㄴ ② ㄷ, ㄹ ③ ㄱ, ㄴ, ㄷ
   ④ ㄴ, ㄷ, ㄹ, ㅁ ⑤ ㄱ, ㄴ, ㄷ, ㄹ, ㅁ

   정답 및 해설 ③
   ㄹ. 3r+(2)/R : 자존감과 관련이 있는 지표, 전체 반응기록에서 반사반응과 쌍반응의 비율
   ㅁ. Afr : 수검자의 정서적 자극에 대한 관심을 나타내는 지표

3. 로샤(Rorschach) 검사의 자살 가능성 지표(S-CON)에 해당하지 않는 것은?
   ① 3r+(2)/R<.31 or>.44 ② MOR>3 ③ FV+VF+V+FD>2
   ④ X-%>.29 ⑤ CF+C>FC

   정답 및 해설 ④
   로샤검사의 구조요약에 기재된 자살지표(S-CON)
   FV+VF+V+FD>2 3r+(2)/R <.31 or>.44 MOR>3 CF+C>FC
   색채-음영 혼합>0 Zd>+3.5 혹은 Zd<-3.5 cs>EA

MMPI/로샤검사/주제통각검사(TAT) 35강

```
CF+C>FC    X+%<.70    S>3    P<3 or P>8
pure H<2   R<17
```

4. MMPI-A에만 있는 내용척도와 그에 관한 설명으로 옳은 것은?
   ① 낮은 자존감척도 : 타인의 평가, 의심과 불신 등으로 인한 불안감과 자신감 저하 정도
   ② 가정문제척도 : 가족 내 불화, 분노, 심각한 불일치 등 가족 구성원의 갈등 정도
   ③ 소외척도 : 다른 사람들로부터 정당한 대우를 받지 못하고 이해받지 못하며 이용당한다고 느끼는 정도
   ④ 학교문제척도 : 학교에서 또래들을 상대로 일어나는 절도, 거짓말, 무례한 행동, 반항적 행동 정도
   ⑤ 부정적 치료지표척도 : 좌절과 고통에 대한 내성, 무망감 정도

   정답 및 해설 ③
   MMPI –A(청소년용)에만 있는 내용척도 : 소외, 품행문제, 낮은 포부, 학교문제척도 4가지이다.
   ④ '학교문제척도'도 해당되지만 내용설명이 적절하지 않다. 학교문제는 낮은 성적, 정학, 무단결석, 교사에 대한 부정적 태도, 학교 혐오 등을 나타낸다.

5. MMPI-2의 Harris-Lingoes 소척도 가운데 임상척도 4번과 8번에 공통으로 포함되는 것은?
   ① 냉정함   ② 내적 소외   ③ 피해의식
   ④ 사회적 소외   ⑤ 자아통합 결여-억제부전

   정답 및 해설 ④
   척도4(Pd4)와 척도8(Sc1을 말하는 듯 함) : 공통적 내용은 '사회적 소외'를 진단하게 됨.
   * Sc1 : 사회적 소외,   Sc2 : 정서적 소외,   Sc3 : 자아 통합 결여-인지적,
     Sc4 : 자아 통합 결여-동기적,   Sc5 : 자아통합결여-억제부전,   Sc6 : 기태적 감각 경험

6. 주제통각검사(TAT) 도판 1의 일반적인 주제로 가장 거리가 먼 것은?
   ① 성취욕구   ② 성취를 이루는 방식
   ③ 부모의 요구에 대한 반응   ④ 부모에 대한 애정욕구
   ⑤ 자율과 권위에 대한 순응 간의 갈등

   정답 및 해설 ④
   주제통각검사(TAT) 도판 1

   * 도판1의 내용해석 : 소년의 바이올린/음악에 대한 태도에서 성취욕구를 느낄 수 있으며, 생각하는 자세에서 수용 혹은 강압적 부모의 요구에 복종과 독립적 감정의 교차, 갈등이 느껴지고 야망이나 희망 등의 내용을 읽을 수 있다. '부모에 대한 애정욕구'에 대한 내용은 달리 보이지 않는다.

이상심리

이 상 심 리

1강 이상심리학의 의의

❏ 이상심리학의 이론적 입장

1. 이상심리학의 정의

이상심리학은 인간의 심리적 고통과 불행에 대한 깊은 관심에서 출발한다. 이상심리학은 이상행동과 정신 장애에 대해 체계적, 과학적으로 연구하는 심리학의 한 분야이다. 여기에는 새로운 이상 행동과 정신 장애의 발견 및 체계적인 분류와 현상학적 기술, 유병률이나 발병률 및 위험 요인 등에 대한 역학 연구, 원인 규명, 치료 및 예방 기법의 개발과 효과 연구 등이 포함된다.

> ♣ **심화학습**
> 1. 유병률(prevalence)
>   - 시점 유병률(point prevalence, 현재시점에서 특정한 정신장애를 지니고 있는 사람들의 비율)
>   - 기간 유병률(period prevalence, 일정한 기간 동안에 특정한 정신장애를 경험한 사람들의 비율)
>   - 평생 유병률(lifetime prevalence, 평생 동안 특정한 정신장애를 경험한 사람들의 비율)
> 2. 발병률(incidence) : 일정한 기간 동안에 특정한 정신장애를 새롭게 지니게 된 사람의 비율
> 3. 위험요인(risk factor) : 전체 인구 중에서 특히 어떤 특성을 지닌 사람들이 특정한 정신장애에 취약한가의 문제

❏ 용어 정리

1) 역학 : 특정한 이상행동과 정신장애의 분포 양상에 관한 연구
2) 위험요소 : 이상행동이나 정신장애의 발생 가능성을 증가시키는 어떤 조건이나 환경
3) 증상 : 주관적 의미를 지닌 것으로 환자가 호소하는 장애의 표현 등으로 정리될 수 있다.
4) 장애 : 신체기관이 본래의 제 기능을 발휘하지 못하거나 정신능력에 어떤 결함이 있는 상태
5) 신호 : 비정상성을 알려주는 관찰 가능한(객관적) 징후를 말함

❏ 이상심리학의 학문적 의의

1. 연구내용

1) 이상심리학이란 인간의 일탈행동 또는 심리적 장애를 연구하는 학문이다.
2) 우리가 생활하면서 경험하는 적응의 곤란이나, 더 넓게는 생활의 어려운 문제는 적어도 이상심리학의 연구대상이 될 수 있다.
3) 결론적으로 이상심리학은 인간이 나타내는 다양한 이상행동과 심리장애를 현상적으로 기술하고 분류하며 그 원인을 규명하여 설명하고, 치료 방법 및 예방 방안을 강구하는 학문이다.

2. 이상심리학에서 다루는 문제

1) 부적응 행동이나 심리적인 장애는 어떤 유형이 있는가?
2) 이러한 장애는 어떻게 표출되는가? 생리적 요소나 인지적 요소, 정서적 요소 등이 어떻게 서로 관련되는가?
3) 이러한 장애의 유발요인은 무엇인가?
4) 이러한 장애를 고치는 방법은 무엇인가? 심리적 장애나 이상행동의 예방은 가능한가? 가능하다면 어떤 방법이 있는가?

> ♣ 심화학습 - 이상심리학에 다루는 주제들
> ① 인간은 왜 불행해지며 어떻게 불행에서 벗어날 수 있는가?
> ② 인간을 고통스럽게 하는 이상행동과 심리장애에는 어떤 것들이 있는가?
> ③ 다양한 이상행동과 심리장애는 어떻게 분류될 수 있는가?
> ④ 어떤 특성을 지닌 사람들에게 이상행동이 더 잘 나타나는가?
> ⑤ 이상행동은 예방될 수 있는가?
> ⑥ 이러한 장애의 유발요인은 무엇인가?

☐ 이상심리의 분류 및 평가

- 이상(abnormal)과 정상(mormal)의 구분 - Kaxdin(1980)

1. 통계적 규준에서의 이탈

1) 인간의 대부분의 특성은 평균값 근처에 대다수가 위치하며 평균으로부터 벗어날수록 점차 그 수가 감소하는 양상의 정상 분포를 보인다. 키, 몸무게와 같은 신체 특성은 물론이고 지능, 기억력, 학습 능력 같은 인지 기능이라든지 일상적 행동의 빈도 등도 대체로 정상 분포를 띤다. 이렇듯 통계적으로 평균에서 많이 벗어날수록 비정상으로 판단하기도 하는데, 대개는 정상 분포의 평균 수치에서 1표준편차 이내일 때는 정상 범위, 1표준편차 이상에서 2표준편차 미만으로 벗어나 있을 때는 '유의미한 차이', 2표준편차 이상 벗어나 있을 때는 '비정상'으로 간주한다.

2) 이러한 통계적 기준을 적용하는 대표적인 정신 장애가 지적 장애, 치매와 같은 인지 기능 관련 장애이다. 일례로, 대부분의 지능 검사에서 지능지수(IQ)는 평균 100점, 표준 편차 15점으로 표준화된 수치이다. 즉, IQ가 100이라 함은 해당 연령 규준의 평균에 해당함을 나타낸다. 이러한 평균 IQ에서 2표준편차 이하의 점수인 IQ 70 이하를 지적 장애의 기준으로 삼는다(보건복지부, 2013). 하지만 이러한 통계적 기준을 근거로 정신 장애 또는 이상 행동을 적용했을 때 문제가 되는 경우도 있는데 평균보다 우월한 경우가 이에 해당한다. 예를 들어, 소위 영재라 불리는 IQ 150 이상의 사람들은 평균 IQ보다 3 표준편차 이상 높은데, 이런 경우 '현저히 비정상적인 지능'으로 봐야 하지 않을까? 또한 인간의 모든 심리적 속성을 수량화해 객관적으로 측정하고 통계적 데이터를 확보한다는 것도 불가능하다.

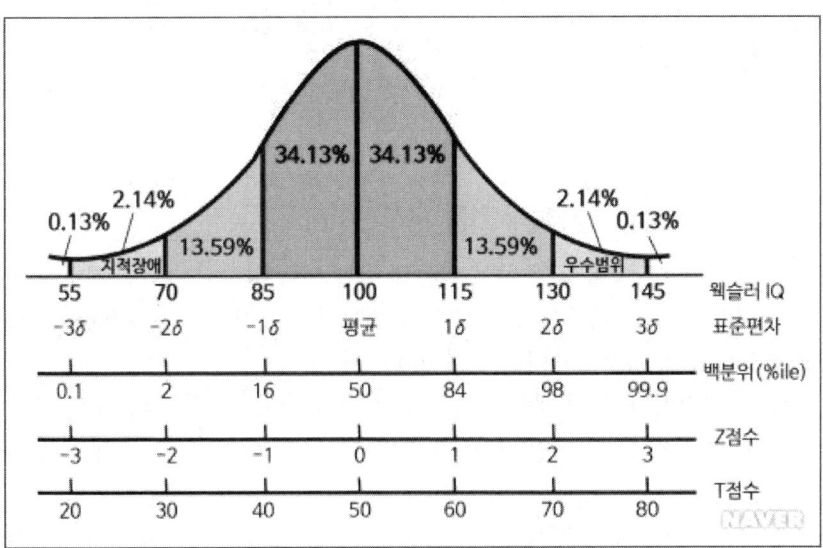

[지능지수(IQ)의 분포]

♣ 심화학습 – 통계적 기준의 일탈

① 정상 분포에서 벗어났을 때 이상행동으로 볼 수 있다.
② 평균에서 ±2SD를 벗어나면 이상이다.
③ IQ평균이 100, 표준편차가 15일 때, IQ 70 이하 또는 130 이상을 이상으로 볼 수 있다.
④ 문제점
  ㉠ 평균으로 일탈된 행동 중에는 바람직한 방향으로 일탈된 경우도 있다.
  예) IQ 130은 통계적 기준에서는 이상이지만 실제로는 우수한 지능에 속한다.

2강 이상과 정상의 구분기준

이상심리

☐ 일상생활 부적응과 심리 – 사회적 기능 저하

1) 인간은 환경과의 상호작용을 통해 삶에 적응해 나가는데, 환경적 여건에 자신을 맞춰 순응하기도 하며 자신의 요구나 목표를 위해 환경을 변화시켜 나가는 등 순응(accommodation)과 동화(assimilation)의 상호작용이 이루어진다.

2) 이러한 적응의 관점에서 볼 때 개인의 인지적, 정서적, 행동적, 신체적, 감각적, 생리적 상태나 특성으로 인해 직업 활동, 대인 관계, 여타 일상생활 적응에 지장이 초래될 경우 이상 행동으로 볼 수 있다.

3) 예를 들어, 실연을 당한 후 의기소침해지고 울적한 기분을 경험하면서 만사가 귀찮고 짜증스럽다면 이를 이상행동으로 볼 수 있을까? 만약 이러한 상태가 생활에 별다른 지장을 초래하지 않는다면 실연 후의 자연스러운 감정 반응으로 볼 수 있지만, 이러한 상태에서 출근이나 등교를 하지 않아 문제가 발생한다든지 다른 대인 관계가 단절 또는 악화된다면 개입이 필요한 이상행동으로 볼 수 있다.

4) 가장 보편적으로 사용돼 온 정신 장애 진단 및 통계 편람-5 DSM-5(American Psychiatric Association, 2013)에서는 정신 장애 진단 기준을 "사회적, 직업적 기능 또는 다른 기능 영역에서 현저한 손상이 나타나는 경우"로 명시했다. 다만, 어느 정도의 기능 저하를 "현저한 손상"으로 볼 것인지 명확하게 정의하고 판별하기는 어려우며, 현재 보이는 증상이 이와 같은 기능 저하의 직접적인 원인인지 인과관계를 규명하기도 쉽지 않은 일이다.

예를 들어, 현재 주의 집중이 잘 되지 않고 산만해서 업무에 실수가 많다고 호소하는 사람은 실제로 주의 집중력 저하가 직업 적응의 문제가 될 수도 있지만, 우울이나 불안과 같은 정서적 불안정성에 수반해 주의 집중의 어려움이 나타났을 수도 있으며, 동기 저하로 현재 업무에 주의와 관심을 덜 기울이는 문제일 수도 있다. 따라서, '현저한 기능 저하'에 대한 판단은 체계적이고 전문적인 교육과 훈련을 받은 임상가에 의해 이루어져야 한다.

♣ 심화학습 – 문화적 규범의 일탈

① 사회나 문화적 규범에 어긋나거나 일탈된 행동을 나타낼 경우를 말한다.
   예) 학생이 교사에게 반말할 경우
② 문화적 용인 정도를 이상행동의 판별기준으로 볼 수 있다.
③ 문제점
   ㉠ 문화적 상대성의 문제가 제기될 수 있다. 규범은 시대에 따라 변화하고 문화에 따라 다르다. 한 시대 혹은 문화에서 정상적인 행동이 다른 문화에서는 이상행동으로 여겨질 수 있다.
   ㉡ 문화적 규범을 너무 융통성 없이 따르는 것이 오히려 개인의 부적응과 고통을 야기할 수 있다.

이상과 정상의 구분기준 2강

❏ 주관적 불편감으로서의 기준

1) 어떤 특성 때문에 개인 스스로가 불편하고 괴로우면 이를 이상행동으로 보는 것이 주관적 불편감 기준이다.
2) 객관적으로는 서로 유사한 상태에 있음에도 한 사람은 유독 그 증상으로 인해 괴로움을 느끼고 다른 한 사람은 괜찮을 때 전자의 상태를 이상으로 보는 것이다.

❏ 절대적인 기준

어떤 행동특성을 나타내면 언제나 이상행동이라고 정의하는 것이다.

- **적응적 기능의 저하 및 손상(절대적 기준)**
  ① 적응은 환경의 요구에 순응하고 환경을 변화시켜가는 동화 과정으로 이루어진다
  ② 인지, 정서, 행동, 신체 생리적 기능이 저하되거나 손상되어 적응에 지장이 초래된다.
  ③ 문제점
    ㉠ 적응과 부적응의 경계가 모호하다.
    ㉡ 개인의 적응 여부는 평가자의 관점과 평가기준에 따라 다를 수 있다.
    ㉢ 개인의 부적응이 어떤 심리적 기능의 손상으로 초래되었는지 판단하기 어렵다.

❏ 정상(mormal)의 의미 - WHO(세계보건기구)

정상은 건강한 상태 개념을 함의하고 있다. 세계보건기구(WHO)는 넓은 의미에서 건강을 신체적, 정서적, 사회적으로 양호한 상태라고 하였고, 정신의학에서는 건강한 상태를

1) 선명한 자기(identity)를 가지고 인생의 목표를 자발적으로 추구해가고,
2) 현실이 괴로워도 그것을 수용하고 환경의 변화를 잘 수용하고 적응하는 능력을 가지며,
3) 대인관계에서는 상대방의 입장에서 생각할 줄 알고, 상대방의 요구를 이해하며 대인관계를 지속적으로 유지할 수 있고,
4) 만족스러운 이성 관계를 유지할 수 있고,
5) 자기능력의 한계를 현실적으로 수용하며
6) 직업적응을 잘하고 자기능력을 실현하며 성취를 경험하고 있는 상태라고 말하고 있다.

❏ 이상심리학의 연구방법

1. **이상행동에 대한 객관적 측정**
   (1) **면접법**(interview) 질문과 응답으로 이루어지는 언어적 의사소통을 통해 피면접자의 언어적 반응 내용과 방식을 정밀히 분석하고 수량화하는 방법(두 명 이상의 면접자가 동일한 평가를 하는 정도를 반영하는 면접자 간의 일치도에 의해서 객관성 평가)
   (2) **행동관찰법**(behavior observation) : 개인이 특정한 상황에서 어떤 행동을 하는지를 유심히

관찰하여 그 행동의 내용을 구체적으로 기술하고 그 빈도나 강도를 수량화하는 방법
   (3) **질문지법(questionnaire method)** : 연구자가 묻고자 하는 사항을 문장으로 기술한 문항을 제시하고 피검자로 하여금 그 문항에 대한 자신의 상태를 응답하게 하는 방법(MMPI, SCL-90-R 등)
   (4) **과제수행법(task performance)** 평가하고자 하는 심리적 특성이 요구되는 과제를 주고 그 과제의 수행에 소요된 시간, 수행반응의 내용 및 정확도, 수행방식 등의 면에서 과제수행반응을 객관적으로 수량화하고 이를 통해 심리적 특성을 평가하는 방법(Wechsler 등)
   (5) **심리생리적 측정법(psychophysiological measurement)** : 뇌파, 심장박동, 혈압, 근육긴장도, 피부전기저항반응 등의 생리적 상태를 측정할 수 있는 측정도구를 통해 심리적 상태나 특성을 평가하는 방법

2. 이상행동의 원인에 관한 과학적 연구
   (1) **사례연구(case study)** : 이상행동을 나타내는 개인에 초점을 맞추어 그 사람에 관한 다양한 정보를 수집하여 기술하는 방법(개인에 관한 풍부하고 자세한 정보, 이상행동의 양상, 발전 경위, 영향요인 등을 정밀하게 분석, 하지만 일반화하기 어렵다는 단점)
   (2) **상관연구(correlational research)** : 어떤 이상행동을 나타내는 여러 사람의 특성을 객관적 평가도구를 통해 수집하여 그러한 자료간의 관계를 살펴보는 방법이 있다.
      예. 심리적 부적응상태 150명 대상 → 우울증상, 불안증상, 부정적 사고의 빈도 측정 → 통계적 상관 분석 → 우울증상과 부정적 사고 간의 상관은 통계적으로 유의미하게 높고, 불안증상과 부정적 사고 간의 상관은 낮았다. → 우울증상이 부정적 사고와 밀접한 관련이 있다. 그러나 요인들간의 인과적 관계와 방향을 확증할 수는 없다.
   (3) **집단 간 비교연구(group comparison)**
   (4) **실험연구(experimenal research)** : 연구자가 원인적 요인(독립변인)을 의도적으로 변화시켰을 때 그 영향으로 인해 결과적 요인(종속변인)이 예상한 대로 변화하는가를 연구하여 두 변인간의 인과관계를 규명하는 연구
   (5) **종단적 연구(longitudinal research)** : 두 시점 이상에서 시간차를 두고 자료를 수집하여 인과관계를 밝히는 방법(실험자가 조작하기 어려운 것들, 피험자의 인권을 보호하기 위해)

3. 이상행동의 치료와 예방 방법에 대한 과학적 검증
   (1) 심리치료 효과를 검증하는 가장 일반적인 방법은 치료 전후의 이상행동을 비교하는 방법
   (2) 서로 다른 치료방법들의 치료효과를 비교하는 연구
   (3) **추적연구(follow-up research)** : 치료 후 일정 기간 추적하여 증상의 호전상태 평가
   (4) **단일사례연구(single-subject research)** : 한 명의 환자에게 심리적 처치를 가하는 조건과 그렇지 않은 조건을 반복적으로 여러번 시행하여 치료적 처치가 가해지는 조건에서만 치료적 변화가 나타나는지를 확인하는 방법

3강 이상심리학의 역사

❏ 이상심리학의 역사

1) 고대 사회 : 초자연적인 이해
(1) 고대 원시 사회에서는 동양, 서양의 구분 없이 정신병을 초자연적 현상으로 이해하였다.
(2) 신의 특별한 계시를 받았다거나 저주를 받았다고 여기거나 귀신이 들렸다고 여겼다.
(3) 정신질환의 치료를 위해 귀신을 쫓는 의례를 하거나 신이나 귀신을 달래는 의식을 치르기도 했다.

> ♣ 심화학습 – 고대의 귀신론
> 1) 고대의 원시사회에서는 동서양을 막론하고 정신장애를 초자연적 현상으로 이해
> 2) 정신장애를 귀신에 씌었거나 신의 저주를 받은 것으로 보았다.
> 3) 별자리나 월식의 영향 때문에 정신장애가 생긴다.
> 4) 다른 사람의 저주를 받아서 정신장애가 생긴다.
> 5) 동양의 무속적 입장은 죽은 사람의 영혼에 사로잡혀서 정신이상이 된다고 보기도 함

2) 그리스 로마시대
(1) 그리스 로마시대는 이전의 원시시대에서 이상심리를 초자연적 힘으로 본 것과는 달리, 과학적 입장에서 설명하였다.
(2) 이 시기는 신 중심이 아닌 인간중심의 사회(헬레니즘)였기 때문에 이상심리에 대해서도 신의 형벌이나 초자연적인 힘으로 이해하기 보다는 과학적인 접근이 가능했던 것이다.
(3) 히포크라테스(Hippocrates)
  ① 직접 심리적 장애를 관찰해서 객관적으로 기술하였다.
  ② 처음으로 이상행동에 관한 신체 의학적 또는 생물적 이론을 발전시켰다.
  ③ 최초로 심리적 장애를 분류하여 조증, 우울증, 그리고 광증으로 구분하였다.

〈히포크라테스의 체액설〉

다혈질	혈액(blood)이 과도할 경우, 낙천적 성향
담즙질	황담즙(yellow bile)이 과도할 경우, 성미가 급하고 화를 잘 냄
우울질	흑담즙(black bile)이 과도할 경우, 슬프고 쉽게 울적해짐
점액질	점액(phlegm)이 과도한 경우, 냉담함

〈음양오행설에 따른 신체-정신 기능〉

폐	심장	간장	비장	신장	위장	담
우울 슬픔	기쁨 생각 증가	분노 용기	의지력	기억력, 의욕	공포	결단력

이상심리

이렇듯 이성주의가 지배하던 그리스, 로마 시대에는 의학적 모형에 기초해 정신 장애를 이해하였다.

② **플라톤(Plato)** : 영혼의 문제가 신체장애를 유발한다고 보았다.
③ **아리스토텔레스(Aristotle)** : 정서상태가 신체에 영향을 미친다고 보고 영혼과 정신에 영향을 미치는 논리를 사용해야 한다고 주장하였다. 논리와 이성을 강조하였고 이것이 후에 인지치료의 중요한 원리가 되었다.
④ **갈레노스(Galen)** : 정신병은 정신적 정기의 병이다. 신체적 원인과 심리적 원인을 구분하였고, 정신의학의 발달에 기여하였다.

3) 서양 중세의 귀신론

(1) 중세에는 심리적 장애에 대한 과학적 접근 대신에, 고대의 미신적인 견해나 귀신론적 입장이 성행하였다.
(2) 이 당시에는 귀신이나 악령이 사람의 삶에 직접 영향을 주는 것으로 보았기 때문에 정신병자를 과학적 입장에서 접근하는 것을 방해하였다.

4) 중세 이후의 발전

(1) 중세의 마법과 귀신론의 영향으로 정신장애자의 처우는 19세기까지도 동물이나 죄수와 같이 열악하였다.
(2) 그러나 서서히 인도주의적인 처우와 과학적 접근이 진전되었다.
(3) 1500년대를 넘어서면서 정신병자의 수용기관이 감옥소와 같은 곳에서 서서히 정신 병원이나 요양소로 바뀌게 되었지만, 실제는 감옥과 다를 바 없었다.
(4) 정신병자에게 인간적 처우를 해야 한다고 주장한 것으로 유명한 정신과 의사 Pinel은 정신병자의 쇠사슬을 제거하고 환자를 죄수가 아니라, 병자로 보고 친절과 관심을 가지고 치료하자고 주장하였다.

♣ **심화학습 – 부모의 각본메시지(script message)**
17-18세기에는 부유층 사람들이 입장권을 사서 들어가 정신병원의 환자들을 관람했다는 기록도 있다.

윌리엄 호가스가 그린
〈탕아의 일생 : 베들램 정신병원에 있는 탕아〉(1735)
출처 : DIRECTMEDIA Publishing GmbH@wikipedia

5) 근대 과학적 접근의 시작

(1) 16세기에 비롯된 인간의 해부학이나 생리학의 괄목할 만한 발전에 힘입어 이상행동에 대한 경험적이면서 자연주의적인 학설이 형성되기 시작하였다.
(2) 이 시기에는 모든 이상행동이나 정신병리의 원인을 뇌의 기질적인 병변에서 찾고자 하였다.
- 크레펠린(Kraepelin)이 정교화시켰다.
- 메즈머(Mesmer) 등은 마비, 청각장애, 시각장애자들이 심리적 원인을 갖고 있다고 보았다.
- 샤콧(Charcot)은 최면술에 의해 마비가 나아지면 히스테리로 진단하였다. 그는 불안장애, 공포장애, 기타 정신질환의 발병 요인으로 심리적 요인을 강조하였다.

♣ 심화학습
① 16세기 초 무도병을 귀신 들린 것이 아니고 병적 현상이라고 본 파라셀수스(Paracelsus)에 의해 이상심리를 과학적으로 이해하기 시작하였다.
② 정신질환의 생물학적인 기초에 초점을 두고 인본적인 치료가 개발되었으나 점성학 등의 미신의 영향에서 벗어나지 못하였다.
③ 베이컨(Bacon)의 경험주의적 접근에 의해 인간 연구의 필요성이 인정되었다.
④ 1590년 심리학이라는 용어가 사용되었다.
⑤ 생리적, 경험적, 실험적 접근과 인간의 충동, 욕구, 정서 등에 관심을 둔 접근이 공존하였다.
⑥ 1547년 최초로 베들레햄의 수도원에 정신병원이 세워졌다.
⑦ 피넬(Pinel)과 튜크(Tuke)는 정신병자의 쇠사슬을 제거하고 인간적인 치료를 주장하였고 이것이 도덕치료의 시작이 되었다.

❑ 현대 이상심리학의 발전

1) 심리적 원인론의 대두

Sigmund Freud는 자유연상기법 개발, 이상행동이 무의식적인 억압이라는 심리적 원인에 의해서 유발될 수 있다는 정신분석학의 이론적 기초를 제시하였다.

2) 신체적 원인론의 발전

신체적 원인론을 뒷받침하는 여러 가지 내용 등을 발견(예, 진행성 마비의 원인이 규명)
※ 현대의 이상심리학은 신체적 원인론과 심리적 원인론이 병존하고 있으며 어떻게 상호작용하여 정신장애를 유발하게 되는지에 대한 연구가 활발히 진행되고 있다.

3) 실험 정신병리학의 태동

(1) 1879 Wilhelm Wundt가 독일의 Leipzig 대학에 심리학 실험실을 개설하고 인간의 정신현상에 대한 과학적 연구를 시작한 것이 현대심리학의 효시로 여겨지고 있다.
(2) 1883 Wundt의 문하생인 Kraepelin이 최초의 정신의학 교과서를 발간, 정신장애에 대한 분류체계를 제시하고 실험 정신병리학의 발전에 기여하였다.

> 이상심리

(3) Kraepelin은 조발성 치매와 조울성 정신병으로 정신장애를 구분하였으며 현대의 정신장애 분류체계의 바탕을 마련하였다.

4) 다양한 심리검사의 개발
- 1905 Binet 아동용 지능검사 개발
- 1915 미국 Army Alpha & Army Beta, personal data sheet 개발(군인의 선발과 배치 목적)
- 1921 Rorschach 로르샤흐검사 개발(최초의 투사법 검사)
- 1940 Hathaway Mckinley 다면적 인성검사(MMPI) 개발

5) 학습이론과 행동치료의 대두
- 행동주의 심리학에 의해 발전된 학습이론(learning theory)은 이상행동이 발생하는 심리적 과정을 설명하고 이상행동의 치료방법을 개발하는 이론적 기초를 제공하였다.
- Ivan Pavlov 고전적 조건형성을 체계화
- Thorndike, Skinner 조작적 조건형성의 이론 발전, 이상행동의 발생과정 설명
- 1940년대 Maslow와 Rogers 인본주의 심리학은 제3의 심리학으로 발전
- 1950년대 인지심리학 발전, Ellis의 합리적 정서치료 Beck의 인지치료 제안
- 1948 세계보건기구-질병분류체계 ICD(Inetrnational Classification of Diseases)
- 1952 미국정신의학회 DSM-I 발표
- Perls 게슈탈트 치료, Frankl 의미치료, Glasser 현실치료
- 1977 Meichenbaum 인지행동치료, 행동치료와 인지치료의 통합적 흐름 제시하였다.

이상심리

4강 다양한 관점에서의 이상심리

❑ 이상심리학의 이론적 관점

1) 정신분석적 관점
(1) 정신분석적 입장은 이상행동의 근원적 원인을 어린 시절의 경험에 그 뿌리를 둔 무의식적 갈등에 의해서 설명한다.
(2) 정신분석 이론에 따르면 인간의 성격은 원초적 욕구로 구성된 원초아, 환경에 대한 현실적인 적응을 담당하는 자아, 사회의 도덕적 가치와 윤리적 규범이 내면화된 초자아로 구성되며 이들 간의 역동적 관계에 의해 행동이 결정된다.
(3) 자아가 원초아의 통제에 어려움을 겪게 될 때 신경증적 불안을 경험하게 되는데 이러한 불안을 감소시키기 위해서 억압, 부인, 반동형성, 합리화, 대치, 투사, 분리, 신체화, 퇴행, 승화와 같은 다양한 방어기제를 사용한다.
(4) 정신분석치료는 자유연상, 꿈의 분석, 전이분석, 저항분석 등의 방법을 통해 내담자가 자신의 무의식적 갈등을 통찰하고 현실생활에서 통찰내용을 실천하게 하는 훈습의 과정으로 구성된다.

2) 행동주의적 관점
(1) 행동주의적 입장은 엄격한 과학적 입장에 근거하며 인간의 행동을 환경으로부터 학습된 것으로 본다.
(2) 인간의 행동을 자극과 반응의 관계로 설명하며 행동이 학습되는 원리와 과정에 주된 관심을 갖는다.
(3) 이상행동이 형성되고 유지되는 과정을 고전적 조건형성, 조작적 조건형성, 사회적 학습 등의 학습원리로 설명한다.
(4) 고전적 조건형성은 무조건자극과 조건자극을 짝지어 반복적으로 제시함으로써 조건 자극에 대한 조건반응이 학습되는 과정이며, 조작적 조건형성은 어떤 행동의 결과가 보상적이면서 그 행동이 증가하는 반면, 그 결과가 처벌적이면 행동의 빈도가 감소하는 학습과정을 의미한다.
(5) 인간의 경우에는 사회적 상황에서 다른 사람의 행동에 대한 관찰과 모방을 통해 새로운 행동을 학습하는 사회적 학습이 중요하다.
(6) 행동치료기법으로서 부적응적인 이상행동을 제거시키는 방법으로는 소거, 처벌, 혐오적 조건형성, 상호 억제, 체계적 둔감법 등이 있으며 적응행동을 학습시키는 방법으로는 행동조성법, 상표법, 모방학습법, 사회적 기술 훈련 등이 있다.

3) 인본주의적 관점

(1) 인본주의적 이론의 의의
인간을 성적인 욕구와 공격적인 욕구와 같은 동물적인 무의식적 동기에 의해 움직이는 부정적인 존재로 보는 정신분석적 입장과, 인간을 로봇처럼 환경에 의해 조작되는 피동적인 존재로 보는 행동주의적 입장을 비판하면서 1950년대 이후에 긍정적 인간관에 근거하여 새롭게 대두된 심리학적 입장이다. 인본주의 심리학자들은 인간이 근본적으로 자기실현을 추구하는 성장지향적 존재라고 주장하였다.

(2) 대표적인 학자와 이론

가) Abraham Maslow
인간의 행동은 다양한 동기에 의해 유발되는데 이러한 동기들은 위계적 구조를 이루고 있다. 생물학적 동기, 안전의 동기, 애정과 소속감의 동기, 자기존중감의 동기, 자기실현의 동기가 있다. 하위동기를 충족시키면 상위동기를 충족시키기 위한 행동이 나타나며 인간의 삶은 자기실현을 지향하고 있다고 주장하였다.

나) Carl Rogers
- 비지시적 상담이론 → 내담자 중심 이론 → 인간중심이론으로 발전시킴
- 인간은 근본적으로 자기실현을 추구하는 존재이다. 이상행동과 정신장애를 나타내는 것은 자기실현적 성향이 차단되고 봉쇄되었기 때문이다.
- 치료자가 지녀야 할 자세
  무조건적인 긍정적 존중(unconditional positive regard)
  공감적 이해(empathic understanding)
  진솔함(genuineness)

4) 인지적 관점
(1) 인지적 입장은 인간을 자신과 세상에 대해 의미를 부여하는 능동적인 존재로 보며 인간이 고통 받는 주된 이유는 객관적 환경 자체보다는 그에 부여한 의미 때문이라는 가정(사고)에 근거하고 있다.
(2) 이상행동과 정신장애는 자신과 세상에 대해서 부정적이고 왜곡된 의미를 부여하는 부적응적인 인지적 활동에 기인한다.
(3) 인지적 입장은 정신장애를 유발하는 부적응적 인지도식, 역기능적 신념, 인지적 오류, 부정적인 자동적 사고에 초점을 맞추고 있다.
(4) 인지적 심리치료에서는 내담자의 이상행동을 초래하는 부적응적인 사고 내용을 포착하여 그러한 사고의 타당성, 현실성, 유용성을 내담자와 함께 다각적으로 평가함으로써 보다 더 현실적이고 적응적인 사고로 전화시키는 구체적인 작업이 이루어진다.

♣ 심화학습 – 이상행동에 대한 인지적 입장

1) 인간의 감정과 행동은 객관적, 물리적 현실보다는 주관적, 심리적 현실에 의해 결정된다.
   → 현상학적이며 구성주의적 입장에 철학적 기반
2) 주관적 현실은 외부현실에 대한 인간의 심리적 구성으로서 이러한 구성과정은 수동적인 과정이 아니라 능동적인 과정이다.
3) 인간의 주관적 현실은 주로 인지적 활동을 통해 구성되며 사고와 심상 등 인지적 내용에 의해 표상된다.
4) 정신장애는 인지적 기능의 편향이나 결손과 밀접하게 연관되어 있으며 또 이러한 인지적 요인에 의해 유발될 수 있다.
5) 인지적 왜곡과 결손의 수정과 변화를 통해 정신장애는 완화되고 치료될 수 있다.

5) 생물학적 관점

(1) 생물학적 입장은 신체적 원인론의 전통에 뿌리를 두고 있으며 모든 정신장애는 신체 질환과 마찬가지로 신체적 원인에 의해서 생겨나는 일종의 질병이라고 본다. 생물학적 입장은 정신장애를 유발하는 주요한 생물학적 요인으로 유전적 요인, 뇌의 구조적 결함, 신경 전달물질이나 내분비 계통의 신경화학적 이상 등에 초점을 맞추고 있다. 정신장애를 치료하는 생물학적 방법으로는 약물치료, 전기충격치료, 뇌 절제술 등이 있으며 뇌의 신경전달물질에 영향을 주는 약물을 통해 치료하는 약물치료가 가장 흔히 사용된다.

(2) 유전적 요인, 뇌의 구조적 결함, 뇌의 생화학적 이상에 초점

　가) 유전적 요인

　　유전적 이상이 뇌의 구조적 결함이나 신경생화학적 이상을 초래하여 정신장애를 유발한다고 본다.

　　① 가계연구
　　　㉠ 특정한 정신장애를 지닌 환자의 가족 중에 동일한 장애를 지니는 사람이 있는지를 조사
　　　　- 유전적 영향을 많이 받는 장애일수록 유전적 유사성이 높은 가족에게 같은 장애가 나타날 가능성이 높다.
　　　　- 정신분열증, 양극성 기분장애는 유전적 요인이 많은 장애
　　　㉡ 가족은 같은 환경 속에서 생활하며 유전적으로 가까운 관계일수록 환경적 유사성도 커져 유전적 요소와 환경적 요소를 구분하기 어렵다.

　　② 쌍둥이 연구
　　　- 가계 연구의 단점을 보완
　　　- 유전자 : 일란성 쌍둥이 완전히 동일, 이란성 쌍둥이 50% 공유
　　　- 어떤 정신장애의 경우, 일란성 쌍둥이 집단이 이란성 쌍둥이 집단보다 현저하게 높은 공병율을 보인다면 유전적 요인에 의해서 영향을 받는 것으로 판단

　　③ 입양아 연구
　　　- 쌍둥이 연구의 한계점 보완

- 환경적 영향과 유전적 영향을 분리할 수 있는 방법
- 입양으로 인해 친부모에 의한 환경적 영향을 받지 않았음에도 입양아가 친부모와 유사한 심리적 특성을 나타낸다면 유전적 요인에 의한 것
- 일란성 쌍둥이가 입양되어 서로 다른 환경에서 양육된 경우 두 쌍둥이간의 공병율이 높다면 유전적 영향에 의한 것

④ 정신장애 환자가 지니는 염색체의 특성을 밝히는 일 (예, 다운증후군 21번 염색체 이상)

나) 뇌의 구조적 손상

① 뇌영상술 : 단층촬영술(CT), 자기공명 영상술(MRI), 양전자방출 단층촬영술(PET) 등으로 연구

② 만성정신분열증환자 : 뇌실이 정상인의 두 배, 전두엽 피질, 해마, 편도핵 등은 위축

③ 뇌조직 손상은 병균의 침입, 알코올 등 화학물질 장기섭취, 뇌종양·뇌혈관장애 등의 요인

다) 뇌의 생화학적 이상

- 신경전달물질(neurotransmitter) : 신경세포 간의 정보전달을 위한 화학적 물질
- 정신장애와 관련하여 주목받고 있는 신경전달물질 : 도파민, 세로토닌, 노르에피네프린

① 도파민(dopamine)
  ㉠ 정서적 각성, 주의 집중, 쾌감각, 수의적 운동과 같은 심리적 기능에 영향
  ㉡ 정신분열증 환자들은 정상인보다 높은 도파민 수준을 보여 도파민 과잉이 정신분열증 초래 추정
  ㉢ 도파민 결핍으로 생기는 파킨슨 질환의 치료를 위해 도파민을 과도하게 투여하면 정신분열증 증세를 나타낸다.

② 세로토닌(serotonin)
  ㉠ 기분조절, 수면, 음식섭취, 공격성, 통증에 영향을 주는 신경전달물질
  ㉡ 세로토닌 저하 : 공격성 증가, 우울증 환자

③ 노르에피네프린(norepinephrine)
  ㉠ 정서적 각성, 공포, 불안과 관련된 신경전달물질
  ㉡ 우울증에 영향
  ㉢ 세로토닌과 상호작용

이상심리

5강 취약성/스트레스모형 및 체계이론

❏ 생물학적 치료

가) **약물치료** : 중추신경계의 신경전달물질에 영향을 주는 화학물질, 즉 약물을 통해 증상을 변화
나) **전기충격치료** : 뇌에 일정한 강도의 전기 충격을 가하여 심리적 증상의 호전을 유발. 다른 치료법에 효과를 나타내지 않는 심한 정신분열증이나 우울증환자에 적용
다) **뇌절제술** : 뇌의 특정한 부위를 잘라내는 방법으로 극단적인 경우를 제외하고는 사용하지 않는다.
라) 정신장애에 영향을 미치는 신체적 요인에 대한 이해를 증진시키고 약물치료로 효과적인 치료법 개발

❏ 생물학적 접근의 한계점

① 생물학적 입장은 정신장애에 영향을 미치는 심리사회적 요인을 간과하는 경향이 있다. 이상행동과 정신장애는 신체적, 심리적, 사회적 요인의 복합적인 상호작용에 의해 유발된다는 것이 현대 심리학의 가장 보편적 견해이다.
② 생화학적 이상이나 신경조직의 손상이 정신장애를 유발하는 원인인지 아니면 그 결과인지를 확인하기 어렵다.
③ 생물학적 입장에서 사용하는 주된 약물치료는 정신장애에 대한 근본적 치료라고 할 수 없다. 약물치료는 증상을 완화시키는 효과를 지니고 있을 뿐 원인적 요인에 대한 치료라고 보기는 어렵다.

❏ 사회문화적 입장

(1) 인간은 사회적 존재로서 자신이 성장하고 생활하고 있는 사회와 문화의 영향을 받게 된다.
(2) 정신장애의 발생비율을 문화와 종족에 따라 다르다.
  ① 문화적인 배경에 따라 정신분열증의 발생 비율이 달랐다는 보고가 있다.
  ② 특정한 문화권에서만 관찰되는 독특한 이상행동이 존재한다는 보고도 있다(동남아-koro, 남아메리카 원주민-voodoo, 우리나라-화병).
(3) 동일한 문화권이라고 하더라도 거주지역과 사회계층에 따라서 생활조건이 다르고 생활하는 방식이 다르기 때문에 정신장애의 발생율이 다를 수 있다.
  ① **사회적 유발설** : 교육기회의 결여, 경제적 궁핍, 사회적 무시와 차별, 불안정한 대인관계 등과 같이 하류층이 경험하는 심한 심리사회적 스트레스가 정신분열증을 유발

② **사회적 선택설** : 중상류층의 사람도 정신분열증에 걸리게 되면 사회적 적응능력이 저하되어 하류층으로 전락하기 때문에 하류층에서 정신분열증이 더 많이 발견
③ **사회적 낙인설** : 정신장애에 대한 사회적 낙인이 정신장애인의 재활을 어렵게 만들고 심리적 부적응을 악화시킨다.
(4) 빠른 사회변화나 사회해체 현상이 성격장애나 정신분열증 발생과 관련된다.
(5) 성차별이나 사회적 불평등과 같은 사회적 문제가 정신장애의 발생에 영향을 미친다.

♣ **심화학습 – 사회문화적 관점**
(1) 사회문화적 입장은 개인이 성장하고 생활하는 환경의 사회문화적 요인이 이상행동과 정신장애의 유발에 중요한 영향을 미친다고 본다.
(2) 사회문화적 입장에서는 이상행동과 정신장애의 발생과 관련되는 여러 가지 사회문화적 요인 (예, 문화권, 종족, 사회경제적 계층, 거주지역, 사회문화적 변화, 성 차별, 경제적 빈곤, 정신장애에 대한 사회적 낙인 등)에 관심을 둔다.

□ **통합적 관점**

(1) **취약성 – 스트레스 모델(vulnerability-stress model)**
가) 이상행동의 유발과정을 이해하기 위해서는 환경으로부터 주어지는 심리사회적 스트레스와 그에 대응하는 개인의 특성을 고려해야 한다는 입장이다.
나) 취약성(vulnerability or diathesis) : 특정한 장애에 걸리기 쉬운 개인적 특성(유전적 소인, 환경과의 상호과정에서 점진적으로 형성된 신체적·심리적 특성 포함)
다) 심리사회적 스트레스(psychosocial stress) : 환경으로부터 주어지는 부정적인 생활사건으로서 개인이 그러한 사건에 대처하기 위해 심리적인 부담(stress)을 느끼는 환경적 변화
라) 취약성-스트레스 모델에 따르면
 ① 정신장애는 취약성 요인과 스트레스 요인이 함께 결합되었을 때 발생하게 된다.
 ② 정신장애는 취약성을 지니고 있는 사람에게 어떤 스트레스가 주어졌을 때 발생하게 되며, 취약성과 스트레스 중 어떤 한 요인만으로는 정신장애가 발생하지 않는다.
 ③ 취약성과 스트레스가 정신장애의 발생에 영향을 미치는 비중은 경우마다 다양하게 달라질 수 있다.
마) 취약성-스트레스 모델은
 ① 인간의 행동이 개인과 환경의 함수관계에 의해 설명될 수 있다는 심리학의 기본적 원리를 잘 반영하고 있다.
 ② 정신장애의 발생에 영향을 미치는 개인적 요인과 환경적 요인을 통합할 수 있는 이론적 토대를 제공하고 있다.
 ③ 인간의 행동을 설명함에 있어서 고려해야 할 중요한 요인은 개인의 내부에서 일어나는 매개적 요인(심리적 과정, 신체생리학적 변화과정)이다.

④ 현재 이상심리학에서 제시되고 있는 다양한 원인적 요인을 통합하여 설명하기 위해서는 매개요인에 대한 고려가 필요하다.

(2) 생물심리사회적 모델
가) 생물심리사회적 모델은 이상행동과 정신장애에 영향을 미치는 생물학적, 심리적, 사회적 요인을 종합적으로 고려한다.
나) 정신장애뿐만 아니라 신체질환은 생물학적, 심리적, 사회적 요인의 영향을 받으며 이러한 세 영역의 요인들은 상호작용한다는 가정에 기초하고 있다.
→ 건강심리학이라는 분야가 형성되는 데에 중요한 이론적 근거를 제공
다) 생물심리사회적 모델은 기본적으로 체계이론에 근거하고 있다.

❑ 체계이론 (system theory)
1. 전체론(holism, 전체는 그것을 구성하는 부분의 합 그 이상이다)에 근거하고 있다.
2. 체계이론은 여러 분석수준에서 이루어진 연구의 가치를 존중하며 현상의 부분과 전체를 모두 이해하려는 입장이다.
3. 동일결과성의 원리 : 동일한 정신장애가 여러 다른 원인에 의해서 유발될 수 있다는 점을 인정
4. 다중결과성의 원리 : 동일한 원인적 요인이 다양한 결과를 유발할 수 있다는 점을 인정
5. 상호적 인과론 : 원인과 결과의 관계가 양방향적일 수 있다는 점을 인정
6. 항상성 유지 : 유기체가 항상 일정한 상태를 유지하려는 성향을 의미한다. 인간은 적당한 자극수준을 일정하게 유지하려는 경향이 있어서 너무 많은 자극이 주어지면 자극을 회피하고 자극이 너무 적어지면 새로운 자극을 찾게 되는데 사람마다 적절한 자극수준은 다르다.

이상심리

6강 이상행동의 분류(범주적/차원적)

> ♣ **심화학습 – 이상심리학 관련 용어 이해하기**
> - 이상행동(abnormal behavior) : 외형적으로 관찰되거나 측정될 수 있는 행동
> - 부적응 행동(maladptive behavior) : 환경적 요구에 적절히 대응하지 못하여 여러 가지 문제를 일으키는 개인의 행동을 지칭하는 용어
> - 정신병리적 증상(psychopathological symptom) : 의학적 모델에 의한 것으로 질병의 내부적 원인을 가정하고 이 원인에 의해 나타나는 부정적 현상과 체험
> - 증후군(syndrome) : 여러 가지 증상들의 집합체
> - 심리장애(psychological disorder) : 심리적인 문제나 장애를 말하며 주로 임상심리에서 쓰이는 용어
> - 정신장애(mental disorder) : 일련의 이상행동이나 정신병리 증상으로 구성된 증후군
> - 정신병(psychosis) : 현실 판단력이 손상된 상태
> - 신경증(neurosis) : 우울, 불안 등의 신경증적 증상

☐ 이상심리의 분류

1. 이상행동의 분류의 장점과 단점

(1) 장점
① 효과적 의사소통, 체계적 연구, 원인의 이해를 증진시킨다.
② 해당 분야의 연구자나 종사자들이 일관성 있게 공통적으로 사용할 수 있는 용어를 제공한다.
③ 효과적인 의사소통이 가능해지고 불필요한 혼란과 모호함이 감소한다.
④ 연구자나 임상가에게 효과적인 정보를 제공하며 축적된 연구결과와 임상적 지식을 체계적으로 정리하고 전달할 수 있게 된다.
⑤ 정신장애에 대한 과학적 연구와 이론 개발을 취한 기초를 제공한다.
⑥ 객관적 기준에 의한 신뢰로운 분류체계에 근거하여 장애의 공통적 특성과 원인에 대한 연구가 가능해진다.
⑦ 심리장애를 지닌 환자들 간의 유사성과 차이점을 인식하는데 도움을 준다.
⑧ 어떤 증상을 나타내는 환자를 분류체계에 따라 특정한 장애에 할당하는 분류작업인 진단을 통해 임상가능 환자의 다른 특성들을 쉽게 추정할 수 있게 된다.
⑨ 치료 효과를 예상하고 장애의 진행과정을 예측한다.

(2) 단점
① 분류나 진단을 통해 환자의 개인적 정보가 유실되고 환자에 대한 고정관념이 형성될 수 있다.
② 진단은 환자에 대한 낙인이 될 수 있는데, 환자에 대한 주변 사람들의 편견과 환자 자신에

대한 태도도 달라진다.
③ 진단명에 맞도록 자기를 변화시켜 나가는 자기 이행적 예언의 결과가 초래될 수 있다.
④ 환자의 예후나 치료 효과에 대한 선입견을 줄 수 있다.
⑤ 현재의 분류체계는 의학적 모델로서 환경적 영향을 무시하고 있으며 창조적 사고를 억제한다는 비판도 있다.

2. 범주적 분류와 차원적 분류

이상행동과 정상행동이 '양적으로 구분되는가? 질적으로 구분되는가?'의 문제이다.

① 범주적 분류(categorical classification)
 - 질적으로 구분이 된다.
 - 우울증, 불안장애, 정신분열증은 서로 구분이 된다.
 - 이상행동이 정상행동과는 질적으로 구분되며, 흔히 독특한 원인에 의한 것이기 때문에 정상행동과는 명료한 차이점을 지니고 있다는 가정에 근거
 - 정신의학에서 장애를 분류하는 진단체계인 DSM과 ICD에서 채택하고 있다.

② 차원적 분류(dimensional classification)
 - 정상행동과 이상행동은 부적응의 정도 문제이지, 질적인 차이는 없다.
 - 특정 장애 범주에 포함시키지 않고 부적응을 평가하는 몇 가지 차원상에 위치시킨다.
 - 같은 우울증이라고 증세의 심한 정도가 각기 다르고, 우울증 환자가 불안증세를 함께 보이기도 한다.
 - 정상행동과 이상행동의 구분이 부적응성의 정도 문제일 뿐 질적인 차이는 없다는 가정에 근거한다(양적차이, 차원개념).

> ♣ **심화학습 - 범주적 차원(categorical dimension)**
> ⓐ 의미 : 분류체계가 증상, 원인 등에 있어서 서로 다른 장애들을 제대로 구분하고 있는가를 보는 것으로, 특정 장애를 가진 집단이 동질적인 특징을 공유한다.
> ⓑ 종류
>   ⓐ 원인론적 타당도(etiological validity) : 같은장애 진단군에서 동일한 원인적 요인들이 발견되는 정도를 의미한다.
>   ⓑ 공존타당도(concurrent validity) : 같은 장애 진단군에서 진단기준 이외의 다른 증상이나 증상 발달과정 등에서 공통 특성을 공유한다. **예)** 정신분열병 환자들이 대인관계의 곤란이라는 진단외적 기준을 충족)
>   ⓒ 예언타당도(predictive validity) : 같은 장애 진단군에서 미래 동일한 행동과 반응을 나타내는 정도를 의미한다.

❏ 이상행동의 평가와 진단

1. 이상행동의 평가

1) 심리평가란 개인의 다양한 심리적 속성(지능, 성격, 이상행동, 정리병리 등)을 심리학적 전문지식에 근거하여 면접, 행동관찰, 심리검사 등의 방법을 통해 단기간에 평가하는 작업을 말한다.

이상심리

2) 개인의 이상행동과 증상에 대한 심리평가 자료를 통합하여 특정한 정신장애로 분류하는 작업을 심리진단이라고 한다.
3) 임상적 심리평가의 과정
 (1) 심리평가에 앞서서 평가의 목적을 명료화하는 일이 필요하다.
 (2) 평가의 목적에 적절한 평가 방법과 절차를 계획한다.
 (3) 평가계획에 따라 환자로부터 직접 평가 자료를 수집하게 된다.
 (4) 수집된 자료는 체계적으로 정리되거나 채점되는 과정을 거쳐 그 심리적 의미가 해석되며 이렇게 평가 자료를 해석하고 통합하는 과정은 이상행동과 정신장애에 관한 전문적 지식과 경험, 심리학 전반에 대한 지식, 평가도구에 대한 이해, 치료방법에 대한 구체적 지식 등을 필요로 하는 전문적인 작업이다.
4) 심리평가 방법
 (1) 면접법
  언어적인 대화나 의사소통을 통해 환자의 심리적 특징과 정신병리를 탐색하는 방법이다.
  ① 비구조화된 임상적 면접 : 환자에 대해 자유로운 방법으로 질문하여 정보를 수집한다.
  ② 구조화된 임상적 면접 : 면접자의 주관성을 배제하기 위해서 질문의 구체적인 내용과 순서를 비롯하여 응답에 대한 채점방식 등이 정해져 있는 면접방법이다.

> ♣ **심화학습 - 부모의 각본메시지(script message)**
> ① 비구조화된 임상면접 : 면접자가 자신의 판단에 따라 자유롭게 정보를 탐색하며 화자에 대한 풍부한 정보를 얻는다.
> ㉠ 환자의 성별, 연력, 결혼상태, 직업, 종교 등의 인적 사항
> ㉡ 환자가 호소하는 불편감, 주요 호소 문제 파악
> ㉢ 개인적 발달력
> ㉣ 가족력 : 가족 구조, 구성원의 특징, 가정 분위기, 환자와 가족 구성원의 관계
> ㉤ 직업적 상황, 재정적 상태, 성생활, 성격 특징, 대인관계
> ② 구조화된 임상면접
> ㉠ DIS(Diagnostic Interview Schedule) : 진단 면접 스케줄
> ㉡ SCID(Structured Clinical Interview for DSM-IV) : 구조화된 임상 면담
> ㉢ BPRS(Bief Psychiatric Rating Scale) : 간이 정신상태 평정 척도
> ㉣ 정신상태검사(mental status examination) : 의식, 사고, 정서, 행동, 기억, 지각, 병식, 판단력 등을 검사한다.
> ③ 정신상태 검사 : 환자의 행동과 심리적 특성을 체계적으로 평가하는 면접방법이다.

이상심리

7강 측정평가방법/사고장애 등

❏ 행동관찰법

1. 행동관찰법은 개인이 특정한 상황에서 어떤 행동을 하는지를 유심히 관찰하여 그 행동의 내용을 구체적으로 기술하고 그 빈도나 강도를 수량화하는 방법이다.

2. 유형
   ① 자연주의적 관찰법 : 일상적 생활환경 속에서 개인의 행동을 관찰하여 평가하는 방법이다.
   ② 구조화된 관찰법 : 특정한 자극상황에서 환자가 나타내는 행동을 관찰하는 방법이다.
   ③ 자기관찰법 : 환자가 자신의 행동을 체계적으로 관찰하는 방법이다.
   ④ 행동분석법 : 어떠한 문제 행동이 나타나는 전후 상황을 구체적으로 평가하는 방법으로서 특정한 문제 행동이 나타나기 전에, 어떤 일이 일어나며 그러한 행동의 결과로 어떤 일이 초래되는지를 구체적으로 평가하는 방법이다.

❏ 심리검사법

1. 심리적 특성을 평가하기 위한 구체적인 검사문항과 채점체계를 갖추고 있으며 검사 결과를 해석할 수 있는 규준과 해석 지침을 구비하고 있는 개인의 심리적 특성을 가장 객관적으로 측정할 수 있는 방법이다.

2. 종류
   ① **지능검사**
      ㉠ 이상행동과 부적응 상태에 있는 사람은 지적 기능의 저하나 손상을 보이는 경우가 많아, 임상적 평가에서는 개인의 지적 능력과 기능을 평가하기 위해 지능검사가 흔히 사용된다.
      ㉡ 웩슬러(Wechsler) 지능검사
         전반적 또는 세부적 지적 기능의 수준, 병전 지능 수준, 지적 잠재력뿐만 아니라 일반적 적응상태, 성격적 특성, 정신 병리적 특징, 뇌 손상을 평가할 수 있는 정보를 제공하는 유용한 임상적 평가도구이다.
   ② **객관적 성격검사**
      ㉠ 피검자에게 성격의 다양한 측면을 기술하는 문항을 제시하고 자신에게 해당되는지를 평정하게 하는 지필식 자기보고형 검사이다.
      ㉡ 다면적 인성검사(MMPI)
         가장 널리 사용되는 객관적 성격검사로서, 피검자의 검사태도를 평가하는 4개의 타당도 척도와 여러 가지 성격적 또는 정신병리적 특성을 평가하는 10개의 임상 척도로 구성되어 있다.

③ 투사적 성격검사
  ㉠ 투사적 성격검사는 피검자에게 애매모호한 자극을 제시하고 그에 대한 자유로운 반응을 유도한 후에 검사반응을 정밀하게 분석함으로써 피검자의 무의식적인 성격특성을 평가한다.
  ㉡ 로샤 검사
    테칼코마니 양식에 의한 대칭형의 잉크얼룩으로 이루어진 10장의 카드로 구성되어 그림이 무엇처럼 보이는지를 말하게 하고 어느 부문에서 어떤 특성 때문에 그러한 반응을 하게 되었는지도 확인한다.
  ㉢ 주제통각 검사(TAT)
    피검자가 쉽게 동일시할 수 있는 인물과 상황을 묘사한 30방의 그림카드로 구성되며 그림을 보고 피검자가 구성한 이야기 내용을 여러 채점 기준에 따라 분석하는 방법이다.
④ 신경심리검사
  다양한 심리적 기능을 측정함으로써 뇌의 손상 유무, 손상의 정도와 부위를 평가하는 검사이다.

❏ 심리 생리적 측정법

1. 신체의 생리적 반응을 통해 심리적 특성을 평가할 수 있는데, 심리 생리적 측정법은 이처럼 심리 생리적 반응을 측정할 수 있는 도구를 통해 심리적 상태나 특성을 평가 하는 방법이다.

2. 뇌 영상술
  뇌 영상술은 인간의 뇌를 투시하여 뇌의 구조와 기능을 평가하는 방법으로서 다양한 방향에서 뇌를 투과한 X-ray의 양을 측정하여 컴퓨터로 재구성한 뇌의 단면을 영상화하는 기법인 전산화된 단층촬영술(CT), 자기공명 영상술(MRI), 양전자방출 단층활영술(PET) 등이 있다.

❏ 정신상태(mental state)

1) 의식의 병리
  정상의식(경계, 각성, 명료) → 혼탁, 졸음, 혼미, 혼수 → 죽음

① 의식의 양적 변화
  ㉠ **의식의 혼탁** : 생각, 주의력, 지각, 기억력 장애가 비교적 경한 상태를 말한다. 졸음과 주위 환경에 대한 인식의 감소, 흔히 기질적 손상에 동반된다.
  ㉡ **졸음(drowsiness)** : 깨어 있으나 감각 자극이 없는 채로 놓아두면 잠으로 빠져든다. 행동이 느리고, 말이 느려져 분명하지 않다. 중추신경계 억제제(삼환계 우울증약) 과다 복용 후 두부 손상, 간질, 감염, 뇌혈관 질환, 중독 상태에서 일어난다.
  ㉢ **혼수(coma)** : 의식이 지속적으로 없는 상태로, 통증 자극에 대해서도 반응을 보이지 않는다.

② 의식의 질적인 변화
  ㉠ **섬망(delirium)** : 불안, 당황, 안절부절못함 등을 동반한 항진된 각성상태와 흥분상태이다.

대개 24시간에 걸쳐 심한 변동을 보이며 저녁과 밤에 심하다. 주변상황에 대한 오인 (misidentification)과 오해석(misinterpretation)이 흔하다. 진전섬망(delirium tremens)은 음주 중단 후 금단 시기에 환촉과 환청을 동반한다.

* 진전 : 손떨림 현상

ⓒ 혼돈(confusion) : 명료하고 조리 있는 생각을 하는 능력을 상실한 상태로, 흔히 급성 기질성 상태의 의식 손상, 만성 기질성 상태에서 뇌손상으로 인한 사고 과정 장애에서 생긴다.
③ 기타
  ㉠ 몽롱상태(twilight state) : 간질에서 흔히 나타나며 예기치 않은 난폭한 행동과 감정 폭발을 보이나, 기억을 하지 못할 수 있다.
  ㉡ 꿈과 같은(몽환) 상태(dream like state) : 지남력 장애로 혼돈되어 있고 환시를 보며 의식장애를 동반한다.

* 혼미(stupor) : 의사소통(행동과 언어)의 결핍 혹은 감소가 주요 특징으로, 함구증(mutism), 무동증(akinesis)이 나타나는 증후군에서 보인다. 외견상 깨어 있으나 실상은 말이나 행동을 자발적으로 시작하는 능력이 결여되어 있다.

(2) 사고장애
① 사고 과정의 장애
  ㉠ 사고의 비약(flight of idea)
    ⓐ 사고연상이 비정상적으로 빨리 진행되어서 생각의 흐름이 주제에서 벗어나 지엽적으로 탈선하여, 마지막에는 하려는 생각의 목적지에 도달하지 못하는 상태이다.
    ⓑ 사고의 흐름이 극단적으로 빨라져서 소리가 비슷한 단어만을 연결하는 음 연상
    ⓒ 기분장애, 특히 조증인 상태에서 나타나는 특징적인 사고 과정이다.
  ㉡ 사고의 지연(retardation of idea)
    ⓐ 사고의 지연은 사고 과정에서 연상의 속도가 느린 경우를 말한다. 이때는 흔히 생각의 속도가 느려서 말을 아주 천천히 하며 생각이 잘 떠오르지 않아서 생각하기가 어렵다고 말하며, 소리도 아주 작아서 상대방이 알아듣기가 어렵다.
    ⓑ 우울증이나 정신분열병 환자에서 자주 나타나는 증상이다.
  ㉢ 사고의 우원증과 사고의 이탈
    ⓐ 우원증(circumstantiality) : 결과적으로는 환자가 말하고자 한 생각의 목적에 도달하기는 하나, 그러기까지 쓸데없는 상세한 지엽적인 이야기로 많은 시간을 보낸 후에 겨우 다다르게 된다.

* 탈원증 : 쓸데없는 상세한 지엽적인 이야기로 많은 시간을 보낸 후에 목적에도 도달하지 못함

ⓑ 사고의 이탈(tangentiality) : 목적한 생각에 도달하지 못하는 경우
ⓒ 지능 부족이나 어느 정도 진행된 노인성 정신장애, 간질이나 정신분열병, 기절성 정신장애 환자들에게서 가끔 나타난다.
㉣ 사고의 두절
 ⓐ 사고의 진행이 갑자기 멈추어 버리는 것을 말한다.
 ⓑ 아무런 외부의 영향 없이 말하던 사람이 갑자기 도중에 마치 생각이 떠오르지 않는 것 같이 말을 중단해 버린다.
 ⓒ 전형적인 사고의 두절현상은 정신분열병의 특징적인 소견이며, 다른 경우는 거의 나타나지 않는다. 사고의 두절이 아주 심하여 전혀 생각이 나지 않는 경우 사고의 박탈(deprivaton of thought)이라 한다.
㉤ 사고의 부적절성(coherencs of thought) : 환자에게 "어디에서 살고 있느냐?"라고 질문했을 때 "어제 저녁에 밥맛이 아주 좋았다."는 식의 질문과는 아무 상관없는 엉뚱한 대답, 즉 동문서답을 한다. 정신분열병이나 뇌의 기질적인 변화가 있을 때 흔히 나타난다.
㉥ 사고의 일관성(coherence of thought)
 ⓐ 말할 때는 자신의 생각을 정리하여 처음부터 말을 종결할 때까지, 줄거리가 상호 연결성이 있어서 타인이 이해하기 쉽게 어떤 조리를 유지하는데, 이를 일관성이라 한다.
 ⓑ 말이 문장의 구성법에 따르지 않고 무질서하게 두서가 없는 경우를 지리멸렬(incoherence), 정도가 약한 경우를 사고가 '흩어진다(scattered)'고 한다.
 ⓒ 말이 완전히 토막이 되어서 완전히 단절된 낱말들만 되풀이하는 경우가 있는데, 이를 음송증(verbigeration)이라 하고 비슷한 모양의 명사만 줄줄 내뱉을 때를 말비빔(word salad)이라 한다.

♣ 심화학습 – 음송증

정신분열병에서 발생하고 한 단어를 반복합니다. 보속증은 뇌졸증, 특히 전두엽 손상에서 발생하고 이상언행 반복증으로 행동이나 같은 말(단어뿐아니라 구절도 포함)을 반복하는 것

 ⓓ 본인이 사고 진행을 조리 있게 바꾸려는 노력을 하고 새로운 질문을 받아 시정시켜 보려는 노력에도 불구하고 계속 한 단어 또는 몇 개 단어만을 반복하는 경우를 보속증(perseveration)이라 한다.
㉦ 신어조작(neologism) : 자기만이 아는 의미를 가진 새로운 말을 만들어 내는 현상을 말하며, 두 가지의 말을 합쳐서 하나의 말로 압축시킨 경우가 많다.
 예. 이순신 특장(특별한 장군)

이상심리

8강 행동 및 정서장애 등

❏ 사고내용의 문제

1. 망상(delusion)
  ⓐ 현실에 맞지 않는 잘못된 생각으로, 현실적인 사실과 다르고 논리적인 설명에도 불구하고 시정되지 않으며, 그 사람의 교육 정도나 문화적인 환경에 걸맞지 않는 잘못된 믿음 또는 생각을 말한다. 정신분열병, 양극성 장애, 망상장애에서 나타난다.
  ⓑ 망상의 내용은 그 당시의 사회문화적 환경에 의해서 많이 달라진다.
  ⓒ 정신분열병에서는 피해망상(persecutory delusion)이 가장 많고 양극성 장애의 조증 상태에서는 과대망상(grandiose delusion)이 많으며, 우울상태에서는 빈곤망상(delusion of poverty)이나 죄책망상(delusion of sin), 그리고 허무망상(nihilistic delusion) 등이 많다.

2. 망상적 오인(delusional misidenification)
  ⓐ 카프그라(Capgras)증후군 : 자신과 가까운 사람이 똑같이 생긴 복제로 바뀌치기 당했다고 여긴다. 예) 여자 정신분열병 환자가 집에 있는 남편을 가장한 가짜라고 주장한다.
  ⓑ 오인 대상에 대한 양가 감정, 대상에 대한 적대감, 공포나 경멸 같은 부정적 정서와 애정 등을 보인다.

3. 집착(preoccupation)과 강박관념(obsession)
  ⓐ 집착 : 어떤 특정한 생각이 그 사람의 모든 사고 영역을 지배하고 있는 상태를 말한다.
  ⓑ 강박관념 : 특정한 생각이 비합리적이고 부적절하다는 사실을 잘 알고 있어서 그 생각을 하지 않으려 애를 씀에도 불구하고 본인의 의사와는 무관하게 반복해서 같은 내용의 생각 때문에 심하게 고통 받는 사고의 형태를 말한다.

❏ 정서 및 행동의 장애

1. 정서장애
  ㉠ 정동의 부적합성(inappropriateness) : 그 사람이 처해 있는 상황이나 생각의 내용, 그리고 말과는 전혀 엉뚱한, 조화롭지 못한 감정상태를 말한다.
  ㉡ 정동의 둔마(blunted affect)와 무감동(apathy)
   ⓐ 둔마 : 자신의 마음속에 있는 느낌을 외부로 적절하게 나타내지 못해서 겉으로 감정이 거의 없는 것 같은 상태를 말한다.
   ⓑ 무감동 : 외부 자극에 대해서 주관적인 느낌이 없는 것 같으며 객관적인 반응조차도 없는

정동상태를 말한다.
ⓒ 무관심(indifference) : 객관적인 반응이 없는 것을 말한다.
ⓓ 무쾌감(anhedonia) : 무감동이 아주 심해서 외부의 모든 자극에 대해 아무런 관심이 없을 뿐만 아니라 즐거움, 슬픔과 같은 모든 감정이 없어진 극심한 상태를 말한다.

ⓒ 우울한 기분(dysphoric mood)
ⓐ 슬픔(sadness)의 정도가 비정상적으로 심하고 기간도 오래 끌어서 병적인 상태인 경우를 우울(depression)이라고 한다.
ⓑ 대개 비정상적인 죄책감(guilty feeling)을 수반하고 있으며, 자존심에 심한 상처를 받고 있고, 식욕이 떨어진다. 또한 거의 움직이지 않고 집안에서 주로 생활하며, 사람을 만나기도 싫어해서 방에서 나오지 않으려고 한다.

ⓔ 유쾌한 기분(pleasant mood) : 유쾌한 기분은 그 정도에 따라서 다행감(euphoria), 의기양양(elation), 고양된 기분(exaltation), 황홀감(ecstasy)으로 나눈다.

ⓜ 불안(anxiety)
ⓐ 뚜렷한 외부의 자극이 없음에도 불구하고 막연하게 닥쳐올 수도 있다고 주관적으로 느끼는 위험 때문에 일어나는 초조하거나 두려운 느낌이다.
ⓑ 프로이트(freud)에 의하면 불안은 의식에서는 도저히 용납되지 않는 억압되어 있는 무의식계의 충동이 의식계로 뛰쳐나오려 할 때의 위험 신호이다.
ⓒ 공포(phobia) : 현실적인 두려움의 대상이 있어서 나타나는 불안이다.
ⓓ 초조(agitation) : 불안이 아주 심해서 근육계통까지 영향을 미쳐 안절부절 못하는 상태를 말한다.
ⓔ 공황상태(panic state) : 불안이 너무 극심하여 곧 죽을 것 같은 아주 심한 불안상태를 말한다.

ⓗ 양가감정(ambibalence) : 동일한 대상이나 상황에 대하여 정반대의 감정이나 태도, 그리고 생각이나 욕구를 동시에 갖고 있는 것을 말한다. 이런 현상은 일반인들도 어느 정도는 갖고 있다.

2. 행동장애

㉠ 행동의 문제
ⓐ 지나친 활동 : 활동이 정상적인 범위를 넘어서 지나친 상태를 정신운동의 항진(in-creased psychomotor activity)이라고 하며 양극성 장애의 경조증이나 조증 상태에서 흔히 볼 수 있다.
ⓑ 저하된 활동 : 행동의 빈도나 강도 면에 있어서 모두 저하되어 침체되어 있는 경우를 말한다. 이런 현상을 정신운동 지연(psychomotor retatdation)이라고 하며, 주로 심한 우울증에서 나타난다.

㉡ 반복 행동
ⓐ 상동증(stereotypy) : 객관적으로 아무 의미도 없어 보이는 똑같은 행동을 변함없이 반복

하는 것을 말한다. 반복적으로 단조롭게 왔다 갔다 하는 경우 등의 행동을 하며 때로는 자해행동을 수반하기도 한다.
- ⓑ 보속증(perseveration) : 어떤 다른 새로운 동작을 하려고 노력하는데도 불구하고 반복적으로 같은 동작을 하는 경우를 말한다.
- ⓒ 기행증(mannerism) : 상동증과 유사하지만 덜 지속적이고, 덜 단조롭다. 그 사람의 독특한 이상한 버릇 (예, 걸어가면서 이상한 제스처를 반복하는 행동 등)이다.
- ㉢ 습관적 경력(havit spasm, tic) : 신체의 일부를 비수의적으로 반복해서 움직이는 행동으로, 아이들이 불안할 때 흔히 보이는 눈 깜박거림이나 끙끙거림이나 끙끙 하고 소리내는 등의 반복적인 행동은 습관장애의 일종이다.
- ㉣ 강박 행동(compulsion) : 본인이 원하지 않고, 이런 생각을 없애려고 부단히 노력함에도 불구하고 저항할 수 없어서 반복하게 되는 행동으로 강박적인 사고(absession)와 같이 나타낸다.

❑ 언어장애

1. 언어
생각이나 감정 등을 표현하는 방법 중 하나이며, 자신의 생각이나 감정을 타인에게 단어나 문장을 통해 말로써 의사소통하는 방법을 말한다.

2. 언어장애의 종류
- ㉠ 언어압박(pressure of speech) : 말의 흐름이 매우 빠르고, 말이 많아 중단시키기 어려운 경우를 말한다.
- ㉡ 언어빈곤(poverty of speech) : 말의 양이 적고 어떤 질문에 단음절의 반응만 보이는 경우를 말한다.
- ㉢ 함구증(mutism) : 의식은 있지만 말하기를 삼가는 증상으로 흔히 히스테리성, 정신분열병, 기질성 장애에서 나타난다.
- ㉣ 실성증(aphonia) : 발성 능력의 상실
- ㉤ 말더듬(유창성장애) : 특정한 모음이나 자음은 길게 소리를 낸다.
- ㉥ 반향언어(echolalia) : 누군가 자신에게 말을 하면 그 말(문장의 일부나 단어)을 그대로 반복한다. 흔히 정신분열병, 치매, 기질성 상태에서 나타난다.

3. 정신분열병의 언어 및 의사소통 장애
- ㉠ 주의가 산만하면 감각 입력의 여과 과정에 장애가 생기면서 부적절한 연산이 개입한다.
- ㉡ 독특하고 개인적 의미를 지닌 새로운 단어(신어조작), 기존의 단어가 개인적인 상징적 의미로 사용되는 상투어구, 개인적인 비밀언어(crpytolaia)나 암호문(cryptographia)을 사용한 개인적 상징주의 등이 나타난다.

❏ 이상 지각(abnormal perception)

1. **착각(illusion)**
   ㉠ 거시증(macropsia) : 사물이 실제보다 크게 보이는 현상을 말한다.
   ㉡ 미시증(micropsia) : 실제보다도 사물이 작게 보이는 현상을 말한다.
   ㉢ 공감각(synesthesia) : 음악소리가 색채로 눈에 보이는 등의 착각현상을 말한다.

2. **환각(hallucination)**
   ㉠ 외부의 자극이 없음에도 불구하고 어떤 지각적인 체험을 하는 것을 말한다.
   ㉡ 정상인의 꿈이 환자가 나타내는 환각의 원현이라고 하는 사람도 있다.
   ㉢ 환청(auditory hallucination), 환시(visual hallucination), 환촉(tactile hallucination), 환미(grustatory hallucination), 환후(olfactory hallucination) 등이 있다.

❏ 기억의 손상

1. **기억의 기질적 손상**
   ㉠ 두부 손상 뒤의 전향성 기억상실(anterograde amnesia) : 새로운 정보의 등록 과정의 장애
   ㉡ 알코올성 코르사코프(Korsakov) 증후군 : 알코올 중독으로 인한 기억력 손상
   ㉢ 후향성 기억상실(retrograde amnesia) : 두부 손상 직전의 기억을 상실

2. **기억의 여러 가지 손상**
   ㉠ 기시현상(deja-vu) : 생전 처음으로 경험하는 사건과 연관되어 친밀감이 형성된다.
   ㉡ 미시현상(jamais-vu) : 이미 경험했다고 알고 있는 사건에 적절한 친밀감을 형성하지 못한다. 특두엽 간질에서 나타난다.
   ㉢ 작화증(confavulation) : 기억의 결손 부분을 메우고자 이야기를 지어낸다. 어느 정도 주의력과 저신 기능이 있는 상태로, 알코올 중독 환자에게서 많이 나타난다.

3. **기억의 정서적 손상**
   ㉠ 선택적 망각 : 정신분열병 환자는 망상적 내용을 포함하는 병력을 이야기하고(delusional memory), 불안증 환자는 불안한 정서로 해석하고 왜곡된 내용의 병력을 제공하고 우울한 환자는 슬픈 내용으로 왜곡된 병력을 제공한다.
   ㉡ 기억의 변조(falsification of momory)
   ㉢ 공상적 거짓말(pseudologia fantasitica) : 유창하고 그럴듯한 거짓말이나 거창하고 극단적인 진술을 말한다. 연극성 성격장애에서 흔히 동반되며 자신의 영웅적 행위나 대담한 자기 인생의 파란만장함을 보고한다.

② 기억착오증(paramnesia) : 과거에 없었던 일을 있었던 것처럼 기억하거나 사실과 다르게 기억한다.

4. 기억의 심인성 장애

㉠ 해리성 둔주(dissociative fugue) : 의식의 협소를 보이고 정상적인 환경을 벗어나 방황하며 그러한 상태에 대한 기억상실이 이어진다. 자신의 정체성을 상실하거나 잘못된 정체감을 갖기도 한다.
㉡ 간저 증후군(Ganser's syndrome) : 간저(Ganser)가 기술한 것으로 비껴간 대답, 의식의 혼탁, 히스테리 특징, 두부손상 혹은 감정적 스트레스, 기억상실의 특징을 보인다.
㉢ 다중 인격(multiple personality) : 자신의 내부에 있는 다른 인격의 존재에 대한 모른다고 주장한다.

9강 DSM-5와 ICD

이상심리

❑ 정신진단 분류체계(DSM-5)

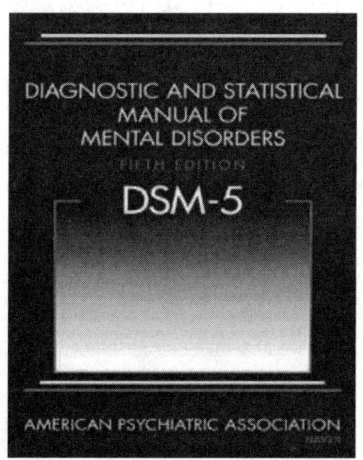

> ** DSM의 의의
> 1) 정신장애의 원인보다는 질환의 증상과 증후들에 많은 초점을 둠
> 2) 정신질환자들의 분류체계와 진단을 효율적으로 적용하기 위해 마련
> 3) 정신의학적 진단의 타당성과 신뢰성을 확보하기 위해 출간되었다.

❑ 정신진단 분류체계 5번째 개정판(DSM-5)

1. 정신진단 분류체계(DSM)의 역사

(1) DSM-I은 1952년 130쪽에 106개의 정신장애를 발간했다. 그 이후 5번의 개정이 이루워졌다. 개정될 때마다 정신장애의 수가 늘어나고 내용이 증가했다.

(2) DSM-II는 1968년 182개의 정신장애를 134쪽에 수록해서 발간되었다.

(3) DSM-III는 1980년 494쪽에 265개의 정신장애를 수록해서 발간되었다. 이 때 외상후 스트레스 장애가 처음으로 정신장애에 포함되었다.

(4) DSM-III-R은 1987 567쪽에 292개 정신장애 목록으로 발간되었다.

(5) DSM-IV는 1994년 886쪽에 297개의 목록으로 발간되었다.

(6) 2010년 2월 미국정신의학협회는 DSM-V에 대한 시안을 공개했으며 DSM-5의 최종안은 2013년 5월에 발표하기로 하고 다양한 의견을 청취하기 위해 시안을 발표했다.

(7) 2013년에는 20년만에서 DSM-5의 새로운 개정판을 내게 되었다.

2. DSM-5 주요 특징

(1) DSM-IV까지는 개정판 숫자를 로마자(I, II, III, IV)로 표기해왔으나, DSM-5부터는 아라비아 숫자로 표기하고 있는데, 이는 급속하게 이루어지고 있는 임상연구의 진정에 따라 향후 개정이 빈번하게 계속될 것이기 때문이다. (예, DSM-5.0, DSM-5.1, DSM-5.2)
(2) DSM-5에서는 다축진단체계가 해체되었다.
(3) 불안 장애의 범주속에 있던 강박 장애, 외상 후 스트레스 장애가 각각 강박 및 관련장애, 외상 관련 장애로 나누어졌다.
(4) 기분장애의 범주 속에 있던 양극성 장애 역시 따로 분류되었다.
(5) Hoarding Disorder, Skin-Picking Disorder라는 새로운 진단이 개발되었다.
(6) 성질내기 좋아하는 아동과 청소년은 양극성 장애로 몰리기보다는 'Disruptive Mood Dystegulation Disorder'라는 좀 더 몸에 맞는 진단을 받을 수 있게 되었다.
(7) 남용과 의존의 개념을 구분 없이 사용한다.
(8) 주요 우울 장애와 사별 반응(Bereavment)이 이웃사촌이 되었다.
(9) 자폐장애, 아스퍼거 장애, 아동기해체(붕괴)장애, PDD-NOS 등이 자폐 스펙트럼 장애로 통합되었다.
(10) 10개의 성격장애는 과거의 틀을 유지하게 되었다.
(11) DSM-5는 20개의 주요한 상위범주로 심리장애를 구분하고 있다.
(12) DSM-5는 300개 이상의 하위유형으로 심리장애를 구분하고 있다.

❏ DSM-IV에 제기된 비판을 토대로 DSM-5의 개정 작업이 진행되었고 주요 개정 내용은 다음과 같다(APA, 2013)

1) ICD-11와 조화를 이룰 수 있도록 진단 체계를 구성함
2) 진단과 관련된 생애 전반의 발달적 주제들을 진단에 포함시킴(예, 신경 인지 장애 : 신경 발달장애 : 아동에게만 적용할 수 있는 외상 후 스트레스 장애의 특성 진단 기준)
3) 유전학, 신경 영상학 등 최신 연구 결과를 통합시켜 반영함
4) 차원적 접근을 반영함(예, 자폐 스펙트럼 장애 : 성격 장애에 대한 DSM-5의 대안적 모형 등)
5) 진단 분류의 간소화와 명료화(예, 양극성 장애와 우울 장애 : 물질 사용 장애)
6) 특이도 향상(예, 주요 신경 인지 장애와 가벼운 정도의 신경 인지 장애)
7) DSM-IV의 다축 진단 체계 폐기함

❏ ICD(국제질병·사인분류, International Classification of Disease)

1. 세계 각국간의 사망 및 질병통계에 사용되는 분류이고 이제까지 국제사인분류로 되어 온 것을 1948년의 제6회 수정부터 국제질병분류로서 WHO가 소관하고 10년마다 수정이 이루어지고 있다.

이상심리

2. 기본이 되는 분류항은 17이고 전신질환을 원인적인 입장에서 I. 감염증 및 기생충류, II. 신생물, III. 내분비·영양·대사 및 면역질환으로 하고 나머지를 해부학적 계통별 질병군으로 분류해(IV~X, XII, XIII) 그 뒤에 분만·기형·신생아질환(XI, XIV, XIII)을 들고 불명확한 진단이나 증상을 XVI으로하고 XVII군은 손상 및 중독으로 하고 있으며 독립된 보조분류(E)를 가지고 있다.

❑ DSM-5, ICD 이상행동 분류 및 진단의 특징

1. 범주적 분류
2. 과학연구와 임상적 활용도가 높다.
3. 환자의 예후에 관한 정보를 담고 있다.
4. 진단명에 따른 자기충족적 예언의 효과가 나타난다.
5. 범주적 분류에 중점을 두기 때문에 차원적 분류에서 중시하는 개인의 특수성 및 환경적 영향을 덜 중시한다.

> ♣ **심화학습 – 정신장애의 진단 및 통계편람에 관한 설명**
> 1) 1950년대에 처음으로 발간된 이후 현재 DSM-5까지 이르고 있다. 질환의 증상과 증후들에 많은 초점을 둔 정신장애의 진단 및 통계편람(DSM)은 미국정신의학협회(미국정신의학회, APA)에서는 독자적인 진단 및 통계편감(Dignosic and Statical Manual of Mental Disorders)을 1952년에 출간하였다. 2013년에는 DSM-5의 새로운 개정판을 냈다.
> 2) 정신장애의 원인보다는 질환의 증상과 증후들에 많은 초점을 두었다.
> 3) 정신질환자들의 분류체계와 진단을 효율적으로 적용하기 위해 마련되었다.
> 4) 정신의학적 진단의 타당성과 신뢰성을 확보하기 위해 출간되었다.
> 5) 정신장애의 진단 및 통계편람(DSM)은 미국정신의학협회(미국정신의학회, APA)에서 인간의 사망과 질병통계를 작성을 위해 마련된 것이 아니라, 정신질환자들의 분류체계와 진단을 효율적으로 적용하고, 정신의학적 진단의 타당성과 신뢰성을 확보하기 위해 출간되었다.

10강 DSM-5(1~10) 장애유형 개관

❑ DSM-5의 심리장애 상위범주 및 하위유형

1) 신경발달장애(Neuro-deelopmental Disorders)의 하위유형
   - 중추신경계(뇌)의 발달 지연 또는 뇌 손상과 관련된 것으로 알려진 정신장애
   (1) 지적 장애(Intellectual Disability, Intellectual Developmental Disorder)
       3단계 : 경도, 중도, 중등도 지적장애
   (2) 의사소통장애(Communication Disorders)
   (3) 자폐스펙트럼장애(Autism Spectrum Disorders)
   (4) 주의력결핍과잉행동장애(ADHD)
   (5) 특수 학습장애(Specific Learning Disorder) : 읽기장애, 쓰기장애, 산수장애 '학습장애'를 '특수학습장애'로 수정
   (6) 운동장애(Motor Disorders) : 발달성 운동조정장애, 정형적 동작장애, 틱장애
       ※ DSM-IV에서, '유아기 및 아동기에 흔히 처음으로 진단되는 장애' 범주의 변화

2) 정신분열(조현병) 스펙트럼 및 기타 정신증적 장애의 하위유형
   - 정신분열증을 비롯하여 그와 유사한 증상을 나타내는 심각한 정신장애
   (1) 분열형(조현형) 성격장애(Schizotypal Personality Disorder)
   (2) 망상장애(Delusional Disorder)
   (3) 단기 정신증적 장애(Brief Psychotic Disorder)
   (4) 정신분열형(조현양상)장애(Schizophreniform Disorder)
   (5) 조현병 (Schizophrenia)
   (6) 분열(조현)정동장애(Schixoaffective Disorder)-긴장성 강직증
       ※ DSM-IV와 크게 다르지 않다.
       ※ 분열형 성격장애를 스펙트럼장애로 포함시켰다는 차이점이 있다.

3) 양극성 및 관련 장애(Bipolar and Related Disorders)의 하위유형
   - 기분의 변화가 매우 심하여 기분이 고양된 상태와 침체된 상태가 주기적으로 나타나는 장애

(1) 양극성장애 I형	(2) 양극성장애 II형
(Bipolar I Disorder)-조증우세	(Bipolar II Disorder)-우울과 경조증

   (1) 순환감정장애(Cyclothymic Disorder)
       ※ DSM-IV에서는 기분장애 범주에 포함되었으나, DSM-5에서는 별도의 장애로 분리시켰다.
       ※ 즉, 기분장애 범주에서 삭제하였는데, 즉 양극성 및 관련 장애 & 우울장애로 분리하였다.

4) 우울장애(Depressive Disorder)의 하위유형
   - 우울하고 슬픈 기분을 주된 증상으로 하는 다양한 장애
     (1) 주요 우울장애(Major Depressive Disorder)
     (2) 지속성 우울장애(Persistent Depressive Disorder) : 기분부전장애
     (3) 월경전기 불쾌장애(Premenstrual Depressive Disorder)
     (4) 파괴적 기분조절곤란장애(Dysruptive Mood Regulation Disorder)
       ※ DSM-IV에서는 기분장애 범주에 포함되었으나, DSM-5에서는 별도의 장애로 분리시켰으며 2개 장애가 명시적으로 추가되었다.

5) 불안장애(Anxiety Disorder)의 하위유형
   - 불안과 공포를 주된 증상으로 하는 장애
     (1) 분리불안장애(Separation Anxiety Disorder)
     (2) 선택적 무언증(Selective Mutism)
     (3) 특정공포증(Specific Phobia)
     (4) 사회불안장애(Social Anxiety Disorder) : 사회공포증
     (5) 공황장애(Panic Disorder)
     (6) 광장공포증(Agoraphobia)
     (7) 범불안장애(Generalized Anxiety Disorder)
       ※ 강박장애, 외상 후 스트레스장애 범주를 별도로 신설하여 분리시켰다.
       ※ 아동기 장애(2개) 및 광장공포증이 추가되었다.

6) 강박 및 관련 장애(Obsessive-Compulsive and Related Disorder)의 하위유형
   - 강박적인 집착과 반복적인 행동을 특징적으로 나타내는 장애
     (1) 강박장애(Obsessive-Compulsive Disorder)
     (2) 신체변형장애(Body Dysmorphic Disorder)
     (3) 저장장애(Hoarding Disorder)
     (4) 모발뽑기 장애(Trichotillomania, Hair-Pulling Disorder) : 발모광
     (5) 피부 벗기기 장애(Excoriation, Skin-Picking Disorder) : 박피증
       ※ 불안장애에서 별도로 독립시켰다.
       ※ 강박 스펙트럼장애를 한 영역으로 묶었다.
       ※ 일부 충동-통제장애 및 신체형 장애에서 이관하였다.
       ※ 일부 장애 신설하였다.

7) 외상 및 스트레스 관련 장애 (Trauma- and Stress-related Disorder)의 하위유형
   - 충격적인 외상사건이나 스트레스 사건을 경험한 후 부적응 증상을 나타내는 다양한 장애들
     (1) 반응성 애착장애(Reactive Attachment Disorder)
     (2) 탈억제 사회관여 장애(Disinhibited Social Engagement Disorder)
       - 누구에게나 부적절하게 친밀함을 나타내는 유형

(3) 외상 후 스트레스장애(Posttraumatic Stress Disorder)
(4) 급성 스트레스장애(Acute Stress Disorder)
(5) 적응장애(Adjustment Disorder)
   ※ 불안장애에서 별도로 독립시켰다./스트레스 관련장애를 한 영역으로 묶었다.

8) 해리장애(Dissociative Disorder)의 하위유형
   - 의식, 기억, 자기정체감 및 환경지각 등이 평소와 달리 급격하게 변화하는 장애
   (1) 해리성 정체감장애(Dissociative Identity Disorder)
   (2) 해리성 기억상실증(Dissociative Amnesia)
   (3) 이인증/비현실감 장애(Depersonalizstion/Derealization Disorder)
   ※ 해리성 둔주(Fugue) 범주를 삭제하고, 기억상실증에 통합하였다.

9) 신체증상 및 관련장애(Somatic Symptoms and Related Disorder)의 하위유형
   - 원인이 불분명한 신체증상을 호소하거나 그에 대한 과도한 염려를 나타내는 부적응 문제를 나타내는 장애
   (1) 신체증상장애(Somatic Symptom Disorder) : 신체화장애
   (2) 질병불안장애(Illness Anxiety Disorder) : 건강염려증
   (3) 전환장애(Conversion Disorder) : Functional Neurological Symptom Disorder - 히스테리성 신경증
   (4) 허위성장애(Factitious Disorder)
   ※ 상위범주 및 하위유형 명칭의 상당한 변경이 있었다.
   ※ 신체변형장애 이동과 통증장애 삭제, 허위성 장애가 추가되었다.

10) 급식 및 섭식장애(Feeding and Eating Disorder)의 하위유형
    - 개인의 건강과 심리사회적 기능을 현저히 저하시키는 부적응적인 섭식행동이 나타내는 장애
    (1) 신경성 거식증(Anorexia Nervosa)
    (2) 신경성 폭식증(Bulimia Nervosa)
    (3) 이식증(Pica)
    (4) 반추장애(Rumination Disorder)
    (5) 회피적/제한적 음식섭취장애(Avoidant/Restrictive Food Intake Disorder)
    (6) 과잉섭취장애(Binge-Eating Disorder)
    ※ 아동기, 성인기 장애를 통합하였다.
    ※ 거식증의 세분화 및 폭식증의 세분화가 이루어졌다.

11강 DSM-5(11~20) 장애유형 개관

❑ 배설장애(Elimination Disorder)의 하위유형
- 아동기나 청소년기에 흔히 진단되는 장애로 대소변을 가릴 충분한 나이가 되었음에도 이를 가리지 못하거나 적절하지 못한 장소에 배설하는 것
  (1) 유뇨증(Enuresis)
  (2) 유분증(Encopresis)
  ※ 아동기 장애에서 분리시켰다.

❑ 수면-각성장애(Sleep-Awake Disorder)의 하위유형
- 수면의 양이나 질의 문제로 인해서 수면-각성에 대한 불만과 불평을 나타내는 다양한 장애
  (1) 불면장애(Insomnia Disorder)
  (2) 과다수면장애(Hypersomnolence Disorder)
  (3) 수면발작(Narcolepsy) : 기면증
  (4) 호흡관련 수면장애(Breathing-Related Sleep Disorder)
   ① 방해성 수면무호흡증(Obstructive Sleep Apnea Hypopnea)
   ② 중추성 수면무호흡증(Central Sleep Apnea)
   ③ 수면관련 저호흡증(Sleep-Related Hypoventilation)
  (5) 일주기 리듬 수면-각성장애(Circadian Rhythm Sleep-Awake Disorder)
  (6) 수면곤란장애/사건수면/수면이상증(Parasomnias) : 비REM 수면-각성장애, 몽유병, 수면 중 보행장애, 수면 중 경악형
   ① 악몽장애(Nightmare Disorder)
   ② 초조성 다리 증후군(Restless Legs Syndrome)
  (7) 물질/약물 유도성 수면 장애

❑ 성기능(부전)장애(Sexual Dysfunctions)의 하위유형
- 원활한 성행위를 방해하는 다양한 기능 장애
  (1) 사정지연장애(Delayed Ejaculation)
  (2) 발기장애(Erectile Disorder)
  (3) 남성 성욕감퇴장애(Male Hypoactive Sexual Desire Disorder)
  (4) 조기사정장애(Premature Ejaculation)

(5) 여성 절정감 장애(Female Orgasm Disorder)
(6) 여성 성적 관심 / 흥분장애(Female Sexual Interest/Arousal Disorder)
(7) 성교 통증장애(Genito-Pelvic Pain/Penetration Disorder)

❏ **성불편증-성별불쾌감(Gender Dysphoria)** : 성정체감 장애의 변화
- 자신에게 주어진 생물학적 성과 자신이 경험하고 표현하는 성 행동 간의 현저한 괴리로 인해서 심한 고통과 사회적 적응 곤란을 나타내는 경우

❏ **파괴적, 충동통제장애 및 품행장애**
(Disruptive, Impulse-Control, and conduct Disorders)의 하위유형
- 정서와 행동에 대한 자기통제의 문제를 나타내는 다양한 장애
(1) 적대적 반항장애(Oppositional Defiant Disorder)
(2) 간헐적 폭발장애(Intermittent Explosive Disorder)
(3) 품행장애(Conduct Disorder)
(4) 반사회성 성격장애(Antisocial Personality Disorder)
(5) 방화광(증)(Pyromania)
(6) 도벽광(증)(Kleptomania)
  ※ 상위범주의 통합이 이루어졌다.
  ※ 발모광은 강박 스펙트럼장애로 이동, 병적도박은 중독 장애로 이동하였다.

❏ **물질-관련 및 중독 장애(Substance-Related and Addictive Disorder)의 하위유형**
- 술, 담배, 마약 등과 같은 중독성 물질을 사용하거나 중독성 행위에 몰두함으로서 생겨나는 다양한 부적응적 증상
(1) 물질-관련장애(Substance-Related Disorder)
  ① 물질 사용 장애(Substance Use Disorder)
  ② 물질 유도성 장애(Substance-Induced Disorder)
  ③ 물질 중독, 물질 금단, 물질/약물 유도성 정신장애
(2) 비물질 관련 장애
  - 도박장애(Gambling Disorder)

❏ **신경인지장애(Neurocognitive Disorder)의 하위유형**
- 뇌의 손상으로 인해 의식, 언어, 판단 등의 인지적 기능에 심각한 결손이 나타나는 경우
(1) 주요 신경인지장애(Major Neurocognitive Disorder)

(2) 경도 신경인지장애(Minor Neurocognitive Disorder)
(3) 섬망(Delirium)
 ※ 뇌의 손상으로 인해 의식, 기억, 언어, 판단 등의 인지적 기능에 심각한 결손이 나타나는 경우
 ※ 알츠하이머 질환, 뇌혈관 질환, 충격에 의한 뇌 손상, HIV 감염, 파킨슨 질환 등에 의해 유발될 수 있음
 ※ 물질 사용, 신체적 질병과 같은 다양한 원인에 의해서 유발될 수 있음

성격장애(Personality Disorder)의 하위유형

- 성격자체가 부적응적이어서 사회적 기대에 어긋난 이상행동을 지속적으로 나타내는 장애

(1) 군집 A 성격장애	(2) 군집 B 성격장애	(3) 군집 C 성격장애
편집성(Paranoid) 분열성(Schizoid) 분열형(Schizotypal)	반사회성(Antisocial), 경계성(Borderline), 연극성(Histrionic), 자기애성(Narcissistc)	회피성(Avoidant), 의존성(Dependent), 강박성(Obsessive-Compulsive)

성도착장애_변태성욕장애(Paraphilic Disorders)의 하위유형

- 성행위 대상이나 성행위 방식에서 비정상성을 나타내는 장애

(1) 관음증(Voyeuristic Disorder)
(2) 노출증(Exhibitionistic Disorder)
(3) 마찰음란증(Frotteuristic Disorder)
(4) 성적피학증(Sexual Masochism Disorder)
(5) 성적가학증(Sexual Sadism Disorder)
(6) 소아기호(애호)증(Pedophilic Disorder)
(7) 물품음란증(Fetishistic Disorder)
(8) 복장도착증(Transvestic Disorder)

향후연구장애 - 기타 정신장애(Conditions for Further Study)

- 개인에게 현저한 고통과 더불어 사회적, 직업적 기능의 저하를 초래하는 심리적 문제이지만 앞서 언급한 정신장애의 진단기준을 충족시키지 못하는 경우

12강 신경발달장애/자폐스펙트럼 장애

이상심리

❏ **신경발달장애 및 하위유형**

1. **지적장애 : 정신지체**
  1) 전반적 지적 능력이 IQ 70 미만으로 저조하여 학업을 비롯한 대부분의 적은 활동에서 부진함을 나타내는 경우를 말한다.
  2) 유발 원인으로는 유전자 이상, 임신 중 태내 환경의 이상, 임신 및 출산과정의 이상, 후천성 아동기 질환, 그리고 열악한 환경적 요인이 알려져 있다.
  3) 정신지체의 진단 기준
   (1) 심하게 평균 수준 이하인 지적 기능 : 개별적으로 실시된 지능 검사에서 70 이하의 지능지수
   (2) 18세 이전에 발병한다.
   (3) 지적장애(정신지체)는 심각도에 따라 가벼운, 보통의, 심한, 아주 심한 등 4등급으로 분류
     • 경미한 정신지체(mild mental retardation)
       – 지능수준은 IQ 50~70, (정신지체자의 약 85%)
       – 교육가능한 범주, 독립적 생활 또는 지도나 지원에 의한 일상생활 가능
     • 중간정도의 정신지체(moderate mental retardation)
       – 지능수준은 IQ 35~40, (정신지체자의 약 10%)
       – 초등 2년 이하의 수준, 지도나 감독에 의한 사회적/직업적 기술 습득
     • 심한 정신지체(severe mental retardation)
       – 지능수준은 IQ 20~25, (정신지체자의 약 3~4%)
       – 간단한 셈, 철자의 제한적 습득, 밀착된 지도감독에 의한 단순작업 수행
     • 매우 심한 정신지체(profoind mental retardation)
       – 지능수준은 IQ 20~25 이하, (정신지체자의 약 1~2%)
       – 지적학습 및 사회적 적응이 거의 불가능함, 지속적인 도움과 지도감독을 요함.
  4) DSM-5에서 설정한 신경발달장애의 범주
     – 발달결함의 범위는 매우 제한된 손상부터 전반적 손상에 이르기까지 다양
     – 전형적으로 초기 발달단계인 학령 전기에 발현되기 시작한다.
     – 지적장애(지적발달장애)가 포함되어 있다.
     – 자폐스펙트럼 장애와 주의력결핍 과잉행동장애 등이 포함되어 있다.

2. **의사소통 장애- 사회적(화용적) 의사소통 장애**
  1) 정상적 지능수준에도 불구하고 의사소통에 사용되는 말이나 언어의 사용에 결함이 있는 경우

이상심리

를 말한다.
2) 의사소통 장애는 ① 언어적 표현에 현저한 제한이나 결함을 나타내는 표현성 언어장애, ② 정상적 지능을 지녔음에도 언어의 표현과 더불어 이해에 현저한 어려움을 나타내는 혼재형 표현-수용성 언어장애, ③ 발음의 어려움을 나타내는 음성학적 장애, ④ 말의 유창성에 문제가 있는 말더듬기로 구분된다.
3) 진단
(1) 다음의 세부적 내용에 따른 사회적인 구어적이고 비구어적 의사소통 사용에서의 지속적인 어려움
 - 사회적 목적을 위해 사용되는 의사소통의 결함인데, 사회적 맥락에 어울리는 방법으로 인사하기와 정보 공유하기와 같은 것들을 말한다.
 - 맥락에 맞게 또는 청자의 요구에 따라 의사소통을 변화시키는 능력의 결함인데, 운동장에서 말할 때와 비교할 때 교실에서는 다르게 말하기, 어른들과 이야기할 때와 비교할 때 아이에게는 다르게 말하기, 지나치게 형식적인 언어를 사용하지 않는 것과 같은 것들이다.
 - 다음의 의사소통과 이야기 말하기 규칙에 따르는 것에 대한 어려움인데, 대화에서의 차례 바꾸기, 잘못 이해되었을 때 바꾸어 말하기, 그리고 상호작용을 조절하기 위한 구어적이고 비구어적인 신호의 사용방법을 알고 있는지에 관한 것들이다.
 - 명시적으로 말해지지 않는 것(예, 추론하기)과 청자가 존재하지 않거나 애매한 의미의 언어(예, 관용구, 유머, 은유, 해석적 맥락에 따른 다중적 의미)에 대한 이해의 어려움
(2) 결함은 효과적 의사소통, 사회적 참여, 사회적 관계, 학업적 성취, 또는 직업적 수행에서 개인적 또는 협력적인 범위에서 기능적 한계를 야기한다.
(3) 증상의 출현은 초기 발달적 시기(그러나 결함은 사회적 의사소통 요구가 제한된 능력을 초과할 때까지 완전히 나타나지 않을 수 있다)이다.
(4) 증상들은 다른 의학적 또는 신경의학적 상태 또는 단어 구조나 문법영역에서의 낮은 능력으로 인한 것이 아니며, 자폐스펙트럼장애, 지적장애(지적 발달장애), 전반적 발달지체, 또는 다른 정신적 장애로 설명하기에는 적절하지 않는 것이다.

3. 주의력 결핍/과잉행동 장애(ADHD)

1) 아동기에 많이 나타나는 장애로, 지속적으로 주의력이 부족하여 산만하고 과다활동, 충동성을 보이는 상태를 말한다. ADHD의 진단기준은 12세 이전으로 한다.
2) 증상
(1) 부주의, 과잉행동, 충동성을 보인다.
(2) ADHD 아동들은 자극에 선택적으로 주의 집중하기 어렵고, 지적을 해도 잘 고쳐지지 않는다.
(3) 선생님의 말을 듣고 있다가도 다른 소리가 나면 금방 그 곳으로 시선이 옮겨가고, 시험을 보더라도 문제를 끝까지 읽지 않고 문제를 풀다 틀리는 등 한 곳에 오래 집중하는 것을 어려워 한다.

(4) ADHD 아동들은 허락 없이 자리에서 일어나고, 뛰어다니고, 팔과 다리를 끊임없이 움직이는 등 활동 수준이 높다.
(5) 생각하기 전에 행동하는 경향이 있으며 말이나 행동이 많고, 규율을 이해하고 알고 있는 경우에도 급하게 행동하려는 욕구를 자제하지 못하기도 한다.
(6) 유아기에는 증상으로 표현되기보다는 일상적인 행동이나 습관으로 나타날 수 있다.
(7) 젖을 잘 빨지 못하거나 먹는 동안 칭얼거리고 소량씩 여러 번 나누어서 먹여야 하고, 잠을 아주 적게 자거나 자더라도 자주 깨며, 떼를 많이 쓰고 투정을 부리고 안절부절 못하거나, 과도하게 손가락을 빨고 머리를 박고 몸을 앞뒤로 흔드는 행동을 하기도 한다.
(8) 기어다니기 시작하면 끊임없이 이리저리 헤집고 다니기도 하고 수면 및 수유 등 일과가 매우 불규칙한 모습을 보이기도 한다.
(9) 주의력결핍 우세형/과잉행동 충동 우세형으로 나눌 수 있다.

* 과잉행동-충동 우세형(ADHD-PHI)
 - 손발을 가만히 있지 못하고 몸을 지나치게 움직임
 - 잘 앉아있지 못함
 - 부적절한 상황에서 지나치게 뛰어다니거나 기어오른다.
 - 끊임없이 활동하며 무언가에 쫓기는 듯 행동함
 - 지나치게 수다스럽다.
 - 질문이 끝나기 전에 대답하는 행동 등

3) 치료
(1) 약물치료(도파민, 암페타민 계열의 각성제 등)
(2) 인지-행동요법
(3) 약물치료는 주의력 향상과 충동성 감소의 효과가 있음

4. 운동장애-틱장애, 정형적 동작장애
1) 얼굴 근육이나 신체 일부를 갑작스럽게 움직이거나 갑자기 이상한 소리를 내는 이상행동을 반복적으로 나타내는 경우를 말한다.
2) 틱은 갑작스럽고 재빨리 일어나는 비목적적인 행동이 동일하게 반복되는 현상을 말한다.
3) 이러한 틱 장애는 ① 운동 틱과 음성 틱이 1년 이상 지속적으로 나타나는 경우인 뚜렛 장애, ② 둘 중에 한 가지 틱이 1년 이상 지속적으로 나타나는 만성적 운동/음성 틱 장애, ③ 일시적으로 운동 틱이나 음성 틱이 나타나는 틱 장애로 구분된다.

** 뚜렛장애(Tourette's Disorder)
 눈 깜빡이기, 코 찡긋거리기 등 행동으로 나타나는 경우(운동 틱)와 '음음' 등의 헛기침이나 '킁킁' 등 소리로 나타나는 경우(음성 틱). 이 두 가지가 동시에 나타나는 형태

5. 자폐스펙트럼 장애

1) 다른 사람과 상호관계가 형성되지 않고 정서적인 유대감도 일어나지 않는 아동기 증후군으로 '자신의 세계에 갇혀 지내는 것' 같은 상태라고 하여 이름 붙여진 발달장애이다. '캐너증후군(Kanner's Syndrome)이라고도 한다.
2) 자폐증은 사회적 교류 및 의사소통의 어려움, 언어발달지연, 행동상의 문제, 현저하게 저하된 활동 및 관심 등이 특징적이고, 1943년 경부터 진단이 되어 졌으며 전반적 발달장애의 대표적인 질환이다.
3) 한마디로 자폐증이란 선천적으로 사회성 장애를 띠는 발달장애라고 볼 수 있다.
4) 대부분 3세 이전에 발병하고 남자가 여자보다 3~4배 정도 더 많다.
5) 행동, 흥미, 활동에 있어서 제한적이고 반복적인 의식화된 패턴을 나타낸다.
6) 자폐증 아이에서 75%정도 정신지체가 흔하며 경련성 질환도 높은 빈도로 발견된다.
7) 하위유형 : 아동기 붕괴(해체)성 장애

13강 다운증후군/정신분열(조현)병스펙트럼(1)

❏ 특정(수)학습장애

1) 학습장애란 읽기, 쓰기, 추론, 산수 계산 등의 능력과 획득 및 사용상의 심각한 곤란을 주 증상으로 하는, 다양한 원인을 배경으로 하는 이질적인 장애군을 총칭하는 용어이다.
   - 심각도 3단계 : 경도, 중증도, 고도
   - 17세 이상인 경우, 학습의 어려움에 대한 과거병력이 표준화된 평가를 대신할 수 있다.
2) 지능과 연력을 근거로 기대되는 능력의 50% 미만의 성취도를 보일 때 학습 장애라 정의한다.
3) 학습장애는 기본적으로 중추신경계, 특히 대뇌의 특정 영역의 발달적인 기능 장애로 인한 것으로 보고되고 있다.
4) 또한 뚜렷한 가족력이 있는 경우도 있어, 유전적인 요인이 있는 것으로 판단된다.
5) 학습장애 아동은 대개 정상 또는 정상보다 높은 지능을 갖는 경우가 많으며, 가족 환경의 면에서 뚜렷한 병리를 갖고 있지 않은 경우도 많다.
6) 증상
  (1) 읽기 장애
     아동은 단어를 소리내어 발음하는 데에 어려움이 있고, 읽기 속도가 매우 느리며, 읽은 문장을 이해하는 것도 힘들어 한다.
  (2) 쓰기 장애
     아동은 철자의 오류가 매우 많고, 반복적인 학습에도 불구하고 철자의 혼란이 교정되지 않으며, 읽기 쓰기 등에서 내용이 매우 미숙하고 문법적인 오류를 많이 보인다.
  (3) 산수 장애
     빼기, 곱하기 등의 기본 연산을 제대로 하지 못하는 경우와 문제에 대해 언어적인 이해를 못하는 경우가 많고, 자릿수 등 공간적 배열을 이해하지 못하는 경우도 많다. 수학적 추리 능력을 포함한 영역에서의 어려움
7) 학습장애가 지속되면, 이차적인 우울증, 시험 불안증이 동반되는 경우가 많고, 청소년기에 이르면, 학업 탈락에 대한 반응으로, 분노 조절의 어려움, 반항성의 증가가 나타나는 경우도 많다.
8) 또한 주의력 결핍 장애가 동반되는 경우가 약 50%에서 보고되고 있는데, 이러한 경우 반항장애나 품행 장애로의 이환이 더욱 증가된다고 알려져 있다.

❏ 다운증후군(Down's syndrome)

1. 다운증후군 (Down's syndrome)은 염색체 이상 중 가장 흔한 질환으로 정상적으로 2개 존재해야 하는 21번 염색체가 3개 존재하여 나타난다. 1866년 그 특징을 처음으로 정확하게 기술한

영국인 의사인 John Langdon Down의 이름을 따라 명명되었다. 1932년 Waardenberg가 다운증후군이 염색체 이상에 의할 것이라고 추측한 후 1959년 Lejeune가 이것을 증명하였다. 의학적으로는 21 삼염색체증후군(trisomy21 syndrome)이라는 용어로 더 자주 사용된다.

2. 외견상 특징

〈두개안면(머리와 얼굴) 기형〉
- 머리의 크기가 작다(소두증, microcephaly).
- 납작한 후두골(납작머리증, brachycephaly)
- 둥글고 납작한 얼굴
- 양쪽 눈 사이가 넓게 벌어져 있다(hypertelorism).
- 눈꼬리가 치켜올라가 있다.
- 윗 눈꺼풀의 일부가 눈의 안쪽을 덮는 눈구석주름(내안각 주름, epicanthalfolds)
- 얼굴 중앙부 형성부전(midface hypoplasia) : 구개의 높이, 길이, 그리고 깊이가 짧아서 늘 혀를 내밀고 있는 모습을 보이고, 코로 숨을 잘 쉬지 못하고 구강호흡을 하는 경우가 많다.
- 혀의 유두 비대 및 주름진 혀로 인해서 구취(halitosis)가 자주 발생한다.
- 안면근육 긴장저하(hypotonia offacial muscles) : 얼굴근육의 긴장도가 낮아서 윗입술이 들리고 아랫입술이 밖으로 나오는 모습이 전형적이며, 혀를 늘 내밀고 있다. 이와 같은 얼굴근육 및 혀의 긴장도가 낮아 항상 침을 흘리고 입술이 자주 갈라지며, 구순염이 잘 생긴다. 또한 치주염의 빈도를 더욱 증가시킨다.
- 넓고 낮은 코
- 넓고 짧은 목, 덧살이 있는 경우가 많다.

❑ 정신분열병(조현병)스펙트럼 및 기타 정신증적 장애와 하위 유형

1. 정신분열 스펙트럼 및 기타 정신증적 장애의 하위유형
(1) 분열형 성격장애(Schizotypal Personality Disorder)
(2) 망상장애(Delusional Disorder)
(3) 단기 정신증적 장애(Brief Psychotic Disorder)
(4) 정신분열형 장애(Schizophreniform Disorder)
(5) 정신분열증(Schizophrenia)-분열정동장애(Schizoaffective Disorder)
(6) 긴장성 강직증 (Catatonia)

2. 정신분열병 - 조현병
1) 가장 심각한 부적응적 양상을 나타내는 정신장애이다.
2) 망상, 환각, 와해된 언어, 심하게 와해된 행동이나 긴장증적 행동, 음성 증상 중 2개 이상의 증상이 1개월 이상 나타나는 활성기가 있어야 하며 장애의 징후가 전구기와 잔류기를 포함해

서 6개월 이상 지속될 때 진단된다.
3) 망상은 자신과 세상에 대한 잘못된 강한 믿음으로 분명한 반증에도 불구하고 견고하게 지속되는 신념을 망상이라고 하며 피해망상, 과대망상, 관계망상, 애정망상, 신체망상이 있다.
4) 환각은 현저하게 왜곡된 비현실적 지각을 말하며 외부자극이 없음에도 어떤 소리나 형상을 지각하거나 외부자극에 대해 현저하게 왜곡된 지각을 하는 경우를 말하고 환청, 환시, 환후, 환촉, 환미로 구분된다. 이 중에서 가장 흔한 것이 환청이다.
5) 와해된 언어는 비논리적이고 지리멸렬한 혼란된 언어를 뜻하며 와해된 행동은 나이에 걸맞는 목표지향적 행동을 하지 못하고 상황에 부적절하게 나타내는 엉뚱하거나 부적응적인 행동이며 긴장성 운동행동은 마치 근육이 굳은 것처럼 어떤 특정한 자세를 유지하는 경우를 말한다.
6) 음성증상은 정서적 둔마, 무(無)언어증 또는 무욕(無慾)증 상태를 보인다.

* DSM의 진단기준은 위에서 언급된 증상이 2가지 이상 나타나야 한다고 봄

3. 원인
(1) 생물학적 입장
① 정신분열증을 뇌의 장애로 간주한다.
② 유전적 요인의 강력한 영향을 받으며 전두엽과 기저핵을 비롯한 뇌의 여러 영역의 이상과 더불어 전두엽 피질의 신진대사 저하와 관련된 것으로 알려져 있다.
③ 정신분열증과 가장 밀접한 관련을 지닌 신경전달물질은 도파민(dopamine)이다. 도파민과 세로토닌의 과다를 원인으로 보고 있다.
④ 뇌실의 확장이 관찰되기도 한다.

* 뇌실 : 뇌 속에 있는 뇌척수액이 모여있는 공간으로서, 좌측뇌실, 우측뇌실, 제 3 뇌실, 제 4 뇌실로 나뉘어져 있음

♣ 심화학습 - 정신분열증 발병의 원인으로서 '도파민 가설'을 지지하는 증거
정신분열병의 원인으로 많은 생화학적 이론이 제시되어 왔는데 그 중 도파민 가설이 가장 지배적이다.
1) 고전적 도파민 가설
  (1) 고전적 도파민 가설은 도파민의 과다 분비 혹은 도파민 수용체의 증가로 인하여 도파민 활동이 과잉 상태가 되면 정신분열병이 발생한다는 가설이다.
  (2) 이 가설의 주요한 근거는 항정신병 약물의 효과가 도파민 d2 수용체 차단 효과와 밀접한 상관성을 갖고 도파민 활성을 항진시키는 약물에 의해 정신분열병 증상이 유도되거나 악화된다는 것이다.
  (3) 또한 도파민이 대사물질인 HVA의 혈장농도가 정신분열병에서 증가한다는 보고나 이 물질의 증가가 정신분열병 증상의 심각도 및 치료반응과 밀접한 관련이 있다는 보고 등도 이 가설을 지지하는 소견이다.
  (4) 그러나 이 가설은 너무 단순하고 포괄적이어서 도파민과 활성이 도파민 유리와 증가를 의미하는지, 도파민 수용체 수의 증가 혹은 감수성 증가를 의미하는지가 확실하지 않고 또 뇌의 어떤 도파민 경로가 문제인지도 불확실하다는 한계가 있다.
2) 최근 수정된 도파민 가설들

(1) 수정된 도파민 가설 1
  ① 정신분열병 발생 시에 도파민계의 일부는 활성이 증가되고 다른 일부는 오히려 활성이 감소한다는 가설이다.
  ② 전두피질의 도파민 신경을 선택적으로 파괴하면 피질하 도파민 활성과 d2 수용체가 증가된다.
  ③ 반대로 전두피질에 암페타민을 주입하면 도파민 대사물질이 감소된다.
  ④ 이러한 결과에 근거하여 정신분열병의 증상이 중뇌피질경로의 도파민 저활성과 중뇌 변연계 경로의 도파민 과다 활성에 의해 발생한다는 가설이 제시 되었다.
(2) 수정된 도파민 가설 2
  ① 도파민 수용체 아형에 따른 뇌조직별 분포, 항정신병 약물과의 결합 그리고 약물학적 작용이 다르다는 것에 기초한 것이다.
  ② 뇌 선조체(striatum) 외에도 전두엽을 포함한 대뇌피질에 분포하며 음성 증상과 관련이 있다고 알려져 있으며 d2 수용체는 주로 뇌 선조체(striatum)와 변연계에 존재하며 양성증상과 관련이 있다고 제안되고 있다.
  ③ 최근 d1, d2 수용체가 관련이 있음이 밝혀져 연구의 초점이 되고 있다.
3) 뇌에서 도파민(dopamine) 생성을 자극하는 암페타민(amphetamine), 엘-도파(L-Dopa), 코카인(cocaine)을 다량 복용하면 정신분열증과 유사한 증상을 나타낸다는 임상적 보고와 더불어 정신분열증 치료에 효과가 있는 항정신병 약물들이 도파민에 영향을 준다는 연구결과들이 있다.

(2) 인지적 입장
① 주의장애에 기인한 사고장애로 보며 주의기능의 손상으로 인해 부적절한 정보가 억제되지 못하고 의식에 밀려들어 정보의 홍수를 이루게 되어 심한 심리적 혼란을 경험하고 와해된 언행을 나타내게 된다.
② 정신분열증 환자는 심리적 혼란을 감소시키기 위해 지나치게 단순한 논리로 혼란스런 현상을 설명하기 위해 망상을 발달시키거나 외부자극에 대해 무감각한 태도를 취하며 사회적 관계를 회피하게 된다.

(3) 정신분석적 입장
① 자아가 발달하기 이전의 초기발달과정에서 원인을 찾는다.
② 정신분열증은 ㉠ 강한 심리적 갈등으로 인해 초기단계의 미숙한 자아상태로 퇴행한 것이라는 갈등모델과 ㉡ 심리적 에너지가 내부로 철수되어 외부세계와 단절된 자폐적 상태에서 적응기능이 손상된 것이라는 결손모델이 제기되었다.
③ 이 밖에 자아경계의 손상, 피해의식적인 대상관계, 발달초기의 자폐적 단계로의 퇴행 등이 정신 분열증을 야기한다는 주장이 제기되고 있다.

(4) 환경적 요인
① 가족관계가 정신분열증에 영향을 미치는 중요한 환경적 요인이다.
② 부모의 부적절한 양육태도, 자녀에 대한 부모의 이중적인 의사소통 양식, 가족 간 심한 갈등과 부정적 감정의 과도한 표출, 부모의 편향적 또는 갈등적 부부관계가 정신분열증 발병과 경과에 영향을 미친다는 주장이 제기되었다.

이상심리

14강 정신분열(조현)병스펙트럼(2)

❑ 취약성-스트레스 모델 - Zubin & Spring

1. 정신분열증은 장애 자체가 만성화되는 것이 아니라 장애에 대한 취약성이 지속되는 장애이다. 정신분열증에 대한 취약성의 정도는 개인마다 다르며, 유전적 요인과 출생 전, 후의 신체적/심리적 요인에 의해 결정된다고 보았다.

2. 유전적 요인과 출생 전후의 신체적-심리적 요인에 의해 개인마다 다른 정신분열증에 대한 취약성과 취약성을 지닌 사람에게 스트레스 사건이 발생하여 그 적응 부담이 일정한 수준을 넘게 되면 정신분열증이 발병한다고 통합적으로 설명하고 있다. *일란성 쌍생아의 사례
    1) **취약성 요인** : 유전적, 신경생리학적, 발달적 요인과 개인의 성격적 특성
    2) **스트레스 요인** : 물리생물학적 요인과 심리사회적 요인 등이 있음.

♣ 심화학습 - 정신분열증의 원인

1) 생물학적 요인
   (1) 유전적 요인
      ① 양자연구 : 양부모보다 친부모와 공병률이 높다.
      ② 유전적 요인의 강력한 영향력이 있다는 보고도 있다.
   (2) 뇌의 구조적 이상
      ① 정상인보다 뇌실의 크기가 크고, 뇌 피질의 양이 적은 것 등이 있다.
      ② 뇌실의 확장은 주로 음성증상을 나타내는 정신분열증 환자, 양극성 장애, 신경성 식욕부진증, 알코올 중독 환자에게도 나타난다.
   (3) 뇌의 기능적 이상
      전두엽 피질의 신진대사 저하, 좌반구에서 과도한 활동이 나타난다.
   (4) 신경전달물질
      ① 도파민(dopamine) : 도파민 가설
         뇌에서 도파민 생성을 자극하는 amphetamine, L-Dopa, cocaine을 다량 복용하면 정신분열증과 유사한 증상이 나타난다.
      ② 세로토닌(serotonin) : 세로토닌-도파민 가설
         이 두 가지 신경전달물질의 수준이 높으면 정신분열증 증상이 나타난다.
   (5) 생물학적 환경
      ① 출생 전후의 생물학적 환경 : 태내조건, 출생 시의 문제, 출생 직후의 문제는 유전적 취약성을 발현시키는 작용을 한다.
      ② 바이러스 : 늦겨울에서 봄에 태어난 경우, 자궁에 있을 때가 여름이어서 바이러스에 더 많이 노출될 수 있다.
      ③ 가족력이 있는 정신분열증 환자는 주의 장애를 보였다.
2) 심리적 요인
   (1) 인지적 입장
      ① 주의 장애에 초점
         ㉠ 정신분열증이 사고장애이며 사고장애는 주의 기능이 손상에 기인한다고 주장한다.
         ㉡ 주의기능이 손상되면 부적절한 정보를 억제하지 못해 정보의 홍수를 이루므로 심리적 혼란을 경험하게 된다.

② 망상형 또는 급성 정신분열증 환자는 주의의 폭이 확대되어 외부 자극에 지나치게 예민한 반응을 나타내는 반면, 비망상형 또는 만성 정신분열증 환자는 반대로 주의 폭이 협소해져서 외부 자극을 잘 포착하지 못하며 대부분의 인지적 과제에서 현저한 수행저하를 나타난다.
③ 작업기억(단기기억, working memory)의 손상, 전두엽 피질의 기능 이상과 관련된다.

(2) 정신분석적 입장
① 오이디푸스 단계 이전의 심리적 갈등과 결손에 의해 생겨나는 장애로 본다.
② 자아경계(ego boundary)의 붕괴
 외부적 자아경계 손상이 외부 현실과 심리적 현실을 구분하지 못하는 환각과 망상의 증상을 나타내고, 내부적 자아경계 약화가 초기의 미숙한 자아상태 출현의 원인이 된다고 주장한다.
③ 대상관계이론의 입장 : 생후 1년 이내에 두 가지의 인간관계 패턴을 형성한다.
 ㉠ 피해의식적 입장 : 자신의 공격적 상상을 엄마에게 투사하여 엄마로부터 박해 받을지 모른다는 인식을 갖게 된다.
 ㉡ 우울적 입장 : 엄마를 공격하는 박해자로서의 죄책감을 지닌다.
 ㉢ 정신분열증의 잠재가능성을 지닌 아동은 엄마에 대해 공격적 충동을 지니며 이를 엄마에게 투사하여 피해의식적 불안을 갖게 됨으로써 외부세계로부터 철수, 분리, 투사적 동일시 등의 방어기제를 사용하며 피해의식적 입장에서 고착된다.

3) 가족관계 및 사회 환경적 요인
(1) 어머니의 부적절한 양육태도
① 차갑고 지배적이며 자녀에게 갈등을 조장하는 경향이 있다.
② 정신분열증 유발적 어머니는 자녀의 감정에 무감각, 거부적, 친밀감에 대한 두려움 또는 자녀에게 과잉보호적, 과도한 자기희생을 보인다.

(2) 이중구속이론
① 정신분열증환자의 부모는 이중적 의미의 의사소통을 하는 경향이 있다.
② 부모 가운데 한 사람이 동일한 사안에 대해서 서로 다른 시기에 상반된 의사를 전달하거나, 동일한 사안에 대해 부모가 서로 상반된 지시나 설명을 한다.

(3) 환자 가족의 의사소통 문제
① 불분명한 소통방식과 비논리적 소통방식을 보인다.
② 정상적이고 합리적인 사고나 의사소통을 방해함으로써 발병이나 경과에 영향을 미칠 수 있다.

(4) 표현된 정서
 정신분열증 환자의 가족은 비판적이고 분노감정을 과도하게 표현할 뿐 아니라 환자에 대해 과도한 간섭을 한다.

4) 사회적 유발설
낮은 사회계층에 속하는 사람은 타인으로부터의 부당한 대우, 낮은 교육수준, 낮은 취업기회 및 취업조건 등으로 많은 스트레스와 좌절경험을 하게 되며 그 결과 정신분열증으로 발전할 수 있다.

5) 사회적 선택설
중상류층의 사람들도 정신장애를 겪게 되면 정신분열증 환자가 되며 이로 인해 사회의 하류계층으로 옮겨가게 된 것이다.

6) 취약성-스트레스 모델
장애에 대한 취약성이 지속되는 장애로서, 이러한 취약성을 지닌 사람에게 스트레스 사건이 발생하여 그 적응부담이 일정한 수준을 넘게 되면 정신분열증이 발병한다.

☐ 정신분열증의 치료

① 현실검증력의 손상이 현저하고 자신과 타인을 위해할 가능성이 있기 때문에 입원치료를 받아야 한다.
② 양성 증상의 완화를 위한 항정신병 약물이 사용되는 약물치료가 우선적으로 작용하며 사회

적 재적응과 재발 방지를 위한 심리치료가 병행되어야 한다.
③ 정신역동적 치료는 환자의 자아기능 강화와 의미 있는 관계형성에 초점을 두고 인지행동치료에서는 적응적 행동과 사고를 증가시키기 위해 인지치료적 기법, 건강한 자기대화를 위한 자기지시 훈련, 사회적 기술훈련, 문제해결 훈련, 환표이용법 같은 다양한 방법이 활용되고 있다.

❏ 분열(조현)정동장애

1) 분열정동장애의 진단 기준

(1) 주요 우울증삽화, 조증 삽화, 또는 혼재성 삽화 가운데 하나가 연속적으로 지속되는 기간 동안 정신분열병의 진단 기준A를 충족시키는 증상들이 일부 기간 동안 동반된다.
(2) 동일한 장애 기간 중 망상이나 환각이 현저한 기분 증상이 없는 상태에서 적어도 2주 이상 존재해야 한다.
(3) 장애가 물질이나 일반적이 의학적 상태의 직접적인 생리적 효과로 인한 것이 아니어야 한다.

❏ 망상장애

1) 망상장애의 진단 기준

(1) 기괴하지 않은 망상(즉, 미행당한다거나, 누가 독을 먹인다거나, 감염되었다거나, 멀리서 타인이 자신을 사랑한다거나, 배우자나 연인이 부정하다거나, 질병을 가지고 있다는 등)이 현실에서 일어날 수 있는 상황과 관련된다.
(2) 정신분열병의 진단 기준 A가 한 번도 충족된 적이 없었다.
   ※주의 : 망상적 주제와 연관되어 환촉이나 환미가 망상장애에서 나타날 수 있다.
(3) 망상이나 망상에 이어지는 판단장해에 의해 영향 받는 경우를 제외하고는 기능수준은 심하게 손상되지 않으며 행동도 이상하거나 기괴하지 않다.
(4) 망상과 동반되는 기분 삽화(조증삽화)가 있을 경우에는, 기분 삽화의 기간이 전체 망상의 기간에 비해 상대적으로 짧아야 한다.
(5) 최소 1개월동안 지속된 한가지 이상의 망상이 존재
(6) 아형으로 피해형, 색정형, 과대형, 질투형, 신체형, 혼합형, 명시되지 않는 유형 등이 있고 이 중에서 피해형이 가장 유병률이 높다.

❏ 정신분열형(조현양상)장애(Schizophreniform Disorder)

1. 다음의 증상 중 둘 혹은 그 이상이 1개월의 기간동안의 상당부분의 시간에 존재할 것
   망상, 환각, 와해된 언어(빈번한 탈선 혹은 지리멸렬), 극도로 와해된 또는 긴장성 행동, 음성 증상(감퇴된 감정표현 또는 무의욕증), 장애의 삽화가 1개월 이상, 6개월 이내로 지속

2. 조현정동장애와 정신병적 양상을 동반한 우울 또는 양극성 장애는 배제됨

이상심리

15강 양극성 및 관련 장애와 하위유형

❑ 양극성 및 관련 장애와 하위유형

1. 양극성 장애

1) 우울한 기분상태와 고양된 기분상태가 교차되어 나타나는 장애로서 기분이 비정상적으로 고양되어 조증상태를 특징적으로 나타내는 제1형 양극성 장애와 조증상태의 증상이 상대적으로 미약하게 나타나는 경조증 상태와 우울증 상태를 주기적으로 나타내는 제2형 양극성 장애, 경미한 우울증 상태와 경조증 상태가 2년 이상 장기적으로 순환되어 나타나는 순환성 장애로 구분되고 있다.
2) 양극성 장애는 유전적 영향을 많이 받는 정신장애이며 신경 전달물질, 신경내분비계통의 기능 등의 생물학적 요인이 밀접하게 관련된 것으로 알려지고 있다.
3) 정신분석적 입장에서는 양극성 장애의 조증 증세를 무의식적 상실이나 자존감 손상에 대한 방어나 보상 반응으로 보고 있다.
4) 인지적 입장에서는 우울증의 경우와 마찬가지로 현실에 대한 인지적 왜곡이 조증 상태를 유발한다고 본다.
5) 대표적 치료방법은 항(抗)조증 약물을 사용하는 약물치료이다.
6) 양극성 장애는 지속적인 투약과 더불어 자신의 증상을 지속적으로 관찰하고 생활 스트레스를 관리하는 인지행동적 치료가 함께 병행되어야 한다.

* 조증삽화
A 비정상적으로 들뜨거나 의기양양, 과민한 기분, 목표지향적 활동과 에너지의 증가가 적어도 일주일간 거의 매일, 하루중 대부분 지속되는 분명한 기간이 존재
B 기분장애 및 증가된 에너지와 활동을 보이는 기간 중 다음 증상(자존감 증가 또는 과대, 수명 욕구 감소, 말을 계속함, 사고의 비약, 주의산만, 정신운동 초조, 지나친 몰두)중 3가지 이상 평소 모습에 비해 변화가 뚜렷하고 심각함.
C 이러한 증상이 사회적, 직업적 기능의 현저한 손상을 초래하며 입원이 필요하거나 정신병적 양상이 동반된다.
D 이것이 다른 의학적 상태로 인한 것이 아님

* 경조증 삽화
 - 양극성 장애 1형에서 흔히 나타나지만 진단하는 필수조건은 아님
 A. 조증 삽화 진단기준 A가 적어도 4일 연속 거의 매일, 하루종일 대부분 지속
 B. 조증삽화 진단기준 B와 같음
 C. 삽화는 증상이 없을 때의 개인의 특성과 명백히 다름
 D. 기분 장애와 기능의 변화가 객관적으로 관찰 가능
 E. 삽화가 직업적 사회적 기능에 손상을 미치나 입원이 필요할 정도로 심가하지 않음
 F. 삽화가 물질의 효과로 나타난 것이 아니다.

* 주요우울 삽화(major depressive episode) – 진단에 필수적이지는 않음
  A. 다음 증상(하루 대부분 거의 매일 우울 기분이 주관적으로 보고 또는 객관적 관찰, 거의 매일 하루 대부분 흥미나 즐거움 저하, 체중감소 또는 식욕감소, 불면이나 과다수면, 정신운동 초조나 지연, 피로나 활력의 상실, 무가치감 또는 죄책감, 집중력 감소 또는 우유부단, 반복적인 죽음에 대한 생각)중 5가지 이상의 증상이 2주 연속으로 지속(우울 기분이나 흥미 즐거움 상실 중 1가지는 해당되어야 함)
  B. 사회적, 직업적 고통이나 손상
  C. 물질의 효과나 의학적 상태로 인한 것이 아니다.

2. 양극성 장애Ⅰ 진단기준(단일 조증 삽화의 진단 기준)

1) 단 한 번의 조증 삽화만 있고, 과거의 주요 우울증 삽화는 없다.
   ※주의 : 재발성은 우울증으로부터의 극성의 변화, 또는 조증 증상이 없는 최소한 2개월 간격으로 정의된다.
2) 조증 삽화는 분열정동장애로 잘 설명되지 않고, 정신분열증, 정신분열형 장애, 망상장애, 또는 달리 분류되지 않는 정신증적 장애와 겹쳐서 나타나지 않는다.

3. 양극성 장애Ⅱ 진단 기준

1) 한 번 또는 그 이상의 주요 우울증 삽화가 있다(또는 과거력이 있다).
2) 적어도 한 번의 경조증 삽화가 있다(또는 과거력이 있다).
3) 조증 삽화나 혼재성 삽화는 한 번도 없었다.
4) 진단기준 A와 B에 있는 기분 증상이 분열정동장애로 잘 설명되지 않으며, 정신분열증, 정신분열형 장애, 망상장애 또는 달리 분류되지 않는 정신증적 장애와 겹쳐서 나타나지 않는다.
5) 증상이 사회적, 직업적, 기타 중요한 기능 영역에서 임상적으로 심각한 고통이나 장해를 일으킨다.

4. 순환감정장애의 진단 기준

1) 적어도 2년 동안, 잦은 경조증 기간과 잦은 우울증 기간(주요 우울증 삽화의 진단 기준을 중촉시키지 않는)이 있다.
   [주의 : 소아와 청소년의 경우 기간은 적어도 1년이 되어야 한다.]
2) 2년 이상의 기간 동안(소아와 청소년에서는 1년), 진단 기준 A의 증상이 없는 기간이 2개월 이상 지속되어서는 안 된다.
3) 장해가 있는 첫 2년 동안 주요 우울증 삽화, 조증 삽화, 또는 혼재성 삽화가 존재하지 않는다.
   [주의 : 순환감정장애가 첫 번째로 발병되고 난 후 2년이 지난 다음(소아, 청소년에서는 1년) 조증 삽화, 혼재성 삽화(이 경우, 양극성 장애 Ⅰ, 순환성 장애 둘 다 진단될 수 있다), 또는 주요 우울증 삽화(이 경우, 양극성 장애 Ⅱ와 순환성 장애 둘 다 진단될 수 있다)가 추가적으로 나타날 수 있다.]
4) 진단 기준 A의 증상이 분열 정동장애로 잘 설명되지 않으며, 정신분열증, 정신분열형 장애, 망상장애, 또는 달리 분류되지 않는 정신증적 장애와 겹쳐서 나타나지 않는다.

이상심리

5) 증상이 물질(예, 약물 남용, 투약)이나 일반적인 의학적 상태(예, 갑상선 기능 항진증)의 직접적인 생리적 효과로 인한 것이 아니어야 한다.
6) 증상이 사회적, 직업적, 기타 중요한 기능 영역에서 임상적으로 심각한 고통이나 장해를 일으킨다.

♣ 심화학습 - 기분장애의 '카테콜라민(catecholamine) 가설'

1) 카테콜라민 가설(catecholamine hypothesis)은 우울증을 뇌신경화학적인 요인으로 설명하려는 대표적 이론으로서 이는 오늘날 항우울제의 약물치료를 가능하게 만드는 이론이다.
2) 카테콜라민은 신경전달물질인 노르에피네프린, 에피네프린, 도파민을 포함하는 호르몬이다.
3) 이 가설에서는 개인에게 카테콜라민이 결핍되면 우울증이 생기고, 반대로 과다하면 조증이 생긴다는 것이며 이 가설은 뇌의 신경 연접부와 관련해 노르에피네프린이나 세로토닌에 의해 지배된다는 원리에 기초한다.
4) 치료에서도 어떤 약물은 노르에피네프린에 반응하는가 하면, 어떤 약물은 세로토닌에 의해 더 반응하는데, 특히 카테콜라민 중에서 에피네프린이나 도파민보다는 노르에피네프린이 기분장애에 중요한 역할을 한다고 한다.
5) 이 가설에 따르면 기분장애는 뇌의 신경화학적 활동 변화에 의해 생기며, 우울증은 특정 신경전달물질, 즉 카테콜라민이 문제를 일으켜 생겨난다.
6) 이 가설은 사람을 피험자로 직접 실험을 할 수 없다는 문제가 있지만, 이런 문제에도 불구하고 이 가설은 상당히 인정되는데, 이를 뒷받침하는 근거로 다음 3가지를 들 수 있다.
 (1) 먼저 이 가설은 여러 동물 연구에서 간접적으로 뒷받침된다.
    실험적으로 쥐의 노르에피네프린 수준을 낮췄을 때 쥐는 우울증 환자처럼 위축되고 무 반응적 행동을 나타냈다.
 (2) 다음 약물치료 과정에서 우연히 발견된 사실들이 이 가설을 뒷받침한다.
  ① 고혈압 환자의 혈압강하제로 사용되는 리설핀(reserpine)을 복용한 환자 중 때때로 우울증상을 호소하는 것이 보고됐다.
  ② 이 연구에서 리설핀이 뇌에 카테콜라민 계열의 신경전달물질의 공급을 감소시키는 효과가 있음이 밝혀졌다.
 (3) 마지막으로 우울증 약물이 개발되면서 카테콜라민 가설이 본격 지지됐다.
  ① 이로 인해 삼환계 항우울제와 모노아민 옥시다제 억제제(MAO) 현상을 완화시키는 중요 치료약물로 사용되기 시작했다.
  ② 이 약물들이 우울증상을 감소시키는 이유는 뇌에 노르에피네프린이나 세로토닌의 활동수준을 증가시키기 때문으로, 카테콜라민 가설을 강력 지지하는 결과로 여겨졌다.

♣ 심화학습 - 주요한 상실

주요한 상실 : 사별, 재정적 파탄, 자연재해로 인한 상실, 심각한 질병이나 장애 등
- 주요한 상실에 대한 반응으로 극도의 슬픔, 상실에 대한 반추, 불면, 식욕저하, 그리고 주요우울 삽화의 진단기준 A에 기술된 체중의 감소가 나타 날 수 있고 이는 우울 삽화와 유사하다.
  비록 그러한 증상이 이해될 만하고 상실에 대한 적절한 반응으로 판단된다고 할지라도, 정상적인 상실 반응 동안에도 주요우울 삽화가 존재한다면 이는 주의 깊게 다루어져야 한다. 이에 대한 감별을 위해서는 개인의 과거력과 상실에 대한 고통을 표현하는 문화적 특징을 근거로 한 임상적인 판단이 필요

이상심리

16강 우울장애와 하위유형(1)

❑ 우울장애와 하위유형

(1) 주요 우울장애(Major Depressive Disorder)
(2) 지속성 우울장애(Persistent Depressive Disorder) : 기분부전장애
(3) 월경전기 불쾌장애(Premenstrual Depressive Disorder)
(4) 파괴적 기분조절곤란장애(Dysruptive Mood Regulation Disorder)

❑ 우울장애와 하위유형

우울장애는 지나치게 저조하거나 고양된 기분상태가 지속되어 현실생활의 적응에 심각한 어려움을 겪게 되는 정신장애이며 이러한 우울장애는 우울증과 양극성 장애로 구분된다.

1. 주요 우울장애

1) 우울증
   (1) 지속적인 우울한 기분과 일상생활에 대한 흥미나 즐거움의 현저한 저하를 비롯하여 식욕 및 체중의 변화, 수면의 변화, 지연되거나 초조한 행동, 피로감과 활력 상실, 무가치감과 죄책감, 사고력 및 집중력의 저하, 죽음에 대한 생각 및 자살기도 등의 증상을 나타내는 장애이다.
   (2) 심한 우울증상이 2주 이상 반복적으로 나타나는 ① 주요 우울장애와 ② 경미한 우울증상이 2년 이상 장기간 나타나는 지속성 우울장애-기분 부전장애(기분 저하증)가 있다.

2) 주요 우울증 삽화의 진단 기준
   (1) 다음 증상 가운데 5개(또는 그 이상) 증상이 연속 2주 기간 동안 지속되며, 이러한 상태가 이전 기능으로부터의 변화를 나타내는 경우; 위의 증상 가운데 적어도 하나는 우울 기분이거나 흥미나 즐거움의 상실이어야 한다.

   ※ 주의 : 명백한 일반적인 의학적 상태나 기분과 조화되지 않는 망상이나 환각으로 인한 증상이 포함되지 않는다.

   ① 하루의 대부분, 그리고 거의 매일 지속되는 우울한 기분이 주관적인 보고(슬프거나 공허하다고 느낀다)나 객관적인 관찰(울 것처럼 보인다)에서 드러난다.
   ② 모든 또는 거의 모든 일상 활동에 대한 흥미나 즐거움이 하루의 대부분 또는 거의 매일같이 뚜렷하게 저하되어 있을 경우(주관적인 설명이나 타인에 의한 관찰에서 드러난다.)
   ③ 체중 조절을 하고 있지 않은 상태(예, 1개월 동안 체중 5% 이상의 변화)에서 의미 있는 체중 감소나 체중 증가, 거의 매일 나타나는 식욕 감소나 증가가 있을 때

   ※주의 : 소아의 경우 체중 증가가 기대치에 미달되는 경우 주의할 것

이상심리

④ 거의 매일 나타나는 불면이나 과다 수면
⑤ 거의 매일 나타나는 정신 운동성 초조나 지체(주관적인 좌불안석 또는 처진 느낌이 타인에 의해서도 관찰 가능하다.)
⑥ 거의 매일의 피로나 활력 상실
⑦ 거의 매일 무 가치감 또는 과도하거나 부적절한 죄책감을 느낌(망상적일 수도 있는) (단순히 병이 있다는 데 대한 자책이나 죄책감이 아님)
⑧ 거의 매일 나타나는 사고력이나 집중력의 감소, 또는 우유부단함(주관적인 호소나 관찰에서)
⑨ 반복되는 죽음에 대한 생각(단지 죽음에 대한 두려움뿐만 아니라), 특정한 계획 없이 반복되는 자살 생각 또는 자살 기도나 자살 수행에 대한 특정 계획

(2) 증상이 혼재성 삽화의 기준을 충족시키지 않는다.

* 혼재성 삽화 기준
  - 우울한 기분
  - 상당한 체중/식욕 증가
  - 정신운동 지연
  - 무가치함, 과도한 부적절한 죄책감
  - 반복적인 죽음, 자살 생각, 구체적인 자살 계획
  - 거의 모든 활동에서 심한 의욕/즐거움 저하
  - 수면과다
  - 피로, 에너지 상실
  - 무력함과 무능함

**** 조증혼미, 비생산적 조증, 억제된 조증, 흥분된 우울증, 우울-불안조증, 사고비약 우울증 등

(3) 증상이 사회적, 직업적, 기타 중요한 기능 영역에서 임상적으로 심각한 고통이나 장해를 일으킨다.
(4) 증상이 물질(예, 약물 남용, 투약)이나 일반적인 의학적 상태(예, 갑상선 기능저하증)의 직접적인 생리적 효과로 인한 것이 아니다.
(5) 증상이 사별에 의해 잘 설명되지 않는다. 즉, 사랑하는 사람의 상실 후에 증상이 2개월 이상 지속되거나, 현저한 기능 장해, 무가치감에 대한 병적 집착, 자살 생각, 정신증적 증상이나 정신성 운동 지체가 특징적으로 나타날 경우에만 이 장애의 진단이 내려진다.

♣ 심화학습 - 삼환식 항우울제와 부작용

1) 일반적으로 항우울제는 화학적으로 분자구조가 3개의 고리로 되어 있는 삼환식 항우울제와 모노아민산화요소(MAO) 억제제의 2가지로 분류된다.
2) 항우울제는 1950년대 말에 개발되어 우울증(슬픔이나 사기 저하 때 느끼는 정상적인 반응과는 다른 만성질환에서 오는 절망)을 치료하기 위해 널리 사용되고 있다.
3) 삼환식 항우울제는 도파민과 노르에피네프린 같은 뇌아민의 수송체계를 저해하여 중추신경계에 영향을 미치는 것으로서, 이미프라민·아미트립틸린·데시프라민·노르트립틸린과 그 외 많은 화합물을 포함한다.
4) 몇몇 사람에게서는 뇌·심장 독성이 보고되었으며 그 밖의 부작용으로는 구내건조·변비·현기증·심계항진이 나타나며 시야가 흐려질 수 있다.
5) 삼환식 항우울제는 울증을 조증(燥症)으로 바뀌게 하는 작용이 있다.

우울장애와 하위유형(1) / 6강

♣ 심화학습 – 자살(自殺)

1) 자살은 의식의 단절을 통해 심리적 고통으로부터 벗어나기 위한 도피수단으로 절망감이 자살을 유발하는 중요한 심리적 요인이다.
2) 자살하는 사람의 약 90%는 정신장애를 지니고 있으며 이들 중 약 80%가 우울증을 지니고 있는 사람이다.
3) 고통스러운 상황을 개선할 수 있는 현실적 방법을 강구하는 동시에 가족, 직장동료, 친구들의 심리적 지지를 통해 고통을 덜어주어야 한다.
4) 자살 아닌 다른 방법으로 고통스러운 상황에 대처할 수 있는 방법을 제시해 주는 것이 필요하다.

☐ Adramson 등의 우울증의 귀인이론(attributional theory of depression)

1) 우울증 귀인이론은 학습된 무기력이론이 지니고 있는 문제점을 해결하기 위해서 1978년 Adramson, Seligman, Teasdale(1987)은 사람을 피험자로 하여 소음이나 풀 수 없는 문제를 주어 실패경험을 하게 하는 실험을 하였을 때 동물과는 다른 심리적 과정을 발견하였다.
 (1) 즉 통제 불능 상태가 자신 때문인지? 아니면 외부적 상황 때문인지를 판단하는 귀인방향에 따라서 무기력 양상이 달라짐을 발견하게 되었다.
 (2) 이러한 발견에 근거하여 우울증에 취약한 사람은 독특한 인지적 특성을 지니며 이러한 인지적 특성은 어떤 결과에 대한 원인을 설명하는 귀인양식에 반영된다는 것이다.
2) Adramson의 주장에 따르면, 우울증에 취약한 사람들은 실패경험에 대해서 내부적, 안정적, 전반적 귀인을 하는 경향이 있다는 것이다.
3) 이러한 세 가지 귀인양식은 우울증의 세 가지 측면과 관련되어 있는데, 즉 실패경험에 대한 내부적–외부적 귀인은 자존감 손상과 우울증의 발생에 영향을 미치며, 안정적–불안정적 귀인은 우울증의 만성화 정도와 관련되어 있고, 전반적–특수적 귀인은 우울증의 일반화 정도를 결정하게 된다.
 (1) 실패경험(예, 성적불량, 사업실패, 애인과의 결별 등)에 대해서 내부적 귀인(예, 능력부족, 노력부족, 성격적 결함 등)을 하게 되면, 자존감에 손상을 입게 되어 우울감이 증진된다. 그러나 같은 실패경험이라도 외부적 귀인(예, 잘못된 시험문제, 전반적 경기 불황, 애인의 변덕스러움 등)을 하게 되면, 자존감의 손상은 적게 된다.
 (2) 실패경험에 대한 안정적 귀인이 우울증의 만성화와 장기화에 영향을 미친다.
  즉, 실패경험을 능력부족이나 성격적 결함과 같은 안정적 요인에 귀인하게 되면 무기력과 우울감이 장기화될 수 있다. 그러나 실패를 노력부족 등과 같은 일시적인 불안정적 요인에 귀인하게 되면 일시적으로 무기력할 수 있으나 곧 회복될 수 있을 것이다.
 (3) 실패경험에 대한 전반적–특수적 귀인은 우울증의 일반화에 영향을 미친다.
  실패경험을 전반적 요인(예, 전반적 능력 부족, 성격전체의 문제 등)에 귀인하게 되면, 우울증이 전반적인 상황으로 일반화될 수 있다. 예를 들어 수학과 관련된 능력에만 문제가 있는 것이 아니라, 전반적인 지적능력의 부족 때문이라고 성적불량에 대해서 전반적 귀인을 하게 되면 수학시험뿐만 아니라 모든 과목의 시험에서 무기력한 행동을 보이게 될 것이다.

이상심리

❑ 우울장애 등 일반

1) 우울장애는 의욕 저하와 우울감을 주요 증상으로 하여 다양한 인지 및 정신 신체적 증상을 일으켜 일상 기능의 저하를 가져오는 질환을 말한다. 코르티솔은 급성 스트레스에 반응해 분비되는 물질로, 스트레스에 대항하는 신체에 필요한 에너지를 공급해 주는 역할을 한다. 따라서 우울장애는 코르티솔의 과다분비와 관련이 있다.
2) 양극성 장애보다 단극성 장애에서 성차가 크게 나타나는데, 남성보다 여성에게서 많이 나타나며 양극성장애는 거의 성차가 없다.
3) 일반적인 우울증은 유전적 또는 환경적 이유로 뇌의 신경전달물질인 세로토닌 분비에 이상이 생겨 기분이 가라앉거나 일상생활에 흥미를 잃게 되는 등의 증세가 생기는 데 반해 반응성 우울증은 외부의 극심한 스트레스 탓에 갑자기 세로토닌 분비 시스템에 이상이 생겨 나타난다.
4) 제2형 양극성 장애는 조증보다 울증 삽화가 더 빈번하게 나타나는 특징이 있다.

제1형 양극성 장애	- 한 번 이상의 조증이나 혼재성 삽화에 의해 특징지어지며 적어도 한 번의 경조증 삽화가 동반 - 과도하게 기분이 고양된 '조증삽화'와 과도한 자존심 및 자신감, 말이 많아지고 행동이 부산해지는 등의 부가 증상들이 최소 1주간 지속되어야 한다. - 또는 '혼재성 삽화'가 최소 1주간 나타나는 경우에 진단된다.
제2형 양극성 장애	- 한번 이상의 주요 우울증 삽화에 의해 특징지어지고, 적어도 한 번의 경조증 삽화가 동반 - 조증 삽화보다 정도가 약한 '경조증 삽화'와 함께 부가 증상들이 최소 4일간 지속되는 경우에 진단된다.

이상심리

17강 우울장애와 하위유형(2)

❑ 지속성 우울장애 : 기분부전장애

1) 지속성 우울장애의 진단 기준

(1) 적어도 2년 동안, 하루의 대부분 우울한 기분이 있고, 우울 기분이 없는 날보다 있는 날이 더 많고, 이는 주관적인 설명이나 타인의 관찰로 드러난다.

※주의 : 소아와 청소년에게서는 기분이 과민한 상태로 나타나기도 하고, 기간은 적어도 1년이 되어야 한다.

(2) 우울기 동안 다음 2가지(또는 그 이상)의 증상이 나타난다.
  ① 식욕 부진 또는 과식
  ② 불면 또는 수면과다
  ③ 기력의 저하 또는 피로감
  ④ 자존심 저하
  ⑤ 집중력 감소 또는 결정 곤란
  ⑥ 절망감

(3) 장해가 있는 2년 동안(소아나 청소년에서는 1년) 연속적으로 2개월 이상, 진단 기준 A와 B의 증상이 존재하지 않았던 경우가 없었다.

(4) 장해가 있던 처음 2년 동안(소아와 청소년에서는 1년) 주요 우울증 삽화가 나타나지 않았다. 즉, 장애가 주요 우울장애, 부분장애로 잘 설명되지 않는다.

※주의 : 지속성 우울장애(기분부전장애)가 발생되기 전, 주요 우울증 삽화가 완전히 회복된 경우가 있다(2개월 간 중요한 징후와 증상이 없는). 또한 지속성 우울장애가 처음 시작된 2년(소아나 청소년에서는 1년) 후, 주요 우울장애의 삽화가 추가적으로 나타날 수 있다. 그런 경우 주요 우울증 삽화의 진단 기준을 충족시킬 때 두 진단이 모두 내려진다.

(5) 조증 삽화, 혼재성 삽화, 또는 경조증 삽화가 없어야 하고, 순환성 장애의 진단 기준을 충족시키지 않아야 한다.

(6) 장해가 정신분열증이나 망상장애와 같은 만성 정신증적 장애의 기간에만 발생되어서는 안 된다.

(7) 증상이 물질(예, 약물 남용, 투약) 또는 일반적인 의학적 상태(예, 갑상선 기능 저하증)의 직접적인 생리적 효과로 인한 것이 아니다.

♣ 심화학습 – 지속성 우울장애 (기분 부전 장애)

1) 역학
  (1) 지속성 우울장애는 모든 인구의 3~5%에서 나타나며, 임상에서 흔히 볼 수 있는 질환이다.
  (2) 지속성 우울장애는 남성보다 여성에게 더 흔하고, 젊고 미혼인 경우, 경제적 수입이 낮은 경우 더 많다.
  (3) 주요 우울장애, 불안장애, 약물남용 등의 정신과적 질환이 동반되는 경우가 흔하다.

2) 진단

(1) 핵심적인 임상양상은 매우 장기간 지속되는 우울 상태이다.
(2) 환자들이 자신의 상태를 "괜찮다"고 이야기하는 기간이 며칠 또는 몇 주씩 있기도 하지만, 대부분의 기간은 지쳐 있고 우울해 한다.
(3) 모든 것이 힘들고, 흥미가 없다.
(4) 항상 생각에 잠겨 있거나 불만이 많고 숙면을 취하지 못한다.
(5) 그러나 일상생활의 기본적 요구는 수행이 가능하다.

3) 임상양상

(1) 지속성 우울장애는 증상이 지속되는 특징이 있는 만성질환이지만, 증상의 심한 정도는 일시적으로 변화를 보이기도 한다.
(2) 증상들은 주요우울장애 증상들과 비슷하다.
(3) 지속성 우울장애에서 우울 증상의 심한 정도는 일반적으로 주요 우울장애보다 덜하며, 어떠한 정신병적 증상도 보이지 않는다.

4) 경과 및 예후

단지 10~15%의 환자에게서 첫 진단을 받은 후 1년 내에 증상의 호전을 보였으며, 전체 지속성 우울장애 환자들 중 약 25%는 결코 완전히 회복할 수 없다고 보고되었다.

5) 원인

① 상실과 실패를 의미하는 부정적인 생활사건에 의해 촉발된다.
② 정신분석적 입장에서는 우울증을 무의식적으로 분노가 자기에게 향해진 현상이라고 설명한다.
③ 행동주의적 입장에서는 사회환경으로 부터의 긍정적 강화의 약화나 사회적 기술의 부족이 우울증을 유발할 수 있다고 본다.
④ 우울증이 환경을 통제할 수 없다는 무기력감에서 비롯된다는 학습된 무기력이론은 귀인이론으로 개정되어 미래에 대한 비관적 예상에 초점을 두는 절망감 이론으로 발전되었다.
⑤ 우울증을 설명하는 대표적인 심리학적 이론인 인지이론에서는 우울증이 부정적인 자동적 사고, 인지적 오류와 왜곡, 역기능적 인지도식과 신념에 의해서 발생된다고 본다.
⑥ 생물학적 입장에서는 유전적 요인, 노르에피네프린(Norepinephrine)과 같은 신경전달물질, 시상하부의 기능 이상, 내분비계 호르몬의 이상이 우울증과 관련된 것으로 주장하고 있다.

6) 치료

① 효과적인 치료방법은 인지치료와 약물치료로 알려져 있다.
② 우울한 내담자의 사고내용을 정밀하게 탐색하여 인지적 왜곡을 찾아내어 교정함으로써 보다 더 현실적이고 긍정적인 사고와 신념을 지니도록 유도하는 것으로 단기간에 치료할 뿐 아니

라 치료효과가 우수하며 재발률이 낮은 것이 인지치료이다.
③ 약물치료는 여러 가지 부작용, 약물중단 시의 높은 재발률, 약물에 대한 환자의 거부감 등 문제점을 지니고 있지만 우울증을 치료하는 주요한 방법으로서 치료효과가 높고 부작용이 적은 새로운 약물이 개발되고 있다.

❑ 월경전기 불쾌장애(Premenstrual Depressive Disorder)

- DSM 5에 새롭게 추가
- 폐경과 상관없이 발생
- 진단을 위해서는 연속되는 2개월 이상의 일일 증상 기록이 필요
- 신체적 증상, 심각한 기분변화, 불안 등이 나타남
- 증상이 월경 시작 1주 전에 나타나며, 월경이 끝난 후에는 최소화하거나 없어져야 진단됨

❑ 파괴적 기분조절곤란장애(Dysruptive Mood Regulation Disorder)

- DSM 5에 새롭게 추가

1. 증상/특징
1) 과도한 분노폭발(속칭 '꼭지가 도는' 모습)
2) 주로 아동기/청소년기에 발견

2. 진단
1) 욕이나 분노폭발을 종종 보임-과도한 분노성
2) 아동의 분노수준을 넘음, 성인의 분노수준으로는 무절제한 분노
3) 분노폭발 주3회 이상 나타남
4) 객관적으로 관찰되는 내용이 성격에 문제가 있어 보임
5) 이러한 증상이 12개월 이상 지속
6) 1)~4)의 증상이 1년 이상 지속
7) 이러한 증상의 3가지 상황(가정, 학교, 친구) 사이에서 적어도 2개 이상에서 나타난다.
8) 진단에 나이제한이 있다(6~18세).

3. 원인
1) 뇌의 전측대상회 피질(ACC)의 비정상적인 반응-(이상)
2) 가정적인 배경(예, 부모님의 양육문제 등)

18강 불안장애(1)

❑ 불안장애(Anxiety Disorders)의 하위유형

(1) 분리불안장애(Separation Anxiety Disorder)
(2) 선택적 무언증(Selective Mutism)
(3) 특정공포증(Specific Phobia)
(4) 사회불안장애(Social Anxiety Disorder) : 사회공포증
(5) 공황장애(Panic Disorder)
(6) 광장공포증(Agoraphobia)
(7) 범불안장애(Generalized Anxiety Disorder)

❑ 분리불안장애(Separation Anxiety Disorder)

1) 분리불안장애의 진단 기준

(1) 집 또는 애착 대상과의 분리에 대한 불안이 발달 수준에 부적절하게 지나친 정도로 나타나며, 다음 3가지(또는 그 이상) 상황에서 드러난다.
  ① 집 또는 주된 애착 대상과 분리되거나 분리가 예상될 때 반복적으로 심한 불안을 느낀다.
  ② 주된 애착 대상을 잃거나 그에게 해로운 일이 일어날 거라고 계속적으로 심하게 걱정한다.
  ③ 운 나쁜 사고가 생겨 주된 애착 대상과 분리될 거라는 비현실적이고 지속적인 걱정을 한다.
    (예, 길을 잃거나 납치되는 것)
  ④ 분리에 대한 불안 때문에 학교나 그 외의 장소에 지속적으로 가기 싫어하거나 거부한다.
  ⑤ 혼자 있거나 주된 애착 대상 없이 지내는 데 대해 지속적이고 과도하게 두려움을 느끼거나 거부한다.
  ⑥ 주된 애착 대상이 가까이 있지 않은 상황이나 집을 떠나는 상황에서는 잠자기를 지속적으로 싫어하거나 거부한다.
  ⑦ 분리의 주제와 연관되는 반복적인 악몽을 꾼다.
  ⑧ 주된 애착 대상과의 분리가 예상될 때 반복적인 신체 증상을 호소한다.
    (예, 두통, 복통, 오심, 구토).
(2) 장애 기간이 적어도 4주 이상이어야 한다. 성인의 경우 증상이 6개월 이상 나타날 때 진단 가능
(3) 18세 이전에 발병한다.
(4) 사회적, 학업적(직업적), 또는 다른 중요한 기능 영역에서 임상적으로 심각한 고통이나 장해를 일으킨다.

(5) 광범위성 발달장애, 정신분열증, 다른 정신증적 장애 기간 중에만 증상이 나타나는 것이 아니어야 하고, 청소년과 성인에서는 광장공포증이 있는 공황장애로 잘 설명되지 않아야 한다.

❏ 선택적 무언증(Selective Mutism) - 선택적 함구증
1) 선택적 무언증의 진단 기준
(1) 다른 상황에서는 말을 할 수 있음에도 불구하고 특정한 사회적 상황에서는 지속적으로 말을 하지 못한다(예, 말하기가 요구되는 상황, 학교).
(2) 장해가 학업적, 직업적 성취나 사회적 의사소통을 저해한다.
(3) 장해의 기간은 적어도 1개월은 지속되어야 한다(입학 후 처음 1개월은 포함되지 않는다).
(4) 말하지 못하는 이유가 사회생활에서 요구되는 언어에 대한 지식이 없거나 그 언어에 대한 불편과 관계가 없는 것이어야 한다.
(5) 장해가 의사소통장애(예, 말더듬기)에 의해 잘 설명되지 않아야 하고, 광범위성 발달 장애, 정신분열증, 다른 정신증적 장애의 기간 중에만 발생되는 것은 아니어야 한다.

❏ 특정공포증(Specific Phobia)
1) 특정한 동물, 상황, 자연적 환경에 대한 공포증을 말한다.
2) 학습이론은 특정 공포증이 고전적 조건형성을 비롯하여 대리학습과 정보 전이에 의해서 습득될 수 있다고 본다.
3) 주된 치료법에는 체계적 둔감법, 노출치료, 참여적 모방 학습법 등이 있다.
4) 특정공포증은 어떤 특정한 대상이나 상황을 두려워하여 피하는 것으로 대게 동물이나, 높은 곳, 천둥, 어둠, 비행, 폐쇄 공간, 특정 음식물 섭취, 피나 상처를 보는 것, 주사를 맞는 것 등등 그 수를 헤아릴 수 없을 정도로 많다.
5) 이들 특정 공포증은 그 유형에 따라 다음과 같이 분류하기도 합니다.
   (1) 동물형 : 파충류, 쥐, 벌레, 고양이, 개, 곤충에 대한 공포
   (2) 자연환경형 : 폭풍, 높은 곳, 물과 같은 자연환경에 대한 공포
   (3) 혈액-주사-손상형 : 피를 보거나 주사를 맞거나 기타 찌르는 검사에 대한 공포
   (4) 상황형 : 공중교통 수단, 터널, 다리, 엘리베이터, 운전, 또는 폐쇄된 공간에 대한 공포

> ♣ 심화학습 - 특정 공포증
> 특정 공포증은 불안장애에 해당한다. 그리고 하위유형으로는 동물형, 자연환경형(예, 고소, 폭풍, 물), 혈액-주사-손상형, 상황형(예, 비행기, 엘리베이터, 밀폐된 장소), 기타형(예, 질식, 구토, 또는 질병을 유발할 수 있는 상황에 대한 공포로 인한 회피 : 큰 소리나 전설적 인물에 대한 소아들의 두려움)이 있다.

❏ 사회불안장애(Social Anxiety Disorder) : 사회공포증
1) 다른 사람들과 상호작용하는 사회적 상황을 두려워하는 공포증이다.
2) 인지적 입장에서는 사회 공포증이 부정적인 자기개념, 대인관계에 대한 역기능적 신념, 자신의

이상심리

   사회적 행동에 대한 부정적 평가, 자기초점적인 주의 등에 의해 유발되는 것으로 설명한다.
3) 인지행동적 집단치료가 가장 효과적인 것으로 알려지고 있다.
4) 사회공포증(Social Phobia)은 낯선 사람과 이야기하거나, 다른 사람들 앞에서 연설을 하는 등의 사회적 상황에 대한 두려움과 불안이 있어서 그런 상황을 가능한 한 피하려 하는 병이다.
5) 사회공포증 환자는 잘 모르는 사람과 대화를 하거나, 직장 상사와 이야기할 때 불안하고 긴장이 되어 얼굴이 붉어지거나, 가슴이 두근거리고, 말을 제대로 하지 못한다.
6) 남들 앞에서 발표를 하는 등 남들이 자신을 관찰하고 평가하는 상황에 남의 시선을 의식하게 되고 그러한 상황을 두려워하여 자꾸 피하게 된다.
7) 이러한 상황을 피하다 보면 나중에는 더욱 두려움이 커져서 더욱 그러한 상황을 회피하는 악순환을 되풀이 하게 된다.
8) 사회공포증은 어떤 특정 상황만 두려워하는 사람과 광범위하게 여러 사회 상황을 두려워하는 사람으로 나눌 수 있다.
9) 사회공포증은 10대 중반의 청소년기에 발병하는데 이는 지나친 자(自)의식으로 비롯되기 때문이다.
10) 사회공포증의 진단 기준
   (1) 한 가지 또는 그 이상의 사회적 상황이나 활동 상황에 대한 현저하고 지속적인 두려움, 즉 개인이 친숙하지 못한 사람들이나 타인에 의해 주시되는 상황에 대한 두려움, 개인들은 자신들이 수치스럽거나 당혹스런 방식으로 행동할까 봐(또는 불안 증상을 보일까 봐) 두려워 한다.
      ※주의 : 소아에서는 친한 사람들과 연령에 적절한 사회적 관계를 맺을 수 있는 능력이 입증되어야 하며, 불안은 성인과의 상호 관계에서뿐만 아니라 또래와의 관계에서도 일어나야 한다.
   (2) 두려운 사회적 상황에의 노출은 언제나 예외없이 불안을 유발시키며 이는 상황과 관계가 있거나 상황이 소인이 되는 공황발작으로 나타난다.
      ※주의 : 소아에서의 불안은 울음, 냉담, 또는 낯선 사람들과의 사회적 상황에 대한 회피 등으로 표현된다.
   (3) 공포가 너무 지나치거나 비합리적임을 인식한다.
      ※주의 : 소아에서는 이러한 특징이 결여되어 있다.
   (4) 공포스러운 사회적 상황이나 활동 상황을 회피하려 하고, 그렇지 못할 경우 강한 불안과 고통을 경험하게 된다.
   (5) 공포스러운 사회적 상황 또는 활동 상황에 대한 회피, 예기 불안, 이로 인한 고통이 정상적인 일상생활, 직업적(학업적) 기능 또는 사회적 활동이나 관계 형성을 심각하게 저해하거나 공포로 인해 심하게 고통 받는다.
   (6) 18세 이하에서는 기간이 6개월 이상이 되어야 한다.

❏ 공황장애(Panic Disorder)

1) 갑자기 엄습하는 강렬한 불안을 뜻하는 공황발작을 반복적으로 경험하는 장애를 말한다.

불안장애(1) 18강

* 다코스타 증후군(DaCosta's syndrome)   * 군인심장증후군(Solder's Heart syndrome)
* 로작증후군(Rojak syndrome)

2) 공황장애는 혈액 속의 CO_2수준에 예민한 생물학적 취약성, 과잉 호흡, CO_2 수준 변화에 대한 생리적인 오(誤) 해석에 의해 유발될 수 있다는 생물학적 이론이 제시되고 있다.
3) 인지적 이론에서는 불안으로 인한 증폭된 신체감각을 재난적인 것으로 잘못 해석하는 파국적 오(誤) 해석이 공황발작을 유발한다고 본다.
4) 일반적으로 공황장애에는 불안을 조절하는 복식호흡과 긴장이완, 신체감각에 대한 파국적 오(誤) 해석의 인지적 수정, 두려운 상황에의 점진적 노출로 구성되는 인지행동치료가 효과적인 것으로 알려지고 있다.

♣ 심화학습 - 파국화(catastrophizing)
① 스트레스 상황들의 결과를 매우 부정적으로 파악하는 경향을 말한다. 즉, 이 왜곡은 개인이 걱정하는 한 사건을 취해서 지나치게 과장하여 두려워하는 것을 말한다.
② 이런 오류를 가지는 사람들은 자신이 (또는 다른 사람이) 바로 그 상황이나 비슷한 상황들을 과거에 성공적으로 다루었음을 인식하지 못한다.
③ 범불안 장애 환자들은 인지내용에서 정신적 파국화(mental catastrophe) 경향을 보인다.
④ 자신을 계속 파국화시키는 사람은 재난에 대한 과장된 사고를 통해 세상에 곧 종말이 닥칠것이라는 두려움 속에서 살아가도록 하는 원인이 된다.

5) 광장공포증이 있는 공황장애의 진단 기준
 (1) 다음의 모두가 충족되어야 한다.
  ① 예기치 못한 반복적인 공황발작
  ② 다음 발작 가운데 하나(또는 그 이상)가 1개월(또는 그 이상)에 적어도 한 번 있어야 함
   ㉠ 추가 발작이 나타날 것에 대한 지속적인 걱정
   ㉡ 발작과 관계가 있을 여러 가능성에 대한 근심 걱정, 또는 발작의 결과에 대한 근심 걱정
     (예, 자제력의 상실, 심장마비가 오지나 않을까, '미치지나 않을까')
   ㉢ 발작과 관련되는 뚜렷한 행동 변화
 (2) 광장공포증이 있음
 (3) 공황발작이 물질(예, 약물 남용 또는 투약)이나 일반적인 의학적 상태(예, 갑상선 기능 항진증)의 직접적 생리적인 효과로 인한 것이 아니다.
 (4) 불안발작이 다른 정신장애에 의해 잘 설명되지 않는다.
   다른 정신장애란 사회공포증(예, 두려운 사회적 상황에 노출되었을 때 일어남), 특정 공포증(예, 특정한 공포 상황에 노출되었을 때), 강박장애(예, 오염에 대해서 강박적 사고를 갖고 있는 사람이 더러움에 노출되었을 때), 외상 후 스트레스 장애(예, 심한 스트레스 자극에 대한 반응으로), 또는 분리불안장애(예, 집이나 가까운 가족으로부터 멀리 떨어지는데 대한 반응으로)가 있다.

19강 불안장애(2)/강박장애와 하위유형

☐ 공황장애 - 사례로 보는 공황장애

B양은 19세로 고등학교 3학년 학생이었는데, 어느 날 도서관에서 밤늦게까지 공부한 후 집으로 가기 위해 버스를 탔다. 버스에는 많은 사람들이 있었고, B양은 가방을 든 채 서 있었다. 버스가 터널로 들어가서 중간 정도쯤 지나갔을 때, B양은 갑자기 가슴이 답답하고, 심장이 빨라지고, 질식할 것 같은 느낌이 들었다. 몸에는 진땀이 났고, 곧 죽을 것 같은 공포와 불안이 밀려왔다. 이러한 증상이 10분정도 지속되다가, 서서히 좋아졌다. B양은 버스에서 내려 급하게 부모님께 전화했고, 함께 야간응급실로 가서 진단을 받았지만 특별한 이상 소견을 찾을 수 없었다. B양은 그 이후에도 가끔씩 갑작스럽게 나타나는 증상 때문에 학업에 큰 지장을 받고 있다.

♣ 심화학습 - 공황장애 추가 설명

1) 인체를 보호하기 위해 일어나는 일종의 투쟁이나 도피반응으로 응급반응의 일종인데, 실제적인 위험대상이 없는 데 일어난다.
2) 죽거나 미치거나 자제력을 잃을 것 같은 공포감이 동반될 수 있다.
3) 대개 공황장애를 앓는 사람들은 갑자기 나타나는 신체적 증상에 대해 무슨 큰일이라도 일어날 것 같은 위험 상황으로 인식하는 경향이 있다.
4) 공황장애 발병 연령은 25세이고, 여성이 남성보다 2~3배 더 많이 발생하며, 어느 연령대에서나 나타날 수 있는 것으로 알려져 있다.
5) 급성 심장병의 심장발작·뇌졸중·질식사·돌연사 등 신체건강상의 위중한 문제와 관련된 것처럼 느껴지는 갑작스러운 신체증상이 나타나기 때문에 많은 환자가 신체적 진료에만 의존하는 경향이 있으나 신체검사에서는 이상이 나타나지 않는다.
6) 공황장애를 확실하게 진단하기 위해서는 신체질환 및 다른 정신과적 질환가의 감별진단이 필요하다.
7) 원인
 (1) 생물학적 요인
  ① 뇌의 구조와 기능의 생물학적인 이상에서 비롯된다.
  ② 교감신경계의 주요 신경전달 물질인 노르에피네프린을 분비하는 청반핵(Locus Ceruleus)이라는 뇌의 부위의 이상에서 비롯된다.
 (2) 유전적 요인
  ① 임소공포증(광장공포증)을 동반한 공황장애의 경우 유전적인 영향이 더 많이 받는 경향이 있다.
  ② 공황장애 환자의 직계가족에게 나타날 가능성이 더 높다.
  ③ 쌍둥이 연구에서 일란성쌍생아인 경우에 이란성보다 공황장애에 대한 일치율이 더 높다.
 (3) 심리·사회적 요인
  ① 정신분석이론 : 공황장애는 공황을 유발하는 무의식적 충동에 대한 방어가 실패했기 때문으로 보고 소아기의 부모 상실이나 분리불안 경험을 중시한다.
  ② 행동이론 : 불안은 부모행동에 대한 모델링이나 조건반사의 과정을 통한 학습된 반응으로 보고 있다.
  ③ 인지이론 : 공황장애는 사소한 신체감각을 과대평가하고, 확대 해석하여 파국적인 사고로 발전시킴으로써

극도의 불안인 공황에 도달한다는 것이다.
8) 공황장애에 의한 신체적 증상
  (1) 과(過) 호흡   *과잉호흡이론
    ① 숨을 너무 빨리 쉬거나 너무 깊이 쉰다.
    ② 호흡곤란, 가슴이 답답함, 질식감 등이 나타난다.
    ③ 어지러움, 머리가 무거움, 손발의 저린 감각, 다리에 힘이 없음, 가슴이 두근거림, 가슴이 당기거나 아픔 등의 증상이 나타난다.
  (2) 생리현상
    ① 교감신경이 활성화되어 교감신경계의 모든 부분이 반응하게 됨에 따라 모든 증상이 동시 다발적으로 일시에 나타난다.
    ② 교감신경계가 활성화되면 심장혈관계에도 영향을 미쳐서 심장박동수와 강도의 증가, 혈류의 변화로 피부·손발이 차갑고 저리거나 따끔거리고 얼굴이 화끈 달아오르기도 한다. 또 땀을 많이 흘린다.
  (3) 기타
    입마름·구토·거북함·변비·통증·떨림·눈동자 커짐·눈부심 등의 증상이 나타난다.

❏ 광장공포증(Agoraphobia)

1) 광장공포증의 진단 기준

※주의 : 광장공포증은 진단 부호를 매길 수 없는 장애이다. 광장공포증이 일어나는 특정 장애에 따라 진단 부호가 매겨진다.

(1) 즉각적으로 피하기 어려운(또는 곤란한) 장소나 상황에 처해 있다는 데 대한 불안, 또는 예기치 못했거나 상황이 소인이 되는 공황발작이나 공황과 유사한 증상이 일어났을 때 도움을 받기 어려운 장소나 상황에 처해 있다는 데 대한 불안, 광장공포증이 있는 개인은 특징적으로 다음과 같은 상황에 처했을 때 두려움을 느낀다. 즉, 혼자 외출한다든지, 군중 속에 있다든지, 줄을 선다든지, 다리 위에 있다든지, 버스, 기차, 자동차 여행을 한다든지 하는 경우이다.
※주의 : 만약 회피가 하나의 특정 상황이나 소수의 특정 상황에 한정되어 있다면 특정공포증의 진단을 고려하고, 회피가 오로지 사회적 상황에만 국한되어 있다면 사회공포증의 진단을 고려한다.

(2) 상황을 회피하거나(예, 여행을 제한함), 공황발작이나 공황과 유사한 증상이 일어나는 데 대한 현저한 불편감이나 불안을 참고 견디거나 동반자를 필요로 한다.

(3) 불안이나 공포로 인한 회피가 다른 정신장애에 의해 잘 설명되지 않는다. 다른 정신장애란 사회공포증(예, 당황할까 두려워하는, 사회적 상황에 국한되는 회피), 특정공포증(예, 엘리베이터와 같은 단일한 상황에만 국한되는 회피), 강박장애(예, 오염에 대한 강박적 사고를 갖고 있는 개인의 경우, 더러움에 대한 회피), 분리불안장애(예, 집이나 친지를 떠나는 데 대한 회피) 등을 말한다.

❏ 범불안장애(Generalized Anxiety Disorder)

1) 다양한 상황에서 만성적 불안과 과도한 걱정을 나타내는 경우를 말한다.
2) 정신분석적 입장에서는 성격 구조 간의 역동적 불균형에 의해 경험되는 부동(不動) 불안이 범

불안장애의 핵심적 증상이라고 본다.
3) 행동주의적 입장에서는 이 장애를 다양한 자극상황에 대해 경미한 공포반응이 조건형성되어 나타나는 일종의 다중 공포증이라고 설명한다.
4) 인지적 입장에 따르면, 위험에 예민한 인지도식으로 인해 생활 속의 잠재적 위험요인에 과민하고 위험한 결과의 발생가능성과 치명성을 과대평가하며 그에 대한 대처능력을 과소평가하는 인지적 특성이 범불안장애를 유발한다.
5) 범불안 장애에 대한 주요 치료법은 인지행동치료와 약물치료이다.
6) 범불안장애의 진단기준
　(1) 여러 사건이나 활동(작업 또는 학교 성적)에 대한 과도한 불안이나 걱정(염려스런 예견)이 적어도 6개월 이상, 최소한 한 번에 며칠 이상 발생한다.
　(2) 개인은 걱정을 조절하는 것이 어렵다는 것을 알게 된다.
　(3) 불안과 걱정은 다음의 6가지 증상들(증상들이 적어도 며칠 이상 지난 6개월 이내에 존재해야 한다) 가운데 3가지(또는 그 이상) 증상을 동반한다.
　　※주의 : 소아에서는 오직 한 가지 증상만이 요구된다.
　① 안절부절못함 또는 긴장이 고조되거나 가장자리에 선 느낌
　② 쉽게 피로해짐
　③ 집중 곤란 또는 마음이 멍해지는 느낌
　④ 과민한 기분상태
　⑤ 근육 긴장
　⑥ 수면장해
　(4) 불안과 걱정의 초점이 다른 장애의 특징에만 국한되는 것이 아니어야 한다. 즉, 공황발작(공황장애에서), 공공장소에서 어쩔 줄을 모르게 되는 불안(사회공포증에서), 감염된다는 불안(강박장애에서), 집이나 가까운 가족으로부터 멀리 떨어지는 데 대한 불안(분리불안장애에서), 체중 증가에 대한 불안(신경성 식욕부진 증에서), 여러 가지 신체적인 증상에 대한 불안(신체화장애에서), 또는 심각한 질병이 있다는 데 대한 불안(건강염려증에서), 그리고 불안과 걱정이 외상 후 스트레스 장애 경과 중에만 발생되지 않는다.

❏ 강박 및 관련 장애(Obsessive-Compulsive and Related Disorder)의 하위유형

- 강박적인 집착과 반복적인 행동을 특징적으로 나타내는 장애
(1) 강박장애(Obsessive-Compulsive Disorder)
(2) 신체변형장애(Body Dysmorphic Disorder)
(3) 저장장애(Hoarding Disorder)
(4) 모발뽑기 장애(Trichotillomania, Hair-Pulling Disorder) : 발모광
(5) 피부 벗기기 장애(Excoriation, Skin-Picking Disorder) : 박피증

❑ 강박장애와 하위유형

1. 강박장애
1) 반복적으로 의식에 침투하는 강박적 사고와 그에 따른 강박행동을 주된 증상으로 하는 불안장애이다.
2) 인지적 입장에서는 누구나 경험하는 침투적 사고에 대해서 과도하게 중요성, 책임감, 통제 필요성을 부여하는 인지적 평가와 사고억제를 위한 부적절한 대처행동이 강박장애의 유발에 관여한다고 본다.
3) 정신분석적 입장에서는 격리, 대치, 반동형성, 취소와 같은 방어기제를 통해 무의식적 갈등과 불안에 대처할 경우 강박증상을 나타낼 수 있다고 설명한다.
4) 강박장애에 대한 심리적 치료방법으로는 노출 및 반응방지법, 인지적 치료 및 약물치료가 적용되고 있다.
5) 안와 전두피질이나 기저핵의 기능 이상이 관련될 수 있다.
6) 아동기/청소년기에는 남아가 여아보다 1.5~2배 정도 높은 유병율을 보인다.

2. 저장장애(Hoarding Disorder)
- 버리지도 기부도 하지 않음
- 이로 인해 사회적, 직업적 고통이나 손상도 초래함
- 물품을 정리정돈 하지도 못함
- 불필요한 물품도 구입/수집함
- 수집된 물품으로 인해 자신 또는 타인에게 위험을 초래할 수 있음

3. 신체변형장애(body dysmorphic disorder)
1) 1886년 이탈리아의 모젤리(Morselli)가 외모의 특정 부분에 대한 병적인 집착을 의미하는 추형공포증(dysmorphophobia)이라는 용어
2) 정신질환 통계 및 편람 Ⅲ 개정판에서 처음 독립적인 정신장애로서 포함 이후 강박장애의 하위유형으로 포함
3) 증상
 (1) 타인이 알아보기 힘든 미미한 정도의 신체적 외모의 결함에 대한 의식과 과도한 몰두 및 집착에서 비롯된 반복적 행동(거울 보기, 과도한 치장 등)이나 심리 내적인 행동(타인과 자신의 외모 비교 등), 외모에 대한 집착으로 인한 중요한 생활 영역(사회적, 직업적 영역 등)에서의 고통이나 손상 초래, 외모에 대한 집착이 섭식장애 등으로 나타나는 것 등을 말한다.
 (2) 신체변형장애를 가진 사람은 외모에 대한 왜곡된 주관적 지각을 보이며 부족하다고 느끼는 강박적 사고를 보이며, 결함이 있다고 느끼는 신체 부위를 보완하고 감추거나 관찰하는 강박적 행동, 사회적 상황을 회피하는 경향을 보인다. 사회공포증을 비롯한 불안장애, 물질관련장애, 다른 강박장애와의 공병도 흔하게 나타난다.

이상심리

(3) 17~18세의 청소년기에 최초 발병하는 경우가 많으며 만성화되는 양상을 보인다. 환자들은 의학적으로 설명되지 않는 증상에 대하여 심리적인 원인에서 비롯된 것임을 인정하려고 하지 않으며, 신체적인 이상이라고 믿는다.

(4) 낮은 자존감이나 신체와 자신에 대한 부정적이고 왜곡된 인지, 뇌 구조나 신경화학적 측면에서의 이상, 강박장애와 관련된 유전적 위험요인, 경쟁적이고 부정적인 평가가 많이 이루어지는 사회문화적인 환경, 유년 시절의 학대나 무시와 같은 요인들이 영향을 미칠 수 있다. 가족 중 강박장애나 신체변형장애를 가진 사람이 있을 경우, 불안장애나 우울과 같은 다른 정신장애가 있을 경우 위험 요인으로 작용한다.

4) 치료

자기상과 신체상에 대한 부정적 인식을 변화시키고 강박행동을 수정하는 인지행동치료, 세로토닌 재흡수 억제제(SSRI)를 통한 약물치료, 노출치료 등이 활용된다.

4. 모발뽑기 장애(발모광)(Trichotillomania)

1) 발모광은 강박장애 또는 충동조절장애의 일종으로 분류되며, 의식적 혹은 무의식적인 상태에서 반복적으로 머리카락, 눈썹, 속눈썹, 음모 등 다양한 신체부위의 털을 뽑는 행동을 보이는 것이 특징이다.

2) 이런 행동은 부위를 옮겨가며 나타날 수 있으며 직선, 원, 사각형, 또는 산발적인 부위에서의 모발 감소, 짧은 머리의 증가로 이어진다. 모발을 뽑는 행동을 멈추고자 하는 노력에도 불구하고 행동을 바꾸는 것이 쉽지 않다고 알려졌다.

3) 주로 10~13세의 아동기와 청소년기에 처음 나타나며, 드물게 성인기에 나타나기도 한다. 남성보다 여성에게서 더 많이 발생하며 적절한 치료가 이루어지지 않을 경우 수년 혹은 평생 동안 지속된다. 주로 긴장이나 불안이 고조되었을 때 이를 해소하기 위한 방편으로 발모행동이 나타나며 모발을 뽑는 행위, 두피의 느낌을 통해 만족감이나 안정과 같은 긍정적 정서를 느낀다.

4) 예외적으로 긴장이 완화된 상태에서 습관적으로 모발을 뽑는 경우도 있다. 발모 행위를 하지 않으려고 저항할 때 긴장감을 경험하며 타인 앞에서는 발모 행동을 하지 않으려고 노력한다. 발모 전 적당하다고 생각되는 모발을 고르기도 하고 뽑은 모발을 먹거나 씹거나 손가락, 얼굴 등에 비비기도 한다.

5) 발모광의 원인

(1) 심각한 스트레스, 불안을 유발하는 환경적 요인, 유전적으로 가족이나 친척 중 발모광이 있는 경우, 세로토닌과 같은 호르몬 분비의 이상 등이 원인이 될 수 있다.

(2) 정신분석학적 측면에서는 정서적 결핍 등으로 인한 심리적인 갈등을 원인으로 본다. 유년기 양육자로부터의 정서적 지지와 신체접촉에 대한 좌절된 욕구를 대체하기 위한 행동으로 보는 견해도 있다.

6) 발모광의 치료

(1) 인지행동치료에서는 습관반전치료를 통해 발모행동이 나타나는 상황 및 연합된 정서에 대한 인식, 다른 행동으로 대체하도록 한다.
(2) 우울, 불안, 다른 강박장애와 함께 발모광이 나타나는 경우 해당 장애들에 대한 치료가 병행되며 세로토닌 재흡수 억제제, 항우울제를 이용한 약물치료도 효과적인 것으로 알려져 있다. 그 밖에 수용 전념 치료, 신경학적 치료 등도 활용된다.

5. 피부 벗기기 장애(Excoriation, Skin-Picking Disorder) : 박피증
1) 반복적이며 강박적으로 피부를 뜯는 질환으로 머리카락을 뜯는 발모광과 유사
2) 그만 두기 위해 노력하지만 매번 실패함
3) 손톱을 이용하거나 핀셋과 같은 도구를 사용하기도 함
4) 이러한 행동으로 인해 피부가 붓거나 상처가 생길 뿐만 아니라 죄책감이나 수치심과 같은 심리적 고통이 수반되며 자해행동으로 이어질 수 있음
5) 원인
 - 정신역동적 입장 : 권위적인 부모에 대한 억압된 분노의 표현으로 설명
 - 인지행동적 입장 : 일종의 스트레스 대처방식으로 간주. 완벽주의 성향도 이를 유발하기도 함
 - 생물학적 입장 : 도파민 기능을 촉진하는 코카인이나 메티암페타민과 같은 약물은 피부에 벌레가 기어가는 것과 같은 가려움증 유발시킴

20강 외상 및 스트레스 관련 장애

❑ **외상 및 스트레스 관련 장애(Trauma- and Stress-related Disorder)의 하위유형**
  - 충격적인 외상사건이나 스트레스 사건을 경험한 후 부적응 증상을 나타내는 다양한 장애들
  (1) 반응성 애착장애(Reactive Attachment Disorder)
  (2) 탈억제 사회관여 장애(Disinhibited Social Engagement Disorder)
  (3) 외상 후 스트레스장애(Posttraumatic Stress Disorder)
  (4) 급성 스트레스장애(Acute Stress Disorder)
  (5) 적응장애(Adjustment Disorder)

❑ **외상 후 스트레스장애(Posttraumatic Stress Disorder)**
  1) 충격적인 외상 사건을 경험하고 난 후에 불안상태가 지속되는 경우를 말한다.
  2) 유전적 또는 체질적 취약성, 아동기의 외상적 경험, 성격 특성, 사회적 지지 체계의 부족, 최근 생활의 스트레스나 변화와 같은 개인적 위험요인을 지닌 사람들이 외상사건 후에 이 장애를 나타내기 쉽다.
  3) 인지적 입장에 따르면, 이 장애는 충격적인 외상경험이 개인의 신념체계에 수용되지 못하여 발생하는데 외상 사건이 제공하는 대량의 정보가 인지적 과부화를 유발하고 인지체계에 통합되지 못하여 발생하게 된다.
  4) 급성 스트레스 장애는 외상 후 스트레스 장애와 매우 유사한 증상을 나타내는 불안장애로서 외상 사건 경험 후에 단기간 해리 증상이 나타나는 경우를 말한다.
  5) DSM-5에서 언급한 외상 후 스트레스 장애 증상
    - 외상적 사건을 재경험하게 만드는 침투증상(침습적 증상)
    - 외상사건과 관련된 기억이나 단서를 피하려는 회피증상
    - 외상사건에 대한 생각과 감정의 부정적 변화
    - 사소한 자극에 잘 놀라는 과민한 각성반응
  6) 외상 후 스트레스 장애의 발생 및 악화를 야기하는 위험요인
   (1) 외상 전 요인
     - 정신장애 가족력, 아동기의 다른 외상경험, 의존적 성격, 정서적 불안, 자신의 운명이 외부 요인에 의해 결정된다는 통제소재의 외부성
   (2) 외상 중 요인
     - 외상경험 자체의 특성(외상사건의 강도가 강할수록, 타인의 악의에 의한 것일수록, 가까운 사람에 의해 발생할수록 증세가 심함)

(3) 외상 후 요인
- 사회적 지지체계나 친밀한 관계의 부족, 추가적인 생활스트레스, 결혼과 직장생활의 불안정, 심한 음주와 도박 등

❑ 적응장애(Adjustment Disorder)

1) 분명하게 확인될 수 있는 심리사회적 스트레스 사건에 대한 반응으로 나타나는 정서적 또는 행동적 증상을 말한다.
2) 스트레스 사건이 발생하고 3개월 이내에 증상이 나타나며 사건의 강도에 비해 과도한 심리적 고통과 부적응적인 나타내는 경우에 적응장애로 진단된다.
3) 주된 증상은 우울한 기분, 불안, 행동문제 등이 나타나게 되며 스트레스 사건이 종료되면 6개월 이내에 사라지는 것이 일반적이다.
4) 우울 기분을 동반하는 적응장애, 불안을 동반하는 적응장애, 품행장애를 동반하는 적응장애 등으로 나누어진다.

❑ 기타 장애

1. 반응성 애착장애(Reactive Attachment Disorder)

1) 반응성 애착 장애의 가장 기본적인 특징은 거의 모든 상황에서, 심하게 손상되고, 발달적으로 적절하지 못한 사회적 관계를 형성한다는 것이다.
2) 이 장애는 5세 이전에 시작되고 병적인 보살핌(안락함/자극/애정 등 소아의 기본적인 감정적 욕구를 지속적으로 방치, 소아의 기본적인 신체적 욕구를 지속적으로 방치, 양육자의 빈번한 교체)과 매우 밀접하게 관련이 있다.
3) 발달적으로 부적절한 사회적 관계 형성은 크게 다음 두 가지 유형으로 나타난다.
   첫째, 소아는 사회적 관계를 맺음에 있어서 지나치게 억제적이고, 경계를 하며, 심하게 양가적이고 상반된 반응을 보인다. 예를 들면, 소아는 양육자에게 접근하고 회피하는 양가적인 태도를 보이고, 안락한 상황에서도 저항하며, 사람들을 냉정하게 경계한다.
   둘째, 소아는 애착 대상을 무분별하게 선택하는 애착대상 선택 능력 결여의 특징을 나타낸다. 이 유형의 애착 장애를 가진 소아는 낯선 사람에 대해서도 지나치게 친근감을 나타내는 등 애착 대상을 제대로 분별하여 선택하지 못한다.
4) DSM-5 진단기준
   A. 성인 보호자에 대한 억제되고 감정적으로 위축된 행동의일관된 양식이 다음의 2가지 모두로 나타난다.
      1. 아동은 정신적 고통을 받을 때 거의 안락을 찾지 않거나 최소한의 정도로만 안락을 찾음
      2. 아동은 정신적 고통을 받을 때 거의 안락에 대한 반응이 없거나 최소한의 정도로만 안락에 대해 반응함

이상심리

B. 지속적인 사회적·감정적 장애가 다음 중 최소 2가지 이상으로 나타난다.
  1. 타인에 대한 최소한의 사회적·감정적 반응성
  2. 제한된 긍정적 정동
  3. 성인 보호자와 비위협적인 상호작용을 하는 동안에도 설명되지 않는 과민성, 슬픔 또는 무서움의 삽화

C. 아동이 불충분한 양육의 극단적인 양식을 경험했다는 것이 다음 중 최소 한 가지 이상에서 분명하게 드러난다.
  1. 성인 보호자에 의해 충족되는 안락과 자극, 애정 등의 기본적인 감정적 요구에 대한 지속적인 결핍이 사회적 방임 또는 박탈의 형태로 나타남
  2. 안정된 애착을 형성하는 기회를 제한하는 주 보호자의 반복적인 교체(예, 위탁 보육에서의 잦은 교체)
  3. 선택적 애착을 형성하는 기회를 고도로(심각하게) 제한하는 독특한 구조의 양육(예, 아동이 많고 보호자가 적은 기관)

D. 진단기준 C의 양육이 진단기준 A의 장애 행동에 대한 원인이 되는 것으로 추정된다(예, 진단기준 A의 장애는 진단기준 C의 적절한 양육 결핍 후에 시작했다).

E. 진단기준이 자폐스펙트럼장애를 만족하지 않는다.

F. 장애가 5세 이전에 시작된 것이 명백하다.

G. 아동의 발달 연령이 최소 9개월 이상이어야 한다.

2. 탈억제 사회관여 장애(Disinhibited Social Engagement Disorder)

1) 누구에게나 부적절하게 친밀함을 나타내는 유형
2) 만 2세 이전 어린 유아는 낯선 사람에게 주저없이 다가가서 문제행동을 나타낸다. 만 2세~5세 아동들은 추가적으로 모든 사람에게 매달리며 주의를 끌려는 행동을 보이고 만 5세 이상은 지나치게 신체적인 친밀감을 표시하거나 과도하게 사적인 질문을 하거나 불쑥 공격적인 방식으로 접근하는 행동을 보인다.
   - 생후 9개월 이상 아동이 애착외상에 해당하는 경험을 하고 난 후 이러한 증상을 나타날 경우 진단

3. 급성 스트레스장애(Acute Stress Disorder)

1) 급성 스트레스 장애(ASD)는 DSM-5에서 추가된 진단
2) 외상 후 스트레스 장애(PTSD)로 진단되기 전인 사고 2일 이후에서 1개월 이내의 환자에서 사고와 관련된 증상을 보일 때 사용하는 진단명인데, DSM-5에서 이 기간은 3일 이후 1개월 이내로 변경되었음
3) 급성 스트레스 장애(ASD)에서는 해리증상이 강조되었는데, 감정반응의 둔화, 주변 환경 인식의 감소, 비현실감, 이인증, 해리성 기억 상실의 다섯 가지 해리증상 중 세 가지 이상을 가지고 있어야 진단됨

외상 및 스트레스 관련 장애

❏ 해리장애(Dissociative Disorder)의 하위유형
- 의식, 기억, 자기정체감 및 환경지각 등이 평소와 달리 급격하게 변화하는 장애
(1) 해리성 정체감장애(Dissociative Identity Disorder)
(2) 해리성 기억상실증(Dissociative Amnesia)
(3) 이인증/비현실감 장애(Depersonalizstion/Derealization Disorder)

1. 해리장애 일반
- 해리장애는 의식, 기억, 행동 및 자기 정체감의 통합적 기능에 갑작스러운 이상을 나타내는 정신장애로서 충격적인 경험을 한 이후 발생되는 경향이 있다.
- 강한 심리적 충격이나 외상을 경험한 후 개인의 통합적인 기능, 즉 의식, 기억, 자기정체감, 그리고 환경에 대한 지각 등에서 붕괴가 나타나는 정신장애는 해리장애이다.
- 해리장애는 의식, 기억, 행동 및 자기 정체감의 통합적 기능에 갑작스러운 이상을 나타내는 정신장애로서 충격적인 경험을 한 이후 발생되는 경향이 있다.

2. 해리성 기억상실증
(1) 중요한 과거경험을 기억하지 못하는 장애이다.
(2) 고통스런 사건 당시의 감정상태가 너무 충격적이어서 그러한 상태에서 학습되었던 정보들을 기억하지 못하는 것으로 이해되고 있다.
(3) 해리성 둔주는 해리성 기억상실증에 해당하는 것으로서, 갑자기 가정과 직장을 떠나 방황하거나 예정에 없는 여행을 하며 이에 대한 기억상실을 나타내는 장애이다.
(4) 해리성 기억상실증과 유사한 원인에 의해 유발되며 기억상실뿐만 아니라, 고통스러운 감정을 유발하는 환경으로부터 벗어나며 자기정체감 상실까지 수반한다.
(5) 해리성 기억상실증의 진단 기준
  1) 새로운 정보에 대한 학습 장해, 또는 병전에 학습한 정보의 회상 능력의 장해로 초래되는 기억력 장해가 발생한다.
  2) 기억력 장해가 사회적 또는 직업적 기능에 있어서 심각한 장해를 일으키고, 병전의 기능 수준보다 상당히 감퇴되어 있음을 나타낸다.
  3) 과거력, 신체검사, 또는 검사 소견에서 장해가 일반적인 의학적 상태(신체 손상 포함)의 직접적인 생리적 효과로 인한 것이라는 증거가 있다.

3. 해리성 정체감 장애(다중 성격장애)
(1) 한 사람 안에 둘 이상의 각기 다른 정체감을 지닌 인격이 존재하는 장애이다.
(2) 아동기의 외상적인 경험과 관련되어 있는 것으로 이해되고 있다.
(3) 신(新) 해리이론은 개인의 인지체계를 통합적으로 관리하는 중앙통제체계로부터 하위 인지체계가 분리되어 독립적인 기능을 함으로써 해리성 정체감 장애와 같은 해리현상이 나타난다고

하였다.
(4) 해리성 정체감 장애의 DSM-5 진단기준

A	2가지 이상의 뚜렷이 구분되는 주체성(정체성)/인격이 환자를 교대로 통제한다.
B	주요 개인정보 관련한 광범위 기억장애
C	증상으로 인해 사회, 직업 기능의 현저한 장애
D	증상이 문화나 종교적으로 넓게 받아들여지는 정상적인 범위를 벗어난 수준
E	배제진단-물질/신체질환

4. 이인증 장애/비현실감 장애

(1) 자신이 매우 낯선 상태로 변화되었다고 느끼는 이인증이나 외부 세계가 예전과 달라졌다고 느끼는 비현실감을 호소하는 장애이다.
(2) 장기정체감의 갈등과 관련되어 있으며 자기통합의 어려움에 대한 두려움을 반영하는 것이라고 여겨지고 있다.

> ♣ **심화학습 - 이인증 (離人症, depersonalization)**
> 1) 심리학에서 한 개인이 자기 자신이나 외부 세계를 실재하지 않는 허구로 느끼는 상태이다.
> 2) 이인증은 이러한 비현실감 이외에도 정신이 육체와 분리되어 있다는 느낌, 신체의 일부가 짝짝이라는 느낌, 자기가 자기 자신을 멀리서 바라보고 있다는 느낌, 또는 자신이 기계가 되어 버렸다는 느낌 등을 동반하기도 한다.
> 3) 가벼운 이인증은 많은 청소년이 인격을 완성하고 독특한 개성을 얻어가는 정상적인 과정에서 나타나며, 사회적·심리적 기능에 반드시 해를 끼치지는 않는다.
> 4) 오랫동안 정서적인 스트레스를 받으면 어른에게도 이러한 느낌이 나타날 수 있으며 사회적 기능을 제대로 하지 못하거나 직업에 종사할 수 없을 만큼 심각한 상태가 계속되면, 치료를 받아야 할 정신장애자로 여겨진다.
> 5) 이인증은 우울증·히스테리·정신분열증 등의 부차적인 증상으로 나타날 수도 있다.
> 6) 지크문트 프로이트의 정신분석이론에 따르면, 자아는 '현실의 대표자'이므로 이인증은 자아 기능이 손상된 결과이다.
> 7) 이인증은 참을 수 없거나 위협적인 현실에서 도피하려는 무의식적 욕구에 대한 방어적 반응으로 해석되는 경우가 많다.
> 8) 이인증이라는 용어는 일터나 공동체에서 개성을 잃어버린 결과로 나타나는 사회적 소외를 가리키기도 한다.

21강 신체증상 관련 장애 / 전환장애 등

❏ 신체증상 및 관련장애(Somatic Symptoms and Related Disorder)와 하위유형 (4가지)

(1) 신체증상장애(Somatic Symptom Disorder) : 신체화 장애
(2) 질병불안장애(Illness Anxiety Disorder) : 건강염려증
(3) 전환장애(Conversion Disorder) : Functional Neurological Symptom Disorder
(4) 허위성장애(Factitious Disorder)

❏ 신체증상 장애 –신체화 장애

1) 장기간 지속되어 온 다양한 종류의 신체적 증상을 호소하는 장애이다.
2) 부정적 감정을 억압할 때 생겨날 수 있으며 신체적 증상으로 인한 이차적 이득에 의해서 강화된다.
3) 신체화 장애를 지닌 사람은 신체적 변화에 주의를 많이 기울이고 신체 감각을 증폭하여 지각하며 신체적 증상의 원인을 질병으로 잘못 해석하는 경향이 있다.
4) 만성적인 경과를 나타내며 치료하기 어려운 장애로 알려져 있다.
5) 신체화 장애의 DSM-5 진단기준(요약)

A	일상생활에 심각한 장애를 초래하는 한 가지 이상의 신체 증상
B	신체 증상 및 건강에 대한 걱정과 관련된 다음 중 한 가지 이상의 생각, 느낌 또는 행동 (1) 과도하고 지속적으로 증상의 심각성에 대해 생각함 (2) 건강 또는 증상에 대한 지속적으로 과도한 불만 (3) 이런 증상 또는 건강을 걱정하는 것에 과도한 시간과 에너지를 소비함
C	증상이 지속적(6개월 이상), 단 한 가지 증상이 쭉 지속될 필요는 없음(증상이 중간에 바뀌어도 진단 가능)

❏ 질병불안장애 : 건강염려증

– 진단기준
(1) 자신이 중병을 가지고 있다는 공포나 믿음에 사로잡혀 있다.
(2) 일상적인 신체증상이나 감각을 정상이 아니라고 생각한다(중병의 신호로 인식).
(3) 주관적으로 느끼는 신체적 장애를 의학적 검사로 입증할 수 없다. 즉, 의학적 상태가 실재해도 그 정도가 미미하여 진단하기 어려움.

(4) 사회생활이나 직업에 지장을 준다.
(5) 6개월 이상 지속된다.
(6) 자신은 합당하고 충분한 진료를 받지 못했다고 인식한다.

❑ 전환 장애 - 히스테리성 신경증

1) 전환(conversion)이란 정신적인 에너지가 신체증상으로 변환되었다는 의미이며, 고전적으로 히스테리 신경증이라고 불리던 질환으로 신체 마비나 감각 이상과 같이 주로 신경학적 손상을 시사하는 소수의 신체적 증상을 나타내는 장애이다.
2) 증상은 심리적 갈등 욕구가 원인이 되어 신경계 증상이나 수의 운동기관의 증상이 한 가지 이상 오지만, 정밀 검사를 하여도 해부 생리학적인 기전으로 설명되지 않는 경우 진단을 내리게 된다.
3) 사춘기나 성인초기에 잘 발병되며 여성에게서 더 많이 나타난다.
4) 정신분석적 입장에서는 전환 장애가 무의식적인 욕구와 그것을 표출하는 것에 대한 두려움의 타협으로 생긴다고 본다.
5) 행동주의적 입장에서는 전환증상을 충격적 사건이나 정서적 상태 후에 생기는 신체적 이상이 외부적으로 강화된 것이라고 설명하고 있다.
6) 전환장애의 DSM-5 진단기준(요약)

A	수의운동/감각기능의 이상이나 결손
B	증상이 신경학 또는 의학적인 상태에 부합하지 않음
C	배제진단-다른 의학적인 상태에 부합하지 않음
D	증상이나 결손으로 인해 사회직업적 또는 다른 중요한 기능적 장애나 고통

❑ 허위성 장애 - 가성장애, 인위성 장애

1) 환자의 역할을 하기 위하여 신체적 또는 심리적 증상을 의도적으로 만들어 내거나 위장하는 경우를 말한다.
2) 이러한 증상으로 인하여 아무런 현실적인 이득이 없음이 분명하고 다만, 환자 역할을 하려는 심리적 욕구에 기인한 것으로 추정될 때 이러한 진단이 내려진다.
3) 허위성 장애와 구분되는 꾀병은 의도적으로 증상을 만들거나 과장하지만, 목적이 있다는 것이 허위성 장애와 다른 점이다.
4) 허위성 장애의 아형은 3가지
   (1) 주로 심리적인 징후와 증상이 있는 것
   (2) 주로 신체적인 징후와 증상이 있는 것 - 뮌하우젠 증후군
   (3) 심리적, 신체적 징후와 증상이 같이 있는 것
   허위성 장애의 필수 증상은 신체적인 혹은 심리적인 징후나 증상을 의도적으로 만들어 내는 것이다.

♣ 심화학습 – 뮌하우젠 증후군(Muausen syndrome)
(1) 1951년 미국의 정신과 의사 리처드 애셔(Richard Asher)가 의학저널 'The Lancet'을 통해 처음으로 이 증세를 묘사했다.
(2) '뮌하우젠'이란 병명은 18세기 독일의 군인이자 관료였던 폰 뮌하우젠 남작(Baron Karl Friedrich Munchausen, 1720~1797)에게서 따왔다.
(3) 애셔는 끊임없는 허풍과 과장, 진지하게 자신의 경험이라고 주장하는 부분이 환자들의 증세와 일치한다고 보고 뮌하우젠 남작의 이름을 병명으로 만들었다.

5) 임상 양상
 (1) 꾸며진(위조된) 주관적인 호소(예, 어떤 통증도 없으면서 급성 복통을 호소)
 (2) 자기-상해 상황(예 타액이 피부로 침투되어 농양 형성)
 (3) 전에 있었던 일반적인 의학적 상태에 대한 과장이나 악화(예 : 간질의 과거력을 가진 환자가 대발작으로 꾸며 말함)
 (4) <u>이러한 행동을 하는 동기는 환자의 역할을 하려는 것이며, 이런 행동의 외적인 이득(예, 꾀병에서처럼 경제적인 이득, 법적인 책임 회피, 신체적인 편안함의 개선)이 없어야 한다.</u>
6) 고통을 주는 검사나 수술을 원하는 것은 환자의 피학적 성격(masochistic personality) 때문인데, 그 고통을 자신의 과거의 실제 또는 상상의 죄에 대한 징벌로 생각한다.
7) 증상
 (1) 주로 심리적인 징후와 증상이 있는 것 : 개인들은 배우자 사망 후 우울과 자살 사고(배우자의 사망은 다른 정보 제공자에 의해 확인되지 않음), 기억 상실(단기와 장기기억), 환각(환청과 환시), 해리 증상을 호소한다.
 (2) 주로 신체적인 징후와 증상이 있는 것 - 뮌하우젠 증후군 : 흔한 임상 양상은 미식거림과 구토를 동반한 심한 좌하복부 복통, 현훈, 다량의 각혈, 전신의 발진과 농양, 확인되지 않는 원인의 발열, 항응고제 복용 후의 이차적인 출혈 등이다.
8) 진단
 (1) 신체적 혹은 정신적 징후나 증상을 의도적으로 만들거나 가장한다.
 (2) 그 행동의 동기는 환자 역할(sick role)을 가장하려는 것이다.
 (3) 행동의 외적 유인(예, 꾀병에서와 같은 경제적 이득, 법적 책임을 회피하려는 의도, 혹은 신체적 안녕을 꾀하는 것들)이 없어야 한다.

이상심리

22강 급식 및 섭식장애/배설장애

❏ 급식 및 섭식장애(Feeding and Eating Disorder)의 하위유형

- 개인의 건강과 심리사회적 기능을 현저히 저하시키는 부적응적인 섭식행동이 나타내는 장애
  (1) 신경성 거식증(Anorexia Nervosa)
  (2) 신경성 폭식증(Bulimia Nervosa)
  (3) 이식증(Pica)
  (4) 반추장애(Rumination Disorder)
  (5) 회피적/제한적 음식섭취장애(Avoidant/Restrictive Food Intake Disorder)
  (6) 과잉섭취장애(Binge-Eating Disorder)

❏ 섭식장애 일반

1) 섭식장애는 식이행동상 현저한 장애로서, 마른 몸매에 대한 강한 욕구로 인해 계속 굶거나 약을 먹어서 부적절한 체중 조절을 하는 등 극단적 다이어트에 비정상적으로 집착하는 질환이다.
2) 섭식장애는 불규칙한 식사 습관, 폭식, 음식에 대한 조절감의 상실, 음식에 대한 과도한 집착, 영양결핍 상태인데도 음식 섭취를 거부하는 등 주로 무리한 다이어트에 의하여 촉발되는 식사 행동의 장애를 특징으로 한다.
3) 섭식장애의 특징
  (1) 체중의 증가와 비만에 대한 강박적인 걱정과 함께 왜곡된 신체상을 가지고 있다.
  (2) 건강하게 체중을 유지하기 위한 음식 섭취를 적절히 통제하지 못한다.
  (3) 자신의 체형과 체중을 어떻게 지각하느냐에 따라 자기평가가 쉽게 변한다.
4) 섭식장애는 음식을 먹는 것을 거부하고 신경성 식욕 부진증, 지나치게 많이 먹는 신경성 대식증, 폭식 장애로 구분되는데, 그중에서 신경성 식욕부진증과 신경성 폭식증이 가장 많이 알려져 있다.
5) 거식증과 폭식증의 공통점은 체중에 대한 지나친 관심과 왜곡된 신체상을 가지며, 만성 경과를 밟는 증후군으로 볼 수 있다.
6) 자가중독 이론이나 설정점 이론으로 설명할 수 있는 장애는 섭식장애이다.

♣ 심화학습 - 자가중독이론(Auto-addictive model)

동물실험 연구에서 밝혀진 바로는 실험실의 쥐에게 하루에 한번만 먹이를 주면, 쥐가 스스로 먹기를 억제하고 과도하게 운동하는 "자기기아" 행동을 나타낸다. 사람도 과도한 운동을 한 뒤에는 엔돌핀 수준이 증가하는데, 신경성 식욕부진증 환자들은 굶는 동안 또는 운동을 하는 동안 엔돌핀 수준이 증가하고, 이것이 기분을 충전시킨다. 이 상태를 유지하기위해 음식을 피하고, 운동하게 되는 것이다.

♣ **심화학습 – 설정점(set point)이론**
체중순환을 설명하는 이론으로 각자의 사람들마다 유전적으로 유지하고자 하는 체중의 범위가 정해져 있다는 것이다. 따라서 체중감량이 되면 인체는 원래 상태의 체중으로 되돌리기 쉬운 대사상태를 만들게 되어 체중의 재증가가 발생하게 된다는 것이다.

☐ 신경성 거식증 – 식욕부진증

1) 체중 증가와 비만에 대한 극심한 두려움을 지니고 있어 음식섭취를 현저하게 감소시키거나 거부함으로써 체중이 비정상적으로 저하되는 경우를 말한다.
2) 정신분석적 입장에서는 성적인 욕구에 대한 방어적 행동으로 식욕부진증을 설명하였다.
3) 행동주의적 입장에서는 뚱뚱함에 대한 공포와 과도한 음식섭취에 대한 공포가 식욕부진증을 유발한다고 보았다.
4) 인지적 입장에서는 식욕부진증 환자들이 자신의 신체를 뚱뚱한 것으로 왜곡하여 지각하는 경향이 있으며 이상적인 몸매와의 심각한 괴리감으로 그 원인을 들었다.
5) 생물학적 입장에서는 신경성 식욕부진증에 유전적 요인과 시상하부의 이상이 관여한다고 주장한다.
6) 신경성 식욕부진증 환자들은 영양실조로 인한 여러 가지 합병증이 위험이 있기 때문에 입원 치료하는 경우가 많은데, 건강한 식습관과 영양관리, 신체상에 대한 왜곡의 수정, 비합리적 신념의 변화, 가족치료를 병행하는 것이 바람직하다.
7) 신경성 식욕부진증 진단기준
 (1) 연령과 신장에 비하여 체중을 최소한의 정상 수준이나 그 이상으로 유지하기를 거부한다.
 (2) 낮은 체중임에도 불구하고 체중 증가와 비만에 대한 극심한 두려움이 있다.
 (3) 체중과 체형이 체험되는 방식이 왜곡되고, 체중과 체형이 자기 평가에 지나친 영향을 미치며, 현재의 낮은 체중의 심각함을 부정한다.
 (4) 월경이 시작된 여성에서 무월경, 즉 적어도 3회 연속적으로 월경 주기가 없다.
 (5) 유형을 세분할 것
  ① 제한형 : 신경성 식욕 부진증의 현재 삽화 동안에 규칙적으로 폭식하거나 하제를 사용하지 않음
  ② 폭식 및 하제사용형 : 신경성 식욕 부진증의 현재 삽화동안 규칙적으로 폭식하거나 하제를 사용함

☐ 신경성 폭식증

1) 짧은 시간 내에 많은 양을 먹는 폭식행동과 이로 인한 체중 증가를 막기 위해 배출행동이 반복되는 경우를 말한다.
2) 정신분석적 입장에서는 부모에 대한 무의식적 공격성의 표출과 관련 있다고 본다.
3) 행동주의적 입장에서는 음식에 대한 접근행동과 회피행동의 반복 상태라고 설명하였다.
4) 신경성 폭식증 진단기준

(1) 폭식의 반복적인 삽화, 포식의 삽화는 다음 두 가지 특징이 있다.
  ① 일정한 시간 동안 대부분의 사람들이 유사한 상황에서 동일한 시간동안 먹는 것보다 분명하게 많은 양의 음식을 먹는다.
  ② 삽화 동안 먹는데 대한 조절 능력의 상실감이 있다.
(2) 스스로 유도한 구토, 또는 하제나, 이뇨제, 관장약, 기타 약물의 남용, 또는 금식이나 과도한 운동과 같은, 체중 증가를 억제하기 위한 반복적이고 부적절한 보상행동이 있다.
(3) 폭식과 부적절한 보상 행동 모두 평균적으로 적어도 1주 2회씩 3개월 동안 일어난다.
(4) 체형과 체중이 자아 평가에 과도한 영향을 미친다.
(5) 이 장애가 신경성 식욕부진증이 삽화 동안에만 발생되는 것은 아니다.
(6) 유형을 세분할 것
  ① 하제 사용형 : 신경성 폭식증의 현재의 삽화 동안 정규적을 구토를 유도하거나 하제, 이뇨제, 관장약을 남용한다.
  ② 하제 비사용형 : 신경성 식욕 부진증의 현재의 삽화 동안 금식이나 과도한 운동과 같은 부적절한 보상 행동을 하지만, 정규적으로 구토를 유도한다거나 또는 하제, 이뇨제, 관장제를 남용하는 행동은 하지 않는다.

☐ 이식증(Pica)

(1) 적어도 1개월 동안 비영양성 물질(종이, 흙, 머리카락 등)을 지속적으로 먹는다.
(2) 비영양성 물질을 먹는 것이 발달 수준에 부적절하다.
(3) 먹는 행동이 문화적으로 허용된 관습이 아니다.
(4) 만약 먹는 행동이 다른 정신장애의 기간 중에만 나타난다면, 이 행동이 별도의 임상적 관심을 받아야 할 만큼 심각한 것이어야 한다.
(5) 흔히 지적장애를 동반하며, 지적장애가 심할수록 증상의 빈도가 증가

☐ 반추장애

1) 반추장애의 진단 기준
  (1) 정상적으로 기능하는 기간이 있고 난 다음 나타나며, 적어도 1개월 동안 음식물의 반복적인 역류와 되씹기 행동이 있다.
  (2) 이 행동은 동반되는 위장 상태 또는 일반적인 의학적 상태로 인한 것이 아니다.
  (3) 이 행동은 신경성 식욕부진증 또는 신경성 폭식증의 경과 중에만 발생하지 않는다. 만약 증상이 정신지체 또는 광범위성 발달장애의 경과 중에만 발생한다면, 이 증상은 별도로 임상적 관심을 받아야 할 만큼 심각한 것이어야 한다.

☐ 회피적/제한적 음식섭취장애

1) 적절한 영양 그리고 에너지의 필요가 지속적으로 좌절되는 섭식 또는 급식 장애(예, 음식 섭취

에 대한 명백한 흥미결여, 음식의 감각적 특성에 근거한 회피, 섭식의 부정적 결과에 대한 걱정)이며, 다음 중 한 가지 이상의 증상을 나타낸다.
 (1) 심각한 체중 감소(혹은 아동에서 기대되는 체중에 미치지 못하거나 더딘 성장)
 (2) 심각한 영양 결핍
 (3) 위장관 급식 혹은 경구 영양 보충제에 의존
 (4) 심리사회적 기능에 현저한 방해
2) 장애는 구할 수 있는 음식이 없거나 문화적으로 허용되는 관습에 의해 더 잘 설명되지 않는다.
3) 신경성 식욕부진증이나 신경성 폭식증의 경과 중 나타나는 것이 아니고, 사람의 체중이나 체형에 관한 장애의 증거가 없어야 한다.
4) 의학적 상태로 인한 것이 아니고, 다른 정신질환으로 더 잘 설명되지 않는다. 만약 이 섭식장애가 다른 상태나 질환과 관련하여 발생한다면, 섭식장애의 심각도는 일반적으로 나타나는 것 보다 심해야 하거나 별도로 임상적 관심을 받아야할 만큼 심각한 것이어야 한다.

♣ 과잉섭취장애_폭식장애(binge eating disorder)

1) 폭식 장애는 적어도 1주일에 2일 이상의 폭식 삽화가 6개월 동안 반복적으로 경험되는 장애이다. 이 장애는 먹는 동안에 통제력을 상실하는 느낌을 가지며 일정 시간 동안에 대부분의 사람들이 먹는 양보다 확실히 더 많은 양의 음식을 먹는다.
2) 반복적인 폭식 삽화. 폭식 삽화에는 다음과 같은 두 가지 특징이 있다.
 (1) 일정한 시간 동안에(예: 2 시간 내에) 대부분의 사람들이 비슷한 시간이나 상황에서 먹을 수 있는 양보다 확실히 많은 양의 음식을 먹는다.
 (2) 이러한 삽화 동안에는 조절상실감을 느낀다(예: 먹는 것을 멈출 수 없을 것 같은 느낌이나 먹는 음식의 종류나 양을 조절할 수 없을 것 같다는 느낌)
3) 폭식 때문에 심한 고통을 받는다.
4) 증상 : 폭식 장애(binge eating disorders, BED)는 폭식에 대한 통제력 상실을 보이며, 폭식으로 인한 심각한 고통이 따르지만 신경성 폭식증이 특징인 자기-유도적 구토 및 하제나 다른 약물의 오용과 굶는 것 그리고 과도한 운동과 같은 부적절한 보상 행동을 동반하지는 않는다.
5) 역학 : 폭식 장애는 여성이 남성보다 높은 유병률을 나타내고, 인종에 따른 유병률의 차이는 없다.

♣ 심화학습 - 폭식 장애 연구 모형

1) 섭식 절제 모형
 사람들이 칼로리 섭취를 제한하면 에너지 박탈과 함께 음식을 소비하도록 하는 내부 단서로 이끌리게 되고, 이에 사람들은 섭식의 탈억제에 영향을 받기 쉬워지며, 그 결과 폭식을 하게 된다고 주장한다.
2) 정서적 섭식 모형
 정서적 섭식 모형은 폭식을 촉진하는 것으로 정서적 요인을 강조한다(Meyer, Waller, & Water, 1998). 예를 들면 우울이나 불안, 분노와 같은 부정적인 정서로부터 벗어나려고 폭식을 하게 된다는 것이다(Heatherton & Baumeister, 1991). 또한 정서와 폭식의 관계는 '교환(exchange)'으로 설명 가능한데, 폭식 장애 환자는 폭식 전의 부정적 정서를 폭식 후 겪게 되는 정서보다 더 혐오스러운 것으로 경험하므로 더 혐오스러운 폭식 전 정서를 폭식을 함으로써 덜 혐오스러운 폭식 후 정서와 교환한다.

3) 회피 모형

해써튼(Heatherton)과 바우마이스터(Baumeister)가 주장한 것으로 이 모형은 폭식의 인과 과정을 정신적 도피 과정으로 설명했다. 이 모형에 따르면 폭식 행동은 자기 의식으로부터 회피하려는 동기로 나타난다.

❏ 배설장애(Elimination Disorder)의 하위유형

1. 아동기나 청소년기에 흔히 진단되는 장애로 대소변을 가릴 충분한 나이가 되었음에도 이를 가리지 못하거나 적절하지 못한 장소에 배설하는 것
   (1) 유뇨증(Enuresis)
   (2) 유분증(Encopresis)

> * 배설장애 일반
> – 대소변을 가릴 충분한 나이가 되었음에도 불구하고 이를 가리지 못하고 옷이나 적절치 못한 장소에서 배설하는 경우를 말한다.
> – 소변과 관련된 유뇨증과 적절치 않는 곳에 대변을 보는 유분증으로 구분된다.

2. 유분증
   ① 적절치 않는 곳에 불수의적이든 의도적이든 반복적으로 대변을 본다.
   ② 이러한 사건이 적어도 3개월 동안 최소한 매달 1회 발생한다.
   ③ 소아의 생활 연령이 최소한 4세이다.
   ④ 행동이 전적으로 물질이나 일반적인 의학적 상태의 직접적인 생리적 효과로 인한 것이 아니어야 한다.

3. 유뇨증
   ① 침구나 옷에 반복적으로 소변을 본다.
   ② 이 행동이 적어도 연속 3개월 동안 주 2회의 빈도로 일어나고, 사회적, 학업적 또는 다른 중요한 기능 영역에서 임상적으로 심각한 고통이나 장해를 일으킨다는 점에서 임상적으로 중요하다.
   ③ 생활연령이 적어도 5세이다.
   ④ 이런 행동이 전적으로 물질이나 일반적인 의학적 상태의 직접적인 생리적 효과로 인한 것이 아니어야 한다.

> 이상심리

23강 수면-각성장애/성기능장애

☐ 수면-각성장애(Sleep-Awake Disorder)의 하위유형

- 수면의 양이나 질의 문제로 인해서 수면-각성에 대한 불만과 불평을 나타내는 다양한 장애

  (1) 불면장애(Insomnia Disorder)
  (2) 과다수면장애(Hypersomnolence Disorder)
  (3) 수면발작(Narcolepsy) : 기면증
  (4) 호흡관련 수면장애(Breathing-Related Sleep Disorder)
    ① 방해성 수면무호흡증(Obstructive Sleep Apnea Hypopnea)
    ② 중추성 수면무호흡증(Central Sleep Apnea)
    ③ 수면관련 저호흡증(Sleep-Related Hypoventilation)
  (5) 일주기 리듬 수면-각성장애(Circadian Rhythm Sleep-Awake Disorder)
  (6) 수면곤란장애/사건수면/수면이상증(Parasomnias) : 비REM 수면-각성장애, 몽유병, 수면 중 보행장애, 수면 중 경악형
    ① 악몽장애(Nightmare Disorder)
    ② 초조성 다리 증후군(Restless Legs Syndrome)
  (7) 물질/약물 유도성 수면 장애

☐ 불면장애

(1) 적어도 1개월 동안 수면의 시작이나 수면 유지의 어려움, 또는 원기 회복이 되지 않는 수면을 주로 호소한다.
(2) 수면 장애가 사회적, 직업적, 또는 기타 중요한 기능 영역에서 임상적으로 심각한 고통이나 장해를 초래한다.
(3) 수면 장해가 수면발작(기면증), 호흡관련 수면장애, 또는 수면 관련 장애의 경과 중에만 발생되지 않는다.
(4) 장해가 다른 정신장애의 경과 중에만 발생되지 않는다.
(5) 장해가 물질이나 일반적인 의학적 상태의 직접적인 생리적 효과로 인한 것이 아니다.

☐ 과다수면장애

(1) 적어도 1개월 동안 지속되는 과다한 졸음이 주된 호소로서 연장된 수면 삽화 또는 거의 매일 일어나는 주간의 수면 삽화로 나타난다.

(2) 과다한 졸음이 불면증에 의해 잘 설명되지 않으며, 다른 수면장애의 경과 중에만 발생되지 않으며, 불충분한 수면의 양으로도 설명되지 않는다.
(3) 장해가 다른 정신장애의 경과 중에만 발생되어서는 아니 된다.
(4) 장애가 물질이나 일반적인 의학적 상태의 직접적인 생리적 효과로 인한 것이 아니다.

☐ 수면발작 : 기면증

(1) 적어도 3개월 이상 지속되는 저항할 수 없는, 원기 회복이 되는 수면발작이 주요한 호소이다.
(2) 장해가 물질(예, 남용 약물이나 투약약물)이나 다른 일반적인 의학적 상태의 직접적인 생리적 효과로 인한 것이 아니다.

> * 탈력발작(Cataplexy) : 수면발작 시에 나타나는 현상으로써, 크게 웃거나 화를 내거나 흥분하는 등의 격렬한 감정변화를 느끼고 난 후 갑자기 운동근육이 이완되어 쓰러질 것 같은 상태로 몇 초에서 몇 분간 지속된다.

☐ 호흡 관련 수면장애

(1) 수면장해가 과도한 졸음 또는 불면증을 유발하고, 그것이 수면 관련 호흡 상태(예, 폐색성 수면무호흡 증후군, 중추성 수면 무호흡 증후군)로 인한 것이라고 판단되는 경우
(2) 장애가 다른 정신장애로 잘 설명되지 않으며, 물질이나 다른 일반적인 의학적 상태(호흡 관련 장애를 제외한)의 직접적인 생리적 효과로 인한 것이 아니어야 한다.
(3) 하위유형
 - 방해성 수면무호흡증
 - 중추성 수면무호흡증
 - 수면관련 저호흡증

☐ 일주기 리듬 수면-각성장애

(1) 환경에 의해 요구되는 수면-각성 주기와 개인의 일주기 수면-각성 양식 사이의 부조화 때문에 생기는 과도한 졸음 또는 불면을 일으키는 수면장해가 반복되고 지속되는 양상을 보인다.
(2) 수면 장해가 사회적, 직업적, 기타 중요한 기능 영역에서 임상적으로 심각한 고통이나 장해를 초래한다.
(3) 장해가 다른 수면장애나 다른 정신장애의 경과 중에만 발생하는 것은 아니다.
(4) 장해가 물질이나 일반적인 의학적 상태의 직접적인 생리적 효과로 인한 것은 아니다.
(5) 지연된 수면단계형, 교대근무형, 비24시간 수면-각성형, 조기수면 단계형, 불규칙한 수면-각성형

❑ 수면곤란장애/사건수면/수면이상증

*수면 중 보행장애
(1) 수면 동안 침대에서 일어나서 걸어 다니는 반복적인 삽화가 있고, 주요 수면시간의 초기 3분의 1에서 발생한다. 수면의 3~4단계에서 발생하는 것으로 추정한다.
(2) 수면 중 보행 동안 개인은 멍청하게 응시하는 얼굴을 보이고, 대화하려는 다른 사람의 노력에 대해 반응을 보이지 않고, 깨우기가 무척 어렵다.
(3) 깨어났을 때, 삽화에 대해 기억상실이 있다.
(4) 수면 중 보행 삽화에서 깨어나서 몇 분이 지나면 정신 활동이나 행동에는 아무런 장해가 없다.
(5) 수면 중 보행은 사회적, 직업적, 또는 기타 중요한 기능 영역에서 임상적으로 심각한 고통이나 장해를 일으킨다.
(6) 장해가 물질이나 일반적인 의학적 상태의 직접적인 생리적 효과로 인한 것이 아니다.
*비REM 수면-각성장애/몽유병/수면 중 경악형
(7) 하위유형
 - 악몽장애/초조성 다리 증후군

❑ 성기능(부전)장애(Sexual Dysfunctions)의 하위유형

- 원활한 성행위를 방해하는 다양한 기능 장애

(1) 사정지연장애(Delayed Ejaculation)
(2) 발기장애(Erectile Disorder)
(3) 남성 성욕감퇴장애(Male Hypoactive Sexual Desire Disorder)
(4) 조기사정장애(Premature Ejaculation)
(5) 여성 절정감 장애(Female Orgasm Disorder)
(6) 여성 성적 관심/흥분장애(Female Sexual Interest/Arousal Disorder)
(7) 성교 통증장애(Genito-Pelvic Pain/Penetration Disorder)

1. 성장애
1) 성 기능 장애의 의미와 관련 이론
  (1) 정상적인 성 행위가 이루어지는 성 욕구 단계, 고조 단계. 절정 단계에서 기능적 문제를 나타내는 장애를 말한다.
  (2) Matsters와 Jhonson의 이론
    성 기능을 제대로 발휘하지 못하여 상대방을 실망시키고 실패할 것을 두려워하며 성 행위에 몰두하지 못하고 자신의 성적 반응상태를 관찰하는 즉시적 원인이 있고 종교적 신념, 충격적 성경험, 동성애적 성향, 잘못된 성 지식, 과도한 음주, 신체적 문제, 사회문화적 요인의 역사적 원인이 있다.
  (3) 정신분석적 입장

① 성 기능 장애를 상대방이 성적 만족을 느끼지 못하도록 좌절시킴으로써 상대방에 대한 무의식적인 불만과 분노를 표현하는 의미로 해석하고 있다.
② 남성의 경우 오이디이푸스 갈등에서 경험한 거세불안이 성기능장애를 유발할 수 있고 여성의 경우 상대에 대한 경쟁심에 의해 성기능 장애가 초래될 수도 있는데 어린 시절의 무의식적인 남근선망과 관련되어 있다고 주장한다.

(4) 인지적 입장
① 성 행위 시에 정서적 흥분과 신체적 반응이 위축시키는 인지적 요소에 초점을 맞추고 있다.
② 성에 관해서 현실적으로 실현되기 어려운 과도한 기대와 믿음을 지니고 있어서 성행위시 좌절과 실패감을 느끼기 쉬우며 이로 인한 불안이 성기능의 문제를 악화시키게 된다.
③ 성 행위에 몰두하지 못하고 자신의 상태를 확인하려는 자기초점적인 주의가 나타나며 자신의 신체적 반응과 상대방의 반응에 대해서 부정적인 의미로 해석하는 경향이 있다.
④ 인지행동치료에서는 환자들이 성에 대해 올바른 지식과 현실적인 기대를 지니도록 도우며 성에 대한 불안감을 증가시키는 부적응적인 신념과 부정적 사고를 교정함으로서 편안한 마음으로 성행위에 임할 수 있도록 유도한다.
⑤ 체계적 둔감법, 모방학습, 긴장이완 훈련, 성적 기술교육 등을 실시한다.

♣ **심화학습 – 성기능부전의 아형 : 평생형, 후천형, 전반형, 상황형**
① 정상적인 성적 욕구를 느끼지 못하는 성 욕구장애, ② 고조 단계에 문제가 있는 경우로 여성 성적 흥분장애와 남성 발기 장애로 구분되는 성적 흥분장애, ③ 성교시에 절정감을 느끼지 못하는 문제인 절정감 장애, ④ 성교시에 통증을 경험하는 성교 통증 장애로 구분된다.

❏ 사정지연장애 – 사정장애(disturbance of ejaculation)의 하나

정상적인 사정이 장애를 받은 상태의 총칭이다. 사정불능증에서는 사정이 완전히 소실한다. 정액이 후요도로 사출되는데, 방광내로 역류해서 외뇨도구에서 나오지 않는 것을 역행성 사정이라고 한다. 사정까지의 시간이 이상하게 짧은 것을 정액조루라 하고 반대의 경우를 지연사정이라고 한다. 사정시의 통증을 사정통이라고 한다.
 cf : ❏ 조기사정장애

❏ 발기장애(male erectile disorder)

성반응주기를 흥분기(excitement phase), 고조기(plateau phase), 절정기(orgasmic phase), 해소기(resolution phase)의 4단계로 구분했을 때, 흥분기에 관련되는 남성의 대표적인 성기능장애다. 성적 흥분이 지속적이고 반복적으로 장애를 받는 경우이며, 발기력이 약하거나 유지되지 않아서 성행위를 성공적으로 마무리하지 못한다. 과거에 단 한 번도 성공적인 성행위를 완수한 경험이 없는 경우를 원발성(primary) 장애라고 하며, 반면에 과거에는 발기에 문제가 없었지만 어느 시점부터 발기장애가 나타나는 경우를 이차성 발기장애(secondary erectile disorder)라고 한다. 대체로 원발성은 약 1%로 매우 드물고, 대부분 이차성발기장애가 많은데, 성인 남성의 약 10~20% 정도로 보고된다.

❏ 남성 성욕감퇴장애(hypoactive sexual desire disorder)

1. 성욕감퇴장애는 성적 공상이나 성행위에 대한 성욕이 지속적으로 결여되어 없거나 부족한 상태를 말한다. 성적 자극을 추구하고자 하는 동기도 거의 없고, 성적 표현 곤란에 관해서도 감정적 동요가 별로 없다.
2. 이 장애는 전반적인 성적 표현에서 나타날 수도 있고 상황, 대상, 특정 행위 등에 따라서 다르게 나타날 수도 있다. 외현적으로 성적 표현이 될 수 있는 상황에서 기회가 상실되어도 성욕감퇴장애가 있는 사람은 그에 대한 좌절의 정도가 약하다.
3. 이들은 스스로 성행위를 주도하지 않으며, 성적 상대자가 성행위를 시작했을 때 어쩔 수 없이 대응해 주는 정도로 참여할 뿐이다. 성욕에 관한 일반화 혹은 표준화되어 있는 강도나 빈도에 관한 자료는 없다. 그러므로 성욕감퇴장애라는 판단을 내리기 위해서는 부부나 성적 상대자 간의 상대적 성 욕구 차이, 개인적 특성, 대인관계 요인, 생활배경, 문화적 상황 등에 근거해야 한다.

❏ 여성 절정감장애(Female orgasmic disorder)

1. 절정감장애는 오르가슴 장애, 극치감 장애(極致感障礙) 등으로도 불리며, 여성 절정감장애로 불리운다.
2. 오르가슴이란 성적 쾌감이 최대가 되었을 때 나타나는 극치감과 이에 수반되는 신체적 현상을 말하는데, 이를 제대로 느끼지 못하는 경우를 절정감장애라 한다.
3. 여성은 나이나 성적 경험, 성적 자극의 양이나 정도, 신체적 발달상황 등을 고려했을 때 문제가 없고, 성적 흥분기는 경험할 수 있지만 이후의 절정감이 지연되거나 절정감을 느끼지 못하는 경우가 이에 해당되고, 절정감 장애는 자위나 직접적 성교 이외 다른 방법을 통해서 오르가슴을 느낄 수 있는 경우는 제외한다.

❏ 여성 성적 관심/흥분장애(Female sexual arousal disorders)

1. 성적 고조단계에 문제가 있어 지속적이고 반복적으로 원활한 성적 흥분에 장애가 생기는 경우로, 성행위가 끝날 때까지 흥분을 전혀 느끼지 못하거나 잠시 흥분이 일어난다 해도 그 정도가 미미하거나 성행위 과정 중에 흥분을 유지하지 못하는 것이다.
2. 성적 흥분 장애는 우울, 약물, 영양상태 불량, 그 외 당뇨나 위축성 질염과 같은 의학적 문제가 원인이 되기도 하고, 현재의 성적 상대자에 대한 성적 매력 부족이나 본인의 성적 욕망 부족이 원인이 될 수도 있다.

성교 통증장애(sexual pain disorder)

1. 성교 중 통증은 성교 중에 가장 많이 일어나지만, 성교 전이나 성교 후에도 발생할 수 있는 모든 동통을 말한다. 이 장애는 남성과 여성 모두 겪을 수 있지만 여성에게 주로 나타나며, 남녀 모두에게 해당되는 성교통증, 여성에게 국한되는 질 경련증 등이 이에 속한다.
2. 성교통증은 성교 시 지속적으로 생식기에 통증을 느끼는 경우로서, 지속되면 성행위를 회피하게 되고 성욕구장애나 다른 성기능장애로 발전되어 만성화될 수 있다. 이 장애는 다른 장애에 비해서는 드물다. 원인으로는 신체적인 것이 많지만 심리적 요인이 통증의 발생과 지속과정에 영향을 미칠 수 있다.
3. 어린 시절에 성적인 학대나 강간을 당하면서 느꼈던 고통스러운 경험이 성인이 되어 성교 시 통증을 유발할 수 있다. 그뿐만 아니라 상대방에 대한 거부감이나 혐오감, 상대방을 조종하려는 무의식적 동기 등이 성교통증에 영향을 줄 수 있다

24강 성불편증/파괴적, 충동통제장애 등

❏ 성불편증 – 성별불쾌감(Gender Dysphoria) : 성정체감 장애의 변화
– 자신에게 주어진 생물학적 성과 자신이 경험하고 표현하는 성 행동 간의 현저한 괴리로 인해서 심한 고통과 사회적 적응 곤란을 나타내는 경우

1) 자신의 생물학적 성과 성 역할에 대해서 지속적으로 불편감을 느끼는 경우를 말한다.
2) 반대 성에 대해 강한 동일시를 나타내거나 반대의 성이 되기를 소망하는 경우로 성 전환증이 있다.
3) 선천적 요인으로는 유전자의 이상과 태내의 호르몬 이상이 주장되고 후천적 요인으로는 성장 과정에서 부모와 가족의 역할이 중요한 것으로 여겨지고 있다.
4) 성불편감의 진단기준
    (1) 아동의 성불편증
        : 최소 6개월 동안 다음 중 6가지 이상 나타남.
    – 반대 성이 되고 싶은 강한 열망 또는 자신이 반대성이라고 주장
    – 반대 성 옷을 입거나 반대 성 흉내내기를 선호
    – 가상놀이나 환상놀이에서 반대 성 역할 강한 선호
    – 반대 성 놀이 친구에 대한 강한 선호
    – 반대 성이 사용하는 장난감이나 게임 선호, 반대 성 활동에 대한 강한 선호
    – 자기 성별에 대한 강한 혐오, 자기 성에 따른 장난감 게임, 활동에 대한 거부감
    – 자신이 경험한 성별의 일차성징 및 이차성징에 일치하는 것을 강렬히 선호
    (2) 청소년 및 성인의 성불편증
        : 최소 6개월 동안 다음 중 2가지 이상 나타남
    – 자신에게 부여된 일차적 성과 경험된 성에 있어서 현저한 불일치
    – 자신의 경험된 성과의 현저한 불일치 때문에 일차, 이차 성징을 제거하려는 욕구
    – 반대 성의 일차, 이차 성징을 얻고자 하는 강한 욕구
    – 반대 성이 되고 싶은 강한 욕구
    – 반대 성으로 대접받고 싶은 강한 욕구
    – 자신이 반대 성의 전형적 감정과 반응을 지니고 있다는 강한 신념

❏ 파괴적, 충동통제장애 및 품행장애
(Disruptive, Impulse-Control, and conduct Disorders)의 하위유형
– 정서와 행동에 대한 자기통제의 문제를 나타내는 다양한 장애

이상심리

(1) 적대적 반항장애(Oppositional Defiant Disorder)
(2) 간헐적 폭발장애(Intermittent Explosive Disorder)
(3) 품행장애(Conduct Disorder)
(4) 반사회성 성격장애(Antisocial Personality Disorder)
(5) 방화광(증)(Pyromania)
(6) 도벽광(증)(Kleptomania)

❏ 적대적 반항장애

1) 진단적 특징

(1) 적대적 반항장애의 필수 증상은 권위 인물에 대해 반복되는, 거부적, 도전적, 불복종적, 적대적 행동이 적어도 6개월 이상 지속된다(진단 기준 A).
(2) 다음 행동 가운데 적어도 4가지 행동이 빈번하게 발생한다.
   ① 화내기
   ② 어른과 논쟁하기
   ③ 적극적으로 어른의 요구나 규칙을 무시하거나 거절하기
   ④ 고의적으로 타인을 귀찮게 하기
   ⑤ 자신의 실수나 잘못된 행동을 남의 탓으로 돌리기
   ⑥ 타인에 의해 기분이 상하거나 쉽게 신경질 내기
   ⑦ 화내고 원망하기
   ⑧ 악의에 차 있거나 앙심을 품고 있기
(3) 적대적 반항장애가 진단 내려지기 위해서는 나이가 비슷하고 동일한 발달 수준에 있는 다른 사람들에게서 전형적으로 관찰되는 것보다 그러한 행동이 더 빈번해야 하고, 그러한 행동이 사회적, 학업적, 직업적 기능에 심각한 장해를 초래해야 한다(진단 기준 B).
(4) 행동장애가 정신증적 장애 또는 기분장애 기간에만 나타난다(진단 기준 C).
(5) 품행장애 또는 반사회성 인격장애의 진단 기준에 맞는다면(18세 이상의 개인에서), 적대적 반항장애는 진단 내려지지 않는다.

2) 특징

(1) 거부적이고 도전적인 행동은 지속적인 고집, 지시에 대한 저항, 어른이나 친구와의 타협, 양보, 협상을 하지 않는 양상으로 표현된다.
(2) 도전은 대개 명령을 무시하고, 논쟁하고, 실수에 대한 비난을 받아들이지 못하는 양상으로 표현된다.
(3) 적개심은 어른이나 친구에게 직접적으로 표현되고, 고의적으로 귀찮게 굴거나 언어적으로 공격하는 양상으로 나타난다(흔히 품행장애에서 심각한 신체적 공격성을 나타나지 않는다).

(4) 이 장애의 표현은 거의 대부분 집에서 나타나는데, 학교나 지역사회에서는 나타나지 않을 수 있다.
(5) 증상은 전형적으로 잘 알고 있는 어른이나 친구와의 관계에서 더 잘 나타나고, 임상적인 관찰 도중에는 분명히 나타나지 않을 수 있다.
(6) 이 장애를 갖고 있는 개인들은 흔히 자신을 반항적이거나 도전적이라고 생각하지 않고, 자신의 행동을 불합리한 요구나 환경에 대한 반응이라고 정당화한다.

❑ 간헐적 폭발성 장애

공격적 충동이 조절되지 않아, 심각한 공격적 행동이나 재산 및 기물을 훼손하는 파괴적 행동을 반복적으로 나타내는 경우이다.
- 변연계 이상 등 신경생물학적 요인이 관여될 수 있음
- 아동기 후반 또는 청소년기에 시작
- 전형적으로 행동폭발을 유발하지 않는 자극에도 충동적으로 행동
- 12개월 이내에 상해위험이 있는 행동 3회를 하는 경우
- 3개월 이내에 주 2회 이상 상해위험이 없는 언어적, 신체적 공격성을 보이는 경우

❑ 품행장애(conduct disorder)

1) 타인의 기본 권리나 나이에 맞는 사회적 규칙을 반복적이고 지속적으로 위반하는 것과 관련된 장애이다.
2) 사람과 동물에 대한 공격성, 파괴와 사기 혹은 절도, 심각한 규칙의 위반 등의 모습으로 나타난다.
3) 사회적인 관점에서는 일탈행동이며 법률적으로는 비행에 해당하고, 특히 형법과 관련되어서는 범죄 행위로 평가될 수 있는데 사회적으로 용납되지 않는 행동을 지속하는 것이 품행장애의 주된 증상으로 비행, 공격성이 동반된다.
4) 일시적인 일탈이 아니라 적어도 과거 6개월 동안 진단에 필요한 준거가 나타나야 한다.
5) 품행 장애는 반사회적, 공격적, 도전적 행위를 반복적, 지속적으로 행하여 사회, 학업, 작업 기능에 중대한 지장을 초래하는 장애를 의미한다.
6) 가족뿐만 아니라 대인관계 전반에서 나타날 수 있으며 가정과 학교, 사회에서 나타난다.
7) 심리적 관점으로는 품행장애로 보지만, 사회적으로는 일탈 행동, 법률적으로는 청소년 비행에 해당된다.
8) 품행장애는 1950년대에 '청소년 비행(juvenile delinquency)'으로 소아기에 나타나는 행동장애로써 간주되었고, 1990년대에 '품행장애(conduct disorder)'라는 용어를 사용하였다.
9) 품행장애는 남자에게서 훨씬 높게 나타나며 청소년기의 여아에게는 성적일탈이 두드러지며 남아는 폭력적 성향이 두드러지고 주로 청소년 초기에 처음 발현된다.

10) 소아기(10세 이전)에 발병되면 잘 낫지 않으며 청소년기에 발병하면 나이가 들어서 반사회적 행동이 줄어드는 경향이 있다.
11) 품행장애의 진단 기준
① 다른 사람의 기본적 권리를 침해하고 나이에 맞는 사회적 규범 및 규칙을 위반하는, 지속적이고 반복적인 행동 양상으로서, 다음 가운데 3개(또는 그 이상) 항목이 지난 12개월 동안 있어 왔고, 적어도 1개 항목이 지난 6개월 동안 있어 왔다.
  (1) 흔히 다른 사람을 괴롭히거나, 위협하거나, 협박한다.
  (2) 흔히 육체적인 싸움을 도발한다.
  (3) 다른 사람에게 심각한 신체적 손상을 일으킬 수 있는 무기를 사용한다.
    (예, 곤봉, 벽돌, 깨진 병, 칼 또는 총).
  (4) 사람에게 신체적으로 잔혹하게 대한다.
  (5) 동물에게 신체적으로 잔혹하게 대한다.
  (6) 피해자와 대면한 상태에서 도둑질을 한다(예, 노상강도, 날치기, 강탈, 무장 강도).
  (7) 다른 사람에게 성적 행위를 강요한다.
    ※재산의 파괴
  (8) 심각한 손상을 입히려는 의도로 일부러 불을 지른다.
  (9) 다른 사람의 재산을 일부러 파괴한다(방화는 제외).
    ※사기 또는 도둑질
  (10) 다른 사람들의 집, 건물, 차를 파괴한다.
  (11) 물건이나 호감을 얻기 위해, 또는 의무를 회피하기 위해 거짓말을 흔히 한다(예, 다른 사람을 속인다).
  (12) 피해자와 대면하지 않은 상황에서 귀중품을 훔친다(예, 파괴와 침입이 없는 도둑질, 위조문서).
    ※심각한 규칙 위반
  (13) 13세 이전에, 부모의 금지에도 불구하고 밤 늦게까지 집에 들어오지 않는다.
  (14) 친부모 또는 양부모와 같이 사는 동안 적어도 2번 가출한다(또는 오랫동안 돌아오지 않는 1번의 가출).
  (15) 13세 이전에 시작되는 무단결석
② 행동의 장해가 사회적, 학업적, 또는 직업적 기능에 임상적으로 심각한 장해를 일으킨다.
③ 18세 이상일 경우, 반사회성 인격장애의 진단 기준에 맞지 않아야 한다.

❏ 반사회성 성격장애(Antisocial Personality Disorder)

– 성격장애 B군 장애 : 반사회성 성격장애

❏ 방화광(병적 방화)

- 불을 지르고 싶은 충동을 조절하지 못해 반복적으로 방화를 하는 장애이다.
- 병적 방화는 1회 이상 발생할 때 진단 가능

❏ 도벽광

(1) 남의 물건을 훔치고 싶은 충동을 참지 못해서 반복적으로 도둑질을 하는 경우이다.
(2) 개인적으로 필요치 않은 하찮은 물건을 훔침
(3) 훔친 물건을 살 만한 돈을 가지고 있음
(4) 훔친 물건은 버리거나 다시 제 자리에 몰래 갖다 놓기도 함
(5) 미리 계획된 행동이 아닌 충동적 행동으로 언제나 혼자 저지름
(6) 훔치다 붙잡혀서 사회적 체면을 손상받지 않을까 하는 우려로 우울, 불안, 죄책감에 시달리기도 함
(7) 동반질환 : 만성우울, 신경성 식욕부진증, 과식용, 방화광(특히 여성에게)
(8) 대부분 소매상에서 훔침
(9) 개인적으로 쓸모가 없거나 금전적으로 가치가 없는 물건을 훔치려는 충동을 저지하는데 반복적으로 실패한다.
(10) 훔치기 전에 고조되는 긴장감을 경험한다.
(11) 훔친 후에 기쁨, 충족감, 안도감을 느낀다.

[도벽광의 DSM-5 진단기준(요약)]

A	자신에게 쓸모나 경제적 가치가 없는 물건을 반복적으로 훔침
B	훔치기 직전에 긴장이 고조
C	훔치는 동안 쾌감, 만족감 또는 긴장해소
D	망상이나 환각 또는 분노나 원한 때문이 아님
E	배제진단-품행장애, 조증삽화, 반사회성 인격장애

25강 물질-관련 및 중독장애, 도박장애

이상심리

☐ 물질-관련 및 중독 장애(Substance-Related and Addictive Disorder)의 하위유형

1. 술, 담배, 마약 등과 같은 중독성 물질을 사용하거나 중독성 행위에 몰두함으로서 생겨나는 다양한 부적응적 증상
   1) 물질-관련장애(Substance-Related Disorder)
      ① 물질 사용 장애(Substance Use Disorder)
      ② 물질 유도성 장애(Substance-Induced Disorder)
      ③ 물질 중독, 물질 금단, 물질/약물 유도성 정신장애
   2) 물질 사용 장애는 반복적인 물질 섭취로 인해서 그 물질을 점점 더 많이 원하는 내성과 섭취하지 않으면 고통을 느끼는 금단현상으로 인해 개인을 심각한 부적응 상태로 몰아가는 경우를 뜻하는 물질 의존과, 과다한 또는 반복적인 물질사용으로 인한 현저하게 해로운 결과가 나타나는 경우를 의미하는 물질남용으로 구분된다.
   3) 물질 유도성 장애는 특정한 물질의 섭취나 복용으로 인해 파생되는 여러 가지 부정적인 심리적 증상을 뜻한다.

2. 물질의 유형
   약물 중 아편류(몰핀, 헤로인, 메사돈, 코데인 등)
   1) 아편(opium) : 양귀비라는 식물에서 채취되는 진통효과를 지닌 물질
   2) 아편류(opioids) : 아편과 유사한 화학적 성분이나 효과를 나타내는 물질들
   3) 진통제, 마취제, 설사 억제제, 기침 억제제로 처방
   4) 천연 아편류 : 모르핀
   5) 반합성 아편류 : 헤로인
   6) 합성 아편류 : 코데인, 아이드로 모르핀, 메사돈, 옥시코든, 메페리딘, 펜타닐
      cf) 엑스타시(Ecstasy)
          한국에서는 '도리도리'로, 미국에서는 '아담', '엑스터시'로 불리는 MDMA는 환각성과 암페타민과 같은 특성을 지닌 합성 향정신성약이다.

3. 물질의존 장애를 일으킬 수 있는 약물
   물질의존 장애를 일으킬 수 있는 약물로는 알코올, 니코틴(타바코), 코카인, 암페타민, 환각제(LSD, mescaline, psilocybin, 암페타민류, 항콜린성 물질), 흡입제(본드, 부탄가스, 가솔린, 페인트 시너, 분무용 페인트, 니스 제거제, 라이터 액, 아교, 고무 시멘트, 세척제, 구두약 등), 카페인, 대마(대마계 제제-카나비스, 마리화나-대마초 등), 아편류는 천연 아편류(모르핀), 반합성

아편류(헤로인), 합성 아편류(코데인, 아이드로 모르핀, 메사돈, 옥시코든, 메페리딘, 펜타닐) 등이 있다.

♣ 심화학습 – 알코올 의존의 4단계

- Jellinek (1952)

1단계	전 알코올 증상단계 (pre alcoholic phase)	사교적 목적, 즐기는 단계, 긴장 해소, 대인관계 원활, 알코올의 긍정적 효과 경험
2단계	전조단계 (prodromal phase)	음주량과 빈도 증가, 망각현상(blackout), 음주 동안의 사건을 기억하지 못함
3단계	결정적 단계 (crucial phase)	술을 수시로 마심, 빈번한 과음으로 여러 가지 부적응적 문제 발생
4단계	만성단계 (chronic phase)	알코올에 내성이 생김, 심한 금단증상, 술에 대한 통제력 상실, 술을 마시는 것 외에는 무관심

- 젤리넥(Jellinek)의 알코올 의존(alcohol dependence)이론
  (1) 잦은 음주로 내성이 생기고 섭취량과 마시는 빈도가 늘면서 술에 의존하게 되는 현상
  (2) 알코올 사용이 물질의존의 진단기준을 충족시킬 경우, 알코올 의존으로 진단
  (3) 알코올의 생리적 의존은 내성과 금단증상을 나타나게 함
  (4) 알코올 내성 : 술에 잘 취하지 않음, 점점 더 많은 양을 마시게 됨
  (5) 알코올 금단증상 : 손 떨림, 불안, 초조, 구토, 불면증
  (6) 알코올 의존으로 인해 직장, 가정, 대인관계, 건강 등 심리사회 문제 초래
  (7) 12개월 이상 지속되면 알코올 의존 진단

♣ 심화학습 – 코르사코프 증후군(기억상실증적 심리증후군)

1) 지속적인 알코올 섭취는 중추신경계를 손상시켜 주의력, 기억력, 판단력 등의 인지 기능을 손상시키는데 대표적인 장애는 코르사코프 증후군(koraskoff's syndrome)으로 새로운 경험을 기억하지 못하는 지속성 기억상실증이다.
2) 코르사코프 증후군은 알코올중독자의 경우에 기술되는 건망증(Amnesia)의 한 형태이다.
3) 처음 상세한 기술은 1880년 러시아의 신경학자 Sergei Korsakow(1854-1900)에 의해 발표되었다.
4) 코르사코프 증후군은 종종 또한 [코르사코프-증상복합체]로 불려진다.
5) 코르사코프에 의해 명명된 증후군의 실제적인 증상
  (1) 알코올로 인한 뇌손상의 극도로 심한 비가역적인 형태
  (2) 기억 상실증
  (3) 역행성 기억상실증(retrograde amnesia) – 시간적으로 미래에 초점이 맞춰진 기억상실증
  (4) 전행성 기억상실증(anterograde amnesia) – 시간적으로 과거에 초점을 둔 기억상실증
  (5) 작화증(confabulation) – 환자들은 객관적으로 잘못된 이야기를 설명하는데, 그러나 자기 자신에게는 진실로 받아들여지며 대부분 이 이야기들은 실제적인 사건의 단편들로 짜 맞춰진다.
  (6) 탈정향화 – 해당자들은 이전의 시간에 그리고 다른 장소에서 공상을 하며 종종 이들은 또한 이렇게 그르게 받아들여진 실제에 상응하여 행동한다.

이상심리

☐ 도박장애 - DSM-5에서는 비물질 관련 장애

(1) 노름이나 도박을 하고 싶은 충동으로 반복적인 도박을 하게 되는 정신장애이다.
(2) 정신분석적 입장에서는 공격적이거나 성적인 에너지를 방출하려는 욕구가 무의식적으로 대치된 것이라고 본다.
(3) 학습이론에서는 다른 사람의 도박행동에 대한 모방학습과 간헐적으로 돈을 따는 강화에 의해 병적 도박증이 유발되고 지속된다고 설명한다.
(4) 인지적 입장에 따르면 병적 도박증을 지닌 사람들은 자신이 돈을 따게 될 주관적 확률을 높게 평가하는 낙관적 성향과 비현실적이고 미신적인 인지적 왜곡을 나타낸다고 한다.
(5) 병적 도박증의 치료를 위해서는 도박에 대한 매혹을 제거하고 혐오감을 형성시키는 행동치료적인 기법이 사용되기도 한다.

♣ **심화학습 - 도박장애 (비물질 관련 장애)**

1. 사교적 도박자와 병적인 도박자는 발생 원인과 발달 양상이 서로 관련성이 있다. 사교적 도박에는 자유로운 사교성 도박과 심각한 사교성 도박이 있다. 심각한 사교성 도박자들은 사교성에서 이미 조금 더 습관성으로 빠져든 경우이다. 이들은 처음 단순히 사람을 만나서 사귀기 위해 도박판에 오고, 도박하는 재미를 점차 느낀다.
2. 도박하지 않으면 허전하고 심심해서 견디지 못하게 된다. 이런 정도에 이르면 상당히 습관성으로 진행됐기에 도박의 전문성으로 진행하기 쉬운 시점에 있다. 이것이 추후에 병적인 도박이 될 수 있기 때문에 사교적 도박자와 병적인 도박자는 발생 원인과 발달 양상이 서로 관련성이 있다.
3. 여성 도박장애자들은 인생의 초반기부터 전조가 시작되는 경향을 보이지 않는다. 도박장애의 발병은 청소년기 혹은 초기 성인기에 나타날 수 있지만, 어떤 사람들은 중년기 혹은 심지어 노년기에 나타날 수도 있다. 도박장애는 대개 수년에 걸쳐 진행되고, 병의 진전 속도는 여성이 남성보다 더 빠르게 진행된다. 도박장애로 발전하는 사람들의 대부분은 도박의 빈도나 양 모두에 있어 점차적으로 증가하는 패턴을 보인다. 보다 경미한 형태가 더 심각한 형태로 발전한다는 점은 확실하다.
4. 도박장애는 여성보다 남성에게서 더 이른 시기에 나타난다. 어린 나이에 도박을 시작하는 사람들은 대개 가족들 혹은 친구들과 같이 한다. 인생 초반부에 도박장애로 발전된다는 것은 충동성이나 물질남용과도 관련되어 보인다.
5. 도박장애로 발전하는 고등학생 및 대학생들 대다수는 그 문제로부터 벗어나지만 일부는 평생 지속되기도 한다. 중년기 및 노년기의 도박장애 발병은 남성보다는 여성에게서 더 흔하다.
6. 도박장애자들은 고혈압이나 소화성 궤양, 편두통과 같은 증상이 동반되는 경우가 많다.
7. 정신적인 고통(무기력, 죄책감, 불안, 우울감 등)을 느낄 때마다 도박에 집착하는 경향이 있다.

이상심리

26강 신경인지장애/성격장애(1)

☐ 신경인지장애(Neurocognitive Disorder)의 하위유형

1. 뇌의 손상으로 인해 의식, 언어, 판단 등의 인지적 기능에 심각한 결손이 나타나는 경우
   (1) 주요 신경인지장애(Major Neurocognitive Disorder)
   (2) 경도 신경인지장애(Minor Neurocognitive Disorder)
   (3) 섬망(Delirium)

2. 의의
   (1) 신경인지장애는 노년기에 나타나는 대표적 후천적 정신장애

   > *알츠하이머병이 원인이 되는 경우

   (2) 섬망의 주된 특성은 의식장애와 주의 장애이며, 기억력 저하나 언어/시공간 지각 저하 등의 부가적 인지장애를 동반
   (3) 주요원인으로는 혈관성과 알츠하이머병(진행이 아주 느림)을 들 수 있음.

☐ 주요신경인지장애

- 인지 저하는 본인이 인식하지 못할 수 있음

☐ 경도신경인지장애

- 독립적-일상적 생활 가능

☐ 섬망

1) 의식이 흐릿하고 주의를 집중하지 못하며 사고의 흐름이 일관성이 없는 장애로서 주변상황을 잘못 이해하며, 생각의 혼돈이나 방향상실, 자신의 이름을 기억하지 못하는 등이 일어나는 정신의 혼란상태이다.
2) 일반적인 의학적 조건에 의한 물질 중독성, 물질 금단성, 복합 원인에 의한 섬망이 있다.
3) 섬망은 보통 중독·발열·심부전 및 대뇌에 부상을 당했을 때 등 뇌에 나쁜 영향을 끼치는 신체적 결함으로 인해 일어난다.
4) 주위환경 변화가 심하면 섬망상태가 더 잘 일어나기 때문에 섬망이 나타나려고 할 때 환자를 집에서 병원으로 옮기는 것은 환자에게 위협이 될 수 있는데, 이때 가족이 곁에 있으면 위협을

훨씬 줄일 수 있다.
5) 원인이 되는 신체적 조건이 개선되면 섬망 증상은 곧 없어진다.
6) 그러나 독물의 제거뿐 아니라 뇌의 피해 정도나 신체의 회복능력에 따라서도 회복속도가 달라진다.
7) 섬망의 진단 기준
   (1) 의식 장애와 주의를 집중하고, 유지하고, 이동하는 능력의 감퇴
   (2) 인지의 변화 또는 지각 장애가 이미 존재 하거나 확진되거나 진행 중인 치매로 잘 설명되지 않는다.
   (3) 장애가 단기간 동안 발전되고, 하루 중에도 변동하는 경향이 있다.
   (4) 과거력, 신체검사, 또는 검사 소견에서 장애가 일반적인 의학적 상태의 직접적인 생리적 효과에 의한 것이라는 증거가 있다.

❏ 성격장애

1. 성격장애의 개요

1) 성격장애

성격장애는 한 개인이 지닌 삽화적이 아닌, 지속적인 일정한 행동양상 때문에 현실에 적응하는데 있어서 자신에게나 사회적으로 주요한 기능 장애를 초래하게 되는 이상성격의 양상으로 볼 수 있다.

2) 성격장애로 진단되기 위한 몇 가지 기준
(1) 개인의 지속적인 내적 경험과 행동 양식이 그가 속한 사회의 문화적 기대에서 심하게 벗어나야 한다.
(2) 고정된 행동 양식이 융통성이 없고 개인생활과 사회생활 전반에 넓게 퍼져 있어야 한다.
(3) 고정된 행동 양식이 사회적, 직업적, 그리고 다른 중요한 영역에서 임상적으로 심각한 고통이나 기능의 장애를 초래해야 한다.
(4) 양식이 변하지 않고 오랜 기간 지속되어 왔으며 발병 시기는 적어도 청소년기나 성인기 초기로 거슬러 올라갈 수 있어야 한다.

3) 성격장애의 증상
(1) 만성적이고 만연된 융통성 없는 행동패턴을 보인다.
(2) 기능의 손상과 주관적인 고통을 야기시킬 만큼 부적응적인 환경지각 및 반응패턴을 보인다.
(3) 이러한 패턴은 아동기, 청소년기에 형성되어 일생동안 지속되는 행동패턴으로서 이 시기 부모나 중요 타인의 모델링 또는 상호작용이 중요한 역할을 한다.
(4) 다른 정신장애의 증상이나 결과로 일어나는 것이 아니다.

□ 성격장애(Personality Disorder)의 하위유형
- 성격자체가 부적응적이어서 사회적 기대에 어긋난 이상행동을 지속적으로 나타내는 장애

(1) 군집 A 성격장애	(2) 군집 B 성격장애	(3) 군집 C 성격장애
- 편집성(Paranoid) - 분열성(Schizoid) - 분열형(Schizotypal)	- 반사회성(Antisocial), - 경계성(Borderline), - 연극성(Histrionic), - 자기애성(Narcissistc)	- 회피성(Avoidant), - 의존성(Dependent), - 강박성 (Obsessive-Compulsive)

1. A군 성격장애(편집성, 분열성, 분열형)
1) 성격장애 A 그룹 : 기이하고 괴상한 행동특성을 나타내는 성격장애임
  (1) 편집성 성격장애
    ① 주요 증상과 임상적 특징
      ㉠ **편집성 성격장애는 타인의 의도를 적대적인 것으로 해석하는 불신과 의심을 주된 특징으로** 한다.
      ㉡ 다른 사람이 자신을 부당하게 이용하고 피해를 주고 있다고 왜곡하여 생각하고 **친구의 우정이나 배우자의 정숙성을 자주 의심하며 자신에 대한 비난이나 모욕을 잊지 않고 가슴에 담아 두어 상대방에게 보복하는 경향**이 있다.
      ㉢ 주변 사람들과의 지속적인 갈등의 경험으로 스트레스를 많이 경험하고 우울증, 공포증, 강박장애, 알코올 남용과 같은 정신장애를 나타낼 가능성이 높다.
      ㉣ 강한 스트레스가 주어질 때 짧은 기간 동안 심리적 혼란을 경험하여 망상장애나 정신분열증으로 발전되는 경우도 있다.
      ㉤ 정신분열형, 정신분열성, 자기애성, 회피성, 경계성 성격장애의 요소를 함께 지니고 있는 경우가 많다.
      ㉥ 타인의 동기를 악의에 찬 것으로 해석하는 등 광범위한 불신과 의심이 성인기 초기에 시작되어 여러 가지 상황에서 나타나며 다음 8가지 특성 중 4개 이상을 만족시켜야 한다.
        ⓐ 충분한 근거 없이 다른 사람에게 착취당하고 해를 당하거나 속임을 다하고 있다고 의심한다.
        ⓑ 친구나 동료의 성실성이나 신용에 대한 부당한 의심을 한다.
        ⓒ 정보가 자기에게 악의적으로 사용될 것이라는 부당한 공포 때문에 터놓고 애기하기를 꺼린다.
        ⓓ 타인의 말이나 사건 속에서 자신을 비하하거나 위협하는 숨겨진 의미를 찾으려고 한다.
        ⓔ 원한을 오랫동안 풀지 않는다.
        ⓕ 자신에 대한 모욕, 손상, 경멸을 용서하지 않는다.
        ⓖ 타인은 그렇게 생각하지 않지만 자신의 인격이나 명성이 공격당했다고 인식하고 즉시 화를 내거나 반격한다.
        ⓗ 이유 없이 배우자나 성적 상대자의 정절에 대해 반복적으로 의심한다.

② 원인
  ㉠ 정신분석적 입장
    ⓐ 무의식적인 동성애적 욕구에 기인한다.
    ⓑ 동성애적 욕구에 대한 불안을 제거하기 위해서 부인, 투사, 반동형성의 방어기제를 사용함으로써 편집성 성격특성이 나타난다.
    ⓒ 편집성 성격을 지닌 사람은 어린 시절 부모로부터 가학적인 양육을 받는 경향이 있으며 이 과정에서 자신과 타인에 대한 가학적 태도를 내면화한다.
    ⓓ 자신의 적대감과 비판적 태도를 자각하지 못하는 특성 때문에 타인이 자신에게 적대적인 태도를 나타내는 이유를 이해하지 못하고 타인은 믿지 못할 악한 존재라는 생각을 강화하게 된다는 것이다.
  ㉡ 인지적 입장
    ⓐ 독특한 신념과 사고과정에 초점을 둔다.
    ⓑ **편집성 성격장애자들의 3가지 기본적 신념**
      - 사람들은 악의적이고 기만적이다.
      - 그들은 기회만 있으면 나를 공격할 것이다.
      - 긴장하고 경계해야만 나에게 피해가 없을 것이다.
    ⓒ 타인에 대한 적대적 신념, 타인의 부정적 측면에 대한 선택적 지각, 타인의 적대적 행동 유발, 타인의 적대성에 대한 신념의 확인으로 이어지는 악순환이 반복됨으로써 편집성 성격성향이 지속되는 것이다.
③ 치료
  ㉠ 치료자와 내담자 간의 신뢰로운 관계 형성이 매우 어렵지만, 그만큼, 중요하기도 하다.
  ㉡ 치료자는 솔직하고 개방적인 자세로 신뢰감을 심어주는 것이 중요하다.
  ㉢ 편집성 성격장애자가 치료사의 언행에서 적대적 요소를 포착하여 치료자에게 의심과 분노와 적대감을 표현할 때 치료자는 내담자의 감정을 잘 수용하는 것이 중요하다.
  ㉣ 이들이 겪고 있는 문제와 갈등의 기본적인 원인이 자기 자신에게 있음을 자각하고 자신을 변화시키기 위한 실제적인 노력을 하게 하는 것이 중요하다.

27강 성격장애(2)

❑ 정신분열성 성격장애

① 주요증상과 임상적 특성
  ㉠ 분열성 성격장애는 **감정표현이 없고 대인관계를 기피하여 고립된 생활**을 하는 성격장애이다.
  ㉡ 이러한 성격의 소유자는 사람을 사귀려는 욕구가 없으며 생활 속에서 거의 즐거움을 느끼지 못하고 타인의 칭찬이나 비난에 무관심하며 주로 혼자 하는 활동에 종사하는 경우가 많다.
  ㉢ 우울증을 지니고 있는 경우가 흔하며 정신분열형, 편집성, 회피성 성격장애의 요소를 함께 지니고 있는 경우가 많다.
  ㉣ 사회적 관계에서 고립되어 있고 대인관계 상황에서 감정 표현이 제한되어 있는 특성이 성인기 초기부터 생활 전반에 나타나며 다음 특성 중 4개 이상의 항목을 충족시켜야 한다.
    ⓐ 가족의 일원이 되는 것을 포함하여, 친밀한 관계를 원하지도 즐기지도 않는다.
    ⓑ 거의 항상 혼자서 하는 활동을 선택한다.
    ⓒ 만약 있다고 하더라도, 소수의 활동에서만 즐거움을 얻는다.
    ⓓ 직계가족 이외에는 가까운 친구나 마음을 털어놓는 친구가 없다.
    ⓔ 타인의 칭찬이나 비평에 무관심해 보인다.
    ⓕ 정서적인 냉담, 무관심 또는 둔마된 감정반응을 보인다.

② 원인
  ㉠ 정신분석적 입장
    ⓐ 편집성 성격장애와 마찬가지로 기본적 신뢰의 결여에 기인한 것으로 본다.
    ⓑ 어려서 부모로부터 충분히 수용되지 못하거나 거부당하는 경험을 지니는 경향이 있는데 조용하고 수줍으며 순종적인 모습을 나타낸다.
    ⓒ 정신분열성 성격장애자들은 기본적으로 타인과 관계를 맺는 능력에 결함이 있으며 이러한 결함은 유아기에 부모로부터 양육되는 과정에서 경험하는 부적절감에 기인한다.
  ㉡ 인지적 입장
    ⓐ 부정적 자기개념과 대인관계 회피에 관한 사고가 분열성 성격장애의 특성을 초래한다.
    ⓑ '나는 혼자 있는 것이 낫다.' '아무도 나를 간섭하지 않았으면 좋겠다.' 다른 사람들과의 관계를 맺으면 문제만 일어난다.' '주위에 사람들만 없다면 인생을 별로 복잡하지 않을 것이다.' 등의 사고를 내면적으로 지니고 있다.

③ 치료
  ㉠ 치료자가 인내심을 가지고 내담자의 침묵이나 소극적 태도를 수용하면서 서서히 관계형성에

이상심리

　　노력해야 한다.
　ⓒ 내담자의 사소한 정서적 반응에도 주목하고 공감적으로 수용함으로써 치료자와의 관계형성에 흥미를 갖도록 유도해야 한다.
　ⓒ 치료자는 내담자가 사회적 상황에서 철수하려는 경향을 줄이고, 생활 속에서 즐거움을 경험하도록 도우며, 정서적 경험의 폭과 깊이를 서서히 확대, 심화시키고 인간관계를 형성하고 유지하는 기술을 습득하도록 노력해야 한다.

1) 정신분열형 성격장애

① 주요 증상과 임상적 특성
　㉠ 정신분열형 성격장애는 **친밀한 인간관계를 불편해하고 인지적 또는 지각적 왜곡과 더불어 기괴한 행동을 나타내는 성격장애**이다.
　㉡ 심한 사회적 불안을 느끼며 마술적 사고나 기이한 신념에 집착하고 말이 상당히 비논리적이고 비현실적이며 기괴한 외모나 행동을 나타내는 경향이 있다.
　㉢ 친밀한 대인관계에 대한 현저한 불안감, 인간관계를 맺는 제한된 능력, 인지적 또는 지각적 왜곡 그리고 기이한 행동으로 인해 생활 전반에서 대인관계와 사회적 적응에 현저한 손상을 나타내야 한다.
　㉣ 위의 특성이 성인기 초기에 시작되고 다양한 상황에서 나타나며 다음의 특성 중 5개 이상의 항목을 충족시켜야 한다.
　　ⓐ **관계망상과 유사한 사고를 한다.**
　　ⓑ **행동에 영향을 미치는 괴이한 믿음이나 마술적 사고를 한다.**
　　ⓒ **신체적 착각을 포함한 유별난 지각 경험을 한다.**
　　ⓓ **괴이한 사고와 언어를 보인다.**
　　ⓔ **의심, 편집증적 사고를 보인다.**
　　ⓕ **부적절하거나 메마른 정동을 보인다.**
　　ⓖ **괴이하고 엉뚱하거나 특이한 행동이나 외모를 보인다.**
　　ⓗ **직계가족 외에는 가까운 친구나 마음을 털어놓을 수 있는 사람이 없다.**
　　ⓘ **과도한 사회적 불안을 보인다.**

② 원인
　㉠ 유전적 요인
　　ⓐ 유전적 요인과 관련되어 있다는 주장이 제기되고 있다.
　　ⓑ 정신분열증 환자의 직계가족에서 유병률이 높으며 이 장애를 지닌 사람의 가족에는 정신분열증의 유병률이 높다.
　　ⓒ 정신분열증과 매우 밀접한 유전적 소인이 관여하는 것을 추정하고 있다.
　㉡ 인지적 입장
　　ⓐ 독특한 사고와 다양한 인지적 왜곡을 보인다.

ⓑ '나는 결함이 많은 사람이다', '사람들과 관계를 맺는 것은 매우 위험하다', '나는 사람들이 나를 좋아하지 않는다는 것을 알고 있다', '나는 다른 사람이 무슨 생각을 하는지 다 안다'와 같은 사고를 지닌다.
ⓒ 자신과 무관한 일을 자신과 연결시켜 생각하는 개인화, 정서적 느낌에 따라 상황의 의미를 판단하는 정서적 추론, 무관한 사건들 간의 인과적 관계를 잘못 파악하는 임의적 추론 등의 인지적 오류를 통해서 관계를 잘못 파악하는 임의적 추론 등의 인지적 오류를 통해서 관계 망상적 사고, 마술적 사고, 괴이한 믿음 등을 지니게 된다.
③ 치료
약물치료와 인지 행동적 치료가 도움이 된다는 보고되고 있다.

❏ B군 성격장애(반사회성, 경계성, 연극성, 자기애성)

(1) 반사회성 성격장애
① 주요 증상과 임상적 특징
㉠ 사회적 규범이나 타인의 권리를 무시하는 행동양상을 주된 특징으로 한다.
㉡ **거짓말, 사기, 무책임한 행동, 폭력적 행동, 범법행위를 나타내고 이러한 행동에 대해서 후회나 죄책감을 느끼지 않는 경향**이 있다.
㉢ 반사회성 성격장애자는 잦은 폭력과 범법 행동, 직업 적응의 실패, 가족 부양의 소홀, 성적 문란, 채무 불이행, 거짓말이나 사기행각 무모한 위험행동, 문화시설의 파괴행위 등을 나타냄으로써 주변 사람과 사회에 커다란 피해를 입히게 된다.
㉣ 아동기에 주의 결핍-과잉행동장애를 나타내거나 청소년기에 품행장애를 나타낸 경향이 있다.
㉤ 타인의 권리를 무시하거나 침해하는 행동양식이 생활전반에 나타나며 이러한 특성이 15세부터 시작되어야 하며 다음의 특성 중 3개 이상의 항목을 충족시켜야 한다.
ⓐ 다른 사람의 권리 침해
• 법에서 정한 사회적 규범을 준수하지 않으며 구속당할 행동을 반복한다.
• 개인의 이익이나 쾌락을 위한 반복적인 거짓말, 가명 사용, 타인을 속이는 사기행동을 보인다.
• 충동성 또는 미리 계획을 세우지 못한다.
• 빈번한 육체적 싸움이나 폭력에서 드러나는 호전성과 공격성을 보인다.
• 자신이나 타인의 안전을 무시하는 무모성이 나타난다.
• 꾸준하게 직업 활동을 수행하지 못하거나 채무를 이행하지 못하는 행동으로 나타나는 지속적인 무책임성을 보인다.
• 타인에게 상처를 입히거나 학대하거나 절도행위를 하고도 무관심하거나 합리화하는 행동으로 나타나는 자책의 결여를 보인다.
ⓑ 만 18세 이상이다.

이상심리

ⓒ 15세 이전에 품행장애를 나타낸 증거가 있어야 한다.
② 원인
  ㉠ 유전적 요인
    ⓐ 유전적인 요인이 관여함을 시사하는 쌍생아 연구, 입양아 연구들이 보고되고 있다.
    ⓑ 유전적 요인과 환경적 요인 모두의 영향을 받으며 특히 여성의 반사회성 성격은 유전적 요인에 의해 더 강한 영향을 받는다.
    ⓒ 뇌의 활동에 이상을 나타낸다는 연구 보고가 있으며 자율신경계와 중추신경계의 각성이 저하되어 있는 경향이 있으며 이러한 특성이 범죄성향이나 난폭한 행동과 관련된다는 주장이 제기되었다.
    ⓓ 어린 시절 거칠고 거절을 잘하며 지배적인 부모의 태도가 아동을 공격적이고 반사회적으로 만든다는 주장도 있다.
  ㉡ 정신분석적 입장
    ⓐ 어머니와 유아 간의 관계형성의 문제에서 반사회성 성격이 기인한다.
    ⓑ 기본적 신뢰가 형성되지 못하여 폭력적이고 파괴적인 방법으로 타인과 관계를 맺으려는 시도가 반사회성으로 나타난다는 것이다.
  ㉢ 인지적 입장
    ⓐ 반사회성 성격장애자들의 독특한 신념체계를 보인다.
    ⓑ "우리는 정글에 살고 있고 강한 자만이 살아남는다.", "힘과 주먹이 내가 원하는 얻는 최선의 방법이다.", "들키지 않는 한 거짓말을 하거나 속여도 상관없다.", "내가 원하는 것을 이루기 위해서는 어떠한 행동도 정당화될 수 있다.", "내가 먼저 공격하지 않으면 다른 사람이 먼저 나를 공격할 것이다." 등의 신념을 지니고 있다.
③ 치료
  ㉠ 권위적 인물에 대해 저항하는 경향이 있으므로 치료자는 중립적이고 수용적인 태도를 유지해야 하며 치료적 관계를 형성하는 것이 중요하다.
  ㉡ 심층적 심리치료보다는 구체적인 부적응적인 행동을 변화시키는 행동치료적인 접근이 더 효과적이라고 알려져 있다.

이상심리

28강 성격장애(3)

❏ **경계성 성격장애**

> *경계성(선)의 의미 : 신경증적 상태와 정신병적 상태의 경계를 의미하는 것으로서, 평상시에도 위태로운 상태에 놓인 것처럼 보인다는 의미.

① **주요 증상과 임상적 특징**
  ㉠ 경계성 성격장애는 대인관계, 자기 상, 감정상태의 심한 불안정성을 주된 특징으로 한다.
  ㉡ 이러한 성격장애의 소유자는 **타인으로부터 버림받는 것에 대한 두려움을 지니며 강렬한 애정과 증오가 반복되는 불안정한 대인관계를 반복적**으로 나타낸다.
  ㉢ 대인관계, 자아상 및 정서의 불안정성과 더불어 심한 충동성이 생활전반에서 나타나야 한다.
  ㉣ 기분장애, 공황장애, 물질 남용, 충동통제 장애, 섭식장애 등이 함께 나타나며 특히 기분장애가 나타날 때 자살가능성이 높은 것으로 알려져 있다.
  ㉤ 성인기 초기에 시작하여 다양한 상황에서 일어나는 다음의 특성 중 5가지 이상의 항목을 충족시켜야 한다.
    ⓐ 실제적인 또는 가상적인 유기를 피하기 위한 필사적인 노력을 한다.
    ⓑ 극단적인 이상화에서 평가절하가 특징적으로 반복되는 불안정하고 강렬한 대인관계 양식을 보인다.
    ⓒ 정체감 혼란으로 자아상이나 자기지각의 불안정성이 심하고 지속적이다.
    ⓓ 자신에게 손상을 줄 수 있는 충동성이 적어도 2가지 영역에서 나타난다.
    ⓔ 반복적인 자살 행동, 자살시늉, 자살 위협 또는 자해 행동을 보인다.
    ⓕ 현저한 기분변화에 따른 정서의 불안정성(예, 간헐적인 심한 불쾌감, 과민성, 불안 등이 흔히 몇 시간 지속되지만 며칠 동안 지속되는 경우는 드물다)을 보인다.
    ⓖ 만성적인 공허감을 보인다.
    ⓗ 부적절하고 심한 분노를 느끼거나 분노를 조절하기 어렵다(예, 자주 울화통을 터뜨림, 지속적인 분노, 잦은 육체적 싸움).
    ⓘ 스트레스와 관련된 망상적 사고와 심한 해리 증상을 일시적으로 나타낸다.

② **원인**
  ㉠ 정신분석적 입장
    ⓐ 유아기의 분리-개별화 단계에서 심한 갈등을 경험하여 이러한 단계에 고착되어 있다고 설명한다.

ⓑ 좋은 엄마와 나쁜 엄마가 사실은 동일한 존재라는 것을 수용하지 못한 채 엄마에 대한 양극적인 표상을 분리하여 지니게 된다.
ⓒ 인지적 입장
경계성 성격장애자들의 3가지 독특한 내면적 믿음을 보이는데, 이는 '세상은 위험하여 악의에 가득 차 있다.', '나는 힘없고 상처받기 쉬운 존재이다.', '나는 원래부터 환영받지 못할 존재이다.'이며 또한 흑백 논리적 사고를 통한 인지적 오류를 범한다.
ⓒ 생물학적 입장
ⓐ 선천적으로 충동적이고 공격적인 기질을 가진다.
ⓑ 행동억제와 관련된 세로토닌 활동수준이 낮다.
ⓒ 핵심문제는 자기조절 기능의 손상이며 이러한 손상은 뇌의 신경인지적 결함과 관련되어 있다는 주장도 있다.

③ 치료
㉠ 일반적인 치료방법은 개인 심리치료이다.
㉡ 치료자가 솔직하고 분명한 태도를 나타냄으로써 내담자의 오해를 사는 일이 없도록 하는 것이 중요하다.
㉢ 일관성 있고 안정된 지지적 태도를 견지함으로써 치료적 관계형성에 주력해야 한다.
㉣ 인지행동치료에서는 치료의 초기에 치료적 관계형성에 주력하고 다음으로 내담자의 흑백 논리적 사고를 다루어간다.

연극성 장애 - 히스테리성 성격장애

① 주요 증상과 임상적 특징
㉠ 연극성 성격장애라고 하고 **과도하고 극적인 감정표현을 하고 지나치게 타인의 관심과 주의를 끄는 행동**을 특징적으로 나타낸다.
㉡ 이러한 사람들은 항상 사람들로부터 주목받는 위치에 서고자 노력하고 외모에 신경을 많이 쓰며 자신을 과장된 언어로 나타내는 경향이 강하다.
㉢ 지나친 감정표현과 관심 끌기의 행동이 생활전반에 나타나는데 다음 특성 중 5개 이상의 항목을 충족시켜야 한다.
ⓐ 자신이 관심의 초점이 되지 못하는 상황에서는 불편함을 느낀다.
ⓑ 다른 사람과의 관계에서 흔히 상황에 어울리지 않게 성적으로 유혹적이거나 도발적인 행동을 특징적으로 나타낸다.
ⓒ 감정의 빠른 변화와 피상적 감정 표현을 보인다.
ⓓ 자신에게 관심을 끌기 위해서 지속적으로 육체적 외모를 활용한다.
ⓔ 지나치게 인상적으로 말하지만 구체적 내용이 없는 대화 양식을 가지고 있다.
ⓕ 자기 연극화, 과장된 감정표현을 나타낸다.

ⓖ 타인이나 환경에 의해 쉽게 영향을 받는 피암시성이 높다.
ⓗ 대인관계를 실제보다 더 친밀한 것으로 생각한다.

② 원인
  ㉠ 정신분석적 입장
    어린 시절의 오이디푸스 갈등에 기인한 것으로 보며 남근기의 고착이 연극성 성격을 유발할 수 있다는 주장도 있다.
  ㉡ 인지적 입장
    ⓐ 독특한 신념과 사고방식을 보이는데, '나는 부적절한 존재이며 혼자서 삶을 영위하는 것은 너무 힘들다.'는 핵심적인 믿음을 가진다.
    ⓑ '나를 돌봐줄 사람들을 찾아야 한다.'고 생각하며 적극적으로 관심과 애정을 추구한다.

③ 치료
  ㉠ 연극성 성격장애자의 대인관계 문제에 초점을 맞추고 있다.
  ㉡ 애정을 얻을 수 있는 적절한 현실적인 방법을 습득시킨다.

자기애성 성격장애

① 주요 증상과 임상적 특징
  ㉠ 자기애성 성격장애는 **자신이 대단히 중요한 사람이라는 웅대한 자기상을 지니고 있어서 다른 사람으로부터 칭찬을 받고자 하는 욕구가 강한 반면**, 자신을 위해 타인을 이용하며 타인의 감정을 이해하는 공감능력이 결여되어 있는 특징이 있다.
  ㉡ **공상이나 행동에서의 웅대성**, 칭찬에 대한 욕구, 공감의 결여가 생활전반에 나타나며 다음의 특성 중 5개 이상의 항목을 충족시킨다.
    ⓐ 자신의 중요성에 대한 과장된 지각을 갖고 있다(예, 자신의 성취나 재능을 과장함, 뒷받침할 만한 성취가 없으면서도 우월한 존재로 인정되기를 기대함).
    ⓑ 무한한 성공, 권력, 탁월함, 아름다움 또는 이상적인 사랑에 대한 공상에 집착한다.
    ⓒ 자신이 특별하고 독특한 존재라고 믿으며, 특별하거나 상류층의 사람들만이 자신을 이해할 수 있고 그러한 사람들 하고만 어울려야 한다고 믿는다.
    ⓓ 과도한 찬사를 요구한다.
    ⓔ 특권의식을 가지는데 예를 들어 **특별대우를 받을 만한 이유가 없는데도 특별대우나 복종을 바라는 불합리한 기대감**을 가진다.
    ⓕ 대인관계에서 착취적이며 자신의 목적을 위해서 다른 사람을 이용한다.
    ⓖ 감정이입 능력이 결여되어 있어 타인들의 감정이나 욕구를 인식하거나 확인하려 하지 않는다.
    ⓗ 흔히 타인을 질투하거나 타인들이 자신에 대해 질투하고 있다고 믿는다.
    ⓘ 거만하고 방자한 행동이나 태도를 보인다.

② 원인
  ㉠ 정신분석적 입장
    ⓐ 지그문트 프로이드는 자기애를 '심리적 에너지가 자신에게로 향해져 자신의 신체를 성적인 대상으로 취급하는 태도'라고 정의했으며 이러한 성향이 어린 시절에는 정상적일 수 있으나, 성장하여 성숙한 형태로 발전하지 못하면 병적인 자기애가 나타날 수 있다고 주장했다.
    ⓑ 부모의 과잉보호나 특이한 성장과정으로 인해 정상적인 좌절경험을 하지 못하게 되거나 웅대한 자기상에 대한 지나친 좌절을 경험하게 되면 유아기적 자기애가 지속되어 자기애성 성격장애로 발전될 수 있다.
  ㉡ 인지적 입장
    '나는 매우 특별한 사람이다.', '나는 너무나 우월하기 때문에 특별한 대우를 받고 특권을 누리 자격이 있다.', '인정, 칭찬, 존경을 받는 것은 매우 중요한 일이다.', '사람들은 나를 비판할 자격이 없다.', '나정도의 훌륭한 사람만이 나를 이해할 수 있다.'는 신념을 지니고 있다.

③ 치료
  ㉠ 개인적 심리치료가 필요하며 치료자가 내담자와의 관계 속에서 나타나는 전이현상을 잘 활용하는 것이 중요하다고 보았다.
  ㉡ 인지행동치료는 웅대한 자기상, 평가에 대한 과도한 예민성, 공감의 결여에 대한 치료적 개입을 강조하고 있다.

☐ **C군 성격장애**(회피성, 의존성, 강박성)
  – 성격장애 C그룹 : 불안과 두려움을 지속적으로 지니는 특징을 지니고 있음

1. **회피성 성격장애**
  ① 주요 증상과 임상적 특징
    ㉠ **타인으로부터 부정적 평가를 받는 것에 대해 과도하게 예민**하여 사회적 상황에서 지나치게 감정을 억제하고 부적절감을 많이 느끼게 되어 대인관계를 회피하는 성격장애를 말한다.
    ㉡ 사회적 억제, 부적절감, 부정적 평가에 대한 과민성이 성인기 초기에 시작되고 여러 가지 상황에서 나타나며 다음 중 4개 이상의 항목을 충족시켜야 한다.
      ⓐ **비난, 꾸중 또는 거절이 두려워서 대인관계가 요구되는 직업 활동을 회피**한다.
      ⓑ 호감을 주고 있다는 확신이 서지 않으면 사람과의 만남을 피한다.
      ⓒ 창피와 조롱을 당할까 두려워서 대인관계를 친밀한 관계에만 제한한다.
      ⓓ 사회적 상황에서 비난당하거나 거부당하는 것에 사로잡혀 있다.
      ⓔ 부적절감 때문에 새로운 대인관계 상활에서 위축된다.
      ⓕ 자신을 사회적으로 무능하고, 개인적인 매력이 없으며 열등하다고 생각한다.
      ⓖ 당황하는 모습을 보일까봐 두려워서 개인적 위험이 따르는 일이나 새로운 활동에는 관여

하지 않으려 한다.
② 원인
　㉠ 정신역동적 입장
　　주된 감정이 수치심이며 자신에 대한 부정적 자아상과 관련되는 이 수치심으로부터 숨고자 하는 소망 때문에 대인관계나 자신이 노출되는 상황을 회피하게 되는 것이다.
　㉡ 인지적 입장
　　ⓐ 아동기 경험에서 유래하는 자신에 대한 부정적 신념과 관련되어 있다.
　　ⓑ 회피성 성격장애자는 자신이 부적절하고 무가치한 사람이며 타인과의 관계에서 거부당하거나 비난당할 것이라는 믿음을 지닌다.
③ 치료
　㉠ 가장 주된 치료는 개인 심리치료라고 알려져 있다.
　㉡ 정신역동적 치료에서는 수치심의 기저에 깔려 있는 심미적 원인을 살펴보고 과거 발달과정에서 경험한 일들과의 관련성을 탐색한다.
　㉢ 인지행동치료에서는 자신의 불안을 조절하고 회피행동을 극복할 수 있는 구체적 방법을 제시하고 있다.

2. 의존성 성격장애
① 주요 증상과 임상적 특징
　㉠ 의존성 성격장애는 **타인으로부터 보살핌을 받고자 하는 과도한 욕구를 지니고 있어서 이를 위해 타인에게 지나치게 순종적이고 굴종적인 행동**을 통해 의존하는 성격특성을 말한다.
　㉡ 경계성, 회피성, 연극성 성격장애와 함께 나타나는 경향이 있으며 기분장애, 불안장애, 적응장애의 발병 위험이 높다.
　㉢ 보호받고 싶은 과도한 욕구로 인하여 복종적이고 매달리는 행동과 이별에 대한 두려움을 나타낸다. 다음 중 5개 이상의 항목을 충족시켜야 한다.
　　ⓐ 타인으로부터 많은 충고와 보장없이는 일상적인 일도 결정을 내리지 못한다.
　　ⓑ 자기 인생의 매우 중요한 영역까지도 떠맡길 수 있는 타인을 필요로 한다.
　　ⓒ 지지와 칭찬을 상실하는 것에 대한 두려움 때문에 타인에게 반대 의견을 말하기가 어렵다.
　　ⓓ 자신의 일을 혼자 시작하거나 수행하기가 어렵다.
　　ⓔ 타인의 보살핌과 지지를 얻기 위해 무슨 일이든 다 할 수 있고 심지어 불쾌한 일을 자원해서 하기까지 한다.
　　ⓕ 혼자있으면 불안하거나 무기력해지는데, 이유는 혼자서 일을 감당할 수 없다는 과장된 두려움을 느끼기 때문이다.
　　ⓖ 친밀한 관계가 끝났을 때, 필요한 지지와 보호를 얻기 위해 또 다른 사람을 급하게 찾는다.
　　ⓗ 스스로를 돌봐야 하는 상황에 버려지는 것에 대한 두려움에 비현실적으로 집착한다.

29강 성격장애(4)/성도착장애(1)

❑ 의존성 성격장애의 원인
- ㉠ 부모의 과잉보호는 의존성 성격장애의 중요한 요인이 된다는 주장과 의존성은 공격성이 위장된 것으로 상대방에 대한 적대감을 방어하기 위한 타협책이라는 주장도 있으며 또한 정서의 조절, 동기 및 기억에 관여하는 뇌의 영역인 변연계의 이상과 관련된다는 주장도 있다.
- ㉡ 정신분석학적 입장 : 의존성 성격장애는 구강기에 고착된 결과이며 의존성, 혼자됨에 대한 불안, 비관주의, 수동성, 인내심 부족 언어적 공격성 등의 특성을 나타낸다.
- ㉢ 인지적 입장 : '나는 근본적으로 무력하고 부적절한 사람이다.', '나는 혼자서는 세상에 대처할 수 없으며 의지할 사람이 필요하다.'라는 기본신념을 지니고 있으며 또한 의존성과 독립에 대한 흑백논리를 가지고 있다.

① 치료
- ㉠ 개인적인 심리치료를 할 수 있는데, 정신역동적인 치료의 목표는 내담자의 의존적 소망을 좌절시키고 내담자가 독립적으로 생각하고 행동할 수 있도록 돕는 것이다.
- ㉡ 인지행동치료에서는 치료목표를 독립에 두기보다는 자율에 두는데, 이는 타인으로부터 독립적으로 행동하는 동시에 타인과 친밀하고 밀접한 인간관계를 유지할 수 있음을 의미한다.

❑ 강박성 성격장애

① 주요 증상과 임상적 특징
- ㉠ 강박성 성격장애는 지나치게 완벽주의적이고 세부적인 사항에 집착하며 과도한 성취지향성과 인색함을 특징적으로 나타내는 성격장애를 말한다.
- ㉡ 정리 정돈, 완벽주의, 마음의 통제와 대인관계의 통제에 집착하는 행동 특성이 생활전반에 나타나며 이러한 특성으로 인해 융통성, 개방성, 효율성을 상실하는 대가를 치르게 된다.
- ㉢ 다음 중 4개 이상의 항목을 충족시켜야 한다.
  - ⓐ 사소한 세부사항, 규칙 목록, 순서, 시간계획이나 형식에 집착하여 일의 큰 흐름을 잃게 된다.
  - ⓑ 과제의 완수를 저해하는 완벽주의를 보인다.
  - ⓒ 일과 생산성에만 과도하게 몰두하여 여가 활동과 우정을 희생한다.
  - ⓓ 도덕, 윤리 또는 가치문제에 있어서 지나치게 양심적이고 고지식하며 융통성이 없다.
  - ⓔ 닳아빠지고 무가치한 물건, 그리고 이 물건이 감상적 가치조차 없는 경우에도 버리지 못한다.
  - ⓕ 자신이 일하는 방식을 그대로 따르지 않으면 타인에게 일을 맡기거나 같이 일하려 하지 않는다.

ⓖ 자신과 타인 모두에게 구두쇠처럼 인색하고 돈은 미래의 재난에 대비해서 저축해두어야 하는 것으로 생각한다.
ⓗ 경직성과 완고함을 보인다.

② 원인
  ㉠ 정신분석적 입장
    ⓐ 심리성적 발달단계에서 항문기의 경험과 관련된 것으로 본다.
    ⓑ 강박성 성격장애가 오이디푸스 시기의 거세불안으로 인해 항문기의 안정된 상태로 퇴행한 것으로 보았다.
    ⓒ 이 시기에 배변 훈련 과정에서 나타난 어머니의 양육방식과도 관련된다.
    ⓓ 부모의 과잉통제적인 양육방식이 강박성 성격장애를 초래한다는 주장도 있다.
  ㉡ 인지적 입장
    강박적 성격장애자들은 '나는 나 자신뿐만 아니라, 내 주변 환경을 완벽하게 통제해야 한다.', '나는 실수를 하지 않아야만 가치 있는 존재이다.', '실수는 곧 실패이다.', '모든 행동과 결정에는 옳고 그름이 있다.'와 같은 믿음을 지니고 흑백논리적 사고, 의미 확대 및 의미 축소 등의 인지적 오류를 자주 범한다.

③ 치료
  ㉠ 신뢰로운 치료적 관계를 형성하는 것이 중요하다.
  ㉡ 정신역동적 치료의 목표는 지나치게 엄격한 초자아을 수정하는 것이다.
  ㉢ 인지행동치료에서는 내담자가 호소하는 현재의 문제의 초점을 맞추어 구체적인 목표를 세우고 하나씩 해결해 나간다.
  ㉣ 이러한 과정을 통해 치료적인 관계를 증진시켜 가면서 내담자로 하여금 자신의 부적응적 신념을 탐색하고 이들의 부정적 결과를 확인하며 이해하도록 한다.

> ♣ 심화학습 – 침투적사고와 강박장애
> 인지적 관점에서 강박장애는 침투적 사고에 대한 과도한 중요성, 책임성, 통제필요성을 느끼는 사람들에게 발견된다고 보았다. '침투적 사고'란 우연히 의식속에 떠오르는 원치 않는 불쾌한 생각(예를 들면 성적 행위나 성폭력, 성추행)을 의미하는 것으로 강박장애를 지닌 사람들은 상대적으로 이 생각에 대해 지나치게 강한 의미나 책임성, 억제해야한다는 강박적 사고를 한다는 것이다.

❏ 성도착장애_변태성욕장애(Paraphilic Disorders)의 하위유형

1. 성행위 대상이나 성행위 방식에서 비정상성을 나타내는 장애
  (1) 관음증(Voyeuristic Disorder)
  (2) 노출증(Exhibitionistic Disorder)

(3) 마찰음란증(Frotteuristic Disorder)
(4) 성적피학증(Sexual Masochism Disorder)
(5) 성적가학증(Sexual Sadism Disorder)
(6) 소아기호(애호)증(Pedophilic Disorder)
(7) 물품음란증(Fetishistic Disorder)
(8) 복장도착증(Transvestic Disorder)

2. 성 도착증의 의미와 개요

1) 성행위 대상이나 성행위 방식에서 비정상성을 느끼고 성적 상상이나 행위를 반복적으로 나타내는 경우를 말한다.
2) 노출증, 관음증, 물품 음란증, 소아 애호증, 마찰 도착증, 성적 가학증, 성적 피학증 등이 대표적인 것이다.
3) 정신분석적 입장에서는 유아적 성적 발달 단계의 고착이라 보고 행동주의적 입장에서는 고전적 조건형성 과정을 통해 성적 욕구를 해소하려는 시도가 나타난다는 주장도 있다.
4) 관음장애는 만 18세 이상일 때 진단

☐ 관음증

타인의 사적인 활동을 몰래 엿보는 것으로 변태성욕장애 중 하나이다. 나체이거나 몸단장 중이거나 성행위 중인 사람들을 몰래 훔쳐보는 행동이나 환상에 반복적으로 몰입하고 있는 경우를 말한다. 행위 직후 자위행위를 하고 절정감을 얻는 행위가 동반된다. 미국정신의학회(American Psychiatric Association)의 정신장애 진단 통계편람(DSM-5)에 따르면 다음 세 기준을 모두 만족할 경우 관음증으로 진단한다.

A. 옷을 벗는 과정에 있거나 성행위 중에 있는, 또는 옷을 벗은, 전혀 눈치를 채지 못하는 대상을 관찰하는 행위를 중심으로 성적 흥분을 강하게 일으키는 공상, 성적 충동, 성적 행동이 반복되며, 적어도 6개월 이상 지속된다.
B. 개인이 동의하지 않는 사람에 대해 이와 같은 성적 충동에 따라 행동하거나, 혹은 이러한 성적충동이나 성적 공상이 사회적, 직업적, 또는 다른 중요한 기능 영역에서 임상적으로 현저한 고통이나 손상을 초래한다.
C. 이러한 성적 흥분을 경험하거나 성적 욕구에 따라 행동하는 개인은 적어도 18세 이상이어야 한다.

☐ 노출증(exhibitionistic disorder)

노출증은 생각지도 않는 낯선 사람에게 자신의 성기를 노출시키는 행위를 중심으로, 성적인 흥분을 강하게 일으키는 공상, 성적 충동, 성적 행동이 반복해서 일어나는 성도착증(paraphilia)의

하나이다. 낯선 사람 또는 예상 못하고 있었던 사람들에게 반복적으로 자신의 성기를 노출하려는 욕구를 표출한다. 자신의 성기를 노출하면서 희생자의 경악, 놀람, 혐오스런 반응을 통해 자신의 남성성을 확인하려는 의도를 가지고 있다.

미국정신의학회(American Psychiatric Association)의 정신장애 진단 통계편람(DSM-5)의 진단 기준에 따르면 다음의 사항을 모두 만족시키는 경우 노출장애로 진단한다.

A. 눈치채지 못한 사람에게 성기를 노출시키는 행위를 통한 반복적이고 강렬한 성적 흥분이 성적 공상, 성적 충동 또는 성적 행동으로 발현되며 적어도 6개월 이상 지속된다.
B. 개인이 동의하지 않는 사람에 대해 이러한 성적 충동에 따라 행동하거나, 이러한 성적 충동이나 성적 공상이 사회적, 직업적, 또는 다른 중요한 기능 영역에서 임상적으로 현저한 고통이나 손상을 초래한다.

- 다음 중 하나를 명시할 것:
    - 사춘기 이전의 아동에게 성기를 노출함으로써 성적 흥분을 일으킴
    - 신체적으로 성숙한 개인에게 성기를 노출함으로써 성적 흥분을 일으킴
    - 사춘기 이전의 아동과 신체적으로 성숙한 개인에게 성기를 노출함으로써 성적 흥분을 일으킴

또한 세밀한 정신과적 상담과 검사를 통해 정신지체, 치매, 그리고 조현병(정신분열증) 등 기타 신경정신 질환과 감별해야 한다.

❑ 마찰음란증(frotteurism)

마찰도착증은 체포될 염려가 없는 밀집된 지역, 즉 버스나 지하철 등의 대중교통에서나 붐비는 길거리 등에서 행해진다. 상대방의 허벅지나 엉덩이에 자신의 성기를 문지르거나 손으로 상대방의 성기 또는 유방을 건드린다. 마찰도착증의 행위 중에 대개 피해자와 비밀스러운 애정관계를 맺는다는 상상을 한다. 발병은 일반적으로 청소년기에 시작되며 대부분의 행위는 15~20세 사이에 발생하고, 그 후 발생빈도는 점차 줄어든다.

이상심리

30강 성도착장애(2)/향후 연구장애

☐ 성적피학증

1. 신체적, 정신적 고통을 받음으로써 성적 만족을 얻으려는 경향으로 성도착증의 하나이다. 보통 가학증과 함께 소아기의 초기에 부분적 동인으로 나타난다.
2. 이것의 흔적이 성인기에도 지속하는데 정상인의 전희에서도 많이 볼 수 있으며 남자보다 여자에게 많이 나타난다.

☐ 성적가학증

주로 상대방에 대한 자신의 우월감을 나타내는 행위로서, 상대방을 묶기, 구타, 채찍질, 담뱃불로 지지기, 목조르기 등 다양한 형태로 나타난다. 타인에게 심신의 고통을 주는 것으로 다음과 같은 세 가지 특징이 있다.

첫째, 동의하지 않은 상대방에게 심신의 고통을 반복적으로 줌으로써 성적 흥분을 얻는다.
둘째, 합의된 상대방에게는 독특한 모욕과 거짓 혹은 가벼운 신체적 상처를 입힌다.
셋째, 가학적인 성적 공상은 소아기 때부터 존재하는 경향이 있다. 성적 가학증은 대체로 초기 성인기에 시작되며, 만성화되어 동의하지 않는 상대방에 대한 강간, 난폭한 성행동, 성적 살인행위 등으로 체포될 때까지 지속되는 경향이 있다. 성적 가학증은 심한 육체적 손상을 일으키지 않은 채로 지속되는 경우도 있지만, 많은 경우 시간이 경과함에 따라 강도가 높아져서 상대방에게 심한 손상을 입히거나 죽음에 이르게도 한다.

☐ 소아기호(애호)증(Pedophilic Disorder) - 아동성애 장애

1. 개념

사춘기 이전의 어린이들과의 성적 접촉을 더 선호하거나, 사춘기이전의 어린이들과의 성적 접촉이나 이에 대한 상상을 통해서만 성적으로 흥분이 되는 경우, 이들을 소아애호증환자로 진단

2. 원인

1) 아동들은 성장 과정에서 이성 부모에게 사랑을 받고자 하는 욕구를 느끼게 되는데, 남아들은 이러한 욕구에 대한 처벌로서 자신의 성기가 거세되지 않을까 하는 거세 불안을 느끼게 된다. 거세 불안을 느끼면 정상적인 성기 접촉을 통한 성행위와 성적 절정이 억제됨
2) 소아기호증은 보통 약하고 불감증인 사람들이 정상적인 성인을 대상으로 성적 만족감을 구하지 못하고 나이 어린아이들을 통해 성적 충족감과 지배감, 공격적인 성적 욕구를 충족하는 것으로 알려져 있음

성도착장애(2)/향후 연구장애 30강

거세 불안 이외에도 소아기호증의 원인을 환자들이 자신에 대한 두려움과 의심 때문에 성숙된 성적 관계를 갖지 못한 결과라고 보는 견해도 있음. 예를 들면 성인 대상자에 대한 구혼에서 거절과 실패를 당할까 봐 아이들을 대상으로 만족감을 구하게 된다는 것

3. 증상
1) 소아기호증 환자들은 특정 연령 범위에 있는 소아들을 성적 대상으로 한다. 환자가 남성일 경우 대상인 어린이는 이성인 경우가 더 많고 대부분 8~10세 사이의 소녀를 좋아함
2) 동성애적 남성은 이보다 더 나이가 많은 남자 어린이를 대상으로 함. 또한 어떤 환자는 소아에게만 성적 매력을 느끼는 경우(폐쇄적 유형)와 때로 어른에게서도 성적 매력을 느끼는 경우(비폐쇄적 경우)가 있음

4. 진단
다음의 증상이 6개월 이상 지속되어야 한다.

1) 사춘기 이전의 소아나 소아들(보통 13세 이하)을 상대로 한 성행위를 중심으로 성적 흥분을 강하게 일으키는 공상, 성적 충동, 성적 행동이 반복되며, 적어도 6개월 이상 지속되어야 함
2) 이러한 공상, 성적충동, 행동이 임상적으로 심각한 고통이나 사회적, 직업적 또는 기타 중요한 기능 영역에서 장해를 초래
3) 나이가 적어도 16세이상이며 진단 기준에 언급된 소아 또는 그보다 적어도 5세 연상이어야 함

*주의 : 12세 또는 13세소아와 성관계를 맺고 있는 후기 청소년기의 청소년들은 포함시키지 않음

 예상문제

1. 소아기호증(아동성애 장애)에 관한 설명으로 옳은 것은?
① 보통 15세 이하를 대상으로 성적 흥분이 발생한다.
② 14세 청소년이 7세 아동과 성관계를 맺고 있으면 진단이 될 수 있다.
③ 성적 대상이 되는 아동보다 연령이 7세 이상이어야 진단될 수 있다.
④ 아동에 대한 성적 공상이나 충동, 행동 등이 1년 이상 지속된다.
⑤ 성적으로 남녀 모두 선호하는 경우도 있다.

 ⑤

❏ 물품음란증 - 절편음란증(fetishism)
1. 절편음란증은 거의 남성에게 나타나는 증상으로, 무생물적인 물건 사용을 포함하여 일으키는 강한 성적 충동과 공상을 말한다.

> 이상심리

2. 이러한 성적 각성을 위해서 이성의 속옷이나 스타킹, 신발, 머리핀, 밴드, 손수건 등 이성의 몸과 밀접하게 연관된 물건을 주대상으로 한다. 드물게는 머리카락, 눈썹, 손톱, 발톱, 음모 등 신체 일부를 수집하고, 이를 성적 공상이나 혼자만의 성행위에 사용하는 경우도 있다.
3. 물품음란증이 있는 사람들은 사람의 신체가 아닌 물건을 만지거나 문지르고, 냄새를 맡는 등의 행위를 하면서 자위행위를 한다. 또한 성적 상대자에게 성교 시에 그러한 물건을 착용하도록 요구하기도 한다. 주로 자위행위를 통해서 성적 극치감을 얻으며, 이러한 성적 대상물이 없을 때는 발기가 원활히 일어나지 않는 경우도 있다.

복장도착증(transvestism)

1. 남성이 여성의 복장을 하고 여성으로 보이는 것을 좋아하는 것 혹은 여성이 남성의 복장을 하고 남성으로 보이는 것을 좋아하는 것을 말한다.
2. 이러한 행동은 가끔 입어 보는 것에서부터 이성 복장착용 하위문화까지 그 범위가 매우 넓다. 예를 들면, 어떤 남성은 여성의 속옷이나 양말 등을 속에 하나 정도 입고 그 위에 남성 옷을 입으며, 또 어떤 남성은 완전한 여장을 하고 화장을 하기도 한다.
3. 한편으로는 이성의 옷을 입으면 좀 더 성적 흥분을 느끼거나 자위행위를 시도하는 사람도 있다. 이 같은 증상은 여성보다 남성에게 더 초점을 두고 있다. 왜냐하면 사회적 문화가 여성에게는 남성적 복장착용을 허용하기 때문이다. 이들의 심리적 특성은 다른 사람들과의 관계형성이 매우 제한적이고 억제하는 경향이 있으며, 이러한 행동 때문에 죄책감과 불안한 정서를 형성하기도 한다.

향후연구장애 - 기타 정신장애

이상심리학 기타내용

1. 투렛장애 : 신경발달장애의 하위장애 인 운동장애의 하위유형
2. 리튬은 양극성 장애의 치료약물로 알려져 있다.

이상심리

31강 이상심리의 이론적 모형/이상행동

1. 이상심리의 이론적 모형에 관한 설명으로 옳지 않은 것은?
   ① 양극성 장애와 조현병은 유전을 비롯한 생물학적 요인에 영향을 받는다.
   ② 행동주의자들은 부적응 행동이 학습의 원리에 따라 형성된다고 제안하였다.
   ③ 실존주의자들은 정신장애가 뇌의 생화학적 이상에 의해서 유발된다고 본다.
   ④ 인지이론가들은 비합리적 신념과 역기능적 사고가 이상 행동에 영향을 준다고 본다.
   ⑤ 사회문화적 모형에서는 가정·사회문화적 요인이 부적응 행동에 미치는 영향을 강조한다.

   정답 및 해설 ③
   ③의 내용은 정신장애 내지 '이상'의 원인을 뇌의 생화학적 이상에서 유발된다고보는 생물학적 접근을 설명한 것이다.

2. 프로이트(S. Freud)의 정신분석이론에 관한 설명으로 옳지 않은 것은?
   ① 인간의 성격을 원초아, 자아, 초자아로 구분하는 삼원구조 이론을 제시하였다.
   ② 이상행동의 원인을 어린 시절의 경험에 뿌리를 둔 무의식적 갈등으로 설명한다.
   ③ 정신분석치료의 목표는 원초아의 영향력을 강화시키는 데 있다.
   ④ 인간의 모든 행동은 우연히 일어나지 않고, 원인이 있다는 정신결정론을 가정한다.
   ⑤ 발달과정에서 결핍이나 과잉충족은 성격형성에 영향을 준다.

   정답 및 해설 ③
   정신분석(역동)치료의 목표는 '성격의 재구성'에 있다. 즉 자아가 원초아를 잘 통제하지 못하여 발생하는 '신경증적 불안'을 치유하고자 함에 있따. 자아를 강화하여 id(원초아)를 적절히 통제할수있도록 하는 것을 말한다.

3. DSM-5의 특징으로 옳지 않은 것은?
   ① 다축체계를 폐지하였다.
   ② 달리 분류되지 않는(NOS) 범주를 새롭게 도입하였다.
   ③ 일차적으로 범주적 평가에 기초한다.
   ④ 문화적 차이를 고려한다.
   ⑤ 범주적 평가와 더불어 차원적 평가를 사용하였다.

   정답 및 해설 ②
   달리 분류되지 않는(NOS) 범주는 DSM-Ⅳ에도 있는 내용으로 새롭게 도입된 내용이 아니다.

4. 다음 증상들이 공통적으로 나타나는 영역으로 옳은 것은?

   | • 자동증(automatism) | • 거부증(negativism) | • 보속증(perseveration) |

이상심리

① 지각   ② 감각   ③ 정동
④ 행동   ⑤ 사고

정답 및 해설 ④

상동증, 기행증, 음송증, 보속증, 강직증, 자동증, 거부증 등은 **특정행동**을 아무런 목적없이 반복적이고 충동적으로 지속하여 정상적인 적응에 문제를 야기하는 상동증적 운동장애의 일종으로 본다.

5. 이상행동의 분류에 관한 설명으로 옳지 않은 것은?

① 범주분류는 흑백 논리적인 특성이 있다.
② 분류체계는 신뢰도와 타당도에 근거하여 평가된다.
③ DSM-5는 차원정보와 범주정보를 모두 고려한다.
④ 차원분류는 정상행동과 이상행동이 질적 차이에 따라 구분된다고 가정한다.
⑤ 분류체계는 범주와 차원으로 나눌 수 있다.

정답 및 해설 ④

이상행동을 분류하는 2가지 분류법으로 범주적 분류(DSM, ICD)와 차원적 분류로 나뉜다. 차이점은 전자는 이상행동과 정상행동의 질적구분을 가정하며 후자는 질적차이가 아닌 정도의 차이일 뿐이라는 입장이다.

6. 환각제에 해당되지 않는 물질은?

① 벤조디아제핀(benzodiazepin)   ② 펜사이클리딘(phencyclidine)
③ 엘에스디(LSD)   ④ 메스칼린(mescaline)
⑤ 엑스터시(ecstasy)

정답 및 해설 ①

벤조디아제핀(benzodiazepin)은 향정신성 약품으로 불면증, 흥분, 발작, 등의 치료제로 불안을 완화시키는 작용을 하며 환각제는 아니다.
  * 환각제 : 이외에도 대마초, 살로사이빈 등이 있다.
  * 진정제 : 알코올, 아편, 모르핀, 헤로인
  * 흥분제 : 코카인, 암페타민(필로핀), 카페인, 니코틴

이상심리

32강 신경발달장애/취약성-스트레스모형 등

1. 지적장애에 관한 설명으로 옳지 않은 것은?
   ① 지적장애는 신경발달장애의 하위 유형이다.
   ② 지적 기능의 결함뿐만 아니라 적응 기능의 결함도 진단기준이다.
   ③ 개념, 사회, 실행 영역에 해당되는 기능이 현저히 떨어진다.
   ④ 심각도에 따라 5등급으로 분류된다.
   ⑤ 염색체의 이상에 의해 유발되는 지적장애의 하나로 다운증후군이 있다.

   정답 및 해설 ④
   DSM-5에서 '지적장애'는 심각도에 따라 4등급으로 분류된다.

2. 신경발달장애에 관한 설명으로 옳은 것을 모두 고른 것은?

   > ㄱ. 주로 초기 발달 단계에 발현되어, 개인·사회·학업·직업 기능에 손상을 야기하는 발달 결함이 특징이다.
   > ㄴ. ADHD의 진단 기준은 6세 이전이다.
   > ㄷ. 탈억제성 사회적 유대감 장애는 신경발달장애의 하위 유형이다.
   > ㄹ. 투렛장애는 자폐스펙트럼장애의 하위 유형이다.
   > ㅁ. 의사소통장애에는 언어, 말하기, 의사소통의 결함이 포함된다.

   ① ㄱ, ㄹ   ② ㄱ, ㅁ   ③ ㄱ, ㄷ, ㅁ
   ④ ㄴ, ㄷ, ㄹ   ⑤ ㄴ, ㄹ, ㅁ

   정답 및 해설 ②
   'ㄴ' 12세 이전
   'ㄷ' 탈억제성 사회적 유대감 장애는 '외상 및 스트레스 관련 장애의 하위 유형'
   'ㄹ' 투렛장애는 신경발달장애의 하위장애에 해당, 운동장애의 하위유형

3. 정신장애를 설명하기 위한 취약성-스트레스 모형에 관한 설명으로 옳은 것은?
   ① 취약성 요인에는 사별, 이직이 있다.
   ② 스트레스 요인에는 개인의 성격 특성이 포함된다.
   ③ 취약성과 스트레스는 각각 독립적으로 작용한다고 가정한다.
   ④ 일란성 쌍생아의 정신장애 발병 일치율이 100%가 아닌 현상을 설명할 수 있다.
   ⑤ 생물학적 요인의 영향이 없다고 가정한다.

   정답 및 해설 ④
   ① 사별이나 이직 등은 취약성 요인이 아니라 스트레스 요인이다.
   ② 개인의 성격 특성이 대표적인 취약성 요인이다.

이상심리

③ 취약성-스트레스 모형은 조현병의 발병과정을 '취약성을 가진 어떤 개인에게 극심한 스트레스가 발생하여 이로 인한 부담의 한계점을 넘어서게 되면 조현병에 이른다고 설명한다.' 즉, 독립적이 아니라 연관되어 있다는 것이다.
⑤ 취약성 요인은 개인의 유전적/신경생리학적/발달적 요인과 개인의 성격적 특성으로 설명하며 스트레스 요인에 대해서는 심리사회적 요인/물리생물학적 요인등으로 설명한다.

4. 우울증과 관련된 인지적 오류에 관한 설명으로 옳지 않은 것은?

① 의미확대 : 미래에 어떤 일이 일어날 것이라고 확신
② 독심술 : 충분한 근거 없이 타인의 마음을 자의로 추측
③ 파국적 사고 : 부정적 측면만 보고 최악의 상태를 생각
④ 개인화 : 자신과 무관한 일이 자신과 관련 있다고 잘못 해석
⑤ 잘못된 명명 : 사람의 행위를 과장되거나 부적절하게 이름 붙임

정답 및 해설 ①

예언자적 오류 : 근거없이 미래에 어떤 일이 일어날 것이라고 확신하는 것
의미확대의 오류 : 어떤 사건이나 일의 의미 또는 사실성, 중요성 등을 실제보다 지나치게 확대하여 범하는 오류.

5. 양극성 및 관련 장애에 관한 설명으로 옳지 않은 것은?

① 양극성 장애는 제Ⅰ형과 제Ⅱ형으로 구분된다.
② 가벼운 조증상태가 지속되는 경우를 경조증이라 한다.
③ 제Ⅰ형 양극성 장애는 조증 삽화가 적어도 1주일 이상 지속되어야 한다.
④ 제Ⅰ형 양극성 장애는 유전과 같은 생물학적 요인이 강한 편이다.
⑤ 제Ⅱ형 양극성 장애는 경조증 삽화가 적어도 1주일 이상 지속되어야 한다.

정답 및 해설 ⑤

제Ⅱ형 양극성 장애는 경조증(정도가 약한) 삽화가 적어도(최소) 4일간 지속되어야 한다.

6. 조현병 스펙트럼 및 기타 정신병적 장애에 속하지 않는 것은?

① 망상장애　　　　② 조현양상장애　　　　③ 순환성장애
④ 조현정동장애　　⑤ 단기 정신병적 장애

정답 및 해설 ③

'순환성 장애'는 양극성 및 관련 장애에 속한다.
정신분열(조현병) 스펙트럼 및 기타 정신증적 장애는 이외에도 조현형 성격장애가 있다.

33강 불안장애/강박장애/급성스트레스 장애

이상심리

1. 불안장애에 관한 설명으로 옳은 것을 모두 고른 것은?

> ㄱ. 공황장애는 갑작스럽게 죽을 것 같은 강렬한 불안과 공포가 나타난다.
> ㄴ. 광장공포증은 다른 사람으로부터 평가받는 사회적 상황에 대한 과도한 불안과 공포가 나타난다.
> ㄷ. 분리불안장애는 아동이 말을 할 수 있음에도 불구하고 특수한 사회적 상황에서 지속적으로 말을 하지 않는 행동이 나타난다.
> ㄹ. 특정공포증은 특정한 대상이나 상황에 대한 과도한 불안과 공포가 나타난다.

① ㄱ, ㄴ　　② ㄱ, ㄷ　　③ ㄴ, ㄷ
④ ㄱ, ㄹ　　⑤ ㄴ, ㄹ

정답 및 해설 ④
'ㄴ'은 사회공포증에 대한 설명
'ㄷ'은 선택적 함구증에 대한 설명

2. 강박장애에 관한 설명으로 옳지 않은 것은?

① 강박적 믿음이 진실이 아니라고 확신하는 경우는 병식이 양호한 편이다.
② 안와 전두피질이나 기저핵의 기능 이상이 관련될 수 있다.
③ 프로이트(S. Freud)는 항문기 단계에 그 기원이 있다고 주장한다.
④ 행동치료기법의 하나로 노출 및 반응 방지법이 있다.
⑤ 아동기에는 남아보다 여아의 유병율이 더 높다.

정답 및 해설 ⑤
소아/청소년의 강박장애 유병율은 남아가 여아에 비해 1.5배~2.5배 정도 높은 것으로 보고되고 있다.

3. 급성 스트레스 장애의 각성 범주에 해당하지 않는 증상은?

① 과도한 경계심　　② 수면 장애(sleep disturbance)
③ 외상과 관련된 고통스러운 꿈　　④ 집중력의 문제
⑤ 과도한 놀람 반응

정답 및 해설 ③
급성 스트레스 장애는 외상 및 스트레스 관련 장애 (Trauma- and Stress-related Disorder)의 하위유형에 속하는 내용으로 침습범주, 각성범주로 나뉜다. '외상과 관련된 고통스러운 꿈'은 침습범주의 내용이며 나머지는 각성범주에 속한다. 각성범주에는 이외에도 '타인이나 물체에 대한 언어적 또는 신체적 공격으로 표현되는 과민한 행동과 분노' 등이 있다.

이상심리

4. 불안장애에 관한 설명으로 옳은 것은?
① 분리불안장애는 청소년의 경우 증상이 6개월 이상 지속되어야 한다.
② 집 밖에 혼자 있는 상황에서 불안을 느끼는 것은 광장공포증의 증상에 해당한다.
③ 악몽을 자주 꾸는 것은 범불안장애의 증상에 해당된다.
④ 물에 대한 두려움은 특정공포증의 상황형에 해당된다.
⑤ 선택적 함구증은 학교생활의 첫 3개월 동안 진단되지 않는다.

정답 및 해설 ②
① 분리불안장애는 청소년의 경우 증상이 4주 이상 지속되어야 한다. 성인의 경우에는 최소 6개월 이상 지속될 때 진단된다.
③ 악몽을 자주 꾸는 것은 범불안장애의 증상에 해당하지 않는다. 범불안장애의 내용중 수면장애를 겪기도 한다.
④ 물에 대한 두려움은 특정공포증의 자연환경형에 해당된다.
⑤ 선택적 함구증은 학교생활의 첫 1개월 동안 진단되지 않는다.

5. 질병불안장애에 관한 설명으로 옳지 않은 것은?
① 심각한 질병에 걸렸다는 생각에 집착한다.
② 질병이 있는지 자신의 신체를 반복적으로 확인한다.
③ 의학적 상태가 실재하면 진단할 수 없다.
④ 건강에 대한 불안이 매우 높다.
⑤ 의학적 치료를 거의 하지 않는 유형도 있다.

정답 및 해설 ③
질병불안장애의 내용으로 의학적 상태가 실재하더라도(실재 해당 질병에 걸렸다하더라도) 그 정도 경미함에도 불구하고 지나치게 염려하고 심각하게 불안해 하는 것도 포함된다. 실재하는 질병이 있다하더라도 진단될 수 있다는 것이다.

6. 다음 증상에 적절한 DSM-5의 진단명은?

> J양은 약 2년 전부터 반복적으로 헛기침을 하거나, '킥킥' 소리를 내는 습관이 생겨났다. 어머니와 함께 있을 때는 괜찮지만 무서워하는 아버지가 귀가하면 이 증상이 증가한다. 최근에는 갑자기 마음에도 없는 단어를 반복하기도 한다. J양은 이 행동을 하지 않으려고 애쓰지만 자신도 모르게 갑자기 행동이 나타나서 당황하게 된다.

① 특정학습장애
② 발달성 협응장애
③ 투렛장애
④ 지속성 운동 또는 음성 틱장애
⑤ 상동증적 운동장애

정답 및 해설 ④
지문의 증상은 '지속성 운동 또는 음성 틱장애'에 해당하는 증상이다. 운동 틱 또는 음성 틱중 한가지의 틱이 1년 이상의 기간 동안 거의 매일 또는 간헐적으로 하루에 몇차례 일어나고, 이 기간 동안에 틱이 없는 기간이 연속적으로 3개월 이상 지속되지는 않는다.

이상심리

34강 성관련 장애/성별불쾌감 장애 등

1. 월경전불쾌감장애에 관한 설명으로 옳지 않은 것은?
① DSM-5에 새롭게 추가되었다.
② 진단을 위해서는 연속되는 2개월 이상의 일일 증상 기록이 필요하다.
③ 신체적 증상, 심각한 기분변화, 불안 등이 나타난다.
④ 증상이 월경 시작 1주 전에 나타나며, 월경이 끝난 후에는 최소화되거나 없어져야 진단된다.
⑤ 일반적으로 폐경에 가까워질수록 증상은 경감된다.

정답 및 해설 ⑤
월경전불쾌감정장애는 일반적으로 폐경(완경기)과는 무관하다.

2. 사건수면(parasomnia)에 해당되는 것은?
① 불면장애　　② 악몽장애　　③ 기면증
④ 호흡 관련 수면장애　　⑤ 일주기 리듬 수면-각성장애

정답 및 해설 ②
사건수면은 악몽장애, 비REM수면, 각성장애, REM수면 행동장애로 분류할 수 있다.

3. 성관련 장애에 관한 설명으로 옳은 것은?
① 성별불쾌감의 아형에는 평생형/후천형, 전반형/상황형이 있다.
② 성욕장애 또는 흥분장애로 진단되기 위해서는 최소 6개월의 지속 기간이 있어야 한다.
③ 동성애자는 성별불쾌감에 해당된다.
④ 한 개인이 두 가지 이상의 변태 성욕을 보이는 경우는 거의 없다.
⑤ 관음장애는 만 12세 이상일 때 진단된다.

정답 및 해설 ②
① 평생형/후천형, 전반형/상황형의 아형을 지니고 있는 것은 '성기능부전장애'이다.
③ 동성애자는 별도의 장애로 분류하지 않는다.(DSM-5)
④ 한 개인이 두 가지 이상의 변태 성욕을 보이는 경우도 있다.
⑤ 관음장애는 만 18세 이상일 때 진단된다.

4. 급식 및 섭식 장애에 관한 설명으로 옳지 않은 것은?
① 이식증을 제외한 단일 삽화에 대해 두 개 이상의 진단명을 적용할 수 없다.
② 되새김 장애(반추장애)에서는 적어도 1개월 동안 역류한 음식물을 반복해서 되씹거나 뱉는 증상이 나타난다.

③ 신경성 식욕부진증에서는 음식, 체형 등에 관한 강박적인 집착이 나타날 수 있다.
④ 폭식장애는 부적절한 보상행동이 나타나지 않는다.
⑤ 신경성 폭식증은 대부분 저체중이 나타난다.

정답 및 해설 ⑤

신경성 폭식증은 저체중에서도 나타나지만 정상체중이거나 과체중인 경우 등 다양한 경우에 나타나며 어느 하나의 경향으로 집중적으로 일어나지는 않는다.

5. 다음 중 일주기 리듬 수면-각성 장애의 유형에 해당하지 않는 것을 모두 고른 것은?

| ㄱ. 지연 수면단계형 | ㄴ. 수면 중 경악형 | ㄷ. 교대 근무형 |
| ㄹ. 비24시간 수면-각성형 | ㅁ. 수면 중 보행형 | |

① ㄱ, ㄴ
② ㄱ, ㅁ
③ ㄴ, ㄹ
④ ㄴ, ㅁ
⑤ ㄷ, ㄹ

정답 및 해설 ④

일주기 리듬수면-각성장애의 유형 : 지연된 수면단계형, 조기 수면단계형, 교대근무형, 불규칙한 수면-각성형, 비24시간 수면-각성형

6. 성별불쾌감에 관한 설명으로 옳지 않은 것은?

① 아동의 경우 남아는 여성 복장을 선호한다.
② 청소년의 경우 반대 성의 일차 또는 이차 성징을 갈망한다.
③ 아동의 경우 자신의 성과 일치하는 놀이친구를 선호한다.
④ 청소년의 경우 반대 성으로 대우받고 싶은 욕구가 있다.
⑤ 아동의 경우 여아는 전형적인 여성적 장난감이나 활동을 거부한다.

정답 및 해설 ③

성불편감의 진단기준
(1) 아동의 성불편증
 : 최소6개월 동안 다음 중 6가지 이상 나타남
 - 반대 성이 되고 싶은 강한 열망 또는 자신이 반대성이라고 주장
 - 반대 성 옷을 입거나 반대 성 흉내내기를 선호
 - 가상놀이나 환상놀이에서 반대 성 역할 강한 선호
 - 반대 성 놀이 친구에 대한 강한 선호
 - 반대 성이 사용하는 장난감이나 게임 선호, 반대 성 활동에 대한 강한 선호
 - 자기 성별에 대한 강한 혐오, 자기 성에 따른 장난감 게임, 활동에 대한 거부감
 - 자신이 경험한 성별의 일차성징 및 이차성징에 일치하는 것을 강렬히 선호
(2) 청소년 및 성인의 성불편증
 : 최소 6개월 동안 다음 중 2가지 이상 나타남
 - 자신에게 부여된 일차적 성과 경험된 성에 있어서 현저한 불일치
 - 자신의 경험된 성과의 현저한 불일치 때문에 일차, 이차 성징을 제거하려는 욕구
 - 반대 성의 일차, 이차 성징을 얻고자 하는 강한 욕구
 - 반대 성이 되고 싶은 강한 욕구
 - 반대 성으로 대접받고 싶은 강한 욕구
 - 자신이 반대 성의 전형적 감정과 반응을 지니고 있다는 강한 신념

이상심리

35강 도박장애/품행장애/성격장애

1. **도박장애에 관한 설명으로 옳지 않은 것은?**
   ① 도박을 줄이거나 멈추고자 할 때 불안감과 짜증을 경험한다.
   ② 흥분이나 쾌감 등을 얻기 위하여 점점 더 많은 돈으로 도박하는 내성을 보인다.
   ③ 대부분 인지기능이 잘 유지되고 있어서, 치료가 쉽고 재발률이 낮다.
   ④ AA(Alcoholics Anonymous)를 모델로 해서 만든 자조집단인 GA(Gamblers Anonymous)가 회복에 도움이 된다.
   ⑤ 합법적인 도박뿐만 아니라 인터넷이나 스마트폰 등을 사용한 불법도박도 심각한 사회문제를 일으킨다.

   정답 및 해설 ③
   도박장애는 치료가 매우 어렵고 재발률도 높다.

2. **다음 사례에 적절한 진단명은?**

   > 15세인 C는 친구들과 편의점에서 물건들을 훔치다가 경찰에 붙잡혔다. C는 초등학교 고학년 때부터 여러 번 가출을 하고 학교에도 무단결석을 하였다. 중학교 1학년 때에는 반 친구들을 폭행하고 돈을 갈취하는 등의 행동을 보여 학교를 중퇴하게 되었다.

   ① 적대적 반항장애   ② 상동증적 운동장애
   ③ 자폐스펙트럼장애   ④ 품행장애
   ⑤ 반사회성 성격장애

   정답 및 해설 ④
   지문의 내용은 '품행장애'의 대표적 사례이다.

3. **성격장애의 분류가 올바르게 연결되어 있지 않은 것은?**
   ① A군 : 분열성 성격장애   ② B군 : 연극성 성격장애
   ③ C군 : 편집성 성격장애   ④ A군 : 분열형 성격장애
   ⑤ B군 : 반사회성 성격장애

   정답 및 해설 ③
   C군 성격장애유형 : 의존성, 강박성, 회피성 성격장애로 분류한다. '편집성 성격장애'는 A군 성격장애에 해당된다.

4. **적대적 반항장애의 진단기준으로 옳지 않은 것은?**
   ① 욱하고 화낸다.
   ② 자신의 잘못된 행동을 타인에게 전가한다.

이상심리

③ 권위자와 자주 논쟁을 벌인다.
④ 앙심을 품는다.
⑤ 타인의 물건을 훔친다.

정답 및 해설 ⑤
타인의 물건을 훔치는 행위는 도벽증에 해당한다.

5. 신경인지장애에 관한 설명으로 옳은 것은?
① 신경인지장애는 후천적 장애보다 선천적 장애에 가깝다.
② 주요 신경인지장애에서 인지 저하는 본인이 인식하지 못할 수 있다.
③ 경도 신경인지장애는 인지 손상이 독립적인 일상생활을 방해한다.
④ 섬망은 기억력 저하가 주된 특징이며 의식 저하가 부수적으로 나타난다.
⑤ 주요 신경인지장애의 원인인 혈관성과 알츠하이머병의 경우 인지 저하의 진행 속도가 비슷하게 나타난다.

정답 및 해설 ②
① 신경인지장애는 후천적 장애로 노년기에 나타나는 정신장애이기에 선천적 장애와는 거리가 있다.
③ 경도 신경인지장애는 인지 손상이 말 그대로 '경도' 수준이기에 일상생활에서 독립적인 활동이 가능한 정도이다. 즉, 일상생활을 독립적으로 영위할 수 있는 능력이 저해되지는 않는다는 것이다.
④ 섬망과 관련된 기억력 저하는 부가적인 인지장애에 해당하며 섬망의 주된 특징은 의식장애와 주의 장애이다.
⑤ 주요 신경인지장애의 원인인 혈관성과 알츠하이머병의 경우 인지 저하의 진행 속도가 각각 다르게 진행되며 알츠하이머병의 경우, 서서히 시작되고 점진적으로 진행된다.

6. 소아기호증(아동성애 장애)에 관한 설명으로 옳은 것은?
① 보통 15세 이하를 대상으로 성적 흥분이 발생한다.
② 14세 청소년이 7세 아동과 성관계를 맺고 있으면 진단이 될 수 있다.
③ 성적 대상이 되는 아동보다 연령이 7세 이상이어야 진단될 수 있다.
④ 아동에 대한 성적 공상이나 충동, 행동 등이 1년 이상 지속된다.
⑤ 성적으로 남녀 모두 선호하는 경우도 있다.

정답 및 해설 ⑤
① 보통 13세 이하를 대상으로 성적 흥분이 발생한다.
②, ③ 개인 연령이 적어도 16세 이상이어야 진단이 가능하고 피해자 아동보다 적어도 5세 연상이어야 한다.
④ 아동에 대한 성적 공상이나 충동, 행동 등이 6개월 이상 지속된다.

진로상담

진 로 상 담

진로상담

1강 진로상담의 의의

❑ 진로상담이란

1. 개인의 진로발달을 촉진시키거나 진로계획, 진로, 직업의 선택과 결정, 실천, 직업상담, 직업적응, 진로변경 등의 과정을 돕기 위한 활동을 의미한다.
2. **직업상담** : 선택 가능한 직업의 결정, 각 직업의 조건들, 취업에 필요한 조건, 취업절차 등 보다 구체적인 수준에서 취업을 돕는 활동을 지칭한다.
   - 국가공인직업상담사 1급, 2급
3. **진로(CAREER)** : 가장 상위개념으로 한 개인이 일생 동안 일과 관련해서 경험하고 거쳐가는 모든 체험들을 말하며 체험과정에서의 심리적 경험까지도 진로의 내용으로 본다.

> ♣ **심화학습 - 진로에 대한 설명**
> - 한 개인의 전 생애 과정
> - 개인의 역할 통합에 영향을 주는 과정
> - 직업, 여가 모두를 포함하는 개념
> - 미래지향적 특성

4. **직업 (VOCATION)** : 일반적으로 보수를 받는 것을 전제로 한 일을 의미하는 것으로 생계의 유지, 개성 발휘 및 자아의 실현, 사회적 역할의 분담을 목적으로 계속적으로 행하는 노동 또는 일을 말한다.

❑ 진로상담의 중요성

1. 합리적인 진로의식의 함양과 진로계획, 선택의 중요성을 인식하고 자기의 포부의 능력여건, 개인을 둘러싸고 있는 환경과의 관계를 충분히 이해하도록 하여 보다 나은 미래를 성공시키는 데 크게 기여할 수 있다.
2. 학교교육의 정상화와 전인교육을 실천하기 위하여 자율적이고, 자발적인 참여로 자기이해와 자기탐색, 직업세계의 이해와 탐색, 잠재적인 진로계획 수립과정을 통하여 합리적인 자기결정에 이르도록 도와 전인교육에 이르는 정상적인 학교교육이 이루어질 수 있다.
3. 복잡하고 다양한 현대사회 속에서 급변하는 직업세계에 부합되는 현명한 진학 및 직업선택 과정을 통하여 행복한 삶을 누리기 위해서는 사전에 계획적인 진로준비 작업이 요구된다.
4. 진로계획의 의미, 필요성, 목표, 진로교육의 내용, 진로정보 활동, 진로계획과 진로결정 요인 등 학교에서 진로교육 활동이 원활히 이루어졌는지를 확인하는 차원에서 상담자와 내담자 간의 관계형성을 토대로 실질적인 효과와 미래의 직업선택을 예언하는 데 크게 기여할 수 있다.
5. 발달단계에 알맞은 상담이 이루어지도록 제도적이고 행정, 재정적인 지원과 협조가 이루어져야 한다. 진로정보센터를 각 학교에 설치하여 학생들로 하여금 충분한 각종 정보자료에 익숙하도록

진로상담

하여 적극적인 참여를 유도하고, 자율적인 선택과 자기실현의 정신을 높일 수 있다.

> ♣ **심화학습 - 우리나라 청소년의 진로결정이 불합리한 결과를 야기하는 원인**
> - 입시 위주의 진로지도
> - 부모 위주의 진로결정
> - 자신에 대한 이해 부족
> - 왜곡된 직업의식
> - 일의 세계에 대한 이해 부족

❏ 진로상담의 목표

(1) 자신에 대한 이해의 증진
(2) 직업세계에 대한 이해 증진
(3) 합리적인 의사결정 능력의 증진
(4) 정보탐색 및 활용능력의 함양
(5) 일과 직업에 대한 올바른 가치관 및 태도 형성

> ♣ **심화학습 - 청소년진로상담자의 역량**
> 1. 검사실시 및 해석 능력
> 2. 정보탐색 및 활용능력
> 3. 상담목표 명료화 기술
> 4. 상담전문가의 윤리의식
> 5. 정보화 기술 활용 능력

❏ 학교수준별 진로상담의 내용

(1) **초등학교** : 진로인식단계
(2) **중학교** : 진로탐색단계
(3) **고등학교** : 진로준비단계

> * 인문계 및 대학진학예정자는 진로/전공탐색단계

(4) **대학** : 진로전문화 단계

❏ 진로상담의 기본원리

(1) 변화하는 직업세계의 이해, 진로/직업정보 활동을 중심으로 개인과 직업의 연계성을 합리적으로 연결시키는 과정을 담아야 한다.
(2) 진로발달이론에 근거하여 진행되어야 한다.
(3) 진학과 직업선택에 초점을 맞추고 전개한다.
(4) 개인의 특성을 객관적으로 파악한 후 진로상담자와 내담자간의 라포형성된 관계에서 이루어져야 한다.
(5) 진로/직업상담에는 진로의사결정 과정이 상담내용에 담겨져야 한다.
(6) 각종 진로관련, 직업관련 심리검사의 결과를 활용하여 합리적인 결과를 도출할 수 있도록 하여야 한다.
(7) 상담의 윤리강령을 준수하여야 한다.

진로상담

2강 진로상담의 기능/특성요인이론

❏ 진로상담의 기능
(1) 내담자가 잠정적으로 선택한 진로결정을 확고하게 해주는 것이다.
(2) 직업목적을 명료하게 해주는 것이다.
(3) 내담자가 자신과 직업세계에 대해 알지 못했던 사실을 발견하도록 도와주는 것이다.

> ♣ 심화학습 - 여성 진로상담시 고려해야 할 사항
> 1. 학업수행에서 특정 과목을 기피하여 진로선택의 폭을 제한하는지 탐색
> 2. 성역할 고정관념 내면화 가능성을 탐색
> 3. 여성이 전형적인 남성중심의 직업에 대하여 보이는 낮은 자기효능감에 관심을 둠
> 4. 심리검사해석을 할 때 성편견 문항, 부적절한 규준집단으로 인한 오류를 고려

❏ 진로선택이론

1. 일반적 분류
1) 특성-요인이론
2) 심리이론
   - 로의 욕구이론 - 홀랜드의 성격이론(인성이론) - 프로이드/보딘의 정신분석이론
3) 사회이론
4) 직업(진로)발달이론
5) 의사결정이론(게라트, 힐튼, 헤센스-로스 : Hershenson&Roth, 하렌)
6) 사회학습진로이론
7) 새로운 진로발달이론들(5가지 이론)

2. 횡적(규범적)/종적분류
1) **횡적측면** : 특성-요인이론, 홀랜드 인성이론, 로의 욕구이론, 정신분석이론
2) **종적측면** : 직업(진로)발달이론, 의사결정이론, 사회학습진로이론 등

❏ 특성-요인이론 (특질이론)

1. 윌리암슨의 특성-요인이론

1) 이론의 배경
1909년 Parsons에 의해서 시작된 직업 상담이 점차적으로 개인의 적성과 흥미, 능력 등을 고려

하여 가장 알맞은 직업을 선택하도록 도와주는 직업지도로 발달해 오다가, 1950년대에 이르러서는 심리학과 사회학의 발달에 따라서 인간발달의 한 측면으로 인정해야 한다는 단계에 이르렀다. 1970년대에는 지능발달, 성격발달 등과 함께 진로발달이라는 관점으로 인식되었다.

진로발달은 대체로 두 관점으로 대별할 수 있다. 하나는 구조론적인(규범적인) 입장으로서 개인의 성격구조의 특징에 초점을 맞추고 있으며, 다른 하나는 직업발달론적 입장으로서 개인의 발달 단계에 따라서 진로에 관한 태도와 정보, 적성과 직업적 능력 등이(개인차는 있지만) 발달한다는 것이다.

Parsons는 직업지도 운동의 선두주자로 알려져 있으며, 다른 인본주의자들과 마찬가지로 산업 독점가들에 의한 노동자 착취에 관심을 가졌다. 그래서 노동착취를 방지할 산업개혁과 노동자들이 능력과 흥미에 맞는 직업을 선택할 수 있도록 교육과 사회제도를 개혁할 것을 제안하였다. Parsons와 그의 동료들은 청소년들에게도 관심이 많았다. 이러한 관심의 일환으로 워싱턴과 보스톤의 중도탈락 학생들에 대한 연구를 하였고, 보스톤 사회복지관을 대신하는 '직업국'을 신설하기도 했다. 그는 모든 고등학교가 학생들의 취업에 도움을 제공해야 한다고 믿고, 1908년 그가 사망할 때까지 보스톤의 교육이 이러한 서비스를 제공하도록 설득하였다.

Parsons는 개인분석, 직업분석, 과학적 조언을 통한 매칭(matching)을 주장하였는데, 이는 자신의 강점과 약점을 포함한 개인적 성향을 충분히 이해하고, 주어진 직업에서의 성공조건 및 보상과 승진에 관한 정보를 알아야 하며, 입수한 정보를 바탕으로 선택과정에서 '진실한 추론'을 해나가야 한다는 것이다.

상담자, 교육자, 심리학자들은 Parsons가 세상을 떠난 후에도 그의 개념을 옹호하고 확장시켰다. 개인차 심리학의 성장은 과학적 측정을 통한 특성확인을 가능케하여 Parsons의 모델에 추진력을 더했다. 특히 Parsons은 진로 상담자들이 사용할 수 있는 여러 가지 심리검사도구를 개발하였다.

미네소타 그룹의 Williamson은 특성–요인의 대변자로 떠올랐으며, 미네소타 대학의 직업심리학자들은 다양한 특수적성검사, 인성검사 등의 도구를 개발함으로써 특성–요인이론의 기초를 다졌다. 이들은 또한 상담기법, 진단전략, 인력배치에 관한 정보를 담은 책들도 펴냈으며, 이들의 연구결과로 1977년 미국직업사전(DOT)이 출판되었다.

2) 특성–요인이론의 주요내용
(1) 이론의 내용

특성–요인이론(Trait and factor theory)과 관련된 근원적인 쟁점에는 다음과 같은 것들이 있다. 특성이란 무엇인가? 특성은 직업행동을 예측하는 데 관심이 있는 사람들에게 유용할 만큼 안정적이고 지속적인 것인가? 특성을 효과적으로 측정할 수 있는가?

- 1930년대까지 특성은 "정신이나 신경조직에 있는 지속적인 정신적, 신경학적 구조"라고 가정되었다. 이래서 심리학자들은 개인의 내면적 특성을 측정하는 도구가 개발될 수 있다고 믿었다. 실제로 Thurstone부터 Jensen에 이르기까지 심리학자들은 개인의 내적 특성을 반영하는 검사점수가 지능과 같은 특성을 반영한다고 주장해왔다.
- 그러나 Tryon, Anastasi 등은 특성이 학습된 것이며 특정한 임무나 상황에 한해서만 타당하

다고 주장하였다. 특성이 학습되는 것이라고 가정하면 새로운 학습에 따라 특성도 분명 변화될 것이다.
- 특성의 안정성과 지속성에 의문을 제기하며, 이 논쟁은 해결의 실마리가 보이지 않는다. 그럼에도 불구하고 진로상담자들과 직업심리학자들이 가정하고 있는 특성은 비교적 안정적인 것으로 간주한다.

특정-요인 관점의 관심사가 성공의 예언에만 국한된 것은 아니다. 지난 40여년간 관심의 초점은 구인타당도를 포함하게 되었고, 검사점수나 일련의 점수들을 근거로 피검자를 추론하는 데까지 나아가고 있다. 예를 들어 내담자에게 직업흥미 검사를 실시할 때, 상담자는 그 질문지가 직업의 선택과 후속되는 만족을 어느 정도 예언할 수 있는지(예언 타당도) 궁금한 것은 물론, 내담자가 자신의 가치를 확인하고 일에 대한 선호와 의사결정 방식 등은 어떠한지에 대해서도 관심을 갖게 된다.

구인타당도와 예언타당도 중 어느 쪽에 더 관심이 있는가는 검사결과를 어떻게 사용하느냐에 달려 있다.

♣ 심화학습
특성 : 검사를 통해서 측정 되어질 수 있는 개인의 특징(적성, 흥미, 성격, 가치 등), 개성
요인 : 성공적인 직업수행을 위해 요구되는 특징(책임, 성실성, 직업성취도 등 직업의 구성요소)

♣ 심화학습 - 요인 이론의 기본적인 가정과 명제들
첫째, 각 개인은 신뢰롭고 타당하게 측정될 수 있는 고유한 특성의 집합체이다.
둘째, 각 직업은 성공을 위해서 특정한 특성을 소유하고 있는 근로자를 필요로 한다.
셋째, 직업의 선택은 직선적인 과정이며 매칭(matching)이 가능하다.
넷째, 개인의 특성과 직업의 요구간에 매칭(matching)이 잘 될수록 성공(생산성과 만족)의 가능성은 커진다.

♣ 심화학습 - 윌리암슨에 의한 특성-요인 상담의 인간본성에 대한 5가지 기본가정
1. 인간은 선과 악의 잠재력을 모두 지니고 있는 존재이다.
2. 인간은 선을 실현하는 과정에 타인의 도움을 필요로 하는 존재이다.
3. 선의 본질은 자아의 완전한 실현이다.
4. 인간의 선한 생활을 결정하는 것은 자기 자신이다.
5. 우주와 인간의 관계 즉, 세계관은 개인적인 것으로 인간은 누구나 그의 독특한 세계관을 지닌다.

3) 진로상담의 과정

진로상담자들은 직업선택이 비교적 간단한 인지과정이라고 보았다. 내담자를 도와주기 위한 상담의 과정을 분석, 종합, 진단, 처방, 상담, 추수지도 등의 6단계로 분류하였다.

(1) 1단계 : 분석단계 – 효과적으로 상담하기 전에 객관적 주관적 방법을 이용하여 내담자의 적성, 흥미, 지식, 학업성취도, 신체건강, 정서적 균형, 가정적 배경 등에 관한 자료 수집

및 분석한다. 이를 위해 누가(cumulative)기록(累加記錄), 면접, 시간할당표, 자서전, 일화기록, 심리검사 등을 활용한다.

분석단계에서는 내담자의 객관적 자료뿐만 아니라 관념과 태도도 다룬다.
(2) **2단계** : 종합단계 – 내담자의 성격, 경향성, 욕구, 태도, 적응, 비적응 등에 대한 이해를 얻기 위한 자료를 요약하고 조직하며 다음단계인 진단단계에서 활용하기 위한 배열작업을 하는 과정이다.

종합단계에서 상담자는 내담자의 강점과 약점을 확인할 수 있다.
(3) **3단계** : 진단단계 – 내담자의 특성과 진로문제를 기술, 이에 대응하는 교육 및 직업능력 프로파일을 비교하여 문제의 원인을 밝힌다.

♣ 심화학습 – 3단계 진단단계의 내용중 세부1~2단계

- 진단 1단계 : 문제를 확인하는 단계
  윌리암슨(Williamson)은 진로의사결정에 나타나는 여러 문제를 진단하는 데 도움을 주기 위하여 변별진단의 4가지 범주를 제시하였다. 이와 같은 변별진단은 특성요인 상담에서 가장 기본이 되는 요소가 된다.
  1) 전혀 선택하지 않음 – 내담자는 자신의 선택의사를 표현할 수 없고 또 자신이 무엇을 원하는지 조차 모른다고 대답
  2) 불확실한 선택 – 내담자는 직업을 선택하고 직업명칭을 말할 수도 있지만 자신의 결정에 의심함
  3) 현명하지 못한 선택 – 내담자의 능력과 흥미간의 불일치, 내담자의 능력과 직업이 요구하는 것들간의 불일치, 내담자가 충분한 적성을 가지고 있지 않은 직업을 결정함
  4) 흥미와 적성간의 모순
   – 내담자의 적성이 보다 덜 요구되는 직업에 대한 관심
   – 내담자의 능력수준 이하의 직업에 대한 흥미
   – 단지 다른 분야들에 있어서의 똑같은 수준의 능력과 흥미
    - 진단 2단계 : 원인발견 단계
      과거, 현재, 잠재적인 것 등의 사이의 관계를 추구하고 이것으로 증상과 원인을 이해하려 하는 단계

---

(4) **4단계** : 예측(후)단계, 처방단계 – 예후(prognosis)단계에서는 진로문제를 해결할 수 있는 대안과 가능성을 탐구한다. 진단이 내려지면 상담자가 처방을 준비해야한다는 의미에서 '처방'단계라고도 한다.

윌리암슨은 예측(후)/처방단계를 상담자가 내담자의 '미래의 적응적 성과를 예언하는 과정'이라 하였다.

진로상담

3강 특성요인이론의 상담단계와 기법 등

❏ 5단계 : 상담단계

바람직한 적응을 위해 무엇을 해야 하는지 내담자와 협동적으로 상의. 상담단계에서 활용하는 상담기법은 합리적이고 인지적인 모형을 반영한 것이다.

> **♣ 심화학습 – 특성요인이론의 상담단계중 '상담단계'와 상담기법**
>
> 상담기법 : 윌리암슨(Williamson)은 5가지의 일반적 기술로 분류한다.
> 1) 촉진적 관계 형성 : 진로상담자는 내담자에게 신뢰감을 주고 문제해결을 촉진할 수 있는 관계를 형성해야 한다.
> 2) 자기이해의 신장 : 상담자는 내담자의 장점을 최대한으로 이용하여 진로를 선택하고 성공과 만족을 얻도록 조력해야 한다.
> 3) 행동계획의 권고나 설계 : 상담자는 내담자의 학문, 직업적인 선택이나 강점, 태도 등에 대해 언어로써 명료화 시켜 준다. 또한 실제적인 행동을 계획하고 설계하도록 한다.
> 4) 계획의 수행 : 내담자가 계획을 실행에 옮기고 직접 직업선택을 해 보도록 조력한다.
> 5) 위임 : 필요한 경우 다른 상담자에게 내담자를 위임할 수 있다.

> **♣ 심화학습**
>
> 검사의 해석방법 : 특성요인 진로상담은 내담자의 특성에 대한 자료를 과학적으로 수집하고 분석·종합하여 객관적이고 합리적인 의사결정을 하도록 조력하는 면을 강조한다. 검사의 결과를 해석해 주는 방법에 대해 윌리암슨(Williamson)은 직접 충고, 설득, 설명의 방법을 제시하고 있다.
> 1. 직접충고(direct advising) : 내담자가 가장 만족할만한 선택이나 행동 또는 실행계획에 대해 상담자가 자신의 견해를 솔직히 표명하는 것, 내담자가 고집스럽게 상담자의 솔직한 견해를 요구하거나, 내담자가 심각한 좌절이나 실패를 가져올 행동이나 진로선택을 고집하는 때에만 이 방법을 사용해야 한다.
> 2. 설득(persuasion) : 상담자는 내담자가 비합리적인 선택을 하지 않도록 설득한다.
> 3. 설명(explanation) : 직접상담, 설득, 설명의 방법에 의해 내담자가 진로결정에 있어서 검사결과를 유용하게 사용할 수 있게 되면 상담자는 상담의 초점을 의사결정과정에 맞추게 된다. 직업선택과 결정은 특성요인 상담의 핵심이요 절정이 되는 과정이다.

❏ 6단계 : 추수지도

결정과정의 적합성이나 새로운 문제를 해결, 동일한 문제의 재발을 막기 위해 첨가해야 할 도움이 필요한지를 확인, 상담의 효율성을 점검하는 재배치가 이루어짐

❏ 특성-요인이론에서의 직업정보의 기능

1) 브레이필드의 직업정보의 기능 3가지
   : 상담자가 내담자에게 제공해 주는 직업정보의 기능을 3가지로 분류

(1) 정보제공기능
(2) 재조정기능
(3) 동기화기능

2) 크리스텐슨과 베이어, 로버 (브레이필드의 전략에 4가지를 추가)
(1) 탐색 – 내담자가 일의 세계에 대해 보다 폭넓은 지식을 갖도록 정보를 제공
(2) 확신 – 내담자의 진로선택이 합리적이라는 확신을 주기 위해 직업정보를 제공
(3) 평가 – 직업군이나 직업에 대한 내담자의 지식과 이해가 신뢰할 수 있는 정도인지 평가하기 위해 직업정보를 제공
(4) 확인(놀람) – 내담자가 어떤 직업을 선택한 후에 그 직업에 대해 확실한 지식과 태도를 갖고 있는지 확인하기 위해 직업정보를 제공해준다.

* 직업정보의 제공방법 : 인쇄물, 직업인 면담, 직무실험 등

□ 특성-요인이론에 대한 평가

1. 평 가

진로지도나 진로상담을 전개 할 때 개인의 여러 가지 특성을 고려하도록 한 것이 이 이론의 가장 큰 공헌으로 보인다. 특성-요인 이론에 의해서 강조된 표준화 검사도구와 직업세계의 분석과정은 진로상담에 매우 유용하다.

2. 특성-요인이론은 다음과 같은 몇 가지의 단점을 내포하고 있다.

첫째, 특성-요인 이론에서는 객관적인 절차, 특히 심리검사를 통해 개인의 특성을 타당하고 신뢰롭게 측정할 수 있다고 가정하는데, 이러한 검사도구들에 대한 연구 결과 예언타당도의 문제가 제기되고 있다.

둘째, 특성-요인 이론에서는 직업 선택을 1회 적인 행위로 간주하여 장기간에 걸친 인간의 직업적 발달을 도외시하고 있다.

셋째, 특성-요인 이론에서는 개인의 특성이 어떻게 발달하였는가, 왜 그런 특성을 가지게 되었는가에 대한 설명이 없다.

넷째, 특성-요인 이론 자체로는 진로상담을 위한 효율적인 지침을 제공해주지 못한다.

♣ 심화학습

특성-요인이론에서 상담자가 지켜야 할 4가지 상담원칙
1. 강의하는 듯한, 거만한 자세 안됨
2. 간단한 어휘사용, 상담초기 정보제공의 범위를 좁혀라.
3. 정보나 해답 제공전에 내담자가 정말로 알고 싶은지를 탐색하라.
4. 상담자는 내담자를 잘 파악하고 있는지를 확인하라.

❏ 크릿츠(Crites, 크라이티스)의 3차원 진단체계

1. **변별진단** : 흥미와 적성을 고려하여 동일한 연령층의 학생들과 비교해서 나타나는 상대적인 직업준비의 정도에 따라 진단한다.
2. **역동적 진단** : 내담자가 그 문제를 경험하고 있는 이유를 다룬다.(일시적/만성적)
3. **결정적 진단** : 진로선택 과정의 문제를 다룬다.
4. 크릿츠(Crites, 크라이티스, 크리테스)의 변별진단에 의한 문제유형
   1) 적응형
      (1) 적응형   (2) 부적응형
   2) 우유부단형
      (1) 다재다능형 (2) 우유부단형
   3) 비현실형
      (1) 비현실형   (2) 불충족형   (3) 강압형

❏ 홀랜드의 직업선택이론

1. 이론의 배경

1) 성격과 직업 환경에 대한 유형론이라고도 한다.
2) 개인의 행동양식이나 인성유형이 직업선택과 발달에 중요한 영향을 미친다는 주장을 하였다. 이에 대한 내용을 요약하면 3가지로 설명된다.
   - 직업 선택은 유전적 소질과 문화적 요소의 상호작용의 소산물이며
   - 개인의 행동은 인성과 환경간의 상호작용의 함수관계로 설명이 가능하며
   - 개인 직업선택 행동은 인성의 표출이라고 주장하였다.
3) 안정성과 진로 변경에 관계된 개인 및 환경특성에 대한 흥미유형을 설명한다.
4) 직업적 흥미는 일반적으로 성격의 일부분이기에 개인의 직업적 흥미에 대한 설명은 곧 개인의 성격에 대한 설명이다.

2. 이론의 가정

직업적 흥미와 개인의 성격은 같은 차원이다.

1) 대부분의 사람들은 6가지 유형으로 분류될 수 있다.
2) 6가지 종류의 직업 환경이 존재한다. 일반적으로 각 환경에는 그 성격유형에 일치하는 사람들이 머물고 있다.
3) 자신의 기술과 능력을 발휘할 수 있고 태도와 가치를 표현할 수 있으며, 자신에게 어울리는 문제와 역할을 담당할 환경을 추구한다.
4) 인간 행동은 자신의 성격과 환경의 특성 사이의 상호작용에 의해 결정된다.

3. 여섯 가지 유형 : RIASE

현실형, 탐구형, 예술형, 사회형, 진취형, 관습형

4 다섯 가지 주요 개념

1) 일관성 (근접성 : Consistency)

환경 유형뿐만 아니라 성격유형에도 적용된다. 거리가 가까울수록 공통점을 많이 가지고 있다. 즉, 6가지 유형들의 어떤 쌍들은 다른 쌍들보다 더 많은 공통점을 가지고 있다.
예를 들면, 인접형(RI, SE)의 일관성이 높고, 다른 유형이 끼여 있는 중간형(RIA)의 경우, 중간정도의 일관성이 나타난다.

2) 차별성 (변별성, 분화도/성)

유사성이 나타나는 정도를 말한다. 사람에 따라 유사성이 나타나는 정도는 다르다. 즉, 1개의 유형에서는 유사성이 많이 나타나지만 다른 유형에서는 별로 나타나지 않는다는 것을 말한다. 여러 유형에 똑같은 유사성을 나타내면 특징이 없거나 잘 규정되지 않았다고 본다.
한 개인이 어떤 한 가지 유형만 높은 점수를 보이고 다른 유형들에서는 낮은 점수를 보일 때 '분화가 되어 있다', '차별 또는 변별이 된다'고 해석한다.

> * 유형이 뚜렷한 사람이 있는 반면, 평범한 사람도 있다.
>   • SDS 또는 VPI 프로파일등으로 측정

3) 정체성 (6가지 유형과 환경의 조직화를 보충해주는 요인)

> • 개인적 측면의 정체성 – 개인의 목표, 흥미, 재능에 대한 명확하고 견고한 청사진을 말함
> • 환경적 측면의 정체성 – 조직의 투명성, 안정성, 목표·일·보상의 통합으로 규정
> • MVS로 개인의 직업 정체성을 측정

> * 해당검사(MVS)에서 점수가 낮은 사람들은 자신의 특성과 반대되는 직업목표를 가진 사람들이 많다.

4) 일치성

다른 유형은 다른 환경을 원한다. 자신의 유형과 비슷하거나 정체성이 있는 환경에서 일할 때 일치성이 높아진다. 육각형의 반대 위치에 있을 때 일치도가 낮음을 나타냄. 즉, 일치시키면 효과적으로 능력을 발휘할 수 있다.
예를 들면, 사회적 유형은 사회적 환경이 제공되는 보상을 좋아한다. 즉, 완벽한 조합은 현실적 환경에 현실적인 유형이다.

* 완벽한 조합, 최선의 적합

5) 계측성

육각형 모델에서 유형들 간의 거리가 멀수록 직업 적응도와 성공도가 낮음을 나타냄.
(육각형 모델에서의 거리는 '차이'의 정도를 의미)

♣ **심화학습 – 홀랜드가 제안한 진로안정성**

진로안정성에 영향을 주는 요인은 생물학적인 유전, 부모, 친구, 사회적 지위, 문화, 물리적인 환경을 포함한 다양한 문화적인 것이다.

5. 평가

1) 장점
 (1) VPI, SDS, VEIK, MVS 등 매우 유용한 검사 도구를 개발하였다.
 (2) 직업사전(DOT)을 홀랜드 직업사전으로 번안했다.

2) 단점
(1) 성격만이 강조되어 개인적·사회적·환경적 요인이 도외시되었다.
(2) 진로 상담에 적용할 수 있는 구체적인 절차를 제공해 주지 못하고 있다.
(3) 성에 대해 6가지의 직업 유형에서 차별적이다.
(4) 성격이론에 바탕을 두어 발달 관점에 대한 사고가 부족하다.
(5) 환경 변화에 따라 인간의 행동이 변화됨을 간과하고 있다.

진로상담

4강 Roe의 욕구이론

☐ 욕구이론

1. 욕구이론의 특성 및 배경

로(A. Roe)의 욕구 이론에 의하면 성격 결정 요인이 진로선택에 영향을 미친다고 한다. 좀 더 구체적으로 아동기에 획득한 욕구에 대한 반응으로 진로선택이 이루어진다는 것이다.

<u>Roe의 초기경험과 대부분의 초기 연구는 임상심리학에 기초하며 유명한 예술가들이나 연구자들에 관한 임상적인 연구의 한 연장</u>으로서 직업심리학에 관심을 갖게 되었다.

Roe의 직업과 기본 욕구 관련성에 대한 논의는 매슬로우(Maslow)의 욕구위계론을 바탕으로 할 때 가장 효율적으로 보고 욕구위계 개념을 직업과 접목시켰다.

<u>Maslow의 욕구위계론(7단계)</u>은 생리적 욕구, 안전욕구, 소속과 애정 욕구, 존중의 욕구, 인지적 욕구(정보욕구, 앎의욕구), 심미적 욕구, 자아실현 욕구로서 하위 욕구일수록 충족시키고자 하는 강도가 보다 강하다. Maslow는 이러한 욕구들이 선천적이고 본능적이지만 생리적 욕구를 제외한 나머지 욕구들은 조절가능한 것이라 생각했다.

2. 욕구이론의 주요내용

Roe는 기존의 분류체계들과는 다르게 새로운 분류체계를 개발했다. 기존의 직업분류는 분류의 논리적인 원리를 따르지 않은 것으로 보았다. 단계(level)와 유형(type)이 혼용되어 활용되기도 하고 많은 직업이 누락되기도 하였다고 보았다.

직업사전(DOT)은 정교한 코딩체계를 가졌지만 유목화(grouping)에서 일관성이 부족하며 미네소타 직업평가척도(Minnesota Occupational Rating Scales; MORS)를 제외하면 현존하는 분류체계들 중 어느 것도 심리적인 기반을 갖지 못하고 있다고 평가하였다.

Roe는 <u>아동기에 부모와의 상호 작용에 따라서</u> 성격과 태도, 흥미, 가치관, 욕구 충족의 행동 양식이 달라지며, 이러한 아동기의 경험에 따라 직업관과 직업 선택 및 결정 등 직업 행동도 달라질 수 있다는 이론이다. **또한 직업선택의 주요한 심리적 구성물인 흥미의 결정요소로 심리적 에너지를 설명하였다.**

Roe는 각 직업에서 곤란도와 책무성을 고려하여 여덟 개의 단계를 설정하여 8×8의 분류체계를 완성했는데 두 단계를 탈락시키고 8×6의 구조를 만들었다. 어느 직업군을 선택하는가도 중요하지만, 어느 수준까지 상승해야 만족하는가는 아동기의 경험에 따라 좌우된다는 것이다. 즉 <u>각 직업군 내에서의 수준</u>은 개인의 욕구의 강도에 따라 결정되고 욕구의 강도는 가정 및 사회·경제적 배경과 밀접하게 관련되어 있다고 본다.

3. 8개의 직업군과 6수준으로 직업 분류 (6×8형식의 직업표)

가로는 흥미유형을 내용으로 한 직업군(분야)을 배치하고, 세로는 직무의 곤란도, 책무성 등을 내용으로 수준을 정하여 배치함

(1) 직업군 (8개)

- 가) **서비스직(service)** : 기본적으로 다른 사람의 욕구와 복지에 관심을 가지고 봉사하는 것에 관련된다. 사회사업, 가이던스 등이 이 군집에 속한다. 이 군집의 본질적인 요인은 다른 사람을 위해서 무엇인가를 하고 있는 환경이다.
- 나) **비즈니스직(business contact)** : 일대일 만남을 통해서 공산품, 투자상품, 부동산 등을 판매하는 것에 관련된다. 대인관계가 중요하나 타인을 도와주기보다 어떤 행동을 취하도록 상대방을 설득하는 데 초점을 둔다.
- 다) **단체직(managerial)** : 사업, 지조업, 행정에 종사하는 관리직 화이트 칼라가 이 군집에 해당하며 기업의 조직과 효율적인 기능에 주로 관련된 직업들이다. 인간관계의 질은 대개 형식화되어 있다.
- 라) **기술직(technology)** : 상품화 재화의 생산, 유지, 운송과 관련된 직업을 포함하는 군집이다. 운송과 정보통신에 관련된 직업 뿐만 아니라 공학, 기능, 기계, 무역에 관계된 직업들도 이 영역에 속한다. 대인관계는 상대적으로 덜 중요하며 사물을 다루는 데 관심을 둔다.
- 마) **옥외활동직(outdoor)** : 농산물, 수산자원, 임산물, 기타의 천연자원을 개발, 보존, 수확하는 것과 축산업에 관련된 직업들을 말한다. 기계화의 진전으로 인해 이 군집에 속하던 많은 직업들이 군집 라(기술직)로 옮겨졌다. 대인관계는 중요하게 다루어지지 않는다.
- 바) **과학직(science)** : 기술직과는 달리 과학이론과 이론을 특정한 환경에 적용하는 것과 관련된다. 심리학, 인류학과 같은 분야에서 뿐만 아니라 전혀 인간관계 지향이 아닌 물리학과 같은 과학적 연구에서도 더 구체적인 인간관계에 호소하는 군집 7)일반문화직과 관련이 있다. 의학직이 대표적인 예이다.
- 사) **일반문화직(general culture)** : 문화 유산의 보존과 전수에 관련된다. 개인보다는 인류의 활동에 흥미가 있다. 교육, 언론, 법률, 성직, 언어학과 인문학이라 불리는 과목들에 관련된 직업들이 이 군집에 포함된다. 대부분의 초·중등학교 교사들은 이 군집에 속하나 고등교육기관의 교사들은 가르치는 교과에 따라 서로 다른 직업군에 포함된다. 예를 들어 과학교사는 군집 6)과학직, 예술교사는 군집 8)예능직, 인류학 과목의 교사는 일반문화직에 속한다.
- 아) **예체능직(art & entertainment)** : 창조적인 예술과 연예에 관련된 특별한 기술을 사용하는 것과 관련된 직업들이 속한다. 대부분의 경우 개인과 대중 또는 조직화된 한 집단과 대중 사이의 관계를 초점을 둔다. 인간관계가 중요하나 군집 1)서비스직에서의 인간관계의 똑같은 특성을 지닌 것은 아니다.

각 군집은 다시 책임, 능력, 기술의 정도를 기준으로 하여 여섯 단계로 나눈다. 이들 기준사이의 상관관계는 없으며 책무성의 정도가 단계의 구분에 가장 결정적인 영향을 미친다. 책무성에는 결

정을 내리는 횟수와 곤란도 뿐만 아니라 다양한 문제들을 어떻게 처리해야 하는지도 포함된다.

(2) 수준 (6단계)

가) 고급전문관리(상급) (professional managerial)
① 전문가, 개혁자, 창조자, 최고 경영관리자로 대체로 사회집단보다 더 높은 권위를 갖지는 않는다.
② 단계 설정의 기준
   첫째, 중요하고 독립적이며 다양한 책임
   둘째, 정책을 만듦
   셋째, 박사나 이에 준하는 정도의 교육을 받음

나) 중급전문관리(보통) (professional)
① 고급단계와는 정도의 차이가 있고 자율성이 있으나 고급단계보다 더 좁은 영역에 대한 덜 중요한 책임이 따른다.
② 단계 설정의 기준
   첫째, 중요도와 다양성의 측면에서 자신과 타인에 대한 중간 수준의 책임을 진다.
   둘째, 정책을 해석
   셋째, 석사학위 이상, 박사와 그에 준하는 정도의 교육보다 낮은 수준의 교육을 받음

다) 준전문관리 (semiprofessional and small business) - 단계 설정의 기준
첫째, 타인에 대한 낮은 수준의 책임을 짐
둘째, 정책을 적용하거나 오직 자신만을 위한 의사 결정을 할 수 있다.
셋째, 고등학교나 기술학교 또는 그에 준하는 정도의 교육 수준

라) 숙련직(skilled) : 4, 5, 6단계의 구분은 고전적인 분류에 의한 것으로 견습이나 다른 특수한 훈련과 경험을 필요로 함

마) 반숙련직 (semiskilled) : 약간의 훈련과 경험을 요구하지만 4단계보다 낮은 수준으로 훨씬 더 적은 자율과 주도권이 주어짐

바) 비숙련직(unskilled) : 특수한 훈련이나 교육을 필요로 하지 않으며, 간단한 지시를 따르거나 단순한 반복활동에 종사하기 위해서 필요한 능력 이상을 요구하지 않음

4. 부모-자녀관계와 직업 선택

Roe의 직업선택이론에 의하면 초기 아동기 부모의 양육태도에 따라 자녀의 직업선택이 달라진다고 주장했다. 즉 어린 시절 부모-자녀 관계에 따라 사람의 욕구가 달라지게 되고, 각자의 심리적인 욕구에 따라 선택하는 직업도 달라진다는 것입니다. 어려서의 부모와 자녀간의 관계에 기인한다는 개념을 이론화하고 또 연구하였다.

발달초기의 부모행동은 세 가지로 개념화할 수 있다.

1) 자녀에 대한 감정적인 집중(정서집중형) (emotional concentration on child)
   ① 과보호적 분위기(overprotecting climate)
   ② 과요구적 분위기(overdemanding climate)
2) 자녀에 대한 회피 (avoidance of the child)
   ① 거부적 분위기(rejecting climate)
   ② 방임(무시)적 분위기(neglecting climate)
3) 자녀에 대한 수용
   ① 무관심한 분위기(casual climate)
   ② 애정적 분위기(loving climate)

감성(정서)집중형 부모는 자녀를 지나치게 보호하는 **과보호형**, 자녀가 뛰어나기를 바라고 엄격한 훈련과 무리한 요구를 가하는 **과다요구형**으로 나뉘는데, 그 특징은 부모가 원하는 대로 했을 때만 사랑을 표현한다는 것이다. 과보호형의 부모 밑에서 자란 사람은 부모가 원하는 것과 부모의 감정에 민감하기 때문에 성격이 예민해져 예술 계통의 직업을 선호하게 된다고 가정했다.

수용형 부모는 자녀에게 요구하지도 않고 자녀 욕구에 민감하지도 않은 **무관심형**, 자녀의 욕구에 민감하면서도 독립성을 인정하는 **애정형**으로 나눈다. Roe는 온정적이며 수용적인 분위기에서 성장한 사람은 자신의 욕구를 사람에게서 충족시킨 경험이 많기 때문에 사람들과 접촉이 많은 서비스, 교직 등의 직종에 종사하게 된다고 하였다.

회피형 부모는 자녀에 대해 냉담하고 자녀가 원하는 것을 무시하면서 자녀의 부족한 면이나 부적합한 면만을 지적하는 **거부형**과 자녀와 별로 접촉하지 않으면서 부모의 책임을 회피하려고 하는 **방임(무시)형**으로 나눌 수 있다. 이들과 같이 부모의 사랑과 관심을 제대로 받지 못하고 부정적인 분위기에서 성장한 사람들은 공격적이고 방어적인 성격을 갖게 되는데, 이들은 사람에 의해 자신의 욕구가 충족된 경험이 없기 때문에 사람과 접촉이 적은 기술직, 연구직 등의 직업을 선호하게 된다.

5. 평가

Roe 이론은 성격과 직업 분류를 통합하는 업적을 남겼고 독특한 방식으로 직업 분류 모델을 제시하였다.

1) 부모-자녀관계 질문지를 개발하여 분석을 통한 세 가지 요인은
   양극요인으로
      애정-거부(Loving-Rejecting; LR),
      무관심-요구(Casual-Demanding; CD)
   단극요인으로 지나친 주의(Overt attention; O)

   개인의 관심에 영향을 주는 것은 LR요인과 O요인이라고 추정하였다.

♣ 심화학습

부모의 양육 방식이 과보호적, 과요구적, 애정적인 경우에는 인간지향적 직업 분야(서비스, 비즈니스, 조직이나 단체활동, 일반 문화직, 예술과 예능직)를, 무시적, 거부적, 무관심한 경우에는 비인간지향적 직업 분야(산업 기술, 옥외활동, 과학 연구직)를 선호하게 된다.

2) Roe 이론의 문제점

첫째, 실증적인 근거가 결여되어 있다.
둘째, 검증이 매우 어렵다.
셋째, 진로 상담을 위한 구체적인 절차를 제공하지 못하고 있다.

부모의 양육태도가 바뀔 수 있다는 점, 초기 아동기 시절을 기억하기가 어렵다는 점, 실증된 자료에 근거한 이론이 아니라는 점에서 검증되지 못한 하나의 가설로 받아 들여졌지만, 직업선택에 미치는 심리적인 요인을 처음으로 강조한 이론이라는 점에서 주목을 받아왔다. 또한, Roe의 이론이 절대적인 것은 아니며 자녀의 기질이나 특성, 환경적인 요소 등이 진로결정에 영향을 미치지만, 자녀의 진로에 가장 크게 영향을 주는 사람이 부모라는 사실을 다시금 인지하게 만들어 준다.

3) 진로의 선택

진로에 대한 궁극적인 선택은 자녀가 해야할 일이다. 하지만, 자녀의 선택을 마냥 두고 보거나 무조건 간섭하기 보다는 자녀의 의사를 존중하며 관심과 배려 속에서 지속적인 대화를 통해 자녀의 미래를 함께 설계해 나가는 것이 부모의 몫일 것이다.

5강 진로발달이론 (1)

❏ 정신역동적 입장에서의 직업심리적 발달 견해
- 보딘, 나흐만, 세갈은 정신분석적 입장에서 직업발달의 틀을 제시하였다. 정신분석적 접근에서는 직업을 충동을 만족시키는 수단이자 감추어진 욕구를 분출하는 출구로 간주한다.
- 보딘은 내재적 동기(감춰진 욕구 등)들이 사람들을 자극해서 어떤 직업쪽으로 밀어붙이기도 하고 또는 멀리하게도 한다는 가설을 세웠다.

1. 진로발달모형의 주요개념
- 인간발달은 지속적이다. 그러나 유아기의 단순한 심리, 생리적 발달과정은 성인이 된 후의 복잡한 지적 활동과 깊은 관련을 가진다.
- 개인이 선호하는 직업은 생후 6년 동안에 만들어지는 욕구에 의해 결정적으로 선택된다.
- 만족을 추구하는 본능은 유아기의 단순행동에서처럼 성인기의 복잡한 행동에서도 나타난다.
- 넓은 의미에서 보면 일이란 유아적인 행동을 사회적으로 수용될 수 있는 행동으로 승화시키는 것이다.
- 모든 직업은 욕구충족의 일환으로 기술될 수 있다.

2. 생리적 욕구충족을 위한 9가지 직업군
보딘, 나흐만 및 세갈은 선행연구들을 기초로 하여 직업분석, 성격특성의 분석, 아동기의 경험연구 등을 발전시켰으며, 아래의 표와 같은 9가지 차원의 생리적 욕구를 충족시킬 수 있는 직업군을 제시하였다.

[욕구충족을 위한 활동과 직업]

차원군	생리적 기능	직업적 기능
섭취적	음식섭취. 인간, 동물, 식물의 성장 발달의 조장 및 보호	사회사업가, 간호사, 교사
구순공격적	자르기, 물기, 씹기, 삼키기	제조업, 건설업, 광업
조작적	신체적 힘, 권력행사, 설득, 위협, 유혹	컴퓨터조작, 세일즈, 광고업
감각적	보기, 건드리기, 맛보기, 소리듣기	예술 창조적 직업
항문적	획득, 시간적 조절, 정돈, 축적, 더럽히기	회계원, 서무직원, 화공약품상
성기적/탐색적	수태, 생산, 직립, 통과, 어떤 사실에 대한 조사, 탐구, 이해	건설업, 농업, 수학자, 화학자, 물리학자
유동적/억제적	옥외활동	소방원, 수리역학
공개적	자신의 육체를 남에게 보이고 싶어하는 충동	배우, 법률가, 광고업, 목사
율동적/운동적	심장, 호흡, 기타 생리적인 리듬	음악가, 무용가, 기타신체율동을 포함하는 예술가

3. 정신분석 이론의 한계

정신분석적 입장의 진로발달이론의 한계점은 다음과 같다.
- 일생동안 개인이 경험을 통해서 외부로부터 영향을 받는다는 점을 고려하지 않고 있다. (이런 점은 사회학습이론 모델과 대립된다)
- 진로선택을 성격발달보다 덜 중요한 것으로 여기고, 발달과제 혹은 직업성숙 개념을 전혀 강조하지 않았다.
- 직업선택이 문화적 영향 혹은 재정적인 문제의 영향을 받는 경우, 일을 통한 만족을 경험할 수 없는 사람들은 고려하지 않았다.
- 직업선택에 대한 정신분석적 입장을 타당화하는 연구가 거의 없는 실정이다.

☐ 진로발달이론

♣ 심화학습 – 발달기제
1) 누적성의 원리 : 발달과정에서 이전단계의 발달이 잘못되면 그 나쁜 영향이 그 다음의 발달단계에도 지속되며 궁극적으로 정상적인 성장 및 발달을 가져오지 못한다는 원리
2) 기초성의 원리 : 유아기의 경험이 후기 발달의 바탕이 된다는 원리
3) 적시성의 원리 : 모든 발달은 각 단계에 맞는 '과업'이 있다는 원리
4) 불가역성의 원리 : 어떤 특정 시기에 발달이 잘못되면 그 후기에 충분한 보상적 자극이나 경험을 제공받는다고 하더라도 원래의 발달상태로 회복되지 않는다는 원리

♣ 심화학습 – 진로발달의 일반적인 특징
1) 진로발달은 지속적인 선택, 결정과 적응의 과정이다.
2) 진로발달은 환경, 경험, 그리고 자기개념과 생활양식의 상호작용을 포함한다.
3) 진로발달은 다차원적이다.

♣ 심화학습 – 인간의 발달
1) 일반적인 발달에서 특수분야의 발달로 이어짐.
2) 유전적인 요인과 환경적인 요인의 상호작용으로 진행됨.
3) 많은 발달과 적은 발달이 주기적으로 일어남.
4) 발달은 일정한 순서가 있다.

♣ 심화학습 – 진로발달의 원리
1) 연속성의 원리
2) 비가역성의 원리
3) 패턴의 원리
4) 현저성(pre-eminence)의 원리 : 에릭슨의 8단계가 좋은 사례
5) 분화와 통합의 원리
6) 속도차의 원리
7) 상호작용의 원리
8) 개인차의 원리

□ 긴즈버그(Ginzberg) 진로발달이론

긴즈버그(Ginzberg)와 그 동료들(엑설래드 : Axelrad, 헐마 : Herma)은 직업의 선택은 발달적 과정으로 일련의 결정들이 계속적으로 이루어지는 과정이라고 보았다.

<u>직업선택과정은 바람(wishes)과 가능성(possibility) 간의 타협으로 보고 이러한 직업선택은 가치관, 정서적 요인, 교육의 양과 종류, 환경 영향 등의 상호작용으로 결정된다고 주장하였다.</u>

또한 진로의사결정에 관한 4가지 요인(개인적 가치, 정서적 요인, 교육수준, 환경의 영향)을 제시하고 요인들의 상호작용으로 직업을 선택한다고 보았다.

1. 진로발달3단계(Period)

가) **환상기(Fantasy Period - 11세 이전)** : 놀이가 점차 일지향(Work-oriented)이 되며, 처음으로 특정활동에 대한 선호를 나타낸다. 이것은 다양한 직업적 역할이 놀이를 통해서 나타나게 되며, 직업 세계에 대한 최초의 가치판단을 반영하는 것이다.

나) **잠정기(Tentative Period - 11~17세)** : 선택의 변화기
- **흥미단계** : 좋아하는 것과 그렇지 않은 것에 대한 보다 분명한 결정을 하게 된다.
- **능력단계** : 직업적인 열망과 관련하여 자신의 능력을 깨닫게 되는 단계
- **가치단계** : 자신의 직업 스타일에 대하여 보다 명확한 이해를 하게 된다.
- **전환단계** : 직업선택에 대한 결정과 진로선택에 수반되는 책임의 식을 깨닫게 된다.

다) **현실기(Realistic Period - 17세~청장년기)**
- **탐색단계** : 이 시기 동안 개인은 자신의 진로선택을 2~3가지 정도로 좁혀간다. 대부분 이러한 선택은 애매하여 확실한 결정의 상태라고 보기는 어려우나 진로에 대한 초점(career focus)의 범위는 훨씬 좁혀진 상태이다.
- **구체화단계** : 특정직업 분야에 몰두하게 된다.
- **특수화(정교화)단계** : 각자가 직업을 선택하거나 혹은 특정의 진로에 맞는 직업훈련을 받게 된다. 이 단계에서 자신의 결정을 구체화시키고 보다 세밀한 계획을 세우며 고도로 세분화, 전문화된 의사결정을 하게 된다.

2. 긴즈버그의 이론적 특성

가) 직업선택의 과정이 개인의 아동기부터 초기 성인까지의 사회, 문화적 환경에 따라 주관적으로 평가, 발달되었다는 점이 독특하다.

나) 긴즈버그는 초기의 연구에서 직업적 의사결정의 발달과정은 심리적으로든 연대기적으로든 다시 돌아갈 수 없는 점에서 불가역적(irreversible)이라고 보았다. 그러나 직업적 결정과정이 불가역적이라는 결론은 나중에 초기의 입장이 반박되면서 수정되었다.

다) 긴즈버그는 지속적인 진로선택과정에서의 초기선택이 매우 중요하다고 강조하였으며 동시에 직업선택은 일생동안, 즉 사람이 일하는 동안 병존하는 것이라고 역설하였다.

라) "직업선택은 일생 동안의 의사결정과정이며, 사람들은 자신의 일로부터 상당한 만족을 추구

한다. 이를 통해서 사람들은 자신의 변경된 진로목표와 직업세계라는 현실 간의 조정을 어떻게 해 나갈 수 있는지를 반복적으로 재평가하게 되는 것이다.

❑ 슈퍼의 발달이론

1. 도날드 슈퍼(Donald Super)의 발달이론 및 배경

Ginzberg 이론의 미흡성을 비판, 직업선택 및 직업발달에 대한 지식을 충분히 분석·종합하여 포괄적이고 발전된 이론을 정립하려 함

> ♣ 심화학습 – 긴즈버그와 슈퍼의 이론적 차이점
> - 진로 발달
>   - G : 아동초기부터 성인 초기에 국한된 과정
>   - S : 인생의 전 생애에 걸쳐 이루어지고 변화되는 것
> - 직업선택
>   - G : 타협의 과정
>   - S : 타협과 선택이 상호작용 하는 일련의 적응과정
> - 가역성
>   - G : 불가역성을 주장
>   - S : 필요하다면 언제든지 발달과정의 가역성을 인정함

2. 자기(Self)개념

'자기'개념은 Super 이론의 기저를 이루는 것으로 개인은 자기의 이미지와 일치하는 직업을 찾게 된다고 주장하였다. 이러한 자기개념은 유아기부터 형성, 전환, 실천의 과정을 거쳐서 계속발달 보완되며 청년기 이후 큰 변화가 없다고 하였다.

3. 진로발달 요인과 주요 명제

1) 진로발달 요인
   ① 개인차
   ② 다양한 가능성
   ③ 직무 능력의 유형
   ④ 동일시와 모델의 역할
   ⑤ 적응의 계속성
   ⑥ 생애 단계
   ⑦ 진로유형
   ⑧ 발달의 지도 가능성
   ⑨ 상호작용의 결과로서의 발달
   ⑩ 직무만족

2) 진로발달 명제(14가지)
   ① 개인차 – 능력, 흥미, 성격, 욕구, 가치, 특성, 자기개념 등
   ② 적합성 – 개인차로 인한 특정한 직업으로 제한됨
   ③ 직업(군) – 각기 요구되는 일정 범위의 능력, 흥미, 인성 특성을 특정직업은 요구한다.
   ④ 직업의 선택과 직업에의 적응은 계속적인 과정 – 직업적 선호와 능력, 생활장면 및 자기개

념은 시간의 경과와 경험에 따라 변화
⑤ 자기개념은 5단계로 변화한다. 즉, 성장기(growth), 탐색기(exploration), 확립기(establishment), 유지기(maintenanc), 쇠퇴기(decline)의 과정을 거친다.
　사회학습의 산물로 "자기개념"도 시간과 경험 등에 의해 변한다고 함
⑥ 개인의 진로유형의 본질, 직업의 수준과시도, 안정된 직업의 결과 지속기간 등은 부모의 사회·경제적 수준, 정신능력 및 인성특성, 주어진 직업기회 등에 의해 결정
⑦ 발달단계를 통한 성장은 개인의 준비도(진로성숙)에 달려 있다.
　진로성숙 : 신체적, 정신적, 사회적 특성들의 배열로서 인지적이며 정서적인 개념
⑧ 직업발달 과정 – 자아개념을 발달시키고 실천해 나가는 과정
⑨ 개인과 사회적 요소 간, 자기개념과 현실 간 등의 종합과 타협의 과정은 상담과정에서 또는 실제활동(교실, 클럽, 시간제 일, 첫 직업)에서 환상적으로 역할을 수행했는지에 대한 피드백으로부터 학습하는 과정이자 역할수행의 과정이다.
⑩ 자신의 직업과 인생에 대한 만족 – 능력, 흥미, 성격특성, 가치관에 맞는 길을 찾느냐에 달려있다고 본다.

♣ 심화학습 – 추가된 기본명제(11~14)
⑪ 직업은 사람의 성격구조에 영향을 준다.
⑫ 진로성숙은 가설적 개념이며 단조롭게 증가되지 않으며, 특징이 단일한 것도 아니다.
⑬ 일에서 얻는 만족의 정도는 자기개념을 충족시킬 수 있는 정도에 비례한다.
⑭ 능력, 흥미의 성숙을 조장하고 현실검증과 자기개념의 발달을 도움으로써 삶의 단계를 통한 발달은 지도될 수 있다.

6강 진로발달이론(2)

□ **수퍼(Donald Super)의 직업(진로)발달의 단계와 과업(task)발달단계**

1. 수퍼의 직업(진로)발달의 단계

  가) 성장기(growth stage. 0-14세)
   - 주요 인물과 동일시함으로써 자아개념을 발달시킨다. 자기에 대한 지각이 생겨나고 직업 세계에 대한 기본적 이해가 이루어지는 시기라고 할 수 있다.
   - 초기-욕구와 환상이 지배적
   - 사회참여와 현실검증이 증가 - 흥미와 능력을 중요시
     ① 환상기(fantasy substage. 4-10세) : 욕구가 지배적, 환상적인 역할 수행이 중요시
     ② 흥미기(interest substage. 11-12세) : 취향 - 활동의 목표 및 내용을 결정하는 요인
     ③ 능력기(capacity substage. 13-14세) : 능력 중요시, 직업의 요구조건 고려

  나) 탐색기(exploration stage. 15-24세)
   - 학교생활, 여가활동, 시간제 일 - 자아검증, 역할시행, 직업적 탐색을 함
     ① 잠정기(tentative substage. 15-17세)
       - 욕구, 흥미, 능력, 가치, 직업적 기회 등을 고려하기 시작
       - 잠정적인 진로 선택 - 환상, 토의, 일, 기타경험을 통해서 시행해 봄
     ② 전환기(transition substage. 18-21세)
       - 취업, 취업훈련, 취업교육을 받으며 자아개념을 실천하려고 함에 따라 현실적 요인을 중요시
     ③ 시행기(trial substage. 22-24세) -최초의 직업

  다) 확립기(establishment stage. 25-44세)
   - 적합한 분야 발견 - 영구적인 위치 확보 위한 노력
     ① 시행기(trial substage. 25-30세) - 적합한 일을 발견할 때까지의 변동
     ② 안정기(stabilization substage. 31-44세) - 안정된 위치를 굳히기 위한 노력

  라) 유지기(maintenance stage. 45-65세)
     직업에 정착 유지하기 위한 노력

  마) 쇠퇴기(decline stage.65 이후)
     은퇴 후 다른 활동

2. 슈퍼의 진로발달이론

진로모델 : 생의 과정을 발달로 본다.(장기적이고 발달적인 접근)

1) 진로는 일생을 통해 발달하고 변화해간다.
2) 이전의 행동을 이후의 행동에 영향을 미친다.
3) 각기 다른 연령 혹은 단계에서는 서로 다른 진로관련 문제들을 경험하게 된다.
4) 연령별 혹은 단계별로 경험하는 각기 다른 문제들에 대해 중재하는 방법도 각기 다르다.

※ Super는 일련의 진로 발단단계 순서적으로 발생한다는 정적인 관점을 수정하였다. 일생에 걸친 진로발달단계를 <U>대순환</U>으로 명명하고 각 발달 단계마다 다시 탐색기 - 확립기 - 유지기 - 쇠퇴기가 존재한다고 주장하며 이것을 소순환이라고 함으로써 보다 역동적인 관점을 채택하였다.

* 경제불황과 과학기술 발전은 개인에게 소순환단계를 촉발하기도 한다. 즉, 진로위기 등을 이유로 소(재)순환을 하게 된다는 것이다.

3. 직업발달 과업(task)단계(경력개발방법5단계)

직업 발달 과업	연령	일반적인 특징
구체화 (Crystallization)	14~17세	• 직업에 대한 것을 인식하여 일반적인 직업 목적을 형성하는 지적과정 단계의 과업 · 선호하는 진로에 대한 계획, 실행을 고려
특수화 (Specification)	18~21세	• 잠정적인 직업에 대한 선호-특정한 직업에 대한 선호로 옮김 • 직업선택을 객관적으로 명백히 함 선택된 직업에 대해 구체적으로 이해하여 진로 계획을 특수화하는 것
실행화 (Implementation)	22~24세	• 교육훈련을 끝마치고 취업하는 단계의 과업
안정화 (Stabilization)	25~35세	• 직업에서 실제 일을 수행 • 자신의 위치를 확립
공고화 (Consolidation)	35세~	• 승진, 지위획득, 경력개발 - 자신의 진로를 안정되게 하는 단계

4. 수퍼의 발달적 직업상담 6단계

- 문제탐색(비지시적)
- 심층적 탐색(지시적)
- 자아수용
- 현실검증(검사, 정보분석)
- 태도와 감정의 탐색과 처리(자신과 일의 탐색)
- 의사결정

5. Super의 진로아치모형

1) 개념
진로아치문 모형은 노르만 아치를 모델로 함

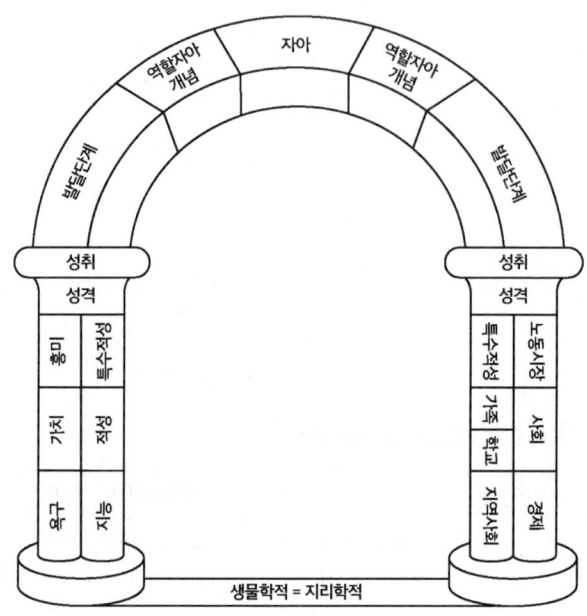

[수퍼의 진로발달 아치문]

- 맨 위 : 자기(self)
- 왼쪽 기둥 : 개인적 요소
- 오른쪽 기둥 : 사회적 요소

2) 진로아치문의 의미
인간발달을 위한 생물학적 - 지리적 기초를 의미하고 왼쪽 큰 석조기둥을 '사람'을, 오른쪽 석조기둥은 '사회'를 형성한다. 이러한 양 기둥을 바탕으로 일련의 발달단계를 거치면서 자기개념이 형성되기 때문에 진로아치의 가장 정점에 '자기(self)'가 위치한다. Super의 이론은 '**자기개념(self- concept)**'을 직업적으로 적절한 능력 등에 재능이 있는 특성을 가진 존재'라 부를 만큼 진로발달에 있어서 자기개념을 강조한다.

> ♣ **심화학습**
> 자기개념이란? - 고트프레드슨
> : 개인의 외모, 능력, 성격, 성별, 가치, 사회 내에서의 직위같은 많은 요소들을 포함하고 있는 자기에 대한 개인적 관점

6. Super의 생애무지개 (1974년)

1) 생애무지개
개인의 사회적 지위와 연령에 따른 전 생애역할 모형도(생애적/생활공간적 접근도)
Super는 개인의 진로발달과정을 자기실현 및 생애발달의 과정으로 보고 여러가지 생활영역에 있어서의 진로발달을 나타내는 생애진로무지개를 제시하였다.
- 진로성숙과 역할중요성
- 일생동안 <u>9가지의 역할</u>(아동, 학생, 여가, 시민, 근로자, 가장, 주부, 부모, 연금생활자 = 가정의 역할)을 수행한다. 이러한 역할들은 상호작용하며 이전의 수행이 이후의 수행에 영향을 미치게 된다.

진로발달에 관한 全 생애적/생활공간적 접근으로 삶의 단계와 역할을 묶고, 결정요인 및 상호작용과 더불어 다양한 역할의 진로를 포괄적인 그림으로 나타낸 것임.

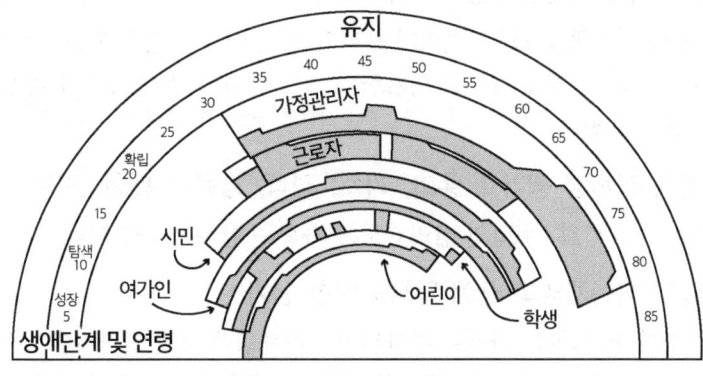

[수퍼의 생애진로무지개]

2) 생애무지개와 두 가지 개념
가) **진로성숙 차원**
  종적이며, 생애와 삶의 과정의 대순환을 나타냄
  진로발달검사(Career Development Inventory : CDI)의 두 가지 변인
  - 정의적 변인 : 진로계획과 진로탐색 등을 평가
  - 인지적 변인 : 진로결정의 원칙과 능력, 직업의 성격에 대한 지식 등을 평가

나) **역할 현저성 차원**
  삶의 공간이며, 사람들에 의해 수행되는 역할과 직위의 배열, 작업중요도 연구(Work Importance Study : WIS)

다) **역할중요도검사(SI : Salience Inventory)**
  Nevil과 Super가 개발한 진로성숙검사로서 생애역할의 상대적 중요도에 대해 탐색하는 검사이다.

수퍼/고트프레드슨/타이드만&오하라의 진로발달이론

❑ 수퍼의 C-DAC 모형(Career Development Assessment and Counsel model)

- **1단계 : 내담자의 생애구조와 직업역할의 중요성 평가**

  9가지 역할 중 직업인으로써의 역할이 자녀, 학생, 여가인, 시민, 배우자의 역할에 비해 얼마나 더 중요한지 탐색한다. 그리고 생애구조란 개인생애의 중심적 역할과 주변적 역할 모두이다. 즉 갈등하고 있는 역할은 무엇인지, 보완해 주는 역할은 무엇인지 확인이 필요하다.
  - 우선순위 결정을 도움.

- **2단계 : 내담자의 진로발달수준과 자원의 평가**

  어느 단계의 발달과업이 내담자의 문제인가를 확인하고, 이 문제의 극복을 위하여 활용할 수 있는 자원 즉, 그 사람의 역량, 태도 자세를 평가한다. 진로발달 수준 평가하기 위해 성인용 진로문제검사를 활용할 필요가 있다.

- **3단계 : 직업적 정체성 평가로 흥미, 가치, 성격, 능력에 대한 평가**

  이는 각종 흥미, 가치, 성격, 능력의 심리검사 결과를 통합하는 과정이다.

- **4단계 : 직업적 자아개념과 생애주제에 대한 평가**

  1~3단계가 객관적인 평가라면 4단계는 주관적인 자아개념에 대한 평가이다. 이 평가는 현재 개인에게 일어나는 전반적인 영역에 대한 평가 즉, 횡단적 평가와 그의 생애 전반에 대한 종단적 방법 두 가지 다 추천한다. 즉, 자신과 세상을 어떻게 이해하는지의 자기상을 확인하는 것이다.

❑ 수퍼이론의 평가

- 직업적 성숙과정을 체계적으로 기술
- 많은 실증적 자료의 확보
- 너무 광범위하고 자아개념을 지나치게 강조

❑ 고트프레드슨(Gotfredson, 갓프레드슨) 이론

1. 직업포부(occupational aspiration)의 발달

고트프레드슨(Gotfredson)에 따르면 사람들은 자신의 자아 이미지에 알맞은 직업을 원하기 때문에 직업 발달에 있어서 자기개념은 진로선택의 중요한 요인이 된다. 여기에서 자기개념 발달의 중요한 결정요인은 사회계층, 지능수준 및 다양한 경험 등이다.

> * 수퍼의 "자기개념"에 착안

또한 사람들의 진로기대가 어릴 때부터 성별, 인종별, 사회계층별로 차이가 나는 이유를 설명하기 위해 제한 및 타협이론으로 발전되었다.

> * 한계(제한)와 절충(타협)이라는 개념을 중시
> * 사람이 어떻게 특정 직업에 매력을 느끼게 되는가를 기술한다.

2. 직업포부의 발달단계

가) 힘의 크기 지향성(Orientation to size power, 3~5세) : 어른이 된다는 것의 의미를 알게 된다. 사고과정이 구체화되며, 자신의 직업에 대해서 긍정적 입장을 취한다.

나) 성역할 지향성(Orientation to sex roles, 6~8세) : 자아개념이 성(gender)의 발달에 의해서 영향을 받게 된다. 그리고 자신이 선호하는 직업에 대해서 보다 엄격한 평가를 할 수 있게 된다.

다) 사회적 가치 지향성(Orientation to social valuation, 9~13세) : 사회계층에 있어서의 자아(self-in-situation)를 인식하게 되고, 일의 수준에 대한 이해를 확장시킨다. 그리고 직업에 대한 평가를 하기 위한 보다 많은 기준을 갖게 된다.

라) 내적, 고유한 자아 지향성(Orientation to the internal, unique self, 14세 이후~) : 내성적인 사고를 통하여 자아인식이 발달되며, 타인에 대한 개념이 생겨난다. 자아성찰과 사회계층의 맥락에서 직업적 포부가 더욱 발달하게 된다.

- 추상적인 사고를 하게되고, 개인적 흥미나 가치, 능력을 바탕으로 자신의 성격유형에 관심을 갖게되며, 그에 따른 직업분야를 탐색해나가며 자기정체감을 만족시킬 수 있는 직업을 선택하며 한편, 진로포부 수준도 점차 현실화 해 간다.

3. 타협 (Compromise)

1) 직업포부형성과정은 제한과 타협과정
2) 타협의 3원칙
  - 1원칙(타협순서)
    '흥미 〈 명성 〈 성'의 크기순으로 직업선택이 이루어짐
    예를 들면 흥미는 없는 분야이나 사회적 명성을 얻을 수 있는 직업이라면 이를 선택한다는 원칙
  - 2원칙
    최상이 아닌 최선의 선택을 한다는 원칙
  - 3원칙
    회피의 원칙(기존 노동시장으로의 진출보다 남녀차별이 덜한 공직으로의 진출 등)

> * 왜 여성의 포부가 축소되는가를 잘 설명하는 원칙

☐ 타이드만과 오하라(D. Tiedman & O' Hara)의 발달이론

1. 자아정체감(ego-identity)

타이드만/오하라는 자아정체감(ego-identity)의 발달을 진로발달과정에서 주요한 요소로 설명한다. 즉, 자아정체감이 발달하면서 진로관련 의사결정 또한 이루어진다고 봄

즉, 자아정체감 발달이론을 진로발달과정에 적용하였다.

탐색-구체화-선택-명료화-순응-개혁-통합의 직업정체감 형성과정으로 진로발달이론을 설명

타이드만은 자아의 발달이 진로의사결정 과정에서 매우 중요한 요소이며 각각의 개인들은 'I-power' 혹은 잠재된 자기향상 능력을 가지고 있으며, 현재 자신의 상황을 구체화하고 자신을 앞으로의 예상 직업환경에 투사함으로써 자아가 발달된다고 함

> * 타이드만과 오하라(D. Tiedman & O' Hara)의 발달이론 : 에릭슨의 심리사회적 위기이론(8단계론)을 참조

2. 분화(differentiation)와 통합(integration)

타이드만은 그의 발달이론에서 분화와 통합의 개념을 제시하며, 진로발달 과정은 지속적으로 자아정체감의 분화와 발달과업 수행, <u>심리적 위기의 해결로 이어지는 일련의 과정</u>이라고 함

- **분화** : 다양한 직업을 구체적으로 학습함으로써 자아가 발달하는 과정으로 개인의 잠재력이나 사회적 구조에 따라서 달라진다. 개인의 인지적 구조가 발달됨에 따라서 분화가 내적으로 일어나게 되며, 분화의 목적은 직업세계의 신뢰-불신 위기를 해결하는 것이다.
- **통합** : 개인이 직업분야의 일원으로서 직업세계로의 통합을 말한다. 여기에서 개인의 고유성이 직업세계의 고유성과 일치한다면 통합, 종합, 성공, 만족이 이루어진다.

3. 진로결정 과정 : 4가지 예상측면/ 3가지 수행(실행)측면

- 4가지 예상측면(anticipation or preoccupation)

예상기 혹은 전직업기	특 징
탐색기	- 사고가 일시적이며 순간적임, 실천 가능한 진로탐색 및 재검토 - 상상으로 다양한 활동을 경험, 장래의 대안적 진로행동 - 포부, 능력, 흥미, 직업선택의 사회적 의미 숙고
구체화기	- 대안에 대한 지속적 평가, 대안을 줄임 - 잠정적 선택, 잠정적 선택의 재평가(가치, 서열화) - 목표-제한적, 구체화, 변경 가능 - 생각을 명확히 굳힘
선택기	- 명확한 목표 결정 - 목표달성에 필요한 특정행동
명료화기	- 선택한 위치에서의 자신에 대한 명료화 기간 - 진로예상 → 진로결정 불안 약화 - 진로결정에 대한 강한 확신 - 예상단계나 전(前)직업기가 끝남

• 3가지 수행(실행)측면(implementation or adjustment)

실천기 혹은 적응기	특 징
순응기	- 진로구체화를 위한 사회적 상호작용 - 직업사회 체계 내에서 자기명료화와 자아보호 - 수용과 집단으로의 융합(조정) - 사회적 목적의 전체 진로구조 내에서 개인적인 목표를 구체화함
개혁기	- 직장에서 직원으로 수용, 인정함 - 직장 내, 외적으로 주장적 행동 - 주장적 행동으로 다른 사람을 설득, 자기의견을 따르게 함
통합기	- 직업집단과 상호작용을 통해서 목표 타협 - 자아와 직장에 대한 객관성 확보 - 전체적인 진로 분야에서 구성원으로서의 정체감 획득 - 일시적으로나마 수행한 결과나 행동에 대하여 만족

4. 진로의사결정의 의미

진로문제 해결을 위해 자신의 특성과 직업세계에 대한 다양한 정보를 수집하고 이를 바탕으로 여러 대안을 탐색하고 평가하여 그중 자신에게 가장 적합하고 효과적인 대안을 선택하는 것이다.

5. 진로의사결정의 3요소

- 진로의사결정자
- 진로의사결정의 상황(진로의사결정 시 영향을 주는 환경적, 지원사항, 사회적 기대 등)
- 적절한 진로정보

8강 에릭슨/터크만/레빈슨 등의 발달이론

▢ 에릭슨(Erik. H. Erikson)의 심리사회적 발달론과 진로발달

1. 성격이론
에릭슨은 출생에서 사망까지의 인간의 생애는 신체적/심리적으로 성장하는 유기체와 사회적 영향과의 상호작용에 의해 이루어진다고 하며, 생애주기를 통한 발달적 변화, 사회적, 역사적인 요인을 배경으로 성격을 이해하는 것이 중요함을 강조하였다.

2. 자아 발달이론(8단계 이론)
에릭슨은 인간의 발달단계는 유전적 요인에 의해 결정되지만, 유전적으로 결정된 단계가 현실화되는 것은 사회적 혹은 환경적 힘에 의해서라고 말한다. 인간은 각 발달단계에서 위기를 경험하며, 이 위기를 잘 해결하느냐 못하느냐에 따라서 인생의 방향이 결정된다.

  1) 위기
  - 각 단계의 특정한 갈등에 대처해야 한다.
    (1) **전환점**(turning point) : 진보와 퇴행, 통합과 지체를 결정하는 순간들
      ① 조망의 급격한 변화가 있다.
      ② 취약한 시기
      ③ 새로운 힘을 얻을 수 있는 시기
      ④ 새로운 환경의 요구가 있는 시기
  위기를 긍정적으로 해결해야 성격이 정상적으로 발달한다.
  각 단계마다 적응적 방식의 대처와 부적응적 대처 방식이 있다. 이 두 방식이 모두 자아 정체감에 흡수되어야 한다.
    (2) Creative balance : 적응적 대처뿐만 아니라 어느 정도의 부적응적 대처가 자아정체감에 통합되어야 각 단계의 위기가 해결된다.

  2) 심리 사회적 힘 : Potency
  - 각 단계의 위기를 성공적으로 해결하면 심리 사회적 강점이 촉진된다.

  3) 자아 발달이론의 단계별 내용
    (1) 제 1단계 : 신뢰감 대 불신감(영아기, 0-18개월)
  이 단계는 프로이드의 구강기에 해당되는 시기로서, 출생에서 약 1세까지를 가리킨다. 이 시기 동안에 유아가 맺게 되는 사회적 관계는 주로 돌보아 주는 사람인 어머니와의 관계이다. 유아가

생의 초기에 처음으로 맺게 되는 사회 관계에서 어머니가 유아의 신체적, 심리적 욕구와 필요를 적절히 충족시켜 주면서 그를 일관성 있게 돌보아 주면, 유아는 어머니 또는 돌보아 주는 사람을 신뢰하게 된다. 예를 들어, 아기가 오줌을 쌌거나 배가 고플 때 어머니가 곧 이를 알아차려 그의 요구에 잘 응해 주면, 이런 경험을 바탕으로 다음번에 비슷한 사태에 부딪쳤을 때에도, 어머니가 곧 자신의 필요를 충족시켜 주거나 고통을 덜어 줄 것이라고 기대하게 된다.

(2) 제 2단계 : 자율성 대 의혹(유아기, 18개월-3세)

이 단계는 약 1년 이후부터 3세까지를 말하는데, 이 시기의 유아는 여러 개의 상반되는 충동 사이에서 스스로 선택을 하고자 하게 되며, 이러한 과정을 통하여 자신의 의지를 나타내고자 한다고 에릭슨은 말한다. 즉 자율성을 가지려고 한다는 것이다. 이 단계의 유아는 근육발달로 인하여 대소변의 통제가 가능하게 되며, 자기 발로 서서 걷게 되면서부터 자기 주위를 혼자서 열심히 탐색하게 되고, 음식도 남의 도움을 받지 않고 자신의 힘으로 먹으려고 한다. 이러한 자율성은 그들의 언어에서도 나타나는데, 예를 들어 〈나〉, 〈내 것〉 등의 말을 자주 반복하여 사용하며, 특히 "안 해!"라는 말을 씀으로써 자기주장을 표현한다.

(3) 제 3단계 : 주도성 대 죄책감(유치기, 3-6세)

이 단계는 프로이드의 남근기에 해당하는 시기로서, 성인의 활동에 열정을 보이고 성인의 일에서 자기의 능력을 평가해 보려는 시기이다. 그의 행동은 목표 지향적이 되고 경쟁적으로 되는데, 이때 어린이의 행동에는 상상적인 측면도 포함된다. 이 시기에 어린이는 자신의 큰 계획과 희망들이 결국에는 실패할 수밖에 없다는 사실을 깨닫게 되는 자신의 계획이나 희망이 사회의 금기를 범하는 결과를 가져오게 된다는 사실을 알게 되면서 죄의식을 느끼게 되어, 그러한 충동이나 환상을 억제한다고 한다. 부모가 아이의 주도적 활동과 환상(오이디프스)에 어떻게 반응하는가? 만일 부모가 이런 활동을 처벌하거나 억제하면, 아이는 새로운 활동을 나쁜 것이라고 느끼고 죄책감을 발달시킨다.

(4) 제 4단계 : 근면성 대 열등감(아동기, 6-12세)

이 단계는 6세부터 11세까지를 말하며, 프로이드의 이론으로는 잠복기에 해당된다. 에릭슨은 이 단계를 자아성장의 결정적인 시기라고 보았다. 이 시기의 어린이는 기초적인 인지적 기술과 사회적 기술을 습득하게 되면서부터, 가족의 범주를 벗어나 더 넓은 사회에서 통용되고 유용한 기술들을 열심히 배우고자 하며 이를 숙달하고자 한다. 예를 들어, 미개사회에서는 사냥이나 농업기술을 배우게 되며, 현대 사회와 같은 문명이 고도화된 사회에서는 읽기, 쓰기, 셈하기 등의 인지적 기술을 획득하기 위해서 학교에 들어가게 된다.

(5) 제 5단계 : 자아정체감 대 정체감 혼미/역할혼미(청소년기, 12-18세)

다섯째 단계인 청소년기에는, 급격한 신체적 변화와 더불어 새로운 사회적 압력과 요구에 부딪치게 된다. 그러므로 이 시기의 청소년은 이러한 새로운 상황에 어떻게 대응해 나가야 할 지 몰라서 당황하게 된다. 그리하여 이전 단계까지는 회의 없이 받아들였던 자기존재에 대해 새로운 경험과 탐색이 시작된다.

(6) 제 6단계 : 친밀성 대 고립감(청년기/성인 전기, 18-24세)

청소년기에는 주로 관심의 대상이 자기 자신이었으나, 성인초기에 이르게 되면 직업을 선택해야 하고 배우자를 찾아야 하므로, 이 시기의 사람들은 배우자인 상대방 속에서 공유적 정체감을 찾으려 든다. 따라서, 이 시기에는 타인과의 관계에서 친밀성을 이룩하는 일이 중요 과업으로 된다. 에릭슨에 의하면, 청년기에 긍정적인 정체감을 확립한 사람만이 진정한 친밀성을 이룰 수 있다고 한다. 정체감을 확립하지 못한 사람은 자기 자신에 대하여 자신감을 가지지 못하므로, 타인과의 관계에서 친밀성을 형성하지 못하고 고립하여 자기 자신에게만 몰두하게 된다.

(7) 제 7단계 : 생산성 대 침체감(장년기/성인중기, 24-54세)

일단 두 사람간의 친밀성이 확립되고 나면, 그들의 관심은 두 사람만의 관계를 넘어서 그 밖의 사람으로 확대되기 시작한다. 가정적으로는 자녀를 낳아 키우고 교육하게 되며, 사회적으로는 다음 세대를 양성하는 데에 관심과 노력을 기울이게 된다. 또 직업적인 성취나 학문적, 예술적 업적을 통해서도 생산성이 발휘된다. 자신의 2세가 없는 경우에는 다음 세대들을 위한 사회적인 봉사 등을 통해서도 생산성을 발달시키게 된다.

(8) 제 8단계 : 통합성/자아통정감 대 절망(노년기/성인후기, 54세 이후)

마지막 단계인 노년기에는, 신체적인 노쇠와 직업으로부터 은퇴, 친한 친구나 배우자의 죽음 등으로 인하여, 인생에 대한 무력감을 느끼게 되는 일이 많다. 이 시기의 성패는 신체적, 사회적, 퇴보를 어떻게 받아들이는 가에 달려 있다고 에릭슨은 주장하고 있다.

3. 이론에 대한 평가

1) Erikson은 Freud 이론을 확장시켰다. Freud의 각 단계마다 가장 보편적인 이슈들을 기술했고, 전 생애를 포함하도록 단계들을 확장했으며, 각 단계에서 사회적 요인들이 어떻게 개입되는지를 제시하였다.
2) Freud의 성숙의 개념을 긍정적이며 보다 포괄적인 의미로 발전시켰다. Freud에서 성숙은 억압이라는 수단을 통해 본능적인 충동의 방향을 이끌어나가지만, Erikson에 있어서 성숙은 자율성, 주도성과 같은 자아양식 및 보편적인 자아속성의 성장을 촉진시킨다.

❏ 투크만(Tuchman)의 발달이론

1. 투크만(Tuckman) : 진로발달이론(자아인식 요인)

직업발달에 따른 환경조성 또는 교육적 조치에 중심을 두고 자아인식, 진로인식, 진로의사결정이라는 3가지 요소를 중심으로 진로발달이론을 전개하였다.

2. 발달8단계

- 1단계 : 일방적 의존성의 단계(초등학교 1학년 입학전)
- 2단계 : 자기주장의 단계(초등학교 1~2학년 시기)
- 3단계 : 조건적 의존성의 단계(초등학교 2~3학년 시기)

- 4단계 : 독립성의 단계(초등학교 4학년 시기)
- 5단계 : 외부지원의 단계(초등학교 5~6학년 시기)
- 6단계 : 자기결정의 단계(중학교 1~2학년 시기)
- 7단계 : 상호관계의 단계(중학교 3학년~고등학교 1학년 시기)
- 8단계 : 자율성의 단계(고등학교 2~3학년 시기)

❏ 헤센슨과 로스(Hershenson & Roth)의 직업발달 5단계

- 사회적 관계단계 : '나는 무엇인가(존재)'를 탐색하는 단계
- 자아식별 단계 : '나는 누구인가(역할)'를 탐색하는 단계
- 능력단계 : '나는 무엇을 할 수 있는가(일)'를 탐색하는 단계
- 독립단계 : '어느 직업'에 집중할 것인지를 결정하는 단계
- 참여단계 : '나는 무엇 때문에 일을 할 것인가(직업)'로 실제로 직업에 참여하는 단계

❏ Levinson의 인생단계이론(발달이론)

레빈슨에 의하면 성인의 인생구조 형성과정은 연령이 증가함에 따라 일정한 계열을 형성한다. 각 시기의 인생구조는 구조가 설정되기 시작하는 초보인생구조, 전환기, 절정기의 세 단계 유형으로 구성된다.

1. 성인초기(17~22세) : 성인세계로 첫발을 딛는 단계, 성인기로 변화하기 위한 단계, 가능성탐색, 시험적 수행
2. 성인초기-초보인생구조(22~28세) : 생활양식 형성기, 결혼, 가족으로부터 분리, 사회적 관계 형성, 꿈을 추구
3. 30세 전환기(28~33세) : 첫 인생구조에서 문제점 인식, 재평가, 새로운 선택탐색
4. 성인초기-절정인생구조(33~40세) : 두 번째 인생구조형성, 직장, 가족, 친구, 사회에 자신을 투자, 꿈을 추구
5. 성인중기-초보인생구조(40~45세) : 초기와 중기의 다리역할, 자신에 대한 질문, 역할수행에 의문을 가짐, 위기의식
6. 성인중기-초보인생구조(45~50세) : 새로운 인생구조의 형성을 위해 다양한 노력
7. 50세 전환기(50~55세) : 30세 전환기와 비슷, 성인중기 인생구조에 적응
8. 성인중기-절정인생구조(55~60세) : 두 번째 성인중기의 인생구조를 형성, 성공적인 인생구조를 형성하였다면 만족의 시기(중년기가 완성되는 시기)
9. 성인후기-전환기(60~65세) : 은퇴와 신체적 노화 대비의 시기, 인생주기에 있어 중요한 전환기가 됨
10. 성인후기(65세 이상)은퇴와 신체적 노화에 대비하는 시기로 새로운 패턴의 인생구조를 확립하는 시기, 심리적 충격에 대비

> * 레빈슨의 인생계절론
> - 4단계(봄/여름/가을/겨울)

❏ 달튼(Dalton)

1) 도제
   학습자 단계
2) 동료
   독립적 기여자
3) 멘토
   다른 사람의 작업에 까지 책임을 지는 단계
4) 스폰서
   정책을 결정하고 조직의 향상을 위해 필요하고 다른 사람들이 이를 통해서 배울 수 있는 경험을 창출하는 스폰서(소수만이 도달하는 단계)

❏ 크라이티스의 직업발달이론

1) 태도요인
   관여성, 독립성, 성향, 결정성, 타협성
2) 능력요인
   자가평가, 직업정보, 목표선정, 계획, 문제해결

9강 의사결정이론/직업적응이론(TWA)

❏ 하렌(Harren)의 의사결정유형이론

1. 진로의사결정 유형의 정의
하렌은 의사결정의 필요한 과제를 인식하고 그에 반응하는 개인의 특징적 유형(자아개념)과 개인이 의사결정을 내리는 방식을 진로의사 결정유형으로 정의하고 있다.

2. 진로결정단계
하렌은 의사결정과정으로 인식, 계획, 확신, 이행의 4단계를 제안하고 이 과정에서 영향을 미치는 주요 요인으로 자아개념과 의사결정유형을 제시하였다. 또한 효과적인 의사결정자는 적절한 자아존중감과 분화되고 통합된 자아개념을 갖고 합리적 유형을 활용하여 책임있는 의사결정을 하고, 성숙한 대인관계와 분명한 목적의식을 가진다고 주장.

1) 인식
분화가 일어나는 시기로 개인이 심리적 불균형을 느끼고 어떤 결정을 해야 할 필요를 인식하는 것이다.

2) 계획
여러 가지 대안을 탐색하는 단계로 가치와 우선순위를 고려해서 교체, 확장, 제한하는 과정이다.

3) 확신
자신의 선택에 대해 탐색하고 다각도로 검토하여 선택의 장단점을 명료화한다.

4) 이행
사회적 인정에 대한 욕구와 자신이 선택한 가치 사이의 조화와 균형을 추구하며 자신의 선택에 적응한다.

3. 의사결정과정에 영향을 미치는 요인

1) 대인평가
의사결정자가 타인으로부터 받는 긍정적, 부정적 결과로 진로의사결정에서 확신과 이행 단계에 영향을 미친다.

2) 심리상태
3) 과업조건(시간적 조건)
4) 맥락조건(타인으로부터 받는 정서적, 재정적 지원 등)

4. 의사결정유형 3가지

1) 합리적 유형
의사 결정 과업에 대해서 논리적이고 체계적으로 접근하는 유형이다. 이 유형에 속하는 사람은 자신과 상황에 대하여 정확한 정보를 수집하고, 신중하고 논리적으로 의사 결정을 수행하며 의사 결정에 전적인 책임을 진다. 이후의 결정들을 위해서 이전 결정들의 결과를 평가할 수 있는 능력을 소유하고 있고, 미래의 의사 결정의 필요성을 예견하고 자신 및 기대되는 상황에 대한 정보를 수집하는 등의 준비를 한다.

2) 직관적 유형
의사 결정에 있어서 개인 내적인 감정적 상태에 의존하는 유형이다. 이 유형의 사람은 결정에 대한 책임은 수용하지만 미래에 대해서 예견을 거의 하지 않고 정보 수집을 위한 활동도 별로 없으며, 사실에 대해서 논리적인 비중을 거의 두지 않으며 대안들에 대한 논리적인 평가 과정도 거의 갖지 않는다. 오히려 환상을 활용하고 현재의 느낌을 중시한다. 결정 과정에 대한 각 단계의 선택과 수용이 비교적 빨리 이루어지며, 종종 어떻게 결정에 도달하였는가를 명백하게 진술하지 못하는 경향이 있다.

3) 의존적 유형
위의 두 경우와는 달리 의존적인 유형의 사람은 의사 결정에 대한 자신의 책임을 부정하고, 그 책임을 가족이나 친구 그리고 동료 등에게 전가하는 특징이 있다. 이와 같은 양식을 활용하는 사람들은 결정 과정에서 타인의 영향을 많이 받으므로 수동적, 복종적이며 사회적 인정에 대한 욕구가 높고, 자신의 환경을 제한된 선택만을 제공하는 것으로 지각한다.

♣ 심화학습 – 하렌의 의사결정유형의 장·단점

1) 합리적 유형
   - 장점 : 의사 결정이 합리적이며 심리적 독립과 성장에 도움이 되고 잘못하거나 실패할 확률이 낮음
   - 단점 : 의사 결정에 오랜 시간이 걸림
2) 직관적 유형
   - 장점 : 빠른 의사 결정, 스스로 선택에 책임을 짐
   - 단점 : 잘못하거나 실패할 확률이 높음
3) 의존적 유형
   - 장점 : 장점이 별로 없음
   - 단점 : 의사 결정을 내려야 할 때 정서적으로 불안을 느낌. 남의 눈치를 보는 관계로 소신 있게 일을 처리하지 못하며 개인적인 독립이나 성숙에 장애가 됨. 실패했을 때 남의 탓을 잘함.

☐ 채프먼(Chapman)의 진학의사결정 모형

진단 : 내담자의 특성과 외부환경/요소 진단
탐색 : 희망 상급학교, 전공/학과의 진학방법(유형, 전형절차)
선택 : 전략적 의사결정을 통한 상급학교 선택

지원 : 지원 실행
등록 : 입학허가에 따른 최종적 절차

☐ 직업적응이론(TWA) – 롭퀴스트와 다위스의 이론

1. 연구의 개요

1) 이 접근은 보다 발전된 특성지향이론으로 만족, 효과, 직무유지(job tenure) 등과 같은 진로사건을 예측하기 위한 것이다. 이 이론은 미네소타 직업분류체계Ⅲ(Minnesota Occupational Classification System Ⅲ, MOCS Ⅲ)와 연결되어 사용할 수 있다.
2) 롭퀴스트와 다위스는 1969년과 1984년에 이어 1991년에 직업적응이론의 기본적인 의미를 피력하였다. 이들은 최신판에서 이 체계를 '개인-환경 대응상담'이라 하였다.
3) 인간은 작업요구를 성취하도록 동기화되고, 일을 통해 개인적 요구를 성취하도록 동기화된다. 개인이 이러한 조화를 유지하도록 노력하는 것을 직업 적응이라고 부르며, 직무유지, 만족도, 효율성과 체계적으로 연관되어 있다.

> ♠ 심화학습 – TWA이론과 관련된 각종 측정도구들
>
> 1. 미네소타 중요성 질문지(MIQ : Minnesota Importance Questionnaire)
>   : 직업적응과 관련된 개인적 국면을 측정하는 질문지
>   – 20개의 욕구에 대한 개인의 중요도를 측정한다. 20개의 욕구는 성취, 편안함, 지위, 이타성, 안정성, 자율성 등 6개의 가치요인으로 묶여진다.
> 2. 미네소타 직업분류체계Ⅲ((Minnesota Occupational Classification System Ⅲ, MOCS Ⅲ)
>   – 직업적성과 직업강화인 두 축의 구분을 중심으로 1,769개로 직업을 분류했다.
>   – 직업적성 영역(지각, 인지, 동작)을 세 영역(높은 수준, 평균, 중요하지 않은 수준)으로 구분한다.
>   – 직업강화인에는 내적 강화, 사회적 강화, 환경적 강화가 있다.
> 3. JDQ : 직무기술질문지, 일의 환경이 MIQ에서 정의한 20개 욕구를 만족시켜주는 정도를 측정하는 도구로서 하위척도는 MIQ와 동일
> 4. MSQ : 미네소타 만족도질문지, 직무만족의 원인 되는 일의 강화요인을 측정하는 도구로서 능력의 사용, 성취, 승진, 활동, 다양성, 작업조건, 회사의 명성, 인간자원의 관리체계 등의 척도로 구성되어 있다.
> 5. MSS : 미네소타 만족성 척도

2. 성격이론측면

개인의 성격은 성격구조와 성격양식을 통해 파악한다.

(1) 성격구조는 성격양식으로 드러난다.
(2) 성격양식 : 직업성격적 측면 – 개인관련 요소

　성격구조가 작동하는 방식으로서 성격양식 차원은 민첩성, 역량, 리듬, 지구력의 4가지이다.

– 민첩성 : 과제를 얼마나 일찍 완성하느냐와 관계되는 것으로, 정확성보다는 속도를 중시한다. 민첩성이 없다는 것은 반응의 신중함, 지연, 반응의 긴 잠재기를 뜻한다.

- 속도(역량) : 근로자의 평균활동 수준을 말하고 개인의 에너지 소비량을 의미한다.
- 지구력 : 개인이 환경과 상호작용하는 시간의 양을 의미한다.
- 리듬 : 활동의 다양성을 말한다.

3. 직업적응측면

(1) 의미

성격이론과 직업환경을 기초로 한 개인과 직업환경의 상호 적응과정을 기술한다. 개인은 환경과 조화를 이루고 이를 유지하려는 동기를 가지고 있다.

또한 직업은 조화를 이루려고 하는 가장 주된 환경으로 개인은 환경이 원하는 기술을 가지고 있고, 환경은 개인의 욕구를 충족시켜 줄 강화인을 가지고 있을 때 조화로운 상태가 된다. 서로 조화를 이루려는 역동적인 과정을 직업적응이 라 한다.

(2) 직업적응방식적 측면 - 적응(조화)관련된 요소

직업적응방식에는 4가지 즉 융통성, 끈기, 적극성, 반응성이 이에 해당된다.
- 유연성(융통성) : 개인이 작업환경과 개인적 환경 간의 부조화를 참아내는 정도로서 작업과 개인의 부조화가 크더라도 잘 참아낼 수 있는 사람은 융통적인 사람이다.
- 인내력(끈기) : 환경이 자신에게 맞지 않아도 개인이 얼마나 오랫동안 견뎌낼 수 있는가 하는 것을 의미한다.
- 적극성 : 개인이 작업환경을 개인적 방식과 좀더 조화롭게 만들어 가려고 노력하는 정도를 의미한다.
- 반응성 : 개인이 작업성격의 변화로 인해 작업환경에 반응하는 정도를 말한다.

4. 직업환경측면

(1) 직업환경구조
- 직업에서 요구하는 능력으로 주어진 직업이 개인에게 필요로 하는 능력을 의미한다.
- 강화인 패턴 : 주어진 직업환경이 개인에게 충족시켜 줄 수 있는 욕구를 의미한다.

(2) 직업환경양식
- 직업환경이 반응하는데 관련되는 민첩성, 속도, 지속성, 리듬의 차원에서 기술된다.

(3) 직업환경과 관련된 두 가지 중요한 개념
- 신호는 어떤 반응이 적절하고 언제 그 반응을 해야 하는지에 관한 자극 조건이다.
- 강화인은 반응의 유지 및 이후에 그 반응에 일어날 가능성과 관련된 요소이다.(임금, 작업환경, 동료, 상사 등)

사회학습이론/게라트의 의사결정모형 등

❑ 사회학습 이론

1. 진로발달과정의 특성과 내용

진로선택에 대한 사회학습이론적 접근은 크룸볼츠, 미첼, 게라트에 의해 제안되었다.
이 이론에서는 진로발달과정이 유전요인과 특별한 능력, 환경조건과 사건, 학습경험, 과제접근기술 등의 네 가지 요인과 관련된다고 본다.

(1) 유전적 요인과 특별한 능력(genetic endowments and abilites)

유전적 요인과 특별한 능력은 개인의 진로기회를 제한하는 타고난 특질을 포함한다.

(2) 환경조건과 사건(environmental conditions and events)
- 환경조건과 사건은 종종 개인의 통제를 넘어서 영향을 미친다.
- 여기서 강조하는 것은 개인환경에서의 특정한 사건이 기술발달, 활동, 진로선호 등에 영향을 미친다는 것이다.
- 예를 들면, 개인환경에서 어떤 천연자원의 이용이나 어떤 직업을 규제하는 정부의 정책은 고용기회와 경험을 상당정도 결정할 수도 있다.

(3) 학습경험(learning experiences)

세 번째 요인인 학습경험은 도구적 학습경험과 연상적 학습경험을 포함한다.
- **도구적 학습경험** : 개인이 결과에 대한 반응을 통해 학습하는 것, 행동의 직접적이고 관찰 가능한 결과를 통해 학습하는 것 등이다.
- **연상적 학습경험** : 이전의 중립적 상황에 대한 부정적, 긍정적 반응을 통해 이루어진다. 예를 들면 '모든 정치인들은 부정직하다' 또는 '은행가들은 모두 부자이다.'와 같은 진술은 이 직업에 대한 개인의 인식에 영향을 미친다. 이러한 연상은 관찰, 출판물, 영화 등을 통해 학습될 수 있다.

(4) 과제접근기술(task approach skill)
- 과제접근기술은 문제해결기술, 작업습관, 학습습관 등과 같이 개인이 개발시켜 온 기술 일체를 말한다.
- 이렇게 개발된 기술 일체는 개인이 직면한 문제와 과업의 결과를 상당 정도 결정한다.
- 과제접근기술은 종종 바람직한 결과나 또는 바람직하지 않은 결과를 통하여 수정된다.

♣ **심화학습**
1) 환경적 요인 : 유전적 요인과 특별한 능력, 환경적 조건과 사건
2) 심리적 요인 : 학습경험, 과제접근기술

2. 사회학습진로이론의 모형과 진로선택 - 크롬볼츠

1) 의의
크롬볼츠는 전체 인생에서 각 개인의 **독특한 학습경험**이 진로선택의 주요한 영향요인이 될 것이라고 생각한다. 이러한 영향요인은 다음과 같다.
   (1) 학습기준과 관련된 경험과 수행으로부터 도출된 개인의 일반화
   (2) 환경에 대응하는데 이용하기 위한 개발된 기술 일체
   (3) 어떤 직업에 지원하거나 교육기관 및 훈련기관을 선택하는 것과 같은 진로진입 행동 등을 포함한다.

사회학습모형은 직업선택에서 학습경험과 이의 영향을 강조한다. 이 모형에서 유전적 특성은 학습경험과 이에 따르는 진로선택을 제한할 수 있는 요인으로 된다. 따라서 진로결정은 전 생애적인 과정으로서 교육 및 진로상담 프로그램에서 가르쳐야 할 것으로 생각된다.

2) 크롬볼츠 진로상담의 기본가정
   (1) 내담자의 학습을 촉진하기 위해 진로관련 심리검사를 활용
   (2) 진로상담의 목표는 내담자가 만족스러운 진로와 인생을 선택하여 살아가는 방법을 습득하게 하는 것이다.
   (3) 진로관련 심리검사는 개인특성과 직업특성을 매칭하기 위한 것만은 아니다.
   (4) 상담자는 내담자가 탐색적 활동에 집중하면서 우연히 일어난 일을 유용하게 활용할 수 있음을 깨닫게 한다. "계획된 우연"
   (5) 상담의 성공여부는 상담실에서의 내담자 반응에 의해 결정되는 것이 아니라 상담실 밖에서 내담자가 무엇을 이루었는지에 달렸다.

3) 직업선호에 영향을 미치는 요인
   (1) 교육적 직업선호는 행동의 직접적이고 관찰가능한 결과이며 진로과업과 관련된 학습경험의 관찰 결과이다.
   (2) 만약 어떤 개인이 학습과정이나 직업에 종사하는 동안 긍정적인 강화를 받았다면, 그 사람은 그러한 학습과정이나 작업분야에 보다 높은 선호를 보일 것이다.
   (3) 이와 같이 학교나 직업에서의 학습의 경험은 개인이 미래에도 유사한 학습경험을 가질 확률을 높일 수 있다.
   (4) 그러나 부정적인 피드백은 진로방향의 변화를 초래할 수 있다.

4) 진로선택과 진로상담
   (1) 진로결정은 학습된 기술이다.
   (2) 진로선택을 했다고 주장하는 사람들 또한 도움이 필요하다(진로선택은 부정확한 정보와 잘못된 대체물로부터 이루어질 수도 있다.)
   (3) 성공은 진로결정에서의 기술에 의해 측정될 수 있다.(결정 기술의 평가가 필요하다)
   (4) 내담자는 다양한 집단으로부터 나온다.

(5) 내담자들은 진입한 진로가 확실하지 않다고 해서 죄책감을 느낄 필요는 없다.
(6) 어떠한 직업도 모든 개인에게 가장 좋은 것으로 보이지는 않는다.

❏ 의사결정이론의 입장

1. Gelatt, Hershenson&Roth, Slepitza, Katz 등이 주창한 이론
2. 진로의사결정은 개인의 진로발달에 있어 중요 요소이며, 직업정보 수집과정은 진로의사결정에 있어 핵심요소로 보았다.
3. 이러한 의사결정은 전생애를 통해 전개
4. 의사결정이론은 진로상담분야에서 광범위하게 응용된다고 주장함

❏ 게라트의 처방적 모델

1. 게라트(Gelate,1962)의 처방적(prescriptive) 진로의사결정 모델(개인이 진로를 결정하려고 할 때 그 오류를 최소화하여 보다 나은 결정을 하도록 도와주기 위한 방식)은 Ketz(1966), Kalido와 Zytowski(1969)와 같은 관점을 취하고 있다.
2. 게라트는 어떤 결정보다도 의사결정과정을 제일 중시했다. 한편, 게라트는 상담의 중요한 목적 중의 하나가 학생들이 올바른 결정을 하도록 돕는 것이라는 가정에 더하여, 의사결정과정을 전개하였으며, 어떤 결정의 결과보다는 의사결정의 과정을 중시하여야 한다고 제안하였다. 그는 직업선택과 직업발달의 과정을 의사결정의 순환과정으로 파악하고 있다. 먼저 진로목표를 세운 다음에 그에 따라 정보를 수집한다. 수집된 정보를 가지고 가능한 대안을 탐색하게 된다. 다음에는 각 대안들의 가능성을 신중히 평가한 후 의사결정을 한다.
3. 게라트의 의사결정 참조 체제

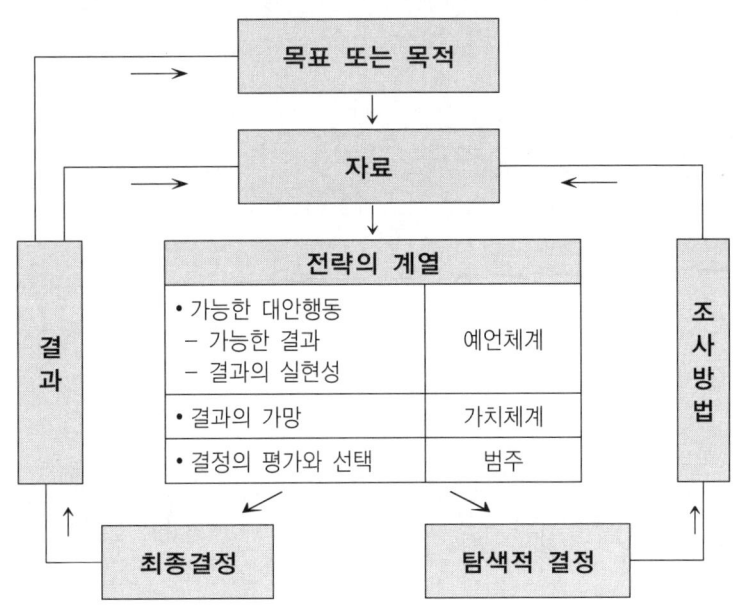

이러한 결정은 개인의 목적에 따라 최종결정이 되거나 또는 탐색적 결정이 되며 또한 평가과정을 거쳐 수정·보완되며 모교수정을 위한 피드백의 자료로 이용된다.

정리하면 ①진로목표설정 → ②정보수집 → ③가능한 대안의 열거 → ④각 대안의 실현 가능성 예측 → ⑤가치평가 → ⑥의사결정 → ⑦의사결정의 평가 → ⑧재투입의 과정으로 도식화 할 수 있는데 이러한 순환과정은 의사결정시에 계속 반복된다.

❑ Tversky의 관점에 따른 배제모델

1. 내용 – 진로 선택에 해당되지 않는 내용을 제외시켜가는 방법

1) Tversky – 불확실한 상황에서 효과적인 의사결정 모델

관점에 따른 배제모델(eliminaion by aspects : EBA) – 각 단계마다 특정한 측면이나 직업 특성 고려하여 최소한의 기대를 충족치 못할 것 같은 대안들을 배제시킴

2) Gati-Tversky의 모델을 순차적 배제 접근으로 명명하고 SEU모델과 대비

2. Tversky의 진로 의사 결정 과정

① 진로들에 관련된 여러 관점이나 특징들을 확인하라
② 중요성에 따라 등급을 분류하라
③ 가장 중요한 관점의 등급이 수용할 만한지 확인하라
④ 등급에서 벗어난 진로들을 배제하라
⑤ 고려되고 있는 진로들이 수용할 만큼 짧게 될 때까지 ③-④ 단계를 반복하라
⑥ 남아있는 직업들에 대해 더 깊이 탐구하라

진로상담

11강 사회이론/진로상담 최신 이론들

❏ 사회이론

1. Blau, Gustad, Miller& Form, Holligshead 등이 주창한 이론으로
   - 블라우 등은 개인을 둘러싼 사회, 문화적 환경이 개인의 행동에 영향을 미친다는 사회학적 지식을 바탕으로 생성된 이론이다. 이 과정에서 주요사회요인과 게이트키퍼의 역할을 중시한다.

   > * 주요사회요인 : 가정, 학교, 지역사회
   > * 게이트키퍼(gatekeeper)중시 : 자신의 역할을 통해 개인의 직업선택에 영향력을 행사할 수 있는 사람의 역할 중시
   >   - 부모의 사회경제적 지위 및 경제적 후원이 직업선택에 영향을 미친다고 봄
   >   - 부모들의 계층별 직업에 따라 자녀의 직업에 대한 인식과 태도가 발전된다고 봄
   >   - 개인이 통제할 수 없는 요인들이 직업선택에 중요한 영향을 미친다고 봄
   >   - 문화나 인종의 차이는 개인의 직업적 야망에 큰 영향을 미치지 않는데 반해, 개인이 속해 있는 사회계층은 이에 지대한 영향을 미친다고 봄
   >   - 개인이 가지고 있는 직업선택의 재량권이 다른 이론에서 가정되는 것보다 훨씬 적다.

2. 직업발달과 직업선택에 있어서 사회적인 영향을 강조함
3. 전 생애를 걸쳐 활동함
4. 생활지도에서 광범위하게 응용

❏ 진로상담이론의 최근 경향

1990년대 Zunker(1998)는 ① 진로문제해결에 필요한 인지적 정보처리접근 ② 사회인지적 관점에서 본 진로발달 ③ 가치에 기본을 둔 진로와 생애역할 선택 및 만족에 대한 모형 ④ 진로에 대한 맥락상의 관점 ⑤ 자기효능감 모형 등을 제시하고 있다

- 인지적 정보처리 접근
- 사회인지 진로이론(SCCT)
- 가치중심적 진로접근 모형
- 맥락적 관점(구성주의적 관점)
- 자기 효능감이론

❏ 인지적 정보처리 접근

1. 개념

인지적 정보처리(The Cognitive Information Processing : CIP)이론은 Sampson, Peterson,

진로상담

그리고 Reardon(1991)이 개발한 것이며, 개인이 어떻게 진로결정을 내리고 진로문제 해결과 의사결정을 할 때 어떻게 정보를 이용하는지의 측면에서 인지적 정보 처리이론을 진로발달에 적용시킨 것이다.

2. 인지적 정보처리의 주요전제

Sampson 등에 의하면 인지적 정보처리의 주요 전제는 10개의 가정에 기초한 것이다. 이런 가정들은 진로개입의 주요 책략들이 학습기회를 제공함으로써 개인의 처리능력을 발전시킬 수 있다는데 있다. 이런 방법에 따라 **내담자는 미래의 문제들은 물론 현실의 문제들을 충족시킬 수 있는 진로문제 해결자로서의 잠재력을 개발할 수 있게 되는데**, 그 주요 전제는 다음과 같다.

(1) 진로선택은 인지적 및 정의적 과정들의 상호작용의 결과이다.
(2) 진로를 선택한다는 건 하나의 문제해결 활동이다.
(3) 진로문제 해결자의 잠재력은 지식은 물론이고 인지적 조작의 가용성에 의존한다.
(4) 진로문제 해결은 고도의 기억력을 요하는 과제이다.
(5) 동기의 근원을 앎으로써 자신을 이해하고 만족스런 진로선택을 하려는 욕망을 갖는다.
(6) 진로발달은 지식구조의 끊임없는 성장과 변화를 포함한다.
(7) 진로정체성(career identify)은 자기지식에 의존한다.
(8) 진로성숙은 진로문제를 해결할 수 있는 자신의 능력에 의존한다.
(9) 진로상담의 최종목표는 정보처리기술들의 신장을 촉진시킴으로써 달성된다.
(10) 진로상담의 최종목표는 진로문제 해결자이고 의사결정자인 내담자의 잠재력을 증진시킴에 있다.(Peterson J. Sampson & R. Reardon, 1991).

3. 인지적 정보처리의 과정

Sampson 등은 정보처리의 단계들은 단기기억에서 입력을 선별하고, 전사해서 부호화한 다음 이것을 장기기억 속에 저장하고 나중에 작업기억 속에서 입력정보를 활용하며 재생하고 변형시켜서 문제해결에 도달한다고 보았다. 인지적 정보처리(CIP)이론에서 상담자는 내담자의 욕구를 분류하고 또 내담자가 지식을 획득하여 자신의 욕구가 무엇인지 알 수 있도록 도와주려는 개입기능을 한다.

진로문제해결은 일차적으로 인지적 과정이며, 일련의 절차(CASVE)를 통해 증진시킬 수 있다.

> ** CASVE*
> 의사소통(communication, 질문들을 받아들여 부호화하며 송출하는 것), 분석(analysis, 한 개념적 틀 안에서 문제를 찾고 분류하는 것), 통합(synthesis, 일련의 행위를 형성시키는 것), 가치부여(valuing, 승·패의 확률에 관해 각각의 행위를 판단하고 다른 사람에게 미칠 여파를 판단하는 것), 그리고 집행(execution, 책략을 통해 계획을 실행시키는 것)이다.

4. 진로결정 상태에 따른 내담자 분류

1) 진로결정자
   - 자신의 선택을 이행하기 위해 도움이 필요한 내담자
   - 진로의사가 결정된 것처럼 보이지만 실제로는 결정하지 못하는 내담자
   - 자신의 선택이 잘 된 것인지 명료화하기를 원하는 내담자

2) 진로미결정자
   - 자신의 모습, 직업 혹은 의사결정을 위한 지식이 부족한 내담자
   - 다양한 능력으로 지나치게 많은 기회를 갖게 되어 진로결정을 하기 어려운 내담자
   - 진로결정을 하지 못하지만 성격적인 문제는 없는 내담자

3) 우유부단형
   - 생활에 전반적인 장애를 주는 불안을 동반한 내담자
   - 일반적으로 문제해결 과정에서 부적응적인 성격을 지니고 있는 내담자

사회인지 진로이론(SCCT : Social Cognitive Career Theory)

1. 개념

사회인지진로이론(Social Cognitive Career Theory : SCCT)의 대표자는 Lent, Brown, Hackett(1996) 등이다. 이 이론은 자아개념과 자아효능감, 흥미, 능력, 욕구 등의 관계를 진로선택과 개인개발의 결정요인으로 쓰일 수 있다는 가능성을 제시하였다.

학습경험은 자기효능감과 결과기대에 영향을 미치고, 이러한 자기효능감과 결과기대가 흥미를 예측한다. 따라서 흥미는 학습경험의 영향을 받는다고 본다.

♣ 심화학습
* 반두라의 "일반적 사회인지이론"에서 영향을 받음
  - 사회인지이론 : 사회적 상황에서의 학습은 환경, 개인변인과 행동간 삼원적 상호작용에 의해 이루어진다는 것
  - 자기 효능감 및 호혜성(triadic reciprocal) 인과적 모형 3가지(삼원작용)
    (외형적 행동-B, 외부환경 요인-E, 개인과 신체적 속성-P)

2. 진로개발의 개인적 결정요인

1) 자기효능감과 성과(결과)기대, 개인적 목표를 통합적 변인으로 착안
2) 자기효능감, 성과(결과)기대, 개인목표
   * 자기효능감은 특정의 수행영역에 관한 신념체계이다.
   * 자기효능감은 4가지 종류의 학습경험을 거쳐서 발전된다. 그것은 개인적인 수행성취, 간접 경험(대리학습,모델링), 사회적 설득, 생리적 상태와 반응(정서적 각성)이다.
3) 자기효능감은 한 수행영역에서 성공을 경험할 때는 강화되는 반면에 거듭해서 실패할 때는 약해진다.

3. 성과(결과)기대 및 개인목표
- 성과기대 또한 기대에 관한 개인적인 신념이나 행동적 활동의 결과로 간주된다.
- 어떤 사람들은 상을 받는 것과 같은 외재적 강화에 의해 스스로 자랑스러워 하는 것과 같은 자기 지시적(self-directed)활동에 따라, 동기가 부여되기도 한다.
- 성과기대도 자기효능감과 유사한 학습활동에 의해 구성된다.
- 개인목표는 행동을 지속시키도록 유도한다. 따라서 개인목표는 이 이론에 있어서 가장 중요한 요소다. 즉, **개인목표는 직업행동을 이해하는 주요소이다.**

4. 흥미모형, 선택모형, 수행모형으로 개인의 진로선택내용을 설명함
1) **흥미모형** : 자기효능감과 결과기대는 함께 흥미를 예언하고 흥미는 목표를 예언하고 목표는 활동의 선택 및 실행을 가져오고 이후, 수행결과가 나타난다는 모형
2) **선택모형** : 학습경험에 의해 영향을 받는 자기효능감과 결과기대에 따라 예측된 여러 가지 진로관련 흥미들 가운데 주된 하나의 목표를 선택하여 표현하고, 선택한 것을 실현하기 위한 활동을 선택하고 성취를 이루어 내는 것으로 나눈 후, 이것이 다시 피드백되면서 미래 진로 행등을 형성해 간다는 모형
3) **수행모형** : 과거의 수행이 미래 행동의 결과에 대한 기대와 자기효능감에 영향을 미치고, 개인이 이미 선택한 영역에서 추구하는 수행의 수준을 예측하는 모형이다.

5. 사회인지진로이론의 진로상담 전략
1) 자기효능감 촉진
2) 자기효능감 변화촉진
3) 제외시킨 진로대안 확인하기
   - 진로대안을 실행하는데 있어 장애가 되는 진로장벽이 무엇인지 확인하고 진로장벽에 대한 지각이 얼마나 현실성 있는지 평가한 후, 이러한 장벽을 만나게 될 가능성이 어느 정도인지 평가하도록 돕는다.
4) 진로장벽에 대한 인식 확인하기
   - 진로장벽 : 환경변인으로 강조되고 있는 신개념이고, 개인의 내면세계는 가족, 친구, 경제적 상황 등의 가까운 환경에 둘러쌓인 근접맥락과 제도화된 인종차별, 거시 경제조건 등 큰 사회적 맥락으로 구성된다.
5) 결과에 대한 비현실적 기대 확인하기

진로상담

12강 가치중심적 진로이론/특수영역 진로상담

□ 가치중심적 진로접근 모형

1. 개념

　Brown(1996)은 가치중심적 접근을 설명하고 있는데. 인간기능은 개인의 가치에 따라 상당한 영향을 받고 형성된다고 본다. Brown은 가치를 행동역할을 합리화하는 데 강력한 결정요인으로 본다. 가치란 세습된 특성과 경험의 상호작용을 통해 개발된다.Brown의 이론은 자신의 입장을 지지해 주는 Keller, Bouchard, Arvey, Segal과 Dawais(1992)의 연구에 의거한다. Brown의 연구에서는 유전적 요인이 가치의 발전과 관련된 변량을 40% 설명해 주는 반면, 나머지 60%는 환경의 영향을 받거나 오차변량인 것으로 나타났다. 여기서 Brown은 아동들이 부모, 형제자매, 또래, 많은 어른들로부터 받은 '**가치를 담은 신호**'에 수없이 노출된다는 것을 관찰함으로써 자신의 가정을 지지하는데, 그는 아동이 가치를 담은 신호에 동화됨에 따라 가치가 '단편적으로' 발전되며, 나중에 개인의 인지적·정의적 행동패턴을 형성하는 핵심(역동적-인지적 염색체 : dynamic cognitive chromosome)을 이루게 된다고 보았다. 가치는 개인이 환경 속에서 행동을 지도하는 것으로서 중요성에 따라 우선 순위가 매겨진다. 즉, **가치 흥미, 환경 등과의 관계에서 가치중심모형의 명제를 제시하였다.**

> * 가치란 개개인이 스스로의 행위와 타인의 행위를 판단하는 규칙으로 규정함

2. 가치중심의 모형 6가지

① 개인이 우선권을 부여하는 가치들은 얼마 되지 않는다.
② 우선 순위가 높은 가치들이 다음의 기준들을 충족시키고자 할 때 생애역할은 가장 중요한 요인이다.
③ 가치는 환경 속에서 가치를 담은 정보를 획득함으로써 학습된다.
④ 생애만족은 긴요한 모든 가치들을 만족시키는 생애역할들에 학습된다.
⑤ 한 역할의 특이성은 역할 안에 있는 필수적인 가치들의 만족정도와 직접 관련된다.
⑥ 생애역할에서의 성공은 많은 요인들에 의해 결정되는데, 이들 중에는 학습된 기술과 인지적·정의적·신체적 적성도 있다.

□ 맥락적 관점

1. 개념

　맥락주의(contextualism)는 진로연구와 진로상담에 대한 맥락상의 행위설명을 확립하기 위해

서 고안된 방법이다. 맥락주의는 구성주의(constructivism)라고 하는 철학적 입장을 토대로 한 것이다.(Brown, Brooks & Associates, 1996). 맥락적 관점의 대상은 개인과 환경의 상호작용이다. 주요 대상은 행위로서 인지적·사회적으로 방향지워진다. 행위체계는 개인 행위와 연결되어 있고 투사(project)와 진로로서 구성된다. 구성주의/맥락주의는 생애적이며, 전체적이고 치료적이다. 전통적 진로이론은 부분에서 전체로 순서를 정하고 기초를 중시하는 반면에 구성주의/맥락주의의 진로이론은 전체에서 부분으로 순서를 정하고 큰 개념에 초점을 두고 있다.

* 구성주의자의 입장은 "개인은 정보를 조직화하는 나름대로의 방식을 구축하며 진리나 실재는 지각의 문제이다"라는 전제에서 비롯한다.(sharf)
 – 인간의 학습은 나름의 구성에 의해 output 된다.

* 구성주의 진로이론
 1) 대표적인 학자로는 카크런(Cochran), 한센(Hanaen), 사비카스(Savickas)
 2) 사비카스는 직업적 성격, 진로적응성, 생애주제 등 세 가지 구성요인으로 이론을 구성하였다.
 3) 진로유형 면접, 자서전 쓰기, 유언장 쓰기 등의 기법이 있다.

2. 맥락적 관점의 대상

1) 개인과 환경의 상호작용
- 인간발달의 맥락적 모델은 변화를 진행시키는 힘들 간의 상호작용에 근거한다.
- 거기에서 주된 초점은 개인과 환경 간의 관계이다.
- 발달은 사람과 환경이 서로 어떻게 영향을 미치는가에 의해 여러 개의 이질적인 경로로 진행될 수 있다.

2) 행위
- 행위연구는 맥락적 관점의 주요 관심대상이다. 여기서 행위란 인지적, 사회적으로 방향 지워지는 것이다. 그리고 그것은 일상의 경험을 반영하는 것이다.
- 또한 행위는 사회적 과정으로서 개인의 사회문화적 세계를 반영한다.

3. 행위체계

행위체계는 개인행위와 연결되어 있으며, 투사와 진로의 2개의 용어로 구성된다.

1) 투사
- 투사는 둘 이상의 사람들 간의 행위에 대한 합의를 말한다. 가령 부모와 사춘기 자녀가 가사 분담의 책임에 합의를 이룬 경우가 이에 해당된다.
- 여기에서 부모와 자녀의 행동은 개별적, 접합적으로 해석될 수 있으며 내적, 사회적 의미를 지닌다.

2) 진로
- 진로는 행위들 간의 연결점을 구축하고 계획, 목표, 정서 및 내부 인지들을 평가하는 데 쓰인다.

- 투사와 진로의 주된 차이점은 진로가 더 장기적인 시간에 걸쳐 확장되고 더 많은 행위를 포함한다는 것이다. 따라서 그것은 복잡해지고 더 큰 사회적 의미를 포함하게 된다.
- 이런 측면에서 진로는 직업이라고 할 수 있다.

4. 행위조직화

행위조직화의 수준들로는 요소, 기능상의 단계, 목표가 있다.
1) 요소 : 단어, 움직임, 환경구조 같은 신체적 및 언어적 행동을 말한다.
2) 기능상의 단계 : 요소보다 고도화된 행위이다.
3) 목표 : 최고수준의 행위로서 통상적으로 개인이나 집단의 의도를 대변하는 것이다.

> ♣ 심화학습 – 행위를 이해하는 방법으로서의 3가지 관점
> 명백한 행위 / 내적 과정 / 사회적 의미

> 사례) 시험공부를 하는 행위는…
> 명백한 행위 : 책상을 놓고, 교과서를 복습하고, 노트하고
> 내적 과정 : 주제를 찾고 불안을 느끼며, 이전 시험을 회상하고
> 사회적 의미 : 좋은 성적이 좋은 미래와 성공을 가져온다는 의미 확보

사비카스(M. Savickas)의 구성주의 이론

1. 개인은 자신의 진로선택을 이끄는 하나 혹은 그 이상의 생애주제를 가지고 있으며, 이러한 생애주제는 개인이 살아온 인생에 의해 분명해지고, 개인은 생애주제를 실현하는데 도움을 주는 의미있는 일을 수행하는데 의의를 부과함으로써 그들의 진로를 구성한다고 제시
2. 진로경험에 대한 객관적인 평가보다 내담자의 주관적인 경험과 의미부여가 진로선택에서 중요한 역할을 하는 것으로 판단
3. 자신의 진로관련 행동과 직업적 경험에 의미를 부여하면서 스스로의 진로를 구성해간다고 본다.
4. 사비카스는 진로적응과 관련된 자원과 전략으로 관심, 통제, 호기심, 자신감을 제시

자기 효능감이론

1. 개념

성차를 설명한 이론은 Bandura(1986)의 사회인지이론을 토대로 한 Hackett와 Betz(1981)의 자기효능감이론이다. Bandura의 사회학습이론에서는 자기 효능감이 심리적 기능에 영향을 미치는 개인의 사고와 심상(image)을 포함한다는 점을 강조한다. 자기효능감은 개인노력의 강도를 결정하는데, Bandura에 의하면 높은 자기 효능감을 지닌 사람들은 성공적인 행위를 이룬다고 하며 반면에 낮은 효능감은 실패하거나 지연·회피하는 경향이 있다는 이론을 제시하고 있다. 진로선택에 있어서 자기 효능감은 매우 중요한 역할을 하고 있음을 깨달아야 한다.

2. 헥케트와 베츠의 견해

1) 과제를 수행할 수 없다(저수준의 효능)고 믿는 여성들은 진로기동성뿐만 아니라 진로선택권에도 제약을 받는다.
2) 또한 성취에 대한 보상을 남성과 동등하게 받지 못하는 작업환경에 있을 때 여성들은 자기효능감 개발에 방해를 받게 된다.
3) 낮은 수준의 효능감을 갖고 있는 여성들은 진로결정을 포기하거나, 지연, 회피하는 경향이 있다.

☐ 특수영역 진로상담 이론

1. 진학상담이론

: 체프만(Chapman)의 진학의사결정 모형
  진단 – 탐색 – 선택 – 지원 – 등록

2. 직업능력상담

직업의 선택과 전환, 전직을 위해 필요한 직무능력향상, 직업능력배양, 관련 자격증 취득 등에 대한 정보중심의 직업상담 등을 말한다. 일선학교에서 뿐만 아니라 성인 및 재직자들도 상담의 대상자가 되며 은퇴후 제2직업기에 들어가려는 이들도 상담의 대상자가 될 수 있다.

3. 다문화 진로상담

1) 청소년상담 내지 청소년 진로상담이란 청소년을 대상으로 청소년기의 여러 가지 발달 특성과 관련된 적응의 문제를 다루는 상담이자, 청소년들이 경험하거나 야기시키는 특수한 유형의 문제를 다루는 상담으로 폭넓게 정의되어 왔고 이에 진로, 진학의 문제를 다루는 상담영역이다.
2) 다문화 진로상담 역시 대상자만 다문화가정의 청소년이란 면만 달리할 뿐 그 내용에 있어 큰 차이는 없을 것이다. 즉, '다문화 청소년을 대상으로 하여, 이들의 여러 적응 문제나 호소 문제에 대해 조력하는 역할이자 과정'으로 정의할 수 있다. 여기서 다문화에 대한 내용을 추가하는 것이 매우 중요하다.

13강 청소년 진로상담의 실제/ 진로상담이론의 어프로치(1)

❏ 청소년 진로상담의 실제

1. 진로상담의 단계

1) 1단계 : 관계수립 및 문제평가
 (1) 관계수립 : 관계의 형성을 위해 고려해야 하는 것은 내담자의 정서상태를 고려하고 조절하는 일이다.
 (2) 문제평가 : 호소문제 등 파악
 (3) 진로의사결정 수준에 따른 내담자 분류
  ① 진로결정자 ② 진로미결정자 ③ 우유부단형

2) 2단계 : 목표설정
 ① 진로결정자, ② 진로미결정자, ③ 우유부단형별로 상담의 목표를 정한다. 특히, 우유부단형의 경우에는 성격적인 문제를 먼저 다루어야 한다. 예를 들면, 불안이나 우울을 감소시키며, 불확실감을 감소시킨다. 나아가 긍정적 자아개념을 확립하도록 하고 자존감 회복을 위한 상담활동을 해야 한다.

> * 우유부단형
> – 생활에 전반적인 장애를 주는 불안을 동반한 내담자
> – 일반적으로 문제해결 과정에서 부적응적인 성격을 지니고 있는 내담자
> – 특징 : 높은 수준의 우유부단함, 불안, 좌절, 불분명한 개인적 정체감, 낮은 수준의 자신감이나 자기존중감을 지니고 있으며 진로문제보다도 성격적인 문제를 가지고 있다.

♣ 심화학습 – 우유부단형에 대한 문제해결을 위한 개입

1. 계획없는 회피형
 1) 비적응적인 대처 양식 및 태도를 보이며 진로계획 행위가 부족하다.
 2) 스스로 자신의 문제해결능력을 매우 부정적으로 평가하고, 특히 진로와 관련된 문제해결에 큰 어려움을 보인다.
 3) 진로정보가 부족하여 문제해결에 더욱 어려움을 가지게 된다.
 4) 의사결정을 하기 위한 도구가 부족하다.
 5) 개입방법
  – 단기적인 비구조화된 개입보다는 구조화된 개입에서 도움을 제공한다.
  – 문제와 관련된 심리적인 장애 등을 다루기 위한 심리상담을 진행한다.
  – 진로계획을 수립하는 일을 도와준다.
2. 정보를 가진 우유부단형
 1) 진로계획 행위에 대해서 충분한 정보를 가지고 있으나 자신들을 부정적으로 지각하기 때문에 진로의사결정을 하지 못한다.

> 2) 동기수준이 높고 정보를 많이 가지고 있기 때문에 좌절을 경험한다.
> 3) 개입방법
>   - 추가적인 정보를 제공해도 도움을 받지 못하기 때문에 자기에 대한 부정적인 지각을 중심적으로 다룬다. 내담자 자신의 의사결정이나 방법에 초점을 맞춘다.
> 3) 3단계 : 문제해결을 위한 개입
>   ① 진로결정자, ② 진로미결정자, ③ 우유부단형별로 문제해결을 위한 개입을 한다.
> 4) 4단계 : 훈습
>   - 개입과정의 연장으로 필요한 경우, 새로운 평가과정을 수행할 수도 있다.
> 5) 5단계 : 종결과 추수지도
>   - 과제는 내담자와 합의한 목표를 충분히 달성하였는지를 확인하고 앞으로 부딪힐 문제를 예측하고 대비하는 것이다. 그러므로 목표의 수립이 분명하고 가시적이어야 한다는 점을 강조하는 것이 좋다.

❑ 기타 진로/직업상담을 위한 통합적(포괄적)접근이론

1. 키너와 크롬볼츠의 통합적 직업(진로)상담 과정

1) 사정(assessment)

상담자와 내담자 간의 관계성 증진을 도모하고 상담구조 및 목적에 관한 의견의 일치를 보는 단계이며 내담자가 극복해야 할 장애사항에 관해 확인하는 등 문제 탐색과 문제 확인을 하는 단계를 포함한다.

2) 개입(intervention)

내담자의 우려사항을 덜어주거나 내담자들의 목적을 실현하는 데 도움이 되는 활동을 하는 단계이다.

3) 평가(evaluation)

상담자의 개입의 효과를 평가하는 단계이다.

2. 수퍼의 통합적 견해

전통적 방법인 진로사정기법에 더해 발달론적 사정 모형을 제시하였는데, 이러한 방법은 전통적인 기법들을 포함하면서 일의 특출성, 진로성숙 등을 부각함으로써 내담자로 하여금 보다 적극적인 진로계획자와 의사결정자가 되도록 격려하고 지지하는데 더 많은 도움을 줄 수 있다고 하였다.

> * 수퍼 자신의 발달적 이론 + 의사결정모형의 결합된 상담

❑ 진로상담의 기법 - 진로상담 어프로치의 의의와 유형

1. 의의

크라이티스(Crites)는 직업상담이란 내담자의 진로선택, 의사결정 기술의 습득, 일반적 적응을

고양시킬 수 있도록 하기 위한 것이어야 하며, 이를 위해 면담기법, 검사해석, 직업정보 등을 직업상담 과정에 포함시켜야 한다고 하였다.

2. 진로상담 어프로치의 유형

진로상담과정은 진로상담이론에 근거하여 고정관념에 의한 과정과 심리학적인 과정이 포함된 내담자의 인지적 명확성의 두 가지 과정이 있다.

(1) 특성-요인지향적 진로/직업상담접근(과정)
  내담자와의 관계형성 → 진로와 관련된 개인적 사정 → 진로탐색 → 정보통합과 선택

(2) 인지적 명확성 접근
  • 1단계
    : 내담자와의 관계 → 인지적 명확성/동기사정(동기 등이 있나?)
  • 2단계
    : 인지적 명확성이나 동기가 명확하고 정립되어 있다면 진로상담 실시 그렇지 못하다면 개인심층상담(치료적 상담)을 거친 후 진로상담 실시

3. 이론적 접근

1) 특성-요인(trait-factor theory)적 진로상담

(1) 파슨스의 이론

특성-요인(3요소이론)직업상담의 개척자로 추앙받는 파슨스가 1900년대 초에 제시한 이론으로 **개인분석, 진로/직업정보분석, 과학적 조언**의 조화를 주장하며 강점과 약점을 포함한 개인적 성향을 충분히 이해하고 주어진 직업에서의 성공조건, 보상, 승진 등에 관한 정보를 알려주며, 수집된 진로정보를 바탕으로 선택과정에서 '<u>진실한 추론</u>'을 해나가야 한다고 주장하였다.

(2) 윌리암슨의 특성-요인이론

윌리암슨은 상담과정을 분석, 종합, 진단, 처방, 상담, 추수지도 등의 6단계로 분류하였다.

  a. **분석단계** – 효과적으로 상담하기 전에 객관적 주관적 방법을 이용하여 내담자의 적성, 흥미, 지식, 학업성취도, 신체건강, 정서적 균형, 가정적 배경 등에 관한 자료 수집 및 분석한다. 이를 위해 누가(cumulative)기록(累加記錄), 면접, 시간할당표, 자서전, 일화기록, 심리검사 등을 활용한다.

> * 분석단계에서는 내담자의 객관적 자료뿐만 아니라 관념과 태도도 다룬다.

  b. **종합단계** – 내담자의 성격, 경향성, 욕구, 태도, 적응, 비적응 등에 대한 이해를 얻기 위한 자료를 요약하고 조직하며 다음 단계인 진단단계에서 활용하기 위한 배열작업을 하는 과정이다.

> *종합단계에서 상담자는 내담자의 강점과 약점을 확인할 수 있다.

c. **진단단계** : 내담자의 특성과 진로문제를 기술, 이에 대응하는 교육 및 직업능력 프로파일을 비교하여 문제의 원인을 밝힌다.

> * 진단의 단계
>   - 1단계 : 문제를 확인하는 단계
>   윌리암슨(Williamson)은 진로의사결정에 나타나는 여러 문제를 진단하는 데 도움을 주기 위하여 변별진단의 4가지 범주를 제시하였다. 이와같은 변별진단은 특성요인 상담에서 가장 기본이 되는 요소가 된다.
>   1) 전혀 선택하지 않음 – 내담자는 자신의 선택의사를 표현할 수 없고 또 자신이 무엇을 원하는지 조차 모른다고 대답.
>   2) 불확실한 선택 – 내담자는 직업을 선택하고 직업명칭을 말할 수도 있지만 자신의 결정에 의심함.
>   3) 현명하지 못한 선택 – 내담자의 능력과 흥미 간의 불일치, 내담자의 능력과 직업이 요구하는 것들 간의 불일치, 내담자가 충분한 적성을 가지고 있지 않은 직업을 결정함
>   4) 흥미와 적성간의 모순
>   - 내담자의 적성이 보다 덜 요구되는 직업에 대한 관심
>   - 내담자의 능력수준 이하의 직업에 대한 흥미
>   - 단지 다른 분야들에 있어서의 똑같은 수준의 능력과 흥미
>   - 2단계 : 원인발견 단계
>   과거, 현재, 잠재적인 것 등의 사이의 관계를 추구하고 이것으로 증상과 원인을 이해하려 하는 단계

d. **예측(후)단계, 처방단계** – 예후(prognosis)단계에서는 진로문제를 해결할 수 있는 대안과 가능성을 탐구한다. 진단이 내려지면 상담자가 처방을 준비해야 한다는 의미에서 '처방'단계라고도 한다.

> * 윌리암슨은 예측(후)/처방단계를 상담자가 내담자의 '미래의 적응적 성과를 예언하는 과정'이라 하였다.

14강 진로상담이론의 어프로치(2)

□ ♣ 심화학습 ◆ 기출문제 이해

1) 상담단계

바람직한 적응을 위해 무엇을 해야 하는지 내담자와 협동적으로 상의
상담단계에서 활용하는 상담기법은 합리적이고 인지적인 모형을 반영한 것이다.

> * 상담기법 : 윌리암슨(Williamson)은 5가지의 일반적 기술로 분류한다.
> 가) 촉진적 관계 형성 : 진로상담자는 내담자에게 신뢰감을 주고 문제해결을 촉진할 수 있는 관계를 형성해야 한다.
> 나) 자기이해의 신장 : 상담자는 내담자의 장점을 최대한으로 이용하여 진로를 선택하고 성공과 만족을 얻도록 조력해야 한다.
> 다) 행동계획의 권고나 설계 : 상담자는 내담자의 학문, 직업적인 선택이나 강점, 태도 등에 대해 언어로써 명료화시켜 준다. 또한 실제적인 행동을 계획하고 설계하도록 한다.
> 1) 계획의 수행 : 내담자가 계획을 실행에 옮기고 직접 직업선택을 해 보도록 조력함
> 2) 위임 : 필요한 경우 다른 상담자에게 내담자를 위임할 수 있다.

> * 검사의 해석방법 : 특성요인 진로상담은 내담자의 특성에 대한 자료를 과학적으로 수집하고 분석·종합하여 객관적이고 합리적인 의사결정을 하도록 조력하는 면을 강조한다. 검사의 결과를 해석해 주는 방법에 대해 윌리암슨(Williamson)은 직접 충고, 설득, 설명의 방법을 제시하고 있다.
> (가) 직접충고(direct advising) : 내담자가 가장 만족할만한 선택이나 행동 또는 실행계획에 대해 상담자가 자신의 견해를 솔직히 표명하는 것, 내담자가 고집스럽게 상담자의 솔직한 견해를 요구하거나, 내담자가 심각한 좌절이나 실패를 가져올 행동이나 진로선택을 고집하는 때에만 이 방법을 사용해야 한다.
> (나) 설득(persuasion) : 상담자는 내담자가 비합리적인 선택을 하지 않도록 설득한다.
> (다) 설명(explanation) : 직접상담, 설득, 설명의 방법에 의해 내담자가 진로결정에 있어서 검사결과를 유용하게 사용할 수 있게 되면 상담자는 상담의 초점을 의사결정과정에 맞추게 된다. 직업선택과 결정은 특성요인 상담의 핵심이요 절정이 되는 과정이다.

2) 추수지도

결정과정의 적합성이나 새로운 문제를 해결, 동일한 문제의 재발을 막기 위해 첨가해야 할 도움이 필요한지를 확인, 상담의 효율성을 점검하는 재배치가 이루어짐

□ **내담자 중심 상담이론과 진로상담**

1) 개요

개인을 자아실현의 경향성을 지닌 존재로 규정, 개인의 구체적이고 현상적인 경험의 세계를 중시

2) 내담자의 일반문제와 진로문제를 구분하지 않는 경향이 강하나 도날드 패터슨(Patterson) 등은 이를 구분하여 별도의 관심을 갖는 것이 옳다고 봄

3) 도날드 패터슨 진로상담과정(7단계)
   - 1단계 : 내담자는 자아에 대해 이야기하고 싶어하지 않는다. 단지 외부적인 것들에 대해서만 의사소통이 이루어진다.
   - 2단계 : 자아와 관련이 없는 주제들에 대하여 표현하기 시작한다. 문제를 자아와 관련없는 것으로 인식한다.
   - 3단계 : 내용에서 감정으로 조금씩 이야기의 중심이 옮겨가지만, 아직은 자신의 깊숙한 감정을 드러내려 하지 않는다.
   - 4단계 : 감정이 보다 깊이 있고 강도 있게 다루어진다. 그러나 아직 상담자의 도움없이 깊숙한 감정을 표현하는데는 어려움을 느낀다.
   - 5단계 : 현재의 감정들이 즉각적이고 자유롭게 표현된다. 직면하고 있는 문제들에 대한 자아 책임감의 수용이 증가되며, 그러한 문제들이 왜 일어나게 되었는지에 관심을 갖게 된다.
   - 6단계 : 대상으로서의 자아가 사라진다. 경험과 자각 사이의 일치가 이루어짐에 따라, 이제 불일치가 발생할 경우 그것을 분명하게 경험할 수 있다.
   - 7단계 : 경험에 대한 주관적, 반영적 자각이 된다. 자아는 더 이상 지각된 대상이 아닌, 분명하게 실체적으로 느낄 수 있는 어떤 것이 된다.

   성공적인 상담결과가 도출되기 위해서는 내담자들이 6단계의 경험수준에 이르러야 한다.

4) 반응범주(Snyder)

   가) 안내를 수반하는 반응범주(lead-taking category)
   - 면접의 방향을 결정짓는 범주

   나) 감정에 대한 비지시적 반응범주(nondirective response-to-feeling category)
   - 내담자가 표현하는 감정을 재진술하는 범주

   다) 감정에 대한 준지시적 반응범주(semidirective response-to-feeling category)
   - 내담자의 감정에 대해 해석하는 범주

   라) 지시적 상담범주
   - 상담자가 내담자의 생각을 변화시키려 시도하거나 내담자의 생각에 상담자의 가치를 주입하려는 범주

5) 검사의 해석 - Bixler
   - 원칙적으로 반대하는 입장이나 내담자의 자기명료화를 위해 직업심리검사 실시
   - 비평가적 방법으로 내담자에게 검사결과 해석

6) 도날드 패터슨의 직업/진로정보제공의 원리
- 내담자에게 자진해서 전달하지 않는다.
- 직업/진로정보를 내담자에게 영향을 주기위해 혹은 조작하기 위해 사용하지 않는다.
- 평가적인 방법으로 직업/진로정보를 활용하지 않는다.
- 내담자의 자발성과 책임감에 입각한 스스로의 획득을 지지하고 격려하는 것이 가장 좋다.
- 직업/진로정보 제공 후 직업/진로와 일에 대한 내담자의 태도와 감정을 자유롭게 표현할 수 있도록 하며, 그것이 상담에 효과적으로 이용될 수 있도록 해야 한다.

❑ 정신역동적상담이론과 진로상담

1) 개요
내적인 동기유발상태와 외부에 대처하는 자아방어기제에 대해 명료하고 복합적인 초점을 두고 특성-요인이론과 내담자중심 진로상담의 개념과 기법을 통합하여 전개

2) 모형
(1) 진단
- 정신역동적 진로상담이론의 주요한 가정은 한 개인은 자기의 진로/직업활동에서 만족을 얻을 수 있는 최선의 방법을 추구하며 불안으로부터 사람을 보호할 수 있는 최고의 진로/직업을 선호하는 경향이 있다는 것이다.
- 출생, 더 나아가서는 태아 때부터 인성을 형성하는 데 영향을 주는 모든 것들을 조사한다.
- 상담자가 적어도 진단과 진단기법에 대한 기본적인 지식 없이 상담책임을 맡아서는 안된다.

(2) 보딘의 다섯 가지 문제의 범주
의존성, 정보의 결여, 내적 갈등, 선택에의 불안, 불확신

* 페핀스키 : 자신의 결여, 정보의 결여, 기술의 결여, 의존성, 자아갈등

3) 방법
(1) **상담기법** : 명료화/비교(역동적 현상 비교)/소망-방어체계에 대한 해석(동기해석)
(2) **검사의 해석** : 검사는 상담자에게 진단적인 정보를 주며, 상담에 대한 내담자의 현실적인 기대를 강화시킨다. 또한, 내담자에게 타당한 정보에 대한 검증과 선호성을 강화하는 기회와 자기 탐색을 위한 자극이 된다.
(3) **직업/진로정보** : 직업/진로정보는 직업의 의무와 과제에 대한 '욕구분석'에 기초하여 기술될 수 있다. 직업/진로정보는 욕구충족을 돕는 가능성이 있어야 하며, 정신역동적(동적)상태에서 욕구충족과 작업조건만족이라는 문제와 연관된다.

4) 정신역동적 상담이론의 진로/직업상담 접근내용

- 직업/진로선택에 미치는 내적요인의 영향을 강조한다.
- 특성-요인 접근법과 마찬가지로 "사람과 직업을 연결시키는 것"에 기초를 두고 있다.
- 상담과 검사해석의 기법들은 내담자중심 접근을 많이 따르고 있지만 "비지시적" 및 "반영적" 태도 외에도 다양한 접근방법들을 포함하고 있다.

❏ 직업발달이론과 직업상담

1) 개요
진로발달 측면에 중점, 진로의사결정의 문제와 진로성숙 사이의 일치성을 다루고 내담자의 진로발달을 촉진함에 목표가 있다.

2) 모형
- 생애발달모형/생애무지개/아치문모형

3) 방법
- 면담기법(상담기법) : 진로자서전, 결정의 일기

4) 수퍼의 직업상담 6단계
- 1단계 - 문제탐색 및 자아개념의 묘사 : 비지시적인 방법에 의한 문제탐색과 자아 개념 표출하기
- 2단계 - 심층적 탐색 : 심층적 탐색을 위한 지시적인 주제 설정하기
- 3단계 - 자아수용 및 자아통찰 : 자아수용과 통찰을 위한 비지시적인 숙고와 느낌 명료화하기
- 4단계 - 현실검증 : 현실검증을 위해 검사, 직업정보, 과외활동을 통해서 사실에 입각하여 자료를 직접 개발하기
- 5단계 - 태도와 감정의 탐색과 처리 : 현실검증으로 발생한 태도와 느낌을 통하여 면밀하게 비지시적으로 탐색하기
- 6단계 - 의사결정 : 의사결정을 돕기 위해 가능한 행동의 윤곽에 대해 비지시적으로 고찰하기

5) 검사의 실시 및 해석(수퍼)
(1) **집중검사** : 특성-요인이론의 측면에서 내담자 종합검사
(2) **정밀검사** : 진로상담과정에서 개별검사를 실시

6) 직업정보의 제공
직업전망 핸드북과 같은 소책자 등을 개발/제공

7) 진로발달적 상담이론에서의 문제유형

수퍼는 진단(평가)를 통해 3가지 유형의 평가영역을 마련하였다.
- **문제의 평가** : 곤란과 기대가 평가됨
- **개인의 평가** : 사례연구와 직업적인 자산과 부채가 평가됨
- **예언평가** : 직업적, 개인적 평가를 바탕으로 성공여부를 예후한다.

8) 상담기법

(1) 직업(진로)서류철

노동시장 진입/재진입시 사용, 승진가능성, 직업전환의 가능성을 대비하여 개인의 일, 교육, 훈련, 개인적 경험, 획득한 기술 등을 기록
- 직무성취증명서, 개인소개장

(2) 직업(진로)수첩

직무성취증명서의 내용을 재정리한 것, 고용주의 예상질문 등을 기록
- 면접기법, 개인소개서, 면접시험준비지 등

(3) 진로일기

예상사망나이, 인생목표, 쟁취하고자하는 목표설정
- 기간별 계획, 유언남기기 등

(4) 진로자서전

내담자가 과거에 어떻게 진로의사결정을 했는가를 알아보는 재검토자료로서뿐만 아니라 면담하는 동안 토론의 기폭제로도 유용한 자료이다.

(5) 의사결정의 일기

내담자가 매일 어떻게 결정을 하는가 하는 현재의 상황을 설명하는 것으로서 진로자서전의 보충역할을 한다.

15강 진로상담이론의 어프로치(3)/LCA

❏ 행동주의 상담이론과 직업상담

1) 개요
진로의사결정에 영향을 미치는 학습과정만을 다룸

2) 모형
- **진단** : 굿스타인(Goodstein)은 진로선택문제들의 원인에 불안이 중심적 역할을 한다고 봄
- **과정** : 불안제거를 위한 "반조건형성"을 동원하고 이어서 조작적 학습을 실시
- **상담의 결과** : 선행원인과 결과로서의 불안을 감소 또는 제거하고 새로운 적응행동을 학습하며, 직업결정 기술을 습득하는 것

3) 방법
- **불안감소기법** : 체계적 둔감법, 금지조건형성 또는 내적 금지, 반조건형성
- **학습촉진기법** : 강화, 사회적 모방과 대리학습, 변별학습

4) 검사의 해석
심리검사는 개인과 환경간의 상호작용을 반영하지 않기에 중시하지 않음, 단 흥미검사는 사용하기도 함

5) 직업정보의 제공
"진로(직업)문제해결상자"의 개발 등 직업정보 제공에 관한 연구를 매우 활발히 전개하였다.(크룸볼츠)

❏ 포괄적(통합적) 진로/직업상담모형 - 크라이티스(Crites)의 직업상담 과정모형

1) 진단
변별진단후 질병분류학적인 분류 시작/정신역동적 상담전개/측정도구를 통한 직업(진로)성숙측정/직업(진로)문제와의 연관성 결정

2) 과정(통합적 진로상담 3단계)
진단의 단계 - 명료화/해석의 단계 - 문제해결의 단계

3) 결과(목표)
변별적이고 역동적인 진단과 명확하고 과학적인 해석, 그리고 문제해결을 위한 도구적(조작적) 학습을 통해 내담자를 독립적이고 현명한 의사결정자로 변화시킴

❏ 생애진로사정(Life Career Assessment; LCA)

1. 의의
생애진로사정은 상담자가 내담자와 처음 만났을 때 이용할 수 있는 구조화된 면접기법으로 시간이 많이 걸리지 않으며 전체 면접은 30~45분에 끝날 수 있고, 시간을 10~15분으로 나누어 내담자와 몇 번에 걸쳐 접촉할 수도 있다. (예비적 단계에서 활용)
- 내담자에 관한 가장 초보적인 직업 상담 정보를 얻는 질적인 절차(qualitation)이다.
- 내담자 자신의 가치와 자기 인식에 대한 정보를 제공한다.
- 내담자 자신의 기술과 능력에 대한 자기 평가를 돕는다.
- 내담자의 직업 경험과 교육수준을 나타내는 객관적 사실을 알려준다.

2. LCA 적용에서 얻을 수 있는 정보
- 내담자의 직업경험과 교육수준을 나타내는 객관적 사실
- 내담자 자신의 기술과 능력에 대한 자기평가
- 내담자 자신의 가치와 자기인식

3. 생애진로사정의 구조
생애진로 사정의 구조는 진로사정, 전형적인 하루, 강점과 장애, 그리고 요약 등 4개의 주요 부분으로 이루어진다.

1) 진로사정
진로사정부분은 일의 경험, 교육 또는 훈련과정 및 관심사, 그리고 오락 등으로 나뉘며 또 다시 세분화될 수 있다. 구조가 진전하는 가운데 싫음과 좋음으로서 나타나는 주제들에 대해서는 반복적으로 명확하게 반영하여 내담자가 주제들을 통해 지속적인 일관성 혹은 불일치를 인식할 수 있도록 해야 한다.

① 일의경험
    a. 일의 성격에 따라 시간제·정시제, 유급무급 등으로 구분
    b. 마지막 직업(과거 또는 현재의 직업): 가장 좋은 것과 싫었던 것을 적도록 한다.
    c. 좋음과 싫음을 기술

② 교육 또는 훈련과정 및 관심사
    a. 일반적 평가: 학교 학습에 관해 가장 좋은 것과 가장 싫은 것을 구분하게 함
    b. 교사특성에 대한 싫음과 좋음 기술(예, 친밀도, 권위)

c. 교실 또는 훈련조건 선호도에 대한사정: 독립적-의존적 공부, 다른 학생 또는 다른 훈련생과의 접촉, 학습방식

③ 오락

여가시간활용에 대한 사정으로 여가 내용 중에 사회생활이나 친구에 대해 기술하게 하고, 주말이나 주일 저녁을 어떻게 보내는지 질문한다. 이때 오락 활동이 일과 교육적 주제와 일치하는지의 여부에 주의를 기울일 필요가 있으며, 여가시간에 대한 사정은 사랑과 우정관계를 탐색하는 데에도 유용하다.

2) 전형적인 하루

생애진로사정에서 전형적인 하루 동안 검토되어야 할 성격차원은 의존적-독립적 성격차원, 그리고 자발적-체계적 성격차원이다. 전형적인 하루의 사정에서 나타난 주제들은 학교, 훈련, 직업에서의 문제를 일으키는 것들로, 이에 대한 인식은 내담자가 자신의 삶을 어떻게 조직하고 이행하는지에 대한 좀더 분명한 이해를 얻게 해 줄 것이다. 생애진로 주제에 접근 할 수 있도록 도움을 준다.

① 의존적 - 독립적

a. 의존적 : 타인에게 의존하는 경향을 보인다.
b. 독립적 : 타인에 대해 의사결정을 주장하는 경향을 보인다.

② 자발적 - 체계적

a. 자발적 차원 : 반복되는 것을 싫어함
b. 체계적 차원 : 안정된 일상을 영위하며, 영속적이고 빈틈없음

3) 강점 및 장애

a. 강점과 장애에 대한 사정은 내담자가 다루고 있는 문제와 내담자를 돕기 위해 내담자가 사용하는 자원 등에 대하여 직접적인 정보를 준다.
b. 내담자의 강점과 장애를 몇 가지 말하게 한 후, 이러한 점들이 내담자에게 어떤 의미를 가지는지 질문함으로써 좀더 깊이 조사하여야 한다.
c. 정보가 없는 모호한 대답에 대해서는 보다 많은 정보를 얻을 수 있도록 내담자의 하루에 대해 유사한 사항을 계속 질문하여야 한다.
d. 어떠한 강점도 내세우지 않는 내담자의 경우 장애부분을 제거하고 숨겨진 강점에 대처하여야 한다.

4) 요약

요약을 하는 목적은 ① 주도적인 생애주제, 강점, 장애 등 면접동안 수집된 정보를 강조하거나, ② 내담자가 자신의 가능한 직업선택, 진로탐색, 혹은 진로계획을 향상시키기 위해 상담을 통해 목표를 성취하도록 자극하는 정보를 강조하기 위해서이다.

진로심리검사

1. 직업적성검사

1) 개념
직업적성검사란 개인이 맡은 특정의 직무(job)를 성공적으로 수행할 수 있는지를 측정하는 도구로서 개인의 잠재력 직업능력을 측정한다.

또한, 상담과정을 통하여 수검자가 자신을 객관적으로 이해할 수 있게 함으로써 자신이 진정으로 하고 싶어하는 직업분야에서 요구하는 직무수행요건을 충족시키기 위해 자신을 연마하고 그에 동화시키고자 하는 직업적 동기를 유발하는 데 도움이 된다.

> * 적성이란? 어떤 과제, 활동을 효과적으로 수행하여 성과를 거두는 능력이 잠재적, 현실적으로 그 개인에게 있다고 생각되는 것

2) 종류

(1) GATB 직업적성검사
GATB 직업적성검사(중앙적성출판사)는 미국의 노동부가 1947년 각 주의 고용사무국에서 직업상담프로그램에 사용하도록 개발한 적성검사총집(General Aptitude Test Battery)을 토대로 우리나라의 실정에 맞게 재표준화한 검사로서 아래표와 같이 15개의 하위 검사로 구성되어 있으며, 15개의 하위검사 중 11개는 지필검사이고, 4개는 기구를 사용하는 도구(수행)검사이다.

[GATB 직업적성검사의 구성]

하위검사명	검출되는 적성		측정방식
기구대조검사	(P) 형태지각		지필검사
형태비교검사			
명칭비교검사	(Q) 사무지각		
종선기입검사	(K) 운동조절	(T) 손 운동속도	
타점속도검사			
표식검사			
평면도판단검사	(S) 공간판단	(G) 일반지능 (학습능력)	
입체공간검사			
어휘검사	(V) 언어		
산수추리검사	(N) 수리		
계수검사			
환치검사	(M) 손 재치		도구검사
회전검사			
조립검사	(F) 손가락 재치		
분해검사			

그리고, 이러한 하위검사를 통해 아래표에 제시된 9개의 적성요인을 검출해 낸다.

[GATB 직업적성검사의 적성요인]

적성요인	개념
일반지능 General Intelligence	일반적인 학습능력을 의미함. 설명이나 지도내용과 원리를 이해하는 능력, 추리하고 판단하는 능력, 새로운 환경에 빨리 순응하는 능력
언어 Verbal	언어의 뜻과 그에 관련된 개념을 이해하고 사용하는 능력, 언어 상호간의 관계와 문장의 뜻을 이해하는 능력, 보고들은 것이나 자신의 생각을 발표하는 능력
수리 Numerical	빨리 정확히 계산하는 능력
사무지각 Clerical Perception	문자나 인쇄물, 전표 등의 세부를 식별하는 능력, 잘못된 문자나 숫자를 직관적으로 비교하고 판별해서 교정하는 능력
공간 Spatial	공간상의 형태를 이해하고 평면과 물체의 관계를 이해하는 능력, 청사진을 읽거나 기하문제를 해결하는 능력, 2차원이나 3차원의 형체를 시각으로 이해하는 능력
형태지각 Form Perception	실물이나 도해 또는 표에 나타나는 것을 세부까지 바르게 지각하는 능력 도형의 형태나 음영, 근소한 선의 길이나 넓이 차이를 지각하는 능력, 시각적 판별력과 예민도
운동조절 Aiming and Eye -Hand Coordination	눈과 손, 또는 눈과 손가락을 함께 사용해서 빠르고 정확한 운동을 할 수 있는 능력, 눈으로 겨누면서 정확하게 손이나 손가락의 운동을 조절하는 능력
손가락 재치 Finger Dexterity	손가락을 정교하고 신속하게 움직이는 능력, 작은 물건을 정확하고 신속히 다루는 능력
손 재치 Manual Dexterity	손을 마음대로 정교하게 조절하는 능력, 물건을 집고 놓고 뒤집을 때 손과 손목을 정교하고 자유롭게 운동할 수 있는 능력
손 운동속도 Motor Speed	두드리는 것과 같은 손의 운동을 빨리 하는 능력, 자극에 대한 순간적인 반응 또는 연속적인 운동반응을 빨리 하는 능력

그리고, 각 요인에 대한 점수는 표준점수전환법을 적용한 것으로서 평균은 100이며, 표준편차는 20이다. 각 요인에 대한 점수가 의미하는 평가수준은 아래표와 같다.

[각 적성요인 점수의 평가수준]

점 수	평가수준
125점 이상	최상(상위 11% 이내)
110~124점	상(상위 20% 이내)
100~109점	중상(상위 50% 이내)
90~99점	중(하위 50% 이내)
75~89점	하(하위 20% 이내)
74점 이하	최하(하위 11% 이내)

또한, GATB 직업적성검사에서는 직업적성검사 결과 산출된 각 적성요인의 점수를 가지고 직무군별 중요적성요인 기준점수와 비교하여 개인의 적성에 적합한 직업을 판정하여 제시한다.

16강 GATB, 진로성숙검사 등

☐ [GATB 직업적성검사의 중요적성요인별 대표 적성직무군]

중요적성요인	직업적성유형	대표 적성직무군
일반지능(학습능력) 언어능력, 산수능력	인문계통의 전문적 직업	인문계통의 전문직업계, 법무 관련 직종, 저작·편집 및 보도직계
일반지능(학습능력) 언어능력, 사무지각	언어능력을 특히 필요로 하는 사무적 직업	기획 관리의 사무직계, 상담·면접 사무직계 등
일반지능(학습능력) 산수능력, 공간판단력	자연과학계통의 전문적 직업	연구·개발직계, 치료보건직계, 운항직계, 전자계산기 조작직계, 기술직 등
일반지능(학습능력) 산수능력, 사무지각	산술능력을 필요로 하는 일반 사무적 직업	경리 및 그 관련직계, 계수·기록직계 등
일반지능(학습능력) 사무지각, 운동조절	기계적 사무직	속기 및 통신업무직계, 사무용기기 조작직계, 인쇄관계직계
일반지능(학습능력) 사무지각, 손 재치	기계장치의 운행 및 공안직	각종 차량의 운행직계, 기계·화학 장치의 조찰 및 감시직계 등
일반지능(학습능력) 사무지각	일반적 판단과 주의력을 필요로 하는 직	판매업계, 통신업무직계, 대인봉사직계(비서, 항공기안내원 등) 등
일반지능(학습능력) 공간판단력, 형태지각	응용미술직	도안 및 그 관련직계, 미술적 배열직계, 대인봉사직계(미용사, 이용사)
산수능력, 공간판단력 손 재치	설계, 제도 및 전기 관계직	설계에 관한 기술직, 제도 및 그 관련직계(전기배선, 판금, 목형 등), 전기기능직
사무지각, 손가락재치 형태지각	제관 및 제화직	인쇄관련직계(문선공, 옵셋제판공 등), 제도 및 그 관련직(제도공, 현도공)
사무지각, 형태지각	검사 및 선별직	시각에 의한 정밀검사 및 간이검사직계
공간판단력, 형태지각 손가락재치	조형 직 손가락 재치를 위주로 하는 직	전기기계·계기·광학기계 조립 및 수선직계, 편물·제봉 관련직계, 목제품·피혁제품·금속재료 가공직계 등
공간판단력, 형태지각 손 재치	조형 및 손 재치를 위주로 하는 직	금속인쇄기류 조작직계, 기계금속부품조립 및 그 관련직계(기구수리 포함), 운송기계조립·수리직계 등
형태지각, 손 재치	육체노동직	봉재재료 재단직, 운전관련직계, 금속가공기계 조작직계, 제지 및 가공직계 등
운동조절, 손가락재치 손 재치	감시직 및 육체노동직	임·어업계, 채굴직계, 하역직계, 진기부품조립계, 기계봉제직계 등

우리나라 고용노동부 성인용 직업적성검사

성인용 직업적성검사는 노동부에서 만 18세 이상의 성인을 대상으로 하여 개발한 검사이다. 이 검사는 다양한 직업분야에서 자기가 맡은 직무를 성공적으로 수행하기 위해 요구되는 중요한 적성 요인의 측정을 목적으로 제작하였으며 11개 적성요인에 대한 19개의 하위검사로 구성되어 있다.

[우리나라 고용노동부 성인용 직업적성검사의 구성]

적성요인	하 위 검 사	측정내용
언어력	어휘력 검사	동의어, 반의어, 단어 뜻 찾기
	문장독해력 검사	문장 독해
수리력	계산력 검사	계산
	자료해석력 검사	자료 해석
추리력	수열추리 1 검사	네트워크망 수열 추리
	수열추리 2 검사	나열형 수열 추리
	도형추리 검사	도형 추리
공간지각력	위치찾기 검사	위치 찾기
	조각맞추기 검사	조각 맞추기
	그림맞추기 검사	그림 맞추기
사물지각력	지각속도 검사	지각속도 1, 지각속도 2
상황판단력	상황판단력 검사	상황판단력
기계능력	기계능력 검사	기계 능력
집중력	집중력 검사	색 판단, 도형 판단
색채지각력	색구별 검사	숫자 세기
	색혼합 검사	색 혼합
사고유창력	용도찾기 검사	용도 찾기
	상상하기 검사	상상하기
협응능력	기호쓰기 검사	기호 쓰기

그리고, 성인용 직업적성검사에서 측정하는 적성요인의 내용들은 아래표에 제시된 바와 같다.

[성인용 직업적성검사의 적성요인]

적성요인	구 체 적 내 용
언어력	일상생활에서 사용되는 다양한 단어의 의미를 정확히 알고 글로 표현된 문장들의 내용을 올바르게 파악하는 능력
수리력	사칙연산을 이용하여 수리적 문제들을 풀어내고 일상생활에서 접하는 통계적 자료들의 의미를 정확하게 해석하는 능력
추리력	주어진 정보를 종합해서 이들 간의 관계를 논리적으로 추론해 내는 능력
공간지각력	물체를 회전시키거나 재배열했을 때 변화된 모습을 머리속에 그릴 수 있으며, 공간 속에서 위치나 방향을 정확히 파악하는 능력
사물지각력	서로 다른 사람들 간의 유사점이나 차이점을 빠르고 정확하게 지각하는 능력
상황판단력	실생활에서 자주 당면하는 문제나 갈등상황에서 문제를 해결하기 위한 여러 가지 방법들 중 보다 바람직한 대안들을 판단하는 능력
기계능력	기계의 작동원리나 사물의 운동원리를 정확히 이해하는 능력
집중력	작업을 방해하는 자극이 존재함에도 불구하고 정신을 한 곳에 집중하여 지속적으로 문제를 해결할 수 있는 능력
색채지각력	서로 다른 색을 정확히 구별하고, 혼합 결과를 판단하는 능력
사고유창력	주어진 상황에서 짧은 시간 내에 서로 다른 많은 아이디어를 개발해 내는 능력
협응능력	눈과 손이 정확하게 협응하여 세밀한 작업을 빠른 시간 내에 정확하게 해내는 능력

각 적성요인에 대한 점수는 평균이 100, 표준편차 15이며, 산출된 점수가 의미하는 개인의 능력에 대한 평가수준은 아래표와 같다.

[적성요인 점수의 평가수준]

적성요인의 점수	평 가 수 준
120점 이상	최상(상위 10% 이내)
112~119점	상(상위 10%에서 상위 20% 사이)
100~111점	중상(상위 20%에서 상위 50% 사이)
88~99점	중하(하위 50%에서 하위 20% 사이)
81~87점	하(하위 20%에서 하위 10% 사이)
80점 이하	최하(하위 10% 이내)

또한, 성인용 직업적성검사에서는 직업군별 중요적성요인 점수와 개인의 적성요인 점수를 비교하여 개인의 적성요인 점수가 중요적성요인 기준점수를 넘을 경우 그 직업을 개인의 적성에 적합한 직업으로 제시해 주는데, 중요적성요인 기준점수는 특정 직업에서 중요적성요인으로 추출된 요인의 하위 15%에 해당되는 점수이다.

진로상담

1. 청소년용 직업적성검사

청소년용 직업적성검사는 고용노동부에서 만 14세 이상 18세 미만의 청소년(중2~고3)을 대상으로 개발하였다. 이 검사는 현재 자신의 적성과 본인에게 적합한 직업 및 학업 분야를 알고 싶어 하는 청소년들에게 도움을 줄 수 있으며 10개 적성요인에 대한 15개의 하위검사로 구성되어 있다.

아래 표와 같이 고용노동부의 성인용 직업적성검사와 명칭만 다를 뿐 동일한 적성요인을 가정하고 있으며 직업 산출 시에도 성인용 직업적성검사와 동일한 적성요인 기준점수를 사용함으로써 실제 직업 규준을 통해 적합 직업을 산출하는 효과를 볼 수 있도록 제작하였다.

그러나, 직업판정방법이나 적합 직업을 제시하는 방법에 있어서는 각 직업별 적성요인 기준점수를 결정적으로 사용하기보다는 적성 프로파일의 패턴을 고려함으로써 좀 더 완화된 기준을 적용하는 등 성인용 직업적성검사와는 다소 차이가 있다.

[청소년용 직업적성검사의 적성요인 및 하위검사]

적 성 요 인	성인용직업적성검사 적성요인	하위검사
언어능력	언어력	어휘찾기
		주제찾기
		낱말분류
수리능력	수리력	단순수리
		응용수리
추리능력	추리력	문장추리
공간능력	공간지각력	심상회전
		부분찾기
지각속도	사물지각력	문자지각
		기호지각
과학능력	기계능력	과학원리
집중능력	집중력	색채집중
색채능력	색채지각력	색상지각
사고유연성	사고유창력	성냥개비
협응능력	협응능력	선그리기

1) 청소년용 직업적성검사
- 성인용과 비교하여 상황판단력 항목이 빠져 있다.

❑ 진로성숙검사

1. 진로발달 측정의 의의

개인의 직업 선택 행위를 설명하려는 이론적 틀은 학자에 따라 달리 구분하지만 구조론적 관점과 발달론적 관점 등 크게 두 가지로 나누어볼 수 있다. 먼저 구조론적 관점은 개인이 왜 특정 직업을 선택하고 있으며 어떻게 하면 개인이 최선의 직업을 선택할 수 있는가를 설명하려는 이론으로서 특정 시기의 직업선택 행위 자체에 초점을 둔다. 그리고 발달론적 관점은 한 개인의 직업의식이 어떤 과정을 거쳐 발달하는가에 대한 이해와 설명을 통해 개인의 직업 선택이 일회적인 행위가 아니라 연속적인 과정임을 강조하는 이론으로서 직업발달 역시 인간 발달의 하위 영역으로 간주한다.

특히 직업선택에 대한 발달론적 관점이 대두되면서 개인의 직업발달(진로발달)이 진로교육이나 진로상담의 중요한 개념으로 등장하게 되었으며 이를 측정하기 위한 도구들도 다양하게 개발되었다.

> ♣ **심화학습**
> 1. 진로성숙도검사는 개인의 진로선택에 대하여 어떤 태도를 가지고 있는가와 일과 직업세계에 대해서 어느 정도 알고 있는가를 측정하기 위한 검사라고 할 수 있다.
> 2. 진로성숙도란 개인이 발달단계상에서 진로와 관련하여 직면하는 문제들을 해결하고 대처해 나갈 수 있는 준비도라고 정의할 수 있다.

> ♣ **심화학습**
> 1. 진로성숙도 측정 유형
>   - 진로발달검사(CDI) - 수퍼
>   - 진로성숙검사(CMI) - 크라이티스
> 2. 진로미결정 측정
>   - 진로결정검사(CDS) - 오시퍼
>   - VDMD → MVS - 홀랜드
>   - 진로결정척도(ACDM) - 하렌

2. 진로성숙도 개념 측정도구(CDI, CMI)

진로성숙(career maturity)을 최초로 개념화한 Super(1955)는 진로성숙을 탐색기에서 쇠퇴기에 이르는 직업발달의 연속선상에서 개인이 도달한 위치라고 정의하였다.

Crites(1978)는 진로성숙이란 진로선택의 과정에서 나타나는 인지적·정의적 특성의 동일 연령층에서의 상대적 위치로서 보다 일관되고 확실하며 현실적인 진로선택을 할 수 있는 능력으로 정의하였다.

1) 진로발달검사

진로발달검사(Career Development Inventory ; CDI)는 Super의 진로발달이론을 기초로 하여

학생들의 진로발달과 직업 또는 진로성숙도를 측정하고 교육 및 진로 계획 수립에 도움을 주며 진로결정을 위한 준비도를 측정하기 위하여 제작되었다.

이 검사는 중학교 2학년부터 고등학교 3학년 학생들을 대상으로 하는 학교용(school form)과 대학생들을 위한 대학교용(college & university form)이 있으며, 진로계획(career planning), 진로탐색(career exploration), 의사결정(decision-making), 일의 세계에 대한 정보(world of work information), 선호하는 직업군에 대한 지식(knowledge of preferred occupational group) 등 5개의 진로발달 특수영역을 측정하기 위한 5개의 하위척도와 5개의 하위 척도 가운데 동일한 특성을 측정하는 척도들을 조합하여 만든 진로발달-태도(aptitude), 진로발달-지식과 기술(knowledge and skills), 총체적인 진로성향(career orientation total) 등 3개의 척도로 이루어져 있다.

♣ 심화학습
1. 수퍼는 진로성숙이 일어나는 5가지 차원에서의 상대적인 위치가 개인의 진로성숙정도(진로성숙도)를 나타낸다고 보았다.
  * 5가지 차원 : 진로계획, 직업탐색, 의사결정, 직업세계에 대한 지식, 선호하는 직업군에 대한 지식
2. 수퍼의 '진로성숙도' 6가지 구성
  진로결정성, 진로확신성, 진로목적성, 진로준비성, 진로독립성, 가족일치성

17강 진로성숙검사/진로미결정 검사지 등

❏ 진로성숙검사

1. 개요

 진로성숙검사(Career Maturity Inventory ; CMI)는 Crites(1973)가 진로성숙도를 검사 대상의 연령에 따라 객관적으로 점수화하고 표준화하기 위하여 개발한 검사도구이다. 이 검사는 진로의사결정 과정에서 가장 일반적으로 제기되는 미결정(indecision)과 비현실성(unrealism)의 문제점을 분석하고 그것들의 발생 요인을 찾아내는 동시에 진로선택에 대한 태도와 의사결정 능력의 관점에서 학생들의 진로성숙 발달을 측정한다. 즉, 개인 진로상담이나 집단 진로상담 과정에서 학생들의 진로성숙도를 과정적인 측면에서 찾아내 종합적인 진로발달 프로그램 개발에 유용한 정보를 제공할 목적으로 개발된 것이다. CMI는 기본적으로 초등학교 6학년부터 고등학교 3학년을 대상으로 표준화를 실시하였으나 성인들에게도 적용 가능하며, 태도영역 척도와 능력영역 척도로 구성되어 있다. 태도척도는 선발척도와 상담척도 두 가지로 개발되었는데, 선발척도는 직업탐색 및 진로설정과 관련된 문항으로 구성되어 있으며 상담을 위해 학생들을 분류하거나 진로교육의 결과를 평가할 때 적합하다. 상담척도는 진로 결정성(decisiveness), 참여도(involvement), 독립성(independence), 성향(orientation), 타협성(compromise) 등 5개 하위영역으로 구성되어 있는데, 일에 대한 태도의 관점에서 교육 또는 상담의 효과를 자세히 분석하는 데 유용하다. 그리고 능력척도는 진로의사결정에서 가장 중요한 것으로 간주되는 지식영역, 즉 자기평가(self-appraisal), 직업정보(occupational information), 목표선정(goal selection), 계획(planning), 문제해결(problem-solving) 등 5개 영역을 측정하는 문항들로 구성되어 있다.

> ♣ 심화학습 – CMI 검사지
> 1. 직업성숙개념과 진로유형 연구모형의 영향으로 개발된 최초의 표준화된 검사도구
> 2. CMI 척도
> 1) 태도척도
>   가) 선발척도(Screening Form A-2)
>   ; 긍정적 진술과 부정적 진술 50개로 구성, 진위형
>   나) 상담용척도(Counseling Form B-1)
>   ; 총 75개의 문항으로 구성
> 2) 능력척도
>   각 영역별 20문항, 총 100문항으로 구성, 4개의 선택답지와 1개의 '모른다' 답지로 구성

2. CMI의 활용과 상담기법

 1) 전통적인 방법

2) 종합검사 결과해석법
3) 검사도구 해석·활용법

[CMI의 척도별 하위영역]

척도	하위영역	측정내용
태도척도 (상담척도)	진로 결정성 decisiveness	선호하는 진로의 방향에 대한 확신의 정도
	참여도 involvement	진로선택 과정에의 능동적 참여의 정도
	독립성 independence	진로선택을 독립적으로 할 수 있는 정도
	성향 orientation	진로결정에 필요한 사전이해와 준비의 정도
	타협성 compromise	진로 선택 시 욕구와 현실을 타협하는 정도
능력척도	자기평가 self-appraisal	자신의 흥미, 태도, 성격 등을 명료히 지각하고 자신을 이해하는 능력
	직업정보 occupational information	의사 결정에서 자기평가를 보완하는 영역으로서 직업세계에 대한 지식, 과제, 고용기회 등에 관한 정보를 획득하고 평가하는 능력
	목표선정 goal selection	자아와 직업세계에 대한 지식을 바탕으로 하여 직업을 합리적으로 선택하는 능력
	계획 planning	직업목표를 선정한 후 그 목표에 도달할 수 있는 계획을 세우는 능력
	문제해결 problem-solving	진로선택이나 의사결정 과정에서 부딪치는 어려운 문제를 해결하는 능력

❏ 진로미결정의 측정

진로미결정(career indecision)에 관한 문제는 진로발달과 관련된 문제, 특히 진로와 관련된 결정의 문제를 언급하는데 있어서 광범위하게 사용되어 왔으며, 진로 미결정을 측정하기 위해 몇 가지 도구가 개발되기는 했지만 집중적인 관심을 받거나 타당성을 검증받은 도구는 그리 많지가 않다. 진로결정검사, VDMD(Vocational Decision Making Difficulty Scale)-MVS, 진로결정척도는 아래와 같다.

1) 진로결정검사

진로 미결정 연구에 가장 많이 사용된 측정도구는 Osipow, Carney, Winer, Yanico와 Koschir(1976)에 의해서 개발된 진로결정검사(Career Decision Scale ; CDS)이다. CDS는 내담자와의 면접을 통해 개발된 것으로서 19개 문항으로 구성되어 있고 진로 미결정에 대해서 16개의 서로 구별되는 선행요인들(distinct antecedents)을 측정하도록 되어 있다. 이 도구는 진로결정에 대한 확신(certainty)과 미결정성(indecision)의 두 하위척도로 구성되어 있으며 전체적인 미결정 점수를 산출할 뿐만 아니라 요인분석을 통해 미결정에 관한 네 가지, 즉 구조와 확신의 부족(a lack of structure and confidence), 접근-접근 갈등(approach-approach conflicts), 선호하는 선택에 대한 지각된 외적 장애물(perceived external barriers to preferred choice), 개인적 갈등 (personal conflict) 등의 원인을 진단한다.

2) VDMD

Holland(1976)는 진로 미결정에 대한 잠재적인 설명력을 확보할 목적으로 13개 문항으로 구성된 도구를 개발하였는데, 이것이 바로 **VDMD**(Vocational Decision Making Difficulty Scale)이다. VDMD의 점수는 개인이 경험하고 있는 미결정의 정도를 나타내 주고 있으며, '나는 지금 당장 결정할 필요가 없다'와 같은 문항에 대한 응답은 상담자로 하여금 내담자가 지각한 변화에 대한 필요성의 강도를 알게 해 준다. 이 도구는 후에 MVS(My Vocational Situation)라는 이름으로 새롭게 바뀌었는데, **MVS**의 정체감 척도는 진로결정에 방해요인으로 작용하는 개인내적인 특성을 구체적으로 밝혀보려고 한 최초의 시도로 보인다.

3) 진로결정척도

Harren(1966)이 개발한 진로결정척도(Assessment of Career Decision Making ; ACDM)는 '진로결정유형'과 '진로결정수준'의 두 가지 차원으로 구분되는데, '진로결정유형'은 개인이 어떤 결정을 내릴 때 선호하는 접근 방식을 의미하며, '진로결정수준'은 개인의 전공선택 및 직업선택과 관련한 진로결정 과정에서의 진행 수준과 장래의 진로에 대한 확고한 정도를 나타낸다. 그리고 진로결정유형은 합리적 유형, 직관적 유형, 의존적 유형으로, 진로결정수준은 학교에 대한 적응, 직업계획, 전공의 하위요인으로 이루어져 있다.

[진로결정유형과 진로결정수준의 하위요인별 측정내용]

구분	하 위 요 인	측 정 내 용
진로결정유형	합리적 유형 rational style	자기(self)와 상황에 관련한 정보를 얼마나 실제적·논리적으로 신중하게 평가해서 진로를 결정하는가를 측정한다.
	직관적 유형 intuitive style	진로결정이 어느 정도나 즉흥적인 느낌과 감정적 자기인식에 의해 이루어지는가를 측정한다.
	의존적 유형 dependent style	진로결정에 대한 책임감이나 적극성이 결여되어 주변 사람들에게 의존하는 정도를 측정한다.
진로결정수준	학교에 대한 적응 school adjustment	학교생활과 교우, 교사(또는 교수)에 대한 적응과 만족의 정도를 측정한다.
	직업 계획 occupational plans	미래의 직업선택에 대한 확신이나 이행의 정도를 측정한다.
	전공 academic major	전공이나 연구 분야 선택에 대한 확신이나 이행의 정도를 측정한다.

❏ 직업흥미검사 – 직업흥미검사 종류

1. 홀랜드 흥미(직업선호도)검사
2. 스트롱/캠벨 흥미검사(SCII)
3. 쿠더의 흥미검사(KOIS)
4. 한국 고용노동부 직업선호도검사중 흥미검사 부문
5. 청소년용 직업흥미검사
6. 카드분류법

진로상담

18강 홀랜드 인성이론

❑ Holland의 흥미검사(인성검사)

1. Holland(1992)는 각 개인은 현실형(Realistic type; R), 탐구형(Investigative type; I), 예술형(Artistic type6; A), 사회형(Social type; S), 진취형(Enterprising type; E), 관습형(Conventional type; C) 등 6가지 직업성격(vacational personality; 또는 직업흥미) 유형 중 하나와 유사하며, 그 유형과 얼마나 닮았는가에 따라 사람들을 특징지을 수 있다고 주장한다.

2. 6가지 성격유형별 주요 특징

성격 유형	성격특징	선호하는/싫어하는 직업적 활동	대 표 직 업
현실형 (R)	남성적·직선적이며 솔직하고, 성실하며 검소하고, 지구력이 있으며 신체적으로 건강하고, 말이 적은 편으로 고집이 있고 단순함 (뚝딱이)	분명하고, 질서정연하게, 그리고 체계적으로 대상이나 연장, 기계, 동물들을 조작하는 활동이나 신체적 기술들을 좋아하는 반면, 교육적·치료적 활동은 좋아하지 않음	자동차 정비원, 항공기 조종사, 트럭운전원, 목수, 중장비 기사, 엔지니어, 농부, 전기기사, 운동선수
탐구형 (I)	지적 호기심과 탐구심이 많고, 논리적·분석적·합리적·비판적이며, 정확하고, 신중하며, 수줍음을 잘 타고 내성적임 (따지기)	물리적·생물학적·문화적 현상을 관찰적·상징적·체계적으로 탐구하는 활동에 흥미를 보이지만, 사회적·반복적 활동들에는 관심이 부족함	천문학자, 물리학자, 생물학자, 인류학자, 의사, 환경분석가, 시장조사연구원, 사회과학연구자
예술형 (A)	감정·상상력·감수성이 풍부하고, 자유분방하며 개방적이고, 독창적이며 개성이 강한 반면 협동적이지는 않음 (튀는 아이)	예술적 창조와 표현, 변화와 다양성을 좋아하고, 틀에 박힌 것을 싫어하며 모호하고, 자유로우며 상징적인 활동을 좋아하지만, 명쾌하고 체계적이며 구조화된 활동에는 흥미가 없음	무대감독, 연예인, 소설가, 시인, 음악가, 미술가, 무용가, 디자이너, 카피라이터, 신문편집인, 미술품중개인
사회형 (S)	사람들과 어울리기를 좋아하고, 친절하며 이해심이 많고, 남을 잘 도와주며 봉사적·감정적·이상주의적임 (수다쟁이)	타인의 문제를 듣고, 이해하며 도와주고, 치료해 주며, 봉사하는 활동에는 흥미를 보이지만, 기계·도구·물질과 함께 명쾌하고 질서정현하며 체계적인 활동에는 흥미가 없음	의료 행정가, 사회사업가, 교사, 간호사, 종교지도자, 상담가, 임상치료가, 언어치료사
진취형 (E)	지배적·설득적·경쟁적·야심적·외향적·낙관적·열성적이고, 통솔력·지도력이 있으며 말을 잘함 (나서기)	조직의 목적과 경제적 이익을 얻기 위해 타인을 선도·계획·통제·관리하는 일과 그 결과로 얻어지는 위신·인정·권위를 얻는 활동을 좋아하지만, 관찰적·상징적·체계적 활동에는 흥미가 없음	기업경영인, 정치가, 영업사원, 방송 아나운서, 광고·홍보담당자, 세무관련 변호사, 판사, 주식중개인
관습형 (C)	정확하고, 빈틈이 없으며 조심성·계획성이 있고, 세밀하며 완고하고, 책임감이 강하며 변화를 좋아하지 않음 (꼼꼼이)	정해진 원칙과 계획에 따라 자료들을 기록, 정리, 조직하는 일을 좋아하고, 체계적인 작업환경에서 사무적·계산적 능력을 발휘하는 활동을 좋아하지만, 창의적·자율적이고 모험적·비체계적인 활동은 매우 혼란을 느낌	공인회계사, 금융분석가, 은행원, 경리·회계사무원, 안전관리사, 사서, 법무사, 비서, 의료기록 담당직원, 원고교정자

또한, 그는 사람들이 생활하고 일하는 환경 역시 6가지 환경모형 중 어떤 모형과 얼마나 닮았는가에 따라 특징지어지며, 사람과 환경을 연결짓고 성격유형과 환경모형에 대한 지식을 쌓아감으로써 미래를 보다 잘 예견하고 이해할 수 있게 된다고 하였다. 그 결과로 직업선택, 직업의 안정성과 직업성취, 교육선택과 교육성취, 개인능력과 사회행동, 외부세계에 대한 민감도가 달라질 수 있다는 것이다.

3. 그리고 6가지 직업성격유형과 직업환경유형을 아래 그림과 같이 육각형 모형으로 각 유형간의 관계를 표현하였는데, 제시된 순서대로 각각의 유형은 육각형의 한 지점을 차지하고 있으며, 두 유형간의 거리는 심리적인 유사성과 반비례 관계에 있다.

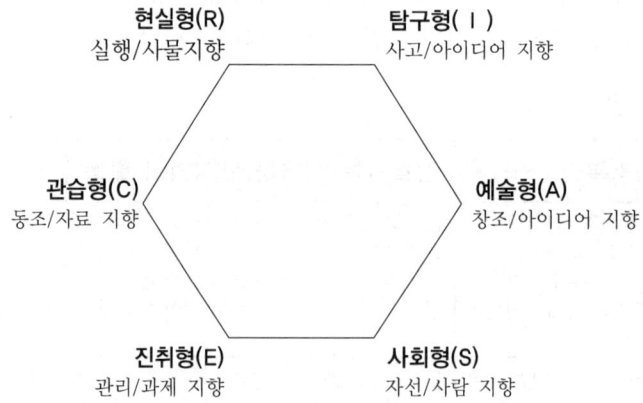

[Holland의 육각형 모형]

♣ 심화학습 - 홀랜드 흥미검사 해석사례

- 원점수로 흥미유형을 결정
- 표준점수는 타인과의 비교 : 규준점수이기 때문에

당신의 흥미유형( )			
구분	R	I	A
원점수			
표준점수			

- 원점수가 동점일 때 : SECARI 순으로 흥미유형 결정
- 어떤 이의 직업흥미검사 결과에서 예술성 점수가 75점(평균70, 표준편차 5)이고 진취성 점수가 68점(평균 60, 표준편차 4)인 경우
  1) 어떤 이의 예술성에 대한 Z, T 점수는?
     Z점수 = (원점수−평균)/ 표준편차, (75−70)/5 = 1. 즉, Z점수는 1점
     T점수 = (10 * Z 점수) + 50 , (10*1)+50 = 60 즉, T점수는 60점
  2) 어떤 이의 진취성에 대한 Z, T 점수는?
     Z점수 = (원점수−평균)/ 표준편차, (68−60)/4 = 1 즉, Z점수는 2점
     T점수 = (10 * Z 점수) + 50, (10*2)+50 = 70 즉, T점수는 70점

홀랜드 인성이론 **18강**

4. Holland는 이론뿐만 아니라 실제적으로 가치가 있는 도구를 개발해서 이론의 중요한 구성개념을 세심하게 조작하였다. 각 도구의 특징은 다음과 같다.

1) 직업선호도검사

직업선호도검사(Vocational Preference Inventory ; VPI)는 내담자가 160개의 직업목록에 흥미 정도를 표시하는 것으로서 빌딩 수리업자, 의사, 작가, 운전사 등과 같은 직업에 대한 좋고 싫음을 표시할 수 있다.

- **직업선호도검사**는 많은 사람들의 직업 선택은 직업목록의 자극물에 의해 고무되듯이 그들의 생각과 감정을 가지고 측정할 수 있다는 Holland의 신념에서 발전하였다.

2) 자기방향탐색

자기방향탐색(Self-Directed Search ; SDS)은 내담자가 점수를 기록하는 1시간용 측정 워크북과 소책자가 있는데 워크북은 직업공상에 관한 부분으로 시작되어 활동, 능력, 구체적 직업에 대한 태도, 자아평가능력을 다룬다. 이 검사의 원점수는 3개의 문자 요약코드로 바뀌는데 요약코드의 3개 문자의 순서는 위계적이며, 첫 번째 문자는 특별 유형에 대한 강한 선호도를 나타내 준다.

> ♣ **심화학습 – SDS 자기방향탐색(1971년 발표)**
> - 직업환경/성격의 특징을 6각형화한 검사지
> - 1시간용 측정워크북과 소책자로 구성
> - 워크북에는 직업공상, 활동, 능력, 구체적 직업에 대한 태도, 자아평가능력을 다룸
> - 사람들이 어떻게 직업적 기회와 진로동기를 갖게 되며 또 사람들의 직무 만족도와 직업적 성취를 어떻게 설명할 것인가 하는 해답을 얻기 위해 발달된 이론이다.(여러 직업에 종사하는 사람들에 대한 정보와 직무환경에 관한 정보들을 통합한 하나의 이론이다)

3) 직업탐색검사

직업탐색검사(Vocational Exploration and Insight Kit ; VEIK)는 수검자들이 직업 카드를 분류한 방법을 토대로 수검자의 관심 있는 직업과 관심 없는 직업이 무엇인지 분석한다. 그러한 과정을 통하여 VEIK는 미래진로로 생각하고 있는 직업의 수를 증가시키도록 돕고 직업과 진로에서 원하는 것을 이해하도록 도우며, 과거 경험과 현재 직업의 목표가 어떻게 관련되는지, 그리고 지금 어디에 있으며 다음 단계가 무엇인지를 알도록 돕는다.

> ♣ **심화학습 – VEIK 직업탐색검사(1980년 개발) – 스트레스관련 검사**
> - 직업탐색의 4가지 목표설정
>   1) 미래진로로 생각하고 있는 직업의 수를 증가시키도록 한다.
>   2) 직업과 진로에서 원하는 것을 이해하도록 한다.
>   3) 과거경험과 현재 직업의 목표가 어떻게 관련되는가를 알도록 한다.
>   4) 지금 어디에 있고, 다음 단계는 무엇이 될 것인가를 알도록 한다.

4) 자기직업상황

자기직업상황(My Vocational Situation ; MVS)은 간단하며 스스로 실시할 수 있고 쉽게 점수를 기록하는 검사도구로서 20개의 문항으로 구성되어 있으며 직업정보에 대한 필요, 선택된 직업목표에 대한 장애 등을 측정하는 것을 목적으로 한다.

♣ **심화학습 – MVS 자기직업상황**
- 직업정체성, 직업정보의 필요, 직업목표상의 장애를 진단

진로상담

19강 스트롱 흥미검사/청소년 흥미검사

❏ 스트롱의 흥미검사

1) 의의

Strong 흥미검사는 오랜 역사를 가지고 있으며, 최신 개정판은 1994년에 출판되었다. 검사 구조에 관한 일반적인 접근방식은 1919~1920년에 E. K. Strong, Jr.의해 최초로 개념화되었다. 1927년 Strong Vocational Interest Blankⓡ(SVIB)이라는 이름으로 처음 출판되었는데, 이때 직업 흥미 측정의 두 가지 기본 절차를 도입되었다. 첫째, 문항은 다양한 활동이나 대상, 일상생활에서 흔히 접하게 되는 사람의 종류 등 다양한 분야에 대한 개인의 선호나 비선호 경향성을 다룬다. 둘째, 반응은 직업별로 경험적인 채점방식을 따른다. 이 검사는 최초로 준거-관련 채점 방식을 채택한 검사로서, 이후에 MMPI나 CPI와 같은 성격검사의 개발을 촉진시켰다. 한 직업에 속한 사람은 다른 직업의 사람과 공통되는 흥미에 있어 구별됨이 밝혀졌다. 이러한 흥미의 차이는 직접적으로 직업활동에만 나타나는 것이 아니라 학과목이나 취미, 스포츠, 좋아하는 놀이나 책, 사회관계, 그 밖의 일상 생활 면에서 다양하게 나타난다. 그러므로 개인의 흥미를 친숙한 여러 방면에서 탐색하고, 개인의 흥미가 특정 직업을 성공적으로 수행하고 있는 사람들의 흥미와 얼마나 유사한 지를 결정하는 것이 가능하게 된다. 1970년대 초, 이 검사에 대한 광범위한 혁신이 이루어졌고, 이후의 검사 개정판으로 이어졌다. 가장 중대한 변화는 (1) 점수의 구조와 해석의 지침이 되는 이론적 틀이 도입되었고, (2) 기존의 남성/여성 검사지를 합쳐서 새로운 직업별 남녀 규준을 마련하였으며, (3) 저학력 직업의 척도 수를 증가시켰다.

* 스트롱흥미검사(SII) : 직업흥미검사 중 가장 역사가 긴 검사
  - 스트롱 2세(E,K,Jr. Strong)는 1919~1920년 카네기연구소 "흥미측정대학원 세미나과정"에서 제작함.(가장 최신판은 1994년 개정판)
* 스트롱 진로탐색검사는 진로성속도검사와 직업흥미검사로 구성됨.

2) 스트롱 검사의 구성

94년 판 스트롱 검사는 8개 척도, 총 317문항으로 구성되어 있다. 처음 5개 척도(직업, 교과목, 활동, 여가활동, 사람들)에 대하여 응답자는 자신의 선호도를 "좋다", "싫다", "보통이다" 중 하나로 표시하게 된다. 다음 2개 척도는 짝 지워진 2개 활동 중 하나를 선택하게 되며, 마지막 척도는 개인 특성에 대한 질문으로 "예", "아니오", "모름"으로 답한다.

3) 스트롱 검사의 척도

결과를 해석할 때 3단계의 점수가 산출된다. 가장 이해하기 쉽고, 포괄적인 점수는 6개의

GOT(General Occupational Theme) 점수이다. 다음은 GOT와 연관성이 깊은 25개의 BIS(Basic Interest Scales)가 있으며, PSS(Personal Style Scales)척도를 통하여 개인적 행동특성을 이해할 수 있다.

가) GOT(General Occupational Theme) 일반직업유형

스트롱 검사의 직업흥미 분류는 이론적 근거를 Holland의 6각 모형으로부터 도입하였다. Holland 6각 모형은 현실형, 탐구형, 예술형, 사회형, 진취형, 관습형을 포함한다. 각 유형은 개인 유형뿐만 아니라 작업환경의 특성을 나타낸다.

나) BIS(Basic Interest Scales) 기본흥미척도

이 척도는 6개의 GOT 하에 속하게 되는데 실제로 GOT와 상관이 높은 문항들을 집단화하여 25개의 척도를 갖도록 하였다.

다) PSS(Personal Style Scale) 개인양식척도

일상생활과 일의 세계에 관련된 광범위한 특성에 대해 개인이 선호하고 편안하게 느끼는 것을 측정하는 PSS(개인특성척도)는 1994판 스트롱검사에서 처음 개발되어 소개된 척도이다. PSS는 GOT, BIS의 결과로 측정된 개인의 직업 흥미에 대해 상당부분 보완, 설명해 줄 수 있는 기능을 갖는데, 이는 WS(Work Style 업무유형), LE(Learning Environment 학습유형), LS(Leadership Style 리더쉽유형) 그리고 RT(Risk Taking/Adventure 모험심유형)의 4가지 영역으로 세분, 측정된다.

라) OS(Occupational Scales) 직업척도

각 직업에 대한 개인의 점수는 그 개인이 현재 그 직업을 갖고 있고 그 직업에 만족하고 있는 사람과 얼마나 유사한지를 보여준다. 이 척도상의 직업은 이들 직업이 GOT와 얼마나 부합하느냐에 따라 분류되어 있다.

❏ 쿠더의 흥미검사

- 각 문항마다 동질적인 3가지 활동으로 되어 있는 문항에서 가장 좋아하는 활동을 강제적으로 선택하도록 하는 검사

(문항 예)
■ 다음의 활동 중에서 어느 활동에 가장 흥미가 있는가?
1. 여러 가지 새로운 꽃 종류를 발전시킨다.
2. 화초 재배자를 위해서 광고 유세에 나간다.
3. 화초 재배장에서 전화 주문을 받는다.

  * **Strong식 흥미검사** : 흥미를 기술하는 것이 아니라 한 사람의 흥미형태가 직업집단의 흥미형태와 어느 정도로 일치하느냐를 보려는데 있다.(적합성 여부)

🗆 우리나라 고용노동부 직업선호도검사 중 흥미검사

우리라나 고용노동부 직업선호도검사 중 흥미검사는 Holland의 진로이론에 기초하여 개발된 검사로서 이론적 토대가 비교적 탄탄하다는 평가를 받고 있다. 이 검사는 만 18세 이상의 성인용 직업흥미검사로서 학력의 제한은 없으며, 활동, 유능성, 직업, 선호분야, 일반성향 등 5개 척도로 구성되어 있고, 각 척도들은 6가지 흥미유형별로 동일한 수의 문항이 포함되어 있다.

[흥미검사의 하위척도 및 측정내용]

하위척도	측 정 내 용
활 동	어떤 종류의 일이나 활동을 좋아하는지 또는 하고 싶은지를 측정함
유능성	자신이 무엇을 잘 할 수 있고 또 어떤 능력이 있다고 생각하는지를 측정함
직 업	여러 가지 직업에 대해 개인이 좋아하고 마음에 들어 하는 것이 무엇인지를 측정함
선호 분야	여러 가지 학문 분야에 대한 선호도를 측정함
일반 성향	흥미와 관련하여 일반적으로 어떤 성향 또는 태도를 가지고 있는지를 측정함

검사 결과로서 원점수 및 평균 50, 표준편차 10인 표준점수를 모두 제시해 주며, 원점수의 크기 순으로 요약한 개인의 흥미유형코드 가지고 직업목록을 참조해서 개인에게 적합한 직업을 추천하여 준다. 또한, 이 검사의 육각모형은 원점수를 기준으로 흥미패턴을 보기 쉽게 구현한 자료로서 흥미의 모양과 방향을 한 눈에 볼 수 있게 하여 준다. 이 검사 결과 제시되어지는 6가지 흥미유형별 특성은 'Holland의 검사도구'에서 이미 설명하였으므로 여기에서는 생략하겠다.

* 최적 직업군 : 최고의 조합 - 홀랜드의 일치성
* 적합 직업군 : 능력에 맞는 직업

🗆 우리나라 고용노동부 청소년용 직업흥미검사

청소년용 직업흥미검사는 만 13세부터 18세(중2~고3)까지의 청소년을 대상으로 하여 직업과 관련된 개인의 흥미를 측정하는 검사도구로서 아래 표와 같이 활동, 자신감, 직업 등 세 가지 하위척도로 구성되어 있으며, 단순히 특정 활동에 대한 선호도뿐만 아니라 자신감을 함께 측정함으로써 다양한 관점에서 흥미에 대한 해석을 가능하게 해 준다.

[청소년용 직업흥미검사의 하위척도별 측정내용]

하위척도	측 정 내 용
활 동	다양한 직업 및 일상생활 활동을 묘사하는 문항들로 구성되어 있으며 그러한 활동들에 대한 선호도를 측정함
자신감	활동척도와 동일한 문항으로 구성되어 있으며 각 활동들에 대해서 개인이 얼마나 잘 할 수 있다고 느끼는지의 자신감 정도를 측정함
직 업	다양한 직업명의 문항들(해당 직업에서 수행하는 일에 대한 설명이 함께 제시됨)로 구성되어 있으며 각 직업에 대해서 하고 싶어 하는 정도를 평정하도록 함으로써 흥미정도를 측정함

진로상담

이 검사는 개인의 흥미를 보다 넓은 관점에서의 일반흥미유형과 이보다 좁고 구체적인 측면에서의 기초흥미분야로 나누어 단계적으로 측정하는데, 일반흥미유형은 'Holland의 검사도구'에서 이미 설명한 6가지 흥미유형의 특성과 동일하며, 기초흥미분야에 대한 내용은 아래 표에 제시한 바와 같다.

[청소년용 직업흥미검사의 기초흥미분야]

기초흥미분야	내 용
농림분야	곡물 경작 및 화초 재배 분야에 대한 흥미
기계 · 기술분야	기계를 다루거나 직접 수리하는 활동에 대한 흥미
사회안전분야	치안유지, 보안 및 응급구조 등의 활동에 대한 흥미
과학연구분야	천문학, 생물학 등 자연현상을 과학적으로 연구하는 분야에 대한 흥미
음악분야	다양한 방법으로 음악을 표현하고 감상하는 것에 대한 흥미
미술분야	감정을 미술작품으로 나타내는 일에 대한 흥미
문학분야	사상과 감정을 글을 통해 전달하는 것에 대한 흥미
교육분야	교과나 다양한 학습내용들을 설명하고 가르치는 일에 대한 흥미
사회서비스분야	사회를 위해 봉사하고 어려운 사람들을 돕는 일에 대한 흥미
관리 · 경영분야	조직을 효율적으로 운영하고 사람들을 지휘하는 일에 대한 흥미
언론분야	다양한 매체를 통해 의견을 피력하고 주장하는 일에 대한 흥미
판매분야	상품판매를 위해 고객에게 설명하고 설득하고 다양한 판매전략을 세우는 일에 대한 흥미
사무 · 회계분야	서류나 문서 등을 작성 · 관리하고 예산을 계획 · 집행하는 업무에 대한 흥미

20강 기타 진로상담 검사지/직업사전 등

❑ 진로사고검사(CTI : Career Thoughts Inventory)

1. 진로사고란 진로선택이나 진로결정과정에서 나타나는 여러 가지 생각들로 진로관련 정보를 어떻게 활용하는지와 관련된 진로문제해결과 해결과정과 의사결정 과정에서 나타나는 역기능적인 사고를 측정한다.
2. 진로사고검사(CTI : Career Thoughts Inventory)는 48문항으로 구성되어, 자기이해, 직업이해, 의사소통 등 진로선택 및 진로 발달과 관련된 8개 내용영역에서의 역기능적인 사고를 측정하며, 48문항에 대한 요인분석 결과 의사결정혼란, 실패불안, 외적 갈등 등 3개의 하위척도로 나타난다. 하위요인으로는 수행불안, 외적 갈등, 의사결정혼란 등을 포함하고 있다.
3. 이 검사는 인지적 정보처리이론(cognitive Information processing : CIP)과 인지이론(Cognitive Therapy)을 이론적 근거로 한다. 인지적 정보처리이론은 진로문제해결 및 의사결정과 관련된 광범위한 영역을 설명하는 이론으로 자기독백, 자기통제와 모니터링과 같은 메타인지를 설명할 수 있으며 진로문제해결 및 의사결정상의 기술을 촉진시킬 수 있는 방법을 고안하는데 개념적 근거가 된다.
   - 진로선택이나 진로결정을 어렵게 하는 부정적인 진로사고를 측정
   - 진로의사결정 과정을 시작하거나 유지하는데 개인이 가지는 곤란수준을 측정

❑ 진로신념검사(CBI : Career Beliefs Inventory) - 크롬볼츠

1. 진로목표를 결정해 나가는 데 있어 장애가 되는 생각들이 무엇인지 밝혀주는 검사로서, '매우 동의한다'에서 '전혀 동의하지 않는다'까지로 응답하는 5점 Likert척도로 된 96개의 문항으로 이루어져 있다. 개방성, 통제, 실패의 위험감수 등 25개의 하위척도 점수로 결과가 제시되며, 어떤 척도에서 낮은 점수는 현재 피검자가 그 신념 때문에 어려움을 겪고 있음을 나타낸다. 진로신념검사의 25개 하위척도
2. 취업상태, 진로계획, 진로미결정 수용, 개방성, 성취, 대학교육, 내적 만족, 동료경쟁, 구조화된 업무환경, 통제, 책임, 타인의 인정, 타인과의 비교, 직업과 대학의 다양성 이해, 진로 유연성, 진로전환, 직업대안, 직장의 위치, 자기 향상, 불분명한 진로에서 노력지속, 실패의 위험감수, 직업 기술 배우기, 협의/탐색, 장애 극복, 노력
3. 상담자가 어떤 특정한 상황에서 내담자가 가지고 있는 생각이 현실적인지의 여부를 확인하는 과정을 통해 내담자에게 많은 도움을 주므로, Krumboltz(1994)는 내담자의 진로계획과 관련된 내담자 자신의 기본가정을 파악하기 위해 진로신념검사를 상담 초반에 사용할 것을 권장하고 있다.

진로상담

▢ 진로정보의 활용

1. 직업분류

1) 직업분류의 개념

직업분류는 생산적인 활동에 종사하는 개별 근로자들에 의하여 수행되는 각종 직무를 그 수행되는 일의 형태에 따라 체계적으로 분류한 것이며, 국내 직업구조 및 실태에 맞도록 표준화한 직업분류를 한국표준직업분류라 한다.

2) 직업의 성립요건

일반적으로 '직업'으로 규정되기 위해서는 윤리적인 행위, 보수가 주어지는 행위, 연속성을 띠는 행위 등의 요건을 충족하는 것이어야 한다.

(1) 윤리성

사회의 공동생활에 기여하는 것으로서 법(法)에 저촉되지 않는 것이어야 한다. 따라서 공공복지에 반하는 비윤리적인 행위는 직업으로 볼 수 없다.

(2) 경제성

직업은 임금을 받을 목적(생계유지)으로 육체적·정신적 노동력이 제공되어야 하기 때문에 무보수의 행위는 직업으로 볼 수 없다. 그러나 부업과 같이 그 보수가 일상생계를 유지하기 위한 일부가 되는 것은 직업으로 간주한다.

(3) 계속성

생계를 유지하기 위하여 연속적으로 노동력이 제공되어야 한다. 따라서 계속성이 없는 일시적 행위는 직업이라고 할 수 없다. 그러나 일용근로자와 같이 매일 그 작업내용이 바뀌더라도 노동력의 제공이 계속적으로 이루어지는 경우에는 직업이다. 즉 일의 계속성이란 일시적인 것을 제외한 다음에 해당하는 것을 말한다.

- 매일, 매주, 매월 등 주기적으로 행하는 것
- 계절적으로 행해지는 것
- 명확한 주기는 없으나 계속적으로 행해지는 것
- 현재 수행하고 있는 일을 계속적으로 수행할 의지와 가능성이 있는 것

※ 그러나, 위의 요건들이 충족된다고 하더라도 '직업'으로 간주할 수 없는 경우가 있다.
   - 이자, 주식배당, 임대료(전세금), 소작료, 권리금 등과 같은 재산 수입을 얻는 경우
   - 연금법이나 국민기초생활보장법, 국민연금법 및 고용보험법 등의 사회보장에 의한 수입을 얻는 경우
   - 민간보험에 의한 수입이 있는 경우
   - 경마, 경륜, 복권 등에 의한 배당금이나 주식투자에 의한 시세차익이 있는 경우
   - 예적금 인출, 보험금 수취, 차용 또는 자기 소유의 토지나 주권을 매각하여 수입을 얻는 경우
   - 자기 집에서 가사활동에 전념하는 경우
   - 정규교육기관에 재학하고 있는 경우
   - 시민봉사활동 등에 의한 무급봉사적인 일에 종사하는 경우
   - 의무로 복무 중인 사병, 단기 부사관, 장교와 같은 군인
   - 강도절도, 매춘, 밀수 및 수형자의 활동 등 법률위반행위나 법률에 의한 강제노동을 하는 경우
   - 사회복지시설 수용자의 시설 내 경제활동

* 한국직업사전에서 정의하는 직업의 개념 요소로 적절한 것
1. 생계유지 – 단순히 '금전수입' 만으로는 직업요소로 보기 힘들다.
2. 사회적 역할의 분담
3. 개성의 발휘 및 자아의 실현
4. 계속적인 활동

❑ 한국표준직업분류의 대분류 항목 체계

한국표준직업분류(KSCO)		국제표준직업분류(ISCO)	
분류 부호	명칭	분류 부호	명칭
대분류 1	관리자	대분류 1	관리자
대분류 2	전문가 및 관련 종사자	대분류 2 대분류 3	전문가 기술공 및 준전문가
대분류 3	사무 종사자	대분류 4	사무 종사자
대분류 4 대분류 5	서비스 종사자 판매 종사자	대분류 5	서비스 및 판매 종사자
대분류 6	농림어업 숙련 종사자	대분류 6	농림어업 숙련 종사자
대분류 7	기능원 및 관련 기능 종사자	대분류 7	기능원 및 관련 기능 종사자
대분류 8	장치·기계조작 및 조립 종사자	대분류 8	장치·기계조작 및 조립 종사자
대분류 9	단순노무 종사자	대분류 9	단순노무 종사자
대분류 A	군인	대분류 0	군인

❑ 한국직업사전

1) 직업사전의 의의와 기능

직업사전은 직업소개, 직업상담 및 직업지도의 목적 또는 노동시장 정보시스템을 위한 표준화된 직업정보이다. 직업사전의 기능은 다음과 같다.
① 직업상담의 기초자료   ② 취업알선시스템에서 구인·구직의 연결고리
③ 직업분류의 자료   ④ 직업훈련과 직업교육의 토대
⑤ 취업알선 및 실업자 관련통계 및 노동정책수립 자료
⑥ 인사관리업무의 표준자료 ⑦ 직업세계의 인식

2) 직업사전의 구성 체계

『한국직업사전』에 수록된 직업들은 직무분석을 바탕으로 조사된 정보들로서, 수많은 조직화된 방식으로 고찰하기 위하여 유사한 직무를 기준으로 분류한 것이다. 『한국직업사전』에서 수록하고 있는 정보는 전국적인 사업체에서 유사한 직무가 어떻게 수행되는가에 대한 포괄적인 조사·분석·연구의 결과이다. 수록된 직업관련 정보들은 크게 다섯 가지의 체계적인 형식으로 구성된 항목으로 이루어져 있다.
① 직업코드, ② 본직업명칭, ③ 직무개요, ④ 수행직무, ⑤ 부가직업정보(산업분류, 정규교육, 숙련기간, 직무기능, 작업강도, 육체활동, 작업장소, 작업환경, 유사명칭, 관련직업, 자격/면허, 조사연도, 직업전망, JOB MAP)

진로상담

21강 직무분석/직업정보다루기

☐ 직무분석

1. 직무분석의 정의

1) 직무분석(job analysis)이란 직무(job)의 내용과 성격에 관련된 모든 중요한 정보를 수집하고 이들 정보를 관리 목적에 적합하게 정리하는 체계적 과정, 즉 그 직무를 수행하기 위하여 요구되는 직무조건 및 타 직무와 구별되는 요인을 명확히 밝혀서 정리·분석하는 과정을 말한다.
2) 직무를 구성하고 있는 일 즉, 직무내용과 그 직무를 수행하기 위하여 요구되는 직무조건을 조직적으로 밝히는 절차로서 주로 인사관리나 노무관리를 원활히 수행해 나가기 위해 필요한 정보를 획득하는 데 그 목적이 있다.
3) 직무분석은 공장관리에 대한 테일러의 시간연구와 길브레스의 동작연구에서 시작되었으며 제1차 세계대전 때 미육군의 인사분류위원회에서 제일 처음 직무분석이란 용어가 사용되었다.

2. 직무분석의 활용

구 분	활 용 영 역	
조직	• 선발과 배치 • 인사관리 • 직무평가 및 직무수행평가 • 직무 설계 • 훈련 및 개인 발달 개인 활용	• 개인 활용 • 인력 기획 • 책임의 한계 • 조직 관계 수립 • 노동조합 관계
정부	• 직업표준, 자격, 인정 • 동등한 고용 기회 부여 • 공공고용서비스(훈련, 교육 포함)	• 실업을 포함한 사회 안정 • 보상 • 작업 조건, 안전
개인	• 직업 선택	• 직업 준비
연구	• 개인 또는 다른 행동 연구 • 사회적 연구	• 인구 연구 • 경제 연구

3. 직무분석의 방법

어떤 방법을 사용하여 직무분석을 실시할 것인지를 결정할 때에는 직무분석의 주목적이나 특성, 직무분석을 위하여 투입할 수 있는 인력과 시간 등을 고려하여야 하며, 실제 직무분석을 실시할 때에는 여러 가지 방법들을 병행하여 사용하는 경우가 많다. 이러한 직무분석 방법에는 <u>최초분석법</u>, <u>비교확인법</u>, <u>데이컴법</u> 등이 있다.

(1) 최초분석법(new analysis method) 7가지

최초분석법은 분석할 대상 직업에 대한 자료가 드물고, 그 분야에 많은 경험과 지식을 갖춘 사람이 거의 없을 때 직접 작업현장을 방문하여 분석을 실시하는 방법으로서 면접법, 관찰법, 체험법, 질문지법, 녹화법, 중요사건법, 작업기록법 등이 이에 속한다.

① 면접법

면접법(interview method)은 특정 직무에 대하여 오랜 경력을 쌓아 전문 지식과 숙련된 기술 및 기능을 보유하고 있으면서 이를 정확하게 표현할 수 있는 작업자와의 면담을 통해서 해당 직무를 분석하는 기법으로서 가장 정확한 정보를 얻을 수 있다.

② 관찰법

관찰법(observation method)은 분석자가 작업자의 곁에 서서 직무활동의 실제를 상세하게 관찰하고 그 결과를 분석하는 방법으로서 작업 현장을 직접 목격하면서 실제적인 내용을 파악하기 때문에 실질적이며 정확한 결과를 얻을 수 있다.

③ 체험법

체험법(empirical method)은 분석자가 직접 직무 활동에 참여하여 체험함으로써 생생한 직무분석 자료를 얻는 방법이다.

④ 질문지법

질문지법(questionnaire method)은 현장의 작업자 또는 감독자에게 설문지를 배부하여 이들로 하여금 직무내용을 기술하게 하는 방법으로서 조사대상의 폭이 넓고, 관찰법이나 체험법으로 규명하기 어려운 분야(전문직, 사무·관리직 등)의 작업내용과 직무 수행에 요구되는 고도의 기술 및 지식, 책임의 소재 등에 관한 자료를 얻을 수 있다는 장점을 가지고 있다.

⑤ 녹화법

녹화법(video tape recording method)은 비디오테이프로 작업장면을 보면서 분석하는 방법으로서 반복되는 단순 직무이면서 작업환경이 소음, 분진, 진동, 습윤 등으로 인하여 장시간 관찰하기 어려운 경우에 사용된다.

⑥ 중요사건법(CIT)

중요사건법 또는 결정적 사건법은 직무수행에 결정적인 역할을 한 사건이나 사례를 중심으로 구체적 행동에 대한 내용분석을 통하여 범주별로 분류·분석한 다음, 지식, 기술, 능력 등의 직무요건들을 추론해 내는 방법이다.

⑦ 작업기록법

작업기록법(employee recording method ; 또는 작업일지법)은 작업자들이 정해진 양식에 따라 직접 작성한 작업일지로부터 직무에 관한 정보를 수집하는 방법이다.

(2) 비교확인법 - 현장검증법

비교확인법(verification method)은 역사가 오래 되어 많은 자료가 수집될 수 있는 직업으로서 수행하는 작업이 다양하고 직무의 폭이 넓어 단시간의 관찰을 통해 분석하기 어려운 경우에 사용

진로상담

되는데, 분석자는 **지금까지 개발된 각종 자료**를 수집·분석한 후 초안을 작성한 다음 현장에 나가 실제 여부를 면담이나 관찰 등의 최초분석법으로 확인하는 과정을 거친다.

(3) 데이컴법

데이컴법(Developing a Curriculum Method ; DACUM)은 교육 과정 개발을 위한 직무분석기법으로서 교육 목표와 교육 내용을 비교적 단시간 내에 추출하는 데 효과적이다.

❑ ncs 기초직무능력

1) 의사소통능력 : 문서이해, 문서작성, 경청, 의사표현, 기초외국어
2) 수리능력 : 기초연산, 기초통계, 도포분석, 도표작성
3) 문제해결능력 : 사고력, 문제처리
4) 자기개발능력 : 자아인식, 자기관리, 경력개발
5) 자원관리능력 : 시간관리, 예산자원관리, 물적자원관리, 인적자원관리
6) 대인관계능력 : 팀웍, 리더십, 갈등관리, 협상, 고객서비스
7) 정보능력 : 컴퓨터활용, 정보처리
8) 기술능력 : 기술이해, 기술선택, 기술적용
9) 조직이해능력 : 국제감각, 조직체제이해, 경영이해, 업무이해
10) 직업윤리 : 근로윤리, 공동체 윤리

❑ 직업정보다루기

1) 학과정보
2) 자격증 정보(국가자격증, 전문자격증, 국가공인 민간자격, 민간자격)
3) 진로관련 사이트
   학과정보 : 커리어넷
   대학알리미
   학과전공분류 자료집 – 한국교육개발원
   직업/진로 – 학과정보검색사이트 : 워크넷
   진로진학정보센터 등

** 커리어넷

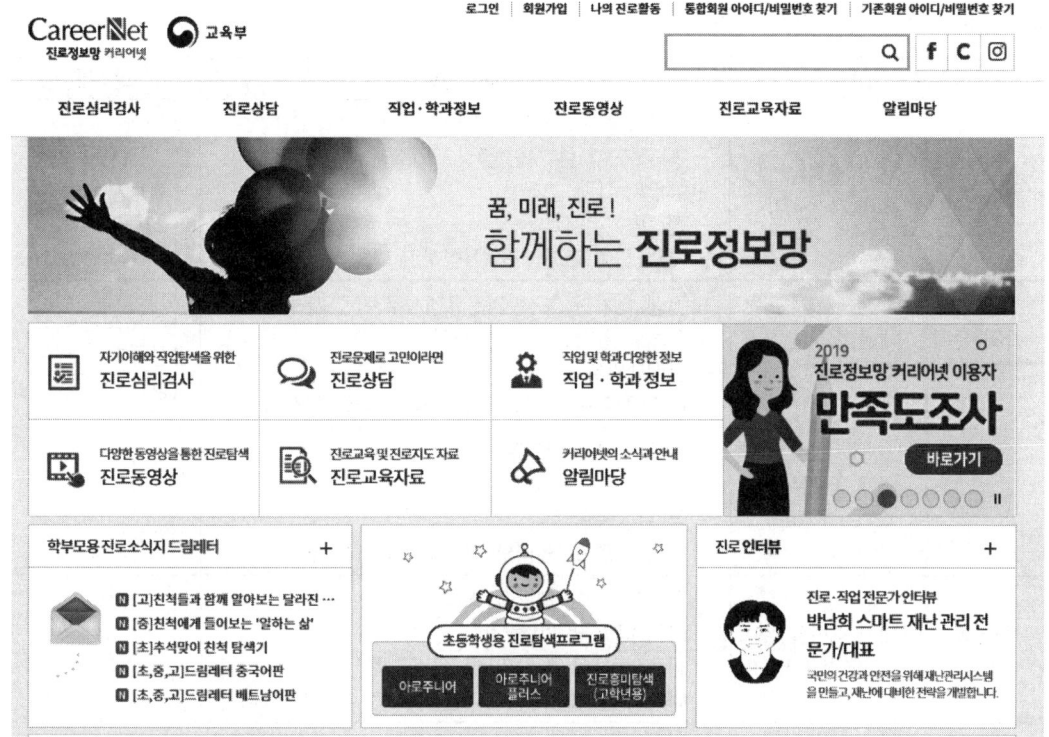

❑ 개인/집단 진로상담과 프로그램의 실제

– 예시)

1. 목적

; 진로에 관련된 자신의 이해와 진로 결정을 하는 데 있어서 자신의 꿈을 발견하고 동기부여 하여 자기 성장 도모에 의의를 갖는다.

2. 대상/규모/회차

3. 예산

– 집단지도자 강사비: 1회당 00000원(4회*3명*000원=00000원)
– 보조인력 인건비 : 약 000원

4. 진행시간, 장소, 등 :

소요시간 : 회당 90분 (3시 10분~4시 40분)

4. 진로 프로그램 세부 내용

구 분		내 용	과 제
여는마당	내가 즐기는 일 (나에 대한 일)	- 프로그램 오리엔테이션 및 소재 - "나를 있게 한 사람들" : 자기소개 - "직업가치관 경매" - 진로탐색검결과 해석 - 나의 진로포트폴리오 작성하기 : 적성, 가치	**** 검사지 활용 1. 활동지 2. 활동지
들어가는 마당	내가 잘하는 일 (나의 자원찾기)	- 강점 찾기 퀴즈 "반기문유엔사무총장" 사례 - 신체로 알아보는 나의 강점 - 강점테스트 - 나의 진로포트폴리오 작성하기 : 나의 강점	가족이 보는 강점목록 작성
본마당	내가 꿈꾸는 일 (Dream Map)	- 가족이 보는 감정목록 발표 : 소감 나누기 - 나의 드림맵작성 - 꿈 달성목표설정 - 나의 진로포트폴리오 작성하기 : 강점, 꿈	닮고 싶은 사람의 직업조사
뒷풀이 마당	내가 해야할 일 (전략세우기)	- 닮고싶은 사람의 직업조사 발표 - 미래 나의 명함만들기 - 진로포트폴리오 정리 및 진로선택 - 미래의 일기(1달 후, 6개월 후, 1년 후, 20년 후)	

5. 추수관리 절차 및 주요내용

** CAP+, ALLa, 프로그램, 주요기관별 차별화된 프로그램 들

☐ 기타 진로상담에 관한 사항

1. 스포케인(Spokane)의 상담모형 : 진로상담의 과정을 도입단계(시작하기-고무시키기-완화하기), 활동단계(평가하기-질문하기-합의하기), 완료단계(실행하기-추후점검하기)로 제시.
2. 구직효율성검사(한국_고용노동부)
   ; 구직효율성검사는 만 19세 이상의 실직자나 구직을 원하는 성인을 대상으로 구직활동에 영향을 미치는 개인의 심리적 특성을 측정하여 장기 실업의 위험을 예측하고 동시에 효과적인 구직활동을 지원하는 데 유용한 정보를 제공하기 위한 검사
   - 3개의 하위검사
      실직충격 및 취약성검사, 구직동기검사, 구직기술검사
   - 13개의 하위척도 및 검사수행신뢰도척도로 구성됨

22강 직업과 가치/직업가계도

❏ 꿈드림 사업

1. 한국청소년상담복지개발원/여성가족부
2. 청소년지원센터 꿈드림 지역별 센터 : 214개
3. 일반 사업내용(개별사업은 센터별로 약간씩의 차이가 있음)

  1) 설립목적
   학교 밖 청소년의 개인적 특성과 수요를 고려한 상담지원, 교육지원, 직업체험 및 취업지원, 자립지원을 통해 학교 밖 청소년이 건강한 사회구성원으로 성장할 수 있도록 지원

  2) 법적근거
   학교 밖 청소년 지원에 관한 법률 제12조(학교 밖 청소년 지원센터)

  3) 지원대상
   - 초·중학교 입학 후 3개월이상 결석하거나 취학의무를 유예한 청소년
   - 고등학교에서 제적·퇴학처분을 받거나 자퇴한 청소년
   - 고등학교에 진학하지 아니한 청소년

  4) 주요사업
   - 상담지원 : 대면상담, 전화상담 및 방문상담 등 다양한 방법을 통한 상담지원
   - 교육지원 : 학업동기 강화 및 학업능력 증진 프로그램 제공, 검정고시를 통한 학력 취득 지원, 대학입시 지원
   - 직업체험 및 직업교육 훈련 지원 : 직업탐색·체험 프로그램, 내일이룸학교 지원 직업훈련 및 자격취득 연계 지원
   - 자립지원 : 청소년 근로 권익 등 보호, 자기계발 프로그램 지원, 기초소양 교육
   - 건강지원 : 학교 밖 청소년 건강검진 지원

❏ 가치사정

1. 의의

   가치라는 것은 우리를 자극하여 어떤 활동이나 마음상태로 다가가거나 멀어지게 하는 신념과 같은 것으로 자기인식의 발전, 현재의 직업불만족 근거에 대한 확정, 역할갈등의 근거에 대한 확정, 저수준의 동기·성취의 근거를 확정, 개인의 다른 측면(흥미 또는 성격)을 사정할 수 있는 예비단계, 직업선택이나 직업전환을 바로잡아 주는 한 전략으로써 가치사정을 활용할 수 있다.

> * 가치란? 내담자가 "삶에서 무엇을 지향할 것인가에 관하여 가지고 있는 생각"

2. 직업과 가치

1) 가치와 진로의 관계
   가) 대부분의 사람들은 자신의 삶의 방향을 유지하는 데 어떤 기준점을 고수하려고 하는데, 이런 기준점들은 전형적으로 종교적인 믿음, 생활에 도움이 되는 물질, 그리고 대인관계의 행동을 포함한다.
   나) 슈프랑거(Spranger)는 이상적인 인간의 모습은 삶에 대한 여러 가지 기본적인 관점들을 하나의 대표적인 것으로 결합시키려는 사람이라고 하였다.
   다) 여기서 개인적인 가치들을 직업선택과 획득에 기초한다는 것은 충분히 합리적인 것으로 받아들여진다.
   라) 가치는 변화, 발전하며 가치와 힘 간의 행동적 상관에 대한 연구는 초년기와 성인기 모두 진로개발에 대한 연구를 할 때 중요한 고려사항이 된다.

2) 가치와 직무에 대한 논의
   로크(Locke) : 직무가치와 직무만족의 연관성

3) 흥미, 욕구, 가치간의 관계
   가) 마이어&프리들랜드 : 외재적 욕구는 직업적 선호도와 무관, 내재적 욕구는 직업적 선호도와 명백한 관계가 있다고 주장
   나) 손다이크(R. L. Thorndike)&바이스&다비스 : 흥미, 욕구, 가치가 본질적으로 동일한 설문지와 행동사건에서 유추되는 것이며, 특히 흥미와 욕구는 상관이 높은 구성개념이고 구분이 불가능하다는 것을 강조
   다) 카츠 : 욕구와 흥미가 유사하지만 그 유사성은 스트롱 직업흥미검사(SVIB)가 오염된 결과라고 주장

3. 가치 사정하기

1) 가치 사정의 용도 및 대상
   가) 가치사정의 용도
      (1) 자기인식(Self - Awareness)의 발전
      (2) 현재의 직업불만족 근거 확인
      (3) 역할갈등의 근거확인
      (4) 저수준의 동기, 성취의 근거확인
      (5) 직업선택이나 직업전환의 전략
   나) 가치사정의 대상

22강 직업과 가치/ 직업가계도

(1) 모든 유·무형의 대상은 긍정적인 유인가 또는 부정적인 유인가를 갖고 있을 수 있으며, 이런 것들을 추구 또는 회피하려고 한다.
(2) 대상이든 마음상태든 간에 긍정적 유인가가 높은 것은 가장 강력하게 추구될 것이고 반면에 부정적 가치가 높은 것은 회피의 대상이 될 것이다.

2) 자기보고식 가치사정법

일반적으로 직업상담자는 직업상담 과정 동안에 가치들을 사정하는 자기보고식 사정법을 이용하는데, 다음의 6가지 사정법이 있다. '체크목록의 가치에 순위 매기기' '과거의 선택 회상하기' 절정경험 조사하기 '자유시간과 금전의 사용' '백일몽 말하기' '존경하는 사람 기술하기'

3) 가치 사정자료 요약/정리

(1) 명확한 가치목록을 수집 – 모순된 가치 비교/절충
(2) 절충실패항목은 자기방향 탐색적인 절차의 결과물과 비교
(3) 직업선택과 관계가 깊은 잠정적인 가치목록을 개발

4) 가치명료화 6단계

1단계 : 직업선택과 관련된 가치 찾기 – 개인적 의미추정
2단계 : 과거문제와 현재의 문제를 비교하여 해결책 탐색
3단계 : 입장을 바꾼 상태에서의 의미를 파악한다.
4단계 : 하나의 시각으로 볼 때와 다각도의 시각차를 탐색한다.
5단계 : 내담자가 명확하게 생각할 수 있는 시간을 준다
6단계 : 내담자의 가치와 최대한 부합되는 선택을 하도록 도와준다.

5) 가치확인 과정에 대한 요약 및 한계

가) 요약

(1) 의사결정, 직업만족, 동기면에서 가치의 중요성을 강조한다.
(2) 공식적, 비공식적인 가치확인 연습을 끝낸다
(3) 가치목록을 구성한다.
(4) 필요할 땐 가치들을 명료하게 한다.
(5) 직업선택, 직업전환, 다른 생애역할 등의 가치들에 대한 함의를 토의한다.

나) 가치사정의 한계

가치에 대한 심리측정도구들은 아직 미약하며, 비공식적인 사정절차들이 신뢰할 수 있는 정보를 주는 것은 아니다. 또한 개인적인 가치에 관한 정보와 관심이 있는 직업유형들과 직결된 연결이란 있을 수 없다. 따라서 상담자와 내담자가 이런 연결고리를 구축해 내야만 하는데, 이런 일은 시간을 필요로 할 수 있다.

❑ 여성의 진로 유형(Super의 이론에 따른 분류)

1. 안정된 가정주부형 – 졸업 후 전업주부

2. 전통적 진로형 : 졸업→직장생활→결혼과 동시에 전업주부
3. 안정적인 진로형 : 졸업 후 결혼 여부와 상관없이 정년시까지 직업 가짐
4. 이중 진로형 : 졸업 후 곧바로 결혼과 직장 병행
5. 단절 진로형 : 졸업→직장생활→결혼 이후 전업주부→이후 재취업
6. 불안정한 진로형 : 가정생활과 직장생활을 불규칙적으로 반복

❏ 대졸여성의 진로형태 - 베츠, 1984

1. 무직업 : 대학을 졸업하고 집에 있거나 집 밖에서 6개월 미만의 일을 한 여성
2. 낮은 진로형태 1 : 전통적 직업으로 대학을 졸업하고 4년 이하 근로하거나 시간제로 근로한 여성
3. 낮은 진로형태 2 : 선험적 직업으로 "2"와 같으나 최근에 전통적인 직업보다 비전통적인 직업에 고용된 사실이 있는 여성
4. 적절한 진로형태 1 : 전통적 직업으로 대학을 졸업하고 시간제나 전일제로 4~6년 동안 고용상태로 있는 여성
5. 적절한 진로형태 2 : 선험적 직업으로 "4"와 같으나 전통적인 직업보다 비전통적인 직업에 최근 고용된 여성
6. 높은 진로형태 1 : 전통적 직업으로 대학을 졸업하고 시간제나 전일제 직업에 7~10년 동안 고용된 여성
7. 높은 진로형태 2 : 선험적 직업으로 "6"과 같으나 가장 최근에 전통적인 직업보다 비전통적인 직업에 고용된 여성

❏ 진로전환

: 진로전환의 특징 - 슐로스버그(Schlossberg) 모형

1) 개인차
 - 진로재평가와 전환과정을 거치는 능력에 개인차 존재함
 - 자신의 현재위치에서 원하는 위치로의 진로전환 성공여부

2) 양가적 특성(서로 반대되는 특성이 둘다 존재)
 - 전환은 변화문제가 아닌, 개인이 어떻게 지각하느냐의 문제
 - 전환은 성장을 위한 심각한 위험이자 기회가 됨

3) 맥락의 중요성
 - 전환은 복잡하고 역동적인 요소 포함
 - 전환의 성공적 극복은 개인의 특성 및 전환 전후 맥락에 달림

굿맨(Goodman), 슐로스버그(Schlossberg), 앤더슨(Anderson)이 제시한 개인의 진로 전환에 미치는 4가지 요소

- 자아, 지원, 상황, 전략

* 굿맨(Goodman) 등이 제시한 생애진로전환 모델
1. 입직 – 승진 – 퇴사 – 재취업을 위한 노력
2. 모델

구분	진로전환		주요 이슈
입직	– 신입사원	– 일의 요령 익히기	– 일, 문화에 대한 기대 – 명시적, 암묵적 규준 – 주변인의 느낌
승진	– 고속승진 – 정체 – 중간에 끼인 듯함	– 견디기	– 외로움과 경쟁 – 자루함, 막힌 듯함 – 요구에 부응하기 위한 경쟁
퇴사	– 강제 인력감축 – 은퇴 – 직업변경	– 떠나기, 애도하기, 노력하기 등	– 목표상실과 재형성 – 양가감정의 표현
재취업을 위한 노력	– 실업상태	– 소외감	– 좌절 – 절망

직업/진로가계도의 의의 – 보웬(Bowen)의 가계도를 응용

직업/진로가계도(genogram)는 내담자의 생물학적 친조부모와 양조부모, 양칭, 숙모와 삼촌, 형제자매 등 가족들의 직업들을 도해로 표시하는 것으로 직업, 경력포부, 직업 선택 등에 관해 내담자에게 영향을 주었던 다른 사람들을 포함시켜 작성하기도 한다.

이러한 직업가계도는 가족치료(family therapy)에서 시작되었는데, 내담자의 직업의식과 직업선택 그리고 직업태도에 대한 집안사람들의 영향력을 분석하는 대표적인 정질적인 평가기법으로서 직업과 관련된 가족들의 성공담과 실패담, 그리고 그런 것들이 어떻게 내담자에게 영향을 미칠 수 있었는지 등을 알아볼 수 있다.

또한, 직업적 지각물에 영향을 끼친 모델(model)이 누구인지, 작업자로서의 자기 지각(self-perception)의 원인은 무엇인지 등에 대한 정보를 얻을 수 있으며, 직업가계도를 통하여 내담자는 그 동안 지녀왔던 직업과 관련된 고정관념이나 비합리적인 생각에 대해 통찰을 하게 되고 현실적인 직업행동을 시도하는 자기변화가 가능해진다.

23강 진로상담의 의의/특성이론

1. 상담자의 활동과 진로상담의 목표가 바르게 연결된 것은?

> ㄱ. 내담자가 자신의 적성을 객관적으로 이해할 수 있도록 돕는다.
> ㄴ. 내담자가 선택할 수 있는 여러 대안들을 비교해 보도록 돕는다.

> a. 자신에 관한 이해 증진
> b. 일에 대한 가치관 함양
> c. 합리적인 의사결정 능력 증진
> d. 변화하는 사회에 대한 유연한 적응 능력 함양

① ㄱ- a, ㄴ- b   ② ㄱ- a, ㄴ- c   ③ ㄱ- b, ㄴ- a
④ ㄱ- b, ㄴ- c   ⑤ ㄱ- c, ㄴ- d

정답 및 해설 ②

진로/직업상담의 주요 목표
 1) 자신에 대한 이해의 증진
 2) 직업관/직업의식 확립
 3) 일과 직업세계의 이해
 4) 진로/직업정보 탐색 및 활용능력 배양
 5) 합리적 의사결정 능력 증진

2. 윌리암슨(E. Williamson)의 진로상담 과정을 순서대로 연결한 것은?

> ㄱ. 내담자와 함께 바람직한 적응을 위해 해야 할 일을 상의한다.
> ㄴ. 사례기술이나 검사결과에서 내담자에 관한 자료를 수집하고 요약한다.
> ㄷ. 태도, 흥미, 가족배경 등에 대한 다양한 자료를 수집한다.
> ㄹ. 내담자의 특성과 문제를 분류하고 문제의 원인을 찾아낸다.
> ㅁ. 새로운 문제가 발생했을 때 내담자를 계속적으로 돕는다.
> ㅂ. 조정가능성 및 발생가능한 문제의 결과를 판단하고, 대안적 조치들을 찾는다.

① ㄱ- ㄴ- ㄷ- ㄹ- ㅁ- ㅂ   ② ㄷ- ㄴ- ㄱ- ㄹ- ㅁ- ㅂ
③ ㄷ- ㄴ- ㄹ- ㅂ- ㄱ- ㅁ   ④ ㄹ- ㄱ- ㄷ- ㅂ- ㄴ- ㅁ
⑤ ㄹ- ㄷ- ㄴ- ㅂ- ㄱ- ㅁ

정답 및 해설 ③

윌리암슨의 진로상담 6단계
 1) 분석 : 개인의 특성(태도, 흥미, 가족배경, 지적능력, 교육적 능력, 적성 등)에 관한 자료들을 주관적, 객관적 방법으로 수집하고 표준화 검사를 실시한다.
 2) 종합 : 개인의 장, 단점, 욕구, 문제들을 분류하기 위한 정보를 수집하고 조정

3) 진단 : 개인의 능력과 특성을 비교하여 진로문제의 객관적인 원인을 파악한다.
4) 처방(예후, 예측) : 가능한 대안을 탐색하고, 각 대안의 성공가능성을 평가하고 예측한다.
5) 상담 : 직업에 잘 적응하기 위해 어떻게 해야 할 지를 상담.
6) 추수관리(추후지도) : 내담자가 행동계획을 잘 실천하도록 돕고 필요한 부분의 보충이나 새로운 문제 등을 해결하기 위해 추후지도를 한다.

3. 진로상담 과정에서 다음과 같은 진로문제를 특징적으로 경험하는 대상은?

| • 성역할 고정관념 　• 다중역할 갈등 　• 경력단절 　• 자기효능감 |

① 여성
② 다문화청소년
③ 남성
④ 장애인
⑤ 실업자

정답 및 해설 ①

지문의 내용은 고용시장에서의 한계계층 즉, 여성에 대한 내용이다. 여성의 경우, 노동시장에서 승진, 교육, 자기계발 등의 분야에서 보이지 않는 차별 등을 받을 수 있다. 또한 직장내 성희롱, 성폭력, 고객 등에 의한 성희롱, 직장내 따돌림의 희생자가 될 수 있다.

4. 진로상담과정에서 발생할 수 있는 저항에 관한 설명으로 옳은 것을 모두 고른 것은?

ㄱ. 자신이 바라지 않던 통찰을 하게 되는 것에 대한 두려움을 보인다.
ㄴ. 책임지기를 두려워하여 진로의사결정을 미루는 태도를 보인다.
ㄷ. 상담자의 유능성 또는 상담방법에 대해 비난한다.
ㄹ. 상담자와의 권력 차이로 충분히 자신을 드러내지 못하는 것에 대한 두려움을 보인다.

① ㄱ, ㄹ
② ㄴ, ㄷ
③ ㄱ, ㄴ, ㄹ
④ ㄴ, ㄷ, ㄹ
⑤ ㄱ, ㄴ, ㄷ, ㄹ

정답 및 해설 ⑤

지문의 내용은 모두 진로상담과정에서 내담자가 보이는 저항의 주요 내용이다.

5. 진로상담자의 역할에 관한 설명으로 옳은 것은?

① 상담내용에 대해 어떠한 경우라도 비밀을 보장한다.
② 진로상담자로서 지켜야 할 상담윤리를 숙지하고 전문성을 유지한다.
③ 진로상담은 심리문제를 다루지 않기 때문에 슈퍼비전을 받을 필요가 없다.
④ 연구의 목적으로 상담사례를 발표할 때에는 내담자의 동의를 구하지 않아도 된다.
⑤ 검사를 선택할 때 가급적 표준화검사보다는 인터넷에서 검색하여 체크리스트를 활용한다.

정답 및 해설 ②

1) 상담내용에 대해서는 비밀엄수가 원칙이긴 하지만 법령 등의 이유로 이에 대한 예외가 인정된다.
2) 진로상담 역시 심리문제를 다루며 상담자의 역량이나 치료적 절차에 대한 전문성확보, 증진을 위해 슈퍼비전을 정기적으로 받아야 한다.
3) 연구의 목적으로 상담사례를 발표할 때에도 비밀보장과 내담자 권리보호에 대한 내용은 엄중하다. 따라서 내담자의 동의를 구해야 한다.
4) 검사를 선택할 때 표준화된 검사를 선택해야 하며 이미 어느정도 검증된 검사지를 사용해야한다. 출처와 표준화에 의문이 있는 인터넷상의 자료를 활용하는 것은 부적절하다.

진로상담

6. 특성-요인이론에 관한 평가로 옳은 것을 모두 고른 것은?

> ㄱ. 구인타당도의 문제가 제기될 수 있다.
> ㄴ. 예언타당도의 문제가 제기될 수 있다.
> ㄷ. 개인의 장기적 진로발달을 강조하고 있다.
> ㄹ. 이론 자체만으로 효율적인 진로상담의 지침을 제공하지 못하고 있다.

① ㄱ, ㄹ　　　　　② ㄴ, ㄷ　　　　　③ ㄴ, ㄹ
④ ㄱ, ㄴ, ㄹ　　　⑤ ㄴ, ㄷ, ㄹ

정답 및 해설 ④

파슨스와 윌리암슨 등으로 대표되는 '특성-요인이론'은 진로상담의 한축을 담당한다는 학문적, 이론적 가치가 높은 것은 사실이지만 측정도구의 활용을 중시하기 때문에 측정도구(각종 검사지 등)의 구성타당도와 예언타당도에 대한 문제점이 한계성으로 남아있다.
또한 이 이론은 과학적 접근을 강조하지만 정작 이론 자체만으로 효율적인 직업/진로상담의 지침서가 되지 못한다는 비판을 받고 있다.

24강 진로발달이론/직업적응이론

1. 수퍼(D. Super)의 진로발달 아치웨이 모형에서 자기개념 형성에 영향을 미치는 환경적 요인에 해당하지 않는 것은?
   ① 가족
   ② 문화
   ③ 학교
   ④ 또래집단
   ⑤ 노동시장

   정답 및 해설 ②
   수퍼의 '아치문' 모델은 '생애진로무지개' 모형과 함께 수퍼의 진로발달이론의 핵심적 내용을 이루고 있다. 이 아치문은 두 개의 기둥을 포함하고 있는데 개인적 요소를 좌측기둥에, 환경적 요소를 우측기둥에 배치하였다.
   – 좌측기둥/개인적 요소 : 개인의 흥미, 가치, 욕구, 적성, 지능, 태도, 직업관 등
   – 우측기둥/환경적 요소 : 사회, 법률제도, 노동시장, 경제환경, 또래집단, 가족, 학교 등의 요소

2. 긴즈버그(E. Ginzberg)의 진로발달이론에 관한 설명으로 옳지 않은 것은?
   ① 진로발달은 인간의 한 측면이다.
   ② 진로발달은 환상기, 확립기, 현실기의 단계를 거친다.
   ③ 진로선택은 한 번에 끝나는 의사결정이 아니라 일종의 발달과정이다.
   ④ 환상기에는 객관적이고 합리적인 정보에 근거하기보다는 상상 속에서 일과 관련된 역할을 인식한다.
   ⑤ 진로선택은 개인의 주관적 요소와 현실적 가능성간의 타협에 의해 이루어진다.

   정답 및 해설 ②
   긴즈버그(E. Ginzberg)의 진로발달 3단계는 '환상기 – 잠정기 – 현실기'이다.
   – 환상기는 직업에 대한 '환상'적 이미지를 가지고 있고 자기가 원하는 직업이면 무엇이든 하고 싶고, 하면 된다는 식의 생각을 하는 시기이다.
   – 잠정기는 직업선택에 있어 자신의 능력이나 흥미, 개인적 취향에 부합하는 직업/진로선택을 하려는 태도를 보이는 시기이다.
   – 현실기는 직업에서 요구하는 조건과 자신의 개인적 요구와 능력을 고려하여 현명한/현실적 선택을 하고자 하는 시기이다.

3. 수퍼(D. Super)의 생애진로무지개에 관한 설명으로 옳은 것을 모두 고른 것은?

   > ㄱ. 개인은 특정 시기에 사회적 관계 속에서 발생하는 다양한 생애역할을 수행한다.
   > ㄴ. 전 생애 발달과정 중 특정 시기에 생애역할들 간 갈등을 겪을 수도 있다.
   > ㄷ. 아동, 학생, 시민 등 생애역할들은 각기 독립적 기능을 지니고 있으며 생애역할들간 상호작용하지 않는다.
   > ㄹ. 생애역할 중요성을 설명하는 개념으로 참여(participation), 전념(commitment), 지식(knowledge), 가치기대(value expectation) 등이 있다.

   ① ㄱ, ㄴ
   ② ㄴ, ㄷ
   ③ ㄷ, ㄹ
   ④ ㄱ, ㄴ, ㄹ
   ⑤ ㄱ, ㄷ, ㄹ

정답 및 해설 ④

'ㄷ': 수퍼의 생애공간 역할이론에 따르면 개인은 일생동안 9가지 역할(아동, 학생, 여가인, 일반시민, 근로자, 가장, 주부, 부모, 연금생활자)을 수행한다고 보고 이러한 역할들이 상호독립적인 것이 아니라 상호작용을 하며 이전의 수행이 이후의 수행에 영향을 미치게 된다고 하였다.

4. 사비카스(M. Savickas)가 제안한 진로적응도(career adaptability)의 차원으로 옳지 않은 것은?
   ① 관심(concern)   ② 통제(control)   ③ 기회(chance)
   ④ 호기심(curiosity)   ⑤ 자신감(confidence)

정답 및 해설 ③

사비카스(M. Savickas)가 제안한 진로적응도(career adaptability)의 차원 4가지
- 관심 - 통제 - 호기심 - 자신감

5. 크럼볼츠(J. Krumboltz)가 제안한 사회학습진로이론의 설명으로 옳은 것을 모두 고른 것은?

> ㄱ. 개인이 환경과 상호작용하여 무엇을 학습했는지가 중요하다.
> ㄴ. 우연히 발생한 일이 부정적으로 작용하는 경우를 계획된 우연이라고 한다.
> ㄷ. 우연한 사건을 다루는 데 도움이 되는 기술은 호기심, 인내심, 융통성, 낙관성, 위험감수 등이다.
> ㄹ. 자신의 진로 관련 행동과 직업적 경험에 의미를 부여하면서 스스로의 진로를 구성해간다고 본다.

① ㄱ, ㄷ   ② ㄴ, ㄷ   ③ ㄴ, ㄹ
④ ㄱ, ㄷ, ㄹ   ⑤ ㄱ, ㄴ, ㄷ, ㄹ

정답 및 해설 ①

'ㄴ'의 내용과 관련하여 '계획된 우연'은 그 우연적 내용이 진로발달 등에 긍정적으로 작용된 경우를 말한다. 'ㄹ'의 내용은 진로발달과 직업선택에 대한 이론인 '구성주의'를 설명한 내용이다.

6. 갓프레드슨(L. Gottfredson)의 진로발달이론에서 제시한 진로포부발달 단계가 아닌 것은?
   ① 내적 자아 확립단계   ② 서열 획득단계   ③ 성역할 획득단계
   ④ 사회적 가치 획득단계   ⑤ 안정성 확립단계

정답 및 해설 ⑤

갓프레드슨의 직업포부 발달4단계
가) 힘의 크기 지향성(Orientation to size power, 3~5세) : 어른이 된다는 것의 의미를 알게 된다. 사고과정이 구체화되며, 자신의 직업에 대해서 긍정적 입장을 취한다.
나) 성역할 지향성(Orientation to sex roles, 6~8세) : 자아개념이 성(gender)의 발달에 의해서 영향을 받게 된다. 그리고 자신이 선호하는 직업에 대해서 보다 엄격한 평가를 할 수 있게 된다. * 성역할획득단계
다) 사회적 가치 지향성(Orientation to social valuation, 9~13세) : 사회계층에 있어서의 자아(self-in-situation)를 인식하게 되고, 일의 수준에 대한 이해를 확장시킨다. 그리고 직업에 대한 평가를 하기 위한 보다 많은 기준을 갖게 된다. 자신의 상대적 능력에 판단하기 시작하고, 상대적 서열과 관련을 짓는다. * 서열획득단계
라) 내적, 고유한 자아 지향성(Orientation to the internal, unique self, 14세 이후~) : 내성적인 사고를 통하여 자아인식이 발달되며, 타인에 대한 개념이 생겨난다. 자아성찰과 사회계층의 맥락에서 직업적 포부가 더욱 발달하게 된다.

25강 최신 진로이론

1. 사회학적 진로이론에 관한 설명으로 옳은 것을 모두 고른 것은?

> ㄱ. 부모는 진로선택에 영향을 미치는 중요한 요인이다.
> ㄴ. 개인이 속해 있는 사회계층은 직업적 야망에 지대한 영향을 미친다.
> ㄷ. 밀러와 폼(Miller & Form)은 진로선택에서 사회경제적 요인의 영향을 중시하였다.
> ㄹ. 해킷과 베츠(Hackett & Betz)는 진로선택에서 자기효능감의 역할을 강조하였다.

① ㄱ
② ㄴ, ㄷ
③ ㄱ, ㄴ, ㄷ
④ ㄴ, ㄷ, ㄹ
⑤ ㄱ, ㄴ, ㄷ, ㄹ

정답 및 해설 ③

'ㄹ의' 해킷과 베츠(Hackett & Betz)는 반두라의 사회학습(인지)이론의 성차이론을 근간으로하여 '자기효능감이론'을 주장하였다. 이 내용에는 효능감이 낮은 여성들은 고용시장 등에서 진로이동뿐만 아니라 진로선택에 있어서도 제약을 받으며 선택권의 제약과 능력발휘의 기회부족 경험들이 있는 경우, 진로결정을 포기하거나 지연 혹은 회피하는 경향이 있다는 것이다.
ㅇ 사회이론 내지 사회학적 진로이론
  Blau, Gustad, Miller& Form, Holligshead 등이 주창한 이론으로
  - 블라우 등은 개인을 둘러싼 사회, 문화적 환경이 개인의 행동에 영향을 미친다는 사회학적 지식을 바탕으로 생성된 이론이다. 이 과정에서 주요사회요인과 게이트키퍼의 역할을 중시한다.
    * 주요사회요인 : 가정, 학교, 지역사회
    * 게이트키퍼(gatekeeper)중시 : 자신의 역할을 통해 개인의 직업선택에 영향력을 행사할 수 있는 사람의 역할중시
  - 부모의 사회경제적 지위 및 경제적 후원이 직업선택에 영향을 미친다고 봄
  - 부모들의 계층별 직업에 따라 자녀의 직업에 대한 인식과 태도가 발전된다고 봄
  - 개인이 통제할 수 없는 요인들이 직업선택에 중요한 영향을 미친다고 봄
  - 문화나 인종의 차이는 개인의 직업적 야망에 큰 영향을 미치지 않는데 반해, 개인이 속해 있는 사회계층은 이에 지대한 영향을 미친다고 봄
  - 개인이 가지고 있는 직업선택의 재량권이 다른 이론에서 가정되는 것보다 훨씬 적다.

2. 사회학적 진로이론에서 제시한 모형에 관한 설명으로 옳지 않은 것은?

① 선택모형에서 환경적 배경은 학습경험에 영향을 준다.
② 선택모형에서 자기효능감은 목표의 선택에 직·간접적으로 영향을 준다.
③ 흥미발달모형에서 흥미는 자기효능감과 결과기대에 직접적으로 영향을 준다.
④ 수행모형에서 능력/과거수행은 성취수준에 직·간접적으로 영향을 준다.
⑤ 수행모형에서 결과기대는 수행목표를 통해 성취수준에 영향을 준다.

정답 및 해설 ③

③ 흥미발달모형에서 흥미는 자기효능감과 결과기대로부터 영향을 받는다.
즉, 특정시기의 개인의 직업적 흥미나 학업적 흥미는 그 시점의 자기효능감과 결과기대의 영향을 받는다는 것이다. 개인의 직업적 흥미는 그 직업과 관련된 개인의 능력에 의한 영향을 받는데 그 과정에서 자기효능감이 매개적 역할을 한다는 것이다.

진로상담

3. 다음은 크럼볼츠(J. Krumboltz)의 사회학습이론에서 진로결정에 영향을 미치는 요인에 관한 설명이다. ( )에 들어갈 용어를 순서대로 나열한 것은?

> - ( )은 선행사건, 행동, 후속결과의 과정으로 이루어지는 학습경험이다.
> - ( )은(는) 개인이 어떤 과제를 성취하기 위하여 동원하는 기술이다.

① 연합적 학습경험, 과제접근기술　　② 도구적 학습경험, 환경적 조건과 사건
③ 대리적 학습경험, 환경적 조건과 사건　④ 도구적 학습경험, 자기일반화
⑤ 도구적 학습경험, 과제접근기술

정답 및 해설 ⑤

크럼볼츠(J. Krumboltz)의 사회학습이론에서 말하는 학습경험(learning experiences)는 크게 두가지로 나뉜다.
- 도구적 학습경험 : 개인이 결과에 대한 반응을 통해 학습하는 것, 행동의 직접적이고 관찰 가능한 결과를 통해 학습하는 것 등이다.
- 연상적 학습경험 : 이전의 중립적 상황에 대한 부정적, 긍정적 반응을 통해 이루어진다. 예를 들면 '모든 정치인들은 부정직하다'. 또는 '은행가들은 모두 부자이다.'와 같은 진술은 이 직업에 대한 개인의 인식에 영향을 미친다. 이러한 연상은 관찰, 출판물, 영화 등을 통해 학습될 수 있다.

○ 크럼볼츠가 말하는 과제접근기술(task approach skill)
- 과제접근기술은 문제해결기술, 작업습관, 학습습관 등과 같이 개인이 개발시켜 온 기술 일체를 말하며 이는 개인이 어떤 과제를 성취하기 위하여 동원하는 기술이라고 한다.
- 이렇게 개발된 기술 일체는 개인이 직면한 문제와 과업의 결과를 상당 정도 결정한다.
- 과제접근기술은 종종 바람직한 결과나 또는 바람직하지 않은 결과를 통하여 수정된다.

4. 브라운(D. Brown)의 가치중심적 진로모델에 관한 설명으로 옳지 않은 것은?

① 가치는 환경 속에서 가치를 담은 정보를 획득함으로써 학습된다.
② 가치는 유전적 요인에 의해 영향을 받지 않는다.
③ 가치에 의해 흥미가 발달되지만, 흥미는 가치만큼 행동결정에 큰 영향을 미치지 않는다.
④ 생애만족은 모든 필수적인 가치들을 만족시키는 생애역할에 달려 있다.
⑤ 가치는 일상생활에서 경험하는 정보처리에 많은 영향을 미친다.

정답 및 해설 ②

'가치'는 개인의 유전적 요인에 의해 적지 않은 영향을 받아 형성된다고 보았다.

5. 진로의사결정이론에 관한 설명으로 옳지 않은 것은?

① 겔라트(H. Gelatt)는 직업선택과 발달의 과정을 의사결정 순환과정으로 보았다.
② 겔라트(H. Gelatt)의 진로의사결정과정은 목표수립, 정보수집, 목표달성을 위한 전략의 수립, 진로의사결정으로 진행된다.
③ 하렌(V. Harren)의 의사결정유형은 합리적 유형, 직관적 유형, 의존적 유형으로 구분된다.
④ 하렌(V. Harren)은 진로의사결정과정을 인식, 계획, 확신, 이행의 단계로 구분하였다.
⑤ 타이드만(D. Tiedeman)과 오하라(O'Hara)는 진로의사결정과정을 탐색, 결정화, 구체화의 단계로 구분하였다.

최신 진로이론

정답 및 해설 ⑤

⑤의 내용 즉, 탐색, 결정화, 구체화는 긴즈버그가 말한 3단계중 마지막 단계인 현실기의 하위 3단계 탐색기, 구체화기, 특수화(결정화)기를 언급한 것이다.
타이드만(D. Tiedeman)과 오하라(O'Hara)는 그들의 진로발달이론에서 직업정체감 개념을 강조하며 이를 예상기와 적응기로 구분하여 설명하였다.

6. 학자와 주요 이론(개념)의 연결이 옳은 것은?
   ① 브라운(D. Brown) - 실재 구성, 역할 수행, 결정 구체화하기
   ② 크럼볼츠(J. Krumboltz) - 관심, 통제, 호기심, 자신감
   ③ 투크만(B. Tuckman) - 자아인식, 진로인식, 진로의사결정
   ④ 다위스(R. Dawis)와 롭퀴스트(L. Lofquist) - 흥미, 곤란도, 책무성
   ⑤ 갓프레드슨(L. Gottfredson) - 유전적 특성, 환경적 조건과 사건들, 학습경험, 과제접근기술

   정답 및 해설 ③
   1) 브라운(D. Brown)은 가치중심적 진로이론을 전개하였다. 이 이론에서는 가치, 흥미, 환경 등과의 관계성을 중점 논의한다.
   2) 크럼볼츠(J. Krumboltz)은 보기 ⑤와 연관된다.
   3) ②의 내용은 사비카스의 이론이다.
   4) 다위스(R. Dawis)와 롭퀴스트(L. Lofquist)는 직업적응이론을 주창하였다.
   5) ④의 내용은 로의 이론중 직업분류표 (6×8)의 내용이다.
   6) 갓프레드슨(L. Gottfredson)은 직업포부이론을 주창하며 4단계 제한과정을 언급하였다.

진로상담

26강 진로 관련 검사도구

1. 진로상담에서 진로가계도(genogram) 사용에 관한 설명으로 옳은 것은?
   ① 가족의 맥락 속에서 내담자 이해를 촉진시켜주는 표준화된 평가 도구이다.
   ② 내담자에게 의미 있는 또래집단의 흥미를 탐색한다.
   ③ 내담자 가족의 지배적인 직업가치를 확인하기 위해 사용할 수 있다.
   ④ 진로가계도는 그리는 것에 의미가 있으므로, 따로 가계도를 분석하지 않는다.
   ⑤ 가계도에서 남자는 원, 여자는 사각형으로 표시한다.

   정답 및 해설 ③
   1) 진로/직업가계도는 가족의 맥락 속에서 내담자 이해를 촉진시켜주는 질적평가도구로 표준화의 개념과는 거리가 있다.
   2) 진로/직업가계도는 내담자의 자기이해를 돕고 가족내의 성장과정, 발달사 등에 대한 직업/진로관련 정보를 통합적으로 탐색하는데 유용한 도구이다.
   3) 진로/직업가계도는 보웬(Bowen)의 가계도를 응용한 것으로 가계도분석에 따른 다양한 정보획득을 목적으로 한다.
   4) 가계도를 그릴 때 남자는 왼쪽-네모, 여자는 오른쪽-원으로 하며 그 외 기호와 선 등으로 묘사한다. 이를 통해 심리적 관계까지도 표현할 수 있다는 것이 장점인데 대체로 진로/직업가계도에서는 이에 대한 표현을 생략할 수 있다.

2. 진로상담에서 심리검사 사용에 관한 설명으로 옳은 것을 모두 고른 것은?

   > ㄱ. 사용하고자 하는 검사의 타당도와 신뢰도를 확인한다.
   > ㄴ. 검사의 사용 목적과 검사 선정의 적절성을 검토한다.
   > ㄷ. 어떠한 역할을 수행하는데 필요한 능력을 알기 위해서 가치관검사를 사용한다.

   ① ㄴ
   ② ㄱ, ㄴ
   ③ ㄱ, ㄷ
   ④ ㄴ, ㄷ
   ⑤ ㄱ, ㄴ, ㄷ

   정답 및 해설 ②
   'ㄷ'의 능력을 알아보기 위해서는 능력검사(예, 적성, 지능, 특수적성검사, 학업성취도 검사 등)를 실시해야 하며 가치관검사는 정서적 검사로서 능력보다는 '습관성' 검사에 해당한다.

3. 홀랜드(J. Holland)가 제안한 여섯 가지 유형과 그 대표 직업의 연결이 옳은 것은?
   ① 탐구적 유형(I) : 판사, 연출가, 영업사원 등
   ② 사회적 유형(S) : 사회복지사, 간호사, 언어치료사 등
   ③ 관습적 유형(C) : 항공기조종사, 엔지니어, 운동선수 등
   ④ 기업적 유형(E) : 사서, 법무사, 무대감독 등
   ⑤ 실재적 유형(R) : 공인회계사, 은행원 세무사 등

26강 진로관련 검사도구

정답 및 해설 ②

성격 유형	대 표 직 업
현실형(R)	자동차 정비원, 항공기 조종사, 트럭운전원, 목수, 중장비 기사, 엔지니어, 농부, 전기기사, 운동선수
탐구형(I)	천문학자, 물리학자, 생물학자, 인류학자, 의사, 환경분석가, 시장조사연구원, 사회과학연구자
예술형(A)	무대감독, 연예인, 소설가, 시인, 음악가, 미술가, 무용가, 디자이너, 카피라이터, 신문편집인, 미술품중개인
사회형(S)	의료 행정가, 사회사업가, 교사, 간호사, 종교지도자, 상담가, 임상치료가, 언어치료사
진취형(E)	기업경영인, 정치가, 영업사원, 방송 아나운서, 광고·홍보담당자, 세무관련 변호사, 판사, 주식중개인
관습형(C)	공인회계사, 금융분석가, 은행원, 경리·회계사무원, 안전관리사, 사서, 법무사, 비서, 의료기록 담당직원, 원고 교정자

4. 워크넷(www.work.go.kr)에서 제공하는 직업선호도 검사 L형의 하위검사가 바르게 묶인 것은?

① 흥미검사, 성격검사, 생활사검사
② 흥미검사, 성격검사, 직업적성검사
③ 흥미검사, 성격검사, 직업가치관검사
④ 흥미검사, 생활사검사, 직업가치관검사
⑤ 흥미검사, 진로발달검사, 직업적성검사

정답 및 해설 ①

직업선호도검사(VPI)는 우리나라 고용노동부에서 개발한 대표적인 직업흥미검사로서 현재 워크넷 등에서 제공되고 있는 검사지이다.
- 18세 이상을 실시 대상으로하며 흥미영역, 성격영역, 생활사영역으로 나눠 실시한다. L형은 이 3가지를 모두를 검사하며 S형은 흥미영역만 실시한다.

5. 아들러(A. Adler)의 개인심리학에 기반한 생애진로사정(LCA)의 설명으로 옳지 않은 것은?

① 정보를 수집하는 초기단계에서 유용하다.
② 내담자 자신에 대해 구체적으로 알 수 있다.
③ 내담자의 강점을 저해하는 장애를 발견할 수 있다.
④ 내담자를 객관적으로 파악할 수 있는 표준화된 검사도구이다.
⑤ 구조는 진로사정, 전형적인 하루, 강점과 장애, 요약으로 구성되어 있다.

정답 및 해설 ④

LCA(생애진로사정)은 (정)질적평가도구로서 아들러의 개인주의 심리학적 상담이론에 근간을 둔 내용이다. 일반적으로 상담초기에 진행하는 탐색도구로서 특별한 기구나 활동지를 필요로 하지 않는다. 진로사정, 전형적인 하루, 강점과 장애, 요약 의 4단계 차원으로 진행된다.

진로상담

6. 다음은 과학교사가 되고 싶은 고등학생 내담자의 직업선호도검사 결과이다. 이를 바탕으로 진로상담을 진행할 때 옳지 않은 것은?

흥미유형	R	I	A	S	E	C
원 점 수	39	9	7	24	27	45

① 내담자의 직업포부가 과학교사이므로 일치성이 높음을 고려한다.
② 관습형에 속하는 직업이 내담자의 흥미와 잘 맞는 것으로 판단한다.
③ 일관성 있는 흥미 유형을 보여주고 있음을 고려한다.
④ 흥미 유형이 뚜렷하게 드러난 것으로 판단하고 의사결정을 조력한다.
⑤ 공인회계사, 은행원 등과 같은 직업에 대해서 어떻게 생각하는지 탐색해 본다.

정답 및 해설 ①
내담자의 직업선호도검사 결과치를 보면 C(관습형)의 원점수가 상대적으로 높고 직업적으로 교사유형에 적합한 S(사회형)의 점수가 상대적으로 많이 낮다(흥미순위상 4위) 이는 교사로서의 흥미유형을 보면 과학교사가 되고자 하는 내담자의 뜻과는 달리 일치성이 낮다는 것을 알 수 있다.

진로상담

27강 진로상담의 실제

1. 샘슨 등(J. Sampson et al.)이 제시한 내담자 분류체계의 기준과 그에 따른 영주의 유형이 옳게 연결된 것은?

> 영주는 아버지의 권유를 받아들여 교사가 되기로 결정하고 사범대에 진학하였다. 그 이후에도 영주의 생각이 바뀌지는 않았지만, 동기들과는 달리 임용고사를 준비하지 않고 있다.

① 문제의 원인 - 내적 갈등
② 문제의 원인 - 의존성
③ 호소영역 - 진로미결정자(the undecided)
④ 진로의사결정 정도 - 희망과 현실의 괴리
⑤ 진로의사결정 정도 - 진로결정자(the decided)

정답 및 해설 ⑤

0 진로결정 상태에 따른 내담자 분류 (J. Sampson)
  1) 진로결정자
    - 자신의 선택을 이행하기 위해 도움이 필요한 내담자
    - 진로의사가 결정된 것처럼 보이지만 실제로는 결정하지 못하는 내담자
    - 자신의 선택이 잘 된 것인지 명료화하기를 원하는 내담자
  2) 진로미결정자
    - 자신의 모습, 직업 혹은 의사결정을 위한 지식이 부족한 내담자
    - 다양한 능력으로 지나치게 많은 기회를 갖게 되어 진로결정을 하기 어려운 내담자
    - 진로결정을 하지 못하지만 성격적인 문제는 없는 내담자
  3) 우유부단형
    - 생활에 전반적인 장애를 주는 불안을 동반한 내담자
    - 일반적으로 문제해결 과정에서 부적응적인 성격을 지니고 있는 내담자

2. 굿맨 등(J. Goodman et al)이 제시한 진로전환 모델에서 다음에 해당하는 단계는?

> • 관련 이슈는 떠나기, 애도하기 등이다.
> • 강제 인원삭감으로 인한 해고는 이 단계에 포함된다.
> • 끝내기, 혼란·좌절을 겪어냄 등의 과정을 거친다.

① 입직 단계　　② 승진 단계　　③ 퇴사 단계
④ 갈등 단계　　⑤ 재취업을 위한 노력 단계

정답 및 해설 ③

굿맨의 '진로전환 모델'
 - 입직단계 : 신입사원에 해당하며 주요직무는 일의 기초를 배우는 단계
 - 승진단계 : 승진, 고속승진, 정체의 시기로 견디기는 단계로 설명
 - 퇴사(이직)단계 : 구조조정, 은퇴, 정년, 진로변경, 전직 등을 선택하는 시기로 이별하기, 애도하기, 남은 자의 슬픔, 노력하기
 - 재취업(전직/재취업)을 위한 노력단계 : 실업상태를 극복하려는 단계, 소외감을 느낌

진로상담

3. 공공기관과 해당 기관에서 제공하는 진로정보의 연결이 옳지 않은 것은?

① 한국노동연구원 : 매월고용동향분석, 국내노동동향, 노동시장전망
② 한국고용정보원 : 지역고용동향브리프, 한국직업전망
③ 한국지역정보개발원 : 직업교육훈련지표, 진학정보, 자격정보
④ 통계청 : 한국표준산업분류, 한국표준직업분류
⑤ 고용노동부 : 구인구직통계, 고용노동통계연감

> **정답 및 해설** ③
> '③'의 내용 3가지 정보발행처는 한국직업능력개발원
> * 한국지역정보개발원은 지역정보화 관련 조사/연구, 지방자치단체 공동 활용시스템 보급 및 유지관리, 중앙과 지방 간의 정보화 연계 등의 업무를 수행하는 기관.

4. 다문화 청소년과 진로상담을 할 때 주의해야 할 내용으로 옳은 것을 모두 고른 것은?

> ㄱ. 진로문제가 내담자의 정체성 혼란과 관련이 있는지 탐색한다.
> ㄴ. 내담자 문화에 대한 상담자의 선입견을 탐색한다.
> ㄷ. 취업을 위해 내담자에게 한국 문화에 동화(assimilation)될 것을 권장한다.
> ㄹ. 사회적 인식의 변화로 고용차별이 없다고 안심시킨다.

① ㄱ
② ㄱ, ㄴ
③ ㄴ, ㄹ
④ ㄱ, ㄴ, ㄷ
⑤ ㄱ, ㄴ, ㄹ

> **정답 및 해설** ②
> 'ㄷ' 다문화상담 내지 다문화 청소년상담시에 고려해야 할 것은 상담의 기본목표에 충실해야 하며 무엇보다도 그들의 문화에 대한 존중과 이해의 자세이다. 취업을 위해 한국문화에 동화를 요구하거나 권장하는 것은 바람직한 태도가 아니다.
> 'ㄹ' 상담에 있어 진실성 내지 진솔성은 상담자의 덕목이다. 많이 개선되긴 하였지만 고용시장의 차별적 요소가 여전히 남아있고 이에 대한 대처방안 등을 상담내용에 포함시키는 것이 적절하다.

5. 사이버 진로상담에 관한 설명으로 옳지 않은 것은?

① 상담이 익명으로 이루어질 수 있다.
② 상담이 대부분 상담자 주도적으로 이루어진다.
③ 상담자와 내담자의 시·공간적 제약을 극복할 수 있다.
④ 상담내용과 정보의 저장 및 가공이 용이하다.
⑤ 다양한 진로상담의 형태로 변형하거나 보조역할을 할 수 있다.

> **정답 및 해설** ②
> 사이버상담의 장점이자 상담자입장에서 보면 단점으로 볼 수 있는 것이 바로 상담의 주도권이 내담자에게 있다는 점이다. 따라서 상담의 불안정성도 여기에서 기인하는 단점이며 때로는 주도권이 내담자에게 있기에 상담에 대한 접근성이 높다는 장점도 있다.

6. 청소년진로상담자가 진로정보와 검사를 제공하는 웹사이트를 활용할 때 고려해야 할 사항이 아닌 것은?

① 사회적으로 공인된 기관에서 출연하였는가?
② 탑재된 심리검사는 신뢰도와 타당도를 갖추었는가?
③ 자료는 지속적으로 업데이트 하는가?
④ 사용자의 학력수준이 높고 이용횟수가 많은가?
⑤ 검사나 서비스 사용에 비용이 드는가?

정답 및 해설 ④
그외의 진로정보 웹사이트 활용시 고려사항
  1) 공식적 채널의 정보전달력 여부
  2) 진로정보의 표준설정
  3) 진로정보제공의 기능 정비 등

7. 내담자가 활용한 진로정보의 종류가 아닌 것은?

> 내담자는 통역사에 관한 영화를 본 후, 커리어넷에 올라온 국제경기 통역 자원봉사 프로그램에 지원하여 통역사 역할을 체험하였다. 또한 전문통역사와의 면담을 통해 통역사의 역할을 분명하게 이해하였다.

① 컴퓨터 기반 정보 시스템 자료   ② 출판 자료
③ 직접적인 경험 자료   ④ 시청각 자료
⑤ 인터뷰 자료

정답 및 해설 ②
- 진로/직업정보의 출처
  온라인정보, 직접경험정보, 시청각 자료, 직업인 인터뷰자료 등등
    * 진로/직업정보의 형태 : 시각자료, 문서자료, 온라인 자료 등등

집단상담

집단상담

1강 집단상담의 의의와 목표

❏ 청소년 집단상담의 이론적 개관

1. 청소년 집단상담의 이론

1) 집단상담의 기초
   - 정의
   - 목표
   - 치료적 요인

2) 집단역동의 이해 및 집단상담의 과정
   - 초기단계
   - 중기단계
   - 종결단계

3) 집단상담의 제이론
   - 정신분석 접근
   - 개인심리학 접근
   - 행동주의 접근
   - 실존주의 접근
   - 인간중심 접근
   - 게슈탈트 접근
   - 합리정서행동 접근
   - 인지치료 접근
   - 현실치료/해결중심 접근
   - 교류분석 접근
   - 예술적(심리극, 미술, 음악 등) 접근 등 기타 접근

2. 집단상담자
   - 집단상담자의 역할
   - 집단상담자의 기술
   - 집단상담자의 인성

3. 청소년 집단상담의 실제
1) 집단상담자의 기술 및 문제상황 다루기
2) 청소년 집단상담의 계획 및 평가
3) 청소년 집단상담의 특징
4) 윤리와 규범
5) 참여자의 권리와 책임
6) 기타 특징

4. 기타
기타 집단상담에 관한 사항

❏ 청소년 집단상담의 이론

1. 집단상담의 개요

집단(group)이란 상호 의존적인 관계에서 사회적 상호작용을 통해 서로 영향을 주고받는 2인

집단상담

이상의 상호 독립적인 개인들의 집합체로 정의할 수 있다. 따라서 집단상담은 '생활과정상의 문제를 해결하고 보다 바람직한 성장발달을 위해 전문적으로 훈련된 상담자의 지도와 집단구성원들과의 역동적인 상호교류를 통해 각자의 감정, 태도, 생각 및 행동양식 등을 탐색, 이해하고 보다 성숙된 수준으로 향상시키는 과정'이라 할 수 있다.

> ♣ 심화학습 - 집단상담의 조건
> 1. 심리적 유의성 : 집단원 개인들에게 심리적으로 의미있는 활동이 되어야하면 유의미한 결과를 목표로 해야 한다는 것
> 2. 직접적 의사소통 : 집단원간의 직접적인 커뮤니케이션이 이루어지는 것
> 3. 유의한 상호작용 : 1대1 상담이 아닌 집단형식이므로 2인 이상의 집단간에 유의미한 상호작용이 있을 것
> 4. 역동적 상호관계 : 다이나믹한 집단풍토가 일어날 수 있는 상호역할적 상황이 만들어져야 한다.
> 5. 생산적 상호의존 : 효과있는 결과 산출을 위한 집단원간의 생산적 상호의존이 있을 것

2. 집단상담의 정의

한 사람의 상담자가 여러 명의 참여자를 대상으로 집단을 구성하고 그 참여자들의 역동적 상호작용을 활용하여 참여자 개개인의 문제를 해결하거나 성장·발달을 촉진시켜 나가는 과정을 말한다.

(1) 집단상담자가 여러 명의 내담자를 대상으로 행동양식의 변화를 가져오게 하는 노력이다.
(2) 집단 역동성에 기초하여 자신에 대한 통찰력 및 타인에 대한 태도를 증진시키는 것이 목적이다.
(3) 허용적 분위기 속에서 자신의 감정과 태도 및 자신과 외부와의 관계를 이해하도록 하여 자신의 가능성을 최대로 개발시키도록 도와주는 과정을 말한다.

> ♣ 심화학습 - 집단상담의 본질
> 1. 내담자 문제해결에 대한 '집단적 접근'
> 2. 집단상호작용에 의한 역동적 상황
> 3. 다양한 분야에서 활용

☐ 집단상담의 목표

자기이해, 자기수용, 자기관리 능력, 집단생활능력, 대인관계 기술 향상 등

1. 자기 이해

가) 자신의 몸과 마음에 관한 모든 것을 사실 그대로 이해하는 것이다.
나) 자신에 대한 이해는 다른 사람에 대한 이해를 촉진한다.
다) 자신을 정확히 볼 수 있는 능력이 생길 때 다른 사람도 정확히 볼 수 있게 된다.

2. 건전한 자아개념의 발달

자아개념은 인간이 세상을 어떻게 느끼고 생활 경험을 어떻게 받아들이고 주위의 중요 인물들이 자기를 어떻게 본다고 느끼느냐에 따라 다르게 형성된다.

3. 자기수용/자기개방

가) 이해한 그대로의 자신을 인정하고 받아들이는 것이다.
나) 자기수용은 자기만을 수용하는 것만이 아니라, 다른 사람들도 수용할 수 있는 역량을 말한다.
다) 이해하고 수용한 자신을 그대로 나타내 보이는 것이다.
라) 이해한 자신의 일면을 완전히 수용하지 못하면 자기개방도 어렵게 된다.
마) 자기개방은 타인의 개방을 촉진시켜, 상호 이해의 폭을 넓힌다.
바) 넓어진 이해와 신뢰를 근거로 더 깊은 자기개방을 하게 하는 연쇄반응으로 이어진다.

4. 대인관계의 발달

참여자들은 상담을 통해 주위의 동료들과의 인간관계를 이해하고 보다 바람직한 태도를 배우게 된다.

> ♣ 심화학습 – 집단원간 상호작용을 중시하는 집단상담에서 집단원들이 얻게 되는 통찰
> 1. 다른 사람들에게 자신이 어떻게 비춰지는지에 대한 객관적 시각을 얻게 된다.
> 2. 자신의 대인관계 패턴을 이해하게 된다.
> 3. 자신이 다른 사람들에게 왜 그런 행동을 하는지 그 동기에 대해 이해하게 된다.

5. 자기주장

가) 상대방에게 피해를 주지 않으면서 자신이 나타내고자 하는 바를 그대로 나타내는 학습된 행동이다.
나) 자신의 권리, 욕구, 의견, 생각, 느낌 등을 직접 상대에게 나타 낸다.

☐ 조하리(Johari)의 창

자신과 타인에게 모두 알려진 부분을 넓혀 인간관계의 효율성(대인관계의 효율성)을 증진시키기 위해 '남이 모르는 나'를 탐구하게 하는 활동

	자신이 아는 영역	자신이 모르는 영역
타인에게 알려진 영역	개방된 영역	자각하지 못한 영역
타인에게 알려지지 않은 영역	은폐된 영역	무지의 영역

2강 집단상담의 기능과 단계론

❏ 집단상담의 기능 및 특징
1) 집단상담은 정상 범위에서 심하게 일탈하지 않는 사람들을 대상으로 이루어지게 되고 심각한 정서적, 성격적 문제를 가지고 있는 사람은 제외되며, 본격적인 치료보다는 성장과 적응에 강조점이 주어진다.
2) 집단상담의 상담자는 훈련받은 전문가이거나 상담에 대한 최소한의 지식과 자질을 갖추어야 한다.
3) 집단상담의 분위기는 신뢰로우며 수용적이어야 한다.
4) 집단상담은 집단 구성원들이 상호작용하는 역동적인 대인관계 과정이다.
5) 집단 응집력은 집단 내의 친밀감, 신뢰감, 온화함, 공감적 이해로 나타내며, 적대감과 갈등을 포함할 수 있다.
6) 응집력 있는 집단은 집단원으로 하여금 자기 개방, 위험 감수, 그리고 집단 내의 갈등에 대해 건설적으로 표현함으로써 성공적인 상담으로 나아갈 수 있다.

❏ 집단상담의 치료적 요인

1. 치료적 요인들
1) 다른 집단원에게 도움을 주는 이타성은 치료적 요인
2) 청소년에게 가장 적게 도움이 되는 치료적 요인은 통찰력이다.
3) 자신이 억제하던 것을 털어놓는 것, 자신의 감정을 표현하는 것을 통해서 도움 받는 것이 치료적 요인
4) 자신에 대한 다른 사람의 지각을 듣는 피드백 경험은 중요한 치료적 요인
5) 치료요인을 보면 자기이해 및 대인관계 학습이 중요한 치료적 요인
6) 타인을 통해 받을 수 있는 지지와 도움에 한계가 있고, 고통은 피할 수 없음을 인식하는 것 또한 치료적 요인

2. 집단에서의 치료적 요인들
1) **대인관계 입력** : 자신이 다른 사람에게 어떻게 지각되는 지에 대해 알게 되는 것
2) **정보공유** : 삶에 대한 유익한 정보 습득
3) **정화** : 억압된 감정 표현
4) **실존적 요인** : 삶의 불안정성에 대한 인식
5) **일차 가족집단의 교정적 재현** : 초기 아동기와 유사한 역동체험을 통한 학습

3. 집단상담의 작업단계와 치료적 요인

1) 집단원의 새로운 행동에 대한 수용
2) 자기노출과 감정의 정화
3) 낙담한 집단원에 대한 격려
4) 바람직한 대안행동의 취급
5) 집단상담자의 자기개방에 대한 모델링
6) 비효과적 행동패턴을 탐색
7) 집단원의 모순적 행동에 대한 직면

❏ 집단역동의 이해 및 집단상담의 과정

1. 3단계론

1) 초기단계
2) 중기단계
3) 종결단계

> ♣ **심화학습 - 집단발달단계의 특징**
> 1) 집단원들 간의 낮은 신뢰감, 높은 불안감(초기단계) - 집단상담자에 대한 도전, 저항과 방어적 태도 형성(과도기적 단계) - 강한 집단응집력, 피드백교환의 활성화(작업단계) - 복합적 감정, 소극적 참여, 양가감정 다루기(종결단계)의 순서로 이루어진다.
> 2) 집단의 과정은 집단준비단계 - 초기단계 - 과도기적 단계 - 작업단계 - 종결단계 - 추수작업으로 이루어진다.
> 3) 종결단계의 과업
>   종결계획하기, 양가감정 다루기, 의존성 감소시키기, 변화된 것 확인하기, 변화 유지시키기, 변화된 내용 적용시키기, 집단경험 나누기, 미해결과제 취급하기, 피드백 주고받기, 사후관리계획 수립하기 등

2. 6단계론

1) **집단 준비단계**

집단구성원들에게 집단의 목적과 운영방식 등을 알려주고 이 집단을 통해 어떤 경험과 도움을 받을 것인지 미리 생각해야 한다.

2) **초기단계(initial stage)**

초기단계는 오리엔테이션과 탐색이 이루어지는 시기로 침묵이 많고 서로 어색하게 느끼며 혼란스러워 하는 단계이다.

3) **과도기적 단계(transitional stage)**

집단원의 불안감과 방어적 태도가 두드러지며 집단 내에서 힘과 통제력을 놓고 갈등이 일어나며 저항이 다양한 형태로 표현되는 단계이다.

4) 작업단계(working stage)

집단에 응집력이 생기고 생산적인 활동이 이루어지는 시기이다. 이 단계에서 상담자는 집단의 응집력을 강화하고 맞닥뜨림과 공감 같은 적절한 반응에 대해 모범을 보이며, 집단 전체와 개인이 보이는 패턴에도 관심을 가지고 자신이 관찰한 것을 개방한다.

5) 종결단계(final stage)

종결과 헤어짐에 대한 감정을 다루고, 지금까지 집단이 집단원 각자에게 주었던 영향을 평가하며 서로에 대한 피드백과 해결되지 않은 주제를 마무리하고 앞으로 개인의 성장을 위해 어떻게 살 것인가를 전망하는 활동이 전개된다.

6) 추수작업

추수작업은 지금까지 해 온 집단의 효과를 재검토하고 집단이 어떤 부정적인 영향은 없었는지, 집단이 일상 생활에 어떤 긍정적 영향을 끼치고 있는지, 집단의 효과가 지속되고 있는지 등을 돌아보는 단계이다.

3. 4단계론

1) 참여단계(시작/도입단계)

(1) 주요내용

　가) 집단상담은 서로 어느 정도 친숙해지고 아는 것에서부터 시작된다.
　나) 인사를 하고 소개하는 과정은 모든 집단과정에서 필요한 일이다.
　다) 상담자는 집단의 분위기를 형성하고 유지시키는 책임이 있다.
　라) 첫 번째 모임은 다른 어떤 모임보다도 중요하다.
　마) 상담자는 집단 상담을 위한 사전 준비를 철저히 한 후 첫 번째 모임을 시작한다.
　바) 상담자는 각 구성원들에게 왜 이 집단에 들어오게 되었는가를 분명히 해 주며 수용과 신뢰의 분위기를 형성하여 집단 상담에서 새롭고 의미 있는 경험을 가지도록 이끌어 준다.
　사) 구성원들은 자유로이 각자의 의견과 느낌을 나누도록 격려된다.
　아) 상담자의 적극적인 참여가 필요하지만, 그렇다고 교사와 같이 가르치는 역할을 하는 것이 아니다.
　자) 상담자는 내담자들로 하여금 스스로 집단의 규범을 지키고 상호 협력적인 자세를 갖추도록 함으로써 효율적인 집단 분위기를 만들 수 있다.

(2) 과제

　가) 걱정 다루기
　나) 집단구성원의 목표와 계약 검토하기
　다) 집단규칙을 보다 명료하게 구체화하기
　라) 한계 설정하기
　마) 집단구성원들 간에 긍정적 교류 촉진하기

2) 과도기적 단계(전환/준비/갈등단계)
(1) 주요내용
가) 과도기적 단계는 참여 단계와 엄격히 구분되지는 않는다. 말하자면 참여 단계에서 생산적인 작업단계로 넘어가는 '과도기적 과정'이라고 볼 수 있다.
나) 과도기적 단계에서의 주요 과제는 집단 구성원들로 하여금 집단에 참여하는 과정에서 일어나는 망설임이나 저항, 방어 등을 자각하고 정리하도록 도와주는 것이다.
다) 이 단계의 성공 여부는 주로 상담자가 집단 구성원들에게 얼마나 수용적이고 신뢰로운 태도를 보이며 상담 기술을 어떻게 발휘하느냐에 달려 있다.

(2) 과제
가) 저항다루기
나) 집단구성원들 사이에서 주도권 쟁탈전이 일어날 수 있는 상황이므로 이에 적절히 대처하기
다) 상담자 자신이 불편감이나 저항에 대한 방어가 일어날 수 도 있기 때문에 상담자의 자기이해가 더욱 필요하게 된다.

♣ 심화학습 – 집단에서의 저항
저항은 집단운영에 방해될 수도 있지만 그것을 잘 활용하면 매우 효과적일 수도 있다.
① 침묵
  - 집단에서의 침묵은 상담자에 대한 불만, 타 집단원이나 상담자의 반응에 대한 불만, 집단에 제시된 정보나 자료에 대한 각 개인의 처리과정 등이 될 수도 있다.
  - 상담자는 침묵의 의미를 정확히 파악하고 반영이나 해석 등을 통해 명료화시키는 것이 필요하다.
② 독점
  한 사람이 타인의 이야기를 듣지 않고 자신의 이야기만 하거나 집단을 주도하는 것을 의미한다.
③ 지나친 의존
  집단 초기에 집단원은 상담자가 자신들에게 무엇인가를 지시하고 문제를 해결해 주기를 기대하는 현상이 자주 나타난다.
④ 집단의 양립화나 소집단화
  집단이 두 개, 또는 그 이상으로 분리되어 집단 전체적인 역동이 이루어지지 않고 소집단별로 전체와는 다른 주제에 대해 이야기하거나 때에 따라서는 전혀 집단에 참여하지 않고 침묵하기도 하는 현상이다.
⑤ 주지화(=지성화)
  집단에서 자신의 내면적인 세계를 개방하기보다는 지적인 토론을 벌이는 현상이다.
⑥ 역사가 출현
  집단에서 옛날에 일어났던 일, 또는 떠난 사람에 대해 이야기하는 것 등이다.
⑦ 지도자의 동일시
  특정 집단원이 상담자의 역할을 맡아 다른 집단원에게 질문하고 충고하는 현상이다.

---

3) 작업단계(응집/생산 단계)
(1) 주요내용
가) 작업 단계는 집단상담의 가장 핵심적인 부분이다.

나) 앞의 단계들이 잘 조정되면 작업 단계는 매우 순조롭게 진행되고 집단지도자는 집단으로부터 한 걸음 물러나서 집단구성원들에게 대부분의 작업을 맡길 수도 있다.
다) 집단이 작업 단계에 들어서면 구성원들은 집단을 신뢰하고 자기를 솔직하게 공개한다.
라) 대부분의 구성원들이 자신의 구체적인 문제를 집단에 가져와 활발히 논의하며 바람직한 관점과 행동 방안을 모색하게 된다.
마) 작업 단계에서는 집단 구성원들이 높은 사기와 분명한 소속감을 갖는 것이 특징이다.
바) 이 단계에서 구성원들은 '우리'라는 느낌을 갖는다.
사) 다만, 집단에 대한 자부심이 점차로 커지고 집단이 결속되어 감에 따라 집단에서 부정적 감정의 표현을 오히려 억제하는 경향이 생길 수도 있으므로 지도자는 이 점에 유의해야 할 필요가 있다.
아) 작업 단계에서의 통찰만으로는 행동을 변화시키기에 부족하여 행동 실천이 필요한데, 특히 어려운 행동을 실행해야만 하는 처지의 집단원에게는 집단원들과 함께 강력한 지지를 보내 주는 식으로 그들에게 실행을 위한 용기를 주도록 한다.
자) 집단상담에서는 한 개인이 직면한 문제를 다른 동료가 이해하고 공감해 주며 각자의 비슷한 경험에 비추어 문제를 해결하려는 노력이 자연스럽게 이루어진다.
차) 집단원들은 '교정적 정서체험'을 경험한다.
 - 과거에 다루지 못했던 정서 체험들을 회피하거나 억압했던 집단원이 안전한 집단환경에서 교정적 정서체험을 충분히 거치고 난 후 집단의 지지를 받음으로써 다양한 긴장, 갈등을 솔직하게 표현하도록 하고 솔직한 피드백을 받는다.

3강 집단상담의 종결과 평가

❏ 종결단계(마무리단계)

(1) 주요내용
가) 집단상담의 종결 단계는 어떤 면에서 하나의 '출발'을 의미한다고 볼 수 있다.
나) 상담자와 집단 구성원들은 집단 과정에서 배운 것을 미래의 생활 장면에 어떻게 적용할 것인가를 생각해야 한다.
다) 집단 구성원 각자의 첫 면접 기록과 현재의 상태를 비교한 후, 일정한 정도의 진전이 있다면 집단상담자는 종결을 준비한다.
라) 종결에 대한 판단은 적어도 집단에 참여할 때 약정했던 목표가 달성되었을 경우 가능하다.
마) 종결해야 할 시간이 가까워지면 집단 관계의 끝맺음이 가까워 오는데 대한 구성원들의 느낌을 토의하는 것이 필요하다.
바) 종결의 시기를 미리 결정하지 않았던 집단에서는 언제 집단 상담을 끝낼 것인가를 결정해야 한다.

(2) 과제
가) 학습 결과의 적용문제
　집단원들이 학습결과를 잘 정리하여 이를 실천하겠다는 의지와 희망을 갖게 도와야 한다.
나) 이별 감정의 취급
　아쉬움의 감정을 표현하고 상호 간에 공유할 수 있게 돕는다.
다) 집단 경험의 개관과 요약
　전체 집단과정에서 자신에게 특별한 의미가 있었거나 도움이 되었던 경험을 나누게 한다.
라) 집단원의 성장 및 변화 평가
　집단원들 각자의 변화를 집단 시작 시점과 종결의 현재를 비교하여 살펴보게 한다.
마) 미해결 과제의 취급
　- 집단에서 마무리 짓지 못한 채 남겨진 안건을 확인한다.
　- 집단원 상호 간에 부정적 감정을 가지고 있지 않은지 확인한다.
　- 집단원 중 개인적 문제해결을 마무리하지 못해 아쉬운 사람 없는지 확인한다.
　- 미해결 과제를 새롭게 취급하는 것이 아니라, 이를 집단에서 토로할 기회를 제공하고 공감해 준다.
바) 피드백 주고받기
　- 종결단계의 피드백은 지금까지 관찰한 집단원의 행동변화를 최종적이고 종합적으로 하고

자 하는 특징이 있다.
- 마무리 단계의 피드백은 부정적인 것보다는 긍정적인 측면에 초점을 두고 실시한다.

사) 지속적 성장 촉구
- 집단의 경험은 하나의 계기가 되며 학습한 것을 소화하기 위해 지속적 노력이 필요함을 언급해 준다.
- 학습한 행동을 가정과 사회에서 실행할 때 주위의 오해를 사거나 배척될 수 있는 가능성을 언급해 준다.

> ♣ **심화학습**
>
> 종결회기에서 심층적인 문제를 노출하는 집단원에 관한 상담자의 반응
> 1. 집단원이 합의하면 시간을 가지고 다룰 수 있다.
> 2. 심층 문제를 다루지 못한 미진한 마음을 표출하게 한다.
> 3. 개인상담으로 진행될 수 있도록 권하고 실행할 수 있는 용기를 준다.
> 4. 다른 집단원을 설득해서라도 그 문제를 다루는 것은 바람직하지 않다.
> 5. 종결회기이므로 충분히 다룰 수 없음을 이해시키고 집단원의 행동을 제한한다.

☐ 집단활동에 대한 평가 - 젠킨스(Jenkins)

1. 목표지향적인 방향성
2. 집단토의나 활동의 성취도
3. 성취 혹은 진전의 속도
4. 집단자원의 활용도
5. 집단활동의 개선책

☐ 코리(Corey)의 집단발달4단계(4단계론)

1. **초기단계** : 집단의 구조화와 집단원들간 신뢰감 형성
2. **과도기단계** : 집단원의 저항과 갈등 다루기
3. **작업단계** : 문제에 대한 보다 깊이 있는 탐색과 바람직한 행동변화 돕기
4. **통합과 종결단계** : 종결에 따른 집단원의 감정 다루기, 집단에서 배운 것을 일상에 적용하도록 돕기

☐ 학자별 집단상담의 단계론

1. 존스
  1) 첫 단계 : 가입 전 단계(친밀 전 단계)
    - 성원들이 집단 참여에 대해 양립된 감정을 가진다.

- 거리감을 유지하려고 하고 자신이 위험하지 않은 상태에서 집단으로부터 무엇인가를 얻으려 한다.
- 좌절이나 고통이 따를 수 있을 것이라고 인식하고 있다.
- 보상이 주어질 것이라는 기대를 가지고 있다.

2) 두 번째 단계 : 힘과 통제의 단계(권력과 통제 단계)
- 규범(규칙)이 나타난다.
- 집단 내에 출현하는 의사소통의 유형, 집단 성원들의 특정역할과 책임의 수행, 집단 과제를 다루기 위한 규범과 방법의 개발, 회원제에 대한 의문과 회의를 갖는다.
- 집단 내에 그들이 위치를 수립하고자 할 때 투쟁 형태로 나아가게 된다.

3) 세 번째 단계 : 친숙단계(친밀단계)
- 좋아하고 싫어하는 관계가 나타나는 단계이다.
- 집단에 대한 느낌이 좀 더 개방적으로 표현한다.
- 집단과제 실행으로 일체감과 집단 내 응집력이 고조되며, 투쟁을 개인적 삶의 변화와 탐색을 유도하는 쪽으로 활용된다.

4) 네 번째 단계 : 분화단계(특수화단계)
- 집단성원들로 하여금 새롭고 대안적인 행동 유형을 자유로이 탐색하는 단계이다.
- 거의 모든 성원들에게 지도력이 공평하게 분배되고 더욱 기능적이 된다.
- 권력과 투쟁 문제는 최소화 되고 의사결정이 이루어지며 감정적인 면은 약화되면서 객관적 기준에서 일을 수행하게 된다.
- 집단에 대해 이해하면서 집단은 갈등을 공개적으로 드러내며 집단발달을 저해하는 장애물을 확인하게 된다.

5) 마지막 단계 : 이별단계(종결단계)
- 처음 시작 시 종결에 대해 이야기 한다.
- 퇴행적 행동이나 분노를 보일수도 있다.
- 집단상담자는 자연스러운 진화과정을 밟도록 함으로써 생애를 최대한 활성화하도록 노력해야 한다.

2. 노든(Northen)

1) 준비단계

집단구성의 계획과 접수과정, 상호작용 이전단계, 개인적 속성의 동질성과 경험의 이질성을 가진 구성원으로 구성. 심리적 불안 해소 및 신뢰관계 분위기

2) 오리엔테이션 단계

1차적 접촉, 공통점의 탐색, 강한 자(自)의식, 강한 불안과 긴장, 투쟁적 리더, 집단에의 매력이 중요, 인간적 유대관계 발생, 의사소통 형성

3) 탐색과 시험단계

상화관계와 상호작용 가능성 탐색, 타협과 갈등, 목적이 분명해지고 목표 지향적 활동이 현저, 목표 지향적 리더, 상호작용 유형 발달, 하위집단 형성, 통제기제 발생, 여전히 긴장과 불안이 남아 있음

4) 문제해결 단계

소속감, 상호의존성과 집단 응집력이 고도화, 목적에 대한 충분한 일치성과 목적달성을 향한 협동능력의 극대, 운영절차 습관화, 역동적 평형상태, 다양한 하위집단, 문제해결 능력 고도화, 높은 영향력과 높은 역동성

5) 종결단계

목적 달성, 기한 도래, 통합력 결핍, 부적응

☐ 추후상담(follow up counseling)과 평가

1) 집단의 마지막 상담에서 집단 경험을 토론하고 추후 상담의 일정을 정하는 것이 바람직하다.
2) 추후 상담은 집단상담자에게 집단의 결과를 평가할 기회를 제공하며, 동시에 구성원들에게 집단이 자신과 동료에게 미친 효과에 대해 생각할 기회를 제공한다.
3) 구성원들은 그 자체로서 집단이 끝났다고 생각할 수 있으며 성장을 계속하려는 방법으로 이를 계속 사용하지 않을 수 있다.

4강 일반상담이론과 집단상담(1)

집단상담

☐ 집단상담의 제이론(일반상담이론과 집단상담에서의 활용)

1. 정신분석 이론

1) 정신분석적 집단상담
정신분석적 상담이론에 입각한 집단상담은 내담자의 특성과 성격체계를 재구성하려는데 그 목적을 두고 있다.

2) 상담과정
① 초기갈등의 탐색
② 의식수준의 확대
③ 성격구조의 재구성/자아의 강화
④ 부적응 행동과 치료

3) 집단상담자의 기능과 역할
권유자, 자극제, 확장자, 해석자

4) 집단상담기법

가) 전이
집단구성원의 무의식적 감정, 태도, 부정적 상상이나 긍정적 상상이 상담자에게 향하는 것이다.

나) 자유연상
집단 구성원들 중에 한 사람씩 택하여 모든 집단원들이 그 사람을 볼 때 마음에 연상되는 것은 무엇이든 이야기하게 하는 것이다.

다) 해석
집단에서 일어나는 여러 행동의 숨은 의미에 대해서 해석하여 통찰을 하게 한다. 집단상담에서는 집단원들이 남자, 여자, 노인 등 다양하기 때문에 모든 가족/집단원에 대한 전이가 가능하다.

라) 통찰과 훈습
- 통찰 : 과거 경험과 현재 문제 간의 관계를 지적/정서적으로 인식하는 것이다.
- 훈습 : 분석집단의 마지막 단계에 나타나며, 의식을 증가시키고 자아를 통합시킨다.

2. 개인심리학적 상담이론과 집단상담 – 알프레드 아들러(Alfred Adler)

1) 개인심리학적 집단상담의 이해

정신분석상담이론의 또 다른 영역을 개척한 알프레드 아들러는 자신의 '개인주의 심리학적 상담이론'에서 프로이트와 구분되는 인간관을 제시하였다. 이러한 인간관이 그의 이론의 독특성과 위대성을 보여주고 있다. 먼저, 그는 인간을 단일하고 분리할 수 없는 전체로서의 인간을 의미한다고 하였다. 또한 인간의 삶은 목적론적 입장을 갖고 있기에 성장과 발전을 향한 경향이 있다고 역설하였다. 즉, 인간은 목표와 목적으로 인해 살아가며, 미래에 관심을 기울이고 의미를 창출하는 존재라고 본 것이다. 따라서 상담의 목적 또한 여기에 초점을 두고 있다.

2) 상담목표
(1) 집단구성원들의 행동을 변화시키는 것이 아닌 동기를 수정하려고 한다.
(2) 집단구성원들에게 완벽주의가 아닌 완벽을 향해 노력하는 사람이 될 것을 주문한다.
(3) 열등감과 그릇된 생활양식의 발달과정에 대한 이해를 통해 잘못된 생활 목표를 변화시키는 것이다.
(4) 새로운 생활양식을 구성하게 하고 사회적 관심을 가지도록 촉구한다.
(5) 집단상담은 서로에게서 배우고 학습하는 일종의 교육과정으로 이해된다.

3) 집단상담자의 기능과 역할
(1) 협력적으로 치료를 위해 노력하는 활동적인 역할을 담당한다.
(2) 집단과정을 수립하고 유지하는 역할을 한다.
(3) 내담자의 신념과 목표에 도전하고, 내담자가 집단과정에서 학습한다는 것을 새로운 믿음과 행동으로 옮길 수 있도록 조력한다.

4) 개인심리적 집단상담의 기술
(1) 역설기법(역설적 의도)
  가) 문제 또는 증상에 대한 집단원의 저항에 대항하지 않고 문제에 편승하게 하는 기법으로 내담자 자신을 나약하게 만든다는 생각이나 행동에 의도적으로 관심을 가지고 과장하는 것을 말한다.
  나) 이 기법의 핵심은 내담자가 저항에 대해서라기보다는 내담자의 편이 되는 것이다.
(2) 단추누르기(버튼 누르기)
  가) 집단원에게 행복한 경험과 불행한 경험을 번갈아 가면서 생각하도록 하고, 각 경험과 관련된 감정에 관심을 가지도록 하는 기법이다.
  나) 내담자가 유쾌한 경험과 유쾌하지 않은 경험을 번갈아 가면서 생각하도록 하고 각 경험과 관련된 감정에 관심을 가지도록 하는 것이다.
(3) 스프에 침뱉기 : 집단원의 행동 뒤에 숨겨진 의도나 목적을 드러내어 집단원이 문제행동을 하는 것을 꺼리게 하는 기법이다.
(4) '마치 ~인 것처럼 행동하기'는 상담자는 내담자가 자신의 바람을 이룬 자신으로 상상하고 행동하도록 역할놀이 상황을 설정한다.
(5) 내담자가 "만약 내가 …을 할 수 있다면"이라고 말하면 최소한 일주일 동안 그 환상 속의

역할을 실제로 행동해 보고 무슨 일이 일어났는지를 보도록 한다. 따라서 내담자는 긍정적인 방향으로 기대를 변화시킴으로써 자신의 계획을 성공시킬 수 있도록 돕는다. 만약 실패했다면 실패한 이유에 대해서 논의한다.
  (6) 악동피하기(악동의 함정 피하기)
    가) 내담자가 일상생활에서의 자기 패배적 행동양상을 상담 장면에 가져오는 데 잘못된 가정도 사실로 인정받을 수 있는 기회가 있기 때문에 잘못된 가정에 매달려 있는 것인지도 모른다.
    나) 따라서 상담자는 함정에 빠지지 않도록 하며 내담자의 행동을 강화하지 않도록 주의해야 한다.
 5) 아들러의 개인심리 집단상담 과정
  (1) **1단계** : 상담자-참여자간 동등한 관계형성, 내담자의 열등감 공개 지지
  (2) **2단계** : 내담자의 생활양식 탐색/이해의 단계
  (3) **3단계** : 상담자는 내담자의 생활양식, 출생순서, 가족내 지위 등을 근간으로 현재의 심리적 문제, 잘못된 사고체계 등 기본적 오류에 대한 각성을 촉구. 문제에 이르게 된 과정 등을 탐색하는 단계
  (4) **4단계** : 새롭고 효과적인 관점이나 태도를 발견하도록 돕고 과감히 자신의 감정을 드러내놓을 수 있고 생활을 변화시킬 용기를 가지도록 격려(사회적지지)한다.

♣ **심화학습**
  1. 알프레드 아들러(Alfred Adler)의 개인심리학적 집단상담에서 집단원이 사용하는 자기 보호성향(safeguading tendency)기제
    – 변명, 철회, 공격성 등이며 이는 열등콤플렉스로부터 자존감을 지키기 위해 사회적 상황에서 무의식적, 의식적으로 작동한다.
  2. 알프레드 아들러(Alfred Adler)의 개인심리학적 상담이론에서의 가족구도분석(Family Constellation)
    – 가족구도란 가족 내에서 가족구성원들 간의 관계유형을 말하며 이를 주제로 분석해 나가는 기법이다.

3. 실존주의 상담이론과 집단상담
 1) 실존주의 상담이론의 개요
  세상에 대한 개인의 주관적 초점을 중요하게 다루는 현상학적 접근이론으로 인간을 아픈 존재로 보는 것이 아니라 어떤 역할을 하는 데 있어 부족하거나 생활이 조금 불편한 존재로 보기 때문에 인간을 고치는 데 목적을 두지 않는다.
 2) 상담목적
  (1) 집단구성원이 자기 자신에게 진실하도록 한다.
  (2) 자신과 자신을 둘러싼 세상에 대한 관심을 넓힌다.
  (3) 집단구성원들의 현재와 미래 삶의 의미를 주는 것을 밝힌다.

3) 집단상담자의 기능과 역할
   (1) 실존치료는 특별한 기법을 쓰는 것보다는 내담자가 현재 순간을 경험하는 것에 더 강조점을 둔다.
   (2) 실존적 관점에서 치료란 동료애이자 상담자와 내담자가 함께 하는 것이다.
   (3) 집단에서 변화는 상담자와의 관계뿐만 아니라 다른 내담자들과의 관계에 의해서도 생겨난다.

☐ 실존주의 상담이론에 입각한 집단상담의 치료적 요인 - 얄롬

1) 희망 심어주기
집단상담을 통해 자신에게 변화가 일어나고 문제가 해결될 수 있다는 희망을 가지게 되는 것이다. 집단은 내담자에게 그들의 문제가 개선될 수 있다는 희망을 심어주고 이러한 희망은 그 자체가 치료적 효과를 갖는다.

2) 보편성
다른 사람들도 자신과 유사한 생각과 고민을 가지고 있음을 알게 되는 것이다. 내가 그렇게 이상하지만은 않다는 것을 알게 되는 것이다. 내담자는 종종 자기만이 유독 끔찍하거나 용납될 수 없는 문제, 생각, 충동 등을 가지고 있다고 생각한다.

3) 정보 전달
유사한 문제에 대해 다른 집단원들이 어떤 방식으로 그 문제를 극복했는지에 대한 정보를 얻는다.

4) 이타주의
다른 집단원들에게 도움을 주는 경험을 통해 개인의 자긍심이 고양된다. 집단성원들은 위로, 지지, 제안 등을 통하여 서로 도움을 주고받으며 자신도 누군가에게 도움을 줄 수 있고 타인에게 중요할 수 있다는 발견은 자존감을 높여준다.

5) 일차 가족집단의 교정적 반복발달
집단은 가족과 유사한 점이 있기 때문에 집단상담자는 부모역할, 그리고 집단 성원은 형제자매 역할을 할 수 있다. 내담자는 부모 형제들과 상호작용하는 방식으로 상담자 및 집단성원들과 상호작용을 재연하는데 그 과정을 통해서 그 동안 해결되지 않은 가족갈등에 대해 탐색하고 도전한다.

6) 사회화 기술의 발달
다른 집단원들과 사회적 관계를 형성하면서 다양한 사회화 기술을 습득한다. 집단성원으로부터의 피드백이나 특정 사회기술에 대한 학습을 통해 대인관계에 필요한 사회기술을 개발한다.

7) 모방행동

다른 집단원들이나 집단상담자를 모방하여, 바람직한 생각, 행동, 그리고 감정을 습득한다. 집단상담자와 집단성원은 새로운 행동을 배우는 데 좋은 모델이 될 수 있다.

8) 대인관계 학습

집단원들과의 대인관계에서 집단원이 가지고 있는 대인관계 문제를 해결하고 새로운 패턴을 습득한다. 내담자는 집단성원간의 다양한 상호작용 속에서 자신의 대인관계에 대한 통찰을 얻게 되고 자신이 원하는 관계형성에 대한 아이디어를 가질 수 있다.

9) 집단응집력

집단원들이 집단에 계속해서 참여하도록 하는 모든 요인의 합이다. 신뢰, 따뜻함, 공감적 이해, 수용, 하나 됨을 의미하고, 집단원에게 소속감과 안정감을 제공한다. 집단성원들이 느끼는 소속감과 친밀감, 존중감 등으로 표출되는 집단 응집력은 치료의 가치를 지닌다.

10) 정화

내면에 억압된 여러 가지 감정과 생각들을 집단상담을 통해 노출하는 것이다. 노출된 감정과 생각들이 다른 집단 구성원들에게 수용되면 정서적 변화가 생긴다.

11) 실존적 요인

인생이 때로는 부당하고 공정치 않다는 것을 알고 인생의 고통과 죽음은 피할 길이 없음을 인식하고, 자신의 인생에 스스로 책임이 있음을 배우게 된다. 집단성원들은 각자의 경험들을 공유함으로써 각 집단성원들의 행동은 독자적인 특성을 지니고 있음을 인정하게 되고, 자신의 문제는 스스로 결정하는 것이 중요하다는 것을 알게 된다.

☐ 집단상담에서의 치료적 요인중 교정적 정서체험 사례

1. 강렬한 긍정적 정서를 표현했는데, 이것은 그(녀)에게는 드문 일이다.
2. 조롱, 거부, 휘말림 등 두려워하는 끔찍한 일이 일어나지 않았다.
3. 전에 알지 못했던 자기의 부분을 회복했고, 그리하여 새로운 방식으로 타인과 관계할 수 있었다.

5강 일반상담이론과 집단상담(2)

❑ 인지적 이론/합리적-정서적 행동적 집단상담이론(REBT) - 엘버트 엘리스

1) REBT는 내담자들에게 비합리적 행동과 감정을 어떻게 적절한 것으로 변화시키고 일상생활에서 겪게 되는 바람직하지 못한 결과나 사건들에 대해 어떻게 대처하는가를 각성시키는 것이며 이 이론에 의한 집단상담은 집단구성원들의 부적절한 정서나 비합리적 신념을 제거하는데 목적이 있다.

> *** 비합리적 신념
> 정서적 문제는 비합리적 신념에 기인하기 때문에 비합리적인 것을 합리적으로 대치할 때 정서적 문제가 해소된다는 원리에 입각한다.

2) **집단상담자의 기능과 역할**: 집단구성원들이 가지고 있는 비합리적 생각과 스스로 계속 비논리적으로 생각함으로써 정서적으로 혼란되는 것에 대한 구성원의 생각을 수정하도록 노력한다. 또한 내담자의 비합리적인 경향을 논박하는 동시에 인간으로서는 완전하게 수용한다.
   (1) 비합리적 신념의 대치 : 집단원들로 하여금 그들의 현재 상태와 행동들이 비합리적 사고에 기반하고 있기 때문에 자기 기만적이라는 사실에 맞닥뜨릴 수 있게 한다.
   (2) 논박을 통해 보다 합리적인 것으로 대치하도록 돕는다.
   (3) 능동적이고 지시적이며 설득적, 철학적인 방법을 사용한다.
   (4) 집단원의 비합리적인 생각들을 재빨리 포착한 후 그것을 확인하기 위해 도전적으로 맞부딪쳐야 한다.
   (5) 그것들이 근거가 희박한 비논리적 생각들임을 밝혀주고 합리적으로 생각하는 법을 가르친다.

3) **집단상담내의 기법**
   (1) 인지적 기법
     - 비합리적 신념 논박
     - 적응적인 자기 진술문 가르치기
     - 심리 교육적 방법들 : 탐닉 극복, 우울을 다루는 것, 분노를 조절하는 것, 문제를 이해하고 그것에 대처하는 것, 주장적이게 되는 것, 주저하는 버릇을 극복하는 것 등 일반적인 정서문제들과 구체적 관심사들을 다루는 데 많은 자원을 제공한다.
     - 인지적 숙제

> ** 인지적 재구조화
> 비효과적 행동패턴이 나타나는 것은 인지구조 때문이라고 보고 관련된 인지구조를 바꾸면 효과적 행동패턴이 나타날 수 있다고 보는 것이다.

(2) 정서적 기법
- 무조건적 수용
- 합리적/정서적 상상 : 내담자가 상상할 수 있는 최악의 것을 어떻게 상상하는지 보여주고, 그 다음에 혼돈된 감정 대신 적절한 감정을 발전시키도록 훈련시킨다.
- 유머의 사용
- 수치/공격연습 : 수치심에 기저하는 비합리적인 신념을 많이 다루고 직면하게 되면, 이로 인해 정서적 혼돈을 점점 덜 느끼게 된다.
- 역할연기

(3) 행동적 기법 : 체계적 둔감법, 행동조성 등

❏ 행동주의 이론

1) 행동주의적 집단상담

행동주의 집단상담의 기본원리는 효과적이든 비효과적이든, 우리가 통제하는 대부분의 행동이 학습된다는 전제에 근거하며 행동은 학습의 원칙에 따른다는 기본원리를 견지한다.
따라서 행동주의에 근거한 집단상담자는 구성원의 행동이 조건형성의 산물이라고 보며, 모든 인간행동학습의 기본적 유형으로 자극-반응의 패러다임임을 알아야 한다.

2) 상담 목표

- 집단원이 가진 문제는 학습 과정을 통해 습득된 부적절한 행동이기 때문에 부적절한 행동을 제거하고 보다 적절한 새로운 행동을 학습하도록 하는 것이다.
- 상담자의 과제는 집단구성원들이 전반적이거나 일반적인 목표를 구체적이고 명확하게 측정 가능한 목표로 세분화시켜서 체계적으로 추진해 나갈 수 있게 돕는 것이다.

3) 집단상담자의 기능과 역할

- 구성원들에게 집단과정에 참가하는 것과 집단에서 많이 얻을 수 있는 방법을 가르쳐 준다.
- 적절한 행동과 가치관을 가진 하나의 본보기가 된다.
- 행동주의적 상담에서 상담자는 과학적 연구자, 강화자, 코치, 교사로서의 역할을 담당한다.
- 활동적이고 능동적인 역할을 하며 집단역동성보다는 집단원 개개인에게 직접 관여하게 된다.
- 상담이 집단에 의해 이루어지는 것이 아니라 집단 속에서 이루어지게 한다.
- 각 구성원의 수정되어야 할 사고방식(인지), 스트레스(긴장)를 경험하는 상황의 조건들, 문제의 해결을 촉진할 수 있는 개인적 자원(자질, 능력 등), 환경(지지적 인물 등)을 알아보며 필요한 심리검사를 실시한다.
- 목표를 설정한다.
    집단원이 수정하고자 하는 행동이 무엇인가를 분명히 밝히고 목표를 설정한다.

- 구성원이 수립한 목표 설정을 위해서 습득해야 할 구체적 행동이나 제거시켜야 할 행동을 선정하여 객관적인 용어로 정의한다.
- 행동의 기초선을 측정한다.
  행동 수정에 들어가기 직전까지의 행동이 얼마나 빈번하게 또는 오랫동안 일어나고 있었는가를 측정한다.
- 행동 수정된 효과의 일반화를 이룬다.
  어떤 바람직한 행동이 획득된 다음에는 그 행동이 구성원의 생활환경에 확대되어 유지되도록 하게 한다.

4) 기법

체계적 둔감법, 자기표현훈련, 타임아웃, 혐오치료, 홍수법, 토큰경제법, 프리맥의 강화원리, 모델링 기법, BASIC-ID(다중양식치료법)

☐ Lazarus가 개발한 다중양식치료의 핵심개념인 BASIC-ID

(1) 개요
① 이 치료법의 기본전제는 내담자들은 보통 여러 가지 특수한 문제들로 고통을 받고 있기 때문에 그 문제들을 다룰 때에도 여러 가지 특수한 치료법들을 동원해야 한다는 것이다.
② 다중양식 치료에 있어서 상담자의 역할은 내담자의 특수한 문제들을 평가하여 그것에 적절한 치료기법들을 적용하는 것이다.

(2) BASIC ID 확인
① 다중양식 치료는 인간의 경험이 움직이기, 느끼기, 감지하기, 상상하기, 생각하기 및 서로 관계하기로 이루어져 있다고 본다.
② 이 치료이론에 따르면 한 개인의 진행 중인 두드러진 행동(B), 감정적, 정서적 과정, 반응(A), 감각(S), 심상(I), 인지(C), 대인관계(I) 및 생물학적 기능, 성향(D)에 상세하게 파악할 수 있다면 그 사람의 성격과 심리적 특성에 대한 완전한 이해가 가능해지게 되는 것이다.
③ 라자루스(Lazarrus)는 진행 중인 행동(Behavior), 감정적 과정(Affect), 감각(Sensation), 심상(Imagery), 인지(Cognition), 대인관계(Interpersonal), 및 생물학적 기능(Drugs/Diet) 들 각각을 '양식'이라 불렀다.
④ 다중양식 치료에서는 내담자의 문제를 이러한 BASIC ID에 의거해서 평가한다.
⑤ 내담자들은 이러한 7가지 양식들이 관련되어 있는 정도와 그것들이 서로 관련되는 순서에 있어서 차이가 날 수 있다.
⑥ 실제 상담에서 다중양식 치료자는 각 내담자마다 독특한 BASIC ID의 형태를 파악하여 내담자 문제를 평가할 수 있게 된다.

(3) 치료기법들
① **행동** : 소거, 역조건 형성, 긍적정 강화, 부정적 강화 및 처벌
② **정서** : 소유하고 수용하는 감정
③ **감각** : 긴장이완, 감각적 쾌감
④ **심상** : 자기상(셀프 이미지)의 변화, 대처 심상
⑤ **인지** : 인지적 재구성, 자각
⑥ **대인관계** : 모델링, 불건전한 공포를 분산시키기, 역설적인 책략
⑦ **약물 또는 생물학** : 의학적 치료, 운동의 이행, 영양섭취, 물질남용 중지

❏ 현실요법 이론

윌리암 그래서(William Glasser)로 대표되는 현실요법은 기본적으로 인간은 욕구와 바람을 달성하도록 동기화되고 있다고 보았다. 즉, 환경으로부터 얻고 있다고 지각하는 것과 바라는 것 사이에 차이나 불일치가 있기 때문에 사람들은 각자에게 필요한 구체적 행동을 수행하게 된다는 것이다. '행동은 우리의 지각을 통제한다(BCP)'라는 논리 피력

1) 현실치료 집단상담
(1) 집단상담 목표
    집단구성원이 바람직한 방법으로 욕구를 달성할 있도록 하는 데 있어 3R, 즉 책임감(Responsibility), 현실(Reality), 옳거나 그름(Right or wrong)을 강조한다.
(2) 현실치료 집단상담에서 집단원의 바람이나 욕구 충족에 효과적인 계획의 특징
   가) 집단원이 새로운 행동을 시도하도록 하고 계획수립하는 것을 돕는다.
   나) 계획과 실행 과정으로서 집단원이 긍정적인 행동 계획을 세우고 그 계획을 실천하겠다고 약속을 받는 것으로 이루어진다.
   다) 따라서, 효과적인 계획의 특징은 이해하기 쉽고 간단하며 즉각적인 실행이 용이하다.

2) 집단상담자의 기능과 역할
효과적인 집단상담자는 자신의 욕구를 충족시킬 수 있는 책임있는 전문가이여야 한다. 또한 집단구성원에 대한 수용적 태도를 견지해야 한다.
(1) 우리는 우리 자신의 인생을 통제할 뿐이지, 통제받기를 원하지 않는 타인도 통제할 수 없다는 것을 학습시킨다.
(2) 타인의 욕구를 방해하지 않는 범위 내에서 자기의 욕구를 충족시키며 타인이 자기를 통제하지 않도록 가르친다.
(3) 치료자는 내담자에게 자신의 정신적, 신체적 건강 유지에 유익한 활동을 찾아서 긍정적인 현상에 몰입하도록 요청한다.
(4) 집단상담자는 내담자와 함께 WDEP(Want, Doing, Evaluation, Planning)의 단계를 거친다.

3) 집단 기법

기법으로서의 집단상담자의 태도는 집단구성원과의 친밀한 관계형성을 바탕으로 집단구성원의 변명을 수용하지 않고 처벌이나 비판을 하지 않으며, 결코 포기하지 않고 조력하는 태도를 보인다.

- 질문하기 : 현실치료에서 질문하기 기법은 집단구성원의 전체행동 탐색, 바람 파악, 현재 하고 있는 행동 파악, 구체적 계획수립에서 중요한 역할을 한다.
- 직면하기
- 역설적 기법
- 유머 사용하기 : 집단상담자는 유머를 통해 집단구성원과 친근한 관계를 유지함으로써 그의 소속감 욕구를 충족시킬 수 있다.

** 현실치료 집단상담에서 청소년의 전행동(total behavior) 중 통제하기 쉬운 순서
- 행동 → 사고 → 감정 → 생리반응

6강 일반상담이론과 집단상담(3)

☐ 인간중심 이론(자아접근적, 내담자중심, 비지시적 상담)과 집단상담

인본주의적 접근을 기본으로 하는 인간중심상담이론은 상담장면에서 현상학적 접근을 시도하며 인간(내담자)을 자유롭고 자기결정적인 존재라는 것에 대한 믿음과 함께 실현경향과 성장경향을 수용한다.

1) 인간중심적 집단상담 – 칼 로저스

(1) 인간중심 집단상담에서 인간은 완전성과 자아실현을 지향하는 존재이며 집단상담자의 최소한의 도움으로 자신들의 방향을 찾을 수 있다는 것을 전제한다.
(2) 인간중심 집단상담은 인간의 자기잠재력을 실현하려는 경향성에 대한 기본적인 신뢰감과 스스로 건설적인 방향으로 움직여 갈 수 있는 가능성을 가진 집단 능력에 대한 신뢰를 바탕으로 하고 있다.
(3) 따라서 집단이 지향하는 바로 나아가기 위해서 구성원들은 자신들의 감추었던 부분을 드러내고 새로운 행동을 시도할 수 있는 신뢰롭고 수용적인 분위기를 발전시켜야 한다.
(4) 인간중심 집단상담의 기본이론은 "if~then"의 가설 [만약(if) 상담자의 태도에서 어떤 조건이 나타난다면, 그때(then) 내담자에게 긍정적인 변화가 일어날 것이다.]로 설명될 수 있다.
(5) 여기서 어떤 조건이란 진솔성, 무조건적 긍정적 배려, 공감적 이해라는 필요충분조건을 말한다.

2) 주요개념

(1) 집단과정에 대한 신뢰
(2) 성장을 위한 치료적 조건
   - 진실성 – 무조건적 긍정적 존중/수용
   - 공감적 이해

> ♣ 심화학습 – 인간중심 집단상담자의 개입방식
> 집단과정에 대해 많은 의견을 제시하는 것이 아니라 파트너의 역할을 하며 집단원의 동기와 행동을 지속적으로 해석해 주기보다는 집단원 자신이 스스로 찾아갈 수 있도록 도와주며 어떤 정서를 이끌어 내기 위해 계획된 방법을 사용하기보다는 집단과정 그 자체를 더 중요시한다.

3) 집단상담의 목표

(1) 인간중심 집단상담의 목표는 각 참가자와 집단 전체에 기본적 실현 경향성이 자유롭게 표현되는 분위기를 창조하는 것이다.

(2) 인간중심 집단상담에서는 참가자의 자아개념과 유기체적 경험 사이의 불일치를 제거하고 그들이 느끼는 자아에 대한 위협과 그것을 방어하려는 방어기제를 해제함으로써 참가자들이 스스로 충분히 기능하는 사람이 되도록 하는 것을 목표로 한다.

(3) 상담자는 참가자로 하여금 치료목표를 스스로 세우도록 하고, 상호 신뢰로운 분위기속에서 참가자가 거리낌 없이 자기를 노출하도록 함으로써 자신의 내면세계를 이해하고 자신의 문제를 제대로 파악할 수 있도록 돕는다.

(4) 참가자는 자신이 처한 환경에 대한 왜곡된 지각을 수정하고 현실적 경험과 자아개념간의 조화를 이룩하며 궁극적으로는 자신의 능력과 개성을 최대로 발휘하여 자아실현을 촉진하게 되어 충분히 기능하는 사람으로 성장한다.

(5) 참가자가 잠재력의 발휘를 가로막는 불안과 의심으로부터 자유로워져야 하는데, 여기서 상담자의 조력이 필요하며 상담자의 진솔성, 무조건적 긍정적 존중, 공감적 이해와 같은 태도는 내담자의 변화를 이끄는 촉매 역할을 한다.

(6) 인간 중심 집단상담에서는 어떤 특별한 행동의 변화에 상담의 목적을 두기보다는 참가자 모두가 자신의 전체적이고 계속적인 성장의 방향으로 향하게 하도록, 궁극적으로 충분히 기능하는 사람으로 성장하도록 돕는 것을 목적으로 삼는다.

(7) 결론적으로 참가자 모두가 자신의 '자아실현 경향성'의 발현과 '완전히 기능하는 인간'이 되도록 조건을 조성하는 것이다.

4) 기법

인간중심에서는 특정한 상담기법이나 방법보다는 상담자의 인격이 상담 장면에서 중요한 역할을 한다. 즉, 내담자의 자기실현경향성을 이루도록 도와주기 위한 상담자의 진실성, 무조건적 긍정과 수용, 공감 등의 태도가 일종의 상담기법이 되는 것이다.

- 적극적 경청
- 심사숙고하기
- 명료화하기
- 요약하기
- 개인적인 경험 말하기
- 집단에서 다른 사람과 어울리고 관심 가지기
- 집단이 나아가야 할 방향을 지시하기보다는 집단의 흐름에 동참하기
- 내담자의 자기결정능력에 대해 인정하기

5) 집단상담자의 기능과 역할

인간중심 상담이론에 입각한 집단상담자는 집단과정을 신뢰하며, 직접적인 개입 없이도 집단이 발전해 나갈 수 있음을 믿는다.

(1) 인간중심 접근에서는 상담자의 가장 중요한 역할이 집단 내에서 참가자들이 서로 솔직하고 의미 있는 방식들로 상호작용할 수 있는 생산적이고 치료적인 분위기를 만드는 것이므로 기법보다는 상담자의 인간적 자질이 더 요구된다.

(2) 치료적 분위기는 상담자가 정확한 공감적 이해 수용, 비소유적인 온정, 관심, 진솔성과 같은 태도에 기초한 관계를 만들 때 형성된다.
(3) 상담자가 이러한 태도와 수용, 애정을 보여주면 내담자들은 자신의 방어벽을 누그러뜨릴 것이고, 개인적으로 의미 있는 목표를 이루기 위해 노력할 것이며 그 과정 속에서 적절하고 유용한 행동변화를 할 수 있게 되는 것이다.
(4) 로저스는 인간의 자기실현 경향성을 촉진시키는 상담자의 3가지 태도로 진실성, 무조건적 긍정적 존중, 공감을 주장하였다.

❏ 게슈탈트 이론

1) 게슈탈트 집단상담

게슈탈트(Gestalt) 상담이론의 기본가정은 인간을 완성을 추구하는 경향이 있는 존재로서 인간은 자신의 현재 욕구에 따라 게슈탈트를 완성할 것이라 가정한다. 나아가 인간의 행동은 행동이 일어난 상황과 관련해서 의미있게 이해할 수 있다고 보았다.

2) 기본가정

(1) 인간은 완성을 추구하는 경향을 가지고 있다.
(2) 인간은 자신의 현재 욕구에 따라 게슈탈트를 완성할 것이다.
(3) 인간의 행동은 그것을 구성하는 구체적인 구성요소, 즉 부분의 합보다 큰 전체다.
(4) 인간의 행동은 행동이 일어난 상황과 관련해서 의미 있게 이해할 수 있다.
(5) 인간은 전경과 배경의 원리에 따라 세상을 경험한다.

3) 상담의 목적/목표

(1) 자기 내부의 양극단을 통합시킨다.
(2) 자신과 타인 간의 접촉을 이룬다.
(3) 타인에게서 지지를 구하는 대신 자기지지를 제공하는 것을 학습한다.
(4) 현재 개인이 지각하고, 느끼고, 생각하고, 상상하고, 행동하는 것을 인식하며 자신의 한계를 분명하게 정의한다.
(5) 집단지도자에게 의존하기보다는 집단 내부의 자원을 사용하는 방법을 학습한다.

4) 집단상담자의 기능과 역할

(1) 집단 안에서 한 사람의 문제를 상담자와 1:1로 집중적으로 다루고 나서 다른 구성원의 문제를 다루어 나간다.
(2) 집단원들은 집단 속의 참여적 관찰자이면서 청중이 되는 것이다.
(3) 집단원들의 자각을 돕기 위해 여러 가지 기술, 게임, 활동 등을 책임지고 계획하고 지도한다.

5) 집단 기법

(1) 언어표현 바꾸기
(2) 신체활동을 통한 자각확장
(3) 책임지기
(4) 빈의자(empty chair)기법
(5) '지금-여기' 기법
   가) 지금-여기(Now and Here) : 지금-여기는 실존주의 철학에 근거를 두지만 게슈탈트 창시자인 펄스(Perls)에 의해 확산되었다. 펄스는 상담자가 과거 사건에 초점을 두는 상담방법을 사용하게 되면 내담자가 자신의 현재 문제를 정당화하는 이유를 제공함으로써 오히려 증상 완화를 방해한다고 믿었다. 우리의 일상적인 삶도 과거나 미래에 집착하는 경향이 많은데 이것은 현재를 직면하지 않으려는 태도에서 비롯된다. 우리의 실존적 삶이란 이미 지나버린 과거도 아니고 아직 다가오지도 않은 미래도 아니며 단지 현재에서만 가능한 것이다.
   나) '지금-여기'의 개입이 집단상담에 주는 효과
    - 집단원에 대한 가장 타당한 자료수집의 방법이 된다.
    - 개인적 자각을 증가시키고 집단에 관여하도록 한다.
    - 집단원 자신의 문제를 대인관계 문제로 바라볼 수 있도록 한다.
    - 집단원 간의 합의적 타당화와 자기 관찰을 통해 자신이 다른 사람과 상호작용하는 방식을 알아차리게 된다.
    - 과거나 미래에 머물면서 집단 상호작용에 저항하는 집단원들로 하여금 집단 상호작용에 참여케 한다.
(6) 뜨거운 자리기법
   - 단계적 적용방법
   가) 집단원 중에 자기 문제를 해결하고 싶으면 누구든지 한 사람만 나와 집단상담자의 자리와 마주보고 있는 빈 자리에 앉으라고 한다.
   나) 자기를 괴롭히는 구체적 문제를 이야기하게 하고 집단상담자는 직접적으로 공격하고 맞닥뜨린다.
   다) 집단원과 집단상담자 사이에 어떤 결론에 도달했다고 느낄 때까지 그 문제에 대한 상호작용이 이루어진다.
   라) 다른 집단원들은 특별한 허락 없이는 그 집단원과 집단상담자의 상호작용을 방해하지 않게 하도록 한다.
   마) 차례로 돌아가기(=한 바퀴 돌기) : 뜨거운 자리에 앉아 있는 집단원이 다른 집단원들에게 한 사람씩 차례로 돌아가면서 자신의 감정을 이야기하거나 특정한 행동을 하게 한다.
(7) 역전기법 : 게슈탈트 집단상담은 꿈을 해석, 분석하지 않고, 그 대신 일상 속으로 꿈을 가지고 와서 마치 지금 일어난 일인 양 재창조하고 재생시키는 데 목적을 둔다.
(8) 현실검증기법 : 상상과 현실의 차이점을 두고 이에 대한 통합적/합리적 사고를 하게 한다.

7강 일반상담이론과 집단상담(4)

☐ 교류분석(TA : Transactional Analysis) 이론

의사교류 내지 교류분석 상담이론은 문화를 반영한 성격이론으로서 문화적 적응을 돕는 상담기법이다. 따라서 '교류분석적 집단상담'은 대인관계, 의사소통 문제에 매우 효과적으로 적용할 수 있는 이론이다.

1) 집단상담 목표
(1) 교류분석 집단상담자는 집단구성원이 자각, 자발성, 친밀성의 능력을 회복하도록 조력한다.
(2) 우리가 대하는 상대방이 어떤 자아상태에서 이야기하는가를 파악하여 그가 전달한 메시지에 따라 상보적인 교류가 될 수 있도록 조력한다.
(3) 구성원들이 각자의 자아 상태 교류 양식의 특성을 이해하도록 분석을 시도한다.
　가) 집단원들로 하여금 자아 상태의 오염을 제거하도록 돕는다.
　나) 생활 장면의 요구에 따라 모든 자아 상태를 고르게 활용할 수 있는 능력을 개발하도록 돕는다.
　다) 각 개인이 부적절한 생활각본(=인생각본)을 버리고 생산적인 생활각본을 지니도록 돕는다.

> ♣ 심화학습 – 교류분석 집단상담의 이해
> – 구조분석은 문화적 이해를 돕는다.
> – 생활각본은 생의 초기부터 외적 사건들에 대한 해석을 기초로 형성된다.
> – 교류분석은 집단원이 독특한 존재로 자율성을 성취하도록 돕는다.
> – 교류분석은 상호존중의 생활태도를 강조한다.

2) 교류분석 집단상담의 특징
(1) 집단성원들이 건설적인 인생각본을 설계하도록 돕는 것
(2) 일상생활의 요구에 따라 자신의 모든 자아상태의 거래가 활발하게 이루어지게 하는 능력을 개발하도록 돕는다. – 모든 자아상태를 고르게 활용할 수 있도록 –
(3) 부적절한 생활각본을 버리고 생산적인 생활각본을 지니도록 돕는다.
(4) 자아오염상태를 제거하도록 노력한다.
(5) 구체적인 목표를 계약형태로 문서화한다.
(6) 상담의 목적(표)는 개인을 독특한 문화적 존재로 보고, 집단원이 자율성을 성취하도록 돕는 것.

3) 집단상담자의 기능과 역할
(1) 교류분석이 무엇인지를 집단구성원에게 가르치는 역할(교사)

(2) 집단구성원의 자아상태가 적절하게 기능하는가를 파악하는 역할(분석자)
(3) 타인과의 교류분석이 적절하게 이루어지는가를 판단하는 역할(평가자)
(4) 부적절한 인생각본을 새로운 각본으로 재구성해서 살아가도록 촉진하는 역할(촉진자)

4) 기법

집단원 교류 분석의 종류 : 구조분석, 교류분석, 게임분석, 각본분석

(1) 구조분석

과거의 경험적 자료들 때문에 형성된 자아구조의 혼합이나 배타 현상의 여부를 파악하고 자유롭게 각 자아 상태들에 대한 현실검증을 할 수 있도록 돕는다.

(2) 의사교류 분석

구조적 분석을 기초로 하여 집단원 각 개인이 집단 지도자나 다른 집단원과의 관계에서 행하고 있는 의사교류 혹은 의사소통의 양상과 성질을 파악하는 분석이다.

(3) 게임분석

숨겨져 있기는 하지만, 세련된 보상 행동으로 보이는 일련의 암시적 혹은 이중적 의사교류를 분석한다. 특히 생산적인 방법으로 그들의 시간을 조직하는 데 실패한 사람들이 인정, 자극을 받기 위해 얼마나 게임에 의존하는가를 분석한다.

(4) 생활각본 분석

생의 초기에 있어서 개인이 경험하는 외적 상태들에 대한 자신의 해석을 바탕으로 결정하여 형성된 생활각본을 분석한다.

♣ 심화학습 – 교류분석이론에서 말하는 구조적 요구(갈망)의 의미

1) 인간이 삶을 유지하는 동안 주어진 시간, 즉 인생을 어떻게 보낼 것인가의 방법을 우리 각자가 찾고 발달시키려는 욕구이다.
2) 인간이 자신의 시간을 구조화하는 6가지 방법
   - 철회(withdrawal) : 자기를 타인으로부터 멀리하고, 대부분의 시간을 공상이나 상상으로 지내며, 자기에게 어루만짐을 주려고 하는 자기애에 해당한다.
   - 의례적 행동(ritual) : 일상적인 인사를 하거나 전통, 습관에 따름으로써 간신히 어루만짐을 유지하는 것이다. 상호 간의 존재를 인정하면서도 누구와도 특별히 친하게 지냄이 없이 일정한 시간을 보내게 되는 것이다.
   - 활동(activity) : 풍부한 인간관계와 소극적 인간관계의 중간에 위치하는 방법이다. 건설적인 교류는 밝고 무리가 없는 실용적인 형태를 취하는 것인 반면, 부정적인 교류는 가족이나 아이들과의 시간을 피하기 위해 일에 전념하는 경우다.
   - 여흥(pastime) : 사회적으로 수용될 수 있는 방식으로 수용되는 주제에 대해 이야기하며 시간을 보내는 것이다. 깊이 들어가지 않고 어루만짐을 주고받는다는 점에서 비교적 단순한 보완적 교류에 해당한다.
   - 게임(game) : 심리적 대가를 치르는 반복되는 일련의 저의적 교류이다. 신뢰와 애정이 뒷받침된 진실한 교류가 영위되지 않기 때문에 부정적 어루만짐을 교환하고 있다고 할 수 있다.
   - 친밀성(intimacy) : 두 사람이 서로 신뢰하며 상대방에 대하여 순수한 배려를 하는 진실한 교류이다. 교류분석에서 추구하는 이상적인 시간 구조화 방법이다.

❏ 해결중심 접근 – 해결중심 집단상담

1) 해결중심모델의 기본원리
- 문제삼지 않는 것은 건드리지 않는다.
- 효과가 없다면 그것을 하지 않고 대신 무언가 다른 것을 한다.
- 효과가 있는 것을 알면 그것을 더 많이 한다.

2) 해결중심모델의 중심과정
- 내담자의 강점과 자원을 인정하는 것이다.
- 변화시킬 수 없는 과거보다 현재와 미래에 초점을 맞추는 것이다.

3) 치료자의 역할
- 해결중심적 대화, 알지 못함의 자세

4) 치료기법
- 해결지향적 질문, 치료적 피드백의 메시지(칭찬, 연결문, 과제로 구성

❏ 예술적(심리극, 미술, 음악 등) 접근 등 기타 접근

심리극(psychodrama) – 모레노(Moreno)

1. 심리극의 의의

심리극(心理劇)이라고도 한다. 특히 극의 주제가 사적인 문제를 취급할 때만 사이코드라마라고 하고, 공적인 문제를 주제로 할 때는 소시오드라마(sociodrama)라고 한다. 사이코드라마에서는 일정한 대본이 없고 등장인물인 환자에게 어떤 역과 상황을 주어 그가 생각나는 대로 연기를 하게 하여 그의 억압된 감정과 갈등을 표출하게 하여 적응장애(適應障碍)를 고치는 방법이다. 이 경우 자신이 상대역을 하고 상대방이 자신의 역할을 하는 식으로 역할을 교환하면 타인이 자기를 보는 것처럼, 객관적으로 자신을 볼 수 있으며 통찰하기도 쉽다. 이것을 역할 연기(role-playing)라고 한다. 심리극에는 시나리오가 있어서는 안 되며, 사전에 연습을 해서도 안 되고 오로지 즉흥극이어야만 한다. 특정한 옷을 입을 필요도 없으며 무대도구도 필요하지 않다. 다만 무대장면을 상상만 하면 된다. 그러나 그것으로는 극 속으로 뛰어들 수 없을 경우에는 무대를 어둡게 하거나 여러 가지 색의 조명이 사용된다. 극은 감독이 지도하지만 감독은 환자가 갖고 있는 문제(열등감·심술·적개심 등)를 미리 알고 있어야 한다. 그리고 극이 문제의 핵심에서 벗어나는 경우 감독은 즉시 시정해 주어야 한다. 심리극에는 관객도 있다. 심리극의 관객은 연기를 하는 사람과 똑같은 문제를 가진 사람들로 구성되는 경우가 많기 때문에 극을 보고 극에 참여함으로써 각자의 심리적 장애를 치료하게 된다. 그러므로 이것은 일종의 집단심리요법이 된다. 심리극은 이론적으로는 모레노의 역할이론에 기초를 두고 있다.

2. 주요개념

1) **창조성** : 신 혹은 신의 힘은 단지 세상을 창조하기만 하는 존재가 아니라, 모든 존재들의 본질 내에 기능하는 전형적인 에너지로 계속적으로 활동하는 존재이다.
2) **즉흥성** : 새로운 상황에서 적절한 반응을 하나 낯익은 상황에서 새로운 반응을 하는 것이다.
3) **참만남** : '지금-여기'에서 일어나는 것으로서, 만남뿐만 아니라 서로 깊고 의미있는 수준으로 이해하는 것이다.
4) **지금-여기** : 심리극에서 내담자는 갈등이나 위기 상황을 단순히 이야기하는 것이 아니라 현재 순간에 일어나고 있는 것같이 연기를 한다.
5) **표현되지 않은 정서의 탐색** : 심리극에 참가한 사람들은 실제로 경험했던 것뿐만 아니라 상상으로만 일어나는, 실제로는 일어나지 않은 것까지 연기한다.
6) **정화** : 집단구성원들은 실제 생활에서의 상황을 다루고 자신이 느끼는 것을 표현함으로써 억눌린 감정이 발산되는 경험을 하게 된다.
7) **현실성 검토하기** : 집단구성원들은 다른 구성원들의 가정과 환상을 평가하고 그들이 고려해 보지 않았을 많은 행동 대안들을 제시한다.
8) **역할연기** : 집단구성원들은 다양한 역할을 시도해 볼 자유가 주어지며, 이를 통해 타인에게 보여주고 싶어하는 자신의 어떤 부분에 더 정확히 초점을 맞춘다.

3. 심리극의 기본요소(5가지)

1) **무대** : 심리극의 수단으로 행동표현의 공간적 요소
2) **연출자** : 집단지도자이며 치료자, 극을 이끌어 가며 주인공의 심리적 차원을 이해하고 극중에서의 변화를 관찰하며 나아가 관객들의 반응이나 변화도 탐색한다.
3) **주인공** : 공연의 주체이며 자발적 상태에서 자신의 실생활(대본에 의한 연기보다는)을 묘사하는 이
4) **보조자아들** : 인적요소 즉 주인공, 연출자, 관객외의 인물, 주인공의 상대역할을 한다.
   - 주인공의 중요 타인의 역할을 하며, 살아 있거나 죽었거나 실제이거나 상상되었을 수 있다.
   - 주인공에 의해 제안되었던 지각 대상을 연기한다.
   - 주인공과 이들 자신의 역할들 간에 상호작용을 탐구한다. 이러한 상호작용과 관계를 해석한다.
   - 주인공이 개선된 관계들을 개발하도록 조력하는 치료적 안내자로 연기한다.
5) **관객** : 주인공의 이야기를 통해 자신의 경험, 느낌 등을 공유하며 주인공과 공감,지지하는 역할을 한다.

4. 상담기법

1) **행동연습** : 주인공은 자신에게는 맞는 반응을 찾을 때까지 한 장면을 여러 번 다시 연기할 수 있다.

2) **자기 제시** : 상황을 소개하기 위하여 자기 묘사를 하는 것이다.
3) **역할 바꾸기** : 구성원은 자신이 상상하거나 기억하는 타인의 성격을 잘 묘사하고 다른 관점이나 상황에 대해 충분히 이해하도록 하기 위해 사용한다.
4) **이중기법** : 내담자의 내적 과정의 지각을 풍부하게 하며 종종 음성화되지 않은 사고와 감정들을 표현하도록 하는 것이다.
5) **독백** : 주인공이 생각을 명료화하고 감정들을 좀 더 강렬하게 경험하도록 하는데 도움을 주는 방법이다.
6) **반영기법** : 보조자아가 연기할 때 주인공의 태도, 몸짓, 언어들이 나타나면 이를 반영하여 주인공의 역할을 가정하는 것이다.
7) **마술가게** : 워밍업 단계의 기법으로 사용되며, 가치관이 명확하지 않고 목표가 혼란스러우며 가치들에 우선순위를 매기기 어려워하는 주인공에게 흔히 사용한다.
8) **미래 투사** : 구성원들이 미래에 대한 관심사를 표현하고 명료화하도록 하기 위한 것이다.

5. 집단상담에서의 적용

1) **1단계 : 워밍업 단계**
   (1) 심리극의 본질과 목적에 대해 구성원들에게 간단하게 설명한다.
   (2) 구성원들은 연출자(상담자)에게 간단히 인터뷰를 받는다.
   (3) 구성원들은 몇 분 동안 상담시간에 경험하고 탐색하고자 하는 갈등을 나눈다.

2) **2단계 : 연기단계**
   (1) 과거나 현재 상황, 예정된 사건들을 연기하고 훈습한다.
   (2) 주인공은 가능한 빨리 관계에서의 갈등과 관련된 장면을 연기하도록 독려받아야 한다.
   (3) 모든 연기는 '지금-여기'에 적합해야 한다.
   (4) 주인공은 상황과 관련된 사건, 시간, 장소, 상황, 사람을 자유롭게 선택할 수 있어야 한다.
   (5) 일반적으로 덜 중요한 사건을 먼저 다루는 것이 좋고 더 심각한 경험은 나중에 재연한다.
   (6) 주인공에게 가능한 충실하게 상황을 재구조화하되 정확한 말을 회상하는 데 지나치게 신경 쓰지 않고 연기의 흐름을 유지하도록 조력한다.
   (7) 주인공은 충분히 언어적, 비언어적으로 자신을 표현할 수 있도록 독려 받아야 한다.
   (8) 주인공은 역할 바꾸기, 즉 그 장면에서 각자의 역할을 연기해 볼 수 있다.

3) **3단계 : 공유하기와 논의 단계**
   (1) 공유하기는 개방적이기 때문에 주인공은 냉정한 분석이나 비난 이상의 것을 받을 수 있다.
   (2) 집단구성원들은 다른 사람이 경험을 드러냄으로써 사람은 혼자가 아니라고 느끼고 결속하게 된다.
   (3) 해석과 평가는 주인공이 상처 입기 쉬운 때가 아닐 때 행해진다.

8강 집단상담자와 공동상담자

❏ 집단상담자의 역할

1. 개관

집단상담자는 집단상담의 특성상 인간적인 특성을 갖추어야 한다. 예를 들면 용기, 기꺼이 모범을 보일 의지, 집단구성원들과 함께 한다는 의지, 기꺼이 돌봄을 보일 의지, 긍정적 변화에 대한 믿음, 개방성, 공격에 대처할 때 비방어적이 될 용기, 유머감각, 창의성, 자기수용 등의 특수한 자질을 갖추어야 한다.

2. 집단상담의 집단지도력

집단지도력은 사회적 상호작용의 특수한 형태, 즉 집단과 개인의 목표달성을 촉진하기 위해 다른 사람들에게 영향을 주고 동기화시키도록 개인들 간의 협력이 허용되는 상호간, 의사교류적, 변형적 과정이다.

1) 집단상담자의 역할
   (1) 집단의 방향을 제시하고 집단 규준의 발달을 돕는다.
   (2) 집단의 분위기 조성을 돕는다.
   (3) 집단원의 권리를 보호한다.
      가) 집단의 압력으로 부당하게 어떤 행위를 강요하거나 압력을 가하는 시도를 막는다.
      나) 집단원들 중 어느 누구도 속죄양이 되어 인권을 침해당하는 없도록 한다.
      다) 참여를 원치 않거나, 개인적인 문제를 파헤치는 일을 꺼린다면, 집단원의 거절의 권리를 인정한다.

2) 성장집단에서 집단규범 형성을 위한 상담자 역할
   (1) 자기 개방의 격려
   (2) 솔직한 표현의 격려
   (3) 비생산적인 행동에 대한 개입
   (4) '지금-여기' 자각의 촉진

❏ 집단상담에서 상담자의 기능과 역할

집단의 목적과 설계, 기간의 장단(長短)과 조직 형태, 그리고 상담자의 철학과 이론적 배경 등여러 가지 변인의 차이에 따라 상담자의 역할도 여러모로 달라질 수 있으나, 가장 기본적이고 공통적이라고 생각되는 몇 가지만 살펴보면 다음과 같다.

1) 집단활동의 시작을 돕는다.

상담집단을 처음 시작할 때, 집단원들은 서먹함을 느끼고 어떻게 할 바를 모른다. 이 때 상담자는 솔선하여 모범을 보이거나 느낌 표현을 장려하는 방법으로 집단원들로 하여금 상호작용을 시작하도록 이끌어 주어야 한다.

2) 집단의 방향을 제시하고 집단 규준의 발달을 돕는다.

상담자는 집단의 일방적인 목표를 제시함과 아울러 "'지금-여기'에 초점을 둔다.", "느낌 수준에 강조점을 둔다.", "정직한 피드백의 교환에 힘쓴다." 등의 규준에 제시하여 집단원들이 이에 따라 행동하도록 도와주어야 한다.

> * 집단상담에서의 "지금-여기"란
> - 경험하고 있는 것을 표현할 수 있는 기회를 제공
> - 집단원 간 상호작용의 정서적 강도를 높일 수 있다.
> - 집단에서 일어나는 일에 대한 집단원들의 책임을 자각하게 한다.

3) 집단의 분위기 조성을 돕는다.

상담집단의 주된 목적이 집단원으로 하여금 스스로의 문제를 스스로의 힘으로 해결함으로써 보다 생산적인 인간으로 성장, 발달하게 하는데 있으므로 집단지도자의 과업은 그러한 발달을 이룩하는데 도움이 될 수 있도록 자유롭고 허용적인 집단 분위기를 조성해 주는 것이다.

4) 행동의 모범을 보인다.

집단원에게 바라는 그러한 행동을 상담자 자신이 먼저 시범을 보임으로써 집단원도 그렇게 하도록 돕는다.

5) 의사소통 및 상호작용을 촉진시킨다.

집단상담자는 항상 집단원간의 의사소통의 통로를 막고 있는 장애물을 찾아내도록 도와주어 원활한 상호관계를 이루게 한다. 또 의문을 제기하거나 문제를 명료화하기도 하며, 모든 집단원이 가능한 한 모두 참여하도록 도와준다.

6) 집단원을 보호한다.

상담자는 집단원의 거절할 권리를 인정해 주어야 하며, 집단원 중 몇 사람 혹은 전원이 한 집단원에게 부당하게 압력을 가할 때 즉시 개입하여 그 집단원을 보호해 주어야 한다.

7) 집단활동의 종결을 돕는다.

집단은 정한 시간에 시작하여 정한 시간에 마쳐야 한다. 그리고 집단 전체의 종결 시에는 집단원들로 하여금 실제의 삶에 적용하는 데에 대한 가능성을 제시해 주어야 한다.

집단상담

❏ 효율적인 집단상담자의 특성

집단원들과 정서적으로 함께 하고, 집단원과의 상호작용 속에서 진실된 모습으로 임하는 용기, 자신을 직면하는 기꺼움, 자기인식, 진실성, 진솔성, 정체성, 집단과정에 대한 신념과 열정, 창의성, 상담자 자신의 심리적 건강, 에너지 수준, 활기 등을 유지할 수 있는 힘, 삶의 중심 유지 능력 등

❏ 협동상담자(공동상담자)

2인 또는 그 이상의 집단상담자가 협력하여 한 집단을 이끄는 경우의 집단상담자를 말한다. 주로 초심 상담자가 임상경험이 풍부한 상담자와 함께 동일한 집단을 이끄는 형태로 이루어진다.

1) 장점
(1) 소진가능성 감소 즉, 상담자의 소진발생 가능성을 줄일 수 있다. 한 상담자가 집단을 이끌어 가는 동안 다른 상담자는 문제의 소지가 있는 집단구성원에게 주의를 기울임으로써 서로 소진 가능성을 줄일 수 있다.
(2) 한 상담자가 직접 집단 활동에 참여하거나 집단을 지도하고 있는 동안 다른 상담자는 집단 전체를 객관적인 입장에서 관찰할 수 있다.
　가) 혼자서는 전 집단원을 한꺼번에 모두 관찰하고 그들의 비언어적 의사소통 메시지를 전부 파악하는 것이 어렵다.
　나) 협동상담의 형태를 취하는 경우 두 상담자가 서로 마주보고 앉는 것이 바람직하다.
　다) 각각 자기의 시야에 들어오는 반(半) 정도 이상의 집단원들의 거동을 파악할 수 있다.

2) 단점
(1) 두 집단상담자 사이에 협동이 잘 이루어지지 못하고 경쟁관계에 놓이게 되는 경우, 잘못하면 집단의 유지, 발전에 지장을 초래한다.
(2) 문제점을 해결하기 위해서 이런 사실을 재빨리 자각하고 집단 앞에 솔직히 털어놓고 원만히 해결하면 경쟁이나 적대감도 좋은 집단활동의 자료가 될 수 있다.

❏ 공동상담자 활용의 장점

1) 한 상담자가 직접 집단 활동에 참여하거나 집단을 지도하고 있는 동안 다른 상담자는 집단 전체를 객관적인 입장에서 관찰할 수 있다.
2) 혼자서는 전 집단을 한꺼번에 모두 관찰하고 그들의 비언어적 의사소통 메시지를 전부 파악하는 것이 어려우며 협동상담의 형태를 취하는 경우 두 상담자가 서로 마주보고 앉는 것이 바람직하다.
3) 각각 자기의 시야에 들어오는 반 정도 이상의 집단원들의 거동을 파악할 수 있다.
4) 필요한 경우 두 상담자끼리 상호작용을 함으로 집단원들에게 시범을 보일 수도 있다.

집단상담

9강 집단상담기법과 집단규범의 이해

☐ 집단상담자의 기술

집단상담은 다수가 모여서 진행하는 상담이기에 경청의 어려움이 있다. 따라서 적극적 경청의 기법이 중요하며 공감적 이해와 초점맞추기, 모델링기법, 집단구성원의 적극적 참여를 유도하는 기법이 특히 중요하다. 그 외에 주요기법으로 아래와 같은 것이 있다.

1) 자기노출하기

(1) 집단상담자가 적절한 때에 자기 자신에 대한 정보를 노출하는 기술이다.
(2) 자기노출을 통해 집단원에게 유사성과 친근감을 전달하고 집단상담자와 집단원 간의 보다 깊은 이해를 발달시킬 수 있다.
(3) 과도한 자기개방의 문제
 - 집단상담자가 자기개방을 할 때 고려해야 할 사항
  가) 집단상담자의 역할수행에 방해되는 문제가 있다면 다른 전문가와의 상담을 통해 그 문제를 최우선적으로 해결한다.
  나) 집단작업과 관련된 자기개방은 일반적으로 바람직하다는 점을 기억한다.
  다) 집단에서 자신의 사적인 문제를 개방하고자 한다면, 그 이유와 어느 정도까지 털어놓을 것인가를 고려한다.

2) 피드백 주고받기

피드백은 타인의 행동에 대한 자신의 반응을 상호 간에 솔직히 이야기해주는 과정으로 라포(rapport)형성된 이후에 구체적이고 관찰가능한 행동의 직후에 하는 것이 좋다.

- **긍정적 피드백** : 집단구성원의 강점이나 장점을 드러내어 언어적, 비언어적 행동으로 되돌려 주는 것
- **부정적 피드백** : 집단구성원의 문제행동이나 비생산적인 사고 또는 사고방식을 드러내어 언어적, 비언어적 행동으로 되돌려 주는 것

(1) 피드백 사용 시 주의할 점
 - 분명하고 직접적으로 주어지는 간결한 피드백이 효과가 크다.
 - 내용이나 비언어를 포함한 모든 집단의 전 과정에 대해 피드백을 주는 것이 좋다.
 - 포괄적인 피드백은 피하는 것이 좋다.
 - 피드백은 적절한 시기에 이루어져야 하고 비 판단적이어야 한다.
 - 피드백은 이를 주고받는 사람 간의 관계를 다룰 때 큰 의미를 가진다.

집단상담

- 피드백은 그 집단원에 대해 부정적으로 경험한 것과 마찬가지로 긍정적으로 경험한 것에도 관심을 가지는 것이 좋다.
- 피드백을 통해 상대를 강제로 바꾸려 해서는 안 된다.
- 생각이나 느낌을 나타내는 하나의 지각적 사실로 피드백이 주어져야 한다.
- 변화가 가능한 행동에 대해서 피드백이 주어져야 한다.
- 같은 피드백이라도 여러 사람이 주면 집단역동 때문에 영향력이 더 크다.
- 서로가 잘못 이해하여 오해할 수 있는 소지를 파악하기 위해 피드백을 받을 때는 관심을 기울이고 상대방이 말한 내용을 확인해 본다.

(2) 도움을 줄 수 있는 피드백 종류
  가) **객관적 자료** : 외현적 행동의 관찰이나 용어로 현상을 기술하는데 국한되는 것이다.
  나) **주관적 자료** : 어떤 사람의 행동이 다른 사람의 느낌에 영향을 미치는 것이다.

(3) 집단상담과 피드백
  - 집단상담자의 피드백은 집단원들의 피드백보다 수준이 높기 때문에 쉽게 받아들여지지 않는다.
  - 부정적인 피드백은 긍정적인 피드백 이후에 하는 것이 더 잘 받아들여진다.
  - 피드백을 줄 때 가치판단을 하거나 변화를 강요해서는 안된다.
  - 집단에서 받는 피드백의 영향력은 집단의 발달과정과 관련이 있다.
  - 부정적인 피드백을 주기 전에 집단원들의 자기노출 정도를 고려해야 한다.

3) 명료화 기법
(1) 내담자가 표현을 분명하게 할 수 있도록 격려한다.
(2) 장점으로는 상담자가 내담자의 이야기를 주의 깊게 경청하고 있으며 이야기에 중요성을 부여하고 있음을 보여주는 것이다.
(3) 단점은 내담자가 부담을 느껴 면접의 흐름을 방해할 수 있다는 것이다.
(4) 내담자의 말 속에 내포되어 있는 뜻을 내담자에게 명확하게 말해 주는 것이며 또한 내담자가 보다 분명하게 표현할 수 있도록 도와주는 것이다.
(5) 내담자에게 언급해 주는 내용과 의미는 내담자의 표현 속에 포함되었다고 판단된 것이어야 하고, 명료화해 줄 것은 내담자가 미처 자각하지 못하는 의미와 관계가 있는 것으로 한다.
(6) 내담자가 애매하게 느끼던 내용과 자료를 상담자가 말로 표현해 주기 때문에 내담자는 자신이 이해받고 있고 상담이 잘 진행되고 있다는 느낌을 갖게 해주는 장점이 있으며 내담자가 미처 생각하지 못했던 측면을 분명하게 생각하도록 하는 자극제 역할을 한다.

4) 직면시키기(Confronting)
(1) 맞닥뜨림, 지적하기, 직면하기는 집단상담자가 관심사(문제)에 대한 집단원의 사고, 감정, 행동반응의 모순, 비일관성, 비합리성을 확인하여 지적해주는 기술이다.

(2) 이러한 직면시키기는 흔히 무례하고, 불친절하고, 적대적인 행동으로 지각되기 쉽다.
(3) 그러나 효과적인 집단상담자는 그가 개인적으로 집단원을 싫어하거나 자기의 취향에 맞추기 위해서 지적한다는 인상을 주지 않는다.

5) 침묵에 대한 처리
(1) 경험이 부족한 집단상담자는 집단 내에서의 침묵에 매우 불안을 느낀다.
(2) 효과적인 집단상담자는 침묵에는 그 원인이 있게 마련이고 그 원인은 집단원마다 다를 수 있다는 것을 알고 있으므로 집단원들이 침묵할 권리가 있음을 인정한다.

6) 동질성 찾기(회복하기) - 연결 짓기
(1) 집단원들이 제각기 말한 생각이나 느낌 등의 공통점을 찾아내어 집단의 주제와 관련하여 연관시켜 설명하는 것을 의미한다.
(2) 연결 짓기를 통해서 집단상담자는 한 집단원의 문제와 진술을 다른 집단원의 문제와 연결시켜 집단원 간의 상호교류를 격려하고 촉진한다.
(3) 집단상담자는 이러한 연결 짓기 기술을 통하여 집단원들이 자신의 문제를 보다 객관적으로 보게 하여 자기의 문제가 심각하다거나 비정상적인 것이 아니라는 생각을 갖도록 도와줄 수 있다.

7) 모험하기
(1) 모험하기는 많은 위험이 있어도 자신의 성장에 도움이 되는 행동을 기꺼이 실행하는 것이다.
(2) 집단 상담에서는 다른 사람을 너무 의식하여 자신이 하고 싶은 것을 못하는 집단원에 대해 이러한 모험하기가 많이 활용된다.
(3) 모험하기는 싫으면서도 남에게 싫은 말은 물론 내색도 못하는 집단원에 대해 자신이 좋아하는 순서대로 집단원을 일렬로 세워 보게 하거나 집단원의 부정적인 측면에 대해 집단에 보고하게 하는 것이 좋은 사례이다.
(4) 이성의 신체적 접촉에 대해 너무 큰 부담을 느끼는 집단원일 경우는 가능한 한 많은 집단원에게 신체적 접촉을 경험해 보도록 하는 것이다.

8) 해석
(1) 해석은 단정적이거나 교리적으로 하지 않고 시사적으로 혹은 가설적으로 하며 내담자의 의향을 묻는 형식을 취하는 것이 바람직하다.
(2) 일반적으로 좁은 대인관계 문제보다는 전체 집단의 문제를 우선적으로 다룬다.
(3) 내담자가 무엇을 원하는가?(요구하는 관계), 무엇을 회피하는가?(후퇴하는 관계), 무엇을 두려워하는가?(두려워하는 관계) 등을 중점적으로 해석한다.
(4) 일반적으로 판단이나 주장보다는 느낌을, 과거보다는 '지금과 여기에' 중심으로, '사람들'보다는 '나와 너'를, 간접적인 것보다는 직접적인 것을, 일반적인 것보다는 구체적인 것을, 추측이

나 가정보다는 스스로의 탐색(확인)을, 방어보다는 자기개방 등을 권장하는 지적 및 해석이 필요하다.

9) 감정적 환기법
(1) 집단원들의 핵심적 가치를 변화시키는 데 도움을 주려는 노력이다.
(2) 역할놀이, 유머, 강한 설득 등의 방법을 사용하기도 한다.

> ♣ **심화학습**
> 개인상담에 비해 집단상담 장면에서 활용도가 더 높은 상담기술
> 1) 차단하기
>   집단원이 다른 집단원의 말이나 행동에 방해가 될 때 적절히 차단하는 기술
> 2) 연결하기
>   (1) 집단원들이 제각기 말한 생각, 느낌 등의 공통점을 찾아내어 집단의 주제와 관련하여 연관시켜 설명하는 것을 의미한다.
>   (2) 집단원 간의 상호교류를 격려하고 촉진하는 기술이며 집단원들이 자신의 문제를 보다 객관적으로 보게 하여 자기의 문제가 심각하다거나 비정상적인 것이 아니라는 생각을 갖도록 도와줄 수 있다.
>   cf) 반영하기(감정, 행동, 인지 등에 대한 기술), 직면하기(맞닥뜨림, 지적하기 기술), 해석하기(사실적으로 혹은 가설적으로 설명하는 기술)는 집단상담보다 개인상담에서 더 활용도가 높다.

10) 집단진행 촉진
집단원들이 의사소통의 장애가 되는 것들을 극복하고 열린 마음으로 자신을 표현하도록 돕는 것이다.
(1) 집단원들이 그들의 두려움이나 기대하는 것 등을 솔직하게 표현하도록 돕는다.
(2) 안전하고 수용적인 분위기를 조성하기 위하여 적극적으로 활동한다.
(3) 집단원이 개인적인 문제를 탐색하거나 새로운 행동을 시도해 보려고 할 때 지지와 격려를 보낸다.
(4) 집단원들이 참여하도록 초대하고 도전함으로써 가능한 한 많은 집단원들을 상호작용에 참여시킨다.
(5) 집단상담자에 대한 의존성을 감소시키는 방향(상담자의 집단 개입의 최소화)으로 개입한다.
(6) 갈등이나 의견의 불일치를 공공연히 표현하도록 장려한다.
(7) 직접적으로 의사소통을 하는데 있어서 장애물을 극복하도록 돕는다.

11) 추가기법
폐쇄적 질문법, 직면하기, 차단하기, 연결짓기, 행동제한(cutting-off)

12) 집단상담에서 표출된 갈등을 중재하는 기술
- 부적절한 행동 차단하기

- 갈등관계 당사자에 대해 대면을 통한 해결책 모색
- 의사소통의 명료화와 재진술
- 갈등적 요소, 느낌, 생각을 직접 표현하도록 돕는다.
- 집단응집력을 기반으로 갈등을 다룬다.

❑ 집단규범

집단상담자는 집단구성원들이 기본적으로 지켜야 할 규칙을 집단상담 초기에 제안하고, 적절한 토의를 거쳐 집단규범을 형성하는 것이 필요하다.
집단지도자는 집단원의 바람직하지 못한 행동을 제한할 책임이 있으며 집단원의 인간 자체를 비난하거나 공격함이 없이 그의 비생산적인 행동만을 제한할 수 있는 것이다.

- 집단이 성공하기 위해 구성원들이 지켜야 할 규준(규칙)
(1) 집단 안에서 일어나는 모든 일과 이야기의 비밀 유지하기
(2) 다른 사람의 이야기나 일반적인 이야기보다는 자신의 이야기에 초점 두기
(3) 솔직한 자신의 느낌과 생각들을 나누고 타인의 이야기를 경청하기
(4) 지각이나 결석이 불가피할 경우 미리 집단지도자와 다른 구성원들에게 알리기
(5) 집단상담 과정 중에 인간 대 인간의 참 만남을 경험할 수 있도록 노력하기
(6) 집단에서 결정되는 사항은 구성원들 모두가 논의하고 동의된 것으로 삼기

10강 집단상담자의 자질 및 집단유형

❏ 집단상담자의 자질 등

1. 집단상담자의 자격

1) 개인의 능력수준
   - 집단을 이끌만한 충분한 교육과 훈련을 받았는가?
   - 자신의 능력 정도를 결정하는 기준은 무엇인가?
   - 능숙하게 사용할 수 있는 기법들은 어떤 것인가?
   - 어떤 집단구성원을 가장 잘 상담할 수 있는가?
   - 집단구성원들에게 언제, 어떻게 조언해야 하는가? 등

2) 집단상담자 전문훈련
   - 과제, 작업집단을 위한 전문가 훈련 : 조직발달, 경영, 자문 등
   - 지도, 교육 심리집단을 위한 전문가 훈련 : 지역사회 심리학, 건강증진, 경영, 자문, 교과과정 고안 등
   - 상담, 대인관계 문제해결집단을 위한 전문가 훈련 : 일반상담, 집단상담, 슈퍼비전 등
   - 심리치료집단을 위한 전문가 훈련 : 이상심리학, 정신병리학, 진단평가 등

2. 집단상담자 훈련에서 고려해야 할 기타 사항

1) 집단상담이나 개인 성장집단에 참여함으로써 집단에서 자신의 인간적 특성을 효과적으로 사용할 수 있어야 한다.
2) 훈련집단이나 슈퍼비전 집단에 참여함으로써 효과적인 개입을 위해 필요한 기법을 익힌다.

3. 집단상담자 훈련에서의 윤리

1) 프로그램에 참여하기 전에 무엇을 해야 하는지에 대한 정보를 받아야 한다.
2) 적절하고 유용한 자기노출에 대한 지침이 주어져야 한다.

> ♣ **심화학습 – 집단상담 시 집단상담자의 행동**
> 1) 집단상담자는 집단 활동의 시작을 도우며 집단의 방향을 제시하고 집단 규준의 발달을 돕는다.
> 2) 집단의 분위기를 조성하고 행동의 모범을 보이며 의사소통 및 상호작용을 촉진시킬 뿐만 아니라 집단원을 보호한다.
> 3) 집단활동의 종결을 도와야 한다.
> 4) 효율적인 집단상담자의 특성은 집단원들과 정서적으로 함께 하고 집단원과의 상호작용 속에서 진실된 모습으로 임하는 용기, 자신을 직면하는 기꺼움, 자기인식, 진솔성, 정체성, 집단과정에 대한 신념과 열정, 창의성, 상담자 자신의 심리적 건강, 에너지 수준, 활기 등을 유지할 수 있는 힘, 삶의 중심 유지 능력 등을 갖추어야 한다.

5) 집단원들의 진술에 일일이 반응할 필요는 없으며 필요한 경우 자기노출을 할 수 있다.
6) 질문을 자주하는 집단원의 행동은 집단에 오히려 방해가 될 수 있기 때문에 적절하게 통제하는 기술이 필요하며 소극적인 집단원이라도 적극적으로 참여할 것을 지속적으로 권하면 오히려 부담을 가질 수 있다.

❏ 청소년 집단상담의 실제

1) 집단상담자의 기술 및 문제상황 다루기

과정분석(Processing) : 과정분석은 집단의 발달과정에서 집단원들의 사고와 감정을 촉발시켜 집단논의를 도출해 내는 촉매역할을 하는 것이며 활동경험을 집단원 개개인이 삶과 연관지어 탐색하도록 돕고 과거에 초점을 맞추기보다는 과거경험이 현재에 미치는 영향을 탐색하도록 한다.

2) 집단상담의 준비 및 평가

(1) 집단상담의 계획
 - 집단상담자는 미래의 구성원들에게 집단의 이론적 근거나 목표에 대해서 충분하게 설명한다.
 - 집단에 대한 더 많은 정보를 원하는 모든 사람들에게 간단한 신청서를 나누어 주는 것도 좋다.

(2) 집단상담에서 적용할 상담이론의 결정
 - 집단상담에 적용하는 주요한 상담이론이 무엇인지에 대한 고려가 필요하다.
 - 집단상담자는 자신이 취하는 이론적 입장에 대한 강점과 제한점이 무엇인지에 대한 인식을 갖는 것이 중요하다.

> ♣ **심화학습 – 집단상담 계획서에 포함되어야 할 내용**
> * 집단규칙은 집단상담계획서에 포함되지 않는다.

3) 집단상담 진행장소 등

(1) 집단상담이 열리는 환경은 집단의 분위기와 집단 내 상호작용에 영향을 미치게 되기 때문에 매우 중요하다.
(2) 집단상담 프로그램의 진행 공간의 크기는 집단원 간의 관계에 영향을 미칠 수 있다. 또한 집단원들의 비밀이 보장되고 편안함을 느끼며 방해를 받지 않는 장소라면 어디에서든 이루어질 수 있다.

4) 집단의 크기

(1) 집단의 크기는 집단 구성원의 수를 의미하며, 보통 6명에서 15명의 범위 정도인데, 8명이 가장 이상적이며 공동의 집단리더가 있을 경우 15명까지도 무방하다.

> ** 어린이집단은 3~4명이 적당하다고 본다.

(2) 집단의 크기는 모든 집단원이 원만한 상호작용을 할 수 있을 정도로 커야 하며, 동시에 모든 집단원이 정서적으로 집단 활동에 관여하여 집단에서 감정을 느낄 수 있을 정도로 작아야 한다.
  가) 집단원 수가 너무 많을 경우
    - 개인적 문제를 다룰 시간이 줄어들기 때문에 서로 이야기하려는 경쟁이 치열하여 문제가 발생한다.
    - 자기주장이 강하지 못한 집단원들은 그들의 생각을 표현하기가 더욱 어려워지게 된다.
  나) 집단원수가 너무 적을 경우
    - 집단으로서 기능하지 못하며 개인 상담을 하는 경우가 종종 생기게 된다.
    - 집단에서 일어나는 집단 역동성을 활용할 수 있는 기회가 줄어들어 문제가 발생한다.
    - 집단원들이 말을 하지 않고 조용히 앉아있고 싶어도 그렇게 하기가 어려워서 심리적 압박을 받게 된다.

5) 집단의 구성형태
(1) 동질/이질집단
  가) 동질집단은 비슷한 특성을 가진 사람들이 모인 집단으로 특정한 요구를 지닌 집단일 때 더 적절한 반면, 이질집단은 다양한 특성을 가진 사람들로 이루어진 집단으로 개인 성장 집단일 때 많은 장점을 지닌다.
    - **동질집단(homogeneous group)** : 구성원들의 인구통계학적 배경 즉, 성별, 연령, 인종, 민족, 종교, 성장배경, 출신지역, 교육수준, 사회경제적 지위, 직업 등이 유사한 사람들로 구성된 집단의 형태
    - **이질집단(heterogeneous group)** : 구성원들의 인구통계학적 배경과 특성이 서로 다른 사람들로 구성된 집단의 형태이다.
  나) 동질집단의 장점과 단점
    ① 장점
      - 출석률이 높고 보다 쉽게 공감이 이루어지며 상호 간에 즉각적인 지지가 가능하다.
      - 상호 간 갈등이 적고 응집성이 빨리 발달하며 집단 소속감의 발달이 쉽게 이루어진다.
    ② 단점
      상호 간에 피상적인 관계에 머무르며 영속적인 행동의 변화 가능성이 낮다.
  다) 이질집단의 장점
    ① 다양한 대인 간의 상호작용이 가능하기 때문에 상호 간에 의미 있는 자극을 주고받을 수 있다.
    ② 서로 간의 차이점을 발견하고 이해하게 되며 현실 검증의 기회도 더 풍부하게 된다.

♣ **심화학습 – 남녀구성문제**
청소년 대상 집단상담에서는 혼성적인 집단이 동성적 집단보다 더 바람직하다. 다만, 15세 이전의 청소년들은 성적 정체감에 몰두하여 다른 동성 또래들과 비교하려는 욕구가 강한 시기이기 때문에 동성 집단이 더 바람직하다.

❏ 구조화 집단, 비구조화 집단, 반구조화 집단

1. 구조화 집단
- 상담자에 의해 통제되며 정해진 절차에 따라 지시적으로 진행되는 집단이다.
- 고도의 조직성을 띠며 조직화된 역할연습을 통해 구성원들 사이의 친밀관계를 형성하는데 도움이 된다.
- 구조화된 집단을 시작할 때 참여자들은 그들이 문제영역에 얼마나 잘 대처하는지에 관한 질문지를 작성하는 것이 일반적이다.
- 어떤 집단은 구조화된 연습, 읽기, 숙제, 계약을 사용한다.
- 집단이 종결하게 될 때 또 다른 질문지가 종종 참여자들의 성장을 평가하기 위해 사용된다.

2. 비구조화 집단
- 사전에 정해진 활동은 없으며, 구성원 개개인의 경험과 관심을 토대로 상호작용함으로써 집단의 치료적 효과를 얻고자 하는 집단형태
- 구조화 집단보다 지도자의 전문성이 더욱 요구된다.
- 집단원들이 중심이 되는 집단으로 비조직적인 형태를 띠게 된다.
- 지나치게 비조직적인 집단은 혼란스럽게 보내는 시간이 많을 수 있어 시간과 에너지를 낭비할 수 있는 문제점이 있다.
- 집단원들의 불만과 욕구 좌절로 집단 활동 및 개인 성장에 방해 요인이 될 수 있다.
- 또한 말수가 적고 수줍어하는 사람은 소극적으로 가만히 있기 때문에 변화를 기대하기 어려울 가능성이 있다.
- 주요내용으로는 대인관계 실험실, 감수성 훈련 등을 들 수 있고 참만남집단, 대인관계 실험집단, 감수성 훈련, T집단, 자조집단

3. 반구조화 집단(semi-structured group)
- 비구조화 집단의 형태를 토대로 운영하되, 필요에 따라 구조화 집단을 혼합한 집단의 형태이다.

❏ 집단의 개방성 여부에 따라

1. 개방집단
① 개방집단은 집단이 허용하는 한도 내에서 중도에 탈락하는 집단원의 자리를 새로운 구성원으로 대치할 수 있다.
② 개방집단의 장점으로는 새로운 자극을 집단에 제공할 수 있으며 새 집단원은 기존 집단원을 모방하여 집단의 과정과 집단기술에 대하여 배울 수 있다.
③ 새로운 아이디어의 도입으로 분위기 조성에 좋은 경우가 있다.
④ 단점으로는 너무 많은 집단원들이 나가거나 새로이 들어오는 경우 집단 응집력이 발달하기

어려우며 새로운 집단원이 들어옴으로써 분위기가 흐트러지기 쉬우며 새로운 집단원은 이미 토의한 내용과 집단 기능에 대해 생소해서 갈등을 초래할 소지가 있다.

2. 폐쇄집단

집단상담의 시작 시 참여했던 구성원들만으로 끝까지 유지되는 집단이며 도중에 탈락자가 생겨도 새로운 집단원을 받아들이지 않는다.

① 장점

집단의 안정성과 집단응집력이 강하며 회합을 준비하기가 쉽고 협력이 잘 나타난다.

② 단점

새로운 아이디어, 정보의 제공이 어렵고 장기집단으로 유지하기 어렵고 집단적 사고에 빠지기 쉽다. 또한 새로운 아이디어의 도입이 불가능하고 비효율적인 집단이라고 하더라도 순응할 수 밖에 없다.

11강 집단구성/청소년집단상담의 특징 등

☐ 집단성원의 선발

집단상담자는 자신의 이론적 지향점과 일치하는 구성원을 선별하는데, 가능한 한 집단의 목표와 요구에 부합되는 구성원을 선택해야 하며, 그러한 구성원은 집단과정을 방해하지 않고 집단경험을 통해 행복을 유지, 향상시켜야 한다.

☐ 집단프로그램 참여자 모집공고

① 집단의 유형
② 집단의 목적
③ 만나는 시간과 장소
④ 집단에 가입하는 절차
⑤ 집단 상담자로부터 집단원들이 기대할 수 있는 것
⑥ 집단 상담자의 자질과 배경에 대한 진술
⑦ 집단에 적합한 사람들을 결정하는 지침
⑧ 가입비
⑨ 집단에서 사용될 기법이나 절차
⑩ 회기의 기록(녹화, 녹음) 여부
⑪ 집단 리더와 집단 구성원들의 권리와 책임(집단과 관련된 개인적인 위험) 등

☐ 비자발적인 청소년의 참여 동기를 촉진시키는 방법

1. 집단원이 수용받는 경험을 하게 한다.
2. 집단을 거부할 권리나 비밀유지 등을 고지한다.
3. 집단에 대한 자신의 마음을 표현할 수 있는 시간을 충분히 가지게 한다.
4. 상담자는 진실하게 대하고 집단원의 욕구와 특성에 맞는 흥미롭고 창의적인 활동을 계획한다.
5. 명령이나 강제로 참여하게 된 집단원에게도 상담 내용과 목표에 대해 알려주는 것이 참여 동기를 촉진시키는 방법이다.

☐ 집단상담의 평가

1. 집단 활동을 통해 어느 정도의 목표가 달성되었으며 얼마만큼의 진전이 이루어졌는가에 대하여 알아보는 과정이다.

2. 집단평가의 방법 : 공개토의 방식, 단어연상법, 관찰자나 기록지를 이용하는 방법, 녹음이나 녹화장치를 이용하는 방법, 측정도구를 이용하는 방법
3. 집단평가의 기회
   가) 매 회기 종료 시점
   나) 집단회기의 중간 시점
   다) 집단회기 마지막 시점
   라) 추후평가
4. 집단상담 평가
   1) 매 회기마다 실시할 필요가 없는 상담과정이다.
   2) 평가의 일차적인 목적은 목표관리이다.
   3) 평가의 주체는 집단상담자이며 대상은 집단원이다.
   4) 평가 내용에는 집단의 분위기, 응집성, 의사소통 형태, 인간관계 형태 등이 포함된다.
   5) 평가의 주체와 대상이 다르다는 것은 상담자와 집단원이 동반체제가 되어 집단상담을 진행해야 함을 의미한다.
5. 집단평가의 내용 – 젠킨스(Jenkins, 1961)의 집단자체에 대한 평가
   가) 목표지향적인 방향성
   나) 집단토의나 활동의 성취도
   다) 성취 혹은 진전의 속도
   라) 집단자원의 활용도
   마) 집단활동의 개선책

☐ 추후면담

가) 집단의 마지막 상담에서 집단경험을 토론하고 추후 면담일정을 정하는 것이 바람직하다.
나) 추후 면담은 집단상담자에게 집단의 결과를 평가할 기회를 제공하며, 동시에 구성원들에게 집단이 자신과 동료에게 미친 효과에 대해 생각할 기회를 제공한다.
다) 개인면담 실시
  - 전체집단에서 나누지 못한 반응들을 공유한다.
  - 집단상담자는 1대1 접촉을 통해 구성원들에게 관심을 갖고 배려하고 있음을 보여주어야 한다.

☐ 청소년 집단상담의 개요/특징

1. 청소년 집단상담의 개요
 1) 청소년 집단상담의 의미
  한 명의 상담자와 여러 명의 청소년들이 함께 모여 일정기간 동안 정기적으로 만나면서 생활 과정에서 직면하는 문제나 사건 등 그들의 관심사에 대하여 각자의 느낌, 반응행동, 생각들을 대화

로 서로 교환하는 가운데 허용적, 현실적, 감정 정화적, 상호 신뢰적, 수용적, 지원적인 집단의 응집력과 치료적 분위기를 통해 상호 이해를 촉진함으로써 긍정적 변화를 모색하는 목적을 가진 집단 활동이다(한국청소년상담원).

> ♣ **심화학습 – 청소년집단상담이 적합한 이유**
> (1) 청소년들은 부모나 상담자와 같은 사람들로부터 이질감을 느끼고 또래친구들에게는 많은 영향을 받기 때문이다.
> (2) 집단상담에서 다른 또래 참여자들의 피드백은 청소년들이 자신을 이해하는 데 큰 영향을 미치기 때문이다.
> (3) 집단상담이 청소년의 공통 관심사이며 발달 과업인 자아정체감에 크게 기여할 수 있기 때문이다.

> ♣ **심화학습 – 청소년에게 있어서 집단상담의 장점**
> (1) 청소년들의 '자신만이 특이하다'는 생각에 또래집단에서 감정과 경험을 나눔으로서 도전의식을 제공한다.
> (2) 상담자가 제공하는 안전한 구조 속에서 독립적 행동을 연습한다.
> (3) 개인상담 시 성인과의 관계에서 오는 불편함을 감소시켜 준다.
> (4) 청소년기의 자기애적 사고에 도전하게 한다.
> (5) 감정이입, 존중, 상대방에 대한 관심 등 새로운 사회적 기술을 연습시킨다.
> (6) 집단원들의 자아 강도를 높일 수 있는 기회를 제공한다.

2) 청소년 집단상담의 지침
(1) 자기수용과 자존감을 형성한다.
(2) 타인과의 차이를 존중하고, 타인을 위한 진정한 사랑을 키운다.
(3) 갈등을 탐색하고 자신에게 맞는 해답을 찾는다.
(4) 가치관을 명료화하고 자신의 인생철학을 검토한다.
(5) 노력하며 사는 법과 의사결정하는 방법을 배우고, 이러한 선택의 결과를 수용한다.

3) 청소년 집단상담의 목표
(1) 청소년들이 성장, 발달하고 변화하도록 돕는다.
(2) 청소년들이 각자의 환경을 수용하고 이에 적응하도록 돕는다.
(3) 청소년들이 그들의 발달과정에서 발생하는 다양한 요구를 충족시키고, 그들의 느낌과 태도를 점검하는 것을 배우고, 그들의 행동을 동기의 측면에서 이해하고, 자신의 능력에 자신감을 갖도록 돕는다.
(4) 청소년들이 집단 상호 인간관계를 통하여 다른 사람들을 이해함으로써 새로운 관점으로 자신과 타인을 보며, 일상생활의 문제해결과 의사결정에 도움이 되는 가치 체계를 발견하도록 돕는다.
(5) 청소년들이 자신에게 관심 있는 문제를 해결하는 과정에서 새로운 관점을 발달시키고, 자유롭고, 충분히 융통성이 있도록 돕는다.

2. 청소년 집단상담의 특성
1) 자존심의 회복

열등감을 극복하고 자신감과 자존심을 높이기 위하여 다양하고 폭넓은 경험을 하는 가운데 자신의 느낌을 인식하고 수용하며, 주변의 많은 사람들과 자신의 경험, 생각, 느낌, 희망, 신념 등을 자유롭게 교환하는 기회를 가져야 한다.

2) 성적 갈등의 해소
사춘기에 접어들면서 이성에 호기심과 관심이 많으며 이성과 친밀한 관계 형성을 원하면서도 이성과의 접촉을 두려워할 수 있는데, 상담을 통해 성적 갈등의 해소를 도모할 수 있다.

3) 외로움과 고립감의 극복
신체적, 심리적, 사회적으로 급격한 발달과 성장에 따른 변화를 경험하면서 외로움과 고립감에 빠지기도 한다. 자신의 삶의 목표를 발견하기 위해서 고통스런 과정이 있어야 하고, 그 과정에 직면해야 한다.

4) 새로운 가치 추구
집단 내의 다른 사람에 대한 관심과 이해는 자기주관에 빠지기 쉬운 청소년들에게 귀중한 사회 경험을 가능케 하며 부모나 교사의 일방적 주문에 의한 가치와 생활양식이 그들 자신의 삶의 목표라는 기준에 맞추어 재정립되어야 한다.

5) 자아의 발견과 진로 결정
청소년들은 부모로부터 심리적, 물리적 독립을 준비하여야 하며 이는 직업을 선택하고 진로결정을 통해 가능해지고 가장 바람직하고 만족스런 진로결정은 자아정체감의 발달이 이루어질 때 가능해진다.

6) 자아정체감의 발달
청소년기의 주요 발달 과업인 자아정체감은 과거, 현재, 미래에 걸쳐 일관성 있는 자기 자신의 모습에 대한 느낌이며 발견인데, 자기이해를 통한 변화를 추구함으로써 자기 자신의 삶의 목표와 삶의 방식을 추구하며 일상생활에서 직면하는 발달상의 각종 문제에 대한 생각, 느낌, 행동의 변화를 모색한다.

❑ 청소년 집단 상담 참여자의 권리와 책임

1. 집단 상담에 참여하기를 희망하는 청소년들의 선발은 집단 상담의 성공을 위해서 뿐만 아니라 변화를 희망하는 청소년 참여자들의 권리를 보호해야 하는 윤리적인 측면에서도 아주 중요하다.
2. 어떤 청소년들은 다른 참여자들에게 심리적 부담을 주기 때문에 집단 참여자를 선발하는 과정은 신중을 기해야 한다.
3. 집단 참여를 희망하지 않는 청소년을 무리하게 참여시키려는 상담자는 무책임하며 비윤리적이며 집단 상담의 과정에 이러한 활동과 내용이 부분적으로 포함되어 있다면, 참여자들이 미리 알고 있어야 한다.
4. 흔히 집단 상담에서 참여자들은 그들의 관심 사항의 하나로 성적 느낌에 대해 터놓고 얘기하도록 고무될 수 있는데, 청소년 혼성 집단에서는 실제 성적 접촉으로 발전되지 않도록 조심해야 한다.

5. 참여자들 사이에 알게 모르게 서로 인격과 권리를 침해할 수 있는 사항에 대하여 미리 참여자들 모두 약속하는 형태의 규범을 만드는 것이 좋다.

☐ 청소년 집단상담의 윤리

1. 참여자에 대한 서면동의를 받아야 한다.
2. 집단에 참가하기 전에 내담자가 알아야 할 정보를 알려야 할 의무가 있고 집단상담 동안 집단구성원들의 권리에 대해 분명히 인식하고 사전이나 도중에 알려야 할 사항에 대해서는 반드시 알려야 한다.
3. 집단 참여자들은 집단 상담의 목표를 분명히 알 권리가 있다.
4. 집단 상담에서 가장 중요한 윤리 문제가 비밀 보장이며 상담 과정에서 상담자는 집단과 관련된 구체적 사항을 집단 밖에서는 논의하지 않도록 구성원들에게 상기시켜야 한다.
5. 청소년 집단 상담에 참여한 청소년들이 심리적 혼란을 느끼는 경우가 발생하는데 즉, 치료적 기능이 강한 청소년 집단 상담은 긍정적 변화에 효과적이지만 그들의 본래 모습을 혼란시킬 수 있다. 이럴 경우 상담자가 이런 위협의 가능성을 참여자에게 알려주는 것이 중요하며 이러한 위협이 상담 초기에 논의되어야 하며 상담자는 이러한 위협을 줄이기 위한 방안을 참여자들과 논의해야 한다.
6. 상담자는 참여자들이 자신을 위해 무엇을 탐색하고 어떻게 대처할 것인지 결정할 권리가 있음을 강조해야 한다. 상담자는 집단의 압력에 민감하고, 참여자들이 다른 사람이 원하지 않는 어떤 것을 하도록 하려는 어떠한 시도도 차단해야 한다.
7. 집단 경험 후 참여자들은 그들의 삶뿐만 아니라 가족들의 삶에도 영향을 미치는 성급한 결정을 내릴 수 있다.
8. 참여자들에게 또 다른 위협은 집단 내의 활동을 바깥으로 옮기려는 시도에서 나타날 수 있다. 외부에서 만나는 것을 거부하는 것이 집단 경험의 가치를 완전히 저하시킬 수 있다.

♣ 심화학습 - 청소년 집단상담에서 집단원의 행동을 제한해야 할 때

- 지나치게 질문만 계속할 때
- 제 삼자를 험담할 때
- 집단 외부의 이야기를 길게 늘어놓을 때
- 다른 집단원의 사적인 비밀을 캐내려고 할 때

♣ 심화학습 - 청소년 집단상담의 유의사항

1. 윤리적 원칙과 법규를 고려하여야 한다.
2. 종결을 사전에 고지하고 준비시켜야 한다.
3. 약물남용의 경우는 비밀보장의 원칙을 철회하고 보호자에게 알려야 한다.
4. 집단원으로 하여금 참여 동기와 기대, 집단 규칙 등에 대해 언어로 표현하게 하는 것이 효과적이다.

12강 청소년집단상담의 진행상 특징/진행자 자질 등

❏ 청소년 집단상담의 진행상 특징

- 다양한 활동을 비교적 많이 사용하는 이유

1) 상호작용을 생성하고 집단에 초점을 둔다.
2) 경험적 학습의 기회를 제공
3) 재미와 긴장완화를 제공/편안한 참여의 계기가 된다.
4) 지도자에게 유용한 정보를 제공한다.
5) 초점을 이동시킬 수 있고, 심화시킬 수 있다
6) 토론을 할 수 있게 되고, 집단을 집중시키는데 도움이 된다.

> ♣ **심화학습 – 청소년집단상담을 위한 구조화된 프로그램의 기본요소**
> 1. 집단 참여로 인해 긍정적인 변화가 가능하다는 것을 강조한다.
> 2. 공동체의식을 증진하고 바람직한 사회 역할에 참여하려는 희망을 고취한다.
> 3. '지금 - 여기'를 강조한다.
> 4. 적절한 사회적 기술을 강화한다.
> 5. 자기 가치에 대한 느낌을 탐색하고 자신의 성취에 대한 자신의 감정을 평가한다.
> 6. 학생의 교사를 상담자, 사회사업가나 심리학자와 함께 동료 상담자로 참여시키는 것이 중요하다.

❏ 주제별 청소년 집단상담 프로그램의 개요

주제	프로그램	
사회성	- 부끄러움 극복을 위한 집단상담 - 친구 사귀기 프로그램	- 대인관계 향상을 위한 집단상담 - 갈등관리 프로그램
학습	- 집중력 향상을 위한 집단상담 - 시험불안 극복을 위한 집단상담	- 학습습관 향상을 위한 집단상담
진로	- 진로탐색 프로그램	- 진로의사결정 훈련 프로그램
정서	- 대인 불안 극복을 위한 집단상담 프로그램 - 스트레스 대처 훈련을 위한 집단상담	- 분노조절을 위한 집단상담 프로그램
부적응	- 우울과 자살관련 학생들을 위한 집단상담 - 약물남용 청소년을 위한 집단상담	- 비행청소년을 위한 집단상담 - 부적응 학생을 위한 적응력 강화 프로그램
성장	- 가치명료화를 위한 집단상담 - 마음의 대화 프로그램 - 또래상담자 프로그램	- 자아성장 프로그램 - 성취동기 육성을 위한 집단상담 - 도덕성 증진 프로그램
기타	- 성교육 - 섭식장애아를 위한 집단상담 프로그램 - REBT 집단상담	- 말더듬을 위한 집단상담 - EQ 향상을 위한 집단상담

❏ 청소년 집단상담자

1. 청소년 집단상담자가 갖추어야 할 전문적 자질(지식)
1) 청소년마다 발달적인 접근이 다르기 때문에 치료적·예방적·발달적 집단을 다른 관점에서 이끌어간다.
2) 청소년의 부모와 협력할 수 있는 기술을 갖는다.
3) 각 연령집단의 발달과업을 이해한다.
4) 청소년 집단원에게 적합한 의사소통 기술을 갖춘다.
5) 자신의 가치관이 다문화 청소년에게 미칠 수 있는 영향을 인식한다.
6) 자신과 타인을 이전과 다르게 보고 느낄 수 있는 유일한 경험을 제공하며 이전과 다르게 행동하도록 격려하고 지지한다.
7) 더 나아가 일상생활에서 경험하는 문제들을 점검하고 이러한 문제들에 대응하는 다양한 방법들을 서로 교환할 수 있는 기회를 제공한다.
8) 청소년 집단상담은 서로 영향을 주고받는 경험과 함께 다른 사람에게 미치는 자신의 영향력을 분석하도록 만들어주는 기능이 있다.

2. 청소년 집단상담자의 기본자세

⑴ 용기내기	⑵ 모범을 보이기
⑶ 심리 상태에 동참하기	⑷ 선의의 관심 갖기
⑸ 집단상담의 효과에 대한 신념 갖기	⑹ 개방적인 자세 취하기
⑺ 공격에 대응하는 능력 함양하기	⑻ 자신감 갖고 영향력 발휘하기
⑼ 자아를 인식하기	⑽ 창의적 태도 지니기

❏ 코리(Corey)가 주장한 유능한 집단상담자의 개인적 특성

1) 개인적인 힘 : 자신이 타인에게 미치는 영향력을 인식하며, 집단원들의 역량을 강화시키는 것
2) 용기 : 상담자라는 역할 뒤에 숨지않고 실수를 인정하며 자신의 신념과 통찰에 따라 행동하는 것
3) 집단과정에 대한 신뢰 : 집단의 치료적 힘을 믿고 집단내에서 발생하는 갈등을 조정하기 위해 노력하는 것
4) 유머감각 : 자기자신에 대해 웃을 수 있고 자신의 인간다운 취약점을 유머감각으로 함께 볼 수 있는 능력
5) 함께 함 : 자신의 감정을 자각하고 표현하며 집단원들과 마음을 함께 나누는 것.

❏ 청소년 집단상담자의 유의 사항

1) 집단상담 기법의 사용뿐만 아니라 자신의 개인적 가치체계를 통하여 집단 구성원들에게 미칠 수 있는 자신의 영향력에 주의를 기울여야 한다.
2) 집단상담에 참여하는 과정에 부수하는 심리적 부담에 주의를 기울여야 한다.

집단상담

3) 집단 구성원들의 목적을 분명하게 재정의해야 한다.
4) 집단 구성원들과 함께 비밀보장과 집단의 규범에 대해 논의해야 한다.
5) 비밀보장의 한계
   (1) 전문가의 입장에서 볼 때 집단구성원이 자신이나 다른 사람 혹은 기물에 심각한 위협을 끼칠 것으로 판단되는 경우
   (2) 아동이나 노인의 학대, 방임 및 폭행이 의심되는 경우
   (3) 법원으로부터 정보를 제공하라는 명령을 받는 경우
   (4) 슈퍼비전을 받고 있는 경우
   (5) 집단구성원이 서면으로 허락한 경우
6) 자신의 심리적 욕구충족을 위하여 집단 구성원들을 대하지 않도록 진지한 존중심을 보인다.
7) 각 회기의 종결 단계에서 구성원들이 그들의 생각과 느낌을 말할 수 있도록 격려하고 충분한 시간을 할애해야 한다.
8) 집단 구성원들이 집단에서 학습한 내용을 그들의 일상생활에 활용하려고 시도할 때 다른 사람들로부터 받을 수 있는 부정적인 반응에 효율적으로 대처하도록 도와야 한다.
9) 자신의 집단상담자 기법과 효율성을 높이기 위해 집단상담의 효과를 평가할 수 있는 방법을 개발해야 한다.
10) 집단 구성원들의 권리를 보호하기 위하여 첫째, 말하고자 하는 것만 말하도록 허용하고 둘째, 집단의 압력으로 어떤 행위를 강요하려는 시도를 막으며 셋째, 구성원들 중 어느 누구도 속죄양이 되어 인권을 침해당하는 일이 없도록 해야 한다.

13강 집단지도자의 윤리/참여자의 권리 등

❑ 청소년 집단상담과 법적책임, 과실

1) 미성년자와의 상담에서는 법률에서 요구하지 않더라도 부모의 서면허가를 확실하게 받아야 한다.
2) 집단상담자가 일하는 기관의 지침이나 치료한계에 대한 법에 대해 알아야 한다.
3) 불참을 예고하는 집단구성원의 심리적 취약의 징후에 주의를 기울여야 한다.
4) 집단구성원이 자신이나 타인에게 위험한 행동을 할 경우에 사전에 이를 평가하고 개입하는 방법을 배워야 한다.
5) 집단상담자가 받은 교육, 훈련, 경험의 한계 내에서 구성원을 치료해야 한다.
6) 최신 연구들을 알고, 이 정보를 집단의 유효성 증가를 위해 적용시킬 수 있어야 한다.

❑ 윤리와 규범

집단상담의 윤리규준에는 집단참가자의 권리, 참가자와 집단지도자 간의 관계 윤리, 집단 지도자의 행동 윤리, 참가자들 간의 사회적 관계 윤리 등이 있다.

1. 집단상담에서의 윤리적 쟁점들

1) 집단에서 비밀을 유지하기 위해서 상담자가 할 수 있는 방안은 무엇인가? 한 집단구성원이 비밀유지 약속을 어겼을 경우, 그 구성원에게 어떻게 할 것인가?
2) 집단의 일원으로서 겪을 수 있는 심리적 위험은 무엇인가? 이러한 위험은 어떻게 최소화할 수 있는가?
3) 비자발적인 집단구성원으로 구성된 집단을 이끌 경우 어떤 특수한 윤리적 쟁점이 발생할 수 있는가?

> ♣ **심화학습 – 집단상담의 윤리와 규범**
> 1. 집단상담 중에는 집단원에게 익숙한 사회적 규범과 다른 행동을 요구하기도 한다.
> 2. 규범이 명확할수록 집단상담 진행에 도움이 된다.
> 3. 집단원의 권리와 집단의 권리 모두 존중되어야 한다.
> 4. 집단에서 권장하는 행동 등과 같은 긍정적인 규범도 있다.
> 5. 집단상담의 궁극적인 요구는 집단원의 변화에 초점을 두어야 한다.

❑ 참가자와 집단상담자 간의 관계 윤리

1) 집단상담자와 참가자 간의 개인적 사회적 관계에서의 적절성이 문제가 될 수 있는데, 기준은

그러한 사회적 관계가 치료적 관계를 방해하느냐의 여부이다.
2) 집단 상담자는 집단에 참여하고자 하는 참가자의 능력을 손상시키거나 자신의 객관성과 전문가적 판단을 방해하는 참가자들과의 이중관계는 피해야 한다.

❑ 집단상담자의 행동윤리

1) 집단상담자의 가치관이 집단에 영향을 미칠 수 있는데, 집단상담자는 자신의 가치관을 명확히 인식하고 집단 상담에서 적절할 때에 솔직히 표현할 수 있어야 하지만, 집단상담자는 가치중립적이어야 하고 자신의 가치관을 지도력과 구분해야 한다.
2) 집단상담자가 개인의 의도대로 집단을 이끌어 가거나 참가자들의 희생을 통해 자신의 욕구를 충족시킬 때 문제가 된다.
3) 집단상담자는 자신의 가치관이 집단과정을 어떻게 방해하는지 인식하고 있어야 한다.
4) 집단상담자가 집단에서 사용한 기법들은 이론적 근거를 바탕으로 해야 하는데 집단상담자가 친숙하지 않은 기법을 사용하거나 기법을 기법만으로 사용하거나 자신의 의도대로 집단을 이끌기 위해 사용할 때 이러한 기법들이 오용될 수 있다.
5) 상담기법들은 참가자의 이익을 위해 사용되어야 하며 정서를 잘 표현하도록 하기 위해 사용되어야 하며 참가자들이 새로운 행동을 시도해볼 수 있도록 도움을 주기위해, 참가자들을 존중하면서 섬세하고 적절하게 사용되어야 한다.

❑ 참가자들 간의 사회적 관계

1) 참가자들이 집단 내에서 소집단을 만들거나 다른 참가자들에 대한 소문을 만들거나 집단상담 시간에 탐색해야 될 문제에 대해 외집단에서만 논의하고 원 집단에서는 꺼리는 경우 이러한 것이 윤리적인 문제가 될 수 있다.
2) 이 때에는 원 집단에서 얘기하는 것이 집단의 응집력에 도움이 된다는 것을 가르쳐야 하고 이 문제에 대해서 토론하는 기회를 가지는 것이 좋다.
3) 문화적으로 다양한 참가자를 상담할 때 상담자는 참가자의 문화적, 윤리적 배경에 맞추어 기법을 수정하여 사용해야 한다.
4) 집단상담자 직업윤리 조항에 따라 치료하고 법을 지켜야 하는데, 전문적 치료에 영향을 주는 법률을 숙지해야 한다.

❑ 집단 지도자의 행동 윤리

집단 상담자의 개인적인 가치관과 집단 장면에서 활용하는 기법이 집단 목적의 달성에 저촉되지 말아야 할 것과 집단을 자기의 이익에 맞게 이용하는 등의 부당한 행동을 삼가도록 해야 한다.

1) 상담자의 가치관을 집단에 전혀 투영하지 않을 수 없기 때문에 특히 집단 참여자들의 가치관과 갈등이 발생할 경우에는 상담자 자신의 가치관을 공개하는 것이 필요하다.

2) 집단 지도자는 사용되는 집단 기법이 집단 과정을 촉진하고 참여자들의 이익에 부합하는가를 자각 또는 확인해야 하고 그 사용 결과에 대한 책임 의식을 지녀야 한다.
3) 윤리적 행동 지침
   가) 상담자가 익숙하지 않거나 확신이 없는 기법을 집단에 부과하지 말아야 한다.
   나) '게임'이나 '연습'과 같은 기법을 필요 이상으로 투입하여 집단 참여자들 간의 충분하고 자연적인 의사 및 감정 소통을 방해하지 말아야 한다.
   다) 실제 생활 장면과 갈등적이거나 내담자들의 인지·정서 기능에 부담이 되는 기법을 도입하지 않는다.
   라) 집단 지도자가 집단 참여자들과 부적절한 개인적 관계를 갖지 않는다.
   마) 이중관계
      - 넓은 의미에서 상담자와 내담자 사이에 상담관계 이외에 다른 관계가 동시에 형성되어 있는 경우이다.
      - 이중관계가 형성되어 있을 경우 상담관계를 시작하지 않는 것이 좋다.
      - 상담자들은 내담자에 대해 영향력을 가진 지위에 있는 경우가 많고 자칫 내담자로부터 받고 있는 신뢰나 의존성을 이용해서 착취할 가능성이 있기 때문이다.

❏ 참여자의 권리와 책임

- 집단 참가자의 권리
1) 자신이 기대하거나 원하는 것이 나타나지 않았을 때 집단을 떠날 권리
2) 집단 기록이 참가자의 참여를 제한한다는 생각이 들 때에는 기록을 하지 못하게 할 권리
3) 드러내기 수준이나 내용에서 참가자의 사생활 존중받을 권리
4) 비밀보장 받을 권리

> * 비밀유지 한계를 공지하여 집단원이 자기개방 수위를 결정하게 해야 한다.

5) 집단 활동에의 참여, 의사결정, 다른 참가자가 제안한 것 수용하기 등에 대해 부당한 집단 압력을 받지 않을 권리
6) 성장을 위해 집단의 자원을 사용할 수 있는 기회를 가질 권리 등
7) 다만, 집단상담자는 집단 참여에 대한 권리뿐만 아니라, 집단에 규칙적으로 참석하고 위험을 감수하고, 다른 사람들에게 피드백 두고, 비밀 보장하는 등의 책임이 따른다는 것을 알려주어야 한다.

14강 문제 집단구성원 문제/집단역동성

❏ 문제 집단구성원

1. 대화독점(자)

다른 집단구성원과 관련된 상황을 연결시켜 자신의 일상생활에 대한 이야기를 장황하게 늘어놓는 경우를 말한다.

집단 내에서 끊임없이 이야기를 계속하는 사람이며 화제 독점은 자신의 불안을 방어하는 수단인 경우가 많다. 화제 독점자의 집단에 대한 영향은 지루한 감(感)을 일으키고 집단의 흐름을 혼란시키는 것이다.

> ♣ 심화학습 – 대화독점자에 대한 상담자의 이해와 대처
> 1. 대화 독점을 허용한 다른 집단원들이 이를 직접 집단에서 다루도록 개입한다.
> 2. 대화 독점을 통해 얻고자 하는 점과 관련된 역동을 탐색한다.
> 3. 대화 독점은 일종의 강박적인 불안감의 표현으로 자신을 은폐하기 위한 시도로 볼 수 있다.
> 4. 상담자가 직접 개입하여 다른 집단원들이 대화에 적극 참여하도록 격려한다.

2. (일시적)구원자

다른 집단구성원의 상처를 달래고, 고통을 줄여 사람들을 즐겁게 하며, 자신도 안정을 취하려는 욕구의 표현이다. 다른 집단원이 경험하는 부정적인 감정을 수습하려는 집단원이다.

3. 습관적 불평불만자

습관적으로 불평, 불만을 늘어놓고 집단에 대해 항상 불평하고 다른 집단원의 말에 맞서는 집단원이다.

4. 저항하는 집단원

집단 내에서 압력을 받기 때문에 저항하게 되는데, 분노를 표현할 기회를 주면 저항을 조금씩 풀게 된다.

5. 상담자를 곤란하게 하는 집단원

집단상담자가 집단 내에서 하는 말이나 행위를 고의로 방해하려는 집단원으로 집단상담자의 말에 동의하지 않는 형태로 나타난다.

6. 도사형

스스로 옳다고 생각하는 도덕군자 형이다. 옳고 그른 것에 집착하며 타인의 잘못을 들추어내려

고 한다. 외관상으로 근엄하고 우월한 태도를 취하며, 타인들로부터의 인기 여부에는 관심이 없다. 또한 다른 내담자들은 처음에는 그런 행동을 인내하지만 차츰 분노하게 되고 무시한다.

☐ 청소년 집단원의 문제행동과 그에 대한 집단상담자의 대처방법

1) 습관적 불평 – 불평 이유를 파악하되 논쟁이 유발되지 않도록 유의한다.
2) 소극적 참여 – 지루함으로 인해 침묵할 경우에는 지루함을 없앨 수 있도록 분위기를 조성하는 것이 필요하다.
3) 하위집단 형성 – 하위집단 형성에 따른 문제점을 전체 집단 내에서 개방적으로 다룬다.
4) 대화 독점 – 독점 행동을 통해 얻고자 하는 것이 무엇인지를 탐색할 수 있게 한다.
5) 지성화 – 집단원에게 자신이 말하는 내용과 관련된 감정을 인식하고 표현할 수 있게 한다.

☐ 집단역동(group dynamics)에 대한 이해

집단역동은 집단구성원들 사이, 집단상담자와 집단구성원들 사이에 발생하는 지속적인 상호작용과 상호관계를 말한다.

> * 상호작용이란 의식과 무의식적인 힘과 에너지의 기능으로서 집단의 구조, 이론적 접근, 집단구성원들의 성격, 성별, 연령, 문화, 욕구, 등과 같은 복잡한 요인들의 영향을 받는다.

1. 집단 역동의 개요

1) 집단 역동의 정의
    (1) 집단 역동은 집단 구성원들 간의 전체적 상호작용이다.
    (2) 집단상담은 상담자와 10명 내외의 집단 구성원들의 상호작용이 끊임없이 활동적이고 활기 있게 변하며 일어나기 때문에 역동이라는 용어를 사용한다.
    (3) 집단 역동은 집단 과정을 분석하기 위하여 일반적인 체제이론을 적용하는데, 체제이론이란 한 사람의 행동을 집단 체제 내의 한 부분으로 이해하는 방법이다.
    (4) 집단 체제이론의 관점에서 볼 때 집단상담은 각 구성원들에게 미치는 집단의 힘이 있는데, 상담자의 임무는 집단 과정에 영향을 미치는 주요 요인들을 규명하고 분석하며, 집단상담의 목표를 달성할 수 있도록 통제하는 것이다.

☐ 집단역동 촉진을 위한 체크리스트

1. 어떤 사람들로 구성되었는가?
2. 집단경험이 있는 또는 없는 사람이 얼마나 되는가?
3. 집단구성원들은 어떤 기대와 욕구를 가지고 있는가?
4. 집단회기를 주도하고 싶어 하는 사람은 누구인가?
5. 집단을 조기에 마치고 싶어 하는 집단구성원이 있는가?
6. 모든 사람들에게 인정받고 싶어하는 집단구성원이 있는가?

❏ 청소년상담 집단역동의 구성 요소

1. 의사소통과 상호작용
언어적, 비언어적 의사소통은 상호작용의 구성요소가 된다.

2. 집단매력
1) 청소년들이 집단에 남아 있어 집단 역동을 일으키게 하는 모든 힘의 결과이다.
2) 개인적 차원의 관계(매력) : 과업보다 친구관계에 치중한다.
3) 과업중심의 매력 : 과업을 빨리, 효율적으로 완수하기를 원하며, 과업과 관련된 대화를 주로 한다.
4) 집단에서 얻은 지위의 매력 : 집단 내에서의 지위에 손상을 받을 수 있는 모험을 하지 않는다.

3. 사회적 통제
청소년들을 순응, 복종하게 하는 힘이며 이는 집단규범과 관련이 있다.

4. 집단문화
① 청소년들이 공통적으로 가지고 있는 가치, 신념, 관습, 전통 등을 의미한다.
② 집단의 가치는 청소년들이 일반적 속성, 문화, 인종, 민족 등에 따라 달라진다.
③ 유사한 문화를 갖고 있는 청소년들이 집단을 이룰 때, 집단역동의 힘은 높아진다.

♣ **심화학습**

1. 집단응집력
   - 집단상담자는 집단상담 초기에 집단구성원들이 서로 간의 신뢰를 바탕으로 끈끈한 관계를 형성하도록 돕는 것이 필요하다.
   - 집단역동을 위해서는 무엇보다도 그 집단의 응집성과 집단성원들을 서로에게 혹은, 집단 자체에게 연결시키는 관계의 강도를 고려하는 것이 중요하다.
2. 응집력이 높은 집단에서 관찰되는 집단원의 특징
   - 다른 집단원들에게 영향을 주기 위해 더 열심히 노력한다.
   - 더 많은 자기 개방을 한다.
   - 집단규범을 잘 지키고, 집단 규범 일탈자에게 압력을 가한다.
   - 응집력이 높은 집단이라도 부정적 감정을 표출하여야 집단에 도움이 되며 부정적 감정을 표출했을 때 강한 지지를 보내주고 용기를 주게 된다.
   - 한 명의 집단원이 중도 탈락했을 때, 집단의 붕괴에 대하여 덜 민감하게 반응한다.

❏ 상호작용 중심적 집단에서 집단원의 중도 탈락 이유

1. 친밀감의 영역에서 심각한 내적 갈등이 있을 때
2. 정서적 전염에 대한 두려움이 있을 때
3. 집단의 발달과정에 비추어 이른 자기개방이 이루어졌을 때
4. 상담과정과 집단원의 역할에 대하여 부적절한 오리엔테이션이 이루어졌을 때

♣ 심화학습 - 집단지도력(group leadership)

1. 집단지도력
   집단지도력은 사회적 상호작용의 특수한 형태, 즉 집단과 개인의 목표달성을 촉진하기 위해 다른 사람들에게 영향을 주고 동기화시키도록 개인들 간의 협력이 허용되는 상호간, 의사교류적, 변형적 과정이다.
2. 효과적인 집단지도력의 특성
   1) 동일시 : 집단구성원들은 집단상담자 성격의 여러 면을 모형으로 이용하고, 상담자를 그들 자신의 자아이상을 형성하는데 도움이 되는 한 인간으로 간주한다.
   2) 욕구 대상 : 집단상담자는 구성원들에게 공격적 욕구나 사랑의 욕구를 어떻게 처리하는지를 보여주는 모형으로서의 역할을 담당한다.
   3) 자아지지 : 집단상담자는 구성원들이 느끼는 죄의식, 불안, 갈등을 처리하도록 도와준다.

♣ 심화학습 - 집단 역동성을 이해하기 위한 영역

1) 의사소통과 상호작용(예 정서적 유대, 하위집단, 집단크기, 물리적 환경 등)
2) 집단응집력
   집단 구성원들이 그 집단에 머물고자 하는 소속감으로 집단의 영향력이다.
3) 집단문화
   집단 성원들이 공통적으로 가지고 있는 가치, 신념, 관습, 전통 등을 말한다.
4) 집단지도력
   집단 활동에 참여하는 모든 성원이 가능한 한 최대의 만족감을 가지고 효과적인 목표 달성을 위해 행동하도록 하는 작용한다.
5) 집단규범
   집단에서 중요하게 생각하는 것에 대하여 행동의 표준을 일반화한 것이며 가치 판단으로 구체화 되고 집단 내에서는 주요한 통제의 수단이 된다.
6) 집단구조화
   집단에서 형성되는 지위와 역할 등의 구조화는 역동성을 이해하는 영역 중 하나이다.
7) 피드백(환류)
   집단상담자와 집단성원 간, 집단성원들 간에 상호작용 즉, 피드백이 잘 일어날 때 집단의 역동성이 활발하게 일어날 수 있는 것이다.
8) 긴장과 갈등
   어느 정도의 긴장과 갈등은 집단 성원 간 상호작용의 힘을 증가시킨다.

15강 집단상담의 한계와 유사집단과의 비교

❏ 기타 집단상담에 관한 사항

1. 집단상담의 장점과 단점

(1) 집단상담의 장점

경제성, 다양한 자원 획득, 인간적 성장환경 제공, 문제예방, 상담에 대한 긍정적 인식확대

가) 개인상담에서는 내담자가 상담자와의 일대일 관계에서 오는 부담감이나 불안감을 느끼게 되지만 집단 속에서는 보다 편안함과 안전감을 가지게 된다.
나) 집단상담 장면은 개인으로 하여금 어떤 외적인 비난이나 처벌에 대한 두려움 없이 새로운 행동을 검증해 볼 수 있는 실험실 역할을 하게 되어 새로 학습한 행동을 실제의 생활 속에서 실천할 수 있는지를 집단 안의 가상적 현실 속에서 검증할 수 있다.
다) 집단상담에서는 동료들 간에 서로의 관심사나 감정을 터놓고 이야기할 수 있기 때문에 구성원들은 쉽게 소속감과 동료의식을 발전시킬 수 있다.
라) 집단상담은 집단원들에게 넓은 범위의 다양한 성격(특히 연령, 성별, 흥미, 성장 배경, 사회경제적 지위, 문제의 형태 등이 다양한 개인들)의 소유자들과 접할 수 있는 기회를 부여해 줌으로서 풍부한 학습 경험을 할 수 있다.
마) 서로 경청하고 수용하고 지지하고 대면할 수 있는 구성원이 많다는 점에서 집단상담은 개인상담에서 보다 학습효과가 더욱 클 수 있다.
바) 집단 속에서는 개인이 한편으로는 직접 참여하면서도 다른 한편으로는 물러서서 관망할 수도 있다.
사) 특정한 대화의 내용을 취급하는데 고통이나 위협을 느끼는 경우 그는 다른 구성원들을 관찰하면서도 함께 생각하고 느끼므로 자기 자신과 타인 이해에 도움이 될 수 있고 자신의 문제해결에 필요한 통찰을 얻을 수 있다.
아) 집단상담은 또한 개인 상담을 회피해 온 사람이 상담집단에서 용기를 얻어 개인상담을 신청할 수 있게 한다.

♣ 심화학습 - 집단상담의 경우 이점 - 말레코프, 1997

1) 상호지지 : 집단 성원 서로 지지하는 역할
2) 일반화 : 어떤 성원이 문제를 이야기할 때 그 문제를 듣고 "나만 이런 문제가 있는 것이 아니구나! 라고 생각하고 동기부여를 받을 수 있다.
3) 희망 증진 : 집단 활동을 통해 많은 경험을 하기 때문에 개인대상으로 하는 것보다 더욱 희망을 가질 수 있는 계기가 된다.
4) 이타성 향상 : 남을 생각하고 배려하는 마음

5) 새로운 지식과 기술 습득(정보제공)
6) 집단의 통제감 및 소속감 : 집단규범 준수와 응집력으로 인한 효과
7) 정화의 기능 : 카타르시스라고도 하며 성원이 가지고 있는 감정을 다른 성원에게 충분하게 표현하는 등 생각이나 느낌 등을 서로 교환한다.
8) 재 경험의 기회 제공 : 집단경험을 한 후, 성원은 문제해결 활동 즉, 집단 활동의 결과물을 통해 실제적인 현장에서 재 경험의 기회를 갖는다.
9) 현실 감각의 테스트효과 : 집단 프로그램의 내용들을 치료 세팅 내에서 벗어나서 실제적인 생활현장에서 다른 집단과 실제적이고 현실적인 감각을 시험해 보는 효과를 의미한다.

(2) 집단상담의 한계(단점)

비밀보장의 한계, 개인에 대한 관심 미약, 역효과의 가능성, 집단압력의 가능성

가) 구성원 개개인에게 모두 만족을 줄 수 없다.
나) 집단상담에서는 특정 내담자의 개인적인 문제가 충분히 다루어지지 않을 가능성이 많다.
다) 집단상담 경험에 함몰되어 집단경험 그 자체를 목적으로 삼는 경우 집단이 현실도피의 기회가 되어버릴 수 있다.
라) 참여자들이 심리적으로 준비가 되기 전에 자기의 마음속을 털어놓아야 한다는 집단압력을 받기 쉽다.
마) 모든 사람이 집단 상담에 모두 적합하지 않다. (예 의심 많고, 지나친 적대감, 심한 정서 장애 등)
바) 집단상담이 개인의 생활양식과 가치관에 변화를 초래할 경우, 개인이 안정감을 상실할 가능성이 있다.
사) 동료들과의 상담집단이 대체로 유리하지만, 그 반대의 경우도 생길 수 있는데 이는 비슷한 연령과 생활환경을 가진 참여자들로 구성되면 참여자들의 공통적인 문제가 주로 논의되기 쉬우며, 다른 다양한 성격과 수준의 참여자들로부터 자극을 받거나 배울 기회가 없게 된다.

♣ 심화학습 - 개인상담이 필요한 경우

1) 문제가 위급하고 원인과 해결 방법이 복잡하다고 판단되는 내담자
2) 내담자 자신과 관련인물들의 신상을 보호할 필요가 있는 경우
3) 자아개념 또는 사적인 내면세계와 관련해서 심리검사 결과를 해석해 주는 면담의 경우
4) 집단에서 공개적으로 발언하는 것에 대해 심한 불안공포가 있는 내담자
5) 집단상담의 동료들로부터 수용될 수 없을 정도로 대인관계(행동, 태도 등)가 좋지 못한 내담자
6) 자기 자신에 대한 탐색, 통찰력이 극히 제한되어 있는 내담자
7) 상담자나 다른 사람들로부터의 주목과 인정을 강박적으로 요구할 것으로 판단되는 내담자
8) 폭행이나 '비정상적'인 성적 행동을 취할 가능성이 보이는 내담자 등

☐ 집단상담과 개인상담의 차이

- 집단상담은 개인상담에 비해 타인을 대하는 바람직한 태도나 행동반응을 즉각적으로 시도해 보고 확인할 수 있다.

집단상담

- 집단상담은 개인상담과는 달리 내담자들이 타인으로부터 도움을 받을 수 있을 뿐만 아니라 내담자 자신이 타인을 도와주는 경험을 가질 수 있다.
- 집단상담의 상담자는 개인상담의 상담자보다 더욱 복잡한 과제를 처리해야 한다.

> * 내담자의 발언이 다른 내담자와 집단상담 전체에 어떤 영향을 주고 있는지 관찰한다.

- 개인상담은 1명의 내담자를 만나는 반면, 집단상담은 2명 이상의 내담자를 포함하고 있어야 한다.

> ♣ **심화학습 - 한 내담자가 개인상담과 집단상담을 동시에 참여하게 되는 상담모델**
> 1. 한 내담자가 한 상담자에게 개인상담과 집단상담을 동시에 참여하게 되는 상담모델은 병행(combined)상담이며, 한 상담자에게 개인상담을 받고 다른 상담자에게 집단상담을 받는 것을 연합(conjoint)상담이라고 한다.
> 2. 심한 성격적 문제를 갖고 있을 때 연합상담이 단독상담보다 효과적일 가능성이 크다.
> 3. 아동기에 성폭행을 당했거나 수치심과 관련된 문제가 있는 내담자의 경우 정신역동적 연합상담이 단독상담보다 효과적일 가능성이 크다.
> 4. 병행상담과 연합상담 모두 단독상담보다 중도탈락자가 발생하는 비율이 낮다.

❏ 집단상담과 집단지도의 차이

(1) 집단상담
가) 집단상담의 중심은 어떤 주제가 아니라 집단원 개개인 자체이다.
나) 변화에 대한 정보제공이 목적이 아니라 개개인의 실제적 행동변화가 목적이다.

(2) 집단지도
가) 정보제공을 포함한 교육적 경험의 내용을 주제로 다룬다.
나) 정보제공의 모든 책임이 주로 교사에게 있다.

❏ 집단지도, 집단상담, 집단치료의 비교

구분	집단지도	집단상담	집단치료
대상	정보, 방향 제시가 필요한 집단	비교적 정상적인 내담자 집단	임상적으로 비정상적인 내담자 집단
접근 방법	예방적 접근	예방적, 성장 촉진적 접근	교정적 접근
초점	토의되는 주제	참여자 개인의 발달적인 문제	참여자 개인의 증세 완화
집단의 목적	주로 교육적이고 직업적인 지식 습득	현재의 문제와 관련한 성숙 지향적 행동 변화	무의식적 동기를 주로 탐색, 해석하여 정서적 장애 치료
상담자 의 역할	집단의 구조, 활동, 내용에 권위적인 책임	안내자, 민주적인 촉진자	정상적인 생활을 위하여 전문적으로 돕는 역할

♣ 심화학습 – 집단의 유형

1. 상담집단(counseling group)
   1) 개인적, 교육적, 사회적, 직업적 문제에 초점을 맞추고, 치료적인 목표뿐만 아니라 예방과 교육적인 목표를 설정하여 상담을 실천하는 집단이다.
   2) 집단상담자에게는 심리사회적인 문제에 관한 폭넓은 지식과 경험이 요구된다.
2. 치료집단(therapy group)
   1) 상담집단에 비해 보다 심각한 정도의 정서, 행동 문제나 정신장애를 치료하기 위한 목적으로 구성되어 입원이나 통원의 형태로 이루어지는 집단이다.
   2) 대부분 치료집단에서는 무의식적 요소, 과거사, 성격의 재구성 등에 초점을 맞춘다.
3. 교육집단(education group)
   치료적 측면보다는 정의적, 인지적 측면의 정신건강 교육의 기회와 이와 관련된 다양한 주제에 대한 정보를 제공하기 위해 구성되는 집단이다.
4. 성장집단(growth group)
   1) 집단경험을 원하거나 자신에 대해 좀 더 알기를 원하는 집단구성원들로 구성되는 집단이다.
   2) 성장집단의 유형
      (1) 훈련집단 –T그룹 혹은 T집단   (2) 참만남집단   (3) 마라톤집단
5. 과업집단(task group)
   1) 구체적인 과업의 목적을 달성하기 위해 모인 구성원들의 집단이다.
   2) 주로 의식적인 수준의 행동을 강조하고 집단역동을 활용하여 어떤 결과나 산물을 성공적으로 추출할 것인가에 초점을 맞춘다.
   3) 위원회, 이사회, 연합체, 협의체, 사회행동 집단 등
6. 자조집단(self-help group)
   1) 정신건강 전문가의 도움을 필요로 하지 않거나 전문가들이 돕는데 한계가 있는 문제를 지닌 사람들을 위한 집단이다.
   2) 공통적인 문제를 가진 사람들로 구성되어 있기 때문에 응집력이 높은 집단으로 발전되는 경향을 지닌다.
7. 지지집단(support group)
   1) 공통적인 관심사가 있는 집단구성원들이 서로의 생각과 감정을 나누는 한편, 특정문제와 관심사에 대해 점검해 보기 위한 집단이다.
   2) 지지집단에서 집단구성원들은 다른 구성원들도 흔히 유사한 문제를 경험하고 있고, 유사한 감정을 체험하고 있으며, 비슷한 생각들을 하고 있다는 사실을 깨닫게 된다.

♣ 심화학습 – 집단의 구조 또는 형태에 관한 설명

1) 구조화집단
   (1) 상담자에 의해 통제되며 정해진 절차에 따라 지시적으로 진행되는 집단이므로 목적달성이 용이한 결과중심의 집단에 해당하며 집단의 목표, 과정, 내용, 절차 등을 체계적으로 구성해 둔다.
   (2) 고도의 조직성을 띠며 조직화된 역할연습을 통해 구성원들 사이의 친밀관계를 형성하는데 도움이 된다.
   (3) 구조화된 집단을 시작할 때 참여자들은 그들이 문제영역을 얼마나 잘 대처하는지에 관한 질문지를 작성하는 것이 일반적이다.
   (4) 어떤 집단은 구조화된 연습, 읽기, 숙제, 계약을 사용한다. 집단이 종결하게 될 때 또 다른 질문지가 종종 참여자들의 성장을 평가하기 위해 사용된다.
2) 폐쇄집단은 집단의 안정성이 높아 집단응집력이 강한 편이다.
3) 마라톤집단은 심화된 상호작용의 활성화를 꾀하기 위한 집단이다.
4) 자조집단은 지도자의 전문적 도움 없이 집단원들 간에 서로 돕는 특성이 강한 집단이다.

> 집단상담

16강 심리극/T-집단 등에 대한 이해

❏ 집단상담의 분류기준에 따른 형태
- 사전에 계획된 목표와 과정을 설계하는가의 여부 : 구조화 집단과 비구조화 집단
- 집단원들의 동질성의 여부 : 동질집단과 이질집단
- 집중적으로 진행되는가, 회기 등을 구분하여 분할진행하는가 : 집중집단과 분산(할)집단

> ♣ 심화학습 – 심리극(psychodrama)
> (1) 일정한 대본 없이 등장인물인 집단원에게 어떤 역할과 상황을 주어 그가 생각나는 대로 연기를 하게 하여 그의 억압된 감정과 갈등을 표출하게 하여 치료하는 집단치료 접근이다.
>   ① 갈등을 말보다는 행동으로 직접 표현하여 드러내게 한다.
>   ② 이 과정을 통해 과거의 상처받은 마음을 치료하며 보다 깊이 있게 자신을 이해하고 새로운 모습으로 변화하도록 한다.
>   ③ 아이들이나 정신질환자들처럼 언어 표현에 불편을 느끼거나 잘 표현하지 못하는 사람들까지도 신체적 동작을 통해 자신을 표현하도록 해 준다.
>   ④ 특정한 의상을 입을 필요도 없으며 무대도구도 필요하지 않고 단지 장면을 상상만 하면 되는 것이다.
> (2) 심리극 구성
>   주인공, 연출가, 보조자아, 관객, 무대로 구성되며 모두가 참여하여 하나의 드라마를 연출하게 된다.
>   - 주인공의 중요 타인의 역할을 하며, 살아 있거나 죽었거나 실제이거나 상상할 수 있어야 한다.
>   - 주인공에 의해 제안되었던 지각대상을 연기한다.
>   - 주인공과 이들 자신의 역할들 간에 상호작용을 탐구하고, 이러한 상호작용과 관계를 해석한다.
>   - 주인공이 개선된 관계들을 개발하도록 조력하는 치료적 안내자로 연기한다.

❏ 초보 집단상담자가 실시하기에 상대적으로 용이한 집단상담의 형태
- 구조적 집단
- 폐쇄적 집단
- 동질적 집단상담

> ♣ 심화학습
> 1. T-집단(훈련집단)
>   1) 개념 및 특징
>   (1) 소집단의 훈련을 위주로 형성된 집단을 'T-집단(훈련집단)'이라고 하며 실험실 교육프로그램의 방법을 활용하고 있기 때문에 실험실적 접근이라고 한다.
>   (2) 구성원들은 합의된 절차나 특정의 의제, 기대, 지도자 없이 비조직적으로 구성원들이 집단에 참여하여 스스로의 활동과 상호작용을 평가한다.
>   (3) 집단상담자는 집단원들에 의해 정해지기도 하고 경험 많은 집단원이 집단상담자가 되기도 한다.

2) T-집단(훈련집단)의 학습목표
  (1) 학습하는 방법에 대한 학습이 이루어지도록 한다.
  (2) 성원의 자기 이해력을 증진시킨다.
  (3) 집단 기능에 대한 통찰력의 증진과 효과적인 집단원 역할에 대한 학습이 이루어지도록 한다.
  (4) 의사소통 기술이나 피드백 기술과 같은 구체적인 행동기술을 습득하도록 한다.
2. 참만남 집단(엔카운터 집단)
  1) 의의
    (1) T-집단(훈련집단)의 집단상담자들이 기존의 인간관계 훈련 집단 모형들이 가지는 유용성에 대한 한계를 보완하기 위해 실존적이고 인도주의적 사상을 기초로 발전시킨 집단 모형이다.
    (2) 참만남 집단(Encounter Groups)유형에는 집단의 성격에 따라 인간관계 집단, 잠재력 집단, T-집단(훈련집단), 성장집단 등으로 구분되지만 공통적으로 자신과 타인과의 보다 의미 있는 만남과 접촉을 통해 인간관계에 대한 경험적 통찰과 학습 및 인간의 실존에 대한 자각을 강조한다.
  2) 집단상담의 목적
    집중적인 고도의 친교적인 집단경험을 통해 타인과 더 친근감을 갖고 만날 수 있도록 도움으로써 더욱 성장하고 발전할 수 있게 한다.
3. 스톨러(Stoller) 모형
  마라톤 참만남 집단이라 불리며 24시간이나 48시간 동안 집중적으로 활동하는 집단과정이다. 피로나 시간적 집중성 그 자체가 집단원이 기존에 고수하던 역할 가면을 벗겨주어 있는 그대로의 자신을 드러내 주는 개인발달의 촉진제가 된다고 본다.
  * 행동으로 모범을 보이거나 설명을 통해 돕는 것을 집단상담자의 가장 중요한 역할로 제시됨.

☐ 로저스(Rogers)가 제안한 참만남 집단과정 15단계

- 혼돈과 무질서(떼지어 기웃거리는 양식)
- 과거의 느낌과 기술
- 사적으로 의미있는 자료의 표현과 탐색
- 자기수용과 변화의 시작
- 피드백 주고받기
- 집단 과정 밖에서의 조력관계 형성
- 긍정적 감정과 친근감의 표현
- 사적인 자기노출 혹은 탐색에 대한 저항
- 부정적 감정의 표현
- 집단 내에서의 상담능력의 발달
- 가면의 파괴
- 직면 혹은 맞닥뜨림
- 기초적 참만남
- 집단내에서의 행동변화

☐ 이야기치료 집단상담

우리가 인생을 살면서 우리가 설정한 기준에 의해 일부만을 선택하고 그 사건을 기초로 이야기를 쓴다고 가정하며, 이처럼 삶을 짓누르는 '지배적 이야기'를 주제로 하여 문제의 경청과 해체 – 독특한 결과의 해체 – 대안적 이야기 구축 – 대안적 정체성(문제의 외재화 등) 구축 이라는 치료과정을 거침.

집단상담

17강 집단상담의 의의/특징/치료적 관심

1. 집단상담의 특징에 관한 설명으로 옳지 않은 것은?
   ① 지지적인 분위기에서 집단원들은 새로운 행동을 시도해 볼 수 있다.
   ② 집단상담자는 지시나 조언이 없어도 집단원들 간 깊은 사회적 교류경험이 가능하다.
   ③ 집단은 사회의 축소판과 유사하므로 집단원들은 다양한 경험을 공유할 수 있다.
   ④ 개인상담에 비해 집단상담은 상담자의 관여와 조절이 더 쉽고 깊어 질 수 있다.
   ⑤ 문제해결과 목표달성은 집단원들 간의 상호작용과 집단상담자와의 상호작용을 통해 이루어진다.

   정답 및 해설 ④
   집단상담은 개인상담에 비해 많은 장점을 지니고 있지만 단점으로 지적되는 사항은 집단상담이 특정 참여자의 문제를 특별히 다룰 수 없다는 점이며 이것이 내담자 개개인의 문제를 충실히 다룰 수 없다는 비판으로 이어진다. 상담장면에서 상담자의 관여와 조절, 내지 내담자의 심리적 관찰은 비교적 개인상담에서 더 강화된다고 보아야 한다.

2. 집단상담의 한계점에 관한 설명으로 옳지 않은 것은?
   ① 집단원이 다수이므로 비밀 유지에 어려움이 있다.
   ② 개인에 대한 관심 정도가 약해질 수 있다.
   ③ 모든 사람에게 집단상담이 효과적인 것은 아니다.
   ④ 개인상담에 비해 경제적으로 비효율적이다.
   ⑤ 집단 내 압력의 가능성이 있다.

   정답 및 해설 ④
   집단상담의 가장 뚜렷한 장점은 바로 경제성, 효율성이다. 집단상담의 태생적 이유에서도 거론되는 바와 같이 개인상담에 비해 시간적으로, 경제적으로, 상담자의 에너지 집중에 있어서 효율적이란 면이 가장 큰 장점으로 거론된다. 나머지 내용은 집단상담의 단점으로 거론되는 내용들이다.

3. 집단상담의 사전 동의에 포함되어야 할 내용으로 옳지 않은 것은?
   ① 비밀유지 및 비밀유지의 예외사항
   ② 집단상담 성과에 대한 보장
   ③ 집단상담자의 이론적 배경
   ④ 특정 집단의 운영을 위해 요구되는 집단상담자의 자격요건
   ⑤ 집단상담의 잠재적 유익과 위험성에 대한 설명

   정답 및 해설 ②
   집단상담의 사전 동의에 포함되어야 할 내용으로는 ①③④⑤의 내용이 모두 포함된다. 사전동의는 내담자에게 상담전반에 대한 내용을 설명하고 이에 참여자들이 동의하는 과정이며 내용이다. 사전동의 과정을 통해 집단상담자와 참여자/집단원들의 권리와 책무에 대한 내용이 확인되며 상담장면에서의 신뢰관계가 담보되는 것이다.

17강 집단상담의 의의/특징/치료적 관심

4. 집단상담의 치료적 요인에 관한 설명으로 옳지 않은 것은?
① 청소년들에게는 자신에 대한 다른 사람의 피드백을 경험하는 대인관계 학습이 중요한 치료적 요인이다.
② 치료적 요인에 의한 변화경험은 집단상담자, 집단원, 집단 활동 등의 다양한 상호작용의 결과로 발생한다.
③ 집단상담자는 집단 운영을 계획할 때 집단의 치료적 요인을 인식해야 한다.
④ 얄롬(I. Yalom)은 모험시도, 마법 등을 치료적 요인으로 제시하였다.
⑤ 집단원 개개인은 서로 다른 치료적 요인에 의해 도움을 받을 수 있다.

정답 및 해설 ④
④ – 실존주의 상담이론가인 얄롬(I. Yalom)은 치료적 요인에 대해 다음과 같은 내용을 제시하였다. 첫째는 희망의 주입, 둘째는 보편성, 셋째는 정보공유, 넷째는 이타심(소외로 부터의 해방), 다섯째는 1차 가족집단의 교정적 재현 등을 언급하였다. 그 외에 사회화 기술의 발달, 모방행동(동일시), 대인관계학습, 집단응집력, 정화 등이 있다.

5. 성장 집단상담에 관한 설명으로 옳지 않은 것은?
① 비교적 정상범위의 적응 수준을 가진 사람을 대상으로 한다.
② 인원은 8-12명 정도가 적당하나, 대상자 특성에 따라 달라질 수 있다.
③ 집단원 간의 역동적 상호작용을 통한 변화와 성장을 지향한다.
④ 내용이나 정보 전달에 초점을 두고 지도자가 책임과 주도성을 갖고 진행한다.
⑤ 지도자와 집단원이 정기적으로 만나 상호 수용적 분위기에서 진행한다.

정답 및 해설 ④
성장집단은 아래와 같은 특징을 갖고 있다.
① 참여자 중심의 집단상담이다. 즉, 지도자는 내용이나 정보 전달 등에 협력하지만 참여자 스스로 모두가 책임과 주도성을 갖고 집단에 몰입할 것이 요구된다.
② 비교적 정상범위의 적응 수준을 가진 사람을 대상으로 실시하며 인원은 8-12명 정도가 적당하나, 대상자 특성에 따라 달라질 수 있다.
③ 집단원 간의 역동적 상호작용을 통한 변화와 성장을 지향한다.

6. 청소년 집단상담에 관한 설명으로 옳지 않은 것은?
① 청소년 언어와 문화에 대한 이해와 감수성이 필요하다.
② 상담자의 사생활 관련 질문을 할 경우 집단 규칙을 벗어나므로 주의를 둔다.
③ 비자발적으로 참여한 경우 개별 면담을 통해 참여에 대한 감정이나 생각을 탐색한다.
④ 집단원들이 회기 밖에서 관계를 맺는 것이 집단 역동에 미치는 영향에 대해 논의한다.
⑤ 비협조적인 경우, 과거 상담 경험 등을 탐색한다.

정답 및 해설 ②
청소년 집단상담시에 집단상담자를 곤란하게 하는 내용중 하나가 참여자들의 상담자에 대한 사적내용의 공개요구이다. 물론 집단상담의 기법중 하나인 상담자의 '자기노출', '자기진술' 등의 내용으로 이를 다룰 수 있다. 하지만 상담과 관련이 없는 내용에 대한 질문이나 공개요구에 대해서는 주의를 주는 것보다 상담의 촉진적 관계유지를 위해 사적내용의 공개가 상담장면에서, 질문한 내담자에게 어떤 의미나 필요성이 있는지를 충분히 검토하는 과정을 진행하는 것이 바람직하다.

집단상담

18강 집단상담과 일반상담이론

1. 로저스(C. Rogers)가 제안한 참만남 집단과정에서 해당하는 것을 모두 고른 것은?

   ┌───┐
   │ ㄱ. 측정 가능한 목표설정   ㄴ. 부정적 감정의 표현   ㄷ. 긍정적 참회 │
   │ ㄹ. 직면   ㅁ. 가면의 파괴   │
   └───┘

   ① ㄱ, ㄴ, ㄷ   ② ㄱ, ㄷ, ㄹ
   ③ ㄴ, ㄷ, ㅁ   ④ ㄴ, ㄹ, ㅁ
   ⑤ ㄱ, ㄴ, ㄷ, ㄹ

   정답 및 해설 ④
   참만남집단의 15단계 - 칼 로저스
   1) 혼돈과 무질서
   2) 사적인 자기노출 혹은 탐색에 대한 저항
   3) 과거의 느낌과 기술
   4) 부정적 감정의 표현
   5) 사적으로 의미있는 자료의 표현과 탐색
   6) 집단 내에서의 즉시적인 대인 간 감정의 표현
   7) 집단 내에서의 상담능력의 발달
   8) 자기수용과 변화의 시작
   9) 가면의 파괴
   10) 피드백 주고받기
   11) 직면 혹은 맞닥뜨림
   12) 집단 과정 밖에서의 조력관계 형성
   13) 기초적 참만남
   14) 긍정적 감정과 친근감의 표현
   15) 집단내에서의 행동표현

2. 다음 이론에 근거한 집단상담은?

   ┌───┐
   │ 이 이론에서 해석은 중요한 핵심기법 중 하나이다. 지금-여기에서 하는 행동의 이면에 깔린 동 │
   │ 기를 다루고 해석을 가설적으로 제시한다. 삶의 이력에 대한 정보를 수집하고 생활양식을 분석 │
   │ 한다.   │
   └───┘

   ① 정신분석 집단상담   ② 아들러식 집단상담
   ③ 실존주의 집단상담   ④ 게슈탈트 집단상담
   ⑤ 인간중심 집단상담

   정답 및 해설 ②
   아들러의 개인심리 집단상담 과정
   (1) 1단계 : 상담자-참여자간 동등한 관계형성, 내담자의 열등감 공개 지지
   (2) 2단계 : **내담자의 생활양식** 탐색/이해의 단계
   (3) 3단계 : 상담자는 **내담자의 생활양식, 출생순서, 가족내 지위 등을 근간**으로 현재의 심리적 문제, 잘못된 사고체계 등 기본적 오류에 대한 각성을 촉구. 문제에 이르게 된 과정 등을 탐색하는 단계
   (4) 4단계 : 새롭고 효과적인 관점이나 태도를 발견하도록 돕고 과감히 자신의 감정을 드러내 놓을 수 있고 생활을 변화시킬 용기를 가지도록 격려(사회적 지지)한다.

3. 합리적 정서행동(REBT) 집단상담에 관한 설명으로 옳은 것을 모두 고른 것은?

> ㄱ. 상담자는 교사의 역할, 집단원은 학습자의 역할을 한다.
> ㄴ. 가르치기, 제안하기, 과제주기 등의 기법이 활용된다.
> ㄷ. 집단원의 과거와 현재, 미래 행동에 초점을 두고, 인지·정서·행동을 모두 다루기 때문에 치료가 복잡하다.
> ㄹ. 집단원의 잘못된 사고를 명료화하고 이를 비판적으로 평가하여 합리적인 신념으로 대체하도록 돕는다.

① ㄱ, ㄴ   ② ㄱ, ㄷ   ③ ㄱ, ㄴ, ㄹ
④ ㄴ, ㄷ, ㄹ   ⑤ ㄱ, ㄴ, ㄷ, ㄹ

정답 및 해설 ③

합리적 정서행동이론은 상담의 초점을 '현재'에 두고 내담자의 비합리적 신념을 다룬다. 또한 과거는 극복해야 할 내용으로 보며 미래 행동에 초점을 두고, 인지·정서·행동을 모두 다루게 된다.
ABCDEF모형에 따라 순차적으로 진행되며 핵심적인 내용은 상담자의 교육자적 입장에서 논리적 반박을 통해 집단원의 잘못된 사고를 명료화, 수정하도록 요구한다. 따라서 그 절차는 매우 투명하며 체계적이다.

4. 정신분석적 집단상담에 관한 설명으로 옳지 않은 것은?

① 부적응 행동들을 줄이기 위해서 훈습과정을 거친다.
② 관념이나 느낌, 환상 등을 자유롭게 표현하도록 하는 기법들을 사용한다.
③ '지금과 여기'보다 '거기와 그때'에 더 주의를 기울인다.
④ 부모와의 수직적 차원의 전이와 형제를 포함한 대인관계의 수평적 차원의 전이를 모두 다룬다.
⑤ 집단상담자는 자기개방을 지양하고 권위적이고 객관적인 태도를 취한다.

정답 및 해설 ⑤

집단상담자의 '자기개방'은 집단상담을 촉진하는 중요한 기법중 하나이다. 이는 집단원들의 자기개방을 촉진하기도 한다. 자기개방에는 자기노출과 자기진술 등의 세부내용을 담고 있다.
집단에서의 상담자는 권위적인 태도를 지양하고 집단전체를 위한 객관적인 태도를 취하는 것이 적절하다.

5. 게슈탈트 집단상담에서 다루는 저항의 유형과 표현 양상의 연결이 옳지 않은 것은?

① 융합(confluence) : 자신의 의견을 말하거나 자신을 표현하는 것을 어려워한다.
② 반전(retroflection) : 집단 초기 정서 표현이나 참여를 주저한다.
③ 내사(introjection) : 상담자 개입이나 규칙에 의문을 제기하지 않는다.
④ 투사(projection) : 집단 통제 경향을 보이는 집단원이 자신이 아니라 다른 집단원이 그렇다고 주장한다.
⑤ 편향(deflection) : 다른 집단원이 자신과 동일한 생각과 감정을 경험한다고 생각하며, 특정 집단원을 향한 강한 정서를 경험한다.

집단상담

정답 및 해설 ⑤

'알아차림 - 접촉' 과정에서 원활한 순환을 방해하거나 환경과의 접촉장애를 야기하는 것을 게슈탈트 상담 이론에서는 저항의 개념으로 설명한다. 이에는 융합, 반전, 내사, 투사, 편향을 말하며 특히 ⑤의 '편향'은 감당하기 힘든 내적갈등이나 환경자극에 노출될 때, 이에 압도당하지 않으려고 자신의 감각을 둔화시켜서 환경과의 접촉을 약화시키는 것을 말하는 것으로 지문의 내용은 편향을 설명하는 것과는 거리가 멀다.

6. 아들러(A. Adler)의 개인심리 집단상담에 관한 설명으로 옳지 않은 것을 모두 고른 것은?

> ㄱ. 집단원의 사회적 상황과 사회에 대한 태도를 파악한다.
> ㄴ. 인간을 사회결정적 존재로 보고, 사회적으로 유용한 생활양식 형성을 촉진하다.
> ㄷ. 열등감의 근원 혹은 관리 전략 탐색보다 우월성 추구 목표에 초점을 두어 개입한다.
> ㄹ. 사회적 관심이 집단 작업에 중요하므로, 자기중심성과 소외감이 높은 개인은 집단보다 개인상담을 권유한다.

① ㄱ, ㄴ　　　　② ㄷ, ㄹ　　　　③ ㄱ, ㄴ, ㄹ
④ ㄴ, ㄷ, ㄹ　　　⑤ ㄱ, ㄴ, ㄷ, ㄹ

정답 및 해설 ④

- 개인주의 심리학적 상담이론의 인간관은 인간을 자기실현이 가능한 존재이며 유전적이든 사회적이든 결정론적 인간이 아닌 만들어져가는 존재로 보았다.
- 열등감의 근원 탐색을 통해 이를 극복하고 우월성을 추구하는 존재로서 자기발견을 할 수 있도록 돕는다.
- 사회적 관심과 활동수준으로 설명되는 생활양식에서 가장 적절한 유형인 '사회형'의 특징을 설명하며 자기중심성이나 소외감을 지닌 개인들에겐 이러한 개인주의 심리학적 집단상담 틀은 매우 유용한 상담과정이 될 것이다.

집단상담

19강 집단응집력/공동(협동)진행자 등

1. 집단응집력에 문제가 있을 경우 나타나는 특징을 모두 고른 것은?

> ㄱ. 비밀유지 원칙이 잘 지켜지지 않는다.
> ㄴ. 집단원들이 솔직한 감정 표현과 반응하기를 꺼린다.
> ㄷ. 집단원들이 집단상담 시간을 엄수한다.
> ㄹ. 집단원들이 모험 시도를 꺼린다.

① ㄱ, ㄴ   ② ㄷ, ㄹ   ③ ㄱ, ㄴ, ㄹ
④ ㄱ, ㄷ, ㄹ   ⑤ ㄱ, ㄴ, ㄷ, ㄹ

정답 및 해설 ③
응집력이 높은 집단에서 관찰되는 집단원의 특징
  1. 다른 집단원들에게 영향을 주기 위해 더 열심히 노력한다.
  2. 더 많은 자기 개방을 하며 과감하게 모험에 도전한다.
  3. 집단규범을 잘 지키고, 집단 규범 일탈자에게 압력을 가한다.
  4. 응집력이 높은 집단이라도 부정적 감정을 표출하여야 집단에 도움이 되며 부정적 감정을 표출했을 때 강한 지지를 보내주고 용기를 주게 된다.
  5. 한 명의 집단원이 중도 탈락했을 때, 집단의 붕괴에 대하여 덜 민감하게 반응한다.
  6. 비밀유지 원칙도 잘 준수된다.
  7. 집단원의 개인적, 내적 감정표현이 활발히 진행되며 반응도 잘 일어난다.

2. 집단상담자의 자질과 특성에 관한 설명으로 옳지 않은 것은?

① 개방성 : 자신의 경험을 말하며 집단원에게 공감적 이해를 표현한다.
② 용기 : 상담자가 진실한 모습으로 집단원과의 상호작용을 감수한다.
③ 타인의 복지에 대한 관심 : 집단원의 문제를 주도적으로 해결하려고 적극 개입한다.
④ 유머 : 집단원에게 웃음을 주는 말이나 행동을 함으로써 문제를 새로운 각도에서 조망해 볼 수 있도록 한다.
⑤ 창의성 : 집단에서 야기되는 문제를 다룰 때 독창적인 방법과 기술을 활용한다.

정답 및 해설 ③
타인의 복지에 대한 관심을 가지는 것은 집단상담자의 자질에는 해당되는 내용이나 집단원의 문제를 주도적으로 해결하려는 자세는 지양되어야 한다.

* 청소년 집단상담자의 기본자세

(1) 용기내기	(2) 모범을 보이기
(3) 심리 상태에 동참하기	(4) 선의의 관심 갖기
(5) 집단상담의 효과에 대한 신념 갖기	(6) 개방적인 자세 취하기
(7) 공격에 대응하는 능력 함양하기	(8) 자신감 갖고 영향력 발휘하기
(9) 자아를 인식하기	(10) 창의적 태도 지니기

집단상담

3. 2명의 상담자가 공동으로 집단상담을 운영할 때 옳지 않은 것은?

① 공동지도자 간 서로 존중하고 신뢰하는 관계를 형성한다.
② 공동지도자들이 집단회기를 교대로 이끈다.
③ 공동지도자들은 서로의 관점과 의견 차이를 논의하기 위한 시간을 갖는다.
④ 공동지도자 간의 불일치가 집단 안에서 건설적으로 해결된다면 집단원들에게 모범이 된다.
⑤ 한 지도자가 문제행동을 보이는 집단원에게 주의를 기울이는 동안 다른 지도자는 나머지 집단원들의 반응에 주의를 기울인다.

정답 및 해설 ②

공동상담자(지도자) 내지 협동상담자(지도자)는 둘 내지 그 이상의 상담자가 동일한 집단상담을 이끌어가는 형태이다. 일반적으로 한명의 주진행자와 보조진행자형식으로 진행되는 것이 일반적인 형태이지만 동등한 권한과 시간을 분배하여 진행할 수도 있다.
그러나 공동지도자들이 집단회기를 교대로 이끄는 것은 공동진행의 형태로 보기에는 힘들다.
공동지도자 간 서로 존중하고 신뢰하는 관계를 형성한다
공동지도자들은 서로의 관점과 의견 차이를 논의하기 위한 시간을 갖는다.
공동지도자 간의 불일치가 집단 안에서 건설적으로 해결된다면 집단원들에게 모범이 된다.
한 지도자가 문제행동을 보이는 집단원에게 주의를 기울이는 동안 다른 지도자는 나머지 집단원들의 반응에 주의를 기울인다.

4. 코리(G. Corey)가 주장한 유능한 집단 지도자의 개인적 특성에 관한 설명으로 옳지 않은 것은?

① '개인적인 힘'은 자신이 타인에게 미치는 영향력을 인식하며, 집단원들의 역량을 강화시키는 것이다.
② '용기'는 상담자라는 역할 뒤에 숨지 않고, 실수를 인정하며 자신의 통찰과 신념에 따라 행동하는 것이다.
③ '집단과정에 대한 신뢰'는 집단의 치료적 힘을 믿고 집단 내에서 발생하는 갈등을 조정하기 위해 노력하는 것이다.
④ '유머감각'은 비판에 대해 효과적이고 비공격적인 형식으로 반응하는 것이다.
⑤ '함께 함'은 자신의 감정을 자각하고 표현하며, 집단원들과 마음을 함께 나누는 것이다.

정답 및 해설 ④

코리(G. Corey)가 말하는 집단상담자(지도자)의 유머감각은 상담의 기법이며 이것은 비판에 대한 대응 내지 반응이 아니라 상담의 분위기를 촉진적으로 만드는 것이며 상담자의 인간적인 면 내지 취약점을 자연스럽게 연출하는 고도의 기술로 보았다.

5. 집단상담 초기 단계에서 집단상담자의 역할로 옳은 것을 모두 고른 것은?

> ㄱ. 집단의 기본 규칙과 규범을 설정한다.
> ㄴ. 집단의 역할 모델이 될 필요가 있다.
> ㄷ. 집단원의 불안과 두려움 경감을 위해 구조화된 활동을 제공할 수 있다.
> ㄹ. 목표 설정에서 집단원의 숨겨진 목표를 다루는 것은 저항을 유발하므로 다루지 않는다.

① ㄱ, ㄴ　　　　　　② ㄷ, ㄹ　　　　　　③ ㄱ, ㄴ, ㄷ
④ ㄴ, ㄷ, ㄹ　　　　　⑤ ㄱ, ㄴ, ㄷ, ㄹ

정답 및 해설 ③

집단상담의 초기단계에 수행되어야 할 가장 핵심적 내용은 목표설정을 참여자와 함께 설계하는 것이다. 집단상담의 목표가 없다면 그 집단상담은 방향을 잃어버릴 수도 있다.
목표를 설정함에 있어 구체적인 것은 물론이며 참여자의 내적문제, 숨겨진 목표도 함께 다루도록 해야 하며 반드시 상담자와 참여자가 함께 논의하여 목표설정을 하는 것이 중요하다.

6. **집단상담자의 지도성에 관한 설명으로 옳지 않은 것은?**
   ① 집단원의 자율성에 대한 요구를 고려하여 집단을 운영한다.
   ② 달성해야 할 과업이 많을 때 일반적으로 집단상담자의 주도성을 높이는 것이 좋다.
   ③ 집단의 크기가 클 때 일반적으로 집단상담자의 주도성을 높이는 것이 좋다.
   ④ 집단상담 기간이 짧을 때 일반적으로 집단상담자의 주도성을 높이는 것이 좋다.
   ⑤ 집단상담자의 운영 방식에 대한 집단원의 불만은 집단과정 중에 다루지 않는다.

   정답 및 해설 ⑤

   집단상담자의 운영 방식에 대한 집단원의 불만은 집단과정에서 다루어야 한다. 가능하면 공식적인 프로그램이나 활동 중에 참여자에게 모두 정보가 제공된 상태에서 진행하는 것이 좋다. 집단의 운영방식에 대한 불만이나 갈등 등을 다루지 않으면 집단상담이 촉진적으로 진행되는 것을 보장할 수 없으며 최악의 경우에는 집단상담 자체가 중단되는 경우도 발생하므로 반드시 회기 중에 공동의 문제로 다루어져야 한다.

20강 집단상담 진행기법 등

1. 집단상담 과정에서 사용하는 피드백에 대한 설명 중 옳지 않은 것은?

① 집단상담자의 피드백은 집단원들의 피드백보다 수준이 높기 때문에 집단원들이 더 쉽게 받아들인다.
② 부정적인 피드백은 긍정적인 피드백 이후에 하는 것이 더 잘 받아들여진다.
③ 피드백을 줄 때 가치판단을 하거나 변화를 강요해서는 안 된다.
④ 집단에서 받는 피드백의 영향력은 집단의 발달과정과 관련이 있다.
⑤ 부정적인 피드백을 주기 전에 집단원들의 자기노출 정도를 고려해야 한다.

> **정답 및 해설** ①
> 집단상담자의 피드백은 집단원들의 피드백보다 수준이 높기 때문에 집단원들이 받아드리기에 힘들 수 있다. 집단상담자의 피드백은 집단원들과의 라포수준과 긍정적 집단역동성 등을 고려하여 진행되어야 하며 무엇보다도 집단원들이 피드백을 수용할 준비가 되어 있는지가 중요하다.

2. 다음 사례에서 집단상담자가 한 기법은?

> • 집단원 : 저는 공부를 잘하고 싶어도 잘할 수 있는 여건이 아니에요. 언니와 함께 방을 쓰고 있어서 공부에 집중할 수도 없고 방해가 되니까요.
> 엄마는 언니와 비교해서 나를 무시하곤 해요. 언니는 공부를 잘 하거든요.
> • 집단상담자 : 공부를 잘하는 언니와 방을 함께 쓴다는 것이 네가 공부를 못하게 되는 이유는 아닌 것 같구나.

① 직면하기　　　② 해석하기　　　③ 공감하기
④ 명료화하기　　⑤ 연결짓기

> **정답 및 해설** ①
> '직면' 기법은 내담자(집단원)이 자신의 문제를 직시하여 제대로 파악한 후 이에 회피하지 말고 도전하는 것이라 말할 수 있다. 상담자(집단상담자)에 의한 직면기법은 내담자(집단원)이 자신에 문제에 대해 제대로 직시함과 동시에 회피하지 않고 해결하도록 돕는 것이다.

3. 집단상담 발달단계에 따른 상담자 역할을 순서대로 나열한 것은?

> ㄱ. 집단을 구조화하고 집단원들 간 신뢰감을 형성한다.
> ㄴ. 분리감·상실감 등의 복잡한 감정을 다루고 집단에서 배운 것을 정리한다.
> ㄷ. 격려와 직면을 통해 집단원의 자기개방에 따른 불안, 방어, 상담자에 대한 도전 등을 다룬다.
> ㄹ. 집단원의 자기탐색의 깊이와 강도를 심화시키고 변화에 책임의식을 갖게 한다.

① ㄱ - ㄷ - ㄹ - ㄴ　　　② ㄱ - ㄹ - ㄴ - ㄷ
③ ㄱ - ㄹ - ㄷ - ㄴ　　　④ ㄴ - ㄷ - ㄱ - ㄹ
⑤ ㄷ - ㄹ - ㄴ - ㄱ

정답 및 해설 ①
집단을 구조화하고 집단원들 간 신뢰감을 형성한다. - 구조화와 라포형성은 초기단계이다.
격려와 직면을 통해 집단원의 자기개방에 따른 불안, 방어, 상담자에 대한 도전 등을 다룬다. - 과도기적 단계로 자기개방을 시작하는 단계이며 불안과 방어 등이 나타나며 직면을 통한 집단들의 문제 탐색이 이루어지는 단계.
집단원의 자기탐색의 깊이와 강도를 심화시키고 변화에 책임의식을 갖게 한다. - 보다 강한 자기탐색과 내적노출이 일어나는 작업단계이다. 변화를 위한 탐색과 변화자체가 일어나는 단계라 할 수 있다.
분리감·상실감 등의 복잡한 감정을 다루고 집단에서 배운 것을 정리한다. - 종결단계로서 헤어짐에 대한 아쉬움과 분리불안 등 집단원의 감정을 다루는 단계이며 집단에서 경험한 것을 일상속에서도 활용할 수 있도록 한다.

4. 집단상담 과정에서 '지금-여기'에 초점을 둠으로써 얻을 수 있는 이점을 모두 고른 것은?

> ㄱ. 경험하고 있는 것을 표현할 수 있는 기회를 제공한다.
> ㄴ. 집단원 간 상호작용의 정서적 강도를 높일 수 있다.
> ㄷ. 집단에서 일어나는 일에 대한 집단원들의 책임을 자각하게 한다.
> ㄹ. 집단 밖에서 어떤 일이 일어났는지 자세히 알 수 있다.

① ㄱ, ㄴ
② ㄷ, ㄹ
③ ㄱ, ㄴ, ㄷ
④ ㄱ, ㄴ, ㄹ
⑤ ㄱ, ㄴ, ㄷ, ㄹ

정답 및 해설 ③
집단 밖에서 어떤 일을 집단과정속에서 '지금-여기'의 기법으로 다루는 것이다. 따라서 집단속에서 다루는 '집단밖의 어떤 일'에 대해 자연스럽게 알게 되겠지만 상세한 내막이나 자세한 것을 다 알 수 있는 것은 아니다.

5. 작업단계에서 치료적 요소를 촉진하기 위한 방법으로 옳지 않은 것은?

① 침묵에 대한 무조건적 수용
② 집단원의 새로운 행동에 대한 수용
③ 낙담한 집단원에 대한 격려
④ 집단상담자의 자기개방에 대한 모델링
⑤ 집단원의 모순적 행동에 대한 직면

정답 및 해설 ①
'침묵'은 개인상담이나 집단상담에서 상담자가 맞딱뜨리는 가장 곤란한 상황이기도 하다. 침묵의 원인은 여러 가지가 있겠지만 긍정적 의미의 침묵이 아닌 내용이 지속된다면 그 상황을 무조건적으로 수용(마냥 기다리는)하는 것이 아니라 적절한 시점에 개입하여 이를 해소해야 하는 것이 집단상담의 치료적 상황을 촉진하는 것이다.
  * 집단상담의 핵심단계인 '작업단계'에서 해야 할 집단상담자의 역할
    - 위의 5가지 외에도
      1) 비효과적 행동패턴 탐색
      2) 바람직한 대안행동의 취급
      3) 자기노출과 감정의 정화 등

집단상담

6. 다음 설명에 해당하는 기법은?

> - 공통의 관심사를 공유함으로써 집단응집력을 촉진한다.
> - 연계성에 주목하며 집단원 간의 상호작용을 촉진한다.
> - 집단원의 말과 행동을 다른 집단원의 관심사나 공통점과 관련짓는다.

① 해석하기　　② 연결하기　　③ 반영하기
④ 명료화하기　⑤ 재구조화하기

정답 및 해설 ②
1) 지문의 내용은 '연결하기_연결짓지' 기법이다.
2) '해석하기' 기법은 내담자의 호소문제나 진술내용, 인식된 문제 등에 대해 내담자수준을 넘어 상담자가 이에 대해 새로운 방식(시각)으로 내담자의 문제를 볼 수 있도록 하는 것으로 내담자의 행동, 사고, 감정 등에 대해 새로운 의미를 부여하거나 다른 각도로 설명하는 것이다.

7. 자신과 타인에게 모두 알려진 부분을 넓혀 인간관계의 효율성을 증진시키기 위해 '남이 모르는 나'를 탐구하게 하는 활동은 무엇에 근거한 것인가?

① 영(Young)의 관계효율　　② 프리맥(Premack)의 원리
③ 조하리(Johari)의 창　　　④ 펄스(Perls)의 실존교류
⑤ 모레노(Moreno)의 공감확대

정답 및 해설 ③
조하리(Johari)의 창
자신과 타인에게 모두 알려진 부분을 넓혀 인간관계의 효율성(대인관계의 효율성)을 증진시키기 위해 '남이 모르는 나'를 탐구하게 하는 활동

	자신이 아는 영역	자신이 모르는 영역
타인에게 알려진 영역	개방된 영역	자각하지 못한 영역
타인에게 알려지지 않은 영역	은폐된 영역	무지의 영역

집단상담

21강 구조화/집단원의 권리 등

1. **집단은 초기(시작과 탐색), 중간(작업 또는 생산), 종결(통합)단계의 순서로 발전한다. 집단상담자의 과제를 발달단계별로 옳게 연결한 것은?**
   ① 구조화하기 - 문제행동에 대해 직면시키기 - 이별감정 다루기
   ② 역기능적 행동패턴 탐색하기 - 목표설정하기 - 집단원의 성장과 변화 평가하기
   ③ 자기개방과 감정정화 시키기 - 생산적인 대안행동과 실행촉진하기 - 저항 표출하게 하기
   ④ 안전에 대한 신뢰감 형성하기 - 배운 것 실행하게 하기 - 문제행동 직면시키기
   ⑤ 저항다루기 - 구조화하기 - 목표 설정하기

   정답 및 해설 ①
   1) 초기(시작과 탐색) : 집단상담의 구조화 단계로서 집단의 목적, 행동규범, 한계점 등을 공유하고 집단원 상호간 인사하기를 시작으로 소개, 집단상담에 대한 예기불안이나 기대감 진술하기 등을 시작하는 단계이다.
   2) 중간(작업 또는 생산) : 집단의 문제들을 본격적으로 다루는 단계이다. 집단원들의 진술이나 행동등을 명료화하고 필요시 직면 등을 하게 되며 해석적 기법을 통해 변화의 기회를 갖고 바람직한 대안들을 찾는 과정이 포함된다.
   3) 종결(통합)단계 : 집단상담을 마무리하는 단계. 헤어짐의 감정을 다루고 미해결과제를 최종적으로 다룬다. 집단상담 전과정에 대한 피드백과 요약 등을 실시하고 일상속에서도 집단에서 배운 내용을 활용할 수 있도록 한다.

2. **집단원의 문제행동에 관한 집단상담자의 작업으로 옳지 않은 것은?**
   ① 자주 질문하는 집단원 : 질문하는 이유와 계기를 살펴보게 한다.
   ② 조언하는 집단원 : 조언하고자 하는 자신의 동기를 살펴보게 한다.
   ③ 독점하는 집단원 : 다른 집단원에게 편안함을 주므로 계속 집단을 이끌어 가게 한다.
   ④ 사실적 이야기를 늘어놓는 집단원 : 사실적 이야기와 관련된 감정을 현재형으로 표현하게 한다.
   ⑤ 의존하는 집단원 : 의존하는 자신의 태도를 인식하게 한다.

   정답 및 해설 ③
   집단원중에서 화제나 대화 등을 독점하는 집단원이 등장할 수 있다. 이는 다른 집단원의 참여기회를 제한하는 것이기에 적절한 제지가 필요하다. 즉, 이러한 집단원의 문제행동에 대해 즉각적인 개입이 필요하다는 것이다. 아울러 독점상황 또는 독점하고자하는 이유를 탐색하고 이를 통해 얻고자하는 것이 무엇인지, 그와 관련된 역동은 무엇인지 파악하는 것이 중요하다.

3. **비자발적인 집단원에 대한 상담자의 개입으로 옳지 않은 것은?**
   ① 적극적인 참여의 중요성을 설명한다.
   ② 침묵할 자유와 권리가 있음을 알려준다.
   ③ 집단에 억지로 참여하게 된 것에 대한 솔직한 감정을 표현할 수 있도록 한다.

④ 기대 이하의 수준으로 집단에 참여한 경우 집단상담을 받은 것으로 인정하지 않을 수 있음을 설명한다.
⑤ 학교폭력 가해학생이 법적 명령에 따라 집단에 출석할 때, 학교장의 요구가 있더라도 상담결과에 대한 비밀이 보장됨을 알린다.

> **정답 및 해설** ⑤
> 학교폭력예방 및 대책에 관한 법률 제 14조 제4항에 따르면 전문상담교사가 포함된 학교폭력문제를 담당하는 전담기구는 학교장 및 자치위원회의 요구가 있는 때에는 조사결과 등 활동결과를 보고하여야 한다고 규정하고 있다. 또한 비밀유지의 예외적 내용으로 법률에 의한 공개, 법원의 명령, 범죄적 상황(가정폭력 등), 확실시 되는 추가적 위험상황 등이다.

4. 구조화된 집단상담 초기에 상담자가 해야 할 일을 모두 고른 것은?

> ㄱ. 집단원들이 집단을 지휘하도록 둔다.
> ㄴ. 집단의 목표를 확인하고 명료화한다.
> ㄷ. 부정적인 문제에 집단의 초점을 둔다.
> ㄹ. 집단에서 함께 할 활동에 대하여 알려준다.

① ㄱ, ㄴ   ② ㄱ, ㄷ   ③ ㄴ, ㄹ
④ ㄱ, ㄴ, ㄹ   ⑤ ㄴ, ㄷ, ㄹ

> **정답 및 해설** ③
> 구조화집단상담프로그램은 특정분야의 관심이나 호소문제 등을 다루기 위해 관련 집단원중심으로 진행되는 것으로 설계단계부터 집단상담의 목표, 진행시나리오(진행과정), 주요활동 등이 확보된 프로그램이다. 따라서 구조화집단은 초기단계에서 집단의 목표를 확인, 명료화하고 활동 등에 대해서 집단원들과 공유한다.

5. 비구조화 집단에 관한 설명으로 옳은 것을 모두 고른 것은?

> ㄱ. 감수성 훈련, T집단이 해당된다.
> ㄴ. 폭넓고 깊은 상호작용이 이루어질 수 있다.
> ㄷ. 구조화집단보다 지도자의 전문성이 더욱 요구된다.
> ㄹ. 비구조화가 중요하기에 지도자가 어떤 계획을 세울 필요는 없다.

① ㄱ, ㄴ   ② ㄷ, ㄹ   ③ ㄱ, ㄴ, ㄷ
④ ㄴ, ㄷ, ㄹ   ⑤ ㄱ, ㄴ, ㄷ, ㄹ

> **정답 및 해설** ③
> '비구조화 집단상담프로그램'은 구조화 집단상담프로그램과는 달리 실시전에 고정된 계획이나 목표, 진행방법 등을 따로 설계하지 않는다. 이는 집단원간의 자연스런 교류와 개개인의 경험과 관심을 다루는 상호작용을 활용하여 집단적 치료절차를 진행하는 것이다. 그러므로 집단의 과업달성과 유지를 위한 집단상담자의 전문성을 더 요구되며 내적인 전략과 계획을 반드시 가지고 있어야 한다.

6. 다음의 기법이나 개념이 강조되는 집단상담 접근은?

> • 알지 못함의 자세   • 상담 이전의 변화 확인   • 문제 삼지 않는 것 다루지 않기

① 게슈탈트 집단상담 ② 교류분석 집단상담
③ 개인심리 집단상담 ④ 심리적 집단상담
⑤ 해결중심 집단상담

정답 및 해설 ⑤

해결중심 접근 – 해결중심 집단상담
 1) 해결중심모델의 기본원리
  – 문제삼지 않는 것은 건드리지 않는다.
  – 효과가 없다면 그것을 하지 않고 대신 무언가 다른 것을 한다.
  – 효과가 있는 것을 알면 그것을 더 많이 한다.
 2) 해결중심모델의 중심과정
  – 내담자의 강점과 자원을 인정하는 것이다.
  – 변화시킬 수 없는 과거보다 현재와 미래에 초점을 맞추는 것이다.
 3) 치료자의 역할
  – 해결중심적 대화, 알지 못함의 자세
 4) 치료기법
  – 해결지향적 질문, 치료적 피드백의 메시지(칭찬, 연결문, 과제로 구성)

7. 문제 상황에 대한 집단상담자의 대처행동으로 옳지 않은 것은?

① 충고하는 집단원에게 자신의 충고행동 동기를 탐색해 보게 한다.
② 자신의 이야기를 사실 중심으로 하면 그 사실과 관련된 자신의 감정을 표현하도록 한다.
③ 주지화의 내용은 정서적인 면과 연결짓지 않는다.
④ 독점하는 집단원에게 자신의 모습을 볼 수 있도록 피드백 한다.
⑤ 상처 싸매기를 하는 집단원에게는 미해결 감정이 있는지 살펴보게 한다.

정답 및 해설 ③

'주지화'는 자아방어기제의 한 유형으로 자신의 정동(정서)적 내용에 대한 위협적 상황을 회피하기 위해 작동하는 것이다. 위협적 상황을 추상적이며 지적인 용어나 대처로 이를 초연/초월한 것인양 하며 그 상황을 무의식적으로 벗어나려는 것이다. 집단원이 이러한 주지화기제를 사용한다고 판단되면 집단상담자는 이를 정서적인 면으로 전환하여 솔직한 감정표현을 할 수 있도록 지지, 격려한다.

■ **저자약력**

조만업

미래세대진로코칭연구소장(책임교수)
가천대학교 고용&직업상담학과 교수
NCS청소년상담복지(청소년상담사) 신자격심사위원
NCS청소년지도분야(청소년지도사) 신자격검토/집중화 위원
구리시 YMCA 청소년진로캠프총괄책임자
고용부 청(소)년층 진로지도 프로그램(CAP+)전문진행가
서울시 상담직 채용시험 출제위원
공정근로 청소년 알바지킴이 전문상담사
용인고용포럼 사무국장
국가공인직업상담사
고용노동부 상담직렬공무원(진로지도팀장)

주요저서
- 『청소년자기주도 진로설계 모형』(가천대 출판부, 2014-2015년)
- 『청소년 발달심리학, 청소년집단상담론』(더배움, 2016년)
- 『국가공인 청소년상담사 2급 수험서』(더배움, 2015년)
- 『국가공인 청소년상담사 3급 수험서』(더배움, 2015년)
- 『심리측정 및 평가』(더배움, 2015년)
- 『진로/직업상담학』(형설, 2010년)
- 『진로/직업심리학』(정훈사, 2010-2015년)
- 『한권으로 끝내는 청소년상담사 3급』(도서출판 참, 2019년)

한양대 학사(법학)
한양대 석사(법학_일반대학원)
한국기술교육대(박사과정 수료, 진로상담전공)

최신출제경향 반영판
한권으로 끝내는 청소년 상담사 2급

초판인쇄 2020년 1월 3일
3쇄발행 2024년 8월 26일
지은이 조만업
디자인 에듀서울
제작지원 토픽코리아(TOPIK KOREA)

펴낸곳 ㈜도서출판 참
펴낸이 오세형
등록일자 2014년 10월 21일
등록번호 제25100-2022-000090
주소 서울특별시 구로구 디지털로30길 28 마리오타워 318호
전화 02-6347-5071
팩스 02-6347-5075
홈페이지 www.chambooks.kr
블로그 blog.naver.com/cham_books
메일 cham_books@naver.com
ISBN 979-11-88572-18-2(13180)

copyright ⓒ ㈜도서출판 참
All rights reserved.

도서출판 참은 참 좋은 책을 만듭니다.
이 출판물은 저작권법에 의해 보호를 받는 저작물이므로 무단 전재와 복제를 금합니다.